BENEDIKTINER
Benediktiner
Weissbier

Die englische Originalausgabe ist unter dem Titel »Hugh Johnson's Pocket Wine Book 2018« beim Verlag Mitchell Beazley, einem Imprint von Octopus Publishing Group Ltd., Carmelite House, 50 Victoria Embankment, London EC 4Y 0DZ, erschienen.
www.octopusbooks.co.uk

First edition published 1977
Revised editions published 1978, 1979, 1980, 1981, 1982, 1983, 1984, 1985, 1986, 1987, 1988, 1989, 1990, 1991, 1992, 1993, 1994, 1995, 1996, 1997, 1998, 1999, 2000, 2001, 2002, 2003, 2004, 2005, 2006, 2007, 2008, 2009, 2010, 2011, 2012, 2013, 2014, 2015, 2016, 2017

39., neu überarbeitete, ergänzte und aktualisierte Ausgabe, 2017, auf der Grundlage der 41. Originalausgabe, 2017

Übersetzung aus dem Englischen: Britta Nord, Renate Haen, Martin Waller, Christine Weiland
Projektleitung: Florian Fischer
Herstellung: Markus Plötz
Redaktion: Werkstatt München · Buchproduktion
Satz: Anja Dengler, Werkstatt München
Umschlaggestaltung: Martina Baldauf, herzblut02 GmbH, München
Umschlagfoto: © iStockphoto.com / wragg

Printed and bound in China

Anzeigenmarketing: MCM Mediacenter GmbH, München
Tel.: 089/928096-0
www.mcm-mediacenter.de

HALLWAG ist ein Unternehmen des GRÄFE UND UNZER VERLAGS, München, GANSKE VERLAGSGRUPPE
www.hallwag.de

ISBN 978-3-8338-6270-0

Hallwag

GRÄFE UND UNZER
Ein Unternehmen der
GANSKE VERLAGSGRUPPE

Inhalt

Zum richtigen Gebrauch

Bei den meisten Stichwörtern besteht die erste Zeile aus folgenden Kurzinformationen:

①	②	③	④
Aglianico del Vulture Bas DOC(G)	r; tr	★→★★★	**06 07 08 10** 11 12 13 (15)

① **Weinname** und Gegend des betreffenden Landes, aus der der Wein stammt (Hinweise auf Landkarten im Buch).

② Welche Farbe der Wein hat; ob er trocken, lieblich oder süß ist; schäumend, in verschiedenen Formen vorkommt (und welcher die größte Bedeutung zukommt).

r	rot	**tr**	trocken*
rs	rosé	**lbl**	lieblich
w	weiß	**s**	süß
br	braun/bernsteingelb	**sch**	schäumend
( )	in Klammern gesetzte Angaben bedeuten relativ bescheidene Produktionsmengen		
*	steht hier keine Angabe, wird von einem trockenen Wein ausgegangen		

③ Allgemeiner Qualitätsstand; eine freilich nur grobe Einstufung aufgrund des derzeitigen Ansehens, wie es sich aus dem Preis ergibt.

★	einfache Qualität für jeden Tag
★★	überdurchschnittlich
★★★	bekannt, berühmt
★★★★	erstklassig, anspruchsvoll, teuer
★ usw.	farbige Sterne erhalten Weine, die nach meiner Erfahrung in der jeweiligen Preisklasse besonders gut sind; das gilt für gute Alltagsweine ebenso wie Luxuskreszenzen.

③ Der Jahrgang: Angegeben sind die empfehlenswerten neueren Jahrgänge, zusammen mit einer Einschätzung, ob sie bereits trinkreif sind (Ziffer in **fetter** Schrift) oder ob sie sich bei weiterer Lagerung noch entfalten (normale Schrift). Bitte beachten Sie aber, dass die Entwicklung eines Weins vielen Faktoren unterliegt und auch anders verlaufen kann als erwartet. Sind sowohl rote als auch weiße Weine angegeben, so ist der Rotwein gemeint, wenn nicht ausdrücklich anders erwähnt.

08 usw.	allgemein erhältliche, empfohlene Jahrgänge, die sich für weitere Lagerung eignen
09' usw.	nach Angaben der jeweiligen Erzeuger besonders gut ausgefallener Jahrgang
06 usw.	genussreifer Jahrgang
04 usw.	2017 bevorzugt zu genießender Jahrgang
(15) usw.	vorläufige Bewertung

Deutsche Weinjahrgänge werden nach einem anderen System geführt.
Näheres siehe Seite 209.

Sonstige Abkürzungen

BV	baldiger Verbrauch, d. h. möglichst jung zu trinken
oJ	ohne Jahrgangsangabe auf dem Etikett. Bei Champagner eine einheitlichen Geschmack garantierende Mischung mehrerer Jahrgänge

Weitere, länderspezifische Abkürzungen befinden sich am Anfang des jeweiligen Kapitels.

Erzeuger- oder Weinnamen in Farbe kennzeichnen Hugh Johnsons persönliche Favoriten.

KAPITÄLCHEN verweisen auf eigene Einträge im selben Kapitel oder im Abschnitt »Rebsorten«, S. 13–26.

Zur Ausgabe 2018

Würde es Ihnen gefallen, wenn es beim Wein einfach nur um Weiß oder Rot ginge? Seien Sie ehrlich. Mir auch nicht. Manchmal, wenn ich durch dieses Buch blättere – und insbesondere über seine Aktualisierung nachdenke –, fühle ich einen Anflug von geistiger Müdigkeit. Doch dann lese ich die Einträge aufs Neue, und eine machtvolle Mischung aus Durst und Neugier befällt mich. »Ist das so?«, frage ich mich. »Bauen sie in Brasilien wirklich Pinot noir an? Und warum gehen die Preise dieses Erzeugers aus Meursault so steil nach oben? Den muss ich unbedingt probieren.«

Genau das war es auch, was mich ganz am Anfang zum Wein gebracht hat. Jedes Etikett (tatsächlich eine allmächtige Vielfalt an Etiketten – mehr, als ich jemals sehen werde) steht dafür, dass irgendjemand unter den gegebenen Umständen sein oder ihr Bestes geleistet hat, etwas Köstliches, Individuelles, Denkwürdiges zu erschaffen, um mich und Sie dazu zu bringen, ihr oder ihm einen Lohn dafür zu bezahlen. Jedes Etikett, jeder Korken verbirgt etwas Unbekanntes, wie die Flaschen bei Alice im Wunderland, die sagen: »Trink mich«.

Oft tritt bei Leuten, die Wein zu ihrem Lebensinhalt gemacht haben, eine Art von Verrücktheit zutage. Manche glauben, dass der Traubenanbau das ideale Leben am Busen der Natur darstellt; andere reden sich ein, damit stinkreich werden zu können; manche legen eine beinahe heilige Hingabe an den Tag; und wieder andere können die Erinnerung an das einst genossene vortreffliche Glas nicht abschütteln und widmen ihr Leben dem Versuch, es selbst noch einmal hervorzubringen. Und dann kommt noch der Stolz dazu. Der ganz und gar eigensinnige Stolz des Expats, der auf Teufel komm raus beweisen will, dass man auch auf Mauritius Schaumwein machen kann, oder der dynastische Stolz des Adelsabkömmlings, der das Wappen seiner Ahnen vor sich herträgt. Heutzutage kommt dazu noch der Kampf um Gold, Silber und Bronze – von den bizarren Soundsoviel-von-hundert-Punkte-Wertungen ganz zu schweigen.

Was immer diese Weinmacher antreibt, ihre Erzeugnisse sind um uns und buhlen nicht nur um unser Geld, sondern auch um Respekt, ja Zuneigung und vor allem um Loyalität. Aber wer könnte loyal und einem einzigen Lieferanten Tag für Tag treu bleiben, wenn allein in diesem Buch 8.695 andere uns mit ihren Sirenengesängen verführen wollen?

Ich habe dieses Buch nun schon 41 Mal geschrieben und umgeschrieben, aber weder der Durst noch die Neugier haben mich je verlassen. Tatsächlich sind sie stärker denn je. Warum? Weil inzwischen fünfmal mehr Weine im Angebot sind, die von den unterschiedlichsten Orten dieser weiten Welt kommen. (Die Hälfte der hier genannten Weinberge gab es noch gar nicht, als ich begann.) Und – das ist entscheidend – weil diese Weine alle, fast ausnahmslos, immer besser werden.

Klingt das zu abgehoben für Sie, wenn Sie Ihren Einkaufswagen durch die Weinregale schieben, umgeben von Flaschen, die darum wetteifern, ihre Alleinstellungsmerkmale in Szene zu setzen? Sind die Discounter-Sonderposten womöglich eher sexy? Was tun? Wenn Sie keinen roten Faden haben, dem Sie folgen können, halten Sie sich an den Preis (und vergessen Sie nicht, dass ein guter Teil davon auf Flasche, Korken, Etikett, Steuern, Logistik und Verdienstspanne entfällt). Besser jedoch ist es, einen roten Faden zu finden.

Da Beurteilen und Recherchieren nun mal mein Geschäft ist, mag mein roter Faden vielleicht etwas streberhaft für Sie klingen: Ich halte mich an eine Region, einen Erzeuger, eine Rebsorte oder einen Jahrgang, vergleiche und sammle Informationen. Ich entscheide mich auch nicht im Supermarkt, sondern anhand von richtigen, gedruckten Weinlisten engagierter, unabhängiger Weinhändler (die das beste Preis-Leistungs-Verhältnis bieten) und mit eingeschaltetem Laptop. Unter Winesearcher.com finde ich, was verschiedene Händler für denselben Wein verlangen. Cellartracker und viele andere Websites bieten mir eine unendlich große Auswahl – viel zu groß, um sie zu überblicken –, und auf den Seiten der Erzeuger kann ich mir deren Weinberge, Keller und Familiengeschichten anschauen, die alle verdächtig ideal aussehen.

Wo also fange ich an? Am häufigsten mit dem Essen oder mit Freunden oder beidem. Beim Wein geht es vor allem um den Kontext, und der ist in allererster Linie darüber definiert, wie man sich fühlt. Hungrig? In Eile? Verliebt? Sind Sie am Strand, auf der Skipiste oder mit einem Finanzhai verabredet? Lassen Sie sich von Ihrem Instinkt leiten – dem Instinkt und den Jahrgangstabellen auf S. 42/43.

Gibt es für 2018 ein bestimmtes Thema? Einen Trend, ein Muss, einen Geheimtipp, einen Star im Osten, eine Offenbarung oder etwas, was unbedingt vermieden werden muss? Ich habe auf diesen Seiten schon einige Themen angeschnitten, die dann in größerer Öffentlichkeit weiterdiskutiert wurden, mit meist erfreulichen Ergebnissen. Wir trinken großteils frischere, transparentere Weine als noch ein paar Jahre zuvor, Weine, die weniger vollgestopft sind mit Eiche, Aromen und Farbstoffen und weniger verarbeitet, herumgepumpt und gefiltert werden. Und sie sind, zumindest nominell, weniger alkohollastig – obwohl ich auch schon erlebt habe, dass ein Wein mit der Angabe 14,5 Vol.-% (oft in winziger Schrift im Eck des Etiketts) wirkt, als habe er 17 %.

Die Erzeuger stehen heute insgesamt unter Druck, sorgsam mit unseren Lebensmitteln umzugehen. Das kann verschiedene Formen annehmen, von einer Liste der Inhaltsstoffe (wer liest die?) bis zu mutigen Experimenten, in den Vinifizierungsprozess nicht einzugreifen. »Naturwein« ist ganz klar ein viel diskutiertes Thema, das ich aber hier nicht weiterverfolgen muss. »Orange Wines«, womit in der Regel Weißweine mit ungewöhnlich langer Maischung auf den Schalen gemeint sind, haben ihre leidenschaftlichen Befürworter, die in den deutlichen Tanninen und dem leicht oxidierten Charakter Authentizität erkennen. Für mich ist das meist nichts, aber ich trage auch keine zerrissenen Jeans.

Umgekehrt hat Rosé seit vielen Jahren eine solide Stellung, ohne je viel Respekt erfahren zu haben – außer es handelt sich um Champagner, der überraschend teuer sein kann. Um wie viel teurer sind dunkle Trauben oder ihre Verarbeitung, wenn man sie weißen beimischt? Auch ein sehr blasser Pinot noir aus Burgund kann köstlich sein. Warum wird das nie ernsthaft in Betracht gezogen? Weil wir von Burgunder andere Eigenschaften erwarten – Tiefe, Struktur, Textur und Langlebigkeit, was eine nur kurze Maischestandzeit nie bieten kann.

In der letzten Ausgabe schrieb ich, dass es eine gute Zeit für Alternativen ist. Tatsächlich werden Alternativen von Weinprofis, insbesondere Sommeliers, gefordert – sei es aus neuen Weinbaugebieten, von unbekannten Trauben oder erzeugt durch unkonventionelle Technologien. Früher war es faszinierend genug zu verfolgen, wie beispielsweise das Terroir von Climat zu Climat wechselt, wie schnell und auf welche Weise sich Weine bei der Reifung entwickeln oder wie sich der Stil ändert, wenn die Kinder das Kommando im Keller übernehmen. Für Restaurants, die Gastköche anheuern, für den Fall, dass sich jemand langweilt, geht das alles zu langsam. Jeder Winzer, der etwas auf sich hält, hat heute in irgendeiner Ecke seines Weinbergs eine obskure Rebsorte stehen, nur um mal zu sehen …

Es ist wider die Gepflogenheiten, wenn nicht sogar gesetzeswidrig, eine Zusammenfassung wie diese ohne einen Hinweis auf den Klimawandel abzuschließen. Winzer am warmen Ende der für den Weinbau geeigneten Regionen sind zunehmend alarmiert deswegen. Wer es sich leisten kann, trifft Vorsorge und kauft Land in kühleren Gebieten. Und auch Weinbergbesitzer am kühlen Ende – in der Champagne oder in Deutschland, wo Säure für die Qualität eine große Rolle spielt – sorgen sich. Möglicherweise werden bald noch viel mehr Champagnerhäuser Land in England kaufen. Unter dem Strich aber hat sich der Effekt von geringfügig höheren Temperaturen und einer längeren Reifungsperiode bisher günstig ausgewirkt. Die Weine sind besser und vielfältiger als früher. Der Gedanke, wie dick dieses Buch in ein paar Jahren sein könnte, beunruhigt mich jetzt schon.

Hugh Johnson

Der Jahrgang 2016

Hagel, Frost, Überschwemmungen ... 2016 war in Europa ein schwieriges Jahr. In Frankreich erging es dem Elsass, Bordeaux und der Rhône noch am besten: Im **Elsass** bestaunte der Erzeuger Hugel einen Quittenbaum im Obstgarten, der schon am 6. Januar Knospen trieb, doch leitete dies keineswegs einen besonders milden Frühling ein, und richtig heiß wurde es nicht vor August. Dann kam heftiger Regen, natürlich gefolgt von Trockenheit. Gelesen wurde recht spät, die Ernte fiel zur Abwechslung mal gut aus, doch Botrytis trat kaum auf, weshalb es nur wenig Süßweine gibt. Die trockenen Weine sind tiefgründig und elegant; besonders gut wirken die Pinots.

Ein trockener Sommer war auch in **Bordeaux** das Thema. Die Weißen sehen ganz vielversprechend aus, meint Jean-Christophe Mau vom Château Brown, da »die Hitze die Reifung aufhielt, und als sie wieder einsetzte, war so viel Säure vorhanden, dass wir es uns leisten konnten zu warten«. Bei den Roten scheint die Qualität den exzellenten 2010ern nahe zu kommen: durch die Bank Reife und Fülle; sowohl Cabernet Sauvignon als auch Merlot scheinen sich großartig geschlagen zu haben.

Auch die **Rhône** verzeichnete sehr gute Ergebnisse. An der südlichen Rhône ist man mit den stilvollen 2016ern noch zufriedener als mit den 2015ern – und die waren schon fantastisch. Der Norden brachte Weine von wunderbarer Balance und Konzentration hervor, sodass das Jahr 2016 einen weiteren Grund geliefert hat, diese herrlichen Weine zu kaufen.

Und welche Regionen waren weniger glücklich? In **Burgund** gab es späten Frost von Chablis bis hinunter ins Mâconnais, darauf folgte Hagel. Auch die **Loire** litt sehr unter Frost: Sancerre bleib verschont, nicht weit entfernt aber wurden Menetou-Salon und Pouilly-Fumé hart getroffen. Immerhin ist die Qualität gut: Im Anjou entstanden schöne Chenin-blanc-Weine, die Roten sind reif und saftig. Sogar im **Languedoc** gab es Frost im April, und im August prasselten an einigen Orten golfballgroße Hagelkörner nieder, vor allem in Pic St-Loup. Über 1.000 ha Trauben wurden in einer halben Stunde vernichtet, nur eine oder zwei Wochen vor der Lese. Die **Champagne** erlebte ebenfalls Frost, vor allem an der Aube, dann Regen, dann Mehltau, und am Schluss stand eine Ernte, die wohl noch geringer ausfällt als die im glühend heißen Jahr 2003.

Italien war zweigeteilt: Überschwemmungen im Süden sorgten für ein sehr schwieriges Jahr, während sich der Norden über wunderbar ausgewogene Weine mit frischer Säure freut. Valpolicella erscheint sogar besser als 2015; in Barolo hagelte es Ende Juli, doch da Nebbiolo eine spät reifende Sorte ist, war der Schaden geringer, als er hätte sein können.

In **Österreich** gab es Frost in der Steiermark und im Burgenland, doch Niederösterreich blieb unversehrt, und insgesamt zeigen sich die Weine mit schönen Aromen und guter Säure.

Der Sommer in **Spanien** war nach einem nassen Frühjahr heiß und trocken; sowohl Rioja als auch Ribera del Duero erklärten sich offiziell mit den Ergebnissen sehr zufrieden. Die Qualität dürfte, bei mittlerem Alkoholgehalt, uneinheitlich sein.

Auch **Deutschland** litt: Frost, Hagel, Falscher Mehltau, Dürre, Sonnenbrand. Am Ende aber ging es gut aus; die Weine sind reif, frisch und gesund. Im Spätherbst gab es sogar noch ein bisschen Edelfäule; etliche schöne Spät- und Auslesen wurden bereitet, während Beerenauslesen und Trockenbeerenauslesen Mangelware sind. Doch es gibt etwas Eiswein.

Am **Douro** folgte das Jahr dem üblichen Muster: Ein feuchter Frühsommer wurde von trockener Hitze abgelöst. (Cafés mit Klimaanlage machten gute Geschäfte.) Nach so vielen Extremen brauchten die Reben längere Zeit, um ihr Gleichgewicht wiederzufinden. Die Weine allerdings sind vielversprechend, frisch und strukturiert. Potenziell ein Jahrgang für Vintage-Port.

In **Kalifornien** hielt die lange Dürreperiode an, dennoch sind die Aromen laut Kendall Jackson »hervorragend«. In **Chile** gab es Regen, Regen, Regen: ein El-Niño-Jahrgang wie 1998 und 1983. Die Weine sind weniger alkoholstark und konzentriert als gewöhnlich, eher elegant als kraftvoll (was manche begrüßen dürften). Maule war trockener. **Australien** verzeichnete insgesamt einen frühen Jahrgang; trocken in Barossa, wo die Winzer begeistert sind von Shiraz und Grenache.

2015 unter der Lupe

Jahre, in denen alle glücklich sind, erlebt man selten, doch 2015 war so ein Jahr. In der Tat waren alle so glücklich, dass man sich ein wenig journalistische Skepsis herbeiwünschte: Um Wein zu verkaufen, gibt es nichts Besseres, als einen Jahrgang in den Himmel zu loben.

Doch insgesamt sieht er tatsächlich sehr gut aus. An der **Loire** sind die Weine üppig und opulent und früher trinkreif als die salzigen, straffen 2014er. Beide Jahrgänge sind sehr gut. Wenn Sie Sancerre oder Pouilly Fumé näher erforschen und erleben möchten, wie die Erzeuger Sauvignon blanc als Ausdrucksmittel des Terroirs nutzen, anstatt eine Explosion grüner Geschmacksnoten zu bieten, dann könnte 2015 der richtige Jahrgang dafür sein.

In **Bordeaux** ist die Qualität gut bis wirklich gut. Man ist sich dort darüber im Klaren, Spott zu ernten, weil man schon wieder einen Jahrhundertjahrgang hat, doch könnte dieser Jahrgang tatsächlich die Kunden nach Bordeaux zurückbringen. In St-Émilion hat eine radikale Verringerung des Eichenholzeinflusses in Kombination mit sanfterer Extraktion zu saftigen, köstlichen Weinen voll frischer und würziger Aromen geführt. Es sind geradlinige Weine, die vielleicht nicht ewig halten, aber alle Eigenschaften zeigen, für die wir St-Émilion liebten, bevor die Eiche dort überhand nahm.

In der **Champagne** sieht es ebenfalls sehr gut aus. Vielleicht nicht herausragend, und auch besser für Pinot als für Chardonnay, doch die Weine sind reif und ausdrucksstark, mächtig und aromatisch.

Die **Burgunder** dagegen sind fast eine Spur zu mächtig und aromatisch geraten, besonders die weißen: Die Chardonnays der Côte d'Or demonstrieren schon fast eine Üppigkeit, wie man sie von Neue-Welt-Weinen kennt, und wenn Sie auf den typischen Côte-d'Or-Stil aus sind, sollten Sie eher nach Chablis blicken (oder auf den Jahrgang 2014). Und wenn Sie die typische Chablis-Stahligkeit suchen, ist dieser Jahrgang nichts für Sie. Die Roten sind oft ähnlich massig und opulent. Derzeit dominiert der Jahrgang häufig das Terroir, doch Burgunder ändern sich gerne noch bei der weiteren Reifung.

Die 2015er-Weine in **Deutschland** sehen grandios aus: Sie sind sehr reintönig mit kaum oder ganz ohne Botrytis, werden sich verschließen und dann nach und nach wieder öffnen. August Kesseler empfiehlt, die einfachen Weine jetzt zu trinken und die besseren fünf oder zehn Jahre aufzubewahren.

In **Spanien** regnete es gerade zu Erntebeginn, also wurde vorher oder nachher gelesen – und nachher bedeutete verwässert. Es gibt also hübsche Weine, aber keine echten Spitzengewächse. In Ribera del Duero ist der Jahrgang offiziell »exzellent« (nicht ungewöhnlich) und kraftvoller als 2014.

In **Italien** scheinen die Weine generell den Erwartungen zu entsprechen, sind also sehr gut. Toskanische Rote sind jung zugänglich und werden schön altern, meint Paolo di Marche von Isole & Olena: Bei ihm ist der Alkoholgehalt nicht so hoch wie in manchen anderen Jahren, da er es schafft, durch Laubarbeit die Zuckerakkumulation zu verlangsamen. An der Küste, in Bolgheri, arbeitet Masseto auf ähnliche Weise, doch von dort werden immer relativ alkoholstarke Weine kommen. 2015 war es in Bolgheri etwas kühler als 2016;

im Landesinneren war es umgekehrt. Sizilien genoss einen nahezu idealen Jahrgang.

Tokaj erlebte ein heißes und trockenes Jahr 2015, was den trockenen Weinen besser tat als den süßen: der Aszú, den es gibt, ist gut, aber es gibt nicht viel. Ein nasser Spätherbst sorgte dafür, dass die botrytisierten Trauben verwässerten und sich nicht mehr für Aszú eigneten. Spätleseweine dagegen sehen gut aus, und die trockenen präsentieren sich frisch, mit guter Säure, ohne aggressiv zu sein.

Die Weine der südlichen Hemisphäre haben einen sechsmonatigen Vorsprung vor den europäischen und entwickeln sich gut: **Neuseeland** hat elegante Rotweine von der Hawke's Bay und Syrahs im Rhône-Stil, während **Südafrikas** Rot- und Weißweine konzentriert und ausgewogen sind.

In **Australien** dürften die Spitzenqualitäten Riesling aus dem Eden und Clare Valley sein, so ziemlich alles aus Adelaide Hills, Chardonnay und Pinot noir aus Victoria, einschließlich dem Yarra Valley und der Mornington Peninsula, sowie Shiraz aus New South Wales. Vom neuen australischen Stil ist Balance und Eleganz zu erwarten.

Alternativen gefällig?

Sie mögen roten Burgunder – probieren Sie Mencía

Roten Burgunder nicht zu mögen ist schwer: diese herrlich reine Frucht des Pinot noir, diese knackigen Tannine, diese faszinierenden Aromen – und diese Präzision, diese Vielschichtigkeit! Doch weil alle ihn lieben, klettert der Preis und klettert und klettert ... und wird so bald nicht wieder herunterkommen. Tatsächlich ist es unmöglich, den gleichen Geschmack und die gleiche Struktur anderswo zu finden, höchsten noch in anderen Pinots – doch wenn Sie sich ein wenig weiter wegbewegen möchten, dann sagen Ihnen vielleicht die Säure und Saftigkeit der Mencía-Traube aus Nordwestspanien etwas. Mit ihren Noten von Himbeere und Schwarzer Johannisbeere und der ansprechenden Griffigkeit der Tannine wird sie immer beliebter. Auch ihre köstliche Süffigkeit ist etwas, was Pinot-Freunde schätzen könnten. Bierzo ist ihre eigentliche Heimat, wo auch alte Reben an Schieferhängen wiederentdeckt werden, doch auch anderswo – in Ribera Sacra, Valdeorras und Monterrei – ist man stolz auf diese Traube. Hüten Sie sich aber vor alkoholstarken Versionen: Am Ende der Traubenreifung kann der Säuregehalt schnell sinken, und solche Weine besitzen keine Balance.

Sie mögen Dolcetto – probieren Sie Cabernet franc

Dolcetto ist der Alltagswein aus dem Piemont – der Rote, den man am Mittwochabend aufmacht, während man sich den Barbaresco und Barolo für Samstag oder Sonntag aufhebt. Der Name suggeriert etwas Kleines, Süßes, aber das ist relativ: Ein guter Dolcetto weist durchaus Substanz auf. Er hat aber auch viel Frische und Wildbeerenfrucht, und er schmeckt – anders als die beiden Platzhirsche der Region – auch jung sehr gut. Cabernet franc, ebenfalls oft jung ein Genuss, ist die frischere, leichtere, aromatischere Alternative zu Cabernet Sauvignon. Mit seinen typischen Himbeernoten wird er immer beliebter in Gegenden, die für den großen Bruder nicht warm genug sind. Frankreichs Hauptregion für Cabernet franc ist die Loire (Saumur-Champigny, Chinon, Bourgueil). In Bordeaux kommt er zwar in St-Émilion ebenfalls häufig vor, wird in der Regel aber mit Merlot und Cabernet Sauvignon verschnitten. Auch Ungarn, Kanada und in den USA die Bundesstaaten Washington und Virginia erzeugen anständige Exemplare.

Sie mögen Châteauneuf – probieren Sie Garnacha

Das ist offensichtlich, oder? Châteauneuf-du-Pape basiert auf Grenache – wobei der Erzeuger die Wahl hat, noch ein Dutzend andere Trauben unterzumischen –, also sollte, wer den einen mag, ja wohl auch das spanische Äquivalent mögen. Allerdings führt es in andere Richtungen. Im diesjährigen Spezial am Ende des Buches beleuchten wir die Entwicklung der Garnacha-Traube, die rundum positiv ist. Selbst das Priorat, immer ein bisschen angstbesetzt für alle, die Eleganz als Tugend verstehen, ändert sich. Heute gibt es Priorat-Weine, die man trinken kann, ohne vorher erst tief Luft holen zu müssen. Jetzt muss nur noch der Châteauneuf seine Eleganz wiederfinden. Einige der Weine haben sie natürlich nie verloren.

Sie mögen Sancerre – probieren Sie Albariño

Sancerre gehört zu den Ikonen des Weins – ein Weißer, der Wein-Laien oft als Notanker dient, wenn sie im Restaurant aus einer umfangreichen Weinkarte auswählen müssen. Sancerre ist heute besser denn je: Eine neue Generation von Winzern konzentriert sich auf das Terroir und bringt salzige, zitrusfruchtige, reintönige Weine hervor, aus denen die Kreide oder der Feuerstein des Bodens ihrer Herkunft durchscheint, und die zudem wunderbar altern. Nach fünf Jahren bekommt die Frucht etwas Honigartiges, ohne die erfrischende Salznote zu verlieren. Albariño liegt im selben Geschmacksspektrum. Seine spanische Heimat, das am Atlantik gelegene Rías Baixas, liegt mehr auf Granit als auf Kreide, doch die Säure ist da und bildet ein elegantes Rückgrat für Noten von Salz und Orangenschale sowie manchmal einen Anflug von nasser Erde – der Geruch von Erde nach einem Regenschauer. Es sind schön gefügte, feste, präzise, aromatische Weißweine, die bis zu zehn Jahre alt werden können und nur etwa 12,5% Alkohol haben. Aber Achtung: einige Albariños wurden jüngst aufgesüßt, um Gelegenheitskäufer anzulocken.

Sie mögen Champagner – probieren Sie englischen Schaumwein

Da muss man nicht lange überlegen, klar. Die gleichen Trauben, dieselbe Bereitungsmethode, manchmal auch der gleiche Bodentyp. Und auch die Preise sind oft vergleichbar. Wie viele Verkostungen hat es nicht schon gegeben, um ein für alle Mal zu beweisen, dass englischer Schaumwein sogar besser ist als Champagner? Vergessen Sie sie. Blindverkostungen beweisen alles und nichts. Probieren Sie lieber selbst: Typisch für den Geschmack von Champagner ist nicht die Frucht, sondern die Note von frischem Brot, die von der Hefesatzlagerung herrührt, plus die elastische Säure, die aus dem Kreideboden kommt. Dazu geben Sie dann noch weiße Blüten, kandierte Früchte, Mandarinenschale, Nüsse … Englands Weingärten liegen meist nicht auf Kreideboden, was eine andere Säure ergibt – aber da ist sie zweifellos. Dazu beruhen englische Schaumweine häufig auf Chardonnay, das heißt, sie sind tendenziell schlanker und erhalten eine recht kleine Dosage. Der Zauber liegt in ihrer Obstgartenfrische – sehr englisch und im Bestfall einfach wunderbar. Die Qualität ist uneinheitlich, und viele Erzeuger lernen noch dazu, aber die Einträge auf den Seiten 291–293 sollten Ihnen helfen, die Spreu vom Weizen zu trennen.

Sie mögen Gewürztraminer – probieren Sie Torrontés

Die Rede ist von außerordentlich aromatischen Weinen, die nach Rosen und Gesichtscreme riechen, nach Litschis und süßen Gewürzen. Am aromatischsten ist Gewürztraminer im Elsass, wo alles eine Gewürznote hat und irgendwie opulent ist. Gewürztraminer von hier kann eine Textur wie Rosenöl und eine unverwechselbare Komplexität haben – sowie, idealerweise, genug Säure für die Balance. Es ist nämlich keine ausgesprochen säurereiche Traube. Andere Traminer duften eher weniger stark – dass der Zusatz »Gewürz« im Namen fehlt, spricht für sich. Doch selbst in Neuseeland, wo einige sehr schöne Gewürztraminer entstehen, scheint man sich zu scheuen, wirklich Vollgas zu geben. Eine Alternative ist die argentinische Torrontés, wenn Sie die Aromen etwas mädchenhafter serviert bekommen möchten. Die Traube hat eindeutig etwas von Muscat und weniger Gewicht, mehr Rosen, ein bisschen Lufterfrischer und Seife, im positiven Sinn. (Es gibt natürlich auch Weine dieser Sorte, die machohafter sind). Trinken Sie den Wein gut gekühlt an einem Sommerabend.

Rebsorten

In den vergangenen zwei Jahrzehnten vollzog sich allenthalben ein grundlegender Wandel, von dem nur die Weinländer mit der längsten Tradition ausgenommen waren. Mit einem Schlag wurden die Namen einer Handvoll Rebsorten zur geläufigen Bezeichnung für die verschiedenen Weine. In den alten Weinländern dagegen, insbesondere in Frankreich und Italien, bezeichnet man alle seit Langem renommierten Weine weiterhin mehr oder weniger genau nach ihrem Herkunftsgebiet, weniger nach der Traube, aus der sie gekeltert wurden.

Gegenwärtig liegen die beiden Bezeichnungsmöglichkeiten im Wettstreit miteinander. Am Ende dürfte sich die Herkunftsbezeichnung gegenüber der Rebsorte wieder durchsetzen, zumindest für Qualitätsweine. Im Augenblick allerdings ist die Traubensorte und ihr Geschmack für viele Weinfreunde der einfachste und wichtigste Bezugspunkt – ungeachtet der Tatsache, dass der Geschmack oft durch die Eichenholzkomponente nicht unerheblich verändert wird. Käme es nur auf das Traubenaroma an, dann wäre dieses Buch um einiges schmaler.

Gleichwohl spielt die Traubensorte eine wichtige Rolle, und darüber Bescheid zu wissen kann helfen, neue Geschmacksnuancen zu entdecken und Vergleiche zwischen den Regionen anzustellen. Daher ist auch der zuerst in Kalifornien entstandene Begriff »sortenreiner Wein« sinnvoll, unter dem man Wein versteht, der grundsätzlich aus nur einer Traubensorte bereitet wurde.

Bei mindestens sieben Sorten – Cabernet Sauvignon, Pinot noir, Riesling, Sauvignon blanc, Chardonnay, Gewürztraminer und Muscat – sind Geschmack und Duft so eindeutig, dass sie zu internationalen Unterscheidungskategorien geworden sind. Dasselbe gilt für Merlot, Malbec, Syrah, Sémillon, Chenin blanc, Pinot blanc, Pinot gris, Silvaner, Viognier, Nebbiolo, Sangiovese, Tempranillo … Hier nun folgen die besten bzw. beliebtesten Rebsorten.

ANMERKUNG: Alle Verweise auf Rebsorten und deren Synonyme in anderen Kapiteln dieses Buchs beziehen sich auf dieses Kapitel.

Trauben für Rotwein

Agiorgitiko (Aghiorgitiko) Griechische Sorte; ursprünglich aus der Nemea-Region, heute aber fast überall angebaut. Vielseitig und köstlich, von weich und charmant bis dicht und alterungswürdig. Unbedingt probieren.

Aglianico Süditalienische Traube, aus der u. a. der Taurasi bereitet wird: dunkle, tiefgründige Weine, derzeit sehr in Mode.

Alicante Bouschet Galt früher wenig; ist nun beliebt im Alentejo und in Chile, v. a. von alten Reben.

Aragonez Siehe TEMPRANILLO.

Auxerrois Für Rotwein siehe MALBEC. Die weiße Auxerrois hat einen eigenen Eintrag bei den Trauben für Weißwein.

Băbească Neagră Die traditionelle »schwarze Großmuttertraube« aus der Moldau-Region liefert rubinrote Weine mit leichtem Körper.

Babić Rotweinsorte aus Dalmatien, wächst in steinigen Lagen an der Küste bei Šibenik. Enormes Potenzial für hohe Qualität.

Baga Portugiesische Rotweintraube (Bairrada). Dunkel, tanninreich – großes Potenzial, aber schwierig im Weinberg.

Barbera Weit verbreitete Rebsorte in Italien, am besten im Piemont. Viel Säure, wenig Tannin, Kirschfrucht. Weine gibt es von seriös mit Barriqueausbau bis halbsüß und perlend. Auch in Kalifornien und Australien in Mode; vielversprechend in Argentinien.

Blauburger Österreichische Kreuzung von BLAUEM PORTUGIESER mit BLAUFRÄNKISCH. Einfache Weine.

Blauburgunder Siehe PINOT NOIR.

Blauer Portugieser Mitteleuropäische Sorte, v. a. in Deutschland (Rheinhessen, Pfalz, meist für Rosé), Österreich, Ungarn. Leichte, fruchtige Rotweine; jung und leicht gekühlt trinken.

Blaufränkisch (Kékfrankos, Lemberger, Modra Frankinja) Im österreichischen Mittelburgenland weitverbreitet. Mittelschwere Weine mit pfeffriger Säure, einer charakteristisch salzigen Note sowie Beeren- und Eukalyptusaromen. Häufig mit CABERNET SAUVIGNON oder ZWEIGELT verschnitten. Heißt in Deutschland Lemberger, in Ungarn Kékfrankos, in Slowenien Modra Frankinja.

Bogazkere Tanninreiche türkische Sorte, liefert körperreiche Weine.

Bonarda Mehrdeutiger Name. Im italienischen Oltrepò Pavese nennt man so die Croatina und erzeugt milden, frischen roten Frizzante und Stillwein aus ihr. In der Lombardei und der Emilia-Romagna ist es ein Synonym für die Uva rara. Wieder anders im Piemont. Bonarda aus Argentinien kann beides sein – oder etwas ganz anderes. Großartig ist keine.

Bouchet Anderer Name für CABERNET FRANC in St-Émilion.

Brunello Anderer Name des SANGIOVESE, großartig in Montalcino.

Cabernet franc Die geringere der beiden in Bordeaux angebauten Cabernet-Sorten; herrscht jedoch in St-Émilion vor. Übertrumpft CABERNET SAUVIGNON an der Loire (Chinon, Saumur, Champigny und Roséwein), in Ungarn (Tiefe und Komplexität in Villány and Szekszárd) und oft in Italien. Viele Reben in Nordostitalien, die man für Cabernet franc gehalten hatte, entpuppten sich als CARMENÈRE. Überall auf der Welt in Bordeaux-Verschnitten mit Cabernet Sauvignon und MERLOT verwendet.

Cabernet Sauvignon Traube mit großem Charakter, langsam reifend, würzig, kräuterduftig, gerbstoffreich, Aroma von Schwarzen Johannisbeeren. Die Hauptsorte im Médoc; liefert meist auch die besten kalifornischen, südamerikanischen und osteuropäischen Rotweine. Verträgt sich gut mit Shiraz in Australien. Wird nahezu überall angebaut und leitete etwa in Italien eine Weinrenaissance ein. Spitzenweine brauchen Zeit zum Reifen. Cabernet Sauvignon gewinnt in Verschnitten z. B. mit MERLOT, CABERNET FRANC, SYRAH, TEMPRANILLO, SANGIOVESE usw. Liefert auch aromatischen Rosé.

Cannonau Sardische Form der GRENACHE: meist sehr gut und stark.

Carignan (Carignane, Carignano, Cariñena) Weine von alten Reben mit geringem Ertrag sind überall von Südfrankreich bis Chile schwer in Mode; am besten in Corbières: sehr tiefgründig und lebhaft. Bei hohem Ertrag flach und harmlos. In Nordafrika, Spanien (als Cariñena) und Kalifornien verbreitet.

Carignano Siehe CARIGNAN.

Cariñena Siehe CARIGNAN.

Carmenère Eine alte Rebsorte aus Bordeaux, jetzt ein Star in Chile (dort »Carminjer« oder auch »Carminaire« ausgesprochen) für volle, tiefe Weine. Wird auch in Bordeaux wieder beachtet.

Castelão Siehe PERIQUITA.

Cencibel Siehe TEMPRANILLO.

Chiavannasca Siehe NEBBIOLO.

Cinsault (oder Cinsaut) Bedeutend in Südfrankreich; sehr gut bei niedrigen Erträgen, sonst Massenprodukt. Erbringt guten Rosé. Elternteil von PINOTAGE.

Cornalin du Valais Schweizer Spezialität mit großem Potenzial, v. a. im Wallis.

Corvina Dunkle, würzige Traube, eine der besten im Valpolicella-Verschnitt. Die noch dunklere Corvinone ist eine eigene Rebsorte.

Côt Siehe MALBEC.
Dolcetto Liefert im Piemont süffige, milde, trockene Rotweine. Heute groß in Mode.
Dornfelder In Deutschland, Teilen der USA und England angebaute Sorte, die angenehm leichte, einfache, in der Regel rustikale dunkle Weine erbringt. Die Rebfläche in Deutschland hat sich seit dem Jahr 2000 verdoppelt.
Duras Die nur in Gaillac und Teilen des Tarn-Tals (Südwestfrankreich) vorkommende Sorte liefert pfeffrig-würzige, strukturierte Weine.
Fer Servadou Kommt nur in Südwestfrankreich vor; heißt in Marcillac auch Mansois, in Gaillac Braucol und in St-Mont Pinenc. Duftet nach roten Sommerfrüchten und Gewürzen.
Fetească neagră »Schwarze Mädchentraube«. Die rote Fetească hat das Zeug dazu, Rumäniens Paradestück zu werden. Kann tiefgründige, körperreiche Rotweine mit viel Charakter ergeben. Zunehmende Anbauflächen.
Frühburgunder Alte deutsche Mutation von Spätburgunder (PINOT NOIR), die man vor allem an der Ahr findet, aber auch in Franken und in Württemberg, wo man sie verwirrenderweise als Clevner kennt. Nicht so säurereich wie Pinot noir.
Gamay Die Beaujolais-Traube: sehr leichter, duftiger Wein, jung am besten, außer in den teilweise sehr guten Beaujolais-Crus (siehe Kapitel »Frankreich«), die 2–10 Jahre alt werden können. Wird an der Loire, in Zentralfrankreich, in der Schweiz und in Savoyen angebaut. Kalifornischer Napa Gamay ist in Wirklichkeit Valdiguié (Gros Auxerrois).
Gamza Siehe KADARKA.
Garnacha Siehe GRENACHE.
Garnatxa Siehe GRENACHE.
Graciano Die spanische Sorte zählt zu den traditionellen Rioja-Zutaten. Veilchenaroma, tanninreich, schlanke Struktur, ein bisschen wie Petit Verdot. Im Anbau schwierig, doch immer mehr in Mode.
Grenache (Cannonau, Garnatxa, Garnacha) Weit verbreitete, blassfarbige, kraftvolle Traube, extrem beliebt bei *terroiristes*, da sie den Lagencharakter sehr gut ausdrückt. Auch gut für Rosé und Vin doux naturel. Wird in Südfrankreich, Spanien und Kalifornien angebaut und bildet die Hauptingredienz des mächtigen Priorat. Weine von alten Reben erfreuen sich in South Australia höchster Anerkennung. Meist in Verschnitten mitverarbeitet. Heißt Cannonau in Sardinien, Garnacha in Spanien, Garnatxa auf Katalanisch.
Grignolino Italienische Sorte; liefert im Piemont guten Alltagswein.
Kadarka (Gamza) Erbringt in Osteuropa würzige, leichte Rotweine. Wurde in Ungarn v. a. für Bikavér wiederbelebt.
Kalecik Karasi Türkische Sorte mit Sauerkirschnote, frisch, geschmeidig. Ein bisschen wie GAMAY. Jung trinken.
Kékfrankos Ungarisch für BLAUFRÄNKISCH.
Lagrein Norditalienische Sorte: dunkel, bitter im Abgang, volle Pflaumennote. DOC in Südtirol (siehe Kapitel »Italien«).
Lambrusco Ertragreiche Sorte in der unteren Po-Ebene, erbringt lebendigen, lieblichen, perlenden, ausgesprochen italienischen Rotwein.
Lefkada Wiederentdeckte autochthone Sorte aus Zypern, von besserer Qualität als MAVRO. Wird wegen ihrer aggressiven Tannine meist verschnitten.
Lemberger Siehe BLAUFRÄNKISCH.
Malbec (Auxerrois, Côt) In Bordeaux in geringem Maß angebaut, in Cahors (als Auxerrois) und besonders in Argentinien verbreitet. Dunkler, dichter, gerbstoffreicher, aber fleischiger Wein mit echtem Qualitätspotenzial. Exemplare von hoch gelegenen Weinbergen aus Argentinien sind das Allergrößte. So kommt Cahors wieder in Mode.
Maratheftiko Dunkle zyprische Traube mit Qualitätspotenzial.
Mataro Siehe MOURVÈDRE.

Mavro Zyperns meistangebaute dunkle Traube, aber nur passable Qualität. Am besten für Rosé geeignet.

Mavrodaphne Griechische Rebsorte, die üblicherweise für gespritete Süßweine verwendet wird, wörtlich »schwarzer Lorbeer«. Eine Spezialität der Region Patras, wird aber auch auf Kefallonia angebaut. Trockene Versionen werden immer häufiger erzeugt und sind sehr vielversprechend.

Mavrotragano Nahezu ausgestorbene, nun aber auf Santorini wiederbelebte erstklassige griechische Traube.

Mavrud Gilt als Bulgariens beste Rebsorte, in Thrakien heimisch und spät reifend. Bringt alterungsfähige dunkle Rotweine mit Pflaumenaroma hervor.

Melnik Bulgarische Traubensorte aus der gleichnamigen Region. Dunkle Weine mit angenehm dichtem Sauerkirschcharakter, die gut altern können.

Mencía Schlägt derzeit Wellen im spanischen Bierzo. Aromatische Weine mit stahligen Tanninen und viel Säure.

Merlot Die Traube hinter den großen, duftigen, pflaumenwürzigen Weinen von Pomerol und (zusammen mit CABERNET FRANC) von St-Émilion; unabdingbar im Médoc. Merlot ergibt in Kalifornien, Washington, Chile und Australien weiche und starke (Mode-)Weine; leichtere, häufig gute Tropfen kommen aus Norditalien (in der Toskana teils Weltklasse), der italienischen Schweiz, Slowenien, Argentinien, Südafrika, Neuseeland usw. Die Anpassungsfähigkeit tut ihr nicht immer gut, manche Weine können auch ziemlich mies sein. Schmeckt grün, wenn sie nicht ganz reif ist. Sehr verbreitet in Osteuropa, v. a. in Rumänien.

Modra Frankinja Siehe BLAUFRÄNKISCH.

Modri Pinot Siehe PINOT NOIR.

Monastrell Siehe MOURVÈDRE.

Mondeuse Vorkommen in Savoyen; dunkle Farbe, gute Säure. Mit SYRAH verwandt.

Montepulciano Die dunkle Rotweintraube ist vorherrschend in den italienischen Abruzzen und bedeutend entlang der Adriaküste von den Marken bis in den Süden Apuliens. Die gleichnamige bekannte toskanische Stadt hat nichts mit der Traube zu tun.

Morellino Synonym für SANGIOVESE in der südtoskanischen Maremma, v. a. Scansano.

Mourvèdre (Mataro, Monastrell) Ein Star in Südfrankreich (z. B. Bandol) Australien (alias Mataro) und Spanien (alias Monastrell). Exzellente dunkle, aromatische, tanninstarke Traube, die sich gut in Verschnitten macht. Erfreut sich auch in South Australia und Kalifornien wachsender Beliebtheit.

Napa Gamay Identisch mit der südfranzösischen Sorte Valdiguié. Nichts, worüber man ins Schwärmen geraten könnte.

Nebbiolo (Spanna, Chiavennasca) Eine der besten roten Trauben Italiens für Barolo, Barbaresco, Gattinara und Valtellina. Intensiv, edle Frucht, volles Bukett, stahlige Tannine – gewinnt durch jahrelanges Altern.

Negoramaro Wörtlich »schwarzer Bitterer«. Apulische Traube mit Zeug entweder zu Qualität oder zu Quantität.

Nerello mascalese Sizilianische Rotweinsorte mit Charakter, Potenzial für Eleganz.

Nero d'Avola Dunkelrote Traube aus Sizilien, deren Qualitätsniveau von großartig bis industrielle Massenerzeugung reicht.

Nielluccio Korsische Sorte; säure- und tanninreich. Gut für Rosé.

Öküzgözü Türkische Rebsorte, die weiche, fruchtige Rotweine liefert. Oft mit BOĞASKERE verschnitten, so wie man in Bordeaux MERLOT mit CABERNET SAUVIGNON verschneidet.

País Spanische Pionier-Traube auf dem amerikanischen Kontinent. Rustikale Weine; einige Erzeuger geben sich jetzt mehr Mühe.

Pamid Traube für leichten, weichen Alltagsrotwein aus Bulgarien.

Periquita (Castelão) In Portugal verbreitet, insbesondere um Setúbal. Nach der beliebten (eingetragenen) Marke von Fonseca ursprünglich Periquita genannt; der offizielle Name ist aber Castelão. Liefert feste Rotweine mit Himbeeraroma, im Alter entwickeln sich Feigen- und Teernoten.

Petite Sirah Traube für rustikale, tanninreiche dunkle Weine, glänzt in Kalifornien in Verschnitten mit ZINFANDEL. Vorkommen auch in Südamerika, Mexiko und Australien. Hat nichts mit SYRAH zu tun.

Petit Verdot Ausgezeichnete, aber schwierige Traube im Médoc, weltweit in CABERNET-Gebieten angepflanzt, um Duftigkeit beizusteuern. Wird meist verschnitten, es gibt aber auch einige sehr gute sortenreine Weine, v. a. in Virginia.

Pinotage Südafrikanische Kreuzung (PINOT NOIR x CINSAULT). Genoss mal mehr, mal weniger Ansehen, wird bei Spitzenerzeugern aber besser. Auch guter Rosé. »Coffee Pinotage« ist leicht süß, mit Espressonote und hat ein junges Publikum als Zielgruppe.

Pinot Crni Siehe PINOT NOIR.

Pinot Meunier (Schwarzriesling) Die dritte Traube der Champagnerproduktion, von manchen verachtet, von den meisten verwendet. Hat weniger Säure als PINOT NOIR, deshalb unverzichtbar für den Verschnitt. Wird an vielen Orten angebaut und entweder weiß oder als Schaumwein vinifiziert, gelegentlich sogar (z. B. Württemberger Schwarzriesling) als stiller Rotwein. Samtrot ist eine lokale Württemberger Variante.

Pinot noir (Spät- oder Blauburgunder, Modri Pinot, Pinot Crni) Die große Burgundertraube der Côte d'Or hat in Bukett, Geschmack und Fülle nicht ihresgleichen. Neuere Bemühungen in Deutschland zeigten exzellente Ergebnisse. Sehr gut auch in Österreich, v. a. im Kamptal, im Burgenland und in der Thermenregion. Leichte Weine in Ungarn, durchschnittlich und leicht bis mittelgewichtig in der Schweiz (alias Clevner). Ausgezeichnete Ergebnisse in Sonoma, Carneros und an der Central Coast (Kalifornien), in Oregon, in Ontario, im Yarra Valley und in den Adelaide Hills (Australien), in Tasmanien, auf der Südinsel Neuseelands (Central Otago) und in Südafrika (Walker Bay). Auch in Chile ein paar sehr hübsche Weine. Neue französische Klone lassen auf Verbesserungen in Rumänien hoffen. In Slowenien liefert sie als Modri Pinot die wohl besten Roten des Landes. Die besten Ergebnisse in Italien kommen aus dem Nordosten, Richtung Süden nimmt die Qualität zunehmend ab. PINOT BLANC und PINOT GRIS sind Mutationen von Pinot noir.

Plavac Mali (Crljenak) Kroatische Rotweintraube, verwandt mit ZINFANDEL. Gutes Potenzial für hochklassige und langlebige Weine, kann aber auch sehr alkoholstark und stumpf ausfallen.

Primitivo Süditalienische Traube, aus Kroatien stammend, die ausladende, rustikale Weine ergibt. Der Name bedeutet nicht »primitiv«, sondern »früh reifend«. Jetzt in Mode, da Primitivo genetisch identisch ist mit ZINFANDEL – ursprünglich hießen die beiden Sorten wohl Tribidag.

Refosco (Refošk) Etliche italienische DOCs, v. a. in den Colli Orientali. Ergibt tiefe, hocharomatische, lagerfähige Weine, v. a. in wärmerem Klima. Dunkel, säurereich. Die Refošk in Slowenien und weiter östlich ist genetisch nicht identisch, schmeckt aber ähnlich.

Refošk Siehe REFOSCO.

Rubin Bulgarische Kreuzung (NEBBIOLO x SYRAH), pfeffrig und körperreich.

Sagrantino Italienische Sorte mit Hauptvorkommen in Umbrien; liefert kräftige Weine mit Kirschnote.

St. Laurent Dunkle, geschmeidige und hocharomatische österreichische Spezialität. Kann leicht und saftig, aber auch tiefgründig und strukturiert sein. Auch in der Pfalz anzutreffen.

Sangiovese (Brunello, Morellino, Sangioveto) Die wichtigste Rotweintraube der Toskana und Mittelitaliens. Nicht einfach im Anbau, doch wenn man sie richtig behandelt, ergibt sie vorzügliche, langlebige Weine. Vorherrschend in Chianti, Vino Nobile, Brunello di Montalcino, Morellino di Scansano und verschiedenen feinen IGT-Weinen. Auch in Umbrien (z. B. Montefalco und Torgiano) und jenseits der Apenninen in der Romagna und in den Marken zu finden. Weniger gut geht es ihr in den wärmeren, niedriger gelegenen Weinbergen an der toskanischen Küste oder in anderen Gegenden Italiens (obwohl sie fast allgegenwärtig ist). Auch in Australien interessant.

Sangioveto Siehe SANGIOVESE.

Saperavi Die wichtigste Rotweinsorte Georgiens, der Ukraine usw. Wird gern mit CABERNET SAUVIGNON verschnitten (v. a. in Moldawien). Das enorme Potenzial wird leider nur selten umgesetzt.

Schiava Siehe TROLLINGER.

Schwarzriesling Württemberger Name für PINOT MEUNIER.

Sciacarello Korsische Sorte mit Kräuter- und Pfeffernote; nicht sehr tanninstark.

Shiraz Siehe SYRAH.

Spanna Siehe NEBBIOLO.

Spätburgunder Name für PINOT NOIR in Deutschland.

Syrah (Shiraz) Die große Traube der Rhône erbringt tanninreichen, pfeffrigen, purpurroten Wein, der sich superb entwickeln kann. In Australien als Shiraz von großer Bedeutung. Unter beiden Namen in Chile und Südafrika immer besser, wunderbar in Neuseeland (v. a. Hawke's Bay). Sehr weit verbreitet.

Tannat Gerbstoffreiche Traube mit Himbeerduft, die fest strukturierten Rotweinen aus Südwestfrankreich wie Madiran oder Tursan Kraft verleiht. Auch für Rosé. In Uruguay jetzt ein Star.

Tempranillo (Aragonez, Cencibel, Tinto fino, Tinta del País, Tinta Roriz, Ull de Llebre) Die aromatische, feine, früh reifende Rioja-Traube heißt in Katalonien Ull de Llebre, in La Mancha Cencibel, in Ribera del Duero Tinto fino, in Kastilien Tinta del País, am Douro Tinta Roriz und in Südportugal Aragonez. Wird jetzt auch in Australien angebaut. Groß in Mode; erbringt elegante Weine in kühlem, mächtige in heißem Klima. Die Trauben reifen früh, die Weine können lange altern.

Teran (Terrano) Naher Verwandter der REFOSCO; wächst v. a. auf Kalkstein (Karst) in Slowenien.

Teroldego Rotaliano Die beste einheimische Rebsorte des Trentino erbringt anspruchsvollen, gehaltvollen Wein; v. a. auf dem flachen Campo Rotaliano.

Tinta Amarela Siehe TRINCADEIRA.

Tinta del País Siehe TEMPRANILLO.

Tinta Negra (Negramoll) Bis vor Kurzem Tinta Negra Mole genannt. Die meistangepflanzte rote Rebsorte in Madeira, sehr produktiv und Hauptbestandteil der billigeren Madeira-Weine. Kommt jetzt in Colheitas zu ihrem Recht (siehe Portugal).

Tinta Roriz Siehe TEMPRANILLO.

Tinto fino Siehe TEMPRANILLO.

Touriga Nacional Rote Traube der Spitzenklasse für Port; am Douro mehr und mehr auch für blumige, stilvolle Tischweine verwendet. Bei der australischen Touriga handelt es sich in der Regel um dieselbe Sorte, die kalifornische kann auch Touriga Franca sein.

Trincadeira (Tinta Amarela) Sehr gute rote Traube im Alentejo (Portugal) für würzige Weine. Am Douro als Tinta Amarela bekannt.

Trollinger (Schiava, Vernatsch) In Württemberg beliebte hellrote Traube, in Südtirol Vernatsch/Schiava genannt. Umfasst eine ganz Gruppe von Rebsorten, die nicht unbedingt miteinander verwandt sind. In Italien lebhafte, schmissige Weine.

Vernatsch Siehe TROLLINGER.

Xinomavro Griechenlands Antwort auf NEBBIOLO; der Name bedeutet »säuerlich schwarz«. Dient als Grundlage für Naoussa, Rapsani, Goumenissa und Amindeo. Auch etwas stiller und schäumender Rosé. Hervorragende Qualität, Jahrzehnte haltbar. Wird auch in China ausprobiert.

Zinfandel Vielseitige, fruchtige Sorte aus Kalifornien mit (manchmal metallischem) Brombeeraroma. Kann strukturiert und überaus üppig geraten und hält sich dann jahrzehntelang, wird aber auch weiß bzw. hellrosa *(blush)* gekeltert und ist dann üblicherweise süß und marmeladig. Genetisch identisch mit der süditalienischen PRIMITIVO.

Zweigelt (Blauer Zweigelt) Kreuzung aus BLAUFRÄNKISCH X ST. LAURENT; in Österreich beliebt für aromatische, dunkle, geschmeidig-samtige Weine. Wird auch in Ungarn und Deutschland angebaut.

Trauben für Weißwein

Airén Sorte für Massenweine aus La Mancha, Spanien; bei guter Bereitung frisch.

Albariño (Alvarinho) Spaniens schicke und teure Sorte liefert Weine mit guter Säure und Aprikosenduft. Hervorragend in Rías Baixas, taucht aber zunehmend auch anderso auf. Wird nicht überall dem Hype gerecht, der um sie gemacht wird. Ebenso gut in Portugal als Alvarinho mit aromatischem Vinho Verde, v. a. in Monção and Melgaço.

Aligoté Die zweitwichtigste weiße Traube in Burgund. Scharfer, jung zu trinkender Wein; mit Cassis (Schwarzem Johannisbeerlikör) zum Kir gemixt, ist er hervorragend. Die Sorte ist auch in Osteuropa, v. a. in Russland, verbreitet.

Alvarinho Portugiesisch für ALBARIÑO.

Amigne Schweizer Spezialität mit Tradition im Wallis, die auf insgesamt 43 ha angebaut wird, v. a. in Vétroz. Körperreiche, schmackhafte Weine, oft mit etwas Restsüße, manchmal sehr trocken.

Ansonica Siehe INSOLIA.

Arinto Portugiesische Traube, die in Bucelas sehr aromatische, zitrusduftige Weine erbringt und, v. a. im Alentejo, Verschnitten Spritzigkeit verleiht.

Arneis Aromatische Traube aus Nordwestitalien mit Apfel-/Pfirsicharoma, die hohe Preise erzielt. Im Roero (Piemont) wurde eine DOCG für sie eingerichtet, in den Langhe eine DOC.

Arvine Seltene, aber exzellente Schweizer Spezialität aus dem Wallis (auch Petite Arvine genannt). Wird trocken oder süß ausgebaut und bringt frische, elegante Weine mit langem, leicht salzigem Abgang hervor.

Assyrtiko Sorte aus Santorini; eine der besten Weißweintrauben des Mittelmeerraums mit schöner Balance von Kraft, Mineralität, Extrakt und kräftiger Säure. Potenziell langlebige Weine, die die Welt erobern könnten …

Auxerrois Roter Auxerrois ist ein Synonym für MALBEC, während weißer Auxerrois eher wie eine fettere, würzigere Version von PINOT BLANC wirkt. Im Elsass häufig für Crémant verwendet; kommt auch in Deutschland vor.

Beli Pinot Siehe PINOT BLANC.

Blanc fumé Siehe SAUVIGNON BLANC.

Boal Siehe BUAL.

Bourboulenc Ergibt, ebenso wie die seltene Rolle-Rebe, einige der besten Weine des Midi.

Bouvier Indigene österreichische aromatische Traubensorte, besonders gut für Beeren- und Trockenbeerenauslesen; wird selten trocken ausgebaut.

Bual (Boal) Liefert hochwertigen süßen Madeira, weniger voll als MALMSEY.

Carricante Italienische Sorte, Hauptzutat im Etna Bianco. Gewinnt wieder an Boden.

Catarratto Die ertragreiche Weißweintraube ist in ganz Sizilien anzutreffen, v. a. im Westen in der DOC Alcamo.

Cerceal Siehe SERCIAL.

Chardonnay (Morillon) Die weiße Traube von Burgund und der Champagne, jetzt weltweit allgegenwärtig – z. T. auch, weil sie so leicht an- und auszubauen ist. Auch eine Mâcon-Villages-Gemeinde heißt so. Die Mode für überholzte Karamellbonbon-Versionen ist glücklicherweise vorüber. In der Steiermark Morillon genannt.

Chasselas (Fendant, Gutedel) Schweizer Rebsorte (ursprünglich aus dem Waadtland). Im Geschmack neutral, aber je nach Terroir mit starkem lokalem Charakter, der von elegant (Genf), finessenreich-vollmundig (Waadt) bis zu kräftig-rassig (Wallis) reicht. Im Wallis wird sie Fendant genannt. Fast ein Drittel der Schweizer Weine sind von Chasselas, die Traube wird jedoch mehr und mehr von anderen Sorten verdrängt. Heißt Gutedel in Deutschland und wird v. a. in Südbaden angebaut. In anderen Gegenden meist eine Tafeltraube.

Chenin blanc Die großartige weiße Traube an der mittleren Loire (Vouvray, Layon usw.). Ergibt trockenen bis lieblichen (sogar süßen) Wein, doch stets mit reichlich Säure. Wurde in Südafrika früher Steen genannt und erbringt dort viele gewöhnliche, im Bestfall aber sehr edle Weine. In Kalifornien kann sie sich gut schlagen, doch macht man sich dort nicht die Mühe.

Cirfandl Siehe ZIERFANDLER.

Clairette Schwach säurehaltige Sorte; in Südfrankreich wichtig und in vielen Verschnitten zu finden. Verbesserte Weinbereitungsmethoden wirken sich positiv aus.

Colombard Leicht fruchtige, angenehm säuerliche Traube, aus der man in Südafrika, Kalifornien und Südwestfrankreich Alltagsweine bereitet, oft in Verschnitten.

Dimiat Stark duftende bulgarische Sorte, die trocken oder halbtrocken ausgebaut oder zur Destillation verwendet wird. Hat weit mehr Synonyme, als eine Traube je braucht.

Ermitage Schweizer Name für MARSANNE.

Ezerjó Sinngemäß etwa »tausend Segnungen«. Ungarische Rebsorte mit scharfer Säure.

Falanghina Die historische italienische Traube aus dem kampanischen Bergland erbringt gute, dichte, aromatische trockene Weißweine.

Fendant Siehe CHASSELAS.

Fernão Pires Siehe MARIA GOMES.

Feteascǎ albǎ/regalǎ Rumänien hat zwei Weißweinsorten namens Feteascǎ, beide mit leichtem, an MUSCAT erinnerndem Aroma. Feteascǎ regalǎ, eine Kreuzung aus Feteascǎ albǎ und GRASǍ, besitzt mehr Finesse und eignet sich gut für Spätleseweine. FETEASCǍ NEAGRǍ ist eine Rotweinsorte.

Fiano Qualitätstraube, ergibt im süditalienischen Kampanien würzige Weine mit Pfirsichnote.

Folle blanche (Gros Plant) Viel Säure, wenig Aroma, ideal für Branntwein. Heißt in der Bretagne Gros Plant, in Armagnac Picpoul, obwohl keine Verwandtschaft mit der echten PICPOUL besteht. Auch in Kalifornien angesehen.

Friulano (Sauvignonasse, Sauvignon vert) NorditalienischeTraube für frische, pikante, subtil florale Weißweine, am besten in den Gebieten Collio, Isonzo und Colli Orientali. Hieß früher Tocai friulano. Im benachbarten Slowenien Sauvignonasse genannt, ebenso in Chile, wo die Sorte lange mit SAUVIGNON BLANC verwechselt wurde. Der ehemalige Tocai aus Venetien heißt jetzt Tai.

Fumé blanc Siehe SAUVIGNON BLANC.

Furmint (Šipon) Ausgezeichnete, charaktervolle Rebe, das Gütezeichen Ungarns sowohl als Haupttraube im Tokajer als auch in lebendigen, kräftigen Tafelweinen, die manchmal mineralisch, manchmal mit Aprikosennote und manchmal beides sind. In Slowenien unter der Bezeichnung Šipon. Auch in Rust in Österreich trocken und süß ausgebaut.

Garganega Die beste Traube im Soave-Verschnitt, auch in Gambellara. Spitzenweine, v. a. süße, altern vorzüglich.

Garnacha blanca (Grenache blanc) Die weiße Ausgabe der GRENACHE/Garnacha, sehr verbreitet in Spanien und Südfrankreich. Säurearm; kann recht harmlos, aber auch überraschend gut ausfallen.

Gewürztraminer (Traminac, Traminec, Traminer, Tramini) Eine der ausdrucksvollsten Trauben, identisch mit SAVAGNIN; ausgesprochen würzig, erinnert an Rosenblüten, Gesichtscreme, Litschis und Grapefruit. Die Weine sind oft voll und weich, selbst wenn sie trocken ausgebaut sind. Am besten im Elsass; auch gut in Deutschland (Baden, Pfalz, Sachsen), Osteuropa, Australien, Kalifornien, im pazifischen Nordwesten und in Neuseeland. Kann als »Traminer« (oder Varianten davon) etikettiert relativ unaromatisch ausfallen. Trockene Versionen in Italien heißen Traminer aromatico. Außerhalb deutschsprachiger Länder oft ohne Umlaut »Gewurztraminer« geschrieben.

Glera Glanzloser neuer Name für die Prosecco-Traube; Prosecco nennt man nur noch den Wein.

Godello Erstklassige Rebsorte in Nordwestspanien; erbringt intensive, mineralische Weine. Im portugiesischen Dão heißt sie Verdelho, ist aber nicht verwandt mit der echten VERDELHO.

Grasă (Kövérszőlő) Rumänische Sorte; der Name bedeutet »fett«. Anfällig für Botrytis. Die wichtigste Traube in Cotnari, kann herrliche Süßweine hervorbringen. Wird im ungarischen Tokaj unter dem Namen Kövérszőlő angebaut.

Graševina Siehe WELSCHRIESLING.

Grauburgunder Siehe PINOT GRIS.

Grechetto Alte Rebsorte aus Mittel- und Süditalien mit gutem Ruf für lebendige, stilvolle Weine. Wird verschnitten oder (in Orvieto) sortenrein verwendet.

Greco In Süditalien tragen einige Weißweinsorten den Namen Greco (wahrscheinlich griechischen Ursprungs), was aber nicht bedeutet, dass sie verwandt sein müssen. Bekannt ist v. a. der Greco di Tufo mit anregenden Pfirsicharomen. Greco di Bianco wird aus halbgetrockneten Trauben gewonnen. Als dunkle Verson gibt es auch Greco nero.

Grenache blanc Siehe GARNACHA BLANCA.

Grillo Italienische Sorte; Haupttraube im Marsala. Liefert auch sehr gute trockene, körperreiche Tischweine.

Gros Plant Siehe FOLLE BLANCHE.

Grüner Veltliner Das Flaggschiff unter Österreichs Weißweinsorten kann sich bemerkenswert vielfältig geben: von einfachen, pfeffrigen Alltagsweinen zu Kreszenzen mit großer Komplexität und überraschendem Alterungspotenzial. Kommt hier und da auch in anderen Ländern Mitteleuropas vor und zeigt nun selbst in Neuseeland sein Potenzial.

Gutedel Siehe CHASSELAS.

Hárslevelű Die »Lindenblättrige« ist die zweite wichtige Traubensorte im Tokajer, aber weicher und pfirsichfruchtiger als FURMINT. Gut auch in Somló und Eger.

Heida Schweizer Name für SAVAGNIN.

Humagne Schweizer Spezialität, älter als CHASSELAS, die frische, dralle, nicht sehr aromatische Weine liefert. Humagne rouge, ebenfalls im Wallis verbreitet (und immer beliebter), ist nicht mit ihr verwandt, sondern identisch mit Cornalin d'Aoste; Cornalin du Valais ist wieder etwas anderes.

Insolia (Ansonica, Inzolia) Sizilianische Weißweintraube, heißt an der Toskanaküste Ansonica. Frische, rassige Weine im Bestfall. Für Süßweine werden auch halbgetrocknete Trauben verwendet.

Irsai Olivér Ungarische Kreuzung zweier Trauben für Tischwein, ergibt aromatische Weißweine, die an MUSCAT erinnern und jung zu trinken sind.

Johannisberg Schweizer Name für SILVANER.

Kéknyelű Wenig ertragreiche, aromareiche Traube für einen der besten ungarischen Weißweine. Hohes Potenzial für feurigen, würzigen Wein.

Kerner Recht erfolgreiche deutsche Kreuzung. Reift früh und liefert blumige (manchmal etwas aufdringliche) Weine mit guter Säure.

Királyleányka Ungarische Sorte; erbringt sanfte, frische Weine (z. B. in Eger).

Koshu Vermutlich autochthone japanische Traube und ihr Wein, der gerade einen Hype erlebt. Frisch, harmlos.

Kövérszőlő Siehe GRASĂ.

Laski Rizling Siehe WELSCHRIESLING.

Leányka Ungarische Sorte (»Mädchentraube«); erbringt weiche, blumige Weine.

Listán Siehe PALOMINO.

Loureiro Die nach ALVARINHO beste Vinho-Verde-Traube ergibt zart blumige Weißweine. Kommt auch in Spanien vor.

Macabeo Siehe VIURA.

Malagousia Wiederentdeckte griechische Rebsorte für wunderbar aromatische Weine.

Malmsey Siehe MALVASIA. Der süßeste Madeira-Stil.

Malvasia (Malmsey, Malvazija, Malvoisie, Marastina) Keine einzelne Varietät, sondern gleich eine ganze Gruppe von Rebsorten, die nicht unbedingt miteinander verwandt sind oder auch nur Ähnlichkeiten aufweisen. In Italien, Frankreich und überall auf der iberischen Halbinsel vertreten; die Weine können rot oder weiß, still oder schäumend, kräftig oder mild, süß oder trocken, aromatisch oder neutral sein. Die slowenische bzw. kroatische Version Malvazija istarka (in Kroatien manchmal auch Marastina genannt) liefert knackige und leichte Weine, aber auch reichhaltige Gewächse, die in Eiche ausgebaut werden. Das Wort »Malmsey« (der süßeste Madeira-Stil) ist eine Verballhornung von Malvasia.

Malvoisie Siehe MALVASIA. Der Name wird in Frankreich für verschiedene Sorten verwendet, darunter BOURBOULENC, Torbato und VERMENTINO. Im Wallis nennt man den PINOT GRIS so.

Manseng, Gros/Petit Traube für wunderbar würzige, florale Weine aus Südwestfrankreich. Der Schlüssel zu Jurançon. Liefert auch ausgezeichnete Spätlesen und Süßweine.

Maria Gomes (Fernão Pires) Portugiesische Traube für reif-aromatische, leicht würzige Weißweine aus den Regionen Bairrada und Tejo.

Marsanne (Ermitage) Neben ROUSSANNE die Hauptweißweintraube an der nördlichen Rhône (Hermitage, St-Joseph, St-Péray). Auch in Australien, Kalifornien und (als Ermitage blanc) im Wallis mit Erfolg angebaut. Milde, volle Weine, die sehr schön altern.

Melon de Bourgogne Siehe MUSCADET.

Misket Bulgarische mild-aromatische Traubensorte; Grundlage der meisten Weißweine des Landes.

Morillon In einigen Teilen Österreichs der Name für CHARDONNAY.

Moscatel Siehe MUSCAT.

Moscato Siehe MUSCAT.

Moschofilero Hochwertige griechische Traube mit Rosenduft, hellroter Schale und kräftiger Säure. Liefert eher alkoholschwache Weine, meist weiß, es gibt aber auch ein paar Rosé-Versionen sowie Schaumwein.

Müller-Thurgau Liefert aromatische, jung zu trinkende Weine. Die süßen Varianten können gut sein, die trockenen dagegen sind oft nichtssagende, derbe Wässerchen. In Deutschland v. a. in der Pfalz, in Rheinhessen, an der Nahe, in Baden und in Franken verbreitet. Hat sich in Italien (Trentino–Südtirol, Friaul) einige Meriten verdient. Wird in der Schweiz manchmal noch (inkorrekt) Riesling x Sylvaner genannt.

Muscadelle Verleiht manchem weißen Bordeaux (v. a. Sauternes) besondere Würze. Wird im australischen Victoria (zusammen mit MUSCAT, mit dem keine Verwandtschaft besteht) für Rutherglen Muscat verwendet.

Muscadet (Melon de Bourgogne) Erbringt leichte, sehr trockene, erfrischende Weine mit einem Hauch von Meer in der Gegend um Nantes (Bretagne). Als Melon de Bourgogne auch in Teilen Burgunds anzutreffen.

Muscat (Moscatel, Moscato, Muskateller) Diese Sorte existiert in vielen Varianten, am besten ist Muscat blanc à petits grains (alias Gelber Muskateller, Rumeni Muškat, Sarga Muskotály, Yellow Muscat). Die weit verbreiteten, leicht erkennbaren, ausdrucksvollen Trauben werden meist zu bukettreichen, süßen Weinen verarbeitet, oft auch gespritet (z. B. Vin doux naturel in Frankreich). Wunderbar dunkel und süß in Australien. In Spanien süß, z. T. sehr gut. Ungarischer Muskotály ist meist Muscat Ottonel, nur in Tokaj, wo Sarga Muskotály vorherrscht, bringt er (in kleinen Mengen) Duft in den Verschnitt. Gelegentlich (z. B. im Elsass, in Österreich und in Teilen Süddeutschlands) auch trocken ausgebaut. Süßer Muscat vom Cap Corse kann vorzüglich sein. In Norditalien als Moscato leichter Schaumwein.

Muskateller Siehe MUSCAT.

Narince Türkische Sorte; frische und fruchtige Weine.

Neuburger Lange vernachlässigte österreichische Traube, anzutreffen v. a. in der Wachau (elegante, blumige Weine), in der Thermenregion (körperreich, breit) und in den nördlicheren Teilen des Burgenlands (kräftig, voll).

Olaszriesling Siehe WELSCHRIESLING.

Païen Siehe SAVAGNIN.

Palomino (Listán) Die wichtigste Traube für Sherry. Kaum eigener Charakter, es kommt alles auf die Bereitungsmethode an. Liefert unter dem Namen Listán auf den Kanarischen Inseln trockenen Weißwein.

Pansa blanca Siehe XAREL-LO.

Pecorino Keine Käsesorte, sondern ein verführerischer trockener Weißwein (IGT Colline Pescaresi) von der gleichnamigen Sorte, die vor Kurzem noch fast ausgestorben war.

Pedro Ximénez (PX) Wird für süße, braune Sherry-Stile (reinsortig unter dem eigenen Namen) sowie für Montilla und Málaga verwendet. Auch auf den Kanaren, in Argentinien, Australien, Kalifornien und Südafrika angebaut.

Picpoul (Piquepoul) Südfranzösische Traube; am bekanntesten ist der sortenrein von Piquepoul blanc bereitete Picpoul de Pinet. Sollte säurereich sein. Picpoul noir hat eine dunkle Schale.

Pinela Lokale slowenische Sorte für subtile, säurearme, jung zu trinkende Weine.

Pinot bianco Siehe PINOT BLANC.

Pinot blanc (Beli Pinot, Pinot bianco, Weißburgunder) Cousin des PINOT NOIR. Ähnelt CHARDONNAY, ist aber milder im Charakter. Leicht, frisch, fruchtig, kaum aromatisch, jung am besten. Gut für italienischen *spumante,* im Nordosten potenziell exzellent, v. a. in hohen Lagen in Südtirol. Weit verbreitet. Heißt in Deutschland Weißburgunder und glänzt dort v. a. im Süden, da er rassiger ausfällt als Chardonnay.

Pinot gris (Pinot grigio, Grauburgunder, Ruländer, Sivi Pinot, Szürkebarát) Als Pinot grigio in Norditalien extrem beliebt, selbst für Rosé – charaktervolle Spitzenweine können aber exzellent sein (Südtirol, Friaul). Billige Versionen sind nur dies: billig. Großartig im Elsass für würzige, körperreiche Weißweine. Heißt in Deutschland Ruländer (süß) oder Grauburgunder (trocken); die besten Weine kommen aus Baden (v. a. vom Kaiserstuhl) und der Südpfalz. Szürkebarát in Ungarn, Sivi Pinot in Slowenien (charaktervoll, aromatisch).

Pošip Kroatische Sorte v.a. auf der Insel Korčula. Recht charaktervoll, Zitrusaroma, hohe Erträge.

Prosecco So hieß früher die Traube, aus der Prosecco gemacht wird. Heute muss man sie GLERA nennen.

Renski Rizling Rheinriesling. Siehe RIESLING.

Rèze Sehr seltene alte Sorte aus dem Wallis, die für *Vin du Glacier* verwendet wird.

Ribolla gialla/Rebula Säurehaltige Weine mit Charakter; in Italien v.a. aus dem Collio, in Slowenien traditionell aus Brda. Kann sehr gut sein, selbst wenn sie auf exzentrische Weise bereitet wird.

Rieslaner Deutsche Kreuzung zwischen Silvaner und Riesling; bekannt für geringe Erträge und schwierige Reifung, inzwischen sehr selten geworden (weniger als 50 ha). Erbringt in Franken und der Pfalz gute Auslesen.

Riesling italico Siehe WELSCHRIESLING.

Riesling (Renski Rizling, Rhine Riesling) Die großartigste, vielseitigste Weißweintraube, im Stil völlig anders als CHARDONNAY. Riesling bietet eine Fülle von Duft- und Geschmacksnoten – die Bandbreite reicht von stahlig bis üppig, doch immer mit positivem Grundton – und hat viel mehr Alterungspotenzial als Chardonnay. Großartig in allen Stilrichtungen in Deutschland; kraftvoll und stahlig in Österreich; Noten von Limettensirup und gerösteten Früchten in South Australia; reichhaltig und würzig im Elsass; vielversprechend am deutschen Stil ausgerichtet in Neuseeland, dem Staat New York und dem pazifischen Nordwesten der USA; mit Potenzial in Ontario und Südafrika.

Rkatsiteli In Osteuropa, Russland und Georgien sehr verbreitete Sorte, winterhart und säurereich, liefert daher auch bei schlechter Weinbereitung zum Teil noch einigermaßen akzeptable Ergebnisse. Wird auch im Nordosten der USA angebaut.

Robola Erstklassige Traube aus Griechenland (Kefallonia) mit blumigem Aroma. Nicht mit Ribolla gialla verwandt.

Roditis Rosafarbige Traube, die vorwiegend Weißwein liefert, in ganz Griechenland verbreitet. Bei niedrigen Erträgen gute Ergebnisse.

Roter Veltliner Österreichische Sorte, nicht verwandt mit dem GRÜNEN VELTLINER. Es gibt auch Frühroten und (nicht verwandten) Braunen Veltliner.

Rotgipfler Einheimische aromatische Traubensorte der österreichischen Thermenregion. Ergibt im Verschnitt mit ZIERFANDLER lebendige, üppige, aromatische Weine.

Roussanne Rhône-Traube von echter Finesse, die man jetzt auch in Kalifornien und Australien antrifft. Kann viele Jahre altern.

Ruländer Siehe PINOT GRIS.

Sauvignonasse Siehe FRIULANO.

Sauvignon blanc Erbringt sehr ausdrucksvolle, aromatische Weine mit Noten von Gras bis hin zu tropischen Früchten – pikant in Neuseeland, oft mineralisch in Sancerre, reifer in Australien; gut auch in Rueda, Österreich, Norditalien (Isonzo, Piemont, Südtirol), dem chilenischen Casablanca-Tal und Südafrika. Wird in Bordeaux mit SÉMILLON verschnitten. Kann herb ausfallen oder auch herzhaft (und manchmal ganz schrecklich). Sauvignon gris ist eine weniger aromatische Version mit rosafarbener Schale und noch unerforschtem Potenzial.

Sauvignon vert Siehe FRIULANO.

Savagnin (Heida, Païen) Die Traube des Vin jaune aus dem Jura; ihre aromatische Spielart ist der GEWÜRZTRAMINER. In der Schweiz als Heida, Païen oder Traminer bekannt. Körperreiche, säurebetonte Weine.

Scheurebe Deutsche Traube mit Grapefruitaroma, wahrscheinlich eine Kreuzung aus RIESLING x SILVANER. In der Pfalz sehr beliebt, besonders für Auslesen und darüber. Als trockener Wein manchmal krautig, nur voll ausgereift gut.

Sémillon (Semillon) Verleiht dem Sauternes seine Fülle, ist aber immer weniger von Bedeutung für Graves und andere trockene weiße Bordeaux-Weine. Grasig, wenn nicht voll ausgereift, kann aber weichen, trockenen Wein mit großem Alterungspotenzial liefern. In Australien (wo man sie ohne Akzent schreibt) hervorragend; in Neuseeland und Südafrika vielversprechend.

Sercial (Cerceal) Die portugiesische Traube liefert den trockensten Madeira. Als Cerceal (ebenfalls portugiesisch) scheint man dieselbe Sorte zu bezeichnen, aber auch noch einige andere.

Seyval blanc In Frankreich gezüchtete Hybride aus französischen und amerikanischen Reben. Sehr widerstandsfähig, angenehm fruchtig. Im Osten der USA und in England recht erfolgreich, von den dogmatischen Richtlinien der Europäischen Union jedoch nicht für »Qualitätswein« zugelassen.

Silvaner (Johannisberg, Sylvaner) Kann in Rheinhessen und der Pfalz exzellente Ergebnisse hervorbringen, besonders aber in Franken mit ihren pflanzlich/erdigen und mineralischen Noten. Liefert im Wallis als Johannisberg sehr guten, kraftvollen Wein. Im Elsass die Sorte für die leichtesten Weine.

Sipon Siehe FURMINT.

Sivi Pinot Siehe PINOT GRIS.

Spätrot Siehe ZIERFANDLER.

Sylvaner Siehe SILVANER.

Tămâioasă românească Zur MUSCAT-Familie gehörige rumänische »frankincense«-Weißweintraube mit exotischem Aroma und Geschmack.

Torrontés Eine ganze Reihe von Trauben wird so genannt, die meisten haben einen aromatischen, floralen, manchmal etwas seifigen Charakter. Eine Spezialität in Argentinien, auch in Spanien anzutreffen. Jung zu trinken.

Traminac Alias Traminec. Siehe GEWÜRZTRAMINER.

Traminer In Ungarn auch Tramini. Siehe GEWÜRZTRAMINER.

Trebbiano (Ugni blanc) Die wichtigste weiße Sorte der Toskana, kommt aber in verschiedenster Gestalt in ganz Italien vor. Erhebt sich selten über die Masse, außer im toskanischen Vin Santo. Einige gute trockene Weißweine unter den DOCs Romagna und Abruzzo. Trebbiano di Soave und Trebbiano di Lugana – alias VERDICCHIO – sind nur entfernt verwandt. Wird in Südfrankreich als Ugni blanc und in Cognac als St-Emilion angebaut. Liefert meist dünnen, neutralen Wein, gut für Verschnitte geeignet. Bräuchte mehr Sorgfalt beim Anbau.

Ugni blanc Siehe TREBBIANO.

Ull de Llebre Siehe TEMPRANILLO.

Verdejo Die Traube von Rueda in Kastilien kann feinen, langlebigen Wein erbringen.

Verdelho In Australien hervorragende Qualität (körperreich und etwas scharf); selten, aber gut (und mittelsüß) auf Madeira.

Verdicchio Liefert den potenziell guten, muskulösen trockenen Wein gleichen Namens im östlichen Mittelitalien.

Vermentino Italienische Traube, die lebhafte Weine mit ordentlicher Textur und guter Alterungsfähigkeit ergibt. Hat Potenzial.

Vernaccia Steht für viele Trauben in Italien, die nicht miteinander verwandt sind. Vernaccia di San Gimignano ist frisch und lebhaft, Vernaccia di Oristano eher sherryähnlich.

Vidal Franzöische Hybridrebe; verbreitet in Kanada für Eiswein angebaut.

Vidiano Die meisten Erzeuger auf Kreta lieben diese kraft- und stilvolle Traube mit Noten von Limette und Aprikose und guter Säure.

Viognier Die Rhône-Traube ist gerade groß in Mode. Die besten Exemplare stammen aus Condrieu, danach kommen die immer noch aromatischen Weine aus dem Midi. Auch in Kalifornien, Virginia, Uruguay und Australien bereitet man gute Versionen.

Viura (Macabeo, Maccabéo, Maccabeu) Die häufigste weiße Sorte Nordspaniens, weitverbreitet in Rioja und den katalanischen Cava-Gebieten. Wird auch jenseits der Grenze in Südwestfrankreich angebaut. Gutes Qualitätspotenzial.

Weißburgunder Deutscher Name für PINOT BLANC.

Welschriesling (Graševina, Laski Rizling, Olaszriesling, Riesling italico) Liefert leichte und frische bis süße und volle Weine in Österreich; in Osteuropa allgegenwärtig, wo einige bemerkenswert gute trockene und süße Weine aus ihr bereitet werden. Mit RIESLING nicht verwandt.

Xarel-lo (Pansa blanca) Traditionelle katalanische Traube, zusammen mit Parellada and MACABEO für Cava verwendet. Neutral, aber sauber. Charaktervoller (mit Noten von Limettensirup) als Pansa blanca in Alella.

Xynisteri Die meistangebaute Weißweintraube Zyperns. Kann recht schlicht geraten und wird meist jung getrunken; in Höhenlagen liefert sie allerdings frische, ansprechende, mineralische Weine.

Zéta Ungarische Kreuzung von BOUVIER und FURMINT, die einige Winzer für ihren Tokaji Aszú verwenden.

Zierfandler (Spätrot, Cirfandl) In der österreichischen Thermenregion vorkommende Weißweinsorte, oft mit ROTGIPFLER zu aromatischen, gewichtigen Weinen mit Orangenschalenduft verschnitten.

Wein und Speisen

Dass man bei der Auswahl des richtigen Weins zum Essen vor allem dem eigenen Geschmack folgen soll, hat sich mittlerweile herumgesprochen. Und doch gibt es zu viele Speisen und viel zu viele Weine, als dass ein paar Empfehlungen nicht willkommen wären.

Regeln sind relativ geworden, aber ein paar Dinge empfinden die meisten Menschen gleich. Essig (in Salaten oder sonstwo) beispielsweise ist für keinen Wein gut, und öliger Fisch mit einem tanninstarken Tropfen wirkt selten erfreulich. Vielleicht ist es ja an der Zeit, sich wieder zu trauen, konventionell zu sein: weiß vor rot, trocken vor süß, leicht vor schwer. Als Gott sprach, es sei Weißwein zu Fisch und Rotwein zu Fleisch, war das seine persönliche Meinung – aber er hat eine Menge Erfahrung!

Vorspeisen

Aïoli Zu so viel Knoblauch braucht man einen Durstlöscher. Kalter junger weißer Rhônewein, Rosé aus der Provence, Verdicchio oder Sauvignon blanc von der Loire. Oder Bier, Marc oder Grappa … Sie werden den Unterschied kaum merken.

Antipasti Für den Klassiker mit Schinken, Oliven und eingelegtem Gemüse: trockener oder halbtrockener Weißwein aus Italien (Arneis, Soave, Pinot grigio, Vermentino, Grechetto) oder ein leichter, aber griffiger Rotwein, z. B. Vapolicella. Auch Fino Sherry – leider weiß man das nicht in Italien.

Artischocken *Mit Sauce hollandaise:* Ein voller, frischer, trockener Weißwein, z. B. Pouilly-Fuissé oder ein Erstes Gewächs aus Deutschland.

Mit Sauce vinaigrette: Ein ausdrucksvoller, trockener Weißer, z. B. neuseeländischer Sauvignon blanc, Côtes de Gascogne oder ein moderner Grieche (ein vier Jahre alter Malagousia, um genau zu sein). Côtes du Rhône?

Auberginenpüree (Melitzanosalata) Frischer Sauvignon blanc aus der Neuen Welt, oder ein moderner trockener griechischer bzw. sizilianischer Weißer. Auberginengerichte aus dem Ofen brauchen einen kräftigeren Roten: Shiraz, Zinfandel oder tatsächlich türkischen Wein. Oder Weiße aus dem Mittelmeerraum (einschließlich Fino).

Austern *Roh:* Champagner oJ, Chablis, Muscadet, weißer Graves, Sancerre – oder Guinness. Probieren Sie Sauternes. Manzanilla passt hervorragend.

Gegart: Puligny-Montrachet oder ein guter Chardonnay aus der Neuen Welt. Champagner passt zu allen Austern.

Avocado Gerade schwer in Mode, für Wein aber kein Selbstläufer. Trockener bis leicht lieblicher Weißwein, z. B. Pfälzer oder Rheingauer Kabinett, Grüner Veltliner, Riesling aus der Wachau, Sancerre, Pinot grigio, australischer Chardonnay (ohne Eichennote) oder ein trockener Rosé.

Mit Riesengarnelen: Chablis Premier cru.

Mit Mozzarella und Tomaten: Frischer, aber reifer Weißwein: Soave, Sancerre, griechischer Weißwein.

Burrata Vergessen Sie Mozzarella; dies ist die Crème de la Crème. Also muss ein erstklassiger italienischer Weißer her, Fiano oder der Grillo von Cusumano. Ich werde es auch mal mit Sauternes probieren.

Carpaccio *Vom Lachs:* Chardonnay oder Champagner.

Vom Rind: Hierzu passt fast jeder Wein, auch ein Roter. Ein Toskaner ist eine gute Wahl, aber auch ein feiner Chardonnay oder ein Jahrgangs- oder Rosé-Champagner. Probieren Sie mal Amontillado.

Vom Thunfisch: Viognier, kalifornischer Chardonnay oder neuseeländischer Sauvignon blanc.

Ceviche Australischer Riesling oder Verdelho, Sauvignon blanc aus Chile, Torrontés. Manzanilla.

Dim-Sum Klassischerweise: chinesischer Tee. Pinot grigio oder klassischer deutscher Riesling, auch ein leichter Pinot noir. Bei Rotweinen sind weiche Tannine der Schlüssel: Bardolino, Rioja, Côtes du Rhône. Sonst Champagner oJ oder guter Schaumwein aus der Neuen Welt.

Eierspeisen Siehe auch Soufflé. Nicht einfach: Sie breiten sich recht eigen im Mund aus. Bei Omelettes sollte der Maßstab die anderen Zutaten sein. Jahrgangschampagner zu Trüffelomelette. Zu Rührei trinke ich allenfalls Champagner.

Œufs en meurette: Ein Geniestreich aus Burgund; die Eier in Rotweinsauce verlangen natürlich nach einem Burgunder.

Wachteleier: Blanc-de-Blancs-Champagner, Viognier.

Fischterrine oder Fischsalat (inkl. Krebse) Braucht etwas Feines. Trockene Pfälzer Riesling Spätlese, Grüner Veltliner, Chablis Premier cru, Sonoma Chardonnay oder Manzanilla.

Forelle, geräuchert Feiner als Räucherlachs. Riesling Kabinett oder Spätlese von der Mosel. Chablis oder Champagner.

Gänseleberpastete Süßer Weißwein: Sauternes, Tokaji Aszú 5 Puttonyos, Pinot gris Spätlese oder Riesling, Vouvray, Montlouis, Jurançon moelleux, Gewürztraminer. Ein alter trockener Amontillado kann vorzüglich sein. Zu warmer Gänseleberpastete alter Jahrgangschampagner. Auf keinen Fall Chardonnay, Sauvignon blanc oder irgendein Rotwein.

Garnelen, Krabben oder Scampi Muscadet ist ok, besser aber einen feinen, trockenen Weißwein: Burgunder, Graves, neuseeländischer Chardonnay, Riesling aus Washington, der Pfalz oder Australien. Auch feiner, reifer Champagner.

Guacamole Mexikanisches Bier. Oder kalifornischer Chardonnay, neuseeländischer Sauvignon blanc, trockener Muscat, Sherry.

Hering, grün oder Matjes Junger Genever, Aquavit aus Skandinavien oder kühles Bier. Wenn es unbedingt Wein sein soll: Muscadet.

Kaviar Eiskalter Wodka; körperreicher Champagner (z. B. Bollinger, Krug). Niemals rohe Zwiebeln dazugeben!

Lachs, geräuchert Trockener, aber ausdrucksvoller Weißwein, z. B. Manzanilla Sherry, Condrieu, Elsässer Pinot gris, Chablis Grand cru, Pouilly-Fumé, Pfälzer Riesling Spätlese, Jahrgangschampagner. Wodka, Aquavit.

Makrelen, geräuchert Zu ölig für Wein. Manzanilla, trockener Vinho Verde oder Schnaps, Pfefferwodka, Grasovka. Bier. Oder schwarzer Tee.

Mayonnaise-Vorspeisen *Mit Hummer:* Chablis Premier cru, Pfälzer Riesling Erstes Gewächs.

Mit Huhn: Weißwein von der Côte Chalonnaise (z. B. Rully), ebenso mit Eiern. Oder probieren Sie neuseeländischen Sauvignon blanc, Verdicchio, eine Spätlese trocken oder provençalischen Rosé.

Mezze (eine Auswahl warmer und kalter Gemüsegerichte) Ein Heimspiel für Fino Sherry.

Mozzarella mit Tomaten und Basilikum Siehe auch Avocado. Ein frischer italienischer Weißwein (z. B. Soave, Südtiroler). Vermentino aus Ligurien oder südfranzösischer Rolle.

Pasta Rot- oder Weißwein, je nach Sauce.

Mit Fleischsauce: Montepulciano d'Abruzzo, Salice Salentino, Malbec.

Mit Pesto: Barbera, Vermentino aus Ligurien, neuseeländischer Sauvignon blanc, ungarischer Furmint.

Mit Sahnesauce (Carbonara): Orvieto, Greco di Tufo. Junger Sangiovese.

Mit Seafood (z. B. Muscheln): Verdicchio, Soave, Grillo, Cirò, Chardonnay ohne Holznote.

Mit Tomatensauce: Chianti, Barbera, sizilianischer Rotwein, Zinfandel, südaustralischer Grenache.

Pastrami Elsässer Riesling, junger Sangiovese, St-Émilion.

Pastete *Hühnerleber:* Ein pikanter Weißer (Elsässer Pinot gris oder Marsanne) oder milder Roter (leichter Pomerol, Volnay, neuseeländischer Pinot noir). Auch Amontillado Sherry. Zu kräftigeren Pasteten (Entenleber usw.) passt Gigondas, Moulin-à-Vent, Chianti Classico oder guter weißer Graves.

Prosciutto (auch mit Melonen, Birnen oder Feigen) Gehaltvoller trockener bis halbtrockener Weißwein: Orvieto, Grechetto, Grüner Veltliner, Furmint-Tokajer, australischer Semillon, Jurançon Sec. Sercial Madeira.

Risotto Je nach Geschmacksrichtung: *Mit Gemüse (z. B. Primavera):* Pinot grigio aus dem Friaul, Gavi, recht junger Semillon, Dolcetto, Barbera d'Alba.
Mit Steinpilzen: Feinster reifer Barolo oder Barbaresco.
Nero: Voller trockener Weißer: Viognier oder sogar Corton-Charlemagne.

Rohkost Fino Sherry ist wohl am besten. Sonst leichter Rot- oder Roséwein: Côtes du Rhône, Minervois, Chianti, Pinot noir.

Salate Jeder trockene und appetitanregende Weißwein.
Hinweis: Essig in Salatsaucen zerstört das Aroma des Weins. Will man einen guten Wein zum Essen trinken, sollte der Salat mit Wein oder etwas Zitronensaft angemacht werden.

Schinken, roh oder luftgetrocknet Siehe auch Prosciutto. Elsässer Pinot gris Grand cru oder weißer italienischer Collio. Zu spanischem Pata Negra oder Serranoschinken Fino Sherry oder Tawny Port.

Schnecken Rote von der Rhône (z. B. Gigondas, Vacqueyras) oder weißen St-Véran oder Rully. Im Midi nehme man einen Weiß-, Rosé- oder Rotwein der Gegend zu Petits gris. Im Elsass Pinot blanc oder trockener Muscat.

Soufflé Hierzu gehört ein ★★★-Wein. Zu allen Soufflé-Arten passt Champagner, insbesondere Jahrgangschampagner.
Fischsoufflé: Trockener Weißwein: Burgunder, Bordeaux, Elsässer, Chardonnay usw.
Käsesoufflé: Reifer roter Burgunder oder Bordeaux, Cabernet Sauvignon (nicht aus Chile oder Australien) usw. Oder feiner weißer Burgunder.
Spinatsoufflé: Schwierig zu Wein. Mâcon-Villages, St-Véran, Valpolicella.

Spargel Sowohl grüner als auch weißer Spargel sind leicht bitter und deshalb schwierig zu Wein; es muss also ein ausdrucksstarker Tropfen sein. Viognier hat etliche Anhänger, Riesling ist immer einen Versuch wert, Rheingau-Riesling ein Klassiker. Sauvignon blanc verstärkt den Spargelgeschmack. Australischer Semillon ist besser als Chardonnay, der wiederum besser zu zerlassener Butter oder Sauce hollandaise passt. Elsässer Pinot gris kann gehen, sogar trockener Muscat oder Jurançon Sec.

Tapas Perfekt ist kalter, frischer Fino Sherry, der die ganze Bandbreite an Geschmacksrichtungen der warmen und kalten Speisen abdeckt. Auch Sake.

Tapenade Manzanilla oder Fino Sherry oder jeder leicht scharfe, trockene Weißwein oder Rosé.

Tarama/Taramosalata Mediterraner, möglichst griechischer Weißwein mit Charakter. Fino Sherry passt gut. Ebenso ein Marsanne von der Rhône.

Tortilla Rioja Crianza, Fino Sherry oder weißer Mâcon-Villages.

Wurstwaren/Salami Junger Beaujolais-Villages, Loire-Rotweine (z. B. Saumur), Chianti oder junger Sangiovese. Lambrusco oder junger Zinfandel. Natürlich auch Fino Sherry.

Ziegenkäse, warm (z. B. in Salat) Sauvignon blanc von der Loire oder aus der Neuen Welt.
Kalt: Chinon, Saumur-Champigny oder Rosé aus der Provence. Oder ein kräftiger Roter: Château Musar, ein Grieche, Türke oder auch australischer Shiraz-Schaumwein.

Meeresfrüchte & Fischgerichte

Aal, geräuchert Erste Wahl ist Fino Sherry. Sonst Riesling aus dem Elsass oder aus Österreich, Grüner Veltliner. Jahrgangschampagner. Schnaps.

Barsch, See- Weißburgunder aus Baden oder der Pfalz, aber auch jeder andere delikate Weißwein eignet sich gut, z. B. trockener Clare-Riesling, Chablis, weißer Châteauneuf-du-Pape. Aber je kräftiger der Fisch gewürzt ist, desto aromareicher sollte der Wein sein: mit Ingwer, Frühlingszwiebeln usw. etwa ein gehaltvoller Riesling, nicht unbedingt trocken.

Brandade Chablis Premier cru, roter Sancerre oder Neuseeländer Pinot noir.

Fisch in Beurre blanc Bester Muscadet *sur lie*, Sémillon/Sauvignon-blanc-Verschnitt, Chablis Premier cru, Vouvray, Albariño, Rheingauer Riesling.

Fischpastete (mit Sahnesauce) Albariño, Soave Classico, Riesling Erstes Gewächs, spanischer Godello.

Fish and Chips, Fritto misto, Tempura Chablis, weißer Bordeaux, Sauvignon blanc, Pinot blanc, Gavi, Fino, Montilla, Koshu, Sake, Tee; oder Champagner oJ bzw. Cava. Jeder Weißwein geht.

Forelle, gegrillt oder gebraten Delikate Weißweine, z. B. Mosel (v. a. von der Saar oder Ruwer), Elsässer Pinot blanc, Fendant.

Garnelen *Mit Knoblauch:* Leichter, trockener Weiß- oder Roséwein.
Mit Gewürzen (auch scharf, mit Chili): Hier ist etwas mehr Körper nötig, aber keine Eichennote: trockener Riesling oder ein Italiener, etwa Fiano.
Mit Mayonnaise: Menetou-Salon.

Glattbutt Sehr delikater Fisch, geeignet z. B. für feinen alten Puligny.

Graved Lachs Sercial Madeira (z. B. 10 Jahre alter Henriques), Amontillado, Tokaji Furmint. Oder Champagner oJ.

Heilbutt Siehe Steinbutt.

Heringe, gebraten, gegrillt Ein kantiger Weißwein, der dem ausgeprägten Geschmack des Herings entgegenwirkt: Rully, Chablis, Bourgogne Aligoté, griechischer Weißwein, Sauvignon blanc. Oder indischer Tee. Oder Cidre.

Hummer *Kalt mit Mayonnaise:* Champagner oJ, Elsässer Riesling, Chablis Premier cru, Condrieu, Mosel Spätlese oder ein lokaler Schaumwein.
Mit reichlich Sauce: Jahrgangschampagner, feiner weißer Burgunder, Graves Cru classé. Alternativ Sauternes, um der vorhandenen Süße gerecht zu werden, auch Pfälzer Spät- oder sogar Auslese.

Jakobsmuscheln Am besten halbtrockene Weißweine.
Auf asiatische Art: Ein Neuseeländer Chardonnay, Chenin blanc, Verdelho, Godello oder Gewürztraminer.
Gegrillt oder sautiert: Weißer Hermitage, Grüner Veltliner, weißer Pessac-Léognan, Jahrgangschampagner oder Pinot noir.
In Sahnesauce: Deutsche Spätlese, Montrachet, erstklassiger australischer Chardonnay.

Kabeljau, gebraten Eine gute, neutrale Grundlage für feine trockene bis halbtrockene Weißweine, z. B. Chablis, Meursault, Corton-Charlemagne, Graves Cru classé, Grüner Veltliner; Kabinett oder Großes Gewächs aus Deutschland; oder auch ein guter, eher leichter Pinot noir.
Black cod mit Misosauce: Pinot noir aus Neuseeland oder Oregon, Meursault Premier cru, Rheingauer Riesling Spätlese. Jahrgangschampagner.

Kedgeree (anglo-indisches Fischgericht) Volle Weißweine, auch schäumend: Mâcon-Villages, südafrikanischer Chardonnay, Grüner Veltliner, ein deutsches Großes Gewächs oder (zum Frühstück) Champagner.

Krabben (Krebse) Krabben und Riesling sind füreinander geschaffen.
Mit Chili und Knoblauch: Ein eher kraftvoller Riesling, vielleicht ein Großes Gewächs oder einer aus der Wachau.
Chinesische Art, mit Ingwer und Zwiebeln: Deutscher halbtrockener Riesling (Kabinett oder Spätlese); Tokaji Furmint, Gewürztraminer.

Cioppino: Sauvignon blanc. An der amerikanischen Westküste trinkt man Zinfandel. Auch kalifornischer Schaumwein.

Kalt angemacht: Spitzenriesling von der Mosel, trockener Elsässer oder australischer Riesling, oder Condrieu.

Mit Schwarzer-Bohnen-Sauce: Kräftiger Barossa-Shiraz oder Syrah.

Softshell crabs: Chardonnay, Albariño oder deutsche Riesling Spätlese.

Thailändische Crabcakes: Ausdrucksvoller Sauvignon blanc (von der Loire, aus Südafrika, Australien, Neuseeland) oder Riesling (deutsche Spätlese oder aus Australien).

Lachs, sautiert oder gegrillt In Mode ist Pinot noir, doch Chardonnay ist besser. Merlot oder leichter Bordeaux sind auch nicht übel. Am besten ist feiner weißer Burgunder: Puligny- oder Chassagne-Montrachet, Meursault, Corton-Charlemagne, Chablis Grand cru; oder Grüner Veltliner, Condrieu, Chardonnay aus Kalifornien, Idaho oder Neuseeland, Rheingau-Riesling (Kabinett/Spätlese) oder aus Australien.

Lachsklößchen: Ähnliche, aber weniger große Weine.

Siehe auch Graved Lachs.

Makrelen, gegrillt Weiße mit kräftiger Säure: Sauvignon blanc aus der Touraine, Gaillac, Vinho Verde, weißer Rioja, englischer Weißer. Oder Guiness.

Meeräsche Verdicchio, Rully, Chardonnay ohne Eichenwürze.

Meerbarbe, Rote Eine feine, köstliche Verwandlungskünstlerin, passt sich sowohl guten Weiß- als auch Rotweinen an, v. a. Pinot noir.

(Mies)Muscheln Muscadet *sur lie*, Chablis Premier cru, Chardonnay ohne Eichennote.

In Curry: Mittelsüßer Wein; Elsässer Riesling.

Gefüllt, mit Knoblauch/Petersilie: Siehe Vorspeisen/Schnecken.

Paella, mit Schalentieren Körperreicher Weißwein oder Rosé, Chardonnay ohne Eichennote. Oder den lokalen spanischen Rotwein.

Rochen, in brauner Butter Würziger Weißwein, z. B. Elsässer Pinot gris oder Roussanne, oder sauberer, einfacher Wein wie Muscadet oder Verdicchio.

Sardellen, mariniert*:* Die Marinade verträgt sich mit kaum einem Wein. In Salade niçoise vielleicht provencalischer Rosé.

Sardinen, frisch gegrillt Sehr trockener Weißwein, z. B. Vinho Verde, Muscadet, moderner griechischer Wein.

Sashimi Die Japaner präferieren körperreichen Weißwein (Chablis Premier cru, Elsässer Riesling) zu weißem Fisch, Pinot noir zu rotem. Beide brauchen Säure. Einfacher Chablis ist vielleicht zu dünn. Wenn Sojasauce dabei ist, passt ein tanninarmer Roter (wieder Pinot). Ansonsten Sake (oder Fino). Auf Champagner wären Sie sicher selbst gekommen.

Schalentiere Trockener Weißwein zu gekochten Schalentieren, vollere Weine zu gehaltvollen Saucen. Riesling ist die Traube der Wahl.

Zu einem Meeresfrüchteteller: Chablis, Muscadet de Sèvre et Maine, Picpoul de Pinet, Pinot bianco aus Südtirol.

Schellfisch Reichhaltige trockene Weißweine: Meursault, kalifornischer Chardonnay, Marsanne oder Grüner Veltliner.

Schnapper Sauvignon blanc, wenn orientalische gewürzt; Rhône-Weißwein oder provençalischer Rosé mit mediterranen Aromen.

Schwertfisch Körperreicher, trockener lokaler Weißwein (und warum nicht auch Rotwein?), aber nichts Besonderes.

Seehecht Sauvignon blanc oder sonst ein frisch-fruchtiger Weißwein, z. B. Pacherenc du Vic-Bilh, Tursan.

Kalt mit Mayonnaise: Feiner Chardonnay.

Seeohr (Abalone) Trockener bis halbtrockener Weißwein, z. B. Sauvignon blanc, Meursault, Pinot grigio, Grüner Veltliner.

In Hongkong: Mindestens Dom Pérignon.

Seeteufel Ein üppiges, aber neutrales Gericht; alles kommt auf die Sauce an: vollaromatischer Weiß- oder Rotwein, je nachdem.

Seezunge, Scholle u. Ä. *Gegart, gegrillt oder gebraten:* Ideal zu feinen Weinen: weißer Burgunder und Gleichrangige.
Mit Sauce: Je nach den Zutaten der Sauce; säuerlich-trockene Weine bei Tomatensauce; ziemlich reichhaltige Tropfen für sahnigere Varianten.

Skandinavische Küche Skandinavische Gerichte sind oft mit Dill, Kümmel und Kardamom gewürzt und verbinden süße und scharfe Noten. Ein Wein dazu braucht Säure und genug Gewicht: Godello, Falanghina, Verdelho, australischer, Elsässer oder österreichischer Riesling. Eingelegter/fermentierter/roher Fisch stellt eine größere Herausforderung dar: Bier oder Aquavit. Siehe auch die Einträge für geräucherten Fisch usw.

Steinbutt Gehaltvoller trockener Spitzenweißwein, z. B. Meursault, Chassagne-Montrachet, Corton-Charlemagne, reifer Chablis oder sein kalifornisches, australisches bzw. neuseeländisches Äquivalent; reife Rheingauer, Mosel- oder Nahe-Spätlese oder Auslese (nicht trocken); Condrieu.

Sushi Wird meist schon mit scharfem Wasabi zubereitet. Trockener deutscher QbA oder einfacher Chablis passen gut, aber auch Champagne Brut oJ. Nichts mit zu deutlicher Frucht. Ansonsten natürlich Sake und Bier.

Tagine, mit Couscous Nordafrikanische Aromen brauchen gehaltvolle Weißweine – aus Österreich oder von der Rhône – oder frische, neutrale Weiße, die nicht mit ihnen konkurrieren. Vorsicht mit Eichennoten. Viognier oder Albariño können gut passen.

Thunfisch, gegrillt oder sautiert Wird am besten nicht ganz durchgebraten (oder sogar roh) mit leichtem Rotwein serviert: junger Cabernet franc von der Loire oder roter Burgunder. Junger Rioja ist auch eine Möglichkeit.

Zander Exquisiter Fisch, verlangt feinsten Wein: weißer Spitzenburgunder, Elsässer Riesling Grand cru oder edler Mosel. Oder Chasselas aus der Schweiz (Dézaley, St-Saphorin).

Fleisch, Geflügel & Wild

Barbecue Passende lokale Weine kommen aus Australien, Südafrika, Chile oder Argentinien. Rote brauchen Tannin und Kraft.

Bœuf Stroganoff Massiver Rotwein: Barolo, Amarone della Valpolicella, Priorat, Hermitage, Zinfandel Spätlese, sogar Saperavi aus Georgien oder Negru de Purkar aus Moldawien.

Bratenreste, Kalte Besser ein sehr aromatischer Weißer als Rotwein. Sehr gut passen Mosel-Spätlese, Hochheimer oder Weine von der Côte Chalonnaise und aus dem Beaujolais. Reste von kaltem Braten mit dem Rest aus der Champagnerflasche hinunterzuspülen ist einfach herrlich.

Bratwurst In England trinken wir jungen Malbec aus Argentinien (jedenfalls einen Roten) oder London Pride (britisches Ale).

Boudin blanc Chenin blanc von der Loire; falls mit Äpfeln serviert: trockener Vouvray, Saumur Savennières; ohne Äpfel: reifer roter Côtes de Beaune.

Boudin noir (Blutwurst) Sauvignon blanc oder Chenin blanc aus der Gegend, insbesondere an der Loire. Oder Beaujolais Cru, v. a. Morgan. Oder ein leichter Tempranillo. Oder Fino.

Brasilianische Küche Intensive, würzige Speisen, bei denen sich verschiedene kulinarische Traditionen mischen. Mit Sherry käme eine weitere hinzu. Rotweine aus Rhône-Sorten oder Weißweine mit Substanz: Verdicchio, kalifornischer Chardonnay. Oder Caipirinha. Und hinterher ein 15-km-Lauf …

Cajun-Küche Fleurie, Brouilly oder Sauvignon blanc aus der Neuen Welt.
Gumbo: Amontillado.

Cassoulet Rotwein aus dem Südwesten Frankreichs (Gaillac, Minervois, Corbières, St. Chinian, Fitou) oder Shiraz. Am besten ist jedoch ein Wein aus Fronton, ein Beaujolais Cru oder junger Tempranillo.

hili con Carne Junger Rotwein: Beaujolais, Tempranillo, Zinfandel, argentinischer Malbec, chilenischer Carmenère. Manche trinken Bier.

hinesische Küche Zu chinesischen Speisen biete ich häufig Weiß- und Rotwein gleichzeitig an; kein einzelner Wein deckt die ganze Bandbreite ab. Pekingente verträgt fast alles. Champagner löscht den Durst, Bier natürlich auch.

Kanton-Art: Rosé oder trockene bis halbtrockene Weißweine (Riesling Kabinett von der Mosel oder trockene Spätlese). Riesling sollte nicht zu trocken sein; Gewürztraminer wird zwar häufig vorgeschlagen, passt aber selten – probieren Sie Grünen Veltliner. Hier ist Säure verlangt. Trockener Schaumwein (v.a. Cava) passt zur Textur. Rotweine können passen, aber sie dürfen weder junge Tannine noch eine zu starke Eichennote haben und nicht zu trocken sein. Pinot noir ist erste Wahl, probieren Sie auch St-Émilion (★★) oder Châteauneuf-du-Pape.

Shanghai-Art: Reichhaltiger und öliger als kantonesisches Essen, passt weniger gut zu Wein. Es ist nicht so scharf, enthält aber mehr Essig. Deutsche und Elsässer Weißweine, vielleicht ein bisschen süßer als für kantonesische Gerichte. Bei den Roten ist reifer Pinot noir wieder am besten.

Szechuan-Art: Verdicchio, Elsässer Pinot blanc oder sehr kaltes Bier. Auch hier kann reifer Pinot noir passen, sollte aber seidige Tannine haben.

houcroute garnie (Schlachtplatte) Elsässer Pinot gris, Pinot blanc, Riesling oder Bier.

onfit d'oie/de canard Junger, tanninreicher roter Bordeaux, kalifornischer Cabernet Sauvignon und Merlot sowie Priorat nehmen diesem Gericht die Schwere; Elsässer Pinot gris oder Gewürztraminer passen ebenso.

oq au Vin Roter Burgunder. Der Idealfall ist eine Flasche Chambertin im Gericht und zwei auf dem Tisch. Siehe auch Huhn.

intopfgerichte Burgunder wie Nuits St-Georges oder Pommard, aber eher einfacher; andernfalls kräftiger, geschmacksintensiver Rotwein, z.B. junger Côtes du Rhône, Toro, Corbières, Barbera, Shiraz, Zinfandel o.Ä.

nte oder **Gans** Gehaltvoller Weißwein: Pfälzer Spätlese oder halbtrockener Elsässer Grand cru; gut reife Rotweine mit Wildaroma wie Morey-St-Denis, Côte Rôtie oder Pauillac. Mit Orangen oder Pfirsichen ist Sauternes zu empfehlen, aber auch Monbazillac bzw. Riesling Auslese. Darüber hinaus reifer, körperreicher Jahrgangschampagner, der sich zudem überraschend gut mit Rotkohl versteht.

Peking-Ente: Siehe Chinesische Speisen.

Wildente: Ausdrucksstarker, üppiger Rotwein, z.B. Hermitage, Bandol, kalifornischer oder südafrikanischer Cabernet Sauvignon, australischer Shiraz – am besten Penfolds Grange, wenn man ihn sich leisten kann.

Mit Oliven: Spitzen-Chianti oder ein anderer Toskaner.

Gebratene Entenbrust sowie Confit mit Puy-Linsen: Madiran, St-Émilion, Fronsac.

leischbällchen Würzige Rotweine: Mercurey, Crozes-Hermitage, Madiran, Morellino di Scansano, Langhe Nebbiolo, Zinfandel, Cabernet Sauvignon.

Orientalisch (scharf): Einfacher, rustikaler Rotwein.

rillgerichte Siehe Barbecue.

ulasch Aromatischer junger Rotwein: ungarischer Kékoportó, Zinfandel, Tannat aus Uruguay, roter Douro, Mencía, junger australischer Shiraz. Oder trockener Weißwein aus Tokaj.

amburger Junger Rotwein: australischer Cabernet Sauvignon, Chianti, Zinfandel, argentinischer Malbec, chilenischer Carmenère oder Syrah, Tempranillo. Oder echte Cola (nicht »Light« oder »Zero«). Mit Käse und sonst was drauf? Da müssen Sie selbst sehen, wo Sie bleiben.

ammel Der Geschmack ist intensiver als bei Lamm, das Fleisch wird meist durchgebraten. Braucht eine kräftige Sauce. Hier ist ein robuster Rotwein angeraten – und auf jeden Fall erstklassig: reifer Cabernet Sauvigno oder Syrah. Eine gewisse süße Fruchtnote (z. B. Barossa) passt gut.

Hase Hasenpfeffer verlangt nach einem vollduftigen Rotwein: nicht zu re fer Burgunder oder Bordeaux, von der Rhône (z. B. Gigondas), Bar dol, Barbaresco, Ribera del Duero oder Rioja Reserva. Dasselbe gilt fü Hasenrücken oder -ragout mit Pappardelle.

Huhn, Perlhuhn, Pute, gebraten So gut wie jeder Wein, auch bester trc ckener bis halbtrockener Weißwein und feiner alter Rotwein (v. a. Burgur der). Welcher Wein am besten passt, entscheidet die Sauce. Siehe auc Tandoori Chicken.

Hühnchen Kiewer Art Elsässer Riesling, Collio, Chardonnay, roter Bergerac.

Indische Küche Hier gibt es viele Möglichkeiten; trockener Sherry pass ausgezeichnet. Wählen Sie einen einigermaßen gewichtigen Fino z Fisch und einen Palo Cortado, Amontillado oder Oloroso zu Fleisch, j nach Schwere des Essens. Die Schärfe ist kein Problem, und die Textu passt auch. Ansonsten lieblichen Weißwein, gut gekühlt: Orvieto abboc cato, südafrikanischen Chenin blanc, Elsässer Pinot blanc, Torrontés, ir dischen Schaumwein, Cava oder Champagner oJ. Rosé passt im Prinzi immer. Tannin – Barolo, Barbaresco bzw. andere geschmacksintensiv Rotweine wie Châteauneuf-du-Pape, Cornas, australischer Grenach bzw. Mourvèdre oder Amarone della Valpolicella – betont die Schärfe Sauer-scharfe Gerichte brauchen einen säurehaltigen Wein.

Japanische Küche Auf Textur und Balance kommt es an, die Aromen sin sehr delikat. Guter reifer Schaumwein passt ebenso wie reifer trocke ner Riesling: Säure, etwas Körper und Komplexität sind gefragt. Fleisch gerichte mit viel Umami freunden sich mit leichten, geschmeidigen Rc ten wie Beaujolais oder reifem Pinot noir an. Der intensive Geschmack vo Yakitori braucht ähnliche Rote in einer lebhaften, fruchtigen, jüngeren Ver sion. Siehe auch Sushi, Sashimi (Fischgerichte).

Kalbfleisch, gebraten Gut für feine alte Rotweine, die im Lauf der Zeit vie leicht ein wenig Aroma verloren haben, z. B. Rioja Reserva. Oder deutsche bzw. österreichischer Riesling, Vouvray oder Elsässer Pinot gris.

Kalbsbries Ein reichhaltiges Gericht, also ein großer Weißwein: Rheingau Riesling, Silvaner Spätlese aus Franken, Elsässer Grand cru Pinot gris ode Condrieu, abhängig von der Sauce.

Kaninchen Lebendiger, mittelschwerer, junger italienischer Rotwein, etw Aglianico del Vulture; Chiroubles, Chinon, Saumur Champigny oder Rosé wein von der Rhône.

Mit Pflaumen: Mächtigerer, gehaltvollerer, fruchtigerer Rotwein.

Als Ragout: Mittelschwerer Rotwein mit genug Säure.

Mit Senf: Cahors.

Kebab Kräftiger Rotwein, z. B. ein moderner griechischer Wein, Corbières chilenischer Cabernet Sauvignon, Zinfandel oder Barossa-Shiraz. Vie Knoblauch wird von Sauvignon blanc gemeistert.

Koreanische Küche Fruchtbetonte Weine scheinen am besten mit dem krä tigen, scharfen Geschmack koreanischer Speisen zurechtzukommen. Prc bieren Sie Pinot noir, Beaujolais oder Valpolicella, wichtig ist die Säure Oder nichtaromatische Weiße: Grüner Veltliner, Silvaner, Vernaccia. Ic trinke allerdings Bier.

Kohl, gefüllt Ungarischer Kadarka; Côtes du Rhône-Villages; Salice Salentinc Primitivo und andere würzige Rotweine aus Süditalien. Oder argentinische Malbec (ohne Eichennote, wenn möglich).

Lamm, gebraten Traditionell einer der besten Partner für sehr guten rote Bordeaux oder entsprechenden Cabernet Sauvignon aus der Neuen Welt In Spanien feinster alter Rioja, Ribera del Duero Reserva oder Priorat, i Italien ebensolcher Sangiovese.

Langsam geschmorter Braten: Ideal für Spitzenrotweine, allerdings mit weniger Tannin als für rosa gebratenes Fleisch.

Lammkeule: Junger roter Burgunder, z. B. Santenay. Crozes-Hermitage. Montefalco Sagrantino.

Leber Junger Roter: Beaujolais-Villages, St-Joseph, italienischer Merlot, Breganze-Cabernet-Sauvignon, Zinfandel, Priorat, Bairrada.

Kalbsleber: Roter Rioja Crianza, Fleurie. Oder eine mächtige Pfälzer Riesling-Spätlese.

Moussaka Rot- oder Roséwein, z. B. griechischer Naoussa, Sangiovese, Corbières, Côtes de Provence, Ajaccio, junger Zinfandel, Tempranillo.

Nieren Eher tanninbetonter Rotwein: St-Émilion oder Fronsac; Nuits-St-Georges, Cornas, Barbaresco, Rioja, spanischer oder australischer Cabernet Sauvignon, Rotwein vom Douro.

Ochsenbrust, geschmort Ein wunderbar zartes, schmackhaftes Fleisch, das den besten körperreichen Rotweinen schmeichelt: Vega Sicilia, St-Émilion.

Ochsenschwanz Ziemlich gehaltvoller Rotwein: St-Émilion, Pomerol, Pommard, Nuits-St-Georges, Barolo, Rioja Reserva, Priorat oder Ribera del Duero, kalifornischer oder Coonawarra-Cabernet-Sauvignon, Chateaneuf-du-Pape, mittelschwerer Shiraz, Amarone.

Osso buco Geschmeidige, tanninarme Rotweine: Dolcetto d'Alba oder Pinot noir. Auch trockener italienischer Weißwein wie Soave.

Paella Junge spanische Weine: Rote, trockene Weiß- oder Roséweine, z. B. Penedès, Somontano, Navarra oder Rioja.

Pot au feu, Bollito misto, Cocido Rustikale Rotweine aus dem jeweiligen Heimatland; Sangiovese di Romagna, Chusclan, Lirac, Rasteau, portugiesischer Alentejo oder spanischer Yecla bzw. Jumilla.

Rindfleisch (siehe auch Steak) *Gebraten:* Hierzu passt jede Art von feinem Rotwein. Vielleicht Amarone? Siehe auch im Folgenden die Bemerkung zu Senf.

Gekocht: Rotwein, z. B. Bordeaux (Bourg oder Fronsac), Roussillon, Gevrey-Chambertin oder Côte Rôtie. Gut ist auch weißer Burgunder aus dem mittleren Segment, z. B. Auxey-Duresses. Senf lässt tanninreiche Rote sanfter erscheinen, Meerrettich ruiniert Ihren Geschmackssinn – aber manchmal muss man eben Opfer bringen.

Geschmort: Stämmige Rote: Pomerol oder St-Émilion, Hermitage, Cornas, Barbera, Shiraz, Ribera del Duero, roter Douro.

Saté Shiraz aus dem McLaren Vale oder Elsässer bzw. neuseeländischer Gewürztraminer. Mit der Erdnusssauce hat es kein Wein leicht.

Schinken, gekocht Weichere rote Burgunder, z. B. Volnay, Savigny, Beaune, Chinon oder Bourgueil; lieblicher deutscher Weißwein, z. B. Riesling Spätlese; ein leichter Cabernet Sauvignon (z. B. aus Chile) oder Pinot noir aus der Neuen Welt. Schinken und Sherry sind eine göttliche Kombination. Siehe auch Schinken, roh oder luftgetrocknet, unter Vorspeisen.

Schweinefleisch *Gebraten:* Eine kräftige Grundlage für leichte Rote oder reichhaltige Weiße. Aber ein ★★★-Wein sollte es schon sein, z. B. ein Médoc. Zu portugiesischem Spanferkel trinkt man Bairrada-Garrafeira, zu chinesischen Schweinefleischgerichten Pinot noir.

Schweinebauch: Langsam gegart und sehr zart, benötigt er einen Roten mit ausreichend Tannin oder Säure, vielleicht einen Italiener: Barolo, Dolcetto oder Barbera. Sonst Loire-Rotwein, leichter argentinischer Malbec.

Singapur-Küche Teils indisch, teils malaysisch, teils chinesisch. Sehr kräftige Geschmacksnoten, nicht einfach mit Wein. Halbtrockener Riesling ist einen Versuch wert. Zu Fleischgerichten reife, geschmeidige Rote: Valpolicella, Pinot noir, Dornfelder, Merlot ohne Holznote oder Carmenère.

Steak *Bistecca alla fiorentina:* Chianti Classico Riserva oder Brunello. Je roher das Steak ist, desto klassischer sollte der Wein sein, je durchgebratener, desto mehr passt ein süßer/kräftiger Tropfen aus der Neuen Welt. Argentinischer Malbec ist ideal für Steaks auf argentinische Art (d.h. komplet durchgebraten).

Filet, Ribeye oder Tournedos: Jeder gute Rotwein, v.a. Burgunder (doch z Sauce béarnaise keinen alten Wein, dann ist ein Spitzen-Pinot-noir aus de Neuen Welt besser).

Koreanisches Yuk Whe (das weltbeste Steak Tatar): Sake.

Pfeffersteak: Eher junger Roter von der Rhône oder Cabernet Sauvignon.

Tatar: Wodka oder leichter junger Roter: Beaujolais, Bergerac, Valpolicella

T-Bone: Strukturreicher Rotwein wie Barolo, Hermitage, australische Cabernet Sauvignon oder Shiraz, chilenischer Syrah.

Tagine (nordafrikanisches Schmorgericht) Kommt drauf an, was unter den Deckel schmort, doch fruchtige junge Rote sind meist gut: Beaujolais Tempranillo, Sangiovese, Merlot, Shiraz. Amontillado ist großartig.

Huhn mit eingelegten Zitronen und Oliven: Viognier.

Tandoori Chicken Riesling, Sauvignon blanc oder junger roter Bordeaux, auch leichter, gekühlter Roter aus Norditalien. Ebenso Cava oder Champagne oJ, oder aber Palo Cortado oder Amontillado Sherry.

Taube Pinot noir passt perfekt; sonst junger Rhône-Wein, argentinische Malbec, junger Sangiovese. Oder probieren Sie eine Silvaner Spätlese au Franken.

Thai-Küche Ingwer und Zitronengras passen zu pikantem Sauvignon blan (Loire, Australien, Neuseeland, Südafrika) oder Riesling (Spätlese ode aus Australien). Die meisten Currys mögen aromatische Weiße mit einer Hauch Süße wie Gewürztraminer.

Vitello tonnato Körperreicher Weißwein, v.a. Chardonnay; leichter Rotwei (z.B. Valpolicella), kühl serviert. Oder ein Rosé aus dem Süden.

Wachtel Carmignano, Rioja Reserva, reifer roter Bordeaux, Pinot noir. Ode ein milder Weißer wie Vouvray oder St Péray.

Wild Mächtige Rotweine, u.a. Mourvèdre – reinsortig wie aus Bandol ode in Verschnitten. Rhône-Wein, Bordeaux, Gimblett Gravels (Neuseeland oder kalifornischer Cabernet Sauvignon eines reifen Jahrgangs; auch vol ler Weißwein, z.B. Pfälzer Spätlese oder Elsässer Pinot gris. Zu Wild m süß-scharfer Beerensauce probieren Sie einen deutschen Riesling Große Gewächs oder einen chilenischen Carmenère oder Syrah.

Wildgeflügel *Jung, gebraten:* Der beste Rotwein, den man auftreiben kann aber nicht zu schwer.

Ältere Exemplare in der Kasserolle: Rotwein, z.B. Gevrey-Chambertin, Pommard, Châteauneuf-du-Pape, St-Émilion Grand cru classé, Rhône-Wein.

Gut abgehangen: Vega Sicilia, ein großer Roter von der Rhône, Châtea Musar aus dem Libanon.

Kaltes Wildgeflügel: Bester deutscher Riesling oder reifer Jahrgangschampagner.

Wildpastete *Kalt:* Guter weißer Burgunder oder ein Erstes Gewächs au Deutschland, Beaujolais Cru oder Champagner.

Warm: Rotwein: Pinot noir aus Oregon, St-Émilion Grand cru classé.

Wildschwein Spitzen-Toskaner oder Rioja, neuseeländischer Syrah.

Zunge Ausladender Rot- oder Weißwein, besonders italienischer. Auch Beaujolais, Rotwein von der Loire, Tempranillo sowie voller, trockener Rosé.

Vegetarische Gerichte

Siehe auch Vorspeisen.

Bärlauch Nicht einfach. Am ehesten ein neutraler Weißer mit guter Säure.

Blumenkohl kommt verdientermaßen immer mehr in Mode.

Geröstet, gebraten etc.: Richten Sie sich nach den (meist kräftigen) Geschmacksnoten, und probieren Sie österreichischen Grünen Veltliner, Valpolicella, neuseeländischen Pinot noir.

Mit Käse überbacken: Frischer, aromatischer Weißwein: Sancerre, Riesling Spätlese, Muscat, Albariño, Godello. Beaujolais Villages.

Couscous mit Gemüse Junger Rotwein mit Biss: Shiraz, Corbières, Minervois; oder gut gekühlter Rosé aus Navarra oder Somontano. Auch ein robuster Roter aus Marokko.

Fenchelgerichte Sauvignon blanc (Pouilly-Fumé oder aus Neuseeland), Sylvaner oder englischer Seyval blanc oder auch ein junger Tempranillo.

Fermentierte Speisen Siehe auch Choucroute garni, koreanische Küche (Fleisch). Kimchi und Miso sind Teil vieler asiatischer Speisen. Hier wird generell Frucht und Säure benötigt. Zu vegetarischen Gerichten mit erkennbarer Süße passt vielleicht ein Elsässer.

Kürbis in Ravioli/Risotto Körperreicher, fruchtiger, trockener oder halbtrockener Weißwein: Viognier oder Marsanne, halbtrockener Vouvray, Gavi, südafrikanischer Chenin blanc.

Linsengerichte Ein stämmiger Roter: Corbières, Zinfandel oder Shiraz.

Dhal mit Spinat: Schwierig. Am besten ein leichter, weicher Roter oder Rosé – und keineswegs ein Spitzengewächs.

Makkaroniauflauf, mit Käse überbacken Wie für überbackenen Blumenkohl.

Mediterranes Gemüse, gegrillt Ein weißer Italiener; oder rot: Brouilly, Barbera, Tempranillo oder Shiraz.

Nudeln und Pasta, überbacken Vegetarisch gefüllte Lasagne, Cannelloni oder Pasticcio bieten großen Weinen Raum zur Entfaltung, etwa sehr feinem rotem Toskaner, aber auch Bordeaux oder Burgunder.

Paprika oder Auberginen, gefüllt Lebhafter Rotwein: Nemea, Chianti, Dolcetto, Zinfandel, Bandol, Vacqueyras.

Pilze Viele, eigentlich alle Rote passen ganz ausgezeichnet, z. B. Pomerol, kalifornischer Merlot, Rioja Reserva, Spitzen-Burgunder oder Vega Sicilia. Für Pilze auf Toast nehmen Sie Ihren besten Bordeaux – oder sogar Port. Zu Steinpilzen schmecken am besten Ribera del Duero, Barolo, Chianti Rufina, Pauillac, St-Estèphe oder Gimblett Gravels (Neuseeland).

Ratatouille Kräftiger junger Rotwein: Chianti; Cabernet Sauvignon aus Neuseeland, Merlot, Malbec, Tempranillo; junger roter Bordeaux, Gigondas oder Coteaux du Languedoc. Auch Fino Sherry könnte gehen.

Rote Bete Hat eine Note, die auch roter Burgunder zeigt. Bleiben Sie dabei.

Als Gratin mit Ziegenkäse: Sancerre, Bordeaux, Sauvignon blanc.

Seetang Hängt ab vom Kontext. Siehe auch Sushi (Fisch). Die Jodnote passt gut zu Grünem Veltliner oder Riesling aus Österreich.

Vegetarische Gerichte (scharf) Siehe indische bzw. Thai-Küche (Fleisch).

Wurzelgemüse Süßkartoffeln, Möhren usw., oft zusammen mit Roter Bete, Knoblauch, Zwiebeln usw. haben jede Menge Süße. Rosé ist der Wein der Wahl, v. a. einer mit etwas Gewicht aus Spanien, Italien, Südamerika.

Zwiebel-/Lauchtarte Fruchtiger, trockener bis halbtrockener Weißer: Elsässer Pinot gris oder Gewürztraminer, Riesling aus Kanada, Australien oder Neuseeland, Jurançon. Oder Cabernet franc von der Loire.

Desserts

Apfelkuchen, -strudel oder -tarte Süßer Weißwein aus Deutschland, Österreich oder von der Loire, Tokaji Aszú oder kanadischer Eiswein.

Blätterteig Delikater süßer Schaumwein, z. B. Moscato d'Asti oder halbtrockener Champagner.

Birnen in Rotwein Port. Oder probieren Sie Rivesaltes, Banyuls oder Riesling Beerenauslese – in jedem Fall aber davor eine Pause.

Crème brûlée Sauternes oder Rheinwein-Beerenauslese bzw. bester Madeira oder Tokajer. (Mit Früchten: einfacherer Süßwein.)

Crèmes und **Puddings** Sauternes, Loupiac, Ste-Croix-du-Mont oder Monbazillac. Siehe auch Schokoladen-, Kaffee-, Rumdesserts.

Crêpe Suzette Süßer Champagner, Orange Muscat oder Asti Spumante.

Eiscreme und Sorbet Gespriteter Wein (australischer Liqueur Muscat, Banyuls), Pedro Ximénez.

Erdbeeren *Mit Sahne:* Sauternes oder ähnlicher süßer Bordeaux, Vouvray moelleux oder Jurançon Vendange tardive.
Walderdbeeren (ohne Sahne): Mit rotem Bordeaux (sehr erlesen ist Margaux) übergießen.

Himbeeren (ohne Sahne, wenig Zucker) Sehr gut zu feinen Rotweinen, die selbst eine Himbeernuance besitzen: junger Juliénas, Regnié.

Kaffeedesserts Süßer Muscat, australischer Liqueur Muscat, Tokaji Aszù.

Karamell-Mousse-/Parfait, salzig Riesling Spätlese, Tokaji Aszú.

Käsekuchen Süßer Weißwein (Vouvray, Anjou) oder Vin Santo – nichts zu Spezielles.

Kuchen und **Gebäck** Bual- oder Malmsey-Madeira, Oloroso oder Cream Sherry. Siehe auch Schokoladen-, Kaffee-, Rumdesserts.

Meringen Recioto di Soave, Asti oder bester reifer Jahrgangschampagner.

Nüsse Feinster Oloroso Sherry, Madeira, Jahrgangs-Port oder Tawny (ideal für Walnüsse), Tokáji Aszú, Vin Santo, Moscatel de Setúbal.
Salziges Nussparfait: Tokaji Aszú, Vin Santo.

Orangengeschmack, Desserts mit Versuchsweise alter Sauternes, Tokaji Aszú oder kalifornischer Orange Muscat.

Panettone Jurançon moelleux, Riesling Spätlese, Barsac, Tokaji Aszú.

Rumdesserts (Baba, Mousse, Eiscreme) Muscat – vom Asti bis zu australischem Likörwein, je nach Schwere des Desserts.

Schokoladendesserts Kräftige Geschmacksnoten sind gefragt: Bual, kalifornischer Orange Muscat, Tokaji Aszú, australischer Liqueur Muscat, 10-Year-Old Tawny oder sogar junger Vintage Port, Asti für leichte, luftige Mousse. Versuchen Sie auch volle, reife Rote: Syrah, Zinfandel, vielleicht sogar Shiraz-Schaumwein. Banyuls, wenn man es etwas schwerer mag. Médoc nimmt es auch mit schwarzer Bitterschokolade auf, ist aber eher eine Verschwendung. Amarone macht mehr Spaß. Oder guter Rum.
Schokoladen-Olivenöl-Mousse: 10 Jahre alter Tawny, oder wie für Bitterschokolade oben.

Soufflés, süß Sauternes oder Vouvray moelleux; süßer (oder reichhaltiger) Champagner.

Tiramisù Vin Santo, junger Tawny, Muscat de Beaumes-de-Venise, Sauternes oder australischer Liqueur Muscat.

Trifle Sollte bereits reichlich mit Sherry getränkt sein.

Zabaglione Leichter, goldener Marsala, edelfauler australischer Semillon oder Asti.

Zitronengeschmack, Desserts mit Für Nachspeisen wie Tarte au Citron bietet sich süßer deutscher oder österreichischer Riesling an, aber auch Tokaji Aszú – je saurer, desto süßer.

Technische Weinsprache

Alkoholgehalt (vorwiegend Ethanol) Er wird in Volumenprozent (Vol.-%) angegeben, d. h. in Prozent des Gesamtflüssigkeitsvolumens. Tischwein enthält in der Regel zwischen 12,5 und 14,5 Vol.-%; zu viele Weine erreichen heute sogar bis zu 16 Vol.-%.

Alte Reben ergeben einen intensiveren Geschmack. Der Begriff ist aber gesetzlich nicht definiert: Manche »*vieilles vignes*« sind ca. 30 Jahre alt, doch 50 oder mehr Jahre sollten es schon sein, um ernst genommen zu werden.

Amphoren Das Gärgefäß von vor 7.000 Jahren feiert gerade fröhliche Urständ. Amphore öffnen, Trauben einfüllen, Amphore wieder verschießen und in sechs Monaten wiederkommen. Das Ergebnis kann wunderbar sein oder einfach nur scheußlich.

Barriques Kleines (225 l) Eichenfass, das in Bordeaux und dem Rest der Welt für die Gärung und/oder Reifung von Wein verwendet wird. Je neuer das Holz, umso stärker wirkt sich der Eicheneinfluss auf Geruch und Geschmack aus; französische Eiche wirkt subtiler als amerikanische. Die Mode, alle möglichen Weine mit neuer Eiche zu erschlagen, ist vergangen; heute wird Eichenholz rund um den Globus wieder mit viel mehr Fingerspitzengfühl eingesetzt.

Bio/öko Beim ökologischen/biologischen Weinbau (die Begriffe werden gleichbedeutend verwendet) sind die meisten chemischen Produkte im Weinberg verboten. Ein als Biowein etikettierter Wein darf nur in geringem Umfang geschwefelt werden und muss von biologisch angebauten Trauben erzeugt sein.

Biodynamisch Diese Methode des Weinbaus verwendet Präparate aus Kräutern, Mineralien und organischen Stoffen in homöopathischen Mengen, und richtet sich auch nach den Mondphasen und den Bewegungen der Planeten. Klingt wie Hokuspokus, doch einige Spitzenerzeuger schwören darauf.

Biologischer Säureabbau (BSA) Inkorrekt auch malolaktische oder Zweitgärung genannt, findet der BSA nach der alkoholischen Gärung statt: Die scharfe Apfelsäure wird in die mildere Milchsäure umgewandelt. Sowohl Rot- als auch Weißweine können dabei komplexer werden. Wird in heißen Gegenden, wo der Säuregehalt von Natur aus gering und daher kostbar ist, meist vermieden.

Ganztraubenvergärung ist vor allem in Burgund für Pinot noir beliebt: Ganze Trauben werden mit Stielen in den Gärbehälter gefüllt. Liefert eine merkliche Herzhaftigkeit, Pfeffer, Lebhaftigkeit, Länge, Raffinesse, Geradlinigkeit, kann aber auch grüne Tannine einbringen.

Mikrooxidation heißt eine weitverbreitete Methode, den Wein während der Reifezeit kontrolliert mit Sauerstoff in Kontakt treten zu lassen. Sie macht den Geschmack weicher und hilft, den Wein zu stabilisieren.

Mineralisch Ein Verkostungsbegriff, der mit Vorsicht verwendet werden sollte: als Beschreibung für kreidige/steinige Eigenschaften eines Weins in Ordnung; oft aber falsch verwendet, um zu implizieren, dass Mineralien aus dem Boden in den Wein gelangt seien. Das ist unmöglich.

Naturwein Es gibt keine feste Definition für diese Art Weine, hat aber auf jeden Fall mit ökologischem oder biodynamischen Weinbau zu tun sowie mit minimalen Eingriffen in der Kellerei und so wenig wie möglich bis gar keiner Zugabe von SO_2. Die Weine können exzellent und charakterstark sein – oder oxidiert und/oder schmutzig. Hat manchmal ein bisschen was von des Kaisers neuen Kleidern.

Orange Wines sind, wie der Name sagt, orangefarbige, tanninhaltige, auf den Schalen vergorene Weißweine, womöglich in Amphoren. Vorsicht: Wie bei den Naturweinen gibt es gute und weniger gute.

Pét Nat (pétillant naturel) Wein, der vor dem Ende der Gärung in Flaschen abgefüllt wird. Die Gärung setzt sich dort fort; der Wein perlt, behält etwas Restsüße und ist relativ alkoholarm. Derzeit ungeheuer in Mode.

pH-Wert Das Maß für die Säure: Je niedriger der pH-Wert, umso schärfer ist die Säure. Im Wein beträgt der pH-Wert normalerweise 2,8 bis 3,8. In heißen Ländern kann ein zu hoher pH-Wert zum Problem werden. Ein niedriger pH-Wert ergibt eine bessere Farbe, wirkt schädlichen Bakterien entgegen und lässt mehr freies, konservierendes SO_2 zu – ist also im Allgemeinen ein gutes Zeichen.

Restsüße ist der nach Beendigung oder Unterbrechung der Gärung im Wein verbliebene Gesamtzucker, gemessen in Gramm pro Liter (g/l). Trockener Wein hat fast keine Restsüße.

Säure kommt im Wein in nichtflüchtiger und in flüchtiger Form vor. **Nichtflüchtige Säuren** sind v. a. Wein-, Apfel- und Zitronensäure aus der Traube sowie Milch- und Bernsteinsäure aus der Gärung. Die Säure kann von Natur aus vorhanden oder (in warmen Klimata) künstlich zugesetzt sein. Die wichtigste **flüchtige Säure** ist Essigsäure, die bei Sauerstoffkontakt von Bakterien gebildet wird. Ein Hauch an flüchtiger Säure ist unvermeidlich und kann die Komplexität erhöhen. Zu viel davon, und es gibt Essig. Gesamtsäure nennt man die Summe aus flüchtigen und nichtflüchtigen Säuren.

Schwefeldioxid (SO_2) gibt man dem Wein bei, um Oxidation oder andere Fehlentwicklungen bei der Weinbereitung zu verhindern. Ein Teil des SO_2 verbindet sich mit dem Zucker und ist also »gebunden«. Nur »freies« SO_2 wirkt konservierend. Der Trend weltweit geht dahin, weniger zu SO_2 zu verwenden. Ganz darauf zu verzichten, ist mutig.

Tannine (Gerbstoffe) sind ein wesentlicher Bestandteil der meisten Rotweine und auch einiger Weißer. Sie stammen aus den Traubenschalen und -kernen und sind deshalb auch in Weißweinen zu finden, die in Amphoren vinifiziert wurden. Rotweinerzeuger konzentrieren sich auf reife, seidige Tannine, indem sie bei der Traubenlese mehr auf die Tanninreife achten als auf den Zuckergehalt. Das kann man auch übertreiben.

Terroir Die Grundidee (und der Begriff) stammen aus Frankreich: Boden, Klima, Ausrichtung zur Sonne und Höhenlage verleihen im Zusammenspiel jedem Weinberg einen eigenen Fingerabdruck. Je kleiner und besser das betreffende Gebiet ist, umso mehr gewinnt das Terroir an Bedeutung. Hohe Erträge, überreife Trauben, stark interventionistische Weinbereitung usw. tendieren dazu, das Terroir zu verschleiern. Mehr Kellermeister reden darüber, »das Terroir auszudrücken«, als es tatsächlich zu tun.

Toastwürze kommt von der Anröstung des Fasses auf der Innenseite, die dafür sorgt, dass der Wein die Holzaromen integrieren kann. Eine zu starke Anröstung verleiht dem Wein karamellähnliche, verkohlte Aromen, zu wenig kann paradoxerweise die Holznote zu stark werden lassen.

Die richtige Temperatur

Nichts tut einem Wein beim Servieren so wohl oder weh wie die Temperatur. Weißwein schmeckt unweigerlich flach und langweilig, wenn er zu warm ins Glas kommt, und Rotwein zeigt enttäuschend wenig Duft und Geschmacksfülle, wenn er zu kalt ist. Nachstehend sollen einige Hinweise auf die richtige Serviertemperatur für verschiedene Weine gegeben werden.

Übersichtstabelle der Weinjahrgänge

Diese Tabellen sollen ein allgemeines Bild der in den Hauptanbaugebieten erzeugten Qualitäten vermitteln und als Anleitung dienen, ob ein Wein getrunken oder noch aufbewahrt werden sollte. Verallgemeinerungen sind unvermeidlich.

- [jetzt trinken] jetzt trinken
- [Genuss] kann jetzt mit Genuss getrunken werden, bessere Weine lohnen jedoch weitere Aufbewahrung
- [lagern] muss noch länger lagern
- [meiden] meiden
- 0 nicht gut
- 10 am besten

	Deutschland		Italien		Spanien
Jahrgang	Rhein	Mosel	Piemontesische Rotweine	Toskanische Rotweine	Rioja
2016	7–8 [lagern]	7–8 [lagern]	8–9 [lagern]	7–9 [lagern]	5–7 [lagern]
2015	8–9 [lagern]	8–9 [lagern]	8–9 [lagern]	8–9 [lagern]	8–9 [lagern]
2014	5-6 [lagern]	6–7 [lagern]	6–7 [lagern]	6–7 [lagern]	7–8 [lagern]
2013	6–7 [Genuss]	5–6 [Genuss]	6–7 [lagern]	6–8 [lagern]	6–8 [lagern]
2012	7–8 [Genuss]	7–8 [Genuss]	7–9 [lagern]	7–8 [lagern]	7–9 [Genuss]
2011	8–9 [Genuss]	8–10 [Genuss]	6–7 [Genuss]	5–8 [lagern]	7–8 [Genuss]
2010	6–8 [jetzt trinken]	6–8 [Genuss]	8–9 [Genuss]	7–8 [Genuss]	8–9 [Genuss]
2009	7–9 [Genuss]	6–8 [Genuss]	7–9 [Genuss]	7–8 [jetzt trinken]	8–9 [Genuss]
2008	6–8 [Genuss]	6–8 [Genuss]	7–9 [Genuss]	7–8 [jetzt trinken]	7–8 [Genuss]
2007	8–9 [jetzt trinken]	8–9 [jetzt trinken]	7–9 [Genuss]	8–9 [Genuss]	6–7 [jetzt trinken]
2006	6–7 [jetzt trinken]	6–9 [jetzt trinken]	8–9 [Genuss]	7–10 [Genuss]	6–7 [jetzt trinken]
2005	8–10 [Genuss]	8–10 [Genuss]	6–8 [Genuss]	5–9 [Genuss]	7–8 [Genuss]
2004	6–8 [jetzt trinken]	6–8 [jetzt trinken]	7–9 [Genuss]	7–9 [Genuss]	7–9 [Genuss]

	Australien		Champagne		Port	
Jahrgang	Shiraz	Chardonnay	Jahrgang		Jahrgang	
2016	8–9 [lagern]	7–9 [Genuss]	2016	7–9 [lagern]	2016	7–8 [lagern]
2015	8–9 [lagern]	8–9 [Genuss]	2015	8–9 [lagern]	2015	8–9 [lagern]
2014	6–7 [lagern]	8–9 [Genuss]	2014	6–7 [lagern]	2014	6–9 [lagern]
2013	7–9 [Genuss]	8–10 [Genuss]	2013	7–8 [lagern]	2013	5–7 [lagern]
2012	8–9 [Genuss]	8–9 [Genuss]	2012	6–7 [lagern]	2012	7–8 [lagern]
2011	4–5 [jetzt trinken]	8–9 [Genuss]	2011	6–7 [lagern]	2011	8–10 [lagern]
2010	9–10 [Genuss]	9–10 [Genuss]	2010	6–7 [lagern]	2010	6–8 [lagern]
2009	8–9 [Genuss]	9–10 [Genuss]	2009	8–10 [lagern]	2009	7–9 [lagern]
2008	7–8 [Genuss]	9–10 [Genuss]	2008	8–9 [lagern]	2008	7–8 [lagern]
2007	7–8 [Genuss]	9–10 [Genuss]	2007	6–7 [Genuss]	2007	8–10 [lagern]
2006	9–10 [Genuss]	6–7 [jetzt trinken]	2006	7–9 [Genuss]	2006	6–7 [Genuss]
2005	7–8 [Genuss]	7–8 [jetzt trinken]	2005	7–8 [Genuss]	2005	7–8 [Genuss]

	Kalifornien		Neuseeland		Südafrika
Jahrgang	Cabernet	Chardonnay	Rotwein	Weißwein	Rotwein
2016	7–8 [lagern]	7–8 [Genuss]	7–8 [lagern]	6–8 [Genuss]	7–9 [lagern]
2015	7–8 [lagern]	7–8 [Genuss]	7–8 [lagern]	7–8 [Genuss]	8–10 [lagern]
2014	7–8 [Genuss]	6–8 [Genuss]	7–8 [lagern]	7–8 [Genuss]	6–8 [lagern]
2013	8–9 [Genuss]	8–9 [Genuss]	8–10 [lagern]	8–10 [Genuss]	8–9 [lagern]
2012	7–9 [Genuss]	8–9 [Genuss]	6–7 [Genuss]	6–8 [Genuss]	7–8 [lagern]

Frankreich

	Roter Bordeaux		Weißer Bordeaux		Elsass
Jahrgang	Médoc/Graves	Pom/St-Ém	Sauternes & süß	Graves & trocken	
2016	8–9	8–9	8–10	7–9	7–8
2015	7–9	8–10	8–10	7–9	7–9
2014	7–8	6-8	8–9	8–9	7–8
2013	4–7	4–7	8–9	7–8	8–9
2012	6–8	6–8	5–6	7–9	8–9
2011	7–8	7–8	8–10	7–8	5–7
2010	8–10	7–10	7–8	7–9	8–9
2009	7–10	7–10	8–10	7–9	8–9
2008	6–8	6–9	6–7	7–8	7–8
2007	5–7	6–7	8–9	8–9	6–8
2006	7–8	7–8	7–8	8–9	6–8
2005	9–10	8–9	7–9	8–10	8–9
2004	7–8	7–9	5–7	6–7	6–8
2003	5–9	5–8	7–8	6–7	6–7
2002	6–8	5–8	7–8	7–8	7–8
2001	6–8	7–8	8–10	7–9	6–8
2000	8–10	7–9	6–8	6–8	8–10
1999	5–7	5–8	6–9	7–10	6–8
1998	5–8	6–9	5–8	5–9	7–9

Frankreich Fortsetzung

	Burgund			Rhône	
Jahrgang	Côte d'Or rot	Côte d'Or weiß	Chablis	Rhône (N)	Rhône (S)
2016	7–8	7–8	7–8	7–9	7–9
2015	7–9	7–8	7–8	8–9	8–9
2014	6–8	7–9	7–9	7–8	6–8
2013	5–7	7–8	6–8	7–9	7–8
2012	8–9	7–8	7–8	7–9	7–9
2011	7–8	7–8	7–8	7–8	6–8
2010	8–10	8–10	8–10	8–10	8–9
2009	7–10	7–8	7–8	7–9	7–8
2008	7–9	7–9	7–9	6–7	5–7
2007	7–8	8–9	8–9	6–8	7–8
2006	7–8	8–10	8–9	7–8	7–9
2005	7–9	7–9	7–9	7–8	6–8
2004	6–7	7–8	7–8	6–7	6–7
2003	6–7	6–7	6–7	5–7	6–8

Beaujolais 15, 14, 11. Crus länger haltbar. **Mâcon–Villages** (weiß) 15, 14 jetzt trinken. **Loire** (süße Weine aus dem Anjou und der Touraine) beste neuere Jahrgänge: 15, 10, 09, 07, 05, 02, 97, 96, 93, 90, 89; Bourgueil, Chinon und Saumur-Champigny: 15, 14, 10, 09, 06, 05, 04, 02. **Obere Loire** (Sancerre, Pouilly-Fumé): 15, 14, 12. **Muscadet** BV.

Frankreich

Die folgenden Abkürzungen werden im Text verwendet:

Beauj	Beaujolais
Bg	Burgund
Bx	Bordeaux
Cas	Castillon
Champ	Champagne
El	Elsass
Fron	Fronsac
H-Méd	Haut-Médoc
Lang	Languedoc
Lo	Loire
Méd	Médoc
N-Rh	Nördliche Rhône
OF	Ostfrankreich
Prov	Provence
Rh	Rhône
Rouss	Roussillon
Saut	Sauternes
Sav	Savoyen
S-Rh	Südliche Rhône
SWF	Südwestfrankreich
ZF	Zentralfrankreich
AC	Appellation Contrôlée
Ch.	Château
Dom.	Domaine

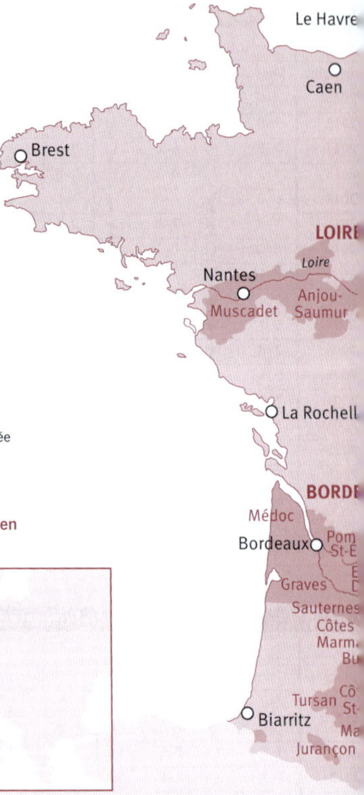

Die dunklen Flächen bezeichnen die Weinbaugebiete

Die Frage, welches Land in gleich welchem Weinbuch als Erstes besprochen wird, stellt sich nicht. Die Franzosen waren die Ersten, die hochklassigen Wein erzeugten, und stehen nach wie vor unverrückbar auf Platz eins, wobei die Vielfalt der Gewächse jene der Landschaften noch übertrifft. So berückend vielfältig Frankreichs Natur auch sein mag, die Unterschiede in den Kellern des Landes sind noch viel beeindruckender.

Wie und warum die alles andere als undramatische Geschichte Frankreichs so viele köstliche Variationen eines Themas hervorbrachte, hat mich schon immer beschäftigt. Auch Italien verfügt über unendliche Vielfalt, aber (noch) nicht über den Schliff, die Leidenschaft und die Professionalität, womit Frankreich Essen und Trinken zu einer Kunstform entwickelt hat. Ich bin überzeugt, dass es an den gallischen Genen liegt – daher die Komplexität der folgenden Seiten. Diese geht oft auf Generationen besessener Bauern zurück, die für ihr kleines Stückchen Land alles gaben. Die Namen ihrer Höfe und Äcker und ihrer weitverzweigten Familien sind eine Art Poesie, welche sich sogar in der kurz gefassten Liste von Auswahlmöglichkeiten offenbart, die Sie vor sich liegen haben.

Qualität, Vielfalt, Werthaltigkeit: Bei diesen drei entscheidenden Faktoren st Frankreich unschlagbar. Nur selten treffen sie in einem einzigen Wein oder inem einzigen Anbaubereich zusammen, aber Sie finden alle drei auf den olgenden Seiten. Darüber hinaus überlebt der französische Weingeschmack, ler auf frische Aromen und die Balance des Alkohols durch Fruchtsäure setzt, lle Moden. Amerika wollte starke, fette, eichenwürzige Weine. Frankreich robierte sie und sagte: Nein, wir entscheiden uns für Finesse und Eleganz, nd hierfür haben wir neue Ideen und Wege – globale Erwärmung hin oder her.

/erweise können sich auch auf das Kapitel »Die Châteaux von Bordeaux« beziehen.

Neuere Jahrgänge klassischer französischer Weine

Roter Bordeaux

Médoc/roter Graves Bei manchen Weinen ist Flaschenalterung wünschenswert, bei diesen aber unerlässlich. Kleinere Gewächse aus leichteren Jahrgängen brauchen nur 2–3 Jahre, aber selbst einfache Weine aus großen Jahrgängen können über 15 Jahre hinweg noch gewinnen; die großen Kreszenzen solcher Jahrgänge profitieren sogar von der doppelten Zeit.

2016 Qualität und Quantität. Die Lese erfolgte spät, doch die Trauben waren gesund. Cabernet Sauvignon zeigt Farbe, Tiefe und Struktur – ähnlich wie 2010.

2015 Hervorragendes Cabernet-Sauvignon-Jahr, allerdings nicht mit der Struktur von 2005 oder 2010. Einige Schwankungen. Zur Lesezeit mehr Regen im nördlichen als im südlichen Médoc.

2014 Der Altweibersommer brachte die Rettung. Cabernet Sauvignon ist hell und nachklingend. Gut bis sehr gut hinsichtlich Qualität wie Quantität und klassisch im Stil.

2013 Der schlechteste Jahrgang seit 1992. Ungleichmäßige Erfolge klassifizierter Gewächse; einige gute Weine haben sich herausgeschält.

2012 Launisches Wetter, kleine Ernte. Cabernet Sauvignon reifte nicht überall aus. Einige Weine sind jetzt trinkreif.

2011 Unterschiedliche Qualität, aber besser als ihr Ruf. Klassische Frische mit moderatem Alkoholgehalt. Bescheidene Crus sind jetzt trinkreif.

2010 Herausragendes Jahr. Großartiger Cabernet Sauvignon mit tiefdunkler Farbe, Konzentration, fester Struktur. Entsprechende Preise. Wird sich Jahre halten.

2009 Hervorragendes Jahr, als »das großartigste« beworben. Strukturierte Weine mit überbordender Frucht. Unbedingt probieren! Jetzt zugänglich, können aber auch eingelagert werden.

2008 Viel besser als erwartet; frische, klassische Geschmacksnoten. Hat Alterungspotenzial.

2007 Ein schwieriges Jahr. Einige Weine sind recht stilvoll, altern aber bereits Seien Sie wählerisch.

2006 Cabernet Sauvignon hatte Schwierigkeiten bei der Reifung; die Besten sind zart, schmackhaft, nervig und können alt werden. Schöne Farbe und Säure. Ab jetzt trinkreif.

Weitere gute Jahrgänge: 2005, 2000, 1998, 1996, 1995, 1990, 1989, 1988 1986, 1985, 1982, 1975, 1970, 1966, 1962, 1961, 1959, 1955, 1953, 1949 1948, 1947, 1945, 1929, 1928.

St-Émilion/Pomerol

2016 Dieselben Bedingungen wie im Médoc. Einige junge Reben litten unter Trockenstress, die Qualität ist aber durchweg exzellent.

2015 Großartiges Merlot-Jahr, perfekte Bedingungen: Farbe, Konzentration Ausgewogenheit.

2014 Mehr Regen als im Médoc, weshalb Merlot unterschiedlich ausfällt Sehr guter Cabernet franc. Zufriedenstellender Jahrgang.

2013 Merlot mit schwieriger Blüteperiode (deshalb winzige Ernte) und Fäulnis. Mäßiger bis schwacher Jahrgang.

2012 Dieselben Bedingungen wie im Médoc. Früher gelesener Merlot fällt ein klein wenig besser aus.

2011 Ebenso schwierig wie im Médoc. Guter Cabernet franc. Pomerol schneidet womöglich am besten ab. Nicht links liegen lassen.

2010 Ausgezeichnet. Abermals kraftvolle Weine mit hohem Alkoholgehalt. Viel Konzentration.

2009 Erneut ausgezeichnet. Kraftvolle Weine (mit viel Alkohol), doch offenbar ausgewogen. In St-Émilion zog Hagel den Ertrag einiger Güter in Mitleidenschaft.

2008 Ähnlich wie im Médoc. Dass die Erträge sehr gering waren, war der Qualität zuträglich, die überraschend hoch ist. Ab jetzt trinkreif, aber den Besten sollte man noch Zeit lassen.

2007 Das gleiche Bild wie im Médoc. Ausgesprochen durchwachsen und nichts, was sich lang einlagern ließe.

2006 Der früher reifende Pomerol war erfolgreich, gemischte Qualität jedoch in St-Émilion und den Satelliten.

Weitere gute Jahrgänge: 2005, 2001, 2000, 1998, 1995, 1990, 1989, 1988, 1985, 1982, 1971, 1970, 1967, 1966, 1964, 1961, 1959, 1953, 1952, 1949, 1947, 1945.

Roter Burgunder

Côte d'Or Die Rotweine von der Côte de Beaune sind meist früher ausgereift als die gewichtigeren Kreszenzen von der Côte de Nuits. Die leichteren Weine, z. B. Volnay und Beaune, sind am frühesten trinkreif, am längsten brauchen die Grands crus z. B. von Chambertin und Musigny. Aber auch der beste Burgunder ist jung ansprechender als gleichwertiger roter Bordeaux. Und wenn er Jahre später zu voller Entfaltung gelangt, ist das mitunter ein magisches Erlebnis.

2016 Katastrophaler April (Frost) und schrecklicher Mai/Juni, dann Sonne. Wer irgendwelche Trauben zu retten vermochte, konnte dennoch sehr guten Wein in einem zugänglichen, geschmeidigen Stil hervorbringen.

2015 Kein Hagel! Sehr dicht gewirkte, konzentrierte Weine, ähnlich 2005, aber mit der zusätzlichen Fruchtigkeit der 2010er. Möglicherweise ein legendärer Jahrgang.

2014 Beaune, Volnay und Pommard hatten wieder unter Hagel zu leiden. Ansprechende, frische Rotweine von mittlerer Dichte mit bezauberndem Duft.

2013 Furchtbarer Hagelschlag an der Côte de Beaune. Kleine Ernte an der Côte de Nuits; wer spät las, wurde mit fein duftenden Weinen von knackiger Vitalität belohnt.

2012 Sehr geringe Ausbeute an feinen Weinen an der Côte de Nuits; noch übler sah es an der Côte de Beaune aus. Sehr üppige, trotzdem erstklassige Weine.

2011 Einige Parallelen zu 2007, allerdings sorgten dickere Schalen für mehr Struktur im Wein. Wird jetzt langsam zugänglich.

2010 Entwickelt sich zu einem großartigen klassischen Jahrgang: reintönige, feingliedrige und dennoch beeindruckend dichte Rote. Village-Weine trinken, Spitzengewächse bis 2030 lagern.

2009 Schöne, reife, füllige Rotweine, die noch jugendlich, teilweise aber bereits zugänglich sind. Hüten Sie sich vor überreifen Versionen. Jetzt bis 2030?

2008 Wer Pilzkrankheiten vermeiden konnte, brachte frische Weine hervor. Sorgfältig auswählen. Die Besten sind Pinots in Reinform, die sich jetzt schön entfalten. Jetzt bis Anfang der 2020er.

2007 Kleine Ernte; attraktive, intensiv duftende Weine, allerdings ohne echte Dichte. Côte de Beaune fällt ziemlich gut aus. Ab jetzt austrinken.

2006 Ein ansprechendes Jahr an der Côte de Nuits (weniger Regen); man sollte jetzt zugreifen. Côte-de-Beaune-Rotweine sollten jetzt getrunken werden. Die Besten halten bis 2025.

Weitere gute Jahrgänge: 2005, 2003, 2002, 1999, 1996 (trinken oder noch lagern), 1995, 1993, 1990, 1988, 1985, 1978, 1971, 1969, 1966, 1964, 1962, 1961, 1959 (reif).

Weißer Burgunder

Côte de Beaune Anders als noch vor 20 Jahren werden weiße Burgunder heutzutage nur selten für eine lange Lagerung bereitet, doch sollten Spitzengewächse nach wie vor bis zu 10 Jahre von einer Alterung profitieren. Die meisten Most Mâconnais-Weine (St-Véran, Mâcon-Villages) sollten jung (nach 2–3 Jahren) getrunken werden.

2016 Vielfach Frostschäden, doch die überlebenden Trauben erbrachten eine gute Ernte und fruchtige, ansprechende Weine.

2015 Volle, konzentrierte Weine dank eines warmen, trockenen Sommers. Die meisten Winzer lasen klugerweise früh und erzielten gute Ergebnisse, ansonsten können die Weine zu schwer ausfallen. 2009 vergleichbarer Jahrgang.

2014 Der feinste, einheitlichste Jahrgang seit einer Generation: Aromen weißer Frucht, reif und trotzdem frisch, elegant und ausgewogen. Erfolgreiche Weißweine in ganz Burgund.

2013 Der Hagel im Juli verschonte die meisten Weißweinlagen. Wer früh las, brachte konzentrierte, lebhafte Weine hervor. Spät gelesene Versionen sind schlaff. Bald trinken.

2012 Sehr geringe Erträge nach magerer Blüte und wiederholtem Hagel, später folgte annehmbares Wetter. Die Weine sind sehr intensiv und machen sich gut.

2011 Feines Material für gewissenhafte Erzeuger, einige fleischige, schön ausgewogene Weine – aber die Versuchung, es mit der Ernte zu übertreiben, war groß. Sind früh attraktiv und gut zu trinken.

2010 Aufregende Weine mit schönem Frucht-Säure-Spiel; die Stürme im September vernichteten einen Teil der Ernte. Die Weine beginnen exotische Aromen zu entwickeln. Jetzt bis 2020.

2009 Vollständige Ernte, gesunde Trauben, zwei Stile: einerseits erstklassige Weine zum Einlagern aus früher Lese, andererseits teils flau-unausgewogene Versionen.

2008 Geringe Ernte; reife Aromen, dennoch viel Säure. Die meisten Weine erreichen jetzt ihren Höhepunkt, Spitzengewächse halten sich bis 2020.

Weitere gute Jahrgänge (alle trinkreif): 2005 2002 1999 1996 1993 1992 1985 1979 1973 1959.

Chablis. Grands crus aus Jahrgängen mit Kraft und gutem Säuregehalt entwickeln sich bis zu 10 Jahre superb, Premiers crus entsprechend kürzer, aber auch sie brauchen mindestens 3 Jahre.

2016 Hagel, Frost, noch mehr Hagel, so gut wie kein Wein. Hoffen wir auf den Jahrgang 2017!

2015 Ein heißer, trockener Sommer ergab ausgereifte Trauben und volle Weine mit konzentriertem Kern.

2014 Hervorragend; frühe Lese, glückliche Winzer. Frische Weine mit Salzaroma, die das Einlagern lohnen.

2013 Kleine Erträge, späte Ernte, Fäulnisprobleme. Gemischtes Ergebnis, einige feine Weine, den Rest sollte man austrinken.

2012 Geringe Erträge ergaben großteils sehr feine Weine. Wer früh las, erhielt ungemein konzentrierte, klassisch strenge Gewächse. Regen führte bei all jenen, die später lasen, zu weichen, säurearmen Weinen. Ab jetzt trinken.

2011 Frühe Ernte mit großen Erträgen und reizvollen Weinen. Ähnlich wie 2002. Trinkreif.

2010 Die Lese erfolgte zur selben Zeit wie an der Côte d'Or, die Resultate waren hervorragend. Feiner Jahrgang mit körperreichen, kraftvollen Weinen von mineralischer Säure. Ein großartiges Jahr für klassischen Chablis. Trinkreif jetzt bis 2030.

Beaujolais

2016 Hoher Ertrag und saftige Weine; die meisten Weinberge entgingen Frost und Hagel.

2015 Massive Weine, die besten könnten hervorragend werden, die anderen Alkoholmonster.

2014 Schöner Ertrag, ab jetzt trinkreif, hält sich aber auch noch.

2013 Späte Ernte mit gemischten Ergebnissen.

2012 Winziger Ertrag, Existenzkampf, aufgegebene Weinberge.

2011 Kultivierte, klassische, sehr schön zu trinkende Weine.

2010 Kompakt und konzentriert, reift jetzt aus.

Südwestfrankreich

2016 Auf einen langen, milden, nassen Winter folgte ein verregneter, kühler Frühling mit später Blüte und diversen Krankheiten aufgrund von örtlichem Hagelschlag. Geringer Ertrag, dem jedoch der heiße, trockene Sommer zugutekam.

2015 Abgesehen von Hagel und Stürmen ein äußerst vielverspechender Jahrgang, der wohl sogar 2014 übertrifft.

2014 Ein Jahrgang, der mit einem kühlen Winter begann und glorios endete. Überragende Süßweine.

2013 Ursprünglich als verheerend angesehen, verhalf der Jahrgang Spitzenwinzern dennoch zu einigen guten Weinen.

2012 Guter Jahrgang trotz Ernteeinbußen infolge schlechten Wetters bis Mitte Juni.

2011 Gute Weine, Cahors und Madiran werden allerdings teilweise überschätzt. Erstklassige Weißweine.

2010 Der Altweibersommer sorgte überall für eine gute Ernte. Die wuchtigeren Rotweine sind jetzt sehr schön zu trinken, die anderen schlicht zu viel des Guten.

Midi

2016 Ein sehr trockenes Jahr sorgte für ausgereiftes, gesundes Lesegut, aller dings in geringer Menge.

2015 Weine von reifer Frucht, im Gleichgewicht gehalten durch elegante Tan nine, die sich weiterhin schön entwickeln.

2014 Ein schwieriges Jahr mit Hagelschlag in La Clape und im Minervois doch die Besten haben sich sehr gut geschlagen. Frühzeitige Lese wa der Schlüssel zum Erfolg.

2013 Einige hübsche Weine, die sich anmutig entfalten, doch schnitten nich alle Gebiete gleich gut ab.

2012 Geringe Quantität bei guter Qualität. Ab jetzt schön zu trinken.

2011 Recht frische Weine dank des eher kühlen Sommers, mit schöner Aus gewogenheit. Qualität und Quantität gut.

Nördliche Rhône

Je nach Lage und Stil können diese Weine so langlebig sein wie Burgunde Weißer Hermitage hält sich mitunter genauso lang wie roter. Verallgemeine rungen sind schwierig – probieren Sie's einfach in aller Ruhe aus.

2016 Gut bis sehr gut; die Roten fallen dank des fantastischen September (nach verbreitetem Mehltaubefall) harmonisch aus, die Weißen sind ge lungen und klar.

2015 Durchweg exzellente Rotweine, wundervoll die Hermitage- und Côte Rôtie-Gewächse. Füllige, teils alkoholstarke Weiße.

2014 Füllige Rotweine, die mit der Zeit an Tiefe gewinnen können. Hervorra gende, frische, stil- und gehaltvolle Weißweine.

2013 Sehr gute körperreiche, frische Rotweine mit knackigem Tannin, di 15–20 Jahre vor sich haben. Außergewöhnliche Weiße, v. a. Hermitage Saint-Joseph, Saint-Péray.

2012 Sehr guter Jahrgang für Hermitage und offenherzigen Côte Rôtie. Fr sche Rotweine, die sich jetzt schön entfalten und mindestens 15 Jahr halten werden. Weiße mit Stil und Frische, v. a. Condrieu.

2011 Gut in Hermitage und Cornas. Die Côte-Rôtie-Weine zeigen jetzt meh Körper. Weiße zufriedenstellend.

2010 Erstklassig. Herrliche Tiefe, Ausgewogenheit und Frische bei den Roten die ein langes Leben vor sich haben. Côte Rôtie ist so gut wie 1978. Seh guter Condrieu und andere volle Weiße.

2009 Hervorragende Weine mit viel Sonne im Gepäck. Einige volle rote He mitage- und Côte-Rôtie-Weine. Die besten Crozes- und St-Joseph-Abfü lungen sind gut gealtert. Recht mächtige Weiße, die lagern können.

2008 Verregneter Jahrgang, Spitzenwinzer schlugen sich am besten. Gut saubere Weiße. Rotweine halten sich 8–12 Jahre.

2007 Ansprechende Tiefe, gutes Reifepotenzial, vielleicht etwas leicht. D Besten halten 18 Jahre und mehr. Gute Weißweine.

Südliche Rhône

2016 Sehr gut, mancherorts hervorragend (Châteauneuf). Reichhaltige, dic te Rotweine in gutem Stil mit langem Abgang. Sonnendurchglühte We ße mit sehr viel Körper – man sollte sich jetzt ein paar Flaschen sicher

2015 Sehr gute Rotweine: voll, dunkel, jede Menge Körper, feste Tannine ur oft verführerisches Flair. Durchweg hohe Qualität; die Roten der untere Preisklasse sind ein Schnäppchen. Sehr gute, körperreiche Weiße.

2014 Teilweise guter Jahrgang; in Châteauneuf-du-Pape setzt man wieder auf aromatische Finesse. Halten Sie sich an die renommierten Erzeuger, der Rest ist verwässert, v.a. Gigondas, Rasteau, Cairanne. Frische Weißweine.

2013 Sehr geringer Ertrag, v.a. von Grenache, sodass die Weine untypisch ausfallen. Funkelnde, lebhafte, nachhaltige Rote; das Beste aus Châteauneuf-du-Pape stammt von alten Reben. Gutes Preis-Leistungs-Verhältnis beim Côtes du Rhône. Sehr gute Weiße.

2012 Ein Bilderbuchjahrgang: Die Rotweine sind voll und lebhaft mit schönen Tanninen, die Weißen geben feine Essensbegleiter ab.

2011 Viel Sonne und geschmeidige, teilweise ölige Weine, die bald getrunken werden sollten. Problematisch ist der hohe Alkoholgehalt. Ordentliche Weiße.

2010 Überragender Jahrgang. Körperreiche, ausgewogene Rote. Ein Spitzenjahr für Châteauneuf-du-Pape. Weine von klarer Frucht und gut eingebundenen Tanninen. Tiefgründige Weiße mit langem Abgang.

2009 Dicht gewirkte Rote. Trockenheit sorgte bei einigen für gebackene Noten und körnige Tannine; Rasteau schnitt gut ab. Solide Weiße.

2008 Heikler Jahrgang; 12–15 Jahre Lebensdauer. Halten Sie sich an die großen Namen. Sehr gute, lebhafte Weißweine, jetzt trinken.

2007 Sehr guter Jahrgang: Sortenreine Grenache-Weine sind intensiv. Herausragender Châteauneuf-du-Pape von Spitzenerzeugern, v.a. mit Mourvèdre im Verschnitt.

Champagne

2016 Der warme Juli und der heiße August retteten die Ernte nach dem praktisch sonnenlosen, nassen Frühjahr. Pinot noir fällt interessant aus, Chardonnay unterschiedlich. Sehr geringer Ertrag: minimal in Aube, ein Drittel weniger als sonst im Marne-Bereich. Reserve-Weine werden sehr gefragt sein.

2015 Der wärmste, trockenste Sommer seit Jahren. Pinot noir und Meunier sind z.T. exzellent, Chardonnay geriet uneinheitlicher, manchmal zu ausladend.

2014 Ein schwieriger und uneinheitlicher Jahrgang. Chardonnay schneidet am besten ab (wie Chablis), Pinot noir und Meunier wurden von der Kirschessigfliege (asiatische Fruchtfliege) befallen. In Aube sah es besser aus. Wohl kein Jahr für Jahrgangschampagner.

2013 Ein potenziell brillanter Jahrgang für klassisch kühlen Chardonnay von der Côte des Blancs. Pinot noir mit gemischterem Ergebnis, aber glorreiche Ausnahme in Aÿ.

2012 Hervorragender Pinot noir und Meunier, womöglich der beste seit 1952. Chardonnay konnte weniger glänzen.

2011 Es fehlt an echter Reife und Struktur. Gegen den Trend brachten einige gute Winzer und wagemutige Champagnerhäuser ordentlichen Wein hervor.

2010 Schwieriges Jahr für Pinot noir und Meunier. Der anfangs feste Chardonnay schmeckt immer besser und ist eine gute Grundlage für Champagner oJ.

2009 Reife, Eleganz und perfekte Ausgewogenheit. Steht zu Unrecht im Schatten von 2008, kann aber ebenso fein sein, z.B. Louis Roederer Cristal, voller Bollinger und der rote Stillwein Côte aux Enfants.

Weitere gute Jahrgänge: 2008, 2007, 2006, 2004, 2002, 2000, 1996, 1995, 1992, 1990, 1989, 1988, 1982, 1976.

Loire

2016 Kniffliges Jahr: Frost im April, dann Starkregen, Mehltau, Sonnenbrand. Der Ertrag liegt rund ein Drittel unter dem Durchschnitt, die Qualität ist aber gut. Sancerre wurde verschont.

2015 Sehr trockener Sommer, dann viel Regen, doch Pinot noir überstand alles. Gut bis sehr gut, außer Muscadet (August-Regen).

2014 Schön ausgewogene trockene Weiße und reife Rote, hervorragender Muscadet.

2013 Geringer Zucker-, hoher Säuregehalt. Einige ansprechende Weine, die früh trinkreif sind. Ein wenig Anjou-Süßwein.

2012 Frost und verbreiteter Mehltaubefall. Hohe Qualität bei Melon de Bourgogne und Sauvignon blanc sowie einigen Roten, aber nur wenig Süßwein.

2011 Ein Jahr, in dem das Wetter verrücktspielte. In der Muscadet-Region trat Fäule auf. Sehr uneinheitliche Qualität. Einige sehr feine Süßweine in Anjou.

2010 Sehr schön ausgewogene trockene Weiß- und großartige süße Anjou-Weine. Die Roten sind oft besser als 2009. Beträchtliches Alterungspotenzial.

Elsass

2016 Nasses Frühjahr, trockener Juli, teilweise Trockenstress. Die Winzer sind zufrieden, die Erträge ordentlich – alles gut. Wenig Botrytis-Befall.

2015 Üppiger Jahrgang, einer der trockensten überhaupt. Die Spitzenwinzer werden immer glücklicher über ihre Weine.

2014 Gewürztraminer und Pinot noir litten unter dem Befall der Kirschessigfliege (asiatische Fruchtfliege). Wunderbarer, großzügiger Riesling mit fantastischem Säurespiel.

2013 Entwickelt sich zu einem Klassikerjahrgang mit großartigem Potenzial, v. a. für Riesling. Die Weine beginnen sich jetzt zu öffen.

2012 Kleiner Ertrag, konzentrierte Weine im trockenen Stil des Jahrgangs 2010.

2011 Runde, fruchtige Weine mit Charme und Aroma für baldigen Genuss.

2010 Sehr geringer Ertrag. Exzellente, teils großartige, meist trocken ausgebaute Weine, die man lange einlagern kann.

2009 Großartiger Pinot gris und Gewürztraminer; einige feine Spätlesen.

Abymes Sav w ★→★★ BV – Hügeliger Bereich bei Chambéry unweit von Apremont; frischer AC Vin de Savoie (300 ha) von der Jacquère-Traube (mindestens 80 %). Beste Erzeuger: Ducret, Giachino, Labbé, Perrier, Ravier, Sabots de Venus.

Ackerman Lo r rs w; (tr) (s); sch ★→★★★ Großer, expandierender NÉGOCIANT für das gesamte Loire-Gebiet und die erste Schaumweinfirma in SAUMUR (gegründet 1811). Zur Ackerman-Gruppe gehören Les Celliers du Prieuré (ANJOU), Donatien Bahuaud und Drouet (Pays Nantais), Monmousseau (Montrichard), Perruche (Saumur), Rémy-Pannier und Varière (Anjou).

AC oder AOC (Appellation Contrôlée)/AOP Staatliche Herkunfts- und Produktionskontrolle (aber nicht für Qualität!) für das Gros der französischen Spitzenweine; etwa 45 % der Gesamtmenge. Wird sukzessive in AOP (Appellation d'Origine Protégée) umbenannt – was der Wahrheit deutlich näher kommt als »Contrôlée«...

Agenais SWF r rs w ★ BV – IGP aus dem Departement Lot-et-Garonne. Erzeuger wie die DOMAINES du Boiron, Lou Gaillot und Campet bieten immerhin Besseres als die langweiligen Genossenschaften, noch besser sind allerdings die berühmten Dörrpflaumen aus Agen, besonders wenn sie in Schnaps eingelegt wurden.

Alain Chabanon, Domaine Lang ★★★ Einst wegweisender Erzeuger in MONTPEYROUX. Besonders empfehlenswert sind Campredon, L'Esprit de Font Caude sowie Le Merle aux Alouettes auf MERLOT-Basis. Zwei köstliche Weißweine, Le Petit Trélans und der einlagernswerte Trélans, werden von VERMENTINO und CHENIN BLANC in unterschiedlichen Anteilen bereitet.

Allemand, Thierry N-Rh r ★★★ **90' 91' 94' 95' 98' 99' 00' 01' 02 03 04 05' 06' 07' 08'** 09' 10' 11' 12' 13' 14' 15' 16' – Die großartige 5-ha-DOMAINE in CORNAS wird ökologisch bewirtschaftet und hält den Einsatz von Schwefel gering. Intensive Weine mit rauchiger Frucht: Spitzengewächs ist der komplexe, langlebige Reynard (mächtig, komplex; 20 Jahre und mehr), der Chaillot ist früher zugänglich.

Alliet, Philippe Lo r w ★★★→★★★★ **05' 06 08 09' 10' 11 12** 14' 15' (16) – Exzellenter CHINON-Erzeuger (17 ha) von CABERNET FRANC. Die Weine sind langlebig und stammen aus beschränktem Ertrag: Tradition VIEILLES VIGNES von 50 Jahre alten Reben auf Kiesboden. Zwei Steillagen (Kalkstein) östlich von Chinon liefern den L'Huisserie und den Coteau de Noiré. Sohn Pierre ist jetzt auch mit dabei.

Aloxe-Corton Bg r w ★★→★★★ **99' 02'** 03 05' **08 09'** 10' **11** 12' 14 15' (16) – Weinort am Nordende der CÔTE DE BEAUNE; berühmt für seine GRAND-CRU-Lagen CORTON und CORTON-CHARLEMAGNE, die PREMIER-CRU- und Village-Weine sind weniger interessant. Wenn Überextraktion vermieden wurde, können die Roten ansprechend sein. Beste Erzeuger sind die Domaines Follin-Arbelet, Comte Senard, des Terregelesses und TOLLOT-BEAUT.

Alquier, Jean-Michel Lang r w – Herausragender Erzeuger in FAUGÈRES. Weißer Verschnitt Les Vignes du Puits (MARSANNE/ROUSSANNE/GRENACHE BLANC), außerdem Les Pierres Blanches (SAUVIGNON BLANC) sowie die roten CUVÉES Les Premières von jüngeren Reben und Maison Jaune (nur in guten Grenache-Jahren). Außerdem Les Bastides, ein SYRAH von alten Reben aus höheren Lagen, und der neue Les Grandes Bastides d'Alquier vorwiegend von Syrah, der länger in neuer Eiche ausgebaut wird.

Alsace Grand cru El w ★★★→★★★★ **00 05 06 07 08' 09 10 11 12** 13' 14 15' – AC nur für die 51 besten Lagen (ca. 1.600 ha, 800 ha in Produktion) und vier »edle« Trauben: RIESLING, PINOT GRIS, GEWÜRZTRAMINER und MUSCAT. Die neuen Produktionsvorschriften sehen u. a. einen höheren Mindestreifegrad vor, außerdem sind spezifische Regelungen für jeden einzelnen Cru gestattet. Der Grand-cru-Status für PINOT NOIR ist längst überfällig, aber immer noch nicht endgültig beschlossen.

Amirault, Yannick Lo ★★★→★★★★ **05' 06 08' 09' 10' 11 12** 14' 15' (16) – Yannick und sein Sohn Benoît betreiben ökologischen Anbau und zählen zu den Toperzeugern in BOURGUEIL (20 ha) und ST-NICOLAS-DE-BOURGUEIL (10 ha). Spitzen-CUVÉES: La Petite Cave, Le Grand Clos und Les Quartiers aus Bourgueil sowie La Mine aus St-Nicolas. La Source bietet frühen Trinkgenuss.

Angerville, Marquis d' Côte d'Or r w ★★★★ Der Superstar in VOLNAY mit biologisch-dynamischem Anbau: legendärer Clos des Ducs (MONOPOLE-Lage) sowie erstklassiger Champans und Taillepieds. Siehe auch das Projekt Dom. du PÉLICAN im Jura.

Anglès, Château d' Lang ★★★ Eric Fabre, früher Kellermeister von Ch. LAFITE ROTHSCHILD, hat das alte Weingut in LA CLAPE erfolgreich umgemodelt und ist fasziniert von MOURVÈDRE. Erzeugt werden nicht in Eiche ausgebauter Classique (rot, rosé, weiß) sowie roter und weißer *grand vin* zum Einlagern.

Anjou Lo r rs w; (tr) (s); (sch) ★→★★★★ Region, aber auch übergeordnete AC an der Loire, die ANJOU und SAUMUR beinhaltet. Sie ist oft besser ist als ihr Ruf und bietet teilweise ein gutes Preis-Leistungs-Verhältnis. Das stilistische Spektrum der trockenen CHENIN-BLANC-Weißweine reicht von leichten Alltagstropfen bis zu komplexen Weinen, die vom Einlagern profitieren. Unter den Roten findet man z. B. den AC Anjou GAMAY, den fruchtigen Anjou Rouge auf CABERNET-FRANC-Basis und den alterungsfähigen, aber tanninstarken ANJOU-VILLAGES, der auch CABERNET SAUVIGNON enthält. Daneben der meist trocken ausgebaute Savennières, der leicht süße bis üppige COTEAUX DU LAYON (Chenin blanc), trockene und liebliche Rosés sowie Schaumweine (vorwiegend CRÉMANT). Halten Sie sich bei den Süßweinen an 2010, 2011, 2014 oder 2015, und meiden Sie die 2012er. 2016 wurde der Ertrag durch Frostschäden gemindert.

Anjou-Coteaux de la Loire Lo w; lbl s ★★→★★★ **05' 07' 09 10' 11'** 14 15' (16) – Kleine AC (30 ha) ganz im Westen der AC ANJOU für süße CHENIN-BLANC-Weißweine, die weniger voll und dafür rassiger sind als COTEAUX DU LAYON. Erzeuger: v. a. Doms. Delaunay, Fresche, Musset-Roullier und Ch. de Putille.

Anjou-Villages Lo r ★→★★★ **05' 06 08 09' 10' 11 12** 14' 15' (16) – AC für präziser strukturierte ANJOU-Rotweine (CABERNET FRANC/CABERNET SAUVIGNON sowie geringere Mengen von reinsortigem Cabernet Sauvignon). Die Tannine erfordern sorgfältige Behandlung, ein wenig Flaschenreifung ist von Vorteil. Die Spitzenweine sind vergleichsweise preiswert, v. a. von Bergerie, Branchereau, Brizé, CADY, Clos de Coulaine, Philippe Delesvaux, Ogereau, Ch. PIERRE-BISE, Sauveroy und Soucherie. Der Unterbereich Anjou-Villages-Brissac liegt im selben Gebiet wie COTEAUX DE L'AUBANCE; Erzeuger hier v. a.: Bablut, Haute Perche, Montigilet, Princé, Richou, Rochelles, Ch. de Varière (jetzt Teil von ACKERMAN).

Apremont Sav w ★★ BV (bis zu 5 Jahre) – Die größte Weinbaugemeinde in SAVOYEN (378 ha, 28 % der Gesamtproduktion), umittelbar südlich von Chambéry gelegen. Angebaut wird ausschließlich die Jacquère-Traube. Erzeuger: v. a. Aphyllantes, Blard, Boniface, Masson, Perrier, Rouzan.

Arbin Sav r ★★ Dunkler, lebhafter Rotwein aus MONDEUSE-Trauben, vergleichbar mit einem CABERNET SAUVIGNON von der Loire. Trinkreif mit 1–2 Jahren; ideal zum Après-Ski.

Arbois Jura r rs w; (sch) ★★→★★★ **05' 08 09 10' 12** 14' 15' (16) – Aus der AC im nördlichen Jura, Geburtsort von Louis Pasteur (Museum), kommen Weißweine von CHARDONNAY (gut) und SAVAGNIN (mit Wildaroma), außerdem VIN JAUNE, z. B. von Stéphane TISSOT, frische *ouillé*-Stile von der Dom. du PÉLICAN (früher Puffeney, jetzt zu d'ANGERVILLE aus VOLNAY gehörend) sowie oxidativ ausgebaute Weiße von Overnoy/Houillon. Allround-Erzeuger sind AVIET, Pinte und Renardières. Die Poulsard- und Trousseau-Rotweine werden in der Regel mit PINOT NOIR aufgepeppt.

Ariège SWF r rs w ★ **14 15** (16) – Kleine, aber interessante IGP zwischen Toulouse und den Pyrenäen. Die biologisch-dynamisch bewirtschaftete DOMAINE Les Coteaux d'Engraviès (v. a. sortenreiner SYRAH) führt die kurze Liste der Erzeuger an. Außerdem empfehlenswert: Dom. de Lastronques.

Arjolle, Domaine de l' Lang ★★★ Das große Gut in den CÔTES DE THONGUE bietet auch sortenreine Weine von Rebsorten aus dem Pays d'Oc. »Z« steht für ZINFANDEL und »K« für CARMENÈRE; außerdem originelle Verschnitte von LANGUEDOC- und BORDEAUX-Rebsorten.

Arlaud Côte d'Or r ★★★→★★★★ Führendes Weingut in MOREY-ST-DENIS, das von der Energie Cyprien Arlauds und seiner Geschwister profitiert. Schön ausgewogene, moderne Weine mit Tiefe und Klasse, angefangen vom hervorragenden BOURGOGNE Roncevie bis hin zu den Grands crus CHARMES-CHAMBERTIN und CLOS DE LA ROCHE.

Arlay, Château d' Jura r rs w; s ★→★★ Altehrwürdiges, nobles Weingut mit einem imposanten Schloss. Umfassendes, solides Angebot an Weinen aller Farben, einschließlich VIN JAUNE.

Arlot, Domaine de l' Côte d'Or r w ★★→★★★ Das führende Weingut in NUITS-ST-GEORGES, im Besitz von AXA, zählt seit 2011 nicht mehr zu den entschiedenen Verfechtern der Ganztraubenvergärung. Betörend duftender Clos des Fôrets St-Georges, außerdem VOSNE-ROMANÉE Les Suchots und ROMANÉE-ST-VIVANT. Auch die Weißen verdienen Beachtung.

AOP und IGP: Was tut sich in Frankreich?

Die europaweite Einführung der Bezeichnungen AOP (Appellation d'Origine Protégée) und IGP (Indication Géographique Protégée) bedeutet, dass diese Begriffe nun auf den Etiketten auftauchen werden. AOC ist weiterhin in Gebrauch, für alle ehemaligen VINS DE PAYS wird aus Gründen der Einfachheit und Kürze in diesem Buch aber nur noch der Ausdruck IGP verwendet.

Armand, Comte Côte d'Or r ★★★ Einziger Besitzer des großartigen Clos des Épeneaux in POMMARD sowie anderer Weinberge in AUXEY und VOLNAY. Fantastische, ausgewogene, langlebige Weine, v. a. seit 1999, in den Jahren 2012 bis 2016 fiel die Ernte allerdings sehr gering aus.

Aube Champ – Südlicher Ausläufer der CHAMPAGNE (auch Côte des Bars genannt). Sehr guter PINOT NOIR (**12 14 15'**). In der eindrucksvollen neuen MOËT-Kellerei in Gyé-sur-Seine wird ausschließlich Rosé-Champagner erzeugt (4 Mio. Flaschen/Jahr).

Aupilhac, Domaine d' Lang – Das einstige Pioniergut in MONTPEYROUX hat inzwischen etliche Nachahmer gefunden. Sylvain Fadat setzt auf CARIGNAN von alten Reben (der erste Jahrgang war 1989), Parzellen in höheren Lagen sowie CINSAULT, Les Servières und LANGUEDOC-Klassiker.

Auxey-Duresses Côte d'Or r w ★★ **99' 02' 03 05' 08 09' 10' 11 12** 14 15' (16) – Ort der CÔTE DE BEAUNE-Villages im Tal hinter MEURSAULT. Die frischen, leichtfüßigen Weißweine sind vergleichsweise preiswert, die Roten stammen heute von besser ausreifendem Traubengut und fallen daher weniger rustikal aus. Beste Beispiele (rot): COMTE ARMAND, COCHE-DURY, Gras, MAISON LEROY (Les Boutonniers), Moulin aux Moines, Prunier; (weiß): Lafouge, Leroux, ROULOT.

Aveyron SWF r rs w ★ IGP BV – Nicolas Carmarans (★★), ein Fan seltener Rebsorten wie z. B. Négret de Banhars, entwickelt sich zum Starerzeuger dieser ländlichen Weine, mit denen er sich über die Vorschriften der AOPS MARCILLAC, ENTRAYGUES und ESTAING hinwegsetzt. Eher den üblichen Standard bieten die Domaines Bertau und Pleyjean (beide ★).

Aviet, Lucien Jura – Guter Erzeuger (Spitzname »Bacchus«) in der AC ARBOIS mit gutem Preis-Leistungs-Verhältnis, z. B. beim ansprechenden, leichten Poulsard und dem würzig-durchdringenden SAVAGNIN.

Avize Champ – Ort der Côte des Blancs mit feinem CHARDONNAY. Exzellente Winzerweine, v. a. von Agrapart, Corbon, Selosse, außerdem großartige Genossenschaft Union Champagne.

Aÿ Champ – Hochgeschätzter Ort für PINOT NOIR, Heimat von BOLLINGER und DEUTZ. Mischung aus Négociant- und Winzerweinen, die teils in Fässern ausgebaut werden: z. B. von Claude Giraud, dem Meister der Argonne-Eiche. Der (nicht in Holz gereifte) Noirs d'Aÿ von Gosset-Brabant ist der

Inbegriff der Reintönigkeit. Der rote Aÿ (COTEAUX CHAMPENOIS) wird im Zuge des Klimawandels immer besser.

Ayala Champ – Neugeborenes Champagnerhaus in AŸ im Besitz von BOLLINGER. Schöner BRUT Nature Zéro Dosage und Blanc de Blancs. Fantastische Prestige-CUVÉE Perle d'Ayala (**08' 09 12'** 13 15'). Präzision und Reintönigkeit. Die neue Kellerchefin Caroline Latrine bringt frischen Wind herein.

Bachelet Bg r w ★★→★★★★ Weitverbreiteter Familienname an der CÔTE D'OR. Exzellente Weißweine kommen von Bachelet-Monnot (MARANGES), Jean-Claude Bachelet (ST-AUBIN) und vom immer besser werdenden Vincent Bachelet (CHASSAGNE). Kein Verwandter ist Denis Bachelet (alkoholstarker GEVREY-CHAMBERTIN).

Bandol Prov r rs (w) ★★★ **98 99 00 01 02 03 04 05 06 07 08 09 10** 11 12 13 14 15 16 – Kompakte AC an der Küste mit den feinsten Weinen der PROVENCE: hervorragende, in Eiche ausgebaute Rote mit enormem Alterungspotenzial, vorwiegend von MOURVÈDRE mit GRENACHE und CINSAULT; elegante, strukturierte Rosés von jungen Reben und ein wenig Weißwein von CLAIRETTE, UGNI BLANC und gelegentlich SAUVIGNON BLANC. Spitzenerzeuger: u. a. Ch. La Bastide Blanche, Dom. de la Bégude, Dom. du Gros'Noré, Dom. Lafran Veyrolles, Dom. de la Laidière, Ch. Mas de la Rouvière, Ch. Pibarnon, Ch. Pradeaux, Dom. La Suffrène, Dom. de Terrebrune, Dom. TEMPIER, Ch. Vannières.

Banyuls Rouss r br; s ★★→★★★ Der ursprüngliche, köstliche VIN DOUX NATUREL, hauptsächlich von alten GRENACHE-NOIR-, GRENACHE-BLANC- und Grenache-gris-Reben. Die RIMAGES (neuere Jahrgangsweine) schmecken frisch und fruchtig, lohnender sind aber die traditionellen, viele Jahre gereiften RANCIOS – eine echte Alternative zu feinem altem Tawny Port. Am besten sind die DOMAINES du Mas Blanc, la Rectorie, de la Tour Vieille (alle ★★★), Les Clos de Paulilles, Coume del Mas (beide ★★), Dom. Madeloc und Vial Magnères. Siehe auch MAURY.

Baronne, Château la Lang ★★★ Innovatives biologisch-dynamisches Familiengut in CORBIÈRES im Bereich Montagne d'Alaric. Die Weine werden mit möglichst wenigen Eingriffen bereitet: IGP Hauterive (weiß), außerdem Corbières Alaric, Les Chemins und Les Lanes sowie Pièce de Roche (die CARIGNAN-Reben wurden 1892 gepflanzt). Außerdem ungeschwefelter Les Chemins de Traverse und VERMENTINO/Grenache Gris (weiß).

Barrique In Bordeaux (und Cognac) gebräuchliche Bezeichnung für ein 225-l-Eichenfass. Kommt weltweit zum Einsatz, doch die Allerweltsbegeisterung für die exzessive Verwendung neuer Eiche flaut gnädigerweise allmählich ab. Der Preis für ein Fass liegt im Durchschnitt bei 700 Euro.

Barsac Saut w; s ★★→★★★★ 89' 90' **95 96** 97' **98 99'** 01' 02 03' 05' 07' 09' **10' 11' 12 13** 14 15 16 – Nachbar von SAUTERNES mit ähnlichen edelfaulen Weinen von tiefer liegenden Kalksteinböden: Sie sind frischer und nicht so kraftvoll und können als Barsac oder Sauternes etikettiert werden. Spitzenweine kommen von CAILLOU, CLIMENS, COUTET, DOISY-DAËNE, DOISY-VÉDRINES, NAIRAC.

Barthod, Ghislaine Côte d'Or r ★★★→★★★★ Ein Grund, sich in CHAMBOLLE-MUSIGNY zu verlieben, falls das nicht bereits geschehen ist: duftende, zarte Weine, die dennoch Tiefe und Konzentration mitbringen. Eindrucksvolle Reihe von neun PREMIERS CRUS, darunter Les Baudes, Charmes, Cras und Fuées.

Bâtard-Montrachet Côte d'Or w ★★★★ **99'** 00 02' **04' 05' 06** 07' 08' **09'** 10 **11** 12 13 14' 15 (16) – GRAND CRU (12 ha) unterhalb von MONTRACHET selbst. Grandiose, stämmige Weißweine, denen man Zeit geben sollte. Sie sind kraftvoller als die Gewächse aus den Nachbarlagen BIENVENUES-BÂTARD-MONTRACHET und CRIOTS-BÂTARD-MONTRACHET. Halten Sie

Ausschau nach: BACHELET-Monnot, J.-M. BOILLOT, CARILLON, FAIVELEY, GAGNARD, Louis LATOUR, LEFLAIVE, Leroux, MOREY, Pernot, Ramonet, SAUZET, VOUGERAIE.

audry, Domaine Bernard Lo r rs w ★★→★★★ **05 06 08 09' 10' 11 12 14' 15'** (16') – 30 ha auf Kies und Kalkstein in Cravant-les-Coteaux. Durchweg sehr gute CHINON-Weine: Weiße von CHENIN BLANC, Rosés und Rote auf CABERNET-FRANC-Basis, u. a. früh trinkreifer Les Granges, strukturierter Les Grézeaux, Clos Guillot und La Croix Boissée. Ökoweinbau mit Handlese. 2016 wurde die Hälfte der Trauben durch Frost vernichtet, die Qualität des geretteten Leseguts ist aber hoch.

audry-Dutour Lo r rs w; (sch) ★★→★★★ **03 05' 06 08 09' 10' 11 14' 15'** (16) – Größter Erzeuger in CHINON, geleitet von Jean-Martin Dutour und Christophe Baudry; zum Besitz zählen u. a. die Châteaux de la Grille, La Perrière, La Roncée und de St-Louans nebst einer großen, modernen Kellerei in Panzoult. Verlässliche Qualität von leichten, jung zu genießenden Alltagsweinen bis hin zu alterungswürdigen Roten. Frostschäden 2016.

aumard, Domaine des Lo r rs w; tr s; sch ★★→★★★ tr **03 05' 06 07'**; s **08 09 10 11** 14 15 (16) – Umstrittener Erzeuger in ANJOU, v. a. mit Weißweinen von CHENIN-BLANC, darunter SAVENNIÈRES (Clos St-Yves, Clos du Papillon) und Clos Ste-Catherine. Streiter für Kryoextraktion (Tiefgefrieren der Trauben zur Konzentration des Zuckergehalts) beim QUARTS DE CHAUME.

aux-de-Provence, Les Prov r rs w ★★→★★★ **09 10 11 12** 13 14 15 16 – Weinberge an den spektakulären Bauxit-Abbaustellen der Alpilles rund um den Ort Les Baux, dessen Beliebtheit bei Touristen leider die Gefahr einer gewissen Selbstgefälligkeit mit sich bringt. Weißweine von CLAIRETTE, GRENACHE, Rolle und ROUSSANNE, Rote von CABERNET SAUVIGNON, SYRAH und Grenache. Meist ökologischer Anbau.Bester Erzeuger ist nach wie vor die Dom. de TRÉVALLON mit ihrem Cabernet Sauvignon/Syrah-Verschnitt. Weitere Erzeuger: Ch. d'Estoublon, Dom. Hauvette, Ch. Romanin, Mas de la Dame, Mas Ste Berthe, Dom. des Terres Blanches, Dom. de Valdition.

éarn SWF r rs w ★→★★ r 14 (15); rs w (AOP) BV – Beliebte Rosés für den sommerlichen Genuss. Gute Rotweine erzeugen Dom. de la Callabère und Dom. Lapeyre et Guilhemas (beide ★). Außerdem etwas Weißwein von der seltenen Sorte Raffiat de Moncade. Gute Genossenschaft in Bellocq (★), die jetzt mit der von JURANÇON zur Cave de Gan–Jurançon verschmolzen ist.

eaucastel, Château de S-Rh r w ★★★★ **78' 81' 85 88 89' 90' 95' 96' 97 98 99' 00' 01' 03' 04** 05' **06'** 07' **08** 09' 10' 11' 12' 13' 14' 15' 16' – Ökologisch bewirtschaftetes CHÂTEAUNEUF-Spitzengut mit alten MOURVÈDRE- und 100 Jahre alten ROUSSANNE-Reben. Gehört zur Firma Famille Perrin, die mit Maison Nicolas Perrin auch ein gutes, expandierendes Handelshaus an der nördlichen Rhône betreibt. Rauchige, in letzter Zeit geschmeidigere Weine mit dunkler Frucht, die in den ersten beiden Jahren oder aber erst nach 7–8 Jahren getrunken werden sollten. Hochklassig der rote Hommage à Jacques Perrin mit 60 % Mourvèdre. Wundervoller Roussanne Vieilles Vignes (alte Reben), 5–25 Jahre haltbar. Seriöser roter CÔTES DU RHÔNE Coudoulet de Beaucastel (Lebensdauer 8 Jahre und mehr). Gut und authentisch sind Famille Perrin CAIRANNE, GIGONDAS (sehr gut), RASTEAU und VINSOBRES (am besten). Gut ist auch der Ökowein Perrin Nature Côtes du Rhône (rot und weiß). Siehe auch Tablas Creek im Kapitel »Kalifornien«.

eaujolais r (rs) (w) ★ BV – Einfache Appellation der großen Region Beaujolais, deren leichte Weine oft, aber nicht zwangsläufig langweilig sind – probieren Sie die Erzeugnisse aus den Hügeln um den Ort Le Bois d'Oingt.

Die Vermarktung ist jetzt auch unter dem Etikett COTEAUX BOURGUIGNON zulässig.

Beaujolais Primeur (oder Nouveau) Beauj – Ist eher ein Ereignis als ein Getränk. Der BEAUJOLAIS des neuen Jahrgangs wird im Schnellverfahren bereitet, damit er am dritten Mittwoch im November um Mitternacht freigegeben werden kann. Genießen Sie seine saftige Fruchtigkeit, lassen Sie sich dadurch aber nicht von den echten Dingen abbringen.

Neuzugänge in der Beaujolais-Fraktion

Das BEAUJOLAIS ist eine der größeren unter den dynamischsten Anbaubereichen in Burgund, und die Weine sind nach wie vor relativ erschwinglich. Sogar so erschwinglich, dass viele CÔTE-D'OR-Erzeuger dort Land erwerben: JADOT, Louis Boillot und Thibault LIGER-BELAIR in MOULIN-À-VENT, BOUCHARD, DROUHIN und Lafarge-Vial in FLEURIE. Andere sondieren gerade das Terrain … Sie können sich aber auch an Neuzugänge halten wie Julie Balagny und Julien Sunier in Fleurie oder P.-H. Thillardon in CHÉNAS oder Richard Rottiers in Moulin-à-Vent. Allerdings handelt es sich um GAMAY-Weine, was man sich bewusst machen sollte, falls man PINOT NOIR bevorzugt.

Beaujolais-Villages Beauj r ★★ **13 14 15' 16** – Wein der mittleren Kategorie zwischen einfachem BEAUJOLAIS und den zehn »Crus« (z. B. MOULIN-À-VENT), der oft allzu simpel ausfällt. Am besten schneiden die Gemeinden Beaujeu und Lantigné ab – es lohnt sich, auf die Freigabe dieser Weine zu warten.

Beaumes-de-Venise S-Rh r (rs) (w) br ★★ r **09' 10' 12' 13' 15'** 16'; Musc. BV – Gemeinde der CÔTES DU RHÔNE südlich von GIGONDAS, bekannt für VIN DOUX NATUREL von der MUSCAT-Traube. Der v. a. als Aperitif oder zum Dessert getrunkene Wein hat Aromen von Trauben und Honig und sollte sehr kalt getrunken werden. Feine, frische Versionen bieten z. B. die Domaines Beaumalric, Bernardins (moschusartig, traditionell), Coyeux, Durban (voll, langlebig), Fenouillet (lebhaft), JABOULET, Pigeade (frisch, sehr gut), VIDAL-FLEURY und die Genossenschaft Rhônéa. Auch ausdrucksstarke, griffig texturierte Rote, v. a. von den Domaines Cassan, Durban, Fenouillet, Ferme St Martin (bio), St-Amant (guter Weißer) und Ch. Redortier, die in sonnenreichen Jahren am besten ausfallen und 2–3 Jahre lagern sollten. Die einfachen Weißen (ein wenig trockener MUSCAT und VIOGNIER) und beschwingten Rosés sind Côtes-du-Rhône-Weine.

Beaumont des Crayères Champ sch – Genossenschaft an der Côte d'Épernay, deren Grande Réserve oJ auf PINOT-MEUNIER-Basis vorbildlich ist. Der Jahrgangschampagner Fleur de Prestige ist sein Geld mehr als wert (**02 06 08' 10 12' 13** 15'). Außerdem großartige Cuvée Nostalgie (**02' 06 09**) auf CHARDONNAY-Basis und seit Kurzem Fleur de Meunier Brut Nature (**09 12'** 15').

Beaune Côte d'Or r (w) ★★★ **02' 03 05' 07 08 09' 10' 11** 12 14 15' (16) – Das Zentrum des burgundischen Weinhandels, Sitz der berühmten HOSPICES DE BEAUNE sowie klassischer Weinhändler à la BOUCHARD, CHAMPY, CHANSON, DROUHIN, JADOT, LATOUR und Remoissenet, aber auch junger Anwärter wie Gambal, Lemoine, Leroux und Roche de Bellène. Es gibt keine GRAND-CRU-Lagen, aber einige anmutige, duftende PREMIER-CRU-Rotweine, z. B. aus Bressandes, Cras und Vignes Franches, kraftvollere Gewächse aus Grèves. Außerdem einige spannende Weißweine, z. B. Aigrots, Clos St-Landry und v. a. der CLOS DES MOUCHES von Drouhin.

ecker, Caves J. El r w ★→★★★ Das Gut wird ökologisch bewirtschaftet und ist jetzt auch zertifiziert. Stilvolle Weine, u. a. der herrlich ausgewogene, mineralische GRAND CRU Froehn, den es als GEWÜRZTRAMINER und RIESLING (**06 09 10'** 13 14' 15') gibt. Der feine Riesling Mandelberg kann elegant ausfallen (**10** 13 14).

ellet Prov r rs w ★★ Winzige AC, deren rund 48 ha innerhalb Nizzas liegen, wo der Wein auch überwiegend konsumiert wird. Die Weißen von der Rolle-Traube sind überraschend langlebig und köstlich; von den Sorten Braquet und Folle noire werden leichte Rote bereitet (BV). 15 tapfere Erzeuger halten die Stellung; empfehlenswert sind Ch. de Bellet (am ältesten, jetzt mit neuem Besitzer), CLOS St-Vincent, Collet de Bovis, Les Coteaux de Bellet, Dom. de la Source und Toasc.

ellivière, Domaine de Lo r w; s; (sch) ★★→★★★ **05' 08 09' 10' 11'** 14' 15' (16) – Christine und Eric Nicolas bewirtschaften ihre 15-ha-Domaine biologisch-dynamisch und erzeugen überragenden CHENIN BLANC aus JASNIÈRES und den COTEAUX DU LOIR sowie pfeffrigen roten Pineau d'Aunis.

ergerac SWF r rs w; tr s ★→★★★ **09' 10 11 12** 14 (15) – An BORDEAUX grenzende AOP mit denselben Rebsorten, aber deutlich niedrigeren Preisen. Die trockenen und süßen Weißweine werden meist von SÉMILLON bereitet, die Roten überwiegend von MERLOT. Empfehlenswerte Erzeuger: Dom. du Cantonnet, Clos des Verdots, Dom. Jonc Blanc, Thénac (Fleur de Thénac), La Tour des Gendres (alle ★★★), Tour de Grangemont (★★) und Ch. de la Jaubertie. Weitere Erzeuger siehe die Sub-AOPs MONBAZILLAC, MONTRAVEL, PÉCHARMANT, ROSETTE und SAUSSIGNAC.

erlioz, Domaine Gilles Sav – Sehr guter, biologisch-dynamisch arbeitender Boutique-Erzeuger in CHIGNIN; die vier kleinen Parzellen (3,5 ha) sind mit Altesse, MONDEUSE, Jacqùere und Persan bestockt. Die Weine: Chez l'Odette (Jacquère), El Hem, Le Jaja, Les Filles und Les Fripons.

erthet-Bondet, Domaine Jura r w ★★ Erzeuger von umwerfendem VIN JAUNE (CHÂTEAU-CHALON) und Côte de Jura Naturé; Letzterer stammt von der SAVAGNIN-Traube und reift nicht unter Hefe-Flor. Außerdem köstlicher Rubis von den Rebsorten Trousseau, Poulsard und einem Spritzer PINOT NOIR.

ertrand, Gérard Lang r rs w ★★ Leidenschaftlich ehrgeiziger Erzeuger, inzwischen einer der größten im MIDI: Villemajou (im CORBIÈRES-Cru Boutenac), Laville-Bertou (MINERVOIS-LA LIVINIÈRE), Dom. de l'Aigle (LIMOUX), Cigalus (IGP Hauterive), Ch. la Sauvageonne (TERRASSES DU LARZAC); hat kürzlich Ch. la Soujeole (Malepère) gekauft, Weinberge in Cabrières. Flaggschiff ist Ch. l'Hospitalet (La CLAPE). Höchst ambitioniert und teuer: CLOS d'Ora (Minervois-La Livinière).

esserat de Bellefon Champ sch – Champagnerhaus in Épernay, das sich auf sanft schäumende Weine (nach Art des früheren CRÉMANT) spezialisiert hat. Gehört zu Lanson-BCC. Respektable, steigende Qualität, stets moderate Preise (v. a. **13** 14).

eyer, Léon El r w ★★→★★★ Erzeuger intensiver trockener Weine, die häufig 10 Jahre und mehr Flaschenreife brauchen. Erlesener RIESLING Comtes d'Eguisheim (**08 10** 13 14') aus der GRAND-CRU-Lage PFERSIGBERG, was aber nicht auf dem Etikett steht. Voll ausgereifte Weine, ideal für die gehobene Küche, die sich auf den Karten vieler Sternerestaurants finden. Außerdem ernst zu nehmender PINOT NOIR (**10' 12**), ein 1959er war immer noch in guter Verfassung.

ichot, Maison Albert Bg r w ★★→★★★ Bedeutendes Handelshaus mit eigenem Anbau, das zunehmend eindrucksvollere Weine in einem kraftvollen, recht eichenholzwürzigen Stil erzeugt. Die besten stammen von den eigenen DOMAINES wie Clos Frantin (NUITS-ST-GEORGES), LONG-DEPAQUIT (CHABLIS) und Pavillon (BEAUNE).

Bienvenues-Bâtard-Montrachet Côte d'Or w ★★★→★★★★ **02' 04 05 06** 0 **08 09 10 11** 12 13 14' 15 (16) – Die einen Tick leichtere und früher reife de Version des BÂTARD-MONTRACHET mit verführerischer, cremiger Te tur. Am besten von CARILLON, FAIVELEY, LEFLAIVE, Pernot und Ramonet.

Billecart-Salmon Champ – Das Champagnerhaus in Familienbesitz hat jet einen finanzkräftigen Partner und erzeugt in Holzfässern vergorene, he vorragende Jahrgangs-CUVÉES. Ausgezeichneter Clos St-Hilaire Blanc d Noirs (**96 98** 99 02'), NF Billecart (02' **98 99** 12'), erstklassiger BLANC D BLANCS (**08'**), sehr preiswerter BRUT (**04**) und feiner, bekömmlicher Ext Brut oJ (★★★). Die Cuvée Sous Bois wird ausschließlich in Eiche vinifizie Erlesene Cuvée Elisabeth Salmon Rosé (**02 06**; ★★★★).

Bize, Simon Côte d'Or r w ★★★ Das vorbildliche Weinangebot des 2013 ve storbenen Patrick Bize reichte von AC BOURGOGNE (rot und weiß) bis zu GRAND CRU mit einer Vielzahl feiner SAVIGNY-LÈS-BEAUNE-Abfüllunge darunter sechs PREMIERS CRUS (z.B. Aux Guettes, Vergelesses). Die ho Qualität wird beibehalten.

Blagny Côte d'Or r ★★→★★★ **99' 02' 03' 05' 08** 09' 10' 11 12 13 14 1 (16) – AC-Gemeinde auf einem Hügel oberhalb von MEURSAULT und P LIGNY-MONTRACHET. Die recht strengen, aber herrlich duftenden Rote sind leider aus der Mode gekommen, seit die Winzer die Weinberge m CHARDONNAY neu bestocken, um PREMIER CRU Meursault-Blagny zu e zeugen. Die besten Rotweinlagen sind Jeunelotte, Pièce sous le Bois u Sous le Dos d'Âne. Beste Rotweinerzeuger: LEROUX, Martelet de Cheris und Matrot.

Blanc de Blancs Ein Weißwein nur aus weißen Trauben, insbesondere b CHAMPAGNER. Eine Bezeichnung für den Stil, nicht für Qualität.

Blanc de Noirs Weißwein aus roten Trauben (oft mit rosigem Schimmer); in besondere CHAMPAGNER. Im Stil üblicherweise reichhaltig, manchmal s gar plump. Doch mit dem immer feiner werdenden PINOT NOIR und neue Bereitungstechniken bahnen sich Veränderungen an.

Blanck, Paul et Fils El r w ★★→★★★ Die feinsten Gewächse des Kient heimer Erzeugers stammen von den 6 ha des GRAND CRU Furstentu (RIESLING, GEWÜRZTRAMINER, PINOT GRIS) und von der Grand-cru-La SCHLOSSBERG (großartiger Riesling; **08' 10 12** 13' 14 15). Hervorragen Qualität bietet die Reihe Classique: alles tipptopp, tolles Preis-Leistung Verhältnis.

Blanquette de Limoux Lang w; sch ★★ Sehr preisgünstiger Schaumwein a einem kühlen, hügeligen Gebiet südwestlich von Carcassonne, älter a CHAMPAGNER. Wird von 90% Mauzac mit ein wenig CHARDONNAY u CHENIN BLANC bereitet. Eleganter sind die Gewächse der AC Crémant d Limoux mit Chardonnay, Chenin blanc, PINOT NOIR und weniger Mauz im Verschnitt. Die große Genossenschaft produziert u.a. unter dem E kett Sieur d'Arques; weitere Erzeuger: Antech, Delmas, Laurens, RIVE BLANQUES, Robert sowie Newcomer wie die Domaines La Coumje-Lum Les Hautes Terres, Jo Riu und Monsieur S.

Blaye Bx r ★→★★ **09' 10' 11 12 14 15** 16 – Bezeichnung für die besser Rotweine (Ertragsbeschränkung, höhere Pflanzdichte, längere Reifun aus der AC BLAYE – CÔTES DE BORDEAUX.

Blaye – Côtes de Bordeaux Bx r w ★→★★ **10' 12 14 15 16'** – AC am recht Ufer der Gironde, hauptsächlich für – in der Regel preiswerte – Rotwei mit hohem MERLOT-Anteil und wenige trockene Weiße (vorwiegend SAUV GNON BLANC). Die besten CHÂTEAUX: Bel Air la Royère, Cantinot, Giga (CUVÉE Viva), Haut-Bertinerie, Haut-Colombier, Haut-Grelot, Jonqueyr Monconseil-Gazin, Mondésir-Gazin, Montfollet, Roland la Garde und S gonzac. Für Weißweine: Ch. Charron und die Genossenschaft Les Vignerons de Tutiac.

Boeckel, Domaine El – Das traditionsreiche Gut im malerischen Mittelbergheim hat seinen Besitz um 23 ha beste Mergel- und Sandsteinlagen in der Region Bas Rhin erweitert. Es erzeugt großartigen RIESLING, v. a. GRAND CRU Wiebelsberg und Clos Eugénie (10 12 13), außerdem SYLVANER Grand cru Zotzenberg, einer Spitzenlage für diese Rebsorte. Außerdem vorbildlicher Crémant d'Alsace.

Boillot Côte d'Or r w – Verschiedene Erzeuger gleichen Nachnamens in Burgund. Rotweine mit Eichennote und feine, langlebige Weiße finden Sie bei Jean-Marc in POMMARD (★★★), mächtige Weiße und moderne Rote bei Henri (★★→★★★★; Dom. und Négociant in MEURSAULT), bei dem mit Ghislaine BARTHOD verheirateten Louis (★★★) in CHAMBOLLE-MUSIGNY sowie dessen Bruder Pierre in GEVREY-CHAMBERTIN (★★→★★★).

Boisset, Jean-Claude Bg – Überaus erfolgreiche, im Lauf der vergangenen 50 Jahre entstandene Handelsgruppe. Exzellente Weine vom eigenen Weingut Dom. de la VOUGERAIE. Neuere Errungenschaften sind der Ankauf der Marke Vincent GIRARDIN (Burgund) und des Erzeugers Henri MAIRE im JURA. Außerdem Unternehmungen in Kalifornien (familiäre Verbindungen zu Gallo), Kanada, Chile und Uruguay.

Boizel Champ – Hervorragender gereifter BLANC DE BLANCS oJ und Vorzeigeprodukt Joyau de France (**02'** 08 **09 12' 15'**), Joyau Rosé (**04 06 08'** 09 12') sowie Grand Vintage Brut (**04** 06 **08' 09 12**) und CUVÉE Sous Bois. Schöne Qualität zu sehr günstigen Preisen.

Bollinger Champ – Großartiges, stets an Qualität zulegendes klassisches Champagnerhaus, z. B. Grande Année (96 **97 00 02 04 05** 08' 09). Der Brut Spécial ist seit 2012 in Höchstform. PINOT NOIR glänzt im feinen Grande Année Rosé (02 **04** 06); außerdem sehr guter Rosé oJ. Luxusmarken: R.D. (02' zum gleich Trinken oder Einlagern), VIEILLES VIGNES Françaises (**69'** 02) und der La Côte aux Enfants aus AŸ (09' 12' 15'). Die Önothek La Galerie 1829 muss man gesehen haben: altehrwürdige Champagnerjahrgänge bis in die 1830er und Rotwein bis 1892. Siehe auch LANGLOIS-CHÂTEAU.

Bonneau du Martray, Domaine Côte d'Or r ★★★ w ★★★★ Wegweisender Erzeuger von CORTON-CHARLEMAGNE, 2016 von Stanley Kroenke erworben, der neben Sreaming Eagle (Kalifornien) auch den englischen Fußballklub FC Arsenal besitzt. Die prachtvollen Weine, eine gloriose Verbindung aus intensiver Frucht und mineralischer Unterfütterung, sind zum Einlagern (etwa 10 Jahre) gemacht. Außerdem kleine Mengen von feinem rotem CORTON.

Bonnes-Mares Côte d'Or r ★★★→★★★★ **90' 91** 93 **95** 96' **98** 99' **00** 02' **03** 05' 06 07 08 09' 10' 11 12' 13 14 15' (16) – GRAND-CRU-Lage zwischen CHAMBOLLE-MUSIGNY und MOREY-ST-DENIS, die ein wenig von der wilderen Art Letzterer hat. Robuste, langlebige Weine, weniger duftend als MUSIGNY. Spitzenerzeuger: Bernstein, Bruno CLAIR, Drouhin-Laroze, DUJAC, Groffier, JADOT, MUGNIER, ROUMIER, de VOGÜÉ, VOUGERAIE.

Bonnezeaux Lo w; s ★★★→★★★★ 89' 90' 95' 96' 97' 03' 05 09 **10' 11'** 14 15' (16) – Voller, praktisch unendlich haltbarer CHENIN-BLANC-Wein aus einer nach Süden ausgerichteten 80-ha-Hanglage in den COTEAUX DU LAYON. Erzeuger: v. a. Ch. de Fesles (Grands Chais de France), Dom. Les Grandes Vignes, Dom. de Mihoudy, Dom. du Petit Val, Ch. La Varière (ACKERMAN). Immer noch Kultstatus genießt der 1947er.

Bordeaux r (rs) w ★→★★ **15 16** – Riesige, alles umfassende AC für Bordeaux-Weine (unter der fast die Hälfte der Produktion der Region läuft). Unterschiedliche, aber in der Regel wiedererkennbare Qualität, oft preiswert. Die

Frankreich

meisten Markenweine (DOURTHE, Michel Lynch, MOUTON CADET, SICHEL) fallen in diese Kategorie. Empfehlenswert: Chx. Bauduc, BONNET, Lamothe Vincent, Reignac und Tour de Mirambeau.

Bordeaux Supérieur Bx r ★→★★ **09' 10' 12 14 15 16** – Eine Stufe über der einfachen AC BORDEAUX, mit vorschriftsmäßig etwas höherem Alkoholmindestgehalt, geringeren Erträgen und längerer Reifezeit. Das Gros der Produktion sind Erzeugerabfüllungen. Beständige Qualität von: Chx. de Camarsac, Jean Faux, La France, Grand Verdus, Grand Village, Grée-Laroque, Landereau, Parenchère, Penin, PEY LA TOUR (Réserve), Pierrail, Reignac, THIEULEY.

Borie-Manoux Bx – Erstklassiges Weinhandelshaus mit eigenen Gütern in BORDEAUX: u. a. Chx. BATAILLEY, BEAU-SITE, La CROIX DU CASSE, TROTTE VIEILLE und DOM. DE L'EGLISE.

Bouchard Père et Fils Bg r w ★★→★★★★ Größter Weinbergbesitzer an der CÔTE D'OR mit Sitz auf Ch. de Beaune. Die Qualität ist durchweg sehr ordentlich. Die besten Weißen kommen aus MEURSAULT und von GRAND-CRU-Lagen, z. B. CHEVALIER-MONTRACHET. Aushängeschilder unter den Roten sind BEAUNE Grèves CLOS VOUGEOT, CORTON, Vigne de L'Enfant Jésus und Volnay Caillerets Ancienne Cuvée Carnot. Wie auch die burgundischen Erzeuger William FÈVRE (CHABLIS) und Villa Ponciago (BEAUJOLAIS) im Besitz von HENRIOT.

Bouches-du-Rhône Prov r rs w ★ IGP in der Gegend um Marseille. Einfache (hoffentlich) fruchtige Rotweine von Lokalrebsorten sowie CABERNET SAUVIGNON, SYRAH und MERLOT.

Bourgeois, Henri Lo r rs w ★★→★★★ **05 07 08 10 11 12 13 14' 15** (16) – Der führende, höchst beeindruckende SANCERRE-Erzeuger und -Händler ist im Besitz einer sehr engagierten Familie, die beständig in Qualitätsverbesserung investiert. Sehr gut sind die Weine der ACS CHÂTEAUMEILLANT, COTEAUX DU GIENNOIS, POUILLY-FUMÉ, MENETOU-SALON, QUINCY und der IGP Petit Bourgeois. Die Spitzengewächse entwickeln sich mit dem Alter oft sehr schön: La Bourgeoise (rot und weiß), Jadis, MD de Bourgeois und Sancerre d'Antan. Erzeugt unter dem Namen Clos Henri auch im neuseeländischen Marlborough Rot- und Weißwein.

Bourgogne Bg r (rs) w ★→★★ r **05' 09' 10' 12' 13 14** 15' (16); w **12 14'** 15 (16) – Umfassende AC für Burgund; die Qualität reicht von Massenerzeugnissen bis zu preiswerten Schätzen aus Orten in Randlagen der CÔTE D'OR, ein Spitzentipp für Schnäppchenjäger. Manchmal wird der Unterbereich, z. B. CÔTE CHALONNAISE, HAUTES CÔTES oder eine lokale Möchtegernappellation wie Chitry, Tonnerre, VÉZELAY usw. an den AC-Namen angehängt. Die Hauptrebsorten sind PINOT NOIR und CHARDONNAY, aber auch herabgestufter BEAUJOLAIS Cru kann als Bourgogne etikettiert werden (und wird als Bourgogne GAMAY verkauft).

Bourgogne Passe-tout-grains Bg r (rs) ★ Burgundischer Verschnitt von PINOT NOIR (über 30%) und GAMAY – frisch, manchmal sogar flippig. Sollte 1–2 Jahre lagern und hält sich länger von Spitzengütern der CÔTE D'OR wie CHEVILLON, Clavelier, LAFARGE oder ROUGET.

Bourgueil Lo r (rs) ★★→★★★ **96' 03 05' 06 08 09' 10' 11 12 14' 15** (16) – Dynamische AC (1.400 ha) mit körperreichen roten TOURAINE-Weinen und mächtigen, duftenden Rosés auf CABERNET-FRANC-Basis. Gute Jahrgänge können 50 Jahre und älter werden. Erzeuger: v. a. Yannick AMIRAULT, Ansodelles, Audebert, Dom. de la Butte, Dom. de la Chevalerie, Courant, Gambier, Herlin, Lamé Delisle Boucard, Ménard, Minière, Nau Frères, Omasson, Rochouard. 2016 geringer Ertrag wegen Frostschäden.

Bouscassé, Château SWF r w ★★★ **05' 09' 10'** 11 (12) (14) (15) – Alain BRUMONTS Kellerei im Napa-Valley-Stil in MADIRAN. Die Weine erfordern das selbe geduldige Warten wie sein Château MONTUS. Großartig ist der trockene PACHERENC DU VIC-BILH (mit sehr dezenter oder ganz ohne Eichennote) auf Basis der Weißweinsorte Petit Courbu.

Bouvet-Ladubay Lo (r) rs w; sch ★★→★★★ Der Erzeuger von SAUMUR-Wein und CRÉMANT DE LOIRE ist seit 2015 wieder im Besitz der Familie Monmousseau. Chef ist Patrice Monmousseau (Président), CEO seine Tochter Juliette. Bestes Gewächs ist die Cuvée Trésor (weiß und rosé), außerdem Cent Cinquantenaire und Island Antarctic (DEMI-SEC).

Bouzereau Côte d'Or r w ★★→★★★ Klopfen Sie in MEURSAULT an irgendeine Tür, und Sie haben gute Chancen, dass Ihnen ein Bouzerau öffnet. Die besten Weißweine erzeugen Jean-Baptiste (Dom. Michel Bouzereau), Vincent Bouzereau und Bouzereau-Gruère & Filles.

Bouzeron Bg w ★★ **12 14' 15** (16) – Ort an der CÔTE CHALONNAISE mit der einzigen auf ALIGOTÉ-Weine beschränkten AC. Das Potenzial ist größer und das Regelwerk strenger als für Weine der einfachen AC BOURGOGNE Aligoté. Gut sind Briday, BOUCHARD PÈRE, FAIVELEY und Jacqueson, überragend ist die Dom. A. et P. de Villaine.

Bouzy Rouge Champ r ★★★ **96 97 99 02 06 12** 15 – Roter Stillwein aus dem für PINOT NOIR berühmten Ort, ähnelte früher einem sehr leichten Burgunder, ist mittlerweile dank Klimawandel und besserer Weinbaumethoden aber intensiver und raffinierter. Sehr gut sind die Weine aus dem Clos Colin, bester Erzeuger ist Paul Bara.

Brocard, J.-M. Chablis w ★★→★★★ Vater Jean-Marc begründete in ACS in und um CHABLIS ein florierendes Unternehmen, Sohn Julien hat biodynamische Anbaumethoden eingeführt – eine erfolgreiche Verbindung von Geschäftssinn und Qualität. Kosten Sie den Chablis Domaine Sainte Claire und den außergewöhnlichen GRAND CRU Les Preuses.

Brouilly Beauj r ★★ **09' 13' 14'** 15' 16 – Der größte der zehn BEAUJOLAIS-Crus: solide, abgerundete Weine mit einem gewissen fruchtigen Tiefgang, die früh zugänglich, aber auch 3–5 Jahre haltbar sind. Spitzenerzeuger: Ch. de la Chaize, Chermette, Dubost, Lapalu, Michaud, Piron, Ch. Thivin.

Brumont, Alain SWF r w ★★★ Trotz des Trends zu leichten, zugänglichen MADIRAN-Weinen, dem Brumonts Torus (★) und eine Reihe süffiger IGP-Gewächse Rechnung tragen, beherrschen die Schwergewichte La Tyre, Ch. MONTUS und Ch. BOUSCASSÉ das Feld. Überragend sind die trockenen und süßen PACHERENC-DU-VIC-BILH-Weine (★★★).

Brut Champ – Bezeichnung für trockenen klassischen Schaumwein. In den letzten Jahren haben die meisten Champagnerhäuser die *dosage* (Zusatz von Süße) reduziert. Nichtsdestotrotz werden immer noch fantastische Champagner mit 8–9 g Restzucker erzeugt.

Brut Ultra/Zéro Bezeichnung für knochentrockene CHAMPAGNER (ohne *dosage*) – auch als Brut Nature bekannt –, die jetzt mit unterschiedlichem Erfolg wieder in Mode sind. Brauchen Reife, alte Reben und ein Maximum an Sorgfalt.

Bugey Sav r rs w; sch ★→★★ BV – Seit 2009 bestehende AC (380 ha) für Schaum-, Perl- und Stillweine aus den drei Anbaubereichen Belley, Cerdon und Montagnieu. Die Weißen werden vorwiegend von CHARDONNAY bereitet, ebenfalls zugelassen sind ALIGOTÉ, Jacquère und Roussette. Die Sorten für Rotwein sind GAMAY, MONDEUSE und PINOT NOIR. Empfehlenswerte Erzeuger: Angelot, Lingot-Martin, Monin, Peillot, Pellerin.

Buxy, Vignerons de Bg r (rs) w ★→★★ Führende Genossenschaft der CÔTE CHALONNAISE mit anständigem CHARDONNAY und PINOT NOIR. Außerdem Traubenlieferant für die Markenweine diverser Handelshäuser und für Erzeuger von Weinen der AC MONTAGNY.

Buzet SWF r (rs) (w) ★★ **12 14** 15 – BORDEAUX-Wein mit Gascogne-Touch. Führende Erzeuger der AOP sind die immer besser werdende Genossenschaft sowie Ch. du Frandat, Dom. Salisquet und Ch. de Salles (alle ★). Am besten jedoch ist die umweltfreundlich und teils biodynamisch arbeitende Dom. du Pech (★★★).

Cabernet Sauvignon ist weltweit die meistangebaute Rebsorte. Auf Platz zwei folgt Merlot.

Cabernet d'Anjou Lo rs; lbl ★→★★ BV – Lieblicher bis süßer Rosé, ein regional beliebter sommerlicher Genuss. Bemerkenswert, wenngleich sehr selten sind die alten Jahrgänge (47 49; ★★★). Erzeuger: Bablut, CADY, Chauvin, Clau de Nell, Grandes Vignes, Montgilet, Ogereau, Ch. PIERRE-BISE, de Sauveroy, Varière.

Cadillac – Côtes de Bordeaux Bx r ★→★★ **10' 12 14 15 16** – In dem lang gestreckten, schmalen, hügeligen Bereich am rechten Ufer der Garonne wird vorwiegend MERLOT angebaut, außerdem CABERNET SAUVIGNON und CABERNET FRANC. 2016 wurde die Region mit einem Preis für Weintourismus ausgezeichnet. Mittelschwere, frische Rotweine von sehr unterschiedlicher Qualität, am besten von: Alios de Ste-Marie, Biac, Carignan, Carsin, Clos Chaumont, Clos Ste-Anne, Le Doyenné, Grand-Mouëys, Lezongars, Mont-Pérat, Plaisance, Puy Bardens, Reynon, de Ricaud und Suau.

Cady, Domaine Lo r rs w; s; sch ★★→★★★ tr **03 05' 07'**; s **09 10' 11' 14' 15'** (16') – Sehr gute Winzerfamilie in St Aubin de Luigné; Alexandre übernimmt den Betrieb nun von seinen Eltern. Umfassendes Angebot an ANJOU-Weinen mit Schwerpunkt auf CHENIN BLANC, einschließlich COTEAUX DE LAYON, v. a. aus Chaume und Les Varennes.

Cahors SWF r ★★→★★★ **09' 10 11 12' 14** (15) (16) – AOP für Rotwein von mindestens 70 % MALBEC (die hiesigen Weißweine sind als IGP etikettiert). Einige Erzeuger orientieren sich eher an Argentinien als an regionaltypischen Traditionen. Es gibt drei Stilrichtungen: Einstiegsniveau, wuchtigere, teils eichenwürzige Weine und Muskelprotze. Früh zugängliche Versionen bieten Clos Coutale und Ch. Paillas (beide ★★), etwas mehr Zeit brauchen die Weine von Ch. Chambert, Dom. de la Bérengeraie und Lo Domeni (alle ★★★) sowie der CHÂTEAUX Armandière, Clos Troteligotte, La Coustarelle, Croze de Pys, Gaudou, Nozières, Ponzac und Vincens (alle ★★). Langlebige Gewächse kommen von den Gütern Clos de Gamot (★★★; Cuvée Vignes Centenaires ★★★★) und Clos Triguedina. Weine im modernen Stil erzeugen Ch. du CÈDRE, Clos d'Un Jour, Les Croisille, Lamartine, La Périé, Dom. du Prince und La Reyne (alle ★★★) sowie La Caminade und Eugénie (beide ★★). Mit Abstand am besten ist die Kultdomaine Cosse Maisonneuve (★★★★).

Cailloux, Les S-Rh r (w) ★★★ 78' 79' 81' 85' 89' 90' 95' 96' 98' 99 00' 01 03' 04' 05' 06' 07' **09'** 10' 11' **12'** 13' 14 15' 16' – Die 18-ha-Domaine in CHÂTEAUNEUF-DU-PAPE erzeugt eleganten, tiefgründigen GRENACHE – fröhliche, handwerklich bereitete Rote. Die kostspielige, edle CUVÉE Centenaire wird aus den ältesten Grenache-Reben (von 1889) bereitet. Außerdem Weine unter dem Etikett Dom. André Brunel (v. a. der preiswerte rote CÔTES DU RHÔNE Est-Ouest) und der Marke Féraud-Brunel Côtes du Rhône (ordentlich).

Cairanne S-Rh r rs w ★★→★★★ **05' 07' 09' 10' 11 12' 13' 14** 15' 16' – Die Rot- und Weißweine der Gemeinde besitzen seit 2015 Cru-Status und rangieren damit oberhalb der Kategorie CÔTES DU RHÔNE-VILLAGES. Gute Erzeuger bieten charaktervolle Weine mit dunkler Frucht, Kräuternoten und rauchigen Tanninen. Besonders empfehlenswert: Alary (stilvoll), Amadieu (reintönig, Ökoanbau), Ameillaud (fruchtig), Brusset (tiefgründig), Clos Romane, Escaravailles (mit Flair), Féraud-Brunel, Grosset, Hautes Cances (traditionell), Jubain, Oratoire St Martin (nuancenreich, erstklassig), Famille Perrin, Présidente, Rabasse-Charavin (ausdrucksstark) und Richaud (großartige Frucht). Außerdem umfangreiche Weiße, die gut zum Essen passen.

anard-Duchêne Champ – Champagnerhaus im Besitz von Alain THIÉNOT. Jahrgangschampagner BRUT (**08 09 12'**), Prestige-Cuvée Charles VII und CUVÉE Léonie (★★). Die Cuvée Authentique aus Ökoanbau ist besser geworden (09 **12'**). Der Avize Gamin (12 13) stammt aus einer Einzellage.

anon-Fronsac Bx r ★★→★★★ **05' 06** 08 09' 10' **11 12 14** 15 16 – Kleine Enklave in FRONSAC mit recht ähnlichen Weinen und 47 Erzeugerbetrieben. Die besten Gewächse sind reichhaltig, voll, fein strukturiert. Empfehlenswerte CHÂTEAUX: Barrabaque, Canon Pécresse, Cassagne Haut-Canon La Truffière, La Fleur Caillou, GABY, Grand-Renouil, Haut-Mazeris, MOULIN PEY-LABRIE, Pavillon, Vrai Canon Bouché.

arillon Côte d'Or w ★★★ Klassischer Erzeugerbetrieb in PULIGNY-MONTRACHET, jetzt unter den beiden Brüdern aufgeteilt: Jacques führt die Tradition fort, François ist ehrgeiziger und hat neue Rebflächen für sich erschlossen. Spitzenquelle für PREMIERS CRUS, z. B. Combettes, Perrières und Referts. Die Rotweine sind weniger interessant.

arignan, der böse Junge des Languedoc, wandelt sich zum guten. Tun Sie sich nach sortenreinen Versionen aus dem Pay d'Oc um.

assis Prov (r) (rs) w ★★ BV – Angesagter Küstenort östlich von Marseille, bekannt für leckere trockene Weiße auf der Basis von CLAIRETTE und MARSANNE, z. B. von CLOS Ste-Magdelaine, Dom. de la Ferme Blanche, Fontcreuse, Paternel. Die Winzer kämpfen mit den Grundstücksmaklern, deshalb sind die Preise hoch.

astelnau, Champagne de Champ – Die Genossenschaft, ein schlafender Riese, wurde 1916 gegründet und nach dem frz. General Edouard de Curières de Castelnau benannt. Sie verfügt über 900 ha in der Montagne de Reims und im Marne-Tal. Seit 2012 findet eine längere Reifung auf dem Hefesatz statt. Erstklassiger Rosé oJ und feine Prestige-Cuvée Hors Catégorie.

astillon – Côtes de Bordeaux Bx r ★★→★★★ **08 09'** 10' 12 14 **15** 16 – Reizvoller Anbaubereich östlich von ST-ÉMILION – ähnliche Weine, in der Regel aber weniger füllig. Viele neue Investoren, darunter Jacques Thienpont, Eigentümer von Le PIN. Spitzenerzeuger: de l'A, d'AIGUILHE, Alcée, Ampélia, l'Aurage, Joanin Bécot, Cap de Faugères, La Clarière-Laithwaite, Clos Louie, Clos Les Lunelles, Clos Puy Arnaud, Côte Montpezat, Montlandrie, Poupille, Robin, Veyry, Vieux Château Champs de Mars.

athiard Côte d'Or r ★★★ Seit den 1990er-Jahren erzeugte Sylvain Cathiard strahlende, duftende Weine von Lagen in VOSNE-ROMANÉE (v. a. Les Malconsorts) und NUITS-ST-GEORGES (v. a. Aux Thorey, Murgers). Sohn Sébastien führt den Betrieb seit 2011 fort mit strafferen und präziseren, dafür weniger eichenlastigen und offenkundig verführerischen Weinen.

ave Kellerei; auch jede beliebige Weinfirma.

ave coopérative Genossenschaftskellerei. Auf Betriebe dieser Art entfällt mehr als die Hälfte der französischen Weinerzeugung. Etliche Genossenschaften sind gut geführt und ausgestattet, mit Weinen, die ihren Preis wert sind, doch aufgrund der wirtschaftlich schwierigen Situation müssen viele Betriebe aufgeben.

azes Rouss r rs w; s ★★→★★★ Der (seit 20 Jahren) größte Erzeuger von Weinen aus biologisch-dynamischem Anbau im ROUSSILLON, noch immer familiengeführt, inzwischen aber im Besitz von AdVini, verbindet Trad tion mit Innovation. Zählte zu den Ersten, die hier MERLOT und CABERN SAUVIGNON anpflanzten, setzt jetzt aber stärker auf MIDI-Rebsorten: D Le Canon du Maréchal enthält SYRAH, und Le Crédo ist wie Ego und Alt ein CÔTES DU ROUSSILLON-VILLAGES. Außerdem sensationeller gereift RIVESALTES namens CUVÉE Aimé Cazes. Weine aus BANYULS kommen vo Gut Les Clos de Paulilles. Neu sind der ungeschwefelte Hommage sow der MAURY Sec. Tolles Preis-Leistungs-Verhältnis.

Chablis

Nirgends findet der alles und alle erobernde CHARDONNAY einen besseren Ausdruck als in den vollen, aber straffen, klaren, mineralischen Weinen, die er auf den schweren Kalksteinböden in CHABLIS hervorbringt. Die besten Erzeuger machen wenig oder keinen Gebrauch von neuen Eichenfässern, um die deutliche Prägung durch Rebsorte und Terroir nicht zu überdecken: Barat, Bessin*, Samuel Billaud*, Billaud-Simon*, Boudin*, J.-M. BROCARD, J. Collet*, D. Dampt, S. Dampt, V. Dampt, V. DAUVISSAT*, B. Defaix, Droin*, DROUHIN*, Duplessis, Jean DURUP, W. FÈVRE*, Geoffroy, J.-P. Grossot*, LAROCHE, LONG-DEPAQUIT, Dom. des Malandes, L. Michel*, Christian MOREAU*, Moreau-Naudet, Picq*, Pinson*, Piuze, RAVENEAU*, G. Robin*, Servin, Temps Perdu, Tribut, Vocoret. Einfacher Chablis ohne Zusatzbezeichnung ist oft dünn und Petit Chablis noch dünner; halten Sie sich an PREMIER-CRU- und GRAND-CRU-Weine. Die Genossenschaftskellerei La CHABLISIENNE hat einen hohen Standard (v.a. Grenouille*) und viele verschiedene Etiketten. (* = herausragend)

Cèdre, Château du SWF r w ★★→★★★ 09' 10 11' 12' 14 (15) – Namhaft Anführer der modernen CAHORS-Stilrichtung. Le Prestige (★★★; seit 20(umbenannt in Ch. du Cèdre) ist zugänglicher und von derselben Qualit wie die eichenwürzigen Spitzengewächse (★★). Außerdem köstlicher IG Weißwein von VIOGNIER (★★) und beachtlicher Weinhandel.

Cépage Rebsorte. Siehe Gesamtverzeichnis Seiten 13–26.

Cérons Bx w; s ★★ 09' 10' 11 13 **14 15** 16 – Kleine, SAUTERNES benachba AC für Süßweine, die jedoch weniger intensiv sind: z. B. Ch. de Cérons, C Grand Enclos, Ch. Haura, Ch. du Seuil.

Chablis w ★★→★★★ 10' 11 12' **14'** 15 – Funkelnder CHARDONNAY m einem Hauch mariner Mineralität aus dem nördlichen Burgund. Mein Sta dardweißwein, sofern er aus beschränktem Ertrag stammt und nicht m Eichenwürze zugebombt wurde. Nachschubprobleme könnten allerdin zu Preissteigerungen führen.

Chablis Grand cru Chablis w ★★★→★★★★ 00' 02' **05' 07'** 08' **09** 10' **11** 1 13 14' 15 – Ein zusammenhängender Weinbergblock oberhalb des Flu ses Serein bringt die konzentriertesten aller CHABLIS-Gewächse hervor; d Wein braucht Zeit, um seine Nuancen zu entfalten. Die sieben Lagen: Bla chots (blumig), Bougros (einschließlich Côte Bougerots), Les CLOS (in d Regel am besten), Grenouilles (würzig), Les Preuses (weich wie Kaschmi Valmur (strukturiert) und Vaudésir (mit der nicht klassifizierten Enklave Moutonne).

Chablisienne, La Chablis r w ★★→★★★ Hinter so manchem CHABLIS-Etike verbirgt sich diese tatkräftige Winzergenossenschaft – eine große Numm im Chablis. Die Weine sind durchweg solide, am besten ist der GRAND C Château Grenouilles.

hablis Premier cru Chablis w ★★★ **02' 05' 08' 09 10' 11 12'** 13 14' 15 – Höherpreisig als einfacher CHABLIS, aber lohnend. Die besseren Lagen erstrecken sich an sanften Hügeln, mit eher blumigen Weinen vom südlichen Serein-Ufer (Côte de Léchet, Montmains, Vaillons) und gelber Frucht vom Nordufer (Fourchaume, Mont de Milieu, Montée de Tonnerre).

hambertin Côte d'Or r ★★★★ **90' 93 95 96' 98 99' 01 02' 03** 05' 06 **07 08** 09' 10' 11 12' 13 14 15' (16) – Vermutlich der gebieterischste Wein Burgunds: erstaunlich dicht, opulent, langlebig und teuer. Erzeuger, die dem hohen Anspruch gerecht werden: Bernstein, BOUCHARD Père et Fils, Charlopin, Damoy, DROUHIN, DUGAT-Py, Dom. LEROY, MORTET, PRIEUR, ROSSIGNOL-TRAPET, ROUSSEAU und TRAPET.

Frankreich

einigen Restaurants wird alter Champagner neuerdings dekantiert. Er büßt zwar seine Bläschen ein, schmeckt dafür aber weiniger.

hambertin-Clos de Bèze Côte d'Or r ★★★★ **90' 93 95 96' 98 99' 01 02' 03** 05' **06 08** 09' 10' 11 12' 13 14 15 (16) – Prachtvoller Nachbar von CHAMBERTIN mit in der Jugend etwas zugänglicheren Weinen, die mit samtiger Textur und höchster Anmut glänzen. Am besten von: Bart, Bruno CLAIR, Damoy, DROUHIN, Drouhin-Laroze, FAIVELEY (v.a. Les Ouvrées Rodin), Groffier, JADOT, Prieuré-Roch, ROUSSEAU.

hambolle-Musigny Côte d'Or r ★★★→★★★★ **90' 93 95' 96' 99' 02' 03** 05' **07 08 09' 10' 11** 12' 13 14 15' (16) – Eleganz und Samtigkeit von der CÔTE DE NUITS: Duft und seidige Textur bieten Gewächse aus den PREMIER-CRU-Lagen Les Amoureuses und Les Charmes, in feiner ziselierter Form aus Cras und Fuées, während die Weine aus den GRAND-CRU-Lagen BONNES-MARES und MUSIGNY majestätisch ausfallen. Die Superstars unter den Erzeugern heißen BARTHOD, Groffier, MUGNIER, ROUMIER und de VOGÜÉ, empfehlenswert sind aber auch Amiot-Servelle, Bertheau, Digioia-Royer, DROUHIN, Felettig, HUDELOT-Baillet und RION.

hampagner Schaumwein von PINOT NOIR, PINOT MEUNIER und/oder CHARDONNAY aus der 33.705 ha großen Champagne, 150 km östlich von Paris, hergestellt nach der MÉTHODE CHAMPENOISE. Schaumwein anderer Herkunft, so gut er auch sein mag, darf sich nicht Champagner nennen.

Champagnererzeuger für 2018

Yannick Doyard, Lancelot-Pienne, Marie-Noëlle Ledru, Lilbert et Fils, Nicolas Maillart, Armand (Arnaud) Margaine, Anselme Selosse, J.-L. Vergnon, Veuve Fourny, Vilmart.

hampagne Le Mesnil Champ – Erstklassige Genossenschaft im großartigsten GRAND-CRU-Dorf für CHARDONNAY. Hervorragende CUVÉE Sublime (04 **08'** 12 13' 15'; ★★★★) von besten Lagen und beeindruckende Cuvée Prestige (**05 08 09 13**). Günstig.

hamps-Fleuris, Domaine des Lo r w rs; s; sch ★★→★★★ **05' 08 09' 10 11 12** 14' 15' (16') – 43-ha-DOMAINE in Turquant mit preiswertem SAUMUR Blanc und SAUMUR-CHAMPIGNY zum Einlagern (u.a. süffiger Audace), feinem CRÉMANT (v.a. Prestige Zéro) und COTEAUX DE SAUMUR namens CUVÉE Sarah. Die Berichte über den schwierigen Jahrgang 2016 klingen vielversprechend.

ampy, Maison Bg r w ★★→★★★ Altes Weinhandelshaus (1720) mit Sitz in BEAUNE. Das Angebot ist eher solide als spektakulär, die besten Gewächse stammen aus der Umgegend des CORTON-Hügels.

Chandon de Briailles, Domaine Côte d'Or r w ★★→★★★ Bekannt für fein leichtere, aber bukettreiche Rotweine, v. a. PERNAND-VERGELESSES, Î de Vergelesses und CORTON Les Bressandes. Stilistisch durch biologisc dynamischen Anbau, jede Menge Stiele im Gärbottich und den Verzic auf Eiche beim Ausbau gekennzeichnet. Einige Weine werden ohne Schw felzusatz bereitet.

Chanson Père et Fils Bg r w ★→★★★ Ein altbekannter Name in BEAUNE, d jetzt für gute Qualität und faire Preisgestaltung steht. Probierenswert sir sämtliche roten und weißen Beaune-Weine, v. a. aber der rote Clos d Fèves und der weiße CLOS DES MOUCHES. Außerdem großartiger weiß CORTON-Vergennes.

Chapelle-Chambertin Côte d'Or r ★★★ **90' 93 95 96' 99' 01** 02' 03 05' C **09' 10'** 11 12' 13 14' 15' (16) – 5,2 ha Anbaufläche in der Nachbarscha von CHAMBERTIN; die dünnere Bodenauflage erweist sich in feuchtkühle Jahren als vorteilhaft. Feingliedrige, nicht ganz so fleischige Weine. Sp zenerzeuger: Damoy, Drouhin-Laroze, JADOT, ROSSIGNOL-TRAPET, TR PET, Tremblay.

Chapoutier N-Rh ★★→★★★★ Redegewandter, ökologisch orientierter Wi zer/Weinhändler, ursprünglich v. a. für HERMITAGE. In der Regel stilvc le Weine, viele davon CUVÉES aus kleinen, ertragsarmen Parzellen: füllig CHÂTEAUNEUF-GRENACHE-Weine, z. B. Barbe Rac, Croix de Bois (rot), CÔ RÔTIE La Mordorée; rote Hermitage-Weine L'Ermite (hervorragend) und Pavillon (tief, zupackend), weiße Hermitage-Weine Cuvée de l'Orée und Méal. Außerdem ST-JOSEPH Les Granits (rot und weiß). Von der nördliche Rhône erstklassige, komplexe reinsortige MARSANNE-Weißweine. Prei werter Crozes Meysonniers. Auch Besitzungen in den COTEAUX D'AIX-EN PROVENCE, CÔTES DU ROUSSILLON-VILLAGES (guter Dom. Bila-Haut) u in RIVESALTES. Neben Weinbergbesitz im ELSASS gehören auch das BEA JOLAIS-Handelshaus Trenel (seit 2015) und Ch. des Ferrages in der PR VENCE (seit 2016) zu Michel Chapoutiers Imperium; außerdem unterh er Joint Ventures in Australien (v. a. Doms. Tournon und Terlato & Chapo tier mit feinen, duftenden Weinen) und ist in Portugal (Lisboa) engagiert.

Charbonnière, Domaine de la S-Rh r (w) ★★★ **95'** 98 **99'** 00 **01'** 03 04 0 **06' 07' 09'** 10' **11'** 12' 13' 14 15' – Von Schwestern geführtes fortschri liches 17-ha-Gut in CHÂTEAUNEUF-DU-PAPE. Verlässliche Standardwein bemerkenswerter, authentischer Mourre des Perdrix; auch Hautes Bru quières, L'Envol (neu) und VIEILLES VIGNES. Offenherziger, leckerer Weiß und authentischer roter VACQUEYRAS in geringen Mengen.

Chardonnay Nicht nur eine Weißweintraube, sondern auch der Name ein MÂCON-VILLAGES-Weinorts; daher Mâcon-Chardonnay.

Charlemagne Côte d'Or w ★★★★ 13 14' 15' – Die nahezu vergesse Schwesterappellation von CORTON-CHARLEMAGNE wurde 2013 von d Domaine de la VOUGERAIE wiederbelebt, die hier wie dort denselben S pflegt.

Charmes-Chambertin Côte d'Or r ★★★★ **90' 93 95 96' 99' 01** 02' 03 05' **07 08 09' 10'** 11 12' 13 14 15' (16) – Weinberg mit 31 ha einschließlich d Nachbarlage MAZOYÈRES-CHAMBERTIN, von mittlerer GRAND-CRU-Qu lität. Die besten Weine zeigen Noten von lebhafter, tiefgründiger Schwa kirschfrucht, haben eine opulente Textur und einen angenehmen Abgar Probieren Sie ARLAUD, BACHELET, DUGAT, DUJAC, Duroché, Jouan, LERO Perrot-Minot, Roty, ROUSSEAU, Taupenot-Merme oder VOUGERAIE.

Chassagne-Montrachet Côte d'Or r w ★★→★★★★ w **02' 04 05' 06' 07** 0 **09'** 10 11 **12' 13** 14' 15 (16) – Großes Dorf am Südende der CÔTE BEAUNE. Die GRANDS CRUS sowie z. B. die Lagen Blanchots, Caillerets u Romanée liefern großartige Weißweine. Die besten Roten kommen von d

Lagen CLOS St-Jean und Morgeot, die anderen fallen rustikaler aus. Empfehlenswert sind die Erzeugerfamilien Coffinet, COLIN, GAGNARD, MOREY und Pillot, erstklassig die Domaines MOREAU, Niellon, Ramonet (auch die Roten) sowie Ch. de la Maltroye. Allerdings wird zu viel mittelmäßiger Weißwein von Anbauflächen erzeugt, die für Rote besser geeignet wären.

hâteau Bezeichnung für ein Weingut, egal ob groß oder klein, gut oder mittelmäßig, v. a. in BORDEAUX gebräuchlich (siehe Kapitel »Die Châteaux von Bordeaux«). Im wörtlicheren Sinn Schloss oder großes Haus. In Burgund herrscht der Ausdruck DOMAINE vor.

er Nordwind sorgt für mehr Konzentration: In Mistral-Jahren müssen Châteauneuf-du-Pape-Weine länger reifen.

hâteau-Chalon Jura w ★★★★ **96 99' 00** 05' 08 09 – Kein Weingut, sondern eine AC und eine Ortschaft, wo die Krönung des VIN JAUNE aus der SAVAGNIN-Traube erzeugt wird: ein mindestens 6 Jahre im Fass unter Flor gereifter, nussig-sherryartiger Wein. Die Bereitung ist aufwenig, daher der sehr hohe Preis. Nach der Abfüllung genussreif, wird mit zunehmendem Alter aber immer interessanter. Glühende Liebhaber halten sich an BERTHET-BONDET, MACLE oder Mossu; alte Jahrgänge findet man bei Bourdy.

hâteau-Grillet N-Rh w ★★ **91' 95' 98' 00' 01' 04' 05 06' 07' 08 09' 10' 11 12' 13** 14' 15' 16' – Frankreichs kleinste AC mit halbkreisförmigem 3,7-ha-Weinberg bei CONDRIEU auf lockerem Sand-Granit-Boden. Seit dem Erwerb durch F. Pinault von Ch. LATOUR im Jahr 2011 sind die Weine in der Spur, wenngleich weniger tiefgründig als früher, und die Preise rasant gestiegen. Der VIOGNIER gibt sich jetzt glatter und zurückhaltender: Er sollte dekantiert und bei Kellertemperatur getrunken werden, am besten zu innovativer Küche.

âteaumeillant Lo r rs ★→★★ BV – Neuere 86-ha-AC (seit 2010) südwestlich von Bourges mit rasanter Entwicklung. Von GAMAY und PINOT NOIR werden leichte Rote (75 % der Produktion) und VIN GRIS (25 %) erzeugt. Im Prinzip am besten ist Pinot noir, sortenreine Versionen wurden jedoch idiotischerweise verboten. Empfehlenswerte Erzeuger: BOURGEOIS, Chaillot, Gabrielle, Goyer, Joffre, Lecomte, Joseph Mellot, Nairaud-Suberville, Roux, Rouzé und Siret-Courtaud.

âteauneuf-du-Pape S-Rh r (w) ★★★→★★★★ **78' 81' 83 85 88 89' 90' 95' 96 98' 99' 00' 01' 03' 04' 05' 06' 07' 08** 09' 10' **11** 12' 13' **14** 15' 16' – Gebiet bei Avignon mit rund 50 guten Erzeugern (die Qualität der anderen 85 ist gemischt bis dürftig). Verschnitte von bis zu 13 roten und weißen Rebsorten, angeführt von GRENACHE, plus SYRAH, MOURVÈDRE und Counoise. Die warmen, aromatischen, texturierten, langlebigen Gewächse sollten fein und reintönig sein, doch gibt es zu viele süße, schwere, schlicht süffige Weine (wie Robert Parker sie liebt). Kleinere, traditionelle Betriebe bieten oft ein gutes Preis-Leistungs-Verhältnis (großartig im Jahr 2010), während Prestigeweine von alten Reben (schlimmstenfalls späte Lese, Ausbau in neuer Eiche, 16 Vol.-%) häufig zu teuer sind. Die Weißen sind frisch und fruchtig oder robust; die besten halten sich 15 Jahre. Die bekanntesten Namen: Chx. de BEAUCASTEL, Fortia, Gardine (angenehm modern, auch Weiße), Mont-Redon, La NERTHE, RAYAS (einzigartig, fantastisch), Sixtine, Vaudieu; Doms. de Barroche, Beaurenard, Bois de Boursan (preiswert), Bosquet des Papes (preiswert), les CAILLOUX, Chante Cigale, Chante Perdrix, CHARBONNIÈRE, Charvin (Weine mit Terroircharakter), Cristia, Font-de-Michelle, Grand Veneur (eichenwürzig), de la Janasse, Marcoux (großartiger VIEILLES VIGNES), Pegaü, Roger Sabon, St-Préfert (geschmeidig), Sénéchaux (modern), de la Vieille Juienne, VIEUX TÉL GRAPHE sowie Pierre André (traditionell), Henri Bonneau, Clos du Caillo Clos du Mont-Olivet, CLOS DES PAPES, Clos St-Jean (süffig), P. Usseg und Vieux Donjon.

Chave, Domaine Jean-Louis N-Rh r w ★★★★ **85' 88' 89' 90' 91' 94 95'** 9 **97 98' 99' 00 01' 03' 04** 05' **06' 07' 08** 09' 10' 11' 12' 13' 14' 15' 16' Erstklassige familiengeführte Domaine im Herzen von HERMITAGE mit kla sischen, fruchtstrotzenden, geschmeidigen, langlebigen Rotweinen (letzter Zeit üppiger), gelegentlich auch (teurer) Cathelin. Sehr gute Wei (v. a. von MARSANNE), manchmal auch fantastischer VIN DE PAILLE. Ti gründiger, reichhaltiger roter ST-JOSEPH (2009 wurden Dom. Florentin u neue Weinberge zugekauft), fruchtige Abfüllung St-Joseph Offerus unt der Marke J.-L. Chave, herzerwärmender CÔTES DU RHÔNE Mon Cœur s wie solider Hermitage Farconnet (rot und weiß), den Chave als Négocia vertreibt.

Châteauneuf-du-Pape, wie er sein sollte

GRENACHE sollte aromatisch, einschmeichelnd, füllig und verführerisch sein, was so viele Châteauneuf-du-Pape der 1990er- und 2000er-Jahre nicht sind. Probieren Sie Clos du Caillou Côtes du Rhône Nature, Dom. Moulin de la Gardette Gigondas Tradition, Dom. de La Péquélette Vinsobres Emile, Dom. Jean David Séguret Les Levants, Dom. du Val des Rois Côtes du Rhône Les Allards au Naturel oder Ch. des Tours Vacqueyras: Fragilität und Schönheit im Glas.

Chavignol Lo r rs w – Führende Weinbaugemeinde in SANCERRE mit den b den das Dorf umgebenden Steillagen Cul de Beaujeu (vorwiegend We wein) und Les Monts Damnés. Der ton- und kalkhaltige Boden bringt k perreiche, mineralische, langlebige (mind. 15 Jahre) Weiß- und Rotwe hervor. Zu den sehr guten jungen Erzeugern zählen u. a. Matthieu De porte (Vincent Delaporte) und Pierre Martin. Außerdem empfehlenswe Boulay (sehr gut), BOURGEOIS, Cotat, DAGUENEAU, Thomas Laballe u Paul Thomas. Die Weißen passen wunderbar zu Ziegenkäse.

Chénas Beauj r ★★★ **09' 11' 12** 13 **14'** 15' 16 – Der kleinste der BEAUJOLA Crus liegt zwischen MOULIN-À-VENT und JULIÉNAS und verdiente mehr A merksamkeit. Die Weine sind fleischig und können eingelagert werden, Preise sind moderat. Probierenswert von: Ch. Bonnet, DUBŒUF, LAPIER Pacalet, Piron, Thillardon (kommender Star), Trichard und der Genoss schaft.

Chevalier-Montrachet Côte d'Or w ★★★★ **99' 00'** 02' **04** 05' **06' 07' 08** (**10 11** 12 13 14' 15 (16) – Geografisch ein wenig oberhalb von MONTR CHET, qualitativ ein ganz klein wenig unterhalb, bringt nichtsdestotr strahlende, kristalline Weine hervor, die sich lang halten, aber häufig au schon in der Jugend ansprechend sind. Spezialcuvées aus der Lage L Demoiselles von JADOT und Louis LATOUR, aus La Cabotte von BOUCHA Spitzenerzeuger ist LEFLAIVE. Ebenfalls empfehlenswert: Dancer, Niell Ch. de Puligny, SAUZET.

Cheverny Lo r rs w ★→★★★ 08 09' **10 11** 13 14 (15) – AC an der Loire Blois. Trockene Weißweine als Verschnitt von SAUVIGNON BLANC u CHARDONNAY; leichte Rote, vorwiegend von GAMAY und PINOT NOIR (au von CABERNET FRANC, CÔT). Der von der Romorantin-Traube bereitete w ße Cour Cheverny (50 ha) kann bemerkenswert ausfallen und braucht Z zur Entfaltung. Empfehlenswerte Erzeuger: Cazin, Clos Tue-Bœuf, G drier, Huards, de Montcy, Philippe Tessier sowie die Doms. de la Desoucherie, du Moulin, Veillox und Villemade.

Chevillon, R. Côte d'Or r ★★★ Spitzenerzeuger in NUITS-ST-GEORGES mit fairen Preisen. Die Weine sind in geschmeidigem, sinnlichem Stil bereitet, von den besten Lagen, etwa Cailles, Les St-Georges und Vaucrains, fallen sie noch strukturierter aus.

Chidaine, François Lo (r) w; tr s; sch ★★★ **08' 09 10' 11 13 14 15** – Biologisch-dynamisch arbeitender Erzeuger von exzellentem, sehr präzisem MONTLOUIS und VIN DE FRANCE VOUVRAY (der blöderweise nicht als AC Vouvray etikettiert werden darf), v. a. im trockenen und halbtrockenen Stil. Besitzt auch den altehrwürdigen Clos Baudoin (Vouvray). Die Weine von Rebflächen bei Chissay im Cher-Tal sind als AC TOURAINE etikettiert. Wiederum Frostschäden im April 2016. Die Vinothek »La Cave Insolite« in Montlouis gehört ebenfalls dazu.

Chignin Sav w ★ BV – Leichter, weicher Weißwein aus Jacquère-Trauben. Für Sommertage in den Alpen. Am besten und lebhaftesten ist Chignin-Bergeron (ROUSSANNE).

Chinon Lo r rs (w) ★★→★★★ **96' 03 05' 08 09' 10' 11 12 14' 15'** (16') – AC mit 2.400 ha, davon 10 % für Rosé, 2 % für Weißwein. Von Sand-, Kies- und Kalksteinböden kommt leichter bis gehaltvoller CABERNET FRANC aus der TOURAINE. Spitzenjahrgänge halten sich 30 Jahre und mehr. Auch einige trockene CHENIN-BLANC-Weiße, teils in Holz ausgebaut. Die besten Erzeuger: ALLIET, BAUDRY, BAUDRY-DUTOUR, Ch. de la Bonnelière, Ch. de Coulaine, Pierre et Bertrand Couly, Couly-Dutheil, Grosbois, Jourdan-Pichard, Landry, Dom. de la Noblaie, Pain, Dom. de l'R, J. M. Raffault. 2016 z. T. sehr starke Frostschäden. Sieben westlich von Chinon gelegene Gemeinden wurden 2016 in die AC aufgenommen.

Chiroubles Beauj r ★★ **11' 12 13' 14 15'** 16 – Relativ unbekannter BEAUJOLAIS-Cru in den Hügeln oberhalb von FLEURIE; frischer, fruchtiger, seidiger Wein für baldigen Verbrauch (1–3 Jahre). Erzeuger: Cheysson, Coquelet, DUBŒUF, Fourneau, Métrat, Passot, Raousset, Trenel.

Chorey-lès-Beaune Côte d'Or r (w) ★★ **05' 09' 10' 11 12** 14 15' (16) – Wie viele Weinfreunde sind nicht schon durch den Chorey-lès-Beaune von TOLLOT-BEAUT auf den Geschmack des roten Burgunders gekommen? Angenehmer, erschwinglicher, zugänglicher kleiner Bruder der BEAUNE-Gewächse. Auch empfehlenswert: Arnoux, DROUHIN, Guyon, JADOT.

Chusclan S-Rh r rs w ★→★★ **15' 16'** – Eine der CÔTES DU RHÔNE-VILLAGES mit der überdurchschnittlichen Genossenschaft Laudun-Chusclan, die neben guten, knackig-frischen Weißen und unkomplizierten Rosés auch zugängliche Rote erzeugt. Die besten Rotweinmarken der Genossenschaft sind Dom. de l'Olivette (Chusclan), Enfant Terrible (weiß, LAUDUN), Femme de Gicon (CÔTES DU RHÔNE) sowie Domaine St-Nicolas (LIRAC). Ferner voller Ch. Signac (am besten ist Chusclan, mit Alterungspotenzial) und Dom. La Romance sowie Spezialcuvées von André Roux. Die meisten jung trinken.

Clair, Bruno Côte d'Or r rs w ★★★→★★★★ Erstklassiges Gut an der CÔTE DE NUITS mit geschmeidigen, subtilen, aromatischen Weinen: preiswerter MARSANNAY, La Dominode von alten Reben (SAVIGNY), CLOS ST-JACQUES und Cazetiers (beide GEVREY-CHAMBERTIN) sowie überragender CHAMBERTIN-CLOS DE BÈZE. Unter den Weißen am besten sind die MOREY-ST-DENIS- und CORTON-CHARLEMAGNE-Gewächse.

Clairet Bx – Sehr heller Rotwein, fast Rosé. BORDEAUX Clairet ist eine AC. Empfehlenswert: Ch. Fontenille, Ch. Penin, Ch. Turcaud.

Clairette de Die N-Rh w; tr lbl; sch ★★ oJ – Unterschätzter, günstiger MUSCAT-Schaumwein mit Feuerstein- oder (besser) lieblicher Note aus einer wunderschönen Landschaft. Auch trockener CLAIRETTE-Weißwein, 3–4 Jahre haltbar. Empfehlenswert: Achard-Vincent, Carod, Jaillance (preiswert), Poulet et Fils (Terroircharakter), J.-C. Raspail (Ökoanbau, guter IGP SYRAH).

Clape, Auguste, Pierre und Olivier N-Rh r (w) ★★★→★★★★ 89' 90' 95' 97' 98' 99' 00 01' 02 03' 04' 05' 06' 07' 08 09' 10' 11' 12' 13' 14' 15' 16' – Die Könige von CORNAS: erstklassige SYRAH-Rebflächen, viele alte Reben, gute Bodenbearbeitung. Tiefgründige, kräuterwürzige Rotweine mit vollem Körper und nachklingenden Tanninen, die mind. 6 Jahre zur Entfaltung brauchen und 25 Jahre alt werden können. Lebhafte Frucht zeigt der Renaissance von jüngeren Reben. Außerdem guter CÔTES DU RHÔNE, VIN DE FRANCE (rot) und ST-PÉRAY (noch besser geworden).

Clape, La Lang r rs w ★★→★★★ Kleines Kalksteinhügelgebiet an der Küste bei Narbonne, einst eine Insel; neuerdings mit AC-Status und Klassifikation zum Languedoc-Cru. Viel Sonne sorgt für warme, würzige Rotweine, v. a. von MOURVÈDRE, und die Seeluft für köstlich salzige, kräuterwürzige Weiße auf BOURBOULENC-Basis mit Alterungspotenzial. Empfehlenswerte Erzeuger: Chx. d'ANGLÈS, Camplazens, l'Hospitalet, Mire l'Etang, La Négly, Pech-Céleyran, Pech-Redon, Ricardelle, Rouquette-sur-Mer sowie Mas du Soleilla und Sarrat de Goundy.

Climat Bg – Ausdruck für Einzellage in Burgund, z. B. MEURSAULT Tesson oder BEAUNE Grèves. Die burgundischen Climats zählen seit 2015 zum UNESCO-Weltkulturerbe.

Clos Ein prestigeträchtiger Ausdruck, einzelnen, meist umfriedeten Weinbergen vorbehalten, die sich oft in einer einzigen Hand befinden. In Burgund, der Champagne und im ELSASS häufig anzutreffen.

Clos de Gamot SWF r ★★★ 00 01' 02' 05' 08' 09' 10 11' 12 (14) (15) – Vorbildlicher CAHORS-Erzeuger, lange bevor irgendwelche Zugereisten auf diesem Gebiet herumzupfuschen begannen. Die CUVÉE Vignes Centenaires (★★★★) aus beschränktem Ertrag, die nur in den besten Jahren bereitet wird, trotzt auf bewundernswerte Weise neueren Cahors-Moden, Rotwild und Wildschweinen; sie muss reifen, um ihre besten Seiten zu zeigen.

Clos de la Roche Côte d'Or r ★★★ 90' 93' 95 96' 98 99' 01 02' 03 05' 06 07 08 09' 10' 11 12' 13 14 15' – Wohl der feinste GRAND CRU von MOREY-ST-DENIS. Die Weine besitzen ebenso viel Grazie wie Kraft und sind eher aromatisch (Blaubeere) als opulent. Brauchen viel Zeit zur Entfaltung. Sehr empfehlenswert von DUJAC und PONSOT, aber auch von Amiot, ARLAUD, Castagnier, Coquard, LEROY, Hubert LIGNIER, Lignier-Michelot, Remy und ROUSSEAU.

Clos des Lambrays Côte d'Or r ★★★ 99' 02 03 05' 06 09' 10' 11 12' 13 14 15' (16) – GRAND-CRU-Lage in MOREY-ST-DENIS, auf die die DOMAINE du Clos des Lambrays praktisch ein Monopol hat. Sie baut den Wein nach früher Lese in würzig-stämmigem Stil aus – ganz im Gegensatz zum benachbarten CLOS DE TART. Seit 2014 ist das Gut im Besitz des Luxusgüterkonzerns LVMH – die Preise steigen, am Stil hat sich bislang nichts geändert.

Clos des Mouches Côte d'Or r w ★★★ 02 05' 09' 10' 11 14' 15 (16) – Grandiose PREMIER-CRU-Lage in BEAUNE, deren Ruhm DROUHIN begründet hat. Würzige, denkwürdige und beständig gute Rot- und Weißweine. Empfehlenswert auch von BICHOT und CHANSON. Wenig bekannte Weinberge gleichen Namens existieren auch in SANTENAY (Clair, Moreau, Muzard) und MEURSAULT (Germain).

Clos des Papes S-Rh r w ★★★★ 89' 90' 95 98' 99' 00 01' 03' 04' 05' 06' 07 08 09' 10' 11 12' 13' 14' 15' 16' – Stets erstklassiges CHÂTEAUNEUF-DU-PAPE-Gut der Familie Avril mit absichtlich sehr gering gehaltenen Erträgen. Gehaltvolle, komplexe, schön texturierte, neuerdings saftigere Rotweine

(v. a. von GRENACHE und MOURVÈDRE; trinkreif mit 2–3 Jahren oder erst nach mind. 8 Jahren) sowie komplexe großartige Weiße (sechs verschiedene Rebsorten), denen man Zeit gönnen und die zu feinen Speisen getrunken werden sollten; halten 5–20 Jahre.

Clos de Tart Côte d'Or r ★★★★ **99' 00 01' 02' 03** 05' **06 07 08'** 09 10' **11** 12 13' 14 15' – Der Wein von dem GRAND CRU in MOREY-ST-DENIS ist unglaublich teuer. Sylvain Pitiot, Gutsleiter von 1996 bis 2014, kreierte einen kaftvollen, von spät gelesenen Trauben herrührenden Stil, der in der neuen Ära wohl an Frische gewinnen wird.

Clos de Vougeot Côte d'Or r ★★★→★★★★ **90' 93' 96' 99' 01 02' 03'** 05' **06 07 08** 09' 10' 11 12' 13' 14 15' (16) – Gefeierter GRAND CRU an der CÔTE DE NUITS, unter viele Besitzer aufgeteilt. Manchmal von höchster Feinheit, braucht mind. 10 Jahre, um echte Klasse zu zeigen. Stil und Qualität des Weins hängen vom Können, von den Ideen und Techniken des Erzeugers sowie der Lage am Hang ab. Am besten von: BOUCHARD, DROUHIN, EUGÉNIE (Intensität), Faiveley, Forey, GRIVOT, Gros, HUDELOT-Noëllat, JADOT, LEROY, LIGER-BELAIR, MÉO-CAMUZET, MONTILLE, MORTET, MUGNERET, Ch. de la Tour (Vergärung mit Stielen), Vougeraie.

Clos du Mesnil Champ ★★★★ Von dem berühmten ummauerten Weinberg des Champagnerhauses KRUG in der GRAND-CRU-Lage Le Mesnil kommen besonders langlebige, reintönige CHARDONNAY-Jahrgangs-CUVÉES: Die 92er und 95er sind jetzt perfekt (halten aber mind. noch bis 2020), die Jahrgänge **00** und **03** ein Wunder an Frische. 2008, 2013 und 2015 werden sich als großartige Klassiker erweisen.

Clos du Roi Côte d'Or r ★★→★★★ Die beste Parzelle des GRAND CRU CORTON; empfehlenswerte Erzeuger: Camille Giroud, de MONTILLE, Pousse d'Or, VOUGERAIE. Außerdem der beste PREMIER-CRU-Weinberg in MERCUREY, ein weniger guter in BEAUNE und eine Spitzenlage in MARSANNAY (möglicherweise demnächst Premier cru). Der König hat üblicherweise gut gewählt.

Clos Rougeard Lo r w; (s) ★★★★ **03 05' 06 07 08 09' 10' 11 12 14 15** (16) – Die legendäre, Kultstatus genießende DOMAINE des verstorbenen Charly Foucault und seines Bruders Nady erzeugt Weine von großer Finesse, die sich im Lauf der Jahre prachtvoll entfalten: SAUMUR-CHAMPIGNY, SAUMUR Blanc und COTEAUX DE SAUMUR. Der Jahrgang 2016 wurde unter der Ägide von Charlys Sohn Antoine vinifiziert. Steht womoglich zum Verkauf?

Clos St-Denis Côte d'Or r ★★★ **93' 95 96' 99' 01 02' 03** 05' **06 07 08** 09' 10' 11 12' 13 14 15' (16) – GRAND CRU in MOREY-ST-DENIS. Der Wein ist in der Jugend üppig und gewinnt mit zunehmendem Alter an seidiger Textur. Empfehlenswerte Erzeuger: ARLAUD, Bertagna, Castagnier, DUJAC, JADOT, Jouan, Leroux, PONSOT.

Clos Ste-Hune El w ★★★★ Die Spitzenabfüllung von TRIMBACH aus der GRAND-CRU-Lage ROSACKER (**89 08** 10 12 14 15') ist womöglich der großartigste RIESLING aus dem ELSASS – ein zunächst verschlossener Wein, der 5–10 Jahre und mehr Flaschenreife braucht, komplex und subtil mineralisch, perfekt zu feinen Fischgerichten. Einen fesselnden Kontrast zum Clos Ste-Hune wird Trimbachs neu erworbener 1,9-ha-Besitz im GRAND CRU SCHLOSSBERG bieten. Der erste Jahrgang war 2012, noch besser ausgefallen ist der 2013er aus einem kühlen, klassischen Riesling-Jahr.

Clos St-Jacques Côte d'Or r ★★★ **90' 93 95 96' 98 99' 01 02' 03** 05' **06 07 08** 09' 10' **11** 12' 13 14 15' – PREMIER-CRU-Hanglage in GEVREY-CHAMBERTIN mit perfekter Südostausrichtung. Erstklassige Erzeuger: CLAIR, ESMONIN, FOURRIER, JADOT und ROUSSEAU. Wuchtige, samtige Weine, die oft höher eingeschätzt werden als viele GRANDS CRUS.

Clovallon, Domaine de Lang r w ★★★ Als IGP-Weine Haute Vallée de l'Or werden der elegante PINOT NOIR Les Pomarèdes, mit dem sich Catherin Roque einen guten Ruf erworben hat, und der ursprüngliche weiße Ver schnitt Aurièges erzeugt. Das Gut wird jetzt von Tochter Alix geleitet, wäh rend sich die Mama um Mas d'Alezon (AC FAUGÈRES), sprich den Presby tère und den Montfalette (beide ★★★), kümmert.

Coche-Dury Côte d'Or r w ★★★★ Die ausgezeichnete DOMAINE in MEURSAUL wird von Jean-François Coche und seinem Sohn Raphaël geführt. Außerge wöhnliche Weißweine von ALIGOTÉ bis CORTON-CHARLEMAGNE sowie seh schöne Rotweine. Nur schwer zu erschwinglichen Preisen aufzutreiber Deutlich günstiger, aber stilistisch anders sind die Weine der Dom. Coche Bizouard von Cousin Fabien Coche.

Colin Côte d'Or (r) w ★★★→★★★★ Führende Erzeugerfamilie in CHAS SAGNE-MONTRACHET und ST-AUBIN. Die junge Generation erregt Aufsehe mit brillanten Weißen, v. a. Pierre-Yves Colin-Morey und Philippe Colin. Di Domaine Marc Colin ist eine verlässliche Quelle für klassische Gewächse.

Collines Rhodaniennes N-Rh r w ★★ Die IGP an der nördlichen Rhône (ein schließlich Seyssuel) hat Charakter und Qualität zu bieten: Rote von Gra nithanglagen mit klarer Frucht zu sehr günstigen Preisen, oft von Spit zenerzeugern. Können auch Lesegut von jungen Reben der CÔTE RÔTI enthalten und werden vorwiegend von SYRAH (die besten) bereitet, plu MERLOT und GAMAY. Die Weißen werden qualitativ von der Miniaturausga be eines CONDRIEU VIOGNIER angeführt, dazu CHARDONNAY. Rotweine vor E. Barou, Bonnefond, N. Champagneux, L. Chèze, J.-M. Gérin, Jamet (seh gut), Jasmin, Monier-Pérreol, S. Ogier, A. Perret, S. Pichat und J.-C. Ras pail. Weißweine von: Alexandrins, Barou, Y. Cuilleron, X. Gérard, F. Merlir P. Marthouret, A. Perret (sehr gut) und G. Vernay (sehr gut).

Collioure Rouss r rs w ★★→★★★ Zwillingsappellation von BANYULS für Tisch weine von denselben spektakulären Küstenlagen. Charaktervolle Rotwei ne, meist GRENACHE, mit spürbarem maritimem Einfluss. Die probierens werten Weißen basieren auf GRENACHE BLANC und seit 2002 auch au Grenache gris (besser). Spitzenerzeuger: Bila-Haut, Coume del Mas, Ma deloc, Dom. du Mas Blanc, Dom. de la Rectorie, Dom. La Tour Vieille, Dom Vial-Magnères sowie die Genossenschaften Banyuls l'Etoile, Cellier de Templiers und Le Clos de Paulilles.

Comté Tolosan SWF r rs w ★→★★ IGP für Weine aus ganz Südwestfrankreich meist BV, darunter etliche Sünden. Ch. de Cabidos (★★★) mit ausgezeich netem trockenem und süßem PETIT MANSENG, Dom. de Moncaut (durch und durch JURANÇON, außer im Namen; ★★) und die wegweisende Dom de RIBONNET (★★) mit Weinen aller Farben und fast aller Rebsorten rage aus der Masse heraus.

Condrieu N-Rh w ★★★→★★★★ **09 10' 11' 12' 13 14' 15 16'** – Blumige Weißwein von Sand-Granit-Hängen aus der Heimat des VIOGNIER mit mo schusartigen Aromen von Aprikose und Pfirsich. Die Besten sind kühl, rein tönig und präzise (v. a. 2014) und passen wie kaum ein anderer Weißer z Spargel; bei den weniger guten Exemplaren ist zu viel Eiche, Süße, Alko hol und Geschäftssinn im Spiel. 75 Winzer mit unterschiedlicher Qualität Führende Erzeuger: Benetière (charaktervoll), Boissonnet, CHAPOUTIER Y. Cuilleron, DELAS, Faury (v. a. La Berne), Gangloff (großartige Stilistik X. Gérard (preiswert), GUIGAL (wuchtig), F. Merlin, Niéro, A. Perret (all drei Weine sind gut), C. Pichon, ROSTAING, St Cosme, G. Vernay (fein, klas sisch), F. Villard (in letzter Zeit leichtere Weine).

Corbières Lang r (rs) (w) ★★→★★★ **08 09 10 11 12** 13 14 15 16 – Die größ te AC des LANGUEDOC mit der Cru-Lage Boutenac (weitere folgen eventue demnächst, aber entschieden ist noch nichts). Die Weine sind so vielfältig wie die Landschaft, die sich von den Lagunen an der Küste bis in die Berge mit ihrem heißen, trockenen Klima erstreckt. Empfehlenswerte Erzeuger: CHÂTEAUX Aiguilloux, Aussières, de Cabriac, la BARONNE, Borde-Rouge, Les Clos Perdus, Lastours, Ollieux Romanis, Les Palais, Pech-Latt, la Voulte Gasparets und die DOMAINES Grand Crès, Fontsainte, Trillol, Vieux Parc, Villemajou und Villerouge sowie Clos de l'Anhel, Grand Arc und Serres-Mazard. Hervorragend ist die Genossenschaft Castelmaure.

Cornas N-Rh r ★★★ **78' 83' 85' 88' 89' 90' 91' 94' 95' 96 97' 98' 99' 00' 01' 02 03' 04 05' 06' 07' 08** 09' 10' **11' 12'** 13' 14 15' 16' – Derzeit sehr angesagter SYRAH in Spitzenqualität von der nördlichen Rhône (gilt auch für Weine von inzwischen aufgegebenen Erzeugerbetrieben). Tiefgründiger, fruchtbetonter, mineralisch getönter Wein, den man z. T. jung (mit lebhafter Frucht) trinken kann, oft jedoch mind. 5 Jahre lagern muss. Die Jahrgänge 2010 und 2015 sind umwerfend. Spitzenerzeuger: ALLEMAND (Top 2), Balthazar (traditionell), M. Barret (Biowein, besser geworden) Clape (ist der Maßstab), Colombo (neue Eiche), Courbis (modern), Delas, J. & E. Durand (rassige Frucht), G. Gilles, JABOULET (CUVÉE St-Pierre), P. & V. Jaboulet, Lemenicier, V. Paris, Tardieu-Laurent (Eichenausbau), Dom. du Tunnel, Voge (Eiche).

Corton Côte d'Or r (w) ★★★ **90' 95 96' 99' 01 02' 03'** 05' **06 07 08** 09' 10' 11 12' 13 14 15' (16) – Viel zu großer GRAND CRU – nur ein kleiner Teil des Weinbergs verdient die Klassifizierung, der Rest erbringt aber immerhin ordentliche Weine zu moderaten Preisen. Unter den Corton-Spitzenlagen liefert CLOS DU ROI beides, Les Bressandes dichte und zugleich geschmeidige, Le Rognet charaktervolle Gewächse. Rognet-, Chaumes- und Vigne-au-Saint-Weine sind von weicherer Art. Empfehlenswerte Erzeuger: d'Ardhuy, BONNEAU DU MARTRAY, BOUCHARD, CHANDON DE BRIAILLES, Dom. des Croix, Dubreuil-Fontaine, FAIVELEY (CLOS DES CORTONS), Camille Giroud, MÉO-CAMUZET, Dom. de la ROMANÉE-CONTI, Senard, TOLLOT-BEAUT. Gelegentlich auch Weißwein, etwa von den HOSPICES DE BEAUNE und CHANSON aus der Lage Vergennes.

Corton-Charlemagne Côte d'Or w ★★★→★★★★ **99' 00' 02' 03 04 05' 06 07' 08** 09' 10' 11 12' 13 15 (16) – Potenziell strahlender GRAND-CRU-Weißwein aus Burgund, stilistisch zwischen MONTRACHET und CHABLIS Grand cru angesiedelt. Wächst auf den nach Südwesten und Westen ausgerichteten Kalksteinlagen des Corton-Hügels, dazu kommt ein östlicher Streifen um den Gipfel herum. Herrlich nervig und mit Alterungspotenzial, das allerdings häufig ungenutzt bleibt. Spitzenerzeuger: Bonneau du Martray, BOUCHARD, Coche-Dury, FAIVELEY, HOSPICES DE BEAUNE, JADOT, P. Javillier, LATOUR, Rapet, Rollin, Vougeraie.

Costières de Nîmes S-Rh r rs w ★→★★ **12' 13 15' 16'** – Anbaugebiet an der südlichen Rhône südwestlich von CHÂTEAUNEUF-DU-PAPE mit Qualitätsanspruch und ähnlich steinigen Böden. Die Roten (GRENACHE, SYRAH) entfalten sich schön und bieten würzige Frucht sowie ein gutes Preis-Leistungs-Verhältnis. Am besten von den CHÂTEAUX Grande Cassagne, Mas des Bressades (erstklassige Frucht), Mas Carlot (schöne Frucht), Mas Neuf, Mourgues-du-Grès, de Nages, Roubaud, Tour de Béraud sowie den DOMAINES Galus, M. KREYDENWEISS, de la Patience, Petit Romain und du Vieux Relais. Dazu gute, lebhafte Rosés sowie stilvolle Weiße (ROUSSANNE).

Côte Chalonnaise Bg r w; sch ★★ Weinbaugebiet unmittelbar südlich der CÔTE-D'OR-Weinberge mit leichteren und nicht ganz so teuren Weinen. Aus BOUZERON kommen Weiße von der ALIGOTÉ-Traube, aus Mercurey und GIVRY strukturierte Rote und interessante Weiße, aus Rully zugängliche, fruchtbetonte Weine beider Farben und aus MONTAGNY eher schlanke CHARDONNAY. Die Region braucht trotzdem noch ein richtiges Zugpferd.

Côte d'Or Bg – Departementname, gilt für den mittleren und Hauptteil de burgundischen Weinberghänge, bestehend aus der CÔTE DE BEAUNE un der CÔTE DE NUITS. Der Name wird auf Etiketten nicht verwendet, auße für die längst überfällige AC BOURGOGNE Côte d'Or, die demnächst einge führt werden soll.

Côte de Beaune Côte d'Or r w ★★→★★★★ Die südliche Hälfte der CÔT D'OR, aber auch ein eigenständiger AC-Bereich auf der Hügelkuppe obe halb von BEAUNE. Empfehlenswert: DROUHIN.

Côte de Beaune-Villages Côte d'Or r ★★ **09' 10' 11 12 14** 15' (16) – Rotwein aus den geringeren Gemeinden der Südhälfte der CÔTE D'OR, heutzutag in der Regel Négociant-Verschnitte.

Côte de Brouilly Beauj r ★★ **09' 11' 13' 14** 15' 16 – Der Wein von den Flar ken des Mont BROUILLY (Vulkangestein) dürfte ruhig teurer und berühm ter sein. Empfehlenswert: J.-P. Brun, N. Chanrion, L. Martray, Ch. Thivin.

Côte de Nuits Côte d'Or r (w) ★★→★★★★ In der nördlichen Hälfte der CÔT D'OR wird nahezu ausschließlich Rotwein erzeugt: CHAMBOLLE-MUSIGNY FIXIN, GEVREY-CHAMBERTIN, MARSANNAY, MOREY-ST DENIS, NUITS-S GEORGES, VOSNE-ROMANÉE, VOUGEOT.

Côte de Nuits-Villages Côte d'Or r (w) ★★ **05' 09' 10' 12'** 13 14 15 (16) - Eine neuere AC für das äußerste Nord- und Südende der CÔTE DE NUITS oft sehr preiswerte Weine. Langsam kommen Einzellagenabfüllungen au den Markt. Probieren Sie: Ardhuy, BACHELET, Chopin, Gachot-Monot, Jour dan oder Loichet.

Côte Roannaise Lo r rs ★★ **12 13 14' 15' 16'** – Aufstrebende, spannend AC auf den niedrigeren Hängen der Granithügel westlich von Roanne m hervorragendem GAMAY. Empfehlenswert: Désormiere, Fontenay, Girau don, Paroisse, Plasse, Pothiers, Sérol, Vial. Auch IGP-Weißwein Urfé vo ALIGOTÉ, CHARDONNAY, ROUSSANNE und VIOGNIER. Guter Jahrgang 2016

Côte Rôtie N-Rh r ★★★→★★★★ **78' 85' 89' 90' 91' 95' 98' 99' 00 01' 03 04 05' 06' 07' 08** 09' 10' **11 12'** 13' 14 15' 16' – Der feinste Rhône-Rot wein, v. a. von SYRAH plus etwas VIOGNIER; stilistisch vergleichbar mit Bur gunder. Duftet nach Veilchen, ist reintönig, komplex und sehr fein mit zu nehmendem Alter (nach 5–10 oder mehr Jahren). Sensationell und seh langlebig sind die Jahrgänge 2010 und 2015. Beste Erzeuger: Barge (tra ditionell), Billon, Bonnefond (Eiche), Bonserine (v. a. La Garde), Burgaud CHAPOUTIER, Clusel-Roch (Ökoanbau), DELAS, Duclaux, Gaillard (Eiche) Garon, J.-M. Gérin (Eiche), Guigal (langer Eichenausbau), Jamet (herrlich) Jasmin, Lafoy, Levet (traditionell), S. Ogier (Eiche), Dom. de Rosiers, Ros taing (fein), J.-M. Stéphan (öko), VIDAL-FLEURY (La Chatillonne).

Coteaux Bourguignons Bg ★ BV – Die seit 2011 vorwiegend für Rotwein (GAMAY, PINOT NOIR) geltende AC ersetzt die AC BOURGOGNE GRAND OR DINAIRE. Sie wird v. a. für schwer verkäuflichen einfachen BEAUJOLAIS i Anspruch genommen, der unter diesem »schickeren« Namen eine Auf wertung erfährt. Große burgundische Handelshäuser bekunden Interes se. Auch geringe Mengen Weißwein von ALIGOTÉ, CHARDONNAY, MELON D BOURGOGNE, PINOT BLANC und PINOT GRIS.

Coteaux Champenois Champ r (rs) w ★★★ BV (Weißwein) – Die AC für di Stillweine der Champagne, z. B. BOUZY. Jahrgänge wie bei CHAMPAGNER Die Rotweine gewinnen im Zuge des Klimawandels und besserer Weinbau praktiken (v. a. **09** 12').

Coteaux d'Aix-en-Provence Prov r rs w ★★ Ausgedehnte AC um Aix, die sic vom Fluss Durance bis zum Mittelmeer und von der Rhône bis zur Mon tagne Saint-Victoire erstreckt. Ein bunter Terroir- und Rebsortenmix mi

Trauben sowohl aus BORDEAUX als auch dem MIDI erbringt stilvolle Weine. Empfehlenswert v. a. von den CHÂTEAUX Beaupré, Calissanne, Revelette, Vignelaure sowie den DOMAINES du Ch. Bas, Les Bastides, Les Béates, La Réaltière. Siehe auch Les BAUX-DE-PROVENCE.

oteaux d'Ancenis Lo r rs w; (s) ★→★★ **14 15** (16) meist BV – AOP (200 ha) östlich des Pays Nantais. Erzeugt werden v. a. trockene, halbtrockene und süße Weißweine von CHENIN BLANC sowie alterungswürdiger Malvoisie (PINOT GRIS); außerdem leichte Rotweine und Rosés, v. a. von GAMAY plus CABERNET FRANC und CABERNET SAUVIGNON. Empfehlenswert: Athimon et ses Enfants, Pierre Guindon, Pléiade, Quarteron. 2016 kaum Frostschäden.

oteaux de Chalosse SWF r rs w ★ BV – Bescheidene IGP-Weine aus Les Landes von lokalen Rebsorten, ausschließlich in der Region zu finden (lecker zu typisch einheimischen Gerichten) und mit TURSAN vergleichbar – die beiden Genossenschaften haben sich zu La Cave des Vignerons Landais zusammengeschlossen.

oteaux de Glanes SWF r rs ★★ BV – IGP-Wein vom Oberlauf der Dordogne, komplett von der örtlichen Genossenschaft erzeugt und lokal überaus beliebt. Die Ségalin-Traube verleiht den Verschnitten von MERLOT und GAMAY zusätzlichen Pep.

oteaux de l'Ardèche S-Rh r rs w ★→★★ **15' 16'** – Bergiges Gebiet westlich der Rhône mit vielfältigem, an Qualität zulegendem, oft preiswertem Angebot. Neue Erzeuger und frische, z. T. (unnötigerweise) in Eiche ausgebaute Rote sowie VIOGNIER (z. B. CHAPOUTIER, Mas de Libian) und MARSANNE. Die besten Rotweine sind von SYRAH bereitet, außerdem GAMAY (oft von alten Reben) und CABERNET SAUVIGNON (Serret). Burgunderartigen, verhaltenen Ardèche-CHARDONNAY erzeugt Louis LATOUR (der Grand Ardèche bekommt sehr viel Eiche mit). Empfehlenswert: DOMAINES du Colombier, Favette, Flacher, Grangeon, Mazel und Vigier sowie Ch. de la Selve.

oteaux de l'Aubance Lo w; s ★★→★★★ **89' 90' 95' 96' 97' 03 05' 07' 09 10' 11' 13** 14' **15'** (16) – Kleine AC (160 ha) für langlebige Süßweine von CHENIN BLANC. Von sanfteren Hügeln (südlich der Loire bei Angers), nerviger und allgemein weniger üppig als COTEAUX DU LAYON, ausgenommen SÉLECTION DE GRAINS NOBLES. Erzeuger: v. a. Bablut, Haute-Perche, Montgilet, Ch. Princé, Richou, Rochelles, Ch. la Varière. Was 2016 nicht vom Frost dahingerafft wurde, ist von guter Qualität.

oteaux de Saumur Lo w; s ★★→★★★ **05 07' 09 10' 11'** 14' 15' (16) – Süßer CHENIN BLANC aus spät gelesenen Trauben, der an COTEAUX DU LAYON erinnert, aber zarter, rassiger und nicht so voll ist. Erzeuger: v. a. CHAMPS-FLEURIS, Nerleux, St-Just, Targé, Vatan. Die Jahrgänge 2014 und 2015 sind gut, 2016 zeigt Potenzial.

oteaux des Baronnies S-Rh r rs w ★ BV – Rhône-IGP mit hoch gelegenen Hängen östlich von VINSOBRES. Am besten ist SYRAH, gut und günstig sind MERLOT, CABERNET SAUVIGNON und CHARDONNAY; dazu GRENACHE, CINSAULT usw. Es sind echte Landweine: besser werdende einfache Rote, außerdem klarer VIOGNIER. Probierenswert sind die DOMAINES Le Mas Sylvia, du Rieu-Frais und Rosière.

oteaux du Giennois Lo r rs w ★→★★ BV – Kleine AC (196 ha) mit verstreut liegenden Weinbergen von Cosne bis Gien, 2016 schwer von Frost betroffen. Der rassige, zitrusfruchtige SAUVIGNON BLANC (von 103 ha) ist die stilistisch leichtere Version eines SANCERRE oder POUILLY-FUMÉ und kann sehr gut sein. Leichte Rotweine als GAMAY/PINOT-NOIR-Verschnitt. Am besten von: Émile Balland, Jean Marie Berthier (v. a. L'Inédit), BOURGEOIS, Charrier, Catherine & Michel Langlois, Paulat, Treuillet, Villargeau.

Coteaux du Languedoc Lang – Siehe LANGUEDOC.

Coteaux du Layon Lo w; s ★★→★★★★ **89 90 95 96 97 03 05' 07' 09 1(11' 14'** 15' (16) – Das Kernstück von ANJOU, mit süßem, im Bestfall fa: unendlich haltbarem CHENIN BLANC von variierendem Süßegrad, doc stets feinem Säurespiel. Sieben Orte können ihren Namen vor die AC se zen, wobei Chaume als PREMIER CRU klassifiziert ist. Spitzenappellationer BONNEZEAUX und QUARTS DE CHAUME. Erzeuger: Baudouin, BAUMARI Breuil, Pierre Chauvin, Delesvaux, des Forges, Guegniard, Juchepie, Og reau, Ch. Pierre-Bise, Pithon-Paillé, Soucherie. 2016 verheerende Sch den durch Frost im April.

Coteaux du Loir Lo r rs w; tr s ★→★★★ **05' 08 09' 10' 11** 14' 15' (16) – D Loir ist ein von Norden kommender Nebenfluss der Loire; das dazugehör ge Weinbaugebiet mit den Appellationen Coteaux du Loir und JASNIÈRE ist ebenso malerisch wie dynamisch. Stahlige, feine, präzise bereitete un langlebige Weine von CHENIN BLANC, dazu GAMAY, pfeffriger, gelegentlic schäumender Pineau d'Aunis sowie Grolleau (rosé), CABERNET und Cô Spitzenerzeuger: Ange Vin, Dom. de BELLIVIÈRE, Breton, Le Briseau, Fre neau, Gigou, Janvier, Les Maisons Rouges, de Rycke. Während es 201 und 2015 einigermaßen gut lief, gab es 2016 Frost- und Hagelschäden.

Coteaux du Lyonnais Beauj r rs (w) ★ BV – Kleinere AC des BEAUJOLAIS. A PRIMEUR-Weine am besten.

Coteaux du Quercy SWF r rs ★ **12 14' 15** – AOP südlich von Cahors. CABERNE FRANC liefert die Grundlage für winterliche Alltagsweine, die gut zu Eintöp fen und Wildgerichten passen. Der Genossenschaft die Stirn bieten kör nen lediglich die ★★-Domaines de Guillau und du Merchien (IGP) sowie d ★-Domaines d'Aries und de Revel (Mystère d'Éléna).

Coteaux du Vendômois Lo r rs w ★→★★ **14 15** (16) – AC (150 ha) mit 28 Ge meinden zwischen Vendôme und Montoire im Loir-Tal. Am typischsten i der VIN GRIS von der Pineau-d'Aunis-Traube (Chenin noir), die auch den re gionalen Rotweinen ihre pfeffrige Eigenart verleiht; außerdem Verschnitt von CABERNET FRANC, PINOT NOIR und GAMAY. Weiße von CHENIN BLAN und CHARDONNAY. Erzeuger: v. a. Brazilier, Patrice Colin, Dom. du Four Chaux, Dom. J. Martellière, Dom. de Montrieux (Émile Hérédia) und CAV du Vendôme-Villiers (gut).

Coteaux et Terrasses de Montauban SWF r rs w ★→★★ BV – Der IGP-Bereic wird von der DOMAINE de Montels beherrscht, die ihn auch geschaffen h und jetzt zudem in CAHORS (Dom. de Bovila) aktiv ist. Geboten wird e breites Spektrum an preiswerten Weinen. Ebenfalls empfehlenswert sir Dom. Biarnès und Mas des Anges (beide ★).

Coteaux Varois-en-Provence Prov r rs w ★→★★ **11** 12 13 14 15 16 – Übe sehene AC, eingezwängt zwischen den größeren Appellationen COTEAU D'AIX und CÔTES DE PROVENCE. Liefert Rotweine mit warmem Charakt sowie frische Rosés hauptsächlich von südlichen Rebsorten. Ist dabei, i Potenzial umzusetzen, v. a. mit SYRAH. Empfehlenswert: Chx. la Caliss Miraval (im Besitz von Brad Pitt und Angelina Jolie), Trians sowie Doms. l Alysses, des Aspras, des Chaberts, du Deffends, du Loou, Routas.

Côtes Catalanes Rouss r rs w ★★→★★★ Der bescheidene Ruf des IGP-Be reichs steht in keinem Verhältnis zur Qualität seiner Weine. Deckt eine Großteil des ROUSSILLON ab. Zahlreiche innovative, begabte Winzer arbe ten mit altehrwürdigen Reben, v. a. GRENACHE und CARIGNAN. Am beste von den Domaines of the Bee, Casenove, Gérard GAUBY, L'Horizon, Jone Matassa, Padié, Olivier Pithon, La Préceptorie Centernach, Roc des Ange Le Soula, Soulanes, Treloar, Vaquer.

Côtes d'Auvergne ZF r rs (w) ★→★★ AC (470 ha inkl. IGP) bei Clermon Ferrand; überwiegend GAMAY, aber auch etwas PINOT NOIR und CHAF

DONNAY. Die besten Roten profitieren von 2–3 Jahren Reife. Gemeinden: Boudes, Chanturgue, Châteaugay, Corent (Rosé) und Madargues (Rotwein). Erzeuger: v. a. Bernard, Cave St-Verny, Goigoux, Maupertuis, Montel, Pradier, Sauvat.

Côtes de Bordeaux Bx ★ 2008 eingerichtete AC für Rotwein, die den bereichsübergreifenden Verschnitt von Lesegut aus CASTILLON, FRANCS, BLAYE, CADILLAC und (seit 2016) Ste-Foy gestattet. Winzer, die die Identität bestimmter Terroirs bewahren wollen, unterliegen nun strengeren Auflagen, dürfen aber Namen wie Cadillac, Castillon usw. der AC-Bezeichnung voranstellen. BLAYE – CÔTES DE BORDEAUX und FRANCS – CÔTES DE BORDEAUX erzeugen auch etwas trockenen Weißwein. Mit Ste-Foy-Bordeaux sind es nun insgesamt 1.000 Winzer. Probierenswert: Ch. Dudon, Ch. Malagar, Ch. Réaut.

Côtes de Bourg Bx r w ★→★★ **05' 08 09'** 10' **12 14 15** 16 – AC für solide, aromatische Rotweine (vorwiegend MERLOT, aber auch 10% MALBEC) und einige trockene Weißweine vom östlichen Gironde-Ufer. Spitzen-CHÂTEAUX: Brulesécaille, Bujan, Civrac, Falfas, Fougas-Maldoror, Grand-Maison, Grave (Nectar VIEILLES VIGNES), Haut-Guiraud, Haut-Macô, Haut-Mondésir, Macay, Mercier, Nodoz, Roc de Cambes, Rousset, Sociondo.

Côtes de Duras SWF r rs w ★→★★★ **14' 15'** 16 – AOP südlich von Bergerac auf der Suche nach einer eigenen Identität mit preiswerten Weinen. Ein Hort leidenschaftlicher Ökoerzeuger wie Nadine Lussau, Mont Ramé, Mouthes-les-Bihan und Petit Malromé (alle ★★★), gefolgt von Les Cours, La Fon Longue, Les Hauts de Riquet, Mauro Guicheney und La Tuilerie la Brille (alle ★★). Der Süßwein von Ch. Condom (★★★) ist nach wie vor überragend. Weitere gute Betriebe: Dom. Chater, Dom. Grand Mayne und Dom. de Laulan.

Côtes de Gascogne SWF (r) (rs) w ★★ BV – Die PRODUCTEURS PLAIMONT und die gut 900 ha große DOMAINE du Tariquet (beide ★★) dominieren die Produktion der süffigen, vorwiegend weißen IGP-Weine. Der Übermacht zu widerstehen versuchen die DOMAINES d'Arton, des Cassagnoles, Chiroulet, d'Espérance, de l'Herré, Horgelus, de Ménard, de Millet, de Miselle, de Pellehaut und de St Guilhem (alle ★★), außerdem die Domaines de Joÿ, de Lauroux, de Magnaut, de Papolle, St-Lannes sowie Ch. Laballe (alle ★). Die rote CUVÉE Sanglier der Dom. de Sédouprat (★) ist nicht zu verachten.

Côtes de Millau SWF r rs w; ★ BV – IGP im Tarn-Tal; die immer besser werdende Genossenschaft feiert mit einer CUVÉE den Viadukt Norman Fosters. Außerdem ebenbürtige unabhängige Erzeuger wie Dom. du Vieux Noyer (★).

Côtes de Montravel SWF w; s ★★ **12 14' 15'** (16) – Die Sub-AOP von BERGERAC erzeugt Gewächse (in der Regel von SÉMILLON), die nicht trocken, aber auch nicht süß sind: reizvoll, aus der Mode gekommen und immer schwerer aufzutreiben. Ideal zu Foie gras.

Côtes de Provence Prov r rs w ★→★★★ r **10 11 12** 13 14 15 16; rs w BV – Die riesige AC steht hauptsächlich für – fast überall vertriebene – Roséweine, deren Qualität dank intensiver Forschung stetig zulegt (nirgendwo sonst wird Rosé so ernst genommen). Auch angenehme Rote, vorwiegend von SYRAH, GRENACHE und CINSAULT sowie etwas CABERNET, dazu fruchtige Weißweine. Unterbereiche sind Fréjus, La Londe Pierrefeu und SAINTE-VICTOIRE. Führende Erzeuger: Castel Roubine, Commanderie de Peyrassol, DOMAINES Bernarde, de la Courtade, Léoube, Gavoty (großartig), des Planes, Rabiéga, Richeaume und de Rimauresq, CHÂTEAUX d'Esclans, Ste Rosaline und de Selle sowie Clos Mireille. Demnächst soll auch Schaumwein auf den Markt kommen. Siehe auch BANDOL, COTEAUX D'AIX, COTEAUX VAROIS.

Côtes de Thongue Lang r rs w ★★ rs w BV – Die beste IGP-Region von HÉRAUL im Thongue-Tal mit diversen Verschnitten und sortenreinen Weinen. Di besten Roten kann man einlagern. Erzeuger: DOMAINES Arjolle, La Conda mine l'Èvêque, la CROIX BELLE, Filles de Septembre, des Henrys, l'Horte.

Côtes de Toul El r rs w ★ BV – Sehr leichte Weine aus Lothringen, v. a. VI GRIS.

Côtes du Brulhois SWF r rs (w) ★→★★ **14' 15'** (16) – Muntere AC bei Ager halten Sie sich an die »schwarzen« Rotweine, die etwas TANNAT enthalte müssen. Die gute Genossenschaft ist ein Ansporn für die Handvoll unab hängiger Erzeuger: Dom. du Bois de Simon, Dom. du Pountet, Dom. de Thermes (alle ★★), Ch. La Bastide, Dom. de Coujétou-Peyret (beide ★).

Côtes du Forez Lo r rs; (sch) ★ BV – Entdeckenswerte AC (200 ha) am Obe lauf der Loire auf Höhe der CÔTE ROTIE mit Rotweinen und Rosés von GA MAY. Wichtigste Erzeuger: Bonnefoy, Clos de Chozieux, Guillot, Mondor Demeure, Stéphane Réal, Verdier/Logel und Les Vignerons Foréziens Hervorragende IGP-Weißweine (wachsende Produktion) von CHARDONNA CHENIN BLANC, PINOT GRIS und VIOGNIER.

Côtes du Jura Jura r rs w; (sch) ★★→★★★ **99' 00 03' 05' 06 09 10 11 12 1** 15 16 – Wiederbelebter Anbaubereich mit derzeit in Sommelierkreisen be liebten (und daher teuren) Gewächsen sowie Naturweinen. Leichte, hell Rotweine von PINOT NOIR, Poulsard und Trousseau; empfehlenswerte E zeuger: PIGNIER, Puffeney. Außerdem Weiße in verschiedenen Stilen: vo frisch und fruchtig (CHARDONNAY) bis kontrolliert oxidativ (SAVAGNIN ode Verschnitte); Erzeuger: v. a. Ch. d'ARLAY, Lucien AVIET, BERTHET-BONDE Bourdy, Ganevat, LABET, PÉLICAN, Stéphane TISSOT. Siehe auch die AC ARBOIS und L'ETOILE.

Côtes du Rhône S-Rh r rs w ★→★★ **13 15' 16'** – Die breite Basis der süc lichen Rhône mit rund 170 Weinbaugemeinden, unter die auch die gu ten SYRAH-Weine leichteren Stils aus Brézème und St-Julien-en-St-Alba (nördliche Rhône) fallen. Zwischen erfreulichen, handwerklich erzeugte Qualitätsweinen (Tendenz steigend) und Massenware klafft eine große Lü cke. Inzwischen wird mehr Wert auf lebhafte Frucht gelegt. Vorwiegen GRENACHE, aber auch Syrah und CARIGNAN; am besten jung trinken. Di 2015er und 2016er sind sehr gut. Die Vaucluse schneidet am besten al gefolgt von GARD (Syrah).

Côtes du Rhône-Villages S-Rh r rs w ★→★★ **10' 13 14 15' 16'** – Körperreich unmittelbar ansprechende Rotweine von 7.700 ha, darunter die 19 renom miertesten Orte der südlichen Rhône. Die besten Gewächse geizen nich mit würziger Frucht und sind preiswert; die Grundlage bildet GRENACH dazu kommen SYRAH und MOURVÈDRE. Auch Weißweine von steigend Qualität, oft von VIOGNIER und ROUSSANNE zusammen mit CLAIRETTE un GRENACHE BLANC – gut zum Essen. Siehe auch CHUSCLAN, LAUDUN, PLA DE DIEU, SABLET, ST-GERVAIS, SÉGURET (Qualität), VALRÉAS, VISAN (wi besser). Seit 2016 gehören auch die Gemeinden Ste-Cécile (mit einer Re he guter Domaines), Suze-la-Rousse und Vaison-la-Romaine dazu. Beso ders zu empfehlen sind die Gemeinden Gadagne, MASSIF D'UCHAUX (gut Plan de Dieu (robust), PUYMÉRAS und SIGNARGUES. Beachtenswerte E zeuger: Ch. Fontségune, Ch. Signac und die DOMAINEs Aphillantes (Ch rakter), Aure, Bastide St-Dominique, Biscarelle (Flair), Cabotte (Ökoa bau), Coulange, Coste Chaude, Crève Cœur, Grand Veneur, Grands Boi Gravennes, Janasse, Jérôme, Montbayon, Montmartel, Mourchon, Pa quiers, Pique-Basse, Rabasse-Charavin, Réméjeanne, Renjarde, Rom rins, Ste-Anne, St-Siffrein, Saladin, Valériane, Viret (international) sow Mas de Libian, CAVE RASTEAU und Les Vignerons d'Estézargues.

‹ötes du Roussillon-Villages Rouss r ★→★★★ **10 11 12** 13 14 15 16 – 32 Ortschaften im besten Teil von ROUSSILLON; auf den Etiketten namentlich erwähnt werden Caramany, Latour de France, Les Aspres, Lesquerde und Tauravel. Die Genossenschaften spielen zwangsläufig eine große Rolle, für Qualität und Charakter sorgen jedoch unabhängige Erzeuger wie Boucabeille, Cazes, des Chênes, Clos des Fées, Clot de l'Oum, Gauby, Les Vignes de Bila Haut, Mas Bécha, Mas Crémat, Modat, Piquemal, Rancy, Roc des Anges oder Thunevin-Calvet. Siehe auch CÔTES CATALANES. Die einfache AC Côtes du Roussillon liegt weiter südlich und erzeugt unkomplizierte wärmende Rote. Siehe auch CÔTES CATALANES.

ôtes du Tarn SWF r rs w ★ BV – Der IGP-Bereich, geografisch in etwa identisch mit der AOP GAILLAC, wird von einigen Erzeugern für Weine genutzt, die nicht den AOP-Vorschriften entsprechen. Der halbtrockene SAUVIGNON BLANC der Dom. D'en Ségur und die Bioweinreihe Lou von Les Vignes des Garbasses (beide ★★) sind entschieden besser als viele AOP-Erzeugnisse.

ôtes du Vivarais S-Rh r rs w ★ **15' 16'** großteils BV – Die AC liegt im Hügelland der Ardèche westlich von Montélimar. Die süffigen Weine auf GRENACHE- und SYRAH-Basis werden definitiv immer besser; zudem gibt es robustere, in Eiche ausgebaute Rote. Beachtenswerte Erzeuger: Gallety (Weine mit Tiefe, die sich ein paar Jahre halten), Mas de Bagnols und Vignerons de Ruoms (großes Sortiment, preiswert).

oulée de Serrant Lo w; tr s ★★★★ **95 96 97 99 02 03 05 07 08** 10' **11** 12 13 14 15 (16) – Historische, steile, mit CHENIN-BLANC bestockte und biodynamisch bewirtschaftete MONOPOLE-Lage (7 ha) im Herzen der AC SAVENNIÈRES. Nicolas Jolys Tochter Virginie hat jetzt die Gutsleitung übernommen. Die Weine werden betont oxidativ ausgebaut und geraten oft faszinierend, oft aber auch fehlerhaft.

ourcel, Domaine de Côte d'Or r ★★★ Führendes Gut in POMMARD, dessen feine, blumige und langlebige Weine von reifem Lesegut stammen und eine Ganztraubenvergärung durchlaufen. Die Spitzen-PREMIERS-CRUS sind Rugiens und Les Epenots (beide langlebig), außerdem interessante CUVÉE Croix Noires.

rémant Bedeutete früher »Perlwein« in der Champagne und heißt dort jetzt *demi-mousse* oder *perle*. Seit 1975 AC für Schaumweine hoher Qualität nach der klassischen Methode aus BORDEAUX, Burgund, dem ELSASS, Die, dem Jura, LIMOUX und von der Loire. Auch Luxemburg verfügt über eine Crémant-Appellation.

répy Sav w ★★ BV – Leichter, milder Weißwein vom Südufer des Genfer Sees, der mind. 80% CHASSELAS enthalten muss. Größter Erzeuger ist Grande Cave de Crépy Mercier (teilweise biologisch-dynamischer Anbau).

riots-Bâtard-Montrachet Côte d'Or w ★★★ **02' 04 05 06 07 08 09 10 11** 12 13 14' 15 (16) – Mit nur 1,57 ha die kleinste Lage der MONTRACHET-Familie. Die Weine sind weniger konzentriert als BÂTARD-MONTRACHET-Gewächse, aber im schönsten Sinne konturiert und sinnlich. Viele Erzeuger besitzen Anteile an der Lage, empfehlenswert sind Belland, Blain-GAGNARD, Fontaine-Gagnard und Lamy.

rozes-Hermitage N-Rh r w ★★→★★★ **09' 10' 12' 13' 14 15' 16'** – Mit SYRAH bestockte, großteils flache Lagen in der Nähe des Flusses Isère erbringen Weine mit dunklen Frucht-, Lakritze- und Teernoten, die meist jung zu trinken (nach 2–5 Jahren) sind. Die besseren Versionen stammen von Granithängen bei HERMITAGE: feine, rotfruchtige Gewächse mit Alterungspotenzial (die 2015er sind ein echtes Vergnügen). Die Besten (einfache CUVÉES) sind ideale Begleiter bei Grillabenden und Partys; eichenholzwürzige Exemplare von alten Reben sind teurer. Spitzenerzeuger: Aléofane (rot und weiß), Belle, Les Bruyères (biologisch-dynamisch, mächtige Frucht),

Frankreich

Y. Chave, Chapoutier, Dom. du Colombier, Dom. Combier (Ökoanba Ch. Curson, E. Darnaud, Delas (sehr gut ist Le Clos, außerdem Dom. d Grands Chemins), Dumaine (öko), des Entrefaux (Eiche), Fayolle Fils Fille (stilvoll), A. Graillot, Hauts-Chassis, Lises (fein), Mucyn, Remizièr (Eiche), Rousset, de Thalabert von JABOULET. Weißweine (von MARSANN jung trinken; die letzten Jahrgänge sind sehr gut. Gutes Preis-Leistung Verhältnis.

Cuve close Abgekürztes Verfahren der Schaumweinherstellung im Tank. D Bläschenbildung im Glas kommt schneller zum Stillstand als bei der tra tionellen Methode.

Cuvée In einer *cuve*, d. h. in einem Bottich enthaltener Wein. Sonst auch Alle weltswort, bei CHAMPAGNER z. B. Bezeichnung für »Verschnitt« und ers gepresste Weine. Bezeichnet oft einfach einen »Posten« Wein.

Dagueneau, Didier Lo w ★★★→★★★★ 03 05' 07 08' 09' 10' 11 12' 13 1 15' (16) – Der beste Erzeuger von POUILLY-FUMÉ: bemerkenswert präzi bereiteter SAUVIGNON BLANC; die Gärung geschieht durch Wildhefen. D Betrieb wird von Didiers Kindern Louis-Benjamin und Charlotte gefüh Spitzen-CUVÉES: Pur Sang und Silex. Außerdem SANCERRE Les Monts Dar nés (CHAVIGNOL) sowie JURANÇON. Trotz der Frostschäden in der Lage P Sang ist die Qualität 2016 durchweg gut.

Dauvissat, Vincent Chablis w ★★★★ Unbeirrbar biologisch-dynamisch a beitender Erzeuger von großartigem klassischem CHABLIS, der in alte Fässern, u. a. den lokalen, 132 Liter fassenden *feuillettes* ausgebaut wir Langlebige Weine, vergleichbar mit denen seiner Cousins RAVENEAU. A besten sind Les Clos, Les Fôrets, Preuses und Séchet. Ebenfalls probi renswert sind die Weine von Fabien Dauvissat.

Deiss, Domaine Marcel El r w ★★★ Biologisch-dynamisch arbeitendes Wei gut in Bergheim, das v. a. Verschnitte aus Lesegut von oft gemischt b stockten Einzellagen bereitet. Nicht durchweg gelungen. Bester Wei RIESLING Schoenenbourg (**10 11 12 13** 15').

Delamotte Champ BRUT; Blanc de Blancs **04 06 07** 08'; CUVÉE Nicol Delamotte – Kleines Haus mit feinen CHAMPAGNERN (vorwiegend vo CHARDONNAY) in Le MESNIL. Sehr guter schäumender, nach der *méthoc saignée* erzeugter Rosé. Wird zusammen mit SALON von LAURENT-PERRIE geleitet. Gilt als Salon-Gewächs des kleinen Mannes, übertrifft jenen ab manchmal (etwa **85 02 04** und v. a. **07**).

Delas Frères N-Rh r rs w ★→★★★ Handelshaus an der nördlichen Rhôr mit verlässlicher Qualität von (teils in eigenem Besitz befindlichen) Lage in CONDRIEU, CROZES-HERMITAGE, CÔTE RÔTIE und HERMITAGE. Spitze gewächse: Condrieu (CLOS Boucher), Côte Rôtie Landonne, Hermitag Domaine des Tourettes (rot), M. de la Tourette (weiß), Les Bessards (rc sehr fein, rauchig, langlebig, Terroircharakter). Besonders empfehlenswe von der südlichen Rhône: roter St-Esprit (CÔTES DU RHÔNE). Die Weiße fallen in letzter Zeit leichter aus. Im Besitz von ROEDERER.

Demi-sec »Halbtrocken«, eher lieblich (z. B. beträgt die *dosage* bei CHAM PAGNER in der Regel 45 g/l).

Derenoncourt, Stéphane Bx – Führender international tätiger önologisch Berater; ein Autodidakt. Terroir, Frucht und Ausgewogenheit stehen bei ih im Mittelpunkt. Hat in CASTILLON mit der Domaine de l'A ein eigenes Gut.

Deutz Champ BRUT Classic oJ; Rosé oJ; Brut **04 06 08 09** – Eines der be ten unter den kleineren Champagnerhäusern, gehört ROEDERER. Sehr tr ckene, klassische Weine. Spitzenreiter: die CHARDONNAY-CUVÉE Amour c Deutz (**04 06 08 09** 12') und Amour de Deutz Rosé (**06**; ★★★). Grandios Cuvée William Deutz (**88' 02**). Das Traubengut wird aus sorgfältig ausg wählten erstklassigen GRAND-CRU-Lagen bezogen.

irler-Cadé, Domaine El – Hervorragendes Gut in Bergholtz. Der ausgefallene MUSCAT GRAND CRU Saering von alten Reben besticht durch Tiefe und wohlgeformte Eleganz (09 12 13 14) im reiferen Stil des südlichen ELSASS. Außerdem feiner RIESLING Grand cru Saering (08 13 14 15').

omaine Gutshof, Weingut.

om Pérignon Champ **02** (fantastisch und an der Schwelle zur Reifestufe P2) **03** (exotisch) 04 06 (beide großartig); P2 **93 98**; Rosé 04 **05** – Luxusmarke von MOËT & CHANDON mit ungemein beständiger Qualität. Cremiger Charakter, v. a. nach 10–15 Jahren Flaschenreife, aber in der Jugend recht straff. Der 1996er war noch nach 20 Jahren superb. Der Oenothèque (viele Jahre in der Flasche gereift, erst kürzlich degorgiert, astronomische Preise) heißt jetzt Plénitude P1, P2, P3 usw., je nach Reifestufe. Beim Rosé liegt der Fokus stärker auf PINOT NOIR.

opff au Moulin El w ★★★ Alteingesessener Spitzenerzeuger in Familienbesitz, ein Spezialist für klassisch trockene Weine, in Riquewihr. Erstklassig sind die GEWÜRZTRAMINER GRAND CRU Brand und Sporen (**09 10** 12 13 14); außerdem charmanter RIESLING SCHOENENBOURG (**10' 12**) – der überragende 2013er kommt 2020 auf den Markt – und Sylvaner de Riquewihr (**14**). Wegbereiter des CRÉMANT d'Alsace, empfehlenswert sind die CUVÉES Bartholdi, Julien und der Crémant Brut Nature Bio.

ourthe, Vins et Vignobles Bx – Großes Handelshaus und Erzeuger mit breit gefächertem, qualitätsorientiertem Angebot: u. a. Chx. BELGRAVE, Le BOSCQ, La GARDE, Grand Barrail Lamarzelle Figeac, PEY LA TOUR, RAHOUL, REYSSON, de Ricaud. Dourthe No. 1 (v. a. der Weiße) bietet gut bereitete, verlässliche Qualität der einfachen AC BORDEAUX.

rappier, André Champ – Großartiges familiengeführtes Champagnerhaus in der Region AUBE mit 56 ha Weinbergbesitz, wovon 15 ha jetzt als biologisch-dyamisch zertifiziert sind. Von Pinot noir dominierter Champagner oJ, BRUT ZÉRO, ungeschwefelter Brut *sans souffre* (★★), Millésime Exception (**06 08 09 10**), herrliche Prestige-CUVÉE Grande Sendrée (**06 09'** 10), dazu Cuvée Quatuor (von vier Rebsorten) und superbe ältere Jahrgänge (**95 85 82**) in Magnumflaschen.

RC (Domaine de la Romanée-Conti) Côte d'Or r w ★★★★ Das grandioseste Weingut in Burgund. Der Besitz umfasst die MONOPOLE-Lagen ROMANÉE-CONTI und LA TÂCHE sowie größere Teile von ÉCHEZEAUX, GRANDS-ÉCHEZEAUX, RICHEBOURG und ROMANÉE-ST-VIVANT, zudem einen sehr kleinen Teil von Le MONTRACHET. Seit 2009 auch CORTON-Wein. Majestätische Preise. Spitzenjahrgänge brauchen jahrzehntelange Reife.

rouhin, Maison Joseph Bg r w ★★★→★★★★ Zu Recht rommiertes Handelshaus und Erzeugerbetrieb in BEAUNE; der Weinbergbesitz wird durchweg ökologisch bewirtschaftet, darunter für die Weißweine Clos de Mouches und MONTRACHET Marquis de LAGUICHE (beide Beaune). Rotweine mit besonders üppigem Bukett, vom hübschen CHOREY-LÈS-BEAUNE bis hin zu majestätischen GRAND-CRU-Gewächsen wie Musigny und GRANDS-ÉCHEZEAUX. Auch die Domaine Drouhin Oregon (DDO) gehört zum Besitz; siehe Kapitel »Vereinigte Staaten«.

ubœuf, Georges Beauj r w ★★→★★★ Der berühmteste Name im BEAUJOLAIS, Schöpfer des weltweiten BEAUJOLAIS-PRIMEUR-Hypes. Riesiges Angebot an CUVÉES und vielen guten Crus, auch MÂCON-Weißweine.

ugat Côte d'Or r ★★★ Die Cousins Claude und Bernard (Dugat-Py) erzeugen jeweils ausgezeichnete, tieffarbige GEVREY-CHAMBERTIN- bzw. Markenweine. Geringe Mengen, v. a. aus GRAND-CRU-Lagen, gesalzene Preise (v. a. Dugat-Py). Empfehlenswert ist Claude Dugats NÉGOCIANT-Marke La Gibryotte.

Dujac, Domaine Côte d'Or r w ★★★→★★★★ Erzeuger in MOREY-ST-DEN mit einer außergewöhnlichen Reihe von sieben GRANDS CRUS: v. a. CLOS S DENIS, CLOS DE LA ROCHE und ÉCHEZEAUX. Die Weine sind von eher he ler Farbe, aber mit intensiver Frucht sowie Rauch- und Erdbeernoten, c die Stiele mit eingemaischt werden; in den vergangenen Jahren fielen s etwas dunkler und dichter aus. Dom. Triennes in den COTEAUX VAROIS g hört ebenfalls zum Besitz.

Dureuil-Janthial Bg r w ★★ Die Leitung des Spitzenguts in RULLY liegt in de fähigen Händen von Vincent Dureuil-Janthial, der frische, ausdrucksstark Weiße und fruchtig-muntere Rote bereitet. Kosten Sie den Maizières (r und weiß) oder den weißen PREMIER CRU Meix Cadot.

Durup, Jean Chablis w ★★ Riesiger CHABLIS-Erzeuger, dessen Dom. c l'Eglantière und Ch. de Maligny nun durch Heirat mit der Dom. Colinot IRANCY vermählt wurden.

Duval-Leroy Champ – Dynamisches Champagnerhaus in Familienhand m 200 ha Weinbergbesitz, vorwiegend gute, mit CHARDONNAY bestockte Cr Lagen. Neuerdings setzt man auf »veganenen« CHAMPAGNER, bei de Klärung und Absetzen auf natürliche Weise, d. h. ohne Schönung durc Milchproteine, geschieht. Sehr guter Fleur de Champagne oJ und exzelle te Prestige-CUVÉE Femme de Champagne (**96' 04 08 13** 15').

Échezeaux Côte d'Or r ★★★ **90' 93 96' 99' 02' 03** 05' **06 08** 09' **10' 11** 1 13 14 15' (16) – GRAND CRU neben CLOS DE VOUGEOT. Mittelschw re Weine, die bisweilen aber einen außergewöhnlich nuancenreichen G schmack und überwältigende Nachhaltigkeit besitzen. Am besten vo Arnoux, DRC, DUJAC, EUGÉNIE, GRIVOT, GROS, Guyon, Lamarche, LIGER BELAIR, Mongeard-MUGNERET, Mugneret-Gibourg, ROUGET und Trembla

Ecu, Domaine de l' Lo (r) w; tr; (sch) ★★★ **10' 11 12 14' 15'** – Biologisc dynamisch erzeugter MUSCADET-SÈVRE-ET-MAINE (Granite, Taurus) ur GROS PLANT. Frédéric Niger van Herck, Guy Bossards tatkräftiger Par ner, hat nun die Leitung komplett übernommen. Guter CABERNET FRAN und PINOT NOIR. Viele verschiedene Cuvées, der Wein wird zunehmend Amphoren ausgebaut. Schwere Frostschäden im April 2016.

Edelzwicker El w ★ BV – Leichter Weißweinverschnitt. Gut sind C d'Ittenwiller und der Gentil von HUGEL.

Eguisheim, Cave Vinicole d' El r w ★★ Tadellose Elsässer Winzergenosse schaft mit sehr fairen Preisen: feine GRANDS CRUS Hatschbourg, HENGS Ollwiller und Spiegel. Zum Besitz gehört auch Willm. Spitzenmarke WOLF BERGER. Am besten: Grande Réserve (**09 10 11 12**), Sigillé und Armori Guter CRÉMANT und PINOT NOIR (v. a. **10'** 11 12 15).

Elsass (r) w; (s); (sch) ★★→★★★★ **04 05 06 08' 09 10'** 11 12 13 14 1 16' – Die Region an den geschützten Ostausläufern der Vogesen und jäh lich 1.800 Sonnenstunden erzeugt Frankreichs Rheinweine: aromatisc fruchtig, sehr voll und im trockenen Stil immer mehr in Mode. Werde meist mit der Nennung der Rebsorte etikettiert (PINOT BLANC, RIESLIN GEWÜRZTRAMINEr). Die große geologische Vielfalt (u. a. Granit, Gneis, Kal stein, Tonmergel) prägt die besten vom Terroir bestimmten Weine, die a werden können – Riesling aus GRAND-CRU-Lagen z. B. 20 Jahre und meh Der einst schwächliche Pinot noir wird immer besser (v. a. **10 12**). Sieh auch VENDANGE TARDIVE, SÉLECTION DE GRAINS NOBLES.

Entraygues et du Fel und d'Estaing, Vins d' SWF r rs w ★→★★ BV – Klein Nachbar-AOPs auf Terrassen über dem Lot-Tal. Prickelnd frische CHENIN BLANC-Weißweine erzeugt Dom. Méjannassère (★★), bei den Roten hal man sich an den La Pauca (★★) von Laurent Mousset, der auch hervorr genden Rosé zu bieten hat. Zu Nicolas Carmarans' (★★) AOP-Weinen zäh len jetzt auch Rote von der Sorte FER SERVADOU.

ntre-Deux-Mers Bx w ★→★★ BV – Oft preiswerter trockener weißer BORDEAUX aus der Gegend zwischen Garonne und Dordogne. Die besten CHÂTEAUX: Les Arromans, BONNET, Fontenille, Haut Rian, Landereau, Lestrille, Marjosse, Moulin de Launay, Nardique-la-Gravière, Sainte-Marie, Tour de Mirambeau, Les Tuileries und Turcaud.

smonin, Domaine Sylvie Côte d'Or r ★★★ Volle, dunkle Weine von gänzlich ausgereiften Trauben, v. a. seit 2000; jede Menge Eiche und Stiele. Beachtlicher weißer GEVREY-CHAMBERTIN VIEILLES VIGNES und CLOS ST-JACQUES. Cousin Frédéric betreibt das Gut Estournelles St-Jacques.

toile, L' Jura w ★★ AC im JURA, bekannt für elegante CHARDONNAY-Weißweine von auf Kalkstein- und Mergelböden wachsenden Reben. Spitzenerzeuger: Dom. Cartaux Bougaud, Dom. de Montbourgeau und Philippe Vandelle. Außerdem gibt's sehr guten CRÉMANT und VIN JAUNE.

ugénie, Domaine Côte d'Or r (w) ★★★→★★★★ Der neue Name für die einstige Dom. Engel, die François Pinault 2006 von Ch. LATOUR kaufte. Bietet nun beeindruckende Weine zu ebensolchen Preisen. Am besten sind CLOS VOUGEOT und GRANDS-ÉCHEZEAUX.

aiveley, Domaine Bg r w ★★→★★★★ Eher Erzeugerbetrieb als Weinhändler, der 2007 alles umgekrempelt hat und seitdem fleischig-volle, sehr fruchtbetonte Weine bereitet. Preiswerte CÔTE-CHALONNAISE-Abfüllungen, noch besser angelegt ist Ihr Geld aber für die Spitzenweine aus CHAMBERTIN-CLOS DE BÈZE, CHAMBOLLE-MUSIGNY, CORTON Clos des Cortons und NUITS-ST-GEORGES. Ehrgeizige Neuerwerbungen an der ganzen Côte d'Or, dazu kommt jetzt noch die Dom. Billaud-Simon in CHABLIS.

aller, Théo/Domaine Weinbach El w ★★★→★★★★ 1612 von Kapuzinermönchen gegründetes Weingut. Die 2014 mit erst 47 Jahren gestorbene Laurence Faller erzeugte wunderbar komplexe Gewächse. Oft wurden sie in trockenerem Stil ausgebaut als sonst üblich, v. a. aus den GRAND-CRU-Lagen SCHLOSSBERG (RIESLING, v. a. **08** **10'** 13). Insgesamt zeichneten sie sich durch eine herrlich charaktervolle, elegante Art aus, insbesondere die CUVÉE Sainte Catherine Gewurztraminer SÉLECTION DE GRAINS NOBLES (**90** **09** **10** **11** **12** **14**). Laurence' ältere Schwester Catherine leitet inzwischen das Gut.

e AC Faugères ist nicht nach dem Wein benannt, sondern nach dem Weinbrand Fine de Faugères, der im 19. Jahrhundert berühmt war.

augères Lang r (rs) (w) ★→★★ **11** **12** 13 14 15 16 – Bereits seit 1982 AC und mittlerweile Cru du LANGUEDOC: ein kompakter Bereich mit nur sieben Weinbaugemeinden, wo sich sowohl alteingesessene Familienbetriebe als auch Newcomer finden. Frische, würzige Rote mit typischer Schieferboden-Aromatik; elegante Weißweine von MARSANNE, ROUSSANNE, VERMENTINO und GRENACHE BLANC. Neben vielen anderen empfehlenswert: Dom. Jean-Michel ALQUIER, Dom. Léon Barral, Dom. Cébène, Ch. Chabert, Ch. Chenaie, Mas d'Alezon, Dom. OLLIER-TAILLEFER, Dom. St Antonin, Dom. La Sarabande, Dom. des Trinités.

vre, William Chablis w ★★★→★★★★ Größter Eigentümer von GRAND-CRU-Lagen in CHABLIS; Bougros und Les Clos sind hervorragend. Es werden keine Kosten gescheut und die Erträge beschränkt, die Preise sind dementsprechend. Erstklassige Quelle für konzentrierte Weine zum Einlagern. Im Besitz des Champagnerhauses HENRIOT.

efs Vendéens Lo r rs w ★→★★ **09** **10** **14'** **15'**; meist BV – AC in der Vendée nahe Les Sables d'Olonne, deren Spektrum vom Touristenwein bis hin zu seriösen Gewächsen zum Einlagern reicht. Rebsorten: CHARDONNAY, CHENIN BLANC, MELON und SAUVIGNON BLANC (weiß); CABERNET FRANC, CA-

Frankreich

BERNET SAUVIGNON, GAMAY, Grolleau gris, Negrette und PINOT NOIR (ro und rosé). Empfehlenswert: v. a. Coirier, Mourat (122 ha), Prieuré-la-Chaume (biologisch-dynamisch) und Dom. St-Nicolas (biologisch-dynamisch Spitzenerzeuger). 2016 Frostschäden.

Fitou Lang r ★★ **11 12 13** 14 15 16 – Charaktervolle Rotweine aus den zerklüfteten Hügeln südlich von Narbonne sowie von weniger wilden Lagen an der Küste. Die älteste AC des MIDI für Tischweine (seit 1948) verlangt 11 Monate Ausbau, die Weine profitieren außerdem von weiterer Flaschenreife. Halten Sie Ausschau nach: DOMAINEs Bergé-Bertrand, Jones, Léry de Rolland sowie Ch. Champ des Sœurs und Ch. de Nouvelles.

Fixin Côte d'Or r (w) ★★★ **99' 02'** 03 **05' 06 07 08** 09' **10' 11** 12' 13 1 15' (16) – Ebenbürtiger, aber unterbewerteter nördlicher Nachbar von GEVREY-CHAMBERTIN. Stämmige Rotweine, die manchmal prachtvoll, mitunter jedoch auch rustikal geraten. Beste Weinberge: CLOS de la Perrière, Clos du Chapître, Clos Napoléon. Halten Sie sich an Amélie Berthaut (kommender Star) sowie die »alten Hasen« DOMAINES Bart, CLAIR, FAIVELEY, Gelin, Guyard, Joliet und MORTET.

Fleurie Beauj r ★★★ **13 14** 15' 16 – Der beste BEAUJOLAIS-Cru, mit herrlich duftenden, seidig texturierten, erdbeerfruchtigen Weinen. Rassigere Exemplare kommen von der Hanglage La Madone, vollere von tieferen Lagen. Zudem gibt es mehr und mehr Einzellagenweine. Bewährte Erzeuger: Chignard, Clos de la Roilette, Depardon, DUBŒUF, Villa Ponciago und die Genossenschaft. In Richtung Naturwein gehen: Balagny, Dutraive, Métras und Sunier. Neuere Betriebe: Graillot (Dom. de Fa), Lafarge-Vial.

Fourrier, Jean-Claude Côte d'Or r ★★★★ Unter der Leitung von Jean-Marie Fourrier hat die DOMAINE in GEVREY-CHAMBERTIN Kultstatus erlangt – die Preise sind entsprechend. Tiefgründige und doch saftige Rotweine, v. a. CLOS ST-JACQUES, Combe aux Moines und GRIOTTE-CHAMBERTIN.

Francs – Côtes de Bordeaux Bx r w ★★ **09' 10' 12 14 15** 16 – Die kleine BORDEAUX-AC nahe CASTILLON ist fest in der Hand der Familie Thienpont (von Ch. PAVIE-MACQUIN). Überwiegend Rotwein (MERLOT), daneben auch einige gute Weiße; beide können schmackhaft und ansprechend sein. Die Roten vertragen ein wenig Alterung. Am besten von den CHÂTEAUX Charmes-Godard, de Francs, Laclaverie, Marsau, La Prade, Le Puy und Puygueraud.

Fronsac Bx r ★★→★★★ **05' 06 08** 09' **10' 11 12 14** 15 16 – Unterschätzte hügelige AC westlich von ST-ÉMILION mit einigen der preiswertesten Rotweine des Bordelais, die z. T. auch lagern können. Spitzen-CHÂTEAUX: Arnauton, DALEM, la Dauphine, Fontenil, La Grave, Haut-Carles, Mayne-Vieil, Moulin Haut Laroque, Richelieu, de la Rivière, La Rousselle, Tour du Moulin, Les TROIS CROIX, La VIEILLE CURE, Villars. Siehe auch CANON-FRONSAC.

Fronton SWF r rs ★★ **14 15'16'** – In der AOP unweit von Toulouse wird die andernorts seltene Rebsorte Négrette an- und manchmal auch sortenrein ausgebaut. Sie erbringt Weine mit Veilchen-, Kirsch- und Lakritznoten, die nach 3 Jahren am besten sind. Probieren Sie: CHÂTEAUX Baudare, Bellevue-la-Forêt (am bekanntesten), Bouissel, Boujac, Caze, Plaisance (v. a. Alabets), du Roc sowie die DOMAINES des Pradelles und Viguerie de Belaygues (alle ★★). Möglicherweise werden auch die Weißweine demnächst mit AOP-Status geadelt.

Fuissé, Château Bg w ★★→★★★ Einer der führenden Erzeuger von POUILLY-FUISSÉ mit einigen der besten Terroirs (Les Clos, Combettes). Außerdem einige eher auf den breiteren Markt abzielende Abfüllungen.

Gagnard Côte d'Or (r) w ★★★→★★★★ Bekannter Clan in CHASSAGNE-MONTRACHET. Langlebige Weine, v. a. Caillerets und BÂTARD-MONTRACHET von Jean-Noël Gagnard. Das umfassende Angebot von Blain-Gagnard und Fo taine Gagnard schließt auch raren CRIOTS-BÂTARD-MONTRACHET sowie MONTRACHET selbst ein. Die Preise sind bei allen durchweg fair.

Gaillac SWF r rs w; tr s; sch ★→★★ r **14' 15'** 16; w, s **12 14' 15' 16**; rs w, tr BV – Stetig an Qualität zulegende AOP westlich von Albi mit einer bunten Mischung an Rebsorten, z. B. Braucol, DURAS, Len de l'El, die den Weinen ihren einzigartigen Charakter verleihen. Empfehlenswerte Erzeuger: Causse-Marines, Laurent Cazottes, Le Champ d'Orphée, Peyres-Roses, Plageoles und de la Ramaye (alle biologisch-dynamisch, alle ★★★) sowie L'Enclos des Braves, L'Enclos des Roses, La Ferme du Vert, DOMAINES de Brin, des Cassagnoles, d'Escausses, Mayragues (biologisch-dynamisch), du Moulin, Rotier, Sarrabelle, die CHÂTEAUX Bourguet (weißer Süßwein), Larroque, Palvié (rot) (alle ★★). Schnäppchen gibt es bei Mas Pignou sowie den Doms. de la Chanade, Duffau, Labarthe und de Lamothe (alle ★★).

Ganevat Jura r w ★★★→★★★★ Der Superstar der CÔTES DU JURA. Die Einzellagen-CHARDONNAY sind teuer, aber sagenhaft gut (z. B. Les Chalasses, Les Grand Teppes). Auch innovative Rote.

Gauby, Domaine Gérard Rouss r w ★★★ Der vorbildliche Erzeuger in der Ortschaft Calce im ROUSSILLON hat etliche Nachahmer gefunden. Die Weine stammen aus biologisch-dynamischem Anbau: IGP CÔTES CATALANES und AOP CÔTES DU ROUSSILLON-VILLAGES Muntada, außerdem Les Calcinaires VIEILLES VIGNES. Ist auch an Dom. Le Soula beteiligt. Außerdem ein Dessertwein namens La Pain du Sucre und andere Neuheiten unter Mitwirkung von Sohn Lionel, einem innovativen Weinmacher.

Gers SWF r rs w ★ BV – IGP, in der Regel als CÔTES DE GASCOGNE verkauft und von diesem nicht zu unterscheiden.

Gevrey-Chambertin Côte d'Or r ★★★ **90' 96' 99' 02' 03** 05' **06 07 08 09' 10' 11** 12' 13 14 15' 16 – Weinort mit dem großartigen CHAMBERTIN und anderen GRANDS CRUS sowie vielen weiteren feinen Lagen (z. B. PREMIERS CRUS Cazetiers, Combe aux Moines, Combottes, CLOS ST-JACQUES). Saftig fruchtige Weine mit aromatischem Einschlag, auf Village-Niveau preiswert, v. a. die Abfüllungen von alten Reben. Spitzenerzeuger: BACHELET, L. BOILLOT, BURGUET, Damoy, DROUHIN, Drouhin-Laroze, DUGAT, Dugat-Py, Duroché, ESMONIN, FAIVELEY, FOURRIER, Géantet-Pansiot, Harmand-Geoffroy, JADOT, LEROY, MORTET, ROSSIGNOL-TRAPET, Roty, ROUSSEAU, Roy, SÉRAFIN und TRAPET.

Gigondas S-Rh r rs ★★→★★★ **78' 89' 90' 95' 98' 99' 00' 01' 03' 04' 05' 06' 07' 08 09'** 10' **11 12'** 13' 14' 15' 16' – Erstklassige Rote aus dem südlichen Rhône-Tal. Stattliche Weinberge auf steinigem Lehm-Sand-Boden, die zu gebirgigen Kalksteinhängen östlich von Avignon ansteigen. Robuste, rauchige Weine von GRENACHE, ergänzt durch SYRAH und MOURVÈDRE, die besten mit schöner, klarer roter Frucht. Die Jahrgänge 2010, 2016 und 2016 sind fantastisch. Insbesondere mit Blick auf den US-Markt in neuerer Zeit mehr Einsatz von Eichenholz und entsprechend höhere Preise; viele Weine zeigen aber einen unverfälscht lokalen Charakter. Spitzenerzeuger: P. Amadieu, Dom. Boissan, Dom. des Bosquets (modern und gut), Dom. Bouïssière (schwungvoll), Brusset, Cayron, Clos des Cazaux, Clos du Joncuas (traditionell, Ökoanbau), Famille Perrin, Goubert, Gour de Chaulé (fein), Grapillon d'Or, Ch. de Montmirail, Moulin de la Gardette (stilvoll), Dom. Notre Dame des Pallières, Dom. les Pallières, Dom. du Pesquier, Dom. Raspail-Ay, Roubine, Ch. de Saint-Cosme (nobel), Dom. Santa-Duc (jetzt mit Stil), Dom. St-Gayan (langlebig), Dom. Les Semelles de Vent, Dom. les Teyssonnières. Alkoholstarke Rosés.

Gimonnet, Pierre Champ ★★→★★★ 28 ha Grand- und Premier-cru-Lagen an der nördlichen Côte des Blancs. CHARDONNAY ohne Holzkontakt von beneidenswerter Beständigkeit. Die Cuvée Gastronome passt fantastisch zu Meeresfrüchten.

Girardin, Vincent Côte d'Or r w ★★→★★★ Handelshaus und Erzeugerbetrieb in MEURSAULT mit Spezialgebiet Weißwein, jetzt im Besitz von BOISSET.

Givry Bg r (w) ★★ **09' 10' 12 13 14** 15' 16 – Geheimtipp für die CÔTE CHALONNAISE: köstliche Rotweine mit Alterungspotenzial und besserem Preis-Leistungs-Verhältnis als MERCUREY. Am besten: CLOS Salomon, Faiveley, JOBLOT, F. Lumpp, Masse und Thénard. Auch ein wenig Weißwein in nussigem Stil.

Goisot Bg r w ★★★ Jean-Hugues Goisot, ein hervorragender Winzer in der ländlichen Gegend von ST-BRIS, bietet in dieser SAUVIGNON-BLANC-AC Einzellagenversionen und erzeugt unter der AC Bourgogne Côtes d'Auxerre CHARDONNAY sowie PINOT NOIR. Diese Weine sind heutzutage schwer zu bekommen, sogar ab Kellertür.

Gosset Champ – Im 16. Jh. in AŸ gegründetes Champagnerhaus, inzwischen nach Épernay umgezogen, mit komplexem CHAMPAGNER in traditionell weinigem Stil. Eher rassig ist die sehr gute CUVÉE Elegance oJ, traditionell der Grand Millésime (**02 04**), präziser umrissen der auf CHARDONNAY basierende Prestige Celebris im Extra-brut-Stil (großartig **98**, fein **04**). Die Cuvée 15 Ans/Years fällt sehr unterschiedlich aus.

Grenache – besser mit Mourvèdre

Wird Grenache mit Mourvèdre verschnitten, ist das Ergebnis oft (deutlich) besser als bei Grenache/Syrah-Cuvées. Dem Spitzenjahrgang 2007 in Châteauneuf-du-Pape setzte Mourvèdre in diversen Verschnitten die Krone auf: Ein Anteil von 20% oder mehr verlieh den Weinen eine wesentlich bessere Struktur und Ausgewogenheit. Zum Beispiel: Ch. de Beaucastel (30%), Ch. de Beaucastel Hommage à Jacques Perrin (60%), Ch. de la Gardine Cuvée des Générations (20%), Clos du Caillou La Réserve (25%), Clos des Papes (20%) oder Dom. Bois de Boursan Cuvée des Félix (25%). Dasselbe gilt für den Jahrgang 2015, zumal der Alkoholgehalt von Mourvèdre oft um 1–2 Vol.-% unter dem von Grenache liegt.

Gouges, Henri Côte d'Or r w ★★★ Grégory Gouges schreibt die Erfolgsgeschichte seiner Familie fort und bereitet vollen, fleischigen, langlebigen NUITS-ST-GEORGES aus verschiedenen PREMIER-CRU-Lagen, der wegen des dominierenden Tannins in jungen Jahren allerdings nicht allen schmeckt. Empfehlenswert sind Vaucrains, Les St-Georges und Chaignots. Auch interessante Weiße aus Nuits-St-Georges, u. a. PINOT BLANC.

Grand cru Offizieller Begriff, der aber in den verschiedenen Anbaugebieten unterschiedliche Bedeutungen hat. In Burgund bezeichnet er eine Spitzenlage mit eigener AC, im Elsass eine der 51 Spitzenlagen innerhalb des AC-Bereichs ALSACE GRAND CRU, für die nun jeweils eigene Vorschriften gelten. In ST-ÉMILION fallen 60% der – oft mittelmäßigen – Produktion unter die AC St-Émilion Grand cru. Im MÉDOC gibt es fünf Grand-cru-classé-Stufen. In der Champagne werden die besten Gemeinden als Grands crus bezeichnet. An der Loire gibt es jetzt eine Grand-cru-Kategorie für QUARTS DE CHAUME, im Languedoc entsteht momentan ein Cru-System. In der Provence ist der Begriff mit Vorsicht zu genießen.

Grande Rue, La Côte d'Or r ★★★ **90' 95 96' 98 02' 03** 05' **06 07 08** 09' 10 11 12' 13 14 15' (16) – Schmaler GRAND-CRU-Streifen, der sich gerade in Bestform zu zeigen beginnt, qualitativ und (selbstredend) preislich alle dings nicht ganz an LA TÂCHE und ROMANÉE-CONTI heranreicht, zwischen denen er liegt. Ein MONOPOLE der Dom. Lamarche.

rands-Échezeaux Côte d'Or r ★★★★ **90' 93 95 96' 99' 00 02' 03** 05' **06 07 08** 09' 10' 11 12' 13 14 15' (16) – GRAND-CRU-Spitzenlage neben CLOS DE VOUGEOT. Die Weine gleichen mit ihrer seidigen Art jedoch eher MUSIGNY und sind gewichtiger als das Gros der ÉCHEZEAUX-Erzeugnisse. Am besten von: BICHOT (Clos Frantin), DRC, DROUHIN, EUGÉNIE, GROS, Lamarche, Mongeard-MUGNERET, G. Noëllat.

range des Pères, Domaine de la Lang r w ★★★ IGP Pays de l'HERAULT vom Kultweingut, das Laurent Vaillé gleich neben MAS DE DAUMAS GASSAC geschaffen hat; erster Jahrgang 1992. Rotweine von SYRAH, MOURVÈDRE und CABERNET SAUVIGNON, Weißweine von 80% ROUSSANNE plus MARSANNE und CHARDONNAY. Stilvolle Weine mit Alterungspotenzial.

ratien, Alfred und Gratien & Meyer Champ ★★★ BRUT **83' 96' 02 04 07 08'** 09; Brut oJ – Prestige-CUVÉE Paradis Brut auf CHARDONNAY-Basis und Rosé (Verschnitt aus mehreren Jahrgängen). Exzellentes, unkonventionelles Champagnerhaus und Erzeuger von Loire-Weinen, seit 2000 im Besitz der deutschen Henkell-Gruppe. Feine, sehr trockene, langlebige Schaumweine, die im Eichenfass vergoren werden, u. a. Hauschampagner von The Wine Society. Das Traubengut wird von Spitzen-Crus sorgfältig ausgewählter Winzer bezogen. Partnerfirma in SAUMUR ist Gratien & Meyer.

raves Bx r w ★→★★ **83' 96' 02 04 07 08'** 09 – Der Name ist von den Kiesböden (frz. *gravier*) der Stadt Bordeaux abgeleitet. Saftig-fruchtige, leckere Rotweine und frische trockene Weiße von SAUVIGNON BLANC/SÉMILLON. Bieten derzeit mit das beste Preis-Leistungs-Verhältnis unter den Bordeaux-Erzeugnissen. Spitzen-CHÂTEAUX: d'ARCHAMBEAU, Brondelle, de Cérons, CHANTEGRIVE, Clos Bourgelat, Clos Floridène, CRABITEY, Ferrande, Fougères, Grand Enclos du Château de Cérons, Haura, Magneau, Pont de Brion, Rahoul, Respide-Médeville, Roquetaillade La Grange, St-Robert (CUVÉE Poncet Deville), Vieux Château Gaubert und Villa Bel Air.

raves de Vayres Bx r w ★ BV – Winzige APPELLATION innerhalb des Gebiets ENTRE-DEUX-MERS; Rot-, Weißwein und *moelleux* (lieblich).

ignan-les-Adhémar S-Rh r (rs) w ★→★★ **15' 16'** – AC an der mittleren Rhône; die besten Roten sind voll und würzig mit Kräuternoten. Führende Erzeuger: Ch. Bizard, Dom. de Bonetto-Fabrol, Ch. la Décelle (auch weißer CÔTES DU RHÔNE), Dom. de Grangeneuve (am besten, v. a. der VIEILLES VIGNES), Dom. de Montine (stilvolle Rote, gute Weißweine und Rosés, außerdem roter CÔTES DU RHÔNE) und Dom. St-Luc.

iotte-Chambertin Côte d'Or r ★★★★ **90' 95 96' 99' 02' 03** 05' **06 07 08** 09' 10' **11** 12' 13 14 15' (16) – Kleine GRAND-CRU-Lage neben CHAMBERTIN. Die Weine sind nicht besonders gewichtig, zeigen aber lebhafte Noten von roten Früchten und Alterungspotenzial, v. a. von DROUHIN, DUGAT, FOURRIER, R. Leclerc und Ponsot.

ivot, Jean Côte d'Or r w ★★★→★★★★ In dieser DOMAINE in VOSNE-ROMANÉE wurden im vergangenen Jahrzehnt enorme Fortschritte erzielt, was sich in den höheren Preisen widerspiegelt. Die erstklassige Auswahl wird von den GRANDS CRUS CLOS DE VOUGEOT, ÉCHEZEAUX und RICHEBOURG angeführt.

os, Domaines Côte d'Or r w ★★★→★★★★ Winzerfamilie in VOSNE-ROMANÉE, allesamt empfehlenswert: Anne bereitet stilvolle Weine (üppiger RICHEBOURG), Michel saftig-leckere Rote (CLOS de Réas); weitere Familienmitglieder sind Anne-Françoise (jetzt in BEAUNE; die Qualität ist deutlich gestiegen) und Gros Frère et Sœur (Clos VOUGEOT Musigni). Fast alle bieten auch recht preiswerten HAUTES-CÔTES DE NUITS an, Anne ist außerdem im MINERVOIS aktiv.

Gros Plant du Pays Nantais Lo w; (sch) ★→★★ BV – Sehr viel besser gewo dene AC für Weißweine von Gros Plant (FOLLE BLANCHE), die im Idealf rassig und ganz leicht salzig ausfallen und hervorragend zu Austern s wie anderen Schalentieren passen. Erzeuger: Basse Ville, de l'Écu, Hau Bourg, Luneau-Papin, Preuille und Poiron-Dabin. Auch Schaumwein, en weder sortenrein oder verschnitten.

Grenache im Languedoc-Roussillon

Die Weine sämtlicher Languedoc-Roussillon-ACs sind, in der Theorie, Verschnitte, enthalten aber mindestens 70 % Grenache noir (mit einer Ausnahme). Am besten gerät Grenache wohl im Roussillon, wo sie auch den herrlichsten Vin doux naturel ergibt. Von West nach Ost: **Dom. Jones**, Côtes Catalanes, Grenache gris: Grenache gris ist für Weißweine wesentlich besser geeignet als Grenache blanc und findet im Roussillon zu sich selbst. **Mas Amiel**, Maury Sec, Vers le Nord: Das führende Gut in Maury. Grenache-Wein in seiner schönsten Form, mit einem Spritzer Syrah. **Coume del Mas**, Collioure, Schistes: Alte Reben erbringen köstlich erfrischende, saftige Weine von ausgereiften Trauben. **Mas de Mon Père**, Pays d'Oc, Cause Toujours: Neuerer Erzeuger in Malepère. Grenache mit etwas Cinsault, nicht in Eiche ausgebaut, ergibt köstlich frische Kirschfruchtigkeit. **Dom. Borie de Maurel**, Minervois la Livinière, Belle de Nuit: Führendes Gut in dieser aufstrebenden AC. Für den Ausbau werden mehr große Fässer als Barriques verwendet. **Dom. Jean-Michel Alquier**, Faugères, Maison Jaune: Wird nur in guten Grenache-Jahren erzeugt und enthält in der Regel auch Syrah und Mourvèdre – ein Wein mit mehr Struktur als etliche andere. **Dom. Turner Pageot**, L'doc, B815: Grenache/Mourvèdre aus Lagen etwas außerhalb von Faugères. Subtil gehandhabter Einsatz von Eiche. **Dom. la Croix Belle**, Côtes de Thongue, Cascaillou: Ein schönes Beispiel für Grenache-Wein. **Dom. Cal Demoura**, Terrasses du Larzac, Feu Sacré: Ein Verschnitt von Grenache mit Carignan und Syrah, erzeugt von einem fortschrittlichen Gut. **Dom. de Joncas**, Montpeyroux, Joia: Ein Wein mit vorbildlich frischer Frucht, enthält auch Syrah und Cinsault. Der Alba (IGP Mont Baudile) ist ein sortenreiner Grenache-gris-Rosé.

Guigal, E. N-Rh r w ★★→★★★★ Berühmter Erzeuger für CÔTE-RÔTIE-Wei auch CONDRIEU, CROZES-HERMITAGE, HERMITAGE und ST-JOSEPH; auße dem Handelshaus: Condrieu, Côte Rôtie, Crozes-Hermitage, Hermitag südliche Rhône. Besitzer von VIDAL-FLEURY (fruchtbetonte Weine von ste gender Qualität) und der Dom. de Bonserine (tiefgründiger Côte Rôtie Hervorragende tiefgründige, reichhaltige, sehr teure Côte-Rôtie-Weine l Mouline, La Landonne und La Turque, die 42 Monate in neuen Eichenfä sern ausgebaut werden, also eher untypisch sind. Außerdem sehr gut Hermitage und St-Joseph Vignes de l'Hospice. Alle Roten sind dicht g wirkt. Die Standardweine sind von guter Qualität, v. a. die unglaublich pre werten CÔTES-DU-RHÔNE-Abfüllungen (rot, rosé, weiß). Die besten Weiße sind Condrieu, Condrieu La Doriane (eichenwürzig) und Hermitage.

Hautes Côtes de Beaune/de Nuits Côte d'Or r w ★★ r **09' 10' 12 13** 1 15' (16) (w) **12' 13 14' 15'** (16) – ACs für die Dörfer in den Bergen hi ter der CÔTE DE BEAUNE und der CÔTE DE NUITS. Attraktive, eher leic te Rot- und Weißweine für frühen Genuss. Spitzenerzeuger für Weißwei Devevey, MÉO-CAMUZET, Montchovet und Thevenot-le-Brun; für Rotwei

Carré, Cornu, Duband, Féry, GROS, Jacob, Jouan, Magnien, Mazilly, Naudin-Ferrand und Verdet. Auch eine brauchbare große Genossenschaft bei BEAUNE.

Haut-Médoc Bx r ★★→★★★ **04 05' 06** 08 09' 10' 11 12 **14** 15 16 – Erstklassige Quelle für bekömmliche trockene Rotweine von CABERNET und MERLOT, die sich je nach Bodenbeschaffenheit unterscheiden: Feinere Gewächse entstehen auf sandigen Kiesböden im Süden der AC, stämmigere Versionen finden sich weiter nördlich auf den schwereren lehmhaltigen Kiesböden. Alle sind in der Regel erschwinglich. Das Haut-Médoc hat 5 Crus classés: BELGRAVE, CAMENSAC, CANTEMERLE, La LAGUNE und La TOUR-CARNET. Weitere Spitzen-CHÂTEAUX: d'AGASSAC, BELLE-VUE, CAMBON LA PELOUSE, Charmail, CISSAC, CITRAN, Clément-Pichon, COUFRAN, Gironville, de Lamarque, LANESSAN, Larose Perganson, Paloumey, SÉNÉJAC, SOCIANDO-MALLET.

Haut-Montravel SWF w; s ★★ **11'** 12 14' 15 (16) – AOP für den süßesten Stil der MONTRAVEL-Weißweine und würdiger Herausforderer der bekannteren ACs MONBAZILLAC und SAUSSIGNAC. Überragend ist der Terrement von Ch. Puy Servain (★★★), dicht gefolgt von Ch. Moulin Caresse (★★) und Dom. de Libarde (sehr preiswert; ★★).

Haut-Poitou Lo r rs w; sch ★→★★ 14 15 (16) – Die besten Exemplare halten sich mind. 5–6 Jahre. AC (ca. 750 ha) nördlich von Poitiers mit CABERNET SAUVIGNON, CABERNET FRANC, GAMAY, PINOT NOIR, CHARDONNAY und SAUVIGNON BLANC, beherrscht vom Ökoweingut Ampelidae. Dessen tatkräftiger Besitzer Frédéric Brochet hat zudem IGP-Weine (von 120 ha) im Angebot. Weiterer empfehlenswerter Erzeuger: La Tour Beaumont.

Heidsieck, Charles Champ – Die legendäre Champagnerfirma ist jetzt nicht mehr so groß wie früher, doch die Weine geraten unter dem neuen, perfektionistischen Kellermeister so brillant wie eh und je. Der Brut Réserve ist pure toastwürzige Eleganz, vom unvergleichlichen Blanc des Millénaires (95) soll einem Gerücht zufolge demnächst ein neuer Jahrgang (04) herauskommen. Außerdem der herrlich reife Brut Réserve Vintage (v. a. 83) und der Champagne Charlie (82).

Heidsieck Monopole Champ – Das ehemals glanzvolle Champagnerhaus ist nun Teil der VRANKEN-Gruppe und bietet ordentliche Qualität zum vernünftigen Preis. Bester Wein ist der Gold Top (**07** 09).

Hengst El – GRAND CRU in Wintzenheim, der kraftvolle Weine erbringt. Herausragend durch Spitzen-GEWÜRZTRAMINER von JOSMEYER und ZIND-HUMBRECHT; außerdem AUXERROIS, CHASSELAS und PINOT NOIR.

Henri Abelé Champ – Neuer Name für das traditionsreiche Champagnerhaus Abel Lepitre, das jetzt im Besitz von Freixenet ist und sich auf den Export konzentriert. Die beste CUVÉE ist Sourire de Reims Brut (07), außerdem neuer Sourire de Reims Rosé (06), reinsortig von PINOT NOIR (aus der Ortschaft Les Riceys) bereitet.

Henriot Champ BRUT Souverain oJ (jetzt sehr viel besser); BLANC DE BLANCS de CHARDONNAY oJ (fantastisch); Brut **96' 02' 08'**; Brut Rosé 06 **09** – Feines Champagnerhaus in Familienbesitz. Neuer, lang gereifter Cuve 38 (Chardonnay aus GRAND-CRU-Lagen) aus einer mit dem Jahrgang 1990 beginnenden Solera. Außergewöhnlich langlebig ist die Prestige-CUVÉE Les Enchanteleurs (**88'** 96 **02** 04 08'). Besitzt außerdem BOUCHARD PÈRE ET FILS und FÈVRE.

Hermitage N-Rh r w ★★★→★★★★ 61' 66' 78' 83' 85' 88 89' 90' 91' 95' 96 97' 98' **99'** 00 01' 03' 04 05' 06' 07' **09'** 10' **11'** 12' 13' 14' 15' 16' – Von einem markanten Hügel (teils Granit) am Ostufer der Rhône kommen SYRAH-Gewächse der grandiosesten, tiefsten und elegantesten Art (die

Jahrgänge 2010 und 2015 sind brillant) sowie komplexe, nussig-fruch-tige, faszinierende Weiße (MARSANNE mit etwas ROUSSANNE), die ma mindestens die ersten 6–7 Jahre lang am besten in Ruhe lässt. Spitzer-erzeuger: Belle, Chapoutier, J.-L. Chave (voll, elegant), Colombier, DELAS Faurie (reintönig), GUIGAL, Habrard (Weißwein), Jaboulet, Philippe & Vin-cent Jaboulet (rot und weiß), Nicolas Perrin, M. Sorrel (mächtiger roter L Gréal) und Tardieu-Laurent (Eiche). Gute Weine auch von der Genossen-schaft in TAIN (v. a. Epsilon, Gambert de Loche).

Hortus, Domaine de l' Lang r w ★★★ Ein früher Erzeuger von PIC ST-LOUP auch köstlich verführerischer weißer Bergerie IGP Val de Montferrand vo sieben Rebsorten sowie die eleganten Rotweine Bergerie und Grand Cuvée (in Eiche ausgebaut). Außerdem roter CLOS du Prieur aus dem küh-leren Bereich TERRASSES DU LARZAC.

Hospices de Beaune Côte d'Or – Die seit dem Mittelalter bestehende Sti-tung versteigert im spektakulären Gebäudekomplex des Hôtel-Dieu je-weils am dritten Sonntag im November in einer großen Wohltätigkeitsauk-tion (seit 2005 von Christie's durchgeführt) ihre von 61 ha Weinbergbesit stammenden Fassweine. Privatpersonen können ebenso mitbieten wie de Handel. Unter Roland Masse (seit 2015 im Ruhestand) sind die Standard einheitlicher geworden, ein weiterer Schritt nach vorn ist die Berufung vo Ludivine Griveau zur neuen Leiterin. Hier bekommen Sie BEAUNE-CUVÉES VOLNAY-Weine sowie teure GRANDS CRUS, etwa CORTON, ÉCHEZEAUX ode MAZIS-CHAMBERTIN (rot) bzw. BÂTARD-MONTRACHET (weiß).

Hudelot Côte d'Or r w ★★★ Winzerfamilie an der CÔTE DE NUITS. Bei Hude-lot-Noëllat (VOUGEOT) regt sich neues Leben, doch Hudelot-Baillet (CHAM-BOLLE) macht ihm harte Konkurrenz. Im Stil ist Ersterer eher elegant, Letz-terer eher wuchtig.

Huet-L'Echansonne Lo w ★★★★ **89' 90' 95' 96' 97' 02' 03' 05' 06 07 08 09'** 10' **11 13** 14 **15'** (16) – Weingut in VOUVRAY mit biologisch-dynam-schem Anbau im Besitz von Anthony Hwang, dem auch die Kellerei Király-udvar in Tokaji (siehe Abschnitt »Ungarn« im Kapitel »Mittel- und Osteuro-pa«) gehört; geleitet wird es inzwischen von Anthonys Kindern Sarah un Hugo. Die Einzellagenweine – Le Haut Lieu, Le Mont, Clos du Bourg – a tern sämtlich hervorragend, insbesondere die Süßweine: Jahrgänge w 1919, 1921, 1924, 1947, 1959, 1989 und 1990 sind immer noch erhält-lich. Auch Pétillant (Perlwein). Maßstäbe setzender CHENIN BLANC. Seh hübsch ist der 2015er Vouvray demi-sec.

Hugel et Fils El r w; s ★★→★★★ Erstklassiger Erzeuger (gelbes Etikett) Riquewihr, dessen Spätlesen berühmt sind, v. a. RIESLING und GEWÜRZ-TRAMINER VENDAGE TARDIVE sowie SÉLECTION DE GRAINS NOBLES. D Reihe Jubilee wurde eingestellt, dafür gibt es Riesling Schoelhammer vo der gleichnamigen GRAND-CRU-Lage (der 2007er ist ausgezeichnet).

IGP (Indication Géographique Protégée) Neue Bezeichnung für VDQS. D Qualitätseinstufung bleibt gleich, nur der wenig hilfreiche Name ist neu.

Irancy Bg r (rs) ★★ **05' 09' 10 12 14'** 15 (16) – Leichter und dennoch schö strukturierter Rotwein aus der Nähe von CHABLIS, bereitet von PINOT NO und der etwas rustikaleren Lokaltraube César. Ein Wein für gemütliche Ge-selligkeit. Die besten Lagen sind Palotte und Mazelots, die besten Erzeug Colinot, Dauvissat, Goisot, Renaud und Richoux.

Irouléguy SWF r rs (w) ★→★★★ **12' 14 15** (16) – AOP im Basklenland. D Schwerpunkt liegt auf Rosé für Atlantikurlauber, den Vorzug geben soll man jedoch den Rotweinen (mit Anklängen an MADIRAN) von TANNAT un CABERNET FRANC. Empfehlenswerte Erzeuger: Ameztia, Arretxea, Mou guy (alle ★★★), Brana, Etchegaraya, Gutizia, Ilarria (alle ★★), Abotia, Bo dathio sowie die Neuzugänge Bordaxuria und Xubialdea (alle ★). Auße dem gute Weiße von der Petit-Courbu-Traube, v. a. der Xuri d'Ansa (★★★) von der hervorragenden Genossenschaft.

aboulet Aîné, Paul N-Rh r w – Erzeuger und Weinhandelsfirma in Tain mit Weinen in geschliffen-geschmeidigem Stil. Einst führender Erzeuger von HERMITAGE (v. a. La Chapelle ★★★★, seit den 1990er-Jahren mit wechselnder Qualität, seit 2010 etwas besser), CORNAS St-Pierre, CROZES Thalabert (kann stilvoll ausfallen) und Roure (reell); besitzt die Dom. de Terre Ferme in CHATEAUNEUF-DU-PAPE, handelt außerdem mit anderen Rhône-Weinen, v. a. CÔTES DU RHÔNE Parallèle 45, CONDRIEU, VENTOUX (rot; hochwertig und günstig), VACQUEYRAS. Den Weißweinen (meist BV) fehlt es an Rhône-typischem Körper; der neue, sehr teure weiße La Chapelle wird nicht jedes Jahr erzeugt.

acquart Champ – Champagnermarke im Besitz einer Genossenschaft, die das Sortiment eingeschränkt hat und sich auf das konzentriert, was sie am besten beherrscht: CHARDONNAY aus PREMIER-CRU-Lagen der Côte de Blancs. Feine, für die Gastronomie gedachte Auswahl an BLANC DE BLANCS (**10 08 07 06 05 04**) und sehr guter Jahrgangsrosé (**02 04 06**). Der neue Kellermeister kommt in der ganzen Welt herum.

acquesson Champ – Eine Perle von einem Champagnerhaus in Dizy mit präzise bereiteten, sehr trockenen Weinen. Herausragend der Einzellagenchampagner Avize Caïn (**02 04 05 08'**), außerdem Corne Bautray (überwiegend CHARDONNAY) und Dizy (**04 08** 09) sowie die ausgezeichneten nummerierten Cuvées oJ (**730' 731 732 733 734 735 738 739' 740 741**).

dot, Louis Bg r rs w ★★→★★★★ In seinem gesamten Angebot hochklassiges Handelshaus mit bedeutendem Weinbergbesitz an der CÔTE D'OR, in MÂCON und im BEAUJOLAIS (v. a. Dom. Ferret in POUILLY-FUISSÉ sowie Ch. des Jacques und Clos du Grand Carquelin in MOULIN-À-VENT). Die Weißen sind kraftvoll und werden mit Korken der Firma Diam Bouchage (garantierter Ausschluss von Korkfehlern) verschlossen, die Roten langlebig mit schöner Struktur.

snières Lo w; tr (s) ★★→★★★ **03 05' 07 08' 09' 10' 11 14' 15'** – Trocken bis süß ausgebauter, lebhaft-scharfer, sehr langlebiger CHENIN BLANC aus einer dynamischen 65-ha-AC im Loir-Tal mit Südhängen (2016 von Frost und Hagel heimgesucht). Erzeuger: v. a. de L'Ange Vin (auch VIN DE FRANCE), Aubert la Chapelle, de BELLIVIÈRE, Breton, le Briseau, Gigou, Janvier, Les Maisons Rouges, J.-B- Métais, de Rycke.

bard Côte d'Or r w ★★★ Winzerfamilie in MEURSAULT. Die besten DOMAINES sind Antoine Jobard, bekannt v. a. für seine langlebigen Gewächse Charmes, Genevrières und Poruzots, sowie Rémi Jobard, der unmittelbar ansprechende Meursault-Weine sowie Rote aus Lagen in MONTHÉLIE und VOLNAY erzeugt.

blot Bg r w ★★ Hervorragender Erzeuger in GIVRY mit hohen Standards im Weinberg. Die rassigen Weine sind komplex und langlebig; probieren Sie den PREMIER CRU La Servoisine (rot und weiß).

seph Perrier Champ – Feines familiengeführtes Champagnerhaus mit guten Lagen für PINOT NOIR und MEUNIER, v. a. die in eigenem Besitz befindlichen Lagen in Cumières. Fantastische Prestige-CUVÉE Joséphine (**02 04 08' 09** 12'), außerdem hervorragende Cuvée Royale BRUT oJ – so üppig wie eh und je, dank geringerer Dosage nun jedoch präziser – und würzig-herber BLANC DE BLANCS, der gut zum Essen passt.

smeyer El w ★★→★★★ Feine, elegante, langlebige Weine, z. B. prachtvoller RIESLING Grand cru Hengst (**10** 12 13' 14 15'). Auch von geringeren Sorten sehr gute Weine, v. a. AUXERROIS (**13** 14 15). Biologisch-dynamischer Anbau mit Köpfchen – rigoros, aber nicht weltfremd.

Juliénas Beauj r ★★★ **09'** **13** **14** 15' 16 – Der erstaunlich unpopuläre Cr erbringt vollen, herzhaften und gleichermaßen fruchtigen wie strukturie ten BEAUJOLAIS. Entdecken Sie Aufranc, Burrier, Santé, Michel Tête un Trenel.

Jurançon SWF w; tr s ★→★★★ tr **12** **14'** **15'** 16; s **05'** **07'** **11'** **12** **13** **14** **1** 16 – Separate AOPs für trockene und süße Weißweine, die sich durc schöne Ausgewogenheit von Fülle und Säure auszeichnen. Die hipp Boutiquekellerei Jardins de Babylon (★★★★) im Besitz von DAGUENEA schlägt sich wacker neben den größeren Erzeugern DOMAINES Cauhap Lapeyre, Larrédya, de Sarros, de Souch, Thou (alle ★★★), Ch. Jolys, C Lapuyade, Domaines Bellauc, Bellegarde, Bordenave, Capdevielle, Ca téra, Guirardel, Haugarot, Nigri, Uroulat sowie Clos Benguères (alle ★★ Gute, preiswerte Genossenschaft in Gan (★).

Kaefferkopf El w; tr (s) ★★★ Die Lage in Ammerschwihr ist der 51. GRAN CRU des ELSASS, von dem nicht nur sortenreine, sondern auch Verschnit weine kommen dürfen – wohl nicht allererste Qualität.

Kientzler, André El w; s ★★→★★★ Kleiner, aber sehr feiner Erzeuger Ribeauvillé. Sehr guter RIESLING von den GRANDS CRUS Osterberg ur Geisberg (**09** **10** **11** 12 13' 14 15') sowie opulenter GEWÜRZTRAMINER vo Grand cru Kirchberg (**05** **10** 12). Außerdem gehaltvolle, klassische Süßwe ne. Vorbildliche Weinbergbewirtschaftung ohne irgendwelche -ismen od sonstige Marotten.

Korsika (Vin de Corse) r rs w ★→★★★ Die Insel verfügt über die ACS Aja cio und PATRIMONIO sowie die (besseren) Crus Coteaux du Cap Cors Sartène und Calvi; die IGP heißt Île de Beauté. Duftende, würzige Ro von der SCIACARELLO-Traube, strukturiertere Gewächse von NIELLUCCI außerdem gute Rosés und würzige Vermentino-Weißweine mit Kräute note. Auch süßer MUSCAT. Spitzenerzeuger: Abbatucci, Alzipratu, Can relli, Clos d'Alzeto, Clos Capitoro, Clos Poggiale, Fiumicicoli, Nicrosi, Pera di, Pieretti, Saperale, Torraccia und Vaccelli. Die Weine sind Originale, d kaum exportiert werden – aber eine Reise wert.

Kreydenweiss, Marc El w; s ★★→★★★ Umsichtiger, biologisch-dynamis arbeitender Erzeuger, v. a. von PINOT GRIS (sehr gut aus der GRAND-CR Lage Moenchberg), PINOT BLANC und RIESLING. Spitzenwein: Riesli Grand cru Kastelberg (**08** **09** **10** 13' 14 15'), der sich mind. 20 Jahre hä daneben gute VENDANGE TARDIVE. Der Einsatz neuer Eiche wird jetzt m mehr Fingerspitzengefühl gehandhabt. Außerdem guter Riesling/Pinot g Clos du Val d'Eléon. Kreydenweiss ist auch in COSTIÈRES DE NÎMES und südlichen Rhône-Tal tätig (GRENACHE, SYRAH, MOURVÈDRE aus biodyn mischem Anbau).

Krug Champ Grande CUVÉE ★★★★; Vintage **95'** **98** **00** **02'** **03**; Rosé; Clos Mesnil (**00'** **03**); Clos d'Ambonnay (**95'** **98'** 00); Krug Collection **69'** **76'** **85** – Champagnerhaus mit enormem Prestige: gehaltvolle, nussige Weir die, wenn sie in Eiche vergoren wurden, von höchster Qualität sind, ab ebensolche Preise haben. Der Vintage des Jahrgangs **03** ist eine ang nehme Überraschung, der 2002er prachtvoll. Kein Jahrgangschampagn 2012, eine Schande in Anbetracht dieses großartigen PINOT-NOIR-Jahre

Kuentz-Bas El w; s ★→★★★ Großteils biologisch-dynamisch ausgerichte Elsässer Erzeuger- und Handelsfirma in Husseren-les-Châteaux, v. a. G WÜRZTRAMINER und PINOT GRIS. Ebenfalls gut sind die VENDANGES TA DIVES (v. a. **09** **10**). Außerdem feiner, klassisch trockener Riesling (**10** 12 13 14 15' 16).

Labet, Domaine Jura ★★★ Das wichtigste Weingut im südlichen Teil c CÔTES DU JURA (Rotalier) hat sich mit seinen CHARDONNAY-Weinen a

Einzellagen einen Namen gemacht, darunter La Bardette, En Billat und En Chalasse. Außerdem guter PINOT NOIR und VIN JAUNE.

adoix Côte d'Or r w ★★ **02' 03 05' 08 09' 10' 11** 12 14 15' (16) – Trotz seines Anteils an den GRAND-CRU-Lagen CORTON und CORTON-CHARLEMAGNE kaum bekannter Ort am Nordende der CÔTE DE BEAUNE. Quelle fruchtiger, vergleichsweise preiswerter Roter, v. a. Les Joyeuses, sowie überschwänglicher Weißweine, z. B. Les Gréchons. Die DOMAINES Chevalier, Loichet, Mallard und Ravaut treiben die Wiederbelebung voran.

Jura-Juwelen

Welche andere Region hat so viele Weinstile zu bieten? Für Konsumenten ist das offenbar verwirrend.
Trockene Weißweine von CHARDONNAY, jetzt auch häufig aus Einzellagen. Außerdem würzig-scharfe Verschnitte mit SAVAGNIN. Auch frischer oder (bewusst) **oxidativ** ausgebauter sortenreiner Savagnin ist spannend; Naturwein-Versionen haben allerdings oft einen kräftigen Hautgout. Siehe CÔTES DU JURA, ARBOIS, L'ETOILE. Der Begriff *Vin typé* auf Etiketten bedeutet, dass der Wein Richtung Sherry geht. *Vin ouillé* besagt, dass der Verdunstungsschwund im Fass durch Nachfüllen ausgeglichen wird, um Oxidation zu vermeiden. **Leichte Rotweine** von den Sorten Poulsard, Trousseau, PINOT NOIR sowie Verschnitte. Es wird etwas mehr Rosé erzeugt als Rotwein (Côtes du Jura und Arbois). Lang gereifte, **sherryartige Weine** heißen VIN JAUNE; siehe CHÂTEAU-CHALON. Der intensiv süße **Vin de paille** wird aus roten wie weißen Trauben erzeugt. Der gespritete **Macvin** ist die hiesige Version des Ratafia aus der Champagne.
Der Tradition verpflichtete Erzeuger: Bourdy, MACLE, Overnoy, Puffeney. Avantgarde-Erzeuger: GANEVAT, PIGNIER, A. et M. TISSOT. Quantität und günstige Preise bieten die Genossenschaften (hier Caves Fruitières genannt) sowie Boilley, LABET, Henri MAIRE und J. TISSOT.

adoucette, de Lo (r) (rs) w ★★★ **09 10 12 13 14** (15) – Der größte Einzelerzeuger von POUILLY-FUMÉ, mit CHÂTEAU de Nozet als Firmensitz. Baron de L ist die teure Luxusmarke; ferner die SANCERRE-Weine Comte Lafond und La Poussie (die berühmteste Lage in Bué wird gerade instand gesetzt, weil sie stark erodiert ist) sowie Marc Brédif (VOUVRAY) und Albert Pic (CHABLIS).

afarge, Michel Côte d'Or r ★★★★ Das klassische VOLNAY-Gut unter Leitung von Frédéric Lafarge, dem Sohn des stets gegenwärtigen Michel, wird biologisch-dynamisch bewirtschaftet. Überragende, langlebige PREMIERS CRUS Clos des Chênes, Caillerets und CLOS du Château des Ducs. Außerdem feine BEAUNE-Gewächse, v. a. Grèves, und einige Weiße. Das neue Projekt in FLEURIE heißt Lafarge-Vial.

afon, Domaine des Comtes Bg r w ★★★→★★★★ Legendäre, biologisch-dynamisch bewirtschaftete DOMAINE mit MEURSAULT- und MONTRACHET-Weinen und ebenso hervorragendem rotem VOLNAY (v. a. Santenots). Die Weißen entwickeln sich mit zunehmendem Alter recht unterschiedlich, während die Roten tadellos langlebig sind. Ein ausgezeichnetes Mâconnais-Sortiment bietet die separate Domaine Les Héritiers du Comte Lafon. Dominique Lafon hat einen eigenen Betrieb an der CÔTE DE BEAUNE.

aguiche, Marquis de Côte d'Or w ★★★★ Größter Grundbesitzer in Le MONTRACHET. Herrliche Weine, auch feiner PREMIER CRU CHASSAGNE-MONTRACHET, hervorragend von DROUHIN bereitet.

Frankreich

Lalande de Pomerol Bx r ★★ **04 05' 06 08 09' 10' 11 12 14** 15 16 – Etwas ur
beständiger Satellitennachbar von POMEROL; Weine in ähnlichem Stil, abe
weniger dicht gewirkt. Halten Sie sich an die Spitzen-CHÂTEAUX: Ame d
Musset, BERTINEAU ST-VINCENT, Chambrun, La Chenade, Les Cruzelles, L
Fleur de Boüard, Garraud, Grand Ormeau, Jean de Gué, Haut-Chaigneau
Les Hauts-Conseillants, Laborderie-Mondésir, Pavillon Beauregard, Perro
(La Fleur), Sabines, La Sergue, Siaurac, TOURNEFEUILLE.

Landron, Domaines Lo w; tr; sch ★★→★★★ **09 10 13 14' 15 16** – Sehr gut
Erzeuger von MUSCADET DE SÈVRE-ET-MAINE aus biologisch-dynamische
Anbau (48 ha): Amphibolite und Fief du Breil.

Langlois-Chateau Lo (r) (w); sch ★★→★★★ In SAUMUR ansässiger Erzeug
von feinem CRÉMANT de Loire, v. a. Quadrille, seit 1973 im Besitz von BOL
LINGER. Auch eine Reihe von Stillweinen, insbesondere der langlebige Sa
mur Blanc VIEILLES VIGNES (05 08 09 11 14).

Aufgehende Sterne im Languedoc

Alle Güter wurden ab dem Jahr 2000 gegründet und machen einen guten Eindruck: **Cabardès** Cazaban; **Corbières** Clos Perdus; **Faugères** Trinités, Cebène; **La Clape** Mas Soleilla; **Limoux** J. Laurens; **Montpeyroux** Mas d'Amile, Joncas; **Muscat de Mireval** La Rencontre; **Pézenas** Le Conte de Floris, Monplézy, Mas Gabriel, Turner-Pageot; **Terrasses du Larzac** Pas de l'Escalette, Clos du Serres, La Traversée, Les Vignes Oubliées; **IGP** Mas des Dames (auch Coteaux du Languedoc), Senti-Kreyden.

Languedoc r rs w – Allgemeine Bezeichnung für den Süden Frankreic
(MIDI). Die AC umfasst auch MINERVOIS, CORBIÈRES und ROUSSILLON; d
AC Coteaux du Languedoc existiert ab 2018 nicht mehr. An dem neue
Stufensystem für (hochwertige) CRUS wird nach wie vor gearbeitet. Zu de
Unterbereichen zählen u. a. Cabrières, Grès de Montpellier, Pézenas, Qu
tourze und St Saturnin, hier werden in der Regel Languedoc-Rebsorten a
gebaut. Die kleinen AOPs Cabardès und Côtes de la Malepère grenzen a
Bordelais. Aus der AOP Clairette du Languedoc kommt der gleichnamige
ehemals sehr beliebte – Weißwein. Nicht alle Bereiche zeichnen sich dur
klar erkennbare eigene Identität aus, halten Sie sich daher an die Erzeuge

Lanson Père et Fils Champ Black Label oJ; Rosé oJ; BRUT **96** ★★★ 02 08 1
15 – Runderneuertes Champagnerhaus; gehört jetzt zu Lanson-BCC. Fa
tastisch sind »Lanson Père et Fils« oJ sowie die Noble Cuvée als BLAN
DE BLANCS, Rosé und Jahrgangschampagner; neu ist der Jahrgangs-Br
Clos Lanson (06) aus einer Einzellage. Der Extra Age (aus mehreren Jah
gängen) und der Blanc de Blancs sind besonders gut. Der neue, erfahre
Kellermeister (früher bei der GRAND-CRU-Genossenschaft MAILLY) lässt
gewissem Umfang biologischen Säureabbau zu, um einen runderen Stil
erhalten.

Lapierre, Marcel Beauj r ★★★ Als Chef der Kult-DOMAINE erzeugt Mathie
Lapierre weiterhin MORGON ohne Schwefeldioxidzusatz, wie sein verst
bener Vater ihn eingeführt hat. Probierenswert ist auch der frische, fruc
tig-saftige Raisins Gaulois.

Laplace, Domaine SWF – Der älteste aller MADIRAN-Erzeuger. Das Aushäng
schild Château d'Aydie (★★★) und der Odé d'Aydie brauchen Zeit, ga
im Gegensatz zu den leichteren IGP-Weinen Les 2 Vaches (★★) und Ar
mis (★), reinsortig von TANNAT-Trauben bereitet, die außerhalb der Gre

zen der AOP Madiran wachsen. Außerdem exzellente trockene und süße PACHERENC-DU-VIC-BILH-Gewächse (★★★).

aroche Chablis w ★★ Bedeutender Akteur in CHABLIS, dessen Angebot von der Spezialcuvée Réserve de l'Obédiencerie bis zu GRAND-CRU-Weinen reicht. Nimmt inzwischen (leider) Abstand von Schraubverschlüssen und biologisch-dynamischen Methoden. Hält auch Beteiligungen in Südfrankreich, Chile und Südafrika.

atour, Louis Bg r w ★★→★★★★ Berühmtes traditionelles Handelshaus in Familienbesitz mit körperreichen Weißweinen von Lagen an der CÔTE D'OR (v. a. CORTON-CHARLEMAGNE), dem Mâconnais und der Ardèche (alle CHARDONNAY). Klassischer wirken die CORTON- und ROMANÉE-ST-VIVANT-Rotweine. Zum Besitz gehört auch Henry Fessy im BEAUJOLAIS.

atricières-Chambertin Côte d'Or r ★★★ **90' 93 95 96'** 99' 02' 03 05' 06 **07** 08 09' 10' **11** 12' 13 14 15' (16) – GRAND CRU neben CHAMBERTIN. Ähnlich gehaltvoller Wein, aber nicht ganz so intensiv, gerät in warmen, trockenen Jahren am besten. Spitzenerzeuger: Arnoux, BIZE, Drouhin-Laroze, Duband, FAIVELEY, LEROY, Remy, ROSSIGNOL-TRAPET und TRAPET.

audun S-Rh r rs w ★→★★ 12' 13 **15' 16'** – Solider Weinbauort der CÔTES DU RHÔNE-VILLAGES am Westufer. Exzellente, schneidige Weißweine, fruchtig-pfeffrige, früh trinkreife Rotweine (viel SYRAH), lebhafte Rosés. Weine mit unmittelbar ansprechender Aromatik von der Genossenschaft Laudun CHUSCLAN Vignerons. Dom. Pelaquié ist am besten, besonders der stilvolle Weiße; daneben die CHÂTEAUX de Bord, Courac, Juliette, Maravilhas (biodynamisch; Rot- und Weißwein), Olibrius, St-Maurice sowie Dom. Duseigneur (Ökoanbau) und Prieuré St-Pierre.

aurent-Perrier Champ – Bedeutende Champagnerfirma; die Besitzerfamilie tritt jetzt weniger in Erscheinung (ein Hinweis auf einen bevorstehenden Besitzerwechsel?). Der BRUT oJ (auf CHARDONNAY-Basis) ist ein idealer Aperitif, der markante Rosé wird mit Schalenkontakt vinifiziert. Feine Jahrgänge: **02** 04 **06 08 12**. Gut in Form ist die aus mehreren Jahrgängen bereitete Cuvée Grand Siècle, unvergleichlich der Grand Siècle Alexandra Rosé (06). Der Ultra Brut müsste besser sein.

eflaive, Domaine Bg r w ★★★★ Erst führte Vincent, dann seine – seit ihrem Tod 2015 schmerzlich vermisste – Tochter Anne-Claude Leflaive diese Domaine an die Spitze. Maßstäbe setzender, biologisch-dynamisch arbeitender Betrieb in PULIGNY-MONTRACHET mit diversen GRANDS CRUS, u. a. Le MONTRACHET und CHEVALIER-MONTRACHET. Auch legendäre Premiers crus wie Combettes, Folatières und Pucelles. Preiswerter ist der MÂCON Verzé.

eflaive, Olivier Côte d'Or r w ★★→★★★ Auf Weißwein spezialisiertes Handelshaus in PULIGNY-MONTRACHET; Oliviers Anteil am Familiengut ist als Récolte du Domaine mit im Angebot. Die Weine sind in letzter Zeit wirklich spannend und eine Herausforderung für Oliviers Cousins (siehe oben). Das Hotel-Restaurant »La Maison d'Olivier« mit Verkostungsraum gehört ebenfalls zum Besitz.

eroux, Benjamin Côte d'Or r w ★★★ Der frühere Leiter der Domaine COMTE ARMAND erwirbt sich jetzt einen Ruf als Négociant in BEAUNE, der sowohl bei Rot- als auch bei Weißweinen zu Hause ist. Besonders empfehlenswert unter seinen ausgewogenen, geradlinigen Weinen sind die PREMIER-CRU-Gewächse aus CHASSAGNE-MONTRACHET, GEVREY-CHAMBERTIN und VOLNAY.

eroy, Domaine Côte d'Or r w ★★★★ Lalou Bize Leroy (früher bei DRC), eine Wegbereiterin des biologisch-dynamischen Anbaus, bietet außerordentliche Qualität von winzigen Erträgen und zudem einen staunenswerten Schatz an älteren Weinen aus dem Handelshaus der Familie,

Frankreich

Maison Leroy. »Preis auf Anfrage«, den Rest kann man sich denken … D Dom. d'Auvenay gehört ebenfalls zum Besitz.

Liger-Belair, Comte Côte d'Or r ★★★→★★★★ Comte Louis-Michel Lige Belair erzeugt strahlend ätherische Weine in VOSNE-ROMANÉE, eine stetig wachsenden Schatz, der vom monumentalen La ROMANÉE angefüh wird. Außerdem probierenswert: La Colombière, Clos du Château und A Reignots PREMIER CRU.

Liger-Belair, Thibault Côte d'Or r ★★★→★★★★ Der Cousin von Loui Michel (siehe oben) erzeugt kraftstrotzenden, fülligen Burgunder, daru ter bemerkenswerten NUITS-ST-GEORGES, Les St-Georges und GRAND CR RICHEBOURG; außerdem eine Reihe überragender MOULIN-À-VENT- ur Einzellagenweine sowie Gewächse von sehr alten Reben.

Lignier Côte d'Or r w ★★→★★★ Familie in MOREY-ST-DENIS. Bester Erzeug ist die jetzt von Sohn Laurent geleitete Domaine Hubert Lignier (z. B. CLO DE LA ROCHE). Klasse bietet auch Virgile Lignier-Michelot, nur die Dor Georges Lignier ist derzeit nicht in Form.

Limoux Lang r w ★★ AC für Stillwein, zur Ergänzung der Schaumweinappell tionen BLANQUETTE DE LIMOUX und CRÉMANT de Limoux. Ausbau in Eic ist für die weißen Stillweine obligatorisch, bereitet werden sie von CHA DONNAY, CHENIN BLANC und Mauzac sortenrein oder als Verschnitt. D Roten der AC basieren auf MERLOT, plus SYRAH, GRENACHE, beide CABE NET-Sorten und CARIGNAN. Trotz des kühlen Klimas ist PINOT NOIR unve ständlicherweise nur für Crémant und IGP-Weine zugelassen. Erzeuge u. a. DOMAINES de Baronarques, Cathare, de Fourn, de Mouscaillo, C RIVES-BLANQUES und Jean-Louis Denois.

Lirac S-Rh r rs w ★★ **09' 10' 12' 13 15' 16'** – Vier Gemeinden auf stei gen, guten Böden nahe TAVEL. Würzige Rote (können 5 Jahre und läng reifen); positive Impulse kommen neuerdings von einigen CHÂTEAUNEU DU-PAPE-Erzeugern, die für reinere Frucht und mehr Flair sorgen. Empfe lenswert: v. a. DOMAINEs Beaumont, Duseigneur (biologisch-dynamisch Giraud, Joncier (biologisch-dynamisch, Charakter), Lafond Roc-Epin La Lôyane, Lorentine (stilvoll), Maby (La Fermade, guter Weißwein), de Mordorée (bei Rot und Weißwein der Beste), la Rocalière (schöne Fruch CHÂTEAUx de Bouchassy, de Manissy, de Montfaucon (guter weißer CÔT DU RHÔNE), Mont-Redon, St-Roch, de Ségriès sowie Famille Bréchet, M Isabelle (handwerkliche Bereitung), André Méjan, Rocca Maura und Sabon. Die Weißen setzen auf Frische und Körper (halten sich 5 Jahre).

Listrac-Médoc H-Méd r ★★→★★★ **05' 06 08** 09' 10' 11 12 **14** 15 16 – M 43 m (!) die höchste Stelle im MÉDOC. Die AC für Bordeaux-Freunde m klein(er)em Budget hat qualitativ deutlich zugelegt: Die Weine zeichn sich jetzt durch mehr Frucht, Tiefe und MERLOT aus. Auch guter Weißwe als AC BORDEAUX etikettiert. Beste CHÂTEAUX: Cap Léon Veyrin, CLARK Ducluzeau, l'Ermitage, FONRÉAUD, Fourcas-Borie, FOURCAS DUPRÉ, FOU CAS HOSTEN, MAYNE LALANDE, Reverdi, SARANSOT-DUPRÉ.

Long-Depaquit Chablis w ★★★ CHABLIS-DOMAINE im Besitz von BICHOT m der Spitzenmarke des Hauses, GRAND CRU La Moutonne.

Lorentz, Gustave El w ★★→★★★ Sorgfältig arbeitender Ökoerzeuger u Händler in Bergheim; v. a. langlebiger und daher Geduld erfordernder RIE LING aus den GRAND-CRU-Lagen Altenberg de Bergheim und Kanzlerbe (**08 10' 12** 14 15). Ebenfalls gut bereitet sind die jungen, in größerer Men erzeugten Weine (v. a. GEWÜRZTRAMINER).

Lot SWF ★→★★ BV – Die IGP im Departement Lot wird überwiegend von E zeugern (z. B. CLOS DE GAMOT von Ch. du CÈDRE), deren AOP-Vorschrift nur Rotweine gestatten, für Rosés und Weiße genutzt. Außerdem prob renswert: Dom. Belmont, Dom. de Sully, Tour de Belfort (alle ★★) und insbesondere CLOS d'Auxonne (★★) aus der Ortschaft Montcuq.

oupiac Bx w; s ★★ **05' 07 09' 10' 11 13 14 15** 16 – Zu Unrecht missachteter Dessertwein *(liquoreux)* auf SÉMILLON-Basis in leichterem, frischerem Stil als die SAUTERNES-Gewächse vom anderen Garonne-Ufer. Spitzen-CHÂTEAUX: CLOS Jean, Dauphiné-Rondillon, Loupiac-Gaudiet, Noble, de Ricaud, Les Roques.

uberon S-Rh r rs w ★→★★ **5' 16'** – Angesagter hügeliger Anbaubereich im Anschluss an die südliche Rhône. Das Terroir ist brauchbar, mehr nicht; zu viele technische, seelenlose Weine, hauptsächlich von SYRAH. Herausragend ist Ch. de la Canorgue. Außerdem gut: Cellier de Marrenon, Dom. de la Citadelle, Chx. Clapier, Edem, Fontvert, Dom. Le Novi (terroirbetont), O. Ravoire, Ch. St-Estève de Neri (wird besser), Tardieu Laurent (gehaltvoll, Eichenausbau), Ch. Val-Joanis und La Vieille Ferme (teils als VIN DE FRANCE etikettiert).

ussac St-Émilion Bx r ★★ **08 09' 09' 10' 12 14 15** 16 – Satellit von ST-ÉMILION mit den leichtesten Weinen. Hauptproduzent ist die Genossenschaft. Spitzen-CHÂTEAUX: Barbe-Blanche, Bel Air, Bellevue, Courlat, la Grenière, de LUSSAC, du LYONNAT, Mayne Blanc, Le Rival, La Rose-Perrière.

acération carbonique Kohlensäuremaischung. Traditionelle Methode der Gärung von ganzen, unzerquetschten Trauben in einem geschlossenen Tank. Die in den einzelnen Trauben stattfindende Gärung bringt sie zum Aufplatzen. Das Ergebnis ist ein spritziger, sehr fruchtiger, milder Wein, der sich nicht lange lagern lässt. Kohlensäuremaischung ist typisch für die BEAUJOLAIS-Bereitung (allerdings nicht für die Spitzenweine), wird heute aber auch in vielen anderen Gegenden, z. B. im MIDI, angewandt, sogar bei CHÂTEAUNEUF-DU-PAPE.

acle, Domaine Jura – Jean Macle war der Doyen des VIN JAUNE (AC CHÂTEAU-CHALON im Jura) und erzeugte anmutig sich entfaltende Weine. Die nachfolgende Generation macht ihre Sache ebenfalls gut und hat zudem feine CÔTES-DU-JURA-Gewächse im Angebot.

âcon Bg r (rs) w; BV – Einfache, saftig-fruchtige Rote (von GAMAY) und die schlichteste Spielart von Weißweinen (CHARDONNAY) aus dem Mâconnais.

âcon-Villages Bg w ★★→★★★ **14' 15** (16) – Hauptappellation für Weißweine aus dem Mâconnais, es kann aber auch der Name der jeweiligen Ortschaft genannt werden, z. B. Mâcon-Lugny. Die günstigsten Preise bieten die Genossenschaften Lugny, Terres Secretes und Viré, individuelle Qualität die folgenden Erzeuger: Guffens-Heynen, Guillot, Guillot-Broux, LAFON, LEFLAIVE, Maillet und Merlin.

acvin Jura – Likörwein aus dem Südosten Frankreichs: Traubensaft wird mit regional gewonnenem Tresterbrand (Marc) gespritet, was einen süßen Aperitif mit 16–22 Vol.-% Alkohol ergibt. Die meisten Jura-Erzeuger haben einen Macvin im Angebot.

adiran SWF r ★★→★★★ **05'** 09' 10' **11** 12 13 (14) (15) – AOP in der Gascogne, Heimat der Rebsorte TANNAT. Traditionell bedeutete dies dunkle, tanninstrenge »Macho«-Weine, doch inzwischen sind fruchtigere Versionen auf dem Vormarsch. Die DOMAINES Berthoumieu, Capmartin, Damiens, Dou Bernés, Labranche Laffont, Laffitte-Teston, Laplace, Pichard (wird immer besser) sowie Clos Basté und Ch. de Gayon (alle ★★★) liefern Ch. Montus und Ch. BOUSCASSÉ einen harten Wettkampf. Dicht dahinter folgen Barréjat (★★), Crampilh und Maouries (alle ★★).

adura, Domaine la Lang r w ★★★ Der frühere Geschäftsführer von Ch. FIEUZAL in BORDEAUX erzeugt nun auf seinem eigenen Gut in ST-CHINIAN stilvollen Classic und Grand Vin.

Mähler-Besse Bx – Négociant im Chartrons-Viertel in Bordeaux mit Unmengen alter Jahrgänge; jetzt im Besitz von BORIE-MANOUX. Die Familie Mähler-Besse hält auch eine Beteiligung an Ch. PALMER.

Mailly-Champagne Champ ★★★ Erstklassige Genossenschaft in der Champagne, das gesamte Lesegut stammt aus GRAND-CRU-Lagen diverser Gegenden. Die Prestige-CUVÉE des Echansons (**02' 04 08' 09** 12') ist ein großer Wein, der sehr alt werden kann. Überaus raffinierter L'Intemporel (**99 02' 04 08'**). Der talentierte neue Kellermeister dürfte die Latte noch höher legen.

Maire, Henri Jura r rs w ★→★★ Einst Legende und Schöpfer des Vin Fou, ist Henri Maire heute immer noch ein sehr großer Erzeuger mit ausgedehntem Weinbergbesitz. Die Weine gelangen teils unter Domaine-Namen wie Sobief oder Brégand und teils unter dem Supermarktetikett Auguste Pirou in den Handel. Im Bestfall ordentlich.

Mann, Albert El r w ★→★★★ Spitzenerzeuger in Wettolsheim mit reichhaltigen, eleganten Weinen. Sehr guter AUXERROIS, PINOT BLANC und PINOT NOIR sowie ein schönes Angebot von GRAND-CRU-Weinen aus den Lagen Furstentum, HENGST, SCHLOSSBERG und Steingrubler (v. a. **08 10 13'** 15). Tadellose, biologisch-dynamisch bewirtschaftete Weinberge.

Maranges Côte d'Or r (w) ★★ **05' 09' 10' 12 13 14** 15' (16) – Südlichste AC der CÔTE DE BEAUNE mit relativ tanninstarken Roten. Weine mit gutem Preis-Leistungs-Verhältnis von den PREMIERS CRUS. Am besten von BACHELET-Monnot, Chevrot, Contat-Grangé, Moreau.

Marcillac SWF r rs ★★ Die AOP erzeugt veilchenfarbene Durstlöscher, die man entweder mag oder verabscheut. Die (praktisch sortenrein) von der Mansois-Traube (FER SERVADOU) bereiteten leichten, etwas stechenden Weine sind mit 3 Jahren am besten und schmecken gut zu Aufschnitt, Würstchen mit Kartoffelsalat oder Erdbeeren. Die Genossenschaft (★★, v. a. der Einzellagenwein Dom. de Ladrecht) kann mit den unabhängigen Erzeugern mithalten, z. B. DOMAINES Costes, du Cros (der größte unabhängige Betrieb hat auch gute IGP-Weißweine im Angebot), Vieux Porche (alle ★★) sowie de l'Albinie (gibt CABERNET SAUVIGNON zum Verschnitt; ★).

Margaux H-Méd r ★★→★★★★ **01 02 04 05' 06 08 09' 10' 11 12 14** 15 16 – Die größte kommunale APPELLATION im südlichen MÉDOC ist für ihre eleganten, duftigen Weine bekannt, bietet tatsächlich aber verschiedene Stile. Spitzen-CHÂTEAUX: BOYD-CANTENAC, BRANE-CANTENAC, DAUZAC, FERRIÈRE, GISCOURS, ISSAN, KIRWAN, LASCOMBES, MALESCOT ST-EXUPÉRY, MARGAUX, PALMER, RAUZAN-SÉGLA, SIRAN, DU TERTRE. Ein gutes Preis-Leistungs-Verhältnis bieten die Châteaux ANGLUDET, LABÉGORCE und Paveil de Luze.

Marionnet, Henry Lo r w ★★→★★★ **14' 15' 16** – Innovativ-konservativer Pionierbetrieb (60 ha) im Osten der TOURAINE, der über einige Lagen mit wurzelechten Reben verfügt. SAUVIGNON BLANC (angeführt vom L'Origine Touraine), GAMAY, Provignage (von im Jahr 1850 gepflanzten Romorantin-Reben) sowie La Pucelle de Romorantin. Wiederbelebung des historischen Weinbergs von Ch. de Chambord (erster Jahrgang: 2018).

Marmande SWF r rs (w) ★→★★★ r **14'** 15 (16) – Die Kult-DOMAINE Elian da Ros (★★★) weist mit der seltenen heimischen Rebsorte Abouriou (rot) der qualitativ im Aufwind befindlichen, an die Gascogne grenzenden AOP den Weg. Ch. de Beaulieu (★★) bevorzugt SYRAH, während bei Dom. Beyssac, Dom. Bonnet, Dom. Cavenac und Ch. Lassolle (alle ★★) BORDEAUX-Sorten die Hauptrolle spielen. Die Erzeugnisse der (fusionierten) Genossenschaften sind immer noch langweilig.

Marsannay Côte d'Or r rs (w) ★★→★★ r **09' 10' 12' 13 14** 15' (16) – AC ganz im Norden der CÔTE DE NUITS, die auf PREMIER-CRU-Status z. B. f ihre Lagen Champ Salomon, Clos du Roy und Longeroies hofft. Zugängliche, knackige, äußerst fruchtbetonte Weine, z. B. von Audoin, Bart, Bouvier, Charlopin, CLAIR, Fournier, Pataille und TRAPET. Den (sehr guten) Rosé sollte man erst nach 1–2 Jahren trinken; die Weißen sind weniger aufregend.

Mas, Domaines Paul Lang r rs w ★★ Ein äußerst ambitionierter, großer Akteur im Süden mit 650 ha eigenem Rebbesitz und 1.312 ha von Vertragswinzern bewirtschafteten Weinbergen, die sich von Grès de Montpellier bis ins ROUSSILLON erstrecken. Der Firmensitz ist in Pézenas. Erzeugt überwiegend IGP-Weine; innovatives Marketing. Besonders bekannt ist die IGP-Reihe Arrogant Frog; außerdem La Forge, Les Tannes und Les Vignes de Nicole. Die Güter Ferrandière und Crès Richard in TERRASSES DU LARZAC sowie de Martinolles in LIMOUX und Ch. Lauriga (Roussillon) gehören ebenfalls zum Besitz. Die Marke für Pézenas-Weine heißt Côté Mas.

Mas Amiel Rouss r w; s ★★★ Das führende Gut in MAURY vereint Innovation mit Tradition. Vorbildliche trockene CÔTES-DU-ROUSSILLON, Maury- und IGP-Weine. Der Vol de Nuit von sehr alten CARIGNAN-Reben, der Vers le Nord auf GRENACHE-Basis, der Origine und der Altaïr lohnen die Suche. Außerdem gibt es jungen Grenat (die Maury-Version des RIMAGE) und ehrwürdige (20–40 Jahre alte) VINS DOUX NATURELS RANCIO (AOC Maury).

Mas Bruguière Lang ★★★ Das erfolgreiche Gut in PIC ST-LOUP ist seit sieben Generationen in Familienbeitz und wird jetzt vom talentierten Xavier Bruguière geleitet. Besonders empfehlenswert: L'Arbousé, La Grenadière und Le Septième.

Mas Cal Demoura Lang r rs w ★★★ Das Gut in den TERRASSES DU LARZAC sollte man im Auge behalten. Der Wein wird sehr sorgfältig bereitet – probieren Sie den weißen L'Etincelle (sechs verschiedene Rebsorten) sowie die roten LANGUEDOC-Cuvées Les Combariolles, Feu Sacré (vorwiegend von GRENACHE) oder L'Infidèle.

Mas de Daumas Gassac Lang r rs w ★★(★) **05 06 07 08 09 10 11** 12 13 14 15 16 – Das Gut setzte mit seinen Weinen auf CABERNET-Basis von offenbar einzigartigen Böden neue Standards im MIDI, wird in puncto Qualität inzwischen aber von anderen übertroffen. Erzeugt außerdem einen herrlich duftenden Weißen von CHENIN BLANC und einer Reihe weiterer Sorten, die rote Super-Cuvée Emile Peynaud, den Rosé Frizant und den köstlichen süßen Vin de Laurence (MUSCAT/SERCIAL). Nun haben Véronique und Aimé Guiberts Söhne die Gutsleitung übernommen.

Mas Jullien Lang ★★★ Einer der ersten Qualitätserzeuger in den TERRASSES DU LARZAC. Die Weißweine werden von CARIGNAN blanc und CHENIN BLANC bereitet. Die Roten (von LANGUEDOC-Sorten): Autour de Jonquières, Carlan, Les derniers états d'âme und Lous Rougeos.

Massif d'Uchaux S-Rh r ★★ **12' 13 15' 16'** – Gute Weinbaugemeinde der CÔTES DU RHÔNE-VILLAGES mit strahlend fruchtigen Rotweinen, die nicht leicht an den Mann zu bringen sind, aber im Bestfall Stil bieten. Beachtenswert: Ch. St-Estève (auch guter VIOGNIER), Doms. La Cabotte (biologisch-dynamisch, in Bestform), Chapoton, Cros de la Mûre (charaktervoll, preiswert), de la Guicharde, Renjarde (geschliffene Frucht).

Maury Rouss r; s ★★→★★★ Das Renommee gründet sich auf VIN DOUX NATUREL von GRENACHE noir, blanc und gris auf Schieferboden (inmitten von Kalkstein). Inzwischen werden auch charaktervolle trockene Rote erzeugt. In letzter Zeit ist die Qualität deutlich gestiegen, angeführt von Mas Amiel. Mehrere neue Weingüter, z. B. Dom. of the Bee, Jones. Ordentliche Genossenschaft. Besonders lohnend sind Rancio-Weine alter Jahrgänge.

Mazis- (oder Mazy-)Chambertin Côte d'Or r ★★★ **90' 93 96' 99' 02' 03** 05' **06 07 08** 09' 10' **11** 12' 13 14 15' (16) – Der nördlichste GRAND CRU von

GEVREY-CHAMBERTIN; der obere Teil des Hangs ist Spitzenklasse und liefert himmlische Weine. Beste Erzeuger: Bernstein, DUGAT-Py, FAIVELEY, HOSPICES DE BEAUNE, LEROY, Maume (jetzt Marchand-Tawse) und ROUSSEAU.

Mazoyères-Chambertin Côte d'Or – Siehe CHARMES-CHAMBERTIN.

Médoc Bx r ★★→★★★ 05' 06 08 09' 10' 11 14 15 16 – AC für Rotwein aus dem flacheren nördlichen Teil der Médoc-Halbinsel. Oft mehr Power als Anmut. Es gibt viele Erzeuger, seien Sie also wählerisch. Spitzen-CHÂTEAUX: Castera, d'Escurac, Fontis, Goulée, GREYSAC, LOUDENNE, Lousteauneuf, Les ORMES SORBET, PATACHE D'AUX, POITEVIN, Potensac, PREUILLAC, Ramafort, La Tour de By, La TOUR HAUT CAUSSAN, Tour St Bonnet, Vieux Robin sowie Dom. Rollan de By (Ch. HAUT CONDISSAS) und Clos Manou.

Meffre, Gabriel S-Rh r w ★★ Großes Rhône-Handelshaus mit beständiger Qualität, besitzt auch die gute Dom. Longue Toque in GIGONDAS. Neuerdings bessere Frucht und weniger Eicheneinfluss. Übernimmt auch Abfüllung und Vermarktung für (kleine) CHÂTEAUNEUF-DU-PAPE-Weingüter, z. B. Chapelle Saint-Théodoric (gut) oder St Barthélemy (VACQUEYRAS). Verlässliche Reihe Laurus (in neuer Eiche ausgebaut; gute 2015er) von der südlichen und nördlichen Rhône, v. a. CONDRIEU und ST-JOSEPH.

Mellot, Alphonse Lo r rs w ★★→★★★★ 05 06 08' 09' 10' 11 12' 13 14 15' 16' – Tadelloses Angebot an weißen und roten SANCERRE-Weinen (biologisch-dynamisch): La Moussière (rot und weiß), CUVÉE Edmond, Génération XIX (rot und weiß), dazu mehrere gute Einzellagenweine, u. a. weißer Satellite (Les Monts Damnés) und En Champs (rot). Erzeugt zudem in Les Pénitents (IGP Côtes de La Charité) CHARDONNAY und PINOT NOIR. Alphonse jr. hat nun die Gutsleitung inne.

Menetou-Salon Lo r rs w ★★→★★★ 10' 11 12 13 14' 15' – SANCERRE benachbarte 535-ha-AOP (349 ha für Weiß-, 186 ha für Rotwein) mit ähnlichen SAUVIGNON-BLANC-Weinen von in Ost-West-Richtung verlaufenden Hügeln. Dazu einige sehr gute Rote (PINOT NOIR), v. a. von Gibert und Pellé. Beste Erzeuger: BOURGEOIS, Clément (Dom. de Chatenoy), Philippe Gilbert (biologisch-dynamisch) Jacolin, Henry Pellé, Jean-Max Roger, Teiller, Tour St-Martin. Verheerende Frostschäden im April 2016.

Méo-Camuzet Côte d'Or r w ★★★★ Sehr gute DOMAINE in VOSNE-ROMANÉE, v. a. mit den Lagen Aux Brûlées und Cros-Parantoux, plus Weine aus den GRAND-CRU-Lagen CORTON, CLOS DE VOUGEOT und RICHEBOURG: in der Jugend gehaltvoll und eichenwürzig, mit zunehmendem Alter aber mit immer mehr Klasse. Auch weniger teure Négociant-CUVÉES von Méo-Camuzet Frère et Sœurs.

Mérande, Château de Sav r ★★ Das Spitzengut erzeugt aus einer großartigen Weinberglage langlebigen roten MONDEUSE (**12**) mit Noten von Veilchen, Gewürzen, schwarzen Früchten und salzigem Abgang – und das auch noch preiswert.

Mercurey Bg r (w) ★★→★★★ 09' 10' 12 13 14 15' (16) – Führender Rotweinort der CÔTE CHALONNAISE; vorwiegend muskulöse Rot- und zunehmend bessere Weißweine zum günstigen Preis. Erzeuger: u. a. Ch. de Chamirey, FAIVELEY, M. Juillot, Juillot-Theulot, Lorenzon, Raquillet, de Suremain.

Mesnil-sur-Oger, Le Champ ★★★★ Der beste Ort der Côte des Blancs. Villages erzeugt langlebigen CHARDONNAY – der CORTON-CHARLEMAGNE der Champagne.

Méthode champenoise Champ – Traditionelle aufwendige Methode der Champagnerbereitung durch Zweitgärung in der Flasche. Außerhalb der Champagne ist nur die Bezeichnung »Méthode traditionnelle« oder »klassische Methode« zulässig.

Meursault Côte d'Or (r) w ★★★→★★★★ **02' 04 05' 07' 08 09' 10' 11 12 13** 14' 15 (16) – Quelle einiger der besten burgundischen Weißweine: rund und voll aus den PREMIERS CRUS Charmes, Genevrières, Perrières, nerviger aus den höheren Lagen Narvaux, Tesson, Tillets. Erzeuger: u. a. Ampeau, Boisson-Vadot, M. BOUZEREAU, V. Bouzereau, Boyer-Martenot, COCHE-DURY, Ente, Fichet, GIRARDIN, Javillier, JOBARD, Lafon, Latour-Labille, Martelet de Cherisey, Matrot, Ch. DE MEURSAULT, Mikulski, P. Morey, PRIEUR, Roulot. Siehe auch BLAGNY.

Meursault, Château de Côte d'Or r w ★★→★★★★ Das seit 2012 im Besitz der Unternehmerfamilie Halley befindliche 61-ha-Weingut hat enorme Fortschritte gemacht. Die Roten aus Lagen in BEAUNE, POMMARD und VOLNAY sind sehr ordentlich, die Weißweine jedoch sind neuerdings Weltklasse: großteils MEURSAULT, außerdem guter BOURGOGNE Blanc und PULIGNY-MONTRACHET PREMIER CRU.

Midi Umfassende Bezeichnung für den Süden Frankreichs, die das LANGUEDOC, ROUSSILLON und die PROVENCE beinhaltet. Es gibt extreme Qualitätsunterschiede, doch das Niveau steigt mit jedem Jahrgang. Gute Aussichten, aber natürlich ohne Garantie.

Minervois Lang r (rs) (w) ★★ **10 11 12** 13 14 15 16 – Bergiger AC-Bereich, einer der besten im LANGUEDOC. Für den Cru La Livinière (eigene AC in spe) sind striktere Traubenselektion, Ertragsbeschränkung und längere Reifung vorgeschrieben. Charaktervolle, aromatische Rotweine, v. a. von den Erzeugern Abbaye de Tholomies, Bonhomme, Borie-de-Maurel, Clos Centeilles, Combe Blanche, Coupe-Roses, Faiteau, de Gourgazaud, la Grave, l'Ostal Cazes, Oupia, Ste-Eulalie, St-Jacques d'Albas, La Tour Boisée und Villerambert-Julien. Gros und Tollot (aus Burgund) legen die Messlatte höher. Anwärter auf den Cru-Status sind Cazelles und Laure.

Miquel, Laurent Lang ★★★ 200 ha Weinbergbesitz in CORBIÈRES (Les Auzines) und ST-CHINIAN (Cazal Viel). Spezialist für aromatischen Weißwein: IGP VIOGNIER und jetzt auch wagemutiger ALBARIÑO. Zu den Négociant-Marken zählen Grands Blancs, Nord Sud und Vendanges Nocturnes.

Mise en bouteille au Château, au Domaine Erzeugerabfüllung. Häufig gebrauchte Angaben wie *»dans nos caves«* (in eigener Kellerei abgefüllt) oder *»dans la région de production«* (im Erzeugungsgebiet abgefüllt) haben dagegen nicht viel zu besagen.

Moët & Chandon Champ – Das mit Abstand größte Champagnerhaus bietet eine für solch einen Giganten beeindruckende Qualität. Die neue Riesenkellerei in Gyé-sur-Seine ist auf die Massenproduktion von Rosé ausgelegt, nach dem die ganze Welt verlangt (siehe AUBE). Der BRUT Impérial oJ gerät jetzt frischer und weniger süß und wird ständig besser. Die neue Luxuscuvée MCIII ist eine Hybrid-Assemblage für vermögende Technikfreaks und Exklusivitätssüchtige. Ein besseres Preis-Leistungs-Verhältnis bietet die Kollektion Grand Vintages mit Jahrgangsweinen (**76 92 95 02** 04 12 ★★), mal elegant (06), mal großartig (08). Hat Ableger in ganz Europa sowie in der Neuen Welt. Siehe auch DOM PÉRIGNON.

Monbazillac SWF w; s ★★→★★★ **09 10 11' 12 14'** (15) – Sub-AOP von BERGERAC: Tirecul La Gravière (★★★★) macht den besten SAUTERNES-Süßweinen Konkurrenz, unterstützt von L'Ancienne Cure, CLOS des Verdots, Les Hauts de Caillavel und Ch. de Monbazillac von der Genossenschaft (alle ★★★). Auch die CHÂTEAUX de Belingard-Chayne, Grande Maison, Haut-Theulet, Pécoula, La Rayre und Theulet (alle ★★) werden Sie nicht enttäuschen.

Mondeuse Sav r ★★ Rebsorte mit roten und weißen Varietäten sowie Wein aus SAVOYEN. Rotwein wird z. B. in Arbin, BUGEY und Chignin erzeugt.

Monopole Lage in der Hand eines einzigen Besitzers.

Montagne St-Émilion Bx r ★★ **08 09' 10' 12 14 15** 16 – Größter Satellit vo ST-ÉMILION mit in der Regel gutem Preis-Leistungs-Verhältnis. Spitzen CHÂTEAUX: Beauséjour, Calon, La Couronne, Croix Beauséjour, Faizeau Haut-Bonneau, Maison Blanche, Montaiguillon, Rocher-Calon, Roudie Teyssier, Vieux Château St-André.

Montagny Bg w ★★ **12 14' 15** (16) – Ort an der CÔTE CHALONNAISE mit kna ckig-frischen Weißweinen, vorwiegend in der Hand von und der Genossen schaft Cave de BUXY, doch auch viele Négociants bieten achtbare Erzeug nisse. Mehr Winzer wären vonnöten, der beste ist Aladame, gefolgt vo Bernollin, Denizot und Ch. de la Saule.

Montcalmès, Domaine de Lang ★★★ Das Bruder-Schwester-Gespann in de TERRASSES DU LARZAC erzeugt weiße AC-Weine von MARSANNE/ROUS SANNE, IGP CHARDONNAY und VIOGNIER sowie stilvolle Verschnitte von SY RAH, GRENACHE und MOURVÈDRE.

Monthélie Côte d'Or r (w) ★★→★★★ **02' 03' 05' 09' 10' 11 12** 14 15' (16) – Dorf auf dem Hügel oberhalb von VOLNAY mit netten, aber etwas rustika leren Weinen. Die besten Lagen sind Champs Fulliot und Duresses. Bes te Erzeuger: BOUCHARD PÈRE ET FILS, Coche-Dury, Darviot-Perrin, Floren Garaudet, LAFON und Ch. de Monthelie (Suremain).

Montille, Domaine de Côte d'Or r w ★★★ Etienne de Montille hat die klass sche VOLNAY-DOMAINE mit Zukäufen in BEAUNE, NUITS-ST-GEORGES un dem PREMIER CRU Malconsorts in VOSNE-ROMANÉE vergrößert. Durc Ganztraubenvergärung geprägter, würziger Stil. Zu den weißen Spitzen gewächsen zählt u. a. der PULIGNY-MONTRACHET Caillerets. Etienne be treibt auch das (immer besser werdende) Ch. de Puligny und die klein Négociant-Firma Deux Montille (Weißweine).

Montlouis-sur-Loire Lo w; tr s; sch ★★→★★★ **89' 02 05' 08' 09 10' 11 1 14' 15** – In rascher Entwicklung begriffene Schwester-AC (450 ha) vo VOUVRAY am südlichen Ufer der Loire, mit CHENIN BLANC als Hauptsorte 55 % der Produktion entfallen auf Schaumwein, darunter Pétillant Origine 2012, 2013, 2014 und 2016 (Frost) nur geringe Erträge. Spitzenerzeuge Berger, CHANSON, CHIDAINE, Delecheneau, Jousset, Mérias, Moyer, Sau mon, Taille aux Loups, Vallée Moray, Weisskopf.

Montpeyroux Lang ★★→★★★ Rührige, Cru-Status anstrebende Gemeind in TERRASSES DU LARZAC mit einer wachsenden Anzahl von talentierte Erzeugern wie z. B. Dom d'Aupilhac, Dom. A. CHABANON oder Villa Dor dona. Neuzugänge: Dom. du Joncas, Mas d'Amile; auch ernst zu nehmen de Genossenschaft.

Montrachet Côte d'Or w ★★★★ **92' 93 96' 99 00' 01 02' 04 05' 06 07 08 0** 10 11 12 13 14' 15 (16) – GRAND-CRU-Lage in PULIGNY und CHASSAGNE MONTRACHET. Der potenziell großartigste weiße Burgunder: monumenta herrlich duftend, intensiv, trocken und doch von üppiger Fülle. Spitzen erzeuger: BOUCHARD, DRC, LAFON, LAGUICHE (DROUHIN), LEFLAIVE un Ramonet. Geht es bei der Dom. THÉNARD aufwärts?

Montravel SWF r rs w; tr ★★ r 12' 14 (15') (16); rs w BV – Sub-AOP von BER GERAC, für deren MERLOT-Weine der Ausbau in Eiche vorgeschrieben is Moderne Rotweine gibt's von DOMAINES du Bloy, de Krevel und CHÂTEAU Jonc Blanc, Laulerie, Masburel, Masmontet und Moulin-Caresse (alle ★★ Diese und weitere Erzeuger bieten zudem trockene Weiße und Rosé (★★). Liebliche Weißweinstile findet man im Unterbereich CÔTES DE MON TRAVEL, süße in HAUT-MONTRAVEL.

Montus, Château SWF r w ★★★ **00 01' 05' 09' 10' 11** 12' (14) (15) – Lieb haber traditioneller MADIRAN-Gewächse halten Alain BRUMONTs sortenre nem TANNAT mit kräftiger Eichenwürze die Treue, der mind. 7 Jahre Ze zur Entfaltung braucht. Andere bevorzugen die klassisch süßen und tr ckenen weißen PACHERENC-DU-VIC-BILH-Abfüllungen (trinkreif frühestens nach 4 Jahren Flaschenreife) auf demselben hohen Niveau.

reau Bg r w ★★→★★★ Weitverzweigte Winzerfamilie mit erstklassigem CHABLIS, v. a. von der Domaine Christian Moreau (probieren Sie den CLOS des Hospices) und der DOMAINE Moreau-Naudet. Weitere Mitglieder der Familie findet man an der CÔTE DE BEAUNE; besonders empfehlenswert sind Bernard Moreau (kraftstrotzender CHASSAGNE-MONTRACHET) und David Moreau (SANTENAY).

rey, Domaines Côte d'Or r w ★★★ Winzerfamilie in CHASSAGNE-MONTRACHET, allen voran Jean-Marc (Chenevottes), Marc (Virondot), Thomas (feiner Baudines mit steiniger Note), Vincent (Embrazées, fülligerer Stil) und Michel Morey-Coffinet (La ROMANÉE). Pierre Morey in MEURSAULT hat einen guten Namen für Perrières- und BÂTARD-MONTRACHET-Weine.

rey-Saint-Denis Côte d'Or r (w) ★★★→★★★★ **90' 93 96' 99' 02' 03** 05' **06 07 08** 09' 10' 11 12' 13 14 15' (16) – Fantastische Quelle für hochwertigen roten Burgunder mit besserem Preis-Leistungs-Verhältnis als die Nachbarorte GEVREY-CHAMBERTIN und CHAMBOLLE-MUSIGNY. GRAND-CRU-Lagen: CLOS DES LAMBRAYS, CLOS DE LA ROCHE, CLOS ST-DENIS und CLOS DE TART. Viele gute Erzeuger: Amiot, ARLAUD, Castagnier, Clos de Tart, Dujac, Jeanniard, Dom. des Lambrays, H. LIGNIER, Lignier-Michelot, Perrot-Minot, PONSOT, Remy, Roumier, Taupenot-Merme.

rgon Beauj r ★★★ **09' 11' 12 13 14** 15' 16 – Kraftvoller BEAUJOLAIS-Cru; der Vulkanschiefer der Côte du Py liefert fleischige Weine mit Alterungspotenzial, der Lehmboden von Les Charmes weichere, früher trinkreife Versionen und die Lage Javernières eine Kombination aus beidem. Probierenswert: Burgaud, Desvignes, Foillard, Gaget, Goddard, Lafont, LAPIERRE, Ch. des Lumières (JADOT), Piron, Ch. de Pizay.

rtet, Denis Côte d'Or r ★★★→★★★★ Arnaud Mortet hat die kraftvollen, dunklen Weine seines verstorbenen Vaters verfeinert – vom BOURGOGNE Rouge bis hin zum CHAMBERTIN. Paradepferde sind der Mes Cinq Terroirs (GEVREY-CHAMBERTIN) sowie die PREMIER-CRU-Gewächse Lavaut St-Jacques und Champeaux. Seit 2014 mehr Abfüllungen aus GRAND-CRU-Lagen und seit 2016 Négociant-Weine.

ueix, J.-P. et Cie Bx – Das Erzeuger- und Handelshaus mit Hauptsitz in Libourne ist nach dem legendären Gründer benannt, dessen Sohn Christian die Firma leitet, wobei er zunehmend von seinem eigenen Sohn Edouard unterstützt wird. CHÂTEAUX: u. a. BELAIR-MONANGE (wozu seit 2012 MAGDELAINE gehört), HOSANNA, LA FLEUR-PÉTRUS, LATOUR À POMEROL, TROTANOY. Besorgt den Vertrieb für Ch. PETRUS. In Kalifornien besitzt Moueix das Gut Dominus Estate.

ulin-à-Vent Beauj r ★★★ **03 05' 09' 10' 11' 12 14** 15' 16 – Der erhabenste Cru des Beaujolais, in dem die GAMAY-Traube über sich hinauswächst. Kommt an Körper und Würzigkeit der Rhône nahe, entwickelt bei Reifung aber Fülle und die Wildnoten von PINOT NOIR. Zunehmendes Interesse an Einzellagenabfüllungen, u. a. von Dom. Labruyère, Ch. des Jacques (im Besitz von JADOT), Janin (Clos Tremblay), Janodet, LIGER-BELAIR (Les Rouchaux), Merlin (La Rochelle), Ch. du Moulin-à-Vent, und Prieur.

ulis H-Méd r ★★→★★★ **04 05' 06 08 09' 10' 11 12 14** 15 16 – Im Landesinneren gelegene kleine AC westlich von MARGAUX mit einigen ehrenwerten, günstigen Weinen. Spitzen-CHÂTEAUX: Anthonic, Biston-Brillette, BRANAS GRAND POUJEAUX, BRILLETTE, Chasse-Spleen, Duplessis, Dutruch Grand Poujeaux, Gressier Grand Poujeaux, MAUCAILLOU, Mauvesin Barton, Poujeaux.

utard Champ – Champagnerhaus sehr eigenen Stils in AUBE, das an den alten Reben der Champagne hängt, darunter PINOT BLANC und v. a. die

Frankreich

duftige Sorte Arban(n)e. Dank des gegenwärtigen Chefs François Mout
hat sich die Qualität enorm verbessert. Feine CUVÉE des Six Cépages
04 06 09 10 12 14' 15).

Mugneret Côte d'Or r w ★★★ Winzerfamilie in VOSNE-ROMANÉE. Sublim-s volle Weine gibt's bei Georges Mugneret-Gibourg (v. a. ÉCHEZEAUX); ßerdem Gérard Mugneret, Dominique Mugneret und die Dom. Mongea Mugneret.

Mugnier, J.-F. Côte d'Or r w ★★★→★★★★ Überragender Erzeuger v CHAMBOLLE-MUSIGNY Les Amoureuses und Musigny im Ch. de Chambo Hier setzt man auf Finesse statt auf Verkaufsschlager. Dieser Stil kom auch dem Wein vom CLOS de la Maréchale in NUITS-ST-GEORGES zup (der Weinberg gehört seit 2004 wieder zum Besitz) – und der moder Preis dem Käufer.

Muscadet – die Freuden des Alter(n)s

Bei MUSCADET schaut man in aller Regel nach dem neuesten Jahrgang, dabei können sich Spitzenexemplare (erstklassiger Erzeuger, guter Jahrgang, vorzugsweise auf der Hefe gereift) 20 Jahre und länger halten und immer besser werden, bis sie einem alten CHABLIS ähneln. Entdecken Sie die neuen Crus communaux Clisson, Gorges und Le Pallet (Goulaine, Château-Thébaud, Monnières-Saint-Fiacre und Mouzillon-Tillières stehen gewissermaßen in den Startlöchern), deren *sur lie* gereifte Weine mit größerer Komplexität aufwarten. Empfehlenswerte Erzeuger: Bonnet-Huteau, Michel Brégeon, Vincent Caillé (Le Faye d'Homme), Bruno Cormerais, Dom. de l'ECU (Frédéric Niger van Herck/Guy Bossard), Ch. de la Gravelle (Gunther Chereau), Jérémie Huchet, Jo Landron, Luneau-Papin, Jérémie Mourat, Marc Ollivier (Dom. de la Pépière), Daniel Rineau, Les VIGNERONS du Pallet.

Mumm, G. H. & Cie Champ Cordon Rouge oJ; feiner BRUT Sélection (★★); (ebenso guter) BLANC DE BLANCS oJ wiedergeborener Mumm de Crama Cordon Rouge **02 04 06' 08**; Rosé oJ – Bedeutendes Champagnerha im Besitz von Pernod Ricard. Stetig steigende Qualität, v. a. bei der CUV R. Lalou (**02**). Limitierte Reihe von Cuvées aus speziellen Lagen name Mumm RSVR: Mumm de Verzenay BLANC DE NOIRS (**08**), RSVR Blanc Blancs (**12**).

Muré, Clos St-Landelin El r w ★★→★★★ Einer der großen Namen im ELSAS besonders gut sind der körperreiche Riesling Grand cru Vorbourg und d PINOT GRIS. Die reife, weinige Pinot-noir-Cuvée »V« (**10 11 12 13'**) ist d beste der Region. Der 2015er PINOT NOIR ist ganz besonders gut gelunge

Muscadet Lo w ★→★★★ **89 10 12 13 14' 15'** (16) – Beliebter, knochent ckener Wein aus der Gegend von Nantes (insgesamt 8.150 ha), dessen A sehen nun wieder steigt. Passt besonders gut zu Fisch und Meeresfrüc ten und schmeckt am besten, wenn er SUR LIE ausgebaut wurde. Halt Sie sich an Abfüllungen aus AC-Bereichen (s. die folgenden Einträge). D Leiden der Winzer scheinen kein Ende nehmen zu wollen: Auf die gering Erträge der Jahre 2012, 2013 und 2014 folgten 2016 Frost, Mehltau u Sonnenbrand.

Muscadet Coteaux de la Loire Lo w ★→★★ **12 14' 15** (16) – Kleiner, w nig bekannter MUSCADET-Bereich (140 ha) östlich von Nantes auf beid Loire-Ufern. Erzeuger: v. a. Pierre Guindon, Landron-Chartier, La Pléiac Ch. du Ponceau, Quarteron, Les Vignerons de la Noëlle.

uscadet Côtes de Grand Lieu Lo w ★→★★★ 12 14' 15 (16) – AOP-Bereich für MUSCADET (200 ha) in Atlantiknähe. Am besten SUR LIE von Eric Chevalier, Dom. des Herbauges (größter Erzeuger), Malidain. 2012 bis 2014 nur geringer Ertrag, 2016 Frostschäden.

uscadet-Sèvre-et-Maine Lo w ★→★★★ 05' 06 09' 10 12 14' 15 (16) – Der größte (6.000 ha) und beste der MUSCADET-Bereiche liefert zunehmend Qualität, und das auch noch preiswert. Spitzenerzeuger: Bonnet-Huteau, Caillé, Chéreau Carré, Cormerais, Delhommeau, Douillard, Dom. de l'ECU, Gadais, Véronique Günther Chéreau, Dom. de la Haute Fevrie, Huchet, Landron, Lieubeau, Luneau-Papin, Métaireau, Olivier, Sauvion. Die Weine halten sich teils Jahrzehnte. Für längere Hefesatzlagerung, die den Weinen zusätzliche Komplexität verleiht, stehen die Crus communaux (insgesamt 60 ha): Clisson, Gorges, Le Pallet.

uscat de Frontignan Lang s ★★ oJ – Kleine AC nahe Sète für VIN DOUX NATUREL von MUSCAT, der wunderbar zu Blauschimmelkäse passt. Auch ungespritete, spät gelesene, in Eiche ausgebaute IGP-Weine. Steigende Qualität. Die besten Erzeuger sind Dom. du Mas Rouge, Ch. la Peyrade und Ch. de Stony. Die nahe gelegenen ACs Muscat de Lunel und Muscat de Mireval (Dom. de la Rencontre) erzeugen sehr ähnliche Weine.

uscat de Rivesaltes Rouss w; s ★★ Die AC für süßen gespriteten MUSCAT (VIN DOUX NATUREL) umfasst ein ausgedehntes Gebiet mit der Ortschaft Rivesaltes als Zentrum. Im Zuge des abnehmenden Interesses an Süßwein erfreut sich Muscat Sec (IGP) wachsender Beliebtheit: am besten von Dom. CAZES, Corneilla, Treloar und der Genossenschaft in Baixas.

uscat de Saint-Jean de Minervois Lang w; s ★★ Sehr kleine AC für frischen VIN DOUX NATUREL von MUSCAT mit Honignote. Probierenswert von Dom. de Barroubio, CLOS Bagatelle und Clos du Gravillas. Die örtliche Genossenschaft erzeugt auch trockenen Muscat.

usigny Côte d'Or r (w) ★★★★ 85' 89' 90' 91 93 95 96' 98 99' 01 02' 03 05' 06 08 09' 10' 11 12' 13 14 15' (16) – GRAND CRU in CHAMBOLLE-MUSIGNY. Oft der schönste, wenn auch nicht der kraftvollste aller roten Burgunder. Beste Erzeuger: DROUHIN, JADOT, LEROY, MUGNIER, PRIEUR, ROUMIER, de VOGÜÉ, VOUGERAIE.

ture Ungesüßt, v. a. bei CHAMPAGNER: ohne Dosage. Lecker, wenn von ausgereiften Trauben bereitet, ansonsten eher grobschlächtig.

égociant-éleveur Händler, der den Ausbau des Weins übernimmt.

rthe, Château La S-Rh r w ★★★ 89' 90' 95' 96' 98' 99' 00 01 03 04' 05' 06' 07' 09' 10' 11 12' 13 15 16 – Erzeuger in CHÂTEAUNEUF-DU-PAPE: geschliffene Weine mit Eichennote, die neuerdings leider mehr dem Mainstream folgen. Spezial-CUVÉEs sind der köstliche, intensiv fruchtige, stilvolle Cadettes (rot, braucht Zeit) und der in Eiche ausgebaute, volle Beauvenir (weiß, benötigt mind. 4 Jahre Flaschenreife), den man gut zum Essen trinken kann. Betreibt auch das sehr gute Weingut Prieuré Montézargues (TAVEL), die Domaine de la Renjarde (CÔTES DU RHÔNE; preiswert) sowie das gute Ch. Signac (CHUSCLAN).

ëllat Côte d'Or r ★★★ Bekannte Familie in VOSNE-ROMANÉE. Michel Noëllat wird immer besser, und die Dom. Georges Noëllat wurde 2010 unter der jungen Generation aus dem Dornröschenschlaf geweckt – probieren Sie den Premier cru Les Beaux Monts und den GRANDS-ÉCHEZEAUX Grand Cru. HUDELOT-Noëllat in VOUGEOT (sehr stilvolle Weine) gehört ebenfalls zum Clan.

its-St-Georges Côte d'Or r ★★→★★★★ 90' 93 96' 99' 02' 03 05' 06' 07 08 09' 10' 11 12' 13 14 15' (16) – Bedeutender Weinbauort mit unterschätzten Weinen, die typischerweise stämmig-tanninbetont ausfallen und Zeit brauchen. Die besten Lagen sind Cailles, Les St-Georges und

Frankreich

Vaucrains im Zentrum, außerdem Boudots und Murgers näher bei VOS sowie die CLOS des Corvées, des Forêts, de la Maréchale und St-Marc Prémeaux. Viele Erzeuger und Händler, v. a. Ambroise, l'ARLOT, CATHIAR J. Chauvenet, R. CHEVILLON, Confuron, Faiveley, Gavignet, GOUGE GRIVOT, Lechéneaut, LEROY, Liger-Belair, Machard de Gramont, Michel Mugnier, Rion.

Ollier-Taillefer, Domaine Lang ★★★ Rühriges Familiengut in FAUGÈRES r Allegro (weiß), Les Collines (rot, rosé), Grande Réserve (rot) von alt Reben sowie eichengereiftem rotem Castel Fossibus. Neu ist der SYRA MOURVÈDRE-Verschnitt Le Rêve de Noé.

Orléans Lo r rs w ★ BV – 13 Gemeinden im Umland der Stadt Orléans umfa sende AC für Weißwein (vorwiegend CHARDONNAY, der hier Auvernat Bla heißt), VIN GRIS, Rosé und Rotwein (PINOT NOIR und v. a. PINOT MEUNIE hier Gris Meunier genannt). Spitzenerzeuger: Clos St-Fiacre, Deneufbou Die örtliche Genossenschaft wurde aufgrund der Frostschäden im Ap 2016 zur Schließung gezwungen.

Orléans-Cléry Lo r ★ BV – Separate Mini-AOP (28 ha) für einfachen CABERN FRANC mit fünf Gemeinden südwestlich der Stadt Orléans im Bereich d AC ORLÉANS. Erzeuger: Clos St-Fiacre, Deneufbourg. Schwere Frostsch den im April 2016.

Ostertag, Domaine El – Durchaus eigenwillig biologisch-dynamisch bewi schaftetes Gut im (vorwiegend) RIESLING-Land. Exquisit ist der Riesli GRAND CRU Muenchberg (**13**), fein der PINOT NOIR Fronholz. André Ost tag ist begeistert von seinen 2014ern, die er als »energiegeladene Heng fohlen« bezeichnet.

Pacherenc du Vic-Bilh SWF w; tr s ★★→★★★ AOP für Madiran-Weißwe auf Basis von Gros und Petit MANSENG sowie der seltenen Aruffiac-Tra be. Die trockenen Versionen sollte man jung trinken, die süßen einlage v. a. wenn der Wein mit Eiche in Berührung kam. Empfehlenswerte Erze ger siehe MADIRAN, plus Ch. de Mascaraàs (★★).

Paillard, Bruno Champ BRUT Première CUVÉE oJ; Rosé Première Cuv CHARDONNAY Réserve Privée; Brut **02 04 06 08**; neuer Jahrgangs-BLAN DE-BLANCS 95 **02 08**; grandiose Prestige-Cuvée Nec-Plus-Ultra **95' 03** Das jüngste der großen Champagnerhäuser. Raffinierter, sehr trocker Stil, v. a. beim lang gereiften Blanc de Blancs Réserve Privée und dem Ne Plus-Ultra. Bruno Paillard steht Lanson-BCC vor und ist Eigentümer v Ch. Sarrin in der Provence.

Palette Prov r rs w ★★★ Winzige AC bei Aix-en-Provence mit charaktervol Roten, duftenden Rosés und verlockenden, nach Wald duftenden Weiße Ch. Simone steht für traditionelle, seriöse Weine, innovativer ist Ch. He Bonnaud.

Patrimonio Korsika r rs w ★★→★★★ AC in den spektakulären Kalksteinh geln im Norden KORSIKAS; einige der feinsten Gewächse der Insel stamm von hier: individuelle Rotweine von der NIELLUCCIO-Traube und verführe sche Weiße, darunter sogar Spätlesen, von Vermentino. Spitzenerzeug Antoine Arena, Clos de Bernardi, Gentile, Yves Leccia mit der Dom. d Croce, Montemagni, Pastricciola.

Pauillac H-Méd r ★★★→★★★★ **95' 96' 98 00' 01 02 03' 04' 05' 06 0 09'** 10' 11 12 14 15 16 – Kommunale AC im MÉDOC mit 18 Crus class (u. a. Chx. LAFITE, LATOUR, MOUTON ROTHSCHILD), berühmt für kraftvol langlebige Weine – CABERNET SAUVIGNON in Vollendung. Weitere Spitze CHÂTEAUX sind d'ARMAILHAC, BATAILLEY, CLERC MILON, DUHART-MILO GRAND-PUY-LACOSTE, LYNCH-BAGES, PICHON BARON, PICHON LALAN und PONTET-CANET.

ays d'Oc, IGP Lang r rs w ★→★★★ Die größte IGP-Region umfasst das gesamte LANGUEDOC-ROUSSILLON und liefert v. a. sortenreine Weine – 56 verschiedene Rebsorten sind zugelassen. Technisch geht es weiter rasch voran. Wichtigste Erzeuger: Gérard BERTRAND, JEANJEAN, Paul MAS, außerdem örtliche Genossenschaften. Das Qualitätsspektrum ist riesig, die besten Weine sind innovativ und spannend.

écharmant SWF r ★★ **10 11' 12'** (14) (15') – Sub-AOP von BERGERAC mit ausgesprochen wuchtigen Weinen zum Einlagern. Von den eisen- und manganhaltigen Böden profitieren: Les Chemins d'Orient, CLOS des Côtes, Dom. du Haut-Pécharmant, Ch. de Tiregand (alle ★★★) sowie Dom. des Bertranoux, Ch. Beauportail, Ch. de Biran, Ch. Champarel, Ch. Corbiac, Ch. Hugon, Dom. La Métairie, Ch. du Rooy und Ch. Terre Vieille (alle ★★).

élican, Domaine du Jura – Guillaume d'Angerville aus Burgund (Marquis d'ANGERVILLE) erprobt sein Talent im Jura: Weine in frischem Stil sind das erste Ergebnis, alles Weitere wird man sehen.

ernand-Vergelesses Côte d'Or r w ★★★ r **99' 02' 03' 05' 06 08 09' 10' 11 12 13** 14 15 (16) – Ort bei ALOXE-CORTON, in dessen Gemarkung sich Teile der Spitzenlagen CORTON und CORTON-CHARLEMAGNE befinden; auch Île des Vergelesses ist ein erstklassiger Weinberg für Rote. Die Weißen sind von präziser, geschliffener Art. Erzeuger: u. a. CHANDON DE BRIAILLES, CHANSON, Delarche, Dubreuil-Fontaine, JADOT, LATOUR, Rapet, Rollin.

errier-Jouët Champ BRUT oJ; Blason de France oJ; Blason de France Rosé oJ; Brut **02 04 06** 08 – Das erste Haus, das trockenen CHAMPAGNER (für den britischen Markt) erzeugte; stark mit CHARDONNAY aus GRAND-CRU-Lagen, der am besten in den guten Jahrgangsweinen zum Ausdruck kommt, v. a. in der Luxusmarke Belle Epoque (95 **02' 04 06** 08' 12 15; Rosé 04 **06**) in bemalten Flaschen. Feiner neuer BLANC DE BLANCS.

essac-Léognan Bx r w ★★★→★★★★ **00' 01 02 04 05' 06 08 09' 10' 11 12** 14 15 16 – 1987 eingerichtete AC für den besten Teil des nördlichen GRAVES mit den Weinbergen all der CRU-CLASSÉ-Güter wie HAUT-BAILLY, HAUT-BRION, LA MISSION HAUT-BRION, PAPE CLÉMENT usw. Feste, körperreiche, erdige, honigsamtige Rote mit hohem MERLOT-Anteil und zudem die feinsten trockenen weißen BORDEAUX-Gewächse. Ein gutes Preis-Leistungs-Verhältnis bieten die CHÂTEAUX Brown, Cantelys, Haut-Vigneau, Lafont-Menaut, Lespault-Martillac und de ROCHEMORIN.

etit Chablis Chablis w ★ BV – Frischer, einfacher Beinahe-CHABLIS von etwas außerhalb und nicht auf Kimmeridge-Böden gelegenen Weinbergen. Gute Genossenschaft La CHABLISIENNE, deren Preise allerdings bedenklich nah an echten Chablis heranreichen.

'affenheim El ★→★★ Achtbare Elsässer Winzergenossenschaft. Reife, ausgewogene Weine aus Lagen mit warmem Klima. Das einst berühmte Haus Dopff & Irion ist heute eine Marke der Genossenschaft.

'ersigberg El – GRAND CRU in Eguisheim mit zwei Parzellen, die sehr aromatische Weine liefern. GEWÜRZTRAMINER gedeiht prächtig (09 **14**). Guter RIESLING (v. a. **08 10 12**) von Léon BEYER (Comtes d'Eguisheim), Paul Ginglinger und Bruno SORG.

hilipponnat Champ Rosé oJ; BRUT **99** 02; CUVÉE »1522« **02** – Kleiner Erzeuger, der für seinen intensiven, weinigen CHAMPAGNER bekannt ist; gehört jetzt zu Lanson-BCC. Beachtlicher Einzellagenwein Clos des Goisses (**85' 92 95 96 02 04 08** 12'); kürzlich degorgierter Jahrgang: **90**.

cpoul de Pinet Lang w ★→★★ BV – Der MUSCADET des MIDI, von der Rebsorte PICPOUL, die rund um die Ortschaft Pinet wächst; seit 2013 AC und Grand Vin du LANGUEDOC. Frisch und leicht salzig, ideal zu Austern, gerät aber als Opfer des modischen Geschmacks auf Kosten seiner typischen Eigenart z. T. leider allzu fruchtig. Beste Erzeuger: La Croix Gratiot, Félines-

Jourdan, St Martin de la Garrigue und die Genossenschaften in Pinet ur Pomérols.

Pic St-Loup Lang r (rs) ★★→★★★ **10 11 12** 13 14 15 16 – Der kühlste ur regenreichste Teil des LANGUEDOC. Die AC-Vorschriften sehen einen hohe SYRAH-Anteil vor, plus GRENACHE und MOURVÈDRE. Die Roten sind zu Einlagern gemacht; für Weißwein bestünde Potenzial, er muss aber eins weilen als AC Languedoc oder IGP etikettiert werden. Erzeuger: u. a. Berg rie du Capucin, Cazeneuve, Clos de la Matane, Clos Marie, Gourdou, Dor de l'Hortus, Lancyre, Lascaux, MAS BRUGUIÈRE, Mas Peyrolle, Valflaunès

Pierre-Bise, Château Lo r rs w ★★→★★★★ tr **02 03 04 05' 06 07'**; s C **09** 10' **11 14' 15** (16) – Sehr guter Erzeuger in den COTEAUX DU LAYO auch Chaume, QUARTS DE CHAUME und SAVENNIÈRES, v. a. Clos de Grar Beaupréau und ROCHE-AUX-MOINES. Hervorragend sind die CUVÉES Schi (Anjou-GAMAY) und Spilite (ANJOU-VILLAGES) sowie der Anjou Blanc Ha de la Garde. Claudes Söhne René und Christophe haben jetzt das Rud übernommen. Gute Berichte über den Jahrgang 2016.

Pignier Jura r w; s; sch ★★★ Das biologisch-dynamisch bewirtschaftete G im südlichen Jura bietet ein breites Spektrum an Weißweinen der frisch ren Art, z. B. Le Sauvageon (alias SAVAGNIN), sowie lebhafte Rote, auße dem Klassiker wie hochwertigen VIN JAUNE.

Pinon, François Lo w; s; sch ★★★ **89 90 95 96 97 02 03 05 08 09 10'** 11 1 15' (16) – Hervorragende Ökoweine aus VOUVRAY und Vernou-sur-Brenn Die neue Einzellage heißt Déronnières.

Piper-Heidsieck Champ – Die historische Champagnerfirma surft jetzt a einer Welle der Qualität. Vorbildlicher BRUT oJ und neuer Brut Essentiel n längerer Reifezeit und weniger Zucker, der perfekt zu Sushi und Sashir passt. Außerdem Jahrgangschampagner (**04 06**), teilweise mit dem Ze zum Klassiker (**08**). Beispielhafter Piper-Heidsieck Rare (v. a. **02** 06) sow erstmals erzeugter hochklassiger Millésime Rare Rosé (07).

Plageoles, Robert et Bernard SWF r w; sch – GAILLAC-Rebell und Puri Bernard Plageoles ist der Mentor vieler Winzer und hat sich der Wiederb lebung traditioneller Rebsorten verschrieben, darunter Ondenc (Grundla des berühmten süßen Vin d'Autan; ★★★★), Prunelard (tiefer, fruchtig Rotwein; ★★) oder Verdanel (ein eichengereifter trockener Weißer). Ebe falls probierenswert ist der mächtige, würzige rote DURAS, als leichtere Ve sion von FER SERVANDOU (alias Braucol). Ein echtes Original ist auch d brillante trockene Schaumwein Mauzac.

Plan de Dieu S-Rh r ★→★★ **10'** 12' **13 15' 16'** – AC der CÔTES DU RHÔN VILLAGES auf einer steinigen, windigen Ebene bei CAIRANNE mit alkoh starken, robusten, authentischen Weinen (vorwiegend GRENACHE), die g zu Wild- und Eintopfgerichten passen. Immer eine gute Wahl! Beste Erze ger: Ch. La Courançonne, Doms. Aphillantes (charaktervoll), Arnesque, Bastide St Vincent, Durieu (voll), Espigouette, Longue Toque, Martin, Pa quiers, St-Pierre (gut und traditionell).

Pol Roger Champ BRUT Réserve oJ; Brut **98' 02' 04 06** 08' 12 (★★★); Ro **04 06**; BLANC DE BLANCS (früher BLANC DE CHARDONNAY) **06 08'** – Cha pagnerhaus in Familienbesitz in Épernay. Der Brut Réserve oJ, jetzt mit was geringerer Dosage, ist überragend. Feiner Pure Brut *(dosage zéro)*, c hervorragend zu Meeresfrüchten passt. Üppige Cuvée Sir Winston Ch chill (**96' 02'** 08'), v. a. der 1996er in Magnumflaschen – stets eine er klassige Wahl und besonders gut ausgefallen im trockenen, schwierig Jahrgang 2015 (ab 2024 erhältlich).

Pomerol Bx r ★★★→★★★★ **98' 00'** 01 04 05' 06' **08 09' 10' 11 12** 14 16 – Kleine AC an der Grenze zu ST-ÉMILION mit Lehm-, Kies- und Sar böden. Berühmt für ihren von MERLOT dominierten vollen, geschmei gen und dennoch langlebigen Stil. Spitzengüter: CLINET, La CONSEILLANTE, L'EGLISE-CLINET, L'ÉVANGILE, La FLEUR-PÉTRUS, HOSANNA, LAFLEUR, PETRUS, Le PIN, TROTANOY und VIEUX CHÂTEAU CERTAN. Die Preise sind generell hoch, doch es gibt – moderate – Ausnahmen (Bellegrave, BOURGNEUF, Clos du Clocher, La POINTE).

Pommard Côte d'Or r ★★★(★) **90' 96' 98 99'** 02' 03 05' **06 07 08** 09' 10' 11 12 14 15' (16) – Gegenpol zum Nachbarn VOLNAY: mächtige Weine mit viel Tannin und mind. 10 Jahren Lebensdauer. Beste Lagen: Epenots (anmutige Weine) und Rugiens (kraftvoll); beide sollen eventuell zu GRANDS CRUS aufgewertet werden. Erzeuger: Comte ARMAND, J.-M. BOILLOT, COURCEL, HOSPICES DE BEAUNE, Huber-Vedereau, Lejeune, de MONTILLE, Parent, Ch. de Pommard, Pothier-Rieusset, Rebourgeon.

Pommery Champ BRUT oJ immer verlässlich; Rosé oJ; Brut **04 08 09** 12' – Historisches Champagnerhaus; die Marke gehört jetzt VRANKEN. Hervorragende Cuvée Louise (**02 04 08'** 12 13) und geschmeidiger BLANC DE NOIRS Wintertime.

Ponsot Côte d'Or r w ★★→★★★★ Sehr eigenwilliges Spitzenweingut in MOREY-ST-DENIS, das inzwischen über 12 GRANDS CRUS von CORTON bis CHAMBERTIN verfügt, einschließlich der Filetstücke Clos de la Roche und CLOS ST-DENIS. Einzigartiger PREMIER CRU Monts Luisants (ALIGOTÉ).

Potel, Nicolas Côte d'Or r w ★★→★★★ Handelsmarke im Besitz von Cottin Frères, seit 2009 ohne Beteiligung des Gründers Nicolas Potel selbst, dem jetzt Dom. de Bellene und das Handelshaus Maison Roche de Bellene in BEAUNE gehören.

Pouilly-Fuissé Bg w ★★→★★★ **09' 10' 11 12 13 14' 15** (16) – Spitzenappellation des Mâconnais mit kraftvollen, runden und zugleich intensiven Weißen; die Klassifikation der Terroirs ist noch in Arbeit. Die Weine aus Fuissé sind am kraftvollsten, die aus Vergisson am mineralischsten – entweder jung oder nach etlichen Jahre Flaschenreife trinken. Spitzenerzeuger: Barraud, Ch. de Beauregard, Bret, Cordier, Cornin, Drouin, Ferret, Forest, Ch. de FUISSÉ, Merlin, Paquet, Robert-Denogent, Rollet, Ch. des Rontets, Saumaize, Saumaize-Michelin, VERGET.

Pouilly-Fumé Lo w ★→★★★ **05' 08 09' 10 12 13 14' 15'** (16) – AC gegenüber von SANCERRE am anderen Loire-Ufer: 1.287 ha bestockt mit SAUVIGNON BLANC. Die besten Weine können sich 7–8 Jahre und länger entwickeln. Erzeuger: Bain, BOURGEOIS, Cailbourdin, Chatelain, Champeau, Didier DAGUENEAU, Serge Dagueneau et Filles, Ch. de Favray, Edmond et André Figeat, Ladoucette, Masson-Blondelet, Jean Pabiot, Jonathan Pabiot, Redde, Saget, Tabordet, Ch. de Tracy, Treuillet. 2016 teilweise Frostschäden.

Pouilly-Loché Bg w ★★ **12 14** 15 (16) – Weniger bekannte Nachbar-AC von POUILLY-VINZELLES. Gut sind Bret Brothers, Clos des Rocs und Tripoz, große Mengen erzeugt die Genossenschaft.

Pouilly-sur-Loire Lo w ★→★★ BV – Im 19. Jahrhundert versorgte Pouilly ganz Paris mit CHASSELAS-Tafeltrauben, heute sind nur noch 30 ha übrig geblieben. Die Tradition bewahren Serge Dagueneau et Filles, Gitton, Landrat-Guyollot, Masson-Blondelet, Jonathan Pabiot und Redde.

Pouilly-Vinzelles Bg w ★★ **12 13 14'** 15 (16) – Die AC liegt sowohl geografisch als auch qualitativ zwischen POUILLY-LOCHÉ und PUILLY-FUISSÉ; am besten ist die Lage Quarts. Beste Erzeuger: Bret Brothers, Drouhin und Valette. Mengenmäßig größter Erzeuger ist die Genossenschaft Cave des Grands Crus Blancs.

Premier cru In BORDEAUX Lagen 1. Klasse, in Burgund (einschließlich CHABLIS) jedoch Lagen 2. Klasse, hinter GRAND CRU. An der Loire neuerdings

Frankreich

Einstufung für Lagen 2. Klasse; bislang gilt sie einzig für COTEAUX DU LAYON Chaume.

Premières Côtes de Bordeaux Bx w; s ★→★★ **10' 11 13 14 15 16** – Geografisch mit CADILLAC – CÔTES DE BORDEAUX identische, aber ausschließlich für weißen Süßwein geltende APPELLATION. Weine in lieblichem (*moelleux*) Stil auf SÉMILLON-Basis. Unterschiedliche Qualität. Beste CHÂTEAUX: Crabitan-Bellevue, Fayau, du Juge, Suau.

Prieur, Domaine Jacques Côte d'Or ★★★ Bedeutendes Weingut in MEURSAULT mit einer Reihe hervorragender GRAND-CRU-Lagen, von MONTRACHET bis MUSIGNY. Der Stil zielt eher auf Gewichtigkeit durch späte Lese und Eichenausbau ab als auf Finesse. Es gibt aber Anzeichen, dass wieder mehr Lebendigkeit Einzug hält. Dom. Labruyère in MOULIN-À-VENT und Ch. Rouget in POMEROL gehören ebenfalls dazu.

10.000 m Höhe tun Wein nicht gut. Das einzige Getränk, das in einem Flugzeug besser schmeckt als am Boden, ist Tomatensaft.

Prieuré Saint Jean de Bébian Lang ★★★ Wegweisendes Gut in Pézenas, das alle 13 Rebsorten von CHÂTEAUNEUF-DU-PAPE anbaut. Jetzt in russischem Besitz; die Weinbereitung liegt in den Händen der talentierten Australierin Karen Turner. Die Reihen heißen La Chapelle, La Croix und Prieuré, außerdem roter »1152« von alten Reben.

Primeur Frischer, belebender junger Wein, besonders BEAUJOLAIS, auch VIN DE PAYS. *En-primeur*-Verkauf bezieht sich dagegen auf Wein, der noch im Fass liegt und erst nach der Flaschenabfüllung ausgeliefert wird. Vorsicht! Hier kann man echte Fehlgriffe tun.

Producteurs Plaimont SWF – Die stetig expandierende Genossenschaft in Südwestfrankreich ist der mit Abstand größte Erzeuger der Gascogne und spürt unbekannte lokale Rebsorten auf. Drei Appellationen: MADIRAN (wo unabhängige Erzeuger angeworben werden), ST-MONT (demnächst mit genossenschaftseigenem Hotelrestaurant im alten Kloster St-Mont) und CÔTES DE GASCOGNE. Weine aller Farben und Stile (überwiegend ★★), aller Geschmacksrichtungen und aller Preisklassen.

Propriétaire-récoltant Champ – Besitzer und Betriebsleiter; *récoltant* ist vom Verb *récolter* abgeleitet, das »ernten«, »sammeln« bedeutet.

Puisseguin St-Émilion Bx r ★★ **08 09' 10' 12 14 15** 16 – Der östlichste der vier »Satelliten« von ST-ÉMILION mit festen, soliden Weinen. Spitzen-CHÂTEAUX: Beauséjour, Le Bernat, Branda, Clarisse, Durand-Laplagne, Fongaban, Guibot La Fourvieille, Haut-Bernat, des LAURETS, La Mauriane, Soleil. Ferner der Genossenschaftswein Roc de Puisseguin.

Puligny-Montrachet Côte d'Or (r) w ★★★→★★★★ **02' 04 05' 07 08 09' 10 11 12** 13 14' 15 (16) – Der potenziell blumigste und zierlichste weiße Burgunder: aus höheren Lagen frisch und mineralisch, aus tiefer gelegenen voller und weicher. Im Durchschnitt beste Lagen: Caillerets, Champ Canet, Combettes, Folatières, Pucelles sowie die MONTRACHET-GRANDS-CRUS. Erzeuger: J.-M. Boillot, Bouchard Père et Fils, L. CARILLON, Chartron, Drouhin, JADOT, Dom. Leflaive, O. LEFLAIVE, Pernot, Ch. de Puligny, Sauzet.

Puyméras S-Rh r w ★ **15' 16'** – Achtbarer, versteckter Weinbauort an der südlichen Rhône mit höher gelegenen, dem Wind ausgesetzten Weinbergen und annehmbarer Genossenschaft. Geradlinige, geschmeidige, pflaumenfruchtige Rote auf GRENACHE-Basis, ordentliche Weiße. Empfehlenswert sind Cave la Comtadine, Dom. du Faucon Doré (biologisch-dynamisch) und Puy du Maupas.

Pyrénées-Atlantiques SWF BV – IGP-Bezeichnung für Weine aus der Gascogne und Béarn, die die AOP-Qualitätsanforderungen im äußerst

Südwesten nicht erfüllen; überschneidet sich mit COMTÉ TOLOSAN. Das ★★★-CHÂTEAU Cabidos (mit erlesenem süßem weißem PETIT MANSENG) sowie Dom. Moncaut nahe Pau (★★) und die sortenreinen Weine von BRUMONT (★) tragen daher entweder die eine oder die andere IGP-Bezeichnung. Ansonsten auf gut Glück.

arts de Chaume Lo w; s ★★★→★★★★ **89' 90' 95' 96' 97' 02 03 05' 07' 10' 11'** 14' 15' (16) – Kleine Hanglage (40 ha) in der Nähe von Layon, ausschließlich für CHENIN BLANC. Die strengen Vorschriften sollten noch enger gefasst werden, damit GRAND-CRU-Status und -Preise gerechtfertigt sind. Die besten Weine besitzen eine reichhaltige Textur. Beste Erzeuger: Baudouin, Bellerive, Branchereau, FL, Guegniard, Ogereau, Ch. PIERRE-BISE, Pithon-Paillé, Suronde. Den Jahrgang 2012 meiden.

incy Lo w ★→★★ **14' 15'** 16 – Wiederbelebter AOP-Bereich (277 ha, 1990 waren es lediglich 60 ha) mit SAUVIGNON-BLANC-Weinen aus Sand- und Kiesböden südöstlich von Vierzon. Feierte 2016 das 80-jährige Bestehen der AC. Erzeuger: Mardon, Portier, Rouzé, Siret-Courtaud, Tatin-Wilk (Doms. Ballandors und Tremblay), Villalin.

ncio Rouss – Der originellste, nachhaltigste und köstlichste Stil eines VIN DOUX NATUREL, der an Tawny Port oder alten Oloroso (Sherry) erinnert, wird in BANYULS, MAURY, RASTEAU und RIVESALTES erzeugt. Reift in Holzfässern, die unter Sauerstoff- und Hitzeeinwirkung stehen. Bei Tischweinen wäre der daraus resultierende (stechend-durchdringende) Geschmack ein Fehler.

ngen El – Der südlichste elsässische GRAND CRU in Thann auf extrem steilen Hängen (im Durchschnitt 90% Gefälle) mit vulkanischem Boden. Spitzenweine: majestätischer RIESLING von ZIND-HUMBRECHT (CLOS St Urbain, **05' 08' 10'**) und SCHOFFIT (Clos St-Théobald, **08' 10**). 2015 mit besonderer Finesse.

steau S-Rh r (rs) (w) br; (tr) s ★★ **09' 10' 11 12' 13 14' 15'** 16' – Vollgas-Rote von Tonböden, hauptsächlich von GRENACHE. Am besten in heißen Jahren (09 10 15 16). Erzeuger: Beaurenard (seriös, mit schönem Entfaltungspotenzial), Cave Ortas (gut), Ch. La Gardine, Ch. du Trignon und Famille Perrin, die DOMAINES Beau Mistral, Didier Charavin, Collière, Combe Julière, Coteaux des Travers, Escaravailles, Girasols, Gourt de Mautens (talentiert; seit 2010 auch IGP-Weine), Grand Nicolet (charaktervoll), Grange Blanche, Rabasse-Charavin, St-Gayan, Soumade (geschliffen) und Trapadis. Die Qualität des als VIN DOUX NATUREL von Grenache erzeugten Dessertweins steigt (Doms. Banquettes, Coteaux des Travers, Escaravailles, Trapadis).

vanès, Domaine de Lang – Marc Benin kultiviert BORDEAUX-Rebsorten im LANGUEDOC. Roter IGP Coteaux de Murviel (★★), weißer Le Prime Verd (100% PETIT VERDOT), außerdem origineller Le Renard Blanc (GRENACHE gris/MACABEO).

veneau Chablis w ★★★★ Zusammen mit seinen Cousins DAUVISSAT der großartigste CHABLIS-Erzeuger. Dank traditioneller Methoden sind die Weine außerordentlich langlebig, wodurch sie auf dem Sekundärmarkt einen beachtlichen Wert darstellen. Empfehlenswert: Blanchots, Les CLOS, Vaillons.

vas, Château S-Rh r w ★★★→★★★★ **78' 79 81' 85 86 88' 89 90' 93 94 95' 96' 98' 99 00 01 03 04'** 05' **06'** 07' **08** 09' 10' 11' 12' 13' 14' 15' 16' – Wunderbares, extrem auf Tradition bedachtes 13-ha-Gut in CHÂTEAUNEUF-DU-PAPE. Die blassen, subtilen, aromatischen, überaus komplexen Roten (100% GRENACHE) verraten ihre Qualität im Flüsterton, schenken Freude und altern großartig. Der weiße Rayas (GRENACHE BLANC, CLAIRETTE) hält sich gut und gern 18 und mehr Jahre. Günstiger, eleganter Zweitwein: Pignan. Zudem erlesener Ch. Fonsalette (CÔTES I RHÔNE), u. a. fantastischer SYRAH. Alle müssen dekantiert werden, u jeder ist ein Ereignis. Gut auch Ch. des Tours (pfeffriger VACQUEYRAS) u Dom. des Tours (VIN DE PAYS de Vaucluse).

Régnié Beauj r ★★ 14 15' **16** – Sandige Böden erbringen fruchtige, unkomp zierte Weine, die leichtesten der BEAUJOLAIS-Crus. Körperreicher gerat sie in der Gegend von MORGON. Probierenswert von Burgaud, Dupré, de Plaigne, Rochette, Sunier.

Reuilly Lo r rs w ★→★★★ 09' 10 14' **15'** (16) – An QUINCY grenzende, w derbelebte 225-ha-AC (1990 nur 30 ha) westlich von Bourges für We weine von SAUVIGNON BLANC (112 ha) sowie Rosé und Vin gris von PIN NOIR (66 ha) und/oder PINOT GRIS (47 ha). Auch für Rotweine von Pir noir, deren Qualität steigt. Am besten von: Jamain, Claude Lafond, M don, Renaudat, Rouze, Sorbe. Der Jahrgang 2016 ist gut, muss aber ba getrunken werden.

Riceys, Rosé des Champ rs ★★★ BV – Bedeutendste AC in AUBE, ausschlie lich für einen beachtenswerten PINOT-NOIR-Rosé. Erzeuger: A. Bonn Jacques Defrance, Morize. Großartiger Jahrgang 09 und vielversprech der Jahrgang **14** nach den mageren Jahren 2011 bis 2013; 15' ist üb ragend.

Richebourg Côte d'Or r ★★★★ 90' 93' **95 96' 98** 99' **00** 02' **03** 05' 07 **08** 09' 10' 11 12' 13 14 15' (16) – GRAND CRU in VOSNE-ROMANI Magischer Burgunder mit unendlicher Geschmackstiefe, unglaublich te er. Erzeuger: DRC, GRIVOT, GROS, HUDELOT-Noëllat, LEROY, LIGER-BELA MÉO-CAMUZET.

Riedel hat ein Glas speziell für provenzalischen Rosé herausgebracht. Ach jetzt wird's im Gläserschrank noch enger …

Rimage Rouss – Zunehmend im Trend liegende, überaus fruchtige VINS DO NATURELS mit Jahrgangsbezeichnung. Jung trinken. Ähneln gutem Ru Port. Die Variante aus MAURY heißt Grenat.

Rion Côte d'Or r (w) ★★→★★★ DOMAINES in NUITS-ST-GEORGES and VOSN ROMANÉE, deren Besitzer verwandt sind. Patrice Rions hervorragende W ne stammen aus Nuits-St-Georges (Clos St Marc, Clos des Argillières) u Chambolle-Musigny, Daniel Rions PREMIER-CRU-Gewächse aus den Be chen Nuits-St-Georges und Vosne-Romanée. Bernard Rions Weine ko men großteils aus Vosne-Romanée. Alle drei zeichnen sich durch fa Preisgestaltung aus.

Rivesaltes Rouss r w br; tr s ★★ meist oJ oder Solera, gelegentlich auch Jahrgangsbezeichnung – Gröblich unterschätzter gespriteter Wein aus nem großen Bereich im ROUSSILLON, der deutlich mehr Beachtung v diente. Denkwürdige, langlebige Weine, v. a. RANCIOS. Die Suche lohn CAZES sowie die DOMAINES Boucabeille, des Chênes, de Rancy, Le Roc c Anges, Sarda-Malet, des Schistes, Vaquer. Sie werden nicht enttäus sein.

Rives-Blanques, Château Lang w; sch ★★★ Caryl und Jan Panman – sie I er Holländer – erzeugen BLANQUETTE de LIMOUX und seit neuerer Zeit C MANT. Zu den Stillweinen zählen der Verschnitt Trilogie und der alterun würdige CHENIN BLANC Dédicace. Außerdem Dessertwein Lagremas d'A

Roche-aux-Moines, La Lo w; s ★★→★★★ 89' 90' 96' 02 03 05' 07 08' **10' 11 12** 14' 15' (16) – Der Cru (33 ha) in SAVENNIÈRES, ANJOU, erbri CHENIN-BLANC-Weine aus beschränktem Ertrag (30 hl/ha) mit enorm Alterungspotenzial. Erzeuger: u. a. Le Clos de la Bergerie (Joly), Dom. Forges, FL, Laureau, Dom. aux Moines, Ch. Pierre-Bise.

oederer, Louis Champ Aromatischer, feiner BRUT Premier oJ (★★★); Brut 04 06 07; BLANC DE BLANCS 08' 09 13; Brut Saignée Rosé 09 – Der Familienbetrieb ist das Nonplusultra eines Champagnerhauses mit beneidenswertem Weinbergbesitz, jetzt zu 40 % biologisch-dynamisch bewirtschaftet. Herrlicher Cristal (vielleicht die großartigste aller Prestige-CUVÉEs, z. B. 88' 04 06 07) und Cristal Rosé (96' 02' 07'). Erlesener, 2015 freigegebener Cristal (95). Sehr guter neuer Brut Nature (2006 ausschließlich aus dem Cru Cumières). Eigentümer von DEUTZ (Champagner), DELAS, Ch. de PEZ und Ch. PICHON LALANDE. Siehe auch Roederer Estate im Kapitel »Vereinigte Staaten«, Abschnitt »Kalifornien«.

olland, Michel Bx – Sehr gefragter französischer MERLOT-Spezialist, der als önologischer Berater in BORDEAUX und überall auf der Welt tätig ist. Eigentümer von Ch. FONTENIL in FRONSAC, ist außerdem in Argentinien (Clos de los Siete) engagiert.

lly Gassmann El w; s ★★★ Bewunderter Erzeuger in Rorschwihr. Sein halbtrockener Stil, v. a. von der Lage Moenchreben, findet seinen schönsten Ausdruck im gehaltvollen GEWÜRZTRAMINER CUVÉE Yves (05 07 08 09 11 12 14 15). Die junge Generation und biologisch-dynamische Methoden sorgen für mehr Finesse.

omanée, La Côte d'Or r ★★★★ 02' 03 05' 06 07 08 09' 10' 11 12' 13 14 15' (16) – Der kleinste GRAND CRU in VOSNE-ROMANÉE; MONOPOLE von Comte LIGER-BELAIR. Außerordentlich feine, duftende, intensive und verständlicherweise sehr teure Weine.

omanée-Conti Côte d'Or r ★★★★ 78' 85' 88' 89' 90' 93' 95 96' 97 98 99' 00 01 02' 03 05' 06 07 09' 10' 11 12' 13 14' 15' (16) – Die GRAND-CRU-Lage in VOSNE-ROMANÉE, MONOPOLE von DRC, erbringt jährlich 450 Kisten des gefeiertsten und teuersten Rotweins der Welt, der seine Reputation inzwischen auch wieder verdient. Mindestens 15 Jahre einkellern. Vorsicht vor Fälschungen!

manée-St-Vivant Côte d'Or r ★★★★ 90' 93 95 96' 99' 02' 03 05' 06 07 08 09' 10' 11 12' 13 14 15' (16) – GRAND CRU in VOSNE-ROMANÉE, etwas tiefer gelegen als ROMANÉE-CONTI. Der Wein hat ein betörendes Bukett und ist eher zart, aber intensiv; etwas früher trinkreif als seine berühmten Nachbarn. Erzeuger: Wenn Sie sich DRC oder LEROY und inzwischen auch CATHIARD nicht leisten können, probieren Sie ARLOT, J.J. Confuron, Follin-Arbelet, HUDELOT-Noëllat, LATOUR oder Poiset.

sacker El – GRAND CRU in Hunawihr mit Kalk-Lehm-Boden. Von hier kommt mit der langlebigste RIESLING des ELSASS (CLOS STE-HUNE).

sé d'Anjou Lo rs ★→★★ BV – Große AOP (2.100 ha) für lieblichen bis süßen Rosé (vorwiegend von Grolleau). Sehr beliebt und in der Regel gut bereitet. Empfehlenswerte Erzeuger: Mark Angeli, Clau de Nell sowie die DOMAINEs de la Bergerie, les Grandes Vignes und des Sablonnettes.

sé de Loire Lo rs ★→★★ BV – Der trockenste der ANJOU-Rosés von sechs Rebsorten, v. a. GAMAY und Grolleau. Die große AC (1.100 ha) liegt großteils im Gebiet Anjou. Empfehlenswerte Erzeuger: Bablut, Bois Brinçon, Branchereau, CADY, Cave de Saumur, Ogereau, Passavant, Ch. PIERRE-BISE, Richou, Soucherie.

sette SWF w; lbl ★★ BV – Das bestgehütete Geheimnis von BERGERAC: eine AOP für halbtrockene Aperitifweine. In Eiche ausgebaute Versionen sollte man unbedingt meiden. Probierenswert, v. a. zu Foie gras oder Pilzgerichten, sind die Weine von Dom. de la Cardinolle, CLOS Romain, Ch. Combrillac, Dom. de Coutancie, Dom. du Grand-Jaure, Ch. Monplaisir, Ch. de Peyrel, Ch. Puypezat-Rosette, Ch. Spingulèbre (alle ★★).

ssignol-Trapet Bg r ★★★ Ebenfalls biologisch-dynamisch arbeitende Cousins der Eigentümer von Dom. TRAPET, im Besitz etlicher GRAND-CRU-

Frankreich

Lagen, v. a. CHAMBERTIN. Angefangen vom GEVREY VIEILLES VIGNES biet das gesamte Sortiment ein gutes Preis-Leistungs-Verhältnis. Auch eini Lagen in BEAUNE (aus Rossignol-Besitz).

Rostaing, René N-Rh r w ★★★ **95' 99' 01' 05' 06' 07'** 09' 10' **11** 12' 1 14 15' 16' – Sehr qualitätsbewusster Erzeuger an der CÔTE-RÔTIE mit d sehr feinen, reintönigen, straff gewirkten und unter dezentem Eichene satz präzise bereiteten Rotweinen, die 5–6 Jahre reifen und dekanti werden sollten. Außerdem verführerischer, komplexer, erstklassiger C Blonde (mit 5 % VIOGNIER) und La Landonne (dunkle Früchte, 15–20 Ja haltbar). Auch raffinierter, fester Condrieu. Darüber hinaus roter und w ßer Dom. Puech Noble (LANGUEDOC).

Neue Stars im Südwesten

Ch. de Peyrel, Rosette Renaissance seit 2013. Köstliche halbtrockene Aperitifweine, vorwiegend von Sémillon und Muscadelle. **Clos Troteligotte, Cahors** Einer der seriösesten Ökoerzeuger in Cahors. Die Weine im Causse-Stil (von Kalkstein) zeigen echte Finesse. **Dom. Courège-Longue, Buzet** David Sazi hat die Erzeugervereinigung »Buzet d'Auteurs« ins Leben gerufen, um der mächtigen Genossenschaft etwas entgegenzusetzen. **Dom. de Beyssac, Marmande** Ökoerzeuger am rechten Garonne-Ufer mit einigen Abouriou-Reben. **Dom. des Pradelles, Fronton** Steht jetzt unter der Leitung der rührigen Noëlle Sanchez. **Dom. La Fon Longue, Côtes de Duras** Charaktervoller Rotwein aus höheren Lagen im Bereich Loubès-Bernac. **Dom. Larroudé, Jurançon** Jérémy Estoueigt besitz 7 ha am Westrand der Appellation. Ökoanbau. **Dom. Peyres Roses, Gaillac** Der junge Winzer Charles Bonnafont-Serre ist ein leidenschaftlicher Ökoerzeuger und experimentiert, wie es derzeit Mode ist, mit eiförmigen Gärbehältern. **Dom. de Sédouprat, Côtes de Gascogne** Erzeugt für diesen Bereich ungewöhnlich guten Rotwein (Cuvée Sanglier). **Dom. Xubialdea, Irouléguy** Ökoerzeuger Battitt Ybargaray pflanzt auf seinen 7 ha Rebbesitz Gros Manseng in einer Dichte von 10.000 Stöcken/ha. **Sandrine Annibal, Thézac-Perricard** (IGP) Bestes Gewächs ist der halbtrockene Manseng, und der schmeckt definitiv nach mehr. Und vergessen Sie auf gar keinen Fall den Armagnac aus Gers, Frankreichs besten Weinbrand.

Rouget, Emmanuel Côte d'Or r ★★★★ Erbe des legendären Besitzes v Henri Jayer in ÉCHEZEAUX, NUITS-ST-GEORGES und VOSNE-ROMANÉE. S zenwein: Vosne-Romanée Cros Parantoux (erschreckend teuer). Jetzt w auch die junge Generation miteinbezogen.

Roulot, Domaine Côte d'Or w ★★★→★★★★ Der hervorragende Erzeuge MEURSAULT hat inzwischen Kultstatus erlangt, was für die Preise auf d Sekundärmarkt nichts Gutes ahnen lässt. Großartig sind die PREMI CRU-Gewächse wie Charmes, Clos des Bouchères und Perrières, preisw ter diejenigen aus besten Villages-Lagen wie Les Luchets, Meix Chav und Tessons (Clos de Mon Plaisir).

Roumier, Georges Côte d'Or r ★★★★ Das Musterweingut für BONN MARES und andere brillante Chambolle-Weine, bereitet vom fähigen Ch tophe Roumier. Langlebige, aber auch schon in der Jugend ansprecher Gewächse, die als »Kultweine« inzwischen sehr hoch gehandelt werder

Rousseau, Domaine Armand Côte d'Or r ★★★★ Unvergleichliche DOMAIN GEVREY-CHAMBERTIN, brillant der CLOS ST-JACQUES und die GRAND-C

Gewächse. Sämtliche Weine des Sortiments zeichnen sich durch Duft, Ausgewogenheit und Nachhaltigkeit aus, Ausrutscher gibt es nur sehr selten.

ɔussette de Savoie Sav w ★★ Weißwein aus der Gegend südlich des Genfer Sees von 100% Roussette, teils zum Einlagern. Erzeuger: Maillet, de la Mar, Quenard.

ɔussillon Individuelle Region des MIDI, die jedoch oft mit dem Languedoc in einen Topf geworfen wird und inzwischen der AC LANGUEDOC eingegliedert ist. Ursprünglicher, traditioneller VIN DOUX NATUREL (z. B. BANYULS, MAURY, RIVESALTES). Jüngere Jahrgangsweine (RIMAGE/Grenat) konkurrieren nun mit gereiftem RANCIO. Zudem ansprechende Tischweine, für die 2011 die AC Maury Sec eingerichtet wurde. Siehe auch CÔTES DU ROUSSILLON und -VILLAGES, COLLIOURE und CÔTES CATALANES (IGP).

ɹchottes-Chambertin Côte d'Or r ★★★★ **90' 93' 95 96' 99' 00 02' 03** 05' **06 07 08** 09' 10' **11** 12' 13 14 15' (16) – Winziger GRAND-CRU-Nachbar von CHAMBERTIN; weniger körperreicher, dafür ätherischer, fein gewirkter, langlebiger Wein von großer Finesse. Spitzenerzeuger: MUGNERET-Gibourg, ROUMIER, ROUSSEAU.

ɹinart Champ »R« de Ruinart BRUT oJ; Ruinart Rosé oJ; »R« de Ruinart Brut **02' 04 06 08** – Die älteste Champagnerfirma, gegründet 1729. Das bereits hohe Niveau steigt immer weiter: Die Weine sind reichhaltig und elegant. Die Prestige-CUVÉE Dom Ruinart ist einer der beiden besten BLANC-DE-BLANCS-Jahrgangsweine der Champagne (z. B. **02' 04** 08), und auch der Dom Ruinart Rosé (**98 02'**) ist etwas ganz Besonderes. Der Blanc de Blancs oJ ist sehr viel besser geworden, v. a. in Magnum- und Doppelmagnum-(Jeroboam-)Abfüllungen. In den klassisch kühlen Jahrgang 2013 werden große Hoffnungen gesetzt.

ılly Bg r w ★★ r **12** 14' 15' (16); w **14' 15 (16)** – Ort an der CÔTE CHALONNAISE. Leichter, frischer, schmackhafter, preiswerter Weißwein. Bei den Roten steht nicht so sehr Struktur als viemehr die Frucht im Vordergrund. Probierenswert: Devevey, DROUHIN, DUREUIL-JANTHIAL, FAIVELEY, Jacqueson, C. Jobart, Ninot, Rodet.

ıblet S-Rh r (rs) w ★★ **13 15' 16'** – Vergnügliche, aber auch seriöse Weine von steigender Qualität bietet dieser Ort der CÔTES DU RHÔNE-VILLAGES. Beerenfruchtige Rote von sandigen Böden, v. a. von der Genossenschaft CAVE des Vignerons du Gravillas sowie den DOMAINES de Boissan (voll), Les Goubert, Pasquiers (voll) und Piaugier. Auch gute, volle Weißweine, sowohl als Aperitif als auch zum Essen, v. a. von Boissan, Piaugier, St Gayan.

int-Amour Beauj r ★★ **14 15' 16** – Nördlichster Cru im BEAUJOLAIS; leichter, fruchtiger Wein, ein wenig gesichtslos. Wird unverdrossen für den Valentinstag angepriesen. Empfehlenswerte Erzeuger: Dom. de Fa (Graillot), Janin, Patissier, Revillon.

int-Aubin Côte d'Or r w ★★★ r **10' 11 12 13 14** 15' (16); w **08 09' 10' 11 12 13 14'** 15 (16) – An PULIGNY- und CHASSAGNE-MONTRACHET angrenzende Ortschaft; gute Quelle für lebhafte, erfrischende Weißweine, die erfreulicherweise nicht ganz so teuer sind. Auch nette, jung zu trinkende Rote. Beste Lagen: Chatenière, En Remilly, Murgers Dent de Chien. Beste Erzeuger: J.C. Bachelet, COLIN, Colin-Morey, Lamy, Prudhon.

int-Bris Bg w ★ BV – Nachbar von CHABLIS, die einzige AC für SAUVIGNON BLANC in Burgund. Frische, lebhafte Weine von J.H. GOISOT, die sich zum Einkellern eignen. Auch interessant: Bersan, de Moor, Simonnet-Febvre.

int-Chinian Lang r ★→★★★ **10 11** 12 13 14 15 16 – Großes, hügeliges Gebiet bei Béziers mit solidem Ruf; enthält die CRUs du Languedoc Berlou und Roquebrun (Schieferböden). Warme, würzige Rotweine auf Basis von SYRAH, CARIGNAN, GRENACHE und MOURVÈDRE. Die Weißen werden von GRENACHE BLANC, MARSANNE, ROUSSANNE und VERMENTINO berei-

Frankreich

tet. Erzeuger: die Genossenschaft in Roquebrun (gut), Dom. Borie la Vit rèle, CLOS Bagatelle, Ch. Coujan, Dom. la Dournie, Dom. des Jougla, Dor MADURA, Mas Champart, Dom. Navarre, Dom. Rimbert und Ch. de Virane Ein Abstecher lohnt sich.

Sainte-Croix-du-Mont Bx w; s ★★ 05' 07 09' 10' 11 13 14 15 16 – AC für süß Weißweine gegenüber von SAUTERNES auf der anderen Seite der Garonn Die besten Exemplare sind voll, cremig und langlebig. Spitzen-CHÂTEAU Crabitan-Bellevue, Loubens, du Mont, Pavillon und la Rame.

Saint-Émilion Bx r ★★→★★★★ 00' 01 03 04 05' 08 09' 10' 11 12 14 15 16 Großer Bereich von BORDEAUX auf dem rechten Ufer – angebaut wird vo wiegend MERLOT, gefolgt von CABERNET FRANC – mit den ACS St-Émilic und St-Émilion Grand cru (letztere Einstufung ist nicht durchweg berec tigt). St-Émilion PREMIER GRAND CRU CLASSÉ ist die Klassifikation der Sp zengewächse. Warmer, voller, runder Stil; die besten Weine sind fest u sehr langlebig. Zudem gibt es sowohl moderne als auch traditionelle S le. Spitzen-CHÂTEAUX: ANGÉLUS, AUSONE, CHEVAL BLANC, FIGEAC, PAVI Vergleichsweise günstig sind CARTEAU CÔTES DAUGAY, de FONBEL ur Teyssier. Viele auch in preislicher Hinsicht ansprechende Weine.

»Wein macht Werktage ersprießlich, Wein macht Sonntage glücklich.« Baudelaire

Saint-Estèphe H-Méd r ★★→★★★★ 98 00' 01 02 03 04 05' 06 08 09' 10' 1 12 14 15 16 – Nördlichste kommunale AC im MÉDOC. Solide, strukturiert auf Langlebigkeit ausgelegte Weine von verlässlicher Qualität; das Pre spektrum ist groß. Fünf Crus classés: CALON-SÉGUR, COS D'ESTOURNE COS LABORY, LAFON-ROCHET und MONTROSE. Daneben gibt es viele gu Châteaux ohne Klassifizierung: CLAUZET, LE CROCK, HAUT-MARBUZE MEYNEY, ORMES DE PEZ, de PEZ, PHÉLAN SÉGUR.

Sainte-Victoire Prov r rs ★★ Unterbereich der CÔTES DE PROVENCE an d Südhängen der Montagne Ste-Victoire. Gute Weine aus einer beeindr ckenden Landschaft. Probierenswert sind Mas de Cadenet und Mauvan.

Saint-Gall, De Champ BRUT oJ; Extra Brut oJ; Brut BLANC DE BLANCS oJ; B Rosé oJ; Brut Blanc de Blancs 04 06 08'; CUVÉE Orpale Blanc de Blan 02' 04 08' 09 – Markenname der Union Champagne, der von Spitzenwi zern gebildeten Genossenschaft in AVIZE. Feiner und preiswerter Pie Vaudon oJ auf Pinot-Basis. Erzeugt auch erstklassige Grundweine für a dere Champagnerhäuser.

Saint-Georges d'Orques Lang r rs ★★→★★★ Der individuellste Teil der au gedehnten AOP Grès de Montpellier strebt Cru-Status an. Probierensw sind Ch. l'Engarran, Dom. Henry und Dom. la Prose.

St-Georges Saint-Emilion Bx r ★★ 08 09' 10' 12 14 15 16 – Der kleins der »Satelliten« von ST-ÉMILION mit stämmigen, gut strukturierten W nen. Spitzen-CHÂTEAUX: Calon, MACQUIN ST-GEORGES, St-André Corb ST-GEORGES, TOUR DU PAS ST-GEORGES.

Saint-Gervais S-Rh r (rs) (w) ★ 15' 16' – Ort am Westufer der Rhône mit gut Böden, aber sehr begrenzter Auswahl. Die Genossenschaft bietet ledigli ein bescheidenes Niveau. Der beste Wein ist der langlebige (10 Jahre u mehr) Rote der Dom. Sainte-Anne (frisch, fest, mit ausgeprägten MOU VÈDRE-typischen Lakritzaromen), auch der VIOGNIER ist gut. Außerde Dom. Clavel mit dem roten Syrius.

Saint-Jacques d'Albas, Château Lang r rs w ★★ Seit 2001 bestehendes, rü riges Gut im MINERVOIS. Empfehlenswert: Le Petit St-Jacques, Domai d'Albas, Château d'Albas und der SYRAH-dominierte La Chapelle (alle ro

aint-Joseph N-Rh r w ★★ 99' 05' 06' 07' 09' 10' 11' 12' 13' 14 **15'** 16' – AC entlang dem Westufer der nördlichen Rhône, vorwiegend mit Granitböden. Rotweine von SYRAH. Aus den ältesten und besten Lagen bei Tournon kommen stilvolle, weiche Gewächse mit Noten roter Früchte, weiter nördlich sind die Weine dunkler, offenherziger, pfeffriger, und es wird spürbar mehr Eiche verwendet. Vollständigere, nicht so leicht zugängliche Weine wie CROZES-HERMITAGE, v. a. von CHAPOUTIER (Les Granits), J.-L. Chave (stilvoll), Gonon (Spitzenklasse), B. Gripa und GUIGAL (Vignes de l'Hospice); auch: Chèze, Courbis (modern), Coursodon (rassig, modern), Cuilleron, Delas, E. Darnaud, J. & E. Durand (fruchtig), Faury, Gaillard, P. Marthouret (traditionell), Monier-Perréol (Ökoanbau) A. Perret, Nicolas Perrin, Vallet, P.-J. Villa, F. Villard, Vins de Vienne. Gute, zum Essen passende Weiße (hauptsächlich Marsanne), v. a. von Barge, Chapoutier (Les Granits), Cuilleron, Faury, Gonon (fabelhaft), Gouye (traditionell), B. Gripa, A. Perret, J. Pilon.

aint-Julien H-Méd r ★★★→★★★★ 00' **01 02 03 04** 05' 06 08 **09'** 10' **11 12** 14 15 16 – Kleine kommunale AC im mittleren MÉDOC. Elf Weingüter, die in die Klassifizierung von 1855 aufgenommen wurden, besitzen 95 % der Rebfläche, u. a. die drei LÉOVILLE-CHÂTEAUX, DUCRU-BEAUCAILLOU und GRUAUD LAROSE. Zu der Handvoll nicht klassifizierter Chateaux zählen du GLANA und GLORIA. Der Inbegriff eines harmonischen, duftenden und aromatischen Rotweins.

aint-Mont SWF r rs w ★★ r **14** (15') (16); rs w BV – AOP in Gers im Südwesten der Gascogne. J.-L. Garoussia von der Dom. de Turet (★) spielt nicht nur Saxofon, sondern stemmt sich gemeinsam mit Ch. de Bergalasse und Dom. des Maouries (★★) auch gegen die Versuche der PRODUCTEURS PLAIMONT, die Appellation als Markennamen zu übernehmen.

aint-Nicolas-de-Bourgueil Lo r rs ★→★★★ **05' 06 08 09' 10' 11 12 14'** 15' 16 – AC westlich von BOURGUEIL mit ähnlichen (aber teureren) Weinen von CABERNET FRANC, die von den überwiegend vorkommenden Sand-/Kiesböden leicht, von den Kalkhängen aber strukturierter ausfallen. 2016 erlitten einige Lagen schwere Frostschäden. Empfehlenswerte Erzeuger: Yannick Amirault, Clos des Quarterons, David, Delanoue, Lorieux, Frédéric Mabileau, Laurent Mabileau, Mabileau-Rezé, Mortier, Taluau-Foltzenlogel, Vallée.

aint-Péray N-Rh w; sch ★★ **12' 13' 14' 15' 16'** – Weißer Rhône-Wein (MARSANNE plus ROUSSANNE) mit wachsendem Renommee von Weinbergen auf Granit- und Kalksteinhügeln gegenüber von Valence. Auch etwas Schaumwein nach der Méthode champenoise – unbedingt probierenswert (R. Nodin, J.-L. Thiers, A. Voge). Der weiße Stillwein sollte zupackend und rauchig mit Feuersteinnote sein. Spitzenerzeuger: CHAPOUTIER, Clape (reintönig), Colombo (stilvoll), Cuilleron, B. Gripa (sehr gut), R. Nodin, J.-L. Thiers, du Tunnel, Voge (Eiche) sowie die Genossenschaft in TAIN.

aint-Pierre-de-Soucy Sav – Aus dem Cru mit steilen Schieferhanglagen kommt ein entschieden frisch-aromatischer Mix aus Jacquère, CHARDONNAY und Mondeuse blanche. Spitzenerzeuger: Domaine des Ardoisières.

aint-Pourçain ZF r rs w ★→★★ BV – 640-ha-AC am Oberlauf der Loire (Allier). Leichte Rot- und Roséweine von GAMAY und PINOT NOIR (sortenreinen Pinot noir verbieten die AOP-Vorschriften albernerweise) sowie Weißweine von der Lokalsorte Tressalier und/oder CHARDONNAY bzw. SAUVIGNON BLANC. Erzeuger: Dom. de Bellevue, Berioles, Grosbot-Barbara, Laurent, Nebout, Pétillat, Ray und die gute Genossenschaft VIGNERONS de St-Pourçain.

aint-Romain Côte d'Or r w ★★ w **12 14' 15** (16) – Knackig-frische Weißweine und schnörkellos bereitete Rote aus einem Nebental der CÔTE DE

Frankreich

BEAUNE. Probierenswert: Bellene, Buisson, Dom. de Chassorney, Gra HOSPICES DE BEAUNE.

Saint-Véran Bg w ★★ **14'** 15 (16) – AC außerhalb von POUILLY-FUISSÉ mit un terschiedlichen Bodenarten, Erzeugerstilen und Ergebnissen. Die beste Weine sind hochwertig (Chagnoleau, Corsin, Litaud, Merlin) und preiswe (Deux Roches, DUBŒUF, Poncetys).

Salon Champ ★★★★ Der ursprüngliche BLANC DE BLANCS aus Le MESN an der Côte des Blancs. Winzige Produktion. Die langlebigen, ungeheu kostspieligen Weine genießen ein Ehrfurcht gebietendes Renommee, fa len in Wirklichkeit aber manchmal ungleichmäßig aus. In letzter Zeit sin sie jedoch ganz auf der Höhe (z. B. **83' 90 97'**), nur der 1999er enttäusch und was aus dem 2002er wird, ist selbst unter Experten umstritten. Sieh auch DELAMOTTE.

Warum wird in Sancerre Pinot noir angebaut? Dort war mal der Sitz der Grafe der Champagne.

Sancerre Lo (r) (rs) w ★→★★★★ **05' 08' 10 12 13 14'** 15' 16' – Der Maß stab für SAUVIGNON BLANC (2.291 ha), außerdem viele feine Rote (612 h für PINOT NOIR). 2016 wie durch ein Wunder vom Frost verschont. Spi zenerzeuger: Boulay, BOURGEOIS, Cotat (wechselhaft), François Croche Lucien Crochet, Vincent Delaporte, Dezat, Dionysia, Fouassier, Thoma Laballe, Alphonse MELLOT, Joseph Mellot, Pierre Martin, Mollet, Pinar Paul Prieur, Pascal et Nicolas Reverdy, Raimbault, Claude Riffault, Robli Jean-Max Roger, Thomas, Vacheron, Vatan, Vattan. Außerdem viele spa nende junge Erzeuger.

Santenay Côte d'Or r (w) ★★(★) **99' 02' 03 05' 09' 11 12 13** 14 15' (16) – Da Südende der CÔTE DE BEAUNE hat das Potenzial, feine Rotweine zu liefer tut es aber nicht immer. Auch einige gute Weiße. Die besten Lagen sir CLOS Rousseau, Clos de Tavannes und Les Gravières (rot und weiß). Gu Erzeuger: Belland, Camille Giroud, Jessiaume, Lequin-Coulin, MOREAU, MOREY, Muzard, Vincent.

Saumur Lo r rs w; sch ★→★★★ **05' 09' 10' 12 14'** 15' (16) – Große AC f leichte bis ernst zu nehmende Weißweine, die sich brillant entfalten, un hauptsächlich unkomplizierte Rote, mit Ausnahme des Bereichs SAU MUR-CHAMPIGNY. Ansonsten angenehme Rosés sowie CRÉMANT (i zwischen am bedeutendsten) und SAUMUR Mousseux aus dem Zentru der Schaumweinbereitung an der Loire. Die AOP Saumur Le-Puy-Notr Dame für CABERNET-FRANC-Rotweine umfasst ein (allzu) großes Gebi mit 17 Gemeinden. Gute Erzeuger: BOUVET-LADUBAY, CHAMPS-FLEURI Clos Mélaric, CLOS ROUGEARD, Antoine Foucault, René-Hugues Gay, Gu berteau, Nerleux, Paleine, Ch. Parnay, Rocheville, St-Just, Ch. de Targ Cave des VIGNERONS de Saumur, Ch. de VILLENEUVE, Ch. Yvonne.

Saumur-Champigny Lo r ★★→★★★ **96' 05' 09' 10 12 13 14' 15'** (16) Neun Gemeinden umfassende AC für aromatische CABERNET-FRANC-Ro weine, die zu den besten zählen; gute Jahrgänge halten sich 15–20 Jah und länger. Beste Erzeuger: Bonnelière, Bruno Dubois, CHAMPS-FLEURI CLOS Cristal, CLOS ROUGEARD, de la Cune, Filliatreau, Hureau, Nerleu Petit Saint-Vincent, Roches Neuves, de Rocheville, St-Just, Antoine Sa zay, Ch. de Targé, P. Vadé, du Val Brun, Ch. de VILLENEUVE, Yvonne sow die Genossenschaft in SAUMUR.

Saussignac SWF w; s ★★ **11 12'** (**14**) (**15'**) – Sub-AOP von BERGERA westlich an MONBAZILLAC grenzend, deren Weine aber nicht ganz so ü pig süß sind. Beste Erzeuger: die DOMAINES Lestevénie, La Maurigne, L

Miaudoux und de Richard (alle ★★★) sowie die CHÂTEAUX Le Chabrier, Le Payral und Le Tap (alle ★★).

Sauternes Bx w; s ★★→★★★★ 90' 95 96 97' 98 99' 01' 02 03' 05' 07' 09' 10' 11' 13 14 15 16 – AC mit fünf Orten, in denen aus edelfaulen Trauben Frankreichs beste *liquoreux*-Weine bereitet werden: stark, üppig, goldfarben, mit zunehmendem Alter immer besser und ein überraschend guter Speisebegleiter. Zuletzt einige großartige Jahrgänge. Zu den 1855 klassifizierten CHÂTEAUX zählen CLOS HAUT-PEYRAGUEY, GUIRAUD, LAFAURIE-PEYRAGUEY, RIEUSSEC, SIGALAS RABAUD, SUDUIRAUT, La TOUR BLANCHE und natürlich d'YQUEM. Trockene Weine müssen als AC BORDEAUX Blanc etikettiert werden.

Sauzet, Etienne Côte d'Or w ★★★ Führendes Weingut in PULIGNY mit großartigen PREMIERS CRUS (am besten sind Champ Canet und Les Combettes) und GRANDS CRUS. Die neuerdings biologisch-dynamisch bewirtschafteten Weinberge erbringen frische, lebhafte, jetzt auch wieder langlebigere Weine.

Savennières Lo w; tr (s) ★★→★★★★ 89' 96' 03 05' 07 08' 09 10' 11 12 14' 15' (16) – Kleine AC in ANJOU mit großem Renommee und langlebigen, von markanter Säure gekennzeichneten Weißen (CHENIN BLANC) höchst unterschiedlicher Machart und Güte. Empfehlenswerte Erzeuger: Baudouin, Baumard, Bergerie, Boudignon, Closel, Ch. d'Epiré, Dom. FL, Laureau, Mahé, Mathieu-Tijou, Morgat, Ogereau, Ch. Pierre-Bise, Pithon-Paillé, Ch. Soucherie. Spitzenlagen: CLOS du Papillon, COULÉE-DE-SERRANT und La ROCHE-AUX-MOINES.

Savigny-lès-Beaune Côte d'Or r (w) ★★★ 99' 02' 03 05' 09' 10' 11 12 14 15' (16) – Bedeutender Ort bei BEAUNE mit ähnlich mittelschweren Weinen, deren aromatische Art allerdings manchmal ins Rustikale abgleitet. Beste Lagen: Dominode, Les Guettes, Lavières, Marconnets, Vergelesses. Erzeuger: Bize, Camus, Chandon de Briailles, Chenu, CLAIR, DROUHIN, Girard, Guyon, LEROY, Pavelot, Tollot-Beaut.

Savoyen (Savoie) Sav r w; sch ★★ BV – Alpiner Bereich. Die AC Vin de Savoie (1.980 ha) verfügt über 16 Crus, darunter APRÉMONT, Chignin, CRÉPY, Jongieux und Ripaille. Separate ACs sind Roussette de Savoie (Altesse) und SEYSSEL. Die Rotweine werden vorwiegend von den Sorten GAMAY und MONDEUSE bereitet, die Weißen von Altesse, Jacquère und Mondeuse blanc.

Schlossberg El – GRAND CRU in Kientzheim, berühmt seit dem 15. Jahrhundert. Glorioser, unwiderstehlicher RIESLING von FALLER (10) und neuerdings von TRIMBACH. Der Jahrgang 2015 dürfte für Riesling großartig sein.

Schlumberger, Domaines El w; s ★→★★★ Riesiger, erstklassiger Betrieb in Guebwiller, dem etwa 1 % aller Weinberge im Elsass gehören. Besitzt Lagen in den GRANDS CRUS Kitterlé, Kessler, Saering (rassig; 09 10' 12 13 15) und Spiegel. Reichhaltige Weine. Das Angebot umfasst u. a. seltenen RIESLING, die unverwechselbare CUVÉE Ernest und neuerdings den PINOT GRIS Grand cru Kessler (09' 10' 12 13 14 15).

Schoenenbourg El – Der GRAND CRU in Riquewihr liefert sehr volle, erfolgreiche Weine: PINOT GRIS, RIESLING, sehr feine VENDAGE TARDIVE und SÉLECTION DE GRAINS NOBLES, v. a. von DOPFF AU MOULIN. Auch sehr guter MUSCAT. HUGELs Riesling Schoelhammer stammt von hier.

Schoenheitz El – Aufstrebendes Weingut im Münstertal. Besonders gut ist der trockene Basis-RIESLING (10' 11 12 13' 14), daneben der hübsche, mit floralen Noten ausgestattete Riesling Linsenberg (10 14 15).

Schoffit, Domaine El w ★★★ Der außergewöhnliche Winzer Bernard Schoffit in Colmar erzeugt exzellente VENDANGE-TARDIVE-Weine von vulkanischen Böden: GEWÜRZTRAMINER und PINOT GRIS GRAND CRU RANGEN Clos St-

Frankreich

Théobald (09 10' 12' 14 15). Ein Kontrast ist der RIESLING Grand cru So nenberg (08 10' 13) von Kalksteinboden. Außerdem köstlicher CHASSELA

Sec Wörtlich: trocken; so bezeichneter CHAMPAGNER ist allerdings eher lie lich (für Sektfrühstück und Hochzeiten besser geeignet als BRUT).

Séguret S-Rh r rs w ★★ 10' 12' 13 14 15' 16' – Provenzalischer Bilderbuc weinort bei GIGONDAS mit Lagen in der Ebene und auf Hügeln, zählt den besten CÔTES-DU-RHÔNE-VILLAGES. Pfeffrige, recht tiefe, mitun sogar sehr volle Rotweine, vorwiegend von GRENACHE, sowie Weißwei mit deutlicher Frucht. Erzeuger: v.a. Ch. La Courançonne (gute Weiß DOMAINES Amandine, de l'Amauve (fein), de Cabasse (elegant), J. Dav (wuchtig; ökologischer Anbau), Fontaine des Fées, Garancière, Mais Plantevin, Malmont (stilvoll), Mourchon (stramm), Pourra (intensiv, mu lagern), Soleil Romain.

Kühler Syrah aus dem Süden

Außerhalb der nördlichen Rhône hat SYRAH es oft nicht leicht, denn unter übermäßiger Hitze leidet die Klarheit dieser Sorte, was zu marmeladiger Aromatik führt. In den Niederungen des Flusses Drôme an der südlichen Rhône ist es aber kühl genug, dass die Sorte stilvoll reifen kann. Daher gibt es Weine wie den CÔTES DU RHÔNE Sélection Mon Cœur (Syrah aus VINSOBRES) von J.-L. CHAVE, den St-Maurice Guillaume de Rouville (öko) von Dom. de l'Echevin, den Dom. Gramenon Sierra du Sud (biodynamisch) oder den Côtes du Rhône Bio & Élégant (öko) von Peysson.

Sélection de grains nobles El – Von HUGEL geprägter Ausdruck für das elsä sische Gegenstück zur deutschen BEERENAUSLESE; wird immer strenger Bestimmungen unterworfen. *Grains nobles* sind Trauben mit Edelfäule Süßweine.

Sérafin Côte d'Or r ★★★ Tiefdunkle Farbe, intensive Aromen und jede Men neue Eiche – so lautet das Sérafin-Rezept, z. B. für den GEVREY-CHAMBE TIN VIEILLES VIGNES und die CHARMES-CHAMBERTIN-Gewächse.

Seyssel Sav w; sch ★★ AC seit 1942. Weißwein (von Altesse und Molett und CHASSELAS sowie Schaumwein. Guter Erzeuger: Les Caves de Seys Lambert.

Sichel & Co. Bx r w – Familiengeführtes Handelshaus, eines der reno miertesten in BORDEAUX (eine Spitzenmarke ist Sirius) mit Beteiligungen Ch. d'ANGLUDET, Ch. Argadens, Ch. PALMER und in CORBIÈRES (Ch. Trillo Hochmodernes Lager.

Signargues S-Rh ★→★★ 15' 16' – Bescheidener Ort der CÔTES DU RHÔN VILLAGES am Westufer des Flusses zwischen Avignon und Nîmes. Die w zigen, eher stämmigen Rotweine sollten innerhalb von 4 Jahren getru ken werden. Beachtenswerte Erzeuger: CAVE des Vignerons d'Estézargu (schwungvoll), La Font du Vent (mit den besten, tiefgründigsten Weine Haut-Musiel, Dom. des Romarins, Ch. Terre Forte (biodynamisch) u Dom. Valériane.

Simone, Château Prov r rs w ★★→★★★ Geschichtsträchtiges Familie weingut südlich von Aix-en-Provence, auf dem Winston Churchill einst d Montagne Ste-Victoire malte. Seit fast zwei Jahrhunderten im Besitz d Familie Rougier. Praktisch ein Synonym für die AC PALETTE. Die langle gen Weißweine aufzuspüren lohnt sich; außerdem charaktervoller Ro und wärmende Rotweine. Teilweise seltene Rebsorten wie Castets u Manosquin (beide rot).

ipp, Louis El w; s ★★→★★★ Erzeuger und Négociant in Ribeauvillé. Sehr guter RIESLING GRAND CRU Kirchberg, erlesener Grand cru Osterberg GEWÜRZTRAMINER VENDANGE TARDIVE (v. a. **07 09'**). Fein in klassischen trockeneren Jahren (**08 10 12** 13 14).

ipp-Mack El w; s ★★→★★★ Ausgezeichnete DOMAINE in Hunawihr. Großartiger RIESLING vom GRAND CRU ROSACKER (**10 12 13' 14** 15'); auch sehr guter PINOT GRIS.

org, Bruno El w ★★→★★★ Erstklassiger kleiner Winzer in Eguisheim mit den GRANDS CRUS Florimont (RIESLING **10** 12 **13' 14** 15') und PFERSIGBERG (MUSCAT). Tadellose, umweltfreundlich bewirtschaftete Weinberge

ur lie »Auf der Hefe.« MUSCADET wird oft direkt vom Fass abgefüllt, um Schwung, Körper und Charakter zu bewahren.

âche, La Côte d'Or r ★★★★ **90' 93' 95 96' 98 99' 00 01 02' 03** 05' 06 **07** 09' 10' 11 12' 13 14 15' (16) – GRAND CRU in VOSNE-ROMANÉE, MONOPOLE von DRC. Eine der besten Lagen der Welt: voller, herrlich duftender, luxuriöser Wein (in der Jugend verschlossen).

aille aux Loups, Domaine de la Lo w; s; sch ★★★ **05' 07' 08' 09 10' 11 12** 14' **15'** (16) – Jacky Blot ist einer der dynamischsten und penibelsten Erzeuger an der Loire: fassvergorener MONTLOUIS-SUR-LOIRE und VOUVRAY, großteils trocken ausgebaut, besonders fein von den Einzellagen CLOS Mosny, Clos Michet (beide Montlouis) und Clos de Venise (Vouvray). Außerdem Triple Zéro Montlouis Pétillant (weiß und rosé) sowie sehr gute Rotweine von der DOMAINE de la Butte in BOURGUEIL. 2016 schwere Frostschäden im Bereich Montlouis.

ain, Cave de N-Rh ★★→★★★ Hervorragende Genossenschaft der nördlichen Rhône: viele Weinberge mit älterem Rebbestand, darunter ein Viertel der Gesamtrebfläche von HERMITAGE. Solider bis sehr guter roter Hermitage, v. a. Epsilon und Gambert de Loche, opulenter weißer Hermitage Au Cœur des Siècles. Guter ST-JOSEPH (rot und weiß) und interessante Ökoreihe namens Bio (CROZES-HERMITAGE, St-Joseph), sonst eher moderne Mainstream-Weine. Gute neuere Crozes-Hermitage-Gewächse (rot) von Lagen am Hang und in der Ebene: »GN«, »BM« und »LA«. Ausgezeichneter VIN DE PAILLE. Die Weißen fielen 2015 recht leicht aus.

aittinger Champ BRUT oJ; Rosé oJ; Brut **04 06 08**; Collection Brut **89 90 95'** – Diese Weine sind die Juwelen des jetzt wieder familiengeführten Hauses in Reims, dessen Champagner mit ihrer exquisiten Leichtgewichtigkeit der Inbegriff des klassischen Aperitifstils sind. Fantastisch der luxuriöse Comtes de Champagne (**95' 99 02' 04 06** 08'); der Comtes de Champagne Rosé brilliert **06**. Außerdem ein ausgezeichneter Einzellagenwein namens La Marquetterie. Ein neues Schaumweinprojekt ist die Domaine Evremond in der englischen Grafschaft Kent. (Siehe auch Dom. Carneros im Kapitel »Vereinigte Staaten«, Abschnitt »Kalifornien«.)

avel S-Rh rs ★★ BV – Früher stämmiger Rosé auf GRENACHE-Basis, passend zur Mittelmeerküche. Wird heute vielfach im leichteren Provence-Stil ausgebaut und oft als Aperitif getrunken – ein Jammer. Spitzenerzeuger: Dom. de l'Anglore (ungeschwelfelte Weine), Ch. Aquéria, Dom. Corne-Loup, Ch. Correnson (stilvoll), GUIGAL (gut), Lafond Roc-Epine, Maby, Ch. de Manissy, Dom. de la Mordorée (voll), Moulin-La-Viguerie (traditionell, Ökoanbau), Prieuré de Montézargues (fein), Rocalière (sehr fein), Ségriès, Trinquevedel (fein), VIDAL-FLEURY.

empier, Domaine Prov r rs w ★★★★ Das Gut bereitete der MOURVÈDRE-Traube in der AC BANDOL den Weg. Weine von großartiger Eleganz, Konzentration und Langlebigkeit. Die Qualität ist nach wie vor hervorragend, erhält jetzt allerdings durch etliche andere Erzeuger Konkurrenz.

Terrasses du Larzac Lang r rs w ★★→★★★ Der nördlichste Teil der A LANGUEDOC – eine wilde, bergige Region vom Lac du Salagou bis Aniane einschließlich MONTPEYROUX und St-Saturnin. Seit 2014 eigenständig AC; außerdem (guter) Vin du Languedoc. Die kühlen Temperaturen sorge für frische Weine. Zu den Stars und denen, die es bald sein werden, gehö ren CLOS des Serres, Jonquières, MAS CAL DEMOURA, Mas de l'Ecriture Mas Jullien, MONTCALMÈS, Pas de l'Escalette und Plan de l'Homme. Ur bedingt im Auge behalten.

Thénard, Domaine Bg r w ★★→★★★★ Traditionsreicher Erzeuger m großem Besitz an Le MONTRACHET, der Wein wird jedoch großteils a Négociants verkauft. Außerdem einige sehr gute Rote aus GIVRY, wo di Domaine beheimatet ist.

Thévenet, Jean Bg r w; s ★★★ Erstklassiger Erzeuger von gehaltvollem, tei weise edelfaulem CHARDONNAY im Mâconnais, z. B. der CUVÉE Levrouté von der Dom. de la Bongran.

Thézac-Perricard SWF r rs w ★★ 15' (16) – CAHORS benachbarter IGP-Be reich mit Rotweinen von MALBEC und MERLOT. Sandrine Annibals Dom. d Lancement (★★) tut sich v. a. mit spannenden lieblichen Weißen von de beiden MANSENG-Sorten hervor und liegt mit ihren Roten noch immer kla vor der sehr achtbaren Genossenschaft (★).

Thiénot, Alain Champ BRUT oJ ★★★; Rosé Brut oJ; CUVÉE Stanislas **02 0** **06 08'** 09 12 13; fülliger Vigne aux Gamins BLANC DE BLANCS (Einze lagen-Avize **02 04 06**); strahlende CUVÉE Garance CHARDONNAY **07 0** (klassisch, braucht noch Zeit) – Die nachfolgende Generation hat jetz das Ruder übernommen. Stets steigende Qualität; eindrucksvolle CHAM PAGNER zu vernünftigen Preisen. Auch Eigentümer von CANARD-DUCHÊN in der Champagne sowie von Ch. Ricaud in LOUPIAC.

Thomas, André et Fils El w ★★★ Sehr feiner Erzeuger in Ammerschwihr m strikt ökologischem Anbau. Im Keller ein Kunsthandwerker, der sehr gute RIESLING KAEFFERKOPF (**08** 10' 12) und herrlichen GEWÜRZTRAMINE VIEILLES VIGNES (**05 09' 10' 12** 14) bereitet.

Tissot Jura – Familie mit zahlreichen Mitgliedern in der AC ARBOIS. Stéphan Tissot (★★★), der den elterlichen Betrieb André et Mireille Tissot weite führt, ist ein Pionier in Sachen Einzellagen-CHARDONNAY und VIN JAUN aus ökologischem/naturnahem Anbau; außerdem erzeugt er hervorrager den CRÉMANT du Jura. Jacques Tissot (★★) setzt mehr auf Quantität, is aber preiswert.

Tollot-Beaut Côte d'Or r ★★★ Verlässlicher Erzeuger mit 20 ha Weinberg besitz in BEAUNE, (u. a. BEAUNE-Grèves und CLOS du Roi), CORTON (Bres sandes), SAVIGNY-LÈS-BEAUNE und in seinem Heimatort CHOREY-LÈS BEAUNE (v. a. Pièce du Chapitre). Eichenwürziger Stil, passt aber.

Touraine Lo r rs w; tr s; sch ★→★★★★ **10 14' 15'** 16 – Riesige Region m einer Vielzahl von APPELLATIONEN (z. B. VOUVRAY, CHINON, BOURGUEIL sowie der umfassenden AC Touraine mit unterschiedlicher Qualität: fruch tige Rote (CABERNET FRANC, CÔT, GAMAY, PINOT NOIR), Weiße (SAU VIGNON BLANC), Rosés und Schaumweine. Erzeuger: Bois-Vaudons, Co billières, La Chapinière, Joël Delaunay, Garrelière, Gosseaume, Lacou Mandard, Jacky Marteau, Marionnet, Morantin, Petit Thouars, Presle Puzelat, Ricard, Roussely, Tue-Bœuf, Villebois. Die Touraine-Village-AC heißen Azay-le-Rideau, Chenonceaux, Mesland, Noble-Joué und Oisly. Al zu starke Konzentration auf Sauvignon blanc und Herbizide. 2016 teilweis schwere Frostschäden.

Touraine-Amboise Lo r rs (w) ★→★★ TOURAINE-Village-AC für 50 % Rotwein 40 % Rosé. François 1er ist ein lokal beliebter Verschnitt (GAMAY/CÔT

CABERNET FRANC), rote Spitzengewächse werden von Côt und/oder Cabernet franc bereitet, die Weißweine von CHENIN BLANC. Beste Erzeuger: Bessons, Closerie de Chanteloup, Dutertre, Frissant, Gabillière, La Grange Tiphaine, Mesliard, Truet. Für Chenin-blanc und Côt-Lagen wird Cru-Status angestrebt.

Touraine Azay-le-Rideau Lo rs w; (s) ★→★★ Kleine Subappellation der AC TOURAINE mit 60 % Rosé (von mindestens 60 % Grolleau) sowie trockenen und halbtrockenen Weißweinen auf CHENIN-BLANC-Basis. Beste Erzeuger: de l'Aulée, Bourse, Grosbois, Nicolas Paget, Pibaleau, de la Roche. 2016 Frostschäden.

Touraine Mesland Lo r rs w ★→★★ **10 14 15** (16) – Kleine TOURAINE-Village-AC am nördlichen Loire-Ufer westlich von Blois. Die Weine unterscheiden sich nicht von einfachen AC-Touraine-Abfüllungen. Beste Erzeuger: Girault (biologisch-dynamisch), Grandes Espérances.

Touraine Noble-Joué Lo rs ★→★★ BV – AOP südlich von Tours, großteils im Indre-Tal, mit köstlichem Rosé von PINOT NOIR, PINOT GRIS und PINOT MEUNIER. Beste Erzeuger: Astraly, Cosson, Rousseau, Sard-Pierru. 2016 verheerende Frostschäden.

Trapet Père et Fils, Domaine Côte d'Or r ★★★ Alteingesessene DOMAINE in GEVREY-CHAMBERTIN mit sinnlichen Gewächsen aus biologisch-dynamischem Anbau, deren Spektrum von Village-Weinen bis zum CHAMBERTIN GRAND CRU reicht; außerdem Weißweine von »angeheiratetem« Besitz im ELSASS. Siehe auch Dom. ROSSIGNOL-TRAPET (Cousins).

Trévallon, Domaine de Prov r w ★★★★ **00' 01 03 04 05 06 07 08 09** 10 11 12 13 14 15 16 – Einst wegweisender Erzeuger in Les BAUX, der seine Weine allerdings als IGP BOUCHES-DU-RHÔNE etikettieren muss, da sie keinen GRENACHE-Anteil enthalten. Nichtsdestotrotz wird er seinem ausgezeichneten Ruf gerecht: Der rote CABERNET SAUVIGNON/SYRAH-Verschnitt ist intensiv und langlebig. Im Barrique ausgebauter Weißwein von MARSANNE und ROUSSANNE mit einem Spritzer CHARDONNAY und jetzt auch GRENACHE BLANC.

Trimbach, F. E. El w ★★★→★★★★ Unnachahmlicher Erzeuger von Elsässer RIESLING von den Kalksteinböden um Ribeauvillé, v. a. CLOS STE-HUNE (**89** ist immer noch großartig) und der beinahe ebenso gute (und viel preiswertere) Frédéric Emile (10 12 13). Trockene, elegante Weine für die gehobene Cuisine. Sehr lohnender GRAND CRU Geisberg aus den Lagen des Couvent de Ribeauvillé, die von Trimbach bewirtschaftet werden.

Tursan SWF r rs w ★★ Meist BV – AOP in den Landes. Die Gewächse der Domaine de Perchade sind authentischer als die köstlichen Weine, die Starkoch Michel Guérard auf seinem CHÂTEAU de Bachen (★★) für sein Restaurant in Eugénie-les-Bains erzeugt. Da kann die ehrenwerte, jetzt mit Chalosse verbundene Genossenschaft nicht ganz mithalten.

Vacqueyras S-Rh r (rs) w ★★ **07' 09' 10' 11 12' 13 14 15'** 16' – Nachbar-AC von GIGONDAS mit herzhaften, pfeffrigen, sonnendurchwärmten Weinen auf GRENACHE-Basis, die gut zu Wild und anderen Gerichten mit ausgeprägter Aromatik passen. Halten sich 10 und mehr Jahre. Empfehlenswert: Arnoux Vieux Clocher, JABOULET; Chx. de Montmirail, des Tours (sehr fein); CLOS des Cazaux (rassig, günstig); DOMAINES Amouriers, Archimbaud-Vache, Charbonnière, Couroulu (sehr gut, traditionell), Famille Perrin, Font de Papier (Ökoanbau), Fourmone (gut in Form), Garrigue (traditionell), Grapillon d'Or, Monardière (sehr gut), Montirius (biologisch-dynamisch), Montvac (elegant), Roucas Toumba (Ökoanbau), Sang des Cailloux (sehr gut, v. a. Cuvée de Lopy), Semelles de Vent, Verde. Volle Weiße, z. B. von Clos des Cazaux, Sang des Cailloux.

Val de Loire Lo r rs w; BV – Einer der vier regionalen IGP-Bereiche Frankreichs hieß früher Jardin de la France.

Valençay Lo r rs w ★→★★ AOP (165 ha) in der östlichen TOURAINE. Wein v. a. von SAUVIGNON BLANC (und CHARDONNAY), die Roten werden (vorwie gend) von CÔT, GAMAY und PINOT NOIR bereitet. Erzeuger: CLOS Delorme Lafond, Preys, Sinson, Sébastien Vaillant, VIGNERONs de Valençay.

Valréas S-Rh r (rs) (w) ★★ **10' 12' 13 15'** 16' – Der Ort der CÔTES DU RHÔNE VILLAGES im Norden der Trüffelregion Vaucluse wird immer besser; es gibt eine große Genossenschaft. Strukturierte, pfeffrige, offenherzige, mitunte alkoholstarke, rotfruchtige Rotweine (hauptsächlich GRENACHE) und We ße von zunehmender Qualität. Empfehlenswert: Emmanuel Bouchard (de Beste, charaktervolle Weine, Ökoanbau), CLOS Bellane (guter Weißwein, Ch. la Décelle, Dom Gramenon (biologisch-dynamisch), Dom. des Grand Devers, Dom. de la Prévosse (Ökoanbau), Mas de Sainte Croix und Dom du Séminaire (Ökoanbau).

Das größte Weinfass der Welt, Fassungsvermögen 300.000 l, wurde für Châtea Puech-Haut im Languedoc gebaut.

VDQS Vin Délimité de Qualité Supérieure. Qualitätsstufe unterhalb der AC Wird nicht mehr verwendet.

Vendange Lese. *Vendange tardive* bedeutet »Spätlese«; im Elsass das Pen dant zur deutschen Auslese, in der Regel allerdings mit höherem Alkoho gehalt.

Venoge, Champagne de Champ – Altehrwürdiges Champagnerhaus, wieder belebt, seit es im Besitz von Lanson-BCC ist. Gute Nischenweine: Cordo Bleu Extra BRUT, Jahrgangs-BLANC-DE-BLANCS (**00 04 06 08 12 13 1** 15'), exzellenter Jahrgangs-Rosé (**06 09**), CUVÉE 20 Ans und die Prestige Cuvée Louis XV, ein 10 Jahre alter BLANC DE NOIRS.

Ventoux S-Rh r rs w ★★ **15' 16'** – AC rings um den Mont Ventoux zwischen de Rhône und der PROVENCE. Einige führende Erzeuger bieten ein gutes Preis Leistungs-Verhältnis. Saftig-fruchtige, herbe Rotweine (GRENACHE/SYRAH vom Hauswein bis zu volleren Versionen; Qualität steigend), Rosés un gute Weiße (zunehmend in Eiche ausgebaut). Am besten von: CLOS de Patris, Ferme St-Pierre (rosé, weiß), Gonnet, Ch. Unang (gute Weiße), Ch Valcombe, La Vieille Ferme (rot, kann als VIN DE FRANCE etikettiert sein im Besitz von Ch. de BEAUCASTEL) sowie DOMAINES Anges, Berane, Brus set, Cascavel, Champ-Long, Croix des Pins, Fondrèche (sehr gut), Gran Jacquet, JABOULET (sehr gut), Martinelle (großartige Frucht), Murmurium Pesquié (hervorragend), Pigeade, St-Jean du Barroux, Terres de Solence Verrière, VIDAL-FLEURY sowie der Genossenschaften Bédoin, Goult und St Didier.

Verget Bg w ★★→★★★ Jean-Marie Guffens' Weißwein-Handelshaus in Mâconnais ist fast so unverwechselbar wie seine DOMAINE. Bietet jetz auch sortenreine Weine aus dem Süden.

Vernay, Domaine Georges N-Rh r w ★★→★★★ **12' 13' 14' 15' 16'** – Eine der Spitzenerzeuger in CONDRIEU; drei Weine mit besonderem Flair un Eleganz: Les Terrasses de l'Empire ist ein Aperitif de luxe, Chaillées d l'Enfer zeigt Reichhaltigkeit, und Coteau de Vernon in geheimnisvoll-erle senem Stil hält sich mindestens 15 Jahre. Die CÔTE-RÔTIE- und ST-JOSEPH Rotweine setzen auf Eleganz und reintönige Frucht. Sehr guter VIN DE PAY (rot und weiß).

Veuve Clicquot Champ Yellow Label oJ; White Label Demi-Sec oJ (★★★ neue CUVÉE Rich (*doux,* Dosage mind. 60 g/l), Vintage Réserve **02 04 0 08** 12'; Rosé Réserve **08** 12' – Historisches Champagnerhaus mit höchs tem Ansehen. Körperreicher gehaltvoller, feiner CHAMPAGNER der verlässlichen Art. Luxusweine: La Grande Dame (**98 04**; feiner **06** ab 2015) und La Grande Dame Rosé (**95 06** ★★★★). Seit 2008 teilweise in Eiche vergorene Jahrgangsweine. In gutem Zustand befindliche alte Jahrgänge werden in der Reihe Cave Privée (Magnumflaschen) neu herausgebracht (v. a. **89 95**). Ein eigenes Team ist für die vorbildliche Bereitung von Rotwein zuständig, aus dem äußerst subtile Rosé-Champagner entstehen.

euve Devaux Champ – Der Spitzen-CHAMPAGNER der mächtigen Genossenschaft Union Auboise in Bar-sur-Seine. Hervorragend sind die gereifte Grande Réserve oJ, der Rosé Œil de Perdrix, die Prestige-CUVÉE »D« (**02' 09**) sowie der Jahrgangs-BRUT (**09' 10 14** 15).

ézelay Bg r w ★→★★ Märchenhafter Ort für leckeren CHARDONNAY (BOURGOGNE Vézelay), leichten PINOT NOIR (einfache AC Bourgogne) und Weine von der wiederauferstandenen Sorte MELON (COTEAUX BOURGUIGNONS). 1–2 Jahre lagern. Probierenswert: Dom. de la Cadette, La Croix Montjoie, des Faverelles, Elise Villiers.

idal-Fleury, J. N-Rh r w; s ★★→★★★ Im Besitz von GUIGAL befindliches Rhône-Handelshaus und -Erzeuger von CÔTE-RÔTIE-Weinen. Erstklassiger straffer, sehr eleganter La Chatillonne (12 % VIOGNIER, kräftige Eichennote, mindestens 6 Jahre lagern), guter CAIRANNE, CHÂTEAUNEUF-DU PAPE (rot), CÔTES DU RHÔNE (rot, rosé, weiß), ST-JOSEPH (rot, weiß), TAVEL, VENTOUX und MUSCAT de BEAUMES-DE-VENISE. Das Angebot ist umfangreich und wird immer besser.

ieille Ferme, La S-Rh r w ★→★★ Verlässliche und preiswerte Marke, jetzt zu einem beträchtlichen Teil VIN DE FRANCE, für roten VENTOUX und weißen LUBERON. Im Besitz der Familie Perrin, der u. a. Ch. de BEAUCASTEL gehört. Seit 2015 wieder in Form, auch der Rosé.

ieilles Vignes »Alte Reben«, und diese sollten eigentlich die besten Weine hervorbringen, z. B. de VOGÜÉ MUSIGNY Vieilles Vignes. Allerdings ist das genaue Alter nicht festgelegt, deshalb kann die Bezeichnung auch ein Marketingschwindel sein.

ieux Télégraphe, Domaine du S-Rh r w ★★★ **78' 81' 85 89' 90 94' 95' 96' 97 98' 99' 00 01' 03' 04' 05' 06' 07'** 09' 10' 12' 13 **14** 15' 16' – Große DOMAINE erster Güte mit Lagen auf klassisch steinigen Böden, Erzeuger von vielschichtigem rotem CHÂTEAUNEUF-DU-PAPE, der Zeit zur Entfaltung braucht, allen voran La Crau (knackig, stramm) und seit 2011 Pied Long et Pignan (stilvoll). Außerdem die vollen Weißweine La Crau (sehr gut 2015) und CLOS La Roquète, die auch in geringeren Jahrgängen (z. B. 02 08 11 14) gut und ausgezeichnete Begleiter zum Essen sind. Besitzt zusammen mit der US-Importfirma Kermit Lynch die Dom. Les Pallières in Gigondas, die feine, komplexe, langsam sich entfaltende Weine erzeugt.

igne Weinberg; Rebe.

igneron Winzer.

illeneuve, Château de Lo r w ★★★(★) **96 05 06 07 08' 09'** 10' **11 12 14' 15** (16) – Untadeliger Erzeuger mit herrlichem SAUMUR Blanc (v. a. der potenziell langlebige Les Cormiers) und SAUMUR-CHAMPIGNY (v. a. VIEILLES VIGNES, Grand CLOS, die nur in guten Jahrgängen erzeugt werden) aus ökologischem Anbau. Neuer *chai* in alten Kellergewölben.

in de France Ersetzt die Kategorie VIN DE TABLE und gestattet wenigstens die Angabe von Rebsorte(n) und Jahrgang. Oft handelt sich um Verschnitte aus mehreren Bereichen unter einem Markennamen. Kann ein Quell unerwarteter Genüsse sein, wenn ein talentierter Weinmacher diese Kategorie zur Umgehung bürokratischer Zwänge nutzt. Ein Beispiel ist der VIOGNIER von Cave Yves Cuilleron (nördliche Rhône).

Vin de paille »Strohwein«, aus auf Strohmatten getrockneten Trauben, dahe sehr süß, etwa wie italienischer Passito. Besonders im Jura zu finden. Sieh auch CHAVE und VIN PAILLÉ DE CORRÈZE.

Vin de pays (VdP) Potenziell die dynamischste Kategorie im französische Weinsystem (mit mehr als 150 Regionen), da sie jede Menge Spielraur bietet. Mit dem Jahrgang 2009 wurde sie in Indication Géographiqu Protégée (IGP) umbenannt, allerdings haben nicht alle Gebiete die neu Bezeichnung übernommen. Die Namen der einzelnen Zonen sind höchs individuell, etwa CÔTES DE GASCOGNE, CÔTES DE THONGUE, Duché d'Uzè oder Haute Vallée de l'Orb. Enorme Vielfalt in Geschmack und Qualität un immer wieder überraschend.

Vin de table Kategorie für Alltagswein, der keinen besonderen Bestimmunge über Trauben und Herkunft unterliegt; heißt jetzt VIN DE FRANCE.

Insgesamt 358 Traubensorten (einschließlich Tafeltrauben) dürfen in Frankreic offiziell angebaut werden.

Vin doux naturel (VDN) Rouss – Süßer, mit Weingeist gespriteter Wein; di Süße ist also »natürlich«, nicht aber der Alkoholgehalt. Eine Spezialitä des ROUSSILLON; basiert auf GRENACHE noir, gris oder blanc oder MUSCA Spitzenweine, v. a. ältere RANCIOS, können herrlichen Genuss bescheren.

Vin gris »Grauer Wein«; er ist blassrötlich und wird aus roten Trauben he gestellt, die vor Einsetzen der Gärung gepresst werden – anders als bei Rosé, der nach kurzer Gärung abgepresst wird. Oder er wird von nicht gar so hellen weißen Sorten wie z. B. PINOT GRIS bereitet. Œil de Perdrix ist u gefähr dasselbe. In Kalifornien sagt man »*blush*« dazu.

Vin jaune Jura w ★★★ Spezialität des Jura: Der unnachahmliche gelb SAVAGNIN-Wein reift mindestens 6 Jahre im Fass, wobei sich Flor en wickelt – ähnlich wie Sherry, aber ohne zugesetzten Alkohol. Die Bere tung ist aufwendig, der Verkaufspreis daher hoch. Die besten Versione liefert die AC CHÂTEAU-CHALON. Wird in spezielle 62-cl-Flaschen namer Clavelin abgefüllt.

Vin Paillé de Corrèze SWF r w – 25 Winzer und die kleine Genossenscha haben die alte Tradition wiederbelebt, Trauben auf Stroh auszulegen, u daraus einen (beim ersten Mal etwas penetrant wirkenden) Wein zu bere ten, der früher angeblich stillenden Müttern empfohlen wurde. Unendlic lang haltbar; für Tapfere probierenswert von Christian Tronche (★).

Vinsobres S-Rh r (rs) (w) ★★ **10' 12' 13 14 15'** 16' – Für SYRAH bekann AC. Die besten Rotweine bieten klar erkennbare rote Frucht und kräftige Körper, sodass sie gut zu rotem Fleisch passen. Führende Erzeuger: CAV la Vinsobraise, Doms. Bicarelle, Chaume-Arnaud (Ökoanbau), Constan Duquesnoy, Coriançon, Deurre (traditionell), Famille Perrin (erstklassig i der Hauts de Julien, ansonsten preiswert), Jaume (modern, verlässlich Moulin (traditionell, auch gute Weiße), Péquélette (biologisch-dynamisch Peysson sowie Ch. Rouanne.

Viré-Clessé Bg w ★★ **10' 12 13** 14' 15 (16) – AC im Umkreis der zwei be ten Weißweinorte des Mâconnais. Bekannt für einen ausgesprochen ü pigen Stil, manchmal auch Spätleseweine. Beachtenswerte Erzeuger: Bonhomme, Bret Brothers, Chaland, Gondard-Perrin, LAFON, J.-P. Miche Thévenet, Dom. de la Verpaille.

Visan S-Rh r (rs) (w) ★★ **12' 13 15' 16'** – CÔTES DU RHÔNE-VILLAGES-Weir von steigender Qualität. Die Roten besitzen annehmbare Tiefe nebst kl rer Frucht und pfeffriger Würze, einige auch etwas Schmelz. Außerde ordentliche Weiße. Am besten sind die DOMAINES Coste Chaude (sch ne Frucht), Florane, Fourmente (v. a. der Nature; biologisch-dynamisch des Grands Devers, Montmartel (Ökoanbau), Philippe Plantevin, Roche-Audran (schmissig; Ökoanbau), VIGNOBLE Art Mas (Ökoanbau).

güé, Comte Georges de Côte d'Or r w ★★★★ Weingut in CHAMBOLLE-MUSIGNY mit Kultstatus, dem der Löwenanteil der Lage MUSIGNY gehört. Die angekündigten Jahrgänge aus den 1990ern brauchen Zeit zur Entfaltung, doch allmählich ist es so weit.

nay Côte d'Or r ★★★→★★★★ **90' 95** 96' **98** 99' 02' **03** 05' **06 07** 09' 10' **11** 14 15' (16) – Beste Quelle für Rotweine von der CÔTE DE BEAUNE, außer wenn es hagelt. Können strukturiert und sollten seidig sein. Beste Lagen: Caillerets, Champans, CLOS des Chênes, Clos des Ducs, Santenots, Taillepieds usw. Spitzenerzeuger: d'ANGERVILLE, H. BOILLOT, Bouley, HOSPICES DE BEAUNE, LAFARGE, LAFON, de MONTILLE, Pousse d'Or, N. Rossignol.

sne-Romanée Côte d'Or r ★★★→★★★★ 93' **95 96'** 99' 02' **03 05'** 06 **07 08 09'** 10' **11** 12 13 14 15' (16) – Der Ort mit den grandiosesten Crus von Burgund (z. B. ROMANÉE-CONTI, La TÂCHE) und herausragenden PREMIERS CRUS wie Brûlées, Malconsorts, Suchots u. a. Gewöhnlichen Wein gibt es in Vosne kaum (sollte es zumindest nicht geben). Viele gute, wenn auch teure Erzeuger, u. a. Arnoux-Lachaux, CATHIARD, Clavelier, DRC, EUGÉNIE, Forey, GRIVOT, GROS, Guyon, Lamarche, LEROY, LIGER-BELAIR, MÉO-CAMUZET, MUGNERET, NOËLLAT, ROUGET, Tardy.

schlagen Sie Ihre Sektflöten: Mehr Champagner-Aromen bieten (große) Weingläser.

ugeot Côte d'Or r w ★★★ **90' 96'** 99' 02' **03** 05' 06 **07** 08 09' 10' **11** 12' 13 14 15' (16) – Vorwiegend GRAND-CRU- (u. a. CLOS DE VOUGEOT), aber auch Villages- und PREMIER-CRU-Weine, einschließlich des außergewöhnlichen weißen Clos Blanc de Vougeot (MONOPOLE) tragen diesen Namen. Die besten Erzeuger sind Clerget, HUDELOT-Noëllat und VOUGERAIE.

ugeraie, Domaine de la Côte d'Or r ★★★→★★★★ In dieser DOMAINE sind seit 1999 alle – biologisch-dynamisch bewirtschafteten – Weinberge der Firma Jean-Claude BOISSET vereinigt. Die Bandbreite reicht vom BOURGOGNE Rouge bis zu feinen GRANDS CRUS wie BONNES-MARES, CHARMES-CHAMBERTIN oder MUSIGNY sowie dem einzigartigen weißen Clos Blanc de Vougeot nebst vier Grands crus, u. a. BÂTARD-MONTRACHET und CORTON-CHARLEMAGNE.

uvray Lo w; tr s; sch ★★→★★★★ tr 89 90 96' 02' 03 05' 07 08' 09 10 11 12 **14 15'** (16) (sw) 89' 90' 95' 96' 97' 03' 05' 08 **09' 10 11** 15' (16) – AC östlich von Tours am nördlichen Loire-Ufer; die höheren Lagen an der *premier côte* sind die besten. 2016 teilweise von Frostschäden betroffen. Gute, verlässliche Weine von Spitzenerzeugern, im Übrigen ist die Qualität sehr gemischt. DEMI-SEC ist der klassische Stil, in guten Jahren jedoch kann *moelleux* intensiv süß (und fast ewig haltbar) ausfallen. Auf Schaumwein entfallen 60 % der Produktion; empfehlenswert ist die perlende Spezialität *pétillant*. Erzeuger: v. a. Aubuisières, Autran, Bonneau, Brunet, Carême, Champalou, CLOS Baudoin, Florent Cosme, Mathieu Cosme, Fontainerie, Foreau, Ch. Gaudrelle, Huët, Meslerie (Hahn), F. PINON, Dom. de la Taille aux Loups, Vigneau-Chevreau. Falls Sie alte Jahrgänge wie 1921, 1924, 1937, 1947, 1959, 1970 oder 1971 entdecken sollten, greifen Sie zu.

nken Champ – Mächtiges Champagnerhaus mit recht guter Qualität. Die Spitzenmarke heißt Demoiselle. Zum Besitz gehören auch HEIDSIECK MONOPOLE und POMMERY sowie ausgedehnte Weinberglagen in der Provence und der Camargue.

Wolfberger El ★★ Hauptmarke der Genossenschaft von EGUISHEIM. Sehr g Qualität in Anbetracht der Masse, führender CRÉMANT-Erzeuger – Hi tech sorgt für ein hohes Niveau.

Zind-Humbrecht, Domaine El w; s ★★★★ Führender biologisch-dynamis arbeitender Betrieb, umsichtig geführt von Olivier Humbrecht, dem gr artigen Weinmacher und Präsident des SIVCBD (Syndicat International Vignerons en Culture biologique). Reichhaltige, ausgewogene, elega Weine im eher trockenen Stil von sehr geringen Erträgen. Die Spitzen wächse stammen von den Einzellagen Clos St-Urbain Grand cru Rang (RIESLING **07** 10' 15'; Letzterem steht eine grandiose Zukunft bevor) u Clos Jebsal (wunderbarer PINOT GRIS 08 **09** 10 12 14) sowie von GRANDS CRUS HENGST, Brand (Riesling 10' 12 14 15) und Goldert (MUSC **12**). Ein echter Erfolg sind die subtileren Rieslinge, etwa aus dem Grand Brand (**14** ist schon jetzt köstlich).

)ie Châteaux von Bordeaux

Die dunklen Flächen bezeichnen die Weinbaugebiete

folgenden Abkürzungen werden im Text verwendet:

	Barsac	Pes-L	Pessac-Léognan
	Bordeaux	Pom	Pomerol
e Bx	Côtes de Bordeaux	Saut	Sauternes
léd	Haut-Médoc	St-Ém	St-Émilion
	Margaux	St-Est	St-Estèphe
d	Médoc	St-Jul	St-Julien
	Pauillac		

·s sah nicht gut aus im Juni 2016, nachdem bereits innerhalb der ers-
ten sechs Monate nahezu die Gesamtniederschlagsmenge eines Jahres
0 mm) gefallen war. Dann aber folgte ein heißer, trockener Sommer (wobei
ige heftige Schauer im September Trockenstress verhinderten), die Fäulnis
nnte man bekämpfen, und die Lese wurde den Winzern genau zum richtigen
tpunkt quasi auf dem Silbertablett serviert. Kein Wunder, dass allenthalben
breites Lächeln die Gesichter ziert angesichts der Qualität und Quantität
Jahrgangs 2016. Die Parallelen zu 2009 und 2010 sind unverkennbar.
nnoch sollte man nicht vergessen, dass auch 2015 ein Ausnahmejahr war,
l obwohl 2014 nicht grandios ausfiel, sollten seine klassischen Konturen
der Zeit schönen und zudem erschwinglichen Genuss bieten.

Bordeaux

Bis dahin gibt es genügend Vorräte aus früheren guten Rotweinjahrgä gen. Die üppigen 2009er sind auf jedem Niveau verführerisch und die 2008 aus Appellationen wie Castillon, Fronsac, Haut-Médoc und Graves jetzt g nussreif. Die 2010er auf Petit-Château-Niveau werden nun langsam zugän lich, und die leichteren, aber dafür fruchtbetonteren 2012er und 2013er b ten ebenfalls charmanten frühen Genuss.

St-Émilion ist momentan aus allen möglichen Gründen auf Erfolgsku und jenes Gebiet, in dem man sich nach soliden, durchweg zufriedenstelle den, modern schmeckenden Weinen zu fairen Preisen umtun sollte, um sie zwei oder drei Jahren genießen zu können. Mögen sie mit ihrer Frische u ihrem Médoc-»Zuschnitt« auch nicht dem klassischen roten Bordeaux e sprechen, so munden sie zur modernen Crossover-Küche doch ebenso gut w für sich allein genossen.

Jetzt reife Grand-cru-Jahrgänge sind 2000, 2001 (vor allem vom rech Gironde-Ufer), 2002 (Médoc-Spitzengewächse) und 2004. Auch die best 2007er sollte man in Betracht ziehen. Die 2006er öffnen sich nun allmähli mit den 2005ern sollte man allerdings noch warten. Trockener weißer B deaux zeichnet sich nach wie vor durch Beständigkeit und gutes Preis-Le tungs-Verhältnis aus – greifen Sie also zu, zumal 2016 ein weiterer schön Jahrgang war. Sauternes hat seit Jahren einen Lauf (mit Ausnahme von 201 2016 gab es jede Menge Edelfäule. Das einzige Problem ist die Qual der Wa 2015, 2011, 2010, 2009, 2007, 2005 und 2001 bieten alle das Optimu dieser Süßweinappellation, und 2014 und 2013 rangieren nicht weit dahint

Verweise können sich auch auf das Kapitel »Frankreich« beziehen.

A, Domaine de l' r ★★ **04 05' 06 07 08 09' 10' 11 12 14** 15 – Das von Me dominierte Bioweingut in CASTILLON — CÔTES DE BORDEAUX im Besitz c Beraters Stéphane DERENONCOURT und seiner Frau spielt in einer höhe Liga als der Rest der APPELLATION.

Agassac, d' H-Méd r ★★ **06 07 08 09' 10' 11 12 14** 15 – Renaissanceschl im südlichen HAUT-MÉDOC. Moderner, zugänglicher Wein auf Basis v CABERNET SAUVIGNON. Besucher sind stets willkommen.

Aiguilhe, d' r ★★ **05 06 07 08 09 10 11 12** 14 15 16 – Großes Gut in CA TILLON — CÔTES DE BORDEAUX auf der Hochebene; ebenso wie CANC LA-GAFFELIÈRE und LA MONDOTTE seit 1998 im Besitz Stephan von Ne pergs. Weine auf MERLOT-Basis mit Kraft und Finesse.

Andron Blanquet St-Est r ★★ **01 03 04 05' 06 08 09' 10' 11** 14 15 – Schw ter-CHÂTEAU von COS LABORY. Solider Stil.

Angélus, L' St-Ém r ★★★★ **96 98' 99 00' 01 02 03 04 05 06 07 08 09'** **11** 12 13 14 15' 16 – Steigende Preise begleiten die Heraufstufung z PREMIER GRAND CRU CLASSÉ (A) im Jahr 2012. Chefin ist Stéphanie Bouärd-Rivoal. 2013 wurden die Keller sowie der schmiedeeiserne G ckenturm komplett renoviert. Pionier des modernen ST-ÉMILION-Stils: d kel, voll, opulent. Zweitetikett: Le Carillon de L'Angélus.

Angludet, d' Mar r (w) ★★ **02 04 05 06 08 09' 10' 11 12** 14 15 16 – D Gut im Besitz und unter der Leitung des Négociant SICHEL erzeugt d tende, stilvolle Weine von beständiger Qualität. Zweitetikett: La Rése d'Angludet.

Archambeau, d' Graves r w; tr (s) ★★ r **06 08 09 10 11 14** 15; w **10 11** **13 14 15** – Verlässliches Gut mit Weinbergen auf einem Hügel in Illa die einen zusammenhängenden Block bilden. Guter, fruchtiger trocke Weißwein und fassgereifter Roter mit schönem Bukett. Das aufstreber Ch. Suau (Cru classé in BARSAC) gehört ebenfalls dazu.

'che, d' Saut w; s ★★ 99 00 01' 02 03' 05 07 09' 10' 11' 13 14 15 – Verlässliches Cru-classé-Gut, jetzt mit Hotelbetrieb, am Rand von SAUTERNES. Preiswert. Arche Lafaurie ist eine Spezial-CUVÉE.

'mailhac, d' Pau r ★★★ 00 01 02 04 05' 06 07 08 09' 10' 11 12 13 14 15 16 – Bedeutender 5. Cru, seit 1934 im Besitz der Familie (MOUTON) ROTHSCHILD. In Bestform, die Preise sind fair. In der Regel sind die Weine etwas früher zugänglich als andere PAUILLAC-Gewächse.

Durchschnitt besitzt ein Bordeaux-Château 17,2 ha (2015), das ist doppelt so viel wie vor 20 Jahren.

'rosée, L' St-Ém r ★★★ 00 01 02 03 04 05' 06' 07 08 09' 10' 11 12 – Das Weingut wurde 2013 von der Familie Dillon von HAUT BRION gekauft und ging im benachbarten Ch. QUINTUS auf; bis dahin war es seit 2003 in Bestform. Sanfte, harmonische Weine mit viel CABERNET FRANC und CABERNET SAUVIGNON (40%).

ırelius St-Ém r ★★ 06 08 09 10 11 12 14 15 – Spitzen-CUVÉE der fortschrittlichen Genossenschaft ST-ÉMILION (50.000 Flaschen/Jahr). Moderner, konzentrierter Stil; reift 14 Monate in neuen Eichenfässern.

ısone St-Ém r ★★★★ 89' 90 95 96' 97 98' 99 00' 01' 02 03' 04 05' 06' 07 08 09' 10' 11 12 13 14 15' 16 – Sehr kleiner, aber legendärer ST-ÉMILION-Premier-cru (rund 1.500 Kisten) in allerbester Lage in den Côtes, benannt nach dem gallorömischen Dichter Ausonius. Reichlich CABERNET FRANC (55%) im Verschnitt. Langlebige, voluminöse Weine mit Textur und Finesse. Inzwischen sehr teuer. Zweitetikett: Chapelle d'Ausone (500 Kisten).

ılestard la Tonnelle St-Ém r ★★ 01 03 04 05 06 08 09 10 11 12 14 15 16 – Historisches Gut im Besitz der Familie Capdemourlin. Inzwischen voller, moderner Stil, aber das Kalksteinterroir macht sich bemerkbar.

ırde-Haut St-Ém r ★★ 00 01 02 03 05' 06 07 08 09 10 11 12 14 15 16 – GRAND CRU CLASSÉ mit umweltfreundlichen Anbaumethoden, Schwestergut von CLOS L'ÉGLISE, HAUT-BERGEY und dem ST-ÉMILION-GRAND-CRU Poesia. Reichhaltiger, opulenter, moderner Stil.

ıstor-Lamontagne Saut w; s ★★ 99 01' 02 03' 05 07 09' 10 11 13 14 15 – Großes, nicht klassifiziertes Gut in Preignac, Schwesterbetrieb von Ch. BEAUREGARD. Miteigentümer und Betreiber ist die Familie Cathiard (Ch. SMITH HAUT LAFITTE). Saubere, harmonische Weine, gutes Preis-Leistungs-Verhältnis. Zweitetikett: Les Remparts de Bastor.

ıtailley Pau r ★★★ 02 03 04 05' 06 08 09' 10' 11 12 13 14 15 16 – 5.-Cru-Gut im Besitz der Familie Castéja von BORIE-MANOUX, das vielen als Vorbild dient. Zweitetikett: Lions de Batailley.

ıaumont H-Méd r ★★ 05' 06 08 09 10' 14 15 16 – Großes, nachhaltig bewirtschaftetes Gut (rund 42.000 Kisten) im Besitz von Castel und Suntory; schön zugängliche Weine, früh trinkreif.

ıauregard Pom r ★★★ 01 02 03 04 05' 08 09' 10' 12 14 15 16 – Das POMEROL-Gut, das derzeit auf Ökoanbau umstellt, wird von SMITH HAUT LAFITTE gemanagt; verlässliche, mittelschwere Weine, jetzt mit mehr Tiefe. Neue, hochmoderne Kellerei seit 2015. Önologischer Berater ist Michel ROLLAND. Zweitetikett: Benjamin de Beauregard.

ıau-Séjour Bécot St-Ém r ★★★ 95' 96 98' 99 00' 01 02 03 04 05' 06 08 09' 10' 11 12 14 15 – Unverwechselbarer PREMIER GRAND CRU CLASSÉ (B) auf dem Kalksteinplateau. In Familienbesitz, Ch. Joanin Bécot in CASTILLON — CÔTES DE BORDEAUX gehört ebenfalls dazu. Weine mit schönem Alterungspotenzial.

ausejour Duffau St-Ém r ★★★ 99 00 01 02 03 04 05' 06 08 09' 10' 11 12 14 15 16 – Sehr kleiner PREMIER GRAND CRU CLASSÉ am Westhang der Côtes. Bringt seit 2009 die Kritiker zum Schnurren und wird gemana vom Thienpont-DERENONCOURT-Team. Zweitetikett: Croix de Beauséjou

Beau-Site St-Est r ★★ **03 04** 05 **06** 08 **09 10 11** 15 – CRU BOURGEOIS-Wei gut im selben Besitz wie BATAILLEY und TROTTEVIEILLE; 70% CABERN SAUVIGNON. Geschmeidige, frische, zugängliche Weine, günstig.

Belair-Monange St-Ém r ★★★ **96 98 99 00' 01 02 03 04 05' 06 08 09' 10'** 1 **12 13** 14 15 16 – PREMIER-GRAND-CRU-CLASSÉ auf dem Kalksteinplatea benannt nach der Mutter von J.-P. MOUEIX. 2012 wurde Ch. Magdelair dem Betrieb einverleibt. Bedeutende Investitionen in Rebflächen. Fein duftende, elegante Weine, seit 2008 voller und mit reiferer Frucht.

Belgrave H-Méd r ★★ **02'** 03 **04'** 05' 06 08 09' **10' 11 12 13** 14 15 16 Relativ großer 5. Cru, seit 1979 unter der Leitung von DOURTHE. CABERN SAUVIGNON dominiert. Stilistisch ein moderner Klassiker, jetzt von bestä diger Qualität. Zweitetikett: Diane de Belgrave.

Bellefont-Belcier St-Ém r ★★ **02 03 04** 05' **06 07** 08' 09' **10'** 14 15 – GRAN CRU CLASSÉ in St-Laurent-des-Combes, ST-ÉMILION, in chinesischem B sitz. Kreisrunder Keller aus dem 19. Jh. Schmeichelnde, frische Wein aber mit Eichennote. Michel ROLLAND berät.

Belle-Vue H-Méd r ★★ **05 06 07** 08 09 **10 11 12** 14 15 – Beständiger R ter mit gutem Preis-Leistungs-Verhältnis aus dem südlichen HAUT-MÉDO dunkel und dicht, aber fest, frisch und aromatisch, mit hohem PETIT-VE DOT-Anteil (20%). Ch. Bolaire gehört ebenfalls dazu.

Berliquet St-Ém r ★★ **01 02** 04 05' **06** 08 **09 10 12** 14 15 16 – Sehr kl ner GRAND CRU CLASSÉ in den Côtes neben CANON LA GAFFELIÈRE u BELAIR-MONANGE. Frische, elegante Weine, die gut altern. Zweitetike Les Ailes de Berliquet.

Bernadotte H-Méd r ★★→★★★ **00' 01 02 03 04 05' 06 07** 08 09' 10' **14** – Gut in St-Sauveur im nördlichen HAUT-MÉDOC. Gehört einem Hon konger Unternehmen, ROEDERER war der frühere Besitzer. Weine in he haftem Stil, die letzten Jahrgänge besitzen mehr Finesse.

Beychevelle St-Jul r ★★★ **00'** 01 02 **03** 04 05' **06 07** 08 **09' 10' 11 12 13** 15 16 – 4. Cru mit auffälligem Wikingerschiff-Signet auf dem Etikett – c Galionsfigur ist ein geflügelter Greif. Die Weine sind durchweg eher elega als kraftvoll. Mit dem Jahrgang 2016 wurde die neue Kellerei (mit vergla ter Front) in Betrieb genommen. Zweitetikett: Amiral de Beychevelle.

Biston-Brillette Moulis r ★★ **04 05'** 06 08 09 10' **11 12 14** 15 – CRU BOU GEOIS in Familienbesitz mit preiswerten, ansprechenden, fruchtbetont Weinen. Önologischer Berater ist Eric Boissenot.

Bonalgue Pom r ★★ **04 05** 06 08 09 **10 11 12 14** 15 – Dunkler, reichha ger, fleischiger Wein, schon jung ansprechend, kann aber reifen. Man b kommt viel fürs Geld. Das Gut ist seit 1926 im Besitz der Familie Bourot Schwestergüter: Clos du Clocher und Ch. du Courlat in LUSSAC ST-ÉMILIO

Bonnet Bx r w ★★ r **10 11** 12 14 **15**; w BV – Im Besitz des 92-jährigen V teranen André Lurton. Die Weine des Großproduzenten gehören mit zu Besten, was ENTRE-DEUX-MERS und roter BORDEAUX (Réserve) zu biet hat. COUHINS-LURTON, Cruzeau, La LOUVIÈRE und ROCHEMORIN (alle PESSAC-LÉOGNAN) sind Stallgefährten.

Bon Pasteur, Le Pom r ★★★ **00 01 02 03 04 05'** 06 08 09' **10' 11 12 13** 14 16 – Kleines Weingut an der Grenze zu ST-ÉMILION im Besitz eines chine schen Geschäftsmannes. Die Weinbereitung liegt noch immer in den Hä den des Vorbesitzers Michel ROLLAND – eine Garantie für reife, opulen verführerische Gewächse.

Boscq, Le St-Est r ★★ **04 05'** 06 08 09' **10** 11 **12** 14 15 – Qualitätsorie tiertes Gut in ST-ESTÈPHE im Besitz von DOURTHE. Stets gutes Preis-Le tungs-Verhältnis.

ourgneuf Pom r ★★ **03 04 05' 06** 08 09 **10 11 12** 14 15 16 – Gut mit Rebland westlich des POMEROL-Plateaus. Subtile, herzhafte Weine, die dank Frédérique Vayron seit 2009 mehr Tiefe und Reintönigkeit besitzen. Für Pomerol-Verhältnisse preiswert.

ouscaut Pes-L r w ★★ r **01 04 05'** 06 **08 09 10' 11 12** 14 15 16; w **05'** 06 **07 08 09 10'** 11 12 13 **14 15** 16 – Cru-classé-Gut in GRAVES. Rotweine auf MERLOT-Basis, plus 10 % Malbec, sowie süffige Weiße mit Alterungspotenzial. Zweitetikett: Les Chênes de Bouscaut.

oyd-Cantenac Mar r ★★★ **02 03 04 05'** 06 08 **09' 10' 11 12** 14 15 – Kleiner 3. Cru im Ort Cantenac. Seit 1932 im Besitz der Familie Guillemet. In den Weinen dominiert CABERNET SAUVIGNON, dazu kommt ein kleiner Teil pfeffriger PETIT VERDOT. Günstig. Zweitetikett: Jacques Boyd.

Bordeaux zieht westwärts

Den Stein ins Rollen brachte Philippe de Rothschild in den 1980er-Jahren mit Opus One. Der Nächste war Christian MOUEIX mit Dominus in den 90ern. Seit jener Zeit wurden immer mehr Verbindungen zwischen BORDEAUX und dem Napa Valley oder Sonoma geknüpft: Da wären etwa François Pinault (LATOUR) und Araujo, die Wertheimers (CANON LA GAFFELIÈRE, RAUZAN-SÉGLA) und St-Supéry, Gonzague und Claire Lurton (DURFORT-VIVENS, FERRIÈRE) und Trinité sowie in neuerer Zeit Alfred und Mélanie Tesseron (PONTET-CANET) und Villa Sorriso.

'anaire-Ducru St-Jul r ★★★ **01 02 03** 04 **05'** 06 **08 09' 10' 11 12 13** 14 15 16 – Unterschätzter 4. Cru gegenüber von Ch. BEYCHEVELLE mit in der APPELLATION verstreuten Reblagen. Seit 1988 im Besitz eines Familienkonsortiums. Verlässliche Weine mit Alterungspotenzial, vergleichsweise preiswert. Zweitetikett: Duluc.

'anas Grand Poujeaux Moulis r ★★ 06 08 09 **10 11 12 14** 15 – Kleines Nachbargut von CHASSE-SPLEEN und POUJEAUX. Feine Weine von reifer Frucht mit geschmeidigen Tanninen. Der Besitzer von Ch. ANGÉLUS berät. Schwester-Château von Villemaurine (GRAND CRU CLASSÉ) in ST-ÉMILION. Zweitetikett: Les Eclats de Branas.

'ane-Cantenac Mar r ★★★→★★★★ **99** 00' **01 02 03 04 05'** 06 **08 09' 10' 11 12 13** 14 15 16 – 2. Cru auf dem Plateau von Cantenac; vorwiegend CABERNET SAUVIGNON, auch 0,5 % CARMENÈRE. Seit 1992 zu neuen Höhen geführt von Henri Lurton: klassischer, duftender MARGAUX. Zweitetikett: Baron de Brane.

'illette Moulis r ★★ **04 05 06** 08 09 **10 11 12** 14 15 – Ausgedehnter CRU BOURGEOIS mit Weinen von schöner Tiefe und Frucht aus Lagen mit Kiesboden. Online-Weinshop. Zweitetikett: Haut Brillette.

ıbanne, La Pom r ★★ **04 05** 06' 09 **10 11 12** 14 15 – Weinberg westlich des POMEROL-Plateaus. Moderne Kellerei seit 2011. Der Wein braucht Flaschenreifung, in der Jugend ist er sehr verschlossen. Zweitetikett: Dom. de Compostelle.

ıillou Saut w; s ★★ **97 98 99 01'** 02 **03' 05'** 07 **09'** 10 **11' 13 14** 15 – Das unauffällige, aber gut geführte 2.-Cru-Gut in BARSAC erzeugt reintönigen, fruchtigen *liquoreux* (100 % SÉMILLON). Zweitetikett: Les Erables, Drittetikett: Les Tourelles.

lon-Ségur St-Est r ★★★★ **95 96' 98 99** 00' 01 **02 03'** 04 **05' 06** 07 **08' 09' 10' 11** 12 13 14 15' 16 – 3. Cru mit großem historischem Renommee und seit 2008 im Höhenflug. Der CABERNET-SAUVIGNON-Anteil ist jetzt höher

(90% in großen Jahren). Eric Boissenot berät. Zweitetikett: Le Marquis d Calon (mind. 60% MERLOT).

Cambon la Pelouse H-Méd r ★★ **05' 06 08 09 10' 11 12 14** 15 – Üppige geschmeidiger Wein von einem CRU-BOURGEOIS-Gut im südlichen HAUT MÉDOC. Die Spezial-CUVÉE heißt L'Aura.

Camensac H-Méd r ★★ **02 03 05 06 08 09 10' 11** 12 14 15 – 5. Cru im nörd lichen HAUT-MÉDOC im Besitz der Familie Merlaut. Das Team von CHASSE SPLEEN bereitet die Weine; seit 2006 geht es stetig aufwärts. Eric Boissen berät. Zweitetikett: Second de Camensac.

Canon St-Ém r ★★★ **00 01 02 03 04 05' 06 07 08' 09' 10' 11 12 13** 14 1 16 – Berühmter umfriedeter PREMIER GRAND CRU CLASSÉ auf dem Pla teau. Ebenso wie RAUZAN-SÉGLA im Besitz von Wertheimer. Jetzt in Hoch form mit eleganten, langlebigen Weinen. Eines der Spitzengewächse de Jahrgangs 2015. Geschäftsführer ist seit 2015 der frühere Kellerchef vo Cheval des Andes (Argentinien). Zweitetikett: Croix Canon (hieß bis 201 CLOS Canon).

Canon La Gaffelière St-Ém r ★★★ **98' 00' 01 02 03 04 05' 06 08 09' 10' 1 12 13** 14 15 16 – PREMIER GRAND CRU CLASSÉ am Südhang; im selbe Besitz wie d'AIGUILHE, CLOS DE L'ORATOIRE und LA MONDOTTE in CASTI LON – CÔTES DE BORDEAUX. Stilvolle, geradlinige, beeindruckende We ne von im Schnitt 50 Jahre alten Reben. Seit 2014 zertifiziert ökologisch.

Cantemerle H-Méd r ★★★ **04 05' 06 08 09' 10' 11 12 13** 14 15 16 Großer Besitz im südlichen HAUT-MÉDOC mit schönem bewaldetem Par Gegenwärtig in guter Form und in der Regel auch preiswert. Zweitetike Les Allées de Cantemerle.

Cantenac Brown Mar r ★★→★★★ **00 01 02 03 04 05' 06 08 09' 10' 11** 14 15 16 – 3. Cru mit CHÂTEAU in Pseudo-Tudorgotik, erbaut von Jo Lewis Brown. Der Stil des Weins war früher robust, ist jetzt aber sinnlich und raffinierter. Empfehlenswert ist auch der trockene weiße Alto (90 SAUVIGNON BLANC). Zweitetikett: BriO de Cantenac Brown.

Capbern St-Est r ★★ **04 05 06 08' 09' 10' 11 12 13** 14 15 – Das Gut bis 2013 Capbern-Gasqueton – steht unter derselben Leitung wie d Schwester-CHÂTEAU CALON-SÉGUR. Mit massiven, aber geschliffenen We nen (70% CABERNET SAUVIGNON) seit 2008 wieder im Rennen.

Cap de Mourlin St-Ém r ★★→★★★ **01 03 04 05 06 08 09 10 11 12** 15 – GRAND CRU CLASSÉ auf Hanglagen mit Nordausrichtung im Bes der Familie Capdemourlin. MERLOT mit 25% CABERNET FRANC und 10 CABERNET SAUVIGNON. Jetzt kraftvollere, konzentriertere Weine als in d Vergangenheit. Michel ROLLAND berät.

Carbonnieux Pes-L r w ★★★ **00 02 04 05' 06 08 09' 10 11 12** 15 16 Das Gut in Léognan erzeugt gediegene Rot- und Weißweine in beträch lichen Mengen. Im Besitz der Familie Perrin seit 1956. Die Weißen m 65% SAUVIGNON-BLANC-Anteil (z.B. **05 06 07 08 09 10 11 12 13 14 1** können recht alt werden. Auch die Roten sind langlebig. Zweitetikett: To Léognan.

Carles, de Bx r ★★★ **04 05' 06' 07 08 09 10 11 12 13** 14 15 – Gut in FRONS mit CHÂTEAU aus dem 15. Jh. Die Prestige-Cuvée mit eigenem, auf de Gravitationsprinzip basierenden Keller heißt Haut-Carles (★★★). Opule ter, voller, moderner Stil.

Carmes Haut-Brion, Les Pes-L r ★★★ **03 04 05' 06 07 08 09' 10' 11 12'** 14 15 16 – Kleine ummauerte Nachbarlage von HAUT-BRION. Der strukt rierte, aber einschmeichelnde Wein enthält 50% MERLOT und 30% CABE NET FRANC. Seit dem Jahrgang 2015 ist die von Philippe Starck entworfe neue Kellerei in Betrieb. Zweitetikett: Le Clos des Carmes.

ronne-Ste-Gemme H-Méd r ★★ **05 06 08 09' 10' 11 12 14** 15 – Größeres Gut im nördlichen HAUT-MÉDOC bei SAINT-JULIEN. Frische, strukturierte Weine auf Basis von CABERNET SAUVIGNON (60 %), neuerdings mit mehr Tiefe.

rruades de Lafite Pau ★★★ Das Zweitetikett von Ch. LAFITE; 20.000 Kisten jährlich. Kulitiviert, weich, aromatisch. Der Wein ist früher zugänglich (30–50 % MERLOT), hat aber Alterungspotenzial.

teau Côtes Daugay St-Ém r ★★ **04 05 08 09 10 11 14** 15 – GRAND-CRU-Gut in ST-ÉMILION, seit fünf Generationen im selben Besitz, mit preiswerten, vollmundigen, geschmeidigen Weinen auf MERLOT-Basis (70 %).

tan de May Pom r ★★★ **00' 01' 04 05' 06 08 09' 10' 11** 12 14 15' 16 – Nachbargut von VIEUX CHÂTEAU CERTAN; der Name geht auf schottische Ursprünge zurück. Klassischer POMEROL, der reifen muss.

antegrive Graves r w ★★→★★★ **04 05' 06 08 09' 10' 11 12 14** 15 16 – Das führende Gut in GRAVES besteht seit 1966 und bietet ein sehr gutes Qualitäts-Preis-Verhältnis. Volle Rotweine mit feiner Eichennote. Cuvée Caroline heißt der wunderbar duftende weiße Spitzenwein (**08 09 10 11 12 13 14 15** 16).

asse-Spleen Moulis r (w) ★★★ **03 04 05' 06 07 08 09' 10' 12 14** 15 16 – Das große (100 ha), bekannte Gut in MOULIS wird von Céline Villars geleitet und erzeugt guten, oft ausgezeichneten, lang reifenden Wein mit klassischer Struktur und schönem Bukett. Zweitetikett: L'Oratoire de Chasse-Spleen. Erzeugt auch etwas Weißwein.

Auslese in Castillon

Erzeuger in POMEROL und ST-ÉMILION haben CASTILLON – CÔTES DE BORDEAUX eindeutig als investitionswürdiges Gebiet ausgemacht. Folgende CHÂTEAUX haben Verbindungen zu prestigeträchtigen Gütern am rechten Ufer: Ampélia (GRAND CORBIN-DESPAGNE), Clos Les Lunelles (PAVIE), d'AIGUILHE (CANON LA GAFFELIÈRE), Goubau (Le PIN), Joanin Bécot (BEAU-SÉJOUR BÉCOT), l'Aurage (TERTRE RÔTEBŒUF) und Montlandrie (L'EGLISE-CLINET). Dem önologischen Berater Stéphane DERENONCOURT gehört die Domaine de l'A. Tony Laithwaite (La Clarière) war schon 1965 da.

uvin St-Ém r ★★ **05 06 08 09 10' 11 12** 14 15 – Das GRAND-CRU-CLASSÉ-Gut gehört seit 2014 Sylvie Cazes (Ch. LYNCH-BAGES), die nun am Feinschliff arbeitet. Das neue Etikett zeigt Amor, der auf einem Löwen reitet.

eval Blanc St-Ém r ★★★★ **89 90' 94 95 96' 97 98' 99 00' 01' 02 03 04 05' 06 07 08 09'** 10' 11 12 13 14 15' 16 – PREMIER GRAND CRU CLASSÉ (A), der Superstar von ST-ÉMILION, in dessen Weine man sich sofort verliebt. Feste, duftende Gewächse mit hohem Anteil an CABERNET FRANC (60 %) und POMEROL-Einschlag. Schmecken auch jung schon köstlich und leben doch eine Generation lang – oder zwei. Im selben Besitz (Bernard Arnault, Albert Frère) und unter derselben Leitung (Pierre Lurton) wie YQUEM. Zweitetikett: Le Petit Cheval (nicht 2015). Neu ist der seit 2014 erzeugte Le Petit Cheval Blanc, ein sortenreiner SAUVIGNON BLANC.

evalier, Domaine de Pes-L r w ★★★★ **98' 00' 01' 02 03 04' 05' 06 07 08 09' 10' 11** 12 13 14 15' 16; w **98' 99 00 01 02 03 04 05' 06 07' 08' 09' 10 11 12 13 14** 15' 16 – Ein ganz besonderes Gut in den Kiefernwäldern von Léognan, seit 1983 im Besitz der Familie Bernard. Reintöniger, dichter, fein texturierter Rotwein. Zweitetikett: Esprit de Chevalier. Der beeindruckende, komplexe, langlebige Weißwein besticht durch Beständigkeit und reift langsam zu vollem Geschmack heran. Clos des Lunes, Dom. de Solitude und Ch. Lespault-Martillac gehören ebenfalls dazu.

Cissac H-Méd r ★★ **00 03 04 05 08 09 10 12** 14 – CRU BOURGEOIS in Fa lienbesitz, gegenwärtig ist die fünfte Generation am Ruder. Feste, von (BERNET SAUVIGNON dominierte Weine, die früher Zeit brauchen; neu Jahrgänge sind weniger verschlossen. Zweitetikett: Reflets du Ch. Cissa

Citran H-Méd r ★★ **00 04 05' 06 08 09 10' 14** 15 16 – Großes Gut im s lichen HAUT-MÉDOC mit historischem Schloss. Seit 1996 im Besitz der milie Merlaut. Wein von mittlerem Körper, der bis zu 10 Jahre reifen ka Zweitetikett: Moulins de Citran.

Arbeitsaufkommen

Immer mehr Bordeaux-Erzeuger gehen dazu über, spezielle Dienstleister für die Arbeit im Weinberg zu verpflichten. Die Gründe liegen auf der Hand: die Schwierigkeit, geeignetes Personal zu finden, die französischen Behörden und die Kosten für Arbeitsgeräte und Ausrüstung. Der größte Dienstleister, Banton et Lauret, rühmt sich stolzer 600 Kunden, die insgesamt 6.000 ha bewirtschaften (was so viel wie 33 Millionen Flaschen per annum bedeutet), und eines Jahresumsatzes von 17 Millionen Euro. Klingt gut, aber auch Banton et Lauret haben das Problem der Arbeitskräftebeschaffung …

Clarence de Haut-Brion, Le Pes-L r ★★★ **90 95 96' 98 00 01 02 03 04 05' 07 08 09' 10' 11** 12 14 15 16 – Zweitetikett von Ch. HAUT-BRION, hieß 2007 Bahans Haut-Brion. Der Verschnitt ändert sich mit jedem Jahrg erheblich (in der Regel 40–80 % MERLOT), doch was die geschmeidige T tur und Eleganz anbelangt, folgt er immer dem *grand vin*.

Clarke Listrac r (rs) (w) ★★ **05' 06 08 09' 10' 11 12** 14 15 16 – Führendes TRAC-Gut, im Besitz von Benjamin de Rothschild. Sehr guter, auf MER basierender Rotwein mit dunkler Frucht und feinen Tanninen. Außerc ein trockener Weißer: Le Merle Blanc du CHÂTEAU Clarke. Ch. Malmai in MOULIS gehört ebenfalls dazu; überdies Unternehmen im Ausland, e Rimapere in Neuseeland und Rupert & Rothschild Vignerons in Südafri

Clauzet St-Est r ★★ **06 08 09 10 11 12** 14 15 16 – CRU-BOURGEOIS-Gut günstigen Preisen im Besitz von Baron Maurice Velge (seit 1997). Fortw rende Investitionen und Verbesserungen. Jetzt beständige Qualität, We mit mittlerem Alterungspotenzial. Schwesterbetrieb ist Ch. de Côme.

Clerc Milon Pau r ★★★ **98' 00 01 02 04 05' 06 07 08 09' 10' 11** 12 13 14 16 – Seit die Rothschilds (MOUTON) das Gut 1970 erwarben, hat sich Weinbergbesitz verdreifacht (jetzt 40 ha). Ausladendere und gewicht re Weine als beim Schwester-CHÂTEAU d'ARMAILHAC; verlässliche Qual Zweitetikett (seit 2009): Pastourelle de Clerc Milon.

Climens Saut w; s ★★★★ **95 96 97' 98 99' 00 01' 02 03' 04 05' 06 07 09' 10'** 11' **12'** 13' 14 15 – Cru classé in BARSAC, mit Aplomb geleitet Bérénice Lurton. Konzentrierte Weine von 100 % SÉMILLON mit lebha Säure, die für Ausgewogenheit sorgt, und garantierter Langlebigkeit. Z fizierter Biobetrieb (seit 2014). Zweitetikett: Les Cyprès (preiswert).

Clinet Pom r ★★★★ **00 01 02 03 05' 06 07 08' 09' 10 11 12** 14 15 1 Gut im Besitz der Familie Laborde, geleitet von Ronan Laborde, auf (Plateau von POMEROL. MERLOT herrscht vor, üppig-moderner Stil. Ist j wieder so gut und beständig wie in den 1980er-Jahren. Zweitetikett: F de Clinet.

s de l'Oratoire St-Ém r ★★ **03 04** 05' 06 08 **09 10' 11 12 14** 15 16 – GRAND CRU CLASSÉ auf den Nordhängen von ST-ÉMILION. Ebenso wie CANON LA GAFFELIÈRE und La MONDOTTE im Besitz Stephan von Neippergs. Geschliffene Weine zum fairen Preis.

s des Jacobins St-Ém r ★★→★★★ **00 01 02 03 04** 05' 06 **07** 08 09' **10' 11** 12 14 15 16 – Das Cru-classé-Gut ist derzeit in Bestform: Renoviert und modernisiert, zeigt es jetzt tolle Beständigkeit mit Weinen in kraftvollem, modernem Stil. Der Familie Decoster gehört auch Ch. La Commanderie (GRAND CRU CLASSÉ).

s du Marquis St-Jul r ★★ **03** 04 05' **06** 07 08 **09' 10' 11** 12 13 14 15 16 – Typischeres und schneller reifendes ST-JULIEN-Gewächs (vorwiegend CABERNET SAUVIGNON) als Stallgefährte LÉOVILLE-LAS CASES. Zweitetikett: La Petite Marquise.

s Floridène Graves r w ★★ r 09' 10' **11 12 14** 15; w **05' 07 08' 09 10 11'** 12 13 14 15 – Nach dem Tod Denis Dubourdieus im Juli 2016 ist seine Schöpfung Clos Floridène nun ein gewichtiges Vermächtnis. Feiner, frischer Weißwein von SAUVIGNON BLANC/SÉMILLON von Kalksteinböden; der Rote ist immer besser geworden. Die Chx. DOISY-DAËNE, Haura und REYNON gehören ebenfalls zum Besitz.

s Fourtet St-Ém r ★★★ 00 01 02 **03** 04 **05' 06** 07 08 09' **10' 11 12** 14 15 16 – PREMIER GRAND CRU CLASSÉ auf dem Kalksteinplateau mit CHÂTEAU aus dem 18. Jh. am Stadtrand. Klassisch-stilvoller ST-ÉMILION; beständig in guter Form. Versuchsweise Ökoanbau. Die Châteaux Côte de Baleau und les Grandes Murailles in St-Émilion gehören ebenfalls dazu. Zweitetikett: La Closerie de Fourtet.

s Haut-Peyraguey Saut w; s ★★★ **90' 95'** 96 97' **98** 99 **00** 01' 02 **03'** 04 05' 06 **07 09' 10' 11' 12** 13 14 15 16 – SAUTERNES-Cru-classé, einst Teil von LAFAURIE-PEYRAGUEY, im Besitz des Weinmagnaten Bernard Magrez (dem auch FOMBRAUGE, La TOUR CARNET und PAPE CLÉMENT gehören). Elegante, harmonische, langlebige Weine. Zweitetikett: Symphonie.

teau Climens (brillante Weine aus biodynamischem Anbau) steht jetzt Besuchern offen – und lohnt jeden Umweg.

s l'Église Pom r ★★★ **00'** 01 02 **03** 04 **05'** 06 07 **08 09' 10 11 12** 13 14 15 – Nachbar von l'EGLISE-CLINET. Opulenter, eleganter, langlebiger Wein. Die CHÂTEAUX BARDE-HAUT, Branon, HAUT-BERGEY und Poesia gehören derselben Familie. Zweitetikett: Esprit de l'Église.

s Puy Arnaud r ★★ **04 05' 06** 08 09' **10 11 12** 14 15 16 – Das biodynamische Weingut im Besitz von Thierry Valette ist führend in CASTILLON – CÔTES DE BORDEAUX und erzeugt Weine mit Tiefgang und strahlender Säure. Früher zugänglich ist die CUVÉE Pervenche.

s René Pom r ★★ **00' 01 04** 05' 06 08 **09 10 11 12** 14 15 – Für POMEROL-Verhältnisse relativ großes Gut; Weine mit hohem MERLOT-Anteil und ein wenig würzigem MALBEC. Nicht so sinnlich und umjubelt wie ein Spitzen-Pomerol, dafür aber preiswerter und ebenfalls langlebig.

tte, La St-Ém r ★★ **01 03 04** 05 06 08 **09' 10' 11 12** 15 16 – Kleines GRAND-CRU-CLASSÉ-Gut in den Côtes, 2014 von den Besitzern von AUSONE erworben und seitdem qualitativ im Aufwind. Zweitetikett: L de La Clotte.

seillante, La Pom r ★★★★ **95' 96'** 98' **99 00'** 01 02 **03** 04 **05'** 06' 07 **08 09' 10' 11 12 13** 14 15 16 – Seit 1871 im Besitz der Familie Nicolas. Seit 2012 neuer *cuvier* (Fasskeller), seit 2015 neuer Kellermeister. Eines der nobelsten und am üppigsten duftenden POMEROL-Gewächse (80% MERLOT von Lehm- und Kiesböden), stilistisch an MÉDOC erinnernd. Zweitetikett: Duo de Conseillante.

Bordeaux

Corbin St-Ém r ★★ **01 04 05 07 08 09' 10' 11 12** 14 15' 16 – Verlässlich preisgünstiger GRAND CRU CLASSÉ nahe POMEROL mit Kraft und Fines 2015 könnte der bislang beste Jahrgang werden.

Cos d'Estournel St-Est r ★★★★ **90' 95 96' 98' 00 01 02 03 04 05' 06 08** 09' 10' 11 12 13 14 15' 16 – Großes 2.-Cru-Gut, 1811 von Lo d'Estournel begründet, mit einem exzentrischen pagodenähnlichen c (Fasslager) und hochmoderner Kellerei mit einem durch Schwerkraft triebenen System. Kultivierter, schmeichelnder ST-ESTÈPHE; außerd teurer Weißwein auf SAUVIGNON-BLANC-Basis, jetzt mit mehr Fines Zweitetikett: Les Pagodes de Cos. Zum Besitz gehören auch der sup moderne MÉDOC-Wein Goulée (und Goulée Blanc), das Champagnerh Pressoirs de France sowie Tokaji Hétszőlő (Ungarn).

Bordeaux-Schaumwein

Dass in BORDEAUX auch Schaumwein erzeugt wird, ist eine weniger bekannte Tatsache. Der CRÉMANT de Bordeaux gewinnt jedoch an Zugkraft, will man den Absatzzahlen Glauben schenken. 2015 wurden sechs Millionen Flaschen erzeugt, was eine Vervierfachung binnen vier Jahren bedeutet. Verwendet werden die klassischen Bordeaux-Rebsorten (SAUVIGNON BLANC, SÉMILLON, CABERNET FRANC, MERLOT etc.), die von Hand gelesen und nach der *méthode traditionnelle* vinifiziert werden müssen. Champagne, sieh dich vor!

Cos Labory St-Est r ★★ **98' 99 00 02 03 04 05' 06 07 08 09' 10' 11** 12 15 16 – Kleiner 5. Cru in Familienbesitz, Nachbar von COS D'ESTOURN Jetzt mit mehr Tiefe und Struktur; einer der Crus classés mit dem bes Preis-Leistungs-Verhältnis.

Coufran H-Méd **r** ★★ **03 04 05 06 08 09 10' 11 12 14** 15 16 – Größeres im äußersten Norden des HAUT-MÉDOC; Besitzer ist seit 1924 die Fam Miailhe. Hauptsächlich geschmeidige und dennoch alterungsfähige We von 85 % MERLOT. Schwestergut ist Ch. Verdignan.

Couhins-Lurton Pes-L r w ★★→★★★ r **04 05 06 08' 09 10' 11 12** 14 15 **04 05 06 07 08' 09 10' 11 12 13 14** 15 – Cru-classé-Gut mit feinen We weinen von SAUVIGNON BLANC (100 %), dicht gefügt und langlebig. De lich besser gewordener Roter auf MERLOT-Basis. Im Besitz von André L ton (siehe Ch. BONNET).

Couspaude, La St-Ém r ★★★ **03 04 05 06 07 08 09' 10' 11 12** 14 15 1 Grand cru classé auf dem Kalksteinplateau. Moderner Stil: reichhaltig u cremig mit viel Eichenholzwürze. Michel ROLLAND berät.

Coutet Saut w; s ★★★ **90' 95 96 97' 98' 99 01' 02 03' 04 05 07 09' 10' 12** 13 14 15' 16 – Größeres Gut in BARSAC mit beständig sehr feinen W nen. Cuvée Madame (**89 90 95 97 01 03**) ist eine sehr reichhaltige, Be für Beere ausgelesene Edition von alten Reben. Zweitetikett: La Chartre de Coutet. Außerdem sehr guter fassvergorener trockener weißer Opali

Couvent des Jacobins St-Ém r ★★ **00' 01 03 04 05 06 08 09' 10' 11 12** 15 – GRAND CRU CLASSÉ mit Kellerei in der Stadt. Auf MERLOT basieren Wein mit etwas CABERNET FRANC. Eher leichter Stil, kann dennoch alt w den. Zweitetikett: Le Menut des Jacobins.

Crabitey Graves r w ★★ r **06 08 09 10 11 12** 14 15; w **10 11 12 13 14 1** Früher ein Waisenhaus in Portets. Die Weinberge wurden in den 198 und 90er-Jahren neu bestockt. Eigentümer Arnaud de Butler erzeugt j klassisch-harmonischen Rotwein auf CABERNET-SAUVIGNON-Basis und wenig lebhaften Weißen (SÉMILLON/SAUVIGNON BLANC).

ɔck, Le St-Est r ★★ **03 04 05 06 08 09' 10 11 12** 14 15 – CRU BOURGEOIS im Besitz der Familie Cuvelier, der auch Ch. LÉOVILLE POYFERRÉ gehört. Solider, fruchtstrotzender Wein zum moderaten Preis. Zum Verschnittrezept gehört PETIT VERDOT.

ɔix, La Pom r ★★ **04 05 06 08 09 10 11 12** 14 15 – Ökologisch bewirtschaftetes Gut im Besitz des Négociant Janoueix mit Weinen vorwiegend von MERLOT (60%). La Croix St Georges und HAUT-SARPE gehören ebenfalls Janoueix.

ɔix de Gay, La Pom r ★★★ **03 04 05 06 08 09' 10 11 12** 14 15 16 – Kleiner, vorwiegend mit MERLOT (95%) bestockter Weinberg auf dem POMEROL-Plateau. Weine in rundem, elegantem Stil, seit vielen Jahren von verlässlicher Qualität. Seit 2014 neuer Gärkeller. Die Spezial-CUVÉE heißt La Fleur de Gay.

ɔix du Casse, La Pom r ★★ **04 05 06 08 09 10 11 12** 14 15 – Seit 2005 zu BORIE-MANOUX gehörendes Gut auf sandigen Kiesböden im Süden von POMEROL; stetige Fortschritte. Weine von mittlerem Körper, für Pomerol-Verhältnisse preiswert.

ɔizet-Bages Pau r ★★→★★★ **00'** 02 03 **04 05 06 08 09 10' 11** 12 15 – Aufstrebender 5. Cru, es ist aber immer noch Luft nach oben. Neuerdings zeigen die Weine mehr Beständigkeit, besonders aufregend sind sie trotzdem nicht. RAUZAN-GASSIES hat denselben Besitzer.

ı bourgeois Méd – Inzwischen ein jährlich neu vergebenes Zertifikat; 2014 ging es an 278 CHÂTEAUX. Unterschiedliche Qualität.

ızelles, Les r ★★ **06 08 09 10 11 12** 14 15 16 – Verlässlicher, preisgünstiger Wein; Spitzenjahrgänge können alt werden. Ch. L'EGLISE-CLINET und La Chenade (LALANDE DE POMEROL) gehören ebenfalls zum Besitz.

ıem r ★★ **04 05' 06 08 09' 10' 11 12** 14 15 16 – Führendes Gut in FRONSAC; vorwiegend MERLOT (90%). Milde, frische Weine von reifer Frucht.

ssault St-Ém r ★★ **01 02 03 04 05' 06 08 09' 10 11 12** 14 15 16 – GRAND CRU CLASSÉ in Norden der AC mit modernem, saftigem Wein von beständiger Qualität. Zweitetikett: D de Dassault. La Fleur und Faurie de Souchard (GRAND CRU CLASSÉ) gehören zum selben Stall.

ıphine, de La r ★★→★★★ **01 03 04 05 06' 08 09' 10' 11 12' 14** 15 – Großes Gut in FRONSAC. 2015 Eigentümerwechsel, doch schon die früheren Besitzer hatten Änderungen in Gang gebracht: Instandsetzung von Gebäuden und Weinbergen, neue Kellereianlagen, zusätzlicher Landerwerb, Zertifizierung als Bioerzeuger. Die Weine zeigen jetzt mehr Substanz und Finesse. Das frühere Ch. Haut-Balet ging 2016 in La Dauphine auf. Zweitetikett: Delphis.

ızac Mar r ★★→★★★ **98' 99 00' 01 02 04 05 08' 09' 10' 11 12** 14 15 16 – 5.-Cru-Gut in Labarde im Besitz der Versicherungsgesellschaft MAIF, Nachbar von SIRAN. Dichte, volle, dunkle Weine. Versuche mit Bioanbau. Zweitetikett: La Bastide Dauzac. Außerdem fruchtiger Aurore de Dauzac und Ch. Labarde (HAUT-MÉDOC).

smirail Mar r ★★→★★★ **03 04 05 06 07 09' 10' 11 12** 14 15 16 – 3. Cru in Cantenac im Besitz von Denis Lurton. Feiner, delikater Stil. Zweitetikett: Initial de Desmirail. Besucher sind willkommen.

stieux St-Ém r ★★ **00' 01 03' 04 05' 06 07 08 09' 10' 11 12** 14 15 – Kompaktes GRAND-CRU-CLASSÉ-Gut in St-Hippolyte. Weine in beständig wuchtigem, kraftvollem Stil von möglichst spät gelesenen Trauben. Berater ist Michel ROLLAND.

sy-Daëne Bar (r) w; tr s ★★★ **90' 95 96 97' 98' 99 01' 02 03 04 05' 06 07 09 10' 11' 12 13** 14 15' 16 – 2.-Cru-Gut in Familienbesitz, feiner süßer Barsac. Die Rebflächen des früheren Ch. Doisy-Dubroca gehören nun ebenfalls zum Besitz. L'Extravagant (**01 02 03 04 05 06 07 09 10 11 12** 13

14 15) ist eine ungeheuer volle und teure CUVÉE. Auch trockener wei Doisy-Daëne Sec.

Doisy-Védrines Saut w; s ★★★ **90 95 96 97' 98 99 01' 03' 04 05 07 09** **11' 12 13** 14 15' 16 – Gut in BARSAC im Besitz der Familie Castéja (auch das Weinhandelshaus Joanne gehört). Vollerer Still als DOISY-DAË Seit Langem einer meiner Favoriten: köstlich und preiswert.

Dôme, Le St-Ém r ★★★ **05 06 08 09 10' 11 12** 13 14 15 16 – Kleinsterzeu mit reichhaltigem, modernem Wein, der jetzt mehr Frische zeigt als in Vergangenheit. Zwei Drittel alte CABERNET-FRANC-Reben in der Nähe Ch. L'ANGÉLUS. Eigentümer Jonathan Maltus besitzt auch eine Reihe w terer CHÂTEAUX in ST-ÉMILION: Les Astéries, Le Carré, Laforge, Le Pon Teyssier (preiswert) und Vieux Château Mazerat.

Dominique, La St-Ém r ★★★ **98 00' 01 04 05' 06 08 09' 10' 11** 12 14 15 1 An CHEVAL BLANC grenzender Cru classé. Geriet zwischen 1996 und 2C aus der Spur, erzeugt jetzt aber wieder reichhaltige, kraftvolle, saftige W ne. Von Jean Nouvel gestaltete Kellerei mit Dachrestaurant (La Terra Rouge). Zweitetikett: Relais de la Dominique.

Ducru-Beaucaillou St-Jul r ★★★★ **96' 98 99 00' 01 02 03 04 05' 06 07** **09'** 10' **11** 12 **13** 14 15' – Überragendes 2.-Cru-CHÂTEAU in den Hänc des gewitzten Bruno Borie; abgesehen von einem Aussetzer in den spä 1980er-Jahren stets in exzellenter Verfassung. Klassischer, zedernholzc tiger, langlebiger Bordeaux. Croix de Beaucaillou und Lalande-Borie s die Schwesterbetriebe. Besitzt auch Fourcas-Borie in LISTRAC.

Duhart-Milon Rothschild Pau r ★★★ **96' 98 00' 01 02 03 04' 05' 06 07** **09' 10'** 11 12 **13** 14 15 16 – 4. Cru, Stallgefährte von LAFITE. Kellere Ort Pauillac. CABERNET SAUVIGNON herrscht vor (65–80%). Sehr fe Qualität, v.a. in den vergangenen 10 Jahren, und relativ moderate Pre Zweitetikett: Moulin de Duhart.

Durfort-Vivens Mar r ★★★ **98 00 02 03 04 05' 06 08 09' 10' 11 12 13** 15 16 – Seit der Umstellung auf Ökoanbau erheblich besser geworde 2.-Cru-Gut in MARGAUX, im Besitz von Gonzague Lurton. Vorwiegend BERNET SAUVIGNON. Zweitweine: Vivens und Relais de Durfort-Vivens.

Die kleinste Appellation in Bordeaux ist Cérons mit 27 ha (2015).

Eglise, Domaine de l' Pom r ★★ **00 01 02 03 04 05' 06 08 09 10' 11** 14 15 – Zu BORIE-MANOUX gehörendes kleines Gut auf dem Kies-T Plateau. Die Reben sind im Durchschnitt 40 Jahre alt. In letzter Zeit ständig gute, fleischige Weine.

Eglise-Clinet, L' Pom r ★★★→★★★★ **90' 94 95 96 98' 99 00' 01' 02 03** **05' 06 07 08 09'** 10' **11' 12** 13 14 15 16 – Das kleine, aber erstklassige im Besitz von Denis Durantou zeichnet sich durch enorme Beständig aus. Der Wein ist voll, konzentriert und fleischig, allerdings teuer. Zw etikett: La Petite Eglise.

Évangile, l' Pom r ★★★★ **89' 90 95 96 98' 99 00' 01 02 03 04 05' 06 07** **09'** 10' 11 **12 13** 14 15 16 – Nachbar von Ch. La CONSEILLANTE auf c Plateau von POMEROL im Besitz von (LAFITE) Rothschild. Vorwiegend M LOT (80%) plus CABERNET FRANC. Weine in stets vollem, opulentem Zweitetikett: Blason de l'Évangile.

Fargues, de Saut w; s ★★★ **96 97 98 99' 01 02 03' 04 05' 06 07 09' 10'** **13** 14 15' 16 – Nicht klassifiziertes, aber erstklassiges Gut im Besitz ehemaligen Eigentümer von Ch. d'YQUEM, der Familie Lur Saluces. Kla scher SAUTERNES: überaus volle, ölige und dennoch ausgewogene Wei

Faugères St-Ém r ★★→★★★ **00' 03 04 05 06 07 08 09' 10' 11 12** 14 1 GRAND CRU CLASSÉ im Osten von ST-ÉMILION mit kraftvollen, reichhalti modernen Weinen. Das Schwestergut Ch. Péby Faugères (100% MERLOT) ist ebenfalls klassifiziert. In Schweizer Besitz; die Kellerei wurde von Mario Botta gestaltet. Cap de Faugères (CASTILLON), LAFAURIE-PEYRAGUEY und Rocheyron gehören ebenfalls dazu.

errand, de St-Ém r ★★→★★★ **00 01 04** 05 06 08 09' **10' 12** 14 15 16 – Großes GRAND-CRU-CLASSÉ-Gut in St-Hippolyte im Besitz von Marie-Pauline Chandon-Moët. Der Eigentümer von Ch. L'ANGÉLUS berät. Frische, feste, ausdrucksstarke Weine.

errande Graves r (w) ★★ **08** 09 10 11 12 **14** 15 – Größeres Gut im Besitz des Négociant Castel, der für Investitionen und Verbesserungen gesorgt hat. Zugänglicher, gefälliger Roter und sauberer, frischer Weißer.

errière Mar r ★★★ **98 99** 00' **02 03** 04 05 06 **08 09' 10'** 12 14 15 – Kleiner 3. Cru in der Ortschaft MARGAUX. Zertifizierter Ökoanbau, Umstellung auf biologisch-dynamischen Anbau. Dunkle, feste Weine mit herrlichem Bukett, die Zeit brauchen.

eytit-Clinet Pom r ★★→★★★ **98 00** 01 **03** 04 **05'** 06 08 **09' 10' 11 12 13** 14 15 16 – Das kleine Gut wird von der Besitzerfamilie Chasseuil geleitet. Beständig in Bestform: reichhaltige, weiche, verführerische Weine (90% MERLOT von Kies-Lehm-Boden). Hochgepriesen bei (für POMEROL-Verhältnisse) fairen Preisen.

euzal Pes-L r (w) ★★★ r **01** 06 07 08 **09' 10' 11** 12 14 15 16; w **06 07 08 09' 10' 11** 12 13 14 **15** 16 – Cru classé in PESSAC-LÉOGNAN in irischem Besitz; derzeit Umstellung auf Ökoanbau und Versuche mit biologisch-dynamischem Anbau. Reichhaltige Weiße zum Einlagern und üppige Rote. Neue, nur mit Schwerkraft betriebene Kellerei. Zweitetikett: L'Abeille de Fieuzal (rot und weiß).

geac St-Ém r ★★★★ **96 98'** 00' **01' 02 03** 04 **05' 06** 07 **08 09' 10' 11** 12 **13** 14 15' 16 – Großer PREMIER GRAND CRU CLASSÉ im Besitz der Familie Manoncourt; Reblagen mit Kiesböden, die zu einem ungewöhnlich hohen Anteil (70%) mit CABERNET FRANC sowie CABERNET SAUVIGNON bestockt sind. Volle, aber stets elegante Weine, die wie ein MÉDOC lange reifen müssen. Wird vom Mitinhaber von Ch. La CONSEILLANTE geführt; Berater ist Michel ROLLAND. Zweitetikett: Petit-Figeac (seit 2012; hieß zuvor Grange Neuve de Figeac).

hot Saut w; tr s ★★ 97' **98** 99 01' **02 03'** 04 05 **07 09' 10' 11' 13** 14 15 – Sehr großes (350 ha) 2.-Cru-Gut mit prachtvollem CHÂTEAU aus dem 19. Jh., das Rebgelände macht nur einen Teil des Besitzes aus. Die Weine sind in der Jugend recht schwierig, gewinnen mit dem Alter aber an Komplexität; seit 2009 reintöniger und voller.

eur Cardinale St-Ém r ★★ **04** 05' **06 07** 08 09' **10' 11 12** 14 15 16 – GRAND-CRU-CLASSÉ-Gut in St-Étienne-de-Lisse, in den vergangenen 15 Jahren in Höchstform. Die Trauben werden spät gelesen. Reifer, öliger, moderner Stil, beständig.

eur de Boüard, La Bx r ★★→★★★ 05 06 **07** 08 09 **10 11** 12 **13** 14 15 16 – Führendes Gut in LALANDE DE POMEROL mit vollen, dunklen, dichten, modernen Weinen. Einzigartige Kellerei mit umgedrehten kegelförmigen Gärbehältern. Ziemlich extrem ist die Spezial-CUVÉE Le Plus, ein sortenreiner MERLOT, der 3 Jahre in neuer Eiche ausgebaut wird. Im selben Besitz wie Ch. L'ANGÉLUS. Zweitetikett: Le Lion.

eur-Pétrus, La Pom r ★★★★ **95 96** 98' **99** 00' 01 02 **03** 04 05' 06 **08 09'** 10' **11** 12 **13** 14 15 16 – Das Gut im Besitz von J.-P. MOUEIX hat sich seit den 1980er-Jahren von 8 ha auf heute 18,7 ha stark vergrößert. MERLOT (92%) plus CABERNET FRANC und 0,5% PETIT VERDOT. Feinerer Stil als PETRUS oder TROTANOY. Braucht Zeit.

Bordeaux

Fombrauge St-Ém r ★★→★★★ 00' 01 02 03 04 05 06 08 09' 10' 11 12 1
15 16 – Größeres GRAND-CRU-CLASSÉ-Gut im Besitz von Bernard Magr (siehe PAPE CLÉMENT). Gehaltvolle, dunkle, schokoladige Rote in mode nem Stil. Magrez-Fombrauge ist eine rote Spezial-CUVÉE und außerde der Name für den in geringen Mengen erzeugten trockenen weißen BO DEAUX. Zweitetikett: Prélude de Fombrauge.

Fonbadet Pau r ★★ 02 03 04 05' 06 08 09' 10' 12 14 15 – Kleines, nicht kla sifiziertes Gut in PAUILLAC im Besitz der Familie Peyronie; vollzieht gerad einen Wandel. Verlässlicher, günstiger Wein.

Die St-Émilion-Klassifikation – die derzeitige Version

Die neueste Klassifikation (2012) umfasst insgesamt 82 CHÂTEAUX: 18 PREMIERS GRANDS CRUS CLASSSÉS und 64 GRANDS CRUS CLASSÉS. Die neue Klassifikation, die von Gesetzes wegen nun eher als Prüfung denn als Konkurrenzkampf angelegt ist, wurde von einer Kommission durchgeführt, die aus sieben von der INAO benannten, sämtlich nicht in BORDEAUX ansässigen Fachleuten bestand. Ch. ANGÉLUS und Ch. PAVIE wurden in den Rang Premier grand cru classé (A) erhoben, während der Kategorie Premier grand cru classé (B) die Châteaux CANON LA GAFFELIÈRE, LARCIS DUCASSE, La MONDOTTE und VALANDRAUD hinzugefügt wurden. Erstmals den Status Grand cru classé erhielten die Châteaux BARDE-HAUT, Le Chatelet, Clos de Sarpe, Clos la Madeleine, La Commanderie, Côte de Baleau, FAUGÈRES, de FERRAND, La Fleur Morange, FOMBRAUGE, JEAN FAURE, Péby Faugères, de PRESSAC, QUINAULT L'ENCLOS, Rochebelle und SANSONNET. Obwohl für die Erzeuger ein motivierender Ansporn, bleibt die (alle zehn Jahre zu überprüfende) Klassifikation für Konsumenten ein unhandliches Richtmaß. Drei enttäuschte Bewerber fechten die Klassifikation vor Gericht an. Falls ihnen Erfolg beschieden ist, könnte sich das 1855 eingeführte Stufensystem ein für alle Mal erledigt haben.

Fonbel, de St-Ém r ★★ 07 08 09 10 11 12 14 15 16 – Verlässliche Quelle f fruchtig-saftigen, frischen, nicht überteuerten ST-ÉMILION-Wein. Im selb Besitz wie AUSONE und MOULIN ST-GEORGES.

Fonplégade St-Ém r ★★ 01 03 04 05 06 08 09' 10 12 14 15 16 – GRAND C CLASSÉ in amerikanischem Besitz. Investitionen und Fortschritte führten Weinen in modernem, konzentriertem Stil. Stéphane DERENONCOURT b rät seit 2015. Zweitwein: Fleur de Fonplégade.

Fonréaud Listrac r ★★ 00' 03 04 05 06 08 09' 10' 11 12 14 15 16 – Eines d größeren und besseren LISTRAC-Güter, im Besitz der Familie Chanfrea mit zufriedenstellenden, herzhaften Weinen. Sehr guter trockener Weiß Le Cygne in kleinen Mengen. Siehe auch Ch. LESTAGE. Preiswert.

Fonroque St-Ém r ★★★ 01 03 04 05 06 08 09' 10' 11 12 14 15 – Cru cla sé in den Côtes, seit 1931 im Besitz der Familie Moueix; Alain führt d Gut (siehe MAZEYRES). Der biologisch-dynamische Anbau zahlt sich au die Weine zeigen jetzt mehr Charakter und Eleganz.

Fontenil r ★★ 04 05 06 08 09' 10' 11 12 14 15 16 – Führendes Gut in FRO SAC, im Besitz von Michel ROLLAND. Reife, opulente, aber ausgewoge Weine, 2015 sehr gut.

Forts de Latour, Les Pau r ★★★★ 95' 96' 98 00' 01 02 03 04' 05' 06 08 09' 10' 11 12 13 14 15 – Das (würdige) Zweitetikett von Ch. LATOU authentischer Geschmack in etwas leichterem Format zum 2.-Cru-Pre Ein *En-primeur*-Verkauf findet nicht mehr statt, die Freigabe der Wei erfolgt nun, wenn sie für trinkreif erachtet werden – der 2009er kam 2016 heraus (ist in Wirklichkeit aber noch nicht so richtig genussreif).

ourcas Dupré Listrac r ★★ **01 02 03 04 05 06 08 09 10' 11 12** 14 15 16 – Gut geführtes CHÂTEAU mit einigermaßen beständigem Wein im festen LISTRAC-Stil. Hautes Terres ist eine untypische Spezial-CUVÉE (jede Menge MERLOT). Auch ein bisschen Weißwein auf SAUVIGNON-BLANC-Basis.

ourcas Hosten Listrac r ★★→★★★ **02 03 05 06 08 09 10' 11 12** 14 15 16 – In das große Gut in LISTRAC wurde beträchtlich investiert, was zu stetig steigender Qualität, sprich zu mehr Präzision und Finesse führte. Eric Boissenot berät. Außerdem ein trockener weißer BORDEAUX (vorwiegend SAUVIGNON BLANC).

ance, de Pes-L r w ★★ r 00 03 04 05 06 08 **09 10' 11 12** 14 15 16; w **05 06 07 08 09 10 11 12 13 14 15** 16 – Nachbar von Ch. de FIEUZAL mit verlässlichen Weinen in reifem, modernem Stil. Die Weißen sind frisch und ausgewogen. Zweitetikett: Ch. Coquillas.

anc Mayne St-Ém r ★★ **01 03 04 05 08 09 10' 12** 14 15 16 – Kleiner GRAND CRU CLASSÉ in den Côtes, im selben Besitz wie CHÂTEAU de LUSSAC. Ein Luxushotel gehört auch dazu. Weine in frischem, fruchtigem Stil – rund, aber mit schöner Struktur. Zweitetikett: Les Cèdres de Franc-Mayne.

aby r ★★ **03 04 05 06** 08 **09 10 12** 14 15 – Herrliche Südlagen in CANON-Fronsac erbringen von MERLOT dominierte Weine, die gut altern. Tendenz zum Ökoweinbau. Außerdem Spezialabfüllung Gaby Cuvée.

affelière, La St-Ém r ★★★ **96 98' 99 00' 01 02 03 04 05' 06 07 08 09' 10' 11** 12 **13** 14 15 – Premier cru am Fuß der Côtes, seit dem 16. Jh. im Besitz der Familie Malet Roquefort. Investitionen und Fortschritte; ein Teil der Rebflächen wurde neu bestockt, 2013 ein neuer *cuvier* (Gärkeller) eingeweiht. Elegante, langlebige Weine. Zweitetikett: Clos la Gaffelière.

arde, La Pes-L r w ★★ r **04 05 06 08 09' 10' 11 12** 14 15; w **07 08 09 10' 11 12 13 14 15** – Gut in Martillac, seit 1990 im Besitz der Négociant-Firma DOURTHE, mit geschmeidigen Roten (CABERNET SAUVIGNON/MERLOT). Außerdem etwas Weißwein (SAUVIGNON BLANC/Sauvignon gris).

ay, Le Pom r ★★★ **01 03 04 05' 06 07 08 09' 10' 11** 12 14 15 – Schöne Reblagen am nördlichen Rand von POMEROL. Beträchtliche Investitionen; Michel ROLLAND berät. Im Stil jetzt sehr reif und pflaumenwürzig, seit 2014 Vergärung im Fass. Ch. Montviel und Ch. La Violette gehören ebenfalls zum Besitz. Zweitwein: Manoir de Gay.

azin Pom r ★★★ **96 98' 99 00'** 01 02 03 04 05' 06 08 **09' 10' 11** 12 **13** 14 15 16 – Großes Gut in POMEROL im Besitz der Familie Bailliencourt. Seit Mitte der 1990er-Jahre sehr gut in Form: generöse, langlebige Weine. Zweitetikett: L'Hospitalet de Gazin.

lette Saut w; s ★★★ **53 55 59 61 67 70 71 75 76 78 79 81 82 83 85 86 88 89 90 96** – Ungewöhnliches kleines Gut in Preignac – jeweils nur rund 5.000 Flaschen –, das seine üppigen Weine 16–20 Jahre in Betontanks lagert. Weitere Flaschenreifung schadet ihnen keineswegs. CHÂTEAU Les Justices ist das Schwestergut (**03'** 05 07 09 10' 11 **13 14** 15).

scours Mar r ★★★ **98 99 00' 01 02 03 04 05' 06 08' 09' 10' 11** 12 14 15 16 – Größerer 3. Cru in Labarde. Die körperreichen, langlebigen MARGAUX-Weine können großartig sein (z. B. 1970). Die 1980er-Jahrgänge waren unbeständig, doch seit dem Besitzerwechsel vor gut 20 Jahren geht es stetig aufwärts. Zweitetikett: La Sirène de Giscours. Außerdem Ch. Duthil (HAUT-MÉDOC) und Le Haut-Médoc de Giscours sowie ein wenig Rosé (AC BORDEAUX).

ana, du St-Jul r ★★ **00 04 05 06** 08 **09 10' 12** 14 15 – Großes, nicht klassifiziertes Gut mit anspruchslosen, robusten, preiswerten Weinen auf

CABERNET-SAUVIGNON-Basis (65%). Neuer Fasskeller und *vinothèqu*
Zweitetikett: Pavillon du Glana.

Gloria St-Jul r ★★→★★★ **00' 01 02 03 04 05' 06 07 08 09' 10' 11** 12 1 15 16 – Das Gut mit weit verstreuten Cru-classé-Reblagen hat denselbe Besitzer wie Ch. ST-PIERRE. CABERNET SAUVIGNON herrscht mit 65% vc In neuerer Zeit hervorragend in Form.

Grand Corbin-Despagne St-Ém r ★★→★★★ **96 98 99 00' 01 03 04 05** 08 09' 10' 11 12 13 14 15 16 – GRAND-CRU-CLASSÉ-Gut an der Gren zu POMEROL, inzwischen in siebter Generation im Besitz der Familie De pagne. Die ökologisch angebauten, aromatischen Weine mit Alterung potenzial haben nun eine reifere, vollere Note. Preiswert. Zum Bes gehören auch Ch. Le Chemin (Pomerol) und Ch. Ampélia (CASTILLON Zweitetikett: Petit Corbin-Despagne.

Rund 300 Négociants verkaufen 70 Prozent des im Bordelais erzeugten Weins

Grand cru classé St-Ém – Die Einstufung wird alle 10 Jahre einer Revisi unterzogen; 2012 wurden 64 CHÂTEAUX klassifiziert. Siehe auch Kast »Die ST-ÉMILION-Klassifikation«, Seite 144.

Grand Mayne St-Ém r ★★★ **90' 95 96 98 99 00' 01' 02 03 04 05' 06** **08 09' 10' 11** 12 14 15 16 – GRAND CRU CLASSÉ mit beeindruckende CHÂTEAU im Besitz der Familie Nony. Beständige, körperreiche Weine n schöner Struktur. Zweitetikett: Les Plantes du Mayne.

Grand-Puy Ducasse Pau r ★★★ **96' 98' 00 01 02 03 04 05' 06 07 08 0** **10' 11** 12 14 15 16 – 5. Cru im Besitz einer Bank, der auch die CHÂTEAU MEYNEY und TOUR DE MONS gehören. Stetige Fortschritte; 2015 modern rer Stil. Vernünftige Preise. Berater ist der Eigentümer von Ch. L'ANGÉLU Zweitetikett: Prélude à Grand-Puy Ducasse.

Grand-Puy-Lacoste Pau r ★★★ **90' 95' 96' 98 00' 01 02 03 04 05' 06 07 0** **09' 10' 11** 12 13 14 15 – 5. Cru, seit 1978 im Besitz der Familie Bor berühmt für von CABERNET SAUVIGNON (75%) dominierten PAUILLAC zu Einkellern; preiswert. Die Londoner lieben ihn. Eric Boissenot berät. Zwe etikett: Lacoste-Borie.

Grave à Pomerol, La Pom r ★★★ **01 02 04 05 06 08 09' 10 11 12** 14 1 16 – Das kleine Gut am Westhang des POMEROL-Plateaus im Besitz v J.-P. MOUEIX erzeugt Weine mit hohem MERLOT-Anteil (85%), die alt we den können. Vernünftige Preise.

Greysac Méd r ★★ **04 05' 06 08 09 10' 11 12 14** 15 – Dem Besitzer gehör auch die CHÂTEAUX Rollan de By und HAUT CONDISSAS. Feine, frische W ne mit hohem MERLOT-Anteil von beständiger Qualität.

Gruaud Larose St-Jul r ★★★★ **90' 95' 96' 98 99 00' 01 02 03 04 05' 06** **08 09' 10' 11** 12 14 15 16 – Eines der größten und beliebtesten 2.-Cr Güter. Weicher, voller, kraftstrotzender roter Bordeaux. 2015 wurde e 18 m hoher Panoramaturm mit Shop und Verkostungsraum eröffnet. Zwe etikett: Sarget de Gruaud Larose.

Guadet St-Ém r ★★ **04 05 06 08 09 10 11 12** 15 – Kleines GRAND-CR CLASSÉ-Gut, seit 1844 im Besitz der Familie Lignac. In den vergangen 10 Jahren besser in Form. Ökologischer und biologisch-dynamisch Anbau. Stéphane DERENONCOURT berät.

Guiraud Saut (r) w; (tr) s ★★★ **96' 97' 98 99 01' 02 03 04 05' 06 07 08 0** **10' 11' 13** 14 15 16 – Relativ großes, CHÂTEAU d'YQUEM benachbartes G mit Ökosiegel. Besitzer sind der langjährige Geschäftsführer Xavier Plan der Finanzier Robert Peugeot sowie Olivier Bernard (Dom. de CHEVALIE und Stephan von Neipperg (La MONDOTTE). Spitzenqualität – höherer SA

VIGNON-BLANC-Anteil als sonst üblich. Der trockene Weißwein heißt Le G de Château Guiraud, das Zweitetikett Petit Guiraud.

urgue, La Mar r ★★ **04** 05' **06 08 09' 10 11 12** 14 15 – Nachbargut von Ch. MARGAUX mit feinem, nicht überteuertem Wein, vorwiegend von CABERNET SAUVIGNON; steht unter derselben Leitung wie FERRIÈRE und HAUT-BAGES LIBÉRAL.

anteillan H-Méd r ★★ **00' 03 04 05' 06** 09' 10 12 **14** 15 – Großer CRU BOURGEOIS mit runden, ausgewogenen, jung zu trinkenden Weinen, neuerdings in verbesserter Qualität. Stéphane DERENONCOURT berät. Zweitetikett: Ch. Laborde.

aut-Bages Libéral Pau r ★★★ **98 00 01 02 03 04** 05' **06 08 09' 10' 11** 12 14 15 16 – Das weniger bekannte 5.-Cru-Gut (neben LATOUR) wird von Claire Villars Lurton geleitet. Vorwiegend CABERNET SAUVIGNON (70%). Derzeit wird auf biologisch-dynamischen Anbau umgestellt, mit hervorragenden Ergebnissen. In der Regel gutes Preis-Leistungs-Verhältnis.

Bordeaux

1855 wird Gesetz

Die in der berühmten Klassifikation von 1855 aufgeführten CHÂTEAUX haben sich »1855« nach europäischem Recht als Marke schützen lassen. Dahinter steht der Gedanke, jegliche missbräuchliche Verwendung dieser Jahreszahl im Zusammenhang mit Wein zu unterbinden. Die Maßnahme galt insbesondere den dubiosen Geschäftspraktiken mit irreführender Werbung einer Weinhandelsfirma gleichen Namens. Dank des Markenschutzes dürfen ausschließlich die ursprünglich klassifizierten 60 MÉDOC- (plus HAUT-BRION) und 26 SAUTERNES-Châteaux »1855« auf ihren Etiketten verwenden.

aut-Bailly Pes-L r ★★★★ **90' 95 96' 98' 99 00' 01** 02 03 04 **05' 06** 07 **08' 09' 10' 11'** 12 14 15' 16 – Das überragende Cru-classé-Gut in PESSAC-LÉOGNAN ist im Besitz eines US-amerikanischen Bankiers und wird von Véronique Sanders, der Enkelin des früheren Eigentümers, geleitet. Der Rotwein glänzt durch einen raffinierten, eleganten Stil (Parzelle mit mindestens 100 Jahre alten Reben); zudem gibt es ein wenig Rosé. Dem Besitzer gehört auch Ch. Le Pape (Pessac-Léognan). Zweitetikett: La Parde de Haut-Bailly.

aut-Batailley Pau r ★★★ **99 00 02 03** 04 05' 06 07 **08 09' 10' 11** 12 **13** 14 15 – Kleiner 5. Cru im Besitz von François-Xavier Borie. Bevorzugt eine sanftere Art als das Schwester-CHÂTEAU GRAND-PUY-LACOSTE. Die Keller wurden renoviert und stetig Fortschritte erzielt. Zweitetikett: La Tour l'Aspic.

aut-Beauséjour St-Est r ★★ **04** 05 08 09 **10 11** 14 15 – Vom Eigentümer, dem Champagnerhaus ROEDERER, geschaffenes und weiterentwickeltes Gut. Saftige, aber strukturierte Weine. Schwestergut: Ch. de PEZ.

aut-Bergeron Saut w; s ★★ 02 03 **04** 05 06 07 **09 10 11 13** 14 15 – Das Gut in Preignac im Besitz der Familie Lamothe zählt zu den beständigsten nicht klassifizierten SAUTERNES-Erzeugern. 60 Parzellen mit alten Reben, vorwiegend SÉMILLON (90%). Voller, opulenter, nicht überteuerter Wein.

aut-Bergey Pes-L r (w) ★★→★★★ r **04** 05 06 07 **08 09 10 11** 12 14 15; w **09 10 11 12 13 14 15** – Nicht klassifiziertes Gut, das sich aber wie ein Cru classé gibt, in den 1990er-Jahren komplett renoviert. Voller, mächtiger Rotwein; frischer, konzentrierter trockener Weißer. Außerdem Cuvée Paul (rot und rosé). Ch. Branon gehört ebenfalls zum Besitz.

Haut-Brion Pes-L r (w) ★★★★ r 86' 88' 89' 90' 93 94 95' 96' 97 98' 99 0 01 02 03 04 05' 06 08 09' 10' 11' 12 13 14 15' 16; w 01 02 03 04' 05' C 07 08' 09 10' 11' 12 13 14 15' 16 – Der einzige Premier cru in der Kla sifikation von 1855, der nicht im MÉDOC liegt; seit 1935 im Besitz der U amerikanischen Familie Dillon. Überaus harmonische Weine mit wunde voller Textur, für viele die erste (zumindest aber die zweite) Wahl unter de Bordeaux-Gewächsen – und (vergleichsweise) ein Schnäppchen. Probiere kann man sie im luxuriösen neuen Restaurant »Le Clarence« in Paris. F sehr reiche Menschen auch schwelgerischer trockener Weißwein in kleine Mengen. Siehe auch Le CLARENCE DE HAUT-BRION, LAVILLE HAUT-BRIO La MISSION HAUT-BRION und QUINTUS.

Haut Condissas Méd r ★★★ 05 06 07 08 09' 10' 11 12 14 15 – MÉDO »Garagenwein« (Jahresproduktion 5.000 Kisten), vorwiegend von ME LOT mit einem Anteil PETIT VERDOT: überaus voll, konzentriert, beständi Schwestergut von Ch. Rollan de By und GREYSAC.

Jahrgangsgetöse

Eine Gruppe von hochkarätigen britischen Weinhändlern hat die jüngsten Bordeaux-Jahrgänge in folgende qualitative Reihenfolge gebracht: 2005 (der beste), 2009, 2010, 2000, 2001, 2008, 2006, 2012, 2003, 2004, 2007, 2002, 2011. Ich bin mir nicht sicher, ob ich dem gänzlich zustimme. Was meinen Sie?

Haut-Marbuzet St-Est r ★★→★★★ 00' 01 02 03 04 05' 06 07 08 09' 1 11 12 14 15 – Der Betrieb im Besitz der Familie Duboscq wurde 195 mit gerade mal 7 ha Weinbergbesitz gegründet, jetzt sind es 70 ha. Nic klassifiziertes Gut auf 4.-Cru-Niveau mit opulenten Weinen zum Verliebe gehaltvoll, üppig, ausgebaut in neuen BARRIQUES in Kellern unweit vo COS D'ESTOURNEL. Zwei Drittel der Produktion werden direkt ab CHÂTEA verkauft. Zweitetikett: MacCarthy.

Haut-Sarpe St-Ém r ★★ 01 04 05 06 08 09 10 11 12 14 15 – GRAND CR CLASSÉ im Besitz der Familie Janoueix. Moderne Weine mit deutlich Eichennote (70% MERLOT). Der Besitzer von Ch. L'ANGÉLUS berät.

Hosanna Pom r ★★★★ 99 00 01 03 04 05' 06 07 08 09' 10' 11 12 14 1 16 – Ehemals Ch. Certan-Guiraud, bis zum Kauf durch J.-P. MOUEIX ur der Umbenennung 1999. Kleines Rebgelände (4 ha) mitten auf dem POM ROL-Plateau. Die Weine besitzen Kraft, Komplexität, Klasse und brauche Zeit. Stallgefährte von La FLEUR-PÉTRUS und TROTANOY.

Issan, d' Mar r ★★★ 01 02 03 04' 05' 06 07 08 09' 10' 11 12 13 14 1 16 – 3. Cru mit burgähnlichem CHÂTEAU. Herrlich duftende Weine, jet in Bestform. Emmanuel Cruse und Jacky Lorenzetti sind die Eigentüm (siehe PEDESCLAUX).

Jean Faure St-Ém r ★★ 06 08 09 10 11 12 14 15 16 – Ökologisch bewir schafteter GRAND CRU CLASSÉ mit Lehm-, Sand- und Kiesböden. Frisc eleganter Stil dank 50% CABERNET FRANC. Önologischer Berater ist d Eigentümer von L'ANGÉLUS. Mas Amiel (MAURY) gehört zum selben Besit

Kirwan Mar r ★★★ 95 96 98 99 00' 01 02 03 04 05' 06 07 08 09 10' 11 1 14 15' 16 – 3. Cru auf dem Plateau von Cantenac; vorwiegend CABERN SAUVIGNON (60%). In den 1990er-Jahren waren die Weine dicht gewir und fleischig, jetzt zeigen sie mehr Finesse – dafür sorgt der frühere Kelle chef von Ch. PALMER. Zweitetikett: Charmes de Kirwan.

Labégorce Mar r ★★→★★★ 03 04 05' 07 08 09 10' 11 12 14 15 16 – D nicht klassifizierte MARGAUX-Gut größeren Zuschnitts ist im Besitz vc

Nathalie Perrodo-Samani. Beträchtliche Investitionen und Fortschritte; das benachbarte Ch. Labégorce Zédé wurde 2009 geschluckt. Schöner Wein in modernem Stil. Ch. MARQUIS D'ALESME gehört ebenfalls dazu.

faurie-Peyraguey Saut w; s ★★★ **85 86' 88' 89' 90' 95 96' 97 98 99 01' 02 03' 04 05' 06 07 09' 10' 11' 13** 14 15 16 – Führender Cru classé in Bommes, im Besitz von Silvio Denz (Luxusgüterunternehmen Lalique), dem auch Château FAUGÈRES gehört. Der René-Lalique-Entwurf *Femme et Raisins* wird seit 2013 auf die Flaschen geprägt. Voller, harmonischer Süßwein (90 % SÉMILLON); seit 2015 auch trockener weißer BORDEAUX auf Sémillon-Basis. Zweitetikett: La Chapelle de Lafaurie-Peyraguey.

fite Rothschild Pau r ★★★★ 88' 89' **90' 93 94 95 96' 97 98' 99 00'** 01' **02** 03' 04' **05' 06 07 08' 09'** 10' 11' 12 13 14 15' 16 – Von dem großen Premier cru (112 ha) kommen Weine mit dem berühmten verschwenderischen Duft und Stil, die niemals schwer, heutzutage allerdings dichter gewirkt und geschmeidiger sind. Große Jahrgänge brauchen jahrzehntelange Lagerung. Zur Kellermannschaft gehören Eric Kohler, Christophe Congé und Régis Porfilet. Joint Ventures in Argentinien, Chile, China, Italien, Kalifornien, Portugal und im MIDI. Zweitetikett: CARRUADES DE LAFITE. Zum Besitz gehören auch die CHÂTEAUX DUHART-MILON, L'ÉVANGILE und RIEUSSEC.

fleur Pom r ★★★★ 88' **89' 90' 93 94 95 96** 98' 99' **00'** 01' 02 03 04' **05' 06' 07 08 09'** 10' 11' 12 13 14 15' 16 – Ausgezeichnetes, allerdings sehr kleines Gut in Familienhand, kultiviert wie ein Garten. Elegante, intensive Weine zum Einkellern; teuer. Außerdem trockener weißer BORDEAUX unter dem Etikett Les Champs Libres. Zweitetikett: Pensées de Lafleur.

fleur-Gazin Pom r ★★ **01 04 05 06 08 09 10 11 12** 14 15 – Kleines Gut am nördlichen Hang des POMEROL-Plateaus im Besitz von J.-P. MOUEIX. Eher leichter, geschmeidiger Stil.

fon-Rochet St-Est r ★★★ **95 96' 98 99** 00' **01 02 03'** 04 **05' 06 08 09' 10'** 11 12 **13** 14 15 16 – Der 4. Cru, Nachbar von Ch. COS D'ESTOURNEL, wird von Michel und Basile Tesseron geleitet und derzeit auf biologisch-dynamischen Anbau umgestellt. Die goldgelben Gebäude und Etiketten fallen sofort ins Auge. Ein hoher MERLOT-Anteil (37 %) sorgt für Opulenz und Textur, während CABERNET SAUVIGNON zur nötigen Struktur für ein langes Leben verhilft. Zweitetikett: Les Pélerins de Lafon-Rochet.

grange St-Jul r ★★★ **90' 94 95 96 98 99 00' 01 02 03 04 05' 06 08 09' 10' 11** 12 13 14 15 16 – Großes 3.-Cru-Gut (118 ha) in bester Verfassung, seit 1983 im Besitz des japanischen Getränkekonzerns Suntory. In Weinberge (67 % CABERNET SAUVINGON) und Keller wurde kräftig investiert. Auch trockener Weißwein Les Arums de Lagrange. Zweitetikett: Les Fiefs de Lagrange (günstig).

grange Pom **r** ★★ **00 01 04 05 06 09 10** 15 – Kleine Reblage in POMEROL, am Nordende des Plateaus. Seit 1953 im Besitz des in Libourne ansässigen Handelshauses J.-P. MOUEIX. 95 % MERLOT. Weine im leichteren Stil, aber gutes Preis-Leistungs-Verhältnis.

gune, La H-Méd r ★★★ **96' 98 00' 02 03 04 05' 07 08 09' 10' 11 12** 14 15 16 – 3. Cru ganz im Süden des MÉDOC, seit 2016 mit Ökosiegel, im Besitz der Önologin Caroline Frey. Schwächelte in den 1990er-Jahren, ist aber inzwischen wieder in Form. Schön konturierte Weine, die jetzt mehr Struktur und Tiefe haben. Zweitetikett: Moulin de La Lagune. Außerdem CUVÉE Mademoiselle L von einem Weinberg in Cussac-Fort-Médoc.

marque, de H-Méd r ★★ **00' 03 04 05' 06 08 09' 10' 11 12** 14 15 – HAUT-MÉDOC-Gut mit prachtvoller mittelalterlicher Burg. Der Weinberg grenzt an MOULIS. Lasergesteuerte optische Sortieranlage. Preiswerte, sachkundig bereitete, charmante Weine von mittlerer Lebensdauer. Zweitetikett: D c Lamarque.

Lanessan H-Méd r ★★ **03 04** 05 **08** 09 **10' 11 12** 14 15 – Vornehmes Gut sü lich von ST-JULIEN, seit dem 18. Jh. im Besitz der Familie Bouteiller. H sich unter Kellermeister Paz Espejo gesteigert. Zweitetikett: Les Calèch de Lanessan. Besucher sind willkommen.

Langoa Barton St-Jul r ★★★ 96' **98 99 00'** 01 2 **03** 04' **05' 06** 07 **08 09' 1** **11** 12 13 14 15 16 – 3. Cru, seit 1821 in Händen der Bartons. Schwe tergut von LÉOVILLE BARTON, die Weine haben manchmal sogar me Charme. Beständig gutes Preis-Leistungs-Verhältnis. Zweitetikett: Réser de Léoville Barton.

Einkaufstipp: Zweitweine

Verlässliche Zweitetiketten von Cru-classé-Gütern sind u.a.: Allées de CANTEMERLE, Alter Ego (PALMER), Dame de MONTROSE, Fiefs de LAGRANGE, Réserve de LÉOVILLE (-BARTON), SÉGLA (RAUZAN-SÉGLA) und Tourelles de Longueville (PICHON BARON). Sie sollen aber nicht vergessen, dass Sie für den berühmten Namen mitbezahlen – ein CRU BOURGEOIS zum selben Preis aus demselben Jahr ist nicht selten der bessere Wein.

Larcis Ducasse St-Ém r ★★★ **90'** 95 **96 98 00** 02 **03** 04 **05'** 06 07 **08 0** **10' 11** 12 **13** 14 15 16 – PREMIER GRAND CRU CLASSÉ in Familienbesi geleitet vom Duo Thienpont-DERENONCOURT. Vorwiegend MERLOT (78% In den 1950er- und 1960er-Jahren großartig, heute in spektakulärer For Zweitetikett: Murmure de Larcis Ducasse.

Larmande St-Ém r ★★ **01 03 04 05 06 07** 08 09' **10 12** 14 15 16 – GRAN CRU-CLASSÉ-Gut, wie auch Ch. SOUTARD im Besitz der Versicheru La Mondiale. Tadellose Weine, allerdings in leichterem Stil. Zweitetike Le Cadet de Larmande.

Laroque St-Ém r ★★→★★★ **03 04** 05 06 08 09' **10' 11 12** 14 15 16 – Groß GRAND CRU CLASSÉ in St-Christophe-des-Bardes. Frische, vom Terroir g prägte Weine, vorwiegend von MERLOT (87%).

Chinesen besitzen in Bordeaux 3.000 ha oder knapp drei Prozent der Gesan fläche.

Larose Trintaudon H-Méd **r** ★★ **05 06 07 08** 09' 10 11 12 **14** 15 – Größ Rebfläche im MÉDOC: 190 ha, nachhaltig bewirtschaftet. Der weiche, au gewogene Wein ist auf frühen Genuss ausgelegt. Zweitetikett: Les Hau de Trintaudon. Die Spezial-CUVÉE Larose Perganson stammt von separat Parzellen. Ch. Arnauld gehört mit zum Besitz.

Laroze St-Ém r ★★ **98' 00 01** 05 06 **07** 08 09' **10' 12** 14 15 16 – GRAN CRU CLASSÉ in Familienbesitz mit Weinen leichterer Art (von Sandböde die neuerdings mehr Tiefe aufweisen. Berater ist der Eigentümer v L'ANGÉLUS. Zweitetikett: La Fleur Laroze. Außerdem Lady Laroze.

Larrivet Haut-Brion Pes-L r w ★★★ r **01 02 03** 04 05' 06 08 **09 10' 11 12** 15 16; w **06 07 08 09 10' 11** 12 13 14 **15** 16 – Nicht klassifiziertes Gut PESSAC-LÉOGNAN, im Besitz des Konfitürenherstellers Bonne Maman. V ler, moderner Rotwein; auch sinnlich-aromatischer fassvergorener Weiß (SAUVIGNON BLANC/SÉMILLON). Der Kellerchef war früher bei MONTROS Zweitetikett: Les Demoiselles de Larrivet Haut-Brion.

scombes Mar r (rs) ★★★ **99 00 01 02 03 04 05' 06 07 08 09' 10' 11 12** 14 15 16 – 2.-Cru-Gut im Besitz einer französischen Versicherungsgesellschaft. Die Weine waren lange nicht zufriedenstellend, sind jetzt jedoch voll, dunkel, konzentriert und modern, besitzen aber trotzdem mitunter den MARGAUX-typischen Duft. Viel MERLOT (über 50%). Der Kellerchef war früher bei LAFITE. Zweitetikett: Chevalier de Lascombes.

tour Pau r ★★★★ **86 88' 89 90' 91 94 95' 96' 97 98 99 00' 01 02 03' 04' 05' 06 07 08 09'** 10' 11' 12 13 14 15' – Der Premier cru gilt als großartigste Verkörperung des roten Bordeaux. Die Weine sind tiefgründig, intensiv, aus guten Jahrgängen fast ewig haltbar, und sogar schwächere Jahrgänge zeigen den unverwechselbaren Geschmack und halten sich viele Jahre. Der *grand vin* stammt vom – ökologisch bewirtschafteten – historischen Weinberg Enclos. Kellerchefin ist Hélène Génin. Der *En-primeur*-Verkauf wurde 2012 eingestellt – die Freigabe erfolgt jetzt erst, wenn der Wein als genussreif erachtet wird (z. B. 2016 die Jahrgänge 2000 und 2007). Neue Keller bieten mehr Lagerfläche. Zweitetikett: Les FORTS DE LATOUR; Drittetikett: Pauillac. Selbst diese Weine halten sich 12 Jahre.

tour à Pomerol Pom r ★★★ **90' 95 96 98' 99 00' 01 02 04 05' 06 07 08 09' 10' 11 12** 14 15 16 – Der Weinberg (90% MERLOT) umgibt die Kirche von POMEROL; geleitet wird das Gut von J.-P. MOUEIX. Außerordentlich verlässliche, schön strukturierte Weine, die gut altern.

tour-Martillac Pes-L r w ★★ r **00 01 02 03 04** 05' 06 **08 09' 10' 11 12** 14 15 16; w **04 05 06 07** 08 09 **10' 11** 12 13 **14 15** 16 – Cru classé, seit 1930 im Besitz der Familie Kressmann. Ordentliche Qualität; bei den Weißen für dieses Niveau moderate Preise. Zweitetikett: Lagrave-Martillac (rot und weiß).

urets, des St-Ém r ★★ **06 08** 09 10 12 **14** 15 – Größeres Gut beidseits der Grenze zwischen PUISSEGUIN ST-ÉMILION und MONTAGNE ST-ÉMILION. Les Laurets ist eine Spezial-CUVÉE, reinsortig von MERLOT. Eigentümer ist Benjamin de Rothschild (Ch. CLARKE).

ville Saut w; s ★★ **03 04 06 07 09 10 11 13** 14 15 – In Familienbesitz befindliches Gut in Preignac. Der Kellermeister lehrt auch an der Önologischen Fakultät der Universität Bordeaux. Die von SÉMILLON (85%) sowie etwas SAUVIGNON BLANC und MUSCADELLE bereiteten edelfaulen Weine sind üppig und voll – preiswerter, nicht klassifizierter SAUTERNES. Onlineshop.

oville Barton St-Jul r ★★★★ **89'** 90' **94' 95'** 96' **98 99 00' 01** 02 03' 04 **05' 06 07 08' 09'** 10' **11** 12 13 14 15 16 – 2.-Cru-Gut, seit 1826 im Besitz der anglo-irischen Familie Barton (gegenwärtig Anthony Barton, unterstützt von Tochter Lilian und Enkelin Mélanie). Weinmacher ist François Bréhant. Harmonischer, klassischer roter Bordeaux mit einem hohen Anteil an CABERNET SAUVIGNON (74%). Teilt die Keller mit LANGOA BARTON.

oville-Las Cases St-Jul r ★★★★ **90' 93 94 95' 96' 97 98 99 00'** 01 02 03' **04' 05' 06 07 08 09'** 10' **11'** 12 13 14 15' 16 – Das größte der drei Léoville-CHÂTEAUX und seit jeher ein »Super-Deuxième-cru«; der *grand vin* stammt vom Kernstück, dem Grand Enclos (LATOUR benachbart) und enthält bis zu 85% CABERNET SAUVIGNON. Elegante, komplexe, kraftvolle Weine, manchmal eher PAUILLAC als ST-JULIEN. Zweitetikett: Le Petit Lion; der CLOS DU MARQUIS ist ein eigenständiger Wein. NÉNIN und POTENSAC sind im selben Besitz.

oville Poyferré St-Jul r ★★★★ **88 89' 90' 94 95 96' 98 99 00'** 01 02 03 **04 05' 06 07 08 09'** 10' **11'** 12 13 14 15 – Seit 1979 unter der Leitung von Didier Cuvelier. Jetzt auf dem Niveau eines »Super Deuxième cru«, mit dunklen, vollen, würzigen, langlebigen Weinen. Ch. Moulin Riche stammt

Bordeaux

von einer separaten 21-ha-Parzelle. Zweitetikett: Pavillon de Léoville Po ferré. Ch. Le CROCK gehört auch dazu.

Lestage Listrac r ★★ **00 03 04 05 06 08 09 10 11 12** 14 15 – Wie Ch. FON RÉAUD im Besitz der Familie Chanfreau; mehr MERLOT (56 %). Fester, e was verschlossener roter Bordeaux. Neuer Gärkeller seit 2016.

Lilian Ladouys St-Est r ★★ **03 04 05 06 07 08 09' 10' 11 12** 14 15 – Das den 1980er-Jahren geschaffene Gut besitzt insgesamt 100 verschieder Rebparzellen. Die neueren Jahrgänge zeigen größere Finesse. Zweitetiket La Devise de Lilian. Ch. PÉDESCLAUX gehört ebenfalls zum Besitz.

Liversan H-Méd r ★★ **00 03 04 05** – Der CRU BOURGEOIS im nördlichen HAU MÉDOC hat denselben Eigentümer wie PATACHE D'AUX. Weine in runder aromatischem, zugänglichem Stil. Zweitetikett: Les Charmes de Liversan

Loudenne Méd r (w) ★★ r **03 04 05 06 09' 10' 11 12 14** 15; w **09 10 11 1 13 14 15** – Großes CRU-BOURGEOIS-Gut, gehörte erst der britischen Wei handelsfirma Gilbey's, dann der Familie Lafragette und ist nun in chines schem Besitz. Denkmalgeschützte rosafarbene *chartreuse* (Kartause) au dem 18. Jh. am Flussufer. Besucher sind willkommen. Reife, runde Ro weine; auch SAUVIGNON BLANC mit leichter Eichennote. Nicht zu verge sen der Rosé.

Louvière, La Pes-L r w ★★★ r **01 02 04 05' 06 07 08 09'** 10' **11 12** 14 1 w **02 03 04' 05' 06 07 08 09' 10' 11 12 13 14 15** – André Lurtons ganz Stolz: exzellenter Weißwein (bis zu 100 % SAUVIGNON BLANC) sowie Ro wein in Cru-classé-Qualität. Siehe auch BONNET, COUHINS-LURTON und C ROCHEMORIN.

Lussac, de St-Ém r ★★ **05 06 07 08 09 10 11 12 14** 15 – Spitzengut in LUSSA ST-ÉMILION, in das viel Geld gesteckt wurde; Stallgefährte von FRAN MAYNE. Vorwiegend MERLOT (80 %). Zweitetikett: Le Libertin de Lussac.

Lynch-Bages Pau r (w) ★★★★ **89' 90' 94 95' 96' 98 99 00' 01 02 03 0 05' 06 07 08 09'** 10' **11** 12 13 14 15 16 – Seit eh und je beliebtes Wei gut, heute ein regelrechter Star, der das übliche 5.-Cru-Niveau weit übe strahlt. Erzeugt dichten Wein mit hohem CABERNET-SAUVIGNON-Ante Zweitetikett: Echo de Lynch-Bages. Außerdem ein guter, jetzt frischer Weißwein: Blanc de Lynch-Bages. Die neue Kellerei, die 2019 eingewei werden soll, wurde von dem Architekten Chien Chung Pei entworfen. LE ORMES-DE-PEZ und Villa Bel Air in GRAVES sind im selben Besitz.

Lynch-Moussas Pau r ★★ **01 02 03 04 05' 07 08 09 10' 11** 12 14 15 – 5.-Cr Gut im Besitz von BORIE-MANOUX. Wein auf CABERNET-SAUVIGNON-Bas (75 %) von zunehmender Qualität. Zweitetikett: Les Hautes de Lync Moussas.

Lyonnat St-Ém r ★★ **04 05 06 08 09 10 12 14** 15 – Führend in LUSSA ST-ÉMILION; in letzter Zeit präziser bereitete Weine. Auch Spezial-CUV Emotion.

Malartic-Lagravière Pes-L r (w) ★★★ r **99 00' 01 02 03 04' 05' 06 08 0 10' 11** 12 14 15 16; w **01' 02 03 04' 05' 06 07 08 09' 10' 11 12 13 1 15** 16 – Cru classé mit vollen, modernen Roten sowie kleinen Mengen vo opulentem Weißwein (überwiegend SAUVIGNON BLANC). Der belgisch Eigentümer hat den Besitz revolutioniert und flächenmäßig verdreifach Ch. Gazin Rocquencourt (PESSAC-LÉOGNAN) gehört ebenfalls zum Besit außerdem Engagement in Argentinien.

Malescasse H-Méd r ★★ **02 03 04 05 06 08 09 10 11 12 14** 15 – CRU BOU GEOIS nahe MOULIS. Geschmeidige Weine zu erschwinglichen Preise Stéphane DERENONCOURT berät. Zweitetikett: La Closerie de Malescass

Malescot St-Exupéry Mar r ★★★ **98 99 00' 01 02 03 04 05' 06 07 08' 09' 1 11** 12 14 15 16 – Seit 1955 im Besitz der Familie Zuger befindlicher 3. Cr derzeit gut in Form mit reifem, duftendem, fein strukturiertem MARGAUX

lle, de Saut r w; tr s ★★★ w s **95 96' 97' 98 99 01' 02 03' 05 06 07 09 10' 11' 13** 14 15 – 2. Cru in Preignac mit sehr feinem SAUTERNES von mittlerem Körper; auch trockener weißer M. de Malle (GRAVES). Denkmalgeschütztes CHÂTEAU aus dem 18. Jh.

rgaux, Château Mar r (w) ★★★★ **88' 89' 90' 93 94 95' 96' 97 98' 99 00' 01' 02 03' 04' 05' 06' 07 08 09'** 10' **11'** 12 13 14 15' 16 – Premier cru; der verführerischste und beständigste aller MARGAUX-Weine mit dem legendären Bukett. Nach dem Tod des langjährigen Chefs Paul Pontallier 2016 hat nun Philippe Bascaules die Geschäftsführung übernommen. 2015 wurde die von Norman Foster entworfene Erweiterung der Kellerei eingeweiht. Zweitetikett: Pavillon Rouge (**03 04' 05' 06 08 09' 10' 11** 12 14 15). Der sortenreine SAUVIGNON BLANC Pavillon Blanc (**07 08 09' 10 11' 12' 13' 14 15**) ist der beste Weißwein des MÉDOC und in den letzten Jahren frischer ausgefallen.

Bordeaux

Tee trifft Wein

Tee und Wein haben viele Gemeinsamkeiten, angefangen von ihrer langen Geschichte über die Bedeutung des Terroirs bis zu ihrer Rolle in der Gastronomie – ganz zu schweigen von den Tanninen. Nun wurden beide in Form einer kulturellen Partnerschaft zwischen POMEROL-, ST-ÉMILION- sowie FRONSAC-Weinen und den Pu-Erh-Tees der Provinz Yunnan in Südchina zusammengebracht. Die Städte Libourne und Pu'er haben sich zusammengetan, und die Weine des Libournais sind nun Teil der ständigen Ausstellung im Nationalen Pu-Erh-Tee-Museum. Alles höchst gediegen.

rojallia Mar r ★★★ **01 02 03 04 05' 06 07 08 09' 10 11 12** 15 – Das Mikro-CHÂTEAU zielt aufs Hochpreissegment ab mit mächtigen, sehr vollen (70% CABERNET SAUVIGNON), ausnahmslos in neuer Eiche ausgebauten und für MARGAUX untypischen Weinen. Zweitetikett: CLOS Margalaine.

rquis d'Alesme Mar r ★★ **01 04 05 08 09' 10' 11 12** 14 15 – 3. Cru im Ort MARGAUX. Investitionen brachten stetige Fortschritte, 2015 ist der bislang beste Jahrgang. Neue, chinesisch inspirierte Hightechkellerei. Stallgefährte von LABÉGORCE.

rquis de Terme Mar r ★★→★★★ **95 96 98 99 00' 01 02 03 04 05' 06 08 09' 10'** 11 **12** 14 15 16 – 4.-Cru-Gut mit Weinbergbesitz im Umkreis der Ortschaft MARGAUX, kürzlich renoviert und mit frischem Kapital versorgt. Der früher eher robuste Wein ist jetzt verführerischer. Wurde vom Netzwerk Great Wine Capitals mit dem International Best of Wine Tourism Award 2017 ausgezeichnet.

ucaillou Moulis r ★★ **04 05 06 08 09 10 11 12** 14 15 16 – Einigermaßen beständiges, besucherfreundliches Weingut in MOULIS in Familienbesitz (DOURTHE). Saubere, frische, günstige Weine.

r Châteaux haben eine hauseigene Böttcherei: Haut-Brion, Lafite, Margaux und Smith Haut Lafitte.

yne Lalande Listrac r ★★ **08 09 10 11 12** 14 15 – Führendes LISTRAC-Gut mit vollen, fein texturierten Weinen (60% CABERNET SAUVIGNON). Der Besitzer von L'ANGÉLUS berät.

zeyres Pom r ★★ **01 04 05' 06 08 09 10 12** 14 15 – Eher leichter, aber verlässlicher POMEROL aus zertifiziertem Ökoanbau; geschmeidig und jung zu genießen. Ungewöhnlich sind die 2–3% PETIT VERDOT. Das Gut wird v Eigentümer von Ch. FONROQUE geleitet.

Meyney St-Est r ★★→★★★ **01 02 03 04 05' 06 08 09' 10' 11' 12** 14 15 Großer Besitz am Uferhang, hervorragende Reblage neben Ch. MONTRO Vor Kurzem wurde kräftig investiert. Besitzer ist die Crédit-Agricole-To ter CA Grands Crus, der auch die CHÂTEAUX GRAND-PUY DUCASSE u LA TOUR DE MONS gehören. Stets robuste, gut strukturierte Weine bis zu 18% PETIT VERDOT, die das Einkellern lohnen. Der Eigentümer v L'ANGÉLUS berät. Zweitetikett: Prieur de Meyney.

Mission Haut-Brion, La Pes-L r ★★★★ **88 89' 90' 94 95 96' 98' 99 00' 02 03 04 05' 06 07 08 09'** 10' 11' 12 13 14 15' 16 – 1983 von der Fa lie Dillon von HAUT-BRION erworbenes Gut. Beständig hochklassiger, v blütiger Wein mit langer Reifezeit. Eine 2016 durchgeführte Versteigeru von Kellerbeständen bei Christie's, New York, erzielte 1,4 Millionen Dol Zweitetikett: La Chapelle de La Mission. Außerdem überwältigender, SÉMILLON dominierter Weißwein: früher Laville Haut-Brion, seit 2009 in Mission Haut-Brion Blanc (**10' 11' 12' 13 14** 15 16) umbenannt.

Monbousquet St-Ém r (w) ★★★ **01 02 03 04 05' 06 07 08 09' 10' 11** 14 15 16 – GRAND CRU CLASSÉ auf Kiessandboden, der von Gérard Pe (Ch. PAVIE) gründlich umgekrempelt wurde. Konzentrierte Weine der ü pigsten Art mit Eichennote. Seit 1998 zudem seltener (600 Kisten), se guter Sauvignon blanc/Sauvignon gris (AC BORDEAUX). Zweitetikett: An lique de Monbousquet.

Monbrison Mar r ★★→★★★ **98 00 01 02 04 05' 06 08 09' 10' 11** 12 15 16 – Kleiner Familienbetrieb in Arsac mit zartem, duftendem MARGA (65% CABERNET SAUVIGNON).

Mondotte, La St-Ém r ★★★★ **97 98' 99 00' 01 02 03 04' 05' 06 07 08 10' 11** 12 13 14 15 16 – Kleiner PREMIER GRAND CRU CLASSÉ auf d Kalkstein-Lehm-Plateau; zertifizierter Ökoanbau. Intensive, feste u kraftstrotzende Weine zu entsprechenden Preisen. Ebenso wie CANON GAFFELIÈRE und CLOS DE L'ORATOIRE im Besitz Stephan von Neippergs.

Montrose St-Est r ★★★★ **89' 90 93 94 95 96' 98 00' 01 02 03' 04 05' 06 08 09'** 10' 11 12 13 14 15' 16 – 2. Cru mit Reblagen an der Gironde, b rühmt für wuchtigen, langlebigen Rotwein. Die Jahrgänge 1979 bis 19 fielen leichter aus. Besitzer sind die Brüder Martin und Olivier Bouygu deren enorme Investitionen (u.a. energiesparende Wirtschaftsgebäu sich nun auszahlen. Zweitetikett: La Dame de Montrose. Drittetikett: Saint-Estèphe de Montrose.

Moulin du Cadet St-Ém r rs ★★ **00 01 03 05 08 09 10' 11 12** 14 15 16 – K ner GRAND CRU CLASSÉ, im selben Besitz wie Ch. SANSONNET. Allmählich Wandel: früher robuste Weine, jetzt mit mehr Duft und Finesse.

Moulinet Pom r ★★ **04 05 06 08 09 10 11 12** 15 – Für POMEROL-Verhältnis großes CHÂTEAU, seit 2016 in chinesischem Besitz. Berater ist Stépha DERENONCOURT. Weine in leichterem Stil.

Moulin Haut Laroque r ★★ **05' 06 08 09' 10' 11 12** 14 15 16 – Führendes C in FRONSAC, geleitet von Thomas Hervé. Beständige Qualität, strukturie Weine mit Alterungspotenzial; preiswert. Zweitetikett: Ch. Hervé Laroqu

Moulin Pey-Labrie r ★★ **02 03 04 05' 08 09' 10' 11 12** 14 15 16 – Führe des Gut in CANON-FRONSAC. Kräftige Weine mit guter Struktur, die alte können.

Moulin St-Georges St-Ém r ★★★ **01 02 03 04 05' 06 08 09' 10' 11 12** 14 15 16 – Gut im Besitz der Familie Vauthier, der auch die CHÂTEA AUSONE und La CLOTTE gehören. Dichte, stilvolle Weine; würde eine Kl sifizierung verdienen.

outon Rothschild Pau r (w) ★★★★ 82' 83' 85' 86' 88' 89' 90' 94 95' 96 97 98' 99 00' 01' 02 03 04' 05' 06' 07 08' 09' 10' 11' 12 13 14 15' 16 – Die drei Kinder Philippine de Rothschilds sind nun Miteigentümer; Chefkellermeister ist Philippe Dhalluin. Der exotischste und sinnlichste der Grands crus von PAUILLAC ist jetzt in Bestform. Das Etikett für 2014 hat der britische Künstler David Hockney gestaltet. Der Weißwein heißt Aile d'Argent (SAUVIGNON BLANC/SÉMILLION). Zweitetikett: Le Petit Mouton. Siehe auch d'ARMAILHAC und CLERC MILON.

irac Saut w; s ★★ 96 97' 98 99 01' 02 03' 04 05' 06 07 09' 10 11 13 14 15 – 2. Cru in BARSAC im Besitz der Familie Tari. Sehr voller und doch frischer Wein, recht gut in Form. Zweitetikett: Esquisse de Nairac.

nin Pom r ★★★ 96 98 99 00' 01 02 03 04 05 06 07 08 09' 10' 11 12 13 14 15' 16 – Die Familie Delon, der auch Ch. LÉOVILLE-LAS CASES gehört, hat in den vergangenen 20 Jahren viel Geld in die Entwicklung und Modernisierung des Betriebs gesteckt. Der Wein gibt sich etwas zurückhaltend, ist aber dennoch generös, präzise bereitet und auf ein langes Leben ausgelegt. 2015 war der bislang beste Jahrgang. Zweitetikett: Fugue de Nénin (günstig).

vier Pes-L r w ★★★ r 01 02 04' 05' 06 08 09' 10' 11 12 13 14 15 16; w 05' 06 07' 08 09 10' 11 12 13 14 15 16 – Cru classé mit schönem Wasserschloss. Investitionen haben Veränderungen gebracht: Jetzt schön strukturierte Rotweine und ein saftiger Weißer (75 % SAUVIGNON BLANC).

mes de Pez, Les St-Est r ★★ 01 02 03 04 05 06 07 08 09' 10' 11 12 14 15 16 – Im Besitz der Familie Cazes von Ch. LYNCH-BAGES, Qualität ist also garantiert. Die dichten, fleischigen Weine brauchen Zeit.

erlot steht für 66 Prozent der Rotweintrauben in Bordeaux.

mes Sorbet, Les Méd r ★★ 01 02 03' 04 05 06 08 09' 10' 11 12 14 15 – Beständiger, verlässlicher CRU BOURGEOIS in Familienbesitz mit eleganten, leicht eichenwürzigen Weinen, die altern können (65 % CABERNET SAUVIGNON). Ch. Fontis gehört ebenfalls dazu.

lmer Mar r ★★★★ 83' 85 86' 88' 89 90 94 95 96' 98' 99 00 01' 02 03 04 05' 06' 07 08' 09' 10' 11' 12 13 14 15' 16 – 3. Cru, der den »Super-Deuxième-crus« (und bisweilen so manchem Premier cru) ebenbürtig ist. Sinnlicher Wein mit Wucht, Delikatesse und viel MERLOT (40 %), ausschließlich aus biologisch-dynamischem Anbau. Das Gut ist in holländischem (MÄHLER-BESSE) und britischem (Familie SICHEL) Besitz. Zweitetikett: Alter Ego de Palmer. Außerdem der Tradition verpflichteter Vin Blanc de Palmer (Lauzet/MUSCADELLE/Sauvignon gris). Experimente mit der Zugabe von HERMITAGE-Rebsorten wie im 18. Jh.

pe Clément Pes-L r (w) ★★★★ r 94 95 96 98' 99 00' 01 02 03 04 05 06 07 08 09' 10' 11 12 13 14 15'; w 03 04 05' 07 08 09 10 11 12 13 14 15 16 – Das historische Weingut im Besitz von Bernard Magrez (siehe CLOS HAUT-PEYRAUGUEY, FOMBRAUGE, La TOUR-CARNET) liegt am Rand der Stadt Bordeaux und bietet auch Weinverkauf und -verkostung. Erzeugt werden dichte, langlebige Rotweine sowie ein voller Weißer mit Eichennote, allerdings in sehr kleinen Mengen.

tache d'Aux Méd r ★★ 05' 06 07 09 10 11 12 14 15 16 – CRU BOURGEOIS in Bégadan im nördlichen MÉDOC, seit Neuestem im Besitz von Antoine Moueix Propriétés, der Bordeaux-Tochter von AdVini. Verlässlicher, von CABERNET SAUVIGNON (60 %) geprägter Wein. Stéphane DERENONCOURT berät.

vie St-Ém r ★★★★ 94 95 96 98 99 00' 01 02 04 05' 06 07 08 09' 10' 11 12 13 14 15' 16 – PREMIER GRAND CRU CLASSÉ (A) im Besitz der Fami-

Bordeaux

lie Perse mit prachtvollen Reblagen auf dem Plateau und in den südlich Côtes. Das ist der neue Stil in ST-ÉMILION: intensiv, holzlastig, auslader üppig. Imposante Hightechkellerei. Zweitetikett: Arômes de Pavie. [Esprit de Pavie ist ein einfacher AC BORDEAUX.

Pavie-Decesse St-Ém r ★★ **00' 01' 02 03 04 05' 06 07 08 09'** 10' **11** 12 14 16 – Sehr kleiner Cru classé mit sehr alten Reben. Die Weine sind eber kraftvoll und muskulös wie die vom Schwestergut PAVIE.

Pavie-Macquin St-Ém r ★★★ **90' 94 95 96' 98' 99 00' 01 02 03 04 05' 06 08 09' 10' 11** 12 13 14 15 16 – PREMIER GRAND CRU CLASSÉ mit Reblag auf dem Kalksteinplateau, Nachbar von TROPLONG MONDOT. Kellerchef Nicolas Thienpont, Stéphane DERENONCOURT berät. Stämmige, sehr k perreiche Weine (mind. 80% MERLOT), die Flaschenreife benötigen. Zwe etikett: Les Chênes de Macquin.

Pédesclaux Pau r ★★ **02 03 04 05 06 09 10' 11** 12 13 14 15 16 – Der 5. C schöpft sein Potenzial nicht aus, wird aber gerade wieder aufgepäppelt u reorganisiert; massive Investitionen in Kellerei und Weinberge. Seit 20 geht es mit Riesenschritten voran. Zweitetikett: Fleur de Pédesclaux.

Petit-Village Pom r ★★★ **98' 00' 01 03 04 05 06 07 08 09' 10' 11** 12 13 15' 16 – Das POMEROL-Gut gegenüber von VIEUX CHÂTEAU CERTAN h qualitativ erheblich zugelegt. Im Besitz der AXA-Versicherung. 75% ME LOT plus CABERNET FRANC und CABERNET SAUVIGNON. Schmeichelnd dicht gewirkter Wein mit zunehmend feineren Tanninen. Zweitetikett: Jardin de Petit-Village.

Petrus Pom r ★★★★ **79' 81 82' 83 85' 86 88' 89' 90 93' 94 95' 96 97 98' 00' 01 02 03 04' 05' 06 07 08 09'** 10' 11' 12 13 14 15' 16 – Das inoffizie Spitzengewächs von POMEROL: reiner, himmlischer MERLOT. Der Bl lehmboden erbringt Weine von unvergleichlicher Fülle und Konzentrat (2.500 Kisten), die zum Einlagern gemacht sind. Kellermeister sind Va Jean-Claude Berrouet (45 Jahrgänge) und Sohn Olivier (seit 2007). Eig tümer ist Jean-François MOUEIX. Kein Zweitwein.

Pey La Tour Bx r ★★ **09 09 10 11 12 14 15** – Großes Gut im Besitz v DOURTHE mit qualitätsorientiertem BORDEAUX SUPÉRIEUR. Drei r Cuvées, die Réserve du Château ist die Spitzenauslese. Außerdem Rosé

Peyrabon H-Méd **r** ★★ **04 05 06 09' 10 11 12** 15 – Verlässlicher C BOURGEOIS im Besitz des Handelshauses Millésima. La Fleur Peyrabor PAUILLAC gehört auch dazu.

Pez, de St-Est r ★★★ **01 02 03 04 05' 06 07 08 09' 10' 11** 12 13 14 15 1(Altes ST-ESTÈPHE-Gut, dem Eigentümer ROEDERER (Champagner) s 1995 zu neuem Glanz verholfen hat. Vorwiegend MERLOT UND CABERN SAUVIGNON. Verlässliche Weine in dicht gewirktem Stil.

Phélan Ségur St-Est r ★★★ **98 00' 01 02 03 04 05' 06 07 08 09' 10' 11** 14 15 16 – Die Ursprünge des Guts gehen auf eine irische Familie zurü heute ist es im Besitz der Familie Garninier. Verlässlicher, ausgezeichnet nicht klassifizierter Erzeuger von Weinen in nachhaltigem, geschmeidig Stil. Zweitetikett: Frank Phélan.

Pibran Pau r ★★ **00' 01 03 04 05' 06 08 09' 10' 11 12** 13 14 15 16 – K ner Besitz, mit PICHON BARON verbunden. Klassischer, MERLOT-beton Wein.

Pichon Baron Pau r ★★★★ **89' 90' 93 94' 95 96 98 99 00' 01 02 03' 04 06 07 08 09' 10'** 11' 12 13 14 15 16 – Im Besitz der AXA-Versicheru hieß zuvor Ch. Pichon-Longueville. Das wiederbelebte 2.-Cru-Gut lie verlässlich kraftvollen und potenziell sehr langlebigen, allerdings zieml teuren PAUILLAC. Zweitetiketten: Les Tourelles de Longueville (zugängl dank höherem MERLOT-Anteil) und Les Griffons de Pichon Baron (vorw gend CABERNET SAUVIGNON).

chon Longueville Comtesse de Lalande (Pichon Lalande) Pau r ★★★★ 86' 88' 89' 90' 94 95 96 98 99 00 01 02 03' 04 05' 06 07 08 09' 10' 11 12 13 14 15 16 – 2. Cru oberhalb von LATOUR, im Besitz von ROEDERER. Stets Spitzenerzeugnisse: langlebige Weine von fabelhafter Rasse. In den 80er und 90ern von MERLOT dominiert, seit einigen Jahren mehr CABERNET SAUVIGNON. Neue, mit Schwerkraft betriebene Hightechkellerei. Versuche mit Ökoanbau. Zweitetikett: Réserve de la Comtesse. Ch. de PEZ und Ch. HAUT-BEAUSÉJOUR sind Stallgefährten.

n, Le Pom r ★★★★ 85 86' 88 89 90' 94 95 96 97 98' 99 00 01' 02 04 05' 06' 07 08 09' 10' 11 12 14 16 – Der erste der winzigen Kult-Crus (2,8 ha) in BORDEAUX, der erste Jahrgang war 1979. Der einstige Minikeller ist inzwischen einer modernen Kellerei gewichen. Sortenreiner MERLOT – er ist fast so üppig wie das Vermögen seiner Genießer, sprich die Preise sind jenseits von Gut und Böse. Kein Zweitetikett. Ebenfalls zum Besitz zählen Ch. L'If (ST-ÉMILION) und neuerdings eine Reblage in CASTILLON — CÔTES DE BORDEAUX.

nce Pom r ★★ 04 05 06 08 09 10 11 12 15 – Gut mit Reblagen in der Nähe von NÉNIN und La POINTE. Maschinelle Lese. Weine in geschmeidigem, fruchtigem Stil.

inte, La Pom r ★★ 01 04 05 06 07 08 09' 10' 11 12 14 15 16 – Der (für POMEROL-Verhältnisse) große, gut geführte Betrieb profitiert jetzt von den im vergangenen Jahrzehnt getätigten Investitionen. Ein so gutes Preis-Leistungs-Verhältnis findet man in Pomerol nur selten.

itevin Méd r ★★ 08 09 10 11 12 14 15 – Geschmeidig-eleganter CRU BOURGEOIS; mind. 50 % MERLOT. Bietet verlässliche Qualität. Auch ein trockener weißer BORDEAUX.

ntet-Canet Pau r ★★★★ 89' 90 94' 95 96' 98 99 00' 01 02' 03 04' 05' 06' 07 08 09' 10' 11 12 13 14 15 16 – Der 5. Cru im Besitz der Familie Tesseron mit Zertifikat für biologisch-dynamischen Weinbau ist derzeit sehr en vogue. Im Zuge der umfassenden Verbesserungsmaßnahmen sind die Preise rasant gestiegen. Gut ein Drittel der Weine wird in Amphoren ausgebaut, der Rest in BARRIQUES. Zweitetikett: Les Hauts de Pontet-Canet.

tensac Méd r ★★ 01 02 03 04 05' 07 08 09' 10' 11 12 13 14 15 16 – Feste, kraftstrotzende Weine für lange Lagerung mit beträchtlichem Anteil an CABERNET FRANC (20 %) von alten Reben. Zweitwein: Chapelle de Potensac. Ch. LÉOVILLE-LAS CASES gehört ebenfalls zum Besitz.

uget Mar r ★★ 01 02 03 04 05' 06 08 09' 10' 11 12 14 15 – Zu Ch. BOYD-CANTENAC gehörendes, kaum bekanntes 4.-Cru-Gut. Eher stämmiger MARGAUX (75 % CABERNET SAUVIGNON), der Flaschenreife benötigt.

ujeaux Moulis r ★★ 00' 01 03 04 05 08 09' 10' 11 12 14 15 16 – Im selben Besitz wie CLOS FOURTET. Volle, robuste Weine mit langer Lebensdauer (50 % CABERNET SAUVIGNON). Stéphane DERENONCOURT berät. Zweitetikett: La Salle de Poujeaux. Außerdem Haut de Poujeaux (HAUT-MÉDOC).

emier grand cru classé St-Ém – 2012 wurden 18 Klassifizierungen vergeben, aufgeteilt in 8-mal »A« und 14-mal »B«. Siehe Kasten »Die ST-ÉMILION-Klassifikation«, Seite 144.

essac, de St-Ém r ★★ 06 08 09 10 11 12 14 15 16 – GRAND CRU CLASSÉ im Osten der AC ST-ÉMILION; MERLOT (69 %), CABERNET FRANC, CABERNET SAUVIGNON, MALBEC, CARMENÈRE. Die Weine sind von höchst verlässlicher Qualität und zudem preiswert.

euillac Méd r ★★ 06 08 09 10 11 12 15 – CRU BOURGEOIS mit aromatischem, schön strukturiertem Wein. Stéphane DERENONCOURT berät. Zweitetikett: Esprit de Preuillac.

euré-Lichine Mar r ★★★ 90' 95 96 98' 99 00' 01 02 03 04 05 06 07 08 09' 10' 11 12 14 15 16 – 4. Cru im Besitz eines NÉGOCIANT; von dem verstor-

Bordeaux

benen Alexis Lichine hochgebracht und gegenwärtig in guter Verfassur MARGAUX mit schönem Bukett. Vergrößerte Rebflächen und neuer *cuv* (Gärkeller) mit »grüner« Wand. Weinverkauf und Führungen. Zweitetike Confidences du Prieuré-Lichine. Auch guter weißer BORDEAUX (SAU GNON BLANC/SÉMILLON).

Puygueraud Bx r ★★ **02 03' 05' 06 08 09 10 11 12** 14 15 16 – Führend CHÂTEAU in der kleinen AC FRANCS – CÔTES DE BORDEAUX; vorwiege MERLOT (70%). Für die Vinifikation ist Nicolas Thienpont (PAVIE-MACQU zuständig. In Eiche ausgebaute Weine von überraschender Klasse. [CUVÉE Spéciale George hat einen Anteil von über 35% MALBEC. Au etwas Weißwein (SAUVIGNON BLANC/Sauvignon gris).

Quinault l'Enclos St-Ém r ★★→★★★ **09 10 11 12** 14 15 16 – Der GRAND C CLASSÉ in Libourne hat denselben Besitzer wie CHEVAL BLANC, auch c Team ist dasselbe. Neuerdings mehr Frische und Finesse (und CABERN SAUVIGNON); die Weine reifen in 500-l-Fässern.

Quintus St-Ém r ★★★ **11** 12 13 14 15 16 – Das Gut (früher Ch. Ter Daugay) ist im Besitz der Familie Dillon von Ch. HAUT-BRION. 2013 w de L'ARROSÉE erworben und mit Quintus zum jetzigen 28-ha-Besitz v schmolzen. Der Wein gewinnt an Statur und Finesse, doch die Preise si enorm gestiegen. Zweitetikett: Le Dragon de Quintus (ein geflügelter Brc zedrache steht auf dem Gutsgelände).

Rabaud-Promis Saut w; s ★★→★★★ **97 98 99 01' 02 03' 04 05' 06 07** (**10 11 12 13** 14 15 16 – PREMIER CRU CLASSÉ in Bommes, teilweise ökc gisch bewirtschaftet. Gute Qualität zu fairen Preisen.

Rahoul Graves r w ★★ r **05 08 09' 10 11 12 14** 15 16; w **10 11 12 13 14** 16 – Das Gut im Besitz von DOURTHE ist qualitativ auf dem aufsteigenc Ast: ausgewogener Rot- und von SÉMILLON dominierter Weißwein. Gu Preis-Leistungs-Verhältnis.

Ramage la Bâtisse H-Méd r ★★ **05' 07 08 09 10 11 12 14** – CRU BOL GEOIS von einigermaßen beständiger Qualität; vorwiegend CABERNET SA VIGNON. Internationaler Vertrieb und Onlineshop. Zweitetikett: L'Enclos Ramage.

Rauzan-Gassies Mar r ★★★ **00 01' 02 03 04 05' 06 07 08 09' 10' 11** 12 1 Das 2.-Cru-Gut in Familienbesitz mit Reblagen in MARGAUX und Canter kann seinem Nachbarn RAUZAN-SÉGLA nicht das Wasser reichen, hat doch Verbesserungsmaßnahmen eingeleitet. Zweitetikett: Gassies.

Rauzan-Ségla Mar r ★★★★ **89' 90' 94' 95 96 98 99 00' 01 02 03 04' 05 07 08 09'** 10' **11** 12 13 14 15' 16 – 2. Cru in MARGAUX, dessen Weine s Langem für ihr Bukett berühmt sind; im Besitz der Chanel-Mehrheitseig tümer Wertheimer (ebenso wie CANON LA GAFFELIÈRE). Verbesserungen Keller und Versuche mit Ökoanbau. Seit 2015 neuer Geschäftsführer/K lerchef. Zweitetikett: Ségla (preiswert).

Raymond-Lafon Saut w; s ★★★ **90' 95 96' 97 98 99' 01' 02 03' 04 05' 06** **09' 10'** 11' **13** 14 15 16 – Nicht klassifiziertes SAUTERNES-Gut im Bes der Familie Meslier mit Weinen in Premier-cru-Qualität: voll, komplex, la lebig (vorwiegend SÉMILLON).

Rayne Vigneau, de Saut w; s ★★★ **95 96 97 98 99 01' 03 05' 07 09'** 11' **13** 14 15 16 – Größerer Premier cru in Bommes. Die Weine sind je voll, schwelgerisch und alterungswürdig. Zweitetikett: Madame de Ray Außerdem trockener Weißer namens Le Sec de Rayne Vigneau (BORDEA Blanc).

Respide-Médeville Graves r w ★★ r **05' 06 08 09 10 11 12 14** 15; w **10 11 13 14 15** – Erstklassiges Gut mit eleganten Rot- und komplexen Weißw nen. Zweitetikett (rot): Dame de Respide.

eynon Bx r w ★★ r **05' 06 09' 10 11 12 14** 15; w **10' 11' 12 13 14 15** – Führendes Weingut der AC CADILLAC — CÔTES DE BORDEAUX mit seriösem, von MERLOT doniniertem Rotwein und duftendem weißem BORDEAUX von SAUVIGNON BLANC. Im Besitz der Familie Dubourdieu.

eysson H-Méd **r ★★ 05 06 08 09' 10' 11 12 14** 15 – CRU BOURGEOIS im Besitz des Handelshauses DOURTHE; überwiegend MERLOT (90 %). Moderner Stil. Zweitetikett: Moulin de Reysson.

eussec Saut w; s ★★★★ **85 86' 88' 89' 90' 95 96' 97' 98 99 01' 02 03' 04 05' 06 07 09' 10'** 11' 13 14 15 – Ebenbürtiger Nachbar von Ch. d'YQUEM mit Weinbergbesitz in Fargues; Eigentümer sind die (LAFITE) ROTHSCHILDS. Fabelhaft kraftvoller, opulenter Wein (90 % SÉMILLON), durchschnittlich 6.000 Kisten pro Jahr. Zweitetikett: Carmes de Rieussec. Die trockene Version heißt »R« de Rieussec.

vière, de la r ★★ **01 02 03 04 05' 06 08 09' 10 12** 14 15 – Das größte (65 ha) und eindrucksvollste Gut in FRONSAC mit Schloss und Kellern wie aus einer Wagner-Oper ist in chinesischem Besitz. Die ehemals mächtigen, tanninstarken Weine sind inzwischen kultivierter geworden. Zweitetikett: Les Sources. Außerdem etwas Weißwein und Rosé.

c de Cambes Bx r ★★★ **04 05 06 08 09 10 11 12** 13 14 15 – Unangefochtener Spitzenreiter in den CÔTES DE BOURG, die Weine sind so gut wie die besten ST-ÉMILION-Gewächse: aromatisch und opulent, allerdings auch teuer. TERTRE-ROTÊBŒUF gehört ebenfalls zum Besitz.

chemorin, de Pes-L r w ★★→★★★ r **05 06 08 09' 10' 11 12** 14 15; w **07 08 09 10 11** 12 13 14 15 – Das Weingut von beachtlicher Größe in Martillac gehört André Lurton von Ch. La LOUVIÈRE. Fleischiger Rot- und aromatischer Weißwein (100 % SAUVIGNON BLANC) in ziemlich beständiger Qualität. Moderne Kellerei. Erzeugt auch Ch. Coucheroy (rot und weiß).

l Valentin St-Ém r ★★★ **01' 02 03 04 05' 06 07 08 09' 10' 11** 12 13 14 15 – Früher ein Gut von *garagiste*-Größe, jetzt mit vergrößertem Weinbergbesitz (Lehm-Kalkstein-Böden, 90 % MERLOT). Volle, moderne, aber ausgewogene Weine.

uget Pom r ★★ **98' 00' 01' 03 04 05' 06 07 08 09' 10' 11** 12 13 14 15 – Aufstrebendes Gut am Nordrand von POMEROL mit gehaltvoll-üppigen Weinen. Michel ROLLAND berät. Zweitetikett: Le Carillon de Rouget. Zum Besitz gehört auch die Dom. Jacques PRIEUR (Burgund).

-Georges St-Ém r ★★ **01 03 04 05' 06 08 09 10 11** 14 – Der Weinbergbesitz umfasst ein Viertel der AC ST-GEORGES; vorwiegend MERLOT plus CABERNET FRANC und CABERNET SAUVIGNON. Jean-Philippe Janoueix ist Miteigentümer und Geschäftsführer. Guter Wein, wird direkt verkauft. Zweitetikett: Puy St-Georges.

-Pierre St-Jul r ★★★ **90' 95' 96' 98 99 00' 01' 02 03 04 05' 06 07 08 09' 10' 11** 12 **13** 14 15 16 – Kleines, aufstrebendes 4.-Cru-Gut; 75 % CABERNET SAUVIGNON. Stilvoller, verlässlicher, klassischer ST-JULIEN. Neue Kellerei. Siehe auch GLORIA.

les, de Pom r ★★ **01' 04 05 06 08 09 10 12** 15 – Das größte Rebenareal von POMEROL erbringt jährlich 10.000 Kisten; 70 % MERLOT sowie CABERNET FRANC und CABERNET SAUVIGNON. Weine der leichteren Art, eher prosaisch als poetisch. Zweitetikett: Ch. Chantalouette (5.000 Kisten).

nsonnet St-Ém r ★★ **01 02 03 04 05' 06 08 09' 10' 11 12** 13 14 15 16 – GRAND CRU CLASSÉ auf dem Kalkstein-Ton-Plateau. Weine im modernen Stil, aber durchaus erfrischend. MOULIN DU CADET hat denselben Besitzer.

ransot-Dupré Listrac r (w) ★★ **01 02 03 04 05 06 09' 10' 11 12** 15 – Kleines Gut mit festen, fleischigen Rotweinen (vorwiegend MERLOT, aber auch 1 % CARMENÈRE). Gehört außerdem zur wachsenden Zahl der Weißweinerzeuger in LISTRAC (60 % SÉMILLON).

Sénéjac H-Méd r (w) ★★ **04 05' 06 08 09' 10' 11 12 14** 15 – Gut im südlichen HAUT-MÉDOC (Le Pian-Médoc) mit verlässlichen, schön ausgewogenen Weinen, die jung genossen, aber auch alt werden können. Gutes Preis-Leistungs-Verhältnis.

Serre, La St-Ém r ★★ **02 03 04 05 06 08 09' 10 11 12** 14 15 16 – Kleiner GRAND CRU CLASSÉ auf dem Kalksteinplateau; 70% MERLOT. Frisch-fruchtige, stilvolle Weine.

Sigalas Rabaud Saut w; s ★★★ **90' 95' 96' 97' 98 99 01' 02 03 04 05' 0****09' 10' 11 12 13** 14 15 16 – Der kleine, von Laure de Lambert Compeyre geleitete PREMIER CRU CLASSÉ erzeugt sehr schöne Weine mit herrliche Duft. Zweitetikett: Le Lieutenant de Sigalas.

Siran Mar r ★★→★★★ **01 02 03 04 05 06 07 08 09' 10' 11** 12 14 15 16 Chef des nicht klassifizierten MARGAUX-Guts ist Edouard Miailhe. Investionen haben einen positiven Wandel bewirkt: Die Weine besitzen Substa und den klassischen Margaux-Duft. Zweitetikett: S de Siran. Besucher sir willkommen.

Smith Haut Lafitte Pes-L r (rs) (w) ★★★★ r **98 99 00' 01 02 03 04 05' 0** **07 08 09'** 10' **11** 12 **13** 14 15' 16; w **06 07' 08' 09 10' 11 12 13 14 1** 16 – Gefeiertes Cru-classé-Gut mit Wellnesshotel (»Les Sources de Cadalie«); zählt regelmäßig zu den Stars von PESSAC-LÉOGNAN. Die Weiße sind voll, reif und süffig, die Roten präzise und großzügig. Das Gut ist se 1990 im Besitz von Florence und Daniel Cathiard, weshalb den Jubiläumjahrgang 2015 (ausnahmsweise) schwarze Etiketten zieren. Zweitetike Les Hauts de Smith. Außerdem Le Petit Haut Lafitte auf CABERNET-SAUVIGNON-Basis.

Sociando-Mallet H-Méd r ★★★ **90' 94 95 96' 98' 99** 00' 01' **02 03 04 0** **06 07 08 09'** 10' **11** 12 14 15 – Größeres Gut nördlich von ST-ESTÈPH das Jean Gautreau, ein ehemaliger Négociant, aus dem Nichts aufgeba hat; heute wird es von seiner Tochter Sylvie geleitet. Schwere, konserv tive Weine auf Cru-classé-Niveau, die viele Jahre reifen müssen. Zwe etikett: La Demoiselle de Sociando-Mallet. Außerdem Spezial-CUVÉE Je Gautreau.

Sours, de Bx r rs w ★★ Erzeuger mit gutem Ruf für BORDEAUX-Rosé (B\ 300.000 Flaschen jährlich. Auch guter Weißwein und zunehmend bess rer roter BORDEAUX. Jetzt im Besitz des chinesischen Unternehmers Ja Ma (Alibaba).

Soutard St-Ém r ★★★ **98' 00' 01' 05 06 07 08 08 09 10 11** 12 14 15 16 Potenziell hervorragender GRAND CRU CLASSÉ auf dem Kalksteinplatea 65% MERLOT. Beträchtliche Investitionen, es bleibt aber noch Spielrau für Verbesserungen; die Jahrgänge 2014 und 2015 kommen dem Z schon näher. Zweitetikett: Les Jardins de Soutard. Besucher sind willkomen.

Suduiraut Saut w; s ★★★★ **88' 89' 90' 95 96 97' 98 99' 01' 02 03' 04 0** **06 07' 09' 10' 11' 13** 14 15' 16 – Eines der allerbesten SAUTERNE Güter. Der Eigentümer, die AXA-Versicherung, hat größere Beständigk und köstliche Qualität erreicht. Zweitetiketten: Castelnau de Suduiraut u Les Lions de Suduiraut (frischer und fruchtiger). Außerdem die trocken Weißweine »S« und Le Blanc Sec (Einstiegsniveau).

Taillefer Pom r ★★ **00' 01' 02 03 04 05' 06 08 09' 10 11 12** 14 15 – D Gut in Familienbesitz wird von Catherine Moueix geleitet. Die Weine si zwar von etwas leichterer Art, dafür aber geschliffen und raffiniert r Alterungspotenzial.

Talbot St-Jul r (w) ★★★ **90 94 95 96' 98' 99 00' 00' 01 02 03 04 05' 0** **09' 10' 11 12** 14 15 16 – Sehr großer 4. Cru (107 ha) im Herzen der ST-JULIEN, seit 1917 im Besitz der Familie Cordier. Voller, absolut beza bernder Wein von verlässlicher Qualität (mit Ausnahme der Jahre 2006 und 2007); 66 % CABERNET SAUVIGNON. Zweitetikett: Connétable de Talbot. Jung zu genießender Weißwein namens Caillou Blanc auf SAUVIGNON-BLANC-Basis.

tre, du Mar r ★★★ **98' 99 00' 01** 03 **04' 05'** 06 **08 09'** 10' **11** 12 14 15 16 – Isoliert gelegener 5. Cru südlich von MARGAUX, unter holländischer Leitung (wie auch Ch. GISCOURS) und in Topform. Frische, fruchtige Weine mit schöner Struktur und herrlichem Duft (20 % CABERNET FRANC). Zweitetikett: Les Hauts du Tertre. Auch trockener weißer Vin de France (CHARDONNAY/VIOGNIER/GROS MANSENG/SAUVIGNON BLANC).

tre Rotebœuf St-Ém r ★★★★ **90' 93 94 95 96 97 98' 99 00' 01 02 03' 04 05' 06' 07 08 09' 10' 11** 12 13 14 15 – Kleiner Erzeuger mit Kultstatus: konzentrierter, exotischer Wein auf MERLOT-Basis seit 1979. Langlebigkeit und enorme Beständigkeit, gepaart mit erschreckend hohen Preisen. Auch sehr guter ROC DE CAMBES (CÔTES DE BOURG).

Die Klassifikation von 1961

Eine 1961 angestrebte neue Klassifikation, die jene aus dem Jahr 1855 ersetzen sollte, war alles Mögliche, nur kein durchschlagender Erfolg. Genauer gesagt, schaffte sie's nicht mal in die Annalen. Ursprünglich von den Erzeugern angeregt und um Haaresbreite von der maßgeblichen Behörde, der INAO, unterzeichnet, hätte das neue Regelwerk die Anzahl der klassifizierten Médoc-Châteaux von 60 auf 55 und die Hierarchiestufen von fünf auf drei reduziert. 17 der 1855 klassifizierten CHÂTEAUX wären rausgeflogen und zwölf CRUS BOURGEOIS neu aufgenommen worden. Für Haut-Brion wäre der Status von 1855 geblieben. Erbitterte Kämpfe unter den Erzeugern führten jedoch dazu, dass das Projekt schließlich ad acta gelegt wurde. Na ja, was nicht ist, kann ja noch werden.

euley Bx r rs w ★★ Das ENTRE-DEUX-MERS-Weingut im Besitz der beiden Schwestern Marie und Sylvie Courselle erzeugt verlässlich guten roten und weißen AC BORDEAUX, fruchtigen CLAIRET sowie die in Eiche ausgebaute CUVÉE Francis Courselle (rot und weiß).

ır Blanche, La Saut (r) w; s ★★★ **88' 89' 90' 95 96 97' 98 99 01' 02 03' 04 05' 06 07 09' 10' 11' 13** 14 15 16 – Hervorragender SAUTERNES PREMIER CRU CLASSÉ von verlässlicher Qualität; hauptsächlich SÉMILLON. Reichhaltige, ausladend-kraftvolle Weine der eher süßen Art. Zweitetikett: Les Charmilles de Tour Blanche.

ır Carnet, La H-Méd r ★★★ **00' 01 02 03 04 05' 06 08 09' 10' 11** 12 14 15 16 – Der Cru classé im nördlichen HAUT-MÉDOC wurde von Bernard Magrez (siehe FOMBRAUGE, PAPE CLÉMENT) restauriert und modernisiert. Volle, konzentrierte, opulente Weine. Zweitetikett: Les Douves du Château La Tour Carnet. Außerdem trockener BORDEAUX Blanc de La Tour Carnet (weiß).

ır de By, La Méd r ★★ **01 02 03 04 05' 06 08 09 10 11 12** 14 16 – Größerer Familienbetrieb im nördlichen MÉDOC. Stämmige, aber verlässliche Weine auf CABERNET-SAUVIGON-Basis (60 %) mit fruchtiger Note. Außerdem Rosé und die Spezial-CUVÉE Héritage Marc Pagès.

ır de Mons, La Mar r ★★ **00 01 02 04 05' 06 08 09' 10 11 12 14** – CRU BOURGEOIS in MARGAUX im Besitz von CA Grands Crus (siehe GRAND-PUY DUCASSE). Merlot dominiert (56 %). Stetige Fortschritte.

Tour du Haut-Moulin H-Méd r ★★ **00' 02 03 04 05' 06 08 09 10 11 12** 15 – CRU BOURGEOIS im nördlichen HAUT-MÉDOC; CABERNET SAUVIGN und MERLOT. Intensive, schön strukturierte Weine zum Einlagern.

Tour du Pas St-Georges St-Ém r ★★ **03 04 05' 06 08 09' 10 11 12 14** – Gut ST-GEORGES ST-ÉMILION unter der Leitung von Pascal Delbeck und seir Tochter Marie-Amandine. Weine in klassischem Stil.

Tour Figeac, La St-Ém r ★★ **00' 01' 02 04 05' 06 07 08 09' 10' 11 12** 15 16 – GRAND CRU CLASSÉ in FIGEAC, der seine Lagen u. a. mit CHEV BLANC teilt; relativ hoher CABERNET-FRANC-Anteil (40 %). Volle, fleischi harmonische Weine. Stéphane DERENONCOURT berät.

Tour Haut Caussan, La Méd r ★★ **05' 06 08 09' 10' 11 12 14** 15 – CRU BOU GEOIS in Blaignan; verlässlich und günstig. CABERNET SAUVIGNON u MERLOT zu gleichen Teilen.

Tournefeuille r ★★ **01' 03 04** 05' 06 07 08 09 10' **11 12** 14 15 – Verlä licher Erzeuger in LALANDE DE POMEROL; Ton und Kiesböden, ein A teil von 30 % CABERNET FRANC sorgt für würzige Noten. Stallgefährte Ch. Lécouyer (POMEROL).

Tour St-Bonnet, La Méd r ★★ **05 06 08 09' 10 11 12 14** 15 – CRU BOURGE in St-Christoly im nördlichen MÉDOC (Kiesböden). Verlässliche, preisw te Weine.

Trois Croix, Les r ★★ **06 07 08 09 10 11 12 13** 14 15 16 – Verlässlic Erzeuger in FRONSAC mit ausgewogenen, feinen und preiswerten Wein 80 % MERLOT. Das Gut ist im Besitz der Familie des früheren Kellerch von MOUTON ROTHSCHILD, die es auch leitet.

Tronquoy-Lalande St-Est r ★★ **04 05 06 07 08 09' 10' 11** 12 14 15 16 – selben Besitz wie Ch. MONTROSE, viele Investitionen: Die Weine (vorw gend MERLOT) sind jetzt von beständiger Qualität, tiefdunkel und erfr lich. Zweitetikett: Tronquoy de Ste-Anne. Auch ein bisschen Weißwein SÉMILLON-Basis.

Troplong Mondot St-Ém r ★★★ **90' 95 96' 98' 99 00' 01' 02 03 04 05' 07 08 09' 10** 11 **12** 13 14 15 16 – Premier cru auf einer Kuppe auf d Kalksteinplateau; Tendenz zum Ökoanbau. Weine mit Kraft und Tiefe v gegenwärtig zunehmender Eleganz. Zweitetikett: Mondot. Außerdem R taurant »Les Belles Perdrix« mit einem Michelin-Stern.

Trotanoy Pom r ★★★★ **90' 93 94 95 96 98' 00' 01 02 03 04' 05' 06 07 08 10' 11** 12 13 14 15' 16 – Eines der Juwelen in der Krone von Jean-Pie MOUEIX; 90 % MERLOT, 10 % CABERNET FRANC. Großartig in Form: We von Kraft und Eleganz; langlebig. Zweitetikett: L'Espérance de Trotanoy

Trotte Vieille St-Ém r ★★★ **90 94 95 96 98 99 00' 01 03' 04 05' 06 07 08' 10' 11** 12 14 15' 16 – Premier cru auf dem Kalksteinplateau, im Besitz v BORIE-MANOUX. Deutliche Qualitätssteigerung seit 2000. Nachhaltige, sche, strukturierte Weine mit hohem CABERNET-FRANC-Anteil (40–50 auch von einigen wurzelechten Reben aus der Zeit vor dem Reblausbef Zweitetikett: La Vieille Dame de Trotte Vieille (sehr guter 2015er).

Valandraud St-Ém r ★★★★ **94 95' 96 98 99 00' 01' 02 03 04 05' 06 07 09' 10' 11** 12 13 14 15 16 – PREMIER GRAND CRU CLASSÉ in ST-ÉMILI ursprünglich ein Garagenwein-Wunder und geistiges Kind von Muri und Jean-Luc Thunevin. Früher extrem konzentriert, heute voll und dic aber ausgewogen. Außerdem Valandraud Blanc (SAUVIGNON BLANC/Sau gnon gris).

Vieille Cure, La r ★★ **04 05' 06 08 09' 10' 11 12 13 14** 15 16 – Führen Gut in FRONSAC, in US-amerikanischem Besitz; MERLOT dominiert (74 Ein Mitarbeiter von Michel ROLLAND berät. Preiswert.

Vieux Château Certan Pom r ★★★★ **85 86' 88' 89 90' 94 95' 96' 98' 00' 01' 02 04 05' 06 07 08 09'** 10' 11' **12 13** 14 15' 16 – In puncto Q lität oft in die Nähe des PETRUS gerückt, in der Art aber ganz anders (30% CABERNET FRANC und 10% CABERNET SAUVIGNON, je nach Jahrgang): elegant, harmonisch, mit herrlichem Duft. Geleitet von Alexandre Thienpont und seinem Sohn Guillaume.

ıux Château St-André St-Ém r ★★ **06** 08 **09'** **10 11 12** 14 15 – Kleines Weingut in MONTAGNE ST-ÉMILION (vorwiegend MERLOT); Besitzer ist der ehemalige Kellermeister von PETRUS. Vergleichsweise preiswert.

legeorge, de H-Méd r ★★ **06** 08 **09'** **10 11 12** 14 15 16 – Kleines Gut im südlichen HAUT-MÉDOC. Recht schlanke Weine, aber frisch und elegant. Günstig. Die CHÂTEAUX Duplessis in MOULIS und La Tour de Bessan in MARGAUX gehören ebenfalls zum Besitz.

ay Croix de Gay Pom r ★★ **04** 05' 06 08 **09' 10' 11 12** 14 15 16 – Sehr kleines Gut in der besten Gegend von POMEROL, wird derzeit auf biologisch-dynamischen Anbau umgestellt. Die Weine zeigen neuerdings mehr Finesse. Teilweise im Besitz des Eigentümers von Ch. LATOUR. Die CHÂTEAUX Siaurac (LALANDE DE POMEROL) und Le Prieuré (ST-ÉMILION) sind Stallgefährten.

uem, d' Saut w; (tr) s ★★★★ **85 86'** 88' 89' 90' **93 94 95'** 96 **97'** 98 99' **00** 01' 02 **03'** 04 **05' 06' 07' 08 09'** 10' 11' **13'** 14 15' – Der König der Süßweine: stark, intensiv und üppig, 3 Jahre Fassausbau. Die meisten Jahrgänge sollten mindestens 15 Jahre reifen; einige überdauern auch 100 Jahre und mehr in überirdischer Grandezza. Derzeit stehen 100 ha unter Ertrag (75% SÉMILLON, 25% SAUVIGNON BLANC). In die Kellerei wurde kürzlich investiert. Kein Yquem wurde in den Jahren 51, 52, 64, 72, 92 und 2012 erzeugt. Im selben Besitz und unter derselben Leitung wie Ch. CHEVAL BLANC. Erzeugt auch in geringen Mengen (800 Kisten pro Jahr) trockenen »Y« (sprich: Igrek).

Italien

Die folgenden Abkürzungen werden im Text verwendet:

Abr	Abruzzen
Ao	Aostatal
Apu	Apulien
Bas	Basilikata
Em-Ro	Emilia-Romagna
F-JV	Friaul–Julisch Venetien
Kal	Kalabrien
Kamp	Kampanien
Lat	Latium
Lig	Ligurien
Lomb	Lombardei
Mar	Marken
Mol	Molise
Piem	Piemont
Sar	Sardinien
Siz	Sizilien
Tosk	Toskana
T-S	Trentino–Südtirol
Umb	Umbrien
Ven	Venetien
DOC(G)	Denominazione di Origine Controllata (e Garantita): Kontrollierte (und garantierte) Herkunftsbezeichnung; DOCG ist die höchste Stufe der DOC; siehe auch Seite 169.
IGT	Indicazione Geografica Tipica
fz	frizzante
Pa	Passito

Von den Tausenden von Rebsorten, zwischen denen ein Kellermeister w len kann, ist fast ein Drittel in Italien anzutreffen oder heimisch: Dess alter Name »Land der Reben« kommt nicht von ungefähr. Sie wachsen Hügeln, in Tälern und in Ebenen in einer Vielfalt, die kein anderes Land reicht. Das ist Italien, als Staat erst 150 Jahre alt und immer noch nicht res überzeugt, dass seine vielen Bestandteile jemals wirklich eine Einheit ge det haben. Was man deshalb in Italien vergeblich sucht, ist Eintracht – o Beständigkeit; was einem hingegen an jeder Ecke entgegenspringt ist Vief Originalität, Fantasie und Kreativität, Qualität, ja, und natürlich Stil. Der ita nische Wein ist eine Achterbahn, doch das weiß man ja inzwischen, die Fr ist vielmehr, wie man möglichst viel davon mitnehmen kann. Die offizielle S ist keine große Hilfe: Es gibt Unmengen von DOCs, die eigentlich kein V braucher kennen muss; manche DOCs tragen eine Rebsorte im Namen (e Barbera d'Asti), andere sind nach einem – mehr oder weniger berühmte Ort benannt. Kaum etwas ist einfach: Es gibt mindestens sieben verschied Reben namens Trebbiano und 17 verschiedene Reben namens Malvasia Italien, und eine jede liefert einen anderen Wein. Die einzige Lösung ist, Vielfalt in vollen Zügen zu genießen. Mit die besten Rot- und Weißweine Welt kommen aus Italien, es hat einige der ältesten und einige der innovat ten Weingüter. Es ist ein Land, das fest daran glaubt, dass man viele Reg aufstellen muss, aber weniger, dass man diese Regeln auch einhalten m Einige Konstanten gibt es dennoch: Toskanische Rotweine verdanken ih

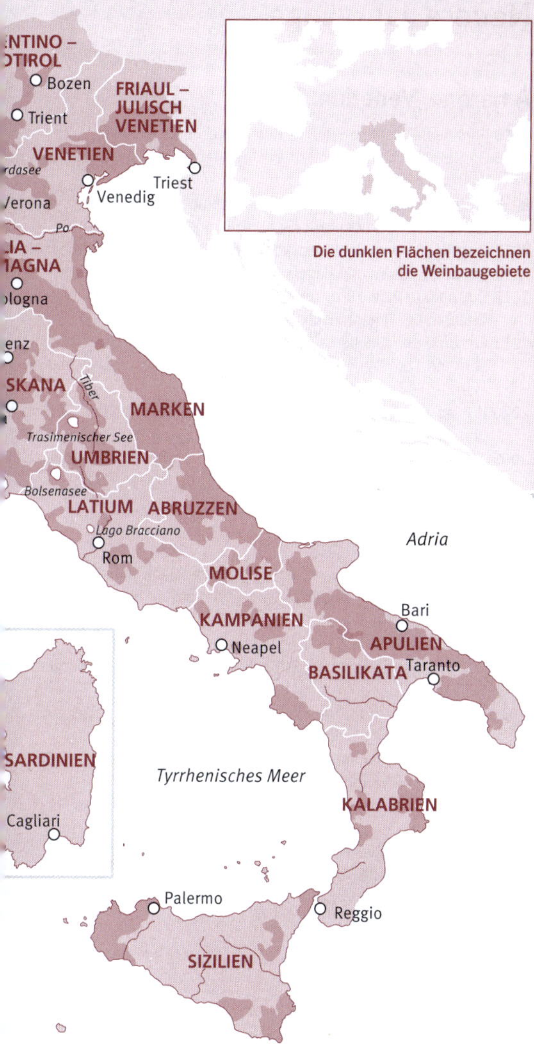

Die dunklen Flächen bezeichnen die Weinbaugebiete

rakter dem Sangiovese; dieser wird auch anderswo angebaut, doch die kana ist sein Stammgebiet. Piemont ist die Heimat von Barolo, Barbera Dolcetto. Alles steht und fällt mit den Rebsorten, zum Teil berühmt, zum gerade noch rechtzeitig vor dem Aussterben bewahrt. Einige der besseunter ihnen finden in dem folgenden Kaleidoskop von Orten und Personen ondere Erwähnung.

Neuere Jahrgänge

Amarone, Venetien, Friaul

2016 Sehr heißer Sommer; üppige Rote, etwas robuste Weiße.

2015 Große Hitze im Juni und Anfang Juli. Mengenmäßig gut, qualitätsmä besser.

2014 Kühler, feuchter Sommer, guter September (Weißweine) und Okto (Rotweine). Nicht denkwürdig für Amarone.

2013 Gute Weißweine. Die Roten, vor allem Passito, litten im Oktober/Nove ber durch Regen und Hagel.

2012 Die andauernde Hitze und Trockenheit beeinträchtigte Mengen u Qualität. Der Amarone müsste gut ausfallen.

2011 Für Amarone das beste Jahr überhaupt. Die Weißweine sind ausge gen und konzentriert, einige Rotweine sehr tanninhaltig und alkoh stark.

2010 Kühles Jahr, gut für leichtere Weine, doch der Amarone wird dufte und elegant sein.

2009 Klassischer Passito. Gut für Prosecco, Pinot grigio etc. Amarone ab 20 trinken.

Kampanien und Basilikata

2016 Ein kühler Frühling verzögerte die Blüte, dank dem heißen Som konnte das wieder aufgeholt werden. Am besten für Greco di Tufo.

2015 Feuchter Winter, wechselhafter Frühling, heißer, trockener, früher Sc mer, später Herbst. Großartige Ergebnisse.

2014 25 % weniger erzeugt als 2013. Wechselhafte Qualität. Sorgfältig a wählen.

2013 Ausgewogene, duftende Weißweine; die Roten sind weniger gut, v. a. spät gelesene Aglianico.

2012 Regen im September rettete die Weißweine. Der schöne Spätsom sorgte für hervorragenden Aglianico.

2011 Konzentrierte, volle Weine; hoher Alkohol- und Tanningehalt bei den ten. Die Weißen sind ausgewogener.

2010 Leichtere Weißweine mit guten Aromen. Aglianico-Spätlesen wer inzwischen als hervorragend eingestuft.

2009 Reife, gesunde, aromatische Weißweine; Rote mit Substanz und K zentration. Aglianico/Taurasi trinken.

Marken und Abruzzen

2016 Regen, Kälte und Sonnenmangel sorgten für ein sehr schwieriges J Am besten schlug sich wahrscheinlich der Pecorino.

2015 Heißer Sommer, rechtzeitig einsetzender Herbstregen, gesunde Tr ben; gute Weiß-, bessere Rotweine.

2014 Marken: gute Rot- und Weißweine. Abruzzen: interessant auf höhe Niveau, vor allem Spätlesen.

2013 Hagel und Fäulnis. Der schöne September rettete die Weißen; die Rc sind besser als befürchtet.

2012 Warme Tage und kühle Nächte zur Lesezeit. Später gelesene Sorten s am besten.

11 Teilweise allzu konzentrierte, alkohol- und tanninhaltige Rotweine. Die besten dürften sich gut entwickeln.
10 Ein schwieriges Jahr, aber zum Teil bessere Ergebnisse als erwartet. Jetzt trinken.
09 Gut bis sehr gut, v. a. die Weißen. Montepulciano d'Abruzzo/Conero jetzt trinken.

iemont

16 Potenzieller Spitzenjahrgang; große Mengen und hohe Qualität, überall in der Region äußerst vielversprechend.
15 Hervorragender Barolo/Barbaresco. Sollte lange halten. Auch guter Barbera/Dolcetto. Die Mengen gingen hoch, dem Preis wird es sicher ebenso ergehen.
14 Spät gelesene Trauben entwickelten sich prächtig, frühere (z. B. Dolcetto) nicht.
13 Glanzhelle, frische Weiße und mit der Zeit besser werdende Rote.
12 Die Qualität ist gut bis sehr gut, die Mengen sind äußerst gering.
11 Trotz des recht hohen Alkoholgehalts geradlinige, früh trinkreife, duftende Rotweine.
10 Geduldige Winzer bereiteten sehr gute Weine. Gilt jetzt als ein potenzieller Spitzenjahrgang.
09 Gut bis sehr gut, insbesondere Nebbiolo. Barolo/Barbaresco ab 2014 noch 10 Jahre und länger trinken.

itere gute Jahrgänge: 2008, 2006, 2004, 2001, 2000, 1999, 1998, 1997, 96, 1995, 1990, 1989, 1988. Jahrgänge, die noch lagern können: 2001, 99, 1996. Jahrgänge, die man austrinken sollte: 2003, 2000, 1997, 1990, 88.

skana

16 Heißer Sommer mit einem frischeren September; vielversprechend von Chianti über Montalcino bis Maremma. Hohe Qualität, aber geringere Mengen.
15 Gesunde, aber kleine Trauben: Die Menge nahm etwas ab, die Qualität ordentlich zu.
14 Kühler, feuchter Sommer, schöne Spätsaison. Gesteigerte Mengen, wechselhafte Qualität, Vorsicht beim Kauf.
13 Uneinheitliche Reife. Kein überragendes Jahr, aber einige Höhepunkte.
12 Trockenheit und lang andauernde Hitze; die klassischen Weine wurden durch Regen Anfang September gerettet.
11 Einige angenehm fruchtige, aber alkoholstarke klassische Rotweine. Die Weißen sind etwas unausgewogen.
10 Keineswegs überall wunderbar, wie für den Brunello behauptet wurde.
09 Mindestens sehr gute Qualität. Chianti/Brunello ab jetzt noch 2 bis 3 Jahre trinken.

itere gute Jahrgänge: 2008, 2007, 2006, 2004, 2001, 1999, 1997, 1995, 90. Jahrgänge, die noch lagern können: 2001, 1999. Jahrgänge, die man strinken sollte: 2003, 2000, 1997, 1995, 1990.

Italien

Accornero Piem ★★★ Der beste Grignolino-Erzeuger in Italien. Sehr gu Bricco del Bosco (Stahltanks) und Vigne Vecchie (Eichenfässer). Ebe falls gut: BARBERA del Monferrato (Cima und Bricco Battista) und der sü Brigantino (MALVASIA di Casorzo).

Aglianico del Taburno Kamp DOCG r; tr ★→★★★ Rund um Benevento, i Südosten. Würzigere Noten (Leder und Tabak) und Kräuter, mehr Säure a andere Aglianico-Weine. Gute Erzeuger: La Rivolta, Cantina del Taburno.

Aglianico del Vulture Bas DOC(G) r; tr ★→★★★ **06 07 08 10 11** 12 13 (15) DOC nach 1 Jahr Reife, SUPERIORE nach 2 Jahren, RISERVA nach 5 Jahre Edler Wein von einer der drei besten roten Reben Italiens, die an den Hä gen des erloschenen Vulkans Monte Vulture wachsen. Empfehlenswe BASILISCO, Cantina di Venosa, Cantine del Notaio, Donato D'Angelo, Dr gone, Elena Fucci, Grifalco, Madonna delle Grazie, Mastrodomenico, Par dei Monaci, PATERNOSTER, Serra del Prete, Terre degli Svevi.

Alba Piem – Bedeutende Weinstadt im PIEMONT, südöstlich von Turin in d LANGHE, mit Trüffeln, Haselnüssen und den prestigeträchtigsten W nen des Piemont, wenn nicht Italiens: BAROLO, BARBARESCO, NEBBIO D'ALBA, Langhe, ROERO, BARBERA d'Alba, DOGLIANI (Dolcetto).

In Alba werden in der Saison, d.h. im Oktober und November, an jede Wochenende auf einem eigens dafür vorgesehenen Markt weiße Trüff feilgeboten. Scheckbuch nicht vergessen.

Albana di Romagna Em-Ro DOCG w; tr lbl s; (sch) ★→★★★ BV – Die ers »weiße« DOCG in Italien – die nur der süße PASSITO rechtfertigt, denn c trockene Wein und der Schaumwein sind unbedeutend. Bertinoro ist Gemeinde mit den besten Erzeugern, zu denen Raffaella Alessandra B soni, Celli, Madonia Giovanna und Fattoria Paradiso zählen. Der Scac Matto von ZERBINA ist die wohl beste süße Version.

Allegrini Ven ★★★ Weltberühmt für VALPOLICELLA; die ausgezeichnet Tafelweine La Grola, Palazzo della Torre, La Poja sind nicht DOC, der AM RONE hingegen schon. Eigentümer von Poggio al Tesoro in BOLGHERI u Poggio San Polo in MONTALCINO, ebenfalls TOSKANA.

Alta Langa Piem DOCG w (rs); sch ★★→★★★ Wichtigster Bereich im P MONT für erstklassigen Metodo-Classico-Jahrgangsschaumwein, a schließlich von PINOT NERO und CHARDONNAY. Die besten Erzeuger si Banfi, Cocchi, Fontanafredda, Gancia, Germano Ettore, Serafino Enrico.

Altare, Elio Piem ★★★ Führender Erzeuger von modernem NEBBIO (BAROLO) und BARBERA: kurze Maischung, Ausbau im Barrique. Beso ders empfehlenswert sind Barolo Cannubi und Barolo Arborina; außerd Arborina (Nebbiolo), Larigi (Barbera) und LANGHE Rosso La Villa (Barbe Nebbiolo).

Alto Adige (Südtirol) T-S DOC r rs w; tr s; sch ★★→★★★ Kommen aus gebirgigen Provinz Bozen heute die besten Weißweine Italiens? Es do nieren deutsche Rebsorten: Kerner, GEWÜRZTRAMINER, Sylvaner, a auch PINOT GRIGIO; der PINOT BIANCO hat das Zeug zum Weltbesten. D PINOT NERO ist manchmal ausgezeichnet (wenn auch oft zu eichenlast der Lagrein ebenfalls.

Alto Piemonte Piem – Das Mikroklima und die Böden im nordöstlich PIEMONT bieten ideale Bedingungen für NEBBIOLO (der hier Spanna heiß aber die Weine sind selten sortenrein, es werden andere einheimisc Reben (Croatina, Uva Rara, Vespolina) beigemischt. Heimat der DOC(BOCA, BRAMATERRA, Colline Novaresi, Coste della Sesia, Fara, GATTINA GHEMME, LESSONA, Sizzano, Valli Ossolane. Viele herausragende Weine

na, Castello di Tosk ★★★ Erstklassiges CHIANTI-CLASSICO-Weingut bei Gaiole. Der normale Chianti Classico ist einer der Besten – und Teuersten. Empfehlenswert sind der Toskana-Bordeaux-Verschnitt Haiku und der MERLOT L'Apparita, trotz des saftigen Preises. Hervorragend ist der Chianti Classico GRAN SELEZIONE San Lorenzo.

narone della Valpolicella Ven DOCG r ★★→★★★★ **06' 07 08 09 10** 11' 12 13 15 – Intensiver, starker Rotwein von gutseigenen rosinierten VALPOLICELLA-Trauben, eine relativ trockene Version des älteren RECIOTO DELLA VALPOLICELLA, einer der echten Klassiker Italiens, mit Zusatzbezeichnung CLASSICO, wenn aus dem historischen Gebiet. Ältere Jahrgänge sind rar; entstand in den 1950er-Jahren. Siehe auch Valpolicella und Kasten S. 202.

Was die Abkürzungen bedeuten

Denominazione di Origine Controllata (DOC) Geprüfte Herkunftsangabe; entspricht der französischen AC.

Denominazione di Origine Controllata e Garantita (DOCG) Geprüfte und garantierte Herkunftsangabe; die höchste Qualitätsstufe in Italien.

Indicazione Geografica Tipica (IGT) Geografische Angabe des Typs. Umfassender und weniger reguliert als DOC, vergleichbar mit dem französischen Vin de pays bzw. neuerdings IGP.

Denominazione di Origine Protetta/Indicazione Geografica Protetta (DOP/IGP) P = »geschützt«. Wenn es nach der EU ginge, würden diese Kategorien Italiens DOC/IGT ersetzen.

gelini, Paolo Piem ★★→★★★ Kleiner Familienbetrieb in MONFERRATO mit sehr gutem GRIGNOLINO del Monferrato Casalese.

gelini, Tenimenti Tosk – Siehe BERTANI DOMAINS.

tinori, Marchesi L. & P. Tosk ★★→★★★★ Geschichtsträchtiges Florentiner Haus der Familie Antinori unter Leitung von Piero und drei seiner Töchter. Bekannt für CHIANTI CLASSICO (Tenute Marchese Antinori und Badia a Passignano, der nun zum Gran Selezione befördert wurde) sowie den ausgefeilten, aber eichentönigen Weißwein Cervaro (Castello della Sala, Umbrien) und Weinen aus dem PIEMONT (PRUNOTTO). Die Pioniere TIGNANELLO und SOLAIA gehören zu den wenigen Weltklasse-SUPERTOSKANERN. Besitzt auch Güter in der toskanischen MAREMMA (Fattoria Aldobrandesca), in MONTEPULCIANO (La Braccesca), in MONTALCINO (Pian delle Vigne), in BOLGHERI (Guado al Tasso), in der FRANCIACORTA (Montenisa) und in APULIEN (Tormaresca). Auch ein Weißwein auf RIESLING-Basis von dem Gut Monteloro nördlich von Florenz. Beteiligungen in Kalifornien, Rumänien und anderswo.

toniolo Piem ★★★ Langlebiger, mustergültiger GATTINARA. Herausragend sind auch Osso San Grato und San Francesco.

ulien Italienisch Puglia, der 360 km lange Absatz des italienischen Stiefels. Im Allgemeinen preiswerte, ansprechende (Rot-)Weine von Reben wie NEGROAMARO, PRIMITIVO und Uva di Troia, doch das zweifelhafte Talent bei der Weinbereitung und die veraltete Ausstattung sind ein echtes Problem. Die interessantesten Weine kommen von der Halbinsel SALENTO, allen voran die DOCS BRINDISI, COPERTINO und SALICE SALENTINO.

giano, Castello di Tosk ★★★ Wunderschönes Gut (nicht zu verwechseln mit dem Nachbarn namens Argiano), das die Familie Sesti zu einem der besten BRUNELLO-Erzeugerbetriebe in MONTALCINO gemacht hat. Am besten ist der Brunello Riserva Phenomena.

Argiolas, Antonio Sar ★★→★★★ Der Spitzenerzeuger verarbeitet Traub von der Insel zu den hervorragenden Einzellagenweinen Turriga (★★★ dem (nach dem 2009 im Alter von 102 Jahren verstorbenen Gründer b nannten) süßen Antonio Argiolas, Iselis MONICA, VERMENTINO DI SA DEGNA und dem Spitzensüßwein Angialis (hauptsächlich von der einh mischen Nasco-Rebe).

Asti Piem DOCG s; sch ★→★★ oJ – Piemontesischer Schaumwein v MOSCATO bianco, geringere Qualität als MOSCATO D'ASTI und sein DOCG-Status nicht wirklich wert. Verkaufsschlager in Russland. Prob renswert: BERA, Cascina Fonda, Caudrina, Vignaioli di Santo Stefano.

Avignonesi Tosk ★★★ Großes biodynamisch arbeitendes Gut, seit 2007 belgischem Besitz, mit 200 ha Rebland in MONTEPULCIANO und Cortor Italiens bester Vin Santo. Der VINO NOBILE ist, nachdem man ihn eine Ze lang hatte verwildern lassen, zurück in der ersten Liga. Spitzenwein ist d VN Grandi Annate; MERLOT Desiderio und CHARDONNAY Il Marzocco si beachtliche internationale Weine.

Azienda agricola (oder agraria) Ein – großes oder kleines – Weingut, d selbst angebaute Trauben verkeltert.

Barbaresco-Unterbereiche

Die vier wichtigsten BARBARESCO-Gemeinden unterscheiden sich deutlich: **Barbaresco** – am vollendetsten, ausgewogensten: Asili (BRUNO GIACOSA, CERETTO, Ca' del Baio, PRODUTTORI DEL BARBARESCO), Martinenga (Marchesi di Gresy), Montefico (Produttori del Barbaresco, Roagna), Montestefano (Giordano Luigi, Produttori del Barbaresco, Rivella Serafino), Ovello (CANTINA del Pino, Rocca Albino), Pora (Ca' del Baio, Produttori del Barbaresco), Rabaja (CASTELLO DI VERDUNO, Cortese Giuseppe, Bruno GIACOSA, Produttori del Barbaresco, Rocca Bruno), Rio Sordo (Cascina Bruciata, Cascina delle Rose, Produttori del Barbaresco), Roncaglie (Poderi Colla). **Neive** – am kraftvollsten, fleischigsten: Albesani (Castello di Neive, Cantina del Pino), Basarin (Adriano Marco e Vittorio, Giacosa Fratelli, Negro Angelo), Bordini (La Spinetta), Currá (Rocca Bruno, Sottimano), Gallina (Castello di Neive, Lequio Ugo, ODDERO), Serraboella (Cigliuti). **San Rocco Seno d'Elvio** – am zugänglichsten, weichsten: Sanadaive (Adriano Marco e Vittorio). **Treiso** – am frischesten, ausgefeiltesten: Bernardot (CERETTO), Bricco di Treiso (PIO CESARE), Marcarini (Ca' del Baio), Montersino (Abrigo Orlando), Nervo (RIZZI), Pajoré (Rizzi, Sottimano).

Badia a Coltibouno Tosk ★★→★★★ Historischer CHIANTI CLASSICO. Star der von 100% SANGIOVESE bereitete, im Barrique ausgebaute Sangio to, aber auch der Chianti Classico auf Einstiegsniveau ist einer der b ten seiner Art.

Banfi (Castello oder Villa) Tosk ★→★★★ Riesenkellerei in MONTALCI Hunderte von Hektar, allerdings nicht in idealer Lage, am südlichen Er des Bereichs, doch der erstklassige, in limitierten Mengen erzeugte POG all'Oro ist ein großartiger BRUNELLO.

Barbaresco Piem DOCG r ★★→★★★★ **01 04 06' 07 08 09** 10 **11** 12 13 1 Zu Unrecht als der arme Cousin des BAROLO geschmäht. Beide werc reinsortig von NEBBIOLO bereitet, und sie besitzen eine ähnlich große a matische und geschmackliche Komplexität, weisen jedoch auch jede M ge Unterschiede auf. Der Barbaresco unterliegt dem Einfluss des Flus

Tanaro: Ein wärmeres Mikroklima, fruchtbarere Böden und tiefer gelegene, sanftere Hänge sorgen für eine frühere Reifung; er ist weniger spröde und weniger »muskulös« als der Barolo, aber sehr elegant. Mindestalterung 26 Monate, davon 9 im Holz; nach 4 Jahren RISERVA. Wie Barolo wird der meiste Barbaresco heutzutage unter einem Einzellagennamen oder mit *menzione geografica* (»geografischer Spezifizierung«) verkauft. Beste Erzeuger: siehe Kasten links.

rbera d'Alba DOC r ★→★★★ Der reichhaltigste und samtigste BARBERA. Gute Erzeuger: Giacomo CONTERNO (Cascina Francia und Ceretta), RINALDI GIUSEPPE, VIETTI (Scarrone).

rbera d'Asti DOCG r ★→★★★ Fruchtiges, säurereiches Produkt der BARBERA-Rebe. Von höherer Qualität ist der Barbera d'Asti Superiore Nizza (oder schlicht Nizza). Gute Erzeuger: Bersano (Nizza La Generala), BRAIDA (Bricco dell'Uccellone, Bricco della Bigotta, Ai Suma), Chiarlo Michele (Nizza La Court), Dacapo (Nizza), Marchesi Gresy (Monte Colombo), VIETTI (La Crena).

rbera del Monferrato Superiore Piem DOCG r ★→★★★ Relativ leichter, fruchtiger BARBERA mit recht scharfen Tanninen. Gute Erzeuger: Accornero (Cima Riserva della Casa), Luli (Barabba).

rberani ★★→★★★ Die Brüder Bernardo und Niccolò leiten jetzt das organische Gut an den Hängen des Lago di Corbara, das ausgezeichneten ORVIETO hervorbringt. Cru Luigi e Giovanna ist der Star, Orvieto Castagneto und Calcaia (mit Edelfäule) sind ebenfalls ausgezeichnet. Auch gute Rotweine.

rdolino Ven DOC(G) r rs ★→★★ BV – Leichter, sommerlicher Rotwein vom Lago di GARDA. Der Bardolino SUPERIORE DOCG hat viel niedrigere Erträge als der Bardolino DOC. Der hellrosa CHIARETTO ist einer der besten Roséweine Italiens. Gute Erzeuger: Albino Piona, Cavalchina, Corte Gardoni, Costadoro, Guerrieri Rizzardi, Le Fraghe, Le VIGNE di San Pietro, ZENATO, Zeni.

rolo Piem DOCG r ★★★→★★★★ **96' 99' 01' 04' 06' 07 08 09** 10' **11** (14) – Italiens großartigster Rotwein? Hundertprozentiger NEBBIOLO aus einer von elf Gemeinden inklusive Barolo selbst. Traditionell ein Verschnitt aus verschiedenen Lagen oder Gemeinden, heute sind jedoch die meisten Einzellagenweine (wie die Burgunder-Crus), hier mit *menzione geografica aggiuntiva* betitelt. Die besten sind langlebige Weine mit Kraft und Eleganz, einem verlockenden floralen Duft und Sauerkirscharoma. Sie müssen bei der Freigabe 38 Monate (5 Jahre für RISERVA) ausgebaut worden sein, davon 18 Monate im Holzfass. (Spitzenerzeuger siehe Kasten S. 179.) Die Unterscheidung zwischen Traditionalisten (lange Maischestandzeit, große Eichenfässer) oder von Modernisten (kürzere Maischestandzeit, oft Barrique) ist inzwischen nicht mehr so hilfreich, da die Erzeuger Techniken beider Schulen nutzen.

stianich ★★→★★★ Der Amerikaner Joe Bastianich verfügt von seinem Sitz in den USA aus mit Unterstützung des Beraters Maurizio Castelli über 35 ha. Umwerfender Bianco Vespa, ein typisch friaulischer Verschnitt von CHARDONNAY und SAUVIGNON BLANC mit einem *pizzico* des einheimischen Picolit und hervorragender FRIULANO Plus.

lisario Mar ★★→★★★ Größter Erzeuger von VERDICCHIO DI MATELICA. Viele verschiedene Abfüllungen; gutes Preis-Leistungs-Verhältnis. Spitzenweine: Riserva Cambrugiano und Del Cerro.

nanti Siz ★★★ Dank der Familie Benanti und Salvo Foti (bis vor Kurzem ihr Kellermeister) ruhen die Augen der Welt auf dem Wein vom Ätna. Der Bianco Superiore Pietramarina ist einer der besten italienischen Weißweine.

Italien

Sehr gut sind auch die sortenreinen Weine Nerello Cappuccio und NEREL MASCALESE.

Berlucchi, Guido Lomb ★★ Mit mehr als fünf Millionen Flaschen von f 100 ha Rebland der größte Hersteller von METODO-CLASSICO-Schaumw in Italien. Flaggschiff ist der FRANCIACORTA Brut Cuvée Imperiale.

Bersano Piem ★★★ Erzeuger großer Mengen guter Qualität im PIEMONT. Se gut: BARBERA, Freisa, GRIGNOLINO.

Bertani Ven ★★→★★★ Alteingesessener Erzeuger von VALPOLICELLA u SOAVE; Weinberge in verschiedenen Teilen der Provinz Verona. Basisp duktreihen Veronese und Valpantena plus Rückkehr zu aufgegeben Weinbereitungsstilen, etwa zur Maischung auf den Schalen bei Weißw nen; daneben Rotwein (Secco Original Vintage Edition). Siehe auch BE TANI DOMAINS.

Bertani Domains Tosk ★★→★★★ Hieß früher Tenimenti Angelini. Das U ternehmen Angelini hat den Namen BERTANI übernommen und verwenc ihn für alle Betriebe, auch in der Toskana. Drei große Kellereien: San Le nino im CHIANTI CLASSICO, Trerose in MONTEPULCIANO und Val di Suga MONTALCINO (v. a. BRUNELLO Spuntali).

Biondi-Santi Tosk ★★★★ Klassische Weine von dem traditionellen Gut MONTALCINO, das als erstes BRUNELLO erzeugte; vor Kurzem an Epi (Pip Heidsieck) verkauft: Der Brunello, v. a. der RISERVA, hat so viel Säure u Tannin, dass er Jahrzehnte braucht, bevor er sich vollständig entfaltet h Versucht sich nun an einem benutzerfreundlicheren Stil.

Bisol Ven – Hochklassige PROSECCO-Marke; hervorragender Cartizze. Venis heißt der wunderschöne Inselweinberg mit Restaurant in der Lagune v Venedig und ein teurer Weißwein von der seltenen Dorona-Rebe.

Boca Piem DOC r ★→★★★ S. ALTO PIEMONTE. NEBBIOLO (70–90 %) sov bis zu 30 % Uva Rara und/oder Vespolina. Vulkanische Böden. Eignet si für lange Lagerung und gehört zum Kreis der großartigsten Rotweine. Sp zenerzeuger: Le Piane. Gut: Carlone Davide, Castello Conti.

Bolgheri Tosk DOC r rs w; (s) ★★→★★★★ Das von einer Stadtmauer umg bene Künstlerdorf an der Küste steht Pate für stilvolle, teure SUPERTOSK NER, vornehmlich von französischen Sorten. Klingende Namen: ALLEGR (Poggio al Tesoro), ANTINORI (Guado al Tasso), FRESCOBALDI (ORNELLAI FOLONARI (Campo al Mare), GAJA (CÀ MARCANDA), die hervorragend Güter LE MACCHIOLE und MICHELE SATTA, SASSICAIA (das Original).

Bolla Ven ★★ Historischer Veroneser Erzeuger von AMARONE, RECIOTO DEL VALPOLICELLA, RECIOTO DI SOAVE, SOAVE, VALPOLICELLA. Heute im Bes des mächtigen GRUPPO ITALIANO VINI.

Borgo del Tiglio F-JV ★★★→★★★★ Nicola Manferrari ist einer der best Weißweinerzeuger in Italien. Besonders eindrucksvoll sind der COLL FRIULANO RONCO della Chiesa und der Studio di Bianco.

Boscarelli, Poderi Tosk ★★★ Kleines Weingut der Genueser Familie Ferr mit stets hochwertigem VINO NOBILE DI MONTEPULCIANO, Einzellagenw Nocio dei Boscarelli und RISERVA.

Botte (Plural *botti*) Großes Fass mit 6 bis 250 hl, meist aber zwischen 20 u 50 hl Kapazität, traditionell aus slawonischer, immer öfter jedoch au aus französischer Eiche. Für Traditionalisten der ideale Behälter für d Ausbau italienischer Weine, in denen kein zu deutlicher Eichenton wünscht ist.

Brachetto d'Acqui Piem DOCG r; s; (sch) ★★ BV – Süßer roter Schaumw mit verlockendem Muskataroma. Die Berechtigung des DOCG-Status w von einigen angezweifelt.

aida Piem ★★★ Giacomo Bolognas Kinder Giuseppe und Raffaella treten in seine Fußstapfen. Spitze ist und bleibt der BARBERA d'Asti Bricco dell'Uccellone, gefolgt von Bricco della Bigotta und Ai Suma.

amaterra Piem DOC r – Siehe ALTO PIEMONTE. Gut von Antoniotti Odilio.

eganze Ven DOC r w; sch ★→★★★ r **08 09 10 11** 13 15; w BV – Großes Anbaugebiet für PINOT GRIGIO; auch guter Vespaiolo (stiller und schäumender Weißwein sowie süßer TORCOLATO), PINOT NERO und CABERNET. Die wichtigsten Erzeuger sind BEATO BARTOLOMEO und MACULAN.

Barolo-Unterbereiche

Der »Cru« setzt sich langsam durch, auch wenn das Wort selbst nicht auf dem Etikett erscheinen darf. Es wird (zumindest in BAROLO und BARBARESCO) durch »geografische Erwähnung« ersetzt und inoffiziell als »Unterbereich« bezeichnet. Zurzeit gibt es für Barolo elf Ortserwähnungen und 170 zusätzliche geografische Erwähnungen. Zu den besten zählen Folgende (nach Ortschaften geordnet):

Barolo: Bricco delle Viole, Brunate, Bussia, Cannubi, Cannubi Boschis, Cannubi Muscatel, Cannubi San Lorenzo, Cerequio, Le Coste, Ravera, Sarmassa

Castiglione Falletto: Bricco Boschis, Bricco Rocche, Fiasco, Mariondino, Monprivato, Rocche di Castiglione, Vignolo, Villero

Cherasco: Mantoetto

Diano d'Alba: La VIGNA, Sorano (teilweise gemeinsam mit Serralunga)

Grinzane Cavour: Canova, Castello

La Morra: Annunziata, Arborina, Bricco Manzoni, Bricco San Biagio, Brunate, Cerequio, Fossati, La Serra, Rocche dell'Annunziata, Rocchettevino, Roggeri, Roncaglie

Monforte d'Alba: Bussia, Ginestra, Gramolere, Mosconi, Perno

Novello: Bergera, Ravera

Roddi: Bricco Ambrogio

Serralunga d'Alba: Baudana, Boscareto, Cerretta, Falletto, Francia, Gabutti, Lazzarito, Marenca, Ornato, Parafada, Prapò, Sorano, Vignarionda

Verduno: Massara, Monvigliero

Italien

ezza Piem ★★→★★★ Während der Rest der Familie das Hotel BAROLO im gleichnamigen Ort führt, erzeugt Enzo Brezza von gut 17 ha mit die authentischsten und preiswertesten Einzellagenweine in Barolo, u. a. Cannubi, Castellero, Sarmassa. Das Angebot umfasst auch BARBERA, DOLCETTO, Freisa und einen erstaunlich guten CHARDONNAY.

galdara Ven ★★★ Stefano Cesari erzeugt auf seinem Gut eleganten, aber kraftvollen AMARONE, der Zeichen setzt. Empfehlenswert der anmutige Dindarella Rosato.

olio, Castello di Tosk ★★→★★★ Das historische Gut ist das größte und vermutlich älteste im CHIANTI-CLASSICO-Gebiet und gedeiht nach einem Tief unter fremder Leitung nun wieder unter Francesco RICASOLI. Sehr guter Chianti Classico und Chianti Classico Colledilà Gran Selezione (siehe auch Kasten »Wer macht wirklich guten Chianti Classico« S. 177).

unelli, Gianni Tosk ★★★Herrlich ausgefeilter, zugänglicher BRUNELLO und ROSSO aus zwei Lagen: Le Chiuse di Sotto nördlich von MONTALCINO und Podernovone im Süden, mit atemberaubendem Blick auf den Monte Amiata.

Brunello di Montalcino Tosk DOCG r ★★★→★★★★ **90' 95 99' 01' 04' (**
07 09 10' (13) (15') – Spitzenwein der Toskana, kompakt, aber elegant
Duft und Struktur, potenziell äußerst langlebig. Mindestens 4 Jahre Re
5 Jahre für RISERVA. Fehlgeleitete Initiativen zur Zulassung kleiner Ante
von z. B. MERLOT in dem eigentlich reinsortigen SANGIOVESE wurden ab
wehrt, aber es ist weiterhin Wachsamkeit geboten. (Beste Erzeuger: sie
Kasten unten.)

Bucci Mar ★★★ Fast burgundischer VERDICCHIO, der langsam reift, aber
Alter komplex wird, v. a. der RISERVA. Der rote Pongelli ist angenehm
gänglich und fruchtig.

Burlotto, Commendatore G. B. Piem ★★★→★★★★ Commendatore G.
Burlotto war 1880 einer der ersten, der Spitzen-BAROLO bereitete und
füllte. Die Spitzenprodukte seines Nachfahren Fabio Alessandria sind
Einzellagenweine Cannubi und Monvigliero.

Die besten Brunellos

Jeder der folgenden Erzeuger liefert einen anständigen BRUNELLO DI MONTALCINO; diejenigen, die wir für die besten halten, sind mit einem Stern gekennzeichnet.

Pieri Agostina, Altesino, Castello di ARGIANO, Baricci*, BIONDI-SANTI*, Gianni BRUNELLI*, Campogiovanni, Canalicchio di Sopra, Canalicchio di Sotto, Caparzo, CASE BASSE*, CASTELGIOCONDO, Castiglion del Bosco, Ciacci Piccolomini, Donatella Cinelli, COL D'ORCIA, Il Colle, Collemattoni, Colombini, Costanti, Cupano, Eredi FULIGNI, Fossacolle, La Gerla, LISINI*, La Magia, Il Marroneto*, Mastrojanni*, Franco Pacenti, Siro Pacenti, Il Paradiso di Manfredi, PIAN DELL'ORINO*, Pieve di Santa Restituta, La Poderina, POGGIO ANTICO, POGGIO DI SOTTO*, Tenuta Il POGGIONE*, Le Potazzine, Le Ragnaie*, Salvioni*, San Filippo, Tenuta di Sesta, Stella di Campalto*, Uccelliera, Val di Suga.

Bussola, Tommaso Ven ★★★★ Autodidakt Tommaso Bussola erzeugt AM
RONE, RECIOTO und RIPASSO der Spitzenriege. Der große Bepi Quinta
war sein Mentor, er übernimmt diese Funktion nun für seine beiden Söh

Cà Bolani F-JV ★ Gut im Bereich Aquileia mit 550 ha, der größten Rebflä
in Norditalien, im Besitz der Familie ZONIN. Hightechkellerei. Am besten
der SAUVIGNON Aquilis; ebenfalls gut der REFOSCO dal Peduncolo Ross

Ca' dei Frati Lomb ★★★ Führender Qualitätserzeuger in der wiederbeleb
DOC LUGANA. Der I Frati ist ein guter Wein auf Einstiegsniveau, der Bro
tino ein Spitzen-Cru.

Ca' del Bosco Lomb ★★★★ Nummer eins der Weingüter in der FRANC
CORTA, das dem großen PINOT-GRIGIO-Erzeuger Santa Margherita geh
und immer noch vom energiegeladenen Gründer Maurizio Zanella ge
tet wird. Hervorragender Schaumwein nach der klassischen Methode,
Annamaria Clementi, auch als Rosé, beide sehr Krug-ähnlich. Großarti
Dosage Zéro; ausgezeichneter roter Maurizio Zanella im Bordeaux-S
burgunderartiger PINOT NERO Pinero und (für Italien) überdurchschn
licher CHARDONNAY.

Ca' del Prete Piem ★★→★★★ Das kleine Gut erzeugt großartigen Fre
d'ASTI und MALVASIA di Castelnuovo Don Bosco.

Caiarossa Tosk ★★★ Gut im Besitz des Niederländers Eric Jelgers
(Châteaux Giscours und du Tertre; siehe Kapitel »Bordeaux«) nördlich
BOLGHERI. Ausgezeichnet sind Caiarossa Rosso sowie die Rotweine P
golaia und Aria.

uso/Erbaluce di Caluso Piem DOCG w ★→★★★ Still-, (trockene) Schaum- und Süßweine (Caluso PASSITO). Gute Erzeuger: Cieck (Misobolo, Brut San Giorgio), Favaro (Le Chiusure und Passito Sole d'Inverno), Ferrando, Orsoani (La Rustia).

Marcanda Tosk ★★★★ Angelo Gajas Weingut in BOLGHERI (1996 gegründet). Drei Weine in preislicher Reihenfolge (hoch, höher, am höchsten): Promis, Magari und Ca' Marcanda; hauptsächlich internationale Rebsorten.

alicchio di Sopra Tosk ★★★ Die dynamische Familie Ripaccioli bereitet herrlich ausgewogenen, komplexen BRUNELLO (auch RISERVA) und ROSSO DI MONTALCINO.

tina Kellerei, doch auch Weinbars schmücken sich mit diesem Namen.

tina del Notaio Bas ★★→★★★ Das auf AGLIANICO spezialisierte ökologisch/biodynamische Gut bietet auch Weißwein, Rosé, Schaumwein und PASSITO. Star ist La Firma, aber der superreife AMARONE-ähnliche Il Sigillo ist fast ebenso gut. Der Repertorio ist immer geradezu schmerzhaft tanninhaltig und überbewertet.

ezzana, Tenuta di Tosk ★★★ Das Weingut der Familie des kürzlich verstorbenen legendären toskanischen Erzeugers Graf Ugo Contini Bonacossi wird nun von seinen Kindern geführt. Ausgezeichneter CARMIGNANO (Villa di Capezzana, Villa di Trefiano) und hervorragender VIN SANTO, einer der fünf besten Italiens.

ichera Sar ★★★ Die Familie Ragnedda erzeugt mit die besten Weißweine in Sardinien und beachtliche Rotweine. Herausragend sind Isola dei Nuraghi Bianco Santigaìni, Vendemmia Tardiva und Vigna'ngena.

pellano Piem ★★★ Der verstorbene Teobaldo Cappellano, ein Held des BAROLO, reservierte einen Teil seines Cru Gabutti für wurzelechte NEBBIOLO-Reben (Pie Franco); Sohn Augusto behält den ausgeprägt traditionellen Stil bei. Auch »medizinischer« Barolo Chinato, der von einem Vorfahren erfunden wurde.

rai Umb ★★★→★★★★ Marco Caprai und Berater Attilio Pagli haben dieses große Gut (knapp 200 ha) zum Inbegriff von MONTEFALCO gemacht. Viele herausragende Weine, z. B. 25 Anni. Der Nicht-Cru Collepiano ist besser, weil weniger eichenlastig; der ROSSO DI MONTEFALCO ist geschmeidig und elegant. Der GRECHETTO Grecante ist preislich korrekt.

ema Piem DOC r ★★→★★★ **06' 07 08 09 10** 11 (13) (15) – Kaum bekannter, leichter, intensiver, hervorragender NEBBIOLO von Trauben, die auf niedrigen, aber steilen Hängen bei Aosta wachsen. Am besten von Luigi Ferrando (v. a. Etichetta Nera) und Produttori Nebbiolo di Carema.

ignano del Sulcis Sar DOC r rs ★★→★★★ **08 09 10** 12 13 (14) (15) – Milder, aber intensiver Rotwein aus dem Südwesten SARDINIENS. Am besten sind Rocca Rubia von der CS di SANTADI und Terre Brune.

mignano Tosk DOCG r ★★★ **02 04 06 07 08 09** 10 **11** 12 (13) (15) – Feiner Verschnitt aus SANGIOVESE und Bordeaux-Trauben, der im 20. Jh. vom verstorbenen Grafen Bonacossi (Capezzana) erfunden wurde. Am besten von Ambra, CAPEZZANA, Farnete, Piaggia, Le Poggiarelle, Pratesi.

nasciale, Il Tosk ★★★ Außergewöhnlicher Rotwein im Bordeaux-Stil von einer spontanen Kreuzung CABERNET x MERLOT, die von Bettina Rogosky und ihrer Familie streng gehütet wird. »Caberlot« wurde vor zig Jahren vom landwirtschaftlichen Berater Remigio Bordini entdeckt. Carnasciale ist die Zweitmarke.

penè Malvolti Ven ★★ Antonio Carpene und seine Freunde gründeten 1868 diese womöglich als erste auf PROSECCO spezialisierte Kellerei. Das Angebot umfasst Brut-, Dry- und Extra-Dry-Schaumweine, wobei keiner ganz furchtbar trocken ist (und das ist wohl auch gut so).

Carpineti, Marco Lat w; s ★★ Phänomenale biodynamisch erzeugte Weißw ne von den kaum bekannten Rebsorten Bellone, Greco moro und Gre giallo. Maßstäbe setzen Caro und Ludum, einer der besten italienisch Süßweine.

Cartizze Ven ★★ PROSECCO DOCG aus einem hügeligen, schwer zu bew schaftenden 106 ha großen Gebiet im Herzen von CONEGLIANO VA DOBBIADENE. Häufig zu süß, obwohl als trocken etikettiert. Am besten v Col Vetoraz; gut von BISOL.

Case Basse Tosk ★★★★ Gianfranco Soldera erzeugt meist biodynamis lange in Eiche ausgebaute, qualitativ hochwertige Weine im BRUNELLO-! (wenn auch keinen DOCG). Rar und kostbar.

Castel del Monte Apu DOC r rs w ★→★★ r **08 09 10** 11 (13) (15); w rs BV Trockene, frische, zunehmend anspruchsvolle Weine aus einer DOC APULIENS Mitte. Von Tormaresca (ANTINORI) stammen der gute Piet bianca und der ausgezeichnete Bocca di Lupo; sehr gut auch Le More v Santa Lucia. Interessante Rote kommen von Cocevola und Giancarlo Ce

Castellare Tosk ★★★ Alteingesessener Spitzenerzeuger in Castellina CHIANTI mit erstklassigem SANGIOVESE/MALVASIA NERA I Sodi di S Niccolò und zeitgemäßem CHIANTI CLASSICO, v. a. Riserva Il Poggia Außerdem POGGIO ai Merli (MERLOT) und Coniale (CABERNET SAUVIGNO

Castell' in Villa Tosk ★★★ Individuelles, traditionalistisches CHIANTI-CLA SICO-Weingut im äußersten Südwesten des Gebiets. Weine großer Klas von der Autodidaktin Prinzessin Coralia Pignatelli.

Castelluccio Em-Ro ★★→★★★ Hochwertiger SANGIOVESE vom Weingut d berühmten Önologen Vittorio Fiore in der Romagna, das nun Sohn Clau führt. IGT Ronco dei Ciliegi und RONCO delle Ginestre sind die Stars. Der More ist ein schmackhafter und relativ preiswerter Romagna DOC.

Castiglion del Bosco Tosk ★★★ Aufstrebender BRUNELLO-Erzeuger im B sitz von Ferragamo.

Cavallotto Piem ★★★ In Castiglione Falletto ansässiger führender BAR LO-Traditionalist mit Weinbergen im Herzen des Anbaugebiets. Hera ragender Barolo RISERVA Bricco Boschis VIGNA San Giuseppe und Ris va Vignolo, sehr guter LANGHE NEBBIOLO. Außerdem überraschend gu GRIGNOLINO und Freisa.

Cerasuolo Abr DOC rs ★ Die BV-ROSATO-Version von MONTEPULCIA D'ABRUZZO, nicht zu verwechseln mit dem roten CERASUOLO DI VITTO aus Sizilien. Ist manchmal hervorragend; die (mit Abstand) besten Erz ger sind Emidio Pepe, Praesidium, Tiberio und VALENTINI.

Cerasuolo di Vittoria Siz DOCG r ★★ **10 11** 13 (15) – Mittelschwerer Rotw von Frappato- und Nero-d'Avola-Trauben in Südost-SIZILIEN. Absurd weise weiterhin die einzige DOCG in Sizilien. Empfehlenswert von Ariar Occhipinti, COS, Gulfi, Paolo Calì, PLANETA und Valle dell'Acate.

Ceretto Piem ★★→★★★ Führender Erzeuger von BARBARESCO (Asili, B nardot) und BAROLO (Bricco Rocche, Brunate, Prapò) sowie LANG Bianco Blange (ARNEIS). Bruno und Marcello aus der älteren Generat übergeben an Alessandro, Federico, Roberta und Lisa.

Cerro, Fattoria del Tosk ★★★ Weingut im Besitz des Versicherungsgigan SAI, das sehr guten DOCG VINO NOBILE DI MONTEPULCIANO (v. a. Ein lagenwein Antica Chiusina) erzeugt. SAI gehören auch Colpetrone (MO TEFALCO SAGRANTINO), La Poderina (BRUNELLO DI MONTALCINO) und d 1.000 ha große Weingut Monterufoli im Norden der MAREMMA.

Cesanese del Piglio oder Piglio Lat DOCG r ★→★★ Mittelschwerer Rotwe kann gut eine Zeitlang gelagert werden. Am besten von Petrucca e Vela u Terre del Cesanese. Die Weine Cesanese di Olevano Romano und Ce nese di Affile sind ähnlich.

ianti Tosk DOCG r ★→★★★ Traditionelles Anbaugebiet zwischen Florenz und Siena und der dort erzeugte leichte Rotwein. Der Chianti hat einen weiten Weg zurückgelegt seit den Korbflasche-als-Lampe-Zeiten, als er mit weißen Trauben versetzt und mit Importen aus dem Süden frisiert wurde. Typischer toskanischer Wein zu vernünftigem Preis.

ianti Classico Tosk DOCG r ★★→★★★ **04 06 07 08 09** 10 **11** 12 13 (15) – Das historische Gebiet wurde »CLASSICO«, als die Weinbauregion CHIANTI Anfang des 20. Jahrhunderts auf praktisch die ganze mittlere Toskana ausgeweitet wurde. Es umfasst ganz oder teilweise neun Gemeinden im hügeligen (250–500 m), felsigen Gelände. Der Wein mit dem schwarzen Hahn ist traditionell ein Verschnitt, und es wird weiter darüber debattiert, ob dem SANGIOVESE französische (z. B. CABERNET SAUVIGNON) oder einheimische Trauben zugesetzt werden sollen. Gran Selezione ist die neue Spitzenkategorie, über RISERVA. Siehe Kasten unten.

Wer macht wirklich guten Chianti Classico?

Da das Chianti-Classico-Gebiet groß ist und sich dort Hunderte von Erzeugern tummeln, ist es gar nicht so einfach, die besten herauszupicken. Die Allerbesten sind mit einem Stern gekennzeichnet.
AMA*, ANTINORI, BADIA A COLTIBUONO*, Bibbiano, Le Boncie, BROLIO, Cacchiano, CAFAGGIO, Capannelle, Casaloste, Casa Sola, CASTELLARE, CASTELL'IN VILLA, Le Cinciole*, Le Corti, Mannucci Droandi, FELSINA*, Le Filigare, FONTERUTOLI, FONTODI*, ISOLE E OLENA*, Lilliano, Il Molino di Grace, MONSANTO*, Monte Bernardi, Monteraponi*, NITTARDI, NOZZOLE, Palazzino, Paneretta, Poggerino, Poggiopiano, QUERCIABELLA*, RAMPOLLA, Riecine, Rocca di Castagnoli, Rocca di Montegrossi*, RUFFINO, San Fabiano Calcinaia, SAN FELICE, SAN GIUSTO A RENTENNANO*, Savignola Paolina, Selvole, Vecchie Terre di Montefili, Verrazzano, Vicchiomaggio, VIGNAMAGGIO, Villa Calcinaia*, Villa La Rosa*, Viticcio, VOLPAIA*.

iaretto Ven – Heller Rosé mit ganz leichtem rötlichem Einschlag, v. a. vom Gardasee. Siehe BARDOLINO.

abot Berton Piem ★★★ Marco und Paola Oberto sind in die Fußstapfen ihres Vaters getreten und haben dieses Gut in La Morra zu einem seriösen Erzeuger mit sehr gutem Preis-Leistungs-Verhältnis gemacht. Der verschnittene BAROLO ist überzeugend, die Crus Roggeri und Rochettevino haben einen ausgeprägten Einzellagencharakter.

nque Terre Lig DOC w; tr s ★★ Trockene Weißweine auf VERMENTINO-Basis von der ligurischen Steilküste. Die süße Version heißt Sciacchetrà. Empfehlenswerte Erzeuger sind Arrigoni, Bisson, Buranco und De Battè.

ò Kal DOC r (rs w) ★→★★★ Frischer kräftiger Rotwein von der wichtigsten kalabrischen Traube Gaglioppo oder leichter, fruchtiger Weißwein von GRECO (BV). Spitzenerzeuger: Caparra & Siciliani, IPPOLITO, Librandi (Duca San Felice ★★★), San Francesco (Donna Madda und RONCO dei Quattro Venti), SANTA VENERE.

assico Bezeichnung für Wein aus einem begrenzten, meist historischen und edleren Bereich innerhalb einer kommerziell ausgeweiteten DOC. Siehe CHIANTI CLASSICO, VALPOLICELLA, VERDICCHIO, SOAVE und zahlreiche andere.

erico, Domenico Piem ★★★ BAROLO-Erzeuger der modernistischen Fraktion in Monforte d'ALBA, v. a. mit den Crus Ciabot Mentin Ginestra, Pajana und Percristina. Die Weine sind viel weniger eichenlastig als in der Unrecht hochgerühmten Vergangenheit.

Coffele Ven ★★★ Kreativer Kellermeister im aufstrebenden SOAVE-Lan gesegnet mit Trauben auf Terrassen an den höher gelegenen Hänge die Weinberge wurden von seinem Vater Bepino angelegt. Soave CLA SICO, Cru Cà Visco und RECIOTO Le Sponde sind alle genau so, wie sie se sollten.

Col d'Orcia Tosk ★★★ Das drittgrößte Weingut in MONTALCINO (Besitz Francesco Marone Cinzano) mit Topqualität. Am besten ist der BRUNEL RISERVA POGGIO al Vento.

Colla, Poderi Piem ★★★ Hinter dieser Kellerei steckt die Erfahrung v Beppe Colla (Seele und Gründer von PRUNOTTO 1956–1990). Klassisc traditionell, lagernswert. Spitzenweine: BARBARESCO Roncaglie, BARO Bussia Dardi Le Rose, LANGHE Bricco del Drago.

Colli = Hügel. Einzahl: *colle*. **Colline** (Einzahl: *collina*) sind kleinere Hüg Siehe auch COLLIO, POGGIO.

Colli di Catone Lat ★→★★★ Spitzenerzeuger von FRASCATI und IGT in d römischen Hügeln von Monteporzio Catone. Herausragende gereifte Wei von MALVASIA del Lazio (alias Malvasia Puntinata) und GRECHETTO. Em fehlenswert sind die Marken Colle Gaio und Casal Pilozzo.

Colli di Lapio Kamp ★★★ Auf Clelia Romanos Gut entsteht der beste Fia in Italien.

Colli di Luni Lig, Tosk DOC r w ★★→★★★ VERMENTINO- und Albarola-Wei weine; die Rotweine auf SANGIOVESE-Basis sind angenehm zu trinken u ansprechend. Gute Erzeuger: La Baia del Sole (Oro d'Isèe), Bisson (Vig Erta), Giacomelli (Boboli), Ottaviano Lambruschi (Costa Marina).

Collio F-JV DOC r w ★★→★★★★ Hügeliges Anbaugebiet an der slowe schen Grenze. Bekannt v. a. für komplexe, manchmal absichtlich oxidier Weine, die teilweise zusammen mit den Schalen in eingegrabenen irden Gefäßen/Amphoren vinifiziert werden. Aus verschiedenen französische deutschen und slawischen Sorten entstehen auf diese Weise einige exz lente, einige schauerliche Weine. Zu den vielen guten bis ausgezeichn ten Erzeugern gehören u. a. Aldo Polencic, BORGO DEL TIGLIO, Castello Spessa, LA CASTELLADA, Fiegl, GRAVNER, MARCO FELLUGA, Livon, Podve sic, Primosic, Princic, Radikon, Renato Keber, RUSSIZ SUPERIORE, Schi petto, Tercic, Terpin, Venica & Venica und VILLA RUSSIZ.

Colli Piacentini Em-Ro DOC r rs w ★→★★ BV – Leichte süffige Weine, perlend (rot und weiß) unter anderem von BARBERA und BONARDA (MALVASIA und Pignoletto (w) sowie mehrere PINOT-Varianten. Ähnlich w OLTREPÒ PAVESE. Gute Erzeuger: Montesissa, Mossi, Romagnoli, Soleng La Stoppa, Torre Fornello, La Tosa. Siehe auch GUTTURNIO.

Colognole Tosk ★★ Das ehemalige Gut Conti Spalletti erzeugt immer hoc klassigeren CHIANTI RUFINA und RISERVA del Don aus steilen Südlagen a Monte Giovi.

Colterenzio, Cantina Produttori (Schreckbichl) T-S ★★→★★★ Protag nist unter den Kellereigenossenschaften SÜDTIROLS mit Sitz in Girla Die Weißweine (SAUVIGNON Lafoa, CHARDONNAY Altkirch, PINOT BIANC Weisshaus Praedium) sind trotz des guten Rufs des CABERNET SAUVIGNC Lafoa insgesamt besser als die Rotweine.

Conegliano Valdobbiadene Ven DOCG w; sch ★→★★ BV – Bezeichnung für Spitzen-PROSECCO, die einzeln oder zusammen verwendet werden kö nen.

Conero DOCG r ★★→★★★ **09 11 12 13** (15) – Alias Rosso Conero. In de kleinen Gebiet entsteht kraftvoller, bisweilen zu eichenlastiger MONT PULCIANO. Empfehlenswert: GAROFOLI (Grosso Agontano), Le Terraz

(Praeludium), Marchetti (RISERVA Villa Bonomi), Moncaro, Monteschiavo (Adeodato), Moroder (Riserva Dorico), UMANI RONCHI (Riserva Campo San Giorgio).

onterno, Aldo Piem ★★★→★★★★ Der Spitzenerzeuger in Monforte d'ALBA galt als Traditionalist, v. a. im Hinblick auf seine erstklassigen BAROLO-Weine Granbussia, Cicala, Colonnello und besonders Romirasco. Seine Söhne richten die Kellerei modernistischer aus.

Barolos der Spitzenklasse

Hier sind einige erstklassige Einzellagen und ihre besten Erzeuger:
Bricco Boschis (Castiglione Falletto): CAVALLOTTO (RISERVA VIGNA San Giuseppe
Bricco delle Viole (BAROLO): G. D. VAJRA
Bricco Rocche (Castiglione Falletto): CERETTO
Brunate (La Morra, Barolo): Ceretto, ODDERO, Giuseppe RINALDI, VIETTI
Bussia (Monforte): Poderi Colla (Dardi Le Rose), Aldo CONTERNO (Gran Bussia e Romirasco), Oddero (Bussia Vigna Mondoca)
Cannubi (Barolo): BREZZA, E. Pira e Figli – Chiara Boschis, Luciano SANDRONE (Cannubi Boschis)
Cerequio (La Morra, Barolo): Boroli, Chiarlo Michele, Roberto VOERZIO
Falletto (Serralunga): Bruno GIACOSA (Le Rocche del Falletto Riserva)
Francia (Serralunga): Giacomo CONTERNO (Barolo Cascina Francia und Monfortino)
Ginestra (Monforte): Domenico CLERICO (Ciabot Mentin), CONTERNO FANTINO (Sorì Ginestra und Vigna del Gris)
Lazzarito (Serralunga): Germano Ettore (Riserva), VIETTI
Monprivato (Castiglione Falletto): Giuseppe MASCARELLO (Mauro)
Monvigliero (VERDUNO): Comm. G. B. BURLOTTO, CASTELLO DI VERDUNO, Paolo SCAVINO
Ornato (Serralunga): PIO CESARE
Ravera (Novello): Elvio Cogno (Bricco Pernice), G. D. VAJRA, VIETTI
Rocche dell'Annunziata (La Morra): Rocche Costamagna, Paolo Scavino (Riserva), Trediberri, Roberto Voerzio
Rocche di Castiglione (Castiglione Falletto): Brovia, Oddero, Viett
Vigna Rionda (Serralunga): Massolino, Oddero
Villero (Castiglione Falletto): Boroli, Brovia, Giacomo Fenocchio. Der Barolo von Bartolo MASCARELLO enthält Rebgut aus Cannubi San Lorenzo, Ruè und Rocche dell'Annunziata.

onterno, Giacomo Piem ★★★★ Für viele ist der Spitzenwein dieses Guts, der Monfortino, der beste italienische Wein überhaupt. Der Weinberg (Cascina Francia) ist in Serralunga, die Kellerei dagegen in Monforte. Roberto, Sohn des verstorbenen Giovanni, der seinerseits Giacomos Sohn war, hält sich streng an das Rezept seiner Vorfahren, das z. B. die Temperaturkontrolle während der Maischung ausschließt. Hervorragender BARBERA.

onterno Fantino Piem ★★★ Zusammenschluss zweier Familien, die in Monforte d'ALBA die ausgezeichneten BAROLOs (im modernen Stil) Sorì Ginestra, Mosconi und VIGNA del Gris erzeugen. Außerdem ein NEBBIOLO-BARBERA-Verschnitt namens Monprà.

onterno, Paolo Piem ★★→★★★ Die Familie baut seit 1886 NEBBIOLO und BARBERA an; der derzeitige *titolare* Giorgio führt die Tradition fort und er-

zeugt die mustergültigen BAROLO-Einzellagenweine Ginestra und Riva
Bric sowie den besonders feinen LANGHE Nebbiolo Bric Ginestra.

Contini Sar ★★★ Mustergültiger Erzeuger von VERNACCIA di Oristano;
Weißweine im oxidativen Stil sind sehr gutem Amontillado oder Olorc
nicht unähnlich. Der Antico Gregori ist einer der besten italienischen We
weine.

Conti Zecca Apu ★★→★★★ Gut im SALENTO, dessen 320 ha fast zwei Mil
nen Flaschen hervorbringen. Die IGT-Salento-Reihe Donna Marzia ist pre
wert, ebenso der SALICE SALENTINO Cantalupi. Der bekannteste der vie
Weine ist der NEGROAMARO/CABERNET SAUVIGNON Nero.

Contucci Tosk ★★→★★★ Legendäre Kellerei der Familie Contucci im Or
kern von Montepulciano. Seit Jahrhunderten in Betrieb, der Stil ist ein bi
chen altmodisch, aber klassisch. Verschiedene Versionen von VINO NOB
(u. a. RISERVA sowie die Einzellagenweine Mulinvecchio und Pietra Ross

Copertino Apu DOC r (rs) ★★★ **08 10 11** (12) (13) (15) – Geschmeidiger, s
tiger Rotwein von NEGROAMARO-Trauben vom Stiefelabsatz Italiens. Gu
Erzeuger: CS Copertino, MONACI.

Correggia, Matteo Piem r ★★★ Führender Erzeuger von ROERO (RISER
Rochè d'Ampsej, Val dei Preti) und Roero ARNEIS sowie BARBERA D'AL
(Marun).

CS (Cantina Sociale) Genossenschaftskellerei.

Cusumano Siz ★★→★★★ Relativ neuer wichtiger Erzeuger mit 500 ha
verschiedenen Teilen SIZILIENS. Rotweine von NERO D'AVOLA, CABERN
SAUVIGNON, SYRAH; Weißweine von CHARDONNAY, INZOLIA. Gute Qualit
preiswert.

Dal Forno, Romano Ven ★★★★ Erzeuger von VALPOLICELLA, AMARONE u
RECIOTO sehr hoher Qualität. Die Perfektion ist umso bemerkenswerter,
die Weinberge außerhalb des CLASSICO-Gebiets liegen.

De Bartoli, Marco Siz ★★★ Der große Marco de Bartoli, Sprössling zw
er MARSALA-Erzeugerfamilien, kämpfte zeit seines Lebens für »echte
Marsala und gegen Kochwein- und aromatisierte Varianten. Sein troc
ner Vecchio Samperi durfte nicht »Marsala« heißen, weil er nicht gesp
tet war. Sein Meisterwerk ist der 20-jährige Ventennale, ein Verschnitt a
alten und jungen Weinen. Seit seinem Tod führen seine Kinder das G
Köstliche Tafelweine (z. B. Grillo) und ein hervorragender süßer ZIBIBBO
PANTELLERIA namens Bukkuram.

Dei Piem ★★→★★★ Die Pianistin Caterina Dei führt dieses aristokratisc
Gut in MONTEPULCIANO, auf dem sie mit Kunstfertigkeit und Leidensch
VINO NOBILE erzeugt. Ihr Meisterwerk ist der Bossona.

Derthona Piem w ★→★★★ Von in den COLLI Tortonesi angebauten Tim
rasso-Trauben. Einer der einzigartigen Weißweine Italiens (wie sehr troc
ner Riesling aus Rheinhessen). Gute Erzeuger: Boveri Luigi, La Colombe
Claudio Mariotto, VIGNETI MASSA, Mutti.

Di Majo Norante Mol ★★→★★★ Der bekannteste Erzeuger in Molise r
ordentlichem Biferno Rosso Ramitello, Molise Rosso RISERVA Don Lu
und Molise AGLIANICO Contado. Die Weißweine sind uninteressant, c
MOSCATO PASSITO Apianae ist recht gut.

DOC, DOCG Qualitätsweinbezeichnung; siehe Kasten S. 169.

Dogliani Piem DOCG r ★→★★★ **10 11 12 13** (15) – DOCG-Weine aus de
PIEMONT, Dolcetto *in purezza*, aber die Nennung der Rebsorte auf de
Etikett wurde verboten, um uns Weinliebhaber zu verwirren. Einige si
jung zu trinken, manche eignen sich für eine nicht allzu lange Lageru
Gut: Marziano Abbona, Osvaldo Barbaris, Francesco Boschis, Bricco R
so, Chionetti, Clavesana, EINAUDI, Pecchenino.

nnafugata Siz r w ★★→★★★ Hochklassiges Angebot an sizilianischen Weinen, u. a. die Roten Mille e Una Notte und Tancredi sowie die Weißen Chiarandà und Ligheia. Dazu sehr feiner MOSCATO PASSITO di PANTELLERIA Ben Ryé.

ca di Salaparuta Siz ★★ War früher mit der Marke Corvo in jedem italienischen Restaurant im Ausland auf der Weinkarte zu finden und ist jetzt Eigentum von Ilva aus Saronno. Zu den anspruchsvolleren Weinen zählen der weiße Kados von GRILLO-Trauben, die Nero-d'Avola-Weine Passo delle Mule und Triskele (mit MERLOT). Außerdem der alte Favorit Duca Enrico.

audi, Luigi Piem ★★★ Ende des 19. Jh. vom späteren italienischen Staatspräsidenten gegründetes 52-ha-Gut in DOGLIANI mit Rebflächen in BAROLO. Solide Barolos aus den Lagen Cannubi und Terlo Costa Grimaldi. Spitzen-Dogliani (DOLCETTO) aus der Lage VIGNA Tecc.

a Tosk r w; (sch) ★→★★ BV – Der Weißwein der Insel, TREBBIANO/ANSONICA, passt gut zu Fisch. Trockene Rotweine basieren auf SANGIOVESE. Dazu gute weiße (MOSCATO) und rote (Aleatico Passito DOCG) Süßweine. Gut: Acquabona, Sapereta.

oteca »Vinothek«; das kann eine Weinhandlung sein oder auch ein Restaurant mit anspruchsvoller Weinkarte. In der Fortezza von Siena gibt es die nationale Enoteca Italiana.

Chianti-Gebiet fressen Wildschweine Trauben: das Äquivalent von 130.000 Flaschen Wein im Jahr.

aluce di Caluso (Caluso) DOCG w ★→★★★ Still, schäumend (trockene Weine) und auch süß (Caluso PASSITO). Gute Erzeuger: Cieck (Misobolo, Brut San Giorgio), Favaro (Le Chiusure und Passito Sole d'Inverno), Ferrando, Orsolani (La Rustia).

no Mar DOC r w ★→★★★ **08 09 10 11 12** 13 (15) – Weitere DOC des VERDICCHIO-Gebiets, die im Bianco neben Verdicchio 50 % und im Rosso neben SANGIOVESE/MONTEPULCIANO 40 % andere Trauben zulässt. Die besten Rotweine liefern Belisario (Colferraio) und Monte Schiavo (Adeodato).

! Est!! Est!!! Lat DOC w; tr lbl ★ BV – Wenig bemerkenswerter Weißwein aus Montefiascone nördlich von Rom; profitiert von der (wenig wahrscheinlichen) Legende über die Entstehung seines Namens. FALESCO ist der beste Erzeuger.

a Siz DOC r rs w ★★→★★★ **08 09 10 11 12** 13 14 (15) – Wein von hohen Lagen am Nordhang des Ätna, zurzeit den heißesten in Italien. Neues Geld ermöglicht Neuanpflanzungen sowie einige ausgezeichnete (und einige überschätzte) Weine, die burgunderartig sind, aber auf den Sorten NERELLO MASCALESE (rot) und CARRICANTE (weiß) beruhen. Empfehlenswerte Rotweine von Benanti (Rovittello, Serra della Contessa, I Monovitigni), Calcagno (Arcuria), Cottanera, Girolamo Russo (FEUDO), Graci (Quota 600), I VIGNERI (VINUPETRA), Passopisciaro (Porcaria, Rampante, Sciaranuova), TASCA D'ALMERITA (Tascante), Tenuta delle TERRE NERE (Calderara Sottana, La Vigna di Don Peppino, Guardiola). Empfehlenswerte Weißweine von BENANTI (EBS – Pietramarina), Barone di Villagrande (EBS); Fessina (EB – Bianco A' Puddara), I Vigneri (EB – Aurora), Girolamo Russo (EB – Nerina), TERRE NERE (Vigne Niche).

chini Tosk ★★→★★★ Erzeuger von gutem DOCG VERNACCIA DI SAN GIMIGNANO (VIGNA a Solatio und dem in Eiche gereiften Ab Vinea Doni), dem erstklassigen Bordeaux-Verschnitt Campora und dem Paretaio auf SANGIOVESE-Basis. Riccardo Falchini war ein Meister des feinen SAN GIMIGNANO; seine halb amerikanischen Kinder sind würdige Nachfolger.

Falerno del Massico Kamp DOC r w ★★→★★★ **09 10 11 12** 13 (15) – D
Falernum (oder Falerner) war der Yquem des alten Roms. Heute tragen
eleganter AGLIANICO-Rotwein und ein fruchtiger trockener Weißer von
FALANGHINA-Traube diesen Namen. Die besten Erzeuger: Amore Perrot
Felicia, Moio, Trabucco, VILLA MATILDE.

Fara Piem Siehe ALTO PIEMONTE.

Faro Siz DOC r ★★★ **06' 08 09 10 11 12** 13 14 (15) – Intensive, harmonisc
Rotweine von NERELLO MASCALESE und Nerello Cappuccio in den Hüg
im Hinterland von Messina. Salvatore Geraci von Palari ist am bekannt
ten, aber Bonavita und Cuppari sind ebenso gut.

Felluga, Livio F-JV ★★★ Beständig feine Weine des Bereichs FRIULI C
Orientali, v. a. die Verschnitte namens Terre Alte sowie Pinot grig
FRIULANO, RIBOLLA GIALLA, PICOLIT (Italiens bester?) und der MERL
REFOSCO-Verschnitt Sossò.

Felluga, Marco F-JV Siehe RUSSIZ SUPERIORE.

Felsina Tosk ★★★ Ausgezeichnetes CHIANTI-CLASSICO-Gut im südöstlich
Zipfel des Gebiets: klassischer RISERVA Rancia und IGT Fontalloro, b
des reinsortige SANGIOVESE-Weine. Außerdem (für Italien) bemerkensw
guter CHARDONNAY I Sistri. Das Castello di Farnetella mit gutem CHIA
Colli Senesi gehört derselben Familie.

Fenocchio Giacomo Piem ★★★ Kleine, aber hervorragende BAROLO-Kelle
mit Sitz in Monforte d'ALBA.Traditioneller Stil, minimale Eingriffe, Ausb
in großen *botti* aus slawonischer Eiche. Einzellagen Bussia, Cannubi u
Villero.

Ferrara, Benito Kamp ★★★ Vielleicht der beste Erzeuger von GRECO DI TU
in Italien. Sein Talent äußert sich auch in dem ausgezeichneten TAURAS

Ferrari T-S sch ★★→★★★ Trientiner Produzent des besten METODO-CLAS
CO-Schaumweins außerhalb der FRANCIACORTA. Sein Spitzen-Cru ist Gi
Ferrari; ebenfalls gut sind der Brut RISERVA Lunelli auf CHARDONNAY-Ba
und der Extra Brut Perle' Nero auf PINOT-NERO-Basis.

Feudi di San Gregorio Kamp ★★→★★★ Äußerst angesagter Erzeuger
KAMPANIEN mit DOCG TAURASI Piano di Montevergine, FIANO DI AVELL
Pietracalda und GRECO DI TUFO Cutizzi. Dazu die roten IGT-Weine Serp
(AGLIANICO) und Patrimo (MERLOT) sowie die weißen FALANGHINA
Campanaro (Fiano/Greco). Siehe auch BASILISCO.

Fiano di Avellino Kamp DOCG w ★★★ **06' 08 10 12 15** – Ist entweder sta
(am typischsten) oder saftig. Die vulkanischen Böden sind am besten. G
Erzeuger: Colli di Lapio-Romana Clelio, Mastroberardino, Ciro Picarie
Pietracupa, Quintodecimo, Vadiaperti, Villa Diamante.

Fino, Gianfranco Apu ★★★ PRIMITIVO der Spitzenklasse von alten, ertra
armen Buschreben. Der herausragende Es gehört zu den 20 besten ita
nischen Rotweinen.

Florio Siz – Historischer Qualitätserzeuger von MARSALA; Spezialist für M
sala Vergine Secco Baglio Florio. Bester Wein: Terre Arse (»verbrann
Land«).

Folonari Tosk ★★→★★★ Ambrogio Folonari und sein Sohn Giovanni, frü
bei RUFFINO, haben Weinberge in der Toskana und anderswo. Güter/W
ne: u. a. Cabreo (CHARDONNAY bzw. SANGIOVESE/CABERNET SAUVIGNO
NOZZOLE (u. a. der erstklassige Cabernet Sauvignon Pareto), La Fuga (B
NELLO DI MONTALCINO), Gracciano Svetoni (VINO NOBILE DI MONTEP
CIANO). Außerdem Weine aus BOLGHERI, MONTECUCCO und FRIULI
Orientali.

Fongaro Ven – Metodo-classico-Schaumwein Lessini Durello (Durello ist
Name der Rebe). Hohe Qualität, noch höherer Säuregehalt, lagernswe

ntana Candida Lat ★★ Der größte Erzeuger des einst angesagten FRASCATI; der Einzellagenwein Santa Teresa wird hochgelobt, und das bringt das große Problem des Frascati auf den Punkt. Teil des riesigen GRUPPO ITALIANO VINI.

ntanafredda Piem ★★→★★★ Großer Erzeuger von Weinen aus dem PIEMONT auf ehemals königlichen Gütern, darunter BAROLO Serralunga und die Barolo-Crus Lazzarito Mirafiore und La Rosa. Guter LANGHE NEBBIOLO Mirafiore. Außerdem Weine der DOC ALBA sowie trockene Schaumweine (Contessa Rosa Pas Dosé) und süße Schaumweine (ASTI).

nterutoli Tosk ★★★ Historisches CHIANTI-CLASSICO-Gut der Familie Mazzei in Castellina mit Burg und Hightechkellerei im wilden Herzen der toskanischen Hügellandschaft. Bemerkenswert der Castello di Fonterutoli (einst sehr dunkler, eichenholzwürziger CHIANTI CLASSICO, jetzt trinkbarer) und der IGT Siepi (SANGIOVESE/MERLOT). Die Tenuta di Belguardo in der MAREMMA (guter MORELLINO DI SCANSANO) und Zisola in SIZILIEN haben denselben Besitzer.

ntodi Tosk ★★★→★★★★ Das herausragende Gut in Panzano erzeugt mit den allerbesten CHIANTI CLASSICO, auch VIGNA del Sorbo (ehemals RISERVA, jetzt Gran Selezione) und denkwürdigen 100%igen SANGIOVESE Flaccianello. Die IGT-Weine Case Via PINOT NERO und SYRAH zählen zu den besten Weinen von diesen Trauben in der TOSKANA. Es wird mit der Gärung in Keramikbehältern experimentiert, der dabei entstehende Wein heißt Dino (äußerst limitierte Produktion).

adori T-S ★★★ Elisabetta Foradori ist seit 30 Jahren eine Pionierin, hauptsächlich mit der großen roten Traube des TRENTINO, dem Teroldego. Inzwischen verkeltert sie Rotweine wie Morei und Sgarzon sowie Weißweine wie den Nosiola Fontanabianca in Amphoren. Das Spitzenprodukt ist weiterhin der Granato auf TEROLDEGO-Basis.

nciacorta Lomb DOCG (rs) w; sch ★★→★★★★ Italiens wichtigstes Gebiet für erstklassige METODO-CLASSICO-Schaumweine. Spitzenerzeuger: Barone Pizzini, Bellavista, Ca' del Bosco, Cavalleri, Gatti, Uberti, Villa; ebenfalls sehr gut: Contadi Castaldi, Monte Rossa, Ricci Curbastri.

nco, Nino Ven ★★★→★★★★ Die Kellerei von Primo Franco ist nach seinem Großvater benannt. Zu den allerbesten PROSECCOs zählen Primo Franco Dry und Rive di San Floriano Brut. Ausgezeichneter CARTIZZE, köstlicher normaler Prosecco di Valdobbiadene Brut.

scati Lat DOC w; tr lbl s; (sch) ★→★★ BV – Der bekannteste Wein von den Hügeln um Rom ist ständig durch die Ausweitung der Stadtgrenzen bedroht. Er wird von MALVASIA di Candia und/oder TREBBIANO toscano erzeugt und ist meistens enttäuschend neutral. Gut ist Malvasia del Lazio (alias Malvasia Puntinata), aber aufgrund des niedrigen Ertrags nicht wettbewerbsfähig. Zu empfehlen sind Castel de Paolis, Conte Zandotti, Villa Simone und Santa Teresa von FONTANA CANDIDA sowie Colle Gaio von COLLI DI CATONE, 100% Malvasia del Lazio, obwohl IGT.

scole Tosk ★★→★★★★ Der nördlichste Erzeugerbetrieb im nördlichsten Teil des Chianti-Rufina-Gebiets. Enrico Lippi führt das in die Ausläufer der Apenninen geschmiegte kleine Öko-Weingut mit Augenmerk auf Typizität. Der CHIANTI RUFINA ist das Zugpferd, aber für den VIN SANTO würde man alles geben.

scobaldi Tosk ★★→★★★★ Alte Adelsfamilie und führender Pionier für CHIANTI RUFINA auf dem Gut NIPOZZANO (probieren Sie den Montesodi ★★★); außerdem BRUNELLO vom Gut CASTELGIOCONDO in MONTALCINO. Alleineigentümer des Guts LUCE (Montalcino) und von ORNELLAIA (BOLGHERI). Weinberge auch im COLLIO, in der MAREMMA und in Montespertoli.

Italien

Friaul–Julisch Venetien Region im Nordosten. In puncto Wein sind die H gel an der slowenischen Grenze den Schwemmtälern im Westen überlege Bei DOCs wie Isonzo, Colli Orientali, Latisana und Aquileia ist auf dem E kett jetzt »Friuli« vorangestellt, nur COLLIO, theoretisch die beste, hat ihr alten Namen behalten. Ungeachtet einiger guter Rotweine gilt die Regi neben Südtirol als Heimat der besten Weißen Italiens.

Friulano F-JV ★→★★ Von der EU erzwungener Name für das, was früh Tocai friulano hieß. Frische, pikante, subtil florale Weißweine, am best aus COLLIO, FRIULI COLLI ORIENTALI und FRIULI ISONZO. Viele gute Erze ger: BORGO DEL TIGLIO (in Eiche ausgebauter Ronco della Chiesa), Ca tarutti, Drius, Ermacora, Livio FELLUGA, Doro Princic, Dario Raccaro, Ron del Gelso (Toc Bas), Scarbolo, Toros, Vie di Romans (Dole). Der neue Nar für den ehemaligen Tocai aus Venetien ist Tai.

Friuli Colli Orientali F-JV DOC r w; tr s ★★→★★★★ (Früher Colli Orient del Friuli.) Hügel im Osten von FRIAUL, an der slowenischen Grenze, äh lich wie COLLIO, aber weniger experimentell und mehr auf Rot- und Sü weine ausgerichtet. Spitzenerzeuger: Aquila del Torre, Ermacora, Giga te, Iole Grillo, La Busa dla Loft, La Sclusa, Livio FELLUGA, Meroi, Mia Moschioni, Petrussa, Rodaro, Ronchi di Cialla, Ronco del Gnemiz, Vig Petrussa. Süßweine von VERDUZZO (alias Ramandolo, wenn speziell DOCG-Gebiet: am besten von Anna Berra) oder PICOLIT-Trauben (Aqu del Torre, Livio FELLUGA, Ronchi di Cialla, Marco Sara, Vigna Petrussa) si oft großartig.

Friuli Grave F-JV DOC r w ★→★★ r **10 11 12** 13 (15) – Früher Grave del Fri Die größte DOC in FRIAUL, v. a. in der Ebene gelegen. Bedeutende Meng kaum überzeugender Weine. Lobenswerte Ausnahmen sind Borgo Mag do, Di Lenardo, San Simone, RONCO Cliona, Villa Chiopris.

Friuli Isonzo F-JV DOC r w ★★★ Früher schlicht Isonzo. Luftige Kiesebene vielen sortenreinen Weinen und Verschnitten. Die Stars sind fast alle d tende, strukturierte Weißweine: Vintage Tunina von JERMANN; Gris, Lis u Tal Luc von LIS NERIS; MALVASIA, PINOT GRIGIO (Sot lis rivis) und FRIUL NO (Toc Bas) von Ronco del Gelso; Flors d'Uis und Dessimis von VIE DI F MANS. Gut auch: Borgo Conventi, Pierpaolo Pecorari.

Frizzante Leicht schäumend, mit einem Druck von bis zu 2,5 bar – et MOSCATO D'ASTI, der meiste PROSECCO, LAMBRUSCO und Co. Im No westen Italiens entstehen viele spritzige Weine, die es nie in die weite W hinaus schaffen. Schade eigentlich.

Fucci, Elena Bas ★★★ Der AGLIANICO DEL VULTURE Titolo wird von 55 70 Jahre alten Reben bereitet, die in dem einzigen echten »Grand c am Vulture wachsen, und ist einer der 20 besten italienischen Weine. sonders empfehlenswerte Jahrgänge: 08 11 13.

Fuligni Tosk ★★★ Hervorragender Erzeuger von BRUNELLO und ROSSO MONTALCINO.

Gaja Piem ★★★★ Altes Familienunternehmen in BARBARESCO unter der l tung von Angelo Gaja, dem Apostel des italienischen Spitzenweins, in d sen Fußstapfen nun Tochter Gaia Gaja tritt. Hohe Qualität, höhere P se. Der Barbaresco ist noch DOCG-Wein, die anderen vorher sortenreir NEBBIOLO-Weine Costa Russi, Sorì San Lorenzo und Sorì Tildin sowie BAROLO Sperss waren zum DOC LANGHE abgestuft worden, werden jetzt doch, wen wundert's, wieder Barbaresco und Barolo. Herrlicher CHARDO NAY (Gaia e Rey). Besitzt außerdem CA' MARCANDA in BOLGHERI und Pi di Santa Restituta in MONTALCINO.

Galardi Kamp ★★★ Erzeuger von Terra di Lavoro, einem vielfach ausgezei neten Verschnitt von AGLIANICO und Piedirosso, (und nur diesem!) im nö lichen KAMPANIEN.

arda Ven DOC r rs w ★→★★ r **10 11 12 13** 15; rs w BV – Übergeordnete DOC für jung zu trinkende Weine aller Farben, aus den Provinzen Verona (Venetien), Brescia und Mantova (Lombardei). Gute Erzeuger sind Cavalchina und Zeni.

arofoli Mar ★★→★★★ Spitzenreiter in puncto Qualität in den Marken (bei Ancona), Spezialist für VERDICCHIO (Macrina, Podium, Serra Fiorese) und CONERO (Grosso Agontano, Piancarda).

attinara Piem DOCG r ★★→★★★ **04' 06 07 08 09 10 11** 12 (13) (15) – Bekanntester einer Gruppe nordpiemontesischer DOC(G)-Bereiche auf der Basis von NEBBIOLO. Vulkanische Böden; für lange Lagerung geeignet. Am besten von Antoniolo (Osso San Grato, San Francesco), Bianchi, Larretti Paride, Nervi, Torraccia del Piantavigna, Travaglini (RISERVA und Tre Vigne). Siehe auch ALTO PIEMONTE.

avi Piem DOCG w ★→★★★ BV – Von Cortese-Trauben gekelterter, bestenfalls subtiler, trockener, meistens jedoch stumpfer, einfacher oder scharfer Weißwein. Ein Großteil kommt aus der Gemeinde Gavi und heißt dann Gavi di Gavi bzw. inzwischen prosaischer Gavi del Comune di Gavi. Am besten von Bruno Broglia/La Meirana, Castellari Bergaglio (Rovereto Vignavecchia und Rolona; der Fornaci ist ein sehr guter Gavi di Tassarolo), Castello di Tassarolo, Chiarlo (Rovereto), Franco Martinetti, La Giustiniana, La Raia, La Toledana, Tenuta San Pietro, Villa Sparina.

ermano, Ettore Piem ★★★ Der kleine Familienbetrieb in Serralunga wird von Sergio und seiner Frau Elena geführt. Spitzen-BAROLOs: RISERVA Lazzarito und Cerretta. Sehr gut: LANGHE RIESLING Herzù und ALTA LANGA.

hemme Piem DOCG r – Siehe ALTO PIEMONTE. NEBBIOLO (mindestens 85%) sowie bis zu 15% Uva Rara und/oder Vespolina. Gut: Antichi Vigneti di Cantalupo (Collis Braclemae), Ioppa (Balsina), Torraccia del Piantavigna (VIGNA Pelizzane).

acosa, Bruno Piem ★★★→★★★★ Der wohl größte Kellermeister Italiens bereitet im traditionellen Stil herrlichen BARBARESCO (Asili) und BAROLO (Falletto und Le Rocche del Falletto). Spitzenweine (d.h. RISERVAS) bekommen das berühmte rote Etikett. Sehr gute Rot- (BARBERA, DOLCETTO, NEBBIOLO) und Weißweine (ARNEIS) sowie erstaunlicher METODO CLASSICO Brut.

appa Kräftiger Tresterbranntwein (d.h. aus den nach dem Pressen übrig gebliebenen Traubenschalen usw. bereitet). Die Bandbreite reicht von scheußlich bis ausgezeichnet. Entspricht dem französischen Marc.

asso, Elio Piem ★★★→★★★★ Erstklassiger BAROLO-Erzeuger (mit den Crus Gavarini VIGNA Chiniera, Ginestra Casa Maté). Auch sehr guter BARBERA D'ALBA Vigna Martina, DOLCETTO d'Alba. Sohn Gianluca hat jetzt definitiv das Ruder übernommen.

avner, Josko F-JV ★★★→★★★★ Der umstrittene, aber (anders als manche seiner Nachahmer) talentierte Erzeuger im COLLIO bereitet Rot- und Weißweine ohne Temperaturregelung auf den Hülsen in vergrabenen Amphoren, baut sie lange aus und füllt sie unfiltriert ab: Sie werden entweder für ihre Komplexität geliebt oder für ihre Oxidiertheit und die Phenolkomponenten gehasst. Empfehlenswert sind der weiße Verschnitt Breg und der 2006er RIBOLLA GIALLA – für Liebhaber des etwas anderen.

eco di Tufo Kamp DOCG w; (sch) ★★→★★★ BV – Einer der berühmtesten italienischen Weine; die besseren Versionen gehören zu den besten Weißweinen Italiens: Zitrusfrüchte mit Anklängen an Orangenschale, im besten Fall lagerfähig. Spitzenerzeuger: Di Prisco, FEUDI DI SAN GREGORIO (Cutizzi), Benito Ferrara (Vigna Cicogna), Macchialupa, Mastroberadino (Nova Serra, Vignadangelo), Pietracupa, Quintodecimo (Giallo d'Arles), Vadiaperti (Tornante).

Grignolino Piem DOC r ★★ BV – Zwei DOCs: Grignolino d'ASTI und Grignol no del Monferrato Casalese. Bestenfalls lebhaft, leicht, mit viel Säure un Tanninen. Empfehlenswerter Grignolino d'Asti von Braida, Cascina Tav jin, Crivelli, Incisa della Rocchetta und Spertino, Grignolino del Monferra Casalese von Accornero (die »frische« Version Bricco del Bosco, die »hi torische« Version Bricco del Bosco Vigne Vecchie – wie BAROLO bereitet Bricco Mondalino, Canato (Celio), Il Mongetto, Pio Cesare.

Gruppo Italiano Vini (GIV) Zusammenschluss von Genossenschaften und Ke lereien mit dem größten Weinbergbesitz Italiens. Zu den angeschlossene Weingütern gehören Bigi, BOLLA, Ca' Bianca, Conti Serristori, FONTAN CANDIDA, Lamberti, Machiavelli, MELINI, Nino Negri, Santi und Vignaioli San Floriano. Ist mit Investitionen in SIZILIEN und der Basilikata auch Ric tung Süden expandiert.

Guardiense, La Kamp ★★→★★★ Die dynamische Genossenschaft mit me als 1.000 Mitgliedern und 2.000 ha Rebland erzeugt unter der Leitung vo Riccardo Cotarella außerordentlich preiswerte Weißweine (FALANGHIN Senete, FIANO Colli di Tilio, GRECO Pietralata) und Rotweine (v. a. I Mille b AGLIANICO). Weltgrößter Erzeuger von FALANGHINA.

Guerrieri Rizzardi ★★→★★★ Alteingesessener, adliger Erzeuger der Weir aus Verona, v. a. Veronese GARDA. Guter BARDOLINO CLASSICO Tacchett eleganter AMARONE Villa Rizzardi und Cru Calcarole sowie ROSATO Ros Rosae. Sehr guter SOAVE Classico Costeggiola.

Gulfi Siz ★★★ Der beste Erzeuger von NERO D'AVOLA in SIZILIEN und d erste, der Wein aus einer einzelnen *contrada* (Lage) abfüllte. Herau ragend: Nerobufaleffj und Nerosanlorè. Gut: Cerasuolo di Vittoria Cla sico, Nerobaronj.

Gutturnio dei Colli Piacentini Em-Ro DOC r; tr ★→★★ BV – Ein BARBER BONARDA-Verschnitt aus den COLLI PIACENTINI, manchmal schäumen Erzeuger: Castelli del Duca, La Pergola, La Stoppa, La Tosa.

Haas, Franz T-S ★★★ Ausgezeichneter und manchmal brillanter Erzeug in SÜDTIROL mit sehr gutem PINOT NERO und LAGREIN (Schweizer) sow IGT-Verschnittweinen, v. a. dem weißen Manna.

Hofstätter T-S ★★★ SÜDTIROLer Spitzenqualitätserzeuger mit gutem PIN NERO. Besonders empfehlenswert ist der Barthenau VIGNA Sant'Urban Auch Südtiroler Weißweine, hauptsächlich GEWÜRZTRAMINER (v. a. Kolb hof, einer der zwei besten in Italien).

Indicazione Geografica Tipica (IGT) Immer häufiger als Indicazione Geogr fica Protetta (IGP) bezeichnet. Siehe Kasten S. 169.

Ippolito 1845 Kal ★→★★ Die Kellerei mit Sitz in CIRÒ Marina, angeblich d älteste in Kalabrien, ist nach 150 Jahren immer noch gut in Schuss. Qua organischer Anbau, internationale und einheimische Reben. Spitzenwein Cirò RISERVA COLLI del Mancuso, Pecorello Bianco.

Ischia Kamp DOC (r) w ★→★★ BV – Vor Neapel liegende Insel mit eigen Rebsorten (weiß: Biancolella, Forastera; rot: Piedirosso, auch in Kamp nien anzutreffen). Die Lage Frassitelli bringt den besten Biancolella herv Spitzenerzeuger: D'Ambra (Biancolella Frassitelli, Forastera). Sehr gu Weine kommen auch von Antonio Mazzella (VIGNA del Lume).

Isole e Olena Tosk ★★★→★★★★ Erstklassiges CHIANTI-CLASSICO-Weing unter Leitung des gewitzten Paolo de Marchi mit großartigem rotem I Cepparello. Hervorragender VIN SANTO: sehr guter CABERNET SAUVIGNO CHARDONNAY und SYRAH. Besitzt auch die Proprietà SPERINO in LESSON

Jermann, Silvio F-JV ★★→★★★ Das berühmte Gut mit Weinbergen im CO LIO und in FRIULI ISONZO erzeugt den hochwertigen weißen Verschnitt V tage Tunina, sehr guten Vinnae (hauptsächlich RIBOLLA GIALLA) und ein CHARDONNAY, der früher »Dreams« hieß.

ampanien Wir denken normalerweise an Neapel und den Vesuv, Capri und Ischia, Amalfi und Ravello, wenn von Kampanien die Rede ist, das so heißt, weil es die Zuflucht der Römer auf dem »Land« (*campania*) war. Der beste Wein kommt aus den Bergen im Landesinneren. Die herausragende rote Traube AGLIANICO und mindestens drei faszinierende weiße Sorten, FALANGHINA, GRECO und FIANO, haben alle das Zeug zu Frische, Komplexität und Charakter. Die Preise sind nicht hoch. Zu den klassischen DOCS zählen FIANO d'Avellino, GRECO DI TUFO und TAURASI, doch neuere Anbaugebiete wie Sannio oder Benevento machen nun ebenfalls von sich reden. Gute Erzeuger: Caggiano, CANTINA del Taburno, Caputo, Colli di Lapio, D'Ambra, De Angelis, Benito Ferrara, Feudi di San Gregorio, GALARDI, La GUARDIENSE, Mastroberardino, Molettieri, MONTEVETRANO, Mustilli, Luigi Tecce, Terredora di Paolo, Trabucco, VILLA MATILDE.

acrima di Morro d'Alba Mar BV – Leichter Rotwein mit kuriosem Namen, Rosenduft und Muskatnote aus einer kleinen Gemeinde in den Marken – mit dem piemontesischen ALBA oder La Morra hat er nichts zu tun. Gute Erzeuger: Luigi Giusti (Luigino Vecchie Vigne), Mario Lucchetti (Superiore Guardengo), Stefano Mancinelli (Superiore, Sensazioni di Frutto), Marotti Campi (Superiore Orgiolo und Rubico). Für PASSITO: Lucchetti, Stefano Mancinelli (Re Sole), Vicari (Amaranto del Pozzo Buono).

acryma (oder Lacrima) Christi del Vesuvio Kamp r rs w; tr (s); (sch) ★→★★ Weine der DOC Vesuvio auf Grundlage der Trauben Coda di Volpe (weiß) und Piedirosso (rot). Trotz des romantischen Namens kann der Vesuv in puncto Qualität nicht im Entferntesten mit dem Ätna mithalten. Am besten von Sorrentino und De Angelis; Caputo, MASTROBERARDINO und Terredora erzeugen eher uninspirierte Versionen.

ageder, Alois T-S ★★→★★★ Spitzenerzeuger in SÜDTIROL. Die faszinierendsten Weine sind sortenreine Einzellagengewächse: Lehenhof (Sauvignon blanc), Benefizium Porer (PINOT GRIGIO), Löwengang (CHARDONNAY), Am Sand (GEWÜRZTRAMINER), Krafuss (PINOT NERO), Lindenberg (LAGREIN) und Cor Römigberg (CABERNET SAUVIGNON). Mit zum Besitz gehört das Gut Cason Hirschprunn mit sehr guten IGT-Verschnitten.

ago di Corbara Umb r ★★ **10 11 12** 13 (15) – Relativ neuer DOC-Bereich für Qualitätsrotweine aus der Gegend um ORVIETO. Am besten von BARBERANI (Villa Monticelli) und Decugnano dei Barbi (II).

agrein T-S DOC r rs ★★→★★★ **06 07 08 09 11 12** 13 (15) Alpiner Rotwein mit dunkler Farbe, vollem Geschmack (inklusive bittere Note im Hintergrund); auch im erfrischenden Rosé Kretzer ist Lagrein enthalten. Spitzenerzeuger in Südtirol: CS Andriano, Cantina Santa Maddalena, Gojer, LAGEDER, Josephus Mayr, MURI GRIES (Cru Abtei), Niedermayr, Ignaz Niedrist, Plattner. Empfehlenswerter Lagrein aus dem Trentino ist der Deamater von Francesco Moser.

mbrusco Em-Ro DOC (teilweise) r rs w; tr lbl ★→★★ BV – Perlender Rotwein aus der Nähe von Modena, der in seiner lieblichen Massenversion (ohne DOC) früher sehr beliebt war. Der echte Lambrusco ist dagegen trocken, frisch und lebhaft und passt hervorragend zu den reichhaltigen Spezialitäten der Emilia-Romagna. DOCs: Lambrusco Grasparossa di Castelvetro, Lambrusco Salamino di Santa Croce und Lambrusco di Sorbara. Beste Erzeuger für Lambrusco di Sorbara; Cavicchioli (VIGNA del Cristo Secco und Vigna del Cristo Rose), Cleto Chiarli (Antica Modena Premium), Paltrinieri (FRIZZANTE Etichetta Bianca Fermentazione Naturale und Leclisse); für Lambrusco Grasparossa: Cleto Chiarli (Vigneto Enrico Cialdini), Fattoria Moretto (Monovitigno und Vigna Canova), Tenuta Pederzana (Canto Libero Semi Secco), Vittorio Graziano (Fontana dei Boschi); für Lambrusco Maestri: Cantine Ceci (Nero di Lambrusco Otello), Dall'Asta (Mefistofele);

für Lambrusco Salamino: Cavicchioli (Tre Medaglie Semi Secco), Luciar Saetti (Vigneto Saetti), Medici Ermete (Concerto Granconcerto).

Langhe Piem – Die Hügel in der Mitte des PIEMONT, Heimat von BAROLO, BA BARESCO usw. DOC für mehrere sortenreine Piemonteser Weine sowie d Verschnitte Bianco und Rosso. Erzeuger, die wie GAJA andere Rebsorten ihren NEBBIOLO einbringen möchten, können dies unter der DOC Lang Nebbiolo bis zu einem Limit von 15% tun.

Le Piane Piem ★★★ Christoph Kuenzli hat die DOC BOCA zu neuem Leben e weckt. Gut: Piane (Croatina).

Le Potazzine Tosk ★★★ Giuseppe und Gigliola Gorelli haben ihren Wein na ihren zwei *potazzine* (Vögelchen, das heißt Kindern) benannt. Der Weinbe ist recht hoch am südlichen Rand von Montalcino gelegen. Hervorragend BRUNELLO und Rosso, anspruchsvoll und äußerst angenehm zu trinken. S können sie im Restaurant der Familie im Ortszentrum probieren.

Der Weinbrunnen in Caldari di Ortona, Abruzzen, sprudelt Tag und Nacht und i für Pilger gedacht. Laufen Sie schon mal los!

Les Cretes Ao ★★★ Costantino Charrère ist der Vater des modernen Wei baus im VALLE D'AOSTA und rettete viele in Vergessenheit geratene Re sorten. Hervorragender Petite ARVINE, zwei der besten CHARDONNAYS Italien; sehr guter Fumin.

Lessona Piem DOCG r – Siehe ALTO PIEMONTE. NEBBIOLO (mindestens 85% Elegant, lagernswert, feines Bukett, nachhaltiger herzhafter Geschmac Am besten von Proprietà SPERINO (siehe auch ISOLE E OLENA). Gut au von Colombera & Garella, La Prevostura und Tenute Sella.

Librandi Kal ★★★ Spitzenerzeuger und Vorreiter bei der Nutzbarmachu kalabresischer Rebsorten. Sehr guter roter CIRÒ (Riserva Duca Sanfeli ★★★), IGT Gravello (CABERNET SAUVIGNON/Gaglioppo), roter Mag Megonio (Magliocco) und weißer IGT Efeso (Mantonico).

Ligurien Lig ★→★★ Steile, felsige Italienische Riviera: Die meisten Wei verkaufen sich mit sattem Gewinn an sonnenhungrige Touristen und ko men daher nicht weit. Die wichtigsten Trauben sind VERMENTINO (weiß) der beste Erzeuger ist Lambruschi – und DOLCETTO (rot), doch ein SCIACCHETRÀ von den CINQUE TERRE oder einen roten Ormeasco di P nassio sollte man sich bei Gelegenheit nicht entgehen lassen.

Lisini Tosk ★★★→★★★★ Historisches Weingut mit besonders feinem u lange haltbarem BRUNELLO di Montalcino, v.a. RISERVA Ugolaia.

Lis Neris F-JV ★★★ Spitzenweingut im Bereich FRIULI ISONZO, bekannt Weiße, v.a. PINOT GRIGIO (Gris), SAUVIGNON BLANC (Picol), FRIULA (Fiore di Campo) sowie die hervorragenden Verschnittweine Confini u Lis. Sehr gut sind auch der Lis Neris Rosso (MERLOT/CABERNET SAU GNON) und der süße weiße Tal Luc (VERDUZZO/RIESLING).

Locorotondo Apu DOC w; (sch) ★ BV – Durst löschender trockener Weißwe von den Sorten Verdeca und Bianco d'Alessano.

Luce Tosk ★★★ FRESCOBALDI ist, nachdem der ursprüngliche Partner Mc davi ausbezahlt wurde, inzwischen alleiniger Besitzer. Ein SANGIOVES MERLOT-Verschnitt für Oligarchen, aber auch ein herrlicher BRUNELLO MONTALCINO namens Luce.

Lugana DOC w; (sch) ★★→★★★ BV – Viel besser gewordener Weißwein vc südlichen Gardasee; Hauptrebe TREBBIANO di Lugana. Die besten Erze ger: CA DEI FRATI (I Frati, v.a. Brolettino), Ottella (Brut, Le Crete), ZENA (in Eiche ausgebaut), Fratelli Zeni, Le Morette (im Besitz von Valerio Zer to). Empfehlenswerter Trebbiano di SOAVE kommt von Suavia (Massifitti

ıngarotti Umb ★★★ Das führende Haus für TORGIANO-Weine mit Kellerei, Hotel und Weinmuseum in der Nähe von Perugia. Spitzenweine sind DOC Rubesco und DOCG RISERVA Monticchio. Erzeugt auch gute IGT-Weine: Sangiorgio (SANGIOVESE/CABERNET SAUVIGNON), Aurente (CHARDONNAY) und Giubilante. Guter MONTEFALCO SAGRANTINO.

acchiole, Le Tosk ★★★ Eine der wenigen Kellereien in einheimischem Besitz in BOLGHERI und eine der ersten, die nach SASSICAIA in Erscheinung traten. Cinzia Merli erzeugt gemeinsam mit dem Önologen Luca d'Attoma Italiens besten CABERNET FRANC (Paleo Rosso) sowie mit den besten MERLOT (Messorio) und SYRAH (Scrio).

aculan Ven ★★★ Fausto Maculan, Qualitätspionier in Venetien, erzeugt nach wie vor ausgezeichneten CABERNET SAUVIGNON (Fratta, Palazzotto), ist aber wohl hauptsächlich für seinen süßen TORCOLATO (v. a. die RISERVA Acininobili) bekannt.

alvasia delle Lipari Siz DOC w; s ★★★ Vollmundiger lieblicher Wein von einer der vielen Reben namens MALVASIA.

amete Prevostini Lomb ★★→★★★ Relativ neuer Erzeuger von VALTELLINA. Erstklassige sortenreine NEBBIOLO-DOCG-Weine, hauptsächlich Sassella SUPERIORE, aber auch Inferno und Grumello Superiore. Zwei feine Sforzatos.

ınduria (Primitivo di) Apu DOC r; lbl ★★→★★★ Manduria ist die geistige Heimat von PRIMITIVO alias ZINFANDEL, man mache sich also auf herzhafte, alkoholstarke, manchmal portweinartige Weine gefasst, die zu würzigen Speisen passen. Gute Erzeuger in Manduria und anderswo: Cantele, de Castris, CS Manduria, Gianfranco Fino, Polvanera, Racemi.

ırcato Ven – Der neue Eigentümer Gianni Tessari wird die jetzt schon sehr guten Schaumweine namens Lessini Durello und den Durella PASSITO wohl noch weiter verbessern.

ırchesi di Barolo Piem ★★ Großer, historischer BAROLO-Erzeuger, der Weine von den Einzellagen Cannubi und Sarmassa erzeugt, aber auch andere Gewächse aus ALBA. Ist für die Ausdehnung der berühmten Einzellage Cannubi auf angrenzende Weinberge: Cannubi Boschis, Cannubi Muscatel, Cannubi San Lorenzo, Cannubi Valletta.

ıremma Tosk – Angesagtes Küstengebiet im Süden der TOSKANA, das größtenteils Anfang des 19. Jahrhunderts durch die Trockenlegung von Malaria-Sumpfland gewonnen wurde. DOC(G)S: MONTEREGIO, MORELLINO DI SCANSANO, PARRINA, Pitigliano, SOVANA (Grosseto). Die IGT Maremma Toscana ist nun zur DOC Maremma Toscana geworden.

ırrone, Agricola Piem ★★→★★★ Kleines Gut, niedrige Preise, aber hohe Qualität beim BAROLO. Gut: ARNEIS, BARBERA D'ALBA, Pichemej.

ırsala Siz DOC w; s – Der einstmals berühmte gespritete Wein SIZILIENS (★→★★★) wurde 1773 von den Gebrüdern Woodhouse aus Liverpool »erfunden«. Im 20. Jahrhundert zur Kochzutat abgestuft, die nicht mehr als DOC anerkannt wird. Das Spektrum reicht von trocken bis sehr süß. Der Beste ist der sehr trockene Marsala Vergine, der einen brauchbaren, wenn auch kaum angesagten Aperitif abgibt. Siehe auch DE BARTOLI.

rzemino (Trentino) T-S DOC r ★→★★ **12** 13 (15) – Angenehmer Alltagsrotwein: saure rote Beeren, Veilchen, frische Kräuter, viel Säure, mittelschwer. Isera und Ziresi sind Unterbereiche. Am besten von Riccardo Battistotti, Conti Bossi Fredrigotti, Bruno Grigoletti, Eugenio Rosi (Poiema). Gut auch von De Tarczal, Letrari, Longariva, Enrico Spagnolli, Vallarom, VallisAgri (Vigna Fornas), Vilar.

scarello Piem – Zwei führende BAROLO-Erzeuger tragen diesen Namen: der verstorbene Bartolo Mascarello in Barolo, dessen Tochter Maria Teresa den sehr traditionellen Weg ihres Vaters weitergeht, und Giuseppe Mascarello in Monchiero, dessen Sohn Mauro großartigen Barolo im ausgeprä traditionellen Stil von der Spitzenlage Monprivato in Castiglione Falletto be reitet. Beide sind zu Recht Kult.

Masi Ven ★★→★★★ Der typische und gleichzeitig innovative Erzeuger vo Veroneser Weinen wird von Sandro Boscaini geführt, dessen Begeiste rung ansteckend ist. VALPOLICELLA, AMARONE, RECIOTO, SOAVE usw., auc sehr guter Rosso Veronese Campo Fiorin. Außerdem werden in FRIAUL ur Argentinien an Amarone erinnernde Weine produziert. Sehr guter fas gereifter roter IGT Toar von CORVINA und Oseleta sowie Osar (Oseleta). D besten Amarones sind Costasera und Campolongo di Torbe. Neu ist d friaulische Schaumwein Moxxé von PINOT GRIGIO und teilweise getrockn ten VERDUZZO-Trauben.

Massa, Vigneti Piem ★★★ Walter Massa verhalf der schon fast ausgestorb nen weißen Rebe Timorasso zum Comeback. Hervorragende Beispiele f den davon bereiteten Wein sind Coste del Vento, Montecitorio und Sterp Gut: BARBERA Bigolla.

Massolino Vigna Rionda Piem ★★★ Eines der besten BAROLO-Güter in Se ralunga. Parafada und Margheria, beide ausgezeichnet, haben eine fes Struktur und eine fruchtige Süffigkeit. Am besten ist der langlebige VIGN Rionda.

Mastroberardino Kamp ★★★ Historischer Erzeuger in der gebirgige kampanischen Provinz Avellino, der in der finsteren Zeit Mitte des 20. Jah hunderts die Fackel der Qualität für Italiens Süden hochhielt. Taura der Spitzenklasse (v. a. Historia Naturalis und Radici) sowie FIANO DI AVE LINO More Maiorum und GRECO DI TUFO Nova Serra. Antonio Mastr berardino bewahrte Fiano (und vielleicht auch Greco) maßgeblich vor de Aussterben.

Melini Tosk ★★ Großer Erzeuger von CHIANTI CLASSICO in Poggibonsi; gehö zu GRUPPO ITALIANO VINI. Gute Qualität, guter Preis, v. a. Chianti Classi Selvanella sowie die RISERVA-Weine La Selvanella und Masovecchio.

Metodo classico/tradizionale Italienisch für »Champagnermethode«.

Mezzacorona T-S ★→★★ Sehr große Genossenschaft in der Gemeinde Me zocorona (sic!) im TRENTINO mit breitem Angebot an guten Weinen, v. TEROLDEGO ROTALIANO Nos und Rotari METODO CLASSICO.

Monaci, Azienda Apu r rs ★★→★★★ Weingut im Besitz der Familie von Sev rino Garofano, dem führenden Önologen im apulischen SALENTO. Chara tervoller NEGROAMARO-Rotwein (Eloquenzia, I Censi und der herrliche Braci von spät gelesenen Trauben) und -Rosé (Girofle) sowie Uva di Tr (Sine Pari) und AGLIANICO (Sine Die).

Monferrato Piem DOC r rs w; s ★→★★ Im Hügelland zwischen Po und Ape nin entstehen einige der köstlichsten und preiswertesten Weine von d typischen einheimischen Reben BARBERA, Freisa, GRIGNOLINO, MALVA di Casorzo und Malvasia di Schierano, Ruché.

Monica di Sardegna Sar DOC r ★→★★ BV – Recht leichter, süffiger Wein a SARDINIEN. Dieselbe Rebe bringt auch einen DOC-Wein in Cagliari herv Am besten von Argiolas (Iselis), Contini, Ferruccio Deiana (Karel), Det (Chimbanta), Josto Puddu (Torremora) und SANTADI (Antigua).

Monsanto Tosk ★★★ Hoch angesehenes CHIANTI-CLASSICO-Weingut mi Poggio RISERVA (dem ersten Chianti Classico aus einer Einzellage), Chia Classico RISERVA sowie den IGTs Fabrizio Bianchi (CHARDONNAY) u Nemo (CABERNET SAUVIGNON).

Montagnetta, La Piem ★★→★★★ Der wohl beste Erzeuger vieler verschie ner Freisas in Italien. Sehr gut: Freisa d'ASTI SUPERIORE Bugianen.

Montalcino Tosk – Das kleine, äußerst hübsche Hügelstädtchen in der P vinz Siena ist berühmt für seinen konzentrierten, teuren BRUNELLO und c etwas zugänglicheren, günstigeren ROSSO DI MONTALCINO, die beide nach wie vor sortenrein von SANGIOVESE gewonnen werden, obwohl große Jungs gelegentlich versuchen, dem Rosso ein wenig MERLOT unterzujubeln.

ontecarlo Tosk DOC r w ★★ w BV – Weiß- und immer mehr Rotwein aus einem Bereich bei Lucca. Erzeuger: Buonamico, Carmignani, Fattoria del Teso, La Torre und Montechiari.

onte Carrubo Siz r ★★★ Pionier Peter Vinding-Diers pflanzte SYRAH auf einem Vulkan südlich des Ätna an – mit äußerst interessanten, komplexen Ergebnissen.

ontecucco Tosk – Toskanischer DOC-Bereich auf SANGIOVESE-Basis zwischen Monte Amiata und Grosseto, der angesichts des unaufhaltsamen Anstiegs der Grundstückspreise in MONTALCINO immer beliebter wird. Als Montecucco Sangiovese DOCG. Empfehlenswert: v. a. CASTELLO DI POTENTINO (Sacromonte, Piropo); außerdem Begnardi, Ciacci Piccolomini, Colli Massari, Fattoria di Montecucco, Villa Patrizia. Betriebe wie FOLONARI, MASI, Pertimali, Riecine und Talenti haben hier beträchtliche Summen investiert.

Italien

ontefalco Sagrantino Umb DOCG r; tr (s) ★★★→★★★★ Enorm tanninhaltige, kraftvolle, langlebige Weine, großes Potenzial nachgesagt, doch es ist schwierig, die Phenole zu zähmen, ohne dem Wein seinen Charakter zu nehmen. Die traditionelle bittersüße PASSITO-Version ist der Traube vielleicht angemessener, verkauft sich aber nicht so gut. Gute Erzeuger: Adanti, Antonelli, Paolo Bea, Benincasa, CAPRAI, Colpetrone, LUNGAROTTI, Antano Milziade, Scacciadiavoli, Tabarrini und Terre de' Trinci.

ontepulciano d'Abruzzo Abr DOC r rs ★★→★★★ (r) **10 11 12 13** (15) – Die erste regionenübergreifende DOC in Italien. Unterbezeichnungen: Colline Teramane (jetzt DOCG) mit trotz des Hypes oft robusten, wenig ansprechenden Weinen und Controguerra (DOC) mit meist ausgewogeneren Weinen. Die Rotweine sind entweder leicht und lässig oder fest und reichhaltig. Empfehlenswert sind Cataldi Madonna (Toni, leichterer Malandrino), Marina Cvetic (S. Martino Rosso), Emidio Pepe, Tiberio, Torre dei Beati (Cocciapazza, Mazzamurello), VALENTINI (am besten, lagernswert) und Zaccagnini. Für Cerasuolo d'Abruzzo: Cataldi Madonna (Pie delle Vigne), Emidio Pepe, Praesidium, Tiberio und Valentini.

onte Schiavo Mar ★★→★★★ Mit der Mode gehender mittelgroßer Erzeuger von VERDICCHIO und Rotweinen auf MONTEPULCIANO-Basis verschiedener Qualitätsstufen, gut bis ausgezeichnet. Im Besitz von Pieralisi, dem weltgrößten Hersteller von Maschinen für die Olivenölpressung.

ontevertine Tosk ★★★★ Weingut in Radda. Klassische Weine im CHIANTI-Stil, aber ohne DOCG. Der IGT Le Pergole Torte ist ein gutes Weltklasse-Beispiel für lange haltbaren reinen SANGIOVESE. Der große *Maestro Assaggiatore* (»Verkostungsmeister«) Giulio Gambelli war hier jahrzehntelang önologischer Berater.

ontevetrano Kamp ★★★ Angesehene kampanische AZIENDA im Besitz von Silvia Imparato, Berater ist Riccardo Cotarella. Hervorragender IGT Montevetrano (AGLIANICO/CABERNET SAUVIGNON/MERLOT).

orella Apu ★★★ Gaetano Morella und seine Frau Lisa Gilbee erzeugen herausragenden PRIMITIVO (Old Vines und La Signora) von rund 90 Jahre alten Reben.

orellino di Scansano Tosk DOCG r ★→★★★ **10 11** 13 (15) – Der SANGIOVESE-Rotwein aus der MAREMMA war früher relativ leicht und einfach, gewinnt jetzt aber (in manchen Fällen: leider) an Gewicht und Substanz, vielleicht um seinen DOCG-Status zu rechtfertigen. Am besten von Mantellasi, MORIS FARMS, PODERE 414, POGGIO Argentiera, LE PUPILLE, Terre di Talamo und der Genossenschaft Vignaioli del Morellino di Scansano.

Moris Farms Tosk ★★★ Einer der ersten modernen Erzeuger in der toskar schen MAREMMA mit den DOC-Weinen MONTEREGIO und Morellino di Sca sano sowie IGT VERMENTINO. Spitzen-Cru ist der jetzt hoch angesehene IG Avvoltore, ein reichhaltiger Verschnitt aus SANGIOVESE, CABERNET SAUV GNON und SYRAH. Empfehlenswert ist der einfache Morellino.

Moscato d'Asti Piem DOCG w; s; sch ★★→★★★ BV – Die Weine sind äh lich wie die der DOCG ASTI, doch gewöhnlich von besserem Rebgut geke tert, außerdem weniger alkoholstark, weniger kohlensäurehaltig, süß und fruchtiger und meist von kleineren Gütern bereitet. Spitzenerzeuge L'Armangia, BERA, Braida, Ca' d'Gal, Cascina Fonda, Caudrina, Il Fa chetto, Forteto della Luja, Marchesi di Grésy, Icardi, Isolabella, Marino, Morandina, Marco Negri, Elio Perrone, Rivetti, Saracco, Scagliola, Vajr VIETTI, Vignaioli di Santo Stefano.

Muri-Gries T-S ★★→★★★ Das Kloster im Bozener Vorort Gries ist ein trad tioneller und immer noch erstklassiger Erzeuger von SÜDTIROLER LAGRE DOC. Empfehlenswert v. a. die Reihe Abtei Muri.

Nals Margreid T-S ★★→★★★ Kleine qualitätsbewusste Winzergenosse schaft mit alpenfrischen Weißweinen (v. a. PINOT BIANCO Sirmian) aus zw verschiedenen Gemeinden in SÜDTIROL. Harald Schraffl ist trotz seines ju gen Aussehens ein erfindungsreicher Kellermeister.

Nebbiolo d'Alba Piem DOC r; tr ★★→★★★ **10 11 12** 13 (14) (15) – Manc mal ein vollwertiger Ersatz für BAROLO/BARBARESCO, obwohl er aus eine dazwischen gelegenen Gebiet kommt und nicht für herabgestufte Versi nen der beiden Spitzen-DOCGs verwendet werden darf. Gute Exemplare l fern BREZZA (VIGNA Santa Rosalia), Bruno GIACOSA (Valmaggiore), Frate Giacosa, SANDRONE LUCIANO (Valmaggiore), PAITIN.

Nebbiolo delle Langhe Piem ★★ Wie der vorhergehende, aber aus einem gr ßeren Gebiet, den LANGHE. Darf anders als NEBBIOLO D'ALBA für hera gestuften BAROLO oder BARBARESCO verwendet werden. Gute Erzeug BURLOTTO, PIO CESARE, GIUSEPPE RINALDI und VAJRA. Siehe auch GAJA.

Negrar, Cantina Ven ★★→★★★ Alias CS VALPOLICELLA. Wichtiger Erzeug von erstklassigem Valpolicella, RIPASSO, AMARONE; die Trauben stamm aus verschiedenen Teilen des CLASSICO-Gebiets. Empfehlenswert ist c Marke Domini Veneti.

Nipozzano, Castello di Tosk ★★★ Das FRESCOBALDI-Weingut im Berei RUFINA östlich von Florenz erzeugt die exzellenten CHIANTI-Rufina-RISE VA-Weine (v. a. Vecchie Viti) Nipozzano und Montesodi.

Nittardi Tosk ★★→★★★ Verlässliche Quelle für modernen CHIANTI CLASSIC guter Qualität. Dem deutschen Eigentümer Peter Femfert steht der Önol ge Carlo Ferrini zur Seite.

Nozzole Tosk ★★→★★★ Berühmtes Gut im Zentrum des CHIANTI-CLASSIC Bereichs, nördlich von Greve; im Besitz von Ambrogio und Giovanni FOL NARI. Sehr guter Chianti Classico Nozzole und ausgezeichneter CABERN SAUVIGNON Pareto.

Nuragus di Cagliari Sar DOC w ★★ BV – Lebhafter, unkomplizierter sar scher Weißwein von der Nuragus-Traube, der endlich größere Bekannth erlangt.

Occhio di Pernice Tosk – »Rebhuhnauge«. Eine Art von VIN SANTO, der vo wiegend von dunklen Trauben, insbesondere SANGIOVESE, bereitet wi Bester Erzeuger ist Avignonesi. Auch eine seltene dunkle Rebsorte, die u. im Chianti Rufina anzutreffen ist.

Oddero Piem ★★★ Traditionalistisches Weingut in La Morra mit ausgezeic netem Einzellagen-BAROLO (Brunate, VIGNA Rionda RISERVA, Villero) u Einzellagen-BARBARESCO (Gallina) sowie anderen anspruchsvollen p montesischen Weinen.

trepò Pavese Lomb DOC r w; tr s; sch ★→★★★ Multi-DOC mit zahlreichen sortenreinen und verschnittenen Weinen aus der Provinz Pavia; am besten ist der SPUMANTE. Gute Erzeuger: Anteo, Barbacarlo, CS Casteggio, Frecciarossa, Le Fracce, Monsupello, Mazzolino, Ruiz de Cardenas, Travaglino und die Genossenschaft La Versa.

nellaia Tosk ★★→★★★★ **04 06' 08 10 11** 12 13 (15) – Das angesagte Weingut bei BOLGHERI wurde von Lodovico ANTINORI gegründet, inzwischen befindet es sich im Besitz von FRESCOBALDI. Die Spitzenweine, Bolgheri DOC Ornellaia und IGT Masseto (MERLOT), sind im Hinblick auf Rebsorten und Methode an Bordeaux orientiert. Ebenfalls gut sind Bolgheri DOC Le Serre Nuove und IGT Le Volte. Guter neuer Bianco (SAUVIGNON BANC/VIOGNIER).

si Vigneto San Vito Em-Ro ★★ Das Gut in den COLLI Bolognesi wird von dem dynamischen jungen Winzer Federico Orsi geführt. Seine Spezialität ist Pignoletto-Schaumwein *sui lieviti* (auf den Schalen vergoren): Zweitgärung in der Flasche, kein Degorgieren. Experimentiert wird auch mit georgischen *quevri* (Lehmbehältern).

vieto Umb DOC w; tr lbl s ★→★★★ BV – Der klassische umbrische Weißwein, ein Verschnitt hauptsächlich von Procanico (TREBBIANO) und GRECHETTO. Heute ist *secco* der beliebteste Stil, Paradebeispiele sind Castagneto und Luigi e Giovanna von BARBERANI; *amabile* ist die traditionelle Variante. Süße Exemplare von edelfaulen (*muffa nobile*) Trauben können großartig ausfallen, z. B. der Calcaia von Barberani. Weitere gute Erzeuger: Bigi, Cardeto, Castello della Sala, Decugnano dei Barbi, La Carraia, Palazzone.

centi, Siro Tosk ★★★ BRUNELLO und ROSSO DI MONTALCINO im modernen Stil von einem kleinen, sorgfältig arbeitenden Erzeuger.

itin Piem ★★→★★★ Die Familie Pasquero-Elia füllt seit Ende des 19. Jh. BARBARESCO ab. Sie war zunächst ausgesprochen traditionell, versuchte dann ihr Glück mit modernen Techniken (neuen Barriques) und erzeugt heute wieder »echten« Barbaresco in großen Fässern. Sorì Paitin ist der Spitzenwein.

ltrinieri ★★ Alberto Paltrinieri, Spezialist für LAMBRUSCO di Sorbara, führt dieses 15-ha-Familiengut, als wäre das Endprodukt Jahrgangschampagner. Verschiedene Weine: hell, lebhafte Säure, Spritzigkeit, reife Frucht: Lambrusco, wie er sein soll und meilenweit entfernt von dem industriellen Gesöff von dazumal.

ntelleria Siz – Zu SIZILIEN gehörige windige Insel mit schwarzer (vulkanischer) Erde vor der Küste Tunesiens, berühmt für ihre großartigen Süßweine von MOSCATO d'Alessandria. Die PASSITO-Versionen sind besonders dicht und intensiv. Empfehlenswert: DE BARTOLI (Bukkuram), DONNAFUGATA (Ben Ryé), Ferrandes.

rrina, La Tosk ★★ Das ausgedehnte Gut an der toskanischen Küste ist der Protagonist der DOC Parrina. Französische und einheimische Trauben, solide statt außerordentliche Weine.

ssito Tosk, Ven – Einer der ältesten und charakteristischsten italienischen Weinstile von Trauben, die aufgehängt oder auf Gestellen ausgebreitet kurz in der Spätsommersonne (im Süden) bzw. wochen- oder gar monatelang in den luftigen Dachböden des Weinguts getrocknet werden; der Vorgang heißt *appassimento*. Die bekanntesten Vertreter sind VIN SANTO (TOSKANA), AMARONE/RECIOTO (Venetien) und VALPOLICELLA/SOAVE. Siehe auch MONTEFALCO, ORVIETO, TORCOLATO, VALLONE.

trussa, Vigna F-JV ★★★ Kleiner Familienbetrieb mit Schioppettino und Picolit hoher Qualität.

Italien

Pian dell'Orino ★★★ Die überzeugten Biowinzer Caroline Pobitzer und Ja Erbach führen dieses kleine Gut in MONTALCINO. Der BRUNELLO ist verfü rerisch und technisch perfekt, der Rosso fast ebenso gut. Viele monume tale Weine.

Piave Ven DOC r w ★→★★ r **11 12** 13 (15); w BV – Massen-DOC in ein Ebene im Osten Venetiens für preiswerte sortenreine Weine. Die CABE NET-SAUVIGNON-, MERLOT- und Raboso-Rotweine vertragen alle eine g wisse Reifezeit. Überdurchschnittliche Exemplare liefern Loredan Gasp rini, Molon und Villa Sandi.

Picolit F-JV DOCG w; lbl s ★★→★★★ **08 09 10** 12 13 (15) – Fast myth scher Süßwein aus FRIULI COLLI ORIENTALI; könnte jedoch diejenigen en täuschen, die ihn a) auftreiben und b) bezahlen können. Meist von luftg trockneten Trauben. Der Stil ist sehr uneinheitlich: leicht mit zarter Sü (heutzutage selten) bis superdick und süß. Gute Erzeuger: Aquila del Torr I Comelli, Girolamo Dorigo, Ermacora, Livio FELLUGA, Paolo Rodaro, Ronc di Cialla, Marco Sara, VIGNA Petrussa.

Im 18. Jh. wurde Picolit in Flaschen, die eigens für diesen Zweck in Murano he gestellt wurden, nach ganz Europa exportiert.

Piemont Neben der TOSKANA Italiens bedeutendste Region für Spitzenqu lität; in den Ausläufern der Alpen gelegen. Turin ist die Hauptstadt, MO FERRATO (ASTI) und LANGHE (ALBA) sind die Weinzentren. Keine IGT-We ne zugelassen; DOC Piemonte ist die niedrigste Herkunftsbezeichnun die einfache Rote, Weiße, SPUMANTE und FRIZZANTE umfasst. Rebsorte u. a. BARBERA, Brachetto, Cortese, DOLCETTO, Freisa, GRIGNOLINO, MALV SIA d i Casorzo, Malvasia di Schierano, MOSCATO, NEBBIOLO, Ruché, Tim rasso. Siehe auch ALTO PIEMONTE, BARBARESCO, BAROLO, ROERO.

Pieropan Ven ★★★ Nino Pieropan ist seit Langem der führende Qualitä erzeuger von SOAVE, der Mann, der einem edlen Wein wieder zu Glau würdigkeit verhalf. Der Cru La Rocca ist nach wie vor der ultimative Eiche ausgebaute Soave, der Calvarino der beste überhaupt.

Pio Cesare Piem ★★→★★★ Erzeugerveteran in ALBA, der BAROLO und BA BARESCO in modernen, barriquegereiften Versionen und im traditionell Stil mit Ausbau in großen Fässern anbietet. Erzeugt auch Alba-Weine, klusive Weiße (z. B. GAVI). Besonders gut ist der NEBBIOLO D'ALBA, ein kl ner Barolo zum halben Preis.

Planeta Siz ★★→★★★ Führendes sizilianisches Gut mit sechs Besitzung in verschiedenen Teilen der Insel, u. a. in Vittoria (CERASUOLO), Noto (NE D'AVOLA Santa Cecilia) und seit Kurzem auch am Ätna. Weine von einh mischen und importierten Reben. La Segreta ist die Marke für preisw te Weißweine (CHARDONNAY, FIANO, Grecanico, VIOGNIER) und Rotwei (MERLOT, Nero d'Avola, SYRAH).

Podere Tosk – Toskanische Bezeichnung für einen kleinen Hof, der ehema zu einem größeren Gut gehörte.

Poggio Tosk – Das Wort für »Hügel« im toskanischen Dialekt. **Poggione** hei »großer Hügel«.

Poggio Antico Tosk ★★★ Paola Gloder leitet dieses mit 32 ha recht große G auf rund 500 m eines der am höchsten gelegenen in MONTALCINO. Der S ist verhalten, beständig, manchmal zu vegetabil.

Poggio di Sotto ★★★ Kleines Gut in MONTALCINO, das sich in jüngster Z hohes Ansehen verschafft hat. Hat angrenzende Weinberge erworbe Herausragender BRUNELLO und Rosso traditionellen Charakters mit indi dueller Note.

oggione, Tenuta Il Tosk ★★★ Das Gut in MONTALCINO erzeugt trotz riesiger Produktionsmengen (rund 500.000 Flaschen) beständig ausgezeichneten BRUNELLO und Rosso von 125 ha im südlichen Teil des Bereichs. Fabrizio Bindocci hat den legendären Pierluigi Talenti abgelöst und zieht Sohn Alessandro heran, der irgendwann übernehmen soll.

oggiopiano Tosk ★★→★★★ Angenehm zu trinkender, aber dennoch anspruchsvoller CHIANTI CLASSICO von der Familie Bartoli aus San Casciano. Der Chianti ist sortenreiner SANGIOVESE, aber der SUPERTOSKANER Rosso di Sera enthält bis zu 15 % Colorino-Trauben.

Der beste Prosecco

PROSECCO ist der Wein, GLERA die Rebsorte, von der er erzeugt wird (wodurch Imitaten der Garaus gemacht werden soll). Besonders hoch ist die Qualität in Valdobbiadene. Empfehlenswerte Erzeuger: Adami, Biancavigna, BISOL, Bortolin, Canevel, CARPENÈ-MALVOLTI, Case Bianche, Col Salice, Le Colture, Col Vetoraz, Silvano Follador, Nino Franco, Gregoletto, Mionetto, La Riva dei Frati, Ruggeri, Zardetto.

oggio Scalette Tosk ★★★ Das Gut der Familie des Önologen Vittorio Fiore mit überdurchschnittlichem CHIANTI CLASSICO und dem Bordeaux-Verschnitt Capogatto. Der Stolz des Hauses ist der sortenreine SANGIOVESE Il Carbonaione, der mehrere Jahre Flaschenreife braucht.

oliziano Tosk ★★★ Federico Carlettis Weingut in MONTEPULCIANO mit hervorragendem, wenn auch oft sehr dunklem, vegetabilem VINO NOBILE (v. a. Einzellagenwein Asinone) und gutem IGT Le Stanze (CABERNET SAUVIGNON/MERLOT).

omino Tosk DOC r w ★★★ r **09 10 11 12** 13 (15) – Ein Anhängsel von RUFINA mit feinen roten und weißen Verschnitten (v. a. Il Benefizio). FRESCOBALDI ist hier praktisch exklusiv vertreten.

rà Ven ★★★ Führender Erzeuger von SOAVE CLASSICO. Empfehlenswert v. a. die Einzellagenweine Monte Grande und Staforte; Letzterer liegt sechs Monate in Stahltanks auf dem (regelmäßig mechanisch aufgerührten) Hefesatz. Ausgezeichnet die VALPOLICELLA-Weine La Formica und Morandina.

roduttori del Barbaresco Piem ★★★→★★★★ Eine der ersten Genossenschaften in Italien, vielleicht die weltbeste. Aldo Vacca und sein Team erzeugen ausgezeichneten traditionellen einfachen BARBARESCO sowie die Crus Asili, Montefico, Montestefano, Ovello, Pora, Rio Sordo.

rosecco Ven DOC(G) w; sch ★→★★ BV – Die Welt ist verrückt nach Italiens beliebtestem Perlwein. Einzelheiten und eine Auswahl von Erzeugern siehe Kasten oben.

runotto, Alfredo Piem ★★★→★★★★ Das traditionelle Haus in ALBA wurde in den 1990er-Jahren von ANTINORI modernisiert und wird von Piero Antinoris Tochter Albiera geführt. Sehr guter BARBARESCO (Bric Turot), BAROLO (Bussia), NEBBIOLO (Occhetti), BARBERA D'ALBA (Pian Romualdo), BARBERA D'ASTI (Costamiole) und MONFERRATO Rosso (Mompertone und ein Barbera-SYRAH-Verschnitt).

uerciabella Tosk ★★★→★★★★ Erstklassiges CHIANTI-CLASSICO-Gut mit IGT-Einzellagenweinen Camartina (CABERNET SAUVIGNON/SANGIOVESE) und fassvergorenem Batàr (CHARDONNAY/PINOT BIANCO). Zukäufe in Radda und der MAREMMA liefern mehr Trauben für CHIANTI CLASSICO und den neuen, noch nicht überzeugenden Turpino (CABERNET FRANC, SYRAH, MERLOT).

Quintarelli, Giuseppe Ven ★★★★ Erztraditionalistischer Erzeuger von feine VALPOLICELLA, RECIOTO und AMARONE sowie einem guten Bianco Secc einem Verschnitt aus verschiedenen Trauben, in handwerklicher Qu lität. Tochter Fiorenza und ihre Söhne haben das Steuer übernommen ur nichts geändert, auch nicht das Verbot des Alten, den Wein beim Verko ten auszuspucken.

Quintodecimo Kamp ★★★ Auf dem wunderschönen Gut des Önologiepr fessors und Kellermeisters Luigi Moio entsteht großartiger GRECO DI TUF (Giallo d'Arles) und TAURASI.

Ratti, Renato ★★→★★★ Legendäres BAROLO-Gut, nun mit Sohn Pietro a Steuer. Moderne Weine mit kurzer Maischezeit, aber viel Substanz, v. Barolo Rocche dell'Annunziata und Barolo Conca.

Recioto della Valpolicella Ven DOCG r; lbl; (sch) ★★★→★★★★ Dieser g schichtsträchtige, nach Methoden, die vor dem 6. Jh. entwickelt wurde von PASSITO-Trauben erzeugte Wein ist mit seiner üppigen, süßen Kirsc und Schokoladenfruchtigkeit einzigartig und potenziell umwerfend.

Recioto di Soave Ven DOCG w; s; (sch) ★★★→★★★★ SOAVE von rosinie ten Trauben: süß, fruchtig, leichte Mandelnoten; hoher Säuregehalt, d die Süße in Schach hält. Zu Käse trinken. Am besten von Anselmi, Coffel Gini, PIEROPAN, Tamellini, häufig auch sehr gut von Ca' Rugate, Pasqu PRÀ, Suavia und Trabuchi.

Refosco (dal Peduncolo Rosso) F-JV ★★ **10 11 12** 13 (15) – Tanninstark Rotwein rustikalen Stils. Am besten aus der DOC FRIULI COLLI ORIENTA von Volpe Pasini. Auch gut von Livio FELLUGA und Miani sowie von C BOLANI, Dorigo, Denis Montanara, Ronchi di Manzano und Venica in d DOC Friuli Aquileia.

Ricasoli Tosk – Geschichtsträchtige Familie in der Toskana; der erste itali nische Premierminister Bettino Ricasoli erfand den Verschnitt für de CHIANTI. Der wichtigste Zweig der Familie lebt im mittelalterlichen Castel di BROLIO. Castello di Cacchiano und Rocca di Montegrossi sind im Besi anderer Familienmitglieder.

Riecine Tosk ★★★→★★★★ Das einst ausgezeichnete Gut in Gaiole CHIANTI, im Besitz des legendären Gründers John Dunkey, rappelt sic jetzt langsam wieder auf. SANGIOVESE-Spezialist; der La Gioia ist pote ziell hervorragend.

Rinaldi Giuseppe Piem ★★★ Beppe Rinaldi ist ein eingefleischter BAROL Traditionalist mit Lagen im Herzen des Anbaugebiets. Hervorragend: Br nate und Tre Tine. Nicht entgehen lassen sollte man sich den sehr gute Freisa.

Ripasso Ven – Siehe VALPOLICELLA RIPASSO.

Riserva Über eine vorgeschriebene Zeit meist im (großen oder kleinen) Fa gelagerter Wein.

Rivetti, Giorgio (La Spinetta) Piem ★★★ Feiner MOSCATO D'ASTI, ausg zeichneter BARBERA und eine Reihe von äußerst konzentrierten, in Eich ausgebauten BARBARESCOs. Besitzt auch Weinberge in den DOCGS BAR LO und CHIANTI Colline Pisane sowie den traditionellen SPUMANTE-Erze ger Contratto.

Rizzi Piem ★★→★★★ Unterbereich in Treiso, Gemeinde des BARBARESC Gebiets, in dem die Familie Dellapiana 35 ha Rebland besitzt. Spitzenc ist der Barbaresco Pajore. Fondetta und Boito sind ebenfalls gut: Sie w ken leicht, gehen aber in die Tiefe, wenngleich sie recht spröde sind.

Rocca, Bruno Piem ★★★ Herausragender BARBARESCO in modernem S (Rabajà, Coparossa, Maria Adelaide) und andere ALBA-Weine, auch se feiner BARBERA D'ASTI.

Rocca Albino ★★★ Führender Erzeuger von elegantem, komplexem BARBARESCO; Spitzencrus Vigneto Loreto und Brich Ronchi.

Rocca delle Macie Tosk ★★ Das große Gut in Castellina-in-Chianti wird von Sergio Zingarelli geführt, dem Sohn des Italowestern-Produzenten Italo Zingarelli. Guter, süffiger CHIANTI und Spitzenweine wie Gran Selezione Sergio Zingarelli und Fizzano. Auch Besitzer des Guts Campo Macione bei Scansano.

Roero Piem DOCG r ★★→★★★ **06 07 08 09 10 11** 13 (15) – Seriöse, gelegentlich BAROLO-Niveau erreichende NEBBIOLO-Weine aus den Hügeln der LANGHE. Auch guter ARNEIS-Weißwein (★★→★★★). Am besten von Almondo, Ca' Rossa, Cascina Chicco, Correggia, Bruno GIACOSA, Malvirà, Agricola Marrone (Langhe Arneis – Tre Fie), Morra, Negro (Perdaudin), Pioiero, Taliano, Val di Prete.

Ronco In Nordostitalien, v. a. in FRIAUL–JULISCH VENETIEN, Bezeichnung für eine Hanglage.

Rosato Die allgemeine italienische Bezeichnung für Rosé. Andere Namen für Rosé sind CHIARETTO (um den Gardasee), CERASUOLO (Abruzzen) und Kretzer (SÜDTIROL).

Rosso Conero Mar – Siehe CONERO.

Rosso di Montalcino Tosk DOC r ★★→★★★ **10 11** 12 13 (15) – DOC für früher reifende Weine von BRUNELLO-Trauben, die meist aus jüngeren Rebbeständen oder weniger guten Lagen kommen.

Rosso di Montefalco Umb DOC r ★★→★★★ **10 11 12 13** (15) – Verschnitt von SANGIOVESE und SAGRANTINO, oft mit einem Schuss milderndem MERLOT. Siehe MONTEFALCO SAGRANTINO.

Rosso di Montepulciano Tosk DOC r ★ **12 13**(15) – Juniorversion des VINO NOBILE DI MONTEPULCIANO; Erzeuger siehe dort.

Rosso Piceno / Piceno Mar DOC r ★ **10 11 13 (15)** – Im Allgemeinen ansprechender Verschnitt von MONTEPULCIANO und SANGIOVESE, der heutzutage oft unter dem Kurznamen Piceno verkauft wird, um ihn von all den anderen italienischen Rosso-Weinen zu unterscheiden. SUPERIORE heißt er, wenn er aus dem äußersten Süden des Gebiets kommt. Gute Erzeuger: Boccadigabbia, BUCCI, Fonte della Luna, Montecappone, MONTE SCHIAVO, Saladini Pilastri, Terre Cortesi Moncaro, Velenosi Ercole, Villamagna.

Ruffino Tosk ★→★★★ Der ehrwürdige Chianti-Betrieb, seit 100 Jahren in den Händen der Familie FOLONARI, ging vor ein paar Jahren eigene Wege. Dieser Teil, in Pontassieve bei Florenz ansässig, wurde dann vom US-Konzern Constellation Brands aufgekauft und produziert verlässliche Weine, etwa CHIANTI CLASSICO RISERVA Ducale und Ducale Oro, Greppone Mazzi in MONTALCINO und Lodola Nuova in MONTEPULCIANO sowie Borgo Conventi in FRIAUL.

Rufina Tosk ★★→★★★ Der nördlichste CHIANTI-Unterbereich, östlich von Florenz in den nach Süden ausgerichteten Apenninnen-Ausläufern gelegen, ist für seine ausgefeilten, potenziell langlebigen Weine bekannt. Gute bis hervorragende Erzeuger: Tenuta Bossi, Castello del Trebbio, CASTELLO DI NIPOZZANO (FRESCOBALDI), Colognole, Frascole, Grati/Villa di Vetrice, Lavacchio, Selvapiana, Travignoli, I Veroni. Nicht zu verwechseln mit Ruffino, dessen Hauptsitz sich zufällig in Pontassieve befindet.

Russiz Superiore F-JV ★★→★★★ Livio FELLUGAs Bruder Marco hat Weinberge in verschiedenen Teilen von FRIAUL angelegt. Jetzt hat Marcos Sohn Roberto das Sagen. Breites Angebot; am besten sind der PINOT GRIGIO und der COLLIO-Bianco-Verschnitt Col Disôre.

Salento Apu – Die flache Halbinsel am Absatz des italienischen Stiefels scheint nicht gerade geeignet für Qualität, doch die tiefgründigen Böden, die alten Alberello-Reben und der Wind vom Meer sorgen zusammen für bemerkenswerte Rot- und Roséweine von NEGROAMARO und PRIMITIVO m ein bisschen Unterstützung von MONTEPULCIANO, MALVASIA nera und d einheimischen Traube Sussumaniello. Siehe auch APULIEN, SALICE SALENTINO.

Salice Salentino Apu DOC r ★★→★★★ **08 10 11** 13 (15) – Der bekannte te der zu vielen auf NEGROAMARO basierenden DOC-Weine des SALENT Nach 2 Jahren RISERVA. Gute Erzeuger: Cantele, Leone de Castris (Riserva), Due Palme, Mocavero, Agricole VALLONE (Vereto Riserva).

Salvioni Tosk ★★★→★★★★ Alias La Cerbaiola. Kleiner, äußerst qualität orientierter Betrieb des unverwüstlichen Giulio Salvioni in MONTALCIN BRUNELLO und ROSSO DI MONTALCINO gehören zum Besten, was man bekommen kann, und sind ihren nicht gerade unbedeutenden Preis wert.

Sandrone, Luciano Piem ★★★ Erzeuger von ALBA-Weinen im modernen S mit tiefgründigem, konzentriertem BAROLO Cannubi Boschis und Le VIGN Auch guter BARBERA d'Alba, DOLCETTO, NEBBIOLO D'ALBA.

San Felice Tosk ★★→★★★ Bedeutender historischer Erzeuger in der TOSKANA, im Besitz von Gruppo Allianz und von Leonardo Bellaccini geführ Feiner CHIANTI CLASSICO und RISERVA POGGIO Rosso von einem Gut Castelnuovo Berardenga. Vitiarium ist ein Versuchsweinberg für selt ne Rebsorten, dessen erstes Ergebnis der ausgezeichnete IGT Pugnitel von der gleichnamigen Traube ist. Ebenfalls gut: IGT Vigorello (der alle erste SUPERTOSKANER aus dem Jahr 1968) und BRUNELLO DI MONTALCINO Campogiovanni.

San Gimignano Tosk – Das von Touristen überlaufene toskanische Städchen ist für seine Türme und seinen trockenen weißen VERNACCIA DI SAN GIMIGNANO DOCG berühmt. Die Roten kann man vergessen. Erzeuge Cesani, FALCHINI, Guiccardini Strozza, Montenidoli, Mormoraia, Il Pal gione, Panizzi, Pietrafitta, Pietrasereno, Poderi del Paradiso.

Sangiovese di Romagna Mar DOC r ★★→★★★ Stets zu vegetabiler und e chenlastiger, aber oft gut gemachter, ja sogar erstklassiger Rotwein vo SANGIOVESE. Gute Erzeuger: Cesari, Drei Donà, Nicolucci, Papiano, Par diso, Tre Monti, Trere (DOC Emilia-Romagna), Villa Venti (Primo Segno Fattoria ZERBINA. Empfehlenswert sind auch die IGT-Weine RONCO del Ginestre und Ronco dei Ciliegi von CASTELLUCCIO.

San Giusto a Rentennano Tosk ★★★→★★★★ Erstklassiges CHIANTI-CLASSICO-Gut im Besitz von Verwandten der RICASOLIS. Hervorragender IG Percarlo von SANGIOVESE, feiner VIN SANTO namens Vin San Giusto un MERLOT (La Ricolma).

San Guido, Tenuta Tosk – Siehe SASSICAIA.

Sankt Magdalener (Santa Maddalena) T-S DOC r ★→★★ BV – Rotwein deutsch-österreichischem Stil von Vernatsch (SCHIAVA), der auf sehr ste len Hängen hinter Bozen wächst. Empfehlenswerte Erzeuger: CS San Maddalena (Huck am Bach), Gojer, Josephus Mayr, Hans Rottenstein (Premstallerhof), Heinrich Rottensteiner.

Sankt Michael-Eppan (San Michele Appiano) T-S – Die historische Genossenschaft (ca. 400 ha) wird von Hans Terzer persönlich geführt. Spezialit sind die überaus sortentypischen und süffigen alpenfrischen Weißwein Der PINOT BIANCO Schulthauser und der SAUVIGNON BLANC Sanct Valent sind eindrucksvoll, genauso wie CHARDONNAY, GEWÜRZTRAMINER, PINO GRIGIO und PINOT NERO.

San Leonardo T-S ★★★ Spitzenweingut von Marchesi Guerrieri Gonzaga i TRENTINO. Hauptwein ist der Bordeaux-Verschnitt San Leonardo, der se nem französischen Vorbild am nächsten kommende Wein in Italien. De MERLOT Villa Gresti kann man getrost vergessen.

antadi Sar ★★★ Die beste sardische Winzergenossenschaft und eine der besten Italiens, v. a. mit den auf CARIGNANO basierenden Rotweinen Grotta Rossa, Rocca Rubia RISERVA und Terre Brune (alle DOC CARIGNANO DEL SULCIS).

ant'Antimo Tosk DOC r w; s ★★→★★★ Eine hübsche kleine romanische Abtei stand Pate für diese umfassende DOC für (fast) alles im Montalcino-Gebiet, was nicht der DOCG BRUNELLO DI MONTALCINO oder der DOC ROSSO DI MONTALCINO angehört.

aracco, Paolo Piem ★★★ Erstklassiger MOSCATO d'ASTI. Sehr gut auch LANGHE RIESLING und PINOT NERO.

ardinien Die zweitgrößte Insel des Mittelmeers produziert viele ordentliche und einige ausgezeichnete Weine. Zu den Spitzenbereichen zählen Vermentino di Gallura DOCG, VERMENTINO DI SARDEGNA (etwas weniger alkoholstark und charaktervoll), der Sherry-ähnliche VERNACCIA DI ORISTANO und der Nuragus bei den Weißen sowie Cannonau (GRENACHE) und CARIGNANO bei den Roten (Sardinien war lange von den Spaniern besetzt). Hervorragend sind der rote Turriga von ARGIOLAS, VERMENTINO von Capichera sowie Terre Brune und Rocca Rubia von SANTADI.

ardinien hat nach eigenen Angaben 150 einheimische Rebsorten. Und 4 Millionen Schafe.

assicaia Tosk r ★★★★ **85' 88' 90' 95' 97 98' 99 01' 04' 05 06 07' 08 09** 10 11 12 (13) (15) – Italiens einzige DOC (BOLGHERI), die aus einer Einzellage besteht, ein Verschnitt aus CABERNET SAUVIGNON und CABERNET FRANC, der in Premier-Cru-Manier von Marchese Incisa della Rocchetta auf der TENUTA San Guido bereitet wird: eher elegant als üppig, für lange Lagerung gemacht – und oft als Investitionsobjekt gekauft, aber einer der wichtigsten Faktoren für Italiens Spitzenqualitätsimage. Der 1985er ist einer der drei großartigsten italienischen Weine aller Zeiten.

atta, Michele Tosk ★★★ Praktisch der einzige BOLGHERI-Erzeuger, der mit reinsortigem SANGIOVESE (Cavaliere) Erfolg hat. Daneben gibt es die guten roten Verschnitte Piastraia und I Castagni SUPERIORE (beide DOC Bolgheri).

acciadiavoli Umb ★★ Auf 35 ha in MONTEFALCO entstehen mit die ansprechendsten Weine dieser manchmal beachtlichen DOC. Rosso und Bianco Montefalco vereinen Komplexität und Süffigkeit. SAGRANTINO wird für den DOCG-Rotwein und auch für Spumante Brut und Rosé Brut verwendet.

avino, Paolo Piem ★★★ Modernistischer BAROLO-Erzeuger in Castiglione Falletto. Empfehlenswert v. a. die Einzellagenweine Bric del Fiasc, Cannubi, Monvigliero und Rocche dell'Annunziata. Die anderen sind oft zu eichenlastig.

hiava T-S DOC r ★ BV – Schiava (auf Deutsch VERNATSCH) liefert praktisch tanninfreien, süffigen Rotwein aus dem südlichsten Teil der deutschsprachigen Welt und verschwindet heute rasch aus den Südtiroler Weinbergen.

hiopetto, Mario F-JV ★★★→★★★★ Das legendäre COLLIO-Pionierweingut gehört inzwischen der Familie Rotolo von Volpe Pasini. Sehr guter SAUVIGNON BLANC, Pinot bianco, RIBOLLA GIALLA (alle DOC), IGT-Verschnitt Blanc de Rosis usw.

hreckbichl T-S – Siehe COLTERENZIO.

lla & Mosca Sar ★★ Bedeutendes Erzeuger- und Handelshaus in SARDINIEN. Sehr angenehmer weißer Torbato (v. a. Terre Bianche) sowie leichter, fruchtiger VERMENTINO Cala Viola (BV). Daneben guter roter DOC Alghero Marchese di Villamarina (CABERNET SAUVIGNON) und Tanca Farrà

(CANNONAU/Cabernet Sauvignon) sowie der interessante Anghelu Ruju i Port-Stil.

Selvapiana Tosk ★★★ Das CHIANTI-RUFINA-Gut gehört zur italienischen Spi zenriege. Am besten sind der RISERVA Bucerchiale und der IGT Fornac doch schon der einfache Chianti Rufina ist köstlich. Auch ein feiner rot POMINO namens Petrognano.

Settesoli, CS Siz ★→★★ Die Genossenschaftskellerei mit rund 6.000 ha i mit ihren verlässlichen und preiswerten einheimischen und internationale sortenreinen Weinen ein Aushängeschild für SIZILIEN.

Sforzato Lomb ★★★ AMARONE-ähnlicher NEBBIOLO von getrockneten Tra ben aus dem VALTELLINA im äußersten Norden der Lombardei. Entwick sich beim Lagern wundervoll.

Sizilien Die größte Mittelmeerinsel ist eine moderne Quelle für interessant originelle Weine mit gutem Preis-Leistungs-Verhältnis. Einheimische Tra ben (rot: Frappato, NERELLO MASCALESE, NERO D'AVOLA; weiß: CATARRA TO, Grecanico, GRILLO, INZOLIA) und internationale Rebsorten. Die Rebfl chen liegen in der Ebene im Westen, auf den Hügeln in der Mitte der Ins und an den Hängen des Ätna.

Die Soave-Weinberge sind nun offiziell »ländliche Gegend von historische Interesse« – also keine Bebauung mehr?

Soave Ven DOC w; (s) ★→★★★ BV – Berühmter, immer noch unterschätzt Weißwein aus Verona. CHARDONNAY, GARGANEGA, TREBBIANO di Soav Die Weine von den vulkanischen Böden des CLASSICO-Gebiets sind oft i tensiv, mineralisch, sehr fein und ziemlich langlebig.

Solaia Tosk r ★★★★ – **85' 90' 95' 97' 99' 01 04 06 07 08 09 10 11** 12 1 (15) – Gelegentlich grandioser CABERNET SAUVIGNON/SANGIOVESE-Ve schnitt von ANTINORI, der im Einklang mit höchsten Bordeaux-Anforderu gen bereitet wird; bedarf jahrelanger Lagerung.

Speri Ven ★★★ Familienbetrieb in VALPOLICELLA mit Lagen wie dem herv ragenden Monte Sant'Urbano. Unprätentiöser CLASSICO SUPERIORE in tr ditionellem Stil, AMARONE, RECIOTO. Kein Schnickschnack, nur guter Wei

Spumante Schaumwein. Der ehemalige ASTI Spumante heißt jetzt nur no Asti.

Südtirol T-S – Deutschsprachiger Teil der Region TRENTINO-Alto Adige. Si he ALTO ADIGE.

Superiore Wein mit längerer Fassreife sowie mit 0,5 bis 1 % mehr Alkoh gehalt als normaler DOC-Wein. Bezeichnet manchmal auch einen Teil ein Anbaugebiets, z. B. ROSSO PICENO Superiore.

Supertoskaner Tosk – Weine mit hoher Qualität und hohen Preisen, die in d 1970er- und 1980er-Jahren entwickelt wurden, um die damals geltend unsinnigen Regelungen zu umgehen, heute jedoch, vor allem angesich der wachsenden Bedeutung der Gran Selezione, kaum noch relevant. Na wie vor allgemein der (völlig inoffiziellen) Supertoskaner-Kategorie zug rechnet würden CA' MARCANDA, Flaccianello, Guado al Tasso, Messori ORNELLAIA, Redigaffi, SASSICAIA, SOLAIA und TIGNANELLO.

Tasca d'Almerita Siz ★★★ Eine neue Generation der Familie führt nun d historische und immer noch angesehene Gut, das auch in dunklen Jahr die Fahne in SIZILIEN hochhielt. Weinberge in großer Höhe; ausgewog ne IGT-Weine unter dem alten Namen Regaleali, guter CHARDONNAY u CABERNET SAUVIGNON, aber der Star ist nach wie vor der hauptsächli von NERO D'AVOLA erzeugte Rosso del Conte.

Taurasi Kamp DOCG r ★★★ **04 06 07 08 09 10** 11 12 13 (15) – Die Antw des Südens auf den BAROLO Nord- und den BRUNELLO Mittelitaliens bed großer Sorgfalt und langer Alterung. Es gibt freundlichere Versionen von AGLIANICO, aber keine ist potenziell so komplex, anspruchsvoll und schließlich lohnenswert. Berühmt wurde der Wein durch MASTROBERARDINO, weitere hervorragende Erzeuger sind Caggiano, Caputo, FEUDI DI SAN GREGORIO, Molettieri, Quintodecimo (VIGNA Grande Cerzito), Luigi Tecce und Terredora di Paulo.

deschi Ven ★★★ Jede Menge sehr feiner AMARONE, RECIOTO, VALPOLICELLA. Am besten sind der Amarone Capitel Monte Olmi und der Recioto Capitel Monte Fiontana.

deschi, Fratelli Ven ★★→★★★ Einer der Anbauer von VALPOLICELLA, die schon Qualität produzierten, als in dem Gebiet noch Mittelmäßigkeit die Regel war.

nuta Landwirtschaftliches Gut (siehe unter dem Eigennamen, z. B. SAN GUIDO, TENUTA).

rlan T-S w ★★→★★★ BV – Die Bezeichnung DOC ALTO ADIGE Terlano (bzw. Terlaner DOC) steht für einen Weißweinverschnitt und acht sortenreine Weißweine, v. a. PINOT BIANCO und SAUVIGNON BLANC, die manchmal sehr frisch und spritzig, manchmal aber auch anspruchsvoll und überraschend langlebig sind. Am besten von der CS Terlan (v. a. der Pinot bianco Vorberg), LAGEDER, Niedermayr, Niedrist.

roldego Rotaliano T-S DOC r rs ★★→★★★ Die beste einheimische Rebsorte des TRENTINO erbringt auf dem flachen Campo Rotaliano wirklich schmackhaften Wein. Spitzenerzeuger ist Foradori. Ebenfalls gut: Dorigati, Endrizzi, die RISERVA Nos von MEZZACORONA sowie Zeni.

rre del Barolo Piem ★→★★ Die Genossenschaft mit rund 700 Mitgliedern in Castiglione Falletto produziert Millionen von Flaschen BAROLO und anderer Weine aus den LANGHE; bemerkenswert beständige Qualität.

rre Nere, Tenuta delle Siz ★★★ Der italienisch-amerikanische Händler Marc de Grazia beweist, dass von NERELLO und CARRICANTE an der begehrten Nordflanke des Ätna großartiger Wein bereitet werden kann. Am besten: Guardiola, Vigne Niche. Im Auge behalten.

rriccio, Castello del Tosk ★★★ Großes Weingut südlich von Livorno mit vorzüglichem, sehr teurem IGT Lupicaia und sehr gutem IGT Tassinaia im Bordeaux-Stil. Eindrucksvoll der IGT Terriccio, ein ungewöhnlicher Verschnitt hauptsächlich von Rhône-Sorten.

erio ★★★ Der herausragende TREBBIANO D'ABRUZZO Fonte Canale (von 60 Jahre alten Reben) ist einer der besten italienischen Weißweine; der preisgekrönte PECORINO ist ebenfalls außergewöhnlich. Sehr gut: CERASUOLO D'ABRUZZO, MONTEPULCIANO D'ABRUZZO.

efenbrunner T-S ★★→★★★ Erzeuger- und Handelsbetrieb im Schloss Turmhof im südlichen SÜDTIROL. Christoph Tiefenbrunner hat seinen Vater Herbert (Kellermeister seit 1943) abgelöst. Breites Spektrum an gebirgsfrischen Weiß- und klar definierten Rotweinen von französischen, deutschen und einheimischen Reben, v. a. der MÜLLER-THURGAU Feldmarschall aus Weingärten auf 1.000 m Höhe – einer der besten Weißweine Italiens.

gnanello Tosk r ★★★★ **04' 06' 07' 08 09 10 11** 12 (13) (15) – Im Barrique ausgebauter Verschnitt von SANGIOVESE und CABERNET SAUVIGNON, von ANTINORIS Spitzen-Önologen Giacomo Tachis Anfang der 1970er-Jahre eingeführt und der Wein, mit dem die SUPERTOSKANER groß herauskamen. Heute einer der größten Goldesel der Weinwelt.

mmasi Ven ★★★ Die vierte Generation ist jetzt am Ruder. Spitzenweine: AMARONE, RISERVA Ca' Florian, VALPOLICELLA Rafael. Weitere Güter in Venetien (Filodora), APULIEN (Masseria Surani) und OLTREPÒ PAVESE (TENUTA Caseo).

Italien

Torcolato Ven – Der süße Wein aus BREGANZE in Venetien wird von Vespaic Trauben bereitet, die, wie beim RECIOTO DI SOAVE, monatelang zum Tro nen aufgehängt oder auf Matten ausgelegt wurden. Beste Erzeuger: Beato Bartolomeo da Breganze, MACULAN.

Torgiano Umb DOC r rs w; (sch) ★★ und **Torgiano Rosso Riserva** DOC ★★→★★★ **01' 04 06** 07 **08 09 10** 11 (12) (13) (15) – Guter bis herv ragender Rotwein aus Umbrien, praktisch exklusiv von LUNGAROTTI. D Rubesco RISERVA Vigna Monticchio aus den Jahrgängen 1975, 1979, 19 und 1997 ist überragend und kann viele Jahre lagern.

Valpolicella – die Besten

Der VALPOLICELLA war nie besser als heute. AMARONE DELLA VALPOLICELLA und RECIOTO DELLA VALPOLICELLA sind nun zur DOCG befördert worden, während der VALPOLICELLA RIPASSO endlich als eigenständiger historischer Wein anerkannt wurde. Folgende Betriebe erzeugen gute bis großartige Weine (die Crème de la Crème ist mit einem Stern gekennzeichnet): Accordini Stefano*, Serego Alighieri*, ALLEGRINI*, Begali, BERTANI, BOLLA, Boscaini, Brigaldara*, BRUNELLI, BUSSOLA*, Ca' la Bianca, Campagnola, Ca' Rugate, Castellani, Corteforte, Corte Sant'Alda, CS Valpantena, Cantina Valpolicella, Valentina Cubi, DAL FORNO*, Guerrieri-Rizzardi, MASI*, Mazzi*, Nicolis, QUINTARELLI*, Roccolo Grassi*, Le Ragose, Le Salette, Speri*, TEDESCHI*, Tommasi*, Venturini, VIVIANI*, ZENATO, Zeni.

Torrette Ao DOC r ★→★★★ Verschnitt von Petit Rouge und anderen e heimischen Rebsorten. Gute Erzeuger: Anselmet, L'Atoueyo (Torre Superieur), Les CRETES, Feudo di San Maurizio (Torrette Superieur), Did Gerbelle, Elio Ottin (Torrette Superieur).

Toskana Brennpunkt der »Renaissance« des italienischen Weins gegen En des 20. Jahrhunderts mit experimentellen Abfüllungen wie den SUPERTC KANERN und dann modernisierten Klassikern wie CHIANTI, VINO NOBI BRUNELLO. Die Entwicklung von Küstenanbaugebieten wie BOLGHERI u MAREMMA hat den toskanischen Wein in den letzten 50 Jahren entsch dend geprägt.

Travaglini Piem – Neben Antoniolo solider Erzeuger von nordpiemonte schem NEBBIOLO, mit sehr gutem GATTINARA RISERVA und Gattinara T Vigne sowie ziemlich gutem Nebbiolo Coste della Sesia.

Trebbiano d'Abruzzo Abr DOC w ★→★★★★ BV – Für gewöhnlich frisch einfacher Wein, aber der von VALENTINI und der Fonte Canale von Tibe sind zwei der besten italienischen Weißweine.

Trediberri Piem ★★★ Dynamisches Gut mit erstklassigem BAROLO Rocc dell'Annunziata sowie sehr gutem BARBERA D'ALBA und LANGHE Rosato

Trentino T-S DOC r w; tr s ★→★★★ DOC für rund 20 meist nach der Traube sorte benannte Weine; am besten sind CHARDONNAY, PINOT BIANCO, MA ZEMINO und TEROLDEGO. Die Hauptstadt der Provinz ist Trento (Trier und das ist auch der Name der DOC für potenziell erstklassige Metoc Classico-Weine.

Trinoro, Tenuta di Tosk ★★★ Individualistisches Gut für Rotweine, Pion in der DOC Val d'Orcia zwischen MONTEPULCIANO und MONTALCINO. G ßer Anteil an Bordeaux-Trauben im Flaggschiff-Wein TENUTA di Trinoro s wie in Palazzi, Le Cupole und Magnacosta. Andrea Franchetti besitzt au Weinberge am Ätna.

a Rita Tosk ★★→★★★★ Der erste Erzeuger, der in den 1990er-Jahren das rund 20 km weiter südlich gelegene Suvereto als das »neue BOLGHERI« etablierte. Der Redigaffi ist vielleicht Italiens großartigster MERLOT; empfehlenswert ist auch der Bordeaux-Verschnitt Giusto di Notri. Siehe auch VAL DI CORNIA.

nani Ronchi Mar ★★→★★★ Führender Erzeuger in den Marken; v. a. Verdicchio (Casal di Serra, Plenio), CONERO Cumaro, IGT-Weine Le Busche (weiß) und Pelago (rot).

jra, G. D. Piem ★★★ Führender BAROLO-Qualitätserzeuger in Vergne. Hervorragender Barolo Bricco delle Viole und LANGHE Freisa Kyè. Gut: Langhe Riesling Petracine und die Barolos von Luigi Baudana aus Serralunga.

ldadige (Etschtaler) T-S DOC r w; tr lbl ★ Bezeichnung für die einfachen Weine die an der Etsch (ital. Adige) entstehen, d. h. in SÜDTIROL, im TRENTINO und in Nordvenetien.

l di Cornia Tosk DOC r rs w ★★→★★★ **06' 07 08 09 10 11** 12 13 (15) – Qualitätsbereich südlich von BOLGHERI. CABERNET SAUVIGNON, MERLOT, MONTEPULCIANO, SANGIOVESE, SYRAH. Erzeuger: Ambrosini, Jacopo Banti, Bulichella, Gualdo del Re, Incontri, Montepeloso, Petra, Russo, San Michele, TENUTA Casa Dei, Terricciola, TUA RITA.

lentini, Edoardo Abr ★★★→★★★★ Sammler reißen sich um den roten MONTEPULCIANO D'ABRUZZO und den weißen TREBBIANO D'ABRUZZO, die zu den besten Weinen Italiens zählen. Traditionell, alterungswürdig; die Weine aus den 1970ern sind besonders denkwürdig.

lle d'Aosta DOC r rs w ★★ DOC für etwa 25 Weine aus dem Aostatal, die geografische oder Rebsortenbezeichnungen tragen, u. a. Blanc de Morgex, Chambave, Donnas, Enfer d'Arvier, Fumin, Nus MALVOISIE, Arnad Montjovet, Premetta, Torrette. Sehr kleine Produktion, die Weine gelangen nur selten ins Ausland, sind aber oft sehr lohnenswert.

lle Isarco (Eisacktaler) T-S DOC w ★★ BV – DOC in SÜDTIROL für sieben sortenreine Weißweine, die entlang des Eisack (ital. Isarco) nordöstlich von Bozen entstehen. Guter GEWÜRZTRAMINER, MÜLLER-THURGAU, RIESLING und SILVANER. Spitzenerzeuger sind CS Eisacktaler, Kloster Neustift, Koferhof, Kuenhof, Manni Nossing.

lpolicella Ven DOC r ★→★★★★ Vielfältige Appellation, die vom leichten Durstlöscher mit einer gewissen fruchtigen Wärme über stärkeren SUPERIORE (der manchmal RIPASSO ist, manchmal nicht) bis hin zu AMARONE und RECIOTO reicht. Normaler Valpolicella ist heutzutage schwer aufzutreiben, weil die guten Trauben alle für den trendigen, profitablen Amarone verwendet werden, der oft enttäuscht. (Erzeuger siehe Kasten links.)

lpolicella Ripasso Ven DOC r ★★→★★★ **09 10 11** 12 13 (15) Auf den Traubenschalen von RECIOTO oder AMARONE erneut vergorener VALPOLICELLA ergibt einen lagernswerteren Wein. Am besten von BUSSOLA, Castellani, DAL FORNO, QUINTARELLI und ZENATO.

ltellina Lomb DOC/DOCG r ★→★★★ Langes, von Osten nach Westen verlaufendes Tal (die meisten Alpentäler verlaufen von Norden nach Süden) an der Schweizer Grenze, auf dessen steilen Terrassen seit Jahrtausenden NEBBIOLO (der hier CHIAVENNASCA genannt wird) und verwandte Reben wachsen. Die DOCG Valtellina SUPERIORE ist in fünf Bereiche unterteilt: Grumello, Inferno, Maroggia, Sassella und Valgella. Sowohl die Weine als auch die Landschaft sind einen Abstecher wert. Die besten Erzeuger sind derzeit Fay, MAMETE PREVOSTINI, Nera, Nino Negri, Plozza, Rainoldi, Triacca. In der DOC Valtellina sind die Anforderungen weniger streng. Sforzato ist der hiesige AMARONE.

Italien

Vecchio Samperi Siz – Siehe DE BARTOLI.

Verdicchio dei Castelli di Jesi Mar DOC w; (sch) ★★→★★★ BV – Vielsei ger Weißwein aus der Gegend um Ancona an der Adria. Leicht und süf oder schäumend oder strukturiert, komplex und langlebig (v. a. als RISE VA DOCG mit mindestens 2 Jahren Reifung). Auch CLASSICO. Die best Erzeuger sind Bucci (Riserva), Borgo d elle Oche, Coroncino (Gaiospi e Stracacio), Fazi-Battaglia (Riserva San Sisto), Andrea Felici, GAROFC (Podium), La Staffa, Marotti Campi (Salmariano), MONTE SCHIAVO (Giuncare), Montecappone (Federico II), Santa Barbara, Sartarelli (Balc na, eine seltene Spätlese, und Tralivio), UMANI RONCHI (Plenio und Ca di Serra).

Verdicchio di Matelica Mar DOC w; (sch) ★★→★★★ BV – Ähnlich wie J (vgl. vorigen Eintrag), kleiner, weiter im Landesinneren und höher ge gen, daher säurereichere und langlebigere Weine, die aber in jung nicht ansprechend sind. Der RISERVA ist ebenfalls DOCG. Erzeuger: v. a. Baro Pizzini, Belisario, Bisci, Collestefano, La Monacesca (Mirum), Pagliano T San Biagio.

Verduno Piem DOC r ★★ (BV) – Beeren und Kräuteraromen. Gute Erzeug Ascheri (Do ut Des), Bel Colle (Le Masche), CASTELLO DI VERDUNO (Bas done), Fratelli Alessandria, G. B. Burlotto.

Verduno, Castello di Piem ★★★ Ein Ehepaar erzeugt sehr guten BARBARES Rabajà und BAROLO Monvigliero.

Verduzzo F-JV DOC w; tr lbl s ★★→★★★ Körperreicher Weißwein (DOC Fri Colli Orientali) aus einer einheimischen Traube. Ramandolo (DOCG) ist c bedeutendste Unterbereich für Süßweine. Spitzenerzeuger: Anna Ber Dorigo, Meroi.

Die besten Weinbesucherrundgänge in der Toskana: u. a. Antinori, Castello Ama, Nipozzano, Cappezzana.

Vermentino di Gallura Sar DOCG w ★★→★★★ BV – VERMENTINO bringt der Toskana, Ligurien und ganz Sardinien gute leichte Weine hervor, ab der beste, intensivste entsteht im äußersten Nordosten der Insel unter d ser DOCG-Bezeichnung. Empfehlenswert sind Capichera, CS di Gallura, del Vermentino/Monti, CS Giogantino, Depperu.

Vermentino di Sardegna Lig DOC w ★★ BV – Aus allen Teilen SARDINIEN kann sich aber in Struktur und Geschmacksintensität meist nicht mit VE MENTINO DI GALLURA messen. Gute Erzeuger: ARGIOLAS, Santadi, Sella Mosca.

Vernaccia di Oristano Sar DOC w; tr (s); (fz) ★→★★★ Unter Flor gereifte s dische Spezialität, ähnlich leichtem Sherry, ein wenig bitter und körp reich. SUPERIORE mit 15,5% Alkohol und 3 Jahren Alterung. Köstlich Bottarga (gepresstem Fischrogen). Sie sollten alles tun, um ihn zu prob ren. Spitzenerzeuger: CONTINI. Gut sind auch Silvio Carta und Serra.

Vernaccia di San Gimignano Tosk – Siehe SAN GIMIGNANO.

Vie di Romans F-JV ★★★→★★★★ – Gianfranco Gallo hat das Gut sein Vaters im DOC-Bereich FRIULI ISONZO in wenigen Jahren an die Spitze c Erzeuger in FRIAUL geführt. Hervorragend sind Friuli Isonzo PINOT GRIC Dessimis, SAUVIGNON BLANC Piere und Vieris (in Eiche ausgebaut) sov der Verschnitt Flors di Uis und MALVASIA. Im Vergleich zum Rest der W enttäuschender CHARDONNAY.

Vietti Piem ★★★ Winzerveteran in Castiglione Falletto mit charaktervol piemontesischen Weinen, u. a. BARBARESCO Masseria, BARBERA D'AL Scarrone und BARBERA D'ASTI La Crena. Mustergültige Barolos: Bruna Lazzarito, Ravera, Rocche, Villero.

gnamaggio Tosk ★★→★★★ Ausgezeichnetes, sehr schönes historisches CHIANTI-CLASSICO-Gut bei Greve. Leonardo da Vinci malte hier die Mona Lisa. Wie die RISERVA heißt, ist nicht schwer zu erraten.

gna oder vigneto Einzellage. In der Regel ein Zeichen für bessere Qualität.

a Matilde Kamp ★★★ Spitzenweingut in KAMPANIEN mit FALERNO Rosso (VIGNA Camarato) und Bianco (Vigna Caracci) sowie Eleusi PASSITO.

a Russiz F-JV ★★★ Historisches Gut mit DOC-COLLIO-Weinen. Sehr guter SAUVIGNON BLANC und MERLOT (v. a. die Auslesen namens De la Tour), außerdem PINOT BIANCO, PINOT GRIGIO, FRIULANO und CHARDONNAY.

o Nobile di Montepulciano Tosk DOCG r ★★→★★★ **04 06' 07 08 09 10 11** 12 13 (15) – Traditionsreicher SANGIOVESE (hier Prugnolo gentile genannt) aus der toskanischen Stadt MONTEPULCIANO (nicht zu verwechseln mit der gleichnamigen Rebsorte der Abruzzen). Häufig anspruchsvolle Weine mit adstringierenden Tanninen, doch komplex und nachhaltig von den besten Erzeugern: u. a. AVIGNONESI, Bindella, Boscarelli, La Braccesca, La Calonica, Canneto, Le Casalte, Fattoria del Cerro, Contucci, Dei, Gracciano della Seta, Icario, Nottola, POLIZIANO, Romeo, Salcheto, Trerose, Valdipiatta, Villa Sant'Anna. Nach 3 Jahren RISERVA.

Santo, Vinsanto oder Vino Santo T-S, Tosk DOC w; s ★★→★★★★ PASSITO-Süßwein, in der TOSKANA (Vin Santo) meist von TREBBIANO, MALVASIA und/oder SANGIOVESE, im TRENTINO (Vino Santo) von Nosiola. Toskanische Exemplare sind sehr unterschiedlich, von trocken und sherryartig bis süß und unglaublich reichhaltig. Viele reifen zwischen 3 und 10 Jahren in kleinen Fässern, den *caratelli*, ohne umgefüllt zu werden. Legendär ist der Vin Santo von Avignonesi, doch es gibt auch andere hervorragende Erzeuger: CAPEZZANA, Fattoria del Cerro, FELSINA, FRASCOLE, ISOLE E OLENA, Rocca di Montegrossi, SAN GIUSTO A RENTENNANO, SELVAPIANA, Villa Sant'Anna, Villa di Vetrice. Siehe auch OCCHIO DI PERNICE.

iani Ven ★★★ Claudio Viviani beweist, wie modern ein VALPOLICELLA oder AMARONE sein kann. Sehr gut der CLASSICO SUPERIORE Campo Morar, besser der RECIOTO La Mandrella, überragend der Amarone Casa di Bepi und der Tulipano Nero.

erzio, Roberto Piem ★★★ Modernistischer BAROLO-Erzeuger: konzentrierte, strukturierte Weine. Eher eindrucksvoll/teuer als köstlich, meist in kleinen, angerösteten französischen Barriques ausgebaut. Das Angebot umfasst Brunate, Cerequio, Rocche dell'Annunziata-Torriglione, Sarmassa, Serra; auch ausgezeichneter BARBERA D'ALBA.

paia, Castello di Tosk ★★→★★★ Das erstklassige CHIANTI-CLASSICO-Gut in Radda erzeugt die SUPERTOSKANER Coltassala (SANGIOVESE/Mammolo) und Balifico (Sangiovese/CABERNET SAUVIGNON).

ato Ven ★★ Sehr verlässliches, manchmal bestechendes Weingut für Weine vom Gardasee; auch AMARONE, LUGANA, SOAVE und VALPOLICELLA.

bina, Fattoria Em-Ro ★★★ Führendes Weingut in der Romagna mit dem besten süßen DOCG ALBANA (Scacco Matto), sehr gutem SANGIOVESE (Pietramora) und im Barrique ausgebautem IGT Marzieno.

ibbo Siz tr s ★★ Verlockender sizilianischer Tafelwein von MUSCAT d'Alessandria, der hauptsächlich auf der Insel PANTELLERIA und im äußersten Westen SIZILIENS entsteht. Musterbeispiele für die trockene Version kommen von DE BARTOLI.

in ★→★★ Einer der größten Eigentümer von Weingütern in Italien, beheimatet in Gambellara (Venetien), aber auch einflussreich im FRIAUL, in der TOSKANA, in APULIEN, auf SIZILIEN und anderswo auf der Welt (z. B. im US-Bundesstaat Virginia).

Italien

Deutschland

Die folgenden Abkürzungen werden im Text verwendet:

Bad	Baden
Fran	Franken
Hess-B	Hessische Bergstraße
M	Mosel (einschließlich Saar und Ruwer)
MM	Mittelmosel
MR	Mittelrhein
Na	Nahe
Pfz	Pfalz
Rhg	Rheingau
Rhh	Rheinhessen
Sa-Un	Saale-Unstrut
Würt	Württemberg

Die dunklen Flächen bezeichn
die Weinbaugebi

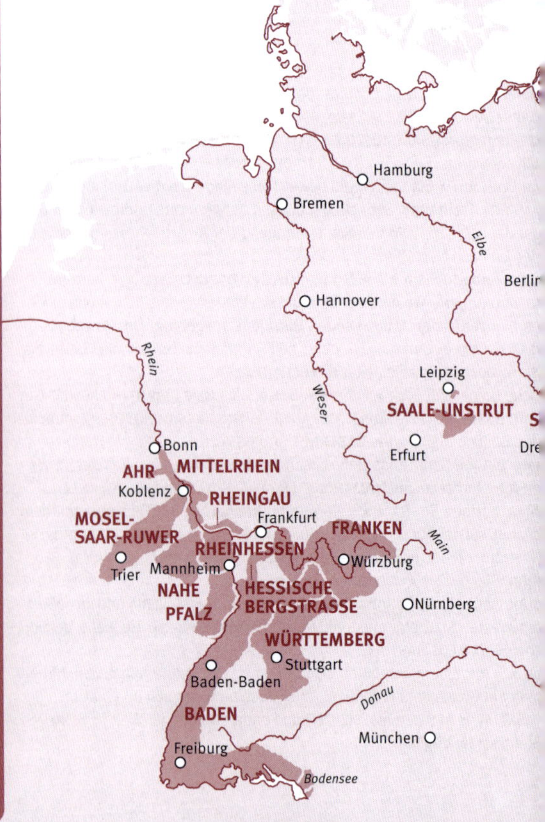

n den vergangenen Jahrzehnten hat der deutsche Wein enorme Sprünge gemacht. Wir reden über 30 Jahre kontinuierlicher Qualitätssteigerung. Unter esem Aspekt ist es interessant, sich mit den jüngeren Winzern, die heute ischen 25 und 30 Jahre alt sind, zu unterhalten. Das ist die Generation, die e deutschen Weine in den kommenden 30 Jahren prägen wird. Man trifft er auf junge Profis voller Leidenschaft, die bereits auf eine erstaunliche Erhrung zurückblicken können. Sie haben schon Wein in Burgund gemacht, in euseeland, Südafrika oder sonst wo. Dahinter steckt der Ehrgeiz, sich noch ehr Verbesserungen nach Hause zu holen. Sie wollen wissen, welche Anrengen sie aus anderen Teilen der Welt aufnehmen können, natürlich passend den klimatischen Bedingungen und den Rebsorten in Deutschland. Die eine, die diese jungen Winzer produzieren, sind trotzdem weit entfernt von ler Kopie – die Stilistik ist wirklich innovativ. Um die Weinlesen der nächsten Jahre und darüber hinaus muss man sich in Deutschland also keine Sorgen achen. Dazu kommt der Umstand, dass sich der Klimawandel bislang günsauf das Land ausgewirkt hat. Reifere Trauben und frühere Lesen bringen nau die Weine, die sich die Deutschen heute wünschen: Trocken ausgebaut d sie die perfekten Begleiter der modernen Küche.

euere Jahrgänge

osel

eine von der Mosel (einschließlich Saar und Ruwer) sind jung so ansprend, dass ihr Entwicklungspotenzial selten auf die Probe gestellt wird. Aber te Kabinettweine gewinnen bei mindestens 5 Jahren Flaschenlagerung (und viel mehr), Spätlesen bei 5–20 Jahren und Auslesen sowie BA bei über –30 Jahren. Im Unterschied zum übrigen Deutschland befindet sich die sel bei trockenen Erzeugnissen noch in der Erprobungsphase, aber der Kliwandel tut das Seine, die Winzer in diese Richtung zu ermutigen. Saar und wer bringen schlankere Weine hervor als die Mosel, übertreffen jedoch den nzen Rest der Welt an Eleganz und erregender, stahliger Rasse.

16 Nasses Frühjahr, örtlich Hagel im Mai (Wehlen, Graach). Ein nasser Sommer sorgte für Verzweiflung bis zum Wetterwechsel im September. Der herrliche Oktober brachte dann viel höhere Qualitäten als erwartet. Ein guter Jahrgang für Kabinett und Spätlesen, nicht für Auslesen.

15 Heißer, trockener Sommer, feuchter September, sonniger Oktober: Spät- und Auslesen mit Lagerpotenzial.

14 Der September rettete den Jahrgang, aber eine sorgfältige Selektion des Leseguts war notwendig. Klassische Weine von trocken bis Auslese.

13 Premiumgewächse bringen Frische und Eleganz mit, sind aber dünn gesät. Die Mittelmosel schnitt besser ab als Saar und Ruwer.

12 Klassische Weine von QbA bis Auslese, geringer Ertrag.

11 Ein brillanter Jahrgang, besonders an Saar und Ruwer. Sensationelle Trockenbeerenauslesen.

10 Hauptmerkmal der Weine ist der hohe Säuregehalt; einige gute Spät- und Auslesen.

9 Prachtvolle Spät- und Auslesen, schön ausgewogen. Einlagern.

8 Kabinette und Spätlesen können fein und elegant sein. Perfekte Trinkreife.

7 Gute Qualität und Quantität. Jetzt zunehmend reif.

2005 Sehr reife Trauben, besseres Säurerückgrat als etwa 2003. Außerg wöhnlich, v. a. an der Saar. Trinken oder noch aufbewahren.
2004 Schöner Jahrgang, jetzt trinken.

Weitere gute Jahrgänge: 2003, 2001, 1999, 1997, 1995, 1994, 1993, 199 1989, 1988, 1976, 1971, 1969, 1964, 1959, 1953, 1949, 1945, 1937, 193 1921.

Ahr/Rheingau/Rheinhessen/Nahe/Pfalz

Neben den Moselweinen sind die Rheingaugewächse die potenziell lar lebigsten aller deutschen Erzeugnisse. Sie entfalten sich über 15 Jahre h weg und länger, jedoch können Spitzengewächse aus Rheinhessen, aus d Pfalz oder von der Nahe ebenso lange halten. Moderne trockene Weine wie c Großen Gewächse sollten im Allgemeinen innerhalb von 2–4 Jahren getru ken werden, die besten aber haben zweifellos das Potenzial, auf interessar Weise zu altern. Das Gleiche gilt für Rotweine von der Ahr: Dank ihrer Frucht keit sind sie bereits in der Jugend ansprechend, doch die besten unter ihn entwickeln sich 10 Jahre und länger.

2016 Der viele Regen im Frühjahr und Sommer sorgte für Probleme mit f schem Mehltau. Hohe Temperaturen im September brachten dem Le gut Sonnenbrand. Ein sehr durchwachsener Jahrgang, was die Qualit als auch die Quantität angeht.
2015 Heißer, trockener Sommer. Rheingau-Weine ausgezeichnet, sowohl trockenen als auch die edelsüßen.
2014 Kompliziert, doch Riesling und Spätburgunder fielen in der Regel dentlich aus oder sogar gut, wenn sorgfältig selektiert wurde.
2013 Große Unterschiede: Die besten Weine kommen aus dem südlich Rheinhessen, Franken und dem Ahrtal.
2012 Unterdurchschnittliche Mengen, aber sehr gute, auf jeder Qualitätsst klassische Weine.
2011 Fruchtige Weine mit ausgewogener Säure.
2010 Uneinheitliche Qualität, teilweise sehr guter Spätburgunder; die troc nen Weißweine sollten jetzt getrunken werden.
2009 Exzellente Weine, v. a. die trockenen. Teilweise war Aufsäuerung nöti
2008 Außerordentlich rassige Rieslinge mit langem Atem.
2007 Die trockenen Weine sind jetzt reif. Trinken.
2005 Hohe Reifegrade, exzellente Säure und Extrakt. Vorzüglicher Jahrga Trinken oder aufbewahren.
2004 Überall am Rhein reife, gesunde Frucht. Großer Ertrag, teils etwas v wässert, aber nicht bei den Spitzengütern.

Weitere gute Jahrgänge: 2003, 2002, 2001, 1999, 1998, 1997, 1996, 19 1990, 1983, 1976, 1971, 1969, 1964, 1959, 1953, 1949, 1945, 1937, 19 1921.

Adams Rhh ★★→★★★ Das Familiengut wird seit 2011 von der Önolo Simone Adams geführt, die zeigt, warum der SPÄTBURGUNDER aus ING HEIM im 19. Jahrhundert mit als der beste Deutschlands galt. Auch fei CHARDONNAY mit leichter Eichennote und kräftiger GRAUBURGUNDER.
Adelmann, Weingut Graf Würt ★★→★★★ Der junge Felix Graf Adelm hat nun das Gut auf Burg Schaubeck übernommen, und auch ein ne Kellermeister ist da: viel Schwung, aber keine Palastrevolution. Sehr gu 2013er RIESLING (GROSSE LAGE Süßmund).

' ★★→★★★★ 05 09 **11 12 13'** 14 15' 16 – Flusstal südlich von Bonn. Knackige, fruchtige SPÄTBURGUNDER von Schieferböden. Beste Produzenten: Adeneuer, Deutzerhof, Heiner-Kreuzberg, Josten & Klein, KREUZBERG, MEYER-NÄKEL, Nelles, Paul Schumacher, STODDEN und die Winzergenossenschaft Mayschoß-Altenahr.

inger, Weingut Gerhard Würt ★★★ Gert Aldinger ist bekannt für dicht gefügte LEMBERGER und SPÄTBURGUNDER sowie komplexen SAUVIGNON BLANC. Die Söhne Hansjörg und Matthias produzieren auch TROLLINGER ohne Sulfite, GRÜNEN VELTLINER und SEKT, der 5 Jahre auf der Hefe gelegen hat. (Brut Nature **09 10**)

Jahrgangsangaben im Kapitel Deutschland

Die Jahrgangsangaben bei den Stichwörtern im Kapitel Deutschland erfolgen meist nach einem anderen Schema als sonst in diesem Buch üblich. Wird der Jahrgang eines bestimmten Weins bewertet oder auf Rotweingebiete Bezug genommen, entspricht die Angabe dem in diesem Buch ansonsten üblichen Schema (siehe »Zum richtigen Gebrauch« auf S. 4). Für Bereiche, Gemeinden und Erzeuger aber gibt es zwei verschiedene Kategorien:

Fettdruck (z. B. **14**) – Klassischer, reifer Jahrgang mit einem hohen Anteil von Spät- und Auslesen bzw. bei Rotweinen mit schöner phenolischer Reife und einem guten Mostgewicht.

Normaldruck (z. B. 15) – Erfolgreicher, aber nicht außergewöhnlicher Jahrgang.

Deutsche Weißweine, insbesondere Riesling, kann man in der Regel jung trinken, um ihre intensive Fruchtigkeit zu genießen, aber auch 10–20 Jahre lagern, wodurch sie eine größere aromatische Finesse entwickeln.

e Reben Eine auf deutschen Etiketten immer häufiger auftauchende Bezeichnung, analog zum französischen *vieilles vignes*. Wie in Frankreich ist kein Mindestalter festgelegt.

r Satz Fran – Bezeichnung für Weine von alten Weinbergen, v. a. in FRANKEN, auf denen bunt durcheinander oft über 100 Jahre alte, unveredelte Reben verschiedener Sorten wachsen. Empfehlenswert: Weiße von Hartmut Scheuring, Nico Scholtens und Otmar Zang, Rote von Stritzinger.

tliche Prüfungsnummer (A.P.Nr.) Muss auf jedem Etikett eines Qualitätsweins abgedruckt sein. Besonders nützlich zur Unterscheidung von AUSLESEN aus verschiedenen Parzellen desselben Weinbergs.

mannshausen Rhg ★★→★★★★ 97 99' 05' **08** 09 **10 11 12** 13' 14 **15** Der einzige Ort im RHEINGAU mit jahrhundertealter Tradition für Spätburgunder. Weine von der GROSSEN LAGE Höllenberg (45 ha Schieferböden) haben enormes Reifepotenzial. Erzeuger: BISCHÖFLICHES WEINGUT RÜDESHEIM, CHAT SAUVAGE, HESSISCHE STAATSWEINGÜTER, Karl Schön, KESSELER, König, KRONE und Mumm.

lese Wein von ausgelesenen, besonders reifen Trauben, oft durch Edelfäule verfeinert und entsprechend gehaltvoll im Geschmack.

M ★→★★★ Alle Weinberge sind seit 1971 unter dem Namen der historisch besten Lage bekannt: Kupp (was viel über das deutsche Weingesetz sagt). Erzeuger: BISCHÖFLICHE WEINGÜTER TRIER, Lauer, Vols.

harach MR ★→★★★ **01 05** 08 **09 11 12** 13 14 **15** – Idyllisches Städtchen mit Fachwerkhäusern, Zentrum der RIESLING-Erzeugung am MIT-

TELRHEIN. GROSSE LAGEN: Hahn, Posten, Wolfshöhle. Erzeuger: Basti JOST, KAUER, Ratzenberger.

Baden Große Region im Südwesten und früheres Großherzogtum, das s ne Existenz den Restrukturierungen der postnapoleonischen Zeit v dankt. Es umfasst 15.000 ha, die sich über eine Länge von 290 km zieh Vor allem bekannt für die verschiedenen Burgundertrauben (BLAU- b. SPÄT-, GRAU- und WEISS-) mit Enklaven von RIESLING, der in der Re trocken ausgebaut wird. Viele Winzergenossenschaften. Beste Bereic KAISERSTUHL und ORTENAU.

Bassermann-Jordan Pfz ★★★ 49 ha in DEIDESHEIM, FORST und RUPPER BERG. Majestätischer trockener Riesling und üppige Süßweine. Neu s Experimente mit ausgedehnter Fassreife (Probus Reserve) oder der Vir zierung in Tongefäßen (Pithium).

Becker, Friedrich Pfz ★★→★★★★ Herausragender SPÄTBURGUNDER (Ka merberg, Sankt Paul, Res, Heydenreich) **07'** 08 **09 10** 11 12 13' 14 . dem südlichsten Teil der PFALZ. Besitzt auch einige Weinberge auf der deren Seite der Grenze im Elsass. Auch gute Weißweine (CHARDONN RIESLING, GRAUBURGUNDER).

Becker, J. B. Rhg ★★→★★★ **89 90 92 94 97 01 05** 08 **09** 10 **11 12** 13 **15** Hajo Becker und seine Schwester Maria produzieren herrlich altmo sche, fassgereifte und langlebige trockene RIESLINGE und SPÄTBURG DER in WALLUF und Martinsthal. Ältere Jahrgänge sind außerordent preisgünstig.

Beerenauslese Köstlich süßer Wein aus besonders reifen, einzeln ausgele nen Beeren, durch Edelfäule verfeinert. Rar und teuer.

Bercher Bad ★★★ Die Cousins Arne und Martin Bercher sind Experten PINOT von vulkanischen Böden in Burkheim, Jechtingen und Sasbach. H ausragender GRAUBURGUNDER GROSSES GEWÄCHS Feuerberg Haslen (1

Bergdolt Pfz ★★★ Bioweingut in Neustadt-Duttweiler. Seit jeher für WEI BURGUNDER (von der GROSSEN LAGE Mandelberg **98' 01' 02 04' 05** **08 09' 10** 11 **12'** 13 14 15) bekannt. RIESLING und SPÄTBURGUNDER s ebenfalls empfehlenswert.

Bernkastel MM ★→★★★★ Erstklassige Weinstadt an der MITTELMOSEL, kannt für ihre Fachwerkhäuser und duftige, perfekt abgerundete Rieslir GROSSE LAGEN: DOCTOR und Lay. Spitzenerzeuger: Kerpen, LOOSEN, PRÜM, Studert-Prüm, THANISCH (beide Güter), WEGELER. Der Name K fürstlay (GROSSLAGE) ist irreführend, meiden!

Bischöfliches Weingut Rüdesheim Rhg ★★★ 8 ha bester Lagen in RÜD HEIM, ASSMANNSHAUSEN und JOHANNISBERG. Gewölbekeller im berü ten Kloster von Hildegard von Bingen. Peter Perabo, früher Kellermei bei KRONE, ist Spezialist für Spätburgunder, doch auch der RIESLING sehr gut. Empfehlenswert ist der 15er Berg Rottland von Reben, die 1 gepflanzt worden sind.

Bischöfliche Weingüter Trier M ★★ In den 120 ha meist erstklassiger La sind verschiedene Schenkungen vereinigt. Die Qualität ist nach wie schwankend, kaufen sollte man nur nach vorheriger Verkostung.

Bodensee Bad – Idyllischer Bereich im südlichen BADEN mit Lagen in 400 580 m Höhe. Trockener, eleganter MÜLLER-THURGAU, leichter, aber d kater SPÄTBURGUNDER. Spitzenweinbauorte: Hagnau, Meersburg und chenau. Hübsche Urlaubsweine.

Boppard MR ★→★★★ Weinstadt am MITTELRHEIN mit der GROSSEN L Bopparder Hamm, die wie ein Amphitheater geformt ist. Erzeuger: Lore M. Müller, Perll, WEINGART. Unschlagbares Preis-Leistungs-Verhältnis.

Brauneberg MM ★★★→★★★★ **59 71 83 90 96 97 99 01** 04 **05 07** 08 09 12 13 14 **15** 16 – Erstklassiger Weinort bei BERNKASTEL mit ausgezeich ten, sehr aromatischen und herrlich rassigen RIESLINGen. GROSSE LAGEN: Juffer, Juffer-Sonnenuhr. Erzeuger: Fritz Haag, Willi Haag, KESSELSTATT, Paulinshof, RICHTER, SCHLOSS LIESER, THANISCH.

ɜmer Ratskeller Der 1405 erbaute Keller des Bremer Rathauses (UNESCO-Welterbe) birgt die größte Sammlung deutscher Weine; der älteste ist ein 1653er RÜDESHEIMER Apostelwein.

ɜuer, Georg Rhg ★★★→★★★★ Exquisiter RIESLING aus RÜDESHEIM und RAUENTHAL, gleichzeitig klassisch und topmodern. Berg Schlossberg zeigt viel Tiefe bei 12 Vol.-%, Nonnenberg altert in Würde. Der preiswerte Terra Montosa zeigt, was alles im Rheingauriesling steckt. Auch guter SEKT und SPÄTBURGUNDER.

hl, Reichsrat von Pfz ★★★ Historisches Weingut in DEIDESHEIM. Gutsleiter ist seit 2013 Mathieu Kauffmann, zuvor Kellermeister bei Bollinger (siehe Kapitel »Frankreich«). Überragender SEKT, GROSSE GEWÄCHSE im französischen Stil: knochentrocken mit beeindruckender Mineralität.

ʼ erste Chardonnay in Deutschland wurde 1952 gepflanzt – aus Versehen, es sollte eigentlich Weißburgunder sein.

Deutschland

ʼgerspital zum Heiligen Geist Fran ★★★ Alter Stiftsbesitz mit großer Kontinuität. Es gab nur sechs Gutsleiter in den vergangenen 180 Jahren. Traditionell bereitete Weißweine (Silvaner und RIESLING) von den besten Lagen in und um WÜRZBURG. Zur 700-Jahr-Feier im Frühjahr 2016 zeigten sich alte Jahrgänge in Topform: 1904er Schalkberg trocken (von einem gemeinschaftlich bewirtschafteten Weinberg), ʼ49er Stein SILVANER trocken oder ʼ53er Hohburg Silvaner TBA.

ʼklin-Wolf, Dr. Pfz ★★→★★★★ Das historische Weingut besitzt einige der besten Lagen der MITTELHAARDT, 30 ha GROSSE und ERSTE LAGEN (gutseigene Klassifikation seit 1994) in FORST, DEIDESHEIM usw. Biodynamisch bewirtschaftet (mit Pferden).

ɜch, Clemens M ★★★ Clemens Busch und Sohn Johannes erzeugen kraftvollen, trockenen und eleganten edelsüßen RIESLING aus den Bereichen Fahrlay, Falkenlay, Rothenpfad und Raffes der Steillage Pündericher Marienburg. Biologisch-dynamischer Anbau.

ɪt Sauvage Rhg ★★★→★★★★ **07 08 09 10** 11 12 13ʼ 14 – 2000 vom Hamburger Unternehmer Günter Schulz gegründet und inzwischen einer der besten SPÄTBURGUNDER-Erzeuger im RHEINGAU. Weinberge in ASSMANNSHAUSEN, JOHANNISBERG, LORCH, RÜDESHEIM. Auch CHARDONNAY.

istmann Pfz ★★★ VDP-Präsident Steffen Christmann ist ein Pionier des biologisch-dynamischen Anbaus in der MITTELHAARDT und besonders bekannt für seinen RIESLING Königsbacher Idig (**04 05ʼ 08ʼ 10ʼ 11 12ʼ** 13 14 15ʼ).

sserath, Ansgar M ★★★ Straffer RIESLING aus der TRITTENHEIMER Apotheke. Köstlich und von kristalliner Klarheit die KABINETT-Versionen.

vers-Kauter Rhg ★★★ Mineralische RÜDESHEIMER RIESLINGE wie aus dem Bilderbuch: kristallin und reintönig.

sius, Dr. Na ★★→★★★ Familiengut in TRAISEN. Lebhafter, alterungswürdiger RIESLING aus den Traiser Lagen Bastei und Rotenfels sowie aus SCHLOSSBÖCKELHEIM.

desheim Pfz ★★→★★★★ **01 05 08 09 11 12** 13 14 **15** – Der Ort im Zentrum der MITTELHAARDT bringt langlebigen RIESLING aus GROSSEN LAGEN in sechs Weinbergen hervor: Grainhübel, Hohenmorgen, Kalkofen, Kieselberg, Langenmorgen und Paradiesgarten. Spitzenerzeuger: BASSERMANN-JORDAN, Biffar, BUHL, BÜRKLIN-WOLF, CHRISTMANN, DEINHARD, Fusser,

MOSBACHER, von WINNING. Gute Winzergenossenschaft, erstklassige We berge und ein junges, ambitioniertes Team.

Deinhard, Dr. Pfz ★★★ Seit 2008 Teil des neuen Weinguts von WINNING, zeugt aber nach wie vor Pfälzer RIESLING im klassischen Stil.

Diel, Schlossgut Na ★★★→★★★★ Caroline Diel hat inzwischen von ihr Vater übernommen. Sie bereitet exquisiten Riesling Großes Gewächs (besten ist meist der Dorsheim Burgberg), prachtvolle SPÄTLESEN und er zu nehmenden Sekt (Cuvée Mo mit sechsjähriger Lagerung auf der Hefe

Doctor MM – Emblematische Steillage in BERNKASTEL und der Ort, an d die TROCKENBEERENAUSLESE erfunden wurde (1921 von THANISCH). N 3,2 ha und vier Erzeugerbetriebe: KESSELSTATT, die beiden Thanisch-We güter und WEGELER. Der RIESLING ist außerordentlich reichhaltig, a kostspielig – und leider nicht auf Rezept erhältlich.

Dönnhoff, Hermann Na ★★★→★★★★ **90 97 01 05 07 08 09 11 12** 13 **15** 16 – Cornelius Dönnhoff steht inzwischen auf der Kommandobrüc Seine Weine fallen vielleicht einen Hauch trockener aus als die seines ters Helmut. Weine mit gutem Preis-Leistungs-Verhältnis: Tonschie RIESLING und Roxheimer Höllenpfad (fein, elegant). Überragende GROS GEWÄCHSE aus NIEDERHAUSEN (Hermannshöhle), Norheim (Dellchen) u SCHLOSSBÖCKELHEIM (Felsenberg); umwerfender EISWEIN aus der Ob häuser Brücke.

Durbach Bad ★★→★★★ Weinbauort in der ORTENAU, bekannt für körp reichen RIESLING, hier Klingelberger genannt, vom Granitboden der stei Lage Plauelrain. Spitzenerzeuger: Graf Metternich, H. Männle, LAIBLE (H de), MARKGRAF VON BADEN.

Egon Müller – Scharzhof M ★★★★ **59 71 76 83 85 88 89 90 93 94 95 97 98 99 01 02 03 04 05 06 07 08 09 10 11 12 13** 14 **15** 16 – Leg därer Erzeuger an der SAAR in WILTINGEN mit einem wahren Schatz an ten Weinen. Sein rassiger SCHARZHOFBERGER RIESLING zählt zu den bes Weinen der Welt, erhaben, lebhaft, unsterblich. Die Kabinette präsentie sich federleicht, langlebig, aber mittlerweile auch recht teuer: Der 201 ALTE REBEN KABINETT erzielte auf einer Auktion 200 € pro Flasche. SP LESEN sind wunderbar voll, zugleich aber schlank. Himmlische AUSLES allen voran die Goldkapsel.

Einzellage Individuelle Weinberglage. Darf nicht mit GROSSLAGE verwech werden.

Eiswein Wein aus am Stock gefrorenen Trauben mit stark herabgesetz Wassergehalt, daher sehr konzentriert und mit mindestens dem Reifeg der BEERENAUSLESE. Herausragende Jahrgänge für Eiswein waren 19 2002, 2004 und 2008.

Ellwanger Würt ★★→★★★ Jürgen Ellwanger hat in Eiche ausgeb te Rotweine in WÜRTTEMBERG eingeführt, die Söhne Jörg und Felix zeugen saftigen, aber strukturierten LEMBERGER, SPÄTBURGUN und ZWEIGELT.

Emrich-Schönleber Na ★★★ Werner Schönleber und Sohn Frank erzeu klar umrissenen RIESLING aus den klassifizierten Lagen Monzinger F lingsplätzchen und Halenberg – Letzterer ist meist besser.

Erden MM ★★★→★★★★ **90 97 01 03 05 08 09 11** 12 13 14 **15** 16 – mit Lagen auf roten Schieferböden. Edle AUSLESEN und trockene RIESL GE von seltener Delikatesse. GROSSE LAGEN: Prälat und Treppchen. W güter: Bremer Ratskeller, J. J. CHRISTOFFEL, LOOSEN, MERKELBACH, M KUS MOLITOR, Mönchhof, Schmitges.

Erste Lage Nach der Klassifikation des VDP an zweithöchster Stelle einges te Weinberglage. (Beileibe nicht alle deutschen Winzer sind Mitglied VDP, doch von den besten die meisten.) Die »Erste Lage« bildet jetzt e neue Kategorie zwischen den Stufen ORTSWEIN und Große Lage, ähnlich dem Premier cru in Burgund. In den Anbaugebieten AHR, MITTELRHEIN, MOSEL, NAHE und RHEINHESSEN wird die Bezeichnung nicht geführt.

tes Gewächs Rhg – Wein von einem als Spitzenlage klassifizierten Weinberg; wird nur im RHEINGAU verwendet. Die dortigen Mitglieder des VDP verwenden seit 2012 die Bezeichnung GROSSES GEWÄCHS.

eugerabfüllung Vom Erzeuger – bei dem es sich auch um eine Winzergenossenschaft handeln kann – aus eigenem Lesegut gekelterter und selbst abgefüllter Wein. Die strengeren Kriterien unterliegende GUTSABFÜLLUNG ist, wie der Name sagt, Weingütern vorbehalten.

Die deutschen Qualitätsstufen

Die amtlichen Qualitätsstufen sind in aufsteigender Reihenfolge:

1. **Deutscher Wein ohne Herkunftsangabe** (oder schlicht **Wein;** ersetzt die Bezeichnung *Tafelwein*): leichter, meist lieblicher Wein ohne näher festgelegte Eigenart.
2. **Wein mit geschützter geografischer Angabe (g.g.A.)** (ersetzt Landwein): trocken oder halbtrocken, gebietstypisch. Meist nicht zu empfehlen, doch einige erfolgreiche Güter nutzen die Kategorie Landwein bzw. g.g.A., um bürokratische Zwänge zu umgehen.
3. **Wein mit geschützter Ursprungsbezeichnung (g.U.,** als traditionelle Begriffe sind auch noch **Qualitäts- und Prädikatswein** zugelassen): trocken bis lieblich, Zuckerzusatz vor der Gärung ist möglich, um den Alkoholgehalt zu erhöhen; stets auf Qualität geprüft und mit ausgeprägtem Charakter, je nach Landschaft und Traubensorte.
4. **Kabinett:** trocken bis lieblich (ungezuckert) mit ausgeprägter, gelegentlich vorzüglicher Eigenart und charakteristischer Leichtigkeit.
5. **Spätlese:** alkoholreicher als Kabinett, meist mit mehr Süße, körperreich. Viele hochklassige Spätlesen sind heutzutage halb- oder ganz trocken.
6. **Auslese:** süßer, oft auch alkoholreicher als Spätlese, vielfach mit an Honig erinnerndem Aroma, intensiv und langlebig. Gelegentlich trocken und schwer.
7. **Beerenauslese:** ziemlich süß und gelegentlich alkoholreich, intensiv im Geschmack, kann superb sein.
8. **Eiswein:** von im Winter am Rebstock gefrorenen Trauben der Qualitätsstufe für Beeren- oder Trockenbeerenauslese, hochkonzentriert, intensiv süß. Manchmal extrem einseitig.
9. **Trockenbeerenauslese:** intensiv süß und aromatisch, oft nicht allzu alkoholreich. Ein außergewöhnlicher, unendlich haltbarer Wein.

herndorf Fran ★★★ **08 09** 10 **11 12** 13 14 **15** (16) – Weinbauort mit der GROSSEN LAGE Lump (Steillage). Der Name spielt möglicherweise darauf an, dass der Weinberg wegen des Erbrechts und der Verkaufsunwilligkeit vieler Erben in winzige Parzellen, klein wie Lumpen, aufgesplittet ist. Fabelhafter Silvaner und RIESLING, trocken und süß. Weingüter: Michael Fröhlich, HORST SAUER, RAINER SAUER, Egon Schäffer.

nherb Nicht genau definierter Begriff für Weine mit 10–20 g/l Restsüße, die man nicht unbedingt immer herausschmeckt. Flexiblere Bezeichnung als HALBTROCKEN. Ich entscheide mich oft für feinherbe Weine.

st Pfz ★★→★★★★ **90 97 01 05 08 09 11 12 13** 14 15 16 – Herausragender Weinort in der MITTELHARDT, bringt gleichzeitig körperreiche und feine Weine hervor. GROSSE LAGEN: Jesuitengarten, Kirchenstück, Freund-

Deutschland

stück, Pechstein, Ungeheuer. Spitzenerzeuger: Acham-Magin, BASSE MANN-JORDAN, REICHSRAT VON BUHL, BÜRKLIN-WOLF, MOSBACHER, V Winning, WOLF.

Franken Anbaugebiet mit meist trockenen Weinen, besonders Silvaner, me in Bocksbeutel-Flaschen. Mittelpunkt ist WÜRZBURG. Die besten We kommen aus Bürgstadt, ESCHERNDORF, IPHOFEN, Klingenberg und Ra dersacker.

Franzen M ★★→★★★ Der junge Kilian Franzen bereitet dichten, mine lischen RIESLING, meist trocken, von Europas steilster Lage, dem Bremn Calmont, sowie den nahegelegenen Neefer Frauenberg.

Franz Keller – Schwarzer Adler Bad ★★→★★★ Seit 1969 kontinuierlich einem Michelin-Stern ausgezeichnetes, französisch insipiriertes Resta rant in Oberbergen am KAISERSTUHL. Das Weingut ist vom Burgund ins riert, mit klar strukturierten GRAU-, WEISS- und SPÄTBURGUNDERN. In ber Fritz Keller war Mitte der 1980er-Jahre einer der ersten in Deutschla die auf den Ausbau im Barrique gesetzt haben.

Fricke, Eva Rhg ★★→★★★ Obwohl bei Bremen geboren und ohne jeden miliären Weinhintergrund, ist Eva Fricke in kürzester Zeit zum Shootings des RHEINGAUS avanciert. Ausdrucksvolle, straffe RIESLINGE aus KIEDR und LORCH. Biologischer Anbau auf 10 ha.

Fuder Traditionelles deutsches Fass für Gärung und (früher langen) Ausb mit einem Fassungsvermögen von 600 bis 1800 Litern, je nach Anb gebiet.

Fürst, Rudolf Fran ★★★→★★★★ Erfolgreiches Vater-Sohn-Gespann Bürgstadt mit Weinbergbesitz dort und auf den steilen Terrassen von K genberg. Spätburgunder **97' 99 01 05'** 08 09 10 **11** 12 13 14 (15) großer Finesse von roten Sandsteinböden. Dicht gewirkte FRÜHBURGU DER, ebenfalls hervorragende Weißweine. Der Name »pur mineral« st für eine verlässliche Marke im mittleren Preissegment.

Fürstlich Castell'sches Domänenamt Fran ★→★★★ Hervorragender SIL NER und RIESLING von der Lage Casteller Schlossberg (Alleinbesitz). N er Gutsleiter ist seit 2017 Björn Probst, der bereits mit seinem Vorgän Karl-Heinz Rebitzer zusammengearbeitet hat. Dessen Stil bleibt er treu

Gallais, Le M – Das zweite Gut von EGON MÜLLER mit der 4-ha-Lage Br ne Kupp (in Alleinbesitz) in WILTINGEN, deren Schieferboden einen hö ren Lehmanteil aufweist als der SCHARZHOFBERG. Die AUSLESEN kön grandios sein.

Geisenheim Rhg – Das Städtchen im RHEINGAU ist vor allem bekannt als der wichtigsten Hochschule Deutschlands für Weinbau und Önologie. merhin eine GROSSE LAGE: Rothenberg.

Großes Gewächs Bezeichnung für einen trockenen Spitzenwein aus e GROSSEN LAGE (ab 2012) nach der Klassifizierung des VDP. Aus Grün der internationalen Verständlichkeit wird auch die Schreibweise »Gros Gewächs« verwendet (vom VDP nur so). Siehe auch ERSTES GEWÄCHS.

Goldkapsel M, Na, Rhg, Rhh – In manchen deutschen Anbaugebieten RHEINGAU, MOSEL und PFALZ verwendete Bezeichnung (und auch der schenverschluss) für edelsüße Weine von AUSLESE bis TBA mit strikt lektiertem Lesegut. Die lange Goldkapsel steht für noch höhere Qualitä

Graach MM ★★★→★★★★ Kleiner Ort zwischen BERNKASTEL und WEHL GROSSE LAGEN: Domprobst, Himmelreich, Josephshöfer. Spitzenw güter: Kees-Kieren, KESSELSTATT, LOOSEN, Markus MOLITOR, J.J. Pr S.A. PRÜM, SCHAEFER, Selbach-Oster, Studert-Prüm, VON KESSELSTA WEGELER. Alle sind vom geplanten Bau einer Schnellstraße (B50 r bedroht.

ans-Fassian M ★★★ Stahliger, alterungswürdiger RIESLING von Lagen in Drohn, Leiwen, TRITTENHEIM und PIESPORT. EISWEIN ist eine Spezialität.

oße Lage Die Spitze der neuen Lagenklassifikation des VDP, gilt jedoch nur für Mitglieder des VDP. (Der Verband selbst benutzt übrigens nur die Schreibweise Grosse Lage, wohl um die internationalen Märkte nicht mit deutscher Orthografie zu verwirren). Darf auf keinen Fall mit der GROSSLAGE verwechselt werden. Trockene Weine von einer Großen Lage werden als GROSSES GEWÄCHS bezeichnet.

oßer Ring M – Gruppe von Spitzenweingütern (VDP) im Anbaugebiet MOSEL, bei deren jährlicher Auktion im September in TRIER manchmal sogar Weltrekordpreise erzielt werden.

15 waren 6.766 ha Weinberge in Deutschland als Bio zertifiziert: Das sind 6,6 % der gesamten Rebflächen.

oßlage Ein Begriff, der vielleicht sogar mit Absicht verwirren soll. Zusammenfassung einer Gruppe zweitrangiger Weinberge mit angeblich ähnlichen Eigenschaften. Keine Qualitätsangabe. Hat rein gar nichts zu tun mit einer GROSSEN LAGE!

nderloch Rhh ★★★→★★★★ **90 97 01 05 07 08 09 11 12** 13 14 **15** 16 – Dem Ende 2016 verstorbenen Fritz Hasselbach war es gelungen, den ROTEN HANG wieder weltberühmt zu machen. Darauf baut Sohn Johannes auf: Die Klassiker bleiben uns erhalten, etwa der edelsüße RIESLING aus der GROSSEN LAGE Rothenberg oder der kulinarische Jean-Baptiste Kabinett. Nur die trockenen Weine erscheinen jetzt noch trockener als zuvor.

tsabfüllung Auf Weingütern (im Unterschied zu Genossenschaften) anstelle von ERZEUGERABFÜLLUNG verwendet.

tswein Wein, bei dem keine Weinberg- oder Ortsbezeichnung, sondern nur der Name des Erzeugers auf dem Etikett steht: Basiskategorie. Idealerweise sollte ein Gutswein eine ERZEUGERABFÜLLUNG (von eigenen Trauben) sein, aber das ist nicht immer der Fall.

ag, Fritz M ★★★★ **90** 96 **97 99 01** 04 **05 07 08 09 10 11** 12 13 14 **15** (16) – BRAUNEBERGS Spitzenweingut. Oliver Haag führt das Werk seines Vaters Wilhelm fort, aber die Weine sind moderner im Stil. Siehe auch SCHLOSS LIESER.

ag, Willi M ★★→★★★ Familienweingut in BRAUNEBERG, geleitet von Marcus Haag. RIESLING alter Schule, meist süß und voll, aber ausgewogen und preiswert.

art, Reinhold MM ★★★→★★★★ Das beste Weingut in PIESPORT. Die aromatisch-milden RIESLINGE, SPÄTLESEN, AUSLESEN und höheren PRÄDIKATE sind rassige Mosel-Rieslinge wie aus dem Bilderbuch mit großartigem Alterungspotenzial.

lbtrocken Mit 9–18 g/l Restsüße. Die Bezeichnung »halbtrocken« auf dem Etikett kommt heutzutage nicht mehr so gut an – FEINHERB klingt besser.

ttenheim Rhg ★★→★★★★ **01 05 08 09 11 12** 13 14 15 16 –; Weinort mit den berühmten GROSSEN LAGEN Nussbrunnen, Hassel, Mannberg, Schützenhaus, STEINBERG, Wisselbrunnen. Erzeuger: Barth, HESSISCHE STAATSWEINGÜTER, Knyphausen, Lang, LANGWERTH, Ress, SPREITZER. Klassische RHEINGAU RIESLINGE. Die guten Lagen Nuss- und Wisselbrunnen haben einen Felsuntergrund, auf dem sich Wasser sammelt und der einen guten Schutz gegen Dürre bietet.

ger, Dr. Bad ★★★ Das Weingut am KAISERSTUHL ist bekannt für seine trockenen Parzellenauslesen von vulkanischen Böden in Achkarren und IHRINGEN, besonders den Lagen Häusleboden (SPÄTBURGUNDER) und Vor-

Deutschland

derer Berg (»v.B.«), womit die beste Parzelle, die sehr steile Terrassenla Winklerberg, gemeint ist. Herrliche MUSKATELLER BEERENAUSLESE.

Hermannsberg Na ★★→★★★ Die frühere Staatsdomäne NIEDERHAUS wurde 2010 privatisiert und komplett modernisiert. Kraftvoller RIESLI aus den als GROSSE LAGEN klassifizierten Weinbergen in NIEDERHAUSE SCHLOSSBÖCKELHEIM und TRAISEN.

Bereich, Großlage und Große Lage – trau, schau wem!

Ein »Bereich« nach dem deutschen Weinrecht bedeutet einen größeren Abschnitt innerhalb eines Anbaugebiets. Auf einem Etikett, wie z. B. bei »Bernkastel (Bereich)«, ist diese Bezeichnung als Warnsignal zu verstehen: Der Wein ist ein Verschnitt aus beliebigen Lagen innerhalb dieses Bereichs und sollte besser nicht gekauft werden. Das Gleiche gilt für Weine mit der Bezeichnung GROSSLAGE, obwohl diese viel schwerer zu erkennen sind. Wer könnte schon aus dem Stegreif erraten, ob »Forster Mariengarten« eine EINZELLAGE oder eine Großlage ist? (Es ist Letzteres.) Und seit dem Jahrgang 2012 ist es noch ein bisschen verzwickter geworden: Die GROSSEN LAGEN sind hinzugekommen, die man auf keinen Fall mit Großlagen verwechseln sollte. Es handelt sich nämlich ganz im Gegenteil um die besten Weinberge nach der Klassifikation des Winzerverbandes VDP, sozusagen die Grands crus Deutschlands. Das soll einer verstehen.

Hessische Bergstraße ★→★★★ **09 11 12 13 14 15** (16) – Deutschlar kleinstes Anbaugebiet mit nur 440 ha liegt nördlich von Heidelberg. Ge lige RIESLINGE der HESSISCHEN STAATSWEINGÜTER, von Simon-Bürkle u dem Weingut der Stadt Bensheim.

Hessische Staatsweingüter Kloster Eberbach Hess-B, Rhg – Umfangreich und historisch bedeutsame – Domäne des Landes Hessen mit 220 ha ASSMANNSHAUSEN, RÜDESHEIM, Rauenthal, HOCHHEIM und an der HE SISCHEN BERGSTRASSE. Das KLOSTER EBERBACH aus dem 12. Jh. verf über eine Vinothek und zwölf historische Pressen. Die Qualität ist orde lich, doch man sollte wählerisch sein. Der SEKT ist bisweilen exquisit.

Heyl zu Herrnsheim Rhh ★★→★★★ Das ökologisch bewirtschaftete hist sche Gut in NIERSTEIN ist Teil des Weinguts ST. ANTONY. GROSSE GEWÄC SE von der in Alleinbesitz befindlichen ERSTEN LAGE Brudersberg könr ganz ausgezeichnet sein.

Heymann-Löwenstein M ★★★ Reinhard Löwenstein bewirtschaftet in W NINGEN bei Koblenz hauptsächlich mit RIESLING bestockte terrassie Steillagen (14 ha). Die spontan vergorenen Weine Blaufüßer Lay, Lauba und Roth Lay offenbaren Individualität und Charakter.

Hochgewächs Selten verwendete Bezeichnung für MOSEL-RIESLING, der str geren Vorschriften unterliegt als einfacher QbA. Ein angesehener Advo des Hochgewächses ist Kallfelz in Zell-Merl.

Hochheim Rhg ★★→★★★★ **90 97 01 03** 04 **05 07 08 09** 10 **11 12** 13 **15** 16 – Weinstadt am Main, östlich vom Hauptgebiet des RHEINGAU. V le RIESLINGE aus den GROSSEN LAGEN Domdechaney, Hölle, Kirchenst und Reichestal. Erzeuger: Domdechant Werner, Flick/Königin Victoriabe Himmel, Künstler, HESSISCHE STAATSWEINGÜTER.

Hock Von »HOCHHEIM« abgeleitete traditionelle englische Bezeichnung Rheinwein.

ɔensbroech, Reichsgraf zu Bad ★★→★★★ Erstklassiges Gut im KRAICHGAU; die Reben wachsen auf sehr kalkhaltigem Lössboden. Der trockene WEISSBURGUNDER vom Michelfelder Himmelberg ist ein Klassiker.

ɔvel, von M ★★★ Feines SAAR-Weingut in Oberemmel mit der Lage Hütte (4,8 ha, Alleinbesitz), die filigrane Weine erbringt, dem Hörecker im KANZEMER Altenberg sowie einem Anteil am SCHARZHOFBERG. Wird jetzt biologisch bewirtschaftet.

ɹber, Bernhard Bad ★★★ Julian Huber erzeugt weiter geschmeidigen SPÄTBURGUNDER, v. a. Alte Reben und Bombacher Sommerhalde; außerdem CHARDONNAY im burgundischen Stil (ALTE REBEN, Hecklinger Schlossberg, Malterdinger Bienenberg).

ringen Bad ★→★★★ Der Ort am KAISERSTUHL ist für seine feinen SPÄTBURGUNDER und GRAUBURGUNDER vom Vulkanboden des steilen Winklerbergs bekannt. Spitzenweingüter: Dr. HEGER, Konstanzer, Michel, Stigler.

ımich-Batterieberg MM ★★ Das Comeback eines alten Namens, seit 2009 in neuem Besitz. Pikanter trockener und halbtrockner RIESLING aus den Lagen Batterieberg, Ellergrub und Steffensberg in Enkirch. Kein Süßwein.

gelheim Rhh ★★→★★★ Weinort in RHEINHESSEN; Weinberge mit Kalksteinuntergrund. Der historisch für SPÄTBURGUNDER berühmte Ort erlebt neue Bekanntheit dank Simone ADAMS, J. Neus und Schloss Westerhaus.

ıofen Fran ★★→★★★ **90 97 01 05** 08 **09 11 12** 13 14 **15** 16 – Weinort im STEIGERWALD mit der berühmten GROSSEN LAGE Julius-Echter-Berg (benannt nach dem Fürstbischof von Würzburg aus dem 16. Jh. mit einem Faible für Hexenprozesse). Reicher, aromatischer SILVANER mit Lagerpotenzial von Gipsböden. Erzeuger: Arnold, Emmerich, JULIUSSPITAL, RUCK, VETTER, WELTNER, Wirsching und Zehntkeller.

hannisberg Rhg ★★→★★★★ **01 05 07** 08 **09 11 12** 13 14 15 (16) – Der Weinort im RHEINGAU genießt einen guten Ruf für RIESLINGE mit Beeren- und Honigduft. GROSSE LAGEN: Hölle, Klaus, Schloss Johannisberger. GROSSLAGE: Erntebringer (meiden!). Spitzenerzeuger: CHAT SAUVAGE, JOHANNISHOF, PRINZ VON HESSEN, SCHLOSS JOHANNISBERG.

hannishof – Eser Rhg ★★→★★★ Familienweingut mit Lagen in JOHANNISBERG und RÜDESHEIM. Johannes Eser bereitet RIESLINGE mit perfekter Ausgewogenheit von reifer Frucht und stahliger Säure.

sephshöfer M ★★→★★★ 83 90 03 05 08 **09 11 12 13** 14 **15** 16 – GROSSE LAGE in GRAACH, Alleinbesitz von Reichsgraf von KESSELSTATT. Harmonischer, beerenfruchtiger RIESLING.

st, Toni MR ★★★ Führendes Weingut in BACHARACH mit der Lage Hahn (in Alleinbesitz), jetzt geleitet von Cecilia Jost. Aromatisch-nervige RIESLINGE, seit Kurzem auch Versuche mit SPÄTBURGUNDER. Die Familie besitzt noch ein Gut in WALLUF (RHEINGAU).

liusspital Fran ★★★ Alte kirchliche Stiftung in WÜRZBURG mit besten Lagen in ganz FRANKEN, bekannt für seine trockenen Silvaner, die sehr schön altern. In letzter Zeit weniger Üppigkeit und mehr Struktur – die GROSSEN GEWÄCHSE werden nun vor dem Verkauf ein Jahr länger gelagert.

binett Siehe Kästen S. 213 und S. 220. Deutschlands einzigartiger Beitrag zur Weinwelt in der Federgewichtsklasse – die Erzeugung wird mit dem fortschreitenden Klimawandel allerdings immer schwieriger.

iserstuhl Bad – Hervorragendes Weinbaugebiet mit ausgesprochen warmem Klima und vulkanischem Boden in der oberrheinischen Tiefebene. Der gute Ruf gründet sich vor allem auf die SPÄTBURGUNDER und GRAUBURGUNDER.

ınzem M ★★★ **90 01** 04 **05 07** 08 **09 11 12** 14 **15** (16) – Kleiner Ort an der Saar mit dem Altenberg, einer steilen GROSSEN LAGE auf Schiefer und

Deutschland

Rotliegend. Erzeuger: BISCHÖFLICHE WEINGÜTER TRIER, Van Volxem, V OTHEGRAVEN.

Karlsmühle M ★★★ Das Gut hat zwei Lorenzhöfer Lagen in Alleinbesitz. Klassischer RUWER-RIESLING.

Karthäuserhof M ★★★★ **90 01 05 07** 08 **09** 10 **11 12** 13 14 **15** 16 – Herausragendes Weingut an der RUWER mit dem Karthäuserhofberg in Alleinbesitz. Die typischen Flaschen, die nur ein Etikett am Hals tragen, stehen für erfrischende trockene und feine Süßweine.

Kasel M ★★→★★★ Der Ort im Ruwertal ist für blumige, schön reifende RIESLINGE bekannt. Spitzenerzeuger: Beulwitz, BISCHÖFLICHE WEINGÜTER TRIER, KARLSMÜHLE, KESSELSTATT.

Kauer MR ★★→★★★ Familiengut in BACHARACH. Feiner, aromatischer RIESLING. Randolf Kauer ist Professor für ökologischen Weinbau in GEISENHEIM

Keller, Franz Bad – Siehe SCHWARZER ADLER.

Keller, Weingut Rhh ★★★→★★★★ Star in RHEINHESSEN, bekannt für seinen kraftvollen RIESLING GROSSES GEWÄCHS von der Lage Dalsheimer Hubacker und den teuren G-Max. Außerdem Riesling aus den NIERSTEIN Lagen Hipping und Pettenthal.

Kesseler, August Rhg ★★★→★★★★ Leidenschaftlicher Winzer mit eleganten SPÄTBURGUNDERN aus ASSMANNSHAUSEN und RÜDESHEIM. Außergewöhnliche RIESLINGE: süffiger Pfaffenwies trocken aus LORCH, komplex Berg Schlossberg und Berg Roseneck GROSSES GEWÄCHS aus Rüdeshei Atemberaubender 2011er Berg Schlossberg BA GOLDKAPSEL.

Kesselstatt, Reichsgraf von M ★★→★★★★ Die 2016 verstorbene Anneg Reh-Gartner hat es in mehr als 30 Jahren harter Arbeit geschafft, dies Weingut an die Spitze zu bringen. 35 ha Spitzenlagen an der MOSEL u ihren beiden Nebenflüssen, darunter ein erklecklicher Anteil am SCHARZHOFBERG. Wählerische Käufer können Juwele auftun.

Kiedrich Rhg w ★★→★★★★ Das Renommee dieses Ortes mit der ERSTE LAGE Gräfenberg ist untrennbar mit dem Gut von Robert WEIL verknüpf Weitere Erzeuger (u. a. FRICKE, PRINZ VON HESSEN und Knyphausen) besitzen hier nur kleine Parzellen.

Kloster Eberbach Rhg – Das herrliche Zisterzienserkloster aus dem 12. Jahrhundert bei HATTENHEIM mit dem legendären STEINBERG gehört den HESSISCHEN STAATSWEINGÜTERN.

Klumpp, Weingut Bad ★★★ Neuer Stern am Himmel des Kraichgau. SPÄTBURGUNDER und LEMBERGER mit Tiefe und Eleganz. Markus Klumpp mit Meike Näkel vom Weingut MEYER-NÄKEL verheiratet.

Knewitz Rhh ★★★ Das 20 ha große Familienweingut rückt das Städtchen Appenheim in den Fokus. Die jungen Brüder Tobias und Björn produzieren kussierte und sehr gekonnte Weißweine. Bemerkenswert ist der RIESLI Hundertgulden (15), ebenso wie der Riesling ORTSWEIN, der WEISSBURGUNDER und der CHARDONNAY.

Knipser Pfz ★★★→★★★★ Familiengut in der nördlichen PFALZ mit barriquegereiftem SPÄTBURGUNDER, geradlinigem Riesling (aus der GROSSEN LA Steinbuckel), Cuvée X (Bordeaux-Verschnitt). Viele Spezialitäten, u. a. d historische sehr trockene Gelber Orleans.

Koehler-Ruprecht Pfz ★★→★★★ 97 99 01 05 07 08 09 10 11 12 13 – D Gut in Kallstadt, das lange seinen Ruf auf Bernd Philippi und dessen traditionelle Bereitungsmethoden stützte, bietet v. a. RIESLINGE vom Saumagen. Philippi ist inzwischen gegangen und hat an neue Besitzer übergeben

Kraichgau Bad – Kleiner Bereich südöstlich von Heidelberg. Spitzenerzeug Burg Ravensburg/Heitlinger, HOENSBROECH, Hummel, KLUMPP.

euzberg Ahr ★★★ Ludwig Kreuzberg genießt einen guten Ruf für seine spritzigen, nicht übertrieben alkoholstarken, eindeutig aus kühlem Klima stammenden SPÄTBURGUNDER.

one, Weingut Rhg ★★→★★★ 99' 05 06 07 08 09 10 11 12 13 – Von WEGELER geleitetes Gut in ASSMANNSHAUSEN mit einigen der besten und ältesten SPÄTBURGUNDER-Parzellen in der GROSSEN LAGE Höllenberg. Erlesene Rotweine; die Weißen sind weniger aufregend.

ihling-Gillot Rhh ★★★→★★★★ Erstklassiges Bioweingut, geleitet von Caroline Gillot und ihrem Mann H.O. Spanier. Sie überzeugen mit ihrem herausragenden RIESLING vom ROTEN HANG: Rothenberg GROSSES GEWÄCHS von wurzelechten Reben, die älter als 70 Jahre sind.

Die neue EU-Terminologie

Die Umsetzung der neuen EU-Klassifikation für Wein hat in Deutschland dazu geführt, dass der Begriff »Tafelwein« abgeschafft und seit Januar 2012 einfach durch »Wein« ersetzt wurde (im Amtsdeutsch »Deutscher Wein ohne Herkunftsbezeichnung«). LANDWEIN wird jetzt als »Wein mit geschützter geografischer Angabe« (g.g.A.) bezeichnet, die Stufen QUALITÄTSWEIN und PRÄDIKATSWEIN wurden zu »Wein mit geschützter Ursprungsbezeichnung« (g.U.) zusammengefasst. Die Prädikate (SPÄTLESE, AUSLESE usw.) können weiterhin an »g.U.« angehängt werden, die Regeln dafür ändern sich nicht. Siehe auch Kasten S. 213.

Deutschland

ihn, Peter Jakob Rhg ★★★→★★★★ Ausgezeichnetes Weingut in OESTRICH unter der Leitung von P. J. Kühn und Sohn. Durch peniblen biologisch-dynamischen Weinbau und lange Maischestandzeit entsteht unkonventioneller, aber aufregender RIESLING. Die Lenchen TROCKENBEERENAUSLESE (15) stellt ein Wunder an Frische dar.

ihn, Philipp Pfz ★★★ Zuverlässiger Erzeuger in Laumersheim. Die trockenen RIESLINGE sind reichhaltig und harmonisch (z. B. der Riesling SAUMAGEN GG), die fassgereiften SPÄTBURGUNDER saftig und komplex.

instler, Franz Rhg ★★★ Überragende trockene RIESLINGE von GROSSEN LAGEN in HOCHHEIM, z. B. Hölle (03 04 05 07' 08 09' 10 11 12 13 14 15), und Kostheim sowie nun auch von der anderen Seite des RHEINGAUS in RÜDESHEIM (Berg Schlossberg 15).

intz, Sybille ★★★ Progressives, individuelles 12-ha-Bioweingut in Lieser, v. a. in der Lage Niederberg-Helden. Die intensiven Weine, einer in jeder Reifekategorie, sind als Begleiter zum Essen gedacht und stehen in vielen Restaurants auf der Weinkarte.

ible, Alexander ★★→★★★ Neues Gut in DURBACH, gegründet von Andreas LAIBLES jüngerem Sohn. Aromatischer trockener RIESLING und WEISSBURGUNDER.

ible, Andreas Bad ★★★ Kristallklarer trockener RIESLING von der Lage Plauelrain in DURBACH, dazu guter SCHEUREBE und GEWÜRZTRAMINER. 2014 herausragender Weißburgunder Großes Gewächs Stollenberg: cremig und gleichzeitig straff gewoben.

ndwein Ist jetzt »Wein mit geschützter geografischer Angabe« (g.g.A.). Siehe Kasten S. 213.

ngwerth von Simmern Rhg ★★→★★★ Berühmtes Weingut in Eltville mit traditionellen Bereitungsmethoden. Spitzenlagen: Baiken, Mannberg (im Alleinbesitz), Marcobrunn. Ist jetzt wieder in Form.

Lauer, Peter M ★★★ Feiner, präziser RIESLING: straff, ausgewogen. Abfüllu gen aus einzelnen Parzellen der ausgedehnten Lage Ayler Kupp. Am be ten: Kern, Schonfels, Stirn.

Leitz, J. Rhg ★★★ Familienbetrieb in RÜDESHEIM mit reichhaltigen, ab eleganten trockenen und süßen RIESLINGEN, vielfach aus klassifizie ten Lagen. Herausragend ein Trio aus 2015er GROSSEN GEWÄCHSE Roseneck klassisch mit floralen Noten, der Schlossberg sehr modern, Ro land ausgeprägt mineralisch.

Liebfrauenstift Rhh – Besitzer der besten Parzellen in der historischen La LIEBFRAUENSTIFT-KIRCHENSTÜCK. Das Weingut wird wieder in Eigenreg geführt, nachdem die Weinberge jahrelang verpachtet waren. Vielverspr chend; Katharina Prüm (von J.J. PRÜM) berät.

Kabinett, eine gefährdete Spezies

Viele befürchten, dass der Klimawandel den KABINETT zu einer bedrohten Art machen könnte. Kabinett, der diesen Namen verdient, ist leicht, duftig und gut ausbalanciert, weder mit grünen Noten noch zu viel Schwere. Das Fenster für die Lese wird immer kleiner. Deshalb sind die Winzer jetzt dabei, lange vergessene Lagen in kühleren Seitentälern wiederzuentdecken, oder sie gehen in die Höhe. MUSKATELLER Kabinett von der Winzergenossenschaft der Insel Reichenau im BODENSEE (400 m Höhe) ist einen Versuch wert: eine Delikatesse mit nur 10% Alkohol und einem schönen Spiel zwischen Süße und Säure. Fast wie ein MOSELWEIN von vor 20 Jahren.

Liebfrauenstift-Kirchenstück Rhh – Ein umfriedeter Weingarten in der G markung Worms bringt auf Kiesboden blumige RIESLINGE hervor. Erzeug Gutzler, Schembs, Weingut LIEBFRAUENSTIFT. Hat nichts mit der billige faden Imitation Liebfrauenmilch zu tun!

Lisa Bunn Rhh ★★→★★★ Shootingstar in NIERSTEIN, eine Frohnatur v gerade 30 Jahren. Raffinierter RIESLING aus der Lage Hipping, stilvol CHARDONNAY, bemerkenswerter ST. LAURENT (rot).

Loewen, Carl M ★★★ RIESLING mit Eleganz und Spannung. Die besten L gen sind LEIWEN (GROSSE LAGE Laurentiuslay), Thörnicher Ritsch und c 1896 bestockte, unveredelte Maximin Herrenberg in Longuich. Ausg zeichnet das Preis-Leistungs-Verhältnis beim Basiswein Riesling Varidor

Loosen, Dr. MM ★★→★★★★ **90 97 01 05** 08 **09 10 11 12** 13 14 **15** 16 Der charismatische Ernst Loosen erzeugt traditionelle RIESLINGE von alt Reben in BERNKASTEL, ERDEN, GRAACH, ÜRZIG und WEHLEN. Kult ist c Erdener Prälat AUSLESE. Der Dr. L Riesling von zugekauften Trauben verlässlich. Siehe auch J. L. WOLF in der PFALZ, Chateau Ste Michelle US-Bundesstaat Washington und J. Christopher in Oregon.

Lorch Rhg ★→★★★ Der Ort im äußersten Westen des RHEINGAUS wird je wegen seiner kristallin-scharfen Weine wiederentdeckt. Beste Erzeug CHAT SAUVAGE, FRICKE, Johanninger, KESSELER, von Kanitz.

Löwenstein, Fürst Fran, Rhg ★★★ Fürstliches Gut mit Besitzungen im RHEI GAU und in FRANKEN. Klassischer RIESLING vom HALLGARTEN, einzigartig Silvaner und Riesling vom ultrasteilen Homburger Kallmuth.

Marcobrunn Rhg – Historische Lage in Erbach; potenziell eine der best Deutschlands. Heutige Weine werden dem einstigen Ruf selten gerecht.

Markgräflerland Bad – Weinbaubezirk bei Freiburg, verdankt sein v gleichbar kühles Klima den Winden aus dem Schwarzwald. Bekannt dur den GUTEDEL, einen angenehmen Begleiter der regionalen Küche. D

Klimawandel macht den erfolgreichen Anbau verschiedener PINOT-Sorten möglich.

arkgraf von Baden Bad ★★→★★★ Renommiertes Nobelweingut mit 135 ha in Schloss Salem am BODENSEE und auf Schloss Staufenberg in der ORTENAU. Der junge Prinz Bernhard zeigt sich sehr viel engagierter als sein Vater. Die Qualität steigt.

aximin Grünhaus M ★★★★ **83 90 97 99 01 05 07 08 09 11 12** 13 14 **15** 16 – Erstklassiges Weingut an der RUWER unter der Leitung von Dr. Carl von Schubert, der auch Vorstand im VDP GROSSER RING an der MOSEL ist. Dank der sehr traditionellen Bereitungsmethoden entsteht ein kräuterwürziger, feingliedriger, langlebiger Riesling. Umwerfender WEISSBURGUNDER und SPÄTBURGUNDER.

erkelbach, Weingut MM ★★→★★★ Winziges Weingut in ÜRZIG, 2 ha. Die Brüder Alfred und Rolf, beide um die 80, erzeugen preisgünstige MOSEL-Weine, die nicht zum Darannippen, sondern zum Trinken gedacht sind. Großartige Sammlung alter Jahrgänge.

eyer-Näkel Ahr ★★★→★★★★ Werner Näkel und seine Töchter erzeugen im Ahrtal feinen SPÄTBURGUNDER – ein typisches Beispiel für den neuen, in Eiche ausgebauten Stil. Auch in Südafrika (Zwalu, zusammen mit Neil Ellis) und Portugal (Quinta da Carvalhosa).

ttelhaardt Pfz – Der beste Teil der PFALZ (nördliche Mitte) mit DEIDESHEIM, FORST, RUPPERTSBERG, WACHENHEIM usw.; Haupttraube: RIESLING.

ttelmosel Der mittlere und beste Teil der MOSEL mit BERNKASTEL, BRAUNEBERG, GRAACH, PIESPORT, WEHLEN usw. – ein RIESLING-Eldorado.

ttelrhein Wildromantisches Anbaugebiet am Rhein in der Nähe der bei Touristen sehr beliebten Loreley. Beste Weinbaugemeinden: BACHARACH und BOPPARD. Die delikaten und zugleich stahligen Rieslinge werden unterschätzt und unter Wert verkauft.

olitor, Markus MM, M ★★★ Noch immer wachsendes Weingut von mittlerweile 100 ha mit 170 Parzellen entlang der MITTELMOSEL und an der SAAR. Der Perfektionist Markus Molitor liefert eine beeindruckende Bandbreite an Stilen, Weinlagen und Jahrgängen.

osbacher, Georg Pfz ★★★ Einige der besten RIESLINGE der Kategorie GROSSES GEWÄCHS in FORST. Die eher finessereichen als massiven Weine reifen traditionsgemäß in großen Eichenfässern. Außerdem exzellenter SAUVIGNON BLANC (»Fumé«).

iller-Thurgau ist ein unterschätzter Essensbegleiter: In Kombination mit Süßwasserfisch oder Spargel einen Versuch wert.

osel Das Anbaugebiet hieß früher Mosel-Saar-Ruwer. Die weinbaulichen Bedingungen an den Nebenflüssen SAAR und RUWER unterscheiden sich teils erheblich von denen der MOSEL. 60% RIESLING.

oselland, Winzergenossenschaft M – Die riesige Winzergenossenschaft in BERNKASTEL zählt seit den Zusammenschlüssen mit Genossenschaften an der NAHE und in der PFALZ 3.290 Mitglieder, die insgesamt über 2.400 ha Rebfläche verfügen. Mehr als Mittelklasse kommt allerdings selten dabei heraus.

iller-Catoir, Weingut Pfz ★★→★★★ Die gereiften AUSLESEN, BEEREN- und TROCKENBEERENAUSLESEN (**83 90 97 98 01**) können köstlich sein. Wunderbare 2011er Schlössel RIESLANER Trockenbeerenauslese.

ckenheim Rhh ★→★★★★ Nachbarort von NIERSTEIN mit der GROSSEN LAGE Rothenberg auf Rotschiefer. Berühmt für den vollsten Riesling in Rheinhessen sowie herrliche TROCKENBEERENAUSLESEN. Spitzenerzeuger: Gunderloch, KÜHLING-GILLOT.

Nahe Nebenfluss des Rheins und dynamisches Anbaugebiet mit einer Han voll Spitzengütern, Dutzenden weniger bekannten Erzeugern und se günstigen Preisen. Große Bodenvielfalt. Die besten RIESLINGE von Sch ferböden zeigen fast moselartige Rasse.

Naturrein Die Angabe auf alten Etiketten (vor 1971) bedeutet, dass der We mit möglichst wenig technischen Eingriffen, v. a. ohne Chaptalisierung (Z ckerzugabe bei der Gärung) bereitet und ausgebaut wurde. Keine schlec te Idee, den Begriff wieder einzuführen.

Neipperg, Graf von Würt ★★★ Gräfliches Weingut in Schwaigern mit gr ziösen, reintönigen Rotweinen (LEMBERGER, SPÄTBURGUNDER). Stepha der jüngere Bruder von Graf Karl Eugen von Neipperg, macht Wein auf Ch teau Canon La Gaffelière in St-Émilion und noch an anderen Orten.

Niederhausen Na ★★→★★★★ Weinort im mittleren Nahetal. Komple RIESLINGE aus der herrlichen GROSSEN LAGE Hermannshöhle und den b nachbarten Steillagen. Spitzenerzeuger: CRUSIUS, DÖNNHOFF, Gut HE MANNSBERG, J. Schneider, Mathern, von Racknitz.

Nierstein Rhh ★→★★★★ **90 97 01 05 07** 08 **09 11 12** 13 14 **15** 16 – Gr ße Weinstadt (rund 800 ha) mit dementsprechend unterschiedlichen W nen. Die besten sind reichhaltig und straff, z. B. aus den GROSSEN LAG Brudersberg, Hipping, Ölberg, Orbel und Pettenthal. Weingüter: F.E. Hu Gehring, GUNDERLOCH, Guntrum, HEYL ZU HERRNSHEIM, KELLER, KÜ LING-GILLOT, LISA BUNN, Manz, Schätzel, ST. ANTONY, Strub. Aber Vo sicht vor der Großlage Gutes Domtal, das sind Supermarktweine.

Ockfen M ★★→★★★ Weinbauort, der fast atypische, stämmige SAAR-RIE LINGE von der GROSSEN LAGE Bockstein hervorbringt. Erzeuger: OTHEGR VEN, SANKT URBANS-HOF, WAGNER, Zilliken.

Odinstal Pfz ★★→★★★ Das Gut mit dem höchstgelegenen Weinberg d PFALZ, 150 m oberhalb von WACHENHEIM. Ökologischer Anbau und Vi fikation unter minimalem Einsatz von Technik ergeben reintönigen RIE LING, SILVANER und GEWÜRZTRAMINER. Die Lese dauert oft bis Novembe

Oechsle Maßeinheit für den Zuckergehalt des Traubenmosts.

Oestrich Rhg ★★→★★★ Vorbildlich stahliger RIESLING und feine AUSLES aus den GROSSEN LAGEN Doosberg und Lenchen. Spitzenerzeuger: Augu Eser, KÜHN, Querbach, SPREITZER, WEGELER.

Oppenheim Rhh ★→★★★ Stadt südlich von NIERSTEIN mit einer imposant Kirche aus dem 13. Jahrhundert. GROSSE LAGEN: Kreuz und Sackträg Weingüter: Guntrum, Kissinger, KÜHLING-GILLOT, Manz.

Ortenau Bad (r) w ★★ Bereich um und südlich von Baden-Baden. Vorwiege Klingelberger (RIESLING) und SPÄTBURGUNDER von Granitböden. Bes Anbauorte: DURBACH, Neuweier, Waldulm.

Ortswein Zweitunterste Stufe in der Qualitätspyramide des VDP.

Othegraven, Weingut von M ★★★ Feines Gut an der SAAR mit der ausgezeic neten GROSSEN LAGE KANZEMER Altenberg sowie Anteilen am OCKFEN Bockstein und am Wawerner Herrenberg. Seit 2010 im Besitz des Fernse moderators Günther Jauch.

Pfalz Das zweitgrößte deutsche Anbaugebiet. Sehr mildes Klima, bekar für genussvollen Lebensstil. Die besten RIESLINGE kommen aus der MI TELHARDT, in der südlichen Pfalz (SÜDLICHE WEINSTRASSE) gedeihen ve schiedene PINOT-Sorten besser. ZELLERTAL kommt wegen seines kühler Klimas gerade in Mode.

Piesport MM ★→★★★★ **01 03 05 07 08 09 11 12** 13 14 **15** 16 – Der Wein ist bekannt für reichhaltigen, aromatischen RIESLING (typischerweise SPÄ LESEN und süßer). GROSSE LAGEN: Domherr, Goldtröpfchen. Erzeug GRANS-FASSIAN, Joh Haart, Julian HAART, K. Hain, KESSELSTATT, Reinho Haart, SANKT URBANS-HOF. Die GROSSLAGE Michelsberg meiden.

ädikatswein Per Gesetz festgelegte Spitzenkategorie, umfasst alle Qualitätsweine mit Prädikat – vom Kabinett bis zur Trockenbeerenauslese. Siehe auch Kästen S. 213 und S. 219.

inz, Fred Rhg ★★→★★★ Bioerzeuger mit RIESLING aus den Hallgartener Lagen Jungfer (03 12 13) und Schönhell (13 14).

inz von Hessen Rhg ★★★ Von dem Traditionsgut in JOHANNISBERG kommen herrlich lebhafte, präzise bereitete Weine. Besonders empfehlenswert sind die SPÄTLESEN und höheren Prädikate sowie reife ältere Jahrgänge.

üm, J.J. M ★★★★ **71 76 83 88 89 90 94 95 96 97 99 01 02 03 04 05 06 07 08 09 10 11 12** 13 14 **15** 16 – Legendäres Weingut mit besten Lagen in Wehlen, sowie in BERNKASTEL und GRAACH. Grazile, doch extrem langlebige Weine mit erstaunlicher Finesse und ganz eigenem Charakter.

üm, S. A. M ★★ Weniger traditionell im Stil und weniger zuverlässig in den Qualitäten als beim Wehlener Nachbarn J.J. PRÜM. Seien Sie wählerisch!

bA – Qualitätswein bestimmter Anbaugebiete Hinsichtlich Anbaugebiet, Rebsorten und Jahrgang bestimmten Vorschriften unterliegende Weine. Die Zugabe von Zucker zum Most vor der Gärung (Chaptalisierung) ist erlaubt. Gedacht als Kategorie für mittlere Qualitäten, doch der VDP legt seinen Mitglieder inzwischen nahe, ihre besten trockenen Weine (GROSSE GEWÄCHSE) als QbA zu etikettieren. Das neue EU-Label »g.U.« (geschützte Ursprungsbezeichnung) ist nur sehr selten auf einem Etikett zu finden (siehe auch Kästen S. 213 und S. 219).

mP – Qualitätswein mit Prädikat Bis Ende 2007 geltende Bezeichnung für die Spitzenkategorie deutscher Qualitätsweine. Heißt jetzt »Wein mit geschützter Ursprungsbezeichnung« (g.U.) oder PRÄDIKATSWEIN.

ndersacker Fran ★★→★★★ Ort südlich von WÜRZBURG mit der GROSSEN LAGE Pfülben. Spitzenerzeuger: BÜRGERSPITAL, JULIUSSPITAL, STAATLICHER HOFKELLER, SCHMITT'S KINDER, Störrlein & Krenig.

tzenberger MR ★★→★★★ Das Weingut in BACHARACH erzeugt rassigen trockenen und halbtrockenen RIESLING; die besten kommen aus den GROSSEN LAGEN Posten und Steeger St-Jost. Auch guter SEKT.

uenthal Rhg ★★→★★★★ Früher kamen von hier die teuersten RIESLINGE des RHEINGAUS. Würzige, strenge, aber komplexe Rieslinge von Hanglagen abseits des Rheins. GROSSE LAGEN: Baiken, Rothenberg. Spitzenerzeuger: G. BREUER (mit der Lage Nonnenberg im Alleinbesitz), A. Eser, HESSISCHE STAATSWEINGÜTER, LANGWERTH VON SIMMERN.

umland, Sekthaus Rhh ★★★ SEKT-Spezialist mit einem tiefen Keller und breitem Angebot an schönen, ausgewogenen Cuvées. Großartiger CHARDONNAY Brut (**04**), 2014 degorgiert.

bholz, Ökonomierat Pfz ★★★ Spitzenweingut im Bereich SÜDLICHE WEINSTRASSE mit knochentrockenen, pikanten RIESLINGEN (GROSSE GEWÄCHSE Im Sonnenschein oder Ganshorn). Das Große Gewächs Kastanienbusch (**04** 05 07' **08'** 09 **11' 12** 14 15; kein Wein 2013) von Rotliegendem ist legendär. AUCH GUTER CHARDONNAY und SPÄTBURGUNDER.

stsüße Unvergorener Traubenzucker, der im Wein verbleibt (oder bei billigen Weinen zugesetzt wird), um ihm Süße zu verleihen. Das reicht von 1 g/l in trockenen Weinen bis zu 300 g/l in TROCKENBEERENAUSLESEN.

eingau Der Geburtsort des RIESLINGS. Historische Südhänge am Rhein zwischen Wiesbaden und RÜDESHEIM. Klassischer, gehaltvoller Riesling, berühmt für sein stahliges Rückgrat. Dazu kleine Mengen graziler SPÄTBURGUNDER. Außerdem ein Zentrum der Erzeugung von SEKT.

einhessen Deutschlands mit Abstand größtes Anbaugebiet (26.500 ha), zwischen Mainz und Worms gelegen, produziert viel Massenware, ist aber auch eine Fundgrube für preislich korrekte Weine von begabten jungen Winzern.

Richter, Max Ferd. MM ★★→★★★ Verlässliches Weingut in Mülheim. Beso ders gute RIESLING KABINETTE und SPÄTLESEN, voll und aromatisch. Ru der, ansprechender Brut (EISWEIN-Dosage). Durchdachte Weinbereitung

Riffel Rhh ★★→★★★ Der Scharlachberg in Bingen – eine Spitzenlage – ha te keinen Fürsprecher, bis Erik Riffel auf ökologischen Weinbau umste te und einen spektakulären Sprung nach vorn machte. Probieren Sie de RIESLING Turm oder den preisgünstigen ORTSWEIN.

Rings, Weingut Pfz ★★★→★★★★ Die Brüder Steffen und Andreas Rin gehören zu den Jungstars der PFALZ. Bemerkenswerte trockene RIE LINGE insbesondere aus Kallstadt (Steinacker, SAUMAGEN) und eben gute SPÄTBURGUNDER (Saumagen, Felsenberg im Berntal).

Roter Hang Rhh – Führende Rieslinggegend in RHEINHESSEN zwisch NACKENHEIM, NIERSTEIN und OPPENHEIM. Der Name bezieht sich auf de roten Ton- und Sandstein an den Hängen, aber so langsam gewinnt er ei zweite Bedeutung: Mit dem Klimawandel gedeihen zunehmend auch ro Trauben wie SPÄTBURGUNDER oder LEMBERGER.

Ruck, Johann Fran ★★★ Würziger, schön reifender SILVANER, RIESLIN SCHEUREBE und TRAMINER aus IPHOFEN.

Rüdesheim Rhg ★★→★★★★ **90 01 05** 08 **09** 10 **11 12** 13 14 **15** 16 – Der b rühmteste Riesling von Schieferboden im Rheingau; die besten GROSSE LAGEN (Kaisersteinfels, Roseneck, Rottland und Schlossberg) tragen c Bezeichnung »Rüdesheimer Berg«. Körperreiche, aber nie schwerfälli blumige Weine, auch in ungünstigeren Jahren gut. Beste Erzeuger: Breue CHAT SAUVAGE, Corvers-Kauter, HESSISCHE STAATSWEINGÜTER, Johann hof, KESSELER, KÜNSTLER, LEITZ, Ress.

Ruppertsberg Pfz ★★→★★★ Ort in der MITTELHAARDT mit gutem Ruf f eleganten RIESLING. Weingüter: BASSERMANN-JORDAN, Biffar, BUH BÜRKLIN-WOLF, CHRISTMANN, von WINNING.

Ruwer M – Bei TRIER in die MOSEL mündender Nebenfluss, höher gelegen a die MITTELMOSEL, aber nicht so kalt wie die SAAR. Sowohl süffige leich und trockene wie auch intensive süß ausgebaute RIESLINGE. Beste Erze ger: Beulwitz, KARLSMÜHLE, KARTHÄUSERHOF, KESSELSTATT und MAXIM GRÜNHAUS.

Saale-Unstrut 09 11 12 15 – Nördlich gelegenes Anbaugebiet am Zusa menfluss dieser beiden Flüsse bei Leipzig. Die Weinbergterrassen geh auf die Zisterzienser zurück. Qualitätsbetriebe: Böhme, Born, Gusse Kloster Pforta, Lützkendorf, Pawis.

Saar M – Nebenfluss der MOSEL, eingebettet in steile Hügel. Erzeugt c herbsten, stahligsten, brillantesten RIESLINGE – Charaktereigenschafte die vom Klimawandel noch begünstigt werden. Zu den Anbauorten zähl AYL, KANZEM, OCKFEN, SAARBURG, Serrig und WILTINGEN (SCHARZHO BERG).

Saarburg M – Kleine Stadt im Saartal mit der GROSSEN LAGE Rausch. Erze ger: WAGNER, ZILLIKEN.

Sachsen 03 05 09 11 12 15 – Anbaugebiet im Elbtal um Meißen und Dresd mit charaktervollen trockenen Weißweinen. Beste Erzeuger: Aust, Vince Richter, Schloss Proschwitz, Schloss Wackerbarth, Walter Schuh, Mar Schwarz, ZIMMERLING.

Salm-Salm, Michael Prinz zu Na, Rhh – Besitzer von Schloss Wallhausen der NAHE (★★→★★★) und Villa Sachsen in RHEINHESSEN (★→★★). [RIESLINGE vom ökologisch bewirtschafteten Schloss Wallhausen sind letzter Zeit deutlich besser geworden.

Salwey Bad ★★★ Führender Weinbaubetrieb am KAISERSTUHL. Konrad S wey befürwortet eine frühe Lese, um die Frische zu erhalten. Am best sind die GROSSEN GEWÄCHSE: GRAUBURGUNDER Henkenberg und Eic berg sowie der SPÄTBURGUNDER und der WEISSBURGUNDER von der Lage Kirchberg.

Antony Rhh ★★→★★★ Gut in NIERSTEIN mit hervorragenden Weinberg-lagen. Verbesserungsmaßnahmen unter dem neuen Eigner (dem auch HEYL ZU HERRNSHEIM gehört). Der 2015er Ölberg ist brillant.

kt Urbans-Hof M ★★★ Großes Familiengut in LEIWEN, die Weinberge liegen an MITTELMOSEL und SAAR. Kristallklarer RIESLING von tadelloser Reintönigkeit und Rasse. Brillante Auswahl an 2015er AUSLESEN aus Leiwen, OCKFEN und PIESPORT.

Weinpreise, gestern und heute

Eine alte Preisliste, geschrieben auf einer Schreibmaschine, gibt Auskunft über die Weine von J.J. PRÜM im Jahr 1986: Die 1983er WEHLENER Sonnenuhr AUSLESE GOLDKAPSEL kostete 38 DM. Heute würde sie das Zehnfache kosten. Die 71er BEERENAUSLESE wurde für 220 DM verkauft (damals ein enorm hoher Preis), aber die KABINETT-Weine waren mit 9–10 DM recht preiswert.

er, Horst Fran ★★★ Großartigster Interpret der ESCHERNDORFER Spitzenlage Lump. Rassiger, schnörkelloser trockener Silvaner und RIESLING sowie sensationelle TROCKENBEERENAUSLESEN.

er, Rainer Fran ★★★ Erstklassiges Familienweingut, das sieben verschiedene trockene SILVANER von der Steillage ESCHERNDORFER Lump erzeugt. Die Besten: GROSSES GEWÄCHS am Lumpen, ALTE REBEN und »L« (**99' 03' 04 07' 08** 13 14 15).

magen Beliebte kulinarische Spezialität und einer der besten Weinberge der PFALZ: eine kalkhaltige Lage in Kallstadt, die ausgezeichneten RIESLING und SPÄTBURGUNDER hervorbringt.

aefer, Willi M ★★★ Willi Schäfer und Sohn Christoph sind die besten Winzer in GRAACH (aber nur 4 ha). MOSEL-RIESLING vom Feinsten: rein, kristallin und federleicht; lohnend in allen Qualitätsstufen.

äfer-Fröhlich Na ★★★ Das ehrgeizige Familiengut an der NAHE ist für seine spontan vergorenen RIESLINGE von enormer Intensität bekannt. Große Gewächse: u. a. Felseneck und Stromberg.

arzhofberg M ★★→★★★★ Spitzenlage an der SAAR: Ein seltenes Zusammenspiel von Mikroklima, Boden und menschlicher Klugheit bringt RIESLING in Vollendung hervor. Spitzenerzeuger: BISCHÖFLICHE WEINGÜTER TRIER, EGON MÜLLER, Kesselstatt, VAN VOLXEM, VON HÖVEL.

loßböckelheim Na ★★→★★★★ Weinort mit den GROSSEN LAGEN Felsenberg, Kupfergrube. Anspruchsvoller RIESLING. Spitzengüter: C. Bamberger, CRUSIUS, DÖNNHOFF, HERMANNSBERG, SCHÄFER-FRÖHLICH.

loss Johannisberg Rhg ★★→★★★ Historisches, ausschließlich RIESLING erzeugendes Gut und Villa des Fürsten von Metternich im RHEINGAU, jetzt im Besitz von Henkell (Oetker-Gruppe). Für gewöhnlich sehr gut sind die SPÄTLESE Grünlack und die AUSLESE Rosalack.

loss Lieser MM ★★★ Innerhalb der Haag-Familie sind die Rollen klar definiert: Oliver (siehe Fritz HAAG) tendiert auf dem Weingut seines Vaters in BRAUNEBERG zur Moderne, sein älterer Bruder Thomas in Lieser ist eher der Traditionalist. Rassige RIESLINGE aus der Lage Niederberg-Helden sowie aus Parzellen in BRAUNEBERG und WEHLEN.

loss Proschwitz Sachsen ★★ Wiederaufgebautes Weingut in Meißen. Spitzenklasse in den ostdeutschen Anbaugebieten, besonders mit trockenem Weißburgunder und GRAUBURGUNDER. Ein Riesenerfolg!

Schloss Reinhartshausen Rhg ★★ Das berühmte Gut in Eltville-Erbach geh te einst der preußischen Königsfamilie. Heute ist es im Besitz der Fam Lergenmüller aus der PFALZ. Im Auge behalten.

Schloss Vollrads Rhg ★★→★★★ Historisch eines der großartigsten Tra tionsweingüter im RHEINGAU, jetzt im Besitz einer Bank. Deutliche Q litätssteigerung seit 2015 (besonders der seidige, FEINHERBE Edition u der klassisch fruchtige KABINETT).

Scheurebe: Beurteilt die Traube nicht nach ihrem Züchter!

Eine neue Traube für alle Liebhaber von SAUVIGNON BLANC ist die SCHEUREBE. Wer Würze und eine straffe, an RIESLING erinnernde Struktur schätzt, sollte diese Sorte einmal probieren. Die Besten sind (alle trocken): Sankt Paul, Pfeffingen; Weegmüller (PFALZ); Kronsberg ALTE REBEN, WIRSCHING; Estheria, RUCK; Julius-Echter-Berg, Emmerich; Marsberg, Winzerhof Stahl; Zehnthof Weickert (FRANKEN); Kalkstein, Manz; Katharina Wechsler (RHEINHESSEN); Plauelrain, ANDREAS LAIBLE (BADEN) und SCHLOSS PROSCHWITZ (SACHSEN). HORST SAUER produziert brillante süße SPÄTLESEN. Auch andere machen hin und wieder edle süße Versionen wie WITTMANN oder der Seehof Fauth (Rheinhessen). Zum 100. Geburtstag der Rebsorte im Jahr 2016 kam heraus, dass der Züchter Georg Scheu in den 1930ern von seinem Chef Dr. Richard Wagner, einer Nazi-Größe im 3. Reich, als »politisch absolut zuverlässig« eingeschätzt wurde.

Schmitt's Kinder Fran ★★→★★★ Familienweingut in RANDERSACKER s lich von Würzburg, bekannt für seinen klassischen trockenen SILVAN fassgereiften SPÄTBURGUNDER und edelsüßen RIESLANER.

Schnaitmann, Weingut Würt ★★→★★★★ Exzellente, im Fass ausgeba WÜRTTEMBERGER Rotweine, u. a. SPÄTBURGUNDER und LEMBERGER der GROSSEN LAGE Lämmler. Auch die Weine von nicht ganz so hoch handelten Rebsorten wie SCHWARZRIESLING oder TROLLINGER sind gut.

Schneider, Cornelia und Reinhold Bad ★★★ Langlebige SPÄTBURGUNDER 07 08 09 **10 11 12 13 14 15** – aus Endingen am KAISERSTUHL, die na Buchstaben unterschieden werden: »R« steht für Vulkanboden, »C« Löss. Außerdem altmodischer RULÄNDER.

Schneider, Markus Pfz ★★ Shootingstar in Ellerstadt, PFALZ. Umfassen Angebot an sauber bereiteten Weinen mit modernen Etiketten.

Schoppenwein Wein im offenen Ausschank.

Schwegler, Albrecht Würt ★★★→★★★★ Kleines Weingut. Die roten Cuv Beryll, Saphir und Granat (90' 94' 99' 03 05' 06' 07 **09** 10' 11 12 13) fa jedes Jahr anders aus. Empfehlenswert.

Sekt Deutscher Schaumwein, sehr unterschiedlich in der Qualität. Flasch gärung ist nicht vorgeschrieben. Zu den Sektspezialisten zählen Bardo RAUMLAND, Schembs, Schloss Vaux, Solter, S. Steinmetz und Wilhelmsh Der Sekt vom Weingut Melsheimer ist eine wahre Freude.

Selbach-Oster MM ★★★ Sehr gewissenhaft arbeitender Erzeuger in ZELT GEN mit einer Reihe exzellenter Lagen; am bekanntesten sind seine P DIKATSWEINE.

Sonnenuhr MM – Name mehrerer GROSSER LAGEN in BRAUNEBERG, WEH und ZELTINGEN.

Sorentberg MM ★★ Der Weinberg in einem Seitental der MITTELMOSEL Reil lag 50 Jahre lang brach und wurde nun von dem jungen Tobias T und seinem Partner aus Südtirol neu bestockt. Rotschiefer, RIESLING und vielversprechende erste Ergebnisse. Im Auge behalten.

ätlese Prädikatsklasse über KABINETT; aus nach der Hauptlese geernteten, vollreifen Trauben. Meist reifer und potenziell auch süßer als Kabinett. Gute Exemplare halten sich mindestens 7 Jahre. Die VDP-Mitglieder sind dabei, die Bezeichnung »Spätlese trocken« aufzugeben – ein Jammer!

reitzer Rhg ★★★ Die Brüder Andreas und Bernd Spreitzer erzeugen köstlich rassige, harmonische RIESLINGE von Weinbergen in HATTENHEIM, OESTRICH und am MITTELHEIM. Herausragende 2015er, v. a. der atemberaubende Rosengarten TBA GOLDKAPSEL.

atlicher Hofkeller Fran ★★ Bayerisches Staatsweingut. 120 ha feinste Frankenweinlagen und prachtvolle Keller unter der herrlichen Barockresidenz in WÜRZBURG.

atsweingut (auch **Staatliche Weinbaudomäne**) Es gibt sie in BADEN (IHRINGEN, Meersburg), WÜRTTEMBERG (Weinsberg), im RHEINGAU (HESSISCHE STAATSWEINGÜTER), in RHEINHESSEN (OPPENHEIM), in der PFALZ (Neustadt) und an der MOSEL (TRIER). In den letzten Jahren wurden einige privatisiert, etwa in Marienthal (AHR) und in NIEDERHAUSEN (NAHE).

igerwald Fran – Bereich im östlichen FRANKEN mit Weinbergen in beträchtlicher Höhe. Die Böden liefern kraftvollen SILVANER und RIESLING. Beste Erzeuger: CASTELL, Roth, RUCK, WELTNER, Wirsching.

inberg Rhg ★★★ Teilweise von Mauern umgebene Weinberge in HATTENHEIM, vor 700 Jahren von Zisterziensermönchen angelegt: Eine Art deutscher Clos de Vougeot. Im Alleinbesitz der HESSISCHEN STAATSWEINGÜTER. Phyllit-Schiefer-Böden ergeben beerenduftige Rieslinge.

inwein Fran – Wein aus WÜRZBURGS bester Lage, dem Stein. Goethe liebte ihn. Der STAATLICHE HOFKELLER, das JULIUSSPITAL und das BÜRGERSPITAL produzieren ihn.

dden, Jean Ahr ★★★→★★★★ SPÄTBURGUNDER von der AHR mit burgundischem Einschlag, delikat konzentriert und subtil. Meist am besten sind ALTE REBEN und der RIESLING Recher Herrenberg. Hochpreisig – aber die Produktion ist winzig.

dliche Weinstraße Pfz – Bereich in der südlichen PFALZ, besonders bekannt für verschiedene PINOT-Sorten. Beste Erzeuger: BECKER, Leiner, Minges, Münzberg, REBHOLZ, Siegrist und WEHRHEIM.

uberfranken Bad (r) w – Unterbewerteter kühler Bezirk in Nordostbaden mit Weinen im fränkischen Stil; SILVANER, RIESLING von Kalksteinböden. Frost ist ein Problem. Bester Erzeuger: Schlör.

anisch, Witwe Dr. H. MM ★★→★★★ 1636 gegründetes Weingut in BERNKASTEL, berühmt für seinen Anteil an der Lage DOCTOR. Nach der Trennung der Familie 1988 entstanden zwei Güter mit demselben Namen und ähnlicher Weinqualität. Zu unterscheiden sind sie nur durch den Zusatz »Erben Müller-Burggraef« bzw. »Erben Thanisch«.

isen Na ★★ Kleiner Ort an der NAHE mit den GROSSEN LAGEN Bastei und Rotenfels.

er M – Die nördliche Hauptstadt des Römischen Reiches an der MOSEL, etwa auf halbem Weg zwischen SAAR und RUWER gelegen. Inmitten der beeindruckenden Ruinen aus römischer Zeit haben die großen Stiftungsweingüter von der Mosel ihre Keller.

tenheim MM ★★→★★★ **01 05 07 08 09 11 12** 13 14 **15** 16 – Rassige, mustergültige RIESLINGE von der MITTELMOSEL, wenn sie aus den wenigen guten Parzellen der ziemlich ausgedehnten GROSSEN LAGE Apotheke stammen. Erzeuger: A. CLÜSSERATH, Clüsserath-Weiler, E. Clüsserath, GRANS-FASSIAN, Milz.

Deutschland

Trocken Traditionell die Bezeichnung für einen Wein mit einem Restzuck gehalt von höchstens 9 g/l. Als Faustregel gilt: Je weiter südlich das Anb. gebiet liegt, desto mehr trockene Weine gibt es.

Trockenbeerenauslese (TBA) Die süßeste und teuerste Kategorie deutsc Weine. Sehr selten, dicht und konzentriert, voller Aromen von Trock früchten. Von stark selektierten ausgetrockneten Trauben mit Edelfä (Botrytis) bereitet. Die halben Flaschen sind eine gute Idee.

Ürzig MM ★★★→★★★★ **71 83 90 97 01 03 04 05 07 08 09 11 12** 13 **15** 16 – Weinort am Fluss auf rotem Sandstein und rotem Schiefer, rühmt durch unveredelte alte Stöcke und einzigartigen, würzigen Riesli GROSSE LAGE: Würzgarten. Erzeuger: Berres, Christoffel, Erbes, LOOS MARKUS MOLITOR, Mönchhof, Rebenhof. Die Gegend ist vom Bau der u strittenen, 160 m hohen Hochmoselbrücke bedroht.

Van Volxem M ★★★ Das historische SAAR-Weingut wurde von dem leid schaftlichen Roman Niewodniczanski wiederbelebt. Sehr geringe Ertr aus Spitzenlagen wie KANZEMER Altenberg, SCHARZHOFBERG, Wawer Goldberg und WILTINGER Gottesfuß. Überwiegend trockene oder halbt ckene Weine. Hervorragende 2015er: dicht und konzentriert, mit jahrze telangem Lagerpotenzial. Neues Projekt mit MARKUS Molitor in zuvor ni mehr bewirtschafteten Teilen des Ockfener Geisbergs.

VDP – Die Prädikatsweingüter Der richtungsweisende Verband von 200 Sp zenwinzern. Achten Sie auf das Emblem mit dem Adler auf dem Etikett u auf das Traubenlogo, das Weine von GROSSEN LAGEN kennzeichnet. VDP-Wein ist in der Regel eine gute Wahl. Präsident ist Steffen CHRI MANN.

Vetter, Stefan Fran ★★→★★★ Naturwein (siehe Kapitel »Technische We sprache«): auf den Schalen vergorener SILVANER. Im Auge behalten.

Vollenweider M ★★★ Der Schweizer Daniel Vollenweider hat seit 2000 Lage Wolfer Goldgrube bei Traben-Trarbach neues Leben eingehauc Exzellenter Riesling, leider nur in sehr geringen Mengen.

Wachenheim Pfz ★★★ Der berühmte Weinbauort verfügt über keine v VDP als GROSSE LAGE ausgewiesenen Rebflächen. Spitzenerzeuger: Bif BÜRKLIN-WOLF, ODINSTAL, Karl Schaefer, WOLF. Urteilen Sie selbst.

Wageck Pfz ★★→★★★ Weingut an der MITTELHAARDT mit ungekünstelte frischem CHARDONNAY (Still- und Schaumwein) sowie SPÄTBURGUNI von großer Finesse.

Wagner, Dr. M ★★→★★★ Das Weingut mit Rebland in Saarstein und OCKF (SAAR) wird von der jungen Christiane Wagner geführt. Ihre RIESLINGE p sentieren sich fruchtig und reintönig.

Wagner-Stempel Rhh ★★★ Seriös bereitete Weine aus Siefersheim in RHE HESSEN, unweit der Grenze zum Anbaugebiet NAHE. Die exzellenten RI LINGE GROSSES GEWÄCHS Heerkretz und Höllenberg von Porphyrböc brauchen Zeit, um ihren reichhaltigen Duft zu entfalten.

Walluf Rhg ★★★ Unterschätzter Weinbauort zwischen Wiesbaden und ville mit bedeutenden Lagen, darunter die GROSSE LAGE Walkenberg. zeuger: J. B. Becker, Jost.

Wegeler MM, Rhg ★★→★★★★ Bedeutende Weingüter in Familienbesit OESTRICH und BERNKASTEL; außerdem gehört ein Anteil am berühm Gut KRONE in ASSMANNSHAUSEN zum Besitz. Die Assemblage aus v schiedenen Lagen Geheimrat »J« setzt sehr hohe Standards, Einzellag RIESLINGE sind in der Regel außerordentlich preisgünstig. Auch alte Ja gänge sind erhältlich. Sensationelle 2015er TROCKENBEERENAUSLES aus GEISENHEIM.

Wehlen MM ★★★→★★★★ **90 97 01 03 04 05 07 08 09 10 11 12** 14 **15** 16 – Weinbauort mit der legendären Steillage SONNENUHR, die RI

LING von Schieferböden in seiner schönsten Ausdrucksform hervorbringt: reichhaltig und fein, ewig haltbar. Beste Erzeuger: Kerpen, KESSELSTATT, LOOSEN, MARKUS MOLITOR, J.J. PRÜM, S.A. PRÜM, RICHTER, SELBACH-OSTER, Studert-Prüm, WEGELER. Es gibt Bedenken, dass sich die neu gebaute Hochmoselbrücke auf den Wasserhaushalt im Unterboden der Weinberge auswirken könnte.

ehrheim, Dr. Pfz ★★★ Ökologisch arbeitendes Spitzenweingut an der SÜDLICHEN WEINSTRASSE. Erzeugt sehr trockene und spritzige Weine mit toller Stilistik, v. a. die weißen PINOT-Sorten.

Nenn mich »Süßer«

Imkern in der Großstadt ist so was von gestern! Jetzt heißt es: Ab in die Weinberge! Immer mehr Winzer freunden sich mit Bienenzüchtern an, denn Bienen in den Rebzeilen stehen viel mehr für Nachhaltigkeit und einen »grünen« Anstrich als jedes Biolabel. Den wertvollsten Winzerhonig macht der erst 17-jährige EGON MÜLLER jun.; seine Bienenvölker stehen im SCHARZHOFBERG. Und hier wird ebenfalls Honig produziert: Bei MAXIMIN GRÜNHAUS, im WEINGUT ODINSTAL und in den FRÄNKISCHEN Gütern von Benedikt Braun und Dieter Wolfahrt.

eil, Robert Rhg ★★★→★★★★ **17 37 49 59 75 90 97 01 04 05 07 08 09 10 11 12** 13 14 **15** 16 – Hervorragendes Weingut in KIEDRICH mit den klassifizierten Lagen Gräfenberg (steiler Hang mit Phyllitböden), Klosterberg und Turmberg. Ausgezeichneter süßer KABINETT bis hin zu EISWEIN, gute GROSSE GEWÄCHSE; bei den Basisweinen ist die Qualität uneinheitlicher.

eingart MR ★★★ Hervorragendes Weingut in Spay mit Weinbergbesitz in BOPPARD (v. a. Hammer Feuerlay). Kultivierte, straffe RIESLINGe, mit geringem technischem Aufwand bereitet, ausgezeichnetes Preis-Leistungs-Verhältnis.

eins-Prüm, Dr. MM – Mit nur 4 ha ein kleines Weingut mit sehr guten Lagen in ERDEN, GRAACH, ÜRZIG und WEHLEN. Katharina Prüm (von J.J. PRÜM) und Wilhelm Steifensand (Weingut LIEBFRAUENSTIFT) haben das Gut 2016 gekauft. Sie werden es unter neuem Namen weiterführen.

eißherbst Heller, sortenreiner Rosé (oft SPÄTBURGUNDER) von höchst unterschiedlicher Qualität.

eltner, Paul Fran ★★→★★★ Das Familiengut im STEIGERWALD erzeugt dicht gefügten SILVANER zum Einlagern von der unterschätzten Lage Rödelseer Küchenmeister und angrenzenden Parzellen in IPHOFEN.

tingen M ★★→★★★★ Das Herz des Weinbaus an der SAAR. Der berühmte SCHARZHOFBERG ist die beste einer Reihe GROSSER LAGEN, zu denen auch Braune Kupp, Braunfels, Gottesfuß und Kupp gehören. Spitzenerzeuger: BISCHÖFLICHE WEINGÜTER TRIER, EGON MÜLLER, KESSELSTATT, LE GALLAIS, Sankt Urbans-Hof, VAN VOLXEM und Vols.

nning, von Pfz ★★★→★★★★ Gut in DEIDESHEIM, zu dem auch der Traditionserzeuger Dr. DEINHARD gehört. Riesling von großer Reinheit und schönem Terroircharakter, durch Gärung in neuen FUDERN mit leichter Holznote versehen. Außerdem sehr ambitionierter SPÄTBURGUNDER und SAUVIGNON BLANC.

nningen M ★★→★★★ Stadt an der unteren MOSEL nahe Koblenz; kraftvolle trockene RIESLINGE und TROCKENBEERENAUSLESEN. GROSSE LAGEN: Röttgen, Uhlen. Spitzenerzeuger: HEYMANN-LÖWENSTEIN, Knebel, Kröber, Richard Richter.

Wirsching, Hans Fran ★★★ Renommiertes Weingut in IPHOFEN, bekannt f klassisch strukturierte trockene RIESLINGE und Silvaner. Andrea Wirschi ergänzt ihr Angebot durch spontan vergorenen Riesling Sister Act u koscheren SILVANER. Auch exzellente SCHEUREBE.

Wittmann Rhh ★★★ Philipp Wittmann hat das Bioweingut in die Spitze riege der deutschen Erzeuger geführt. Kristallklarer, schwungvoller trock ner RIESLING GROSSES GEWÄCHS (Morstein **04 05 06 07' 08 11** 12' 13 15). Allerdings kostspielig.

Wöhrle Bad ★★★ Seit mehr als 25 Jahren Pionier im ökologischen Weinb in Lahr. Sohn Markus ist Experte für PINOT-Sorten. Exzellente GROS GEWÄCHSE aus dem 2015er Jahrgang (GRAUBURGUNDER Kirchgas WEISSBURGUNDER Herrentisch, CHARDONNAY Gottesacker).

Wöhrwag Würt ★★→★★★ Quelle für elegante trockene RIESLINGE, wohl besten in ganz WÜRTTEMBERG. Inzwischen sind auch die Kinder Johanr Philipp und Moritz beteiligt. Die Rotweine sind ebenfalls gut.

Wolf, J. L. Pfz ★★→★★★ Das Gut in WACHENHEIM wurde von Ernst LOOS aus BERNKASTEL gepachtet und erzeugt trockene PFÄLZER RIESLINGe (v. Forster Pechstein). Eher solide und beständig als umwerfend.

Württemberg Früher als »TROLLINGER-Republik« bekannt, heute mit eir kompletten Riege von anspruchsvollen Rotweinen, v. a. LEMBERGER u SPÄTBURGUNDER. Nur 30% weiße Rebsorten, guter SAUVIGNON BLAN RIESLING braucht höhere Lagen.

Würzburg Fran ★★→★★★★ Schöne alte Barockstadt am Main, Mittelpur des Weinbaus in FRANKEN. Klassifizierte Lagen: Innere Leiste, Stein, Ste Harfe. Weingüter: BÜRGERSPITAL, JULIUSSPITAL, Reiss, STAATLICHER HC KELLER, Weingut am Stein.

Zell M ★→★★★ Der bekannteste Weinort an der unteren MOSEL, v. a. für GROSSLAGE Schwarze Katz – meiden! Ein guter Weinberg sind die Mer Königslay-Terrassen. Spitzenerzeuger: Kallfelz.

Zellertal Pfz – Hoch gelegener, kühler Bereich im Norden der PFALZ, in d seit Kurzem Goldgräberstimmung herrscht: Battenfeld-Spanier und KU haben sich in der dortigen besten RIESLING-Lage Schwarzer Herrgott e gekauft. Dazu Parzellen im benachbarten RHEINHESSEN in der Lage Zell weg am Schwarzen Herrgott. Gute örtliche Erzeuger: Bremer, Janson Be hard, Klosterhof Schwedthelm.

Zeltingen MM ★★→★★★ Bedeutender, wenngleich manchmal unterschä ter Ort an der MOSEL unweit von WEHLEN. Voller und zugleich knacki RIESLING. GROSSE LAGE: SONNENUHR. Spitzenweingüter: J.J. PRÜM, MA KUS MOLITOR, SELBACH-OSTER.

Ziereisen Bad ★★→★★★★ **03 04 05 07 08 09 10 11' 12** 13 14 15 16 – H vorragendes Gut im MARKGRÄFLERLAND, vorwiegend PINOT-Sorten. Sel die Einstiegsweine haben Klasse. Am besten sind die SPÄTBURGUNDER v den kleinen Parzellen Rhini und Schulen. Selektionen von alten Reben h ßen Jaspis. Sensationelle Neuheit: ein GUTEDEL für 120 €, der diesen Pr wert ist.

Zilliken, Forstmeister Geltz M ★★★→★★★★ **93 94 95 96 97 99 01 04 05 08 09 10 11 12** 13 14 **15** – Familienweingut an der SAAR: Intensiv mine lischer Riesling vom Saarburger Rausch und dem OCKFENER Bockste darunter köstliche, langlebige AUSLESEN und EISWEIN. Sehr guter SEKT.

Zimmerling, Klaus Sachsen ★★★ Das kleine, perfektionistische Weingut w de als eines der ersten nach dem Fall der Mauer gegründet. Die beste L ist der Königliche Weinberg in Pillnitz bei Dresden. Der RIESLING, a halbtrocken, ist potenziell exquisit.

.uxemburg

aut Statistik trinken die Luxemburger mehr Wein pro Kopf als irgendje-mand sonst (außer im Vatikan vielleicht): 50,7 Liter pro Jahr. Besucher ›s kleinen Landes sind da bereits mit eingerechnet. Also gibt es weder den ıreiz, noch das Bedürfnis, Wein zu exportieren.

Riesling ist hier mit nur 11% Anteil in der Minderheit. Platzhirsche sind üller-Thurgau (alias Rivaner), Auxerrois, Pinot blanc und Pinot gris. Die Cré-ant-Schaumweine können gut sein. Der Klimawandel hat sich positiv ausge-rkt: 2009 und 2011 waren brillant, ähnlich wie 2015, und auch 2016 erhebt :h deutlich über das Mittelmaß, selbst wo der Frost die Erträge reduziert hat.

Die meisten Weißweine sind säurebetont mit leichter Restsüße – auf ›n Etiketten findet man keine Unterscheidung zwischen trocken und halb-ɔcken. Ein häufiger Begriff (wenn auch von geringer Aussagekraft) ist »Pre-ier Grand Cru«. Verlässlicher sind da Winzervereinigungen, die ihre eigenen ›hen Standards vertreten: Domaine et Tradition (sieben Mitglieder) besitzt ɛ größte Glaubwürdigkeit; zwei weitere sind die »Privatwenzer« und Charta :hengen Prestige (gegründet, um auch Erzeuger in den Nachbargebieten n Deutschland und Frankreich aufzunehmen).

ice Hartmann ★★★→★★★★ **11 12 13 14** 15' – Starerzeugerin in Wormeldange mit Selektionen aus einzelnen Parzellen von Luxemburgs bester RIESLING-Lage Koeppchen (15er Le Terrasses mit Minzeduft, knackiger 14er La Chapelle und 14er Au Coeur mit schöner Botrytisnote). Die Topmarke Sélection de Château umfasst mineralischen Riesling, CHARDONNAY mit dezenter Eichennote und delikaten PINOT NOIR. Außerdem exzellenter Crémant. Besitzt auch Weinberge in Burgund (St-Aubin), an der Mittelmosel (Trittenheim) und hat eine kleine Parzelle im Scharzhofberg gepachtet.

y Duhr ★★→★★★ Sehr guter PINOT GRIS aus Machtum, guter halbtrockener RIESLING aus Ahn und eleganter Riesling Vendage Tardive.

ernard-Massard ★→★★★ Großproduzent, v.a. für Crémant. Topmarken: Château de Schengen, Clos des Rocher. Erzeugt auch Sekt in Deutschland.

âteau Pauqué ★★★ Internationaler Stil. Sehr guter CHARDONNAY, seidiger RIESLING Sous la Roche, in Eiche ausgebauter, aber dennoch frischer AUXERROIS Clos du Paradis.

les ★★→★★★ Vergleichsweise großer, aber verlässlicher Erzeuger in Remich, der 2016 sein 100-jähriges Bestehen feiern konnte. Am besten sind der Crémant (der preiswerte Héritage Brut oder der Prestige Cuvée G Brut) und die Weine mit dem Etikett Domaine et Tradition (besonders der mineralische PINOT BLANC 15 und der fein nuancierte PINOT NOIR **15**). Auch empfehlenswert: die Reihe De Nos Rochers und Charta Schengen. Der alte, labyrinthische Keller ist sehenswert.

humacher-Knepper ★★→★★★ Einige hervorragende Weine unter der Traditionsmarke Ancien Propriété Constant Knepper wie der RIESLING Wintringer Felsberg (**15**). PINOT BLANC mit floralen Noten und würziger Elbling.

nnen-Hoffmann ★★→★★★ Bio-Familienweingut in Remerschen mit Hang zum Perfektionismus: mustergültiger AUXERROIS, seriöser RIESLING (Domaine et Tradition Vieilles Vignes **15**), straffer, trockener PINOT GRIS, delikater und reintöniger GEWÜRZTRAMINER (**15**) und herausragender Crémant L et F Brut (Pinot Noir Rosé).

eitere empfehlenswerte Erzeuger sind Mathis Bastian, Cep d'Or, Duhr Frères/ Clos Mon Vieux Moulin, Fränk Kayl, Paul Legill, Ruppert, Schmit-Fohl, Stronck-Pinnel. Domaines Vinsmoselle ist eine Vereinigung mehrerer Winzergenossenschaften.

Luxemburg

Spanien

Die dunklen Flächen bezeichnen die Weinbaugebiete

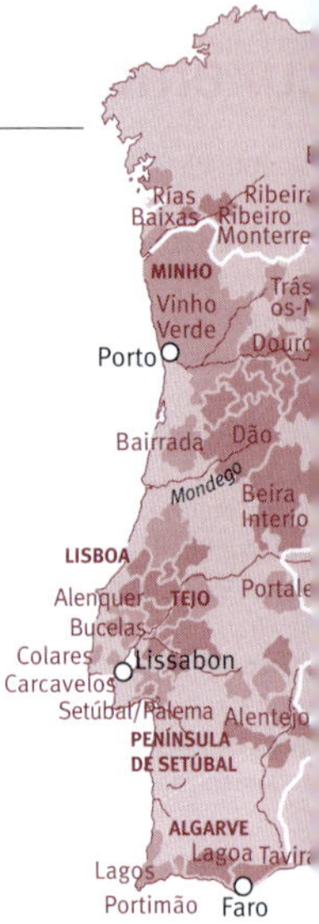

Die folgenden Abkürzungen werden im Text verwendet:

Bask	Baskenland	**Mont-M**	Monzilla-Moriles
Cas-L	Castilla y León	**Mur**	Murcia
Cas-La M	Castilla-La Mancha	**Nav**	Navarra
Cos del S	Costers del Segre	**Pen**	Penedès
El B	El Bierzo	**Pri**	Priorat
Emp	Empordà	**R Ala**	Rioja Alavesa
Gal	Galicien	**R Alt**	Rioja Alta
Kan	Kanarische Inseln	**R Baj**	Rioja Baja
Kat	Katalonien	**Rib del D**	Ribera del Duero
La M	La Mancha	**Som**	Somontano
Madr	Madrid, Vinos de	**Tar**	Tarragona
Mall	Mallorca	**U-R**	Utiel Requeña
Man	Manzanilla		

Ich muss zugeben, dass ich die spanischen Weine immer recht anstrenge fand. Mit überaus löblichen Ausnahmen in Rioja, Ribera del Duero, Kata nien und natürlich beim Sherry gab es zu viele Rotweine, die offenbar al daransetzten, genauso zu schmecken wie Rioja. Inzwischen sind viel wenig Weine zu eichenlastig und extraktreich, und wenn man einen Bogen um c übertrieben schweren, breitschultrigen Flaschen macht, kommt man an d meisten vorbei. Je weniger Tannine und Eiche die Frucht überdecken, des besser können sich die Rotweintrauben des Landes entfalten: Zu entdeck sind tiefgründige, subtile Garnachas und vollsaftige Tempranillos, aber au Weißweine mit knackiger, salziger Frische. Spanien macht eine der spa nendsten Entwicklungen der letzten Jahre durch, und dieses Kapitel ist n genauso interessant wie alle anderen. Ganz Spanien ist jetzt im Weinberg. M spricht über die Böden und ob das Terroir und die jeweilige Parzelle auf de Etikett genannt werden soll. Manch einer behauptet, dass sich die Bezeic nungen Reserva und Gran Reserva schon lange überlebt haben. Das Terr sei viel besser für die Qualitätsabstufung geeignet. Man könnte sagen, da die Weinwelt insgesamt in dieser Richtung unterwegs ist. Das Problem dass in vielen Regionen die Böden entweder gar nicht kartiert sind oder existierenden Karten nicht vernünftig ausgewertet werden. Manchmal lieg sie einfach nur im Archiv rum. Nun, Rom wurde nicht an einem Tag erba und Madrid auch nicht.

Spanien

euere Rioja-Jahrgänge

16 Schwieriger Frühling, sehr heißer Sommer, Regen zur Lesezeit. Man wird sehen.

15 Alle lächeln. Verspricht, so gut wie 2010 zu werden.

14 Die Rückkehr zu alter Form in puncto Qualität und Quantität nach zwei mageren Jahren.

13 Kühles, nasses Jahr mit geringen Erntemengen und einigen guten Weinen.

12 Gute Qualität, obwohl der Ertrag zu den niedrigsten der vergangenen 20 Jahre zählte.

11 Von offizieller Seite als *»excelente«* deklarierter Jahrgang. Einige Weine mit marmeladiger Frucht, konzentrierter als 2010.

10 *»Excelente«*. Ein perfektes Jahr, umso deutlicher jetzt, da die Weine reifen.

09 Jetzt trinkreif, wird sich aber noch weiter entfalten. Einige Weine sind bemerkenswert tanninherb.

08 Kühles Jahr; die besten Weine sind frisch und aromatisch, mit etwas niedrigerem Alkoholgehalt.

07 Schwieriger Jahrgang; trinkreif.

06 Leichter, duftiger Jahrgang; sehr schön trinkreif.

05 Hervorragender Jahrgang, wie 2004. Jetzt trinken oder noch lagern.

Aalto, Bodegas y Viñedos Rib del D r ★★★→★★★★ Moderne Weine, la ge Tradition: Javier Zaccagnini, ehemals Leiter des CONSEJO REGULAD von RIBERA DEL DUERO, und Mariano García, früher Kellermeister bei VE SICILIA, leiten das Team. Herzhafter Aalto; der hochkonzentrierte PS (v 200 Parzellen) braucht 10 Jahre Flaschenreife. Zu Garcías Familienbes zählen u. a. MAURO (CASTILLA Y LEÓN) und Maurodos (TORO). Zaccagn vinifiziert bei Aalto den eleganten Preludio seiner Bodega Sei Solo.

Abadal, Bodegas Kat – Der charmante Familienbetrieb in der DO Plà de Bag bietet beliebte Weine und Spezialitäten von CATALUNYA unter einer R he von Marken: Abadal, La Fou (in der DO Terra Alta), Ramón Roque Das neueste Projekt: den Wein in hundertjährigen steinernen Gärtanks Weinberg verkeltern. Das Ergebnis: frische PINOT-ähnliche Rotweine oh Eicheneinfluss.

Abadía Retuerta Cas-L r ★★→★★★ Einer der Stars von Castilla y León, in rekter Nachbarschaft zu RIBERA DEL DUERO, mit Grandhotel und Mich lin-Sterne-Restaurant in einem ehemaligen Kloster. Sehr gut ist der we Verschnitt Le Domaine (BV). Die internationalen Einzellagenrotweine w den immer besser.

Abel Mendoza R Ala ★★→★★★ Eleganter RIOJA von einem umsichtig Kellermeister, der mit kleinen Mengen arbeitet und sorgfältig die Fäs auswählt. Der Jarrarte ist eine beliebte, erschwingliche Wahl, der Gra a Grano, für den jede TEMPRANILLO-Beere einzeln verlesen wird, für lar Lagerung geeignet.

Agustí Torelló Mata Cava sch ★★→★★★ Kleiner CAVA-Spezialist, Famili betrieb. Hervorragend sind der Kripta und der Bayanus 375 (in halben F schen).

Alexander Jules Sherry ★★→★★★ Handelshaus, das Abfüllungen aus wählter BUTTS von z. B. SÁNCHEZ ROMATE und ARGÜESO bietet. Erhältl derzeit in den USA, Japan und Spanien.

Alicante r w; s ★→★★ Die Region erzeugt würzige Rot- und Weißweine wie den historischen gespriteten Fondillón und gilt als geistige Heimat MONASTRELL-Traube. Im trockenen Hinterland gedeihen alte Buschreb Spitzenerzeuger: ARTADI, Enrique MENDOZA, Bernabé Navarro (Naturwe pionier, der mit in tönernen *tinajas* arbeitet), Bruno Prats.

Allende, Finca R Alt r w ★★→★★★★ Vom unverwüstlichen Miguel Ángel Gregorio geleitete und in jeder Beziehung überragende RIOJA-BODEGA einem alten Handelshaus in BRIONES, von dessen Turm man über die g ze Stadt zu den Weinbergen blickt. Anspruchsvoller Ansatz: Calvario v einer Einzellage, reintöniger, feiner Aurus. Führend bei den Weißwein der kraftvolle Allende Blanco und der sehr feine, aromatische Martires. F ca Nueva heißt die Reihe mit sofort genussfertigen Weinen. Die Finca Co nado in La MANCHA gehört ebenfalls zum Besitz.

Almacenista Sherry, Man ★★→★★★★ Eine Kellerei mit Sherry-Best den, oft sehr klein, die feine Weine ausbaut, um sie an BODEGAS zu v kaufen. Es gibt nur noch wenige; viele bevorzugen den freien Markt, z El MAESTRO SIERRA. Oft grandiose Qualität. Einer der ersten Anbieter überragendem Sortiment war LUSTAU.

Álvaro Domecq Sherry, Man ★★→★★★ Vornehme alte BODEGA auf der Ba von SOLERAS von Pilar Aranda, der ältesten Bodega in JEREZ. Gesch fen-elegante Weine. Guter FINO La Janda, exzellente VORS-Reihe »Li 1730«.

Alvear Mont-M ★★→★★★ Zeigt auf eindrucksvolle Weise die Vielfalt der Traube in MONTILLA-MORILES. Gute trockene FINOS C. B. und Capa wunderbar süßer SOLERA 1927, üppiger Dulce Viejo. Zum Besitz geh auch die BODEGA Palacio Quemado in Extremadura.

ada Jahrgang.

rayán, Bodegas ★★ In etwas über 10 Jahren brachte Arrayán die Qualitäten von MÉNTRIDA zur Geltung. Das Revival der weißen Rebe Albillo Real ist vielversprechend. La Suerte de Arrayán bietet saftigen GARNACHA-Genuss.

tadi, Bodegas y Viñedos Alicante, Nav ★★→★★★★ Juan Carlos López de Lacalle verließ Ende 2015 die DO RIOJA, weil sie es nicht schafft, Einzellagen und Terroirs anzuerkennen. Die Weine heißen jetzt Álava nach dem baskischen Unterbereich von Rioja. Preiswerter Viñas de Gain, luxuriöser La Poza de Ballesteros und dunkler, steiniger El Carretil; hervorragender El Pisón von einer Einzellage. Auch in Alicante vertreten mit sehr gutem El Sequé (rot) und in NAVARRA mit Artazuri (rot, rosé BV).

zuaga Rib del D ★★ Generös, zugänglich. Klassische GRAN RESERVA. Hotel inmitten der Weinberge.

igorri, Bodegas R Ala r w ★★→★★★ Die Weine sind so spektakulär wie die gläserne Architektur. Wuchtiger, moderner RIOJA; feiner Weißwein. Gute neue Reihe mit sortenreinen Weinen: GARNACHA, Maturana. Der ausgefeilte Garage räumt Preise ab, zugänglicher ist die RESERVA. Restaurant mit Blick auf die Weinberge.

rajuela, La Sherry – Innovatives Projekt. Die Trauben werden kurz in der Sonne getrocknet, wie früher, um den Alkoholgehalt dem Mindestwert für Sherry anzunähern. Das Ergebnis ist ungespriteter Wein aus Sherry-Terroir mit frischerem, fruchtigerem Charakter. Sehr kleine Produktion.

rbadillo, Bodegas Man ★→★★★★ Dominiert die Oberstadt von SANLÚCAR; Sitz ist ein ehemaliger Palast. Das Angebot reicht von verlässlich bis hervorragend, von Supermarkt bis Spitzenklasse. Pionier des MANZANILLA En rama. Unschlagbar ist die Reihe Reliquia, v. a. AMONTILLADO und PALO CORTADO. Vorzüglicher 100 Jahre alter Amontillado Versos, von dem 2016 nur 100 Flaschen freigegeben wurden. Außerdem der lokale Bestseller Castillo San Diego (weiß, BV) von der PALOMINO-Traube. Zum Besitz gehören auch Vega Real (RIBERA DEL DUERO) und BODEGA Pirineos (SOMONTANO).

rón de Ley R B r rs w ★→★★ Das ehemalige Benediktinerkloster beherbergt jetzt eine verlässliche BODEGA mit einem Ruf für Innovation. Verschnitte und Sortenweine sowie Klassiker.

scula, La Alicante, Rioja, Jumilla r w; s ★★ Preiswerte Qualitätsmarke mit Weinen aus aufstrebenden Bereichen und Klassikern, z. B. ALICANTE, JUMILLA, RIBERA DEL DUERO, RIOJA, Terra Alta und YECLA. Geführt von dem Südafrikaner Bruce Jack und dem britischen Master of Wine Ed Adams.

ondrade Cas-L, Rueda r w ★★→★★★ Didier Belondrade lancierte seinen RUEDA 1994 und bewies damit, dass dieser Wein mehr sein kann als nur BV. VERDEJO mit schöner Textur, der im Eichenfass auf dem Hefesatz gelagert wird. Außerdem Apollonia (weiß) und leichter, sommerlicher TEMPRANILLO Quinta Clarisa (rot), beide aus CASTILLA Y LEON.

ronia Rioja r rs w ★→★★★ Preisgekrönte, verlässliche BODEGA in RIOJA. Guter weißer VIURA, ausgefeilte, wiederbelebte RESERVA. Im Besitz von GONZÁLEZ BYASS.

rzo, El r w ★→★★★ Derzeit die angesagteste Region in Spanien mit ihrer knackigen, Pinot-noir-artigen roten Mencía von Schieferböden und der ätherischen GODELLO (weiß). Auf falschen Böden kann Mencía rustikal und hart ausfallen, aber sehr gut sind Descendientes de J. PALACIOS und Raúl PÉREZ sowie Dominio de Tares, Gancedo, Luna Berberide, Peique und Pittacum.

issalem Mall r rs w; sch ★★ Traditionsreiche Insel-DO nordöstlich von Palma. Hauptsächlich Rotwein, meist von der tanninherben Mantonegro-Traube mit Callet, Gorgollasa und CABERNET SAUVIGNON. Die Weißweine

Spanien

stammen v. a. von Prensal blanc plus CHARDONNAY und MOSCATEL. Bes Erzeuger: Biniagual, Jaume de Puntiró, Macià Batle, Tianna Negre.

Bodega 1. Kellerei; 2. Weinhandlung; 3. eine Firma, die sich mit der Herst lung, dem Verschnitt bzw. dem Versand von Wein befasst.

Butt Sherry – Fass mit 600 l Fassungsvermögen aus lang gelagerter ame kanischer Eiche, das für den Sherry-Ausbau verwendet und nur zu fü Sechsteln gefüllt wird, damit sich eine FLOR-Schicht bilden kann. In Scho land verwendet man gern gebrauchte Sherry-Fässer, um Whisky den le ten Schliff zu verleihen.

Calatayud Aragón r rs w ★→★★★ Rückt nun, da die Qualität der alten, 700–900 m Höhe wachsenden GARNACHA-Reben anerkannt wird, endli ins Bewusstsein der Weinliebhaber, ist aber immer noch hauptsächlich billige Genossenschaftsweine bekannt. Am besten sind die BODEGAS A ca (siehe Juan GIL), El ESCOCÉS VOLANTE und Lobban (v. a. der El Gord von Pamela Geddes).

Callejuela Sherry, Man ★★→★★★ Die Blanco-Brüder arbeiten mit dem e flussreichen Kellermeister Ramiro Ibañez zusammen und haben Rebf chen in einigen der berühmtesten Sherry-PAGOS. Neue Reihe, v. a. Ja gangs-MANZANILLA 2011, kommt jährlich auf den Markt, ein Fass na dem anderen.

Campo de Borja Aragón r rs w ★→★★★ Das selbst ernannte »GARNACH Reich« ist dank dem Schatz alter Reben in Kombination mit jungen We bergen eine verlässliche Quelle für preiswerten Garnacha; beginnt je auch, seriöse Qualität zu bieten, z. B. die BODEGAS Alto Moncayo, Ara nesas und Borsao.

Campo Viejo Rioja r rs w; sch ★→★★ Das Markenschwergewicht in RIO bietet neben preiswertem RESERVA und GRAN RESERVA nun eine größ Vielfalt mit sortenreinen GARNACHA-Weinen und ergänzt den weißen Ri durch TEMPRANILLO Blanco. Gehört zu Pernod Ricard (besitzt auch die v Santiago Calatrava entworfene Kellerei Ysios in Rioja).

Cañas, Bodegas Luis R Ala r w ★→★★★ Oft ausgezeichneter Familienbetri stets verlässlich. Klassiker, z. B. die RESERVA Selección de la Familia, gendlicher, sofort trinkreifer GRAN RESERVA und Modernes wie der extr konzentrierte Hiru 3 Racimos oder der Amaren, die Kellerreife braucher

Capçanes, Celler de Montsant r rs w; s ★→★★ Eine der besten Genoss schaften Spaniens. Sehr faire Preise, ausdrucksstarke Weine aus MON SANT. Auch ein auf koschere Weine spezialisierter Erzeuger mit dem er fehlenswerten Peraj Ha'abib.

Cariñena Aragón r rs w ★→★★ Die DO trägt denselben Namen wie die Trau Solide, wenig aufregende, aber preiswerte Weine; Spitzenwein ist der 3 Tres Mil von der FINCA Aylés (VINO DE PAGO).

Casa Castillo Jumilla r ★★→★★★ Der Familienbetrieb auf dem *altipla* beweist, dass JUMILLA tipptopp sein kann. Hervorragender GARNACHA Molar und SYRAH Valtosca, sehr fein der Einzellagenverschnitt Las Gra sowie der MONASTRELL, v. a. der Pie Franco aus einer kleinen Monastr Parzelle, die der jüngsten Reblausplage entging.

Castaño, Bodegas Mur r rs w; s ★→★★ Die Familie Castaño ist der Inbeg von YECLA. Feine MONASTRELL-Weine und köstlicher süßer roter DULCE.

Castell del Remei Kat, Cos del S – Tomás Cusiné ist wieder am Ruder auf d historischen Gut, um ein Unternehmen zu gründen, u. a. mit den Weir von Cara Nord, Cérvoles und Vilosell. Empfehlenswert ist der fest struk rierte MACEBEO Finca Racons (weiß) von 100 Jahre alten Reben.

Castell d'Encús Cos del S r w ★★→★★★ Katalanische Kellereien sind auf Suche nach klimatischen Ausweichgebieten, Raül Bobet (auch bei FERR BOBET im PRIORAT) war zuerst da. Auf 1000 m hat er so viel kühles Kli wie er will, für herrlich frische, originelle Weine, bei denen Tradition auf Moderne trifft: Die Trauben werden in steinernen *lagares* vergoren, die Kellerei ist mit neuester Technik ausgestattet. In weniger als 10 Jahren sind der RIESLING Ekam, der SYRAH Thalarn und der PINOT NOIR Acusp zu Klassikern avanciert.

stilla y León r rs w ★→★★★ Der größte Weinbaubereich Spaniens. Die besten Weine sind sehr gut, viel Erfreuliches, jedoch bei stark schwankender Qualität. DOs: Arribes, BIERZO, CIGALES, Tierra de León, Tierra del Vino de Zamora, Valles de Benavente. Rote Sorten: u. a. Juan García, MENCÍA, TINTA DEL PAÍS; weiße Sorte: Doña Blanca. Guter ROSADO mit intensiver Farbe von der Prieto-Picudo-Traube.

stillo de Cuzcurrita R Alt – Ummauerter Weinberg, Burg aus dem 14. Jh., vortreffliche Beraterin Ana Martín: beste Voraussetzungen für sehr guten RIOJA.

stillo Perelada Emp, Pri r rs w; sch ★→★★★ Glamouröses Weingut. Temperamentvolle CAVAS, v. a. Gran Claustro, und moderne Rote, z. B. FINCA Garbet (SYRAH aus küstennahen Lagen). Zudem seltener, 12 Jahre in der Solera gereifter GARNATXA de l'Empordà. Sehr fein sind der Casa Gran del Siurana und der Gran Cruor, ein Syrah-Verschnitt aus dem PRIORAT.

talunya Kat r rs w; sch – Sehr große DO, umfasst ganz Katalonien: Küste, Berge und alles, was dazwischen liegt. Die Region hat eine eigene Sprache und eine stark ausgeprägte kulturelle Identität, Spitzenköche und Spitzen-BODEGAS (z. B. TORRES), viele sehr kreativ. Die derzeitige DO ist dagegen nur ein Verbund ohne eigene Identität.

va Nach der traditionellen Methode bereiteter spanischer Schaumwein. Angesichts der Reife der Frucht ist Zero Dosage Brut Nature sehr beliebt. Erzeugt wird er zum Großteil in PENEDÈS in und um Sant Sadurní d'Anoia, aber auch in RIOJA (v. a. Conde de Haro von MUGA) und VALENCIA. Die einheimischen Rebsorten sind wieder angesagt: MACABEO (VIURA in Rioja), PARELLADA, XAREL.LO. Die besten Weine können 10 Jahre reifen; die Mindestreifezeit beträgt 9 Monate. Neu ist die oberste Kategorie für Weine von Einzellagen mit geringeren Erträgen namens *paraje calificado*. Dennoch gibt es immer noch zu viele schwächliche Cavas, weshalb einige Erzeuger die DO verlassen. Siehe auch CONCA DEL RÍU ANOIA, CLÀSSIC PENEDÈS.

sar Florido Sherry ★→★★ Seit 1887 ein Meister des MOSCATEL. Entdecken Sie das wunderbar duftende, saftige Trio Dorado, Especial, Pasas.

ipiona Sherry – Aus diesem sandigen Küstengebiet stammen die MOSCATEL-Trauben für Sherry. Vorwiegend Genossenschaften. Wegweisend ist die Familie von CÉSAR FLORIDO.

gales Cas-L r rs (w) ★→★★ Die kleine DO, eingezwängt zwischen RIBERA DEL DUERO und TORO, buhlt immer noch um Aufmerksamkeit. Günstige Rot- und Roséweine.

ssic Penedès Pen – Neue Kategorie der DO PENEDÈS für Schaumwein nach der traditionellen Methode, höhere Qualität als Cava. Mindestens 15 Monate Reifung. Seit 2017 Bioanbau. Zu den Mitgliedern gehören Albet i Noya, Colet, LOXAREL, Mas Bertran.

s Mogador Pri r w ★★★→★★★★ Gehört zum Quintett der Erzeuger, die das PRIORAT wiederentdeckt haben, war für viele ein Mentor und flößt noch immer Respekt ein. Erwarb als einer der Ersten die Auszeichnung VINO DE FINCA. Der würzige, üppig duftende weiße Clos Nelin mit Honignoten war der Wegbereiter des Trends zu GARNACHA-BLANCA-Verschnitten.

dorníu Raventós Cos del S, Pen, Pri, Rioja r rs w; sch ★→★★★★ Spaniens ältester Familienbetrieb; die Jugendstil-Kellerei ist einen Besuch wert. Die vom Kellermeister Bruno Colomer geleitete Versuchs-BODEGA führte zu Verbesserungen im ganzen Angebot. Hervorragende CAVAs in der Rei-

Spanien

he Ars Collecta (Jaume Codorníu), drei sortenreine Einzellagen-Cavas u 456, ein Verschnitt aus drei Lagen und der teuerste Cava, der je das Lic der Welt erblickte. Legaris in RIBERA DEL DUERO und Raimat in COSTE DEL SEGRE werden weiterhin immer besser. Die Bodega Bilbaínas in RI JA hat den beliebten Viña Pomal, den erstklassigen Altos de la Caseta, c sortenreinen Vinos Singulares, u. a. Maturana blanca, und den originell Cava Blanc de Noirs (GARNACHA). Siehe auch SCALA DEI.

Conca de Barberà Kat r rs w – In der kleinen katalanischen DO, die früher au schließlich große Unternehmen mit hochwertigem Traubengut versorg arbeiten inzwischen einige exzellente Erzeugerbetriebe, darunter Escoc Sanahuja (biologisch-dynamisch). Die TORRES-Spitzenweine Grans M ralles und Milmanda werden beide in dieser DO erzeugt.

Conca del Riu Anoia Kat – Kleine DO für nach dem traditionellen Verfahr bereiteten Schaumwein, 2013 von RAVENTÓS I BLANC geschaffen, u strengere Qualitätskontrollen als für CAVA zu gewährleisten. Ökologisc Produktion, geringere Erträge, Mindestreifezeit von 18 Monaten und a schließlich lokale Rebsorten.

Consejo Regulador Institution für die Erhaltung, Kontrolle und Förderung ei Denominación de Origen; jede DO hat ihren eigenen Consejo Regulador. I Qualität ist so uneinheitlich wie die Weine, die die Organisation vertritt – r steht Bürokratie, mal unternehmerisches Denken im Vordergrund.

Contino, Viñedos del R Ala r rs w ★★→★★★★ Zu dem Gut gehört eine (großen Einzellagen von RIOJA. Die Hingabe von Jesús Madrazo sorgt hervorragenden Reserva, erstklassigen GRACIANO, herrlichen weißen R ja und hellen ROSADO. Jetzt im Besitz von CVNE. Wird sich dadurch etw ändern?

Costers del Segre Cos del S r rs w; sch ★→★★★ Die geografisch gete DO schafft es irgendwie, CASTELL D'ENCUS in den Bergen und die wei unten gelegenen Güter CASTELL DEL REMEI und Raimat innerhalb ders ben Grenzen zu halten.

Crianza Die »Kinderstube«, in der sich der Wein entwickelt – Garant für e gewisse Reifezeit, nicht für Qualität. Neuer oder nicht gealterter Wein *sin crianza* oder JOVEN. In der Regel sind Crianza-Weine mindestens 2 J re gereift, davon sechs Monate bis ein Jahr im Eichenfass, und dürfen e ab dem dritten Jahr freigegeben werden. Siehe auch RESERVA.

Cusiné, Tomàs Cos del S r w ★★→★★★ Einer der innovativsten Weinmac Spaniens, jetzt wieder für CASTELL DEL REMEI tätig. Individuelle, mod ne Weine, darunter der TEMPRANILLO-Verschnitt Vilosell und der origine weiße Auzells, der aus zehn Rebsorten bereitet wird.

Compañía Vinícola del Norte de España (CVNE) R Ala, R Alt r rs w ★→★★★ Einer der großen Namen in RIOJA, gegründet 1879. Außerordentlich e drucksvoll im Spitzenbereich: ätherisch und weniger eichenlastig als meisten in Rioja. Die Kellerei Real de Asúa erzeugt guten Imperial RESER hervorragenden, eleganten Imperial GRAN RESERVA und modernen Real Asúa aus Rioja Alta. Aus der Kellerei in Rioja Alavesa kommt die exzell te Reihe VIÑA Real. Der neueste Weißwein ist der Monopole Classico, nach einem traditionellen Rezept in amerikanischer Eiche ausgebaut u dann in Sherry-Fässern verschnitten wird. Die Weine können sehr alt w den – versuchen Sie einen der Jahrgänge **1962, 1964** oder **1970** aufzut ben. CONTINO gehört dazu.

Delgado Zuleta Man ★→★★ Die älteste Bodega in SANLÚCAR, 1774 gegr det. Flaggschiff ist der 5–6 Jahre alte La Goya MANZANILLA Pasada, bei der Hochzeit von König Felipe VI. serviert wurde; außerdem 10 J re alter Goya XL EN RAMA. Eindrucksvoll gereifter 40 Jahre alter AMO TILLADO Quo Vadis?.

ez-Mérito Sherry ★→★★★ Die Kellerei gehört jetzt Salvador Espinosa. Verlässliche Reihe Bertola; außerdem feine gereifte VORS Sherrys: AMONTILLADO Fino Imperial, OLOROSO Victoria Regina, Vieja SOLERA PX.

nastía Vivanco R Alt r w ★→★★ BODEGA in Briones.Gute Reihe mit sortenreinen RIOJA-Rotweinen und ein rarer süßer roter Spätlese-Verschnitt. Hervorragendes Weinmuseum.

) (Denominación de Origen), DOP (Denominación de Origen Protegida) Die bisherigen Herkunftsbezeichnungen Denominación de Origen (DO) und Denominación de Origen Calificada (DOCa) sind jetzt zur Denominación de Origen Protegida (DOP) zusammengefasst. Daneben gibt es noch die Kategorie VINO DE PAGO. Die niedrigere Qualitätsstufe Vinos de Calidad Producidos en Regiones Determinadas (VCPRD) wird sukzessive zu Vinos de Calidad de Indicación Geografica (VCIG). Alle Klarheiten beseitigt?

maines Lupier Nav r ★★★ Ein junges Paar rettet verstreute Weinberge mit alten GARNACHA-Reben und erzeugt davon zwei Weine: den floralen La Dama und dichten, breitschultrigen El Terroir. Ökoanbau.

minio de Tares El B r w ★★→★★★ Hervorragender MENCÍA von alten Reben: Cepas Viejas und Tares P3. Außerdem guter GODELLO. Stallgefährten sind Pazos de Lusco (RÍAS BAIXAS) und Dominio Dostares (CASTILLA Y LEÓN) – der Cumal des letzteren Guts ist ein schönes Beispiel für die Lokalrebsorte Prieto Picudo.

Spanien

lce Süß.

nilio Hidalgo Sherry ★★★→★★★★ Hervorragende kleine Bodega in Familienbesitz. Alle Weine außer PX reifen zunächst unter FLOR. Ausgezeichneter, 15 Jahre alter FINO La Panesa, intensiver 50 Jahre alter AMONTILLADO Tresillo 1874 und seltener PX Santa Ana 1861.

npordà Kat r rs w; s ★→★★ Eines von vielen Zentren der Kreativität in Katalonien. Beste Erzeuger: CASTILLO PERELADA, Celler Martí Fabra, Pere Guardiola, Vinyes dels Aspres. Das junge Weingut Espelt baut stolze 17 Sorten an; probieren Sie den Sauló (GARNACHA/CARIGNAN). Celler Espolla bietet mit dem SOLERA GRAN RESERVA einen üppigen natursüßen Wein an.

rique Mendoza Alicante r w; s ★→★★ Der gastfreundliche, unermüdliche Pepe Mendoza ist die Schlüsselfigur beim Wiederaufstieg der DO und der MONASTRELL-Traube. Spitzenerzeugnisse kommen vom trockenen *altiplano* im Landesinneren: der lebhafte La Tremenda und der Einzellagenwein Las Quebradas. Außerdem honigartiger MOSCATEL.

icure Wines Kat, Pri r w; sch ★★ Der preisgekrönte Sommelier Franck Massard baut ein Portfolio charaktervoller Weine von DOs in ganz Spanien auf, u. a. CAVA, MONTSANT, RIBEIRA SACRA, Terra Alta, VALDEORRAS. Lebhafter ROSADO Mas Amor.

uipo Navazos Sherry ★★★→★★★★ Jesús Barquín und Eduardo Ojeda sind das Team *(equipo)*, das die Wahrnehmung des Sherry verändert hat: Sie agieren als Négociant, der einzelne BUTTS auswählt. Zusammenarbeit u. a. mit Dirk Niepoort, Colet-Navazos (Schaumwein; Sherry wird für den *liqueur d'expédition* verwendet), NAVAZOS-PALAZZI (Brandy), RAFAEL PALACIOS und PEREZ-BARQUERO (Montilla-Moriles). FLOR Power ist ein ungespriteter, unter Flor gereifter Wein: eine Hommage an die traditionelle Weinbereitung von JEREZ.

cocés Volante, El Gal, Aragón r w ★★ Der schottische Master of Wine Norrel Robertson lebt in CALATAYUD und hat sich auf GARNACHA von alten Reben spezialisiert, die in Höhenlagen auf Schieferboden wachsen. Der zuletzt auf den Markt gekommene Manda Huevos ist ein duftender Verschnitt von alten und sehr alten Garnacha-Reben mit Bobal und Moristel. Arbeitet auch z. B. mit der Genossenschaft Martin Códax zusammen, um ALBARIÑO aus RÍAS BAIXAS und den weißen GODELLO aus MONTERREI zu erzeugen.

Espumoso Schaumwein, der jedoch – anders als CAVA – nicht nach der tra tionellen Methode hergestellt wird und daher in der Regel preiswerter ist

Ferrer Bobet Pri r ★★★ Geschliffene, komplexe Weine von Sergi Ferrer-Sa (Gründer der Vinothek Monvínic in Barcelona) und Raül Bobet (CASTE D'ENCUS). Schieferböden und alte Reben zeigen sich aufs Schönste im S lecció Especial Vinyes Velles. Spektakuläre Kellerei.

Finca Landgut, Weingut, ländliches Anwesen.

Garnacha

Nachdem sie lange Spaniens hässliches Entlein war, hat sich die GARNACHA-Rebe in den letzten Jahren in einen Schwan verwandelt.

Aragón: Garnachas Heimat. Hier ist es einfach, einen reichhaltigen, saftigen, rustikalen Rotwein zu erzeugen. Aragóns Trumpf sind alte Reben und hohe Lagen, die für Frische, Ausgewogenheit und einen geringeren Alkoholgehalt sorgen.

Gredos: Diese Garnachas aus der Nähe von Madrid haben die Konjunktur der Rebsorte angekurbelt. Die alten Buschreben, von denen früher billiger Wein für die Stadt erzeugt wurde, bieten geringe Erträge und damit Konzentration.

Navarra: Viña Zorzal hat beliebte saftige Garnachas. DOMAINES LUPIER ist auf sehr alte Buschreben spezialisiert.

Priorat: Hier haben spanische Garnacha-Reben zum ersten Mal Potenzial bewiesen. Heute werden sie meist für Verschnitte verwendet und machen sich hervorragend in Kombination mit der blauen Frucht von CARIÑENA. Der Finca Dofi von ÁLVARO PALACIOS kommt einem sortenreinen Garnacha so nah wie irgend möglich. Im Vergleich zu den ersten Jahren im Priorat hat sich das Bild von Garnacha völlig verändert: Die massive, herzhafte, überhitzte Frucht ist weg, jetzt stehen alle Zeichen auf Eleganz und Raffinesse.

Rioja: Die DO der TEMPRANILLO- und Verschnittweine entdeckt Garnacha aus Tudelilla und Rioja Baja. Empfehlenswerte Erzeuger: CONTINO und BODEGAS Bilbaínas (Blanc-de-Noirs-CAVA von Garnacha). Vintae, ein Weinmacherteam mit dem Projekt Garnachas de España, erzeugt sogar Eiswein in RIOJA.

Und Garnacha blanca gewinnt auch an Boden.

Flor Sherry – Das spanische Wort für »Blume« bezeichnet die Schicht a Saccharomyces-Hefen, die sich auf natürlichem Wege in einem zu f Sechsteln gefüllten Fass auf der Oberfläche von FINO- und MANZANIL Sherry bildet. Der Flor bindet Sauerstoff und weitere Stoffe (ein Vorga den man »biologische Reife« nennt) und bewahrt den Wein vor dem Brau werden (Oxidation). Traditionell bereitete AMONTILLADOS beginnen als nos oder Manzanillas, bevor der Flor von selbst oder durch die Zugabe v Alkohol abstirbt. In El PUERTO DE SANTA MARÍA und SANLÚCAR, die näh an der Küste liegen, ist die Flor-Schicht dicker, was die feinere Art der do gen Sherrys erklärt. Am dicksten ist sie im Frühjahr und im Herbst.

Fondillón Alicante s ★→★★★ Legendärer ungespriteter roter lieblich *rancio*-Wein von überreifen MONASTRELL-Trauben, der lange Seereis überstehen sollte. Heute wird er mindestens 10 Jahre in Eiche gere einige SOLERAS sind sehr alt. Leider schrumpfende Produktion, u. a. v GUTIÉRREZ DE LA VEGA und Primitivo Quiles.

Freixenet, Cavas Pen, Cava rs w; sch ★→★★★ Größter CAVA-Erzeuger. V allem für den in schwarzen Flaschen abgefüllten Cordón Negro und d

Standardwein Carta Nevada bekannt. Die mit CHARDONNAY und PINOT NOIR aufgepeppte Spitzen-Cava Elyssia ist ein Schritt nach vorn. Casa Sala heißt die prestigereiche Spitzenmarke, ein Cava von einer Einzellage (*paraje calificado*). Neu herausgebracht wurde La Freixeneda (rot) vom Gut der Familie aus dem 13. Jahrhundert. Weitere Cava-Marken der Familie Ferrer: Castellblanch, Conde de Caralt und Segura Viudas. Zudem: Morlanda (PRIORAT), Solar Viejo (RIOJA), Valdubón (RIBERA DEL DUERO), Vionta (RÍAS BAIXAS). Außerdem die Champagnerfirma Henri Abelé, das Bordeaux-Handelshaus Yvon Mau sowie Gloria Ferrer (USA) und Wingara (Australien).

ndador Pedro Domecq Sherry – Die ehemaligen Domecq-Bodegas wurden durch mehrere Fusionen in Stücke gerissen. Die VORS-Weine sind jetzt im Besitz von OSBORNE; La Ina, Botaina, Rio Viejo und Viña 25 gehören zu LUSTAU. Andrew Tan von Emperador, dem weltgrößten Branntweinhersteller, kaufte den Rest und legt den Schwerpunkt auf Fundador-Brandy. Zum Unternehmen gehören auch Harvey's, berühmt für Bristol Cream und sehr guten VORS, und Garvey, bekannt für den FINO San Patricio.

licien (r) w; (sch) – Regenreiche Region in Nordwestspanien, in der einige der besten Weißweine (siehe MONTERREI, RÍAS BAIXAS, RIBEIRA SACRA, RIBEIRO, VALDEORRAS) und strahlende, knackig-frische Rote von MENCÍA entstehen. Alles sehr interessant, v. a. in den wieder aufstrebenden DOs Ribeiro, Ribeira Sacra und Monterrei.

Spanien

rvey Sherry ★→★★ Einer der letzten Überreste des Ruiz-Mateos-Imperiums, dessen Niedergang dem Sherry-Geschäft ziemlichen Schaden zugefügt hat. Bekanntestes Erzeugnis ist der FINO San Patricio.

néricos Rioja – Das nicht besonders ansprechende Wort beschreibt in RIOJA eine wichtige, oft ansprechende Kategorie: (normalerweise prestigeträchtige) Weine, auf denen nur der Jahrgang vermerkt ist und kein Hinweis auf die Reife (z. B. RESERVA oder GRAN RESERVA). Genéricos müssen sich nicht an die Verkelterungs- und Ausbauregeln der DO halten, was dazu beitragen kann, dass das Terroir besser zum Ausdruck gebracht wird, aber manche sind zu extraktreich.

nzález Byass Sherry ★★★→★★★★ González Byass (gegründet 1845) ist und bleibt ein Familienunternehmen. Der liebenswürdig-poetische Antonio Flores hat, ausgehend vom berühmtesten aller FINOS, Tío Pepe, ein faszinierendes Portfolio entwickelt: eine En-rama-Abfüllung und die Palmas Finos. Begleitet werden sie weiter vom stets geschliffenen AMONTILLADO Viña AB, dem OLOROSO Matúsalem und dem PX Noë. Außerdem gute Weinbrände, Tischweine, u. a. BERONIA (RIOJA), Vilarnau (CAVA) und Viñas del Vero (SOMONTANO), sowie Croft Original Pale Cream (keine Offenbarung, aber beliebt). Die nahe gelegene FINCA Moncloa erzeugt nach wie vor Rotweine sowie Tintilla de Rota, einen traditionellen gespriteten Süßwein.

amona Pen, Cava r w; s; sch ★★→★★★★ Ein Eindruck von dem, was CAVA erreichen kann. Cousins erzeugen beeindruckend langlebige Cavas, v. a. die GRAN RESERVA Imperial, den III Lustros und den Gran Reserva Celler Batlle. Auch Forschung und Untersuchungen, u. a. Bio, Süßweine einschließlich Eiswein und experimentelle Weine.

an Reserva In RIOJA Gran Reserva sind mindestens 2 Jahre im 225-l-Barrique und 3 Jahre Flaschenreifung vorgeschrieben. Sehen Sie sich nach großartigen alten Rioja-Gran-Reserva-Weinen um, die oft sehr preisgünstig sind. Viele neuere Abfüllungen sind weniger interessant.

ita, La Man ★→★★★ Verlässlicher Manzanilla. Im Besitz der Grupo Estévez, der auch VALDESPINO gehört.

tiérrez Colosía Sherry ★→★★★ Eine der wenigen am Fluss verbliebenen BODEGAS in El PUERTO DE SANTA MARÍA. Ehemaliger ALMACENISTA mit herrlichem altem PALO CORTADO.

Gutiérrez de la Vega Alicante r w; s ★★→★★★ Erzeuger in ALICANTE, na einem Zerwürfnis wegen der Regelungen aber nicht länger in der DO. Wu derbar ausdrucksstarker MOSCATEL, v. a. Casta Diva. Auch ein Experte FONDILLÓN. Ein Keller voller SOLERAS.

Hacienda Monasterio, Bodegas Rib del D r ★★★ Auf dem 160-ha-Gut erzeu Peter Sisseck Verschnitte von TINTO FINO und CABERNET SAUVIGNON, zugänglicher im Preis und am Gaumen sind als sein PINGUS. Jugendlich Cosecha mit subtiler Eichennote und komplexe RESERVA. Die Rese Especial beeindruckt mit reichhaltiger, dichter Textur.

Haro R Alt – Die malerische Stadt im Herzen von RIOJA ALTA hat sich ihren F erworben, als die Eisenbahnlinie gebaut wurde, die Exporte an die No küste und nach Bordeaux ermöglichte. Einen Besuch wert sind die g ßen Namen von RIOJA, die am und um den Bahnhof versammelt sind, u BODEGAS BILBAÍNAS, CVNE, GOMEZ CRUZADO, LA RIOJA ALTA, LÓPEZ HEREDÍA, MUGA, RODA.

Harveys Sherry ★→★★★ Einst ein großer Name in Jerez, berühmt für d Bristol Cream. Jüngst zusammen mit der Brandymarke Fundador von E perador gekauft.

Herederos de Argüeso Man ★★→★★★ Einer der besten Erzeuger in SA LÚCAR mit sehr gutem San León und dicht gewirktem, salzigem San Le Reserva sowie jugendlichem Las Medallas. Außerdem beeindruckend le hafter AMONTILLADO Viejo VORS.

Hidalgo La Gitana Man ★★→★★★★ 1972 gegründeter Familienbetrieb SANLÚCAR. Der äußerst grazile MANZANILLA La Gitana ist ein Klassik Charaktervoller zeigt sich der La Gitana EN RAMA. Feinster Manzanilla der Pasada Pastrana von einer Einzellage, der fast die Reife eines AMO TILLADO besitzt. Hervorragende VORS-Reihe, darunter Amontillado Na leon, Palo Cortado Wellington und PX Triana.

Inselweine Seit neuestem ein heißes Thema in Spanien, v. a. von den KAN RISCHEN INSELN, aber auch aus MALLORCA. Ausgeprägte Unterschiede Weinbau, Rebsorten und Klima sorgen für ausgeprägte Weine.

J. Chivite Family Estates Nav r rs w; s ★★→★★★ Beliebte Reihe Gran F do (BV), v. a. Rosado und Sobre Lías *(sur lie)*. Auch Las Fincas ROSADO u Colección 125, u. a. mit herausragendem CHARDONNAY und einem besten Chardonnays Spaniens. Guter Spätlese-MOSCATEL.

Jerez de la Frontera Hauptstadt der Sherry-Region zwischen Sevilla und C diz. Das Wort Sherry ist eine Abwandlung des maurischen Namens Sheri französisch Xérès. Der DO-Name lautet daher Jerez-Xérès-Sherry. MANZ NILLA hat eine eigene DO: Manzanilla-SANLÚCAR DE BARRAMEDA.

Joven (vino) Junger, nicht in Eiche gereifter Wein. Siehe auch CRIANZA.

Juan Gil Bodegas Familiares Jumilla r w ★→★★★ Der alteingeses ne Familienbetrieb wurde 2002 von Grund auf reorganisiert. Gute jur MONASTRELL-Weine (z. B. 4 Meses), kraftvolle, langlebige Spitzengewä se Clio und El Nido. Das Unternehmen besitzt auch moderne Kellerei u. a. Ateca (CALATAYUD), Can Blau (MONTSANT) und Shaya (RUEDA).

Jumilla Mur r (rs) (w) ★→★★★ Sehr trockenes Anbaugebiet in den Berg nördlich von Murcia mit alten MONASTRELL-Reben, die von engagier Weinmachern wiederbelebt wurden. Auch TEMPRANILLO, MERLOT, CAB NET SAUVIGNON, SYRAH und PETIT VERDOT. Spitzenerzeuger: CASA C TILLO und Juan GIL, gefolgt von Agapito Rico,Carchelo, CASTAÑO, Luzón

Juvé y Camps Pen, Cava w; sch ★★→★★★ Beständig guter Familienbetr mit guter CAVA. Die RESERVA de la Familia ist der Grundpfeiler, ganz ob steht die GRAN RESERVA.

Jean León Pen r w ★★→★★★ Bereitete CABERNET SAUVIGNON und CH DONNAY in Spanien den Weg, seit 1995 im Besitz von TORRES und jetzt ter Mireia Torres wieder auf dem aufsteigenden Ast. Gute, eichenwürzige Chardonnay-Weine, ausdrucksstarker Merlot namens 3055 und eleganter Cabernet Sauvignon Vinya La Scala.

ınarische Inseln r rs w ★→★★ Hoch geschätzte Quelle für INSELWEINE: sieben Hauptinseln, neun DOS, davon allein auf Teneriffa fünf. Frische, elegante Weine von seltenen Rebsorten aus sehr unterschiedlichen Mikroklimata. Die trockenen Weißweine von LISTÁN (PALOMINO) und Marmajuelo sowie die Roten von Listán negro, Negramoll (TINTA NEGRA) und Vijariego bieten erfreulich ursprüngliche Geschmackserlebnisse. Außerdem gute MALVASÍA- und MOSCATEL-Dessertweine, v. a. der gespritete Malvasía El Grifo aus Lanzarote. SUERTES DEL MARQUÉS ist der Spitzenerzeuger.

Mancha r rs w ★→★★ Das Land des Don Quixote südlich von Madrid ist (mit Ausnahme seiner Ausdehnung) das am wenigsten beeindruckende Anbaugebiet Spaniens. Zu viel Massenwein, doch Exzellenz ist immer noch möglich: JUAN GIL mit dem Volver, MARTÍNEZ BUJANDA mit dem Finca Antigua und PESQUERA mit dem El Vínculo.

ópez de Heredia R Alt r rs w ★★→★★★★ Einer aus der alten Garde von RIOJA Alta (1877), mit ätherischen, gereiften Weinen, die wundersamerweise wieder in Mode gekommen sind. Das eindrucksvolle Schweizer »Château« ist das Wahrzeichen von HARO und ein Ort, an dem man sehen kann, wie RIOJA erzeugt wurde (und immer noch wird). Viña Cubillo heißt die jüngere Reihe mit GARNACHA, dunkler ist Viña Bosconia, delikat und reif der Viña Tondonia. Auch die Weißen reifen ausgiebig in Fass und Flasche: Faszinierend sind der Gravonia und der Tondonia GRAN RESERVA. An Pergament erinnert die Farbe des ROSADO Gran Reserva.

oxarel Pen sch ★★ Josep Mitjans ist seinem Terroir und der Rebsorte XAREL-LO leidenschaftlich verbunden. (Loxarel ist eine Umstellung des Namens der Rebsorte.) Zum Angebot gehören u. a. roter Xarel-lo, Weine mit Hülsenmaischung und Amphorenweine. Der Cent Nou 109 Brut Nature RESERVA ist ein originelles Schmankerl: nach der traditionellen Methode bereiteter Schaumwein, allerdings wird die Hefe nicht durch Degorgieren entfernt. Komplex, trüb, ungeschwefelt und auch nach 109 Monaten noch immer sehr jugendlich. Biologisch-dynamisch.

ustau Sherry ★★★→★★★★ Brachte die originale ALMACENISTA-Kollektion heraus. Zum Angebot gehören Sherrys aus JEREZ, SANLÚCAR und EL PUERTO. Die einzige BODEGA, die EN-RAMA-Sherry aus allen drei Städten erzeugt – faszinierende Kontraste. Der Emilín ist ein erlesener MOSCATEL, der PX VORS herausragend – trotz Alter und Süße kommt er leichtfüßig daher. Eine der wenigen Bodegas, die Jahrgangs-Sherry herausbringen.

adrid, Vinos de Madr r rs w ★→★★ Jahrzehntelang dienten Madrids GARNACHA-Reben zur Erzeugung schlichter Alltagsweine. Heute sind die alten Reben Bestandteil spannender Qualitätsbestrebungen. Fortschrittliche Erzeuger: Bernabeleva, Comando G, Jeromín, Licinia, Marañones, El Regajal, Tagonius.

aestro Sierra, El Sherry ★★★ Die kleine, traditionelle BODEGA mit exzellenter Qualität wird von Mari-Carmen Borrego geleitet, die ihre Mutter Pilar Plá abgelöst hat. Feiner FINO und AMONTILLADO 1830 VORS sowie OLOROSO 1/14 VORS. Der alte Keller lohnt einen Besuch.

álaga r w sw ★→★★★ MOSCATEL-Liebhaber sollten die Hügel von Málaga erkunden. TELMO RODRÍGUEZ belebte den alten Ruhm mit seinem subtilen süßen Molino Real wieder. Der fassgereifte MOSCATEL No 3 Viejas Viñas von Jorge Ordoñez ist wunderbar üppig, bei Bentomiz findet man eine beeindruckende Auswahl an Moscatel-Weinen. Für trockene Moscatel-Tischweine gibt es die DO Sierras de Málaga; der Botani von Ordóñez ist zart aromatisch.

Spanien

Mallorca r w ★→★★★ Wird stetig besser, ist allerdings teuer und außerha der Insel schwer aufzutreiben. Erzeuger: u. a. 4 Kilos, Án Negra, Biniagu Binigrau, Hereus de Ribas und Son Bordils. Die Roten sind Verschnitte v traditionellen Rebsorten (Callet, Fogoneu, Mantonegro) plus CABERN SAUVIGNON, SYRAH und MERLOT. Die Weißen (v. a. CHARDONNAY) hol schnell auf. Die beiden DOs heißen BINISSALEM und PLA I LLEVANT.

Manchuela Cas-La M r w; s ★→★★ Die DO zwischen den Flüssen Júcar u Cabriel, einst Quelle von Fassweinen, verspricht jetzt etwas mehr mit W nen von u. a. Bobal, MALBEC und PETIT VERDOT. Dem Pioniergut Fin SANDOVAL sind Alto Landón und Ponce nachgefolgt; Letzterer erzeugt P FRANCO-Weine (von seltenen wurzelechten Reben).

Marqués de Cáceres, Bodegas R Alt r rs w ★→★★ Der Erzeuger war in d 1970er-Jahren ein wichtiger Wegbereiter für RIOJA-Weine und führte d französische Weinbereitungsmethoden ein. Frischer Weißwein und Ros Gaudium heißt der moderne Spitzenwein, die GRAN RESERVA zeigt sich tr ditionell klassisch. Zum Besitz gehört auch Deusa Nai in RÍAS BAIXAS.

Marqués de Murrieta R Alt r rs w ★★★→★★★★ Glamourös renovierte B dega, doch dahinter verbirgt sich immer noch einer der traditionell groß Namen in RIOJA, berühmt für die prachtvolle, lang gereifte GRAN RESER Castillo de Ygay. Die neueste Abfüllung einer Gran Reserva Blanco ist vo Jahrgang 1986, von der Gran Reserva Tinto 1975. Das beste Preis-Le tungs-Verhältnis bietet die dichte, hocharomatische RESERVA; einen Ko trast stellt der moderne rote Dalmau dar. Capellanía heißt der frische, str fe, komplexe Weiße – einer von Riojas allerbesten. Der erste Rosado, d sehr helle Primer Rosé, kam 2016 heraus. Sehr guter ALBARIÑO Pazo Barrantes (RÍAS BAIXAS).

Marqués de Riscal R Ala, Rueda r (rs) w ★★→★★★ Riscal ist so viel mehr nur Frank Gehrys schickes Hotel mit Titandach. Hier wird die Geschich von RIOJA lebendig; die Bodega konnte kürzlich eine Verkostung aller Ja gänge bis zurück zu ihrem ersten im Jahr 1862 auf die Beine stellen. He te gibt es alle möglichen Stile: verlässliche RESERVA, jugendlicher, mode ner FINCA Torrea und ausgewogene GRAN RESERVA. Kraftvoll der Barón Chirel Reserva. Marqués de Riscal leistet seit 1972 in RUEDA Pionierarb und erzeugt dort lebhaften SAUVIGNON BLANC und VERDEJO (beide BV).

Martínez Bujanda, Familia Cas-La M, Rioja r rs w ★→★★ Das geschäftstüc tige Unternehmen besitzt eine ganze Reihe von Kellereien und erzeu zudem Handelsmarkenweine. Am charmantesten ist der RIOJA-Gutswe Finca Valpiedra, der FINCA Antigua kommt aus La MANCHA.

Mas Doix Pri ★★→★★★ Gutes Familienunternehmen in Poboleda, gesegn mit 70–100 Jahre alten GARNACHA- und CARIÑENA-Reben, die auf Schief wachsen. Les Crestes ist ein lebhafter junger Garnacha. Das beste Stück der seltene Cariñena, ganz Blaubeer und Samt, wunderbar reintönig u nach dem Jahr benannt, in dem der Weinberg angelegt wurde: 1902.

Mas Martinet Pri r ★★→★★★ Sara Pérez' Weine haben einen edlen Stamm baum. DieTochter von Josep Lluís Pérez, der zum Quintett der ursprün lichen PRIORAT-Entdecker gehört, ist die leidenschaftlichste unter d Priorat-Erzeugern der zweiten Generation, stets offen für Neuerungen. S vergärt ihre frisch gelesenen Trauben in Bottichen im Weinberg sowie Amphoren. Venus La Universal ist ein weiteres Projekt.

Mauro, Bodegas Cas-L r ★★→★★★ Gegründet von Mariano García (jetzt Te haber von AALTO, früher bei VEGA SICILIA). Sein typischer körperreich eichenbetonter Stil drückt sich in den Weinen Tereus und VS aus. Neu h rausgekommen ist ein GODELLO. Seine Söhne Eduardo und Alberto si nun auch mit von der Partie und ebenfalls bei Maurodos (TORO) und Paix (BIERZO) tätig.

éntrida Cas-La M r rs ★→★★ Früheres Genossenschaftsgebiet südlich von Madrid, erlangt jetzt Bekanntheit dank Erzeugern wie ARRAYÁN, Canopy und insbesondere Jiménez-Landi mit den Sorten GARNACHA und Albillo.

onterrei Gal w ★→★★★ Die kleine DO an der portugiesischen Grenze, wo einst die Römer Wein erzeugten, entdeckt ihr Potenzial mit einem beeindruckenden Sortiment an lokalen Rebsorten und Verschnitten. Der beste Erzeuger ist Quinta da Muradella: überaus interessante Parzellen mit ungewöhnlichen Reben.

ontilla-Moriles ★→★★★ Der andalusische DO-Bereich bei Córdoba ist ein verborgenes Kleinod, das viel zu oft als armer Verwandter von JEREZ gesehen wird und daher oft enorm preisgünstig ist. Am besten greift man am oberen Ende des Angebots zu, bei den herrlich vollen, zum Teil lange in SOLERAS gereiften PX-Weinen. Spitzenerzeuger: ALVEAR, PÉREZ BARQUERO, TORO ALBALÁ. Wichtiger Lieferant von PX-Trauben für die DO Jerez.

ontsant Kat r (rs) w ★→★★★ Die das PRIORAT umschließende DO steht manchmal im Schatten des berühmten Nachbarn. Verschiedene Böden, auch Schiefer. Feiner GARNACHA BLANCA, v. a. von Acústic. Dicht gewirkte, balsamische Rote bieten Alfredo Arribas, Can Blau, Celler de CAPÇANES, Domenech, Espectacle, Joan d'Anguera, Mas Perinet, Masroig und Venus la Universal.

uga, Bodegas R Alt r rs w; (sch) ★★→★★★★ Die beeindruckend große und freundliche Familie erzeugt mit die aromatischsten und ausgewogensten Rotweine in RIOJA ALTA. Guter fassvergorener VIURA (BV), vorbildlicher trockener ROSADO, lebhafte Cava und fein gearbeitete, grazile Rote. Beste Weine: Selección Especial, die herrlich bukettreiche GRAN RESERVA Prado Enea, der moderne, kraftvolle Torre Muga und der komplexe Aro.

ustiguillo Val r w ★★→★★★ Die BODEGA war die treibende Kraft bei der Wiederentdeckung der ungeliebten indigenen BOBAL-Traube, und sie schuf mit El Terrerazo einen *pago*. Der Mestizaje ist ein saftiger junger Rotwein, während der FINCA Terrerazo Raffinesse offenbart. Das Spitzengewächs heißt Quincha Corral. Derzeit wird mit dem Weißwein Finca Calvestre die Lokalrebsorte Merseguera wiederbelebt.

varra r rs (w) ★→★★★ Nachbar von RIOJA und immer noch in dessen Schatten. Der frühzeitige Fokus auf internationale Rebsorten hat seine Identität verschleiert. Am besten ist GARNACHA von alten Reben. Aufstrebende Erzeuger sind u. a. Pago de Larrainzar und Tandem. Außerdem: Beste Erzeuger: Artazu (im Besitz von ARTADI), J. CHIVITE FAMILY ESTATES, Domaines LUPIER, Nekeas, OCHOA, Otazu, Pago de Cirsus.

hoa Nav r rs w; s; sch ★→★★ Vater Javier Ochoa Martínez hat einen großen Beitrag zum modernen Wachstum der DO NAVARRA geleistet, nun haben seine Töchter das Ruder übernommen. Kellermeisterin Adriana Ochoa nennt ihre Reihe »8a«; sie umfasst auch den Mil Gracias Graciano und einen vergnüglichen, an Asti erinnernden süßen Schaumwein.

borne Sherry ★★→★★★★ Die 1772 gegründete Bodega setzt ganz auf vornehmes Alter. Zu den ausgezeichneten sehr alten SOLERA-Weinen zählen der AMONTILLADO AOS, der PALO CORTADO PDP, der OLOROSO Seco BC 200 und der PX Solera Vieja. Ist im Besitz einstiger VORS-Stars von DOMECQ, u. a. Amontillado 51-1a. Der FINO Quinta und der reife Fino Coquinero sind typische Sherrys aus El PUERTO DE SANTA MARÍA. Erzeugt auch Tischweine in RIOJA, RUEDA, RIBERA DEL DUERO.

go, Vino de Ein *pago* ist ein Weinberg oder eine Einzellage. Die wechselhafte Qualität und die Tatsache, dass keine objektive Bewertung der derzeitigen Vinos de Pago stattfindet, tragen ihnen viel Kritik ein. Zu den erstklassigen Erzeugern, denen der Status einstweilen verwehrt bleibt, zählen

Spanien

Calvario (Finca ALLENDE), L'Ermita (ÁLVARO PALACIOS), PINGUS, Viña d Olivo (CONTINO) und verschiedene Güter von TORRES. Pri Vi de Finca ur CAVA *paraje calificado* sind sinnvolle Ansätze, um andere Qualitätskateg rien zu etablieren.

Pago de los Capellanes Rib del D ★★→★★★ Sehr schönes Gut, das einst, w der Name verrät, Kaplanen gehörte; die BODEGA wurde 1996 gegründe Ausschließlich TEMPRANILLO, modern, ausdrucksstark, in französisch Eiche ausgebaut. El Nogal hat viele Jahre vor sich; der Spitzenwein El Pic zeigt RIBERA DEL DUERO von seiner besten Seite.

Pagos, Grandes Netzwerk von BODEGAS in ganz Spanien, die der Qualität ve pflichtet sind und gemeinsam Marketing betreiben. Manche sind VINOS PAGO, andere Güter in Familienbesitz.

Palacio de Fefiñanes Gal w ★★★→★★★★ Ätherische ALBARIÑO-Weir Der jung zu trinkende Standardwein zählt zu den feinsten überhau Zwei höherwertige Stile sind der fassvergorene 1583 (benannt nach de Gründungsjahr dieser ältesten Kellerei der DO) sowie der »III« – herrli duftend, teuer, auf dem Hefesatz gelagert und durchtränkt von Manda nenaromen. Der historische Palast der Kellerei ist einen Besuch wert.

Palacios, Álvaro El B, Pri, Rioja r ★★★→★★★★ Nicht zuletzt seiner Persö lichkeit und der stets hohen Qualität seiner Weine ist es zu verdanken, da Spaniens Wein heute weltweit einen hervorragenden Ruf genießt. Álva Palacios war auch einer der fünf Erzeuger, die das PRIORAT wiederentdec ten. In Bordeaux ausgebildet, hat er die Vision, Gemeinden und Terro nach burgundischem Vorbild einzustufen. Die Weine sind so gut wie Ruf: Les Terrasses von alten Reben, Finca Dofí auf GARNACHA-Basis r dunklem Unterton. Der superteure L'Ermita von ertragsarmen GARNACH Reben zeigt sich kraftvoll und dicht. Bei PALACIOS REMONDO wird der R des Bereichs RIOJA Baja und seiner Garnachas wiederhergestellt. Mit s nem Neffen ist Palacios auch bei DESCIENDIENTES DE J. PALACIOS tätig.

Palacios, Descendientes de J. El B r ★★★→★★★★ Großartige Weine, die d MENCÍA-Traube in Bestform zeigen. Ricardo Pérez Palacios, ÁLVARO PAL CIOS' Neffe, baut auf biodynamisch bewirtschafteten, steilen Schieferhä gen alte Reben an. Leider sind nicht alle Weine aus BIERZO auf dieser Hö Preiswerter, blumiger Pétalos plus Las Lamas und Villa de Corullón, bei ausgezeichnet. Außergewöhnlich ist der La Faraona von einer Einzella (es gibt aber nur ein Fass davon). Eine neue Kellerei und weitere Einz lagenweine sind in Planung. Bio.

Palacios, Rafael Gal w ★★★→★★★★ Rafael, ÁLVARO PALACIOS' jünge Bruder, kann in VALDEORRAS gar nichts falsch machen. Er hat sich s mehr als zehn Jahren ausschließlich der Sorte GODELLO auf vielen winzig Weinbergen verschrieben. Louro do Bolo mit guter Textur; der As Sortes eine Stufe höher angesiedelt; neuerdings auch O Soro, sicherlich Spanie bester Weißwein.

Palacios Remondo R B r w ★★→★★★ ÁLVARO PALACIOS ist aufs Weingut s ner Familie zurückgekehrt, um zur Wende in RIOJA beizutragen und rü das vergessene Potenzial von Rioja Baja wieder ins Zentrum des Interess Außerdem setzt er sich für die Einführung eines Village- bzw. Cru-Syste à la Burgund ein. Komplexer, eichenwürziger weißer Plácet, ursprüngl von Álvaros Bruder RAFAEL PALACIOS kreiert. Rote: der rotfruchtige Biow La Montesa auf Garnacha-Basis und der mächtige Propiedad mit Ma beeraroma (alte Reben). Weitere Garnacha-Weine in der Pipeline.

Pariente, José Rueda w ★★→★★★ Victoria Pariente erzeugt unter d Namen ihres Vaters VERDEJO-Weine von funkelnder Klarheit. Die Cuv Especial wird in eiförmigen Betontanks vergoren und gewinnt an faszir render Komplexität; außerdem seidige Spätlese Apasionado. Tochter M tina ist nun mit von der Partie; gemeinsam mit ihrem Bruder Ignacio leitet sie auch den Betrieb Prieto Pariente, der CASTILLA Y LEÓN und GARNACHA in Sierra de Gredos produziert.

zo Señorans Gal w ★★★★ Außerordentlich intensiv duftende, Maßstäbe setzende ALBARIÑO-Weine. Der sehr feine Selección de Añada ist der beste Beweis, dass Albariños sehr wohl alt werden können.

dro Romero Sherry ★→★★ Führender MANZANILLA-Erzeuger mit empfehlenswertem Aurora im Pasada-Stil. Besitzt sehr alte SOLERAS, u. a. von Gaspar Florido (Pedro Romero erwarb die Bodega 2007). Der älteste, durchdringend-konzentrierte PALO CORTADO stammt aus der Ánsar-Real-Solera (1820). Beliefert EQUIPO NAVAZOS.

nedès Kat r w; sch ★→★★★★ Hauptsächlich als CAVA-Lieferant bekanntes DO-Anbaugebiet westlich von Barcelona ohne klare Identität – vor allem seit es die allumfassende DO CATALUNYA gibt. Beste Erzeuger: Agustí Torelló Mata, Alemany i Corrio, Can Ràfols dels Caus, GRAMONA, JEAN LEÓN, Parés Baltà und TORRES.

rez, Raúl El B – Einer der kreativsten Weinmacher Spaniens; die Kellerei seiner Familie ist Castro Ventosa in BIERZO. Ist hauptsächlich im Nordwesten tätig. Experimentell, Fokus aufs Terroir – viele interessante Weine. Anziehungspunkt für Weinmacher aus aller Welt, die sich mit ihm austauschen wollen.

rez Barquero Mont-M ★→★★★ Vorreiter bei der Wiederbelebung des PX in MONTILLA-MORILES. Feiner Gran Barquero FINO, AMONTILLADO und OLOROSO, sehr guter PX La Cañada. Beliefert EQUIPO NAVAZOS.

rez Pascuas Rib del D r ★★→★★★ Der Familienbetrieb erzeugt klassische RIBERA-DEL-DUERO-Weine von TINTO FINO. Preiswerte RESERVA.

squera Rib del D r ★★ Der altgediente Landwirt und Traktorhändler Alejandro Fernández trug mit seinem Wein, den er schlicht Tinto Pesquera nannte, zur Entstehung von RIBERA DEL DUERO bei. Die Weine sind nicht mehr so aufregend wie früher. Die Töchter sind in den Betrieb eingestiegen, aber der Vater mischt immer noch tatkräftig mit. Condado de Haza, Dehesa La Granja (CASTILLA Y LEÓN) und El Vínculo (La MANCHA) gehören auch dazu.

franco Ungepfropfte, wurzelechte Reben. In der Regel alt.

gus, Dominio de Rib del D r ★★★★ Einer der modernen Juwelen von RIBEIRA DEL DUERO. Das kleine, biologisch-dynamisch wirtschaftende Weingut erzeugt den Pingus (so wurde der Peter SISSECK als Kind genannt) von alten TINTO-FINO-Reben und enthüllt die feineren Nuancen der Traube. Der Flor de Pingus stammt von jüngeren Reben; der nach Sissecks Frau benannte weiße Amelia ist eine Einzelfass-Selektion. Für den PSI werden Reben von Winzern verwendet, eine Initiative, um sie zur Hege und Pflege ihrer ältesten Rebstöcke zu ermuntern.

i Llevant Mall r w ★→★★★ 13 Weinbaubetriebe gibt es in dieser winzigen, quicklebendigen DO auf MALLORCA, die aromatische Weißweine von CHARDONNAY und Premsal sowie intensive, würzige Rote von CABERNET SAUVIGNON, MERLOT und Callet hervorbringt. Die besten Erzeuger sind Toni Gelabert, Jaime Mesquida, Miguel Oliver und Vins Can Majoral. Exportiert wird wenig – genießen Sie die Weine alo auf der Insel.

orat r w ★★→★★★★ Von hier kommen einige der feinsten Weine Spaniens. Die isolierte, bergige Enklave, benannt nach dem alten, unter schroffe Felsen geduckten Kloster, wurde in den 1980er-Jahren von einem Quintett mit René Barbier (CLOS MOGADOR), ÁLVARO PALACIOS und anderen wieder zum Leben erweckt. Erfahrung und Einsatz haben dem überholzten Stil ein Ende gesetzt und einer beachtlichen Reinheit und Ortsverbundenheit Platz gemacht. Das Priorat ist Pionier bei der Einführung von »Village«-Crus und Vi de finca.

Puerto de Santa María, El Sherry – Eine der drei Städte, die das »Sher Dreieck« bilden. Die Produktion geht zurück, zu den verbliebenen BOD GAS gehören u. a. GUTIÉRREZ COLOSÍA, OSBORNE und TERRY. Die Fir aus Puerto werden besonders geschätzt, weil sie leichter sind als die a JEREZ und weniger »salzig« als die aus SANLÚCAR. Probieren Sie die d EN-RAMA-Weine von Lustau, um den unterschiedlichen Charakter der den drei Städten ausgebauten Sherrys zu erkennen.

Quinta Sardonia Cas-L r ★★★ Glamouröses Projekt in Sardón de Du zwischen ABADÍA RETUERTA und MAURO mit TEMPRANILLO-Verschnitt außerhalb der DO, ins Leben gerufen von Peter SISSECK. Mitglied der E dega TERRAS GAUDA. Biologisch-dynamisch.

Raventós i Blanc Pen rs w ★★→★★★ Einer der Stars des spanisch Schaumweins nach der traditionellen Methode. Pepe Raventós begrün te die höhere DO-Stufe CONCA DEL RIU ANOIA als seine Alternative zu CA Sehr feiner ROSADO De Nit, lebhafter und gut strukturierter Extrem (oh Schwefeldioxidzusatz). Der Textures de Pedra ist ein außerordentlich re töniger Blanc de Noirs. Biologisch-dynamisch.

Recaredo Pen, Cava w; sch ★★→★★★ Erstklassiger, biologisch-dynamis arbeitender CAVA-Erzeuger; alle Flaschen werden von Hand degorgie Wenige Weine, alle großartig. Paradepferd ist der charaktervolle, mine lische Turó d'en Mota von im Jahr 1940 gepflanzten Reben, der herv ragend altert.

Remelluri, La Granja Nuestra Señora R Ala r w ★★→★★★ TELMO RODRÍGU ist auf das Familiengut zurückgekehrt und arbeitet dort mit seiner Schw ter zusammen. Beharrt darauf, den Fokus aufs Terroir und die Rebsort v. a. GARNACHA, zu legen, gegen den Großunternehmensbetrieb, wie sich in RIOJA breitgemacht hat.

Reserva Das Wort *Reserva* hat in RIOJA tatsächlich etwas zu besagen – e Seltenheit in der Weinwelt. Dort muss rote Reserva mindestens 3 Jahre reift sein, davon 1 Jahr im Eichenfass. Immer mehr Erzeuger ignorieren Vorschriften lieber, um größere als die regulären 225-l-Eichenfässer v wenden und andere Reifezeiten wählen zu können.

Rey Fernando de Castilla Sherry ★★→★★★★ Wunderbar beständige Q lität. Die Classic-Reihe ist verlässlich, besonders empfehlenswert dageg die oxidativ ausgebaute Reihe Antique Sherries. Alle Weine wären als V oder VORS qualifiziert, aber auf dem Etikett steht das nicht. Der jüngste v allen, der FINO Antique, ist faszinierend, komplex und auf die traditionell aber unüblichen 17 Vol.-% aufgespritet. Daneben sehr feiner Brandy so Essig. Bevorzugter Lieferant für EQUIPO NAVAZOS.

Rías Baixas Gal (r) w ★★→★★★ In der DO am Atlantik wird ALBARIÑO fünf Unterbereichen angebaut, meist BV. Beste Erzeuger: u. a. Fillab Forjas del Salnés (Cos Pes, Finca Genoveva), Gerardo Méndez, Ma Códax, PALACIO DE FEFIÑANES, Pazo de Barrantes, PAZO DE SEÑORA Quinta do Couselo, TERRAS GAUDA, Zárate. War bis vor Kurzem Spani beste DO für Weiße, ist jetzt aber in Gefahr, zu viel zu produzieren und einem weiteren kommerziellen Weißweinlieferanten zu verkommen. einflussreichen neuen Generation von beratenden Weinmachern gehö RAÚL PÉREZ (Sketch) und Dominique Roujou de Boubée (As Bateas Adega Pombal).

Ribeira Sacra Gal r w ★★→★★★ Die DO im Nordwesten GALICIENS mit ren terrassierten Steillagen, die zum Fluss Sil hin abfallen, ist eine Qu le hervorragender Weißweine. Zunehmend in Mode. Spitzenerzeuger s Algueira, Dominio do Bibei (Lapola), Guímaro. Sehr vielversprechend s die Roten von der MENCÍA-Traube, z. B. der herrlich duftende Lalama Dominio do Bibei, Adegas Moure.

eiro Gal (r) w ★→★★★ Historisches Anbaugebiet, im Mittelalter für den Süßwein Tostado berühmt. Erlebt ein Revival mit frischen, leichten Weißweinen von GODELLO, LOUREIRO und Treixadura. Am besten sind Casal de Armán, Coto de Gomariz und Viña Mein.

era del Duero r rs (w) ★→★★★★ Ambitionierte DO (1982 geschaffen) mit großem Ansehen in Spanien. Alles, was von AALTO, HACIENDA MONASTERIO, PESQUERA, PINGUS und VEGA SICILIA kommt, ist selbstverständlich ernst zu nehmen, doch bei 280 BODEGAS kann man kaum Einheitlichkeit erwarten. Es gibt zu viele Weinberge an ungeeigneten Orten. Mit der Zeit setzt sich die Eleganz durch. Weitere Spitzenerzeuger: ALIÓN, Cillar de Silos, Pago de los Capellanes. Interessant sind außerdem: Alonso del Yerro, ARZUAGA, Bohórquez, Dominio de Atauta, Emilio Moro, FINCA Villacreces, La Horra, Matarromera, O Fournier, PÉREZ PASCUAS, Tomás Postigo, Protos, Sastre, Valdubón. Siehe auch die benachbarten Erzeuger ABADÍA RETUERTA und MAURO in CASTILLA Y LEÓN.

ja r rs w; sch ★→★★★★ Siehe Kasten S. 250.

ja Alta, Bodegas La R Alt r ★★→★★★★ Eine BODEGA für Liebhaber klassischer RIOJA-Weine. Spitzenweine sind die vanilleduftige Gran Reserva 904 und die 6 Jahre in Eiche gereifte GRAN RESERVA 890. Aber auch das restliche Angebot, vom Ardanza bis hinunter zu Arana und Alberdi, ist geprägt vom klassischen Stil des Hauses. Torre de Oña (Rioja Alavesa), Lagar de Cervera (RÍAS BAIXAS) und Áster (RIBERA DEL DUERO) gehören ebenfalls zum Besitz.

ja 'n' Roll Etwas Neues in RIOJA. Die jüngste Generation von Weinmachern hat ein Netzwerk gegründet, aus Spaß und zu Marketingzwecken. Allen gemein sind kleine Produktionsmengen und ernsthaftes Interesse am Weinberg. Mitglieder: Alegre & Valgañón, Artuke, Barbarot, Exopto, Laventura, Olivier Rivière, Sierra de Toloño.

da, Bodegas Rib del D, R Alt r ★★→★★★ Moderne BODEGA in HARO, allerdings nach mehr als 25 Jahren mehr ein moderner Klassiker. Erzeugt seriöse rote RESERVA-Weine von ertragsarmen TEMPRANILLO-Reben, unterstützt durch fortwährende Klonforschung: Roda, Roda I, Cirsión und zugänglicher Sela. Seit einger Zeit versucht man sich mit den Bodegas La Horra wieder an RIBERA-DEL-DUERO-Gewächsen und erzeugt den Corimbo sowie den Corimbo I.

meo, Benjamín – Bodega Contador Kat, R Alt r w ★★→★★★ Benjamín Romeo, früher bei ARTADI tätig, konzentriert sich gewissenhaft auf sein Terroir und seine rund 20 kleinen Weinberge. Voller, erstklassiger weißer Que Bonito Cacareaba. Aushängeschild ist der rote Contador, der »hervorragende Zweite« heißt La Cueva del Contador. Dicht gewirkt, aber elegant ist La Viña de Andrés Romeo von einer Einzellage. Weine zum Einlagern. Aus CATALUNYA kommt der kraftvolle, seidige weiße Verschnitt von GARNACHA BLANCA und XAREL.LO namens Macizo.

sado Rosé. Die GARNACHA-Rosados aus NAVARRA sind letzten Endes der provenzalischen Blässe unterlegen. In letzter Zeit schlägt Spanien zurück, v. a. mit Las Fincas von J. CHIVITE Family Estates, Pla des Àngels von SCALA DEI (PRIORAT), Lalomba von Ramón Bilbao (RIOJA), Primer Rosé von MARQUÉS DE MURRIETA (Rioja) und anderen.

eda Cas-L w ★→★★★ Spaniens Antwort auf SAUVIGNON BLANC: lebendiger VERDEJO. Das Gros der Produktion entfällt auf jung zu trinkende Weiße. Ein »Rueda Verdejo« besteht zu 100 % aus autochthonem Verdejo, beim »Rueda« kommt z. B. Sauvignon blanc oder VIURA dazu. Die Qualität lässt allerdings allzu oft zu wünschen übrig. Beste Erzeuger: Belondrade, MARQUÉS DE RISCAL, Naia, Ossian, José PARIENTE, Palacio de Bornos, Javier Sanz, Shaya, Sitios de Bodega, Viñedos de Nieva und Vinos Sanz.

Saca Abstich von Sherry aus der SOLERA (der ältesten Reifestufe) für die F schenabfüllung. Die *saca* für EN-RAMA-Sherrys findet üblicherweise Frühling *(primavera)* und im Herbst *(otoño)* statt, wenn die schützer FLOR-Schicht am dicksten ist.

Sánchez Romate Sherry ★★→★★★ 1781 gegründete BODEGA mit umfa reichem Angebot, das zudem seltene BUTTS für Händler abfüllt. 8 Ja alter Fino Perdido, nussiger AMONTILLADO NPU und PALO CORTADO gente, ausgezeichneter VORS Amontillado und OLOROSO La Sacristía Romate, üppiger PX Sacristía.

Rioja: Lage oder nicht Lage?

RIOJA hat ein paar bewegte Jahre hinter sich, in denen heiß diskutiert wurde, ob und wie Einzellagen- und Ortsweine anerkannt werden sollten. Es gibt mindestens vier Seiten: BODEGAS, die aus der DO »austreten«, die Fürsprecher der Anerkennung von Einzellagen und Orten, die Erzeuger von Verschnitten aus verschiedenen Orten, die die Qualität hervorheben möchten, und große Marken, die hohe Produktionsmengen und niedrige Preise wollen. Endlich scheint Frieden eingekehrt zu sein. Es wird eine Möglichkeit geben, den Weinberg zu benennen, und besondere Rücksicht auf Rioja-Liebhaber genommen werden.

Sandeman Sherry ★→★★ Hat als Portweinhaus einen besseren Ruf denn Sherry-Erzeuger. Interessante VOS-Weine, z. B. Royal Esmeralda AMC TILLADO oder Royal Ambrosante Corregidor Rich Old OLOROSO.

Sandoval, Finca Manchuela r ★★→★★★ Mit dem Weinautor Victor de Serna haben sowohl die DO MANCHUELA als auch die Rebsorten SYR MONASTRELL und BOBAL ihren Meister gefunden. Der Spitzenwein he FINCA Sandoval, das Zweitetikett Salia.

Sanlúcar de Barrameda Sherry, Man – Stadt des »Sherry-Dreiecks« (ne JEREZ und El PUERTO DE SANTA MARÍA) an der Mündung des Guadalqui Die Feuchtigkeit in den tief gelegenen Kellern begünstigt das FLOR-Wac tum, und die Meeresluft sorgt angeblich für ein perfektes Mikroklima Sanlúcars BODEGAS unter Flor gereifte Weine dürfen die DO MANZANIL Sanlúcar de Barrameda in Anspruch nehmen.

Scala Dei, Cellers de Pri r w ★★★→★★★★ Die winzigen Weinberge »Himmelsleiter« ziehen sich an den zerklüfteten Hängen oberhalb alten Klosters entlang. Der Betrieb wird von Miteigentümer CODOR gemanagt. Kellermeister Ricard ROFES kehrt zu traditionellen Methoc zurück und vergärt in steinernen *lagares*. Schwerpunkt auf lokalen S ten, v. a. GARNACHA. In den Einzellagenweinen Sant'Antoni und Mas D äußert sich deutlich der spezifische Charakter der jeweiligen Weinber Das Kontrastprogramm bildet der Pla de Àngels, ein erfrischender ROSA

Sierra Cantabria R Ala, Toro r w ★★→★★★★ Beständige stille Größe Ex lenz zeichnet die Familie Eguren selbst aus und ihre Spezialisierung mit minimalen Eingriffen bereitete Weine von Einzellagen. Ein Weißw namens Organza, die Roten werden durchweg von TEMPRANILLO be tet. Vom Gut Viñedos de Paganos kommen der vorzügliche El Puntido u der kraftvolle, gut strukturierte La Nieta. Außerdem zählen Señorio de Vicente (RIOJA) und Teso la Monja (TORO) zum Besitz.

Sisseck, Peter Rib del D – Mit der umsichtigen und großzügigen Unters zung seiner Wahlheimat RIBERA DEL DUERO hat der gebürtige Däne internationale Renommee der DO (und ganz Spaniens) vergrößert. Ü PINGUS, PSI und HACIENDA MONASTERIO bietet er verschiedene A drucksvarianten der Region. Seine Arbeit an der Terroirklassifizierung der DO sollte erheblich dazu beitragen, dass die Qualität insgesamt langfristig steigt.

era Sherry – System zum Verschneiden von Sherry und, seltener, von Madeira (siehe Kapitel »Portugal«). Es besteht darin, dass Fässer (BUTTS) mit reiferem Wein nach und nach mit jüngerem Wein derselben Sorte aus der Stufe *(criadera)* vorher aufgefüllt werden. Dies erhält die Vitalität des FLORS, sorgt für Einheitlichkeit und hält die reifen Weine frisch.

nontano r rs w ★→★★ DO-Zone in den Ausläufern der Pyrenäen, deren fortdauernde Suche nach einer eigenen Identität durch das Vorhandensein so vieler internationaler Rebsorten erschwert wird. Am ehesten zu empfehlen ist der in Spanien seltene GEWÜRZTRAMINER. Beste Erzeuger: Enate und Viñas del Vero (im Besitz von GONZÁLEZ BYASS) – vom hoch gelegenen Gut Secastilla kommen GARNACHA von alten Reben und GARNACHA BLANCA; könnte sich womöglich als die beste Sorte erweisen.

ertes del Marqués Kan r w ★→★★ Aufgehender Stern auf der kanarischen Insel Teneriffa. Wurde 2006 gegründet und erzeugt von 21 Parzellen LISTÁN blanco und negro. Außergewöhnliche Weinberge mit einzigartigen *trenzado*-Rebstöcken, die in Zöpfen zurückgeschnitten werden.

mo Rodríguez, Compañía de Vinos Rioja, Mál, Toro r w; s ★★→★★★ Telmo Rodríguez ist zurückgekehrt auf das Familiengut REMELLURI. Er begann als Erster, alte Rebsorten in ganz Spanien wiederzuentdecken, und ist nach wie vor dabei. MÁLAGA (Molina Real MOSCATEL), ALICANTE (Al-Murvedre), RIOJA (Lanzaga), RUEDA (Basa), TORO (Dehesa Gago), Cigales (Pegaso) und Valdeorras (GODELLO Gaba do Xil; BV). Seine Rückkehr nach RIOJA sorgte für die Markteinführung des außergewöhnlich reintönigen Las Beatas von einer kleinen Einzellage mit alten GARNACHA-Reben.

ras Gauda Gal w ★★→★★★ Komplexe ALBARIÑO-Verschnitte mit schöner Textur. Außerdem frischer, lebendiger La Mar mit Grapefruitnoten, vorwiegend von der seltenen Sorte Caiño blanco. Im selben Besitz wie Pittacum (BIERZO) und QUINTA SARDONIA (RIBERA DEL DUERO).

o r ★→★★★ Die kleine DO westlich von Valladolid ist bekannt für ihre rustikalen, zu alkoholstarken Tinta-del-Toro-Weine von TEMPRANILLO. Die besten sind mittlerweile etwas zurückhaltender, haben aber immer noch einen festen Tannin-Biss. Probieren Sie von Maurodos (siehe MAURO) den dicht gewirkten San Román von alten Reben. Für Glamour sorgen Pintia, das zum VEGA-SICILIA-Portfolio gehört, und Numanthia, im Besitz von LVMH. Empfehlenswert sind auch Elias Mora, Estancia Piedra, PAGO la Jara (im Besitz von TELMO RODRÍGUEZ), Paydos und Teso la Monja.

o Albalá Mont-M ★→★★★★ Ob mit seinen jungen trockenen FINOS oder prachtvollen süßen Weinen, dieser Erzeuger ist ein Aushängeschild für MONTILLA-MORILES, etwas mit dem lebhaften AMONTILLADO Viejísimo. Besonders empfehlenswert ist der bemerkenswerte, luxuriöse PEDRO XIMÉNEZ Don PX Convento Selección 1931.

res Kat, Pri, Rioja r rs w; s ★★→★★★★ Drei Familienmitglieder tragen dazu bei, dass es bei Torres viele Neuigkeiten und neue Jahrgänge gibt. Miguel junior und Schwester Miereia sind vollzeitbeschäftigt, aber Miguel senior ist an vielen Fronten engagiert. Das neueste Produkt ist der sehnlichst erwartete Vardon Kennett, ein Schaumwein nach der traditionellen Methode (kein CAVA) mit merkwürdigem Namen, aber schöner Verpackung. Der verlässliche CATALUNYA Viña Sol (BV) ist immer ein Genuss, genauso wie der traubige Viña Esmeralda. Die besten Roten sind der hervorragende elegante Bordeaux-Verschnitt RESERVA Real und der erstklassige CABERNET SAUVIGNON PENEDÈS Mas la Plana. Dazu kommt das umwerfende CONCA-DE-BARBERÀ-Duo Milmanda (einer der feinsten CHARDONNAY-

Sherry-Stile

Amontillado Ein Fino, bei dem der Flor, die schützende Hefeschicht, die sich im Fass auf der Weinoberfläche bildet, abgestorben ist. Durch Sauerstoff gewinnt der Wein an Komplexität. Von Natur aus trocken. Beispiel: Los Arcos von LUSTAU. Kommerzielle Amontillados sind gesüßt.
Añada Sherry mit Jahrgangsangabe – entgegengesetzt zur Tradition der SOLERA, die verschiedene Jahrgänge verschneidet. Früher nur private Abfüllungen, jetzt öffentlich anerkannt. Beispiel: süßer Oloroso Añada 1997 von Lustau.
Cream Mit Traubenmost, PX und/oder MOSCATEL gesüßter Verschnitt – ein kommerzielles, mittelsüßes Getränk. Wenige großartige Creams als alte VQRS, z. B. der La Bota No. 21 von EQUIPO NAVAZOS.
En rama Manzanilla oder Fino, der un- oder kaum gefiltert und ohne Kaltstabilisierung vom Fass (BUTT) in die Flasche abgefüllt wird und den unverfälschten Charakter eines Sherry zeigt. Ist aromatischer und angeblich empfindlich. Saisonale Abfüllungen in kleinen Mengen, schnell ausverkauft. Die SACA, der Abstich, findet statt, wenn der Flor am dicksten ist. Im Kühlschrank aufbewahren und rasch austrinken.
Fino Heller, trockener, in JEREZ or EL PUERTO DE STANTA MARÍA biologisch gereifter Sherry, gewichtiger als Manzanilla; beide müssen mindestens 2 Jahre lagern. Beispiel: 4 Jahre alter Tío Pepe von GONZÁLEZ BYASS. Ebenso servieren wie Manzanilla. Innerhalb von einer Woche austrinken, wenn die Flasche erst einmal geöffnet ist. Der Trend geht zu mehr als 8 Jahre lang gereiften Finos; Beispiele: Antique von REY FERNANDO DE CASTILLA und die Reihe Palmas von González Byass.
Manzanilla Derzeit angesagter blasser, weniger alkoholstarker (15 Vol.-%) Wein, der Noten von frischen grünen Äpfeln haben sollte. Der Wein mit dem weltweit besten Preis-Leistungs-Verhältnis; ein Genuss zu jedem Essen, v. a. zu Krustentieren. Reift in SANLÚCAR DE BARRAMEDA nahe am Meer, wo der FLOR eine dicke Schicht bildet und der Wein eine salzige Note bekommt. Gekühlt trinken und die

Weine Spaniens, erinnert an einen Burgunder) und Grans Muralles, ein V schnitt von lokalen Sorten. Der Celeste aus RIBERA DEL DUERO wird imm besser, ebenso wie der Ibéricos aus RIOJA und der PRIORAT-Wein Salm Torres ist im Besitz von JEAN LEÓN und zudem Pionier in Chile.

Tradición CZ, Bodegas Sherry ★★→★★★★ Die junge BODEGA (gegrün 1998) unter der Leitung des großartigen José Ignacio Domecq kann s einer herausragenden Auswahl feiner alter SOLERAS rühmen, die von ältesten bekannten Sherry-Kellerei (seit 1650) stammt und von der Gr derfamilie wiederbelebt wurde. Das Kürzel CZ verweist auf den ursprü lichen Namen der ältesten Sherry-Marke. VOS- und VORS-Sherrys sowie 12 Jahre alter FINO. Vortreffliche Kunstsammlung und Archive.

Txakoli/Chacolí Bask (r) (rs) w; (s) ★→★★ Der baskische Wein, erzeugt in d DOs Getariako Txakol ina, Bizkaiko Txakolina und Arabiako Txakolina. V le Weinberge sind kühlen Atlantikwinden und strömendem Regen aus setzt. Daraus erklärt sich die durchdringende knackige Frische des weiß Perlweins, v. a. in Getaria, wo der Txakoli BV in langem Strahl aus der Hö zum Spritz ins Glas gegossen wird. Die Weine aus Biskaia, wo die Weinb ge weniger exponiert liegen, entfalten sich manchmal mit der Zeit. Spitz

Flasche leeren; wird wie jeder Spitzenweißwein nach dem Öffnen schnell schal. Bsp: San León Reserva von HEREDEROS DE ARGÜESO.

Manzanilla Pasada Gereifter Manzanilla, dessen Florschicht am Absterben ist; sehr trocken und komplex. Beispiel: Einzellagen-Manzanilla Pasada Pastrana von HIDALGO LA GITANA.

Moscatel Aromatisch und ansprechend mit nur etwa halb so viel Zucker wie PX. Beispiele: Emilín von Lustau, Toneles von VALDESPINO. Darf jetzt »Jerez« genannt werden.

Oloroso Nicht unter Flor gereift. In der Jugend schwerer und weniger brillant, reift aber zu nussiger Intensität heran. Von Natur aus trocken. Kann auch mit PX gesüßt und als Oloroso Cream verkauft werden. Beispiele: Gobernador (trocken) und Old East India (süß), beide von EMILIO HIDALGO. Lagerfähig.

Palo Cortado Sehr beliebt. Traditionellerweise ein Wein, der seinen Flor verloren hat und im Stil zwischen Amontillado und sehr delikatem Oloroso steht. Schwer zu identifizieren, auch wenn ihm eine typische »milchige« Note oder ein Hauch »bitterer Butter« nachgesagt wird. Voll und komplex – äußerst lohnend. Beispiele: Reliquia von BARBADILLO, Antique von Rey Fernando de Castilla. Zu Fleisch oder Käse genießen.

Pedro Ximénez (oder **PX**) Rosinensüßer dunkler Wein von teilweise in der Sonne getrockneten PEDRO-XIMÉNEZ-Trauben. Die Trauben stammen meist aus MONTILLA-MORILES; der Wein selbst wird in der DO JEREZ erzeugt. Üppig, süffig und relativ günstig, lecker zu Eiscreme. Alles in allem – ausgenommen Tokaji Essencia – der süßeste Wein der Welt. Beispiele: Santa Anna 1861 von Emilio Hidalgo, VORS von Lustau.

VOS/VORS Sherrys (nur Amontillado, Oloroso, Palo Cortado und PX) mit Jahrgangsangabe: einige Schätze der BODEGAs von Jerez. Überragende Qualität. Weine, die über 20 Jahre alt sind, heißen VOS (Very Old Sherry/Vinum Optimum Signatum), ab 30 Jahren VORS (Very Old Rare Sherry/Vinum Optimum Rare Signatum). Auch 12 und 15 Jahre alte Exemplare sind erhältlich. Beispiel: VOS Jerez Cortado Wellington von Hidalgo. Manche VORS-Weine werden mit PX gesüßt – gelegentlich übertreiben es die Erzeuger leider mit der Zugabe von PX. VQRS mit mehr als 5 g/l Restzucker werden als Medium ausgezeichnet.

erzeuger: Ameztoi, Astobiza, Doniene Gorrondona und Txomín Etxaníz sowie Gorka Izagirre mit dem Restaurant Azurmendi nahe dem Flughafen von Bilbao (drei Michelin-Sterne).

el-Requena U-R r rs (w) ★→★★ »Satellit« von VALENCIA mit Trockenklima, benannt nach zwei Städten in der Region, der sich mit Hilfe seiner rustikalen, aber immer bessere Ergebnisse liefernden Bobal-Traube langsam einen Namen macht. Das kleine Gut Cerrogallina hat sich als Anführer in Sachen Qualität etabliert.

deorras Gal r w ★→★★★★ Die am weitesten im Landesinneren liegende DO in GALICIEN ist nach dem von den Römern in den Tälern gefundenen Gold benannt. Die ausgezeichnete GODELLO-Rebe, potenziell interessanter als ALBARIÑO, treibt die Veränderung voran. Beste Erzeuger: Godeval, Rafael PALACIOS, A Tapada, TELMO RODRÍGUEZ und Valdesil.

depeñas Cas-La M r (w) ★→★★ Große DO nahe der andalusischen Grenze, bekannt für preiswerte rote RIOJA-ähnliche Weine. Heimat des riesengroßen Erzeugers Félix Solís mit seiner allzeit beliebten Marke Viña Albali.

despino Sherry ★★→★★★★ Heimat des FINO Inocente aus der erstklassigen Einzellage Macharnudo, ein seltener, in Eiche vergorener Sherry (die

EN-RAMA-Version wird von EQUIPO NAVAZOS abgefüllt). Grandiose trock ne AMONTILLADOS Tío Diego und Coliseo VORS; außerdem lebhafter OL ROSO Solera 1842 VOS und bemerkenswerter 80 Jahre alter MOSCAT Toneles (der beste in Jerez). Der Sachverstand von Kellermeister Edu do Ojeda garantiert Qualität. Gehört zur Grupo Estévez, die auch LA GU besitzt.

Valencia r rs w; s ★→★★ Einst bekannt für gesichtslose Massenweine u billigen gespriteten süßen MOSCATEL – und immer noch schuldig. Der de noch verlässlichste Erzeuger ist Murviedro. Interessanter sind die Gewäc se von alten Reben in höheren Lagen und Erzeugern, die nur minimal die Weinbereitung eingreifen, z. B. El ANGOSTO, Aranleon, der *garagi* Rafael Cambra, Celler del Roure und Los Frailes. Luxuriöser, sirupartig Cuva Vella mit Röstnoten von Valsangiacomo.

Vega Sicilia Rib del D r ★★★★ Ein neuer Kellermeister hat jüngst alles Spaniens »Erstem Gewächs« verändert, doch diese Weine brauchen Ja re, um sich von der besten Seite zu zeigen, und deshalb werden sich stilistischen Veränderungen nur langsam zeigen. Der Único reift 6 Jahre Eiche; Zweitwein Valbuena ist herausragend trotz seines geringeren Stat Einzigartiges Aushängeschild ist die RESERVA Especial oJ, ein Verschn von 3 Jahrgängen, der bis zu 10 Jahre im Fass reift. Der Alión vom Nac bargut ist die moderne Interpretation eines RIBERA-DEL-DUERO-Wei Nun wird auch an einem Weißwein gearbeitet. Ist auch Eigentümer von P tia in TORO, von Oremus in Tokaji (Ungarn) und am Joint-Venture-Proje Macan in RIOJA zusammen mit Rothschild beteiligt.

Vendimia Weinlese.

Vi de Finca Pri – Einzellagenkategorie: Wein, der seit 10 Jahren von Traub derselben Einzellage erzeugt wird und auf dem Markt als solcher anerkar ist. Als Erstes im PRIORAT von ÁLVARO PALACIOS und Kollegen nach de burgundischen Modell der Weinbergklassifizierung eingeführt. Vi de Vila die Bezeichnung für einen Ortswein im Priorat.

Viña Weinberg.

Vino de la Tierra (VdT) Tafelwein zumeist höherer Qualität aus einer bestim ten Region ohne DO-Status. Diese Kategorie bietet große geografische Fr heiten, weshalb viele renommierte Erzeuger unter ihr produzieren. Sie st len sich damit absichtlich außerhalb ihrer DO, um deren oft starren Rege zu entkommen und die Rebsorten anzubauen, die sie für richtig halten.

Williams & Humbert Sherry ★→★★★★ Die bis vor Kurzem für ihre Hande marken bekannte BODEGA hat schnell an Qualität gewonnen mit ihren zellenten Auslesen, z. B. mit dem FINO EN RAMA 2006. Zu den Verkau schlagern zählen Dry Sack und die AMONTILLADOS der Marke Winte Tale. Sehr gut sind die lang gereiften Weine, etwa der PALO CORTADO D Cortados, der süße OLOROSO As You Like It und der VOS Don Guido PX.

Ximénez-Spínola Sherry – Sehr guter kleiner Erzeuger, der auf PEDRO XIM NEZ spezilisiert ist und diesen in Jerez anbaut, was äußerst selten ist; meisten beziehen diese Sorte aus MONTILLA-MORILES. Spitzenweine u Brandy. Faszinierend ist die Rarität Exceptional Harvest, ein nicht gesp teter Pedro Ximénez von überreifen Trauben.

Yecla Mur r (rs) w ★→★★ Es tut sich was in der abgeschiedenen Enkla Yecla: Die gerade mal 11 Erzeuger legen sich für die Wiederbelebung d MONASTRELL-Weins ins Zeug, v. a. CASTAÑO.

Zárate Gal (r) w ★★→★★★ Bodega in Val do Salnés mit elegantem, sch gefügtem ALBARIÑO, der lang auf dem Hefesatz reift. El Palomar stam von 100 Jahre alten wurzelechten Reben eines der ältesten Weinberge RÍAS BAIXAS und erhält durch den Ausbau im *foudre* Textur und Komple tät. Himmlische Rotweine.

’ortugal

)ie Weinrevolution in Portugal ist noch nicht zu Ende. In den letzten zehn Jahren haben wir unsere Überraschung darüber verdaut, dass es zum ꞉ispiel herrlich frische, elegante Rot- und Weißweine aus Orten gibt, vor em dem Portweingebiet am Douro, wo sie den Lehrbüchern zufolge gar cht erzeugt werden können. Schlauerweise machten die Portugiesen kein oßes Aufheben davon, sie schlugen nicht die Werbetrommel oder verlang-n Angeberpreise, sondern boten nur verlockende Weine zu verlockenden eisen von erstklassigen Rebsorten, die ihnen ganz allein gehörten. Natürlich b es Experimente mit internationalen Bestsellern, aber irgendwie gelang nen ein landesweites Upgrade mit Trauben, von denen noch niemand ge-rt hatte. Sie machten einfach ihr eigenes Ding, und sie machten es gut. Der-it wachsen in Portugal über 300 einheimische Rebsorten, und es ist nicht ıgewöhnlich, 80 Jahre alte Reben anzutreffen oder Gemischte Sätze aus über) Sorten, die überdies in Gegenden wachsen, an die sie seit Langem ange-isst sind. Für ein kleines Land hat Portugal sehr viele verschiedene Terroirs: n der Atlantikküste bis zu den Bergen, von sandig-lehmigem Untergrund bis Schieferböden, von kalt und regnerisch bis zu warm und trocken. In den tzten 20 Jahren hat auch eine Bildungsrevolution stattgefunden, im Rahmen rer neue akademische Studiengänge in Weinbau und Önologie entstanden d internationale Praktika eingeführt wurden. Familienbesitz bedeutet oft, ss das Wissen reibungslos von einer Generation an die nächste übergeht. e portugiesische Sprache ist schwer zu erlernen, der portugiesische Wein ist gegen relativ unkompliziert.

Neuere Port-Jahrgänge werden »deklariert«, wenn der Wein außerge-öhnlich gut ist und die höchsten Qualitätsstandards des Unternehmens er-lt, in gewisser Hinsicht ähnlich wie bei Champagner. In guten, aber nicht nz klassischen Jahren verwenden die meisten Erzeuger die Namen ihrer iintas (Güter) für Single-Quinta-Weine, die echten Charakter besitzen, aber eniger Flaschenreife brauchen. Die Jahrgänge, die man nun trinken sollte, ıd 63, 66, 70, 77, 80, 83, 85, 87, 92, 94, obwohl auch sehr junger Vintage rt, mit Schokoladenkuchen oder sogar Pfeffersteak genossen, ein Genuss in kann.

e folgenden Abkürzungen werden im Text verwendet:

n	Alentejo	Mad	Madeira
r	Bairrada	Set	Setúbal
At	Beira Atlântico	Res	Reserva
	Lisboa		

leuere Port-Jahrgänge

)16 Uneinheitliche, schwierige Ernte. Viele Trauben brauchten deutlich länger als erwartet, um auszureifen. Vermutlich ein Single-Quinta-Jahr.

15 Exzellent, wird vermutlich von den meisten deklariert werden. Sehr trocken und heiß; nach zwei Tagen erfrischendem Septemberregen folgte ideales Wetter zur Lese.

14 Hervorragendes Lesegut von Reblagen, die vom Regen im September verschont wurden; geringe Produktion.

e Portugal-Karte ist auf Seite 232 zu finden.

2013 Single-Quinta-Jahr: Regen mitten in der Lesezeit. Stars: Vesuv Fonseca Guimaraens.
2012 Single-Quinta-Jahr. Aufgrund von Dürre sehr geringe Erträge. Die St sind Quinta do Noval und Malvedos.
2011 Klassischer Jahrgang, großteils deklariert. Tintendunkle Weine von h vorragender Konzentration und Struktur. Die Stars sind Noval Nacior Vargellas Vinha Velha und Fonseca.
2010 Single-Quinta-Jahr. Heiß, trocken, aber mit höheren Erträgen als 20 Vesuvio und Senhora da Ribeira sind die Stars.
2009 Zwiespältiges Jahr. Deklariert von Fladgate, nicht jedoch von Syming oder Sogrape. Spitzenreiter: Taylor, Niepoort, Fonseca, Warre.
2008 Ein Jahr für Single-Quinta-Weine. Geringer Ertrag, kraftvolle Weine. Sp zenreiter: Noval, Vesuvio, Passadouro, Terra Feita. Sehr gut ist der L von Sandeman.
2007 Klassisches Jahr, von den meisten Erzeugern deklariert. Tieffarbige, v le, aber gut ausbalancierte Weine. Taylor und Vesuvio sind die Stars.
2006 Schwierig, nur ein paar Single-Quinta-Weine: Vesuvio, Roriz, Bar Quinta Galeira.
2005 Single-Quinta-Jahr. Stars: Niepoort, Vargellas, Senhora da Ribeira eine eiserne Faust in einem Samthandschuh.
2004 Single-Quinta-Jahr. Stars: Pintas, Vargellas Vinha Velha, La Rosa, No Nacional – ausgewogene, elegante Weine.

Neuere Jahrgänge von Tischweinen

2016 Uneinheitliches, schwieriges Jahr; sehr lange Ernte. Sehr gute Quali (rot und weiß), bei denen, die geduldig abwarteten.
2015 Ausgezeichnete Qualität und Quantität: aromatische, intensive, aus wogene Weine.
2014 Exzellente frische Weiß- und strahlende, intensive Rotweine (vora gesetzt, es wurde vor dem Regen gelesen).
2013 Ein großartiger Jahrgang für die (meisten) Weißweine und für die Ro von Trauben, die vor dem Regen gelesen wurden – danach ist die Q lität durchwachsen.
2012 Konzentrierte Weine mit schöner Balance, v. a. bei den Weißen.
2011 Ausgewogener Jahrgang; hervorragende Douro- und Alentejo-R weine.
2010 Überall gute Qualität und Quantität. Ein weiteres hervorragendes J für Bairrada.
2009 Insgesamt ein gutes Jahr, in Bairrada und Lisboa sogar exzellent. Mä tige Weine mit viel Alkohol in den Regionen Douro, Tejo und Alentejo

Açores w (r); s ★→★★★ 15' – Die Atlantikinselgruppe der Azoren besteht neun vulkanischen Inseln mit den DOCs Pico, Biscoitos, Graciosa für We wein und den traditionellen *licoroso* (Spätlese- oder gespriteter Wein). Landschaft der Insel Pico und ihre die Reben schützenden *currais* (Ste mauern) sind UNESCO-Welterbe. Neue dynamische Kellermeister – u die Ankunft von immer mehr Billigfliegern – haben für aufregende W ne von vulkanischen Böden gesorgt. Am besten sind Arinto dos Açor Terrantez do Pico, VERDELHO von der Azores Wine Company, Cancela Porco, Curral Atlantis, Insula.
Adega Keller, Weinkellerei.
Alenquer Lis r w ★★→★★★ **11' 12 13** 14 15' – Mikroklimatischer DOC- reich für Rotwein, Heimat der besten LISBOA-Rotweine, empfehlensw

vom SYRAH-Pionier MONTE D'OIRO, von CHOCAPALHA, Pinto und, wieder in Form, von der QUINTA de Pancas.

entejo r (w) ★→★★★★ **08'** **09** **10** **11'** **12** 13 14 15' – Beliebter Anbaubereich mit verlässlich warmem Klima in Südportugal, der in acht regionale Sub-DOCS aufgeteilt ist: Borba, Évora, Granja-Amareleja, Moura, PORTALEGRE, Redondo, Reguengos und Vidigueira (bekannt für Qualitätsweißwein). Die alte Lehmamphorentechnik erlebt mit dem Vinho de TALHA ein Comeback. Viele Spitzenerzeuger bevorzugen die liberalere Kategorie VINHO REGIONAL Alentejano. Gehaltvolle, reife Rotweine, v. a. von den Sorten Alicante Bouschet, SYRAH, TRINCADEIRA und TOURIGA NACIONAL. Die Weißweine legen rasch an Qualität zu. Erzeuger wie CARTUXA, ESPORÃO, Herdade de São Miguel, JOÃO PORTUGAL RAMOS, MALHADINHA NOVA, MOUCHÃO, MOURO und Sonho Lusitano bereiten Weine mit Kraft und Stil. Im Auge behalten sollte man auch DONA MARIA, FITA PRETA, MONTE DE RAVASQUEIRA, DO ROCIM, Terrenus, SUSANA ESTEBAN.

garve r rs w; sch ★→★★ An der Südküste wird hauptsächlich Vinho Regional erzeugt; einheimische und internationale Rebsorten. Jüngste Fortschritte sorgen dafür, dass es mit den Weinen vorangeht, aber sie können immer noch nicht mit den berühmten Stränden und den Sternerestaurants mithalten. Erwähnung verdienen Barranco Longo und QUINTA dos Vales.

rtugals längste Straße, die EN2, ist 738 km lang und durchquert fünf Anbaugebiete.

ança, Caves Bair r rs w; sch ★→★★★ Die große Firma erzeugt gute Rot- und Schaumweine, die zusammen mit Kunst im Aliança Underground Museum präsentiert werden. Hält auch Anteile an Erzeugern in ALENTEJO (QUINTA da Terrugem, Alabastro), DÃO (Quinta da Garrida) und DOURO (Quinta dos Quatro Ventos). Im Besitz der beliebten Marke Casal Mendes.

ves de Sousa Douro, Port r w ★★→★★★★ DUORO-Pionier in Familienbesitz. Charaktervolles Sortiment von verschiedenen QUINTAS, darunter Weine, die nach der Flaschenreifung verkauft werden. Am besten sind der großartige Abandonado (von »verlassenen« 90 Jahre alten Reben), der erstklassige Single-Quinta-Wein da Gaivosa, der originelle weiße Pessoal (auf den Schalen vergoren, oxidativ ausgebaut) und der geschliffene Quinta da Gaivosa Vinha de Lordelo. Wachsendes Portweinangebot, u. a. eleganter VINTAGE PORT, 20 Jahre alter TAWNY.

neal, Quinta do Minho w; s; sch ★★★ **00** **03** **04** 05 07' 09 11 14 15 – Alterungswürdiger, feiner Bio-LOUREIRO, darunter Escolha mit Holznote und – in Spitzenjahren (11 14) – Solo von ertragsarmen Reben mit minimalen Eingriffen bei der Vinifizierung. Gutes Weintourismusprojekt mit Unterkunft.

dresen Port ★★→★★★★ Familienbetrieb mit ausgezeichneten fassgereiften Portweinen, v. a. 20-Year-Old TAWNY und hervorragendem Colheita (die Jahrgänge **1900'** und **1910'** werden auf Wunsch immer noch abgefüllt; **68' 80' 91' 03'**). Wegbereiter des WHITE PORT mit Altersangabe: 10-, 20- und (sehr guter) 40-Year-Old.

hros Minho r rs w; sch ★★★ Bio-Pionier, »Naturwein«-Erzeuger. Sehr guter LOUREIRO und Vinhão (schäumender und in Eiche ausgebauter Silenus), die wunderbar altern. Die neue Kellerei macht den alten »mittelalterlichen« Keller frei für traditionelle Weinbereitung ohne Elektrizität (Amphoren, *lagares*).

eleda, Quinta da Minho r rs w ★→★★ BV – Die Heimat von Casal García, der seit 1939 verkaufsstärksten VINHO-VERDE-Marke. Ordentliches Angebot an Gutsweinen; spezielle Erwähnung verdient die Reihe Follies.

Portugal

Bacalhôa – Vinhos de Portugal Alen, Lis, Set r rs w; s; sch ★★→★★★ Hau marke und Sitz des Unternehmens des Milliardärs und Kunstliebhab José Berardo, zu dem auch die denkmalgeschützte QUINTA da Bacalh (sehr guter CABERNET SAUVIGNON von erstmalig 1974 gepflanzten Reb und das Schaumweingut Quinta dos Loridos gehören. Spitzenfässer MOSCATEL DE SETÚBAL (u. a. seltener Roxo). Modern und gut bereitet si Serras de Azeitão, Catarina, Cova da Ursa (SETÚBAL) und TINTO da Ânf (ALENTEJO). Sehenswert ist auch das Museum in Funchal.

Bágeiras, Quinta das Bair r w; sch ★★★→★★★★ r Garrafeira **04' 05'** 09 10 11 – Umwerfende Reihe von sehr langlebigen Weinen: weiße (v der fassgereifte sortenreine MARIA GOMES Avô Fausto), rote von BAGA-Traube (v. a. GARRAFEIRA – Reserva, Pai Abel und der mit TOUR NACIONAL verschnittene Avô Fausto), Schaumweine und gespriteter BA *abafado*. Die meisten werden traditionell bereitet, d. h. in offenen Zeme bottichen vergoren (die Roten mit 100 % Ganztraubenvergärung) und da in alten *toneis* (Holzfässern) ausgebaut.

Bairrada r rs w; s; sch ★→★★★★ **03' 04 05' 06 07 08' 09'** 10' 11 12 14 – Vom Atlantik beeinflusster DOC-Bereich und VINHO REGIONAL Be Atlântico. Rotweine von der BAGA-Traube mit Struktur und Alterungsp tenzial, Schaumweine (der neue Baga Bair ist als Bester nominiert). Zu d erstklassigen Baga-Spezialisten gehören QUINTA das BÁGEIRAS, Casa Saima, Caves SÃO JOÃO, Luís PATO und Sidónio de Sousa. Im Auge beh ten sollte man ALIANÇA, Quinta de Baixo (im Besitz von NIEPOORT), CA POLARGO, V. Puro, Colinas de São Lourenço und Vadio.

Barbeito Mad ★★→★★★★ Innovativer Madeira-Erzeuger mit großartig Marken. Sehr gute Einzellagen-Einzelfass-COLHEITAS und überragen 20- bis 40-jährige MALVASIAS. Ausgezeichnet ist die Reihe Ribeiro Re 20-Year-Old BOAL, Malvasia, SERCIAL und VERDELHO mit einem Sch TINTA NEGRA von in den 1950er-Jahren gepflanzten Reben. Die schwer erreichenden Lagen Fajã dos Padres werden wunderbar genutzt. Der 9 Colheita ist der erste Wein, der Tinta Negra vorn auf dem Etikett nen Historic Series: Der Madeira war im 18. und 19. Jh. der begehrteste W in den USA.

Barca Velha Douro r ★★★★ **65 66 78 81 82' 83 85 91' 95' 99 00 04** 08 Portugals Kultrotwein, 1952 von FERREIRA geschaffen, ist für den Weltkl seruf der DOURO-Region verantwortlich. Er kommt nur in besonders gu Jahren auf den Markt, bisher 18-mal, und reift davor etliche Jahre. Zweitwein Reserva Especial wird ebenfalls nur in besonders guten Jah von den besten Fässern der CASA FERREIRINHA erzeugt (wenn es kei Barca Velha gibt) und ist sehr gut, v. a. **62 80' 84 86 89' 94' 97' 01'** 07; **89' 94' 97'** hätten durchaus Barca Velha werden können.

Barros Almeida Port ★→★★★ 1913 gegründet, seit 2006 im Besitz v SOGEVINUS, hält beträchtliche Bestände von gereiftem TAWNY u COLHEITA. Sehr gut sind die Colheitas (**35' 38' 41' 44' 50' 57' 60' 66' 66' 74' 78 80' 97'**) sowie der 20-, 30- und 40-Year-Old Tawny. VINTA PORT: 95 87 05 07 11. White Ports: Very Old Dry White und Colheita (3

Barros e Sousa Mad ★★→★★★ 2013 vom Nachbarn PEREIRA D'OLIVE aufgekauft, der die Vorräte unter seinem Namen abfüllen wird. Das a Lagerhaus soll das neue Besucherzentrum werden. Versuchen Sie den s tenen Bastardo Old Reserve aufzutreiben.

Beira Interior r rs w ★→★★ DOC mit einigen der höchsten Berge Portug zwischen DÃO und der spanischen Grenze. Die alten, bis 750 m hoch legenen Weinberge bergen enormes Potenzial, insbesondere für die We weinsorten Siria und Fonte Cal. Preiswert sind Beyra und QUINTAs do C do; im Auge behalten sollte man die Quintas dos Currais und dos Termo

ndy Mad ★★→★★★★ Altehrwürdiges Familienunternehmen mit dem dynamischen Geschäftsführer Chris Blandy. In der Wine Lodge in Funchal wird dem Besucher die Firmengeschichte präsentiert, einschließlich alter FRASQUEIRA-Jahrgänge (BUAL **1920'** **1966'**, MALMSEY **1988'**, SERCIAL **1975'**, VERDELHO **1979'**). Sehr guter 20-Year-Old Terrantez und COLHEITA-Weine (Bual **1996** **2008**, Malmsey 1999, Sercial 2002). Neu: großartiger 50 Jahre alter Malmsey, Terrantez (**1980'**), TINTA NEGRA (1995). Tischwein Atlantis: Weißwein von VERDELHO, Rosé von Tinta Negra.

rges, H. M. Mad ★→★★★ Die Schwestern Helena und Isabel Borges haben immer noch winzige Mengen des feinen 1877er Terrantez (das Gründungsjahr des Betriebs) in Glasballons. Sehr guter 30-Year-Old MALVASIA, u. a. von 1932. Sehr guter 1990er SERCIAL.

anco Weiß.

al (oder Boal) Mad – Klassische MADEIRA-Rebsorte: mittelvolle (süße), rauchige Weine mit spritziger Note, weniger reichhaltig als MALVASIA. Hervorragend zu härterem Käse und leichteren Desserts. Ist meist sehr dunkel.

celas Lis w; sch ★★ Aus der winzigen DOC kommen frische, rassige Weine mit mindestens 75 % ARINTO. Preiswerter Schaumwein. Im England des 19. Jahrhunderts als »Lisbon Hock« (also etwa »Rheinwein aus Lissabon«) äußerst beliebt. Spitzenerzeuger: da Murta und da ROMEIRA.

e von fünf in Portugal verkauften Weinflaschen stammt aus dem Alentejo.

rmester Port ★→★★★ 1730 gegründet, seit 2005 im Besitz von Sogevinus. Elegante, fassgereifte, preiswerte Ports, v. a. 20- und 40-Year-Old TAWNY. COLHEITAS (**1890** **1900'** **37'** **52'** **55'** **57'**) und WHITE PORTS mit Jahrgangsangabe (u. a. feiner 30- und 40-Year-Old). Guter Single-Quinta VINTAGE PORT QUINTA do Arnozelo.

ssaco Bei At r w ★★★ Das Weinangebot im Bussaco Palace Hotel reicht bis in die 1940er-Jahre zurück. Die manuelinische Architektur ist ebenso verspielt wie die Weine streng; mit Barriques und neuer Eiche ist der Stil seit 2000 etwas moderner geworden ist, v. a. bei den Weißen und dem Roten von der Einzellage Vinha da Mata (VM). Verschnitte aus zwei Regionen. Rotweine: BAGA (BAIRRADA) und TOURIGA NACIONAL (DÃO); Weißweine: Encruzado (Dão) sowie MARIA GOMES und Bical (Bairrada). Mitglied von BAGA FRIENDS.

lem Port ★→★★★ 1859 gegründet, seit 1998 im Besitz von Sogevinus. Beliebter Velhotes auf Einsteigerniveau. Am besten sind die COLHEITA-Weine (**61'**) sowie der 10- und 40-Year-Old TAWNY. 100.000 Menschen besuchen jährlich das Lagerhaus in Gaia.

mpolargo Bair r w; sch ★→★★★ Das große Gut war ein Wegbereiter von Bordeaux-Rebsorten in Portugal, erzeugt aber auch sehr gute Weine von den indigenen Sorten ARINTO, Bical und CERCEAL (weiß) sowie Alvarelhão (rot), PINOT NOIR, den roten Verschnitt Rol de Coisas Antigas und den Bordeaux-Verschnitt Calda Bordaleza.

nteiro Mad – Die natürliche Fassreifung feinster MADEIRAS in warmen, feuchten Lagerhäusern. Die Canteiro-Methode bringt subtilere, komplexere Weine hervor als die ESTUFAGEM-Methode.

rcavelos Lis br; s ★★★ Der neue schmackhafte gespritete Villa Oeiras hat der sehr alten, mit einer Rebfläche von 12,5 ha dahinvegetierenden DOC neues Leben eingehaucht.

rtuxa, Adega da Alen r w; sch ★★→★★★★ Die Keller aus dem 17. Jahrhundert und das Weinrestaurant sind ein Touristenmagnet, das Spitzengewächs Pêra Manca in roter (**98** **01** **03** **05'** **07** 08' 09 11') und weißer Version zieht Kenner an. Preisgünstige rote Massenmarken Vinea und EA

Portugal

(Bio-Version erhältlich). Stets ein Schnäppchen ist die Cartuxa RESER (**10 11' 12'** 13); Scala Coeli heißt ein renommierter (jedes Jahr ander reinsortiger Wein.

Carvalhais, Quinta dos Dão r rs w; sch ★→★★★ SOGRAPE: Heimat von Duq de Viseu und Grão Vasco. Reihe mit auf Hochglanz polierten, alterungsw digen Gutsweinen, v. a. der in Eiche ausgebaute Encruzado, die RESER (rot und weiß), TOURIGA NACIONAL, TINTA RORIZ, und der Único. Der u gewöhnliche oxidativ ausgebaute, aber frische weiße Branco Especial ein Genuss.

Castro, Álvaro de Dão ★★→★★★★ Mustergültiger Erzeuger; die charakt vollen Weine tragen vorwiegend die Namen der QUINTAS Saes und Pel da. Ausgezeichnet sind Pape (rot) und Primus (weiß). Der Carrocel v TOURIGA NACIONAL (**06 07 08'** 10 11') wird in besonders guten Jahren zeugt. Die in limitierter Auflage produzierten Einzelfass- und Einzellage weine Muleta und Dente d'Ouro bewahren das alte Erbe des Weinbaus gemischten Satz.

Chocapalha, Quinta de Lis r rs w ★★★ Das familiengeführte Gut vereint Tr dition und Modernität, einheimische und internationale Rebsorten. Kell meisterin ist Sandra Tavares da Silva von WINE & SOUL. Die Roten gehör zu den besten der Region Lisboa, v. a. CASTELÃO, CABERNET SAUVIGN und das Aushängeschild »CH« (TOURIGA NACIONAL). Lebhafte, frisc Weiße, v. a. die neue RESERVA.

Chryseia Douro r ★★→★★★ **07 08' 09 11' 12'** 13 14 – Gemeinschaftsproj von Bruno Prats aus Bordeaux und SYMINGTON FAMILY ESTATES. Ausgef ter Rotwein auf TOURIGA-Basis (Nacional und Franca). Frischer und fei von der QUINTA de Roriz. Zweitetikett: Post Scriptum; außerdem preisw ter Prazo de Roriz.

Churchill Douro, Port r rs w; s ★★→★★★ 1981 von John Graham, dess Familie einst Graham gründete, ins Leben gerufenes Portweinhaus. Se guter DRY WHITE PORT, (10-Years-Old), 20- und 30-Year-Old (neu), un filterter LBV sowie VINTAGE PORT (**82 85 91 94** 97 00 03 07' 11'). Von d QUINTA da Gricha stammt der griffige Single QUINTA Vintage Port von ten Reben und ein sehr guter DOURO-Einzellagenrotwein. Gut ist die Mar Churchill's Estates (v. a. TOURIGA NACIONAL).

Cockburn Port ★★→★★★ Teil der SYMINGTON FAMILY ESTATES und je wieder in Form, v. a. der trockenere, frische Stil des VINTAGE PORT (1 Außergewöhnlich die Jahrgänge **1908' 27' 34 63 67.** Der beständig g Special wird länger im Fass gereift als andere, der lebhafte LBV ein Ja weniger. Sehr guter Single-QUINTA dos Canais.

Colares Lis r w ★★ Historischer DOC-Bereich an der Küste. Vom Wind geb telte wurzelechte Ramisco-Reben auf sandigen Böden erbringen tann starke Rote, MALVASIA-Reben frische, salzige Weißweine. Fundação Ori te und Casal Santa Maria verleihen dem von der Genossenschaft Ade Regional de Colares und Viuva Gomes gepflegten traditionellen Stil ein modernen Touch.

Colheita Port, Mad – Portwein oder MADEIRA mit Jahrgangsangabe. Fassrei mindestens 7 Jahre bei TAWNY Port (oft mehr als 50, manchmal so 100 Jahre), mindestens 5 Jahre bei Madeira. Das Abfülldatum ist auf d Etikett angegeben.

Conceito Douro, Port r w; sch ★★★ Die talentierte Rita Ferreira Marques so für Stil und Substanz. Die DOURO-Weine mit den originellen Etiketten (v. der rote und weiße Conceito) verleihen lokalen Rebsorten, z. B. dem t ditionellen, inzwischen raren, an PINOT NOIR erinnernden Bastardo, Kl se und Finesse. Respektloser Douro-Schaumwein von GRÜNEM VELTLINE

rtes de Cima Alen r w ★★★ 1988 von einem dänisch-kalifornischen Paar aus dem Nichts erschaffen. Erzeugte mit dem (sehr guten, jetzt eleganteren Spitzenrotwein) Incógnito den ersten SYRAH im ALENTEJO. Beständiges Sortiment, v. a. sehr gute RESERVA und sortenreine Weine (ARAGONEZ, Syrah, TRINCADEIRA). Auch sehr gute Weißweine von neuen Weinbergen an der Küste im Alentejo, u. a. ALVARINHO und SAUVIGNON BLANC.

ssart Gordon Mad – Marke der MADEIRA WINE COMPANY mit trockenerem Stil als bei BLANDY. Der schmissige BUAL (**1962'**) etwa ist Elektrizität in Flaschen.

asto, Quinta do Douro, Port r w ★★★→★★★★ r **07'** 08 **09' 10 11' 12 13** – Eines der renommiertesten Güter am DOURO. Umwerfende Hügellage. Die Kronjuwelen sind zwei Weine von einer sehr alten, gemischt bestockten Einzellage: Vinha da Ponte (03 **04 07' 10' 12** 13) und María Theresa (**05' 06 07 09'** 11' 13). Sehr preiswerte RESERVA aus alten Weinbergen sowie der vielleicht beste sortenreine TINTA RORIZ Portugals. Die Rebflächen im Gebiet Douro Superior haben dem Markt preiswerte Weine geliefert, u. a. einen attraktiven Roten, einen innovativen, in Akazienholz ausgebauten Weißen und SYRAH mit einem Schuss VIOGNIER. Guter VINTAGE PORT und ungefilterter LBV.

ɔft Port ★★→★★★ Historisches Portweinhaus im Besitz von FLADGATE mit Besucherzentrum in den grandiosen Weinbergen nahe Pinhão. Süßer, fleischiger VINTAGE PORT (66 70 75 77 82 85 **91 94** 00 03' 07 09' 11'). Der Single-Quinta-Vintage-Port da Roêda (03 04 07 08' 09 12') bietet viel für sein Geld. Beliebt: Indulgence, Triple Crown, Distinction und der ROSÉ PORT Pink.

ısted Port – Seltener, traditioneller Portwein oJ. Sehr preiswert. Verschnitt aus zwei oder mehr Jahrgangsqualitätsjahren, bis zu vier Jahren im Fass gereift und drei Jahre nach der Abfüllung auf den Markt gebracht. Da er nicht gefiltert wird, bildet sich ein Depot, er muss also dekantiert werden. Gute Versionen von CHURCHILL, DOW, FONSECA, GRAHAM, NIEPOORT und NOVAL.

Schieferschichten am Douro verlaufen fast senkrecht, weshalb die Wurzeln der Rebstöcke durchkommen. Sonst könnten sie das nicht.

ɔ r rs w; sch ★★→★★★ **05 06 07' 08' 09** 10 11' 12 13 – Historische, von Bergen eingeschlossene DOC. Die Pioniere des modernen Weinbaus, CARVALHAIS, Álvaro CASTRO, DÃO SUL, Falorca und MAIAS, erzeugen elegante, duftende, alterungswürdige Rote und schön texturierte, ausgewogene Weiße (Encruzado ist der Star). Zu den neueren Betrieben zählen CASA DA PASSARELLA, CASA DE MOURAZ und Júlia Kemper. Im Auge behalten sollte man Druida, Lemos, Antonio Madeira, MOB, NIEPOORT (Quinta da Lomba), Ribeiro Santo, Vegia. Die Spitzenbezeichnung Dão Nobre (»nobel«) wird jetzt verwendet. Großartige, preiswerte GARRAFEIRA-Weine.

C/DOP (Denominação de Origem Controlada/Protegida) Qualitätsorientierte geschützte Herkunftsbezeichnung unter Aufsicht eines regionalen Ausschusses. Ähnlich wie die französische AC. Siehe auch VINHO REGIONAL.

ce (vinho) Süß(wein).

ıro r rs w; s ★★★→★★★★ Die erste eingegrenzte und regulierte Weinregion (1756) heißt nach ihrem Fluss. Überwältigende UNESCO-Welterbestätte. Früher unzugänglich, jetzt bereit für den Weintourismus. Eigentlich berühmt für Port, aber inzwischen wird genauso viel Qualitätstischwein produziert (DOC Douro). Die drei Subregionen (Baixo Corgo, Cima Corgo und der rasch wachsende Bereich Douro Superior) sind äußerst viel tig in puncto Terroir. Über 100 einheimische Reben (oft zusammen an pflanzt, mindestens 80 Jahre alt) wachsen auf Terrassen mit erbarmun losen Schieferböden. Kraftvolle, zunehmend elegante, alterungswürd Rotweine und feine, charaktervolle Weißweine. Die besten Erzeuger s ALVES DE SOUSA, BARCA VELHA, CASA FERREIRINHA, CHRYSEIA, CRAS Niepoort, POEIRA, QUINTA Nova, RAMOS PINTO, Vale Dona Maria, V Meão, VALLADO und WINE & SOUL. Im Auge behalten sollte man Boavis Foz Torto, Maria Izabel, Murças, NOVAL, POÇAS, Pôpa, Quanta Terra, R COMPANHIA VELHA, S. José, Vesúvio. Der VINHO REGIONAL heißt Durien

Dow Port ★★★→★★★★ Das historische Portweinhaus gehört zu SYMINGT FAMILY ESTATES, pflegt beim VINTAGE PORT (**66' 70' 72 75 77' 80' 83** **91 94' 97** 00' 03 07' 11') aber einen trockeneren Stil. Single-QUINTAS Bomfim und Senhora da Ribeira in nicht deklarierten Jahrgängen. Schö Besucherzentrum am Fluss in der Kellerei Bomfim in Pinhão.

Duorum Douro, Port r w ★★→★★★ Beständiges Projekt von João Portu RAMOS und José Maria Soares Franco (früher FERREIRA/BARCA VELHA DOURO Superior. Preisgünstiger fruchtiger Tons auf Einsteigerniveau COLHEITA. Feine RESERVA und O. Leucura von sehr alten Reben. Sehr ter, dichter, fruchtbetonter VINTAGE PORT (07 11' 12) von 100 Jahre al Reben. Guter Zweitwein Vinha de Castelo Melhor und preiswerter LBV.

Esporão, Herdade do Alen r w; s ★★→★★★ Symbolträchtiges Gut, z Teil zertifiziert ökologisch, zum Teil nachhaltig bewirtschaftet. Hochk sig, fruchtbetont, modern. Preiswerter Monte Velho auf Einsteigernive angesehene RESERVA (rot und weiß). Sehr gute Reihe mit sortenrei Einzellagenweinen. Neue, aus Stampflehm gebaute Kellerei für Spitz weine. Raffinierter GARRAFEIRA-artiger Private Selection und rarer To Mit dem neuen Rotwein TALHA (alte Tonamphore) besinnt man sich die Tradition in ALENTEJO. Verheißungsvolles Projekt am DOURO (QUI das Murças).

Espumante Schaumwein. Meist gutes Preis-Leistungs-Verhältnis. Am b ten aus den Anbaugebieten BAIRRADA (v.a. von BÁGEIRAS, Colinas Lourenço und Kompassus; auf die Bezeichnung BAGA Bairrada acht DOURO (v.a. Vértice), Távora-Varosa (v.a. MURGANHEIRA) und VI VERDE (v.a. SOALHEIRO).

Esteban, Susana Alen r w ★★→★★★ Boutique-Marke der gleichnami Weinmacherin. Im umwerfenden Flaggschiff Procura (rot und weiß) v den Trauben aus sehr alten, ertragsarmen Weinbergen in PORTALEGRE wendet (im Rotwein kommt Alicante Bouschet aus Évora hinzu). Preisw Zweitmarke Aventura. Innovative Verschnitte namens Sidecar unter wirkung anderer Kellermeister (Dirk NIEPOORT beim ersten, FILIPA P. beim zweiten).

Estufagem Mad – Methode, mit der MADEIRAS mind. 3 Monate lang str kontrolliert in Tanks erhitzt werden, damit sie schneller reifen und d den charakteristischen Beigeschmack von verbrannter Erde annehm Hauptsächlich für Weine auf Einsteigerniveau verwendet. Feinere Re tate werden mit Heizmänteln und niedrigerer Temperatur (45 °C) erzie

Falua Tejo r rs w ★→★★ João Portugal RAMOS' Gut im Bereich TEJO. Gut reitet und vorwiegend für den Export bestimmt sind die Verschnitte Marke Tagus Creek von einheimischen und internationalen Reben. Pr werter Conde de Vimioso auf Einsteigerniveau (die RESERVA ist eine fe besser).

Favaios, Adega de Douro (r) (w); s – Recht große Genossenschaft mit 600 gliedern, die über 70 % des am DOURO erzeugten gespriteten MOSCATE

Douro produziert. Die erstklassigen alten Jahrgangsweine bewahren sich ihre Frische und Feinheit (**80' 89'**).

rreira Port ★★→★★★ Altes Portweinhaus, heute im Besitz von SOGRAPE. Nach Ansicht von Weinmacher Luis Sottomayor sind die LBV-Weine inzwischen genauso gut wie die VINTAGE PORTS des vergangenen Jahrzehnts; beide Kategorien sind hier im Aufwind. Der Jahrgang 11' ist hervorragend. Sehr guter, würziger TAWNY, u. a. RESERVA Dona Antónia, sowie 10- und 20-Year-Old Tawnys (QUINTA do Porto und Duque de Bragança).

Der Nutzen von Korken

Seit dem 18. Jahrhundert werden fast überall Korken zum Verschließen von Weinflaschen verwendet. Umweltfreundlicher geht es nicht: Sie sind hundertprozentig natürlich, leicht zu recyceln und kompostierbar. Kork wird alle neun Jahre per Hand von Korkeichen geerntet, die nicht beschnitten werden und bis zu 300 Jahre alt werden. Portugal kommt für 55 % der weltweiten Korkproduktion auf. Inzwischen ist Kork eines der wichtigsten Materialien für den Bau von Raumfahrzeugen. Was für eine Verschwendung, ihn in Flaschen mit ganz normalem Wein zu propfen – dafür sind Schraubverschlüsse viel besser geeignet.

rreirinha, Casa Douro r w ★★→★★★★ SOGRAPEs bemerkenswertes Sortiment an alterungswürdigen DOURO-Weinen. Preiswerte Einsteigerweine sind Callabriga, Esteva und Papa Figos. Hochklassig sind QUINTA de Leda und Antónia Adelaide Ferreira. Selten sieht man auch die RESERVA Especial und den (legendäre) BARCA VELHA.

taPreta Alen r w ★★ António Maçanita punktete mit der populistischen Schwestermarke Sexy. Das Etikett Fita Preta steht für ernsthaftere Weine, v. a. der Palpite (sehr guter Weißwein und rote Grande RESERVA). Die Signature Series flirtet mit ungewöhnlichen Techniken (Hülsenmaischung, TALHA, ohne Eiche ausgebauter TOURIGA NACIONAL) und Rebsorten (z. B. BAGA).

adgate Port – Unabhängiges Familienunternehmen, Eigentümer der führenden Port-Häuser TAYLOR, FONSECA GUIMARAENS, CROFT und KROHN sowie der Luxusweinhotels The Yeatman (VILA NOVA DE GAIA) und Vintage House (Pinhão).

nseca Guimaraens Port ★★★→★★★★ Portweinhaus im Besitz von FLADGATE, 1815 gegründet. Sinnlicher Bin 27, ökologisch erzeugter Terra Prima RESERVE. Sehr guter 20- und 40-Year-Old TAWNY, herausragender VINTAGE PORT (**27' 63' 66' 70 75 77' 80 83 85' 92 94' 97** 00' 03' 07 09 11'). Zweitetikett Fonseca Guimaraens. Außerdem Single-QUINTA Panascal.

nseca, José Maria da Lis r rs w; s; sch ★→★★★★ Geschichtsträchtiger Erzeuger, rund 200 Jahre alt, in siebter Generation, mit umfangreichem Rebland (650 ha) und dynamischem Sortiment: LANCERS und PERIQUITA sind die Marken für das Alltagsgeschäft, die Rosine im Kuchen ist der gespritete MOSCATEL DE SETÚBAL, von dem beachtliche alte Bestände gebunkert werden (äußerst preiswerter 20 Jahre alter Alambre, Roxo und bemerkenswerter SUPERIOR **11' 18 34' 35 42 55' 66 71**). Innovatives Weinlokal in Lissabon. Pionier moderner TALHA-Weine mit Charakter unter dem Etikett José de Sousa (ALENTEJO).

asqueira Mad – MADEIRA-Spitzenkategorie, auch Vintage genannt. Wein eines einzigen Jahrgangs von einer einzigen noblen Rebe, der mindestens

20 Jahre, aber meist viel länger im Fass reift. Das Datum der Flaschena füllung muss angegeben werden.

Garrafeira Bezeichnung für besondere Qualität auf dem Etikett. Tradition die »Privat-RESERVA« eines Händlers. Die Ausbauzeit beträgt mindeste zwei Jahre im Fass und ein Jahr in der Flasche (oft aber viel mehr). We weine müssen sechs Monate im Fass und sechs Monate in der Flasche r fen. Spezielle Verwendung für Port bei NIEPOORT.

Global Wines Dão r w; sch ★★→★★★★ Auch unter dem Namen Dão S bekannt. Einer der größten Weinerzeuger in Portugal mit Sitz in DÃO- u Gütern in vielen weiteren Regionen. Äußerst preiswert und beliebt sind d Marken Cabriz (v. a. RESERVE) und Casa de Santar (v. a. RESERVE, groß tiger Nobre). Erstklassiger Paço dos Cunhas von der Einzellage Vinha Contador. Moderne Weine, auffällige Architektur, Besucherzentrum in d QUINTA do Encontro in BAIR. Weitere Marken: Grilos, Encostas do Dou (DOURO), Monte da Cal (ALENTEJO), Quinta de Lourosa (VINHO VERDE).

Graham Port ★★★→★★★★ Portweinhaus im Besitz von SYMINGTON FAM LY ESTATES mit erstklassigem Sortiment, vom RESERVE RUBY Six Grap bis hin zu VINTAGE PORT (**45' 63' 66 70' 75 77' 80 83' 85' 91' 94'** 00' 03' 07' 11'), einschließlich des nur in begrenzter Auflage ersche den Stone Terraces (11') und langlebigem Single-QUINTA dos Malvedo Sehr preiswerter, ansprechender 20-, 30- und 40-Year-Old TAWNY sow LBV. Gut sind auch die COLHEITAS (v. a. **52' 69' 72'**), doch die Krönung der sublime Very Old TAWNY Ne Oublie aus einem der drei Fässer, die A Symington 1882 befüllte.

Henriques & Henriques Mad ★★→★★★★ Die einzige MADEIRA-Firma m eigenen Rebflächen, einschließlich einer mit der seltenen Terrantez-Re bestockten Parzelle. Im Besitz des Rum-Riesen La Martiniquaise. Einzig tig ist der extratrockene Aperitif Monte Seco. Am besten sind der 20 Jah alte MALVASIA und Terrantez, die 15 Jahre alten Weine (v. a. Sercial), Sing Harvest (jetzt in aufbereiteten Bourbon-Fässern ausgebaut: **97' 98'**, B **00'**) und die Jahrgangsweine VERDELHO (**57**), Terrantez (**54**) und Serc (**71'**). Sehr guter 50 Jahre alter TINTA NEGRA.

Viele Galicier sagen, dass sie Portugal lieber mögen als Spanien. Muss Alvarinh Neid sein.

Justino Mad ★→★★★ Das größte MADEIRA-Unternehmen ist im Besitz d Rum-Giganten La Martiniquaise und erzeugt auch die Weine der M ke Broadbent. Recht große Einsteigerreihe. Einige Perlen: Terrantez (RESERVE (ohne Jahrgangsangabe, vermutlich rund 50 Jahre alt), Terran (**78'**), MALVASIA (**64' 68' 88'**).

Kopke Port ★→★★★★ Das älteste Portweinhaus (gegründet 1638), je im Besitz von Sogevinus. Bekannt für seine sehr guten würzigen, fest COLHEITAS von den mittleren/oberen Hanglagen der QUINTA S. Luiz (: **41' 57' 64' 65' 66 78 80' 84 87**). Hervorragendes Angebot an WHITE PO v. a. der inzwischen seltene Jahrgang 1935' sowie die 30- und 40-Year-O Weine.

Krohn Port ★→★★★ Jetzt zu FLADGATE gehörende Port-Firma mit außerg wöhnlichen alten Lagerbeständen an TAWNY (füllige 10 und 20 Jahre a Versionen) und COLHEITA (**61' 66' 67' 76' 82' 83' 87' 91 97**), die bis 18 zurückreichen (die Quelle des TAYLOR 1863 Single Harvest). Auch VINTA PORTS von steigender Qualität.

Lancers rs w; sch ★ José Maria da FONSECAS halbtrockenen, mit Kohlensä versetzten ROSADO gibt es jetzt auch als weiße, als schäumende (rosé u weiß) und als alkoholfreie Version.

vradores de Feitoria Douro r w ★★→★★★ Gut geführter Zusammenschluss von 15 Erzeugern (19 Weinberge). Gute Weißweine, v. a. SAUVIGNON BLANC und Meruge (100 % alte Viosinho-Reben), und gute Rotweine, u. a. Três Bagos RESERVA. Sehr guter Grande Escolha (v. a. der lange gereifte Estágio Prolongado), QUINTA da Costa das Aguaneiras und eleganter Meruge (vorwiegend TINTA RORIZ von einem Weinberg mit Nordausrichtung in 400 m Höhe).

3V (Late Bottled Vintage) Port – Erschwingliche und sofort trinkreife Alternative zu VINTAGE PORT. Ein Jahrgangswein, der vier bis sechs Jahre, also doppelt so lange wie Vintage Port, im Fass reift. Auch langlebige, ungefiltert abgefüllte Versionen, z. B. von FERREIRA, NIEPOORT, NOVAL, RAMOS PINTO, Romaneira, de la ROSA, SANDEMAN, WARRE.

sboa r rs w; sch; s ★→★★ Große, hügelige Region um Lissabon mit unterschiedlichen Terroirs und einem Mischmasch lokaler und internationaler Rebsorten. Die bekanntesten DOCs sind ALENQUER (die wegweisenden Boutiquekellereien CHOCAPALHA und MONTE D'OIRO erzeugen die besten Roten) sowie BUCELAS und COLARES mit traditionellen Weinen. Frische trockene Weiße von immer besserer Qualität, v. a. wenn sie von Küsten- oder Hochlagen auf Kalksteinboden stammen, gibt es bei Adega Mãe (Viosinho), Casal Figueira (Vital), Casal Sta Maria (in Colares), Quinta do Pinto (Verschnitte) und Vale da Capucha.

Portugal

adeira r w ★→★★★★ Die Atlantikinsel mit eigener DOC ist berühmt für ihre gespriteten Weine, erzeugt aber auch Tischweine von bescheidenem Anspruch (VINHO REGIONAL Terras Madeirenses und DOC Madeirense); am besten sind die VERDELHO-Gewächse. Empfehlenswerte Erzeuger: Atlantis, Barbusano, Moledo, Palmeira, Primeira Paixão, Terras do Avô.

adeira Vintners Mad – Guter Erzeugerbetrieb, 2012 gegründet. Plant terroirbetonte Weine in kleiner Auflage, Listrão (alias PALOMINO Fino) sowie die Anwendung einer Reihe von Bereitungstechniken (z. B. Fassvergärung, Hülsenmaischung, Mikrooxigenation bei ESTUFAGEM-Verfahren), die den Weinen innerhalb von 3 Jahren die Komplexität und das Profil 5 bis 10 Jahre alter MADEIRAS verleihen sollen. Die ersten Weine sind vielversprechend.

adeira Wine Company Mad – 1913 gegründeter Zusammenschluss aller 26 britischen MADEIRA-Unternehmen. Eigentümer von BLANDY, COSSART GORDON, Leacock und MILES; erzeugt über 50 % aller abgefüllten Madeira-Exporte. Seit die Familie Blandy die Leitung übernommen hat, konzentriert sich die Tätigkeit nahezu ausschließlich auf die Förderung der Marke Blandy.

aias, Quinta das Dão r w ★★→★★★ Schwestergut der QUINTA DOS ROQUES mit sehr guten sortenreinen Ökoweinen auf Einsteigerniveau, u. a. dem einzigen VERDELHO aus DÃO und dem markanten Jaen. Sehr gut ist der neue rote und weiße Flor das Maias, ein von Encruzado dominierter, in Eiche ausgebauter frischer Verschnitt.

alhadinha Nova, Herdade da Alen r rs w; s ★★★ Familienbetrieb mit schickem Landhaushotel. Einsteigerreihe Peceguina und Weine auf mittlerem Niveau, die zunehmend sortenrein bereitet werden. Mehr Komplexität und Ausgewogenheit bieten die Premiumverschnitte Malhadinha und Marias.

almsey (Malvasia Candida) Mad – Die süßeste und vollste der traditionellen edlen MADEIRA-Traubensorten, jedoch mit der für Madeira charakteristischen eigenartigen Schärfe. Passt hervorragend zu reichhaltigen Obst- und Schokoladendesserts – oder einfach nur zum Träumen.

ateus Rosé rs (w); sch ★ Der meistverkaufte halbtrockene und mit etwas Kohlensäure versetzte Rosé der Welt wird jetzt in Klarglasflaschen abgefüllt und ist auch als weiße (trockene, stille) oder als schäumende (rosé und weiß) Version erhältlich. Zur Reihe Expressions gehören ein MARIA GOMES/

CHARDONNAY- und drei Rosé-Verschnitte (BAGA/SHIRAZ, Baga/MUSC und ARAGONEZ/ZINFANDEL).

Mendes, Anselmo Minho r w; s; sch ★★→★★★★ Anerkannter Kellerme ter und Berater. Mehrere mustergültige, alterungswürdige ALVARINH Weine, u.a. preiswerter (auf den Schalen gereifter) Contacto, exzellen sinnlicher Curtimenta mit Eichennote, Parcela Única von einer Einzellag erstklassiger Muros de Melgaço und lebhafter neuer Expressões. Gu LOUREIRO und seidiger, moderner roter VINHO VERDE (Pardusco). Ein ora gefarbener Vinho Verde ist in Arbeit.

Minho Fluss, der die Nordwestgrenze zu Spanien bildet, und VINHO-REGI NAL-Gebiet, das sich mit dem VINHO-VERDE-Bereich deckt. Einige führe de Vinho-Verde-Erzeuger verwenden lieber die Vinho-Regional-Kategori

Monte de Ravasqueira Alen ★★→★★★ Ein großartiges Terroir (steiler We berg in Amphitheaterform, Ton-Kalkstein, Granit), Präzisionsweinbau u ein erfahrener Kellermeister bringen gute Weine hervor, v.a. den se guten Vinha das Romas von einer Einzellage und den MR Premium (r rosé und weiß).

Portugal verfügt über zwei UNESCO-Welterbestätten: das Douro-Tal und Pi auf den Azoren.

Monte d'Oiro, Quinta do Lis r rs w ★★→★★★ Dank der Stecklinge v 60 Jahre alten Hermitage-Reben vom Maison Chapoutier (siehe Ka tel »Frankreich«) wird hier herzhafter, cremiger SYRAH, guter VIOGNI (Madrigal) und feiner TINTA RORIZ (Têmpera) erzeugt. Ex Aequo heißt c Syrah/TOURIGA NACIONAL-Verschnitt von Bento & Chapoutier.

Moscatel de Setúbal Set s ★★★→★★★★ DOC südlich von Lissabon. Anges hene gespritete Dessertweine, u.a. der rare Roxo. Mit dem Superior-Etik werden Weine anerkannter Qualität versehen. José Maria da FONSECA (c älteste Betrieb) besitzt alte Bestände, u.a. den berühmten 100 Jahre alt Round Trip. Die besten Erzeuger sind BACALHÔA Vinhos und Horácio d REIS SIMÕES, Quinta do Piloto, António Saramago, Adriano Tiago. Günst Casa Ermelinda Freitas, Adega de PEGÕES, SIVIPA.

Moscatel do Douro Douro – Aus dem hoch gelegenen Anbaubereich Fava kommt überraschend frischer gespriteter Moscatel Galego branco (MU CAT blanc à petit grains), der den Vergleich mit Dessertweinen aus SET BAL nicht zu scheuen braucht. Empfehlenswerte Erzeuger: ADEGA FAVAIOS, NIEPOORT, POÇAS und PORTAL.

Mouchão, Herdade do Alen r w; s ★★★→★★★★ **05' 06 07 08'** 09 11' – Auf die Alicante-Bouschet-Traube spezialisierter traditioneller Far lienbetrieb. Sehr gute Cuvées älterer Spitzenjahrgänge (COLHEITAS Ar gas), Tonel 3–4 (03 05' 08 11') und gespriteter *licoroso*. Preiswert sind c Verschnitt Ponte das Canas und der Dom Rafael.

Mouraz, Casa de Dão r w ★★ Kleiner Bio-Pionier (seit 1996 zertifizie Moderne, aber charaktervolle und preiswerte Weine (v.a. Elfa) von Familienbesitz befindlichen Weinbergen (auf 140 bis 400 m Höhe). D Weine der Reihe ALR werden von zugekauften Bio-Trauben aus den Ber chen DOURO, VINHO VERDE und ALENTEJO bereitet.

Mouro, Quinta do Alen r w ★★→★★★★ Verlässliche Weine aus dem ALE TEJO, u.a. imponierende Rotweine, für die einheimische Reben mit CABE NET SAUVIGNON verschnitten werden (auch als sortenreine Versione Sehr guter Mouro, der ausgezeichnete Gold wird in Spitzenjahren erze (**05 06' 07'** 08 09 10 11). Vinha do Malhó ist ein herzhafter Verschnitt v Centurion und PETITE SIRAH. Preiswert sind Vinha do Mouro und Zagalo

urganheira, Caves sch ★★★ Portugals größter ESPUMANTE-Erzeuger; auch Besitzer von RAPOSEIRA. Cuvées und sortenreine Schaumweine von einheimischen und französischen Rebsorten: Vintage, Grande RESERVA, Czar (rosé).

epoort Douro, Port r rs w ★★★→★★★★ Auf Qualität bedachtes Portweinhaus in Familienbesitz und Pionier für DOURO-Tischweine. Highlights: VINTAGE PORT, einzigartige, in Glasballons gereifte GARRAFEIRA und Bioma von einer Einzellage. Sehr guter TAWNY, v. a. die flaschengereiften (eleganten) COLHEITAS. Alterungswürdige, zunehmend elegante Reihe von Douro-Weinen, v. a. Redoma (rot, rosé, weiß und weiße Reserva), Coche (ein großartiger Weißwein), der legendäre Charme und der einzigartige Turris von einer Einzellage mit 130 Jahre alten Reben. Das beeindruckende Projectos-Sortiment umfasst experimentelle Weine von Lesegut aus verschiedenen Regionen, bei denen verschiedene Kellermeister zusammenarbeiten, namentlich António Madeira (Dão), DODA (DÃO), Ladredo (Ribeira Sacra, Spanien), Navazos (Spanien). Dirk Niepoorts Vision führt ihn jetzt nach BAIRRADA (v. a. GARRAFEIRA, Poeirinho, VV) und DÃO (v. a. Conciso) sowie zum VINHO VERDE.

oval, Quinta do Douro, Port r w ★★★→★★★★ Historisches Gut, seit 1993 im Besitz von AXA. Elegant strukturierter VINTAGE PORT (**63' 66 67 70 75 78 82 85 87 91 94'** 95 97' 00' 03' 04 07' 08' 11' 12' 13' 14), der nur einen Bruchteil dessen kostet, was man für den seltenen, verführerischen Nacional (**62 63' 66' 70 94' 96'** 97' 00' 01' 03' 04' 11') von 2,5 ha wurzelechten Reben hinlegen muss. Zweite Vintage-Port-Marke: Silval. Daneben sehr gute COLHEITAS, 20- und 40-Year-Old, ungefiltert abgefüllter LBV sowie fülliger Noval Black RESERVE. Erzeugt seit 2004 auch DOURO-Weine, u. a. den günstigen Cedro (Verschnitt aus einheimischen Trauben und Syrah), sehr guten Noval und sortenreinen TOURIGA NACIONAL.

ffley Port ★→★★ Im Besitz von SOGRAPE. In neuerer Zeit fruchtbetonter Vintage Port, ungefiltert abgefüllter LBV und TAWNY. Aperitif- und Cocktailweine: WHITE PORT Cachuca RESERVE und ROSÉ PORT.

lmela Set r w ★→★★★ Auf Castelão konzentrierte DOC. Beste Erzeuger: Herdade Pegos Claros, Horácio dos REIS SIMÕES, QUINTA do Piloto. Im Auge behalten.

ssarella, Casa da Dão r rs w ★★→★★★ Mit dem Gut aus dem 19. Jh. geht es stetig aufwärts. Zu dem von Paulo Nunes wiederbelebten sehr guten Angebot gehört v. a. der Flaggschiffwein Villa Oliveira: Encruzado, TOURIGA NACIONAL (eine aus einem alten Weinberg mit gemischtem Satz gewonnene Auslese), roter Pedras Altas von einer Einzellage, weißer Vinha do Províncio. Innovativ ist der neue Black Label oJ, ein zweimal in zehn Jahren erzeugter Verschnitt aus den besten Weißweinfässern der vorangegangenen fünf Jahre. Sehr gute Boutique-Reihe Fugitivo, v. a. Enólogo, Enxertia (Jaen), Vinhas Centenárias (roter Verschnitt von einer kleinen Fläche mit 100 Jahre alten Reben), und neuer Curtimenta. Ausgezeichneter, äußerst preiswerter GARRAFEIRA (weiß).

ato, Filipa Bair r w; s; sch ★★→★★★ »Ungeschminkte Weine« lautet die Losung, also steht beim Aushängeschild, den alterungswürdigen Nossa-Calcario-Weinen von alten Reben, das Terroir im Mittelpunkt: seidiger, duftender BAGA (rot) und komplexer Bical (weiß). Sehr gut ist der in *lagares* aus Eichenholz vergorene Territorio Vivo von alten Reben. Lotet (wie ihr Vater LUÍS PATO) die Grenzen aus, v. a. mit dem in Amphoren gereiften Post Quercus (rot und weiß) und dem eleganten gespriteten Espirito de Baga.

ato, Luís Bair r w; s; sch ★★→★★★★ Selbstbewusster nonkonformistischer Winzer in BAIRRADA. Seinen Spitznamen Mr. BAGA verdankt er den

Portugal

wahrhaft alterungswürdigen Baga-Weinen aus Einzellagen (den Vinh Barrio, Barrosa und Pan) sowie den beiden Pé-Franco-Weinen von wu zelechten Reben von der Quinta do Ribeirinho (Sandboden) und Valad (Kreide-Ton-Boden). Sofort trinkreif und preiswert: Vinhas Velhas (rot u weiß), Baga Rebel und der exzentrische (auf Baga-Schalen vergorene) rc FERNÃO PIRES. Sehr gute Weißweine, z. B. Vinhas Velhas (von der Einz lage Vinha Formal), und Schaumwein (traditioneller MARIA GOMES Méto Antigo und Informal von früh gelesenen Trauben).

Der Vintage Port des kleinen Mannes

CRUSTED Port und LBV werden oft als »Vintage Port des kleinen Mannes« bezeichnet, weil sie die Qualität eines VINTAGE PORT für einen Bruchteil der Kosten bieten. In Crusted Ports werden mindestens zwei Jahrgänge miteinander verschnitten, bis zu vier Jahre in Holzfässern und (normalerweise) mindestens weitere drei Jahre in der Flasche gereift (bevor sie auf den Markt kommen). LBV sind einzelne Jahrgänge, die nach vier bis sechs Jahren Fassausbau (LB steht nämlich für *late bottled*, »spät abgefüllt«) trinkreif verkauft werden. Bei beiden werden die Qualität, die Langlebigkeit und das Preis-Leistungs-Verhältnis kontinuierlich besser.

Pegões, Adega de Set r rs w; s; sch ★→★★ Die dynamische Genossensch bietet mit der Marke Stella und dem alkoholarmen weißen Nico sch ne, saubere Frucht und mit den Rot- und Weißweinen namens COLHE Seleccionada ein gutes Preis-Leistungs-Verhältnis.

Península de Setúbal Set ★→★★ Hieß früher Terras do Sado. Küstenregi südlich von Lissabon. Die Trauben für den VINHO REGIONAL wachs hauptsächlich auf Kreidehügeln oder den Sandböden an den Flüssen Sa und Tejo. Bewährte Erzeuger: BACALHÔA Vinhos, Casa Ermelinda Freita José Maria FONSECA, Adega de PEGÕES, SIVIPA. Im Auge behalten: H dade do Portocarro, António Saramago und Soberanas.

Pereira d'Oliveira Vinhos Mad ★★→★★★★ Der Familienbetrieb verfü über einen enormen Vorrat (1,6 Millionen Liter) an FRASQUEIRA, der r auf Bestellung vom Fass abgefüllt wird; viele der Weine kann man in c sehenswerten Kellerei von 1619 verkosten. Zu den besten gehören üb wältigende Jahrgänge aus dem 19. Jh. (Moscatel 1875, Sercial 1875, T rantez 1880) und der seltene Bastardo 1927.

Periquita Zweiter Name der CASTELÃO-Traube, aber auch der Name der e folgreichen Marke von José Maria da FONSECA.

Poças Douro, Port ★★→★★★ 1918 gegründeter Familienbetrieb. Sehr gu COLHEITAS (**64 67' 92 94 95** 97 00 01). Alte Bestände ermöglichen se guten 20-, 30- und 40-Year-Old TAWNY. Guter VINTAGE PORT. Die Qu lität der Tischweine steigt stetig. Neue Partnerschaft zwischen dem Bordeaux ausgebildeten Jorge Pintão und dem Bordeaux-Gutsbesitz (Angélus) Hubert de Bouard.

Poeira, Quinta do Douro r w ★★★ Das eigene Projekt des Beraters Jor Moreira. Die alterungswürdigen Weine von den kühlen, nach Norden au gerichteten Hängen sind intensiv und sanft zugleich, v. a. der Rote, d jetzt länger in der Flasche reift. Auch straffer, eichenwürziger ALVARINH Hochklassiges Zweitetikett Pó de Poeira (rot und weiß).

Portalegre Alen r rs w ★→★★★ Der nördlichste Unterbereich (mit eiger DOC) des ALENTEJO hat Größen wie die Weinpublizisten Richard Mays (QUINTA do Centro) und João Afonso (Solstício/Equinócio), den Lissabo ner Starkoch Vitor Claro, den önologischen Berater Rui Reguinga (Terrenus), Susana ESTEBAN und Herdade do ESPORÃO angezogen. Erhöht gelegene Weinberge mit Granit- und Schieferböden, alte Reben (teilweise gemischte Bestockung) und viel Regen – all das sorgt für frische, strukturierte Weine mit Tiefe. Eine Region, die man im Auge behalten sollte.

rto Cruz Port ★→★★★ Im Besitz von La Martiniquaise. Führt die gleichnamige größte Portweinmarke Portugals mit dem Schwerpunkt auf Quantität und Cocktails. Das Museum in VILA NOVA DE GAIA und die Dachterrassenbar sind eine Touristenattraktion. Marke Dalva: guter VINTAGE PORT, ausgezeichnete TAWNY-Bestände (v.a. COLHEITAS, w **52' 63' 73'**). Das neue Projekt QUINTA de Ventozelo ist vielversprechend in Sachen Qualität.

inta Portugiesisch »Weingut« (z.B. CRASTO, Quinta do). Als »Single-Quinta« werden VINTAGE PORTS von einzelnen Weingütern bezeichnet, die in nicht deklarierten Jahren (und von Erzeugern mit einem einzigen Gut immer häufiger auch in Spitzenjahren) erzeugt werden.

mos, João Portugal Alen r w ★→★★★★ Einer der angesehensten Weinmacher in Portugal, der jetzt unter eigenem Namen (VINHO VERDE) und unter anderen Markennamen (DUORUM, FALUA, Foz de Arouce, QUINTA da Viçosa, Vila Santa) tätig ist. Das Rezept: preiswerte, ihrer Region verpflichtete Weine mit kommerziellem Potenzial. Die Spitzengewächse sind erstklassig, v.a. Estremus und Marqués de Borba RESERVA.

mos Pinto Douro, Port ★★★ 1880 gegründeter wegbereitender Portwein- und DOURO-Tischweinerzeuger im Besitz des Champagnerhauses Roederer. Beständig, v.a. bei Duas Quintas RESERVA (rot) und RESERVA Especial (hauptsächlich TOURIGA NACIONAL von Bom Retiro). Sehr guter alterungswürdiger VINTAGE PORT, einschließlich Single-QUINTA Vintage (Ervamoira). Komplexer 10-Year-Old Single-Quinta-TAWNY (Ervamoira), und sehr guter 20-Year-Old (Bom Retiro). Der gute 30-Year-Old enthält einen Schuss 100-jährigen Tawny. Kellermeisterin Ana Rosas löst den (in den Ruhestand gegangenen) João Nicolau de Almeida ab.

poseira Douro sch ★★ im Besitz von MURGANHEIRA. Schaumwein mit Flaschengärung. Aushängeschild ist der Velha Reserva (CHARDONNAY/PINOT NOIR), der 4 Jahre auf der Hefe reift.

Portugal gibt es über 1.001 Möglichkeiten, *bacalhau* (Stockfisch) zuzubereiten.

al Companhia Velha Douro, Port r rs w; s ★→★★★ Die Familie Silva Reis hat ihrem Sortiment an Port- (inkl. Royal Oporto und Delaforce) und DOURO-Weinen mit Präzisionsweinbau (540 ha) und -bereitungsmethoden (unter Jorge Moreira von POEIRA) neues Leben eingehaucht. Sehr guter Flaggschiffwein QUINTA das Carvalhas (rot und weiß), VINTAGE PORT und 20-Year-Old TAWNY. Preiswert sind die Marken Aciprestes und Evel. Auf der Quinta de Cidrô werden einheimische und internationale Reben verschnitten (sehr guter CABERNET SAUVIGNON/TOURIGA NACIONAL). Gutes experimentelles Projekt namens Séries. Neue, faszinierende Weißweine von der Quinta do Síbio (v.a. seltener Samarrinho). Grandjó ist die beste Spätlese in Portugal. Carvalhas Memories ist ein fabelhafter 149 Jahre alter Very Old Tawny.

s Simões, Horácio dos Set – Kleiner, innovativer Erzeuger. Dynamisches Sortiment, u.a. Spätlese und gespriteter MOSCATEL (besonders empfehlenswert sind Roxo Single Cask und Excellent). Außerdem spannender, seltener gespriteter Bastardo. Im Auge behalten sollte man die Tischweine BOAL (weiß) und den CASTELÃO (rot), v.a. die Grande Reserva von 100-jährigen Reben.

Portugal

Reserva/Reserve Port – Höhere Qualität als normal oder vor dem Verkauf lä ger gereift (oder beides). Bei Portwein: ohne Altersangabe abgefüllt (f RUBY und TAWNY verwendet). Bei Tischweinen sind die Vorschriften für Reifung je nach Region unterschiedlich.

Romeira, Quinta da r rs w; sch ★→★★ Das historische Gut in BUCEL sichert seine herausragende Stellung unter dem neuen Eigentümer Wi Ventures. Die Rebflächen wurden vergrößert (75 ha, vorwiegend ARINT und umfassen jetzt auch Süd- und Nordhänge für etwas unterschiedlic Stile. Sehr guter Arinto (Prova Régia RESERVA, eichenwürziger Morga Sta Catherina Reserva). Preiswerter Prova Regia Arinto sowie Principium Verschnitte von französischen und portugiesischen Rebsorten (VIN REGIONAL LISBOA).

Spezialitäten unter sich

Einige örtliche Erfolgsrezepte: Trockener SERCIAL aus MADEIRA zu gegrillten Napfschnecken; frischer gegrillter Fisch zu lebhaftem VINHO VERDE oder BUCELAS; Spanferkel zu rotem oder weißem BAIRRADA-Schaumwein; jede traditionelle Kombination von Eigelb und jeder Menge Zucker (z. B. Torta de Azeitão) zu MOSCATEL DE SETÚBAL; voller MALVASIA zu Honigkuchen (*bolo de mel*); VINTAGE PORT zu cremigem, fettem Serra-da-Estrela-Käse. Und ein Glas Very Old TAWNY sollten Sie in der besten Gesellschaft genießen, die Sie auftreiben können.

Rosa, Quinta de la Douro, Port r rs w ★★★ Gut in herrlicher Lage (am Flu in Pinhão). Das Angebot an Port- und DOURO-Weinen klettert unter Kell meister Jorge Moreira (POEIRA) rasch die Qualitätsleiter empor. Sehr gu VINTAGE PORT und LBV. Reichhaltige, aber elegante Weine, v. a. Rese (rot und weiß). DouROSA ist die Einsteigerreihe. Die Marke Passagem u fasst generöse Weine.

Rosado Rosé. Wachsende Kategorie. Zu den besten zählen Colinas de S Lourenço Tête de Cuvée, Covela, QUINTA Nova, Monte da Ravasquei SOALHEIRO (sch), Vértice (sch).

Rosé Port Port – Initiiert durch den Pink von CROFT und nun auch von ander Port-Häusern (z. B. POÇAS, KROHN) erzeugt. Wechselhafte Qualität. Serv ren Sie ihn gekühlt, auf Eis oder (wie allgemein üblich) als Cocktail.

Rozès Port ★★★ Die Port-Firma gehört zu Vranken-Pommery. Das Le gut für die VINTAGE PORTS (einschließlich LBV) stammt von drei QUINT im Bereich DOURO Superior (Grifo, Anibal, Canameira). Der Vintage P Terras do Grifo ist ein Verschnitt aus den Trauben aller drei Quintas, c sehr gute LBV kommt nur von Grifo.

Ruby Port – Die einfachste, jüngste und billigste Portweinart. RESERVE besser.

Sandeman Port Port ★★→★★★ Historische Firma im Besitz von SOGRA Sehr guter Tawny mit Altersangabe, v. a. 20-, 30- und 40-Year-Old (r ansprechender neuer Flasche), und ungefiltert abgefüllter LBV. Der gr artige alte VINTAGE PORT (07' 11') bringt die Qualität zurück. Zweitetik ist der offenherzige Vau Vintage. Wunderbarer Very Old TAWNY Cask 33.

São João, Caves Bair r w; sch ★★→★★★ Der Tradition verpflichteter Fa lienbetrieb, der sich mit sehr guten Rotweinen im alten Stil einen Nam gemacht hat. Besonders empfehlenswert sind Frei João und Poço de Lo (beide BAIRRADA) sowie Porta dos Cavalheiros (DÃO). Es kommen regeln ßig ältere Jahrgänge aus den umfassenden Beständen (ab 1963) auf den Markt. Guter Weißwein (ARINTO/CHARDONNAY) und schäumende Cuvées.

rcial Mad – Weinweintraube, die den trockensten MADEIRA hervorbringt – ein überaus feiner Aperitif, gut zu Räucherlachs oder Sushi. Siehe Kapitel »Rebsorten«.

nith Woodhouse Port ★★★ Die 1784 gegründete kleine Port-Firma ist im Besitz von SYMINGTON. Guter ungefilterter LBV und einige sehr gute, trockenere VINTAGE PORTS (**66 70 75 77' 80 83 85 91 94** 97 00' 03 07 11'). Single-QUINTA da Madalena.

alheiro, Quinta de Minho r rs w; sch ★★→★★★★ Führender ALVARINHO-Spezialist mit dynamischem Sortiment an alterungswürdigen (teilweise Bio-) Weinen. Sehr gut sind der (subtil fassvergorene) Primeiras Vinhas von alten Reben, die in Eiche ausgebaute RESERVA (weiß) und der neue, rundere, in Kastanienholz ausgebaute Terramatter mit zum Teil biologischem Säureabbau. Der erste Rotwein, Oppaco, ist ein einzigartiger Verschnitt von Vinhão/Alvarinho. Sehr guter Schaumwein (rosé und weiß).

grape Minho ★→★★★★ Das erfolgreichste Unternehmen Portugals, MATEUS ROSÉ und BARCA VELHA sind beides Kronjuwelen, wenngleich aus unterschiedlichen Gründen. Das Angebot umfasst Weine aus den Bereichen ALENTEJO (Herdade do Peso), DÃO (CARVALHAIS), DOURO (Casa Ferreirinha, Legado) und VINHO VERDE (u. a. preiswerter Azevedo) sowie Portwein (FERREIRA, SANDEMAN, OFFLEY). Zugängliche, aus Lesegut verschiedener Regionen bereitete Markenweine, u. a. Grão Vasco und Pena de Pato.

Portugal

mington Family Estates Douro, Port r w ★★→★★★★ Der größte Grundbesitzer am DOURO mit 27 QUINTAS und einer Reihe von erstklassigen Portweinhäusern (u. a. COCKBURN, DOW, GRAHAM, VESÚVIO, WARRE). Erstklassige Douro-Reihe (CHRYSEIA, Vesúvio und gut bereiteter Bio-Altano).

lha Großes Tongefäß (ca. 1.000 Liter), in dem traditionell im ALENTEJO Wein vergoren und gelagert wurde. Die (2012 eingeführte) DOC Vinho de Talha bewahrt die Tradition, den Wein bis zum 11. November auf den Schalen in der Talha zu lassen. Wird auch in anderen Regionen ausprobiert (z. B. FILIPA PATO, APHROS). Empfehlenswert: ESPORÃO, dos Outeiros Altos, Piteira, do Rocim und José da Sousa.

wny Port – In Holzfässern gelagerter Portwein (daher die bräunliche – *tawny* – Farbe), der trinkreif ist, wenn er auf den Markt kommt. Weine mit Altersangabe (10-, 20-, 30-, 40-Year-Old) und RESERVES besitzen deutlich mehr Komplexität und sind teurer. COLHEITAS und die üppigen Very Old Tawny Ports (mindestens 40 Jahre alt, aber meistens viel älter) kosten oft erheblich mehr als VINTAGE PORTS.

ylor, Fladgate & Yeatman (Taylor's) Port ★★→★★★★ Historisches Portweinhaus und FLADGATES Kronjuwel mit imposanten VINTAGE PORTS (**66 70 75 77' 80 83 85** 92' 94 97 00' 03' 07' 09' 11'). Zu diesen zählen auch Single-QUINTA-Weine (Terra Feita und Quintas Vargellas), darunter der seltene Vargellas Vinha Velha von über 70 Jahre alten Reben. Marktführer bei TAWNY, u. a. sehr gute Versionen mit Altersangabe, 50-Year-Old COLHEITAS und üppiger Very Old Tawny (Scion, 1863).

o r w – Der DOC- und VINHO-REGIONAL-Bereich am gleichnamigen Fluss hat Quantität durch Qualität ersetzt, erzeugt aber immer noch wenig wirklich Aufregendes. Solide Erzeuger sind FALUA sowie die QUINTAS da Alorna, da Lagoalva und da Lapa. Ambitionierter ist Encosta do Sobral; Rui Reguinga/Tributo zeigt das Potenzial des Spitzenterroirs. Alte Reben der unverwüstlichen Sorten CASTELÃO (Casal Branco) und FERNÃO PIRES liefern gute Resultate.

Tinto Rot.

Trás-os-Montes Trans – DOC im bergigen Landesinnern unmittelbar nördl des Bereichs DOURO. Vielversprechend: Encostas de Sonim, QUINTA Valle de Passos. (Der VINHO REGIONAL heißt Transmontano.)

Vale Dona Maria, Quinta do Douro, Port r rs w ★★→★★★ Sehr gute, o lente, aber dennoch elegante Rotweine, z. B. die beiden Einzellagenwe Vinha do Rio und Vinha da Francisca. Rauchig und mit Eichennote, a trotzdem flott sind die Weißen aus zugekauften Trauben unter Etiket wie CV (das Aushängeschild), Van Zellers (mittlere Kategorie), VVV (n und Rufo (Einsteigerniveau). Guter Port.

Vale Meão, Quinta do Douro r w ★★★→★★★★ Das führende Gut im reich DOURO Superior, einst der Traubenlieferant für den BARCA VELH Sehr guter alterungswürdiger, eleganter Spitzenrotwein und Single-QUIN VINTAGE PORT. Preiswertes Zweitetikett Meandro (auch weiß). Die Re Monte Meão umfasst sortenreine Weine.

Vallado, Quinta do Douro r rs w ★★→★★★ Familienweingut in Baixo C go mit moderner Kellerei. Die QUINTA do Orgal (mit stilvollem Hotel Ca do Rio) im Bereich DOURO Superior bringt einen neuen, frischen Bio-R wein hervor. Starke, zunehmend elegante Reihe von Douro-Weinen und weiß), u. a. RESERVA vom gemischten Satz. Guter 10-, 20-, 30- u 40-Year-Old TAWNY. Der Name Adelaide steht für den Spitzenrotwein v Douro, VINTAGE PORT und den überwältigenden Very Old Tawny Trib (aus Zeiten vor der Reblaus).

Der Vinho-Verde-Bereich zählt über 19.000 Winzer, viele mit weniger als ein Hektar Rebland.

Vasques de Carvalho Douro, Port ★★★ Neuer Erzeugerbetrieb, 2012 v António Vasques de Carvalho (der die Keller, Bestände und Weinberge Familie geerbt hat) und seinem Geschäftspartner Luis Vale (der das pital heranschaffte) gegründet. Der sehr gute, stilvolle 10-, 20-, 30- u 40-Year-Old TAWNY wird von Jaime Costa (früher bei BURMESTER) v schnitten.

Verdelho Mad – MADEIRA-Traube für die gleichnamigen halbtrockenen W ne; pikant, aber ohne die strenge Säure der SERCIAL-Traube. Guter Ape oder Begleiter zu Paté. Zunehmend auch für Tischweine beliebt.

Vesuvio, Quinta do Douro, Port ★★★★ Herrliche QUINTA mit Portwein, mit den besten VINTAGE PORTs mithalten kann (00' 01 03' 04 05' 07' 08' 09 10 11' 12 13'). Der einzige Portwein von SYMINGTON FAM ESTATES, für den die Trauben noch mit menschlichen Füßen (statt v Robotern) gestampft werden. Der rote Douro Capela da Quinta Vesuvio v einer einzelnen Parzelle wurde 2007 zum ersten Mal bereitet.

Vila Nova de Gaia Douro, Port – Sitz der Lagerhäuser *(lodges)* der groß Portweinfirmen. Überqueren Sie von Porto die doppelstöckige metall Dom-Luis-Brücke über den Douro, um die berühmten Portweinkeller zu sichtigen und ihre Produkte zu verkosten.

Vinho Regional (VR) oder Indicação Geográfica Protegida (IGP) Entspri der französischen Kategorie Vin de pays und bietet mehr Freiraum zum perimentieren als eine DOC/DOP.

Vinho Verde Minho r rs w; sch ★→★★★ Die größte portugiesische DOC kühlen, regnerischen, grünen Nordwesten. Renaissance: frische, bes re Verschnitte. Am besten sind die erstklassigen sortenreinen QUIN Weine aus Unterbereichen, v. a. ALVARINHO aus Monção e Melgaço (z Anselmo MENDES, da Pedra, do Regueiro, Luis Seabra, Reguengo Melgaço, SOALHEIRO) und LOUREIRO aus Lima (z. B. Quinta do AME

Aphros, Paço de Palmeria). Interessant auch die Quintas de Santiago und de San Joanne. Die rote Vinhão-Traube soll von den wichtigsten Erzeugern (z. B. ANSELMO MENDES, APHROS, Soalheiro) nun einer Rundumerneuerung unterzogen werden. Vinho Verde von Großproduzenten ist spritzig und muss rasch getrunken werden.

ıtage Port Port – Die besten Weine, die nur in besonders guten, »klassischen« Jahren von den einzelnen Portweinhäusern zwischen dem 1. Januar und dem 30. September des zweiten Jahres nach der Lese »deklariert« werden. Nach 2-jähriger Fasslagerung füllt man sie ungefiltert ab und lässt sie dann sehr langsam in der Flasche reifen. Dabei bilden sie Ablagerungen und sollten daher immer dekantiert werden. Moderne Vintage Ports sind früher zugänglich (und jung ein Genuss), die besten halten sich jedoch über 50 Jahre. Auch Single-QUINTA Vintage Ports sind früher trinkreif; die besten können aber 30 Jahre und mehr überdauern.

ırre Port ★★★→★★★★ Die älteste britische Portweinfirma überhaupt (1670 gegründet), heute im Besitz von SYMINGTON FAMILY ESTATES, erzeugt sehr gute, volle, langlebige VINTAGE PORTS (**63 66 70' 75 77' 80' 83 85 91 94 97** 00' 03 07' 09' 11') und ungefilterten LBV. Im eleganten Single-QUINTA und 10- und 20-Year-Old TAWNY Otima spiegeln sich die erhöhte Lage und das kühle Klima der QUINTA da Cavadinha wider.

ıite Port Port – Von weißen Trauben bereiteter Port. Die Stile reichen von trocken (*dry*) bis süß (*lágrima*), meist wird weißer Portwein aber halbtrocken und als Verschnitt mehrerer Jahrgänge bereitet und pur oder auf Eis mit Tonic Water und frischer Minze als Aperitif getrunken. Wachsende Qualitätsnischen sind White Port mit Altersangabe (10-, 20-, 30- oder 40-Year-Old), z. B. von ANDRESEN, KOPKE oder QUINTA de Santa Eufemia, sowie die seltenen weißen COLHEITAS, etwa der Dalva von C. da SILVA.

ne & Soul Douro, Port r w ★★★★ Zu den intensiven Gewächsen von Sandra Tavares und Jorge Serôdio Borges zählen der fantastische weiße Guru, der elegante QUINTA da Manoella Vinhas Velhas und der dichter gewirkte (von 80-jährigen Reben bereitete) Pintas. Sehr gut sind die Zweitetiketten: Pintas Character und Manoella. Außerdem sehr guter VINTAGE PORT Pintas und umwerfender Very Old TAWNY Port 5G (ein von fünf Generationen aufbewahrtes 120-jähriges Fass).

Schweiz

Die folgenden Abkürzungen werden im Text verwendet:

AG	Aargau
BE	Bern
BI	Basel-Land
BS	Basel-Stadt
FR	Freiburg (Fribourg)
GE	Genf (Genève)
GR	Graubünden
LU	Luzern
NE	Neuenburg (Neuchâtel)
SG	St. Gallen
SH	Schaffhausen
TG	Thurgau
TI	Tessin (Ticino)
VD	Waadt (Vaud)
VS	Wallis (Valais)
ZH	Zürich

Die dunklen Flächen bezeichr
die Weinbaugebi

Nur wenige trinken Schweizer Weine außerhalb der Schweiz – oder w sen überhaupt, was sie verpassen. Lediglich die Skifahrer sind sich c trügerischen Kicks eines Schweizer Fendant bewusst. Die Preise der meis Weine mit den oft ungewöhnlichen Namen sind eher abschreckend, aber lohnt sich für Weinliebhaber, dranzubleiben. Die seltenen Reben der Alp region bringen außergewöhnliche Qualitäten und eine erstaunliche Vielfalt sich. Die beeindruckendsten sind dicht, oft süß, goldgelb bis bernsteinfarb und sehr langlebig. Die Alltagsweine sind kantig und körperreich; Petit Arv oder Completer sind tolle Essensbegleiter, ebenso wie der allgegenwärtige te Dôle, den die Schweizer anscheinend täglich trinken – obwohl sie über v bessere und interessantere Rotweine verfügen, Cornalin z. B. oder Humag rouge, gar nicht zu reden von Merlot aus dem Tessin und so manchem eindruckenden Syrah aus dem Wallis. Das höchste Prestige genießen die v schiedenen Burgundersorten der Bündner Herrschaft im deutschsprachig Teil der Schweiz. Der beste Rat an alle Weinliebhaber abseits der Pisten u natürlich auch an die Skifahrer: Leisten Sie sich einen Führer.

leuere Jahrgänge

16 Frost im April, verregneter Frühsommer, später sonnig, gesundes Lesegut; überwiegend mittelschwere Weine.

15 Großer Jahrgang, vielleicht der beste seit 50 Jahren: reife Frucht, perfekt ausgewogene Säure.

14 Der trockene, sonnige September rettete die Ernte; ein Jahrgang klassisch strukturierter Weine.

13 Sehr geringer Ertrag. In der Ostschweiz hervorragend, Weine von großartiger Frische und Reintönigkeit.

12 Ein Jahrgang für gute Kellermeister – schwierig mit Hagel und Regen.

11 Sehr guter Jahrgang nach einem ungewöhnlich warmen, langen Herbst.

ere gute Jahrgänge: 2009, 2005 (alle), 2000 (v.a. Pinot noir, Walliser Rotine), 1999 (Dézaley), 1997 (Dézaley), 1990 (alle).

rgau (AG) – Weinbaukanton südöstlich von Basel, vorwiegend Blauburgunder (PINOT NOIR) und MÜLLER-THURGAU. Gute Erzeuger: u.a. Weinbaugenossenschaft Döttingen, Haefliger, Hartmann, LITWAN, Meier (zum Sternen).

gle VD ★★ Weinbaugemeinde für CHASSELAS, bekannt für den sehr leichten Les Murailles von BADOUX. Empfehlenswert: Terroir du Crosex Grillé.

C Das Äquivalent zur französischen Appellation Contrôlée, das jedoch nicht wie in Frankreich auf nationaler Ebene festgelegt wird, sondern jeder Kanton hat seine eigenen Regeln. Insgesamt gibt es 85 AOCs.

chtobel, Schlossgut TG ★★★ Seit 1784 in Besitz von Nachfahren der Familie Kesselring, bekannt für ausgefeilten PINOT NOIR von Hängen bei Weinfelden.

d Osterfingen SH ★★★ Michael Meyer ist ein PINOT-Spezialist. Gemeinsam mit Ruedi BAUMANN produziert er den ZWAA. Außerdem betreibt er ein Restaurant.

doux, Henri VD ★★ Großer Erzeuger, dessen CHASSELAS AIGLE les Murailles (mit der traditionellen Eidechse auf dem Etikett) die beliebteste Schweizer Weinmarke ist, aber selten überzeugen kann.

umann, Ruedi SH Führender Erzeuger in Oberhallau mit beerenduftendem, lagerfähigem PINOT NOIR, v.a. -R-, ann mee und ZWAA (in Zusammenarbeit mit dem nahegelegenen Gut BAD OSTERFINGEN).

rn (BE) – Bundesstadt der Schweiz und Kanton. Weinorte am Bielersee (v.a. Ligerz, Schafis, Twann) und am Thunersee (Spiez), hauptsächlich CHASSELAS und PINOT NOIR. Spitzenerzeuger: Andrey, Johanniterkeller, Schlössli, Steiner.

sse, Gérald et Patricia VS ★★★ Führendes Familiengut im WALLIS, vorwiegend mit Lagen auf steilen Terrassen. Weine: eleganter FENDANT Les Bans, großartiger Ermitage von alten Reben (MARSANNE). Les Serpentines stammt von einem 1945 angelegten Weinberg in 600 m Höhe (**08 09** 13' 14).

ttner, Valentin Winzer und Traubenzüchter im Kanton Jura, bekannt für Kreuzungen wie Cabertin, Pinotin oder Cabernet Jura. Darin vereint er Pilzresistenz und hohe Qualität.

nvin VS ★★→★★★ Ein alter Name im WALLIS, seit Kurzem erheblich verbessert, besonders mit lokalen Sorten, etwa in der Reihe Nobles Cépages (z.B. HEIDA, PETITE ARVINE, SYRAH).

vard, Louis VD ★★→★★★★ Familienweingut seit zehn Generationen. Der DÉZALEY La Médinette ist ein Wein wie aus dem Bilderbuch (99' 00 03 **05'**

Schweiz

06 07 09 11 12' 13 14). Alte Jahrgänge bis zurück zum Jahr 2000 sind a der Domaine erhältlich.

Bündner Herrschaft GR ★★→★★★★ **05' 09' 10 11** 12 13' 14 15' 16 – D Burgund der Schweiz: PINOT NOIR, hier BLAUBURGUNDER genannt, r Struktur, Frucht und gutem Lagerungspotenzial. Individualistische W zer und nur vier Gemeinden: FLÄSCH, Jenins, Maienfeld und MALANS. D Klima hält gute Balance mit milden Winden aus dem Süden und kühler Strömungen aus den nahen Bergen. Strenger Frost im April 2016.

Calamin VD ★★★ GRAND CRU des LAVAUX, erzeugt einen herberen CHASS LAS-Stil als sein Nachbar DÉZALEY. Nur 16 ha, Erzeuger: u. a. BOVAR Dizerens, DUBOUX.

Chablais VD ★★→★★★ Weinbaugebiet am oberen Ende des Genfer Se Spitzengemeinden: AIGLE, YVORNE. Der Name leitet sich vom lateinisch *caput lacis*, Kopf des Sees, ab.

Chanton, Josef-Marie und Mario VS ★★★ Großartige Walliser Spezialität Weinberge bis in 800 m Höhe: Eyholzer Roter, Gwäss, HEIDA, Himbertsch Lafnetscha und Resi.

Chappaz, Marie-Thérèse VS ★★★→★★★★ Das kleine, biologisch-dyr misch bewirtschaftete Gut in Fully ist berühmt für großartige Süßwei (GRAIN NOBLE CONFIDENCIEL) aus der lokalen Traube Petite ARVINE **00** **03 04' 06'** (430 g/l Restzucker!) **09** 10 und Ermitage (MARSANNE). Schw aufzutreiben.

Côte, La VD ★→★★★ 2.000 ha westlich von Lausanne am Genfer See, hau sächlich CHASSELAS in sehr leichtem und kommerziellem Stil. Die bekar testen Gemeinden: FÉCHY, Mont-sur-Rolle und Morges.

Cruchon, Henri VD ★★→★★★ Biodynamisch arbeitender Winzer, bekar für eine große Bandbreite an Rebsorten, inkl. Spezialitäten wie VIOGNI Altesse, Servagnin und BLATTNER-Kreuzungen. Spitzenprodukt ist der au gefeilte, alterungswürdige PINOT NOIR Raissennaz.

Dézaley VD ★★★ **90' 97 99 00 03 05' 09' 10 11 12** 13 14 15' 16 – Berüh ter GRAND CRU des LAVAUX, der steil zum Genfer See hin abfällt, 50 im 12. Jh. von Zisterziensermönchen angelegt. Mächtige CHASSELAS-W ne, die sich mit der Reifung schön entwickeln. Am besten sind DUBO Fonjallaz, Louis Bovard, Monachon, Ville de Lausanne. Außerdem klei Rotweinproduktion, meist Cuvées.

Dôle VS ★★ Die Antwort des WALLIS auf den Burgunder Passetoutgrai PINOT NOIR mit GAMAY. Empfehlenswert: BESSE, Gilliard, MERCIER u PROVINS. Der leicht roséfarbene Dôle Blanche wird aus sofort nach d Lese gepresstem Traubengut hergestellt.

Domaine la Colombe VD ★★→★★★ Biologisch-dynamisch arbeitender Far lienbetrieb mit 15 ha in FÉCHY, La CÔTE. Am bekanntesten für eine Re lagerfähiger CHASSELAS-Weine, z. B. La Brez.

Donatsch, Thomas GR ★★★ Seit 1974 Barrique-Pionier in MALANS. Voll geschmeidiger PINOT NOIR, knackiger CHARDONNAY. Das gastfreundlic Familienrestaurant Zum Ochsen gehört dazu – ein guter Ort, um sich ei Flasche öffnen zu lassen.

Duboux, Blaise VD ★★★ 5-ha-Familienbetrieb in LAVAUX. Herausragen DÉZALEY *vieilles vignes* Haut de Pierre (sehr reichhaltiger, mineralisch Stil), CALAMIN Cuvée Vincent.

Epesses VD ★→★★★ **11' 12 13** 14 15 (16) – Bekannte AOC in LAVAUX r 130 ha rund um den GRAND CRU CALAMIN: robuste, körperreiche We weine. Erzeuger: u. a. BOVARD, DUBOUX, Fonjallaz und Luc Massy.

Féchy VD ★→★★★ Berühmte, aber unzuverlässige AOC in La CÔTE; v CHASSELAS.

derweisser Ostschweizer Bezeichnung für hellen Rosé- oder sogar Blanc de Noirs von BLAUBURGUNDER – analog zum Weißherbst in Deutschland, wo die Bezeichnung Federweißer für gärenden Traubenmost (Sauser) verwendet wird.

ndant VS ★→★★★ WALLISER Appellation für körperreichen CHASSELAS; die ideale Begleitung zu Käsefondue oder Raclette. Empfehlenswert: BESSE, Domaine Cornulus, GERMANIER, PROVINS und SIMON MAYE. Der Name ist abgeleitet von franz. *se fendre* (springen, platzen), da die reifen Beeren des lokalen Chasselas-Klons aufplatzen, wenn man sie zwischen den Fingerspitzen zerdrückt.

Knack die Schweizer Bank

Natürlich kann man Schweizer Weine auch in anderen Ländern erwerben, aber sie sind teuer. Hier einige Beispiele: Der einzigartige PINOT NOIR von DONATSCH kostet 350 € in Singapur, CHARDONNAY von GANTENBEIN gibt es für 254 € in Honkong. Für Grain Noble von CHAPPAZ sind in Deutschland 90 € fällig, TESSINER Sassi Grossi von Gialdi kostet 70 € in England; wiederum in Hongkong findet man Haut de Pierre DÉZALEY von Duboux für 50 €, und zum gleichen Preis gibt es in den USA den Dézaley la Medinette von BOVARD.

sch GR ★★★→★★★★ Weinort in der BÜNDNER HERRSCHAFT, bekannt für seine Schiefer- und Kalkböden, die sehr mineralischen und straffen PINOT NOIR hervorbringen. Viele empfehlenswerte Güter, vor allem Mitglieder der Familien Adank, Hermann und Marugg. Gantenbein ragt besonders heraus, auch für CHARDONNAY.

ri/mi-flétri Spät gelesenes Traubengut, aus dem süßer bzw. leicht süßer Wein gekeltert wird, v. a. bei Walliser Spezialitäten üblich.

bourg (Freiburg FR) – 115 ha am Ufer des Murtensees (Mont Vully): kraftvoller CHASSELAS, eleganter TRAMINER, runder PINOT NOIR. Empfehlenswert: Château de Praz, Chervet, Cru de l'Hôpital, Derron.

mm, Georg Weingut GR ★★★ **04** 05' 08 09' 10 **11** 12 13' 14 15' 16 – Spitzenerzeuger in MALANS, 4 ha, bekannt für duftenden, subtilen PINOT NOIR von verschiedenen Einzellagen: Fidler, Schöpfi oder Selfi. Baut gerade einen neuen Weinkeller mit dem Architekten Peter Zumthor.

ntenbein, Daniel und Martha GR ★★★★ 05 08 09' 10' 11 12 13' 14 15' 16 – Die (zumindest im Ausland) bekanntesten Winzer der Schweiz mit Sitz in FLÄSCH erzeugen erstklassigen PINOT NOIR von Klonen, die von der Dom. de la Romanée-Conti (siehe Kapitel »Frankreich«) bezogen wurden, und Riesling von Klonen, die vom Weingut Dr. Loosen (siehe Kapitel »Deutschland«) stammen. Herausragender CHARDONNAY in äußerst limitierten Mengen.

nève (Genf GE) – Stadt und Weinbaukanton mit 1.400 ha; meist weit vom See entfernt. Internationale Sorten wie PINOT NOIR, GAMAY und CHASSELAS. Erzeuger: Balisiers, Grand'Cour, Les Hutins und Novelle. Die meisten Weinberge am Genfer See gehören zum benachbarten Kanton WAADT.

rmanier, Jean-René VS ★★→★★★ Bedeutendes Gut im WALLIS, verlässlicher FENDANT Les Terrasses, eleganter SYRAH Cayas und AMIGNE von Schieferböden aus Vétroz, in süßer (Mitis) und trockener Version.

cier, Vin du (Gletscherwein) VS w; tr ★★★ Fast schon legendärer, aus der seltenen Sorte Rèze gekelterter und oxidativ in (Lärchen)Holz ausgebauter Walliser Weißwein aus dem Val d'Anniviers. Zu finden im Rathaus von Grimentz. Fast eine Art alpiner Sherry.

Grain Noble ConfidenCiel VS – Qualitätsbezeichnung für ursprüngliche S weine. Empfehlenswert: CHAPPAZ, DOMAINE DU MONT D'OR, Dorsaz (be Güter), GERMANIER, Philippe Darioli und PROVINS.

Grand Cru VS, VD – Uneinheitlich verwendete Bezeichnung. Die WALLIS Gemeinde SALGESCH hat z. B. eine eigene Regelung für PINOT NOIR. WAADTLAND darf »Premier Grand Cru« für eine Vielzahl von Gutsabfüll gen verwendet werden. Die Schweiz besitzt nur zwei Grands Crus im Sir einer Weinbergklassifikation: CALAMIN und DÉZALEY.

Graubünden (Grisons GR) – Hauptsächlich deutschsprachiger (und rä romanischer) Bergkanton. BLAUBURGUNDER ist der Protagonist, CHARDONNAY ist sehr gut, auch MÜLLER-THURGAU. Siehe BÜNDNER HEF SCHAFT. Die besten Erzeuger in anderen Gebieten: Cicero, Manfred Me von TSCHARNER.

Huber, Daniel ★★→★★★ Deutschschweizer im TESSIN mit Vorreiterro erzeugt subtile Rotweine aus womöglich historischen Lagen, die er 19 als Brachland erworben und wieder urbar gemacht hat. Wird seit 2003 b dynamisch bewirtschaftet. Verlässlicher MERLOT Fustoquattro, Premiu marke ist der Montagna Magica (03 **05' 07 08 09** 10 11).

Johannisberg VS – Synonym für SILVANER im WALLIS, oft halbtrocken o süß ausgebaut. Schmeckt großartig zu Fondue. Exzellent von der Doma du Mont d'Or.

Lavaux VD ★★→★★★★ Das beste Gebiet am Genfer See. Die 30 km steil nach Süden ausgerichteten Weinbergterrassen östlich von Lausanne s UNESCO-Welterbe. Voller, mineralischer CHASSELAS. Zwei GRANDS CR (DÉZALEY, CALAMIN) und diverse Gemeinde-AOCS.

Litwan, Tom AG ★★★ Neuer Erzeuger, der in Burgund studiert hat. Feir detailreicher PINOT NOIR Auf der Mauer und Chalofe (»Kalkbrennofen«)

Malans GR – Gemeinde in der BÜNDNER HERRSCHAFT. Spitzenerzeuger hiesigen PINOT NOIR sind u. a. Donatsch, FROMM, Liesch, Studach u Wegelin. Aus der spät reifenden Lokalsorte Completer wird ein phe lischer Weißwein bereitet, der den Mönchen früher als Trunk zum Abe gebet diente, dem Completorium. Adolf Boner ist hier der Gralshüter.

Maye, Simon et Fils VS ★★★ Perfektionistischer Betrieb in St-Pierre- Clages. Kompakter SYRAH *vieilles vignes* (00 **02 06 07 08** 09 10 1 würziger, kraftvoller Païen (HEIDA) und PINOT NOIR. DÔLE und FENDA sind ebenfalls sehr gut.

Mémoire des Vins Suisses Verband von 57 führenden Erzeugern mit dem Z einen Bestand an Schweizer Weinikonen aufzubauen, um deren Alterun potenzial nachzuweisen. Die ältesten Weine sind von 1999.

Mercier, Anne Catherine et Denis VS ★★★ Das Einwandererpaar aus B und der Waadt erzeugt in SIERRE auf nur 6 ha akribisch gepflegten We bergen dichte, aromatische Rote, z. B. den seltenen CORNALIN (**99 02 05' 07 09'** 10' 11 12 13 14) und SYRAH.

Mont d'Or, Domaine du VS ★★→★★★★ Legendäres Gut im WALLIS. Li liche und edelsüße Weine, v. a. JOHANNISBERG Saint-Martin (**06 08'** 10 11).

Neuchâtel (Neuenburg NE) ★→★★★ 600 ha im Umland der Stadt und Sees mit kalkhaltigen Böden. Sehr leichter, etwas perlender CHASSE und exquisiter PINOT NOIR von einem örtlichen Klon (Cortaillod). Erzeug u. a. Château d'Auvernier, La Maison Carrée, Porret und TATASCIORE.

Œil de Perdrix NE – Blasser Rosé von PINOT NOIR, angeblich von der Fa eines Rebhuhnauges. Ursprünglich aus NEUCHÂTEL, jetzt auch anders anzutreffen.

Ottiger, Toni ★★→★★★ Erzeuger am Vierwaldstättersee mit bemerkensw tem PINOT NOIR und MÜLLER THURGAU.

'cher, Urs ZH ★★★→★★★★ Spitzenerzeuger in Eglisau an einem steilen Südhang über dem Rhein. Hervorragender PINOT NOIR Stadtberger Barrique (**02 04 05' 08 09' 10** 11 12 13' 14 15') von alten Schweizer Klonen. Die Weißen bestechen durch ihre wunderbare Reintönigkeit.

ovins Valais VS ★→★★★ Riesige Winzergenossenschaft und der größte Erzeuger: mehr als 4.000 Mitglieder, 1.500 ha und 34 verschiedene Traubensorten. Gut sind die in Eiche ausgebauten Weine der Reihe Maître de Chais, als Einstiegswein eignet sich ARVINE, selten ist der Crus des Domaines. Electus ist ein anspruchsvoller Bordeaux-Verschnitt.

uvinez Vins VS ★→★★★ Berühmter Erzeuger in SIERRE, am bekanntesten für die Cuvées La Trémaille (w) und Le Tourmentin (r). Die Familie betreibt auch die Güter BONVIN, Caves Orsat und Imesch.

ch SH ★★★ Kleiner Erzeuger in Hallau mit nur 2,5 ha, der exzellenten PINOT NOIR macht, z. B. den Chölle von 60 Jahre alten Reben oder den Haalde von einer Steillage.

. Jodern Kellerei VS ★★→★★★ Die Genossenschaft in VISPERTERMINEN ist bekannt für ihren HEIDA Veritas von wurzelechten alten Reben, der auf wunderbare Weise das alpine Terroir spiegelt.

-Saphorin VD ★→★★★ **10 11' 12** 13 14 15' 16 – Berühmte AOC des LAVAUX, Nachbar von DÉZALEY. Die Weine sind leichter, aber ebenso fein. Empfehlenswert: Les Manchettes von Pierre Monachon.

haffhausen (SH) ★→★★★ Nahe des Rheinfalls gelegene Hauptstadt des gleichnamigen Kantons, 482 ha Rebfläche. Angebaut werden BLAUBURGUNDER, MÜLLER-THURGAU und Spezialitäten. Die bekannteste Gemeinde ist Hallau, doch Vorsicht ist geboten. Spitzenerzeuger: BAD OSTERFINGEN, BAUMANN, RUCH und Strasser.

henk S.A. VD ★→★★★ Weltweit agierende große Weinfirma mit Hauptsitz in Rolle, 1893 gegründet. Klassische Weine (v. a. aus der WAADT und dem WALLIS). Beträchtliche Exporte.

hloss Salenegg GR ★★★ Historisches Gut in Maienfeld in der BÜNDNER HERRSCHAFT, wo seit 1654 Wein erzeugt wird. Beerenduftiger PINOT NOIR.

hwarzenbach Weinbau ZH ★★★ Führender Familienbetrieb am Zürichsee, bekannt für frische Weißweine, die gut zu Süßwasserfisch passen: die örtliche Spezialität Räuschling, MÜLLER-THURGAU.

erre VS ★★→★★★ In der auf sechs Hügeln gebauten Stadt im WALLIS scheint häufig die Sonne. Das ergibt reichhaltige, üppige Weine. Die bekanntesten Namen sind Imesch, MERCIER, ROUVINEZ und Zufferey.

on VS ★★→★★★ Hauptstadt des WALLIS und Mittelpunkt seines Weinbaus, Standort großer Erzeuger: Charles Bonvin Fils, PROVINS VALAIS, Robert Gilliard und Varone.

ezialitäten Rebsorten, die mengenmäßig nur geringfügig vorkommen, bringen mit die besten Weine der Schweiz hervor: Räuschling, GEWÜRZTRAMINER oder PINOT GRIS in der Deutschschweiz oder lokale Sorten (wie JOHANNISBERG und SYRAH) im WALLIS.

recher von Bernegg GR ★★★ Das historische Gut in Jenins in der BÜNDNER HERRSCHAFT wurde vom jungen Jan Luzi wiederbelebt. V. a. PINOT NOIR: Vom Lindenwingert, Vom Pfaffen/Calander.

icky, Werner TI ★★★→★★★★ Pionier des MERLOT del Ticino, jetzt unterstützt von seinem Sohn Simon. Drei Weine sind im Angebot: Temenos (Completer/ SAUVIGNON BLANC), Tracce di Sassi (Merlot) und Conte di Luna (Merlot/ CABERNET SAUVIGNON). Stuckys beste Lage ist nur per Seilbahn erreichbar.

tasciore, Jacques NE ★★★★ Shootingstar in NEUCHÂTEL, dessen raffinierter PINOT NOIR beweist, dass Burgund nicht so weit entfernt ist.

Tessin (Ticino TI) ★★→★★★ **05' 08** 09' 10 11 12 13 14 15' – Italienischsp chige Südschweiz. Angebaut wird v. a. MERLOT; die besten Weine sind g strukturiert und stilistisch alles andere als »international«, z. B. von Gia HUBER, Kaufmann, Klausener, Kopp von der Crone Visini, STUCKY, Tamb rini, Vinattieri, ZÜNDEL.

Tscharner, Gian-Battista von ★★→★★★ Familienbetrieb auf Schloss R chenau in GRAUBÜNDEN, tanninbetonter BLAUBURGUNDER (Churer Gia Battista **99 00** 05') mit Alterungspotenzial.

Visperterminen VS w ★→★★★ Weinbaugebiet im Oberwallis, v. a. bekan für HEIDA. Besitzt mit dem Rieben einen der höchsten Weinberge Europ auf über 1.000 m Höhe. Empfehlenswert: CHANTON, ST. JODERN KELLER

Weinregionen der Schweiz

Die Schweiz ist grob in sechs Weinregionen unterteilt: WALLIS (Valais), WAADT (Vaud), TESSIN (Ticino), Drei-Seen-Land (Neuenburger-, Murten- und Bielersee) und die Deutschschweiz, zu der ZÜRICH, SCHAFFHAUSEN, GRAUBÜNDEN, AARGAU, St. Gallen, der Thurgau und einige kleinere Weinbaukantone gehören. Und trotz des Rufs der Schweiz, hauptsächlich ein Weißweinland zu sein, sind 60 % der Weine rot, insbesondere von PINOT NOIR.

Waadt (Vaud VD) – Für seine konservative Einstellung bekannter Weinb kanton. Bedeutende große Erzeuger: Bolle, Hammel, Obrist und SCHEN CHASSELAS gibt den Ton an – aber nur gute Terroirs rechtfertigen die Tre der Winzer.

Wallis (Valais VS) – Größter Weinbaukanton der Schweiz im trockenen, s nigen oberen Rhône-Tal. Viele einheimische Sorten, aber auch MA SANNE und SYRAH. Spitzenerzeuger: BESSE, CHANTON, CHAPPAZ, Dari Domaine Cornulus, DOMAINE DU MONT D'OR, Dorsaz, GERMANIER, Jo MERCIER, PROVINS VALAIS, ROUVINEZ, SIMON MAYE, ST. JODERN KELLE und Zufferey (beide Güter).

Yvorne VD (r) w ★★→★★★ Spitzen-AOC des CHABLAIS für reichhaltig CHASSELAS. Die besten Rebflächen liegen auf dem Geröll einer 15 niedergegangenen Lawine. Empfehlenswert: Château Maison Blanc Commune d'Yvorne, Domaine de l'Ovaille.

Zündel, Christian TI r w ★★★→★★★★ **02 05' 09** 10 11 12 13 – Deuts schweizer Geologe im TESSIN. Reintöniger, lagerfähiger MERLOT/CABERN SAUVIGNON Orizzonte. Seit Neuestem liegt der Fokus auf wunderbar kühlklimatischem CHARDONNAY.

Zürich (ZH) – Größter Weinbaukanton in der Ostschweiz mit 610 ha. A gebaut werden überwiegend BLAUBURGUNDER und MÜLLER-THURGA Räuschling ist eine lokale Spezialität. Die besten Erzeuger sind Gehri Lüthi, PIRCHER, SCHWARZENBACH und Zahner.

Zwaa SH ★★★ Zwaa bedeutet auf hochdeutsch »zwei« und benennt die Z sammenarbeit zweier führender Weingüter in SCHAFFHAUSEN mit sehr terschiedlichen Böden: BAUMANN hat schwere tiefe Lehmböden, und Meyer in OSTERFINGEN wächst der Wein auf Kalk und Kies. Der Wein ist PINOT NOIR (**94' 97 98 99 99 01 02 03 04 05 06** 07 **09'** 10 11 12 13' 15'), sein weißes Gegenstück eine Cuvée aus PINOT BLANC und CHARDO NAY (**00' 04 05' 06 07'** 08 **09 10 11' 12** 13 14).

)sterreich

Die folgenden Abkürzungen werden im Text verwendet:

Bgl	Burgenland
Carn	Carnuntum
M-Bgl	Mittelburgenland
NÖ	Niederösterreich
N'see	Neusiedlersee
N'see-Hü	Neusiedlersee-Hügelland
SO-Stm	Südoststeiermark
S-Stm	Südsteiermark
Stm	Steiermark
S-Bgl	Südburgenland
Therm	Thermenregion
Vulk	Vulkanlandsteiermark
W-Stm	Weststeiermark

e dunklen Flächen bezeichnen e Weinbaugebiete

Es gibt tatsächlich bestimmte Parallelen zwischen Österreich und dem Elsass: Beide produzieren hochwertige Weißweine: reintönig, kraftvoll und erwiegend trocken, hervorragende Essensbegleiter voller Aromatik, die er nicht auf die Spitze getrieben ist. Sie haben viele Anhänger, ohne zu sehr ainstream zu sein oder zu viele Nachahmer zu haben. Das macht die Weine guten Wertanlagen und die Weingegenden zu interessanten Jagdrevieren.

Wein aus Österreich passt mit seiner Kombination aus eindrucksvollen omen und einem guten Säuregerüst in erster Linie gut zum Essen. Nur wege andere Länder können sich mit einem so hohen allgemeinen Standard d so sauberen Weinen brüsten. Die große Mehrheit der Erzeuger ist noch mer sehr klein und meist in Familienbesitz und bereitet individuelle, ausucksstarke Weine in Handarbeit. Die Weinberge finden sich konzentriert im ten und Süden des Landes, wo die Hochalpen in sanfte Hügel übergehen. s Klima ist kontinental mit ausgeprägten Jahreszeiten, die Weine danken es t Frische und Frucht. Österreichs Aushängeschild ist und bleibt der Grüne tliner, auch wenn so langsam feine, straffe Rieslinge, steirische Sauvignon blancs und einige tolle Rotweine, allen voran Blaufränkisch, ins Rampenli drängen.

Augen auf für neue Etikettierungen: Seit 2016 ist es üblich, Weine Einzellagen als »Ried« zu bezeichnen, das macht sie leichter erkennbar. Be Sekt ist eine neue, dreigeteilte Klassifizierung in Kraft getreten: Egal ob Kl sik, Reserve oder Große Reserve – bei allen sind garantiert zu 100 % Traub aus Österreich drin. Die beiden Letzteren garantieren außerdem die tradi nelle Flaschengärung.

Neuere Jahrgänge

2016 Frühjahrsfrost, Mehltau und Hagel haben die Erträge reduziert. W übrig blieb, ist von guter Qualität.

2015 Sehr gute Qualität. Die Sommerhitze verursachte keine größeren Sc den.

2014 Das durchwachsene Wetter erforderte gewissenhafte Auslese: Quali auf Kosten von Quantität.

2013 Ein heißer, trockener Sommer, Regen im September. Sehr gut für S weine.

2012 Kleinere Ernte als 2011; Qualität zufriedenstellend oder besser.

2011 Einer der besten Jahrgänge seit Menschengedenken. Unbedingt prob ren.

2010 Lese von Hand und peinlich genaues Arbeiten waren erforderlich; Erträge lagen 55 % unter dem üblichen Niveau.

2009 Ungleichmäßig, einige herausragende Weiß- (Niederösterreich, Ste mark) und Rotweine (Neusiedlersee, mittleres Burgenland).

Achs, Paul Bgl r (w) ★★★ 10 **12 13** 14 15 – Winzer, der sich auf die Prod tion von sehr individuellen Rotweinen konzentriert, v. a. BLAUFRÄNKIS Edelgrund und Heideboden.

Allram Kamptal w ★★★ 10 11 12 13 **14** – Verlässlicher Produzent von GR NEM VELTLINER, besonders die Abfüllungen Hasel und Alte Reben, so RIESLING aus der Lage Heiligenstein.

Alphart Therm w ★★ Spezialist für regionale Raritäten wie ROTGIPFLER o ZIERFANDLER, mit Heurigenwirtschaft.

Alzinger Wachau w ★★★★ 06 08 **09 10** 11 **12** 13 14 15 – Spitzenweing Langlebiger, sanft glühender RIESLING und GRÜNER VELTLINER.

Arndorfer Kamptal r w ★★★ Talentiertes, ehrgeiziges Paar. Herausrager Weine aus der Reihe Leidenschaft, z. B. der ZWEIGELT oder der RIESLI mit Eichennote.

Ausbruch Prädikatswein aus edelfaulen oder getrockneten Trauben mit hem Zuckergehalt: Das Mostgewicht muss mindestens 27 °KMW, um rechnet etwa 138,6 °Oechsle betragen. Traditionell und seit dem Jahrg 2016 auf RUST begrenzt.

Ausg'steckt Ein frischer grüner Buschen (Strauß von Zweigen) wird außen gebracht, wenn ein HEURIGER oder Buschenschank geöffnet ist – die We schenke ist also »ausg'steckt«.

Bauer, Anton Wagram r w ★★★ Familienweingut mit leidenschaftlich Fokus auf Qualität. Bemerkenswerter GRÜNER VELTLINER aus den Ein lagen Rosenberg und Spiegel. Wunderbar ätherischer, unbeschwe PINOT NOIR.

Beck, Judith Bgl r w ★★→★★★ Junge, biodynamisch arbeitende Erz gerin von gut ausbalancierten Rotweinen und roten Cuvées aus loka Rebsorten.

aunstein, Birgit Bgl r w ★★★ 11 12 13 15 – Talentierte, sehr gewissenhafte biodynamisch arbeitende Winzerin mit poetischem BLAUFRÄNKISCH LEITHABERG, PINOT NOIR und ST. LAURENT sowie experimentellem, in Amphoren ausgebautem Magna Mater CHARDONNAY.

ündlmayer, Willi Kamptal r w sw sp ★★★★ 06 08 10 11' 12 13 14 15 – Herausragender Erzeuger: GRÜNER VELTLINER und RIESLING von Weltklasse, v. a. Heiligenstein und Steinmassl. Toller Schaumwein mit traditioneller Flaschengärung, allen voran Extra Brut.

rgenland r (w) – Bundesland und Weinbauregion im Osten Österreichs an der ungarischen Grenze. Wärmeres Klima als in NIEDERÖSTERREICH, deshalb ideal für Rote wie BLAUFRÄNKISCH und ST. LAURENT. Rund um den flachen NEUSIEDLER SEE herrschen auch verlässliche Bedingungen für edelfaule Süßweine, besonders in RUST.

s Weinstädtchen Rust im Burgenland liegt auf demselben Breitengrad (47.8 °N) wie Chablis im nördlichen Burgund.

rnuntum NÖ r w – Dynamisches Weinbaugebiet südöstlich von WIEN, das sich auf Rotweine spezialisiert hat, v. a. auf ZWEIGELT, der als Rubin Carnuntum vermarktet wird. Beste Erzeuger: G. Markowitsch, MUHR-VAN DER NIEPOORT, Netzl, TRAPL.

rist Wien r w ★★★ Dynamischer Erzeuger in WIEN mit Weinlagen am Bisamberg. GEMISCHTER SATZ, der Maßstäbe setzt, und experimentelle rote Verschnitte.

strictus Austriae Controllatus (DAC) Appellationssystem für gebietstypische Qualitätsweine. Der erste DAC, das Weinviertel, wurde 2001 gegründet und markierte den Beginn eines steilen Qualitätsanstiegs. Derzeit gibt es neun DACs: EISENBERG, KAMPTAL, KREMSTAL, LEITHABERG, MITTELBURGENLAND, NEUSIEDLERSEE, TRAISENTAL, WEINVIERTEL und Wiener GEMISCHTER SATZ. Die meisten DACs unterscheiden zwischen Klassik- und RESERVE-Weinen und schreiben Sortenreinheit und Dauer der Reife vor.

mäne Wachau Wachau w ★★★→★★★★ Die beste österreichische Genossenschaft (ehemals Freie Weingärtner) mit beeindruckenden Weinlagen wie dem Kellerberg, Achleiten oder Bruck. Großartige Weine quer durchs Sortiment, produziert ein Drittel aller Weine der WACHAU. Sehr preisgünstiger SMARAGD.

ner-Ebenauer Weinviertel w sch ★★★ Qualitätsbesessene Jungwinzer, wild entschlossen, dem WEINVIERTEL mehr Aufmerksamkeit zu verschaffen. Ausdrucksstarker GRÜNER VELTLINER aus den Einzellagen Hermanschachern, Bürsting und Sauberg. Großartiger Blanc de Blancs mit traditioneller Flaschengärung (08').

hinger, Birgit Kamptal w ★★★→★★★★ Talentierte Erzeugerin von verlässlichen Top-RIESLINGEN, v. a. Heiligenstein, und außergewöhnlich leckerem GRÜNEN VELTLINER, v. a. Hasel.

enberg Bgl – Kleiner DAC (seit 2009); schwungvoller BLAUFRÄNKISCH von Schieferböden.

te Lage In die Spitzenkategorie nach der Weinbergklassifikation des ÖTW gehören derzeit 62 Lagen im KAMPTAL, KREMSTAL, TRAISENTAL und WAGRAM.

erhazy Bgl r (w) ★★★ Historisches Schloss (Haydn war hier Hauskomponist) in Eisenstadt (BURGENLAND) mit qualitätsbesessenem neuem Management und Kellermeister.

derspiel Wachau – Mittlere Kategorie in der Klassifizierung der VINEA WACHAU: mindestens 11,5 % Alkohol, maximal 12,5 %. Feinschmecker-

Österreich

Weine von verhaltener Kraft und Eleganz. Nach der Beuteattrappe für z Jagd abgerichtete Falken benannt.

Feiler-Artinger Bgl r w; s ★★★→★★★★ **06 07 08 09 10 11 12** 13 14 15 Eines der besten Weingüter in RUST. Hervorragender AUSBRUCH-Desse wein, subtiler BLAUFRÄNKISCH Umriss. Wunderschöne Gebäude in der A stadt.

Gemischter Satz Wien – Ein Verschnitt von weißen Traubensorten, die im s ben Weinberg wachsen und gemeinsam vinifiziert werden. Weit verbrei v. a. im WEINVIERTEL und in WIEN. In Wien erhielten bestimmte Erzeug 2013 DAC-Status. Keine Sorte darf zu mehr als 50% enthalten sein. Em fehlenswert z. B. von CHRIST, LENIKUS und WIENINGER.

Gesellmann Bgl r w; (s) ★★★ Körperreiche Rotweine und Rotwein-Cuvées.

Geyerhof Kremstal r w ★★→★★★ Geschliffener, knackiger, würziger RIE LING, v. a. der Sprinzenberg.

Halten Sie Ausschau nach den Kellergassen: Ganze Reihen von Hobbit-Türen den Hügeln, und hinter jeder verbirgt sich ein Weinkeller.

Gols Bgl r (w) – Weinbauort am Nordufer des NEUSIEDLER SEES. Beste Erze ger: BECK, G. HEINRICH, NITTNAUS, PITTNAUER, PREISINGER.

Gritsch – Mauritiushof Wachau w ★★→★★★ Feine SMARAGD-Weine, v. RIESLING von der Lage 1000-Eimerberg; neue Rebflächen für GRÜN VELTLINER in Hochlagen.

Groiss, Ingrid Weinviertel w ★★ Kreative Newcomerin, spezialisiert auf a Weinberge und Rebsorten. Pfeffriger GRÜNER VELTLINER und GEMISCHT SATZ von ungewöhnlichen Trauben.

Gross S-Stm ★★★ Erzeuger von SAUVIGNON BLANC, v. a. Jakobi, und dufte dem Gelbem MUSKATELLER.

Grosse Lage Stm – Oberste Klassifikationstufe in der STEIERMARK, aber nic an der Donau (siehe ERSTE LAGE).

Gsellmann & Hans Bgl r w; s ★★ Biodynamisches Weingut. Bemerkenswe rote Cuvée Gabarinza.

Gumpoldskirchen Therm – Beliebter Ort für HEURIGEN südlich von WIEN u Zentrum des Weinbaugebiets THERMENREGION. Ziel für Tagesausflüge u Heimat von Raritäten wie ZIERFANDLER oder ROTGIPFLER.

Gut Oggau Bgl r w ★★→★★★ Hipper, experimentierfreudiger Erzeuger; b dynamisch.

Heinrich, Gernot Bgl r w; tr s ★★★ **08 09 10** 11 **12** 13 15 – Mitglied der W zervereinigung PANNOBILE. Subtiler, eleganter BLAUFRÄNKISCH, v. a. Al Berg und LEITHABERG.

Heinrich, Johann Bgl r w ★★★ **08** 09 11 **12** 13 14 15 – Produzent von rec körperreichem BLAUFRÄNKISCH wie dem Goldberg. Auch Vitikult u Siglos lohnen einen Versuch.

Heuriger Steht erstens für den Wein der letzten Ernte, zweitens für eine We schenke, in der die Winzer einer alten Verordnung zufolge ihre eigen Weine ausschenken und dazu rustikale Speisen anbieten dürfen. Eine In titution in WIEN, schon von Beethoven heiß geliebt.

Hiedler Kamptal w; s ★★★ Präziser und gradliniger RIESLING Steinhaus, he hafter GRÜNER VELTLINER Thal und Kittmannsberg.

Hirsch Kamptal w ★★★ **06 10 11 12** 13 14 15 – RIESLING mit großartig Preis-Leistungs-Verhältnis und GRÜNER VELTLINER aus den Lagen H ligenstein und Lamm. Ein beeindruckender Einstiegswein ist der GRÜ VELTLINER Hirschvergnügen.

rtzberger, Franz Wachau w ★★★★ 06 07 **08 10** 11' 12 13 14 15 – Spitzenerzeuger, dessen langlebige RIESLINGE und GRÜNE VELTLINER Weltklasseniveau haben, v. a. von den Lagen Honivogl, Kirchweg und Singerriedel.

ıber, Markus Traisental w ★★★ Dynamischer und energischer Erzeuger in TRAISENTAL. Produziert die dort typischen leichtfüßigen Weine.

nitz Bgl s – Durch Beeren- und Trockenbeerenauslesen (siehe Kapitel »Deutschland«) bekannte Marktgemeinde im SEEWINKEL. Beste Erzeuger: KRACHER, Opitz.

ger Wachau w ★★★ Erzeugt sehr würzigen GRÜNEN VELTLINER sowohl in der Kategorie FEDERSPIEL als auch SMARAGD, besonders den Klaus.

mek, Josef Wachau w ★★→★★★ Eine Institution in der WACHAU mit alteingesessenem Restaurant, jetzt wieder mit frischem Elan. RIESLING und GRÜNER VELTLINER, v. a. von den Lagen Klaus und Achleiten.

hanneshof Reinisch Therm r w ★★★→★★★★ Drei talentierte Brüder, die sich auf PINOT NOIR, ST. LAURENT, ZIERFANDLER und ROTGIPFLER spezialisiert haben. Am besten aus den Einzellagen Frauenfeld, Holzspur, Satzing und Spiegel.

rtschitsch Kamptal w; sch ★★★ Neu belebtes Weingut; einwandfreie Qualitäten. Auch gute Schaumweine.

mptal NÖ (r) w – Weinbaugebiet entlang dem Fluss Kamp nördlich der WACHAU, im Stil weicher aufgrund der geringeren Höhe. Spitzenlagen: Heiligenstein, Käferberg, Lamm. Beste Erzeuger: BRÜNDLMAYER, EICHINGER, HIEDLER, HIRSCH, JURTSCHITSCH, LOIMER, SCHLOSS GOBELSBURG. Das Kamptal ist DAC für GRÜNEN VELTLINER und RIESLING.

rschbaum, Paul Bgl ★★★ 09 11 12 13 14 15 – Spezialist für BLAUFRÄNKISCH, bemerkenswerte Einzellage Hochäcker.

ɔsterneuburg Wagram r w – Wichtigste Weinstadt in WAGRAM mit Weinforschungsanstalt und der bereits 1860 gegründeten Weinbauschule. Bester Erzeuger: Stift Klosterneuburg. Siehe auch KMW.

IW Abkürzung für »Klosterneuburger Mostwaage«, in Österreich gebräuchliche Maßeinheit für den Zuckeranteil im Most. 1 °KMW entspricht etwa 4,86 °Oechsle (siehe Kapitel »Deutschland«).

oll, Emmerich Wachau w ★★★★ 01 05 06 07 08 09 10 11 12 13 14 15 – Weltbekannte Winzer-Ikone der WACHAU. Erlesene, konzentrierte, langlebige RIESLINGE und GRÜNE VELTLINER. Beeindruckend vom FEDERSPIEL über SMARAGD bis hin zu den Auslesen. Gereift am besten.

ılwentz Bgl r w ★★★ 09 **10 11** 12 13 15 – Großartige Rotweine und Rotwein-Cuvées.

ıcher Bgl s ★★★★ 03 04 05 **06 07 08 09 10** 11 12 13 14 – Herausragender Erzeuger in ILLMITZ von Süßweinen wie Auslesen, Eiswein, Beeren- und Trockenbeerenauslesen (siehe Kapitel »Deutschland«).

ɜmstal (r) w – Weinbaugebiet und DAC für GRÜNEN VELTLINER und RIESLING. Beste Erzeuger: Buchegger, MALAT, MOSER, NIGL, SALOMON-UNDHOF, WEINGUT STADT KREMS.

ıtzler Bgl r ★★★ 07 **08 09** 11' **12 13** 14 15 – Berühmtes Weingut im BURGENLAND, bekannt für kraftvollen, konzentrierten und trotzdem eleganten, lagerfähigen BLAUFRÄNKISCH. Spitzenwein: Perwolff.

ıler Wachau w ★★★ Klar umrissener RIESLING von der Lage 1000-Eimerberg sowie GRÜNER VELTLINER Steinborz. Es lohnt sich, nach dem seltenen NEUBURGER SMARAGD Ausschau zu halten.

ɾrenz V. Kamptal ★★★ Vorwiegend auf dem internationalen Markt vertriebene Markenreihe für GRÜNEN VELTLINER.

ɪhaberg Bgl – DAC am Nordufer des NEUSIEDLER SEES. Das Leithagebirge besteht überwiegend aus Kalkstein und Glimmerschiefer.

Österreich

Lenikus Wien w ★★ Kapitalstarkes Projekt in WIEN mit klar umrissenem G MISCHTEM SATZ von der Lage Bisamberg.

Lenz Moser Kremstal ★→★★ Der größte Erzeuger im Land (2.700 ha) r Basis bei Krems.

Loimer, Fred Kamptal (r) w; sch ★★★→★★★★ 06 07 09 11 **12** 13 14 Berühmter Pionier des biodynamischen Weinbaus im KAMPTAL, der lockerlässt. Durch die Bank authentische, ausdrucksstarke Weine, v aus den Einzellagen Heilgenstein und Steinmassl. Auch wunderbarer rc Schaumwein.

Malat Kremstal w ★★★→★★★★ Aufregend reintöniger RIESLING und GR NER VELTLINER, besonders aus den Einzellagen Gottschelle und Silb bichl.

Mantlerhof Kremstal w ★★★ Umsichtiger Winzer mit körperreichem u trotzdem präzisem GRÜNEM VELTLINER von Lössböden.

Mayer am Pfarrplatz Wien (r) w ★★ Eine Institution in WIEN und HEURIGE Wirtschaft.

Mittelburgenland Bgl r – DAC (seit 2005) nahe der ungarischen Grenze: str turierter, lagerfähiger BLAUFRÄNKISCH. Erzeuger: GESELLMANN, J. HE RICH, KERSCHBAUM und WENINGER.

Moric Bgl ★★★→★★★★ **06 09 10 11 12** 13 15 – Herausragender Erzeu von überaus elegantem BLAUFRÄNKISCH, der seinen Kultstatus verdient

Morillon Traditioneller Name für CHARDONNAY in der südlichen STEIERMAR

Muhr-van der Niepoort Carn r w ★★★ Innovativer, gleichwohl elegan BLAUFRÄNKISCH Spitzerberg. Leichter zugänglich sind Liebeskind o Samt & Seide.

Neumayer Traisental w ★★★ Das Weingut produziert ausdrucksstarken, a matischen, trockenen GRÜNEN VELTLINER und RIESLING.

Neumeister ★★★ **08 09 11 12** 13 14 – Ein großartiger Produzent von hint gründigem, in Eiche gereiftem SAUVIGNON BLANC von den Lagen Klaus und Moarfeitl.

Neusiedler See Bgl – Flacher See im BURGENLAND an der ungarischen Gr ze, der größte Steppensee Europas und ein wichtiges Naturreservat. D Kleinklima des Sees begünstigt das Auftreten von Edelfäule. Der DAC NE SIEDLERSEE gilt für ZWEIGELT.

Niederösterreich Die Region im Nordosten stellt etwa 58% der Rebfläc Österreichs und ist klimatisch dreigeteilt: die Gebiete an der Donau (KAM TAL, KREMSTAL, TRAISENTAL, WACHAU), das WEINVIERTEL (Nordosten) u der Süden (CARNUNTUM, THERMENREGION).

Nigl Kremstal w ★★★★ Herausragendes Weingut in Senftenberg im KREM TAL. Toller RIESLING, vor allem aus den Lagen Pellingen und Piri.

Nikolaihof Wachau w ★★★→★★★★ 06 07 **08 09 10** 11 12 13 14 15 – Pionier des biodynamischen Anbaus erzeugt Weine von unglaublicher P zision. Himmlischer RIESLING. Sehr lohnend sind die jüngsten Abfüllung unter dem Label Vinothek.

Nittnaus, Anita und Hans Bgl r w; s ★★★→★★★★ Biodynamisch arbeit der Spitzenerzeuger, erstklassiger BLAUFRÄNKISCH Tannenberg und LE HABERG. Bemerkenswerte rote PANNOBILE-Cuvée Comondor.

ÖTW (Österreichische Traditionsweingüter). Mit der Klassifikation der E TEN LAGEN befasste Vereinigung. Hat derzeit 33 Mitglieder, doch kei aus der WACHAU.

Ott, Bernhard Wagram w ★★★ Spezialist für GRÜNEN VELTLINER in WAGRA Seine Fans begeistern sich für den reichhaltigen runden Stil, besond Fass 4, Rosenberg und Spiegel.

Pannobile Bgl – Zusammenschluss von neun Winzern im Anbaugebiet N SIEDLERSEE mit dem Zentrum GOLS. Die Weine dürfen nur aus einhei schem Rebgut erzeugt werden (ZWEIGELT, BLAUFRÄNKISCH, ST. LAURENT für Rote, WEISSBURGUNDER, GRAUBURGUNDER, CHARDONNAY und NEUBURGER für Weiße). Mitglieder: ACHS, BECK, GSELLMANN, G. HEINRICH, Leitner, NITTNAUS, PITTNAUER, PREISINGER, Renner.

affl Weinviertel r w ★★→★★★ **11 12 13** 14 15 – Großes Gut im WEINVIERTEL. Beachtliche Reserve-Weine, v.a. Hommage und Hundsleiten. Erfinder der extrem erfolgreichen Marke The Dot, u.a. mit Austrian Pepper, Austrian Cherry etc., gekeltert von GRÜNEM VELTLINER.

:hler, Franz Xaver Wachau w ★★★★ **06 07 08 09** 11 12 13 14 15 – Spannender, intensiver, ikonischer Riesling auf Weltklasseniveau. Auch GRÜNER VELTLINER, v.a. Kellerberg.

:hler, Rudi Wachau w ★★★★ **06 09 10** 11 **12** 13 14 15 – Erzeuger mit Weltrang von RIESLING und GRÜNEM VELTLINER aus Einzellagen wie Achleiten, Hochrain, Kirchweg oder Steinriegl.

:hler-Krutzler Wachau w ★★★ Die Vereinigung zweier Weindynastien; außerordentlich reintöniger, spannender Riesling.

tnauer, Gerhard Bgl r ★★★ Kreativer und intuitiv arbeitender Produzent im Burgenland, einer der besten in Österreich für ST. LAURENT wie dem Rosenberg; auch die Einstiegscuvée Pitti ist gut.

lz, Erich und Walter S-Stm ★★→★★★ **12** 13 14 15 – Großer Weinbaubetrieb in der SÜDSTEIERMARK; beste Lage: Hochgrassnitzberg für SAUVIGNON BLANC und CHARDONNAY.

ager, Franz Wachau w ★★★★ 06 07 08 09 10 **12** 13 14 15 – RIESLING und GRÜNER VELTLINER von Weltklasse, beeindruckende Ansammlung von Spitzenweinlagen. Einige der Parzellen befinden sich in extremen Steillagen.

eisinger, Claus Bgl r ★★★ Junges, kreatives Mitglied von PANNOBILE. Der leichte rote Puszta Libre macht wirklich Spaß.

eler Bgl r w ★★★ Eine Institution im BURGENLAND für den langlebigen BLAUFRÄNKISCH Goldberg; beachtlicher PINOT BLANC Haidsatz und Seeberg.

oidl, Weingut Kremstal w ★★★ Reintönige, eindrucksvolle RIESLINGE und GRÜNE VELTLINER, beide von der Lage Ehrenfels. Halten Sie Ausschau nach älteren Riesling-Abfüllungen.

serve Attribut für DAC-Weine mit mind. 13% Alkohol und längerer Fassreifung.

ed Österreichischer Ausdruck für Lage. Seit 2016 gebräuchlich für Abfüllungen aus Einzellagen.

st Bgl r w; tr s – Befestigtes Barockstädtchen aus dem 17. Jahrhundert am Ufer des NEUSIEDLER SEES. Oft sind Storchennester auf den Kaminen zu sehen. Berühmt für den Ruster AUSBRUCH. Beste Erzeuger: FEILER-ARTINGER, SCHRÖCK, E. TRIEBAUMER.

bathi, Hannes S-Stm w ★★★ Der qualitätsbesessene Winzer macht blitzsauberen SAUVIGON BLANC.

omon-Undhof Kremstal w ★★★→★★★★ Langlebige, ikonische Weine. GRÜNER VELTLINER und RIESLING sind immer in ganz klarem Stil gehalten, besonders die aus den Einzellagen Kögl und Pfaffenberg.

ttlerhof S-Stm w ★★★ **08 09 10** 11' 12 13 15 – Eine Ikone der Steiermark. Reintöniger, in Eiche gereifter SAUVIGNON BLANC und MORILLON von sehr steilen Lagen.

hiefer, Uwe Bgl r ★★★ Weine mit Charakter – wie der kantige, elegante BLAUFRÄNKISCH vom EISENBERG.

hilcher W-Stm – Begriff für durststillenden, pfeffrigen Rosé aus der einheimischen Rebsorte Blauer Wildbacher, eine Spezialität der WESTSTEIERMARK. Probierenswert: Hainzl-Jauk, Oswald, Langmann.

Schilfwein (Strohwein) Süßer Wein aus Trauben, die auf Schilfmatten v NEUSIEDLER SEE getrocknet werden.

Schloss Gobelsburg Kamptal r w; tr s ★★★★ **08 09 10** 11 **12 13** 14 15 Historisches Zisterziensergut, das nun von dem Naturtalent Michael Mo brugger geleitet wird. Außergewöhnliche Reintönigkeit zeigen RIESLI und GRÜNER VELTLINER, v. a. die »Tradition« genannten Abfüllungen u die Weine aus den Einzellagen Gaisberg, Heiligenstein, Lamm und Renn Auch guter Schaumwein.

Schlumberger sch – Größter österreichischer Schaumweinerzeuger.

Schmelz, Johann Wachau w ★★★ Sehr guter, unterschätzter Erzeuger herausragendem RIESLING.

Schröck, Heidi Bgl (r) w; s ★★★ Etablierte, intuitiv arbeitende Winzerin RUST. Ausdrucksstarker, prägnanter AUSBRUCH.

Schuster, Rosi Bgl r ★★★ **11 12 13** 15 – Junge Spezialistin aus dem Burg land für BLAUFRÄNKISCH und ST. LAURENT.

Seewinkel Bgl – Teil des Weinbaugebiets NEUSIEDLERSEE um ILLMITZ; ide Voraussetzungen für Botrytis-Weine.

Bis heute unterliegen die Heurigenwirtschaften der Josefinischen Zirku verordnung von 1784.

Smaragd Wachau – Höchste Kategorie der VINEA WACHAU, die Weine m sen einen Alkoholgehalt von mind. 12,5% haben, erreichen aber oft zu 14%. Sie sind trocken, reichhaltig, lagerfähig und ausdrucksstark. nannt nach der hier heimischen, gleichnamigen Eidechse.

Spätrot-Rotgipfler Therm – Verschnitt von ROTGIPFLER und Spätrot (= Synonym für ZIERFANDLER). Aromatische, gewichtige Weißweine, typis für GUMPOLDSKIRCHEN. Siehe auch Kapitel »Rebsorten«.

Spitz an der Donau Wachau w – Malerischer Weinbauort im engsten u kühlsten Teil der WACHAU. Berühmt für die Lagen Singerriedel u 1000-Eimerberg. Erzeuger: GRITSCH — MAURITIUSHOF, HIRTZBERG LAGLER.

Stadlmann Therm r w; s ★★→★★★ Exemplarische, präzise bereitete ZI FANDLER- und ROTGIPFLER-Weine. Probierenswert sind auch der über feingliedrige Gelbe MUSKATELLER und der ätherische PINOT NOIR.

Steiermark Südlichste Weinbauregion Österreichs, bekannt für aromatisc frische trockene Weißweine, v. a. SAUVIGNON BLANC. Siehe SÜDSTEI MARK, SÜDOSTSTEIERMARK und WESTSTEIERMARK.

Steinfeder Wachau – Leichteste Kategorie der VINEA WACHAU für zarte, ckene Weine mit einem Alkoholgehalt von max. 11,5%. Benannt nach d duftenden Steinfedergras (*Stipa pennata*), das hier wächst.

Stift Göttweig w ★★→★★★ Barockes Benediktinerstift bei Krems. Die W ne bereitet der talentierte Fritz Miesbauer. Herausragende RIESLINGE u GRÜNE VELTLINER aus den Einzellagen Gottschelle und Silberbichl.

Südsteiermark w – Bestes Weinbaugebiet der STEIERMARK nahe der s wenischen Grenze mit kühlklimatischen Weißweinen (SAUVIGNON BLA MUSKATELLER) von steilen Hängen. Beste Erzeuger: GROSS, POLZ, SABAT SATTLERHOF, TEMENT, WOHLMUTH. Halten Sie Ausschau nach MORILL Weinen.

Tegernseerhof Wachau w ★★→★★★ Sehr reiner, lebendiger, frischer RI LING und GRÜNER VELTLINER. Wunderbares FEDERSPIEL.

Tement, Manfred S-Stm w ★★★ **05 07 08 09' 10** 11 **12** 13 15 – SAUVIGN BLANC mit Eichennote und MORILLON von den Lagen Zieregg und Gra nitzberg – alle Weltklasse.

ermenregion NÖ r w – Weinbaugebiet östlich von WIEN mit Thermalquellen, in dem einheimische weiße (z. B. ZIERFANDLER, ROTGIPFLER) sowie renommierte rote Sorten (ST. LAURENT, PINOT NOIR) wachsen. Erzeuger: ALPHART, JOHANNESHOF REINISCH, STADLMANN.

nhof, Erwin Bgl r w ★★★ Talentierter, umsichtiger Erzeuger von sehr gutem BLAUFRÄNKISCH Gloriette und ST. LAURENT Feuersteig. Dazu lagerfähiger WEISSBURGUNDER Golden Erd.

aisental NÖ – Kleiner Bezirk südlich von Krems an der Donau. Hier herrscht v. a. Kalkstein vor, der leichtere Weine hervorbringt. Spitzenerzeuger: HUBER, NEUMAYER.

apl, Johannes Carn r ★★→★★★ Talentierter Newcomer: gut ausbalancierter BLAUFRÄNKISCH mit floralen Noten, vor allem Spitzerberg. Produziert auch RIESLING in der WACHAU.

iebaumer, Ernst Bgl r (w); (s) ★★★★ 05 06 07 08 **09** 10 11' **12** 13 14 15 – Legendärer Erzeuger in RUST, der sich die Wiederbelebung des BLAUFRÄNKISCH auf die Fahnen schreiben kann (v. a. der bemerkenswerte Mariental). Auch sehr guter AUSBRUCH.

nathum, Josef Bgl r w; tr s ★★★→★★★★ Ein Star unter den biodynamisch arbeitenden Winzern. Geradezu poetische Rote wie PINOT NOIR und BLAUFRÄNKISCH, besonders aus der Lage Kirschgarten. Der Rosé Rosa ist umwerfend.

elich w; s ★★★ Einer der besten Erzeuger von CHARDONNAY in Österreich. Einige Spitzensüßweine aus dem SEEWINKEL.

eyder-Malberg Wachau w ★★★ 2008 gegründeter Erzeugerbetrieb mit eingeschworener Fangemeinde. RIESLING und GRÜNER VELTLINER von großartiger Reinheit.

nea Wachau Wachau – 1983 gegründete Winzervereinigung in der WACHAU. Hat keine Lagenklassifikation, aber eine strenge Qualitätscharta und definiert nach einer Reifeskala drei Kategorien für trockene Weine: STEINFEDER, FEDERSPIEL und SMARAGD.

ulkanland Steiermark Stm (r) w – Das früher als Südoststeiermark bekannte Weinbaugebiet ist bekannt für sehr aromatische Rebsorten. Beste Erzeuger: NEUMEISTER, Ploder-Rosenberg, Winkler-Hermaden.

achau NÖ – Weltweit renommierte Weinbauregion an der Donau, Heimat einiger der ausdrucksstärksten und langlebigsten RIESLINGE und GRÜNEN VELTLINER Österreichs. Spitzenerzeuger: ALZINGER, DOMÄNE WACHAU, Donabaum, HIRTZBERGER, JAMEK, KNOLL, NIKOLAIHOF, F. PICHLER, R. PICHLER, PICHLER-KRUTZLER, PRAGER, TEGERNSEERHOF und VEYDER-MALBERG.

achter-Wiesler, Weingut Bgl r ★★★ Beeindruckender, pfeffriger BLAUFRÄNKISCH, typisch für den DAC EISENBERG.

agentristl Bgl r (w) ★★ Der feinfühlige Newcomer hat ein Händchen für PINOT NOIR. Guter BLAUFRÄNKISCH.

agram NÖ (r) w – Weinregion westlich von WIEN, zu der auch KLOSTERNEUBURG gehört. Mächtige Geländestufe aus Löss, ideal für GRÜNEN VELTLINER. Spitzenerzeuger: Ehmoser, Fritsch, Leth, OTT.

eingut Stadt Krems Kremstal r w ★★→★★★ Genossenschaft, die unter der Leitung von Fritz Miesbauer aufgeblüht ist. Miesbauer bereitet auch die Weine für STIFT GÖTTWEIG.

einviertel (r) w – Mit 13.356 ha die größte österreichische Weinregion, zwischen der Donau und der tschechischen Grenze gelegen; auch gleichnamiger DAC. Lange hat die Gegend den Weindurst von Wien gestillt, und noch immer liefert sie Grundweine für Schaumwein, aber das Qualitätsbewusstsein wächst mit dem Erfolg guter GRÜNER VELTLINER. Empfehlenswert: EBNER-EBENAUER, Graf Hardegg, GROISS, PFAFFL.

Weninger, Franz Bgl r (w) ★★★★ 08 09 11' **12** 13 15 – Junge, kreative Wi
zer produzieren hier einen ganzen Strauß an facettenreichen BLAUFRÄ
KISCH-Weinen.

Weststeiermark Kleines Weinbaugebiet mit der Spezialität SCHILCHER. A
besten von Hainzl-Jauk, Langmann und Oswald.

Zweigelt, der ur-österreichische Rote

Ein gutes Drittel von Österreichs Weinbergen sind mittlerweile mit roten Reben bestockt. Tonangebend ist dabei, zumindest was die Flächen angeht, die österreichische Ur-Rebe ZWEIGELT. Sie ist 1922 aus einer Kreuzung zwischen ST. LAURENT und BLAUFRÄNKISCH entstanden und erweist sich als erstaunlich vielseitig. Mit ihren Anklängen an Kirscharomen beherrscht sie beides: Zum einen leichtere Zechweine für den Picknickkorb, zum anderen konzentrierte und langlebige Rotweine, sofern sie in Eiche ausgebaut werden. Außerdem liefert sie gute Grundweine für österreichischen Sekt. Der 2011 ins Leben gerufene DAC NEUSIEDLERSEE ist ebenfalls dem Zweigelt verpflichtet. Es lohnt sich, auch in CARNUNTUM danach Ausschau zu halten – hier findet die Traube zu ihrer stärksten Ausdruckskraft. Gute Erzeuger: MARKOWITSCH und Netzl.

Wien (r) w – Weinbaugebiet mit 612 ha innerhalb der Stadtgrenzen. Lan
Tradition, jetzt mit wiedererstarktem Qualitätsbewusstsein. Seit 20
auch DAC GEMISCHTER SATZ für vor Ort berühmte weiße Verschnitte. D
Besuch beim Heurigen ist ein Muss. Beste Erzeuger: Christ, LENIKU
WIENINGER und Zahel.

Wieninger, Fritz Wien r w; sch ★★★→★★★★ 11 12 **13** 14 15 – Dynan
scher Erzeuger, der virtuos an der Komposition des DAC GEMISCHTER SA
feilt. Eine Institution unter den Wiener HEURIGEN. Beste Lagen: Nussbe
und Rosengartl.

Winzer Krems Kremstal w – Qualitätsbewusste Genossenschaft, der 9
Weinbauern mit insgesamt 990 ha angehören. Guter RIESLING und GR
NER VELTLINER.

Wohlmuth S-Stm w ★★★ Herausragender Erzeuger aus der Steiermark f
SAUVIGNON BLANC, besonders aus den Einzellagen Edelschuh und Stei
riegl. Auf keinen Fall verpassen sollte man den federleichten und ho
aromatischen Gelben MUSKATELLER.

:ngland

)as ist wirklich eine Nachricht wert, dass nicht nur ein, sondern gleich zwei Champagnerhäuser in englische Weinberge investieren. Taittinger m zuerst mit der Meldung heraus, dass sie Land in Kent erworben haben, n es 2017 mit Reben zu bestocken. Kurz darauf legte Pommery mit gleich-ıtenden Plänen nach. Wenn es noch irgendeine Bestätigung bräuchte, dass britische Schaumweine an die Spitze geschafft haben, dann ist sie hiermit sichert. Das britische Pfund ist im vergangenen Jahr deutlich abgewertet ›rden – mit dem Ergebnis, dass die Exportraten sprunghaft steigen und Su-rmarktketten eigene Marken herausbringen. Der Geschmack ist der beste ›weis für uns alle, dass in England inzwischen Weltklasseweine produziert ›rden. Die Ernte ist 2016 vergleichsweise gering ausgefallen (zumindest · einige Erzeuger), dafür aber mit sehr reifem Lesegut, das den höchsten uchtzuckergehalt aufweist, der je gemessen wurde. Die beste Ausbeute b's im Osten des Landes, in East Anglia, Kent und Sussex. Cuvées ohne hrgangsangabe sind bisher kaum zu finden – aufgrund der geringen Erträge nlen Reserveweine für den Verschnitt.

der Ridge Berkshire – Neuer Erzeuger mit preisgekröntem Blanc de Noirs (**13**).

uebell Estates Ost-Sussex – Etablierter großer Schaumweinerzeuger, der sowohl mit SEYVAL BLANC als auch mit Champagnersorten arbeitet. Am besten: Hindleap Blanc de Blancs (**11**). In der Nähe der Touristenattraktion Bluebell Railway (historische Dampflokbahn).

lney Wine Estate West-Sussex ★★★ Der 1972 nahe Haywards Heath gegründete Betrieb wird nun von der dritten Generation geführt und erzeugt sehr guten Schaum- und Stillwein. Beste Weine: Blanc de Blancs (11 **14**) und Cuvée Rosé (**14**).

e Wine & Spirit Tasting Organisation (WSTA) bietet in England ein interessantes Programm mit Verkostungen und geführten Touren durch Weinberge und Kellereien.

eaky Bottom Ost-Sussex ★★★ 1974 gegründet, noch immer derselbe Besitzer und Kellermeister. Empfehlenswert: die auf SEYVAL BLANC basierende Cuvée Koizumi Yakumo (**10**) und die Champagner-Cuvée Gerard Hoffnung (**09**).

ide Valley Dorset – Das Weingut von Steven und Bella Spurrier unweit der Küste. Feiner Blanc de Blancs und ein Rosé, der vorbildlich den neuen englischen Stil mit seiner frischen Fruchtigkeit repräsentiert.

mel Valley Cornwall ★★★ Einer der größten Produzenten in England und die einzig bedeutende Kellerei in Cornwall unter der dynamischen Leitung der Familie Lindo. Dutzende von Auszeichnungen. Die besten Weine sind die DORNFELDER-Cuvée Raymond Blanc Rosé (**14**) und der CHARDONNAY Brut (**14**).

apel Down Kent – Das Ziel lautet, größter Erzeuger des Landes zu werden. Am besten: Blanc de Blancs auf CHARDONNAY-Basis (**11**), Champagner-Verschnitt Three Graces (**10**) und Rosé Brut oJ. Die Stillweine wirken dagegen ein bisschen altmodisch. Großartige Besuchereinrichtungen.

ates & Seely Hampshire ★★★ Junges und ehrgeiziges Weingut nahe Winchester mit dem Beinamen »Britagne«. Empfehlenswert: Blanc de

England

Blancs oJ, Brut Reserve, Rosé (**09**). Reintönige, gut ausbalancierte Weir die eher in die trockene Richtung tendieren.

Cottonworth Hampshire – Relativ neuer Erzeuger mit kleinem Angebot. A besten sind die Champagner-Cuvées Classic Cuvée oJ und Rosé oJ, die a Kreideböden im Test Valley gedeihen.

Court Garden Ost-Sussex ★★★ Erzeuger mit eindrucksvollem Angebot u Weinbergen nördlich von Brighton. Am besten: Ditchling Reserve v PINOT NOIR/PINOT MEUNIER (**10**) und Blanc de Blanc von CHARDONN (**10**).

Davenport Ost-Sussex – Einer der wenigen stets guten britischen Bio-Winz für Still- und Schaumweine. Am besten: AUXERROIS (**14**), Limney Esta (**13**) – die erste Cuvée von CHARDONNAY/ PINOT NOIR/ PINOT MEUNIER.

Denbies Surrey – Die größte Einzellage Großbritanniens. Beste Schaumweir Greenfields Brut oJ (CHARDONNAY, PINOT NOIR, PINOT MEUNIEUR), CHA DONNAY Cubitt Blanc de Blancs (**13**). Kommerzieller Ansatz.

Digby ★★★ Einer der ersten britischen Erzeuger, der wie ein Großhänd agiert, indem er gekaufte Trauben von Vertragswinzern keltert. Stilvo Weine, v. a. Brut Reserve (**09**) in der Magnumflasche und Leander Pink c

Exton Park Hampshire – Große Weinberge im Meon Valley, in denen der fr here Kellermeister von COATES & SEELY tätig ist. Sehr gut sind die Wei ohne Jahrgang wie Brut, Blanc de Blancs oder Rosé. Ebenso der Rosé a Basis von PINOT MEUNIER. Eher trockener Stil.

Gusbourne Kent, West-Sussex ★★★ Bedeutender Betrieb nahe Asford, d über 93 ha Champagnerreben verfügt. Gehört langsam zu den Top Five c Erzeuger in UK. Empfehlenswert: Brut Reserve (**13**) und Blanc de Blan (**13**). Stillweine von CHARDONNAY bzw. PINOT NOIR sind ebenfalls gut.

Hambledon Vineyard Hampshire ★★★ Englands ältestes kommerziel Weingut, jetzt mit beträchtlichen Neuinvestitionen, viel Know-how u einer eindrucksvollen Kellerei, die nach dem Schwerkraftprinzip funkt niert. Am besten ist die sehr stilvolle Premier Cuvée oJ.

Hart of Gold Neues Label im Stil einer Handelsmarke, das dem Master of Wi Justin Howard-Sneyd gehört. Beeindruckend ist seine Champagner-Cuv Hart of Gold (**10**).

Hattingley Valley Hampshire ★★★ Eindrucksvoller neuer Erzeuger na Alresford mit sehr gut ausgestatteter Kellerei. Am besten: Blanc de Blar (**11**), Classic Cuvée (**13**), Rosé. Vinifiziert auch für verschiedene ande Betriebe.

Herbert Hall Kent – In der Nähe von Marden. Einer der wenigen Ökowinz der guten Schaumwein aus Champagnersorten produziert (ziemlich t cken und säurebetont). Am besten sind Brut und Brut Rosé (**14**).

High Clandon Surrey – Kleiner Erzeuger, der konsequent auf Qualität se und damit zunehmend Eindruck schindet. Empfehlenswert: Cuvée Ce bration (**10**), Rosé Aurora (**11**).

Hush Heath Estate Kent ★★★ Einer der besten Erzeuger Englands r beeindruckenden Weinbergen nahe Staplehurst; nur Champagnersorte Am besten: Balfour Brut Rosé (**13**) und Leslie's Reserve (**13**). Neu ist c Kollektion 1503 oJ. Auch guter Cider.

Jenkyn Place Hampshire – Einige gute Weine aus guten Lagen in der Nä von Farnham. Am besten: Blanc de Noirs (**10**), Classic Cuveé (**13**).

Laithwaite's Berkshire – Größter Online-Weinhändler mit eigenen Weinb gen. Vertreibt die Marke South Ridge von Ridgeview und die Topwei namens Wyfold von Henley. Dazu kommen jetzt Harrow & Hope (v. a. Ros aus Marlow und die ganz neue Marke Windsor Great Park, die 2017 r dem 13er-Jahrgang gestartet ist.

ngham Dorset ★★★ Erzeuger aus der Nähe von Dorchester, der regelmäßig Preise abräumt. Gutes Preis-Leistungs-Verhältnis. Am besten: Classic Cuvée und Rosé (**14**), Blanc de Noirs (**13**) und Classic Cuvée in der Magnumflasche (**11**).

tbourne West-Sussex – Große Rebflächen mit vielen verschiedenen Traubensorten, 1981 erstmals bestockt. Die besten Schaumweine sind der Nutty Brut (**13**) und Nutty Wild.

Bereit zu teilen?

Der neueste internationale Investor in englischen Schaumwein ist Südafrika: Der Produzent Benguela Cove hat den Mannings Heath Golf Club in West-Sussex gekauft und einen der 18-Loch-Plätze auf neun Löcher halbiert, um Platz für Reben zu schaffen. Verkostungen, Weinmenüs und ein Restaurant sind in Planung. Bis die ersten lokalen Weine am Start sind, gibt's die Erzeugnisse von Benguela Cove zu trinken. Hoffen wir nur, dass ihnen eines klar ist: Begriffe wie »Grün« oder »Rough« bedeuten beim Wein etwas anderes als beim Golf.

etimber West-Sussex ★★★★ Der bekannteste britische Qualitätserzeuger verfügt jetzt über 171 ha Weinberge, die er beständig erweitert. Am besten: Classic Cuvée oJ, Blanc de Blancs (**09**) und der teure Tillington Single Vineyard Brut (**10**).

inshill Surrey – Einzigartige Wiederkehr eines Weinbergs, der erstmalig 1740 angelegt wurde. Steillagen, die zum See im historischen Park hin abfallen. BLUEBELL produziert hier feinen, blitzsauberen Schaumwein aus der weißen Seyval-Traube.

umpton College Ost-Sussex – Das einzige Wein-College Großbritanniens, jetzt mit wachsendem Einfluss und eigenen Weinen. Bester Schaumwein: Dean Brut oJ und Rosé oJ.

dgeview Ost-Sussex ★★★ Noch immer führend in puncto Beständigkeit, Auswahl und Preis-Leistungs-Verhältnis, wenngleich von anderen herausgefordert. Beste Weine: Blanc de Blancs (**13**) und Rosé de Noirs (13). Die Familie des Gründers Mike Roberts führt den Betrieb weiter.

uerryes Kent – Das Weingut bewirtschaftet 15 ha nahe Westerham. Hat bislang die Trauben an andere abgeliefert und beginnt so langsam mit der eigenen Weinproduktion. Am besten ist der Brut (**10**), der schon wichtige Preise abgeräumt hat. Der 2013er hat Potenzial.

estwell Kent – Neuer Erzeuger mit Rebflächen auf den Kalksteinhügeln von Kent, gleich neben dem Pilgerpfad. Am besten: Special Cuvée (**14**), Pelegrim oJ.

iston West-Sussex ★★★ Das Weingut in einer historischen Villa in den South Downs nahe Brighton hat eine sehr feine Kollektion zu bieten. Kellermeister Dermot Sugrue hält den Langstreckenrekord. Am besten: Blanc de Blancs (**10**).

yfold Oxfordshire – Winzige Rebfläche (1 ha) mit Champagnerrebsorten auf 120 m Höhe in Chilterns; gehört z. T. der umtriebigen Familie LAITHWAITE. Beste Weine: Brut (**11**), Rosé (**14**).

Mittel- und Südosteuropa

Die folgenden Abkürzungen werden im Text verwendet:

Ungarn

Bal	Balaton
N-Pan	Nordpannonien
NU	Nordungarn
S-Pan	Südpannonien
Tok	Tokaj

Bulgarien

Don	Donauebene
Thrak	Thrakische Ebene

Slowenien

Pod	Podravje
Pos	Posavje
Prim	Primorska

Kroatien

Dalm	Dalmatien

Tschechische Republik

Bö	Böhmen
Mäh	Mähren

Rumänien

Dob	Dobrogea (Dobrudscha)
Mold	Moldau
Munt	Muntenien und Oltenien

Die dunklen Flächen bezeichn die Weinbaugebie

Jngarn

Bislang war Ungarn für seinen fabelhaften Süßwein Tokaji Aszú, seine robusten Roten und die recht guten preiswerten Weißweine bekannt. Die ichste Stufe, die gerade erklommen wird, sind ausgewogenere Rotweine in ößerer Vielfalt, eine breitere Auswahl von Qualitätserzeugern von Tokajer id feine Weiße von kaum bekannten Rebsorten. Die Öffnung hin zur großen elt – und zu den Ideen der Kollegen – bringt noch feinere Interpretationen ner der ältesten und ursprünglichsten Weinkulturen Europas und ihrem osaik an Rebsorten hervor.

ana-Tokaj Tok w; s ★★ Reichhaltiger, üppiger ASZÚ und Spätlese, das meiste wird in die USA exportiert.

vay Tok w; tr s ★★ Familienkellerei mit 17 ha in TOKAJ seit 2009. Langlebige trockene Weiße.

szú Tok – Von Botrytis geschrumpfte Trauben sowie der süße Wein, der in TOKAJ daraus gekeltert wird. Seit 2014 ist die gesetzlich vorgschriebene Mindestsüße 120 g/l Restzucker, was 5 PUTTONYOS entspricht. Es ist möglich, die Weine als 5 oder 6 Puttonyos zu etikettieren, aber nicht mehr verpflichtend. 3 und 4 Puttonyos werden nicht nicht länger produziert; die Angabe auf dem Etikett ist aber erlaubt, sofern die Weine die neuen höheren Standards erfüllen. Gute Aszú-Jahrgänge waren 05 06 07 08 09 13. In den sehr nassen Jahren 2010 und 2014 entstand nur wenig Aszú bei sorgfältiger Auslese. 2011 und 2012 war es heiß und trocken mit kaum Botrytis. 2015 und 2016 sehen besser aus, werden aber auch keine universellen Aszú-Jahre sein.

›r heißt Wein: *vörös* ist rot, *fehér* weiß, *édes* süß, *száraz* trocken, und *válogatás* heißt Auslese.

szú Essencia/Eszencia Tok – Begriff für die zweitsüßeste Kategorie des TOKAJERS (7 PUTTONYOS und mehr); war bis 2010 erlaubt, danach nicht mehr. Nicht mit ESSENCIA/ESZENCIA verwechseln.

idacsony Bal ★★→★★★ Anbaugebiet auf vulkanischen Hängen am Nordufer des BALATON; volle, reichhaltige Weißweine. Empfehlenswert: Szeremley (alterungswürdiger KÉKNYELŰ und SZÜRKEBARÁT), Villa Sandahl (v. a. mit All of a Kind 13, Rake & scoop RIESLING 12), Villa Tolnay (v. a. GRÜNER VELTLINER, RIESLING) und Laposa (Bazalt Cuvée, KÉKNYELŰ, 4-Hegy OLASZRIZLING).

ilaton Der Plattensee, wie der Balaton auf Deutsch genannt wird, ist Mitteleuropas größter Süßwassersee. Die Bezirke der Weinregion Balaton im Norden heißen BADACSONY, CSOPAK, Balatonmelléke, Zala und SOMLÓ. Im Süden liegt BALATONBOGLÁR.

ilatonboglár Bal r w; tr ★★→★★★ Name eines Weinbaubezirks am Südufer des BALATON, aber auch eine bedeutende Kellerei im Besitz von TÖRLEY. Gut sind Budjosó, GARAMVÁRI, IKON, KONYÁRI, Légli Otto, Légli Géza, Pócz, Varga.

irdon Tok w; sch ★★ 12 13 (15) – Neue Kellerei, die bereits mit den trockenen FURMINT-Weinen Alpha und Omega beeindruckt.

irta Tok w; tr s ★★★ 12 13' 15 – Vom höchstgelegenen Weinberg in TOKAJ erzeugt die neue Kellermeisterin Vivien Újvári (ehemals Degenfeld) eindrucksvolle Weine (v. a. Öreg Király FURMINT). Auch sehr guter süßer SZAMORODNI, ASZÚ.

ires Tok w; tr s ★★ s 06 07 08; tr 12 13 15 – Sehr guter ASZÚ und trockene Weine, v. a. Lőcse FURMINT und Diókút HÁRSLEVELŰ.

Bikavér r ★→★★★ **11'** 12' 13 – Wörtlich »Stierblut«. Geschützte Ursprung bezeichnung nur für zwei Regionen: EGER und SZEKSZÁRD. Immer e Verschnitt aus mindestens drei Sorten. In SZEKSZÁRD ist KADARKA vo geschrieben, mit maximal 7%; KÉKFRANKOS liefert die Grundlage, wei keine neue Eiche verwendet wird. Achten Sie auf die Erzeuger Eszterba er Tüke, HEIMANN, Meszáros, Sebestyén Iván-Völgyi, TAKLER. Hauptant im Egri Bikavér ist KÉKFRANKOS; keine Rebsorte darf zu mehr als 50% ve treten sein. Mindestens 6 Monate Reifung in Eiche ist vorgeschrieben. F Supérior sind mindestens fünf Sorten und 12 Monate Fassausbau vorg schrieben, zudem sind nur bestimmte Lagen zugelassen. Spitzenerzeug für Egri Bikavér: Bolyki, DEMETER, GÁL TIBOR, Gróf Buttler, ST. ANDRE Thummerer.

Bock, József S-Pan r ★★→★★★ 11 12 13 (15) – Der führende Familie betrieb in VILLÁNY erzeugt volle, körperreiche Rote. Empfehlenswert: Bo CABERNET FRANC Fekete-Hegy, Bock & Roll SYRAH, Capella Cuvée, fruc tiger Portugieser (BV).

Csányi S-Pan r ★→★★ 12 13 15 – Die größte Kellerei in VILLÁNY mit ne em Kellermeister und ehrgeizigen Plänen. Empfehlenswert: Chateau Tele CABERNET FRANC, Kővilla Cuvée.

Csopak Bal – Weinbaugebiet nördlich des BALATON, wo die Erzeugerver nigung Kódex erstklassigen OLASZRIZLING erzeugt. Achten Sie auf Figu (sehr guter Sáfránykert), Homola (mit Attila HOMONNA), Jasdi (v. a. Einz lagenauslesen), St. Donát. Auch Béla és Bandi, Feind.

Degenfeld, Gróf Tok w; tr s ★★→★★★ s 08; tr 14 (15) – Deutlich verbe sertes Gut mit angeschlossenem Luxushotel. Der neue Geschäftsführ war früher bei ROYAL TOKAJI. Die Süßweine sind am besten: 6 PUTTONYO ASZÚ ESZENCIA; auch Andante (Spätlese), Fortissimo. Gut ist der trocke FURMINT von einer Einzellage (14).

Demeter, Zoltán Tok w; tr s ★★★★ 12 13' 15 – Der Maßstab für elegan intensive trockene Weine, v. a. Boda und Veres (beide FURMINT), au exzellenter Szerelmi HÁRSLEVELŰ und schöner Oszhegy MUSCAT. Se guter reinsortiger Furmint PEZSGŐ (Schaumwein), Spätlesecuvée Eszt (11) und ausgezeichneter ASZÚ (08).

Dereszla Tok w; tr s ★★→★★★ **07' 08'** 09' – Die Jahrgangsangaben gelt für den exzellenten ASZÚ. Auch guter trockener FURMINT und Kabar (Re sorte) sowie guter PEZSGŐ (Schaumwein). Seltener, unter Flor gereifter tr ckener SZAMORODNI Experience.

Districtus Hungaricus Controllatus (DHC) Begriff für Weine mit geschützt Ursprungsbezeichnung (g.U.), symbolisiert durch eine Krokusblüte a dem Etikett und die Aufschrift »DHC«.

Disznókő Tok w; tr s ★★→★★★★ **07' 08'** 09 11' 13' 15 – Wegweisend Weingut mit Fokus auf langlebige Süßweine. Feiner, expressiver ASZ großartig der Kapi (Einzellage) in Spitzenjahren, u. a. 2011. Außerde preisgünstige Spätlese und Édes (süßer) SZAMORODNI.

Dobogó Tok (r) w; tr s ★★★ **08'** 09 11 12 13' – Tadelloses kleines Gut (d Name steht lautmalerisch für Herzschlag). Maßstäbe setzender ASZÚ u Spätlese Mylitta, köstlicher Mylitta Álma, spannender trockener FURMI (v. a. Betsek DŰLŐ) und wegweisender Pinot noir Izabella Utca.

Dűlő Einzellage mit eigenem Namen. Erstklassige Lagen in TOKAJ sind: B sek, Király, Mézes-Mály, Nyúlászó, SZENT TAMÁS, Úrágya.

Duna Die Große Tiefebene mit den Bezirken Hajós-Baja (zu empfehlen: Süm gi, Koch – auch VinArt in VILLÁNY), Csongrád (Somodi) und Kunság (Fri mann mit der Kellerei Font).

Eger NU r w; tr s ★→★★★ Die erstklassige Rotweinregion Nordungarns p duziert mehr Rote im burgundischen Stil und ist bekannt für Egri BIKAVÉ

Spitzenerzeuger: Bolyki (Bikavér Superior, Meta Tema), Gróf Buttler, DEMETER, Gál Tibor, Kaló Imre (für Naturweine bekannt), KOVÁCS NIMRÓD, Pók Tamás, ST ANDREA, Thummerer.

i Csillag NU – »Stern von Eger.« Trockener Weißweinverschnitt, der sich am BIKAVÉR orientiert. Muss mindestens vier lokale Sorten aus den Karpaten enthalten.

encia/Eszencia Tok ★★★★ Sirupartiger, üppiger Vorlaufmost aus ASZÚ-Trauben; wird nur selten abgefüllt. Der Zuckergehalt muss mindestens 450 g/l betragen (kann aber auch bei 800 g/l liegen), der Alkoholgehalt ist in der Regel deutlich unter 5%. Sogar wundertätige/aphrodisische Kräfte werden Essencia nachgesagt.

ek-Buda N-Pan – Dynamische Weinregion, bekannt für ausdrucksstarke, frische Weißweine und feine Schaumweine, v. a. CHARDONNAY, Sauvignon blanc und PINOT GRIGIO, vielversprechend für PINOT NOIR. Führende Erzeuger: Etyeki Kúria (v. a. Pinot noir, SAUVIGNON BLANC), György Villa (Premiumweine von Törley), Haraszthy (Sauvignon blanc, Sir Irsai, Öreghegy), Nyakas (sehr guter Chardonnay), Kertész, Rókusfalvy.

, Tibor NU r w ★★ An Qualität zulegende Weine vom Sohn des verstorbenen Tibor Gál, der es als Kellermeister bei Ornellaia (siehe Kapitel »Italien«) zu Ruhm gebracht hatte. Empfehlenswert sind der EGRI CSILLAG (BV) und der lebhafte, jugendliche TiTi BIKAVÉR (15).

ramvári Bal r rs w; tr; sch ★→★★★ Erstklassiger ungarischer Erzeuger von Schaumwein mit Flaschengärung (ehemals Chateau Vincent). Topweine: Optimum Brut (11), FURMINT Brut Natur (11), PINOT NOIR Evolution Rosé (08). Auch guter IRSAI OLIVÉR, SAUVIGNON BLANC, PINOT NOIR (alle BV).

re, Attila S-Pan r rs ★★★→★★★★ 09' 11 12' 13 (15) (16) – Der Vorzeigebetrieb in VILLÁNY erzeugt einige der besten Rotweine des Landes, v. a. reichhaltigen MERLOT Solus, intensive Cuvée Kopár und die Fass-Selektion Attila. Neuer Fekete Járdovány von einer seltenen historischen Sorte.

nd Tokaj Tok w; tr s ★→★★ 13 15 – Der neue Name der ehemaligen Crown Estates ist Teil der Strategie eines Neustarts, mit neuem Kellermeister (Karoly Áts, früher bei ROYAL TOKAJ), neuer Kellerei und einem Programm, durch engere Zusammenarbeit mit den Weinbauern besseres Lesegut zu erhalten. Ansprechender Arany Késői Late-Harvest (13 15), trockener FURMINT Kővágó DŰLŐ (15) und vielversprechender Szarvaz ASZÚ 6 PUTTONYOS (13).

mann S-Pan r ★★→★★★ 11' 12' 13 15 – Eindrucksvolle Familienkellerei in SZEKSZÁRD v. a. mit großartigem Barbár und mustergültigem BIKAVÉR. Das Hauptaugenmerk liegt auf lokalen Trauben, v. a. sehr guter KADARKA und KÉKFRANKOS.

tszőlő Tok w; tr s ★★ Das historische Spitzenweingut in TOKAJ wurde 2009 von Michel Rebier, dem Eigentümer von Cos d'Estournel (Bordeaux), gekauft. Für leichtere Tokajer-Stile bekannt.

umann S-Pan r w ★★→★★★ 12 13' 14 15 – Kleines Gut in Siklós in deutsch-schweizerischem Besitz; großartiger KÉKFRANKOS Reserve, CABERNET FRANC und fruchtiger Kadar_O.

ltop Neszmély N-Pan r rs w; tr ★★ – Kellerei in Neszmély; sorgfältig bereitete sortenreine Weine (BV) mit gutem Preis-Leistungs-Verhältnis. Sehr gute Premiumreihe (v. a. CHARDONNAY, PINOT GRIS).

ldvölgy Tok w dr; s ★★→★★★ 12 13 (15) – Auch als Moon Valley bekannt. Junge Kellerei, die mit komplexen trockenen Weinen, der Spätlese Signature und üppigem ASZÚ (08) punktet.

monna Tok w; tr ★★★ 12 13 15 – Feine, elegante trockene FURMINT-Weine, v. a. Határi und Rány.

Mittel- und Südosteuropa

Ikon Bal r w ★★ Preisgünstige, gut bereitete Weine vom Hauptanteilseig Janos KONYÁRI aus Weinbergen, die ehemals zur Abtei Tihany gehört h ten. Probieren Sie den CABERNET FRANC Evanglista.

Kikelet Tok w; tr s ★★★ 08 09 12 (s) 13 (15) – Eine der begeisternden Gr pen führender Weinmacherinnen in TOKAJ. Wunderbarer Váti FURMINT u feiner, reintöniger SZAMORODNI.

Királyudvar Tok w; tr s; sch ★★★→★★★★ **07'** 08 09 12' 13 (15) – Ö logisch arbeitende TOKAJER-Kellerei in den alten königlichen Gewölbe Tarcal. Exzellent sind der FURMINT Sec, die Cuvée Ilona (Spätlese), Aushängeschild ASZÚ Lapis 6 PUTTONYOS sowie der Schaumwein He PESZGŐ.

Konyári Bal r rs w; tr ★★→★★★ 12 13 15 – Erzeuger in BALATONBOGL mit hochklassigen Gutsweinen, v. a. Rosé (BV) und Loliense (rot und we Spitzenweine: Jánoshegy KÉKFRANKOS, Páva (beide rot), Szárhegy (wei

Kovács Nimród NU r rs w; tr ★★→★★★ **09** 11' 13 – Erzeuger in EGER eindrucksvollen Lagenselektionen: Grand Bleu (rot), KÉKFRANKOS Blu CHARDONNAY Battonage, SYRAH Soul.

Furmint könnte ein Halbbruder von Chardonnay, Riesling und ca. 80 ande Sorten sein. Schmecken tut man's nicht.

Kreinbacher Bal w; tr; sch ★★→★★★ 12 13 – Ausgezeichnete neue Schau weinreihe auf FURMINT-Basis, v. a. Classic Brut. Auch sehr gute trocke Weine, u. a. Juhfark, HÁRSLEVELŰ, Öreg Tőkék (alte Reben).

Mád Tok – Historische Stadt im Herzen der Region TOKAJ; Sitz des Mád Cir einer Gruppe führender Weingüter: ALANA-TOKAJ, BARTA, Demetervin (ter trockener FURMINT, süßer Elvezet), HOLDVÖLGY, KIKELET, Lenkey, Or Gabor, ROYAL TOKAJI, SZENT TAMÁS, SZEPSY, Tokaj Classic.

Malatinszky S-Pan r rs w; tr ★★★ **08'** 09 11' 12 13' 15 – Zertifizierter E weinbau. Exzellenter langlebiger Kúria CABERNET FRANC und roter Köv föld. Gut auch: rosé Noblesse, CHARDONNAY, weißer Serena.

Mátra NU ★→★★ Gute Region für frische Weißweine, Rosés und leich re Rote mit vernünftigem Preis-Leistungs-Verhältnis. Bessere Erzeug Balint, Benedek, Gábor Karner, NAG, NAGYRÉDE, Szöke Mátyás.

Mór N-Pan w ★→★★ Die kleine Region ist bekannt für den feurigen Eze vielversprechend auch für CHARDONNAY, TRAMINI. Empfehlenswert ist Kellerei Czetvei.

Nagyréde NU (r) rs w ★ Preisgünstige kommerzielle Sortenweine (BV) ur den Marken Nagyréde und Mátra Hill.

Oremus Tok w; tr s ★★→★★★★ **06' 07** 08 09 11 12 13 (15) – Hervorrag de Kellerei in Tolcsva im Besitz des spanischen Erzeugers Vega Sicilia. E klassiger ASZÚ und sehr guter trockener FURMINT Mandolás.

Pajzos-Megyer Tok w; tr s ★★→★★★ **99 06' 07** 08 09 11 12 13' 15 – Z gemeinsam betriebene Güter. Megyer erzeugt reinsortige, moderne, ckene und Spätleseweine (süß) mit gutem Preis-Leistungs-Verhältnis. F zos konzentriert sich auf süße Stile, v. a. langlebigen ASZÚ, neuerdings a auch auf seriöse trockene Weine.

Pannonhalma N-Pan r rs w; tr ★★→★★★ 13 15 – Die 800 Jahre alte tei Pannonhalma erzeugt stilvolle, aromatische Weißweine, v. a. RIESLI SAUVIGNON BLANC und TRAMINI. Preiswerter Tricollis, schöner Spitz wein Hemina (weiß) und verbesserter PINOT NOIR.

Patricius Tok w; tr s ★★→★★★ **06' 07 08** 09 11 12 13 15 – Ungarns Kelle des Jahres 2016. Verlässlicher trockener FURMINT, spät gelesener Katin und ASZÚ.

ndits Tok w; tr s ★★ **06** 08 09 11 13 – Demeter-zertifiziertes Bioweingut. Üppiger, lagerfähiger ASZÚ, hübscher trockener MUSCAT (BV).

zsgő – Ungarisch für Schaumwein. Voll im Trend, v. a. aus TOKAJ – Auslöser war der nasskalte Jahrgang 2010.

ttonyos (Butten) Traditionelle Angabe für den Süßegehalt des TOKAJI ASZÚ. Muss seit 2013 nicht mehr genannt werden, kann aber. Historisch war ein Puttony eine Trage bzw. Butte von 25 kg ASZÚ-Trauben, und der Süßegrad des Weins bemaß sich nach der Anzahl der einem 136-Liter-Fass Grundwein oder gärendem Most hinzugegebenen Butten.

yal Tokaji Wine Co. Tok tr s ★★→★★★★ **06 07'** 08' 09 11' 13' 15 – Bahnbrechender Erzeuger in MÁD, der 1990 die Renaissance des TOKAJERS einläutete (ich selbst bin Mitbegründer). Vorwiegend Lagen »erster Klasse«. 6-PUTTONYOS-Einzellagenabfüllungen: v. a. Betsek, Mézes-Mály, Nyulászó (auch 5 Puttonyos) und Szent Tamás. Auch sehr guter FURMINT The Oddity plus üppiger, preisgünstiger Late Harvest (in den USA: Mád Cuvée) sowie leichter trockener MUSCAT.

Andrea NU r rs w; tr ★★★ **11'** 12 13 15 – Spitzenerzeuger in EGER und Wegbereiter für modernen, hochklassigen BIKAVÉR (Áldás, Hangács, Merengő). Außerdem exzellente Weißweinverschnitte (Napbor, Örökké und der köstliche rosé Szeretettel. Neue Flaggschiffweine: Mária (weiß) und Nagy-Eged-Hegy (rot).

uska S-Pan, Tok r rs w ★★→★★★★ 11' 12 13 15 – Tadellose Kellerei in VILLÁNY. Sehr guter KADARKA, KÉKFRANKOS und CABERNET FRANC sowie eindrucksvolle rote Verschnitte, v. a. Cuvée 7 und Cuvée 5. Der Ableger Sauska-TOKAJ konzentriert sich auf sehr gute trockene Weiße, v. a. FURMINT Birsalmás und Medve Furmint. Guter neuer PEZSGŐ (Schaumwein) Extra Brut.

mló Bal w ★★→★★★ 11 12 13 15 – Markanter Vulkanhügel, berühmt für langlebigen strengen weißen Juhfark (»Schafschwanz«); auch FURMINT, HÁRSLEVELŰ und OLASZRIZLING. In der Region dominieren kleine Erzeuger, v. a. Fekete (mit neuem Besitzer), Györgykovács, Royal Somló, Somlói Apátsági, Spiegelberg. Auch die größeren Betriebe TORNAI (v. a. mit Grofi HÁRSLEVELŰ und Juhfark) und KREINBACHER sind sehr gut.

pron N-Pan r ★★→★★★ Dynamischer Bezirk nahe der österreichischen Grenze am Fertő-See. KÉKFRANKOS ist die wichtigste Traube, dazu kommen CABERNET SAUVIGNON, PINOT NOIR und SYRAH. Spitzenerzeuger ist der ökologisch arbeitende Weninger; der Einzelgänger Ráspi ist für Naturweine bekannt. Im Auge behalten: Luka, Pfneiszl,Taschner.

amorodni Tok – Wörtlich »wie er gewachsen ist«. Bezeichnung für einen TOKAJER aus ganzen Trauben ohne separate ASZÚ-Auslese und mindestens einem Jahr Fassreife. Erlebt gerade eine kleine Renaissance, angeführt von SZEPSY für süße *(édes)* Versionen. Empfehlenswert auch: BARTA, HÖLDVOLGY, KIKELET, OREMUS, SZENT TAMÁS. Die besten trockenen Weine sind unter Flor gereift; empfehlenswert: DERESZIA, Karádi-Berger, Tinon.

ekszárd S-Pan r rs ★★→★★★ Aus dem Bereich in Südungarn kommen reife, reichhaltige Rote. Das Augenmerk liegt zunehmend auf BIKAVÉR, KÉKFRANKOS und der wiederbelebten KADARKA. Erzeuger: v. a. Dúzsi (rosé), Eszterbauer (v. a. Tüke Bikavér, Nagyapám Kadarka), HEIMANN, Mészáros, Remete-Bor (Kadarka), Newcomer Schieber (CABERNET FRANC, Kékfrankos), Sebestyén (Ivan-Volgyi Bikavér), TAKLER, Vesztergombi (Csaba's Cuvée, Turul), Vida (Hidaspetre Kékfrankos, La Vida).

ent, Tamás Tok w; s ★★★ 09 11 12' 13' 15 – An der bedeutenden neuen Kellerei in MÁD ist ISTVÁN SZEPSY Junior beteiligt. Exzellente trockene

Mittel- und Südosteuropa

FURMINT-Weine, v. a. Dongó und Percze. Bei den Süßweinen liegt der F kus jetzt auf SZAMORODNI: Nyulászó und Dongó sind superb. Nettes Caf

Szepsy, István Tok w; tr s ★★★★ **08'** 09 **11'** 12 13' 15 – Brillanter, vc Terroir besessener, kompromissloser (hat fast den gesamten Jahrga 2014 entsorgt) TOKAJI-Erzeuger in MÁD. Kraftvolle, reintönige trocke FURMINT-Weine, v. a. der Dűlő Urágya, der Betsek und der Nyúlászó-V schnitt. Sehr guter süßer SZAMORODNI (**12**) und großartiger ASZÚ.

Szeremley Bal w; tr s ★★→★★★ 09 11' 12 13 (15) – Pioniergut in BADACS NY. Intensiver, feiner RIESLING, Szürkebarát (alias PINOT GRIS), KÉKNYEL ansprechender süßer Zeus.

Takler S-Pan r ★★ 11' 12 13 (15) – Sehr reife, geschmeidige Rotweine. A besten sind die Reserve-Auslesen von BIKÁVER, CABERNET FRANC, KÉ FRANKOS und SYRAH. Exzellenter Kékfrankos Görögszó, reichhaltiger ME LOT Primarius.

Tinon, Samuel Tok w; tr s ★★★ **04** 05 07 09 – Der Mann aus dem Sautern lebt seit 1991 in TOKAJ. Unverwechselbarer, komplexer Tokaji ASZÚ, b reitet mit langer Maischestandzeit und Fassausbau. Sehr guter süßer u großartiger trockener unter Flor gereifter Szamorodni. Auch feine trocke FURMINT-Weine, v. a. die Lagenselektionen.

Tokaj/Tokaji (Tokajer) Tok ★★→★★★★ Nach der Stadt und Weinregi Tokaj wurde der berühmte süße Likörwein Ungarns benannt: Tokaji a Ungarisch, Tokajer auf Deutsch. Seit 2014 geschützte Ursprungsbezeic nung; der Wein muss innerhalb der Region abgefüllt werden. Neben d Erzeugern mit eigenem Eintrag sind die folgenden zu empfehlen: Arv Balassa (Betsek FURMINT, Villő ASZÚ), Bott Pince (v. a. spät gelesener Bo rytis), Carpinus, Demetervin, Erzsébet, Füleky, Gizella, Karádi-Berger, Le key, Orosz Gábor.

Tokaj Nobilis Tok w; tr s ★★★ Kleiner, aber sehr feiner Erzeuger unter Leitu von Sarolta Bárdos, die zu den inspiriertesten Weinmacherinnen in TOK gehört. Herrlicher ASZÚ (08), trockener Barakonyi HÁRSLEVELŰ, FURMI (15).

Tolna S-Pan – Der wichtigste Betrieb des Gebiets ist Tűzkő im Besitz von A tinori (★★).

Törley r rs w; tr ★→★★ Große innovative Firma; wichtigster Markenname Chapel Hill. Gut bereitete, preisgünstige sortenreine Weine (BV) von int nationalen Rebsorten und den lokalen Trauben IRSAI OLIVÉR, Zenit und Z fir. Großer Erzeuger von Schaumwein (v. a. mit den Marken Törley, G und Hungaria); sehr gut der François President Rosé Brut und der CHA DONNAY Brut (oJ) nach dem klassischen Verfahren. Spitzenauslesen un dem Etikett György-Villa (v. a. Juhfark, SYRAH).

Tornai Bal w; tr ★★ 13 15 – Zweitgrößtes Gut in Somló. Preisgünstige s tenreine Weine auf Einsteigerniveau, exzellenter Spitzenwein Grofi HÁR LEVELŰ, Juhfark.

Villány S-Pan – Ungarns südlichste Weinbauregion, bekannt für ernstha reife Weine von Bordeaux-Sorten (v. a. CABERNET FRANC) sowie Versch te. Probieren Sie auch die saftigen Versionen von Kékfrankos und PO TUGIESER. Hohe Qualität liefern: Bock, CSÁNYI, GERE ATTILA, Kiss Gab HEUMANN, Jackfall, Janus, Malatinszky, Polgar, Riczu-Stier, Saus Tamás & Zsolt Gere, Tiffán, Vylyan, WENINGER-GERE.

Villányi Franc S-Pan – Neue Klassifikation für CABERNET FRANC aus VILLÁ Für Premiumversionen sind eine Ertragsbegrenzung und ein Jahr Eich fassreifung vorgeschrieben. Für Superpremiumweine gelten seit 2015 m ximal 35hl/ha.

yan S-Pan r rs ★★→★★★ 12' 13 14 (15) – Rotweinspezialist mit guten Einzellagenselektionen, v. a. Gombás PINOT NOIR, Mandolás CABERNET FRANC und Pillangó MERLOT. Das rote Aushängeschild ist die Cuvée Duennium. Auch köstlicher, seltener Csoka.

ninger NU r ★★★ **11'** 12 13' 14 (15) – Maßstäbe setzender Erzeuger in SOPRON, geleitet von dem Österreicher Franz Weninger jr. Ökologisch seit 2006. Der Spern Steiner Kékfrankos von einer Einzellage ist großartig. Eindrucksvoll auch SYRAH, CABERNET FRANC und der rote Verschnitt Frettner.

In Tokaj wird's trocken

Es hat schon immer trockenen Wein in TOKAJ gegeben, nämlich als Nebenprodukt, wenn keine ASZÚ-Trauben entstanden. Seit etwa zehn Jahren aber liegt der Fokus sehr viel mehr darauf, von Haus aus seriöse trockene Weine zu erzeugen. Die Kombination einer Weltklassetraube wie FURMINT und der Landschaft von Tokaj mit ihren erloschenen Vulkanen verspricht Aufregendes. Zu den Erzeugern, auf die Sie achten sollten, gehört auch der ewige Vorreiter ISTVÁN SZEPSY, doch herrliche Weine bereiten auch auch Balassa, BARDON, BARTA, Bott, Degenfeld, DEMETER ZOLTÁN, DOBOGÓ, HOMONNA, KIKELET, KIRÁLYUDVAR, OREMUS, ROYAL TOKAJI WINE CO, SZENT TAMÁS, TOKAJ-NOBILIS.

ninger & Gere S-Pan r rs ★★→★★★ **08 09** 11 – Gemeinschaftsunternehmen des Österreichers Franz Weninger sen. mit Attila GERE. Ausgezeichneter CABERNET FRANC, leckerer Tinta (TEMPRANILLO), dazu die Cuvée Phoenix und der frische Rosé (BV).

ulgarien

ie bulgarische Weinszene entwickelt sich weiter in hohem Tempo. 2016 gab es 262 Kellereien (gegenüber 216 im Jahr 2012), 19 weitere sind Bau. Viele sind kleine Güter oder Boutiquebetriebe, die hauptsächlich den mischen Markt beliefern – wo höhere Preise erzielt werden als im Export. ch die Bulgaren trinken immer noch nur 5,7 Liter pro Kopf, und der benzte Markt in Verbindung mit einer wachsenden Weinkultur bedeutet, dass Erzeuger sich intensiv darum bemühen, ins Ausland zu verkaufen. Als Retat tauchen einige erstklassige Weine auf, die zeigen, dass Bulgarien mehr bieten hat als nur Supermarkt-Cabernet.

gel's Estate Thrak r rs w 12 13 14 – Ehrgeiziges, auf Qualität ausgerichtetes Gut (ehemals Angelus) mit reifen, eichenwürzigen, geschliffenen Rotweinen von internationalen Sorten. Neue Reihe Angel, Sortenweine namens Deneb und als Aushängeschild der eindrucksvolle Stallion Gold.

ssa Valley Thrak r rs ★★★ **10** 11' 12 (13) – Die Pionierkellerei nahe Pazardjik wurde von Stephan Graf von Neipperg (vom Bordeaux-Château Canon La Gaffelière) und Karl-Heinz Hauptmann gegründet. Weiche, füllige Rote und leckerer Rosé (BV). Zu empfehlen sind der Enira, die sehr guten Weine SYRAH Enira und Enira Reserva, der exzellente BV by Enira, und die neue Grande Cuvée.

ck Sea Gold Thrak r rs w ★ Große Kellerei mit zwei Standorten und 600 ha nahe der Küste. Zu den besseren Etiketten gehören: Golden Rhythm, Salty Hills, Villa Ponte.

Borovitsa Don r w ★★★ 09 10 11 12 13 (15) – Nach dem tragischen T des Mitbegründers Dr. Ognyan Tzvetanov hält Adriana Srebinova weiter ihrer gemeinsamen Vision der von Hand bereiteten Terroirweine fest, zu Bulgariens besten gehören. Aushängeschild ist der langlebige Dux. S gut sind auch The Guardians MRV (weiße Rhône-Sorten), Cuvée Bella Ra (RKATSITELI), Granny's und Black Pack (beide GAMZA), Orange Garc CHARDONNAY, Vox Dei PINOT NOIR, Sensum (rot) und die Reihe Maxxim

Die Unabhängigen geben den Ton an

Bis vor Kurzem waren so etwas wie Weingüter in Bulgarien noch schlicht inexistent, heute hält man mit all den Neuerungen kaum noch Schritt. Hier die Empfehlungen: Alexandra Estate, Chateau Copsa (Karlovo Misket, Stradivarius), Eolis (GEWÜRZTRAMINER, SYRAH), Gulbanis (CABERNET FRANC), Kamenki (CABERNET/MERLOT, MAVRUD), Kapatovo (roter Verschnitt), Maryan (Reserva, Ivan Alexander Grand Cuvée), Medi Valley (eXcentric CHARDONNAY/SAUVIGNON BLANC, Incanto-Rotweine), Orbelus (Prima, MELNIK), Rumelia (Merul Merlot, Mavrud Reserva, Erelia), Salla (Weiße, Cabernet franc), Villa Yustina (Reihe 4 Seasons, Monogram RUBIN/Mavrud).

Boyar, Domaine Thrak r rs w ★→★★★ Umfassendes Angebot, von den M ken auf Einsteigerniveau (BV) über die Mittelklasseweine Ars Longa, D Point, Dom Boyar, Platinum, Quantum und Silver Rock bis hin zu den P miumgewächsen aus der Kellerei Korten, u. a. der Reihe Boutique und d eindrucksvollen Solitaire.

Möchten Sie ein Glas? Achtung: In Bulgarien schüttelt man den Kopf, wenn m ja meint, und nickt zur Verneinung.

Bratanov Thrak r w ★★ 13 15 – Neue Familienkellerei mit sehr gutem Ter nika (weiß), reizvollem MAVRUD und gewichtigem CABERNET FRANC.

Burgozone, Chateau Don r w ★★ 13 14 15 – Gute Weißweine von ein Familienbetrieb nahe der Donau; v. a. VIOGNIER, SAUVIGNON BLANC u Iris Creation. Anständiger PINOT NOIR.

Castra Ruba Thrak r w ★★→★★★ **08 09** 10 11' 12 13 15 – Önologisc Berater ist Michel Rolland aus Bordeaux. Probieren Sie den komple Bordeaux-Verschnitt Castra Rubra und den eindrucksvollen Butterf Rock. Dazu ausdrucksstarke Verschnitte aus Ökotrauben namens Do nant, verlässlicher Via Diagonalis und für den US-Markt die schmackhaf Cuvées unter dem Etikett Motley Cock.

Damianitza Thrak r w ★★ **10** 11' 13 14 15 – Erzeuger im Struma-Tal. Lo le Sorten unter dem Etikett Uniqato, v. a. MELNIK/Rubin. ReDark ist robuster Verschnitt von CABERNET SAUVIGNON, RUBIN und Ruen. Auch g No Man's Land Kometa, No Man's Gold, und auf den Schalen vergore ASSYRTIKO.

Dragomir Thrak r rs w ★★ **10** 11' 12 13 – Garagen-Weinmacher mit ernsth ten, gewichtigen Roten sowie frischem Sarva (rosé und weiß). Sehr gu Pitos, RUBIN, langlebiger Reserva.

Ivo Varbanov Thrak r rs w ★★ Konzertpianist, der superreife, mächtige R (v. a. SYRAH) und süffigen Rosé bereitet; am besten ist der geschmeid CHARDONNAY.

Katarzyna Thrak r rs w ★★ 12 13 14 15 – Die große, moderne Kellerei »Niemandsland« an der griechischen Grenze hat gerade ihr Zehnjährig gefeiert. Sehr reife, weiche Rote, v. a. Chopin Nocturne, Encore MALBEC, SYRAH, Question Mark, Reserva.

godaj Thrak r rs w; sch ★★ 12 13 14 15 – Kellerei im Struma-Tal. Interessanter Rosé und Schaumwein von der lokalen breitblättrigen MELNIK-Traube. Saftig-lebhafter Melnik 55 (rot) und vielversprechende Incantesimo SYRAH. Riccardo Cotarella berät.

vico Suhindol Don r w ★ Einer der berühmtesten Namen Bulgariens, gegründet 1909 und bekannt für CABERNET SAUVIGNON und GAMZA. Weine vom Einsteigertropfen Craftsman's Creek bis zu den Spitzengewächsen Gamza AOC, Lin 53, Lovico 100.

dalidare Estate Thrak r rs w ★★ **12** 13 14 15 – Boutiquekellerei, bei der keine Kosten gescheut wurden. Empfehlenswert: SAUVIGNON BLANC/SÉMILLON, Sauvignon blanc Premium Selection, Rosé. Guter Rotweinverschnitt Nota Bene sowie Grand Vintages: MALBEC, SYRAH, CABERNET FRANC.

nkov Brothers Thrak r rs w ★★ **12** 13' 15 – Auf dem großen Gut wird die bis 1875 zurückreichende Tradition wiederbelebt. Kompetente, moderne Weine: Cycle, Ethno, Jamais Vu, Le Photografie, Minkov. Aushängeschild ist der schön strukturierte Oak Tree. Cuvée, Minkov CABERNET SAUVIGNON und Deja Vu SAUVIGNON BLANC/SÉMILLON (15) machen sich gut.

roglio, Edoardo Thrak r rs w; sch ★★→★★★ 12 13 14 15 – Weinberge in Elenovo in italienischem Besitz. Bulgariens bester flaschenvergorener Schaumwein, v. a. Blanc de Blancs, Brut Rosé. Feiner, langlebiger PINOT NOIR Reserva und sehr guter Soli Invicto, das Flaggschiff. Probieren Sie den Elenovo CABERNET FRANC und den MAVRUD. Die sortenreinen EM-Weine sind verlässlich, interessant die Bioverschnitte, u. a. Bouquet, Mavrud/RUBIN.

ragora Thrak r w ★★ **13** 15 – Das Bioweingut erzeugt sehr guten MAVRUD sowie die Verschnitte Ares (mit MERLOT) und Cherno (mit CABERNET SAUVIGNON).

shtera, Vinprom r rs w ★ 13 14 15 – Eine der größten Kellereien Bulgariens. Auch Eigentümer von Yambol und der Boutiquekellerei Saedinenie für die modern-sauberen Reihen Pixels und Verano Azur sowie die charaktervollen F2F-Rotweine.

eslav, Vinex Thrak r w ★→★★ 12 13 14 15 – Die Weißen sind hier am besten, v. a. der langlebige Rubaiyat CHARDONNAY. Probieren Sie auch den Novi Pazar PINOT GRIS und RIESLING. Annehmbare Reihe Golden Age. Miteigentümer der Kellerei Khan Krum, die für ihre Weißweine bekannt ist, insbesondere die Reihe 1939.

ssidi Thrak r rs w ★★→★★★ 13 14 15 – Boutiquekellerei nahe Sliven. Eleganter, im Beton-Ei vergorener CHARDONNAY. Sehr guter Rosé, RUBIN, PINOT NOIR und Bulgariens erster orangefarbiger Chardonnay.

e bulgarische Variante von Glühwein heißt *greyano vino:* Honig, Pfeffer, Orange, Apfel.

nta Sarah Thrak r w ★★★ 12 13 14 15 – Wegweisender *garagiste* mit Spitzenrotweinen, v. a. spannender Privat, Bin 40 CABERNET SAUVIGNON, Bin 49 CABERNET FRANC, RUBIN. Guter RIESLING, TRAMINER, Bin 44 SAUVIGNON BLANC.

vyantsi, Vinex Thrak r rs w ★→★★ 13 15 – Die erste bulgarische Firma, die das Zertifikat »Fair for Life« für ihre Arbeit mit der lokalen Roma-Gemeinschaft erhalten hat. Leistet ausgezeichnete Arbeit mit ihren preisgünstigen sortenreinen Weinen und Verschnitten, v. a. unter dem Markennamen Leva.

Mittel- und Südosteuropa

Terra Tangra r w ★★ Großes Gut in Sakar; reichhaltige Rote, geschmeidi Weiße und eine Bio-Cuvée.

Yamantiev's Thrak r w ★★ **10** 13 14 15 – Am besten sind die Einzellage selektionen Marble Land, v. a. der buttrige CHARDONNAY und der exzelle te, sehr haltbare Red (**10'**).

Zagreus Thrak r rs w ★★ 12 13 14 15 – MAVRUD in allen Stilen, vom ungewö lichen weiß ausgebauten Wein bis zum komplexen Vinica von halb getroc neten Trauben im Amarone-Stil. Ordentlicher SYRAH St. Dimitar.

Slowenien

Slowenien gehört zu den Stars in Mitteleuropa; seine Kellermeister erring globale Aufmerksamkeit. Der Trend zu orangefarbigen (auf den Schal vergorenen Weißen) und Naturweinen hat dazu beigetragen, doch die Ban breite slowenischer Weine reicht von aromatisch-frisch und lecker im Ost bis reichhaltig und komplex im Westen. Mit seiner wunderbaren Landscha und fantastischen Restaurants wird dieses kleine Land immer mehr zum Hc spot für Wein- und Genuss-Tourismus.

Batič Prim r rs w; s ★★ 09 11 13 15 – Erzeuger von biodynamischen u Naturweinen in VIPAVA. Bestseller ist der Rosé. Auch Verschnitte name Angel und süßer Valentino.

Bjana Prim sch ★★→★★★ Sehr guter PENINA nach der traditionellen M thode aus BRDA, v. a. Brut Zero (10), Brut Rosé und jahrgangsloser Wein

Blažič Prim w ★★→★★★ 09 13 14 15 – Erzeuger in BRDA mit langlebige komplexem REBULA, SAUVIGNONASSE und, in besonders guten Jahre dem Blaž Belo (weiß).

Das slowenische Gestüt Lipica, Heimat der Lipizzaner, besteht ununterbroch seit 1580.

Brda (Goriška) Prim – Erstklassiger Bezirk in der Region PRIMORSKA; viele fü rende Erzeuger: u. a. BJANA, BLAŽIČ, EDI SIMČIČ, Dolfo (v. a. schäumenc Spirito, SIVI PINOT, Škocaj), Erzetič, JAKONČIČ, KLET BRDA, KRISTANČ MOVIA, Prinčič, Reya, ŠČUREK, SIMČIČ, ZANUT sowie orangefarbige Wei von KABAJ und Klinec.

Burja Prim r w ★★★ 13 14 15 – Biodynamisch arbeitendes Gut in VIPAVA; Petite Burja sind Weine der lokalen Trauben Zelen und MALVAZIJA etik tiert. Exzellenter Burja Bela, Burja Noir (PINOT NOIR) und Burja Reddo a der Basis von Schioppettino.

Čotar Prim r w ★★ 09 11 12 13 – Verführerische langlebige Bio-/Naturwe aus KRAS, v. a. weißer Vitovska, MALVAZIJA, SAUVIGNON BLANC, TERAN u roter Verschnitt Terra Rossa.

Cviček Pos – Traditioneller alkoholarmer, scharfer, hellroter Verschnitt a POSAVJE; basiert auf der lokalen Žametovka-Traube.

Dveri-Pax Pod r w; s ★★→★★★ 11 13 15 – Kellerei nahe Maribor im Bes von Benediktinern. Frische, straffe, preisgünstige Weißweine in der Rei Benedict (v. a. SAUVIGNON BLANC, FURMINT und RIESLING). Sehr gut au die Einzellagenauslesen: Sauvignon blanc Vajgen, Riesling »M«, Furm Ilovci. Großartiger süßer ŠIPON/Chardonnay.

Guerila Prim r w ★★ 14 15 – Biodynamischer Erzeuger in VIPAVA mit se gutem Wein der Lokalsorten PINELA und Zelen (BV).

Istenič Pos sch ★→★★ Verlässlicher PENINA in allen Varianten. Probieren den No. 1, den Gourmet Rosé (06) und den Prestige Extra Brut (11).

·ien Küstenbezirk, der sich jenseits der Grenze in Kroatien fortsetzt. Hauptrebsorten sind REFOŠK und MALVAZIJA. Beste Erzeuger: Bordon (E Vin rosé, Malvazija), Korenika & Moškon (PINOT GRIS, Refošk, roter Kortinca), Rodica, Rojac (Renero, Stari d'Or), Pucer z Vrha (Malvazija), SANTOMAS, Steras (Refošk Kocinski), VINAKOPER.

:ončič Prim r w; sch ★★★ **12'** 13' 14 – Sehr guter Erzeuger in BRDA, v. a. mit der Reihe Carolina: Rebula, Bela (weiß), Red. Auch guter PENINA.

Sloweniens Qualitätsweine

70% der sloweinischen Weine tragen eine Qualitätsbezeichnung, was als eine der höchsten Quoten der Welt gilt. Eine Verkostungsprüfung zu bestehen ist unerlässlich. *Vrhunsko vino z zaščitenim geografskim poreklom* oder *Vrhunsko vino ZGP* ist der Ausdruck für Qualitätsweine mit geschützter Ursprungsangabe (g.U.). *Kakovostno vino ZGP* ist gebräuchlicher für Qualitätsweine. Weine mit geschützter geografischer Angabe (g.g.A.) heißen *Deželno vino PGO* (Priznano geografsko oznako). Für Qualitätssüßweine sind folgende Begriffe in Gebrauch: *Pozna Trgatev* (Spätlese), *Izbor* (Auslese), *Jagodni Izbor* (Beerenauslese), *Suhi Jagodni Izbor* (Trockenbeerenauslese). *Ledeno vino* ist Eiswein, *Slamno vino* Strohwein von halb getrockneten Trauben.

·nnes Pod r w ★★ **10** 12 13 14 15' – RIESLING-Spezialist bei Maribor, gut alternde Weine. Auch frischer, leichter PINOT NOIR.

ɔaj Prim r w ★★★ 09 11 12 13 – Mehrfach unter den Top-100-Kellereien in den USA genannt. Bekannt für orangefarbigen REBULA, Amfora, Ravan (Friulano), Luisa Prestige (weiß).

t Brda Prim r w; sch ★★→★★★12 13 14 15 – Sloweniens größte Genossenschaft zeigt sich überraschend gut und zukunftsorientiert. Quercus heißen die frischen sortenreinen Weißen (BV), Krasno die Verschnitte ohne Eichennote, Colliano die sehr gute Marke für die USA. Lagenselektionen der Premiumklasse kommen unter dem Namen Bagueri auf den Markt. Exzellenter A+ (rot und weiß).

ɔal Pod w ★★ 15 – Der ehemalige Kellermeister von PULLUS hat sich selbstständig gemacht. Sehr guter FURMINT, SAUVIGNON BLANC.

ʒl Pod r rs w ★★ Auf einem Hügel nahe Ormož gelegenes Gut, gegründet 1542. Lebhafte, präzise gearbeitete Weiße: Mea Culpa AUXERROIS, SAUVIGNON BLANC, Gelber MUSKATELLER. Probieren Sie auch den PINOT NOIR Rosé und Rubellus.

·s Prim – Renommierter Bereich mit Terra-Rossa-Böden in der Region PRIMORSKA. Am bekanntesten für TERAN und MALVAZIJA. Empfehlenswert: Vinakras.

stančič Prim r w ★★ 11 12 13 14 15 – Familienweingut in BRDA mit gutem CHARDONNAY, CABERNET SAUVIGNON und MERLOT. Die Spitzenmarke heißt Pavó.

ɔljen Pod r w ★★ 13 15 – Pionier für trockene Weine nahe Jeruzalem. Guter RENSKI RIZLING, SIVI PINOT, FURMINT und PINOT NOIR. Spitzenselektionen: Spirit of Jeruzalem, Star of Stiria.

rof Pod r w ★★→★★★ 13 14 15 – Hochinteressante Kellerei in Prekmurje. Ansprechende Reihe Classic (BV), v. a. mit RIESLING, SYLVANER, LAŠKI RIZLING. Als Breg sind Auslesen von alten Reben mit Fassgärung etikettiert, Cru heißen die Spitzenweine von Einzellagen.

via Prim r w; sch ★★★→★★★★ **08'** 09 11 12 13 14 15 – Sehr bekannter Bioerzeuger unter der Führung des charismatischen Aleš Kristančič. Exzellenter, langlebiger weißer Veliko Belo und roter Veliko Rdeče. Sehr ter MODRI PINOT, umwerfender Schaumwein Puro rosé. Der orangefarbe Lunar (v. a. CHARDONNAY) ist bemerkenswert.

P & F Pod r w; sch ★★ 15' – Der frühere Staatsbetrieb ist jetzt in Famili besitz und wurde in P & F (Puklavec & Friends) umbenannt. Erzeugt je preiswerte, verlässlich frische aromatische Weißweine in der Reihe P & Die Gomila-Auslesen sind exzellent, v. a. der FURMINT und der SAUVIGN BLANC. Die Weine für die lokalen Märkte sind als Jeruzalem Ormož etik tiert.

Penina Name für Qualitätsschaumwein (Tankgärung oder traditionelle Met de). Sehr im Trend, wird inzwischen von vielen Erzeugern bereitet.

Probieren Sie Orange Wines zu Fisch oder Fleisch. Wenn sie gut sind, passen zu vielem.

Podravje Die größte Weinregion umfasst Štajerska und Prekmurje im Ost Am besten sind die frischen, trockenen Weißen, gut auch die Süßweine; Roten von Modra Frankinja (BLAUFRÄNKISCH) und PINOT NOIR sind m leichter.

Posavje Weinregion im Südosten. Die besten Weine sind süß, v. a. MAVRETIČ (großartiger ★★★★-Sauvignon blanc Eiswein, guter Gel Muskateller), PRUS und Šturm (★★★★-Eiswein und edelfauler MUSCAT

PRA-VinO (Čurin-Prapotnik) Pod w; s 12 13 14 15 – War in den 1970er-J ren der Vorreiter der privaten Weinerzeugung, jetzt haben der Sohn u der Enkel übernommen. Süßweine von Weltklasse (★★★★), u. a. fant tischer Eiswein (*ledeno vino*) und edelfaule Gewächse von LAŠKI RIZLI RIESLING und ŠIPON.

Primorska Im Westen gelegene Region (auch Primorje genannt), die das s wenische ISTRIEN, BRDA, VIPAVA, UND KRAS umfasst.

Prus Pos w; s – Der kleine Familienbetrieb erzeugt umwerfende ★★★★-S weine, v. a. Eis- und edelfaule Weine von Rumeni MUŠKAT, RIESLING u SAUVIGNON BLANC.

Pullus Pod r w ★★→★★★ 13 14 15 – Sehr gute, knackige, moderne We weine aus der Kellerei in Ptuj, v. a. Pullus SAUVIGNON BLANC und RIESLI Exzellente Weine mit dem Etikett »G« (beachtlicher Sauvignon blar Wunderbarer süßer LAŠKI Rizling, Rumeni MUŠCAT.

Radgonske Gorice Pod sch ★→★★ Erzeuger der slowenischen Schau wein-Bestseller Srebrna (silberner) PENINA, Zlata (goldener) Penina na der klassischen Methode und des beliebten halbtrockenen TRAMINEC schwarzem Etikett.

Santomas Prim r rs w ★★→★★★ 12 13 14 15 – Das führende Weingu ISTRIEN erzeugt einige der besten Refošk- und REFOŠK/CABERNET-SAU GNON-Weine des Landes, v. a. den Antonius von 60 Jahre alten Reben u den Verschnitt Grande Cuvée.

Ščurek Prim r w; s ★★→★★★ 12 13 14 15 – Familienweingut in BRDA; f Söhne. Gute sortenreine Weine (BV) von CABERNET FRANC, Jakot, PIN BLANC, REBULA sowie Verschnitten namens Strune. Die besten Weine s von lokalen Sorten, v. a. Kontra, Pikolit, Stara Brajda (rot und weiß).

Simčič, Edi Prim r w ★★★→★★★★ **09 10** 11' 12 13 – Perfektionist in BR ein Superstar für Rotweine mit dem Duet Lex und der Fassauslese Ko Exzellente Weiße: MALVAZIJA, Rebula, SAUVIGNON BLANC, Triton Lex. A gezeichneter Einzellagen-CHARDONNAY Kozana.

Simičič, Marjan Prim r w; s ★★★→★★★★ **11 12'** 13' 14 – Beeindrucke Weißweine, v. a. CHARDONNAY, REBULA, SAUVIGNON BLANC Selekcija SIVI PINOT. Die Teodor-Verschnitte sind immer sehr gut. Eleganter MO

PINOT. Sehr gute Reihe von Einzellagenweinen namens Opoka, v. a. Sauvignon blanc und Rebula. Der süße Leonardo ist großartig.

ajerska Pod – Große Weinregion im Osten, zu der die bedeutenden Bezirke Ljutomer-Ormož, Maribor und Haloze gehören. Knackige, raffinierte Weiße und erstklassige Süßweine. Beste Erzeuger (ohne eigenen Eintrag): Doppler, Gaube (Kaspar CHARDONNAY), Gross (FURMINT, SAUVIGNON BLANC Colles), Heaps Good Wine, Krainz (ŠIPON), Miro, M-vina (v. a. ExtremM Sauvignon blanc) Valdhuber, Zlati Grič (rosé PENINA, Sauvignon blanc).

eyer Pod w; s; sch ★★ 13 14 15 – Spezialist für TRAMINER in ŠTAJERSKA: trocken, Schaumwein, mit Eichenausbau, süßer Vaneja.

tor Prim r w ★★★ **11' 12'** 13 – Ausgezeichneter kleiner Erzeuger in VIPAVA. Probieren Sie den Sutor White von REBULA/MALVAZIJA; außerdem sehr guter SAUVIGNON BLANC, feiner CHARDONNAY, eleganter MERLOT.

a Prim r w ★★→★★★ 12 13 14 15 – Selbst ernanntes »House of Pinots« in VIPAVA, seit einer der Besitzer mit Studien über PINOT NOIR seinen Doktor machte. Drei Qualitäten: die Reihe Sunshine für leckere, preisgünstige Weiße, Black Label für ernsthaftere Rote, u. a. guter Pinot noir, und White Label in Spitzenjahren.

r Weinkosum in Slowenien ist der vierthöchste der Welt: 44,07 l pro Kopf und Jahr. Mehr als in Frankreich.

rus Pod r w ★★★ **13** 14 15' – Feine, fokussierte, muntere Weiße, v. a. sehr guter FURMINT, knackiger SAUVIGNON BLANC, aromatischer PINOT GRIS und raffinierter RIESLING. Auch vielversprechender PINOT NOIR.

akoper Prim r w ★→★★ 13 14 15 – Großer Erzeuger in ISTRIEN. Empfehlenswert: MALVAZIJA (BV), REFOŠK, Capris MALVAZIJA (14; teilweise in Akazienfässern gereift). Süffiger Capo D'Istria REFOŠK (11).

ava Prim – Aus dem für seine kühlen Brisen bekannten Tal in der Region PRIMORSKA kommen einige der besten Weine Sloweniens. Empfohlene Erzeuger: BATIČ, Benčina (PINOT NOIR), BURJA, GUERILA, Frlanova (BARBERA), Jangus (SAUVIGNON BLANC, MALVAZIJA), Lepa Vida (sehr guter Malvazija, orangefarbener Wein namens oOo), Miška (PINELA), Mlečnik, Pasji Rep (Jebačin), Štokelj (Pinela), SUTOR, TILIA, Vina Krapež (exzellenter Lapor Belo).

nut Prim r w ★★ 09 14 15 – Familienkellerei in BRDA mit exzellentem SAUVIGNONASSE, intensivem SAUVIGNON BLANC und, in Spitzenjahrgängen, MERLOT Brjač von einer Einzellage.

roatien

roatischer Wein hat sich einen sehr guten Ruf erworben, doch bei etwa 500 kommerziellen Erzeugerbetrieben und nur 21.000 ha Rebfläche ist Sache nicht ganz einfach. Über 200 Rebsorten und weitere neue »alte« uben haben die Bühne betreten, was das Land unendlich verführerisch cht. Der starke Tourismus hat sicher dazu beigetragen, doch stärkt er auch dunkle Seite mit All-inclusive-Paketen und Kreuzfahrten, die der lokalen tschaft kaum etwas bringen – ebenso wenig dem Wein.

okor r rs w ★→★★ **13'** 15' – Mischkonzern (von Eiscreme bis Supermärkte) mit etlichen Kellereien. Am besten: Agrolaguna in Istrien mit Vina Laguna Festigia (sehr guter MALVAZIJA in allen Formen, v. a. Vižinada, Akacija Riserva; auch MERLOT, CABERNET SAUVIGNON, Castello) und Vina Belje in Donaunähe (v. a. Goldberg GRAŠEVINA, Premium-CHARDONNAY).

Mittel- und Südosteuropa

Arman, Franc r w ★★ **12** 13' 15' – Familienkellerei in der sechsten Ger ration. Sehr guter MALVAZIJA (BV) sowie Malvazija Classic mit Hülse maischung, MERLOT, TERAN.

In Kroatien gibt es 1.246 Inseln und Inselchen sowie 39 autochthone Rebsort

Badel 1862 r w ★★ 13 14 15 – Gruppe von Kellereien; die besten Weine si der Korlat SYRAH und die Cuvée von der Kellerei Benkovac. Preisgünst Reihe Duravar, v. a. SAUVIGNON BLANC und GRAŠEVINA. Guter PLAVAC u Ivan Dolac von PZ Svirče.

Benvenuti r w ★★ 13 15 – Familienbetrieb in ISTRIEN. Mustergültiger frisch MALVAZIJA, komplexer Anno Domini (weiß), sehr guter TERAN (**12**), sü San Salvatore (09).

BIBICh Dalm r w ★★ 12 13 15 – Angesehener Erzeuger mit Fokus auf lok Sorten, v. a. die weiße Debit. Probieren Sie den Lučica von einer Einzella und den süßen Ambra. Auch Rotweinverschnitt R6 Riserva.

Opol – der Sommerwein

Roséwein ist der neue Renner in DALMATIEN, oft vermarktet unter dem Namen Opol. Zum Urlaub in Sommerhitze passt er besser als die schweren Roten der Region. Empfehlenswerte Erzeuger: FRANO MILOŠ, SAINTS HILLS, Senjkovič, STINA, SUHA PUNTA.

Bolfan rs w; tr ★★ 13 15 – Erzeuger für biodynamische/Naturweine. Am b ten sind RIESLING, SAUVIGNON BLANC und PINOT NOIR Rosé.

Bura-Mrgudič Dalm r ★★→★★★ 10 11 – Bruder und Schwester erzeug hier angesehenen DINGAČ und Mare Postup.

Cattunar r w; tr ★★ 13' 15 – Weingut auf einem Hügel mit guter Ausw an MALVAZIJA-Weinen von vier verschiedenen Böden, v. a. White Soil u Black Soil. Sehr guter spät gelesener Collina.

Coronica r w ★★ 11 13 15 – Beachtliche Kellerei in ISTRIEN, v. a. mit fass reiftem Gran MALVAZIJA und dem Maßstäbe setzenden Gran TERAN.

Dalmatien (Dalmacija) Die Felsenküste der kroatischen Adria mit ihrer w derbaren Inselwelt südlich von Zadar. Bei Touristen sehr beliebt.

Dingač Dalm **10** 11' 12 (13) – War 1961 die erste Qualitätsbezeichnu und ist heute eine geschützte Ursprungsbezeichnung auf der Halbir Pelješac im südlichen Dalmatien. Körperreicher PLAVAC MALI. Erzeug BURA-MRGUDIČ, Kiridžija, Lučič, Madirazza, Matuško, Milicic, SAIN HILLS, Skaramuča, Vinarija Dingač.

Enjingi, Ivan w; s ★★ Wegweisender Erzeuger in SLAWONIEN. Sehr gute sü edelfaule und trockene Weißweine, v. a. GRAŠEVINA (Barriqueausbau) u Venje.

Feravino r rs w ★ Mit 160 ha einer der größten Kleinerzeuger. Moderne, e germaßen preisgünstige Weine auf Einsteigerniveau.

Galić r w ★★ 12 13 14 15 – Vielversprechender neuer Erzeuger in SLAW NIEN, vor allem mit GRAŠEVINA und rotem Verschnitt Crno 9.

Gerzinić r rs w ★★ 13 14 15 – Brüder, die sehr guten TERAN und MALVAZ erzeugen. Ordentlicher SAUVIGNON BLANC und guter Teran Rosé.

Gracin Dalm r rs ★★→★★★ Die kleine, aufregende Kellerei mit felsig Lagen nahe der Küste bei Primošten im Besitz von Prof. Leo Gracin zeugt den besten Babič des Landes sowie den Verschnitt Kontra (BAE PLAVAC MALI).

gić Dalm r w ★★→★★★ 10 11 13 – Legende aus dem Napa Valley – sein Montelena CHARDONNAY schlug 1976 bei der Weinjury von Paris die Franzosen. Nun ist er zu seinen kroatischen Wurzeln zurückgekehrt und produziert mit Tochter und Neffen auf der Halbinsel Pelješac PLAVAC MALI und reichhaltigen POŠIP.

'ar Wunderschöne Insel mit den ältesten kontinuierlich kultivierten Weinbergen der Welt (unter UNESCO-Schutz). Bekannt für PLAVAC MALI, einschließlich der Lage Ivan Dolac. Gute Erzeuger: Carič, Plančič, PZ Svirče, TOMIČ, ZLATAN OTOK und neu Ahearne mit einem Rosé von der seltenen Darnekuša-Traube.

čki Podrumi r rs w ★★ ★★→★★★ 14' 15 – Nun in Familienbesitz, angeblich Europas zweitälteste Kellerei, gegründet 1450. Hervorragender Premium-GRAŠEVINA, TRAMINAC und die Reihe Principovac.

rien MALVAZIJA ist die Haupttraube auf der Halbinsel in der nördlichen Adria; gut gedeihen auch CABERNET SAUVIGNON, MERLOT und TERAN. Erzeuger: v. a. ARMAN FRANC, Banko Mario, BENVENUTI, Capo (Malvazija, Stellae-Reihe), CATTUNAR, Clai (Orange Wines, v. a. Sveti Jakov), CORONICA, Cossetto, Degrassi (VIOGNIER, CABERNET FRANC), Elio Fakin, GERZINIČ, KABOLA, KOZLOVIČ, MATOŠEVIČ, MENEGHETTI, Novacco, Peršurič, PILATO, Radovan, ROXANICH, SAINTS HILLS, Sirotic, Tomaz (Avantgarde, Sesto Senso), TRAPAN, Zigante.

bola r rs w ★★→★★★ 12 13' 14 15' – Makelloses Weingut in ISTRIEN. Sehr guter MALVAZIJA als Schaumwein, als junger Wein, als fassgereifter Unica (**10**) und als Amfora-Version (**09**). Leckerer Rosé (BV); sehr guter TERAN.

tunar r w ★★ 14 15 – Führender Erzeuger von Žlahtina, eine Sorte, die man nur auf der Insel Krk findet. Probieren Sie den Sv. Lucija.

rta Katarina Dalm r rs w ★★→★★★ 08 **09** 11 12 13 15 – Moderne Weinbereitung auf Korcula. Exzellenter POŠIP und PLAVAC MALI, v. a. Reuben's Reserve.

zlović r w ★★★ 13' 15 – Maßstäbe setzender Malvazija in allen Spielarten, v. a. aufregender, komplexer Santa Lucia (**08**). Auch sehr guter Santa Lucia Crna (**12**); süßer Sorbus (09') von getrockneten MUŠKAT-Momjanski-Trauben und Violetta Rosé.

***hunsko vino:* Wein von Premiumqualität; *Kvalitetno Vino:* Qualitätswein; *Stolno Vino:* Tafelwein. *Suho:* trocken; *Polsuho:* halbtrocken.**

authaker, Vlado r w; s ★★★ 12 13 15 – Spitzenerzeuger in KUTJEVO, v. a. CHARDONNAY Rosenberg, GRAŠEVINA Mitrovac und süßer Graševina Izborna Berba. Vielversprechender PINOT NOIR Selekcija.

tjevo Cellars w; tr s ★★ 12 13 15' – Erzeuger in der gleichnamigen Stadt – bekannt für guten GRAŠEVINA, v. a. De Gotho, Turkovič und schöner Eiswein.

raština Synonym für den an der Küste verbreiteten MALVAZIJA; oft angenehm erfrischend.

tošević r w ★★ – Mustergültiger MALVAZIJA, v. a. Alba (15), Alba Robinia (in Akazienholz gereift;12), Antiqua (**09**). Sehr guter roter und weißer Grimalda.

neghetti r w ★★ 10 13 15 – Geschmeidige Verschnitte (rot und weiß) sowie feiner, präziser MALVAZIJA.

oš, Frano Dalm r rs ★★ 07 12 – Bekannt für den kraftvollen Stagnum, zugänglicher ist jedoch der PLAVAC.

ato r w ★★ 13 15 – Familienbetrieb mit sehr gutem MALVAZIJA, PINOT BLANC, TERAN, MERLOT.

Postup Dalm – Berühmte Weinberglage nordwestlich von DINGAČ. Körp reiche, füllige Rotweine von PLAVAC MALI. Bekannte Erzeuger sind Do Banda, Miličić, Marija Mrgudič und Vinarija Dingač.

Prošek Dalm – Historischer Süßwein von getrockneten Trauben in DALM TIEN. Die älteste Flasche trägt das Datum 1888. Gute Versionen sind c Hectorovich von TOMIĆ, erzeugt aus den Sorten Bogdanuša, Maraština u Prč, sowie der STINA (PLAVAC MALI und POŠIP).

Roxanich r w ★★→★★★ 08 09 10 – Naturweinerzeuger mit kraftvoll verführerischen Orange Wines (MALVAZIJA Antica, Ines U Bijelom) u beeindruckend komplexen Roten, v. a. TERAN Ré, SuperIstrian Cuvée u MERLOT.

Saints Hills Dalm r rs w ★★→★★★ 12 13 14 15 – Betreibt zusammen r Michel Rolland zwei Kellereien und drei Lagen. Sehr guter weißer Nevi aus ISTRIEN, üppig-fruchtiger PLAVAC MALI St. Roko, ernst zu nehmenc DINGAČ.

Slawonien Region in Nordkroatien; berühmt für ihr Eichenholz und für We weine, v. a. von GRAŠEVINA. Inzwischen gibt es auch gute Rote, v. a. PIN NOIR. Erzeuger: u. a. Adzič, Bartolovič, Belje, ENJINGI, GALIČ, KRAUTHAKE Mihalj, Zdjelarevič.

Stina Dalm r rs w ★★ 12 13 14 15 – Von den sehr steilen Weinbergen auf c Insel Brač kommen sehr guter POŠIP und PLAVAC MALI, v. a. mit dem Etik Majstor. Guter Crljenak (alias ZINFANDEL), Opol Rosé, PROŠEK.

Tomac r w; sch ★★ Weingut bei Zagreb mit 200-jähriger Geschichte. Berüh für Schaumwein und die wegweisenden Amfora-Weine.

Tomić Dalm r rs w ★★ **09** 11 12 – Charakterkopf auf der Insel HVAR mit ök logisch bewirtschaftetem PLAVAC-MALI-Weinberg. Gute Rote, v. a. Plav Barrique; auch PROŠEK Hectorovich.

Trapan, Bruno r w ★★ 12 13 14 15 – Dynamischer junger Erzeuger. P bieren Sie den MALVAZIJA, u. a. den gereiften Uroboros und den frisch Ponente (BV). Auch geschmeidiger moderner Terra Mare TERAN und ro Revolution.

Veralda r rs w ★★ 13 15 – Die preisgekrönte Kellerei beeindruckt mit reic haltigen Hochglanz-Roten, erfreulichen Weißen und orangefarbigen A phoren-Weinen.

Zlatan Otok Dalm r rs w ★★→★★★ 10 11 12 – Familienweingut auf der In HVAR; Weinberge auch in Makarska. Berühmt für mächtige Rotweine, i besondere den Zlatan PLAVAC Grand Cru. Interessant sind auch die leich zugänglichen Plavac Šibenik, BABIČ und der gute POŠIP (BV).

Bosnien-Herzegowina, Mazedonien, Serbien, Montenegro

Überall auf dem Balkan ist eine dynamische, sich schnell ändernde We szene entstanden, in der mehr und mehr qualitätsorientierte Erzeu auftauchen und in der die Dinosaurier, die ehemals staatseigenen Massenp duzenten, gezwungen sind, sich neu zu erfinden.

Bosnien-Herzegowina hat etwa 3.500 ha Rebland und eine gut orga sierte Weinstraße. Lokale Rebsorten dominieren, v. a. die aromatische we Žilavka (Andelič, Koža, Nuič v. a. 15 Selection, Podrumi Andrija 15 Select (13), Tvrdoš, Vukoje) und die lebhafte rote Blatina (Hercegovina Produ Koža, Nuič Premium (13), Podrumi Andrija Barrique (12), Zadro Selek (10)). Guter Vranac auch von Tvrdoš, Vukoje, Andelič.

Kosovo hat 3.200 ha Weinberge und zwölf kommerzielle Kellereien, doch ; Weinproduktion hängt hinter dem Rest der Region zurück. Größter Erzeu-r ist Stonecastle.

Mazedonien (das aufgrund der anhaltenden Namensstreitigkeiten mit iechenland auch FYROM = Former Yugoslav Republic of Macedonia ge-nnt wird) hängt weiterhin von der Produktion billiger Fassweine ab, doch ; Bemühungen, die Qualität zu steigern und sich mehr auf Flaschenweine konzentrieren, dauern an. Viele der kleineren Neugründungen haben kei-n Markt für ihre Weine gefunden und sind verschwunden. Erstaunlicher-ise sind die größeren Betriebe die Qualitätsmotoren, die in die Forschung 'estieren. Der Gigant Tikveš leistet sich einen in Frankreich ausgebildeten llermeister und beeindruckt mit Weinen wie Bela Voda und Barovo von ızellagen; gut sind die Reihen Special Selection (v.a. Grenache blanc, mjanika, Vranec) und Domaine Lepovo (reichhaltiger, eichenholzwürziger ARDONNAY, Grand Cuvée). Stobi verwendet nur Trauben von den 600 ha ;ener Lagen; probieren Sie Vranec Veritas, Vranec Classic, roten Aminta, avka und verfeinerten Petit Verdot. Château Kamnik ist die führende Bou-uekellerei mit gutem Carmenère, Syrah Ten Barrels, Temjanika Premium, ınec Terroir. Weitere interessante Kellereien: Ezimit (Reihe Stardust, Vranec rrique), Popov, Popova Kula (Stanušina in drei Stilen), Skovin (Markov ınastir Vranec, Temjanika).

Montenegro hat den Status eines EU-Kandidaten. Seine 4.500 ha Wein-rge teilen sich auf in das Küstengebiet und in das Becken des Skutari-es (Skadarsko jezero). Die Firma 13. Jul Plantaže ist ein Großproduzent 310 ha) – tatsächlich einer der größten Weinberge Europas, doch die ine sind recht gut (z. B. Procorde Vranac, Stari Podrumi, Vranac Barrique). respektabler Vranac kommt aus der winzigen Kellerei Sjekloča.

Serbien besitzt mit etwa 18.000 ha Rebland und ca. 235 kommerziell ›eitenden Kellereien die größte Weinindustrie, doch im Zuge der fortgesetz-Weinrevolution tauchen regelmäßig neue Namen auf. Empfehlenswerte 'euger: Aleksandrovič (Trijumf, Triumf Noir, Schaumwein, Barrique, Regent d Rodoslav), Aleksič (Amanet), Budimir (Triada, Svb Rossa), Cilič, Despo-a (Morava, Dokaz), Ivanovič (Prokupac), Janko (Vrtlog, Misija), Kovačevič HARDONNAY, Aurelius), Matalj (Kremen CABERNET SAUVIGNON, Kremen men), Pusula (CABERNET FRANC), Radovanovič (Cabernet Reserve), Temet go, Tri Morave), Zvonko Bogdan (SAUVIGNON BLANC, Rosé Sec, Cuvée .1). Keiner bleibt hier durstig.

schechische Republik

Der böhmische und mährische Wein hat eine lange Geschichte, aber kaum echte Champions. Zwei Weinregionen gibt es in der Tschechischen Re-blik: Böhmen und das 20-mal so große Mähren mit einer Gesamtrebflä-; von 17.400 ha. Die Jahresproduktion macht nicht einmal die Hälfte des rlichen Verbrauchs aus – was angesichts der patriotischen Einstellung der inkonsumenten die Erzeuger in eine äußerst vorteilhafte Lage gebracht – Schnäppchen sind deshalb rar. Führende Kraft auf dem Markt ist die antische Bohemia Sekt Group mit Sitz nahe der Bierstadt Pilsen (Böhmen), auch mehrere Kellereien von beachtlicher Größe in Mähren gehört. Da-:h kommen Vinselekt Michlovský, Znovín Znojmo, Vinné sklepy Valtice âteau Valtice) und Zámecké vinařství Chateau Bzenec (alle in Mähren).

oun, Radomil Mäh ★→★★ Einer der ersten Erzeuger, der 1990 privatisiert wurde. Investiert mit eigenem (nicht EU-) Geld, um zwei marode ehemalige Genossenschaften stilvoll zu modernisieren.

Mittel- und Südosteuropa

Dobrá Vinice Mäh ★★★ Vom slowenischen Erzeuger Aleš Kristančič inspiriter Einzelgänger. Mit Sicherheit die besten Weißweine des Landes.

Dufek, Josef Mäh ★★ Dynamische moderne Familienkellerei, die eine jalhundertealte Tradition für sich in Anspruch nimmt und über 30 Rebsort ökologisch anbaut.

Dva Duby Mäh ★★★ Überzeugter »Terroirist«; v. a. BLAUFRÄNKISCH na biodynamischen Prinzipien.

Lobkowicz, Bettina Bö ★→★★★ Hervorragender PINOT NOIR und Schauweine nach der klassischen Methode: RIESLING, Pinot noir Blanc de Noi Cuvée CHARDONNAY/PINOT BLANC/PINOT GRIS.

Plešingr & Sons Mäh ★★→★★★ Die Gebrüder Michal und Patrik folgen d Fußstapfen ihres Vaters. Aushängeschilder sind PINOT NOIR und PIN GRIS.

Stapleton & Springer Mäh ★★ Gemeinschaftsunternehmen des Weinmchers Jaroslav Springer mit dem ehemaligen US-Botschafter Craig Stapton und dessen Bruder Benjamin. Der Schwerpunkt liegt auf PINOT NOIR

Stávek, Richard Mäh ★→★★★ Auf »raw wines« eingeschworener Erzeug Seinen Orange Wine führen spezialisierte Weinbars in New York und etlic europäische Restaurants.

Tanzberg Mäh ★★ Guter WELSCHRIESLING und PINOT NOIR aus dem Pála Hügelland. Auch preisgekrönte Schaumweine.

Žernoseky Bö ★★ Bester RIESLING, PINOT BLANC und MUSCAT von ein großartigen Terroir im Elbtal.

Slowakische Republik

Die Weinberge der Slowakei beginnen bei Bratislava an der Donau, verlfen dann entlang den Ausläufern der Karpaten nach Norden und reich im Süden bis in die slowakische Tokajer-Region. Klassische zentraleuropsche Sorten dominieren neben internationalen Trauben; insgesamt steh etwa 12.000 ha unter Reben. Viel Geld fließt weiterhin in schicke neue Kereien wie Elesko (Modra, Kleine Karpaten), ein im östlichen Mitteleuropa kkurrenzlos großer Betrieb mit Restaurant, Kunstgalerie (Warhol-Originale) u viel ausländischem Geld. Weitere bemerkenswerte Erzeuger sind: Châte Belá Riesling (Mužla, Südslowakei), an dem Egon Müller vom Scharzhof (M sel) beteiligt ist, Golguz Hlohovec, Karpatská Perla (Šenkvice), Víno Matyš (Pezinok), Malík & Sons (Modra), Miroslav Dudo (Modra), Château Mo (alle Kleine Karpaten), Movino Veľký Krtíš und Pivnica Radošina (beide Ztralslowakei) sowie J.J. Ostrožovič (Veľká Tŕňa, Tokaj). Größter Weinerzeu des Landes ist Vinárske závody Topoľčianky, größter Sektproduzent JE Hub Sereď; beide bringen pro Jahr jeweils sieben Millionen Flaschen auf den Ma

Rumänien

Wechselvolle Zeiten stehen an in Rumänien. Einerseits sieht man weit hin am laufenden Band neue, qualitätsorientierte Kellereien und Invtitionen in Weinberge, wodurch Europas sechstgrößtes Erzeugerland eines wenigen war, das im schwierigen Jahrgang 2016 die Mengen steigern ko te. Andererseits legen die Festnahmen wegen Steuerbetrugs in der größ Kellerei des Landes nahe, dass nicht alles rosig ist. Immerhin könnten s dadurch die Chancen neuerer Kellereien auf größere Marktanteile erhöh Exportiert werden großteils preisgünstige Weine von internationalen Sort doch die interessanteren Lokaltrauben wie Fetească (albă, regală und neag sowie Raritäten wie Negru de Drăgăşani und Novac dringen zunehmend in Weinlisten vor.

incis Munt r w ★→★★ 11' 12 13 15 – Erzeuger in der dynamischen Region DRĂGĂŞANI mit elsässischem Kellermeister. Probieren Sie die rote Cuvée Andréi, die hübsche Cuvée Amelie, den Negru de Drăgăşani (13) und den PINOT GRIS/FETEASCĂ REGALĂ.

lla Gèza Cri-Mar r rs w ★→★★ Führender Erzeuger in Minis; auch als »Wine Princess« bekannt. Am besten ist die Reihe Stone Wine.

nat Weinregion im Westen.

e ältesten menschlichen Fußspuren in einer Höhle in Rumänien sind 37.000 Jahre alt.

uer Winery Munt r w ★★ 13 15 – Das eigene Projekt des Kellermeisters von PRINCE ŞTIRBEY. Sehr guter Crâmposie und FETEASCĂ NEAGRĂ.

dureasca Munt r w ★→★★ 13 15 – 300-ha-Gut in DEALU MARE mit britischem Kellermeister. Beständige Qualität beim Mittelklasse-Etikett Budureasca (v. a. schöner Sec Fumé und FETEASCĂ REGALĂ Vine in Flames) und der Spitzenmarke Origini Reserve.

rcova Munt r w ★→★★ 13 15 – Renovierte Krondomäne aus dem 19. Jahrhundert mit Weinbergen. Empfehlenswert: Feteascâ NEAGRĂ, CHARDONNAY Reserve und der neue Verschnitt auf CABERNET-SAUVIGNON-Basis (13).

tnari Mold – DOC-Region in der MOLDAU, historisch für Süßweine bekannt. Heute entstehen jedoch meist trockene bis liebliche Stile von den Sorten FETEASCĂ ALBĂ, Frâncusă, GRASĂ und TĂMÂIOASĂ.

tnari Wine House Mold rs w ★ 14 (15) – Erzeuger der nächsten Generation in COTNARI mit 350 ha, gegründet 2011. Der Fokus liegt auf lokalen Sorten wie Busuioaca de Bohotin und GRAŞA de Cotnari.

tnari Winery Mold w; s ★ Mit 1.200 ha einer der größten Erzeuger Rumäniens. Hauptsächlich trockene und halbtrockene Weiße von lokalen Trauben. Die gereiften süßen Collection-Weine können langlebig und eindrucksvoll sein.

ama Girboiu Mold r w ★→★★ 200 ha im erdbebengefährdeten Vrancea, daher Etiketten wie Tectonic (v. a. Sarba, FETEASCĂ NEAGRĂ) und Epicentrum (Verschnitte). Der einzige Winzer, der die seltene Sorte Plavaie anbaut und unter der Marke Livia (BV) und im Schaumwein Cuartz verkeltert.

ama Oprişor Munt r rs w ★★→★★★ 13' 15 – Spannender Crama Oprişor CABERNET SAUVIGNON, roter Verschnitt Smerenie und Spitzencuvée Ispita (11'). Verlässlich die Reihe La Cetate. Guter Caloian Rosé, lebhafter Rusalca Alba (15).

wa eine Million Rumänen leben vom Weinbau; auf fünf Prozent der landwirtschaftlichen Flächen stehen Reben.

amele Recaş Banat r rs w ★★→★★★ 13 15' – In dem großen (980 ha), progressiven, beständigen Gut arbeiten seit Langem ein australischer und ein spanischer Kellermeister. Sehr gutes Preis-Leistungs-Verhältnis bei den Sortenweinen unter den Etiketten Calusari, Dreambird, Frunza, I heart, I am, Paparuda, Werewolf. Mittlere Lage: La Putere, Sole. Exzellent sind die Premiumweine, v. a. Cuvée Überland, die Selene-Rotweine und der Solo Quinta (Weißweinverschnitt).

şana und Maramures Region im Nordwesten, zu der auch die DOC Minis gehört. Empfehlenswert: Carastelec (mit dem Etikett Vinca) und das renovierte Gut Nachbil.

vino Munt r w ★★★ 12' 13 14 15 – Spitzenerzeuger mit 68 ha in DEALU MARE. Fokus auf Verschnitte für sehr guten Domaine Ceptura, großartigen Flamboyant und Rezerva. Auf lokalen Trauben basieren der Plai a Einsteigerniveau und die sehr guten Monogram-Weine für komplexer FETEASCĂ NEAGRĂ und ALBĂ.

Dealu Mare/Dealul Mare Munt – »Der große Berg«. Historisches Qualitä weinbaugebiet und DOC an Südhängen. Heimat vielversprechender neu Boutiquekellereien: Crama Basilescu (MERLOT, FETEASCĂ NEAGRĂ), Lac ta, Rotenberg (MERLOT, v. a. Menestrel, Notorius).

Dobrogea (Dobrudscha) Sonnige, trockene Schwarzmeerregion. Enthält DOCS MURFATLAR, Babadag und Sarica Niculitel. Historisch berühmt süßen Spätlese-CHARDONNAY, heute auch für körperreiche Rote. Neu das biodynamische Gut Bogdan.

DOC *Denumire de Origine Controlată* ist der rumänische Ausdruck für g schützte Ursprungsbezeichnung (g.U.). Unterkategorien sind etwa DC CMD für Weine aus vollreif gelesenen Trauben, DOC-CT für Spätlesen u DOC-CIB für edelfaule Weine. *Vin cu Indicatie Geografica* (IG) ist das Äq valent zur g.g.A.

Domeniile Sahateni Munt r w ★→★★ 12 13 (15) – Weingut mit 70 ha DEALU MARE. Empfehlenswert: Anima Fete Negre 3, Artisan Alb (wei Rosu (rot) und TĂMÂIOASĂ.

Domeniul Coroanei Segarcea Munt r w ★★ Historische Krondomäne. Am be ten sind die Weißweine: FETEASCĂ ALBă, TĂMÂIOASĂ (auch guter lieblich Rosé). Vielversprechende Prestigeweine Marselan und VIOGNIER.

Drăgăşani Munt – Dynamische Weinregion am Fluss Olt. Angeführt hat Wiederbelebung PRINCE ŞTIRBEY, jetzt sind auch AVINCIS, Negrini, Is rescu, Via Sandu und neuerdings auch BAUER dabei. Gut für aroma sche frische Weißweine, v. a. von der lokalen Crâmposie selectiona TĂMÂIOASĂ und SAUVIGNON BLANC (frisch). Unverwechselbare Rotwei aus lokalen Trauben: Novac, Negru de Drăgăşani.

Halewood Romania Munt r rs w ★→★★ 13 15 – Die gewiefte Kellermeiste steigert weiterhin die Qualität in diesem Unternehmen in britischem B sitz. Beste Gewächse: Hyperion PINOT GRIS, und CABERNET SAUVIGNC Kronos PINOT NOIR und Theia CHARDONNAY. Ebenfalls sehr gut sind Einzellagenselektionen: Scurta VIOGNIER/TĂMÂIOASĂ, Sebes Chardonn La Umbra ist eine preiswerte kommerzielle Reihe.

Jidvei Siebenbürgen w ★→★★ 15– Rumäniens größter Weinbaubetrieb r 2.460 ha in der Unterregion JIdvei in SIEBENBÜRGEN. Verbessert seit de Bau der neuen Kellerei 2014 und der Beratung durch Marc Dworkin (au bei Bessa Valley in Bulgarien). Halten Sie sich an die trockenen Weine, v den SAUVIGNON BLANC Clasic sowie aus der Reihe Owner's Choice d CHARDONNAY Ana und den PINOT GRIS Maria.

Lacerta Munt r w ★★ 12 13 (15) – Qualitätsweingut in DEALU MARE, das na einer lokalen Eidechsenart benannt ist. Empfehlenswert: rote Cuvée IX u weiße Cuvée X sowie der SHIRAZ.

Liliac Siebenbürgen r rs w ★★→★★★ 13' 15 – Sehr guter Erzeuger österreichischem Besitz; der Name bedeutet »Fledermaus«. Anmut frische Weißweine, v. a. FETEASCĂ REGALĂ, FETEASCĂ ALBĂ und köstl süßer Nectar. Ausgezeichneter roter und rosé PINOT NOIR, verführerisch orangefarbener CHARDONNAY (14).

Moldau (Moldova) Die größte Weinregion des Landes liegt nordöstlich d Karpaten an der Grenze zu Moldawien.

Muntenien und **Oltenien** Große Weinregion im Süden mit den DOC-Geb ten DEALU MARE, Dealurile Olteniei, DRĂGĂŞANI, Pietroasa, Sâmbure Ştefăneşti und Vânju Mare.

ırfatlar Winery Dob r w – Bedeutender Produzent für den Inlandsmarkt in der gleichnamigen Region. Steht nach Festnahmen in der Geschäftsleitung unter besonderer Beobachtung.

tro Vaselo Banat r rs w ★★ 13 15 – Italienische Investition im BANAT mit Tendenz zum Bioweinbau. Guter Schaumwein Bendis, Melgris FETEASCĂ NEAGRĂ, roter Ovas. Sehr gut auf Einsteigerniveau sind Alb, Roşu und Rosé.

ince Ştirbey Munt r rs w; sch ★★→★★★ 13 15 – Pioniergut in DRĂGĂŞANI. Sehr gute trockene Weißweine, v. a. von der lokalen Crâmposie selecţionată (still und schäumend), SAUVIGNON BLANC, FETEASCĂ REGALĂ und TĂMÂIOASĂ Sec. Sehr gut sind auch die lokalen Roten (Novac und Negru de Drăgăşani).

nator Mold r w ★ 850 ha in vier Regionen. Die Reihen Monser und Glia (v. a. Sarba, Babească neagră) bringen rumänische Trauben, Omnia ist die Biomarke, Varius setzt auf internationale Sorten.

:.R.V.E. Munt r rs w ★★→★★★ 12 13 15 – Der Pionierbetrieb in DEALU MARE wurde von dem 2011 verstorbenen korsischen Grafen Guy de Poix gegründet, nach dem die neue Cuvée (100 % FETEASCĂ NEAGRĂ) benannt wurde. Verlässliche Einsteigerweine unter dem Etikett Vinul Cavalerului, exzellent die Reihe Terra Romana. Cuvée Charlotte ist der Maßstab für rote Qualitätsweine.

ebenbürgen Kühle Hochebene im Zentrum Rumäniens. Meist Weißweine mit guter Säure.

le Metamorfosis Munt r w ★★ 13 15 – Zu Antinori (Italien) gehörendes Weingut in DEALU MARE. Spitzenwein: Cantvs Primvs CABERNET SAUVIGNON (**09**) und neuer FETEASCĂ NEAGRĂ (12). Sehr guter Via Marchizului Negru de DRĂGĂŞANI (13') und gute Reihe Metamorfosis.

la Vinea Siebenbürgen r w ★★ 13 (15) – Junger Erzeugerbetrieb in italienischem Besitz. Gute Weiße, v. a. GEWÜRZTRAMINER, SAUVIGNON BLANC und FETEASCĂ REGALĂ sowie Rotweinverschnitt Rubin (nicht von der gleichnamigen bulgarischen Traube gekeltert).

ıarte Munt r w ★★ 11 12 13 – Unternehmen unter italienischer Führung, zu dem drei Weingüter gehören: Villa Zorilor in DEALU MARE, Castel Bolovanu in DRĂGĂŞANI und Terase Danubiane in Vânju Mare. Beste Weine: Soare CABERNET SAUVIGNON und Prince Matei MERLOT.

ıcon Vrancea Mold r w; tr s ★ Auf den Inlandsmarkt konzentrierter Großerzeuger mit 1.500 ha in Vrancea.

ıalta

ıalta und Gozo haben etwas über 300 ha Weinberge, meist im Besitz von Winzern, die ihre Ernte an die großen Kellereien verkaufen, u. a. an licata, Marsovin und die zu Antinori gehörende Meridiana. Zusätzlich wer-ı Weine aus italienischen Importtrauben erzeugt. Wenn Sie etwas typisch ıltesisches möchten, dann achten Sie auf die lokalen Sorten Gellewza ıchte Rote, auch passable Schaumweine) und die weiße Girgentina, die oft ;ammen mit CHARDONNAY zu saftig-vollfruchtigen Weinen verkeltert wird. r am höchsten gehandelte Wein Maltas ist der Grand Maître von Marsovin, in Eiche ausgebauter Verschnitt aus CABERNET SAUVIGNON und CABERNET ANC – teuer, aber das viele Geld nicht wirklich wert. Auch eine Handvoll utiquekellereien existiert, manche sind rustikal, während andere, etwa San ‹law, beste Qualität hervorbringen, wenn auch nur in sehr begrenzten Menı. Der VERMENTINO, SANGIOVESE und SYRAH von San Niklaw sind wirklich ıerkenswert.

Griechenland

Die wirtschaftlichen Schwierigkeiten Griechenlands wären allein sch ausreichend, dass man als wohlgesinnter Mensch einem Land mit vielen Problemen Sympathie und Unterstützung entgegenbringen möch Glücklicherweise ist Mitgefühl bei der Frage, wo griechischer Wein in uns Ernährung passt, gänzlich unnötig: Auf der Liste der köstlichen, belebend Alternativen steht er ganz oben. Die besten der neuen Weine Griechenlar ahmen niemanden nach; sie stammen von einheimischen Reben und zeig ganz eigene Eigenschaften und Geschmacksnoten. Die Tatsache, dass gr chischer Wein für die meisten Genießer ein blinder Fleck ist, liefert nur ein weiteren Grund, sich für ihn zu entscheiden. In diesen unruhigen Zeiten glä die Weinbranche mit einer großen Erfolgsstory. Eventuell sollten Sie aber weniger geläufigen Namen im Kapitel »Rebsorten« (S. 13–26) nachschlag von Aghiorgitiko bis Xinomavro.

Die folgenden Abkürzungen werden im Text verwendet:

Äg	Ägäische Inseln	N Gr	Nordgriechenland
Ion	Ionische Inseln	Pelop	Peloponnes
Mak	Makedonien	Thess	Thessalien
M Gr	Mittelgriechenland		

Alpha Estate Mak ★★★ Hochgelobtes Weingut in AMYNTEON mit herv ragenden Weinbergen. Exzellenter Verschnitt von MERLOT/SYRAH/XIN MAVRO, exotischer MALAGOUSIA und XINOMAVRO Reserve von alten wurz echten Reben – stilistisch wie aus der Neuen Welt.

Amynteon Mak (POP) – In Griechenlands kühlster Appellation domini XINOMAVRO. Frische Rote und hervorragende Rosés, sowohl still als au schäumend.

Argyros Äg ★★★★ Spitzenerzeuger auf SANTORINI mit beispielhaftem V SANTO, der 20 Jahre im Fass reift (★★★★). Der aufregende weiße KTI ist ein Jahrzehnt haltbar. Fest und ausgewogen zeigt sich der weiße Var Ein Spitzenexemplar ist der seltene würzige MAVROTRAGANO (rot).

Avantis Mittelgriechenland ★★★ Boutiquekellerei in Evia, auch Weinberge Böotien. SYRAH-Spezialist mit exquisitem Aghios Chronos Syrah/VIOGNI an die Rhône erinnerndem Syrah Collection und reichhaltigem MALAGO SIA. Das neue Projekt Delfinia auf SANTORINI, in der Kellerei GAVALAS, äußert vielversprechend.

Biblia Chora Mak ★★★ Der mustergültige SAUVIGNON BLANC/ASSYRTIKO ein Riesenerfolg. Die Reihe Ovilos (rot und weiß) könnte erstklassige dreimal so teurem Bordeaux Konkurrenz machen. Probieren Sie den Vic no. Schwestergut von GEROVASSILIOU.

Boutari, J. & Sohn ★→★★★ Erzeuger mit langer Tradition, tätig in vie Regionen, doch der Stammsitz ist in NAOUSSA. Ausgezeichnetes Pre Leistungs-Verhältnis, v. a. für den Jahrzehnte haltbaren Grande Rese Naoussa. Auch sehr beliebter MOSCHOFILERO. Spitzenweine sind der O pedio MOSCHOFILERO und der 1879 Legacy Naoussa.

Carras, Domaine Mak ★★ Das Gut auf der Chalkidiki mit eigener POP Rot- und Weißweine (Côtes de Meliton) hat Geschichte geschrieben. W bereiter war der Chateau Carras, ansonsten auch anspruchsvoller SYR und blumiger MALAGOUSIA; das beste Preis-Leistungs-Verhältnis aber vielleicht der rote Limnio.

Dalamaras ★★★ Fantastischer Erzeuger in NAOUSSA. XINOMAVRO-Weine großer Reinheit.

ugos Mittelgriechenland ★★★ Exzellente Rote, u. a. der an einen Châteauneuf erinnernde Methymon, doch liegt der Fokus inzwischen auf RAPSANI, v. a. dem Old Vines (von alten Reben).

iopi Pelop ★★★ Betrieb von TSELEPOS in NEMEA. Spitzenwein ist der Reserve von einer Einzellage, aber probieren Sie auch den Driopi Rosé, der an einen Tavel erinnert.

onomou Kreta ★★★ Einer der großen Wein-Kunsthandwerker Griechenlands bereitet den brillanten, aber schwer aufzutreibenden roten Sitia. Erinnert an Burgunder, ist aber ein echter Grieche.

Griechische Appellationen

Im Einklang mit den anderen EU-Staaten ändert Griechenland seine Etikettbegriffe. Die Qualitätskategorien OPAP und OPE werden in der neuen Bezeichnung POP (geschützte Ursprungsbezeichnung) zusammengefasst. Die bisher als TO bekannten Regionalweine heißen nun PGE (geschützte geografische Angabe). Man muss sie lieben, oder?

ia Äg, Pelop ★★★ Spitzenerzeuger in NEMEA und auf SANTORINI. Großartiger Thalassitis Santorini (der Submerged ist eine unter Wasser ausgebaute Version) und elegant eichentöniger mit Wildhefen vergorener Assyrtiko. Der Spitzenwein Gaia Estate aus Nemea hält 15 Jahre und länger. Außerdem umwerfender roter »S« (Agiorgitiko mit einem Schuss SYRAH).

valas Äg ★★→★★★ Aufstrebender Erzeuger in SANTORINI. Der Wein von der äußerst seltenen weißen Katsano-Traube ist ein Muss.

ntilini Ion ★★→★★★ Führender Erzeuger auf Kefallonia, u. a. mit stahligem Robola. Wunderbarer, aber seltener trockener MAVRODAPHNE Eclipse (rot), seriöser SYRAH.

rovassiliou Mak ★★★ Der führende Erzeuger in Sachen Qualität (und Trend). Von hier kommt der originale ASSYRTIKO/MALAGOUSIA und ein erstklassiger Malagousia mit Eichennote – letztere Traube beherrscht er wie kein Zweiter. Spitzenrotweine: Avaton von einheimischen Sorten und SYRAH. Verbindungen bestehen zu BIBLIA CHORA, den Kokkalis-Kellereien (und zu Escapades in Stellenbosch).

umenissa Mak POP ★→★★ Appellation für Rotweine von XINOMAVRO und Negoska, leichter als NAOUSSA. Erzeuger: v. a. Chatzyvaritis (★★★), Tatsis (★★★), Aidarinis (Einzellagenweine ★★★), BOUTARI (Filiria).

tzidakis Äg ★★★ Erzeuger der Spitzenklasse, der die Appellation SANTORINI mit seinen extrem kraftvollen Einzellagenweinen neu definiert. Die ASSYRTIKO-Weine Nihteri, Mylos und Louros (★★★★) können jahrzehntelang altern.

lios Pelop – Gemeinsamer Name für die Weine von Semeli, Nassiakos und Oreinos Helios; durch die Bank gutes Preis-Leistungs-Verhältnis. Spitzenwein: Nassiakos MANTINIA.

rydas Mak ★★★ Winziges Familiengut mit großartigem Weinberg in NAOUSSA, das wunderbar minutiös klassischen, kompakten, aber immer verfeinerten und edlen XINOMAVRO erzeugt.

togi-Strofilia Attika, Pelop ★★→★★★ Ursprünglich aus dem Epirus-Gebirge. Katogi war der erste griechische Kultwein. Spitzenweine heute: KTIMA Averoff und die Reihe Rossiu di Munte aus Lagen von über 1.000 m Höhe. Charmanter weißer Strofilia.

tsaros Thess ★★★ Kleiner Erzeuger am Olymp. Der KTIMA (CABERNET SAUVIGNON/MERLOT) ist ein griechischer Klassiker. Der jüngste Zugang zum Sortiment ist der straffe XINOMAVRO Valos.

Kefallonia Ion – Große Insel im Ionischen Meer mit drei POPs: mineralisch ROBOLA (weiß), seltener MUSCAT (weiß, süß) und exzellenter MAVR DAPHNE (rot, süß). Trockener Mavrodaphne liegt hier (wie überall in Gr chenland) im Trend.

Kir-Yianni Mak ★★→★★★ Ableger der Familie BOUTARIS mit Weinberg in NAOUSSA und AMINTEON. Wegweisende, alterungswürdige Rotweir u. a. Ramnista Naoussa, Diaporos, Blue Fox. Probieren Sie die Akaki Schaumweine (rosé, weiß), um die Tannine wegzuspülen.

Ktima Weingut. Manche bestehen darauf, dass der Begriff Ktima in latei schen Buchstaben auf dem Etikett steht. Sie haben recht.

Die vielen Gesichter des Xinomavro

XINOMAVRO ist der facettenreiche König des Nordens, dem nicht weniger als vier Appellationen gewidmet sind: NAOUSSA, AMYNTEON, GOUMENISSA und RAPSANI. Er liefert exzellente rosé Stillweine (THIMIOPOULOS), weiße und rosé Schaumweine (KIR-YIANNI, großartiger Blanc de Noirs von Karanikas) und Rote, die traditionell (BOUTARI, Foundis), schwergewichtig (ALPHA ESTATE, Chatzivaritis), ganz geradlinig (DALAMARAS, KARYDAS) oder einfach wild (Kokkinos, Tatsis) sein können. Tolle Qualität fürs Geld in jedem Fall.

Lazaridi, Domaine Costa Attika, Mak ★★★ Kellereien in Drama und Atti (unter dem Etikett Oenotria Land). Beliebte Weine unter dem Namen Am thystos. Spitzengewächs ist der erstaunliche Cava Amethystos CABERN SAUVIGNON, gefolgt vom Oenotria Land CABERNET SAUVIGNON/AGIORGI KO. Der Rosé Julia im Provence-Stil liegt voll im Trend.

Lazaridi, Nico Mak ★→★★★ Kellereien in Drama und Kavala. Guter Châte Nico Lazaridi (rot, weiß), interessante Reihe Cavalieri. Spitzenweine si der rote (CABERNET SAUVIGNON) und weiße (SAUVIGNON BLANC) Magi Vouno.

Lyrarakis Kreta ★★→★★★ Erzeuger in Heraklion, der alte kretische Sort wie Plyto, Dafni und Melissaki wiederbelebt und praktisch vor dem Ausst ben bewahrt. Die Einzellagenabfüllungen sind außergewöhnlich, aber nic leicht zu finden. Höchst interessanter ASSYRTIKO.

Manoussakis Kreta ★★★ Großartiges Gut mit vom Rhône-Stil inspirierten V schnitten, doch griechische Sorten sind in Vorbereitung. Solide Reihe N tos, angeführt von den alterungswürdigen, kraftvollen ROUSSANNE- u SYRAH-Weinen.

Mantinia Pelop POP w – Hoch gelegene, kühle Appellation für frische, knac ge, schon fast im deutschen Stil alkoholarme Weine von der charmant Sorte Moschofilero, deren Duft an MUSCAT erinnert. Auch Schaumwei sind nun unter der POP-Bezeichnung zugelassen.

Mercouri Pelop ★★★ Eines der schönsten Weingüter Griechenlands, an d Westküste gelegen. Sehr guter KTIMA (rot), köstlicher RODITIS (weiß), ko plexer trockener MAVRODAPHNE (rot), edler REFOSCO (rot).

Monemvasia-Malvasia Pelop – Die jüngste POP (2010), in der die Rebsort Monemvasia, Assyrtiko und Kydonitsa zur Neuerschaffung der legenc ren sonnengetrockneten süßen Weißweine des Mittelalters verwendet w den – das Original des Malmsey. Derzeit ist allerdings nur ein Exemplar a dem Markt, und zwar von der Monemvasia Winery (★★★).

Naoussa Mak POP ★★→★★★ Region für raffinierten, duftenden XINOMAV der Spitzenklasse. Die besten Exemplare stehen qualitativ und stilistis (aber nicht preislich) auf einer Stufe mit Barolo. Spitzenerzeuger: u. a. DALAMARAS, KARYDAS, KIR-YIANNI, THIMIOPOULOS.

emea Pelop POP ★★→★★★ Rotweine von der Agiorgitiko-Traube. Riesiges Qualitätspotenzial; die Stile reichen von frisch über klassisch bis exotisch. Siehe auch DRIOPI, GAIA, HELIOS, NEMEION, PAPAÏOANNOU, SKOURAS. Weinberge in Höhenlagen gewinnen an Bedeutung, neue Eiche dagegen weniger.

emeion Pelop ★★★ KTIMA in NEMEA mit hohen Preisen (v. a. für den roten Igemon) und opulentem Stil.

lyvos Pelop ★★→★★★ Exzellenter Erzeuger in NEMEA mit modernen, ausladenden Rotweinen. Einzellagenselektionen sind exzellent. Hochinteressanter VIOGNIER.

païoannou Pelop ★★★ Papaïoannou nimmt in NEMEA eine Rolle ein wie Jayer in Burgund. Mustergültige Weine: außerordentlich günstiger KTIMA, Palea Klimata von alten Reben, Microklima von einer winzigen Einzellage und als Spitzenwein der Terroir. Die meisten Jahrgänge brauchen mindestens ein Jahrzehnt Reifung.

vlidis Mak ★★★ Hervorragender Erzeuger in Drama. Sehr schicker weißer Thema (ASSYRTIKO/SAUVIGNON BLANC). Die Reihe Emphasis bietet sortenreine Weine, u. a. hochklassigen Assyrtiko, AGIORGITIKO und TEMPRANILLO. Der rote Thema (Agiorgitiko/SYRAH) ist umwerfend.

psani Thess ★★★ POP am Berg Olymp. Durch TSANTALIS in den 1990er-Jahren berühmt geworden (v. a. Grande Reserve); nun interpretieren neue Erzeuger wie Dougos und das neue Unternehmen von THIMIOPOULOS den Stil anders. Trauben: XINOMAVRO, Stavroto und Krasato. Am besten aus Hochlagen.

tsina Wurde von vielen lange Zeit für den Nagel zum Sarg des griechischen Weins gehalten, doch neue, herrlich frische Retsinas (z. B. von GAIA oder Kechris) sind eine ausgezeichnete Alternative zu Fino Sherry. Jawohl, es gibt großartigen, sogar alterungswürdigen Retsina!

mos Äg POP ★★→★★★★ Die Ägäisinsel ist berühmt für ihren süßen MUSCAT blanc. Am besten sind der gespritete Anthemis und der Nectar aus sonnengetrockneten Trauben. Seltene alte Abfüllungen haben rundum ★★★★-Status, nur nicht im Preis – etwa der seltene Nectar der Jahrgänge 75 oder 80.

nto Äg ★★→★★★ Äußerst erfolgreiche Genossenschaft auf SANTORINI mit gutem Angebot lebhafter Weine, inkl. einer erstaunlichen Grande Reserve und reichhaltigen, aber dennoch frischen VINSANTOS. Sehr günstig sind der ASSYRTIKO und der Nyhteri. Eine neue (und spannende) Entwicklung sind die Schaumweine. Im Stil zurückhaltend.

ntorini Äg ★★★→★★★★ Vulkaninsel mit dramatischer Landschaft nördlich von KRETA – und POP für trockene und süße Weißweine. Üppiger VINSANTO, sehr trockener Assyrtiko mit Salznote. Spitzenerzeuger: GAIA, HATZIDAKIS, SIGALAS, SANTO. Wo sonst bekommt man trockene ★★★★-Weißweine, die 20 Jahre altern können, so billig? Weltklasse! Auch die Rotweine von der MAVROTRAGANO-Traube (nicht Teil der POP) können großartig sein. Der Gipfel des griechischen Weins.

galas Äg ★★★ Spitzenerzeuger auf SANTORINI mit stilvollem VINSANTO und exzellentem rotem MAVROTRAGANO. Die trockenen Weißen Nyhteri und Cavalieros sind nicht von dieser Welt. Neue Wege geht die Mikro-Cuvée-Reihe Seven Villages.

ouras Pelop ★★→★★★ Sehr beständiges Angebot. Den schlanken, mit Wildhefen vergorenen Salto MOSCHOFILERO lohnt es einzukellern. Rote Spitzenweine: Grande Cuvée NEMEA von einer Hochlage, Megas Oenos.

Griechenland

Der in einer Solera aus mehreren Jahrgängen zusammengestellte Lab rinth ist seltsam, aber wunderschön.

Tatsis Mak ★★★ Experimentell arbeitender Erzeuger in GOUMENISSA r großer Stilvielfalt, inklusive Orange Wine. Top ist der Old Roots XINOMAVR

Thimiopoulos Mak ★★★★ NAOUSSA der neuen Generation mit spektaku rem Exporterfolg, verkauft unter dem Namen Earth and Sky oder Uranc Unbedingt probieren. Hat ein neues Projekt in RAPSANI. Einen interessa ten Einstieg in diese Kellerei bietet der Young Vines.

Tsantalis Mak ★→★★★ Alteingesessener Erzeuger mit riesigem Angeb Guter roter Metoxi, RAPSANI Reserve, Grande Reserve, preisgünstige W ne aus Thrakien. Hat die Weine vom Kloster Athos berühmt gemacht, etv den exzellenten Avaton.

Tselepos Pelop ★★★ Spitzenerzeuger in MANTINIA und NEMEA (siehe DRIO mit einer verführerischen Reihe von MOSCHOFILERO-Weinen. Grieche lands bester MERLOT (Kokkinomylos ★★★★), nicht weit dahinter folgt c Avlotopi CABERNET SAUVIGNON von einer Einzellage. Hat zusammen r Canava Chrysou auch einen Betrieb in SANTORINI.

Vinsanto Äg ★★★→★★★★ Der fassgereifte, üppige Wein aus sonneng trockneten ASSYRTIKO- und Aidani-Trauben von SANTORINI ist praktis unbegrenzt lagerfähig.

Zitsa ★★ Kühle POP im gebirgigen Epirus. Delikate Weine von der weiß Debina-Traube (still oder schäumend). Am besten von Glinavos und Zoinc

stlicher Mittelmeerraum nd Nordafrika

stlicher Mittelmeerraum

'in Weinliebhaber von vor 2.000 Jahren würde sich nicht darüber wundern, dass hier, wo heute Zypern, Israel, der Libanon und die Türkei liegen, Wein eugt wird. Seinerzeit hatten diese Weine einen sehr guten Ruf. Tatsächlich der östliche Mittelmeerraum in den letzten 20 Jahren eine Weinrenaisce erfahren, bewirkt durch perfekte Klimata, hohe Lagen, moderne Techogie und international ausgebildete Weinmacher. In jedem dieser Länder stehen nun erheblich bessere Weine als nur zehn Jahre zuvor. Für Weinoriker eine faszinierende Region, doch für viele Weinfreunde von heute ein z neues Gebiet.

pern

'ypern ist derzeit ein Weinland der zwei Geschwindigkeiten – einerseits üben All-inclusive-Urlauber und billige Importe Druck auf die Massenproenten aus, andererseits bringen die führenden Erzeuger der Insel bessere ne denn je hervor und sind oft ausverkauft. Der Fokus liegt weiterhin auf enen Lokalsorten wie Yiannoudi, Promara und Morokanella, gleichzeitig den Xynisteri und Maratheftiko immer besser.

Ambelis w rs r br ★→★★ 13 14 15 (16) – Verlässliche, ansprechende Weißweine auf XYNISTERI-Basis und Rosé. Sehr gute moderne Version des COMMANDARIA.

yrides (Vasa) r w ★★ 13 14 15 – Tadelloses Pionierweingut mit exzellentem MARATHEFTIKO und MOURVÈDRE. Auch sehr guter VIOGNIER und Agyrides (MERLOT/CABERNET SAUVIGNON). VLASSIDES berät.

a Mavri w; s ★→★★ 13 14 15 – Halten Sie sich an den guten süßen MUSCAT und den neuen COMMANDARIA (10).

nmandaria Der reichhaltige, süße Wein mit geschützter Ursprungsbezeichnung von sonnengetrockneten XYNISTERI- und MAVRO-Trauben erlebt ein Revival. Angeblich der älteste Wein mit Eigennamen, der immer noch erzeugt wird. Erzeuger der neuen Generation: AES AMBELIS, Anama, Ktima Gerolemo, KYPEROUNDA, TSIAKKAS.Traditionelle Stile: St Barnabas (SODAP), St John (KEO), Centurion (ETKO).

nstantinou r w ★→★★ Erzeuger in der Region Lemesos mit Ayioklima XYNISTERI (BV) und CABERNET SAUVIGNON.

ern hat vielleicht die längste Weinlese der Welt – von Ende Juli bis November.

KO & Olympus r w br ★→★★ Ehemaliger Großproduzent; seit dem Umzug in die Kellerei Olympus besser. Am besten: St Nicholas COMMANDARIA (12) und großartiger Centurion (00).

K Vasilikon Winery r rs w ★★ 12 13 14 15 – Familienkellerei im Besitz von drei Brüdern. Guter XYNISTERI (BV), rosé Einalia und verlässliche Rote: Ayios Onoufrios und Methy.

nanterena (SODAP) r rs w ★→★★ 13 14 15 – Name der Kellerei der großen SODAP-Genossenschaft in den Hügeln bei Paphos. Günstige, kompetent bereitete Weißweine (BV) und Rosés, v. a. LEFKADA/SHIRAZ. Sehr gu COMMANDARIA St Barnabas (02).

KEO r w br ★ 13 15 – Die Weinbereitung ist jetzt in die Kellerei Mallia in Hügeln umgezogen. Am besten ist die Reihe Ktima Keo, v. a. der rote H tage. Klassischer St John ★★-Commandaria.

Kyperounda r w br ★★→★★★ **13'** 14 15' – Hat mit die höchsten Weinbe Europas auf 1.450 m. Der Petritis setzt Maßstäbe für XYNISTERI. Exzel ter CHARDONNAY, v. a. der neue Epos von eigenen Lagen. Sehr gute R SHIRAZ, Andessitis und der Rote der Spitzenmarke Epos. Exzellenter derner Commandaria (08).

Makkas r w ★→★★ 12 13 14 15 – Ein ehemaliger Ökonom betreibt di Garagenkellerei in der Region Paphos. Guter XYNISTERI, MARATHEFTI SHIRAZ und Red.

Zypern ist immer noch reblausfrei, und einige Reben sind möglicherw Jahrhunderte alt.

Tsiakkas r rs w br ★★→★★★ 13 14 15 – Ehemaliger Banker, der zum V zer wurde. Ausdrucksstarke Weißweine, v. a. SAUVIGNON BLANC XYNISTERI. Auch sehr guter Yiannoudi, Vamvakada (alias MARATHEFTI und neuer, moderner COMMANDARIA (08).

Vlassides r w ★★→★★★ 13' 14 15 – Vlassides, der in Davis (Kaliforni studiert hat, bereitet mustergültigen SHIRAZ, sehr guten weißen Gr (XYNISTERI/SAUVIGNON BLANC), CABERNET SAUVIGNON und exzellen lagerfähigen Private Collection.

Vouni Panayia r rs w ★→★★ 13 14 15 – Pionier bei lokalen Sorten. Emp lenswert: Promara, Spourtiko, MARATHEFTIKO.

Zambartas r rs w ★★→★★★ 13' 14 15 – Ausgezeichnete Familienkellerei intensivem Rosé (CABERNET FRANC/LEFKADA), sehr gutem rotem SHIR Lefkada, exzellentem MARATHEFTIKO und pikantem XYNISTERI, vor al einer spannenden neuen Einzellagenversion. Vielversprechende Lo sorte Yiannoudi.

Israel

Der israelische Weinbau ist auf der Suche nach höheren Lagen in Richt Norden und Osten gewandert. Die ursprünglichen Rebflächen lage den feuchtheißen Küstenregionen, nun kommen die besten Weine eher Obergaliläa, den Golanhöhen oder dem Judäischen Bergland. Israels Ke meister sind jung, dynamisch und erfindungsreich, die Weine werden eleg ter und sind enger mit ihrem Terroir verbunden.

Die folgenden Abkürzungen werden im Text verwendet:

Gal	Galiläa	O-Gal	Obergaliläa
Golan	Golanhöhen	Sam	Samson
Jud	Judäisches Bergland	Shom	Shomrom

Abaya Gal r ★★ »Terroirist« mit einem rosé CARIGNAN Pét Nat (siehe »Tec sche Weinsprache«). Bewegt sich in Richtung Naturweine.

Agur Jud r w ★→★★ Elegante Rote, komplexer, fassgereifter Rosé.

Barkan-Segal Gal, Sam r w ★→★★ Israels größte Kellerei und größter Exp teur. Barkan und Segal werden getrennt vermarktet. Gute Reihe Ass blage, interessante Verschnitte.

Bar Maor Shom r ★★ Weinbereitung mit minimalen Eingriffen. Verführeris Rotweine, am besten ist der Lilith.

rmel O-Gal r w; sch ★★→★★★ Historische Kellerei mit komplexem RIESLING von der Lage Kayoumi. Fruchtiger roter 4 Vats mit vollem Geschmack, günstiger Selected, neuer, mächtiger MALBEC.

âteau Golan Golan r (w) ★★→★★★ Roter und weißer Geshem, sehr gute Verschnitte von Mittelmeersorten. Kräftig und konzentriert zeigt sich der Eliad.

s de Gat Jud r w ★★★→★★★★ Erstklassiges Weingut mit Qualität, Stil und Individualität. Kraftvoller Sycra SYRAH (**06** 07' 09 11), seltener MERLOT und traditioneller, buttriger CHARDONNAY, alle bemerkenswert. Frischer Chanson (rot und weiß) auf Einsteigerniveau, preiswert.

emisan Jud r w ★→★★ Palästinensische Weine aus den einheimischen Trauben Baladi, Dabouki, Hamdani und Jandali, bereitet in einem Kloster.

lton O-Gal r w ★→★★ Familienkellerei mit neuem, jungem Weinmacher. Interessant sind die Verschnitte namens Alma.

maine du Castel Jud r w ★★★→★★★★ Der Pionierbetrieb im Judäischen Bergland hat für Israel Standards in Bezug auf Stil und Qualität gesetzt. Charaktervoller, geschmeidiger Grand Vin (**08' 09'** 10 11 12 13' 14). Vornehmer Petit Castel, Qualitäts-CHARDONNAY. Günstige neue Reihe La Vie (rot, weiß).

dstein Gal r w ★★ Handwerkliche Kellerei mit exzellentem Rotweinverschnitt Anu sowie GRENACHE. Auch Dabouki (Rebsorte).

m Jud, Gal r (w) ★★★★ Die Gründer sind Brüder. Wunderbar elegant zeigt sich der Bordeaux-Verschnitt Noble (08' **09** 10' 11' 12). Fruchtbetonter SYRAH, tiefgründiger MERLOT. Sehr günstig für seine Qualität ist der Classico. Exzellenter, frischer, duftender Weißer (SAUVIGNON BLANC/CHARDONNAY), knackiger Rosé.

iläa Qualitätsanbaugebiet im Norden; v. a. das höher gelegene Obergaliläa hat viel Potenzial.

il Mountain O-Gal r w ★→★★ Pionier des Verkaufs von offenem Wein in Israel. Immer gut und günstig ist der Yiron.

anhöhen Hochplateau mit vulkanischen Tuff- und Basaltböden.

sh Etzion Jud r w ★→★★ Rebflächen im zentralen Bergland. Aromatischer SAUVIGNON BLANC, guter CABERNET FRANC.

reel Valley Shom ★→★★ Guter Einzellagenwein von alten Reben der israelischen Sorte Argaman.

äisches Bergland Qualitätsweinbauregion, die nach Jerusalem hin ansteigt. Terra rossa auf Kalkstein.

hor Gal ★→★★ Gehört zu einem Dorf für behinderte Erwachsene. Eleganter Savant (rot).

scher In Bezug auf die Qualität hat diese Bezeichnung keine Aussagekraft. Manche Weine können sehr gut sein. Nicht alle koscheren Weine kommen aus Israel, und nicht alle israelischen Weine sind koscher.

vinsohn Gal r w ★★★ »Garagenwein«-Qualitätserzeuger in einer Garage! Exquisiter schlanker CHARDONNAY. Der Rote ist ein extraktreicher mediterraner Verschnitt aus SYRAH/CARIGNAN/PETITE SIRAH.

a Shom r w ★★ Innovative Weine im mediterranen Stil. Dichter, erfrischender Mare Nostrum. Griechische Berater.

rgalit Gal, Shom r ★★★→★★★★ Im Besitz von Vater und Sohn; Israels erster Kultwein. Bordeaux-Veschnitt Enigma (**11'** 12 13' 14). Komplexer CABERNET FRANC. Feiner, klar geformter CABERNET SAUVIGNON. Weine mit gutem Alterungspotenzial.

Luce Gal ★★→★★★ »Garagenwinzer«; verkeltert SYRAH mit Stielen: Der weiche Wein erinnert an die nördliche Rhône.

ntefiore Jud r w ★★ Fruchtige, mundfüllende Rote ohne Eichennote und frische Weiße; günstig. Komplexer PETITE SIRAH, gute Qualität. Adam

Montefiore, der Beiträge zu diesem Buch schreibt, stammt aus derselb Familie.

Negev Wüstenregion im Süden des Landes. Weinberge in Hochlagen.

Pelter Golan r w; (sch) ★★→★★★ Frische Weiße mit guter Säure. KOSCHE Marke Matar.

Recanati Gal r w ★★★ Qualität vom Prestigewein Special Reserve (**09'** 1 12' 13) bis zum Yasmin auf Einsteigerniveau. Komplexer, wilder CARIGNA Der erste israelische Wein überhaupt von der Marawi-Traube.

Samson Zentrales Weinbaugebiet, das von der Tiefebene westlich der Hü von Judäa bis zur Küstenregion südöstlich von Tel Aviv reicht.

Sea Horse Jud r (w) ★★ Eigenwilliger Weinmacher mit künstlerischem A spruch. Sehr guter CHENIN BLANC James.

Shomron Anbaubereich mit Weinbergen hauptsächlich um den Berg Carr und Zichron Yaakov.

Shvo O-Gal r w ★★★ Winzer und Kellermeister, der möglichst wenig eingre Seltener Gershon SAUVIGNON BLANC, rassiger CHENIN BLANC. Charakt voller Rosé.

Sphera Jud w ★★★ RIESLING, CHARDONNAY und SAUVIGNON BLANC (Marke White Concept sowie der White Page vereinen Qualität mit knac ger Frische. Hervorragender seltener Signature.

Tabor Gal r w; sch ★★→★★★ Sehr gute Weißweine, u. a. SAUVIGNON BLAN RIESLING, CHARDONNAY. Der komplexe, elegante Malkiya ist ein Einz lagen-CABERNET-SAUVIGNON.

Teperberg Jud, Sam r w; sch ★→★★ Große Familienkellerei mit guter Q lität in allen Preislagen.

Tulip Gal r (w) ★★ Reichhaltiger, opulenter Black Tulip, rassiger, erfrisch der Net SAUVIGNON BLANC.

Tzora Jud r w ★★★★ Talentierter Kellermeister mit Sinn fürs Terroir. K ckiger Shoresh (SAUVIGNON BLANC), äußerst günstiger Judean Hills R Prestigewein ist der komplexe, elegante Misty Hills (CABERNET SAU GNON/SYRAH 09 10' 11 12' 13'). Üppiger Dessertwein Or.

Vitkin Jud r w ★★→★★★ Wegweisender CARIGNAN. Auf Einsteigernive gute, ehrliche Weine.

Yaacov Oryah Sam ★★→★★★ Kreativer Kunsthandwerker mit sehr gu Orange Wines. Großartiger flaschengereifter SÉMILLON.

Yarden Golan r w; sch ★★→★★★ Holte die Technologie der Neuen Welt na Israel. Seltener Prestigewein Katzrin (**07 08'** 11' 12). Massenmarke H mon Red. Guter Blanc de Blancs und Brut Rosé. Köstlicher süßer Heig Wine. Neuer knackiger PINOT GRIS.

Yatir Jud r (w) ★★★ Kellerei in der Wüste mit Hochlagen auf 900 m Hö Samtiger, konzentrierter roter Yatir Forest (**09** 10 11' 12). Kraftvoller PE VERDOT.

Libanon

Der Libanon scheint seine Probleme nie ganz loswerden zu können, d die Moral der libanesischen Weinmacher ist ungebrochen. Noch m Geld wird in Kellereien investiert, und weitere Regionen neben dem Bekaa werden erforscht. Spannende Zeiten.

Atibaia r ★★ *Garagiste*. Eleganter roter Verschnitt mit weichen Tanninen. Auge behalten.

Chateau Belle-Vue r (w) ★★★ Schicker Verschnitt von Bordeaux-Sorten Château sowie SYRAH

âteau Ka r w ★→★★ Der fruchtige Cadet de Ka mit Kirsch- und Beerenaromen hat ein großartiges Preis-Leistungs-Verhältnis.

âteau Kefraya r w ★★→★★★ Feiner, reifer, konzentrierter Comte de M (**08** 09' 10' 11'), fülliger, eichentöniger Comtesse de M (CHARDONNAY/VIOGNIER).

ateau Ksara r w ★★ 1857 gegründetes Gut. Der Reserve du Couvent ist fruchtig, süffig und voller Geschmack.

s Bekaa-Tal gehört zum selben geologischen Verwerfungssystem wie der See Genezareth, das Tote Meer und der Große Afrikanische Grabenbruch.

âteau Marsyas r (w) ★★ Knackiger CHARDONNAY und SAUVIGNON BLANC, dunkler, kraftvoller Roter. Bargylus in Syrien gehört ebenfalls zum Besitz: komplexer, herzhafter Domaine de Bargylus (★★★). Stéphane Derenoncourt berät.

ateau Musar r w ★★★→★★★★ Ikonischer Wein des östlichen Mittelmeerraums; im Besitz der Familie des legendären Serge Hochar. CABERNET SAUVIGNON/CINSAULT/CARIGNAN (**02 03** 04 05' 07' 08 09). Einzigartiger, unverwechselbarer Stil, am besten nach 15 bis 20 Jahren in der Flasche. Die Weine von den autochthonen weißen Sorten Obaideh und Merwah können unbegrenzt altern; der jüngere, fruchtigere rote Hochar wird jetzt mehr beachtet.

ɔs St-Thomas r w ★→★★ Weiche, pflaumenfruchtige Rotweine. Der Ch. St-Thomas ist intensiv, aber abgerundet.

maine de Baal r (w) ★★ Kraftvoller, alkoholstarker Gutsrotwein aus ökologischem Weinbau.

maine des Tourelles r w ★★→★★★ Straßenfeger-SYRAH, hervorragender Marquis des Beys, duftender Weißwein. Vielleicht die libanesische Kellerei, die die schnellsten Fortschritte macht.

maine Wardy r w ★→★★ Preisgünstig. Die Weißweine mit guter Säure und Typizität.

SIR r w ★★ Tintendunkle, körperreiche Rote, blumige Qualitäts-Weißweine und frischer Rosé.

ıssaya r w ★★→★★★ Sehr gutes Preis-Leistungs-Verhältnis auf Einsteigerniveau; die Prestigeweine sind körperreich und qualitätvoll. Am besten sind die Verschnitte im Rhône-Stil: Weine voll Sonne mit den Gewürzen des Libanon.

ːrkei

Restriktionen der Regierung und Bauern, die lieber Rosinen produzieren, sind nur zwei der Probleme hier. Dennoch: Rebsorten wie Boğazkere, :üzgözü und Narince haben einen ganz eigenen Charakter, und die Qualität :d immer besser: weniger Eiche, mehr Eleganz.

ıyülübag r (w) ★★ Eine der neuen kleinen Qualitätskellereien. Guter CABERNET SAUVIGNON.

ırvus r w ★★ Boutiquekellerei auf der Insel Bozcaada (das antike Tenedos). Kraftvoller Corpus.

ıluca r w ★→★★ Lokale Sorten unter dem Etikett DLC. Guter, abgerundeter ÖKÜZGÖZÜ.

ıvaklidere r w; sch ★→★★★ Am besten ist das Gut Pendore, v. a. ÖKÜZGÖZÜ und Syrah. Gut und günstig in jeder Preislage. Stéphane Derenoncourt berät.

Kayra r w ★→★★ Würziger SHIRAZ, frischer NARINCE. Rustikaler Buzbag v ÖKÜZGÖZÜ und BOĞAZKERE. Kalifornischer Kellermeister.

Sevilen r w ★→★★ Spezialist für internationale Sorten. Tiefgründiger SYRA aromatischer SAUVIGNON BLANC.

Narince-Weinblätter (zum Füllen mit Reis) sind sehr beliebt und kosten mehr die Trauben.

Sulva r w ★→★★ Körperreicher Bordeaux-Verschnitt Sur sowie von Eic unterstützter fruchtiger SYRAH.

Urla r w ★★ Der Tempus ist ein Rotweinverschnitt mit Komplexität, Tiefe u Länge.

Vinkara r w ★ Charmanter NARINCE sowie kirsch- und beerenfruchtiger K LECIK KARASI.

Nordafrika

Einst einer der größten Weinerzeuger der Welt, nun nur noch ein Schatt seiner selbst. Algerien ist verloren; einzig Marokko hat gewisse Ambition und zieht sogar einige Investitionen aus Frankreich an.

Die folgenden Abkürzungen werden im Text verwendet:

Mar Marokko
Tun Tunesien

Bernard Magrez Mar r ★★ Tanninbetonter, würziger SYRAH/GRENACH Verschnitt im Stil der südlichen Rhône. Fleischig.

Castel Frères Mar r rs ★ Preisgünstige Marken wie Bonassia, Halana, L roque, Sahari.

Celliers de Meknès, Les Mar r rs w ★→★★ Praktisch Monopolist in Marokk Bester Wein: Château Roslane.

Domaine Neferis Tun r rs w ★→★★ Gemeinschaftsunternehmen mit Calatr (Italien). Bester Wein: Selian CARIGNAN.

Ouled Thaleb Mar r rs w ★★ Üppiger Verschnitt Medaillon (CABERNET SA VIGNON/MERLOT/SYRAH). Lebhafter Syrah Tandem (in den USA: Syrocc Joint Venture mit Alain Graillot (Rhône).

Val d'Argan Mar r rs w ★→★★ Betrieb nahe Essaouira. Günstig ist der Mog dor, am besten der Orients.

Vignerons de Carthage Tun r rs w ★ Am besten von der tunesischen Genc senschaft UCCV ist die Rotweinreihe Magon Magnus.

Vin Gris ★ Blasser rosé Durstlöscher in Marokko. Am bekanntesten ist c Marke Castel Boulaouane.

Volubilia Mar r rs w ★→★★ Delikater rosé VIN GRIS, der beste in Marokko.

Asien und die ehemalige Sowjetunion

Asien

China

ie Antikorruptionskampagne in China hat die Weinproduktion etwas absinen lassen, doch einige Erzeuger konzentrieren sich jetzt mehr auf Qualität nd Werthaltigkeit. China ist immer noch das fünftgrößte Erzeugerland der elt mit der viertgrößten Rebfläche, doch auf den 680.000 ha stehen vor lem Reben für Tafeltrauben und Rosinen. Nur 15 % sind für die Weinprodukon bestimmt. Die meisten Weinberge liegen nahe dem Jangtse-Fluss, von der ovinz Xinjiang im äußersten Nordwesten (ca. 20 % der Pflanzungen) über ingxia und Shanxi im nördlichen Zentrum bis zu den Küstenprovinzen Liaong und Hebei im Osten. Etwa 60 % werden von CABERNET SAUVIGNON eingeommen, gefolgt von MERLOT, CHARDONNAY, Cabernet Gernischt und SYRAH. s gibt auch etwas RIESLING, WELSCHRIESLING, UGNI BLANC, SÉMILLION, PINOT OIR, PETIT VERDOT, GAMAY, neuerdings auch Marselan, PETIT MANSENG und DAL. Zu den größten Herausforderungen gehören die harten Winter; die emperaturen können bis auf –20 °C sinken. Um zu überleben, müssen die eben im Herbst eingegraben werden. In der Küstenprovinz Shandong sind ommerregen und Taifune das Problem. Neuere Weinberge in großer Höhe .200–2.700 m) in der südlichen Provinz Yunnan (an der Grenze zu Laos und yanmar) sind vielversprechend, wenn auch abgelegen. Der Ao Yun (CABERET SAUVIGNON/MERLOT) der Kellerei Shangri-La von Moët Hennessy wurde ıt aufgenommen, ist aber teuer. Ningxia ist das »Bordeaux Chinas«. Gute otweine: Jia Bei Lan, Silver Heights, Legacy Peak, Domaine Helan Mountain ernod Ricard), Leirenshou; Schaumwein: Dom. Chandon von Moët Henessy. Interessant sind auch Sha Po Tou Cabernet Gernischt, Fontaine Sable agrance Merlot und Spätlese-Chardonnay, Cuvée No. 61.

Die Zukunft? Es dürfte mehr und in einigen Fällen auch Besseres geben, it stärkerer ausländischer Beteiligung.

ndien

onsun, Hitze, Feuchtigkeit und hohe Abgaben sind die Plagen der indischen einwirtschaft. Von den 115.000 ha Rebland stehen nur 2.000 ha für die einbereitung zur Verfügung, v. a. SAUVIGNON BLANC, CHENIN BLANC und OGNIER (weiß) sowie SYRAH, CABERNET SAUVIGNON, MERLOT und GRENACHE ot). Dazu kommen ein bisschen CHARDONNAY und auch etwas TEMPRALLO, ZINFANDEL und SANGIOVESE. Die wichtigsten Weinbaugebiete sind aharashtra, Karnataka und Andhra Pradesh. Sauvignon blanc liefert weitern die besten Weißweine: Sula, Grover (v. a. Zampa Art Collection), Charosa. e Familie Labruyère (Domaine Jacques Prieur, Burgund; Château Rouget, omerol; Champagne JM Labruyère) hat in Grover investiert. Gute Rote: Myra eserve Shiraz, Grover Zampa La Reserve Cabernet Sauvignon/SHIRAZ. Der handon von Moët Hennessy ist ein guter Schaumwein; interessant auch York oarkling Cuvée (Chenin blanc) sowie der Gran Cuvée Brut und der stille Sanovese Bianco von Fratelli Wines.

Japan

Der Weinkonsum steigt weiter an, auch wenn nur ein Drittel »einheimisch Wein« ist (die Regeln sind so lax, dass nur ein Viertel dieses Drittels von Japan angebauten Trauben stammt). Die Präfektur Yamanashi auf Honshu i das Herz des japanischen Weinbaus, mit einer Tradition, die bis in die 1870e Jahre zurückreicht. 40 % der ca. 19.000 ha Rebfläche des Landes sind hi Japans über 200 Kellereien liegen zum Großteil in Yamanashi, Nagano ur Hokkaido. Die Jahresproduktion beläuft sich auf etwa 800.000 hl. Die mei ten kleinen bis mittelgroßen Kellereien kombinieren Wein- mit Tafeltraube Großbrauereien dominieren, insbesondere Sapporo, Kirin und Suntory. A ehrgeizigsten aber sind die kleineren Familienkellereien, die ausschließlic selbst angebaute Trauben verwenden, v. a. die Hybridrebe MUSCAT Bailey f leichte Rotweine und die einheimische säurereiche KOSHU (die einen rege rechten Fanclub hat). Spitzenerzeuger: Grace Wine (auch der Blanc de Blan ist hervorragend), Chateau Mercian, Lumiere, Haramo und Soryu. Die Keller Chitose in Hokkaido ganz im Norden erzeugt vielversprechenden PINOT NOI

In Japan wird inzwischen mehr Koshu erzeugt als alle Rotweine zusar mengenommen.

Die ehemalige Sowjetunion

In Russland kauft man jetzt wieder mehr einheimischen Wein. Die Krim, d ren historischer Weinbau auf die letzten Zaren zurückgeht, erregt erne mit Qualität Aufmerksamkeit. Andere wichtige Weinbaugebiete liegen rur um das Schwarze Meer und im Kaukasus. International könnte Georgien e neuer Liebling der Weinwelt werden, sowohl wegen seiner alten Rebsort als auch aufgrund seiner Methoden der Weinbereitung (v. a. in Tonamphore sogenannten *kwevri).* Armenien, ebenfalls ein Land mit echter Weinbautrac tion, erlebt gerade einen Boom an privaten Investitionen und sollte im Au behalten werden.

Armenien

Das Land wetteifert mit Georgien darum, wo der Weinbau seinen Ursprur hatte (die älteste Kellerei stammt von vor 6.100 Jahren). Seine abgeschied nen, gebirgigen Weinberge sind reblausfrei. Sehr hohe Qualität können d indigenen Sorten Voskeat und Garandamak (weiß) sowie Areni, Hindogny ur Kakhet (rot) liefern. Die Erzeuger ArmAs, Tierras de Armenia und Zorah Kara werden von international angesehenen Beratern unterstützt.

Georgien

Von Georgiens 48.000 ha Rebfläche befinden sich 90 Prozent im Besitz priv ter Haushalte. Wein tief in der Kultur verwurzelt, was auch mit dem christliche Erbe zu tun hat. Georgien hat 7.000 Jahre Weinbaugeschichte und sich imm seine einzigartigen Trauben (etwa 500), Produktionstechniken und Weinst bewahrt. Die beiden Hauptrebsorten sind die rote Saperavi (Weine von einfa und lieblich bis robust, tanninstark und lagerfähig) und die weiße Rkatsit (lebhaft, erfrischend). Handgefertigte *kwevris* (Amphoren), die jetzt sogar zu UNESCO-Welterbe zählen, sind ein Symbol für die georgische Weinerzeugu und inspirieren Weinmacher weltweit. Ein anderes Erbe ist die Produktion v Weißweinen durch Hülsenmaischung, bekannt als Kakheti-Methode oder heute schwer in Mode – Orange Wines. Zu den führenden großen und klein

:eugern gehören Badagoni, Château Mukhrani, GWS, Tbilvino, Kindzma-li Marani, Marani (TWC), Pheasant's Tears, Schuchmann.

: Kwevri School & Academy wird 2017 eröffnet und dürfte ihrem Namen gerecht werden. (Kwevri = Tonamphoren).

oldawien

gezwängt zwischen die Ukraine und Rumänien, verfügt Moldawien über hr als 110.000 Weinberge. Wein ist für die Wirtschaft von entscheidender deutung und gibt zehn Prozent der Bevölkerung Arbeit. Das Qualitäts-eau steigt. Europäische Trauben werden schon länger angebaut, zusam-n mit den typisch rumänischen Sorten FETEASCĂ ALBĂ, Fetească regală ide weiß), Rară neagră und Fetească neagră (beide rot) sowie anderen. historischen Rotweinverschnitte Roşu de Purcari (CABERNET SAUVIGNON/RLOT/MALBEC) und Negru de Purcari (Cabernet Sauvignon/Rara neagă/PERAVI) können sehr interessant sein. Neben dem Flaggschiff Vinăria rcari sind beachtenswerte Erzeuger: Asconi, Château Vartely, Cricova :haumwein), Et Cetera, Fautur, Gitana, Lion Gri, Vinăria Bostavan, Vinăria Vale.

ussland

r Weinbau ist auf dem Vormarsch. Verlässliche Qualität bleibt ein Problem, enso wie die Gesetzeslücke, nach der jeder Wein, der im Land abgefüllt rde, russisch genannt werden darf. Die Weinberge erstrecken sich von der hwarzmeerküste bis zur Wolga; die größte Erzeugerregion ist Krasnodar. s strenge Klima stellt für Reben im Landesinneren eine Gefahr dar, deshalb issen sie im Winter abgedeckt werden. Angebaut werden vorwiegend inter-tionale Sorten; rote gedeihen besser als weiße. Wenn Sie echten russischen in möchten, probieren Sie roten Krasnostop (tanninstark, rustikal) oder mliansky (angenehmer roter Schaumwein). Château le Grand Vostock und fkadia schlagen sich beständig gut; sehen Sie sich außerdem nach Spitzen-wächsen von Abrau Durso (Schaumwein) und Fanagoria um. Burnier, Gai-dzor und Rayevskoye sind beachtliche kleinere Erzeuger.

kraine

natürlichen Bedingungen sind günstig, doch produziert wird meist indus-ell. Internationale Trauben, weiß wie rot, dominieren. Gute Qualität finden bei Kellereien, die Trauben aus eigenem Anbau verarbeiten, z.B. Guliev nes, Oleg Repin, Pavel Shvets, Prince Trubetskoy Winery, Veles. Tradi-nell folgten die besten (oft exzellenten) Weine dem Vorbild von Sherry, Port, deira und Champagner – eigenartigerweise auch Cahors. Gute gesprite-Weine werden seit Langem von Erzeugern wie Koktebel, Magarach, Mas-ndra und Solnechnaya Dolina bereitet. Für Schaumweine nach der tradi-nellen Methode sind Artyomovsk Winery, Novy Svet und Zolotaya Balka zu npfehlen.

Vereinigte Staaten

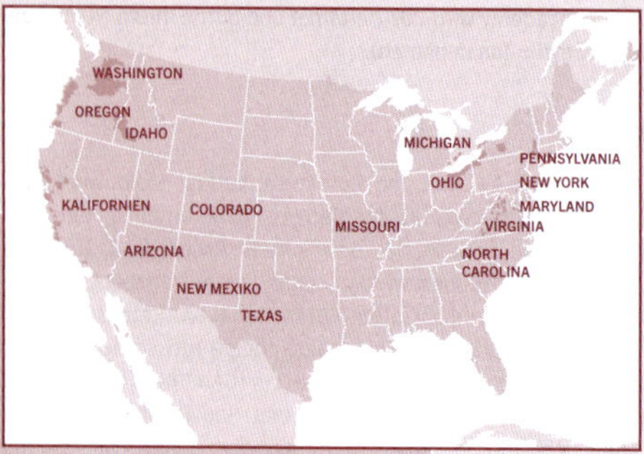

Die dunklen Flächen bezeichnen die Weinbaugebiete

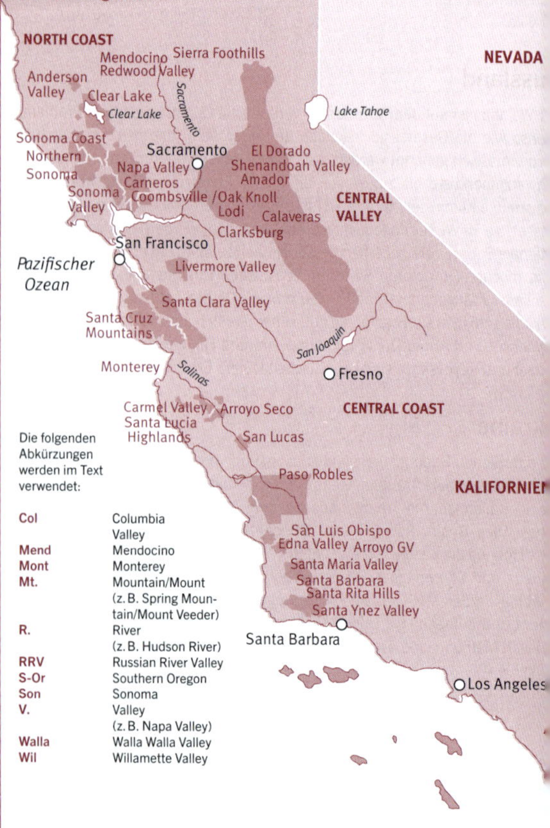

Die folgenden Abkürzungen werden im Text verwendet:

Col	Columbia Valley
Mend	Mendocino
Mont	Monterey
Mt.	Mountain/Mount (z. B. Spring Mountain/Mount Veeder)
R.	River (z. B. Hudson River)
RRV	Russian River Valley
S-Or	Southern Oregon
Son	Sonoma
V.	Valley (z. B. Napa Valley)
Walla	Walla Walla Valley
Wil	Willamette Valley

Kalifornien wird so schnell nicht entthront werden. Es bringt 90 Prozent des US-amerikanischen Weins hervor und wird die Szene immer dominieren. ›er es ist nicht zu übersehen, dass die anderen Bundesstaaten sich nach rne boxen. In den ersten Ausgaben des Kleinen Johnson in den 1970er-hren waren Kalifornien neun Seiten gewidmet und dem Bundesstaat New rk zwei. Oregon? Washington? Produzierten kaum Wein, nicht der Erwäh-ng wert. 1980 war die Anbaufläche in Oregon auf rund 400 Hektar ange-chsen, Washington erreichte diese Marke kurze Zeit später. Heute eröffnet Washington alle 15 Tage eine neue Kellerei. Die entsprechende Zahl für die samten USA ist geradezu beängstigend.

Bisher haben wir das Land in Regionen unterteilt, doch in dieser Ausgabe ten wir die für den Weinbau wichtigsten Bundesstaaten in alphabetischer ihenfolge auf. Denn wenn jemand patriotischen Stolz besitzt, dann sind es aaten und nicht Regionen.

American Viticultural Areas (AVAs)

Ich bin nicht sicher, ob AVAs jemals als Verkaufsargument wirken werden. Sie sind nicht genau (und nicht einmal annähernd) dasselbe wie Appellations Contrôlées. Jedenfalls stärken sie den Lokalpatriotismus und das Gefühl, etwas Besonderes zu sein, und das ist immerhin etwas. Die bundesstaatlichen Bestimmungen in Bezug auf geschützte Herkunftsbezeichnungen in den USA wurden 1977 erlassen. Es gibt zwei Kategorien. Die erste richtet sich schlicht nach den politischen Grenzen, sodass eine AVA einen ganzen Bundesstaat umfassen kann, z. B. Kalifornien, Washington, Oregon usw. Auch einzelne Counties können AVA-Status erhalten, wie etwa Santa Barbara oder Sonoma. In diesem Fall müssen die Weine ausschließlich von Trauben aus dem betreffenden County bereitet werden. Die zweite Kategorie gilt geografischen Bereichen innerhalb eines Bundesstaats, beispielsweise Napa Valley in Kalifornien oder Willamette Valley in Oregon. Diese AVAs sollten theoretisch auf einer Ähnlichkeit der Böden, Wetterbedingungen etc. basieren. In der Praxis schließen sie jedoch eher alles Mögliche ein als weniger Erlesenes aus. Innerhalb dieser Art von AVAs sind weitere Subappellationen möglich. Beispielsweise umfasst die AVA Napa Valley Unterbereiche wie die AVAs Rutherford, Stags Leap. Auch für diese geografischen AVAs gilt, dass nur Trauben aus dem jeweiligen Bereich verwendet werden dürfen. Ein Erzeuger, der die entsprechenden Vorgaben erfüllt, hat die Wahl, ob er für seine Weine eine »politische« AVA wie etwa Napa oder eine »geografische« AVA wie Napa Valley verwendet. Es wird vermutlich noch Jahre dauern, bis die Unterschiede jedem klar sind, aber es steht außer Zweifel, dass manche AVAs schon jetzt ordentliche Prämien einfahren.

Arizona

izona Stronghold (★): Ausgezeichneter weißer Verschnitt Tazi und roter ône-Verschnitt Nachise. **Alcantara Vineyards:** elegante und erdige Rote, ı. Confluence IV und Grand Rouge, ein Verschnitt aus sechs Weinen. **Caceus Cellars** (★★→★★★): Im Besitz von Maynard James Keenan, Frontınn der Metal-Band Tool – ausgezeichneter weißer Verschnitt Dos Ladrones nitiert), erstklassige Rotweine Sancha, Nagual de la Marzo (begrenzte Menn). **Callaghan Vineyards** (★★): gute Noten für TANNAT und rote Verschnitte;

der Bordeaux-Verschnitt Caitlin's mit Spitzenbewertung wird von der Toch des Winzers bereitet. **Page Springs Cellars:** rote und weiße Rhône-Sorten, v. Dragoon MARSANNE. **Pillsbury Wine Company** (★): Filmproduzent Sam Pil bury erzeugt exzellenten Dessertwein Symphony »Sweet Lies«, PETITE SIR Special Reserve, sehr guten CHENIN BL und preisgekrönten »Guns & Kisse SHIRAZ. **Sand-Reckoner Vineyards:** preiswert; sehr guter MALVASIA und »z ein Verschnitt auf ZINFANDEL-Basis.

In Alaska ist es verboten, Alkohol an Elche auszuschenken.

Colorado

Mit einigen der höchstgelegenen Weinberge des Landes und einem Klir ähnlich wie an der Rhône oder der Central Coast ist dies eine aufstr bende Weinbauregion. Die AVAs heißen Grand Valley und West Elks, die Wei zeigen mehr und mehr eigene Identität. **Bookcliff:** ★★ exzellenter MALBE SYRAH, Reserve CABERNET FRANC, CABERNET SAUVIGNON, VIOGNIER. **Bo der Creek:** ★ guter Cabernet Sauvignon, Syrah, MERLOT, sehr guter RIESLIN **Canyon Wind:** exzellenter Anemoi Lips Syrah, guter PETIT VERDOT/Syrah N tus und Bordeaux-Verschnitt IV. **Carlson:** kleine Kellerei; die Weine trag seltsame Namen, sind aber gut bereitet und preiswert, v. a. der preisgekrö te Riesling. **Creekside:** sehr guter Cabernet Sauvignon, Petit Verdot. **Gran River:** Fokus auf Weinen im traditionellen Bordeaux- und Rhône-Stil, ab auch intensiver, blumiger Viognier. **Guy Drew:** ★★★ Weine mit guten Preise u. a. Viognier und trockener Riesling vom Russell Vineyard, CHARDONNAY oh Eichennote, Metate, Cabernet franc. **Infinite Monkey Theorem:** sehr gu roter Verschnitt 100th Monkey und Viognier/ROUSSANNE Blind Watchmak White, auch offene Weine und in Dosen. **Jack Rabbit Hill:** bio/biodynamisc M&N sehr guter PINOT Meunier/PINOT NOIR. **Plum Creek:** ★ großartiger Rie ling, sehr guter Merlot. **Snowy Peaks (Grande Valley):** Reben in sehr hoh Lagen, sehr guter Petit Verdot; Verschnitt Oso mit Hybrid-Trauben. **Sutclif** sehr guter Cabernet franc, Syrah, Merlot. **Turquoise Mesa:** ★ preisgekrönt Syrah. **Two Rivers:** ★ exzellenter Cabernet Sauvignon, sehr guter Chardonna Riesling. **Whitewater Hill Vineyards:** außergewöhnlicher Rotweinverschn Ethereal. **Winery at Holy Cross:** ★ exzellenter Cabernet franc, sehr gu Reserve Merlot.

Idaho

Gemeinsam mit Oregon und Washington gehört Idaho zum Pazifisch Nordwesten. Verglichen mit den Nachbarn steckt der Weinbau aber no in den Kinderschuhen. Es gibt gut 50 Kellereien und drei Appellationen: Sna River Valley, Eagle Foothills und Lewis-Clark Valley. Bordeaux- und Rhôr Sorten sind derzeit in der Mehrzahl.

Cinder Wines Snake R.V. ★★ Wundervoller VIOGNIER in limitierter Auflag eigenwilliger TEMPRANILLO-Verschnitt und sehr guter SYRAH.

Coiled Snake R.V. ★★★ Leslie Preston erzeugt mit die besten Weine in Idah Der RIESLING Coiled Dry ist einfach perfekt, der SYRAH Sidewinder e Genuss.

Ste Chapelle Snake R.V. ★ Idahos älteste und größte Kellerei. Breites Angeb an trockenen und halbtrockenen Weine, u. a. süffiger RIESLING, preiswe Schaumweine und Eiswein.

‹alifornien

Man hat ja schon einige hyperaktive Zeiten in Kalifornien gesehen, doch es ist keine Übertreibung zu behaupten, dass es so verrückt wie jetzt noch e zugegangen ist. Die etablierten Erzeuger halten Kurs und werden – mit nehmendem Rebenalter (und wachsender Sensibilität) – besser. Doch es ɔt eine Explosion neuer Weinmacher, die das Repertoire des Bundesstaats Weinbaugebieten, Trauben und Stilen radikal erweitern. Man kann nicht nger kalifornische Weine über einen Kamm scheren. Reben dringen bis in e kühlsten Ecken von Santa Barbara County, Sonoma und sogar Humboldt ɔunty vor. Umgekehrt werden alte, lange übersehene Rebsorten in beste-nden Weinbaugebieten wie Lodi oder den Sierra Foothills wiederentdeckt d neu aufgepäppelt. Hipster-Winzer spüren vergessene Pflanzungen esote-scher Trauben wie Trousseau und Fiano auf (oder legen neue an). Mehr und ehr Weine demonstrieren fortgeschrittene Weinbereitungskunst, was auch ɔhlensäuremaischung, Schalenkontakt und mehr einschließt.

leuere Jahrgänge

alifornien ist zu unterschiedlich, als dass allgemeine Übersichten genau sein nnten. Doch sollte man wissen, dass es seit über einem Jahrzehnt keinen chlechten« Jahrgang mehr gegeben hat. Darum sind die Jahrgangsempfeh-ngen in den folgenden Einträgen anders gestaltet als sonst: Statt alle Jahr-nge anzugeben, konzentrieren wir uns auf jene, die jetzt zu trinken sind.

)16 Qualität und Menge gut, frühe Lese. Die Weine wirken ausgewogen.
)15 Ein weiteres trockenes Jahr, sehr gute Qualität. Milder Winter, frühe Blüte, frühe Lese.
)14 Trotz eines dritten trockenen Jahres in Folge scheint die Qualität hoch.
)13 Wieder große Erntemengen mit exzellenten Aussichten in Bezug auf Qualität.
)12 Cabernet Sauvignon sieht großartig aus. Hinsichtlich der meisten Sorten sehr vielsprechend.
)11 Sehr guter Cabernet Sauvignon und Pinot noir.
)10 Kühl und nass. Einige Abfüllungen sind jedoch hervorragend, v.a. von Rhône-Rebsorten und Zinfandel.
)09 Schön ausgewogene Rot- und Weißweine mit Alterungspotenzial. Exzellenter Napa Cabernet Sauvignon.
)08 Durchwachsene Qualität. Der Säuregehalt ist niedrig, in manchen Gebieten reiften die Trauben nicht voll aus.
)07 Regen, daher gemischte Resultate, v.a. bei Cabernet Sauvignon.

›edeutende Weinbaugebiete in Kalifornien

; gibt weit über 100 American Viticultural Areas (AVAs) in Kalifornien. Nachlgend sind die wichtigsten aufgeführt.

exander Valley (Sonoma). Warmer Anbaubereich im oberen Russian River alley. Guter Sauvignon blanc von Lagen in Flussnähe sowie Cabernet Sauvi-on und Zinfandel von Hügellagen.
nderson Valley (Mendocino). Winde und Nebel vom Pazifik durchziehen das l des Navarro-Flusses landeinwärts. Guter Riesling, Gewürztraminer und not noir; sehr guter Zinfandel von den Hanglagen am Ufer.
'royo Seco (Monterey). AVA mit warmem Klima. Guter Cabernet Sauvignon ıd Chardonnay.

Vereinigte Staaten

Atlas Peak (Napa). Außergewöhnlicher Cabernet Sauvignon und Merlot.
Calistoga (Napa). AVA am Nordende des Napa Valley für Rotwein, v.a. Cabenet Sauvignon.
Carneros (Napa, Sonoma). Kühle AVA am Nordende der San Francisco B Guter Pinot noir, Chardonnay; Merlot, Syrah und Cabernet Sauvignon aus wä meren Lagen. Sehr guter Schaumwein.
Coombsville (Napa). Kühle AVA in der Nähe der San Francisco Bay. Ausg zeichneter Cabernet Sauvignon im Bordeaux-Stil.
Diamond Mountain (Napa). Reben in hohen Lagen, hervorragender Caberr Sauvignon.
Dry Creek Valley (Sonoma). Überragender Zinfandel; guter Sauvignon blar Cabernet Sauvignon und Zinfandel aus Hanglagen.
Edna Valley (San Luis Obispo). Kühle Winde vom Pazifik. Sehr guter Cha donnay.
Howell Mountain (Napa). Klassischer Napa-Cabernet-Sauvignon von steil Hanglagen.
Livermore Valley (Alameda). Historischer, großteils von den Vororten der Sta Livermore geschluckter Weißweinbereich mit Kiesboden, der sich jedoch r New-Wave-Weinen von Cabernet Sauvignon und Chardonnay einen Nam macht.
Mount Veeder (Napa). Hoch gelegene Rebflächen für guten Chardonnay u Cabernet Sauvignon.
Napa Valley (Napa). Cabernet Sauvignon, Merlot, Cabernet franc. Halten S sich an die Sub-AVAs für aussagekräftige Weine mit Terroircharakter. Achtur Napa Valley ist ein Teil des Anbaubereichs Napa.
Oakville (Napa). Das Hauptgebiet für Cabernet Sauvignon.
Paso Robles (San Luis Obispo). Hervorragend sind Weine von Zinfandel u Rhône-Rebsorten.
Pritchard Hill (östlich von St Helena, Napa). Hoch gelegen, trocken und au gezeichnet, v.a. für Cabernet Sauvignon.
Red Hills (Lake County). Vielversprechender Cabernet Sauvingon und Zinfa del.
Redwood Valley (Mendocino). Warmer Bereich im Landesinneren. Guter Z fandel, Cabernet Sauvignon, Sauvignon blanc.
Russian River Valley (Sonoma). AVA am Pazifik, oft bis mittags in Nebel g hüllt. Pinot noir, Chardonnay und guter Zinfandel am Fuß der Berge auf de flachen Uferland.
Rutherford (Napa). Hervorragender Cabernet Sauvignon, v.a. aus Hanglage
Saint Helena (Napa). Herrlich ausgewogener Cabernet Sauvignon.
Santa Lucia Highlands (Monterey). Höher gelegene AVA mit guten Weinen v Pinot noir, Syrah und Rhône-Sorten.
Santa Maria Valley (Santa Barbara). Kühler Bereich an der Küste. Guter Pir noir, Chardonnay und Viognier.
Sta Rita Hills (Santa Barbara). Exzellenter Pinot noir.
Santa Ynez (Santa Barbara). Am besten sind Weine von Rhône-Rebsorten (r und weiß), Chardonnay und Sauvignon blanc.
Sierra Foothills Zinfandel, Sauvignon blanc und Weine von Rhône-Rebsort sind am besten.
Sonoma Coast (Sonoma). Sehr kühles Klima. Kantiger Pinot noir, Chardonna
Sonoma Valley (Sonoma). Guter Chardonnay, sehr guter Zinfandel; herv ragender Cabernet Sauvignon aus der Sub-AVA Sonoma Mountain. Achtur Sonoma Valley ist ein Teil des größeren Anbaubereichs Sonoma.
Spring Mountain (Napa). Grandioser Cabernet Sauvignon; sehr guter Sau gnon blanc.
Stags Leap (Napa). Klassischer Cabernet Sauvignon; sehr guter Merlot.

›reu Vineyards Napa V. ★★★→★★★★ 05 07 **09** 10 11 12 13 (14) – Geschmeidige Weine auf CABERNET-SAUVIGNON-Basis aus ausgewählten Lagen. Die Spitzenlage ist Madrona mit kraftvollem, ausgewogenem Auftakt und langem, vielschichtigem Abgang. Kann 10–15 Jahre in den Keller.

:acia Carneros ★★★ Der Pionier aus kühlem Klima in Carneros bietet stets hervorragende CHARDONNAY- und PINOT-NOIR-Weine aus Einzellagen. Zudem klassischer SYRAH voller Rauch und Frucht.

:aibo r ★★★ Das an Bordeaux erinnernde Gut von Gonzague und Claire Lurton in der AVA Chalk Hill heißt Trinité (CABERNET SAUVIGNON, MERLOT, CABERNET FRANC). Acaibo ist der Spitzenwein, ein echter Schlager. Auch verführerischer Verschnitt G&C Lurton.

:kerman Family Coombsville ★★★ Kleines Familiengut in relativ kühler Gegend. Dichter CABERNET SAUVIGNON, Bordeaux-Verschnitt Le Chatelaine (13), stämmiger SANGIOVESE Alavigna Tosca.

ban Vineyards Edna V. ★★★→★★★★ Syrah 10 **11** 12 13 14 (15) – John Alban, SYRAH-Pionier und einer der frühen Rhône Rangers, bereitet immer noch großartigen Wein. Erstklassiger VIOGNIER und GRENACHE, herrlicher SYRAH, der lange lagern kann.

batross Ridge Mont ★★★ Junger Erzeuger mit schön ausgewogenem PINOT NOIR und fein gewirktem CHARDONNAY von kühlen Lagen im Carmel Valley, nur sieben Meilen vom Pazifik entfernt und auf (in Kalifornien seltenem) Kalkstein – was man den Weinen deutlich anmerkt.

der Springs Vineyard Mend ★★★ Für die Frucht dieses rauen, entlegenen Weinbergs sind schon so ziemlich alle renommierten Traubenaufkäufer Schlange gestanden. Jetzt wird eigener, exzellenter CHARDONNAY, PINOT NOIR und SYRAH erzeugt.

ma Rosa Sta Rita Hills ★★★→★★★★ Richard Sanford, Meister der PINOT-NOIR-Traube an der Central Coast, bereitet weiterhin erstklassigen harmonischen Pinot noir. Der CHARDONNAY ist großartig. Auch sehr guter Vin gris von Pinot noir und PINOT GRIS.

nByth Paso Robles ★★→★★★ Ehrgeiziger Erzeuger von Naturwein, Minimalinterventionist. Der Trockenweinbau auf der heißen, trockenen Ostseite von Paso Robles ist kein Zuckerschlecken. Manche Weine werden in Amphoren bereitet. Guter GRENACHE, SANGIOVESE.

ıaba Son V. ★★★ Ross COBB und Katy Wilson (LARUE WINES) wurden hierher gelockt, um gemeinsam pointiert-expressiven CHARDONNAY, PINOT NOIR und SYRAH zu fantastischen Preisen zu erzeugen.

ıcient Oak RRV, Son ★★★ Die Familienkellerei ist ein Geheimtipp mit sehr guten Weinen. Greg Lafollette brilliert in Weinberg und Keller mit ausgewogenem, komplexem Sonoma V. CABERNET SAUVIGNON sowie PINOT NOIR und ZINFANDEL aus dem Russian River V.

ıdrew Murray Santa Barbara ★★→★★★ Hier dreht sich alles um Rhône-Trauben, und ein Renner jagt den nächsten – allen voran der SYRAH, doch auch den VIOGNIER und den ROUSSANNE sollte man nicht links liegen lassen.

ıtica Napa V. ★★★ 09 10 11 12 13 (14) – Es hat einige Jahre gedauert, bis die Napa-Weinberge Piero Antinoris (siehe Kapitel »Italien«) dem gewünschten Zustand entsprachen, aber jetzt erfüllen die Weine endlich die Erwartungen: heller, ausgewogener CABERNET SAUVIGNON und runder, spritziger CHARDONNAY. Der lebhafte Rosé ist köstlich.

aujo Napa V. Siehe EISELE VINEYARD.

ıot-Roberts North Coast ★★★★ Der Pionier des »neuen Kalifornien« brachte frühe Lese und wenig Alkohol in Mode und verwandelt eigenartige Einzellagenweine in Sensationen. Unbedingt empfehlenswert: SYRAH mit

Wildnote, brombeeriger Trousseau, eindringlicher CABERNET SAUVIGNO Rassige CHARDONNAY-Weine.

A Tribute to Grace North Coast ★★★ Die Hommage der Neuseeländerin A gela Osborne an die Rhône bedeutet GRENACHE und nichts anderes. D Trauben stammen von außergewöhnlichen Lagen mit unterschiedlich Terroirs aus dem gesamten Bundesstaat, und der großartigste unter ihn ist der von Bergen umschlossene Weinberg in den Santa Barbara Hig lands in 975 m Höhe.

Au Bon Climat Santa Barbara ★★★★ Jim Clendenen erzeugte schon PIN NOIR, bevor es cool war, und setzte sich für den ausgewogenen Stil ein, d jetzt in Mode ist. Er brachte den Aufstieg der Central Coast mit CHARDO NAY und PINOT im Burgunderstil in Gang. Probieren Sie die in Kleinmeng produzierten Weine unter dem Etikett Clendenen Family.

Banshee Wines Son Coast ★★★ Drei Veteranen der Weinindustrie nutzt ihre Insiderverbindungen, kauften ungenutzte Fässer mit Traubensaft v anderen Kellereien und verwandelten den Inhalt in traumhaften PIN NOIR, den sie auch noch zu vernünftigen Preisen verkaufen. Inzwisch gibt es auch eine Reihe mit gut bereiteten Einzellagenweinen.

Beaulieu Vineyard Napa V. ★→★★★ **09 10** 11 – Jahrelang schien das Flag schiff dieses historischen Guts, der CABERNET SAUVIGNON Georges Latour Private Reserve, mit der Entwicklung nicht Schritt halten zu könne doch nun wird Grazie und Finesse im Stil wieder geschätzt, und der We wirkt frisch. Die Weine der unteren Preisklasse mit dem Namen Beauli Coastal Estate sind angenehm süffig.

Beckmen Vineyards Santa Barbara ★★★ Steve Beckmen ist ein Weinbau aus Leidenschaft, und seine Gebirgslage Purisima wurde zur Ikone der wa men Santa-Ynez-Zone. SYRAH, GRENACHE sind besonders gut.

Bedrock Wine Co. Son V. ★★★ Morgan Peterson (der Sohn des RAVEN WOOD-Gründers Joel) folgt dem Vorbild seines Vaters mit einer Marke, d traditionsreichen kalifornischen Weinbergen gewidmet ist. Das klingt na Old School, doch die Weine vermitteln keinerlei Schwerfälligkeit oder H ze, der Stil ist vielmehr (relativ) verhalten und elegant. Achten Sie auf d Heirloom Field Blends und die SYRAHS.

Benziger Family Winery Son V. ★★ Familiengeführter Pionier des biologisc dynamischen Weinbaus mit dem Herz am rechten Fleck, nur mangelt den Weinen oft an Charakter. Der Tribute, ein Verschnitt auf CABERNE SAUVIGNON-Basis, besitzt genügend Komplexität und Struktur für ein la ges Leben.

Beringer Blass Napa ★→★★★ Cabernet Sauvignon **05 06 07** – Ja, e Großerzeuger mit vielen Supermarktweinen, doch der Private Reser CABERNET SAUVIGNON und die Einzellagen-Cabernets zeigen sich mas und alterungswürdig. Starke Weine von Howell Mt., Geheimtipp ist aber d Knights Valley Cabernet.

Bokisch Lodi ★★→★★★ Für spanische Rebsorten ist Markus Bokisch d Erste im Staat. Ein sehr guter TEMPRANILLO führt die Riege an, gefolgt v großartigem GARNACHA und Albariño; charmanter Rosado.

Bonny Doon Mont ★★★→★★★★ Le Cigare Volant **07 08 10** 12 13 – Rand Grahm, ein Verfechter der Terroirphilosophie, pflegt ein witziges, spie risches Marketing, die Weine aber sind seriös. Sein Aushängeschild Cigare Volant im Châteauneuf-Stil hat 4-Sterne-Niveau erreicht. Der V Gris de Cigare zählt zu den kalifornischen Spitzenrosés.

Bonterra Siehe FETZER.

Brassfield Lake ★★→★★★ Hier ist gerade jemand dabei, sich an die Spi im Lake County zu setzen. Gute Sortenweine, doch es sind die Verschnit die überwältigen: Eruption (MALBEC, SYRAH, MOURVÈDRE, PETITE SIRA und Serenity (PINOT GRIS, RIESLING, GEWÜRZTRAMINER). Die Weinmacherlegende David Ramey berät.

ewer Clifton Santa Barbara ★★★ Nach dem jüngst erfolgten Verkauf ist eine der ersten Kultmarken für PINOT NOIR wieder im Spiel: mächtiger, reifer Pinot sowie CHARDONNAY, der mit seiner Ausgewogenheit und Verve immer beeindruckt.

oc Cellars North Coast ★★→★★★★ Die Kellerei mit Sitz in Berkeley, führend für den modernen kalifornischen Wein, schert sich nicht um Kritikerpunkte, sondern erzeugt köstlich-süffige Weine wie Vine Star Red und Carbonic CARIGNAN. Ein Besuch lohnt sich.

onco Wine Company – Berühmt für den »Two Buck Chuck« und viele weitere kommerzielle Marken.

Chenin blanc im Aufwind

Kaliforniens Anbauflächen von CHENIN BLANC wachsen zwar nur langsam – gerade mal um 12% in 10 Jahren –, aber sein Ruf verbessert sich dank junger Weinmacher erheblich schneller. Beispiele für Hipster-Chenins finden sich bei Habit, KUNIN, Lo-Fi und SANDLANDS. CHAPPELLET war schon immer ein Star.

ehler Napa ★★★ 07 **09 10 11** 12 13 14 – Unterschätztes Kleinod in Napa, so altmodisch, dass sogar die Preise seit Jahrzehnten unverändert scheinen. Ausgewogener CABERNET SAUVIGNON in einem schönen, brombeerfruchtigen Stil mit guter Struktur.

in Cellars Spring Mt. ★★★ 07 09 **10 11 12** – Eigentümer Chris Howell ist einer der neugierigsten, offensten Winzer in Napa, besessen davon, in seinem Wein die Lage auszudrücken. Der Cain Five, ein vielschichtiger Verschnitt der fünf Bordeaux-Rebsorten, ist ein kalifornischer Klassiker: beständig und auf Alterung ausgelegt.

kebread Napa V. ★★★ Der CABERNET SAUVIGNON bleibt der Goldstandard: mit einer Struktur für lange Lagerung, aber auch nach 4 oder 5 Jahren Flaschenreife schon köstlich.

lera ★★★→★★★★ Pinot noir 08 **09 10** 11 12 13 14 – Josh Jensen ist schon lange ein Held für kalifornischen PINOT NOIR. Seine altmodisch erzeugten Einzellagenweine sind saftig und würzig. Nicht entgehen lassen sollte man sich den exzellenten Central Coast CHARDONNAY oder den intensiven VIOGNIER.

ymus Napa V. ★★★→★★★★ 04 05 **06 07 09** – Auch nach über 30 Jahren bleibt der CABERNET SAUVIGNON Special Selection eine Napa-Ikone: ein voller, intensiver Wein, der langsam reift. Auch mit der Napa-Standardabfüllung zieht man keine Niete. Das Zweitetikett Conundrum bietet feine Qualität mit etwas Süße zum erschwinglichen Preis.

ritas Son Coast ★★★ Nuancierte, himmlische PINOT-NOIR und CHARDONNAY-Weine von einem Winzerehepaar, sehr gefragt bei Sommeliers. Greifen Sie zu, wenn Sie einen sehen. (Der Kellermeister erzeugt auch den LIOCO.)

alone Mont ★★★ Einzigartiges Weingut in den Gavilan Mts., östlich von Monterey. Der in Kalifornien seltene Kalksteinboden verleiht dem PINOT NOIR und CHARDONNAY einen dezidiert mineralischen Touch.

appellet Napa V. ★★★→★★★★ 08 **09 10 11 12** – Pionier (gegründet 1969) am Pritchard Hill und immer noch in Familienbesitz. St Helena. Der CABERNET SAUVIGNON aus der Reihe Signature wird wirklich alt. Auch trockener Chenin blanc. Zu Chappellet gehört SONOMA-LOEB.

Charles Krug Napa V. ★★→★★★ Die historisch bedeutende Kellerei hat den letzten Jahren ein Comeback geschafft. Der im Februar 2016 verstc bene Besitzer Peter Mondavi war Roberts Bruder, von dem er sich jedoc entfremdet hatte. Geschmeidiger CABERNET SAUVIGNON, guter SAUV GNON BLANC.

Château Montelena Napa V. ★★★→★★★★ Cabernet Sauvignon **01** (**05 06 07**; Chardonnay **10 11 12** 13 14 – Ausgewogener, geschmeidig CABERNET SAUVIGNON, den man entweder jung trinken oder aber minde tens ein Jahrzehnt einlagern sollte. Der CHARDONNAY ist hervorragen ebenso wie der köstliche Guts-ZINFANDEL.

Chateau St. Jean Son V. ★★ Seit Jahrzehnten einer der angesehenst Namen in Sonoma mit vielen guten Sortenweinen. Spitzenwein aber i der belanglose Cinq Cépages.

Chimney Rock Stags Leap ★★★ **03 04 05 07 08** – Unterschätzter Erze ger von ausgewogenem CABERNET SAUVIGNON, der im Alter wunderba Komplexität gewinnt, seit Langem unter der ruhigen Führung von Do Fletcher.

Cliff Lede Stags Leap ★★★ **10 11 12** – Großartiger CABERNET SAUVIGNC aus der AVA Stags Leap, der zwar fruchtig und ausladend ist, aber do von fein gewirkten Tanninen und Säure zusammengehalten wird. Au sehr gute Cabernet-Sauvignon-Weine aus Howell Mt., Diamond Mt. u Oakville.

Clos du Val Napa V. ★★★ Trotz des Eigentümerwechsels ist der gallisc Geist des früheren Kellermeisters Bernard Portet im stets hervorragende ausgewogenen CABERNET SAUVIGNON und dem intensiven, körperreich CHARDONNAY erhalten geblieben. Der Verschnitt Ariadne von SÉMILLC und SAUVIGNON BLANC ist ein Charmeur.

Clos Pegase Napa V. ★★★ Hinguck-Kellerei, sehr guter MERLOT von eine Weinberg in Carneros. Auch guter CABERNET SAUVIGNON.

Cobb Wines Son Coast ★★★ Ross Cobb steuert das Familienschiff und ber tet wunderbaren PINOT NOIR und CHARDONNAY von ausgewählten Wei bergen an der Sonoma Coast: verhalten, ausgewogen, herrlich. Die Pinc sind nach ein paar Jahren am besten und gehören dann zur kalifornisch Oberklasse. Emaline Ann und Coastlands sind die Spitzenlagen. Sie auch ANABA.

Conn Valley Napa V. ★★★ 12 13 14 – Die Kellerei südlich des Howell M District wirkt wie das Napa früherer, einfacherer Zeiten. Selbstbewuss aber unaufdringliche Weine mit ausgewogenem, erdigem Charakter. Kö liche rote Verschnitte Right Bank und Eloge.

Constellation ★→★★★ Mit mehr als 90 Mio. Kisten im Jahr das grö te Weinunternehmen der Welt mit Kellereien in Kalifornien, New Yo Washington, Kanada, Chile, Australien und Neuseeland. Früher bedie te man v.a. das untere Marktsegment, jetzt will man höher hinaus, u. mit ROBERT MONDAVI, FRANCISCAN VINEYARD, Estancia, MOUNT VEED WINERY, RAVENSWOOD und Simi.

Continuum Napa V. ★★★ **08 09 10 11 12** – Tim Mondavi brach mit d Familientradition, als er sein Gut am Pritchard Hill aufmachte. Er sche weder Kosten noch Mühe für seinen einzigen, präzise bereiteten Wein a Bordeaux-Sorten, der Zeit braucht, aber makellos dicht, komplex, tiefgrü dig ist.

Copain Cellars Anderson V. ★★★ Eine der ersten schicken Kellereien, die v im Anderson V. investiert hat. Wells Guthrie pfiff auf seine vielen Park Punkte und änderte seinen Stil hin zu weniger Alkohol und Reife. Wur 2016 an KENDALL-JACKSON verkauft. PINOT NOIR ist seine Stärke, v. a. c elegante, würzige, strahlende Kiser Vineyard. Auch guter SYRAH Halcon.

rison Napa V. ★★★★ 99 00 01 02 05 06 07 09 10 – Cathy Corison ist eine Art Nationalheiligtum. Während viel zu viele im Napa Valley dem Ruf des Dollars folgen und muskelbepackte Extraktbomben produzieren – die hohe Bewertungen erzielen, aber geringen Genuss bedeuten –, erzeugt Corison weiterhin geschmeidigen, hocharomatischen, langlebigen Cabernet Sauvignon. An der Spitze steht der üppig-samtige Kronos Vineyard.

rnerstone Cellars Howell Mt. ★★★ 05 07 09 10 11 – Eindrucksvoller CABERNET SAUVIGNON vom rauen Howell Mt., stets mit Fokus auf Harmonie und Balance. Auch sehr guter Cabernet Sauvignon vom Talboden, spritziger SAUVIGNON BLANC, SYRAH-Rosé.

vaison Carneros ★★★ Unaufgeregtes Spitzengut, das jedes Jahr beste Qualität erzeugt. Die Bestnoten gehen an PINOT NOIR und CHARDONNAY vom Gut in Carneros. Daneben guter SYRAH und ausgezeichneter CABERNET SAUVIGNON vom Mt. Veeder. In der Reihe Single Block u. a. herrlicher Rosé und sehr guter SAUVIGNON BLANC.

she Cellars Dry Creek V., North Coast ★★★ In Tom Dashes (ehemals RIDGE) Kellerei in Oakland dreht sich alles um ZINFANDEL aus dem Dry Creek Valley, einschließlich einiger Einzellagenabfüllungen im klassischen brombeerfruchtigen Dry-Creek-Stil. Nicht links liegen lassen sollte man den ausgezeichneten GRENACHE-Rosé und den herrlichen CARIGNANE von alten Reben.

vis Bynum RRV ★★★ Der PINOT-NOIR-Pionier des Russian River V. bereitet dort immer noch ausladende, saftige Einzellagenweine und fülligen CHARDONNAY. Fast schon ein bisschen viel Frucht und Alkohol.

hlinger RRV ★★★→★★★★ Nach über vier Jahrzehnten ist dieser PINOT-NOIR-Meister auf der Höhe seines Könnens. Auch sehr guter CHARDONNAY, SYRAH und ausgewogener, eleganter CABERNET SAUVIGNON.

amond Creek Napa V. ★★★★ 03 06 07 09 – Eines der Juwelen Napas, wurde in jüngerer Zeit von einigen greller glitzernden CABERNET-SAUVIGNON-Kultweinen etwas in den Schatten gestellt, sollte aber keinesfalls übersehen werden. Wunderbarer, herber, sehr teurer Cabernet von berühmten Hanglagen am Diamond Mt. Die Weine altern ganz wunderbar.

ty and Rowdy North Coast ★★★ Spezialist für hochklassigen MOURVÈDRE und SÉMILLON in kleiner Auflage, dazu schäumender PINOT BLANC und CHENIN BLANC. Teil des neuen Gesichts des kalifornischen Weins und Liebling der Sommeliers. Die Weine haben einen wilden, unberechenbaren Dreh und jede Menge Energie.

maine Carneros Carneros ★★★ Taittinger-Niederlassung in Kalifornien mit stets guten Schaumweinen, v. a. Jahrgangs-Blanc-de-Blancs Le Rêve; auch der Rosé-Schaumwein oJ und der Jahrgangs-Brut sind sehr gut. Der PINOT NOIR The Famous Gate führt die Riege der hervorragenden Pinot-noir- und CHARDONNAY-Weine an.

maine Chandon Napa V. ★★→★★★ Beliebtes Reiseziel (klasse Restaurant) in Yountville, doch die Trauben kommen aus dem kühleren Carneros nahe der Bay. Schäumendes Spitzengewächs ist der Reserve Étoile oJ; auch sehr guter Roséschaumwein. Der stille PINOT MEUNIER ist ein Genuss.

maine de la Côte Sta Rita Hills ★★★ Anspruchsvoller Guts-PINOT-NOIR im Burgunderstil aus der kühlsten westlichen Ecke der Sta Rita Hills, erzeugt von dem brillanten ehemaligen Sommelier Rajat Parr und dem angesehenen Kellermeister Sashi Moorman. Siehe auch SANDHI.

minus Estate Napa V. ★★★★ 02 04 05 06 07 – Der Abstecher von Christian Moueix aus Pomerol nach Napa bleibt einer der großen Schätze des Tals – das zurückhaltende Design des Orts wie des Weins sind einzigartig. Drängen Sie ihn nicht, längeres Einkellern wird großzügig mit geschmeidigen Schichten intensiver Aromen und einem langen, den Gaumen einhü lenden Abgang belohnt. Jahr für Jahr ein Napa-Superstar.

Donum North Coast ★★★ Anne Moller-Racke bearbeitet seit 1981 mit Le denschaft die Böden in Carneros. Reintöniger PINOT NOIR aus vier Lage steht im Zentrum; großzügiger, komplexer Stil.

Drew Family Anderson V. ★★★ Herrlicher PINOT NOIR aus Einzellagen in u mittelbarer Nähe des Pazifik und in den Yorkville Highlands. Empfehlen wert ist der Morning Dew Vineyard Pinot noir aus Mendocino Ridge, ebe falls ausgezeichnet der SYRAH vom Valenti Vineyard. Auch wunderbar ALBARIÑO.

Dry Creek Vineyard Dry Creek V. ★★→★★★ Spielt seit Langem eine führe de Rolle beim Projekt »The Zinfandel Heritage Vineyard«. Höchst beei druckendes Sortiment von Einzellagenabfüllungen; sehr guter Sauvignc blanc und CHENIN BLANC.

Duckhorn Vineyards ★★→★★★ Kalifornischer Klassiker, bekannt für dunkl tanninstarke, pflaumenartig reife Einzellagen-MERLOTs (v. a. Three Palm und einen Howell Mt. auf CABERNET-SAUVIGNON-Basis. Außerdem PINC NOIR Goldeneye. Exzellenter CHARDONNAY und Pinot noir aus dem Russ an River V. unter dem Etikett Migration. Der Name Decoy steht für zugän liche Weine, v. a. den roten Verschnitt.

Dunn Vineyards Howell Mt. ★★★★ Randy Dunn erzeugt prachtvollen, inte siven Cabernet Sauvignon. Ältere Jahrgänge können 20, 30 Jahre bis z vollen Reife brauchen, Abfüllungen aus der Talsohle sind etwas zurückha tender und nicht für langes Einlagern gemacht. Einer der wenigen Wei macher im Napa V., die dem Massenwahn widerstehen, marmeladig übertrieben üppige Weine zu bereiten, nur um sich bei den Kritikern lie Kind zu machen.

Dutton-Goldfield RRV ★★★ Kraftvoller Blick auf PINOT NOIR: üppig, stru turiert und dem Terroir verbunden von der Sonoma Coast und aus de Russian River V. Moderne Klassiker Kaliforniens. Auch die limitierte ZI FANDEL-Abfüllung ist ein Gläschen oder zwei wert.

Edna Valley Vineyard Edna V. ★★★ Süffige Sortenweine von der milde Central Coast. Schöner, leichtfüßiger SAUVIGNON BLANC, knackiger CHA DONNAY mit Tropenfruchtaromen, dazu eindrucksvoller SYRAH und gut CABERNET SAUVIGNON aus einer Spitzenlage.

Eisele Vineyard Napa V. ★★★★ 2016 wurde dieser Maßstäbe setzend CABERNET SAUVIGNON von Araujo in Eisele Vineyard umbenannt (gült ab Jahrgang 2013), nach dem historischen Weinberg, von dem er stamm Auch erfrischender SAUVIGNON BLANC, sehr guter VIOGNIER, SYRAH. G hört jetzt François Pinault von Château Latour in Bordeaux.

Ernest Vineyards Son ★★★ Eigentlich braucht man in Kalifornien nic noch mehr PINOT NOIR und CHARDONNAY, aber dieser Neuling bringt s viel Verve, Säure und Stil in seine exzellenten regionalen und Einzellage weine, dass sie geradezu Suchtpotenzial entwickeln, komplex und rass wie sie sind.

Etude Carneros ★★★ Die von Tony Soter gegründete Kellerei gehört jet einem riesigen Multi, doch das Team hält an Tonys Vision fest, kunstvc bereiteten PINOT NOIR von verschiedenen Terroirs zu erzeugen. Die A füllung von der Lage Heirloom Grace ist etwas ganz Besonderes, und d CABERNET-SAUVIGNON-Weine aus Napa sind besser als die der meiste Cabernet-Spezialisten.

Failla Son Coast ★★★ Ehren Jordan, einer der klügsten und talentierteste Weinmacher Kaliforniens, erzeugt herzhaften, umwerfenden, komplexe PINOT NOIR, SYRAH und CHARDONNAY aus kühlen Küstenlagen.

…rella Coombsville ★★★ Ausgezeichnetes Angebot aus der kühlen AVA Coombsville. Exzellent sind der SAUVIGNON BLANC La Luce, der strahlende MERLOT mit Kirschnoten und der elegante CABERNET SAUVIGNON. Der Guts-MALBEC ist herausragend.

…ar Niente Napa V. ★★★★ Historische Kellerei (1885), erst in den letzten 20 Jahren wiederbelebt. Pionier für Einzellagen-CABERNET-SAUVIGNON und -CHARDONNAY im ausladenden, generösen Napa-Stil. Gefeierter edelfauler Süßwein unter dem Name Dolce.

…etzer Vineyards North Coast ★★→★★★ Pionier in Sachen ökologischer/nachhaltiger Weinbau. Beständig gut und günstig, von preiswerten Abfüllungen (Sundial, Valley Oaks) bis hin zu gut bereiteten Reserve-Gewächsen. Eigentümer von Bonterra Vineyards (reiner Ökobetrieb), wo Roussanne und Marsanne die Stars sind.

…eld Recordings Paso Robles ★★★ Keiner kennt die Weinberge an der Küste besser als Andrew Jones, der von den ausdrucksstärksten Lagen kleine Mengen vinifiziert. Am besten sind die Verschnitte Neverland und Barter & Trade, aber probieren Sie auch den Alloy und den Fiction in 0,5-l-Dosen: köstlich!

…restone Santa Ynez ★★→★★★ Gehört zum Familienvermögen wie das Reifenimperium; verlässlicher Erzeuger mit besonders gutem SAUVIGNON BLANC und SYRAH. Auch ein respektabler Bierbrauer.

…owers Vineyard & Winery Son Coast ★★★ Der Pionier der Sonoma Coast (erste CHARDONNAY-Reben 1991 gepflanzt) wurde 2009 von Huneeus gekauft; die Weine sind weiter großartig. Betreibt jetzt Ökoweinbau für intensiven PINOT NOIR und Chardonnay.

…ppiano Son ★★→★★★ Klassischer kalifornischer Tischwein, v. a. ZINFANDEL und reichhaltiger, dunkler PETITE SIRAH.

…orlorn Hope North Coast ★★★ Der Name (»vergebliche Liebesmüh«) sagt alles: Matthew Rorick widmet sich übersehenen, vergessenen Trauben in alten Weinbergen. Alles überzeugend und sehr gut, von VERDELHO und Alvarelão bis zum einzigartigen gemischen Satz *(field blend)* portugiesischer Sorten.

…orman Vineyard Napa V. ★★★ Ric Forman, ein überzeugter, womöglich sogar fanatischer Anhänger der Terroirphilosophie, erzeugt elegante, langlebige Weine auf der Basis von CABERNET SAUVIGNON aus Hanglagen. Auch sehr guter CHARDONNAY mit einem Seitenblick auf Chablis.

…eeman RRV, Son Coast ★★★→★★★★ Eleganter, terroirbetonter PINOT NOIR und CHARDONNAY aus kühlen Lagen in den AVAs Sonoma Coast und Russian River Valley – Burgund lässt grüßen. Der Chardonnay Ryo-fu (Japanisch für »kühle Brise«) ist fantastisch, genauso wie der Pinot noir Akiko's Cuvée.

…eemark Abbey Napa V. ★★★ Die Qualität dieses CABERNET-SAUVIGNON-Veteranen wird leicht übersehen. Besonders empfehlenswert sind die Einzellagenabfüllungen Sycamore und Bosché.

…eestone Son Coast ★★★ Intensiver, rassiger CHARDONNAY und PINOT NOIR aus küstennahen Lagen mit schöner Struktur und langem Abgang, v. a. der Chardonnay. Im Besitz von JOSEPH PHELPS aus Napa.

…og's Leap Rutherford ★★★→★★★★ Cabernet Sauvignon 07 08 **09** 10 – Alles beginnt im Weinberg, sagt John Williams, ein führender Kopf der Ökobewegung, und genauso meint er es auch. CABERNET SAUVIGNON und MERLOT sind geschmeidig, ausgewogen und lagerfähig; exzellent auch der CHARDONNAY mit Röstnote, der schlanke, schwungvolle Sauvignon blanc und der würzige ZINFANDEL.

…allo, E. & J. ★→★★ Kaliforniens größte Weinkellerei hat mehr für die Erweiterung des amerikanischen Geschmacks getan als irgendein anderes Unternehmen. Billige Tropfen plus regionale Sorten wie Anapaun Marcellina, Turning Leaf usw. – alle zwar von bescheidener Qualität, ak verlässlich und erschwinglich. Ein Großeinkauf hat jüngst die Produktior kapazität in Napa verdreifacht: besitzt jetzt 15 Kellereien in Kalifornien u Washington.

Gallo of Sonoma Son ★→★★★ Dass er auch Qualität erzeugen kann, v der Gigant GALLO hiermit beweisen. CABERNET SAUVIGNON und ZINFA DEL können sehr gut sein, die Spitzenreihe von Weinmacherin Gina Ga ist immer großartig.

Gary Farrell RRV, Son Coast ★★★ Ausgezeichnete PINOT-NOIR- und CHA DONNAY-Weine aus Lagen mit kühlem Klima. Der Rocholi Vineyard Ch donnay ist großartig. Der stilvolle ZINFANDEL und der herrliche SYRAH v dienen ebenfalls Beachtung. Die neue Reihe Inspiration umfasst Weine a kleinen Parzellen, z. B. dem Gap's Crown Vineyard an der Sonoma Coast

Grenache im Kommen

Kaliforniens Begeisterung für Rhône-Sorten ist schon über 30 Jahre alt, doch seltsamerweise stand GRENACHE nie groß im Mittelpunkt. Das ändert sich nun, da mehr und mehr Winzer erkennen, dass diese Hitze liebende Traube wie geschaffen für Kalifornien ist. A TRIBUTE TO GRACE hat sich ganz dieser Sorte verschrieben, doch auch andere Erzeuger nehmen sie ernst. Schöne Beispiele von: DASHE CELLARS, NEYERS, Pax, Stolpman.

Gloria Ferrer Carneros ★★→★★★ Guter Schaumwein sowie würziger CHA DONNAY und strahlend-seidiger PINOT NOIR. Gehört zum spanischen Cav Riesen Freixenet. Die Royal Cuvée ist am besten.

Grace Family Vineyard Napa V. ★★★★ 03 05 06 07 09 10 – Überwältige der CABERNET SAUVIGNON, für lange Lagerung gemacht. Der hohe Preis mitunter tatsächlich gerechtfertigt – eine der wenigen Ausnahmen un den Kultweinen.

Green and Red Napa V. ★★★ Der Name rührt von den Farben der Weinbe böden her (rotes Eisen und grüner Serpentin). Die 1977 gegründete K lerei ist immer noch auf herzhafte, ausgewogene ZINFANDEL-Weine al Schule (keine alkoholischen Fruchtbomben hier), SYRAH und SAUVIGN BLANC spezialisiert. Alle Trauben stammen aus den eigenen drei We bergen.

Grgich Hills Cellars Napa V. ★★★ **07 08 09 10 11** – Mike Grgich (jetzt Ruhestand) bereitete 1973 den Montelena CHARDONNAY, der 1976 Weinjury von Paris gewann. Seine Kellerei, jetzt biodynamisch, ist imm noch herausragend: geschmeidiger CABERNET SAUVIGNON, alterungsw diger Chardonnay.

Gundlach Bundschu Son V. ★★★ Kaliforniens älteste familiengeführte Ke rei (und die zweitälteste insgesamt) ist mit ihrem einladenden Charme beliebtes Ziel für Verkostungen. Abgerundet, freundlich und preiswert z gen sich auch der CABERNET SAUVIGNON und der MERLOT. Leckerer, modischer Gewürztraminer.

Hahn Santa Lucia Highlands ★★→★★★ Früher für ordentlichen PINOT N zu Schnäppchenpreisen bekannt, jetzt mit höheren Ansprüchen. D Preis-Leistungs-Verhältnis ist immer noch gut, aber die Qualität schieß die Höhe. Die Einzellagenabfüllungen der Marke Lucienne sind fantastis die Basisqualitäten besser denn je.

ll Napa V. ★★★ Solide CABERNET-SAUVIGNON-Weine aus Napa in erstaunlicher Anzahl; es lohnt sich auszuwählen. Der Kathryn Hall Signature ist hervorragend, mit mundfüllenden vielschichtigen Aromen und gutem Reifepotenzial. Köstlicher, straffer SAUVIGNON BLANC.

nna Winery Son ★★★ Klassischer Sonoma-Erzeuger mit ausgezeichnetem SAUVIGNON BLANC und PINOT NOIR; CABERNET SAUVIGNON Reserve und MERLOT sind großartig. Der Rosé auf Merlot-Basis ist ein Schmankerl.

nzell Son V. ★★★★ PINOT-Pionier der 1950er-Jahre, immer noch mit CHARDONNAY und Pinot noir von gutseigenen Reben. Beide profitieren von einigen Jahren Kellerreifung. Einer der besten Erzeuger Kaliforniens. Der Chardonnay Sebella von jungen Reben strotzt vor strahlend frischer Frucht.

rlan Estate Napa V. ★★★★ Konzentrierter, robuster CABERNET SAUVIGNON – einer der Kultweine, die man nur via Mailingliste zu Spitzenpreisen bekommt.

V Wines Carneros ★★★ Unterschätztes Juwel in Sonoma mit feinem, komplexem Chardonnay der geschliffenen Art und sehr gutem PINOT NOIR vom Gut des Winzers Larry Hyde in Zusammenarbeit mit Aubert de Villaine von der Domaine de la Romanée-Conti (Frankreich). Sehr guter CABERNET SAUVIGNON und SYRAH.

itz Cellar Napa V. ★★★→★★★★ – Alle schauen auf den ikonischen, alterungswürdigen Martha's Vineyard CABERNET SAUVIGNON, aber auch der Basis-Cabernet aus dem Napa V. ist stets köstlich. Dazu SAUVIGNON BLANC und sogar GRIGNOLINO.

ller Estate Mont ★★★ Begründer der AVA Carmel V., wo er immer noch charakteristischen CHENIN BLANC, geschmeidigen CABERNET SAUVIGNON, sehr guten MERLOT und Rosé erzeugt.

ss Collection, The Napa V. ★★★ Großartiges Ziel für einen Besuch im Napa V. mit Kunstgalerie von Weltklasse. Auch gute Weine: Der CABERNET SAUVIGNON von der MOUNT VEEDER WINERY markiert ein neues Qualitätsniveau, v. a. der ausgefallene 19 Block Cuvée, ein Verkaufshit mit angenehmem Auftreten.

'sch Son Coast ★★★★ David Hirsch, ein Pionier der Sonoma Coast, hat sich mit seinem Weinberg den Ruf eines erstklassigen Traubenlieferanten erworben. Das Beste davon wird nun unter dem Etikett der Familie selbst produziert. Großartiger, geschmeidiger PINOT NOIR und CHARDONNAY mit überwältigendem Charakter und Schwung von einem Bergrücken oberhalb des Pazifiks.

nig Napa V. ★★★ Die bekannte Kellerei bietet weiterhin beständige Qualität, v. a. beim reichhaltigen Campbell Vineyard CABERNET SAUVIGNON, der gut altern sollte. Der Sauvignon blanc ist der Bannerträger dieser Sorte im Napa V.

;lenook Oakville ★★★★ Francis Ford Coppolas Rubicon, jetzt unter dem Inglenook-Etikett, markiert eine Rückkehr zum klassischen Napa CABERNET SAUVIGNON – ausgewogen, elegant und der großen Tradition treu. Auch CHARDONNAY und MERLOT.

n Horse Vineyards Son ★★★ Beeindruckende Auswahl von zwölf Schaumweinen, alle mit Jahrgangsangabe und wunderbar gemacht. Der Ocean Reserve Blanc de Blancs ist sehr gut, der Wedding Cuvée räumt Preise ab. Sehr guter CHARDONNAY und PINOT NOIR.

ie-Laide Son ★★★ Die unüberhörbare Stimme des »neuen Kalifornien« bereitet unverwechselbare Weine von ungewöhnlichen Trauben: Melon (MUSCADET), GAMAY, Trousseau gris. Man findet sie in den angesagtesten Restaurants von San Francisco.

dan Alexander V. ★★★ Der Wechsel des Traubenlieferanten hat den ausgewogenen, eleganten Weinen aus dem Vorzeigegut im Alexander V. ein brillantes Comeback verschafft. Der CABERNET SAUVIGNON ist eine Hom mage an Bordeaux und langlebig. Schwungvoller, köstlicher CHARDONNA

Joseph Phelps Napa V. ★★★★ Insignia **05 06 07 08 09 10 11** – Phelps' i tensiver, langlebiger CABERNET SAUVIGNON, ein »Premier Cru« aus Nap zählt immer zu den besten, v. a. Insignia und Backus. Sehr gut ist auch d CHARDONNAY Ovation. Siehe auch FREESTONE.

Joseph Swan Son ★★★ Alteingesessener Erzeuger im Russian River V. m intensivem ZINFANDEL von alten Reben und PINOT NOIR aus Einzellage Auch die (oft übersehenen) Weine von Rhône-Sorten sind sehr gut, v. a. d ROUSSANNE/MARSANNE-Verschnitt und der Orange Wine von GRENAC BLANC.

Kendall-Jackson ★★ Immer noch auf Qualität bedachter Großerzeug Marktorientierter CHARDONNAY und CABERNET SAUVIGNON. Noch beac tenswerter durch die Entwicklung einer Vielzahl von Kellereien unter de Dach von Jackson Family Wines mit einem internationalen Repertoire a Australien, Chile, Frankreich und Italien sowie den in Kalifornien selbst u in Oregon erzeugten Marken.

Kenwood Vineyards Son V. ★★→★★★ Mit dem Fokus auf bessere Qualit hat sich dieser wegweisende Erzeuger neu erfunden, angeführt von CABE NET SAUVIGNON in der monumentalen Einzellagenabfüllung Jack Londo

Kistler Vineyards RRV ★★★★ Stilwechsel: Der einst buttrige CHARDONN und ausladende PINOT NOIR werden besser, schlanker, rassiger. Imm noch von einem Dutzend Weinberge pro Jahrgang, immer noch sehr g fragt.

Konsgaard Napa ★★★→★★★★ Eine herzlichere Persönlichkeit als Jo Kongsgaard, einen »Napa-iten« der 5. Generation, kann man sich ka vorstellen. Dazu bereitet er umwerfende Wein, v. a. CHARDONNAY aus d Lage Judge Vineyard und hervorragenden CABERNET SAUVIGNON u SYRAH.

Korbel ★★ Billiger Supermarktschaumwein, aber alle nach der klassisch Methode bereitet und erstaunlich gut für den Preis. Auch für einen Besu in der Kellerei sehr nett.

Kunin ★★★ Ehemals Spezialist für ZINFANDEL, hat Seth Kunin nun bei d Rhône-Sorten seine wahre Bestimmung gefunden. Fleischiger SYRAH; d köstliche Pape Star ist eine Ode an Châteauneuf. Auch mit der Loire flirt er, wie der schwungvolle CHENIN BLANC beweist.

In Kalifornien ist Marihuana nun legal. Was heißt das für die Weinindusrie?

Lagier-Meredith Mt. Veeder ★★★ Wein der namhaften Rebenforscherin d Universität Davis, Carole Meredith, und ihres Mannes, des Önologen Ste Lagier. Kleine, von Hand bereitete Produktion wunderbarer reinsortig SYRAH-, MONDEUSE-, MALBEC und ZINFANDEL-Weine (die Herkunft letzt rer Sorte aus Kroatien hat Meredith bekanntlich entdeckt).

Lamborn Family Vineyards Howell Mt. ★★★★ Heidi Barrett, Weinmache mit Superstar-Status, erzeugt intensiven, langlebigen CABERNET SAU GNON und mächtigen, hocharomatischen ZINFANDEL vom eigenen We berg.

Lang & Reed Mend, Napa ★★★ Kaliforniens passioniertester Bannerträg des CABERNET FRANC. Die Weine verbinden Duft und Geschmeidigk mit der für Napa typischen Üppigkeit. Auch köstlicher CHENIN BLANC a Mendocino.

Larkmead Napa V. ★★★ **10 11** 13 14 – Wiederbelebtes historisches Gut r geschmeidigem, ausgewogenem, hervorragendem Cabernet Sauvign sowie köstlichem, strahlendem SAUVIGNON BLANC. Herrlich ist der neu auf den Markt gekommene Tocai FRIULANO. Siehe auch MASSICAN.

rue Wines Son Coast ★★★ Katy Wilson hat ein ganz besonderes Händchen, ihren eleganten PINOT NOIR und CHARDONNAY über die Masse zu erheben: ernsthafte Weine, die einem ein Lächeln auf die Lippen zaubern. Siehe auch ANABA.

urel Glen Son ★★★ 03 05 **06** 09 13 14 – Der geschmeidige, alterungswürdige CABERNET SAUVIGNON von einer Hügellage am Sonoma Mt. ist seit mehr als drei Jahrzehnten immer nahe der Spitze. Die neuen Besitzer halten das hohe Niveau. Der Cabernet Sauvignon Counterpoint ist ein Schnäppchen für den sofortigen Genuss.

wis Cellars Napa V. ★★★★ Der frühere Rennfahrer Randy Lewis erzeugt CABERNET SAUVIGNON, CHARDONNAY und SYRAH, die man nur als Vollgas-Weine bezeichnen kann. Napa-Hedonismus vom Feinsten, ohne Wenn und Aber.

u Dit Sta Rita Hills ★★★ Oft übersehene Loire-Sorten: pikanter SAUVIGNON BLANC, knackiger CHENIN BLANC, ansprechend straffer CABERNET FRANC.

co North Coast ★★★ War den Beweis angetreten, dass Kalifornien schlanken, mineralischen CHARDONNAY hervorbringen kann. Auftrag erfüllt. Dazu gibt es exzellenten PINOT NOIR und fabelhaften roten und rosé CARIGNAN Indica aus Mendoza. Kellermeister ist John Raytek von CERITAS.

torai Son Coast ★★★ Leise, aber unaufhaltsam wird der in Burgund ausgebildete Ted Lemon zu einer kalifornischen Ikone mit himmlischem, von der Lage geprägtem PINOT NOIR und CHARDONNAY, die herrlich altern.

ır, J. ★★→★★★ Sehr produktiver Erzeuger an der Central Coast mit preisgünstigem, ausgewogenem CABERNET SAUVIGNON, PINOT NOIR, CHARDONNAY. Cuvée Pau und Cuvée St. E folgen dem Vorbild von Bordeaux. Eine Rarität – und lohnend – ist der Valdiguié.

ng Meadow Ranch Napa V. ★★★→★★★★ Kellerei mit ganzheitlichem Ansatz und Besuchsziel mit Restaurant, Rinderzucht und Bio-Landwirtschaft. Der geschmeidige, langlebige CABERNET SAUVIGNON hat ★★★★-Niveau erreicht. Auch lebhafter SAUVIGNON BLANC im Graves-Stil.

uis M. Martini Napa ★★★ Klassische Marke mit schönem Comeback, seit Mike Martini am Steuer ist. Saft- und kraftvoller, großartiger CABERNET SAUVIGNON und ZINFANDEL von historischen Weinbergen. Besonders empfehlenswert ist der Cabernet Sauvignon vom Monte Rosso.

cPhail Son Coast ★★★ Fleißiger Erzeuger von PINOT NOIR und CHARDONNAY: gut, aber risikoscheu. Potenzial ist gleichwohl da: Mardikian, der gutseigene Pinot noir, ist ausgezeichnet: intensiv und straff gewirkt.

cRostie Son Coast ★★★ Süffiger PINOT NOIR und CHARDONNAY von der Sonoma Coast und aus dem Russian River V. Köstlicher Pinot-noir-Rosé.

rimar Torres Estate RRV ★★★ Der Ableger der großen katalanischen Familie bringt mehrere Abfüllungen von CHARDONNAY und PINOT NOIR heraus. Alle Weinberge werden jetzt biodynamisch bewirtschaftet. Die Chardonnays sind ausgezeichnet und langlebig, v. a. der Acero (nicht in Eiche ausgebaut, frisch und ausdrucksvoll). Der Pinot noir aus der Lage Doña Margarita in Pazifiknähe ist intensiv und reichhaltig.

ssican Napa V. ★★★ Hommage des Weinmachers von LARKMEAD, Dan Petroski, an italienische Weiße: Der SAUVIGNON BLANC sowie die Verschnitte Annia (FRIULANO/RIBOLLA/CHARDONNAY) und Gemina (PINOT GRIGIO/GRECO) sind Köstlichkeiten.

tthiasson ★★★ Experimentelle Weine, die Kult geworden sind. Rassiger CHARDONNAY, eleganter CABERNET SAUVIGNON, weißer Verschnitt von epischer Größe, dazu Esoterika wie RIBOLLA GIALLA, Schioppetino.

Mayacamas Vineyards Mt. Veeder ★★★ Neuer Eigentümer (Charles Ban früher Partner bei SCREAMING EAGLE), gleicher klassisch kalifornischer S nur verbessert. Die alterungswürdigen CABERNET-SAUVIGNON- und CHA DONNAY-Weine erinnern an die großen Abfüllungen der 1970er- und 80 Jahre.

Melville ★★★ Familienbetrieb in den Sta Rita Hills mit mächtigem, se gutem CHARDONNAY und PINOT NOIR, aber der Guts-SYRAH stiehlt all die Schau. Interessant ist auch SAMsARA, die persönliche Marke von Ch und Mary Melville.

Meritage Der Ausdruck bezeichnet einen Verschnitt von roten oder weiß Bordeaux-Sorten. Geprägt wurde er in Kalifornien, hat sich aber inzwisch weiter ausgebreitet. Meritage ist ein geschütztes Markenzeichen und d nur von Mitgliedern der Meritage Alliance verwendet werden. Sollte si auf *heritage* (»Erbe«, »Überlieferung«) reimen, tut es aber oft nicht.

Merry Edwards RRV ★★★★ Einer der großen Weinmacher Kaliforniens, onier für PINOT NOIR. Die Einzellagenweine aus Sonoma sind stets eno beliebt: reif, rund, mit vielschichtigen Aromen und einem Hauch dunk Gewürze. Auch der eher halbtrockene SAUVIGNON BLANC liegt im Trend

Meteor Coombsville ★★★ Noch ein Aufsteiger aus dem plötzlich angesa ten Coombsville. Die eher kühle gutseigene Lage liefert wunderbar dicht CABERNET SAUVIGNON. Perseid, der Zweitwein, schmeckt jung sehr gut.

Mount Eden Vineyards Santa Cruz Mt. ★★★★ Eine der ersten Boutiquek lereien Kaliforniens mit Weinberg hoch oben in den Santa Cruz Mts. We der Superlative von CABERNET SAUVIGNON, PINOT NOIR und CHARDONN seit 1945; die derzeitigen Eigentümer sind seit 1981 am Werk.

Mount Veeder Winery Mt. Veeder ★★★ Klassischer kalifornischer CABERN SAUVIGNON und FRANC von zerklüfteten Steillagen in 500 m Höhe. Mäch ge, dichte Weine mit reifen, gut integrierten Tanninen.

Mumm Napa Valley Napa V. ★★★ Stilvolle Schaumweine, v.a. köstlich Blanc de Noirs und voller, komplexer DVX von einer Einzellage, dem paar Jahre in der Flasche gut bekommen; sehr guter Brut Rosé.

Nalle Son ★★★ ZINFANDEL ist hier der Star, bereitet schon jung Freude, ka aber lagern. Ausgezeichneter PINOT NOIR und CHARDONNAY.

Newton Vineyards Spring Mt. ★★→★★★★ Newtons rigoroser Qualitätsa spruch hat den Aufstieg von Napa in den 1980er-Jahren vorangetrieb 2017 wird das Gut 40 Jahre alt. Die Reihe Unfiltered hält, was sie v spricht, insbesondere der CABERNET SAUVIGNON ist umwerfend.

Neyers Napa V. ★★★ Komplexer CHARDONNAY, floraler GRENACHE, seidig CABERNET SAUVIGNON. Französisch-sensibler Ansatz, achtet auf Substa über die Rebsorte hinaus. Mehr als faire Preise.

Niebaum-Coppola Estate Siehe INGLENOOK.

Obsidian Ridge Lake ★★★ Schnäppchenpreise für edlen, intensiven CABE NET SAUVIGNON – ein echter Bergwein von einer Hanglage in 780 m Hö mit eisenhaltigem Boden und Obsidian-Einschlüssen. Exzellenter Reser Cabernet Half Mile.

Ojai Santa Barbara ★★★ Adam Tolmach, ehemals Teilhaber von AU B CLIMAT, steuert erfolgreich weg vom mächtigen, superreifen hin zu schlankeren, feineren Stil und erzeugt die besten Weine seiner Karrie PINOT NOIR, CHARDONNAY und Rhône-Sorten – alles sehr gut. Der Ro auf SYRAH-Basis ist köstlich.

Opus One Oakville ★★★★ Immer noch der Bannerträger des feinen CABE NET SAUVIGNON aus Napa. Die Verbindung Mondavi-Rothschild ist derz in bester Verfassung. Der aktuelle Jahrgang ist 2013, aber am besten si die Weine erst nach zehn oder mehr Jahren.

…id St Helena ★★★ Ultraluxuriöses Bioweingut auf dem Pritchard Hill. Geschmeidige Bordeaux-Verschnitte sind die Stars, aber auch der SYRAH ist gut.

…hlmeyer Napa V. ★★★ Angesagtes Gut aus den Jahrzehnten des ersten Höhenflugs von Kalifornien. Massive, marmeladige, aber geschmeidige Weine. Der Bordeaux-Verschnitt ist am bekanntesten, gut für ein paar Jahre Reifung.

…lmina Santa Barbara ★★★ Dezidiert italienischer Stil, ungewöhnliche Rebsorten: FRIULANO, VERMENTINO, NEBBIOLO, LAGREIN. Weine mit üppigem kalifornischem Flair, als Essensbegleiter gedacht.

…rador Napa V. ★★★ Der TEMPRANILLO-Spezialist in Napa: üppige, alterungswürdige Weine, inspiriert von Ribera del Duero. Auch herzhafter, geschmeidiger CABERNET SAUVIGNON.

…tz & Hall North Coast ★★★ Jim Hall, einer der umsichtigsten kalifornischen Weinmacher, widmet sich seit mehr als einem Jahrzehnt PINOT NOIR und CHARDONNAY von Einzellagen. Auch seine einfachen Abfüllungen von der Sonoma Coast sind enorm verlässlich.

…ul Hobbs North Coast ★★★ Weinmacher mit Unternehmergeist und einem Fuß in Argentinien, doch das Kerngeschäft findet immer noch in Kalifornien statt. Einzellagen-CHARDONNAY, -PINOT-NOIR, -CABERNET-SAUVIGNON und -SYRAH mit Tiefe, Intensität, marmeladiger Fülle. Bei Fans dieses Stils sehr beliebt.

…ay Vineyards Son Coast ★★★ Herausragende Marke aus einer der kühlsten Zonen der Sonoma Coast mit PINOT NOIR und CHARDONNAY. Am großartigsten ist wohl der SYRAH. Auch sehr gutes Zweitetikett Cep, v. a. der Rosé.

…droncelli Son ★★ Erzeuger der alten Schule im Dry Creek V.; Weinberge und Kellerei renoviert. Wunderbar süffiger ZINFANDEL, CABERNET SAUVIGNON und kompakter CHARDONNAY.

…ju Napa V. ★★★ Sehr beliebte Vorzeigekellerei, dennoch unterschätzte Qualität, v. a. beim ausgewogenen, geschmeidigen CABERNET SAUVIGNON.

…ter Michael Winery Mont, Son ★★★★ Für Sie immer noch *Sir* Peter Michael! Der Brite im Knight's Valley verkauft seine hervorragenden CHARDONNAY-Abfüllungen, den roten Bordeaux-Verschnitt Les Pavots und den sinnlichen PINOT NOIR v. a. an Restaurants und per Mailingliste.

…ilip Togni Vineyards Spring Mt. ★★★★ 99 00 **03 05** 07 – Togni, der noch bei Emile Peynaud in Bordeaux studiert hat, ist ein Relikt des alten, klassischen Napa: 1959 kam er hier an. Der herausragende gutseigene CABERNET SAUVIGNON orientiert sich an Margaux: Er ist ausgewogen und kraftvoll und kann jahrzehntelang reifen.

…ne Ridge Napa V. ★★★ 03 04 05 **06** 07 09 10 11 12 13 14 (15) – Hervorragender CABERNET SAUVIGNON aus verschiedenen Lagen im Napa Valley. Die Abfüllung aus Stags Leap ist seidig und bezaubernd. Der nur in den besten Jahren erzeugte Epitome kann großartig ausfallen. Guter CHARDONNAY, lebhafter Rosé.

…soni Vineyards Santa Lucia Highlands ★★★ Der Familienbetrieb ist ein Aushängeschild des PINOT-NOIR-Booms mit seinen ausladenden, dicken Weinen. Und dennoch waren und sind seine Pinots sehr gut bereitet und äußerst beliebt.

…esqu'ile Santa Maria V. ★★★ Neue Kellerei an der Central Coast; PINOT NOIR und SYRAH in elegantem Stil.

…intessa Rutherford ★★★ Seit seinem Debüt in den 1990er-Jahren ist dieser rote Verschnitt ein Star in der Oberklasse von Napa. Teuer, aber noch im Rahmen.

Qupé Santa Barbara ★★★ Einer der ursprünglichen »SYRAH-Champior mit brillantem Angebot an Weinen von Rhône-Sorten, v. a. aus dem alt Weinberg X Block. Hillside Estate ist ebenfalls grandios, nicht zu vergess MARSANNE und ROUSSANNE.

Ravenswood Siehe CONSTELLATION.

Red Car Son Coast ★★★ Der Umzug von der Central Coast an die Sono Coast hat den Stil der kleinen, schicken Kellerei verändert: eher frisch u fein gezeichnet jetzt. Präziser CHARDONNAY, gedrechselter, fruchtbeton PINOT NOIR, umwerfender Rosé.

Ridge North Coast, Santa Cruz Mt. ★★★★ Gründer Paul Draper ist Ruhestand, doch sein Geist lebt fort. Der geschmeidige, harmonisc Gutswein Montebello Cabernet Sauvignon ist grandios. Ausgezeichne Einzellagen-ZINFANDEL aus Sonoma, dem Napa V., den Sierra Footh und Paso Robles. Achten Sie auch auf den hervorragenden Chardonnay

Robert Mondavi ★★→★★★ Nach dem Verkauf an Constellation 2004 bra die Qualität ein, kehrt jetzt aber mit klassischem Napa-CABERNET-SAU GNON, v. a. Oak, Reserve und To Kalon, zur alten Form zurück.

Robert Sinskey Vineyards Carneros ★★★ Großartiges Napa-Gut, das Ausgewogenheit und Zurückhaltung setzt. Ausgezeichneter CABERN SAUVIGNON und Carneros-PINOT-NOIR. Exzellent sind auch die rass Weißweincuvee Abraxas und der rosé Pinor noir.

Roederer Estate Anderson V. ★★★→★★★★ Im Besitz der Champagn firma Roederer. Im Stil eher zurückhaltend und elegant, v. a. bei Luxuscuvée L'Ermitage.

Saintsbury Carneros ★★★ Kraftvoller, aber ausgewogener PINOT NOIR u CHARDONNAY aus Carneros. Vor Tannin oder Extrakt hat man hier ke Scheu.

Sandhi Sta Rita Hills ★★★→★★★★ Dasselbe Weinmacherteam wie DOMA DE LA CÔTE, die Trauben werden von lokalen Spitzenlagen bezogen. W weißen Burgunder mag, kommt nicht daran vorbei: rassiger, intensi CHARDONNAY, guter PINOT NOIR.

Sandlands North Coast ★★★ Tegan Passalaqua, auch Kellermeister TURLEY WINE CELLARS, ist bekannt als »Kaliforniens Bluthund«, der besten Weinberge aufspürt. Für seine eigene Marke hat er alte, verg sene Reben ausfindig gemacht. Großartiger CHENIN BLANC, Trousse noir, CARIGNANE.

Scharffenberger Mend – In den USA v. a. als Schokoladenmarke bekar erzeugt aber auch seit 1981 Wein. Sehr guter und erschwinglicher B Rosé oJ. Der neue Eigentümer (Roederer) hat der Qualität wieder Auftr verliehen.

Schramsberg Napa V. ★★★★ Die besten Schaumweine Kaliforniens; Qual in jeder Cuvée. J. Schram, die cremige Luxusabfüllung, hat man schon den Krug-Champagner Kaliforniens bezeichnet.

Schug Vineyards Carneros, Son Coast ★★★→★★★★ Walter Schug, Meister des PINOT NOIR, ist unvergessen. Er hielt das Pinot-Banner sch hoch, bevor es cool war. Immer noch sehr gute Weine.

Screaming Eagle Napa V. – Schon die neueren Jahrgänge dieses Kult-CAB NET-SAUVIGNON werden für ca. 1.500 Dollar gehandelt – wenn man überhaupt auftreibt.

Scribe Son ★★★ Im Verkostungsraum im Gentleman-Farmer-Schick gibt gut bereitete Esoterika wie SYLVANER, ST-LAURENT und jede Menge r PINOT NOIR.

Sea Smoke Sta Rita Hills ★★★ War mit ausladendem PINOT NOIR bei seir Anhängern Kult; jetzt sind die Weine zwar immer noch üppig, aber a gewogener. Biodynamischer Präzisionsweinbau. Eine Seltenheit ist der Schaumwein Sea Spray.

eghesio Son ★★★ ZINFANDEL-Spezialist; reichhaltig, stark, aber auch graziös. Der Old Vine ist ein Musterexemplar.

elene Napa V. ★★★ Einfach eine tolle Marke: kleine Mengen großartigen Weins von Bordeaux-Trauben aus ausgewählten Lagen in Napa. Ausgezeichneter CABERNET FRANC, ausgewogener, eleganter CABERNET SAUVINGON, feiner SAUVIGNON BLANC.

equoia Grove Napa V. ★★★ Seit 30 Jahren eine Institution in Rutherford und immer noch sehr gut. Das Flaggschiff Cambium ist ein überwältigender CABERNET-SAUVIGNON-Verschnitt, ausgewogen und langlebig. Sehr guter CHARDONNAY.

er Mont ★★★ Nicole Walsh, langjährige Partnerin von Randall Grahm (siehe BONNY DOON), hat diese Kellerei auf Standing-Ovations-Niveau gebracht. Der CHARDONNAY ist großartig, intensiv und fest; der PINOT NOIR bietet strahlende Frucht und gute Struktur.

hafer Vineyards Napa V. ★★★→★★★★ Der Hillside Select bleibt ein Napa-Wein wie aus dem Bilderbuch. Auch sehr guter MERLOT und feiner CHARDONNAY von Trauben aus Carneros.

lverado Vineyards Stags Leap ★★★ Der Betrieb im Besitz der Disney-Familie bereitet seit Jahrzehnten sehr schönen CABERNET SAUVIGNON. Der Solo (Einzellage) ist kraftvoll, aber weich, der neu herausgekommene Geo aus der AVA Coombsville zeigt sich dunkel und dicht. Sehr guter CABERNET FRANC.

ver Oak Alexander V., Napa V. ★★★ In den 1990ern extrem beliebt, nach 2000 von den Sommeliers gemieden. Dabei haben sich die Weine nie verändert: Aus Napa kommt ein klassischer CABERNET SAUVIGNON, der aus dem Alexander V. ist geschmeidig und kann jünger getrunken werden.

nith-Madrone Spring Mt. ★★★ Ernsthafter, puristischer Erzeuger, der den Mut hat, im heißen Klima Trockenanbau zu betreiben. Ausgezeichneter RIESLING: strahlend, floral, spritzig. Auch sehr guter, kraftvoller CABERNET SAUVIGNON aus einem hoch gelegenen Weinberg.

noma-Cutrer Vineyards Son ★★★ Den klassischen CHARDONNAY, das Flaggschiff des Betriebs, bekommt man im ganzen Land immer noch offen ausgeschenkt: voll, dabei pikant und frisch. Der Owsley PINOT NOIR aus dem Russian River V. ist üppig mit Noten von schwarzen Früchten.

noma-Loeb Carneros, RRV ★★★ Präzise gearbeiteter kühlklimatischer PINOT NOIR und CHARDONNAY. Wurde seit 20 Jahren vom Weinmacher von CHAPPELLET in der Kellerei dort bereitet; der 2011 erfolgte Verkauf an die Napa-Marke war also durchaus sinnvoll.

ottswoode St Helena ★★★★ Ein kalifornischer »Premier cru«. Der hervorragende Cabernet Sauvignon ist ganz altmodisch bereitet, trinkt sich schön und altert in Würde. Brillanter SAUVIGNON BLANC. Die Gründerin Mary Novak verstarb 2016.

pring Mountain Vineyard Spring Mt. ★★★→★★★★ 04 05 07 08 – Erstklassiges Gut, das alle Trends ignoriert hat und lieber auf die Lagencharakteristik seiner Weine setzt. Der konzentrierte CABERNET-SAUVIGNON-Verschnitt Elivette besitzt Alterungspotenzial. Sehr gut sind auch der Cabernet-Sauvignon-Gutswein und der SAUVIGNON BLANC.

aglin Family Vineyard Rutherford ★★★★ Wunderschönes, familiengeführtes Gut mit Weinen, die auf Eleganz setzen. Schön ausgewogener CABERNET SAUVIGNON, komplexer, intensiver CHARDONNAY-Gutswein.

ag's Leap Wine Cellars Stags Leap ★★★★ Auch nach dem Verkauf an ein großes Unternehmen ist die Qualität dankenswerterweise hoch. Seidige, verführerische CABERNET-SAUVIGNON-Weine (SLV, Fay sowie Spitze gewächs Cask 23), exzellenter CHARDONNAY.

Sterling Napa V. ★★→★★★ Ein Besuch der Kellerei ist immer eine Freu (90 m oberhalb von Calistoga, erreichbar per Seilbahn). Wunderbare A sicht über das nördliche Napa V.

St. Francis Son ★★→★★★ Kommerzielle, aber verlässliche Kellerei r gutem CHARDONNAY, VIOGNIER, CABERNET SAUVIGNON und hervorrage dem ZINFANDEL von alten Reben.

Stone Edge Farms Son V. ★★★ Aufsteiger im Sonoma V. mit ganzheitliche Ansatz in puncto Essen, Wein, Leben. Exzellenter CABERNET SAUVIGN aus den Mayacamas Mountains. Auch der Zweitwein Surround ist fant tisch.

Stony Hill Vineyard Spring Mt. ★★★★ Genau das Gegenstück zum eichenl tigen, buttrigen kalifornischen CHARDONNAY, stattdessen immer frisch u knackig. Auch zurückhaltend-ausgewogener CABERNET SAUVIGNON, gu RIESLING und GEWÜRZTRAMINER.

St. Supéry Napa ★★★ Seit 2015 im Besitz der Eigentümer von Chanel. V den ausgedehnten Rebflächen in Rutherford und im Napa V. komm gute, ausgewogene Weine mit Eleganz. Flaggschiff ist wohl der exzellen preisgünstige SAUVIGNON BLANC.

Sutter Home Siehe TRINCHERO FAMILY ESTATES.

Tablas Creek Paso Robles ★★★ Joint Venture von Beaucastel (Frankreic und dem Importeur Robert Haas mit Rebenstecklingen aus Châteaune du-Pape. Der Côtes de Tablas ist – rot wie weiß – verblüffend gut, eber der Tablas Creek Esprit.

Tatomer Santa Barbara ★★★ Graham Tatomer hat in Österreich gelernt, v man außergewöhnlichen trockenen RIESLING und GRÜNEN VELTLINER zeugt. Heute ist er kalifornische Spitze für diese Sorten und auf jeder We liste in L.A. und San Francisco vertreten.

Thomas Fogarty Santa Cruz Mt. ★★★ Ein Star in der sonst eher kargen R gion. Die Einzellagenabfüllungen von CHARDONNAY und PINOT NOIR si Spitzenweine, besonders gut ist der Guts-Chardonnay. Neuer fruchtig NEBBIOLO.

Trefethen Family Vineyards Oak, Ca ★★★ Der herrliche Riesling zeigt, da es ein Leben jenseits von CABERNET SAUVIGNON gibt. Doch auch jener a der historischen Familienkellerei ist wunderbar und langlebig (am best ist der Halo).

Trinchero Family Estates ★→★★★ Alteingesessener Napa-Valley-Erzeug mit einer verwirrenden Anzahl von Marken, doch allen anderen über gen ist der erschwingliche, sehr gefällige CABERNET SAUVIGNON der Ma Napa Wine Company.

Trione Alexander V., RRV ★★★ Der mächtige rote Verschnitt auf CABE NET-SAUVIGNON-Basis aus dem warmen, trockenen Alexander V. führt Liste an.

Truchard Carneros ★★★ Großartige TEMPRANILLO- und ROUSSANNE-Abf lungen. Außerdem herber, zitronenfruchtiger CHARDONNAY und aroma scher MERLOT. CABERNET SAUVIGNON und SYRAH sind ebenfalls sehr g Alle Trauben stammen aus Carneros.

Turley Wine Cellars North Coast ★★★★ Verkauft hauptsächlich über M linglisten, deshalb kaum auf dem Markt vertreten. Bekannt für mächtig brombeerfruchtigen ZINFANDEL von 100 Jahre alten Reben. Ein wah kalifornischer Schatz; heben Sie ihn, wenn Sie ihn sehen.

Turnbull Napa V. ★★★ Nach 35 Jahren macht man hier immer noch gro artigen CABERNET SAUVIGNON: kraftvoll und doch geschmeidig und aus wogen. Die Abfüllung vom Pierra Vineyard sollte man mindestens 10 Jahre einlagern.

ler Santa Barbara ★★★ Boutiquemarke, die dank ihrer herben CHARDONNAYS und dem eleganten, geschliffenen PINOT NOIR zum Liebling der Sommeliers wurde. Siehe auch LIEU DIT.

ıti Dry Creek V. ★★★ Wirkt wie Old School, ist aber vielleicht der dynamischste Erzeuger im Dry Creek V. mit saftigen Weinen, darunter BARBERA, MONTEPULCIANO, ZINFANDEL.

Syrah im Rhône-Stil

Still und leise gerät SYRAH zu einer der besten Trauben Kaliforniens, die bestens in kühlem Klima gedeiht, etwa an der Sonoma Coast und in den Sta Rita Hills. Zehn großartige Beispiele dafür: Anthill Farms Sonoma Coast, ARNOT-ROBERTS Clary Ranch, Baker Lane, BEDROCK WINE CO Griffin's Lair, Failla, Landmark Steel Plow, PEAY VINEYARDS La Bruma, Piedrasassi, QUPÉ Hillside Estate, WIND GAP Sonoma Coast.

ırner Santa Cruz Mt. ★★★→★★★★ Die Gebrüder Varner, viel zu lange kaum bekannt, bereiten eleganten, vom Terroir geprägten CHARDONNAY (einer der besten in Kalifornien) sowie sehr guten PINOT NOIR.

ader Estate Howell Mt. ★★★★ Die reifen, kraftvollen Weine begeistern nach wie vor. Der »V.« ist ein wunderbarer Bordeaux-Verschnitt auf PETITVERDOT-Basis.

ıa Robles San Luis Obispo ★★→★★★ Die Kellerei in Schweizer Besitz versucht, im warmen Paso Robles Weine nach europäischer Art zu erzeugen. Guter CABERNET SAUVIGNON und SAUVIGNON BLANC, exzellenter ALBARIÑO. Fantastische Preise.

ıeyard 29 Napa V. ★★★ Unter der Adresse 2929 Highway 29 findet man etwas außerhalb von St Helena eine der technisch fortgeschrittensten Kellereien in Napa. Hochklassiger CABERNET SAUVIGNON und Verschnitte.

ıo Noceto Sierra Foothills ★★★ Hier wird das Potenzial des Amador County sichtbar. Alles dreht sich alles um SANGIOVESE in den verschiedensten Formen, alles lecker.

ı Roc Napa V. ★★★ Der herausragende CABERNET SAUVIGNON, seidig, tief, mit langem Abgang, zeigt, wie die Erzeuger inzwischen das früher schwierige Gebiet Atlas Peak in Beschlag nehmen.

ılker Eisele Family Estate Napa V. ★★★ **01 03** 05 07 09 10 11 12 13 14 (15) – Geschmeidige, üppige Verschnitte auf Basis von CABERNET SAUVIGNON; besonders empfehlenswert ist der Terzetto. Neu im Sortiment ist der sortenreine Cabernet Sauvignon Alexander, Gemini heißt der hübsche, lebhafte SAUVIGNON BLANC/SÉMILLON-Verschnitt. Sämtliche Weine stammen aus ökologischem Anbau.

ente Vineyards ★★→★★★ Die älteste dauerhaft betriebene Familienkellerei hat bessere Weiße als Rote, allen voran der herausragende SAUVIGNON BLANC von Kiesböden.

nd Gap Son Coast ★★★ Pax Mahle ist einer der talentiertesten Weinmacher Kaliforniens, v. a. in kühlem Klima. PINOT NOIR und CHARDONNAY sind sehr gut, der SYRAH ist top. Exzellente Einzellagenweine; aber ganz fantastisch ist der einfache Wein von der Sonoma Coast.

ne Group, The Central V. ★ Mengenmäßig der zweitgrößte Weinerzeuger der Welt mit Marken wie Almaden, Cupcake und Franzia.

Vereinigte Staaten

Michigan

Es gibt 124 Kellereien, meist in der Nähe des Lake Michigan, der das Klim mäßigt. Die verbreitetste rote Sorte ist PINOT NOIR; ebenfalls gut sin RIESLING, GEWÜRZTRAMINER, PINOT GRIS und CABERNET FRANC. Beste Erzeu ger: **Bel Lago, Black Star, Boathouse, Bowers Harbor, Brys, Chateau Chanta Chateau Fontaine, Chateau Grand Traverse, 12 Corners, Fenn Valley, Haw thorne, 2 Lads, Laurentide, Lawton Ridge, Left Foot Charley, L Mawby, Ma 45 North, St Julian, Tabor Hill, WaterFire.**

Michigan ist der einzige Bundesstaat, in dem Riesling die meistangebau Vinifera-Sorte ist.

Missouri

Die University of Missouri hat eine neue Versuchskellerei eingerichtet, u Bereitungsmethoden und Rebsorten unter den hiesigen – warmen ur feuchten – Bedingungen zu testen. Bislang schneiden Chambourcin, SEYVA BLANC, VIDAL und Vignoles (trocken und süß) am besten ab. **Stone Hill** Hermann erzeugt sehr guten Chardonel (eine winterharte Hybride von Seyv blanc und CHARDONNAY) und Norton sowie guten Seyval blanc und Vidal. De **Hermannhof** erregt Aufsehen mit Vignoles, Chardonel und Norton. Außerder **St James** mit Vignoles, Seyval blanc und Norton, **Mount Pleasant** in Augus mit einem vollen aufgespriteten Wein und Norton, **Adam Puchta** mit aufgesp teten Weinen, Norton, Vignoles und Vidal, **Augusta Winery** mit Chambourci Chardonel und Eiswein, **Les Bourgeois** mit SYRAH, Norton und Chardonel so wie **Montelle** mit sehr gutem Cynthiana und Chambourcin.

New Mexico

Kapuzinermönche pflanzten hier im 17. Jahrhundert die ersten Weinrebe Trocken, mit einer Mischung aus Bergen und Hochebenen; eher alkoho arme Weine. **Black Mesa** (★★): Ausgezeichneter SYRAH, sehr guter PETIT SIRAH, CHARDONNAY. **Casa Abril:** familiengeführt, hohe Lagen. Spanische ur argentinische Sorten. **Gruet** (★★★): Bekannt für ausgezeichneten Schaum wein, v. a. Blanc de Noirs und Grand Rosé; auch hervorragender Chardonn und PINOT NOIR. **La Chiripada** (★): Erstklassiger Reserve CABERNET SAUV GNON sowie sehr guter Petite Sirah und VIOGNIER. **Noisy Water** (★): Ausg zeichneter Cabernet Sauvignon, sehr guter SHIRAZ. **Vivác** (★★): Ausgezeic nete rote Verschnitte Divino (italienische Trauben) und Diavolo (französisc sowie sehr guter Amante im Portweinstil.

New York

Der größte und am schnellsten wachsende Weinbaustaat mit über 400 Ke lereien in 59 der 62 Countys sowie zehn AVAs: Champlain Valley, Finge Lakes (inkl. Cayuga und Seneca Lakes), Hudson River, Lake Erie, Long Islar (inkl. North Fork und The Hamptons), Niagara Escarpment.

21 Brix ★★ 14 15 16 – Außergewöhnlicher Betrieb am Ufer des Lake Er mit stilvollem trockenem CHARDONNAY, GEWÜRZTRAMINER, RIESLING ur Noiret sowie Eiswein.

Anthony Road Finger Lakes ★★★ **13** 14 15 16 – Hervorragende Weine, u. einige der besten trockenen und halbtrockenen RIESLINGE der USA; auße dem ausgezeichneter GEWÜRZTRAMINER, PINOT GRIS und ein CABERNET FRANC/LEMBERGER-Verschnitt.

dell Long Island ★★→★★★ **10** 13 14 15 16 – Prominentes North-Fork-Weingut seit 1980. Der einflussreiche Kellermeister bereitet ausgewogenen ALBARIÑO, CHARDONNAY, SAUVIGNON BLANC, VIOGNIER sowie bemerkenswerten CABERNET FRANC, MALBECMERLOT. Die Etiketten wurden u. a. von den Künstlern Chuck Close und April Gornik gestaltet.

undary Breaks Finger Lakes ★★★ 14 15 16 – Ausgezeichnetes Gut; ausschließlich RIESLING von knochentrocken bis süß.

Long Island

Von New York City ragt die Insel noch ca. 50 Meilen in den Atlantik hinaus. Aufgrund des relativ milden Klimas konzentrieren sich die Winzer auf klassische Vinifera-Sorten, v. a. CABERNET FRANC, MERLOT, CHARDONNAY und SAUVIGNON BLANC. 30 Kellereien verteilen sich auf drei AVAs: Long Island, North Fork of Long Island und THE HAMPTONS (alias South Fork). Führende Erzeuger: BEDELL, CHANNING DAUGHTERS, MACARI, MARTHA CLARA, PAUMANOK, SHINN, SPARKLING POINTE, WÖLFFER.

sa Larga Finger Lakes ★★ 14 15 16 – Guter Familienbetrieb mit beachtlichem GEWÜRZTRAMINER, Riesling, PINOT NOIR und VIDAL-Eiswein.

anning Daughters Long Island ★★★ 14 15 16 – Innovativer Erzeuger im Bereich South Fork für Bianco Pétillant Naturel, Rosato di Refosco und andere leichte, erfrischende Rosés; auch sehr guter Tocai FRIULANO, PINOT GRIGIO und rote Verschnitte auf CABERNET-Basis.

ıger Lakes Eines der spannendsten Weinbaugebiete in den USA mit inzwischen 129 Erzeugerbetrieben. Während RIESLING unbestritten den Ruhm der Finger Lakes begründete, gewinnen andere Rebsorten wie GEWÜRZTRAMINER, GRÜNER VELTLINER, CABERNET FRANC und SYRAH zusehends an Statur. Aufstrebende Kellereien: Atwater, Billsboro, Domaine Leseurre, Hector, Kemmeter, Ventosa.

x Run Finger Lakes ★★★ 13 14 15 16 – Ausgezeichneter RIESLING sowie guter CHARDONNAY, CABERNET FRANC, Rosé und PINOT NOIR. Café mit Blick über den Lake Seneca.

ank, Dr. Konstantin (Vinifera Wine Cellars) Finger Lakes ★★★★ **12** 14 15 16 – Einer der führenden RIESLING-Erzeuger der USA; auch ausgezeichneter GEWÜRZTRAMINER, GRÜNER VELTLINER, PINOT NOIR, RKATSITELI plus klassischer Schaumwein Château Frank. 1961 gegründet, ist nun die vierte Generation am Ruder.

mptons, The (auch South Fork) Long Island – Beliebtes Ausflugsziel an der Küste für Manhattaner mit drei Erzeugern: CHANNING DAUGHTERS, Duckwalk und WÖLFFER.

art & Hands Finger Lakes ★★★ 14 15 16 – Gut am Ufer des Cayuga Lake; klassischer kühlklimatischer RIESLING, feiner PINOT NOIR.

rmann J. Wiemer Finger Lakes ★★→★★★ **13** 14 15 16 – 1976 von einem deutschen Kellermeister gegründet, ist dies einer der besten Riesling-Erzeuger der USA. Auch schöner Schaumwein, CHARDONNAY, GEWÜRZTRAMINER, CABERNET FRANC, PINOT NOIR.

dson River Region Malerisches Weinbaugebiet, eineinhalb Autostunden von Manhattan entfernt, mit 42 Erzeugerbetrieben. Führend sind Benmarl, Hudson-Chatham, MILLBROOK, Robibero, Tousey, Whitecliff. Der älteste Betrieb ist Brotherhood, gegründet 1839.

Lake Erie – AVA-Bereich, der sich über drei Bundesstaaten erstreckt. Hervoragende Erzeuger: 21 BRIX und Mazza Chautauqua Cellars. Empfehlenwert sind CHARDONNAY, RIESLING, PINOT GRIS, Eiswein und der hochwetige Weinbrand.

Lamoreaux Landing Finger Lakes ★★★ **12** 14 15 16 – Griechisch anmtendes Gebäude mit Blick auf den Lake Seneca. Exzellenter Chardonna RIESLING, trockener Weißweinverschnitt (MUSCAT/CHARDONNAY/Riesling Eiswein sowie CABERNET FRANC und MERLOT.

Was sagen uns Namen?

Würden Sie gern Enchantment (Entzücken) trinken? Oder Opportunity (Gelegenheit)? Dies sind an der University of Arkansas neu gezüchtete Rebsorten, die feuchtheißen Sommern und kalten Wintern standhalten sollen. Vielleicht schmecken sie ja besser, als sie heißen. Vielleicht aber auch nicht.

Macari Long Island, North Fork ★★★ 13 14 15 16 – Teil des 200-ha-Gu der Familie Macari direkt am Ufer. Erstklassiger SAUVIGNON BLANC; Pr mium-Rotweine, u. a. CABERNET FRANC, MERLOT und Verschnitte im Bo deaux-Stil.

Martha Clara Long Island, North Fork ★★★ 14 15 16 – Guter Créma Blanc, hervorragender MERLOT, feiner MALBEC, CHARDONNAY, SAUVIGNO BLANC.

McCall Long Island, North Fork ★★★ **13** 14 15 16 – Sehr gute Rotweinve schnitte von CABERNET FRANC, MERLOT und anderen Bordeaux-Sorte dazu seriöser PINOT NOIR und guter CHARDONNAY. Züchtet auch Char lais-Rinder.

McGregor Finger Lakes ★★ 14 15 16 – Kellerei am schönen Keuka Lak guter RIESLING, PINOT NOIR und spannender SAPERAVI/Sereksiya Charr Verschnitt.

Millbrook Hudson R. ★★★ **14** 15 16 – Das wichtigste Gut im Hudson Vall mit CHARDONNAY, RIESLING, Tocai (FRIULANO) und CABERNET FRANC.

North Fork Long Island – Das Weinbaugebiet hat mit die längste Anbausais im Nordosten. Spitzenerzeuger: BEDELL, MACARI, MARTHA CLARA, MCCAL PAUMANOK, SHINN ESTATE, SPARKLING POINTE.

Paumanok Long Island ★★★ **10 13** 14 15 16 – In dieser großartigen Kelle erzeugen Vater und Sohn bemerkenswerte Weine, v. a. CHENIN BLANC ur rote Bordeaux-Verschnitte; auch feiner CHARDONNAY, RIESLING, MERLOT

Ravines Wine Cellars Finger Lakes ★★★ 14 15 16 – Außergewöhnlich gu trockene und süße Rieslinge sowie CABERNET FRANC und PINOT NOIR.

Red Newt Finger Lakes ★★★ 13 14 15 16 – Eleganter GEWÜRZTRAMINE PINOT GRIS, RIESLING; guter CABERNET FRANC, MERLOT, PINOT NOIR. G mütliches Bistro.

Red Tail Ridge Finger Lakes ★★★ **14** 15 16 – Höchste Qualität. Unter and rem trockener und süßer CHARDONNAY, RIESLING, PINOT NOIR, TEROLDEG

Shinn Estate Long Island ★★★ **12** 14 15 16 – Lebhafter SAUVIGNON BLAN erdiger CABERNET FRANC, feiner MERLOT, frischer Blanc-de-Blanc Schaumwein. Hübsches Restaurant im Bauernhaus.

Silver Thread Finger Lakes ★★★ 14 15 16 – Supertrockener und halbtr ckener RIESLING sowie guter PINOT NOIR, Rosé, CHARDONNAY, roter Bo deaux-Verschnitt.

Sparkling Pointe Long Island ★★★ Beachtliche Schaumweine, von eine Kellermeister französischer Abstammung bereitet.

wedish Hill Finger Lakes ★★★ 14 15 16 – Legendäres Gut im Bereich FINGER LAKES (gegründet 1969); beständig guter CHARDONNAY, RIESLING, Schaumwein, PINOT GRIGIO und Vignoles-Spätlese.

543 lebten auf Paumanok, wie Long Island bei den Ureinwohnern hieß, 13 verschiedene Indianerstämme.

ölffer Estate Long Island ★★★ **12 13** 14 15 16 – In dem angesehenen Betrieb in South Fork bereitet der deutschstämmige Kellermeister ausgezeichneten CHARDONNAY, Rosé, feinen CABERNET SAUVIGNON und überragenden MERLOT.

North Carolina

Der Bundesstaat im Süden hat ein feuchtes, subtropisches Klima und 155 Kellereien, darunter **Biltmore, Childress, Cypress Bend** (Muscadine), **Duplin** (ebenfalls Muscadine), **Grandfather, Hanover Park, Laurel Gray, McRitchie, Old North State, Ragapple Lassie, RayLen, Raffaldini** und **Shelton.** Die erfolgreichsten Rebsorten sind CHARDONNAY, VIOGNIER, CABERNET FRANC und die einheimische Muscadine.

Ohio

Der extrem kalte Winter wird durch den Lake Erie gemildert. 254 Kellereien und fünf AVA-Bereiche. PINOT GRIS, RIESLING, PINOT NOIR und Eiswein können ausgezeichnet ausfallen; außerdem PINOT GRIS und CABERNET FRANC im südlichen Ohio. Spitzenerzeuger: **Breitenbach, Debonné, Ferrante, Firelands, Harpersfield, Laurentia, M Cellars, Markko, Paper Moon, St Joseph, Valley Vineyards.**

Oregon

König in Oregon ist Pinot noir, und ganz besonders in der AVA Willamette V., der ersten Region der Neuen Welt, die in den 1980er-Jahren in Burgund Eindruck machte. Es gibt hier keine großen Weinfirmen; der kleine Maßstab gehört zum Reiz dieser schwierigen, oft regnerischen Region. Die Weine allerdings können auf französische Weise elegant sein. Neuerdings interessieren sich auch mehr fremde Investoren für Oregon und kaufen Land und Kellereien.

Bedeutende Weinbaugebiete in Oregon

Southern Oregon. Warmes Klima mit den AVAs Rogue, Applegate Valley und Umpqua Valley. Tempranillo, Syrah und Viognier sind sehr gut; es wird viel experimentiert.

Willamette Valley. Heimat von Kühlklima-Pinot-noir und -Pinot-gris; außerdem sehr guter Chardonnay und trockener Riesling. Wichtige AVAs sind Dundee Hills, Chehalem Mt., Yamhill-Carlton und Eola-Amity Hills.

Abacela S-Or ★★★ Der Pionier für spanische Rebsorten ist stets führend bei ALBARIÑO und TEMPRANILLO; auch sehr guter SYRAH und VIOGNIER. Paramour heißt die ausgezeichnete Cuvée im Rioja-Stil.

Adelsheim Vineyard Wil ★★★ **10'** 11 12' 13 14 15 – Eine der ersten Kellereien in Oregon mit erstklassigem PINOT NOIR aus Einzellagen und sehr gutem RESERVE CHARDONNAY.

Vereinigte Staaten

Anam Cara Cellars Wil ★★★ **11'** 12' 13 14 15 – Kleiner Familienbetri mit erstklassigem PINOT NOIR voll Anmut und Tiefe. Hervorragend ist c Nicholas Estate, ebenso der Dry RIESLING.

Antica Terra Wil ★★★→★★★★ **10** 11' 12' 13 14 15 – Maggie Harris hat der kalifornischen Kellerei Sine Qua Non den Rücken gekehrt, um Willamette V. PINOT NOIR zu bereiten; ist jetzt schon Kult. Neuerdings au hochgelobter CHARDONNAY Aurata. Der Botanica Pinot noir ist stets au gezeichnet.

Archery Summit Wil ★★★ **10** 11 12' 13 14' 15 – Hervorragender, lar lebiger PINOT NOIR von gutseigenen Lagen in den AVAs Dundee Hills u Ribbon Ridge, v. a. Red Hills und Arcus Estate. Zu den Weißweinen zä auch ein sehr guter, in Beton vergorener PINOT GRIS. Gehört zur Crims Wine Group.

Argyle Wil ★★→★★★ **10 11** 12' 13 14 15 – Die Kellerei ist bekannt für PIN NOIR, CHARDONNAY, trockenen und süßen RIESLING sowie sehr gut Schaumwein in diversen Stilrichtungen, alles zu vernünftigen Preisen.

Beaux Frères Wil ★★★→★★★★ **10** 11' 12' 13' 14 15 – Von dem ang sehenen biodynamischen Weingut, an dem der Weinkritiker Robert M. P ker Jr. Teilhaber ist, kommen zunehmend raffinierte und für Sammler in ressante PINOT-NOIR-Weine. Hervorragend ist der Beaux Frères Vineyar

Bergström Wines Wil ★★★ 10 11' 12' 13 14 15 – Die PINOT-NOIR-Wei von Josh Bergströms biodynamischen Gut sind elegant und doch kraftv Großartiger, in geringen Mengen erzeugte CHARDONNAY Sigrid. Nicht v dieser Welt ist der Le Pré Du Col Vineyard Pinot noir.

Bethel Heights Wil ★★→★★★ **11'** 12' 13 14 15 – Der in zweiter Gene tion bestehende Familienbetrieb ist in Oregon Legende. Er erzeugt wür gen PINOT NOIR, sehr guten Chardonnay, PINOT GRIS und PINOT BLAN Hervorragender Pinot noir Æolian.

Brick House Wil ★★★ **09'** 10 11 12' 13 14' 15 – Der führende biodynamisc Betrieb erzeugt erdigen, kraftvollen Guts-PINOT-NOIR (v. a. Cuvée du Tc nelier und Evelyn's) und eleganten, stilvollen CHARDONNAY.

Broadley Vineyards Wil ★★ **10' 11'** 12 13 14 15 – Familienbetrieb mit au drucksstarkem PINOT NOIR von älteren gutseigenen Reben sowie Le gut aus ausgewählten Lagen. Der einfache Willamette V. Pinot noir ist Schnäppchen, der Claudia's Choice das Paradepferd am oberen Ende c Preisskala.

Brooks Winery Wil ★★★ **10 11' 12'** 13 14 15 – Führender biologisch-dyr misch arbeitender Erzeuger und RIESLING-Champion mit vollen trocker und ausgewogenen süßen Weinen. Großartiger PINOT NOIR, v. a. der Gu wein Rasteban. Gut und günstig ist der einfache Willamette V. Pinot noir

Chehalem Wil ★★★ **09 10** 11' 12' 13 – Sehr angesehener PINOT-NO Erzeuger, auch mit ähnlich mächtigen RIESLING-, CHARDONNAY- u PINOT-GRIS-Weinen. Den Pinot noir Ridgecrest kann man einlagern, c nicht in Eiche ausgebaute Chardonnay Inox ist ein Schnäppchen. Se günstiger Three Vineyard Pinot noir.

Cowhorn S-Or ★★★ **11** 12' 13 14 15 – Der biodynamische Purist in der A Applegate V. erzeugt SYRAH und VIOGNIER der Spitzenklasse. Ebenfa sensationell ist der ROUSSANNE/Viognier Spiral 36.

Cristom Wil ★★★ **10 11'** 12' 13 14 15 – PINOT NOIR von beständig hol Qualität. Der Jessie Vineyard zeigt frische Würzigkeit, der Sommers F serve Anklänge an Trüffel.

Dobbes Family Estate Wil ★★→★★★ **09 10' 11' 12' 13 14 15** – Joe Dobt erzeugt hervorragenden PINOT NOIR aus dem Willamette V. sowie SYR und GRENACHE BLANC. Herausragend ist der Sundown VIOGNIER. D Zweitetikett Wine by Joe bietet sehr preiswerten Pinot noir und PINOT GR

maine Drouhin Oregon Wil ★★★→★★★★ **10 11'** 12' 13 14 15 – Der Oregon-Ableger der burgundischen Maison Joseph Drouhin erzeugt hervorragenden PINOT NOIR und frischen, komplexen CHARDONNAY Arthur. Die Fassauslese Laurène Pinot noir ist umwerfend. Durch den Ankauf des Guts Roserock in den Eola-Amity Hills kommen weitere 50 ha Pinot noir und Chardonnay dazu. Im Auge behalten.

maine Serene Wil ★★★ **10 11** 12' 13 14 15 – Der erstklassige PINOT NOIR erntet regelmäßig begeisterte Kritiken. Der in kleiner Auflage erzeugte Evenstad Reserve CHARDONNAY ist sehr empfehlenswert.

k Cove Vineyards Wil ★★→★★★ **10 11 12'** 13 14 15 – Weinmacher der zweiten Generation; Weine mit ausgezeichnetem Preis-Leistungs-Verhältnis. Stets an der Spitze stehen PINOT GRIS und RIESLING, während die sieben PINOT-NOIR-Gutsweine eine schöne Auswahl an Willamette-Valley-Terroirs darstellen. Der Basis-Pinot-noir aus dem Willamette V. ist sehr preisgünstig.

ath Vineyards Wil ★★→★★★ **10 11 12' 13 14 15** – Eine der ersten Kellereien in Oregon, jetzt im Besitz von Ste Michelle Wine Estates in Washington (siehe dort). Breites Spektrum an eher preiswerten Weinen der Pinot-Familie, aber auch hervorragende PINOT-NOIR-Einzellagengewächse. La Nuit Magique ist eine Spitzen-Cuvée.

ening Land Wil ★★★→★★★★ 11 12' 13 14' 15 – Prestigeerzeuger. PINOT NOIR und CHARDONNAY Seven Springs Summum machen sich rar, gehören jedoch zu den besten beiderseits des Atlantiks. Spitze ist auch der La Source Seven Springs Estate Pinot noir.

rie Vineyards Wil ★★★→★★★★ **10** 11' 12 13 14 15 – Gründer David Lett setzte 1965 die ersten PINOT-NOIR-Rebstöcke im Willamette Valley – heute führt Sohn Jason sein Werk mit grandiosem Pinot noir im anmutigen klassischen Oregon-Stil fort. Außerdem einzigartiger, sehr guter CHARDONNAY und PINOT GRIS.

an Moraine Yamhill-Carlton ★★★ 12' 13 14 15 – Die ersten PINOT-NOIR-Weine des Oregon-Guts des kalifornischen Unternehmens Jackson Family Wines sind großartig, v. a. der geschmeidige, elegante Estate Reserve und La Première. Im Auge behalten.

land Estates Wil ★★★ **10 11 12' 13 14 15** – Der Oregon-Veteran Laurent Montalieu macht aus der Frucht uralter PINOT-NOIR-Reben im Willamette V. saftige, geschliffene Weine. Auch hochklassiger CHARDONNAY, GEWÜRZTRAMINER und RIESLING.

n Wright Cellars Wil ★★★ **10 11' 12' 13 14 15** – Der Kellermeister ist berühmt für großartige PINOT-NOIR-Gewächse aus Einzellagen, die die Bandbreite der Willamette-Valley-Terroirs zum Ausdruck bringen. Der Freedom Hill ist dicht und straff, der Guadalupe ausgewogen und ausdrucksstark.

ng Estate ★★→★★★ **11 12'** 13 14 15 – Die Kellerei ist eine der größten in Oregon und macht PINOT GRIS neben PINOT NOIR zu ihrer Spezialität. Auch einige Weine aus dem Willamette V. Alle sind auf jedem Preisniveau ihr Geld wert. Die Marke NxNW steht für Washingtoner Weine, u. a. Red Blend und RIESLING.

nge Estate Winery Wil ★★★ **10' 11 12' 13 14 15** – Jesse Lange, Kellermeister der zweiten Generation, erzeugt köstlichen PINOT NOIR (v. a. Lange Estate), fassgereiften PINOT GRIS Reserve und CHARDONNAY, der sich einen Namen macht.

nzi Vineyards Wil ★★→★★★★ **10'** 11 12' 13 14 15 – Der legendäre PINOT-NOIR-Spezialist in der zweiten Generation erzeugt hervorragende Weine. Ein Hammer ist der Pinot noir Aurora, stets ein Spitzenreiter der CHARDONNAY Reserve. Auch den brillanten ARNEIS sollte man sich nicht entgehen lassen. Günstiger Einsteigerwein Tavola Pinot noir.

Quady North S-Or ★★→★★★ Herb Quady bereitet köstlichen CABERNE FRANC aus kühleren Lagen der AVA Rogue V. sowie faszinierende SYRAH-Gewächse. Im Auge behalten.

Rex Hill Wil ★★★ 11' 12' 13 14 15 – Der hoch angesehene biodynamisc arbeitende Winzer erzeugt von Hand großartigen PINOT-NOIR-Gutswe und beachtlichen CHARDONNAY. Preiswertere Weine unter dem Etike A to Z Wineworks.

Nachbarn ohne viele Gemeinsamkeiten

Die Weinbaugebiete in Oregon und dem benachbarten Washington könnten unterschiedlicher nicht sein. Das Willamette V. in Oregon hat ein feuchtes, maritimes Klima. Das zu Washington gehörende Columbia V. hingegen liegt im Osten des Staates und besitzt ein trocken-kontinentales Klima. Der Großteil der Reben des Willamette V. wird nicht bewässert, was im östlichen Washington unmöglich wäre. Im Willamette V. herrscht der kühlklimatische PINOT NOIR vor, während im Columbia V. der Wärme liebende CABERNET SAUVIGNON zunehmend an Beliebtheit gewinnt.

Scott Paul Wines Wil ★★★ **10** 11' 12 13 14 15 – Hier wird ausschließlic PINOT NOIR erzeugt, und der Schwerpunkt liegt auf Eleganz und Anm nach burgundischem Vorbild. Der Audrey ist gut zum Einkellern.

Sokol Blosser Wil ★★★ **11** 12' 13 14 15 – Erzeugerbetrieb in zweiter Gen ration mit PINOT NOIR und PINOT GRIS von beständig hoher Qualität a der AVA Dundee Hills sowie einem sehr guten, preiswerten weißen Ve schnitt und dem Pinot noir Evolution. Das innovative Verkostungszentru ist einen Abstecher wert.

Soter Vineyards Wil ★★★★ 10 11' 12' 13 14 15 – Der legendäre Wei macher Tony Soter übersiedelte dem PINOT NOIR zuliebe von Kaliforni nach Oregon. Der Gutswein Mineral Springs Vineyard Pinot noir ist herrlic Die Schaumweine sind die besten im pazifischen Nordwesten.

Stoller Family Estate Wil ★★★ **10** 11 12' 13 14 15 – Die sehr schön au gewogenen PINOT-NOIR-Weine sind beispielhaft für die AVA Dundee Hil überragend sind Helen's und Nancy's (beide Pinot noir). Außerdem se guter CHARDONNAY. Sehr günstiger Einsteigerwein Dundee Hills Pinot no

Teutonic Wine Company ★★★ **11** 12' 13 14 15 – Bilderstürmerischer, v der Mosel inspirierter RIESLING, frische weiße Verschnitte und PINOT NC im deutschen Stil. Ein Aufsteiger, der für Aufruhr sorgt.

Trisaetum Wil ★★★ **11** 12' 13' 14' 15 – Der Eigentümer, Künstler und K lermeister James Frey erzeugt großartigen RIESLING und PINOT NOIR v gutseigenen Reben aus kühlen Lagen an der Coast Range. Spitze ist d Ribbon Ridge Estate Pinot noir. Das neue Projekt namens 18401 verarb tet Trauben aus dem Walla Walla V.

Willamette Valley Vineyards Wil ★★→★★★ **10** 11 12' 13 – Die Kellerei Staatsbesitz erzeugt exzellente Gutsweine von PINOT NOIR und CHARDO NAY; sehr guter RIESLING. Neues Elton-Vineyard-Projekt; jetzt auch Walla Walla V. vertreten.

ennsylvania

Über 220 Kellereien; zzt. versucht man sich an Grünem Veltliner und anderen österreichischen Sorten. Spitzenerzeuger: **Allegro** (roter Bor-aux-Verschnitt), **Blair** (PINOT NOIR, CHARDONNAY), **Briar Valley** (RIESLING, BERNET FRANC), **Galen Glen** (GRÜNER VELTLINER, Riesling), **Karamoor** abernet franc, rote Verschnitte), **Manatawny Creek** (MERITAGE), **Mazza** DAL-Eiswein), **Nimble Hill** (Riesling), **Penns Wood** (Chardonnay, CABERNET UVIGNON, Cabernet franc), **Pinnacle Ridge** (Bordeaux-Verschnitt), **Seven ountains** (Riesling), **The Vineyard at Grandview** (rote Bordeaux-Verschnitte), **altz** (Chardonnay, Cabernet Sauvignon), **Va La** (italienische Rebsorten).

ber 12.000 ha Concord-Trauben wachsen an der Küste des Lake Erie und in Pennsylvania – fast alles für Saft und Marmelade.

exas

Die ersten Reben wurden um 1650 von Missionaren gepflanzt, und heute ist Texas mit ständigen Innovationen der wichtigste Weinbaustaat im dwesten: immer weniger Eiche beim Ausbau und geringere Alkoholwerte. er gedeihen Trauben für warmes Klima: Bordeaux- und Rhône-Sorten, San-ovese, Tempranillo, Zinfandel, Vermentino und Viognier. Auch mit Orange nes wird experimentiert. Über 300 Kellereien sind registriert, doch nicht e erzeugen Weine der texanischen Appellation (mindestens 75 Prozent im aat angebaut). Die besten Weine erhält man oft nur im Direktverkauf beim oduzenten. Seien Sie auf der Weinstraße wählerisch, denn einige Betriebe d mehr Touristenattraktionen als ernsthafte Weingüter. Vielversprechend die AVA Texas High Plains mit einigen talentierten Erzeugern.

cker Vineyards ★★★ Große Auswahl an Weinen, manche mit Trauben aus anderen Staaten bereitet. Glanzlichter: TEMPRANILLO Reserve, Prairie Rotie und der MALBEC/PETIT VERDOT-Verschnitt namens Raven. Auch die CABERNET-SAUVIGNON-Gewächse Canada Family Reserve und Newsom Vineyard Reserve sowie MALBEC Reserve und rosé Provencal.

nding Branch ★★ Auf Nachhaltigkeit bedachte Pionier-Kellerei in schöner Landschaft nach San Antonio. Mediterrane Sorten, Haupttraube ist Tannat. Sehr guter PICPOUL blanc, ROUSSANNE, TANNAT und Newsom Vineyards TEMPRANILLO. Der sehr gute Single Barrel Picpoul blanc wird in gebrauchten Bourbon-Fässern ausgebaut.

ngham Family Vineyards Wird in den nächsten paar Jahren wohl Sterne sammeln. Genießen Sie bis dahin den ausgezeichneten VIOGNIER und den sehr guten VERMENTINO.

ennan Vineyards ★★ Ausgezeichneter trockener VIOGNIER, weißer Rhône-Verschnitt namens Lily, preisgekrönter TEMPRANILLO sowie sehr guter MOURVÈDRE Dry Rosé und MONTEPULCIANO.

pRock ★★→★★★ Vielfach preisgekrönte Kellerei in den High Plains mit bemerkenswertem MERLOT und Roussanne.

chman ★★★ Erzeuger nahe Austin, spezialisiert auf italienische Trauben, reinsortig und als Verschnitt. Preisgekrönter DOLCETTO und VERMENTINO. Nahezu perfekter TEMPRANILLO, erfrischender Bianco, sehr guter Salt Lick Cellars GSM und BBQ White.

ll Creek Vineyards ★★★ Einer der ältesten Erzeuger in Texas mit neuem Kellermeister aus Chile. Hinreißender Salt Lick TEMPRANILLO und GSM, stets ausgezeichneter Bordeaux-Verschnitt.

Haak Winery ★★ Guter trockener Blanc du Bois und tolle Madeira-Kopie spanischer Kellermeister.

Inwood Estates ★★★ Außergewöhnlicher TEMPRANILLO und CABERNE SAUVIGNON Mericana, sehr guter PALOMINO/CHARDONNAY-Verschnitt un Dallas County Chardonnay. Klein, aber lohnend.

Lewis Wines ★★ Junge Weinmacher, die die Szene mit ihrem TEMPRANILL aufmischen; daneben sehr guter Rosé, Texas White und portugiesisch Tinto Cão.

Llano Estacado ★→★★★ Große Kellerei mit langer Geschichte, oft außerg wöhnliche, gelegentlich auch schlichte Weine. Exzellenter MALBEC, rot und weißer 1836. Sehr gut ist der weiße Viviana, der rote Viviano mac auf Supertoskaner.

Lost Draw Vineyards ★★ Kim McPherson ist auf Weine von Mittelmeersorte in kleiner Auflage spezialisiert: VIOGNIER, preisgekrönter PICPOUL blan sehr guter TEMPRANILLO.

McPherson Cellars ★★★ Köstlicher Les Copains (Rot-, Rosé- und Weißwein exzellenter ROUSSANNE Reserve. Einer der besten Erzeuger in Texas.

Messina Hof Wine Cellars ★→★★★ Große Palette. Exzellenter RIESLIN v. a. als Spätlese; sehr gut die Weine im Port-Stil namens Papa Paolo, d CABERNET FRANC Reserve und der CHARDONNAY ohne Eichennote.

Pedernales Cellars ★★★→★★★★ Erstklassiger VIOGNIER Reserve, exze lenter TEMPRANILLO, GSM. Weine im Stil der Alten Welt aus 100% tex nischen Trauben.

Perissos Vineyard and Winery ★★ Ausgezeichneter AGLIANICO, PETITE SIRA TEMPRANILLO.

Spicewood Vineyards ★★→★★★ Außergewöhnlicher, an Sancerre erinner der SAUVIGNON BLANC und sehr guter SÉMILLON. Guter TEMPRANILLO, tr ckener rosé MOURVÈDRE, portugiesische Sorten. Alle Trauben vom eig nen Gut.

Virginia

Mit 285 Kellereien schnell wachsender Weinbaustaat. Klima und Wach tumsbedingungen erinnern eher an Südwestfrankreich oder Norditalie als an andere Weinbaugebiete der USA. CHARDONNAY macht sich in kühlere Lagen gut. VIOGNIER ist immer noch beliebt, allerdings können die Erträge e Problem sein. PETIT VERDOT scheint inzwischen CABERNET FRANC zu übe flügeln, und auch für TANNAT und PETIT MANSENG sieht die Zukunft gut au 2016 gab es ideale Wachstumsbedingungen, v. a. im August und Septembe

Barboursville ★★★★ **12** 13 14 15 16 – Eines der besten und ältesten Wei güter in Virginia (1976 von der italienischen Familie Zonin gegründet) m ausgezeichneten Rotweinen im Bordeaux-Stil, CABERNET SAUVIGNON ur NEBBIOLO sowie Paxxito, einem üppigen VIDAL/MOSCATO Ottonel-Ve schnitt. Großartiges Restaurant und Gasthof an dem historischen Ort, a dem schon Thomas Jefferson verkehrte.

Boxwood ★★★ **13** 14 15 16 – Rotweine im Bordeaux-Stil von fünf Bordeau Sorten. Das Gut liegt 80 km westlich von Washington D.C.

Breaux ★ 14 15 – Das Weingut liegt eine Autostunde von Washington D.C. er fernt auf einem Hügel. Guter Meritage, CABERNET FRANC, CHARDONNAY.

Chrysalis ★★★ **13** 14 15 16 – Führender Erzeuger von VIOGNIER; auch ALB RIÑO, PETIT VERDOT, TEMPRANILLO und einheimischer Norton.

Delaplane ★★★ **12** 13 14 15 16 – Schön in den Hügeln gelegenes Gut; u. CHARDONNAY, PETIT MANSENG, Rotweine im Bordeaux-Stil, CABERN FRANC, TANNAT.

abriele Rausse ★★ 14 15 16 – Kleines Gut in der Nähe von Thomas Jeffersons Monticello; im Besitz des ersten kommerziellen Winzers in Virginia. CHARDONNAY, CABERNET SAUVIGNON und FRANC, MERLOT, NEBBIOLO.

len Manor Vineyards ★★★ 13 14 15 16 – Weingut in den Blue Ridge Mountains; frischer SAUVIGNON BLANC, exzellenter Verschnitt im Bordeaux-Stil, guter Rosé, CABERNET FRANC, PETIT MANSENG, Petit Verdot.

race Estate ★★ 14 15 16 – Kellerei in der Mitte von Virginia mit eindrucksvollem VIOGNIER, feinem CHARDONNAY, VIDAL/Viognier-Verschnitt, TANNAT, PETIT VERDOT und roten Verschnitten im Bordeaux-Stil.

orton ★★ 14 15 16 – Pioniergut (1991 gegründet); guter VIOGNIER sowie PETIT MANSENG, CABERNET FRANC, TANNAT und SYRAH/Viognier-Verschnitt.

ing Family Vineyards ★★★ 13 14 15 16 – Anspruchsvoller, lagernswerter MERITAGE, guter CHARDONNAY, VIOGNIER und CABERNET FRANC sowie ein vollmundiger PETIT-MANSENG-Süßwein im *Vin-de-paille*-Stil.

nden ★★★★ **12'** 14 15 16 – Führendes Gut eine Autostunde westlich von Washington D.C. mit beachtlichen Weinen aus Hochlagen, u. a. reichhaltiger CHARDONNAY, lebhafter SAUVIGNON BLANC, schmackhafter PETIT VERDOT, elegante, komplexe rote Verschnitte im Bordeaux-Stil und großartiger Spätlese-VIDAL.

ichael Shaps Wineworks ★★★★ 12 13 14 15 16 – Füllig texturierter VIOGNIER, köstlicher CHARDONNAY und PETIT MANSENG, dazu schmackhafter TANNAT, guter PETIT VERDOT, außergewöhnlicher Meritage und einzigartige Spätlese Raisin d'Etre.

ber 2,3 Millionen Besucher letztes Jahr in Virginias Kellereien. Da gehen viele Verkostungsproben über den Tisch.

ollak ★★★ **12** 13 14 15 16 – Hervorragender VIOGNIER, CABERNET SAUVIGNON und FRANC, MERLOT, PETIT VERDOT, Meritage.

dV Vineyards ★★★ 12 **13'** 14 15 – Einer der besten Erzeuger im Osten, konzentriert sich ausschließlich auf von Bordeaux inspirierte rote Verschnitte, die sich durch Eleganz, Komplexität und Kraft auszeichnen.

unset Hills ★★ 14 15 16 – Schön gelegene Kellerei in renovierter Scheune; guter CHARDONNAY, VIOGNIER und CABERNET SAUVIGNON sowie ein herausragender roter Verschnitt im Bordeaux-Stil.

oper Shirley Vineyards ★★★ 13 14 15 16 – Vielversprechendes neues Gut (seit 2013) in der Region Tidewater. Netter VIOGNIER plus hochklassiger PETIT VERDOT, MERLOT, TANNAT.

eritas ★★ 14 15 16 – Guter Schaumwein, opulenter VIOGNIER, guter CHARDONNAY, CABERNET FRANC, MERLOT, PETIT VERDOT und ein roter Verschnitt im Bordeaux-Stil.

Washington

n Washington ist eine Zeit des großen Erforschens angebrochen: Weinbauern wie Kellermeister erproben unterschiedliche Rebsorten, Lagen und nehmend auch Klone. Über 40 Sorten werden angebaut, keine einzelne miniert. Allerdings machen RIESLING, CHARDONNAY, CABERNET SAUVIGNON, MERLOT und SYRAH über 75% der Produktion des Bundesstaates aus. hône-Sorten sind im Kommen, einige davon erregen bereits Aufmerksamit: Achten Sie auf GRENACHE und MOURVÈDRE.

Bedeutende Weinbaugebiete in Washington

Columbia Valley (Col). Riesige AVA in der Mitte und im Osten Washington mit einem Zipfel in Oregon. Cabernet Sauvignon, Merlot, Riesling, Chardonnay und Syrah von hoher Qualität. Wichtige Unterbereiche: u. a. Yakima Valley, Red Mountain, Walla Walla Valley.

Red Mountain Unterbereich der AVAs Columbia V. und Yakima V. Heißes Gebiet, bekannt für Cabernet Sauvignon und Bordeaux-Verschnitte.

Walla Walla Valley (Walla). Unter-AVA des Columbia Valley mit einer eigenen Identität und eigenen Reben in Washington und Oregon. Heimat wichtiger Boutique- und Prestigemarken, hauptsächlich mit Cabernet Sauvignon, Merlot und Syrah von hoher Qualität.

Yakima Valley Unterbereich der AVA Columbia V. Fokus auf Merlot, Syrah, Riesling.

Abeja Walla ★★★ Erzeuger von Spitzen-CABERNET-SAUVIGNON und CHARDONNAY aus der AVA Columbia V. Sehr guter Estate SYRAH.

Andrew Will ★★★→★★★★ 10' 11 12' 13' 14 – Chris Camarda hat sich mit hochklassigen roten Verschnitten aus hervorragenden Einzellagen im Columbia V. einen Namen gemacht. Der Sorella ist das Flaggschiff, aber auch das übrige Angebot enttäuscht nicht.

Avennia ★★★ 12' 13' 14' (15) – Die neue Kellerei des früheren Microsoft-Vorstandsmitglieds Marty Taucher und des Kellermeisters Chris Peterson, früher bei DeLille, erregt Aufsehen mit Weinen im Bordeaux- und im Rhône-Stil. Sehr zu empfehlen sind der Bordeaux-Verschnitt Sestina und der Arnaut SYRAH.

Betz Family Winery ★★★→★★★★ 09' 10 11 12' 13 14' (15) – Weine im Rhône- und Bordeaux-Stil von Spitzenlagen im Columbia V. Der La Côte Patriarche stammt von den ältesten SYRAH-Reben des Bundesstaats. Der CABERNET SAUVIGNON Père de Famille ist stets überragend und lohnt das Einkellern.

B. Leighton Col – Neues Projekt von Brennon Leighton, dem Kellermeister von K. VINTNERS. Hervorragender Rhône-Verschnitt Gratitude, SYRAH und PETIT VERDOT.

Brian Carter Cellars ★★★ **09 10 11'** 12' 13 – Der Fokus liegt auf Verschnitten, die Weine kommen nur nach einer gewissen Reifung auf den Markt. Probieren Sie den unkonventionellen Trentenaire auf PETIT-VERDOT-Basis, den Rhône-Verschnitt Byzance oder den aromatischen weißen Oriana.

Cadence ★★★ **09** 10' 11 12' 13' (14) – Verschnitte im Bordeaux-Stil von Lesegut aus der AVA Red Mt. Lagerfähige Weine, u. a. der würzige, von CABERNET FRANC dominierte Bel Canto und der CABERNET-SAUVIGNON-schwere Camerata.

Cayuse Walla ★★★★ **09'** 10 11 12' 13' 14 (15) – Eine der Spitzenkellereien des Bundesstaates, die regelmäßig überirdische Wertungen für ihre Gutsweine erhält. Fesselnder, erdiger SYRAH (v. a. Cailloux und Bionic Frog) und GRENACHE – allerdings muss man auf der Vertriebsliste mit jahrelanger Wartezeit stehen, um was davon abzukriegen. Die Schwesterbetriebe No Girls und Horsepower sind ebenfalls erstklassig.

Charles Smith Wines Walla ★★→★★★ Wurde 2016 für 120 Millionen Dollar an Constellation verkauft. Der Fokus liegt auf preisgünstigen Weinen. Achten Sie auf den RIESLING Kung Fu Girl.

Chateau Ste Michelle ★★→★★★★ Weltweit der größte Einzelerzeuger von RIESLING in allen Preisklassen und Stilrichtungen, von sehr guten Alltagstropfen (ausgezeichneter Columbia V. Riesling) bis zu Raritäten im Stil von Trockenbeerenauslesen (Eroica Single Berry Select). Preiswert ist die Re he Columbia V., Spitzengewächse tragen das Etikett Ethos Reserve. Wurde 50 im Jahr 2017.

hinook Wines Col ★★★ **09' 10** 11 12' 13' (14) – Das Ehepaar Clay Mackey und Kay Simon (er für die Reben, sie für die Vinifizierung zuständig) bereitet seit Langem ebenso feinen wie preisgünstigen CABERNET FRANC (der Rosé ist köstlich), MERLOT, CHARDONNAY und SAUVIGNON BLANC.

ol Solare Col ★★★→★★★★ **07 08** 09' 10 11' 12' 13 (14) – Gemeinschaftsprojekt von Ste Michelle Wine Estates und Antinori (Toskana), hauptsächlich zur Erzeugung eines einzelnen roten Verschnitts auf CABERNET-SAUVIGNON-Basis (AVA Red Mt.): komplex, langer Abgang.

olumbia Crest Col ★★→★★★ Washingtons mit Abstand größte Kellerei bietet unter den Etiketten Grand Estates, H3 und Reserve Unmengen sehr guter, erschwinglicher Weine. Die Reserve-Abfüllungen sind sehr preisgünstig, v. a. der CABERNET SAUVIGNON; auch die H3-Weine, alle aus der AVA Horse Heaven Hills, sind äußerst preiswert.

orliss Estates Col ★★★ 08' 09' 10 11 12 (13) – Erzeuger von hochklassigem CABERNET SAUVIGNON, einem Bordeaux-Verschnitt und SYRAH. Die Weine verbringen vor der Freigabe eine geraume Zeit im Fass und in der Flasche.

ôte Bonneville Yakima V. ★★★ **08 09'** 10 11 12' 13 14 – Die Gutskellerei des DuBrul Vineyard gilt als eine der besten im ganzen Staat. Sehr preiswert ist der Carriage House, aber auch CHARDONNAY und SYRAH sind zu empfehlen.

n Washington gibt es keine Rebläuse; fast alle Reben sind wurzelecht.

eLille Cellars ★★★→★★★★ **09** 10' 11 12' 13 14' (15) – Etablierter Erzeuger raffinierter, alterungswürdiger Rotweine. Feierte 2016 seinen 25. Geburtstag.

oubleback Walla ★★★ **09** 10' 11 12' 13' 14 (15) – Der Footballer Drew Bledsoe erzeugt einen einzigen Wein; sein CABERNET SAUVIGNON ist eine feminine Verkörperung der Aromen von Walla Walla und kann gut eingekellert werden.

usted Valley Vintners Walla ★★★ **10 11** 12' 13 14 (15) – Eindrucksvolles Angebot; beliebt sind der Stained Tooth SYRAH und der schöne Old Vine CHARDONNAY. Höchst interessanter Stoney Vine Syrah von gutseigenen Lagen.

festé ★★★ 09 10 11 12' 13 14 (15) – Hier ist alles gut; am bekanntesten sind der leckere RIESLING und der rassige CHARDONNAY von der kühlen Lage Evergreen Vineyard. Sehr gut auch die SYRAH-Weine und der CABERNET SAUVIGNON von alten Reben.

idélitas Col ★★★ 09 10 11' 12' 13 14 (15) – Charlie Hoppes, früher Kellermeister bei CHATEAU STE MICHELLE, erzeugt schöne Weine im Bordeaux-Stil und CABERNET SAUVIGNON. Im Ciel du Cheval Vineyard Cabernet Sauvignon zeigt sich die Kraft der Trauben aus der AVA Red Mt. Auch der Quintessence Vineyard Cabernet Sauvignon ist spitze.

ielding Hills Col ★★★ Der Fokus liegt auf dem gutseigenen Weinberg am Wahluke Slope. Hervorragender CABERNET SAUVIGNON und MERLOT.

iggins Walla ★★★ 10 11 12' 13' 14 (15) – Chris Figgins ist auch Kellermeister bei LEONETTI. Er konzentriert sich auf einen lagerfähigen Bordeaux-Verschnitt und RIESLING von gutseigenen Trauben. Neu ist sein PINOT-NOIR-Projekt in Oregon.

orce Majeure ★★★ Der junge Betrieb verarbeitet ausschließlich Trauben aus der AVA Red Mt.; der gutseigene Weinberg zieht sich den Hang hinauf. CABERNET SAUVIGNON, Bordeaux-Verschnitte und VIOGNIER sind herausragend. Hier wächst gerade eine neue Kultkellerei heran.

Gramercy Cellars Walla ★★★→★★★★ **10 11** 12' 13 14' (15) – Als Sommelier war Greg Harrington in den besten Restaurants beschäftigt, bevor e Weinmacher wurde. Seine Spezialität sind saftige, erdige SYRAH-Weine (v. a. Lagniappe) und kräuterwürziger CABERNET SAUVIGNON. Auch de GRENACHE ist stets hervorragend.

Hedges Family Estate Red Mt., Wash ★★★ Respektable Familienkellerei fü geschliffene, verlässliche Weine, v. a. der rote Gutsverschnitt und der DLD SYRAH.

Hogue Cellars, The Col ★★ Die alteingesessene Kellerei im Besitz von Constellation Brands erzeugt stilvolle sortenreine Weine zu sehr moderater Preisen. Schärfer konturiert sind die in kleinerer Auflage produzierten Etiketten Genesis und Reserve.

Januik ★★★ **10 11** 12' 13 14 (15) – Handwerklich bereitete Weine von einem CHATEAU-STE-MICHELLE-Veteran. Große Auswahl an sortenreinen und Einzellagenweinen. Stets hervorragend ist der Champoux Vineyard CABERNET SAUVIGNON.

K. Vintners Col, Walla ★★★ Erstklassiger SYRAH, darunter auch Einzellagenweine aus dem Columbia V. Die SYRAHS aus dem Walla Walla V. sind beständig ausgezeichnet, v. a. Klein, Rock Garden. Spitze ist auch der Boy GRENACHE.

L'Ecole No 41 Walla ★★★ **10 11** 12' 13 14 (15) – Eine der ersten Kellereien im Walla Walla V.; breites Angebot an Weinen aus Walla Walla und dem Columbia V. Apogee, Perigee und Ferguson (aus jeweils verschiedenen Lagen) sind erstklassige Bordeaux-Verschnitte. Sehr günstiger CHENIN BLANC.

Leonetti Cellar Walla ★★★★ **09** 10' 11 12' 13 14 (15) – Die Gründungskellerei im Walla Walla V. ist nun in den Händen von Chris Figgins, einem Kellermeister der zweiten Generation. Sie besitzt Kultstatus wegen ihrer eleganten, raffinierten und für Sammler interessanten CABERNET-SAUVIGNON-MERLOT- und SANGIOVESE-Weine. Flaggschiff ist der Bordeaux-Verschnitt Reserve.

Long Shadows Walla ★★★→★★★★ Allen Shoup, ehemals CEO von Ste Michelle Wine Estates, versammelt eine Gruppe von Spitzenkellermeistern aus aller Welt in Washington, damit jeder einen eigenen Wein von Trauben aus dem Columbia Valley bereitet.

Maison Bleue Col ★★★ 11' 12' 13 14 (15) – Jon Meurets auf die Rhône fokussierter Erzeugerbetrieb begeistert mit GRENACHE und SYRAH. Domaine J. Meuret heißt das neue, eindrucksvolle Projekt für CHARDONNAY und PINOT NOIR.

Mark Ryan ★★★ Erzeuger in Woodinville von muskulösen Weinen voller Frucht im Bordeaux- und Rhône-Stil, hauptsächlich mit Trauben vom Red Mt. Der Long Haul auf MERLOT-Basis und der Dead Horse CABERNET SAUVIGNON sind die Spitzenreiter; daneben auch VIOGNIER. Zweitetikett: Board Track Race.

Milbrandt Vineyards Col ★★ Ein gutes Preis-Leistungs-Verhältnis steht im Mittelpunkt. Die besseren Weine laufen unter dem Etikett The Estates und stammen von Einzellagen in den AVAs Wahluke Slope und Ancient Lakes. Empfehlenswert sind RIESLING und PINOT GRIS.

Northstar Walla ★★★→★★★★ **09** 10' 11 12' 13 14 – Auf MERLOT konzentrierte Kellerei der Ste Michelle Wine Estates mit Trauben aus dem Columbia V. und Walla Walla V. Der Premier Merlot (zum Altern gemacht) ist fantastisch.

Pacific Rim Col ★★ Der RIESLING-Spezialist erzeugt Unmengen an leckeren, preiswerten, aber durchaus beredten Weinen in den Versionen Dry bis

Sweet sowie Organic (Ökoanbau). Mehr Tiefgründigkeit zeigen die Einzellagen-Rieslinge.

Pepper Bridge Walla ★★★ **09** 10' 11' 12 13 (14) – Die CABERNET-SAUVIGNON-Weine von Kellermeister Jean François Pellet sind sinnlich und voll, der MERLOT würzig und aromatisch. Die Bordeaux-Verschnitte Estate Pepper Bridge und Seven Hills Vineyards gehören zu den besten Washingtons.

Quilceda Creek ★★★★ **03' 04' 05' 06** 07 09 10 11' 12' 13 (14) – Eine der ältesten Kellereien des Bundesstaates und eines seiner Aushängeschilder. Nur Topqualität. Der dichte, intensive und sagenhaft langlebige Cabernet Sauvignon wird oft mit 100 Punkten bewertet. Einer der meistgelobten Erzeuger in den USA, nur per Zuteilung erhältlich. Glücklich, wer diesen Wein auftreiben kann.

Reynvaan Family Vineyards Walla ★★★→★★★★**09** 10' 11 12' 13 14 (15) – Der Familienbetrieb widmet sich ganz der Produktion von SYRAH, CABERNET SAUVIGNON und Weißweinen im Rhône-Stil. Große Anhängerschaft und beste Noten von Kritikern. Eine Kellerei mit Warteliste, doch es lohnt sich.

Viele Böden in Washington gehen auf Überschwemmungen der Eiszeit zurück: Bis auf 365 m Höhe stand alles unter Wasser.

Seven Hills Winery Walla ★★★ **09** 10 11 12' 13 14 (15) – Die Kellerei ist eine der ältesten und angesehensten im Walla Walla V., v.a. für den seidigen CABERNET SAUVIGNON (der Ciel du Cheval Vineyard ist eine lagernswerte Köstlichkeit). Der Pentad ist ein erstklassiger Bordeaux-Verschnitt. Wurde kürzlich von der Crimson Wine Group gekauft.

Sparkman Cellars ★★★ **09 10** 11 12' 13 14 (15) – Erzeuger in Woodinville mit vielfältigem Angebot an Trauben und Stilen und einem besonderen Augenmerk auf Kraft. Am besten sind die Bordeaux-Verschnitte Stella Mae und Ruby Leight sowie der neue CABERNET SAUVIGNON Evermore Old Vines.

Spring Valley Vineyard Walla ★★★ **09** 10' 11' 12' 13 14 – Im Besitz von Ste Michelle Wine Estates; gutseigene Walla-Walla-Weine. Der MERLOT-Verschnitt Uriah ist ein ewiger Sieger, und auch der Katherine Corkrum CABERNET FRANC ragt aus dem insgesamt großartigen Angebot heraus.

Syncline Cellars ★★★ Exzellente Weine im Rhône-Stil aus den AVAs Columbia Gorge und Columbia V. Der Subduction Red ist äußerst preiswert. Beachten Sie auch den MOURVÈDRE.

Woodward Canyon Walla ★★★ **06 07 09** 10 11 12' 13 14 (15) – Altehrwürdige Kellerei im Walla Walla V. Der Old Vines Cabernet Sauvignon ist raffiniert, komplex und lagerfähig. Den Estate Reserve sollten Sie einkellern, und der CHARDONNAY zeigt sich stets hervorragend. Das preisgünstige Etikett heißt Nelms Road.

Kanada

Kanadischer Wein ist »heiß« – nicht gerade einfach in einem Land, das fü kühles Klima steht. In Kanada selbst war das Interesse noch nie so groß und auch die Exportzahlen steigen. Mit ein bisschen Hilfe seitens eines sic erwärmenden Planeten scheint nichts mehr unmöglich. Es gibt gut 700 Kelle reien und 12.000 ha Rebfläche, und eine neue Generation von Weinmacher dehnt die Produktionsgrenzen von Küste zu Küste aus. Großzügige Säure un moderater Alkoholgehalt sind das Rezept für frische, gut zum Essen passen de Gewächse, die die Fantasie der Weinfreunde im In- und Ausland beflügeln Chardonnay, Riesling und Schaumwein führen die weiße Riege an, bei de Rotweinsorten sind Pinot noir und Syrah gewissermaßen in aller Munde, wäh rend sich Cabernet franc und Verschnitte von Bordeaux-Sorten (hier Meritag genannt) wachsender Beliebtheit erfreuen.

Die folgenden Abkürzungen werden im Text verwendet:

Niag Niagara Peninsula
Okanagan V. Okanagan Valley

Ontario

Es gibt drei Hauptursprungsbezeichnungen (Appellations of Origin): Niagar Peninsula, Lake Erie North Shore und Prince Edward County. Niagara Penin sula ist in die zwei regionalen Appellationen Niagara Escarpment und Niagara on-the-Lake sowie zehn Subappellationen unterteilt.

Bachelder Niag r w ★★★ 11 **12'** 13 14' – Thomas Bachelder ist auch in Bur gund und Oregon als Erzeuger tätig. In der Niagara-Region setzt er mit rein tönigem, elegantem CHARDONNAY und PINOT NOIR von dolomitischer Kalkstein und Tonboden Maßstäbe. Präzis bereitete Weine mit Alterungs potenzial.

Cave Spring Niag r w; s; sch ★★★ **13** 14' 15' (16') – Angesehener RIESLING Pionier mit den Etiketten CSV (alte Reben) und Estate, die sich anmuti entfalten. Eleganter CHARDONNAY CSV, eine großartige Spätlese sowie Eis wein.

Château des Charmes Niag r w; s ★★ **12'** 13 14' 15' (16') – Die 114 ha gro ße Farm der Familie Bosc ist Gründungsmitglied der Gruppe Sustainabl Winegrowing Ontario. RIESLING von extrem trocken bis Eiswein, Schaum wein; Flaggschiff ist der rote Verschnitt Equuleus.

Creekside Niag r w ★★★ **12'** 13 14' 15' (16') – Breit aufgestelltes Unter nehmen, das gegen den Strich gebürstet ist; Schwerpunkt auf SAUVIGNON BLANC and SHIRAZ; interessante Biowein-Einzelfassabfüllungen namen Undercurrent. Ein Besuch mit Verkostung ist ein tolles Erlebnis.

Flat Rock Niag r w ★★ 11 **12'** 13 14' 15' (16') – 32 ha am Twenty Mile Benc erbringen saftigen, spritzigen RIESLING, PINOT NOIR und CHARDONNAY Die beste Wahl sind der Einzellagen-Riesling Nadja's und der Chardonna Rusty Shed. Durchweg Schraubverschlüsse.

Henry of Pelham Niag r w; s; sch ★★ **12'** 13 14' 15' (16') – Die Brüder Spec erzeugen CHARDONNAY und RIESLING; großartig sind der Schaumwein Cu vée Catherine Brut, der Speck Family Reserve (SFR), der eigenwillige Bac noir und der Riesling-Eiswein.

Hidden Bench Niag r w ★★★★ **12'** 13 14' 15' (16') – Handwerklich arbe tender Erzeuger im Gebiet Beamsville Bench: RIESLING, PINOT NOIR un

CHARDONNAY, hervorragend der Terroir Series Roman's Block Riesling, der Nuit Blanche sowie die La-Brunate-Verschnitte.

uff Estates r w ★★ 12' 15 16 – Eine 9-ha-Reblage an der South Bay mit Ton-Schiefer-Boden über Kalkstein. Macht sich einen Namen mit CHARDONNAY, Schaumwein (traditionelle Methode) und PINOT NOIR.

niskillin Niag r w; s ★★ 13 14' 15' (16') – Der kanadische Eiswein-Pionier entwickelt sich mit Weinmacher Bruce Nicholson weiter. Saftiger RIESLING Reserve, PINOT GRIS, PINOT NOIR, fantastischer CABERNET FRANC. Der Single Vineyard Series wird nur in Spitzenjahren erzeugt.

alivoire Niag r w ★★★ 12' 13 14' 15' (16') – Kellermeister Shiraz Mottiar (so heißt er wirklich!) erzeugt aus vier umweltfreundlich bewirtschafteten Weinbergen im Niagara Escarpment GAMAY, dazu CABERNET FRANC und CHARDONNAY, außerdem leckeren PINOT NOIR und GEWÜRZTRAMINER sowie einen äußerst gefragten Rosé.

orman Hardie Prince Edward County r w ★★★ 11 12' 13 14' 15' (16') – Gefeierter Pionier im Prince Edward County, der handwerklich und präzise CHARDONNAY, PINOT NOIR und RIESLING bereitet (die Trauben stammen von Kalkstein-Ton-Böden). Besondere Aufmerksamkeit verdienen in den besten Jahren Cuvée L von Chardonnay bzw. von Pinot noir.

earl Morissette Niag r w ★★★ 13 14' 15' – François Morissette (Kellermeister/Miteigentümer), der bei Frédéric Mugnier in Burgund gelernt hat, bereitet in *foudres* gereiften RIESLING; dazu CHARDONNAY, CABERNET FRANC und PINOT NOIR, die in eiförmigen Betontanks und *foudres* ausgebaut werden.

avine Vineyard Niag r w ★★★ 13 14' 15' (16') – Die ökologisch bewirtschaftete 14-ha-Lage David's Bench liegt am alten Bett des Niagara River. Spitze sind CHARDONNAY Reserve und CABERNET FRANC; Sand und Gravel heißen die Etiketten für sofortigen Genuss.

tratus Niag r w ★★★ 12' 13 14' 15' 16' – Bilderstürmer Jean-Laurent Groux verarbeitet Trauben von 25 ha am Niagara Lakeshore in einer LEED-zertifizierten, also umweltfreundlichen Kellerei. In den roten und weißen Verschnitten kommt tatsächlich so etwas wie Terroir zum Ausdruck; sehr guter RIESLING und SYRAH.

awse Niag r w ★★★★ 12' 13 14' 15' (16') – Geleitet wird der umweltfreundliche und 2016 zur Canadian Winery of the Year gekürte Betrieb von Kellermeister Paul Pender. Er erzeugt hervorragenden CHARDONNAY und RIESLING sowie guten PINOT NOIR, CABERNET FRANC und MERLOT. Die Weinberge sind ökologisch und biologisch-dynamisch zertifiziert.

British Columbia

In British Columbia sind fünf Ursprungsbezeichnungen (Appellations of Or gin) ausgewiesen: Okanagan Valley, Similkameen Valley, Fraser Valley, Var couver Island und Gulf Islands.

Benjamin Bridge ★★★ **07'** 08 09 10 11 – Hier im Gaspereau Valley we den bemerkenswerte Schaumweine nach dem traditionellen Verfahren e zeugt. Ausgezeichnete Brut-Versionen zum Einlagern mit und ohne Jah gangsangabe, basierend auf Verschnitten von CHARDONNAY/PINOT NOIF PINOT MEUNIER.

Blue Mountain Okanagan V. r w; sch ★★★ **12'** 13' 14' (15) (16') – Auc nach dem Generationswechsel wird hier Schaumwein nach der traditione len Methode erzeugt, einschließlich smarter R.D.-Versionen. PINOT NOIF CHARDONNAY, PINOT GRIS und GAMAY mit Alterungspotenzial. Hervorra gender Pinot noir Reserve.

Burrowing Owl Okanagan V. r w ★★ **12'** 13' 14' (15) (16') – Pionier-Weir gut am Black Sage Bench mit exzellentem CABERNET FRANC, sehr guter PINOT GRIS und SYRAH. Auch erfolgreiches Boutiquehotel mit Restaurant.

CedarCreek Estate Winery Okanagan V. r w ★★★ **12'** 13' 14' (15) (16') – De neue, innovative Amphora Wine Project steht an der Spitze des überrager den CedarCreek-Angebots, das aromatischen RIESLING, GEWÜRZTRAMI NER, Ehrenfelser sowie Einzellagenweine von PINOT NOIR und CHARDON NAY aus der Platinum-Reihe umfasst.

Church and State Wines Okanagan V. r w ★★ **13'** 14' (15) (16') – Die sch cke Kellerei Coyote Bowl erzeugt die köstlichen Verschnitte Trebella (weiß Rhône-Sorten) und Quintessential (rote Bordeaux-Trauben); ausgezeich neter CHARDONNAY, VIOGNIER und SYRAH.

Haywire Okanagan V. ★★★ **14'** (15) (16') – Hipper Erzeuger in Summerlanc der mit Alberto Antonini und Pedro Parra in Betongärbehältern und Am phoren Natur-, Bio- und »Pet-Nat«-Weine bereitet: CHARDONNAY, PINO GRIS, PINOT NOIR, GAMAY und Schaumwein.

Mission Hill Okanagan V. r w ★★★ **12'** 13' 14' (15) (16') – Darryl Brooke (früher bei CedarCreek) übernimmt das Ruder, um der Legacy Series m den Weinen Oculus, Perpetua, Quatrain und Compendium weiteren Schli zu verpassen. Vorbildliches Besucherzentrum und Terrassenrestaurant.

Nk'Mip Cellars Okanagan V. r w ★★★ **14'** (15) (16') – Verlässlich frische RIESLING und PINOT NOIR; erstklassiger Qwam Qwmt Pinot noir und SYRAH Teil einer von Ureinwohnern betriebenen 25-Millionen-Dollar-Ferienanlag mit Desert Cultural Centre.

Osoyoos Larose Okanagan V. r ★★★ **12'** 13' 14' (15) – 33-ha-Einzellage ir Besitz der in Bordeaux ansässigen Groupe Taillan, was sich im Le Gran Vin (mit Alterungspotenzial) widerspiegelt. Zweitetikett ist der Pétale d'Osoyoos.

Painted Rock Okanagan V. r w ★★★ **14'** (15) (16') – Die 24 ha große Steillag in Skaha Bench erbringt sehr guten SYRAH, CABERNET FRANC und CHAR DONNAY; Aushängeschild ist der rote Verschnitt Icon. Alain Sutre aus Bor deaux berät.

Quails' Gate Okanagan V. r w ★★ **13** 14' (15) (16') – Kellermeisterin Nikk Callaway hat mit ihrer Mischung von Frucht und Komplexität einen neuer inspirierten Stil kreiert. Exzellenter PINOT NOIR, CHARDONNAY, aromati scher RIESLING und CHENIN BLANC. Ganz neu ist die Collector Series.

›ad 13 Okanagan V. r w ★★★ **13'** 14' (15) (16') – Der Star an der Golden Mile Bench, der ersten Subappellation des Okanagan Valley. Wundervoller CHENIN BLANC von alten Reben (still und schäumend), außerdem VIOGNIER, SYRAH, PINOT NOIR, CABERNET FRANC.

ag's Hollow Okanagan V. ★★★ **14'** (15) (16') – Kellerchef Dwight Sick verbindet in Okanagan Falls den Stil der Alten mit dem der Neuen Welt. Köstlicher und erschwinglicher ALBARIÑO, VIOGNIER, GRENACHE, PINOT NOIR und SYRAH.

ntalus Okanagan V. r w ★★★ **13'** 14' (15) (16') – Naturnahe Weinbaumethoden erbringen terroirgeprägten RIESLING, PINOT NOIR und CHARDONNAY aus den ältesten (seit 1927) kontinuierlich bewirtschafteten Weinbergen im Okanagan Valley.

lova Scotia

enjamin Bridge ★★★ **07'** 08 09 10 11 – Hier im Gaspereau Valley werden bemerkenswerte Schaumweine nach dem traditionellen Verfahren erzeugt. Ausgezeichnete Brut-Versionen zum Einlagern mit und ohne Jahrgangsangabe, basierend auf Verschnitten von CHARDONNAY/PINOT NOIR/PINOT MEUNIER.

Kanada

Südamerika

Die folgenden Abkürzungen werden im Text verwendet:

Aco	Aconcagua
Cach	Cachapoal
Casa	Casablanca
Cata	Catamarca
Col	Colchagua
Cur	Curicó
Elq	Elqui
Ley	Leyda
Lim	Limarí
Mai	Maipo
Mau	Maule
Men	Mendoza
Neuq	Neuquén
Pat	Patagonien
Rap	Rapel
Río N	Río Negro
Sal	Salta
San A	San Antonio
San J	San Juan

Chile

Eine Frage, die mir in letzter Zeit mehr als einmal gestellt wurde, lautet: »Was ist Ihnen lieber, Chile oder Argentinien?« (Damit ist natürlich der ein gemeint – hoffe ich jedenfalls.) Die Antwort ist nicht ganz einfach. Argen- ıien natürlich wegen seines Malbec und Chile wegen seines Cabernet nebst ıverwandten – zumindest im Großen und Ganzen. In chilenischen Cabernet :hleicht sich allerdings zuweilen ein Geschmack nach Erde ein, der mir ein sschen zu erdig ist. In puncto schieres Trinkvergnügen ist Malbec nahezu ıschlagbar, und das beschränkt sich nicht unbedingt auf die Luxusversio- ən. Chile ist generell ein ergiebigerer Jagdgrund für Weißweine, sowohl von ıardonnay als auch von Sauvignon blanc. Für Torrontés findet sich in mei- əm Leben leider nicht viel Platz; womöglich ist meine Ernährung zu einseitig. h habe köstlichen Pinot noir aus beiden Ländern genossen und hoffe auf ehr. Dasselbe gilt für Syrah. Der neueste chilenische Überraschungscoup t Schaumwein, bereitet aus der quasi entrechteten País, der alten Missions- aube.

Die Suche nach den besten Terroirs ist die grundlegendste unter den Ent- icklungen der neueren Zeit. Sie wird in beiden Ländern energisch betrieben. Chile kommen der beste Cabernet Sauvignon sowie wuchtige Bordeaux-Ver- :hnitte aus den bergigen Gegenden Aconcaguas, aus Maipo, Colchagua und achapoal, während Sauvignon blanc und Chardonnay in den kühleren Küs- ngebieten von San Antonio, Casablanca und Limarí zum Leben erwachen. ie wärmende Würze des Carmenère entfaltet sich aufs Schönste im Herzen əs Valle Central in Curicó und Colchagua; Carignan und País gedeihen am əsten in Maule und Itata. Man muss sich nur mit der Geografie auskennen…

ahrgänge in Südamerika

hilenischer Wein ist von recht beständiger Qualität, und doch spielen jahr- angsbedingte Unterschiede eine Rolle. 2016 war ein wenig kühl und nass für ordeaux-Rotweinsorten und der Ertrag geringer als sonst. Der beste Caber- ət-Sauvignon-Jahrgang der neueren Zeit ist 2011.

concagua Bekannt für rote »Hochland«-Verschnitte, dazu gewinnen küstennahe Lagen immer mehr Anerkennung für guten CHARDONNAY, SYRAH und PINOT NOIR.

lmaviva Mai ★★★→★★★★ Joint Venture von CONCHA Y TORO und Baron Philippe de Rothschild mit einem sündteuren Verschnitt im Bordeaux-Stil. Einer der Spitzenweine Chiles, aus dem Gebiet Puente Alto in MAIPO.

ltaïr Rap ★★★ Paradepferd der Kellereigruppe Grandes Vinos de SAN PEDRO, ein luxuriöser CABERNET-SAUVIGNON-Verschnitt. Zweitetikett: Sideral.

ntiyal Mai ★★★ Alvaro Espinoza ist Chiles gefragtester Berater für ökologischen Weinbau. Sein Familienprojekt sind zurückhaltend-elegante Rotweine, die sicherlich bald Kultstatus erlangen werden.

paltagua ★★ Stetig wachsendes Angebot an Weinen aus dem Valle Central und von der Küste. Guter CARMENÈRE und CARIGNAN.

quitania, Viña Mai ★★★ Französisch-chilenisches Gemeinschaftsprojekt mit erstklassigem CABERNET SAUVIGNON Lazuli aus MAIPO sowie elegantem CHARDONNAY und PINOT NOIR aus dem Valle de Malleco.

rboleda, Viña Aco ★★ Die ERRÁZURIZ-Marke kommt unter der jungen Weinmacherin Emily Faulconer so richtig in Schwung: frischer SAUVIGNON BLANC, lebhafter CHARDONNAY, saftige Rote. Weinberge an der Küste ACONCAGUAS.

Aristos Cach ★★★→★★★★ Dream-Team-Projekt mit chilenischem und bu gundischem Know-how: klassischer CABERNET SAUVIGNON und überir scher CHARDONNAY.

Bío-Bío Historisches Weinbaugebiet in Südchile mit mildem, kühlem Klim das für knackig frischen RIESLING, SAUVIGNON BLANC, PINOT NOIR u CHARDONNAY sorgt.

Bouchon ★★→★★★ Traditioneller und ganz neu aufpolierter Erzeuger MAULE mit großzügigen Rotweinen, die den typisch fruchtigen Charakt der Region zeigen. Sehr gut sind die Verschnitte namens Canto; der Pa Salvaje ist ein Naturwein von Wildreben.

Caliboro Mau ★★→★★★ Erzeugerbetrieb im Besitz des italienischen Graf Francesco Marone Cinzano. Saftige rote Verschnitte und seltener Erasm Late Harvest Torontel (aus der MUSCAT-Familie).

Caliterra Casa, Col, Cur, Ley ★★→★★★ MALBEC war schon immer d Aushängeschild dieses zu Errázuriz gehörenden Erzeugers, der eine ga ze Reihe fruchtig-saftiger Rotweine zu bieten hat. Premiumgewächs ist d Verschnitt Cenit.

Calyptra Cach ★★★ Die Weinberge zählen zu den höchstgelegenen in Cach poal, doch Calyptra strebt in jeder Beziehung nach Höherem: klassisch CABERNET SAUVIGNON und CHARDONNAY sowie komplexer, fassgereift SAUVIGNON BLANC. Kellermeister ist François Massoc.

Carmen, Viña Casa, Col, Mai ★★→★★★ Kellerchef Sebastián Labbé vini ziert Lesegut aus den wesentlichen Weinbautälern: guter CABERNET SA VIGNON, v. a. Gold, sowie die Reihe Winemaker's.

Casablanca Aus Chiles erster und nach wie vor führender kühlklimatischer R gion kommen erstklassiger CHARDONNAY, knackiger SAUVIGNON BLAN frischer PINOT NOIR und pfeffriger SYRAH.

Casa Marín San A ★★★ Felipe Marín trat in die Fußstapfen seiner Mutter u ist nun auf dem Familiengut in Lo Abarca (nur 4 km von der Küste er fernt) für die Weinbereitung zuständig. Exzellenter RIESLING, SAUVIGNO BLANC und SYRAH, außerdem eine der in Chile ganz seltenen Sauvigno gris-Versionen.

Casas del Bosque Casa, Mai ★★→★★★ Eine Hanglage mit kühlem Klima i Herzen von CASABLANCA erbringt sehr guten SAUVIGNON BLANC, SYRA und CHARDONNAY.

Casa Silva Col, Südchile ★★→★★★ Namhafter Erzeuger mit einem breit Sortiment an stämmigem CARMENÈRE und saftigen Rotweinen, außerde Weiße aus dem Bereich Paredones in frischerem Stil. Probierenswert, w einzigartig sind SAUVIGNON BLANC und PINOT NOIR vom Lago Ranco in P tagonien.

Clos des Fous Cach, Casa, Südchile ★★→★★★ »Dr. Terroir« Pedro Parra u Weinmacher François Massoc begeben sich mit vereinten Kräften auf Te roirjagd in Chile. Exzellente rote Verschnitte sowie PINOT NOIR.

Clos Ouvert Mau ★★ Clos Ouvert ist das »Naturwein«-Projekt des gebürtig Franzosen Louis-Antoine Luyt mit Fokus auf den Rebsorten PAÍS, CAR GNAN und CINSAULT aus MAULE. Außerdem gibt es die Reihen Louis-A toine Luyt, Pais et Huasa und Pipeño.

Concha y Toro Valle C ★→★★★★ Bei einem der größten Erzeuger der We überrascht es nicht, dass das Angebot Etiketten aus allen wichtigen Wei bautälern Chiles umfasst. Zu den Glanzlichtern zählen SAUVIGNON BLAN und CABERNET SAUVIGNON der Terrunyo-Reihe, CHARDONNAY, PIN NOIR, Sauvignon blanc und SYRAH aus dem Projekt Maycas de Lima Sauvignon blanc aus LIMARÍ, Gravas Syrah aus MAIPO, der erstklassi Marques Cabernet Sauvignon und der Don Melchor. Der Großteil der Pr duktion entfällt auf die klassische, zuverlässige Marke Casillero el Diablo. Siehe auch ALMAVIVA und TRIVENTO (Argentinien).

no Sur Casa, Col, Bío Bío ★★→★★★ Größter PINOT-NOIR-Erzeuger in Südamerika; hervorragende Qualität auf jedem Niveau (v. a. 20 Barrels). Der Bicicleta ist ein beliebter Pinot noir; das übrige Sortiment besteht aus Alltagsweinen mit gutem Preis-Leistungs-Verhältnis. Exzellentes Premiumgewächs CABERNET SAUVIGNON Silencio, guter RIESLING.

usiño Macul Mai ★★→★★★ Eine der ältesten Kellereien in Chile, am Stadtrand von Santiago ansässig. Verlässliche Weine in der Reihe Antiguas; Spitzenwein ist die Cuvée Lota.

Chilenisches Geblubber

Der Boom des chilenischen Schaumweins (sowohl durch Tankgärung als auch nach traditioneller Methode erzeugt) hat einen Thinktank zur Kreation eines eigenen Namens angeregt. Wie könnte dieser Name lauten? Vielleicht Think-Tank-Verfahren?

Martino Cach, Casa, Elq, Mai, Mau, Itata ★★→★★★ Marcelo Retamal ist einer der besten Weinmacher Chiles. Vielfältiges Angebot, aber alle Weine werden mit Fokus auf Frische und Frucht und unter behutsamem Einsatz von Eiche bereitet. Die Einzellagen-Reihe beinhaltet einige Schmankerl: SYRAH von einem 2.000 m hoch gelegenen Weinberg in ELQUÍ, CHARDONNAY von Kalksteinböden in LIMARÍ sowie MALBEC und CARIGNAN von alten Reben. Der in Amphoren gereifte Viejas Tinajas stammt aus ITATA.

qui Die Region, bekannt für sternenklare Nächte (Observatorien) und steile Hänge, ist das nördlichste für den kommerziellen Weinbau genutzte Tal Chiles. Sehr guter SYRAH aus Berglagen, guter SAUVIGNON BLANC und interessanter PX (besser bekannt als Basis für Pisco).

iliana Casa, Rap, Bío Bío ★→★★★ Spezialist für ökologischen und biologisch-dynamischen Weinbau in Zusammenarbeit mit Álvaro Espinoza (siehe ANTIYAL). Die komplexen, SYRAH-schweren Weine »G« und Coyam weisen schon beinahe Wildheit im mediterranen Stil auf. Erschwingliche Komplexität bieten die preiswerteren, aber sehr guten Reihen Adobe und Novas.

ázuriz Aco, Casa ★★→★★★★ Spitzenerzeuger in ACONCAGUA mit Weinbergen an der Küste wie auch in den Bergen. Grandioser CHARDONNAY und PINOT NOIR Pizarras; durch Spontangärung gewonnener, sehr guter SAUVIGNON BLANC, Chardonnay, Pinot noir und SYRAH. Sehr voller CABERNET-SAUVIGNON-Verschnitt Don Maximiliano, duftender CARMENÈRE KAI. Francisco Baettig ist einer der besten Weinmacher Chiles. Siehe auch CALITERRA, SEÑA, VIÑA ARBOLEDA, VIÑEDO CHADWICK.

ernia, Viña Elq ★★→★★★ Die unerschockenen italienischen Cousins waren die ersten kommerziell arbeitenden Erzeuger in ELQUI. Exzellenter SYRAH im Rhône-Stil, kräuterwürziger SAUVIGNON BLANC, komplexe Rote, ungewöhnlicher PX. Zu den Marken zählen Alta Tierra und Mayu.

urnier, Bodegas O. Ley, Mau ★★→★★★ Chilenischer Stützpunkt des spanischen Erzeugers (siehe auch Kapitel »Argentinien«) mit Fokus auf CARIGNAN von alten Reben in MAULE und frischem SAUVIGNON BLANC aus Küstenlagen in Leyda.

rcés Silva, Viña San A ★★→★★★ In der Reihe Amayna erscheinen gehaltvoller, üppiger SAUVIGNON BLANC, CHARDONNAY, PINOT NOIR und SYRAH. Die Reihe Boya vereint frischere Versionen derselben Rebsorten, erzeugt in SAN ANTONIO.

García & Schwaderer Casa, Mau ★★→★★★ Köstliche Rotweine aus ITA und MAULE sowie rassige Weiße und PINOT NOIR aus CASABLANCA. Mitgl der Bewegung unabhängiger Winzer (MOVI).

Haras de Pirque Mai ★★→★★★ Züchter schneller Pferde und üppiger R weine in MAIPO. Das Spitzengewächs heißt Albis (CABERNET SAUVIGNO CARMENÈRE). Außerdem verlässlicher Cabernet Sauvignon, sehr gu SYRAH und rauchiger SAUVIGNON BLANC.

Von den Bergen zur Küste

Wenn es um Chile im Zusammenhang mit Wein geht, sollte man die Gedanken nicht von Norden nach Süden, sondern von Osten nach Westen lenken. Die Anbauregionen des Landes und sein Appellationssystem sind gegliedert in: Andes (Berge, im Osten), Entre Valles (zentrale Täler) und Costa (Küste, im Westen). In dieser Dreiteilung kommt der so unterschiedliche Einfluss der Berge und der Küste auf die Rebkulturen in Chile zum Ausdruck. Er ist in diesem Fall weit stärker als der Breitengrad.

Itata Anbaubereich mit alten Reben, die zumeist nicht künstlich bewäss werden, doch es gibt auch neue Entwicklungen. Am besten sind Weine v CINSAULT, PAÍS oder MUSCAT.

Lapostolle Cach, Casa, Col ★★→★★★ Auf dem Biogut in Apalta (Colc gua) wird geklotzt, nicht gekleckert. Sehr volle Rotweine (v. a. der üpp Clos Apalta auf CARMENÈRE-Basis), dazu wuchtige Weiße. Highlight ist Reihe Collection mit SYRAH-Gewächsen aus Einzellagen sowie Carmenè Weinen in frischerem Stil, bereitet von Lesegut aus dem ganzen Land.

Leyda, Viña Col, Mai, San A ★★→★★★ Der Erzeuger hat sich auf den U terbereich Leyda in der Küstenregion San Antonio spezialisiert und bie schwungvolle, konzentrierte Weißweine aus küstennahen Lagen (CHA DONNAY, SAUVIGNON BLANC, Sauvignon gris), würzigen SYRAH und fru tig-saftigen PINOT NOIR. An der Spitze des Sortiments steht die Reihe Lo

Limarí Dürre ist ein ständiges Problem in dieser sehr trockenen Küstenreg im Norden, doch der Kalksteinboden lohnt das Risiko. Sehr guter CHA DONNAY, SAUVIGNON BLANC, SYRAH und PINOT NOIR.

Loma Larga Casa ★★ Rotweine aus den Hügellagen von CASABLANCA bew sen, dass die Region mehr hervorbringen kann als nur SAUVIGNON BLA erstklassiger MALBEC und CABERNET FRANC.

Maipo Die Wiege des CABERNET SAUVIGNON in Chile mit einem Anbausp trum, das von wärmeren Gebieten im Flachland bis zu kühleren Höh lagen reicht. Die besten Bereiche für Cabernet Sauvignon sind Pirque u Puente Alto.

Matetic Casa, San A ★★★ Das große Bioweingut zwischen CASABLANCA u SAN ANTONIO bietet stets verlässliche, mitunter sogar hervorragende Q lität. Empfehlenswert: SYRAH, Sauvignon blanc und PINOT NOIR.

Maule Der größte Weinbaubereich ist auch der älteste des Landes. Besond geschätzt wird CARIGNAN von alten Reben (siehe VIGNO) und PAÍS.

Maycas del Limarí Lim ★★→★★★ Kleinerer Betrieb von CONCHA Y TORO, leitet von Kellermeister Marcelo Papa. Knackiger, süffiger Sauvignon bla aus LIMARÍ sowie CHARDONNAY, PINOT NOIR und SYRAH.

Montes Casa, Col, Cur, Ley ★★→★★★★ Kellerchef bei diesem modernen B trieb in Colchagua ist jetzt Aurelio Montes Jr. Die intensiven, komplex Rotweine (Alpha CABERNET SAUVIGNON, Folly Syrah, Purple Angel CA MENÈRE) werden ergänzt durch frische Weine von der Küste, etwa die S gute Reihe Outer Limits (SAUVIGNON BLANC, PINOT NOIR) aus Zapallar und CINSAULT aus ITATA.

ntGras Col, Ley, Mai ★★ Colchagua-Kellerei mit preislich lohnenden Roten und Rosé (ZINFANDEL). CABERNET SAUVIGNON Intriga aus MAIPO, exzellenter SAUVIGNON BLANC Amaral, sehr guter CHARDONNAY aus LEYDA.

ntsecano Casa ★★★ Fünf Chilenen und der Franzose André Ostertag erzeugen biodynamischen PINOT NOIR von kühlen Höhenlagen – nicht viel, aber vom Feinsten.

randé Casa, Mai, Mau ★★→★★★ Vielfältiges Angebot aus ganz Chile. Die Klassiker sind solide, faszinierender sind die Cuvées der Reihe Limited Edition. Ein erstklassiger chilenischer Schaumwein ist der Brut Nature oJ (CHARDONNAY, PINOT NOIR).

yen Col ★★★ In Apalta angesiedeltes VERAMONTE-Projekt. Komplexer CARMENÈRE/CABERNET SAUVIGNON-Verschnitt von alten Reben, die bis aufs Jahr 1889 zurückgehen.

fjell Mai, Mau ★→★★★ Der französische Kellermeister Arnaud Hereu erzeugt sehr gute rote Verschnitte und sortenreine Weine, u. a. den exzellenten CARIGNAN aus MAULE.

ez Cruz, Viña Mai ★★★ Das Gut in Familienbesitz erzeugt Verschnitte von Bordeaux-Rebsorten in MAIPO, u. a. den interessanten PETIT VERDOT Chaski.

kura Col ★★ Kleiner Erzeuger mit gutem SYRAH aus Marchigue. Außerdem SAUVIGNON BLANC und MALBEC.

ebrada de Macul, Viña Mai ★★→★★★ Großartiger CABERNET SAUVIGNON Domus Aurea. Elegante, fesselnde Rotweine aus Macul (MAIPO).

pel Die größte Appellation des Valle Central umfasst auch CACHAPOAL und COLCHAGUA; die Anbaubedingungen reichen von warmen Talsohlen bis zu Gebirgshängen.

Itata wacht auf

Interessiert an alten Reben (bis zu 200 Jahre alt), kühlen Bedingungen und vergessenen Rebsorten? Dann ist ITATA tief im Süden etwas für Sie. Dort gab es bisher vor allem kleine Erzeuger, doch nachdem TORRES 230 ha gekauft hat, wird jetzt hier am großen Rad gedreht.

Mai ★★★→★★★★ Pablo Morandé Jr. arbeitet mit Tonamphoren und erzeugt »Naturweine«, ausgefallene Verschnitte sowie Orange Wines – unorthodox und aufregend für Chile.

era del Lago Mau ★★→★★★ Exzellenter SAUVIGNON BLANC sowie Laberinto PINOT NOIR im Rahmen eines eigenen Projekts von Rafael Tirado.

n Antonio An CASABLANCA grenzende, aber kühlere Küstenregion. Am besten sind PINOT NOIR, SYRAH, CHARDONNAY und SAUVIGNON BLANC. Leyda ist ein Unterbereich.

n Pedro Cur ★→★★★ Vorzeigemarke des zweitgrößten Weinunternehmens in Chile. Aus der umweltfreundlichen Kellerei in Curicó kommen die Alltagsweine 35 South (oder 35 Sur) und Castillo de Molina sowie das Premiumgewächs »1865 Limited Edition« von Lesegut aus Einzellagen. Angeführt wird das Sortiment vom eleganten Cabo de Hornos. ALTAÏR, Missiones de Rengo, Santa Helena, TARAPACÁ und VIÑA MAR gehören ebenfalls zum Besitz.

nta Carolina, Viña ★★→★★★ Große Marke mit langer Tradition und ein paar Ausflügen ins Unerforschte. Probieren Sie die Reihe Specialties und den CABERNET SAUVIGNON Luis Pereira – neu, jedoch in alter Kellermeis-

Südamerika

termanier aus den 1950er-Jahren bereitet. Sehr gut ist der Herencia (CA MENÈRE).

Santa Rita Mai ★★→★★★ Große historische Bodega in MAIPO mit umfar reichem Angebot aus allen Teilen des Landes. Empfehlenswert: Bo gainville PETITE SIRAH, Casa Real Cabernet Sauvignon (klassische Füll Pehuén CARMENÈRE, Triple C (CABERNET SAUVIGNON/CABERNET FRAN Carmenère), die Reihe Floresta und günstiger Medalla Real CHARDONNA

Seña Aco ★★★★ Von der Familie Chadwick (ERRÁZURIZ) erzeugtes Einz etikett: ein luxuriöser, prachtvoller Verschnitt auf CABERNET-SAUVIGNO Basis im Bordeaux-Stil aus einer Tallage in ACONCAGUA.

Top 10 für chilenischen Syrah

Casa Marín, Miramar Herzhaft, aus kühlem Klima; **Concha y Toro, Gravas** Sinnliche Maipo-Interpretation; **Cono Sur, 20 Barrels** Ausgeprägte Säure, typisch für Limarí; **De Martino, Alto Los Toros** Elektrisierender Elqui aus Höhenlagen; **Errázuriz, Aconcagua Costa** Frisch, lebhaft, von der Küste; **Errázuriz, La Cumbre** Fruchtbombe aus Aconcagua; **Lapostolle, The Collection Pirque** Zugpferd der leckeren Terroir-Reihe; **Matetic, Matetic** Seidiger, komplexer Biowein; **Maycas del Limarí, Los Acacios** Intensiver, spannungsreicher Limarí; **Ventisquiero, Pangea** Großzügiger Apalta von reifer Frucht.

Tabalí Lim ★★→★★★ Eine der renommiertesten Kellereien in LIMARÍ: er klassiger CHARDONNAY, SAUVIGNON BLANC, PINOT NOIR und SYRAH v küstennahen Kalksteinböden sowie einige Rotweine aus Berglagen. Ebe falls empfehlenswert ist die sehr gute Reihe Talinay.

Tarapacá, Viña Casa, Ley, Mai ★★ Immer besser werdende, alteingesesse Kellerei, im Besitz der VSPT-Gruppe. Spitzenweine: Tara Pakay (CABERN SAUVIGNON/SYRAH), Etiqueta Negra Gran Reserva (Cabernet Sauvignon

Torres, Miguel Cur ★★→★★★★ Alteingesessene und dennoch stets innov tive Kellerei in Curicó mit Reblagen im ganzen Land. Sehr guter CABERN SAUVIGNON (v.a. Manso de Velasco von alten Reben), guter SAUVIGNO BLANC-Alltagswein und erquicklicher schäumender PAÍS. Das neues sehr kostspielige Projekt ist der Escaleras de Empedrado von PINOT NO Allein die Anlage und Bestockung des Weinbergs kostete mehr als vier M lionen US-Dollar.

Undurraga Casa, Ley, Lim, Mai ★→★★★ Die Reihe TH (Terroir Hunter) v Chefkellermeister Rafael Urrejola ist ein Highlight im großen, das ga ze Land abdeckenden Undurraga-Sortiment. Außerdem einige erstklas ge CABERNET-SAUVIGNON- und CARIGNAN-Abfüllungen sowie jede Mer Party-Schaumweine.

Valdivieso Cur, San A ★→★★★ Großer Erzeuger, der mit seinen Reihen F serva und Single Vineyard (v.a. CABERNET FRANC und MALBEC) von Sp zenterroirs in ganz Chile zu beeindrucken weiß – besonders gut ist d Chardonnay aus Leyda. Außerdem roter Verschnitt Caballo Loco und he licher Éclat auf CARIGNAN-Basis.

Vascos, Los Rap ★→★★★ Unternehmen im Besitz von Lafite Rothsch mit roten Verschnitten à la Bordelaise. Spitzenreiter: Le Dix und Gran Réserve.

Ventisquero, Viña Casa, Col, Mai ★→★★★ Aufgemöbelte klassische Kel rei, deren wagemutigen Projekten in Atacama die erstklassigen Abfüllu gen Tara PINOT NOIR und Tara CHARDONNAY entspringen. Kalfu heißt beliebte Alltagswein-Reihe.

ramonte Casa, Col ★★→★★★ Inzwischen unter der Leitung von Weinmacher Rodrigo Soto, verfolgt das Gut in CASABLANCA nun einen ökologischen Ansatz, und die Weine zeigen eine saftigere Art. Sehr gut sind der Ritual PINOT NOIR, SYRAH und SAUVIGNON BLANC.

no Mau – Zusammenschluss von Erzeugern in MAULE mit dem Ziel, CARIGNAN von alten Reben zu neuem Ansehen zu verhelfen. Voraussetzung für das Vigno-Siegel ist, dass der Wein 65 % Carignan von mind. 30 Jahre alten Reben enthält.

ard Casa, Mai ★★ Der französischstämmige Thierry Villard bereitet raffinierte Weine: gute Rote aus MAIPO, v. a. PINOT NOIR und MERLOT, CABERNET SAUVIGNON Equis und Weißweine aus CASABLANCA.

edo Chadwick Mai ★★★→★★★★ Stilvoller CABERNET SAUVIGNON von einer Reblage in Puente Alto, die früher mal ein Polofeld war. Im Besitz von Eduardo Chadwick (ERRÁZURIZ).

Manent Casa, Col ★★ Spezialist für MALBEC (völlig anders als der argentinische Malbec) mit noch ein paar weiteren Trümpfen. Toller El Incidente auf CARMENÈRE-Basis, schwungvoller SAUVIGNON BLANC aus CASABLANCA.

ı Siebenthal Aco ★★→★★★ Kleinerer Erzeuger mit reichhaltigen, üppigen Roten (v. a. von CARMENÈRE) und körperreichem VIOGNIER. Der Verschnitt Parcela 7 ist sein Geld absolut wert, der Toknar zählt zu den wenigen sortenreinen PETIT-VERDOT-Weinen Chiles.

rgentinien

rgentinien erzeugt seit über 500 Jahren Wein, und lange war aufgrund des starken italienischen Einflusses Rotwein im italienischen Stil in strohflochtenen »Chianti«-Flaschen die Norm in Argentinien. Bis in die 1990erre fand Export praktisch nicht statt, erst dann bahnten niedrige Preise leckerer Malbec den Weg. 2010 war die Nachfrage aus dem Ausland, besondere den Vereinigten Staaten, so enorm, dass ein echtes Nachschubblem entstand.

Die chronisch prekäre ökonomische Situation ist das stete Ärgernis der entinier, und der einzig profitable Weg führt nach oben: in puncto Qualität auch in puncto Höhenmeter, sodass inzwischen sogar in den Anden Reben chsen. Drei Viertel des Rebbestands finden sich in der Provinz Mendoza, h Salta im Norden und Río Negro im Süden holen auf. Malbec ist noch im die führende Sorte, gefolgt von Bonarda für Alltagsweine sowie Cabernet vignon und Syrah für den Export. Seit Kurzem findet Sauvignon blanc – wie Längerem bereits Chardonnay – Anklang bei den ausländischen Abnehn. Neue Rebflächen gibt es außerdem südlich von Buenos Aires und sogar en Pampas – man wittert eben überall Qualitätspotenzial.

Südamerika

aval Ferrer Men ★★→★★★ Der MALBEC-Spezialist ist nicht länger auf Malbec beschränkt. Zwar stehen die Einzellagenweine noch immer im Mittelpunkt, doch umfasst das Angebot inzwischen auch CABERNET SAUVIGNON und Verschnitte.

anna Men ★★→★★★★ Komplexe Weine von Alejandro Vigil, Kellermeister bei CATENA, und Adrianna, der jüngsten Catena-Tochter. Sehr gute Reihe von Einzellagenabfüllungen unter dem Etikett El Enemigo, u. a. erstklassiger CHARDONNAY, CABERNET FRANC und MALBEC.

ia, Viña Men ★★★ Teilweise im Besitz der Familie von Luigi Bosca. Kleine Produktion, u. a. mit dem verführerischen Weißweinverschnitt Tiara (RIESLING/ALBARIÑO/SAVAGNIN) und rassigem NEBBIOLO.

Alta Vista Men ★→★★★ Kellerei in Luján mit französischen Geldgebern. D
erste Erzeuger, der das Einzellagenkonzept in Argentinien umsetzte. Er
klassige MALBEC-Gewächse, guter Schaumwein und Torrontés.

Altocedro Men ★★→★★★ Weinmacher Karim Mussi konzentriert sich
La Consulta im Valle de Uco. Sehr guter TEMPRANILLO und MALBEC in
verwechselbarem Stil.

Altos las Hormigas Men ★★★ Für dieses vom Terroirgedanken inspirie
Projekt haben sich die Italiener Alberto Antonini und Attilio Pagliaus
Chilenen zusammengetan, um eine Reihe hervorragender Einzellag
MALBECS zu erzeugen. Außerdem stiller und schäumender BONARDA un
dem Markennamen Colonia Las Liebres.

Antucura Men ★★ Boutiqueproduktion in Vista Flores unter Beratung v
Michel Rolland (siehe Kapitel »Frankreich«). Im Mittelpunkt stehen
gewichtigeren Bordeaux-Sorten.

Atamisque Men ★→★★★ Beständig gute Weine mit hervorragendem Pre
Leistungs-Verhältnis von einem großen Gut im Valle de Uco. Sehr gu
CHARDONNAY und PINOT NOIR in der Reihe Catalpa; ein Schnäppchen s
CABERNET FRANC und SAUVIGNON BLANC aus der Reihe Serbal.

Benegas Men ★★→★★★ In einer historischen Bodega werden im A
Welt-Stil von alten Reben erstklassiger CABERNET FRANC und Bordea
Verschnitte unter dem Namen Benegas Lynch erzeugt. Interessanter SA
GIOVESE.

Bressia Men ★★→★★★ Der Familienbetrieb des önologischen Beraters W
ter Bressia. Die komplexen roten Verschnitte kann man einlagern, sehr
sind SYRAH und CABERNET FRANC aus der Monteagrelo-Linie sowie
CHARDONNAY Lagrima Canela.

Caelum Men ★★ Falls Sie bisher dachten, Argentinien sei, was den Wein
geht, durchweg rot gefärbt, wird der italienische Kellermeister von Cael
Sie mit gutem CHARDONNAY und FIANO gern eines Besseren belehren.

Callia San J ★→★★ Gute und günstige Weine auf SYRAH-Basis aus der e
heißen Region SAN JUAN.

Canale, Bodegas Humberto Rio N ★→★★★ Alteingesessener RÍO-NEG
Spezialist mit erstklassigem RIESLING von alten Reben sowie MALBEC
eindeutig südlichem Stil.

Caro Men ★★★→★★★★ Luxus-Cuvée im Bordeaux-Stil namens Caro,
meinschaftlich erzeugt von CATENA und den Rothschilds von Châte
Lafite (Frankreich). Zweitetikett: Amancaya.

Casa Bianchi Men ★→★★ Sehr traditionelle Kellerei und Schaumwe
erzeuger in San Rafael; günstig. Achten Sie auf die Marke Leo, ein Geme
schaftsunternehmen mit der Stiftung von Lionel Messi.

Casarena Men ★★→★★★ Moderner Erzeuger mit einer sehr guten Re
von Einzellagenweinen (MALBEC, CABERNET FRANC und CABERNET SA
VIGNON). Die Reihe Ramanegra bietet preiswerte Alltagsweine. Ebenf
empfehlenswert ist der Sidra Extra Brut (Cidre).

Catena Zapata, Bodega Men ★★→★★★★ Nicolas Catena war ein Vor
ter der qualitätsorientierten Weinerzeugung in Argentinien; heute füh
Nicolas' Familie und Kellermannschaft sein Werk in dem großen Betr
in Luján fort. Zu den Highlights zählen der MALBEC Adrianna Gualtall
CHARDONNAY (White Bones, White Stones) und CABERNET FRANC. Alar
(vertrieben von Gallo) liefert probierenswerte Alltagsweine.

Chacra Rio N ★★★ Großartiger Pinot noir von alten Reben und einem bi
gisch-dynamisch arbeitenden Gut in RÍO NEGRO (Patagonien). Piero Inc
della Rocchetta, den man im Zusammenhang mit Sassicaia (siehe Kap
»Italien«) kennt, erzeugt mit die besten und teuersten PINOT-NOIR-We
Argentiniens.

s de los Siete Men ★★ Michel Rollands Bordeaux-Verschnitt wird von einem Verbund von Kellereien im Valle de Uco bereitet (siehe auch DIAMANDES, MONTEVIEJO).

bos, Viña Men ★★★ Marke des Flying Winemaker Paul Hobbs. Hervorragender CABERNET SAUVIGNON (Spitzen-Volturno, Premium-Bramare, Einsteiger-Felino). Empfehlenswert auch der sehr gute MALBEC und der CHARDONNAY aus dem Valle de Uco.

omé, Bodega Sal ★★→★★★ Seriöse Weine von sehr hohen Lagen: auf bis zu 3.100 m in den Valles Calchaquíes. Intensive Rotweine auf MALBEC-Basis, lebhafter TORRONTÉS, rauchiger TANNAT. Im Besitz der kalifornischen Hess Collection.

cero, Finca Men ★★→★★★ Moderner Betrieb in schweizerischem Besitz, präzis gemachte Weine. Halten Sie sich an den PETIT VERDOT und den roten Spitzenverschnitt Amano.

mAndes Men ★★ Hochmoderne Kellerei im Besitz der Familie Bonnie von Château Malartic-Lagravière (Bordeaux), Teil des CLOS-DE-LOS-SIETE-Verbunds. Erzeugt sehr volle Rotweine sowie lebhaften VIOGNIER und CHARDONNAY.

minio del Plata Men ★★→★★★ Der Familienbetrieb von Susana Balbo ist Spitzenreiter in Sachen TORRONTÉS: hervorragende fassgereifte Weine in der Reihe Signature, Crios ist die Marke für Alltagsweine. Außerdem sehr guter MALBEC und CABERNET SAUVIGNON unter den Etiketten Ben Marco und Nosotros.

ña Paula Men ★→★★★ Die innovative Kellerei in Luján liefert stets Qualität: ausgezeichneter MALBEC von Einzellagen (probierenswert die Reihe Parcel), außerdem SAUVIGNON BLANC und RIESLING aus MENDOZA, die zu den Besten in Argentinien zählen. Im Besitz der SANTA-RITA-Gruppe (siehe Kapitel »Chile«).

hart Sal ★→★★ Führender Torrontés-Erzeuger im hoch gelegenen Cafayate. Alteingesessener Betrieb mit preiswerten Weinen.

ore Montmayou Men, Rio N ★★→★★★ Das in den1990er-Jahren gegründete Unternehmen in französischem Besitz kaufte alte Weinberge in Luján und RÍO NEGRO (Infinitus). Gutes Zweitetikett Phebus; außerdem preiswerte Viñalba-Weine, Malbec der Spitzenklasse, CABERNET SAUVIGNON und Grand Vin.

del Mundo, Bodega del Neuq ★→★★ Großproduzent in Neuquén. Günstige Einsteigerreihen Postales, Ventus, Newen. Spitzenwein ist der Special Blend; probieren Sie auch die Einzellagengewächse der Reihe Fin (v. a. CABERNET FRANC).

ca La Anita Men ★★→★★★ Boutiquekellerei in Luján mit ansprechenden, tiefgründigen Rotweinen, v. a. der Varúa CABERNET SAUVIGNON, und ungewöhnlichem FRIULANO (weiß). Außerdem guter SYRAH und MALBEC.

ca Las Moras San J ★→★★ Erzeuger in SAN JUAN im Besitz von TRAPICHE mit preiswertem Angebot: strahlender, fruchtbetonter SYRAH und BONARDA für den Alltagsgenuss.

hman, Finca Men ★★→★★★ Die Kellerei in Maipú erzeugt Weine von Lesegut aus dem gesamten Bereich MENDOZA. Dedicado ist die rote Spitzencuvée, die Reihe Paisaje bietet zwei rote Verschnitte von Einzellagen im Valle de Uco und Maipú sowie CHARDONNAY. Die Marke für Alltagsweine heißt Caballero de la Cepa.

rnier, O. Men ★→★★★ Großes Gut in San Carlos (Valle de Uco). Super TEMPRANILLO-Verschnitt (A Crux) sowie SAUVIGNON BLANC (B Crux), außerdem sehr gutes Einstiegssortiment Urban Uco. Fantastische Kellerei in spanischem Besitz (siehe Kapitel »Chile«).

Kaikén Men ★★→★★★ Im Besitz von Aurelio MONTES (siehe Kapitel »C le«). Das Angebot wird vom Mai MALBEC angeführt, gefolgt vom U (CABERNET SAUVIGNON und Malbec) und dem Verschnitt Corte.

Luca/Tikal/Tahuan/Alma Negra Men ★★→★★★ Verbund von Boutique lereien im Besitz von Nicolas CATENAS Kindern Laura (Luca) und Erne (Tikal/Tahuan/Alma Negra/Animal). Exzellente rote Verschnitte, sehr g Schaumweine, raffinierter PINOT NOIR.

Luigi Bosca Men ★★→★★★ Großer Erzeuger in Luján mit vielen arge nischen Fans. Die Reihe Finca La Linda, die auch gute Schaumweine u fasst, empfiehlt sich für den Alltagsgenuss, während die Linie Finca Nobles Weine für besondere Gelegenheiten bietet (u.a. sehr guter M BEC von alten Reben). Spitzenreiter ist der Icono (Malbec/CABERNET SA VIGNON).

Manos Negras/Tinto Negro/TeHo/ZaHa ★★→★★★ Schwesteretiketten Fokus auf Lagenweine. Sehr guter MALBEC und PINOT NOIR, ausgezeich ter CABERNET FRANC aus dem Valle de Uco und darüber hinaus.

Marcelo Pelleriti Men ★★→★★★ Die eigene Marke des Kellermeisters MONTEVIEJO, die seinen Namen trägt. Konzentrierter MALBEC sowie V schnitte. Spezialabfüllungen in Zusammenarbeit mit argentinischen M kern, u.a. sehr guter Abremundos (Malbec/CABERNET-FRANC).

Masi Tupungato Men ★★→★★★ Masi (siehe Kapitel »Italien«) geht n Süden. Passo Doble ist ein feiner Verschnitt von MALBEC, CORVINA MERLOT im Ripasso-Stil, noch besser ist der Corbec (Corvina/Malbec), einem Amarone sehr nahe kommt.

Matias Riccitelli Men ★★→★★★ Vielversprechender Weinmacher mit wa sendem Sortiment. Der Hey MALBEC ist fruchtig-frisch, seriöser ist der publica Malbec. Die neuere Reihe The Apple Doesn't Fall Far From Tree ist eine Hommage an Matias' Vater, den renommierten Kellermei Jorge Riccitelli.

Mendel Men ★★★ Roberto de la Motta bereitet MALBEC-Weine der Spitz klasse (Finca Remota) und den ansprechenden Verschnitt Unus. Au dem nobler SÉMILLON von 70 Jahre alten Reben und gute Reihe Lunta.

Mendoza Argentiniens wichtigste Weinbauprovinz (und Stadt) ist dre teilt: Der historische Anbaubereich Maipú erstreckt sich auf die wärme Gebiete in Stadtnähe, aus dem traditionellen Bereich Luján kommt e klassiger Malbec, und das hoch gelegene Valle de Uco ist etwas für po te Investoren.

Michel Torino Sal ★★→★★★ Großer Erzeuger in Cafayate mit langer schichte. Gute Tafelweine und feinere Gewächse der Marke El Esteco (p bieren Sie den Fincas Notables CABERNET SAUVIGNON).

Moët Hennessy Argentina Men ★→★★ Das Schaumweinunternehmen, unter dem schlichten Namen Chandon bekannt, ist das größte in ganz S amerika. Es bietet im Tankgärverfahren erzeugten Partysekt oder aber nach der traditionellen Methode bereiteten Baron B. Siehe auch TERRA DE LOS ANDES.

Monteviejo Men ★★→★★★★ Vorzeigekellerei von CLOS DE LOS SIETE. G artiger, in kleinen Mengen bereiteter La Violeta, außerdem Lindaflor M BEC und sehr guter Lindaflor CHARDONNAY. Sehr preiswert ist die R Petite Fleur.

Neuquén Der größte Weinbaubereich in Patagonien, bekannt für herzh Rote (v.a. von MALBEC und CABERNET FRANC) und fruchtigen PINOT N Ach ja, und dann gibt's auch noch Dinosaurier-Fossilien.

Nieto Senetiner Men ★→★★★ Großer, unter dem jungen Kellermeister S tiago Mayorga frisch aufgemöbelter Betrieb. Sehr guter Einzellagen-M

BEC Cadus, guter, frischer SÉMILLON sowie eine breite Palette an Schaumweinen.

emia ★★★→★★★★ Erstklassiger MALBEC-Erzeuger in Patagonien mit alten Reben in RÍO NEGRO. Außerdem bereitet Kellermeister Hans Vinding-Diers herrliche Verschnitte im Bordeaux-Stil.

rton, Bodega Men ★→★★★ Traditionskellerei, klassisch in Stil und Beständigkeit. Preisgünstige Einsteigerweine, exzellente MALBEC-Gewächse aus Einzellagen in der Reihe Lote, ausgezeichneter Verschnitt Gernot Langes. Jede Menge guter Schaumweine.

Malbec im Höhenflug

Winzer begeben sich für ihre besten MALBEC-Pflanzungen immer weiter ins Andengebiet hinein und dort dann auch immer höher hinauf. Infolge des Klimawandels und dank sorgfältig ausgewählter Lagen besteht kaum Frostgefahr, und als Lohn für die Mühen winken frische Weine mit eleganter Frucht und mehr Säure bei geringerem Alkoholgehalt. In Cafayate nahm der argentinische Weinbau in großer Höhe seinen Anfang, aber auch in Mendoza gehen die Winzer auf der Suche nach mehr Frische und Säure weiter hinauf in die Berge. Spitzen-Malbecs aus Hochlagen findet man bei ZUCCARDI (San Pablo; 1.400 m), ALTOS LAS HORMIGAS (Gualtallary; 1.300 m), PASSIONATE WINES (Gualtallary; 1.600 m), CATENA ZAPATA (Gualtallary; 1.450 m) und ZORZAL (Gualtallary; 1.350 m).

sionate Wine Men ★★→★★★ Matias Michelini, einer der experimentierfreudigsten Weinmacher des Landes, bietet ein wachsendes Sortiment an Weinen v. a. aus dem Valle de Uco. Zu den Glanzstücken zählen Demente (MALBEC/CABERNET FRANC), der frische SAUVIGNON BLANC Agua de Roca, saftig-fruchtiger PINOT NOIR und diverse Orange Wines.

aflor Men ★→★★★ Argentiniens größter Weinkonzern mit FINCA LAS MORAS, Andean Vineyards (SAN JUAN), MICHEL TORINO (SALTA), Santa Ana und TRAPICHE (MENDOZA).

telli Sal ★★ Moderner Betrieb mit Reblagen in Cafayate und MENDOZA. Guter TORRONTÉS und sehr volle Rote.

dra Negra Men ★→★★ Der argentinische Stützpunkt des Bordeaux-Erzeugers François Lurton. Sehr gute weiße Verschnitte (auf PINOT-GRIGIO-Basis), konzentrierter MALBEC.

sia Men ★★→★★★ Im selben Besitz wie Clos L'Église in Bordeaux. Spezialisiert auf Rotweine: Poesia (CABERNET SAUVIGNON/MALBEC), Clos des Andes (Malbec), Pasodoble (Malbec/SYRAH/Cabernet Sauvignon).

venir de Cafayate, El Sal ★★→★★★ Ein junges Team in Cafayate erzeugt moderne Weine: erstklassiger TORRONTÉS sowie ansprechende TANNAT-, MALBEC- und CABERNET-SAUVIGNON-Abfüllungen. Sortenreine Gewächse unter dem Etikett Laborum, Verschnitte in der Reihe Amauta.

enta Estate Men ★★→★★★ Moderne Kellerei in Luján, in dritter Generation in Familienbesitz (früher Peñaflor). Exzellente Reihe von Einzellagenweinen sowie CABERNET FRANC, MALBEC und SAUVIGNON BLANC der Spitzenklasse. Sehr günstige Einsteigermarke La Flor.

acer Men ★★→★★★ Kellerei in chilenischem Besitz (mit einem SAUVIGNON BLANC aus Casablanca). Der Vorzeigewein Renacer enthält vorwiegend MALBEC; sehr guter Punto Final (Malbec, CABERNET SAUVIGNON). Probieren Sie auch den Enamore im Amarone-Stil.

Riglos Men ★★→★★★ Valle-de-Uco-Erzeuger in Tupungato. Angeführt w das Sortiment an konzentrierten Rotweinen vom Gran Corte (MALB CABERNET SAUVIGNON/CABERNET FRANC). Außerdem SAUVIGNON BLA Quinto.

Riojana, La La R ★→★★ Großer Fairtrade-Erzeuger. Spitzengewächs ist Malbec Raza Limited Edition, aber auch die anderen Weine bieten g Qualität zu angemessenen Preisen, v. a. der TORRONTÉS.

Río Negro Früher wurden hier Birnen angebaut, nun liefert der Bereich PIN NOIR der Spitzenklasse. Außerdem guter SÉMILLON und RIESLING von al Reben sowie MALBEC und MERLOT von neuen Stöcken.

Ruca Malén Men ★★ Füllige Rote aus Luján. Spitzenverschnitt ist der D Raúl (MALBEC/CABERNET SAUVIGNON/PETIT VERDOT). Preiswert und v verlässlicher Qualität sind die Weine der Reihe Kinien. Probieren Sie au den Petit Verdot.

Salentein, Bodegas Men ★★→★★★ Beeindruckende Kellerei in hollän schem Besitz im Valle de Uco. Preiswerte Einsteigerlinie El Portillo, die R he Primus bietet sehr guten PINOT NOIR, MALBEC, CABERNET SAUVING und CHARDONNAY.

Salta Argentiniens erste Region für Hochlandgewächse und TORRONTÉS. S zenweine kommen aus der Unterregion Cafayate (v. a. Valles Calchaquíe wo die auf über 2.300 m Höhe wachsenden Reben (u. a. TANNAT, MALB Rotweine mit frischer Säure und intensiver Farbe erbringen.

San Juan Großer, warmer Anbaubereich nördlich von MENDOZA. Bekannt reifen SYRAH und BONARDA, besonders empfehlenswert aus dem Un bereich Barreal.

San Pedro de Yacochuya Sal ★★★ In Cafayate ansässiges Gemeinscha unternehmen von Michel Rolland (siehe Kapitel »Frankreich«) und Familie ETCHART. Reifer, duftender TORRONTÉS und dichter MALBEC S dazu kraftvoller Yacochuya (Malbec von sehr alten Reben).

Schroeder, Familia Neuq ★★ Kellerei in Patagonien mit Schwerpunkt Schaumwein und PINOT NOIR (probieren Sie den Saurus Select – bena nach Dinosaurier-Fossilien, die im Keller entdeckt wurden).

Sophenia, Finca Men ★★→★★★ Erzeuger in Gualtallary (Valle de Uco) solidem SAUVIGNON BLANC sowie sehr gutem MALBEC und BONARDA. S zenreiter ist die Reihe Synthesis.

Tapiz Men ★★ Kellerei in Luján mit ansprechenden sortenreinen Weinen, geführt vom Malbec Black Tears. Die Betreiber züchten auch Lamas.

Terrazas de los Andes Men ★★→★★★ Die Stillwein-Schwester von Chan (MOËT HENNESSY) hat ein großes Sortiment an MENDOZA-Gewächsen bieten, u. a. eine sehr gute Reihe mit MALBEC-Einzellagenweinen. In sammenarbeit mit Ch. Cheval Blanc (Bordeaux) wird der köstliche V schnitt Cheval des Andes erzeugt.

Toso, Pascual Men ★★→★★★ Das breite Sortiment der 1890 gegründe Kellerei in MENDOZA stützt sich auf MALBEC, so auch das Spitzengewä Magdalena Toso. Außerdem guter SYRAH und CABERNET SAUVIGNON.

Trapiche Men ★→★★★ Einer der größten und ältesten Erzeugerbetri Argentiniens mit riesigem Sortiment. Besonders empfehlenswert: CAB NET SAUVIGNON Medalla, der MALBEC/CABERNET-FRANC-Verschnitt Isc Einzellagen-Malbec aus der Reihe Finca und die Linie Costa y Pampa (k tennahe Lagen).

Trivento Men ★→★★ Im Besitz des chilenischen Weingiganten Conch Toro. Der Eolo MALBEC ist das hochpreisige Aushängeschild, ausgesp chen günstig sind dagegen der Golden Malbec, der SYRAH und der CH DONNAY.

l de Flores Men ★★★ Der alte, biodynamisch bewirtschaftete MALBEC-Weinberg in Vistaflores gehört Michel Rolland. Dunkle, elegante, erdige Weine mit festen Tanninen; zum Einkellern. Auch die Reihe Mariflor ist probierenswert (sortenreine Weine und exzellenter Verschnitt Camille).

nes of Mendoza/Winemaker's Village Men ★★ Verbund von Boutiquekellereien im Valle-de-Uco-Unterbereich Vista Flores. Empfehlenswerte Etiketten: Recuerdo, Super Uco, Abremundos (siehe MARCELO PELLERITI), Corazon del Sol.

rzal Men ★★★ Der Schwerpunkt liegt auf energiegeladenen Weinen aus Gualtallary. Juan Pablo Michelini erzeugt die Reihe Eggo, wobei die Weine ohne jegliche Berührung mit Eiche ausschließlich in eiförmigen Betontanks ausgebaut werden. Sehr guter Cabernet franc und SAUVIGNON BLANC.

ccardi Men ★★→★★★★ Die hochmoderne Kellerei in Altamira ist mit Hunderten Beton-»Eiern« und Amphoren gefüllt – die Vision Sebastian Zuccardis, Kellermeister in dritter Generation. Hervorragende terroirbetonte Reihe Alluvional (MALBEC), sehr guter BONARDA Emma und TEMPRANILLO »Q«. Die Alltagsweine der Marke Santa Julia kommen aus der größeren Kellerei in Maipú.

rasilien

ag ja sein, dass man Brasilien eher mit seinen Stränden verbindet, in der Weinwelt jedoch erregt der Schaumwein Aufsehen. Erste Adresse Schäumendes ist Pinto Bandeira, während sich Merlot-Liebhaber dem Va-dos Vinhedos zuwenden. Beide Bereiche liegen in der kühleren südlichen gion der Serra Gaúcha, wo mehr als 1.000 kleine Winzer mit überwiegend lienischen Wurzeln leben. Italienische Rebsorten gedeihen neben portu-sischen Trauben, am beliebtesten sind jedoch Bordeaux-Sorten. Weitere dliche Bereiche sind unter anderem Campanha, Serra do Sudeste, Planalto tarinense und Campos de Cima de Serra, während im tropischen Norden iglich im Vale do São Francisco Wein angebaut wird.

rora ★→★★ Sehr große Genossenschaft mit langer Tradition in der Serra Gaúcha. Vorwiegend preiswerte Tafelweine.

sa Valduga ★→★★★ Bekannter historischer Erzeuger mit guten, im traditionellen Verfahren bereiteten Schaumweinen, einem Spitzen-MERLOT (Storia) und eigener Grappaproduktion.

ve Geisse ★★ Der Chilene Mario Geisse erzeugt in Pinto Bandeira erstklassigen Schaumwein nach der traditionellen Methode.

dio Carraro ★→★★ Boutiquekellerei in Familienbesitz mit Reblagen im Vale dos Vinhedos und der Serra do Sudeste. Guter Verschnitt Quorum von Bordeaux-Rebsorten.

olo ★→★★★ Der größte Premiumerzeuger Brasiliens mit historischer Kellerei im Vale dos Vinhedos ist in allen größeren Anbaugebieten tätig. Sehr guter MERLOT, CHARDONNAY und TOURIGA NACIONAL; außerdem erstklassiger Schaumwein Millésime.

zzato Vinhas ★→★★★ Falvio Pizzato erzeugt im Vale dos Vinhedos sehr guten MERLOT (v. a. DNA 99), Chardonnay und Schaumwein. Unter dem Etikett Fausto wird jüngerer Tafelwein aus anderen Reblagen in der Serra Gaúcha geboten.

lton ★→★★ Einer der größten und ältesten Erzeuger in Brasilien mit jeder Menge Partysekt im Prosecco-Stil. Empfehlenswert ist der Verschnitt Salton Gerações.

Uruguay

Wegen des Atlantikeinflusses ist der Wein Uruguays einzigartig in Sü amerika und kommt stilistisch der Alten Welt näher als der Neuen. D Erzeugung konzentriert sich auf den Bereich Canelones unmittelbar auße halb der Hauptstadt Montevideo, einige neuere Pflanzungen ziehen sich j doch an der Küste entlang gen Osten Richtung Punta del Este. Einige Parzell gibt es auch im Binnenland, so etwa an der brasilianischen Grenze. Tannat der König in Uruguay, Albariño und Sauvignon blanc bilden einen interessa ten Kontrast.

Alto de la Ballena ★→★★ Der Boutique-Erzeuger in Familienbesitz gehör zu den Ersten, die Reblagen im Bereich Punta de Este besaßen. Sehr g ter SYRAH, CABERNET FRANC und ein fruchtig-saftiger TANNAT/VIOGNIE Verschnitt.

Bouza ★→★★★ Der hochmoderne Betrieb in Canelones besitzt auch Rebl gen in Pan de Azucar und erzeugte als Erster in Uruguay Albariño (der no immer zu den besten zählt). Außerdem sehr guter Einzellagen-TANNAT.

Garzón ★★→★★★ Ambitionierte Kellerei in Maldonado mit großem Budg und Alberto Antonini als Berater. Zu empfehlen sind der maritim-frisc ALBARIÑO und die üppigen Roten.

Juanico Establecimiento ★→★★★ Führender Erzeuger Uruguays mit d größten Produktion. Jede Menge preiswerter Weine, u. a. frischer SAUV GNON BLANC. Paul Hobbs berät bei der Spitzenreihe Familia Deicas m dem hervorragenden CHARDONNAY-Verschnitt Preludio sowie der Auswa an TANNAT-Gewächsen aus Einzellagen.

Marichal ★→★★ Kleiner Familienbetrieb in Canelones. Probieren Sie d PINOT NOIR/TANNAT-Verschnitt.

Pisano, Bodega ★→★★★ Die Familie Pisano gehörte zu den Anführe der Qualitätsrevolution in Uruguay. Sehr guter TORRONTÉS, VIOGNIER u TANNAT.

Viñedo de los Vientos ★★→★★★ Der unabhängige Weinmacher Pablo Fal brino erzeugt verspielte weiße Verschnitte, soliden TANNAT (probieren S die Ripasso-Version) sowie schwelgerische Dessertweine.

Andere Länder in Südamerika

Bolivien

In solche Höhen wie in Bolivien stoßen die Reben sonst kaum irgendwo v Die Weinberge liegen sämtlich auf 1.800 bis 3.000 m. Das Ergebnis si rassige Säure und höchst beeindruckende Farbtiefe. Besonders gut gede SYRAH; auch Cabernet Sauvignon und Merlot machen sich. Bolivianisch MUSCAT ist einzigartig, allerdings fließt der Großteil der Produktion in d Weinbrand Singani. Empfehlenswerte Bodegas: Campos de Solana, La Co cepción, Kohlberg, Kuhlmann (Schaumwein) und Sausini.

Peru

Peru besitzt eine lange Weinbautradition, doch geht der Großteil der Traub heutzutage in den Pisco-Weinbrand. Angebaut werden die Trauben in d warmen Region Ico, die aber auch vollen TANNAT, Ancellota und einzigarti Weine aus der Quebranta-Traube liefert. Empfehlenswert: Intipalka, Mir Quebrada de Ihuanco, Tacama und Vista Alegre.

Australien

Die dunklen Flächen bezeichnen die Weinbaugebiete

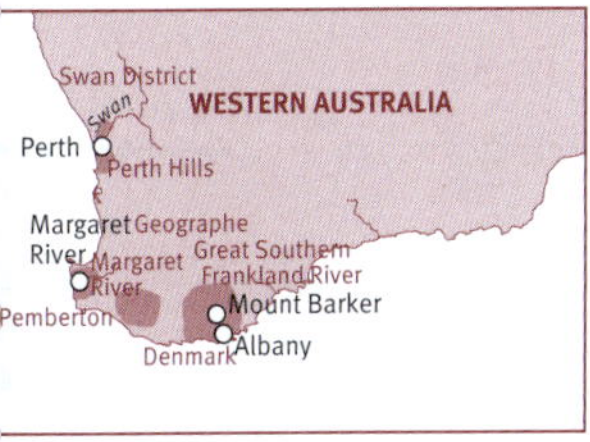

Die folgenden Abkürzungen werden im Text verwendet:

Ad H	Adelaide Hills
Coon	Coonawarra
Lang C	Langhorne Creek
Marg R.	Margaret River
McL V	McLaren Vale
Morn P	Mornington Peninsula
Mt.	Mount (z. B. Mount Barker)
NSW	New South Wales
N-Tas	Nordtasmanien
NO-Vic	Nordostvictoria
Qld	Queensland
R.	River (z. B. Frankland River)
SO-Australien	Südostaustralien
SA	South Australia
S-Tas	Südtasmanien
Tas	Tasmanien
Tumb	Tumbarumba
V.	Valley (z. B. Alpine Valley)
Vic	Victoria
WA	Western Australia

In Anbetracht der Tatsache, dass Australien lange Zeit mit seinem üppige Chardonnay (in Flaschen abgefüllte Sonne) und seinem gewaltigen Shira gleichgesetzt wurde, spricht es Bände, dass man sich nun die Köpfe darüb heißredet, ob die australischen Weinstile ins andere Extrem umgeschlage sind: Anstatt uns mit Geschmack zu erschlagen, wollen viele Weine uns jet mit einer leisen Ahnung abspeisen. Und das gilt paradoxerweise besonders f den Chardonnay, dem heutzutage Straffheit, Komplexität, Linie und ein lang Abgang genauso am Herzen liegen wie pure Kraft (in Kategorien für Cricke Freunde: eher Glenn McGrath als Jeff Thompson). Ein weiterer Beleg dafür i der schleichende, aber unaufhaltsame Trend zu würzigeren, leichteren ode wie manche sagen, auf Säure und Tannin anstatt auf guter alter Frucht u Eiche gebauten Rotweinen. Ähnelte australischer Wein einst einer Episod aus einem Asterix-Comic, so fühlt man sich heute eher an »Gregs Tagebuch erinnert (wobei beides übertrieben ist, man möge sich das Augenzwinker bitte dazudenken). Eine quälende Frage bleibt jedoch: Welche Stimmlage h die Ortsspezifik, die wir immer suchen? In Wahrheit hat sich der australisch Wein vom Erwarteten zum Unerwarteten gewandelt. Das nächste Ziel ist, da perfekte Gleichgewicht zu finden. Ich habe das Gefühl, bis dahin ist es nic mehr weit.

Neuere Jahrgänge

New South Wales (NSW)

2016 Grenzwertig nass im Hunter Valley, aber überall sonst gut bis ausge zeichnet.

2015 In den meisten Gebieten schwierig, aber Orange und Canberra ausge zeichnet, Hilltops sehr gut.

2014 Der Hunter Shiraz wird außergewöhnlich gut. Canberra Riesling u Shiraz ebenfalls auf der Höhe.

2013 Reichhaltige Rot- und Weißweine. Hunter Semillon und Canberra Rie ling sind besonders gut.

2012 Nasses, kaltes Jahr. Der Semillon könnte ganz in Ordnung sein, vie leicht auch der Cabernet Sauvignon, aber insgesamt enttäuschend.

2011 Das Hunter Valley wurde von den Überschwemmungen der südlichere Gebiete verschont, aber es war trotzdem ein kühles, feuchtes Jahr.

Victoria (Vic)

2016 Trockenes, aber sonst durchschnittliches Jahr: keine Katastrophen, ke ne Begeisterungsstürme.

2015 Durch die Bank ein starker Jahrgang.

2014 Frostschäden en masse, aber bei den meisten ein sehr guter Rotwei jahrgang.

2013 Nach einem feuchten Winter folgte ein heißer, trockener Sommer. Übe raschend hohe Qualität.

2012 Entpuppt sich als besserer Jahrgang als zunächst gedacht. Rot- u Weißweine sehr gut bis hervorragend.

2011 Nass; viele Probleme durch Krankheiten. Insgesamt besser für Wei weine. Vorsicht ist geboten.

outh Australia (SA)

)16 Es besteht berechtigter Anlass zur Hoffnung, dass dies ein spezieller Jahrgang für Rot- und Weißweine wird.

)15 Herausragender Clare Valley Riesling; Adelaide Hills ausgezeichnet; die warmen Gebiete steckten die wilden Klimaschwankungen gut weg.

)14 Heißes, ertragsarmes Jahr; üppige Rot- und Weißweine.

13 Aufgrund von Wasserproblemen waren die Erträge sehr niedrig. Durchwachsener Jahrgang.

)12 Die Erträge waren niedrig, aber es war ein hervorragendes Jahr. Großartig für Riesling; ausgezeichneter Cabernet Sauvignon.

)11 Kühl und nass. Magere Weißweine, kräuterwürzige Rotweine. Einige interessante Ergebnisse.

/estern Australia (WA)

)16 Riesling (im Allgemeinen) und Margaret River (im Besonderen) zauberten Kaninchen aus einem schwierigen, feuchten Hut.

)15 Schwieriges Jahr mit unterschiedlichen Ergebnissen. Es lohnt sich, wählerisch zu sein, aber die eine oder andere Perle kann man finden.

)14 Die Glückssträhne hält an; es wird schon fast langweilig. Wieder ein tadelloses Jahr.

)13 Cabernet Sauvignon und Chardonnay sehr stark. Etwas Regen, aber erneut meinten es die Götter gut.

)12 Die Trockenheit hielt an und somit auch die Serie wunderschöner, warmer Jahrgänge.

)11 Warm, trocken, frühe Lese. Sehr guter Cabernet Sauvignon. Zarte Weißweine weniger erfolgreich.

:colade Wines r w – Name der Weine/Kellereien, die zu den einst einflussreichen Unternehmen CONSTELLATION und HARDYS gehörten. Die neue Zeit des Wiederaufschwungs ist das Morgen, das irgendwie nie so recht anbricht.

delaide Hills SA – Die beste Region für SAUVIGNON BLANC; kühle Lagen auf 450 m Höhe am Mt. Lofty. CHARDONNAY und SHIRAZ stechen PINOT NOIR aus. ASHTON HILLS, HENSCHKE, JERICHO, MURDOCH HILL, MIKE PRESS, SC PANNELL und SHAW & SMITH sind alle in Bestform.

koomi Mt. Barker, WA r w Riesling 05' **10'** 13' **16**; Cabernet Sauvignon **04'** 10' 12' **13** 14 – Veteran mit feinem RIESLING und rustikalen Rotweinen; in jungen Jahren zugänglicher als früher.

Saints Estate Rutherglen, Vic br ★ Großartige gespritete Weine, früher und heute. HerzhafteTafelweine.

pine Valleys Vic – In den Tälern der Victorian Alps. Die besten Erzeuger sind Billy Button, MAYFORD und Ringer Reef. TEMPRANILLO ist der Star, doch die aromatische Weißweine haben sich interessant entwickelt.

ndevine Hunter V., NSW r w ★ War mit den ersten freigegebenen Weinen (SHIRAZ, SEMILLON, CHARDONNAY) von Reben im guten Alter im HUNTER VALLEY sofort ein Star, dümpelt seitdem dahin, landet jedoch immer noch den einen oder anderen Erfolg.

ndrew Thomas Hunter V., NSW r w ★★ Spitzenerzeuger mit SEMILLON von alten Reben und seidigem SHIRAZ. Die Rotweine sind für HUNTER-VALLEY-Standards besonders herzhaft.

ngove SA r w (br) ★★ Familienbetrieb im MURRAY VALLEY. Die billigeren Weine (rot und weiß) sind oft die besten in der breiten Angebotspalette, doch wer Wein aus Ökoanbau möchte, wird hier einen finden, der ihm schmeckt.

Annie's Lane Clare V., SA r w – Im Besitz von TWE. Weine mit großer A menfülle. Das Flaggschiff Copper Trail ist (manchmal) ausgezeichnet, v. RIESLING und SHIRAZ. Leider Flaute.

A. Rodda Beechworth, Vic r w ★★ Lebendiger CHARDONNAY von gutseigen Rebflächen; der TEMPRANILLO, für den ganzen Trauben aus hohen Lag vergoren werden, ist saftig (und köstlich) bis zum Abgang.

All Saints Estate hat einen Tawny »Port« in einer trendigen Flasche herau gebracht; der flotte Tropfen heißt genau so: Hip Sip.

Ashton Hills Ad H, SA r w; (sch) ★★ Pinot noir **05'** 10 12 **13** – Legendä Erzeugerbetrieb in den ADELAIDE HILLS. Überzeugender PINOT NOIR v über 30 Jahre alten Reben. 2015 durch WIRRA WIRRA erworben; wie c neue Ära ist, bleibt abzuwarten.

Bailey's NO-Vic r w br ★★★ Voller SHIRAZ sowie vortreffliche MUSCA (★★★★) und TOPAQUE-Dessertweine. Eher ungeliebter Teil von TWE, d dem Schicksal mit guten Leistungen trotzt. Die Weinberge werden alle ök logisch bewirtschaftet. PETIT VERDOT bereichert das Angebot.

Balgownie Estate Bendigo, Vic, Yarra V., Vic r w ★→★★ Erzeugt bestenfa mittelschweren, schön ausgewogenen, minzigen CABERNET SAUVIGN(mit Eleganz, Finesse und Charakter aus seinen Lagen im Herzen von BE DIGO. Ableger im YARRA VALLEY. Treffer und Fehlschüsse.

Balnaves of Coonawarra SA r w ★★★ COONAWARRA-Champion in Far lienbesitz. Massiver CHARDONNAY, sehr guter würziger SHIRAZ mit mi lerem Körper. Flaggschiff ist der volle CABERNET SAUVIGNON Tally. D neue Cabernet im »joven«-Stil ist sehr gut.

Bannockburn Vic r w ★★★ Chardonnay **10'** 12' **14**; Pinot noir **08'** 10' 1 **14** – Intensiver, komplexer CHARDONNAY und würziger PINOT NOIR. E jetzt alle möglichen Stile; ein neuer Kellermeister hat gerade seinen E stand gefeiert.

Banrock Station Riverland, SA r w ★★ 1.600 ha großer Besitz am Mu ray River, davon 243 ha Rebland; im Besitz von ACCOLADE. Hat starkt Bekanntheit eingebüßt.

Barossa Valley SA – Die Heimat des australischen Rotweins. SHIRAZ, MOU VÈDRE, CABERNET SAUVIGNON und GRENACHE von sehr alten Reben. Ka sozusagen im Schlaf muskulöse, schwarze, wunderschöne Rotweine ber ten und hat das so gut wie immer getan. Die besten sind bekannt, aber Verschnitte (z. B. der Grange).

Bass Phillip Gippsland, Vic r ★★★ Pinot noir **10'** 12' **14** – Kompletter Sol mit kleinen Mengen von nicht immer beständigem, aber meist herau ragendem PINOT NOIR. Steht beispielhaft für Individualität.

Bay of Fires N-Tas r w; sch ★★→★★★ Der Außenposten des ACCOLADE-Ir periums am Pipers River; stilvolle Tischweine und die erstklassige Schau wein-Cuvée Arras. Komplexer PINOT NOIR. Bisher viel zu wenig beworbe Der wohl beste Schaumweinhersteller in Australien.

Beechworth Vic – Felsiges Hochland im Nordosten von VICTORIA. CHARDO NAY und SHIRAZ sind die leistungsfähigsten Reben; der NEBBIOLO tauc aus dem (Winter-)Nebel auf. A. RODDA, CASTAGNA, DOMENICA, FIGHTIN GULLY ROAD, GIACONDA, SAVATERRE, SORRENBERG, Schmölzer und Brov und heißen die wichtigsten Erzeuger.

Bendigo Vic – Heiße Region im Zentrum von VICTORIA. BALGOWNIE ESTA ist der Platzhirsch, daneben gibt es eine Menge fähiger Erzeuger, die si sonst jedoch nicht weiter hervortun. Heimat reichhaltiger SHIRAZ- u CABERNET-SAUVIGNON-Weine.

est's Grampians, Vic r w ★★★ Shiraz 05' **10' 11'** 12' 13' **14** – Konservativer Familienbetrieb mit sehr guten, mittelschweren Rotweinen. Der Thomson Family SHIRAZ von 120-jährigen Rebstöcken ist überragend. Der Shiraz-Schaumwein lohnt die Suche.

ndi Macedon, Vic r w ★★★★ Pinot noir 04' 06' 10' 12' **13'** 15' – Überaus gewissenhafter Erzeuger von herausragendem, langlebigem PINOT NOIR (hauptsächlich) und CHARDONNAY. Unvergleichliche Lage.

'and's of Coonawarra Coon, SA r w – Hüter von 100 Jahre alten Reben. Hat mit der Qualität am oberen Ende zu kämpfen, aber die Hauptlinie mit CABERNET SAUVIGNON, SHIRAZ und CHARDONNAY liefert gute, fruchtige, eichenbetonte Weine.

'ash Higgins McL V, SA ★★★ Brad Hickey hat Englisch und Botanik studiert, doch als ehemaliger Brauer, Bäcker und Sommelier und jetziger Erzeuger radikaler Versionen von roten und weißen MCLAREN-VALE-Weinen, kann man wohl annehmen, dass er vor allem über Hefen Bescheid weiß. Kreativität und Qualität gehen hier Hand in Hand.

'emerton Lang C, SA r w ★★ Seidiger CABERNET SAUVIGNON und SHIRAZ mit großer Aromenfülle.

'okenwood Hunter V., NSW r w ★★ ILR Reserve Semillon 03' 05' **06' 09'**; Graveyard Shiraz 00' **06'** 09' 13' – Außer dem Semillon/SAUVIGNON BLANC Cricket Pitch ist hier kaum etwas seinen Preis wert, aber die Qualität ist insgesamt gut.

'ookland Valley Marg R., WA r w ★ Kellerei mit großem Ausstoß an sehr gutem (preiswertem) SAUVIGNON BLANC, CHARDONNAY und CABERNET SAUVIGNON. Gehört ACCOLADE.

'own Brothers King V., Vic r w br; tr s; sch ★ Familienunternehmen mit einer reichen Auswahl an gefälligen Stilen und Sorten, mit Schwerpunkt auf Süßwein.

y Farr/Farr Rising Vic r w ★★★★ **10'** 12' 13' **14** – Hervorragender Erzeuger. Die CHARDONNAY- und PINOT-NOIR-Weine können kleine Meisterwerke sein.

ampbells Rutherglen, Vic r (w) br ★★ Weiche, reife Rotweine (v. a. Bobbie Burns SHIRAZ); außerdem herausragender Merchant Prince Rare MUSCAT und Isabella Rare TOPAQUE (★★★★).

anberra District NSW – Sowohl die Qualität als auch die Mengen steigen; Lagenauswahl ist wichtig; kühles Klima. CLONAKILLA ist der bekannteste Erzeuger. Neue Stars: COLLECTOR WINES, EDEN ROAD und RAVENSWORTH.

ape Mentelle Marg R., WA r w ★★★ Cabernet Sauvignon **01' 10' 11'** 12' 13' – Pionier in hervorragender Form. Der robuste CABERNET SAUVIGNON ist eleganter (und weniger alkoholstark) geworden, der CHARDONNAY ist sehr gut. Ferner ZINFANDEL und sehr populärer SAUVIGNON BLANC/SEMILLON. SHIRAZ im Aufwind. Im Besitz von LVMH Veuve Clicquot.

asella Riverina, NSW r w – Die Rot- und Weißweine des unteren Preisniveaus von Yellow Tail trafen vor mehr als 10 Jahren den süßen Nerv in den USA und melken seitdem diesen Markt und andere.

astagna Beechworth, Vic r w ★★★ Syrah **05'** 06' **08'** 10' 12' **14** – Julian Castagna ist Anführer der australischen Biobewegung. Ausgezeichnet sind SHIRAZ/VIOGNIER und SANGIOVESE/Shiraz von gutseigenen Trauben. In der Reihe Adam's Rib erscheinen die Weine von zugekauftem Rebgut.

hambers' Rosewood NO-Vic (r) (w) br ★★★ Gilt neben MORRIS als der beste Erzeuger von sehr süßem TOPAQUE und Muscat.

hapel Hill McL V, SA r (w) ★★ Führender Erzeuger des MCLAREN VALE. SHIRAZ und CABERNET SAUVIGNON sind der Brotgeber, aber mit TEMPRANILLO und v. a. GRENACHE geht es aufwärts.

Charles Melton Wines Barossa V., SA r w; (sch) ★ Kleines Weingut mit kräf gen, reifen traditionellen Rotweinen, besonders Nine Popes, ein Verschn von alten GRENACHE- und SHIRAZ-Reben. Gelassen.

Chatto Tas r ★★★★ Das heimliche Projekt von Jim Chatto (Kellermeist bein MOUNT PLEASANT) in Tasmanien. Kleine Mengen PINOT NOIR mit ga wunderbaren Frucht- und Gewürznoten. Überaus saftig. Überaus gut.

Clarendon Hills McL V, SA r ★★ Die ganze Palette an Rotweinen (hoher Alk holgehalt, intensive Frucht) von Trauben, die in den Hügeln oberhalb d MCLAREN VALE wachsen. Etwas für gute Esser.

Clare Valley SA – Kleiner, hübscher Bereich mit erstklassigen Lagen, ru 145 km nördlich von Adelaide. Am besten mit dem Rad zu erkunden, w manche finden. Australiens berühmteste RIESLING-Region; auch eukaly tusduftiger SHIRAZ und erdiger, tanninbetonter CABERNET SAUVIGNO Wegweisende Erzeuger: GROSSET, KIRRIHILL, KILIKANOON, MOUNT HO ROCKS, TIM ADAMS, WENDOUREE.

Clonakilla Canberra, NSW r w ★★★★ Shiraz **05' 06' 07' 09'** 10' 13' 14' **15** Zu Recht der Anführer der Shiraz-Viognier-Truppe. RIESLING und VIOGNI sind ausgezeichnet. Hat Canberra auf die Weltkarte des Weins gebrach Der sortenreine SYRAH ist wohl der beste Wein der ganzen Palette.

Clyde Park Vic r w ★★ CHARDONNAY und PINOT N in großartiger Form. Auc der SHIRAZ macht von sich reden.

Coldstream Hills Yarra V., Vic r w; (sch) ★★★★ Pinot noir **06' 10'** 12 13' 1 **15**; Chardonnay **10' 11' 12'** 13' **14' 15** – 1985 von dem Publizisten Jam Halliday gegründet. Köstlicher PINOT NOIR, jung zu trinken, Reserve zu Altern. Außerdem sehr guter CHARDONNAY (v. a. Reserve). Die neuen Ei zellagenweine sind etwas Besonderes. Im Besitz von TWE.

Collector Wines Canberra, NSW r ★★ Reserve Shiraz **07' 09'** 12' 13' – D Reserve SHIRAZ ist der einzig Wahre: vielschichtig, würzig, duftend ur komplex.

Constellation Wines Australia (CWA) Siehe ACCOLADE WINES.

Coonawarra SA – Südlichster Bereich von South Australia. In dem Landstric mit der reichhaltigsten roten Erde (auf Kalkstein) entsteht mit der (in Qu lität und Preis) beste australische CABERNET SAUVIGNON. WYNNS ist d älteste Erzeuger (und der Champion), BALNAVES, KATNOOK, LINDEMAN' MAJELLA, RYMILL und YALUMBA geben mit den Ton an.

Coriole McL V, SA r w ★★★ Lloyd Reserve Shiraz **98' 02' 04'** 10' 12' 13 – I Auge behalten, v. a. den SANGIOVESE und den Lloyd Reserve SHIRAZ vc alten Reben. Interessante Italiener: FIANO, SAGRANTINO, NERO D'AVOL Wieder zum Leben erwacht.

Craiglee Macedon, Vic r w ★★★ Shiraz **00' 08'** 10' 12' 13' – Nicht wegz denkender Betrieb, von der nördlichen Rhône inspiriert. Duftiger, pfeffrig SHIRAZ und alterungswürdiger CHARDONNAY.

Crawford River Heathcote, Vic w ★★★ Könnte durchaus einer der besten au tralischen RIESLING-Erzeuger sein, ist unbestreitbar einer der besten dre Cooler kalter, funkelnder (trockener) Stil, umwerfend zu Fisch und Mee resfrüchten.

Cullen Wines Marg R., WA r w ★★★★ Cabernet Sauvignon/Merlot **04' 0** 09' 11 12' 13' **14**; Chardonnay **09' 10' 11'** 12' **13' 14** – Vanya Cullen, St der zweiten Generation, bereitet gehaltvollen, aber subtilen SEMILLO SAUVIGNON BLANC, vortrefflichen CHARDONNAY und eleganten, sehnig CABERNET SAUVIGNON/MERLOT. Biodynamisch in allem, was sie tut. Imm erfolgreicher.

Curly Flat Macedon, Vic r w ★★★ Pinot noir **10'** 11' 12' **13' 14** – Robuste aber duftender PINOT NOIR zweier Preis-/Qualitätsniveaus und vollmund ger CHARDONNAY, beide langlebig, beide ausgezeichnet.

alwhinnie Pyrenees, Vic r w ★ Shiraz **06' 07' 08' 10'**; Chardonnay 07' 10' – Reichhaltiger CHARDONNAY, CABERNET SAUVIGNON und SHIRAZ. Tolle Lage.

'Arenberg McL V, SA r w (br); (s); (sch) ★★→★★★ Prachtvoller SHIRAZ und GRENACHE. Viele andere Sorten und verrückte Namen (z. B. SAGRANTINO The Cenosilicaphobic Cat). Der Elton John der australischen Kellereien.

awson & James Tas r w ★★ Zwei alte Hasen aus South Australia erzeugen nun köstlichen CHARDONNAY und PINOT NOIR im südlichen TASMANIEN. Winzige Mengen.

eakin Estate Vic r w ★ Spitzennoten für das Preis-Leistungs-Verhältnis. Außerordentlich alkoholschwacher MOSCATO. Würziger SHIRAZ, CABERNET SAUVIGNON. Liefert weiterhin Gutes.

e Bortoli Griffith, NSW, Yarra V., Vic r w (br); tr s ★★★ Weingut in einem Bewässerungsbereich und führender Erzeuger im YARRA VALLEY. Ausgezeichneter PINOT NOIR aus kühlen Lagen, dazu SHIRAZ, CHARDONNAY und SAUVIGNON BLANC sowie sehr guter süßer edelfauler Noble Semillon im Sauternes-Stil. Hier, am Standort im Yarra Valley, sprühen die Funken.

evil's Lair Marg R., WA r w ★★ Opulenter CHARDONNAY und CABERNET SAUVIGNON/MERLOT. Fifth Leg ist ein gutes Zweitetikett. Im Besitz von TWE.

omaine A S-Tas r w ★★ Die Schweizer Besitzer und Kellermeister Peter und Ruth Althaus sind Perfektionisten. Sehr guter eichenfassgereifter SAUVIGNON BLANC. Polarisierender CABERNET SAUVIGNON aus kühlem Klima. Charismatisch, sagen wir mal.

omaine Chandon Yarra V., Vic (r) (w); sch ★★ Schaum- und Tischweine von in kühlen Gegenden angebauten Trauben. Im Besitz von Moët & Chandon (siehe Kapitel »Frankreich«). In Großbritannien mit der Marke Green Point bekannt. Die Cuvées oJ sind besser in Form denn je.

omenica Beechworth, Vic ★★★ Auffälliger neuer Erzeuger in BEECHWORTH mit gut eingewachsenen Weinbergen. Überschwänglicher, würziger SHIRAZ. MARSANNE mit schöner Textur.

den Road r w ★★★ Junger Elite-Erzeuger, der für die Weine der Bereiche Hilltops, TUMBARUMBA und CANBERRA DISTRICT Preise einheimst. Exzellenter SHIRAZ, CHARDONNAY und CABERNET SAUVIGNON. Zuverlässig wie ein Metronom.

den Valley SA – Hügelige Gegend, in der u. a. Chris Ringland, HENSCHKE, PEWSEY VALE, RADFORD und TORZI MATTHEWS zu Hause sind. Rassiger RIESLING, (duftender, lebhafter) SHIRAZ und CABERNET SAUVIGNON von Spitzenqualität.

lderton Barossa V., SA r w (br); (sch) ★★ Alte Reben; reichhaltiger, eichenholzwürziger CABERNET SAUVIGNON und SHIRAZ. Deckt alle Weinreihen ab. Teilweise biologischer/biodynamischer Anbau. Die reichhaltigen Rotweine sind in Bestform.

ldridge Estate Morn P, Vic r w ★★★ Weinmacher David Lloyd ist ein penibler Experimentierer, PINOT NOIR und CHARDONNAY sind den Aufwand aber wert. Der sortenreine GAMAY ist wirklich etwas Besonderes.

pis Macedon, Vic r w ★★ Langlebiger Pinot noir, eleganter CHARDONNAY. Kaltes Klima. Kraftvoll, wenn er auf den Markt kommt, die Komplexität braucht Zeit.

vans & Tate Marg R., WA r w ★★ Seit 2007 im Besitz von MCWILLIAM'S. Die Qualität hat einen Sprung nach vorn gemacht. SHIRAZ, CABERNET SAUVIGNON und CHARDONNAY. Preiswert.

aber Vineyards Swan V., WA r ★★★ Reserve Shiraz **07' 09'** 11' 12' **13** – John Griffiths ist ein Guru der westaustralischen Weinbereitung. Seine Gutsweine zeigten, was beim Swan Valley SHIRAZ möglich ist.

Fighting Gully Road Beechworth, Vic r w ★ Maßstäbe setzender Erzeuger BEECHWORTH. CHARDONNAY, TEMPRANILLO und AGLIANICO schießen de Vogel ab.

Flametree Marg R., WA r w ★★★ Außergewöhnlicher CABERNET SAUVIGNO würziger, verführerischer SHIRAZ. Gelegentlich gibt es einen fesselnde CHARDONNAY.

Alter Grenache in neuem Gewand

Eine der Sensationen des australischen Weinbaus der letzten Jahre ist die Kehrtwende des MCLAREN VALE GRENACHE. Es ist, als wäre das Ackerpferd losgelaufen und hätte den Großen Preis gewonnen. Die Reben sind zum großen Teil (sehr) alt, werden nicht bewässert, kommen dementsprechend verschlungen, dickstämmig und verhutzelt daher und waren, außer bei ganz besonders begeisterungsfähigen Zeitgenossen, bisher äußerst unbeliebt. Grenache aus dem McLaren Vale ist ein großartiger Verschnittpartner: Er verhilft dem dunkleren SHIRAZ zu Noten von roten Beeren. Er verleiht dem Langweiler in der Ecke den Anschein eines amüsanten Gesprächspartners. In sortenreiner Form war er bis vor Kurzem so gut wie überall alkoholstark, süß und einfach; die Anmaßung stand ihm sozusagen auf der Stirn geschrieben. Und dann wurde alles anders. »Das vermeintliche Problem war«, sagt Weinmacher Steve Pannell, »dass er im Vergleich zu Shiraz mittelschwer ist. Und um das geringere Gewicht wettzumachen, hat man es mit der Reife übertrieben. Heraus kam eine Art Shiraz-Imitat. Doch die immer größere Beliebtheit leichterer Rotweine und der Einfluss von Importweinen – von denen viele auf Grenache basieren – machen sich bemerkbar. Ich betrachte Grenache gern als einen Pinot noir aus warmen Lagen.«

Komplexer, nuancenreicher Grenache mit wenig Eicheneinfluss und mäßig hohem Alkoholgehalt ist auf einmal angesagt. Tolle Beispiele sind Yangarra Estate Small Pot Ceramic Egg 2014, OCHOTA BARRELS 186 2016, Bekkers 2014, Marmont Single Vineyard 2015, Samuel's Gorge 2014, Longline Albright 2014, Bondar Wines Rayner Vineyard 2015, S. C. PANNELL Old McDonald 2014 und Dub Style No2 2014. Alle können in ein großes Glas gefüllt und ihrem Spieltrieb überlassen werden.

Fraser Gallop Estate Marg R., WA r w ★★ Konzentrierter CABERNET SAUV GNON, CHARDONNAY und SEMILLON/SAUVIGNON BLANC (mit Holzeinfluss Droht mit dem Aufstieg in die erste Liga.

Freycinet Tas r w; (sch) ★★★ Pinot noir 09' 10' 11 12' 13 – Pionierfamilie betrieb an der Ostküste mit kompaktem PINOT NOIR, gutem CHARDONNA und ausgezeichnetem Schaumwein Radenti. Ein Leuchtfeuer.

Geelong Vic – Bereich westlich von Melbourne mit kühl-trockenem Klima. A besten von: BANNOCKBURN, Bellarine Estate, BY FARR, CLYDE PARK, LETH BRIDGE, Provenance.

Gemtree Vineyards McL V, SA r (w) ★★ Warmherziger SHIRAZ sowie TEMPRA NILLO und andere Exoten; allen gemein ist die Qualität. Vorwiegend Bi weinbau.

Giaconda Beechworth, Vic r w ★★★★ Shiraz **08'** 10' 13' 14; Chardonna **08' 10' 11 12' 13' 14** – Mitte der 1980er-Jahre stieg Rick Kinzbrunn einen steilen, trockenen, felsigen Hügel hinauf und kam als Weinmache legende wieder herunter. Dabei tat er den Bereich BEECHWORTH auf. I wahrscheinlich Australiens bester CHARDONNAY-Erzeuger. Kleine Mengen kraftstrotzender Weine.

ant Steps / Innocent Bystander Yarra V., Vic r w ★★★ Munterer Erzeuger. Erstklassige Einzellagenweine von CHARDONNAY und PINOT NOIR. Die Jahrgänge 12' 13' 14' und 15 sind bei den Weinen beider Hauptrebsorten aufregend. Die Marke Innocent Bystander wurde an BROWN BROTHERS verkauft.

aetzer-Dixon Tas r w ★★★ Der GLAETZER-Clan war in Australien bekannt für seinen kuscheligen SHIRAZ aus warmem Klima. Dann stellte Nick Glaetzer mit seiner Unternehmung im kühlen TASMANIEN alles auf den Kopf: RIESLING im europäischen Stil, Rhône-artiger Shiraz und fleischiger PINOT NOIR. Kein einziger langweiliger Wein.

aetzer Wines Barossa V., SA r ★★ Üppige, ausgefeilte Rotweine mit passender (auffälliger) Verpackung. Sehr reifer SHIRAZ von alten Reben, allen voran die Ikone Amon-Ra.

oulburn Valley Vic – Die Region mit gemäßigten Klima in Central Victoria bringt körperreiche, erdige Tischweine hervor. Am besten sind MARSANNE, CABERNET SAUVIGNON und SHIRAZ. Die Kellereien MITCHELTON und TAHBILK sind die Standbeine. Auch unter dem Namen Nagambie Lakes bekannt.

ampians Vic – Früher als Great Western bezeichnete Region mit gemäßigtem Klima im Nordwesten. Erstklassiger würziger SHIRAZ und Shiraz-Schaumwein. Heimat von BEST'S, MOUNT LANGI, SEPPELT (vorerst noch) und The Story.

anite Belt Qld – Hoch gelegene und (relativ) kühle Weinbauregion an der Grenze zwischen Queensland und NSW, die man dort nicht erwarten würde. Würziger SHIRAZ und voller SEMILLON, z. B. Boireann, Golden Grove. Funktioniert hauptsächlich am touristischen Ende des Weins.

rant Burge Barossa V., SA r w (br); (s); (sch) ★ Zarte Rot- und Weißweine von den besten Trauben aus dem großen eigenen Weinbergbesitz. 2015 von ACCOLADE erworben.

reat Southern WA – Abgelegene kühle Gegend im Süden. Die offiziellen Unterregionen heißen Albany, Denmark, Frankland River, Mt. Barker und Porongurup. Erstklassiger RIESLING, SHIRAZ und CABERNET SAUVIGNON.

rosset Clare V., SA r w ★★★★ Gaia **04' 05'** 12 **13'**; Riesling **05'** 10' 12' 13' **15'** **16** – Penibler Kellermeister. Führender australischer RIESLING, herrlicher CHARDONNAY und sehr guter CABERNET SAUVIGNON/MERLOT namens Gaia. Der PINOT NOIR mit Rote-Beete-Noten wird besser.

arcourt Valley Vineyards Bendigo, Vic r ★ Hat in den letzten Jahren einen gehörigen Sprung zurück ins Leben gemacht. Kompakter, sirupartiger, verführerischer SHIRAZ, MALBEC, CABERNET SAUVIGNON, denen amerikanische Eiche zur Seite steht. Es fällt schwer, nicht den Ausdruck »glatt« zu verwenden.

ardys r w; (s); sch ★★ Eileen Shiraz **04' 06'** 10' 12' 13; Eileen Chardonnay **02' 06' 10'** 12' 13 – Historischer Betrieb, jetzt im Besitz von ACCOLADE. Exzellenter CHARDONNAY, der SHIRAZ liegt nicht (mehr) weit zurück. Der neue Eileen PINOT NOIR ist eine seltsame Karriereentscheidung, aber ordentlich.

eathcote Vic – In der 500 Millionen Jahre alten Kambrium-Erde des Gebiets steckt ein großartiges Potenzial, um erstklassige Rotweine hervorzubringen, v. a. SHIRAZ. Angesichts der vielen auswärtigen Erzeuger, die Schlange stehen, um Trauben anzukaufen, ist wohl die Zeit gekommen, das Potenzial auszuschöpfen.

enschke Eden V., SA r w ★★★★ Shiraz 90' 91' **96' 04' 06'** 09' 12; Cabernet Sauvignon **86' 90' 96' 02' 04'** 06' 09' 10 – Herausragender 150 Jahre alter Familienbetrieb, bekannt für köstlichen Hill of Grace (SHIRAZ), sehr guten CABERNET SAUVIGNON, Rotweinverschnitte, gute Weiße und wirkli schwindelerregende Preise.

Hentley Farm Barossa V., SA r ★★ Beständiger Erzeuger von SHIRAZ mit en mer Kraft und Konzentration – der Geschmack steht wie eine Wand – tr des (im Allgemeinen) frischen, fast spritzigen Kontexts.

Hewitson SO-Australien r (w) ★★ Old Garden Mourvèdre **05' 06' 09' 10'** 1 13 – Dean Hewitson spürt Parzellen mit sehr alten Reben auf. SHIRAZ u sortenreine Abfüllung von den »ältesten MOURVÈDRE-Reben der Erde«.

Houghton Swan V., WA r w ★★ Jack Mann 08' 11' 12' **13** – Ehemals lege därer Weinbaubetrieb im Swan Valley bei Perth, Teil von ACCOLADE. D preisgünstige Weißweinverschnitt wurde einst als nationaler Klassiker a gesehen. Sehr guter CABERNET SAUVIGNON, SHIRAZ usw. aus MARGAR RIVER und GREAT SOUTHERN. Der Cabernet-Verschnitt Jack Mann wi grob unterschätzt.

Australien rückt jedes Jahr 7 cm weiter nach Norden. Barossa-Valley-Wein a kühlen Lagen, wir kommen!

Howard Park WA r w ★★★ Cabernet Sauvignon **01' 05' 09'** 10' 11' 12' 1 **14**; Riesling **08' 11'** 12' 13' **14'** 15 – Duftender RIESLING, CHARDONN und erdiger CABERNET SAUVIGNON. Das Zweitetikett MadFish hat oft e grandioses Preis-Leistungs-Verhältnis. PINOT NOIR ist das neue Spielzeu

Hunter Valley NSW – Es ist absurd, aber es funktioniert. Subtropisches Ko lebergbau-Revier, 160 km nördlich von Sydney. Mittelschwerer, erdig SHIRAZ und vornehmer SEMILLON mit 30 Jahren Haltbarkeit. Die wohl te roirbetontesten Stile in Australien. Aushängeschilder sind: ANDREW TH MAS, BROKENWOOD, MOUNT PLEASANT und TYRRELL'S.

Inkwell McL V, SA r (w) ★★ Alle Weine sind überaus eigensinnig, ganz wie d Besitzer und Weinmacher Dudley Brown selbst. Charakter, Geschmac Eleganz, Ausgewogenheit.

Jacob's Creek (Orlando) Barossa V., SA r w (br); (s); sch ★ Im Besitz von Pe nod Ricard. Konzentriert sich fast ausschließlich auf verschiedene Reihe der uninspirierten, aber verlässlichen Jacob's-Creek-Weine, die alle Re sorten und Preislagen abdecken.

Jamsheed Pyrenees, Vic, Yarra V., Vic r w ★★ Aufregender Erzeuger, v. a. m SHIRAZ aus BEECHWORTH, GRAMPIANS, PYRENEES und dem YARRA VALLE Komplexe, schmackhafte Gewächse, die gleichzeitig verführen und d Fantasie anregen.

Jasper Hill Heathcote, Vic r w ★★ Shiraz **04' 06'** 10' 13 – Emily's Paddoc SHIRAZ/CABERNET FRANC und Georgia's Paddock Shiraz aus trockene Lagen sind intensiv, straff, langlebig und biodynamisch.

Jericho Ad H, SA, McL V, SA r w ★★★ Eine ausgezeichnete Auswahl der Tra ben und eine kompetente, gut durchdachte Weinbereitung ergeben zu sammen eine Reihe durch und durch moderner, schmackhafter Wein v. a. SHIRAZ und TEMPRANILLO.

Jim Barry Clare V., SA r w ★★★ Auf hervorragenden Anbauflächen entstehe sehr guter RIESLING, McCrae Wood SHIRAZ und der reichhaltige, kostspie lige, teuflisch eichenholzbetonte The Armagh Shiraz.

John Duval Wines Barossa V., SA r ★★ John Duval, ehemaliger Chefkelle meister von PENFOLDS (und Grange), produziert köstliche Rotweine i Rhône-Stil, voller Intensität und Charakter.

Kaesler Barossa V., SA r (w) ★★ Wer einen erhabenen, vollen Rotwein such kann hier auf Gold stoßen. Die alten Reben werden, meistens zumindes gut genutzt.

alleske r ★★ Der alte Familienbetrieb in Greenock im äußersten Nordwesten des BAROSSA VALLEY erzeugt recht speziellen Einzellagen-Shiraz.

atnook Estate Coon, SA r w; (s); (sch) ★★ Odyssey Cabernet Sauvignon 00' **04' 05'** 10 – Teure SHIRAZ-Weinikonen sind Odyssey und Prodigy. Konzentriert fruchtig und eichenbetont.

ilikanoon Clare V., SA r w ★★★ RIESLING und SHIRAZ haben in den letzten Jahren ausgezeichnete Erfolge erzielt. Köstlich saftig und wunderbar bereitet. Großzügigkeit (im Geschmack) im Glas.

ing Valley Vic – Die Höhenlagen zwischen 155 und 860 m wirken sich stark auf die angebauten Rebsorten und den Weinstil aus. Über 20 Marken, qualitativ allen voran sind BROWN BROTHERS, Chrismont, Dal Zotto und PIZZINI.

irrihill Clare V., SA r w ★ Sehr guter CABERNET SAUVIGNON, SHIRAZ und RIESLING zu (oft) günstigen Preisen. Erschwingliche Quelle, um den mittelfristigen Keller aufzustocken.

nappstein Wines Clare V., SA r w ★★ Zuverlässiger RIESLING, CABERNET SAUVIGNON/MERLOT, SHIRAZ und Cabernet Sauvignon. 2016 von LION NATHAN an ACCOLADE verkauft. Neu sind der mittelschwere, duftende Shiraz/MALBEC und der mit Hülsenmaischung bereitete Riesling: Sie verleihen dem Angebot den dringend benötigten Charme.

ooyong Morn P, Vic r w ★★★ PINOT NOIR und harmonischer, strukturierter großartiger Chardonnay. Charmanter PINOT GRIS; Einzellagenweine. Zählen eindeutig zu den feinsten Weinen Australien.

ake Breeze Lang C, SA r (w) ★★ Erzeuger von saftig-weichen, leckeren, preiswerten Weinen von SHIRAZ und CABERNET SAUVIGNON. Spitzengewächse sind nicht dabei, aber ans mittlere Qualitätsniveau reichen sie schon heran.

ake's Folly Hunter V., NSW r w ★★ Cabernet Sauvignon **05'** 13' **14**; Chardonnay **09'** 13' **14** – Gegründet von dem Chirurgen Max Lake, dem Pionier des HUNTER VALLEY CABERNET SAUVIGNON. Der CHARDONNAY ist oft besser als der Cabernet-Sauvignon-Verschnitt. Äußerst eigen.

angmeil Barossa V., SA r w ★★ Das Gut besitzt neben anderen alten Weinbergen auch eine Mitte der 1880er-Jahre mit SHIRAZ bestockte Parzelle, von der häufig ein opulenter Vollgas-Shiraz sowie GRENACHE und CABERNET SAUVIGNON bereitet werden.

arry Cherubino Wines Frankland R., WA r w ★★★★ Intensiver SAUVIGNON BLANC, RIESLING, würziger Shiraz und Hochglanz-CABERNET-SAUVIGNON. Ehrgeizige Marke, die jetzt ihre Versprechen aus der Anfangszeit voll einlöst. Schießt aus allen Löchern.

easingham Clare V., SA r w ★ Die ehemals bedeutende Marke ist nur noch ein Schatten ihrer selbst. Gehört ACCOLADE.

eeuwin Estate Marg R., WA r w ★★★★ Chardonnay **06' 08' 10' 12'** **13** – Erzeuger mit Kultstatus. Alles über CHARDONNAY. Körperreicher, alterungswürdiger Art Series. SAUVIGNON BLANC und RIESLING können da nicht mithalten. Der Cabernet Sauvignon ist manchmal sehr gut.

eo Buring Barossa V., SA w ★→★★ **02' 05'** 13' 14' **15** – Im Besitz von TWE. Ausschließlich RIESLING; Leonay heißt die Spitzenmarke, die herrlich langlebig ist. Im Vergleich zu früher vielleicht einen halben Schritt zurückgefallen.

ethbridge Vic r w ★★★ Stilvoller kleiner Erzeuger von CHARDONNAY, SHIRAZ, PINOT NOIR und RIESLING. Stets experimentierfreudig. Kühles Klima, aber die Weine haben dennoch viel Fleisch auf den Knochen.

imestone Coast Zone SA – Wichtige Anbauzone, zu der auch Bordertown, COONAWARRA, Mount Benson, Mount Gambier, PADTHAWAY, Robe und WRATTONBULLY gehören.

Australien

Lindemans r w ★ Im Besitz von TWE. Die preiswerte Reihe Bin ist jetzt Pr duktionsschwerpunkt. Weit entfernt vom früheren Ruhm. Die Trio-Ro weine aus COONAWARRA sind immer noch gut, aber nur mehr ein Scha ten ihrer selbst.

Lion Nathan Hat seine Rebflächen in Australien (KNAPPSTEIN, PETALUMA, S HALLETT, STONIER und TATACHILLA) 2016 an ACCOLADE verkauft.

Luke Lanbert Yarra V., Vic r ★★★ Unverwechselbarer SHIRAZ, PINOT NO und NEBBIOLO – Weine, die Persönlichkeit mit Kraft vereinen.

Macedon und Sunbury Vic – Benachbarte Regionen. Macedon liegt höh als das nahe dem Melbourner Flughafen gelegene Sunbury. Qualität find man bei BINDI, CRAIGLEE, CURLY FLAT, EPIS, Granite Hills, Hanging Rock.

Mac Forbes Yarra V., Vic ★★★ Unzählige verschiedene Einzellagenwein hauptsächlich PINOT NOIR, CHARDONNAY und RIESLING. Baut sich ein be neidenswertes Renommee auf.

McHenry Hohnen Marg R., WA w ★★★ In einer Zusammenstellung der beste CHARDONNAYS vom Margaret River dürfte dieser Erzeuger nicht fehlen nach und nach rückt er in die Spitzengruppe der Region auf.

McLaren Vale SA – Beliebte maritime Region am Stadtrand von Adelaid Allgemein enorm geschmacksintensive Rotweine, doch BRASH HIGGIN CHAPEL HILL, CORIOLE, GEMTREE, INKWELL, MARIUS, S.C. PANNELL, WIRR WIRRA und eine wachsende Zahl anderer Erzeuger zeigen neben Ge schmack auch Eleganz.

McWilliam's SO-Australien r w (br); (s) ★★ In Familienbesitz. BRAND'S, EVAN & TATE, Hanwood und MOUNT PLEASANT (v. a. SEMILLON) sind die wic tigsten Säulen. Konzentriert sich immer mehr auf den Heimatstaat NSW.

Main Ridge Estate Morn P, Vic r w ★★★ Reichhaltiger, langlebiger CHARDON NAY und PINOT NOIR. Gründer Nat White ist ein Altmeister der MORNING TON PENINSULA; man kann sich diesen Bereich nicht ohne ihn vorstelle Wechselte 2015 den Eigentümer.

Majella Coon, SA r (w) ★★ Opulenter SHIRAZ und CABERNET SAUVIGNON. D Quintessenz des heutigen COONAWARRA. Macht nie einen falschen Schri

Margaret River WA – Anbaugebiet mit gemäßigtem Klima an der Küste, sü lich von Perth. Kraftvoller CHARDONNAY, strukturierter CABERNET SAUV GNON, würziger SHIRAZ. Erzeuger: CULLEN, DEVIL'S LAIR, FLAMETRE FRASER GALLOP, LEEUWIN, MOSS WOOD, VOYAGER ESTATE und viele and re. Großartige Touristenregion (und ein Surferparadies).

Uber bietet maßgeschneiderte Weintouren an. Die Adelaide Hills sind das Tes gebiet.

Marius McL V, SA r ★★★ Sortenreiner SHIRAZ und Verschnitte von einer übe wältigenden Konzentration. Die Qualität verhält sich umgekehrt proporti nal zum Aufwand; Letzterer beschränkt sich aufs Nötigste.

Mayford NO-Vic, Vic r w ★★ Winziges Gut in einem versteckten, in Priva besitz befindlichen Tal. Hat dem Bereich Alpine Valleys Bedeutung ve schafft. SHIRAZ, CHARDONNAY und aufregender würziger TEMPRANILLO.

Meerea Park Hunter V., NSW r w ★ Die Brüder Garth und Rhys Eather bere ten alterungswürdigen SEMILLON und SHIRAZ, oft in Einzellagenversionen

Mike Press Wines Ad H, SA r (w) ★ Winzige Produktion, winzige Preis SHIRAZ, CABERNET SAUVIGNON, CHARDONNAY, SAUVIGNON BLANC. Lie ling der Schnäppchenjäger.

Mitchelton Goulburn V., Vic r w; (s) ★ Solider Erzeuger von RIESLING, SHIRA und CABERNET SAUVIGNON; Spezialität: Marsanne und ROUSSANNE.

Mitolo r ★ SHIRAZ und CABERNET SAUVIGNON guter Qualität. Hochtrabend Stil.

ontalto Morn P, Vic r w ★★★ Ein paar Jahre lang war dies ein nettes Restaurant mit Galerie. Kürzlich ist jedoch die Qualität des Weins geradezu explodiert und ist nun eines der Produkte der MORNINGTON PENINSULA, die man probiert haben muss.

oorilla Estate Tas r w; (sch) ★★ Pionier nahe Hobart am Derwent River. Guter RIESLING und CHARDONNAY; außerdem PINOT NOIR. Erstklassiges Restaurant und eine außergewöhnliche Kunstgalerie.

Shiraz-Schaumwein gefällig?

Wenn BEST'S GREAT WESTERN und MOUNT LANGI GHIRAN im Bereich GRAMPIANS im Nordwesten von Victoria nicht wären, könnte man meinen, dass sich überhaupt niemand mehr um SHIRAZ-Schaumwein schert: Er erfreut sich keiner großen Beliebheit. Was schade ist, weil er nicht nur nahezu ausschließlich in Australien existiert (ein blubbernder körperreicher Rotwein?), sondern auch weil er, wenn er gut gemacht ist, eine nützliche Rolle bei Tisch spielt. Es gibt zwei Stile: reichhaltig und kraftstrotzend, meist aus den wärmeren Gegenden, und pfeffrig und würzig, oft aus den kühleren Bereichen in Victoria (z. B. Grampians). Besonders wenn ihnen Zeit gelassen wurde, um milder und weicher zu werden, passen beide Stile wunderbar zu Geflügel jeglicher Art (zum typisch angelsächsischen Weihnachtstruthahn natürlich, aber wenn man sich vom PINOT NOIR losreißen kann, ist ein gealterter roter Schaumwein auch zu gebratener oder Peking-Ente ein Genuss). Und da diesen Weinen normalerweise eine üppige Dosage zugesetzt wird, eignen sie sich ebenso gut als Begleiter zu würzig-herzhaften Speisen. Was trinkt man zu einem indischen Curry? Auftritt Shiraz-Schaumwein. Empfehlenswert: BEST'S GREAT WESTERN, CASTAGNA, HENTLEY FARM, MOUNT LANGI GHIRAN, SEPPELT (ursprünglich der Doyen), TURKEY FLAT.

oorooduc Estate Morn P, Vic r w ★★★ Seit Langem ein Erzeuger von stilvollem, kultiviertem CHARDONNAY und PINOT NOIR. Ein kleines bisschen anders.

oppity Vineyards Hilltops, NSW r w ★★★ Macht sich einen Namen mit seinem SHIRAZ/VIOGNIER, CABERNET SAUVIGNON (Hilltops) und CHARDONNAY (TUMBARUMBA). Kernige, tanninstarke, intensiv würzige Rotweine.

ornington Peninsula Vic – Küstengegend, 40 km südöstlich von Melbourne. Jede Menge guter Boutiquekellereien; kühles Klima; PINOT NOIR, CHARDONNAY, PINOT GRIS. Spielwiese für alle, die Wein, Surfen, Strand und Essen mögen.

orris NO-Vic (r) (w) br ★★★★ Erzeuger in RUTHERGLEN mit den besten Muscat- und TOPAQUE-Dessertweinen Australiens.

oss Wood Marg R., WA r w ★★★ Cabernet Sauvignon **01' 04' 05'** 12' **13** – Die opulentesten Weine am MARGARET RIVER. SEMILLON, CHARDONNAY und wunderbar weicher Cabernet Sauvignon. Frucht- und eichenbetont.

ount Horrocks Clare V., SA r w ★★ Feiner trockener RIESLING und süßer Cordon Cut Riesling. SHIRAZ und CABERNET SAUVIGNON gut in Form.

ount Langi Ghiran Grampians, Vic r w ★★★★ Shiraz **04' 08' 09'** 10' 12' 13' **14** – Reichhaltiger, pfeffriger, Rhône-ähnlicher Shiraz. Hervorragend der Cliff Edge Shiraz. Ein ganz spezielles Stückchen Erde.

ount Mary Yarra V., Vic r w ★★★★ Pinot noir **05'** 10' 12' 13' **14**; Quintet **00' 04'** 10' 12' 13' **14** – Der verstorbene Dr. Middleton erzeugte sehr kleine

Australien

Mengen charmanten CHARDONNAY, lebhaften PINOT NOIR und einen eleganten CABERNET-SAUVIGNON-Verschnitt. Alle altern makellos. Die neu Ära ist, wenn überhaupt, eine Veränderung zum Guten.

Mount Pleasant Hunter V., NSW ★★★★ Alter Erzeugerbetrieb im HUNTE VALLEY im Besitz von MCWILLIAMS, nun gründlich aufgemöbelt. Eine d besten Geschichten des heutigen australischen Weinbaus. Empfehlen wert: SEMILLON-Einzellagenweine (v. a. Lovedale), SHIRAZ.

Mudgee NSW – Weinbaugebiet nordwestlich von Sydney. Erdige Rote, fei SEMILLON- und vollmundige CHARDONNAY-Weine.

Am Margaret River wurden 1915 die ersten Reben der Sorte Fragola angeba ein Krug Wein wurde für 2 Shilling verkauft.

Murdoch Hill Ad H, SA r w ★★ Wenige Kellereien in Australien haben es in kurzer Zeit so weit gebracht. Überwältigend pfeffriger PINOT NOIR; SYRAH

Murray Valley SA, Vic, NSW – Riesige bewässerte Weinbauregion, die in d Klimawandeldebatte oft zitiert wird.

Ngeringa Ad H, SA r w ★★ Duftender PINOT NOIR und Nebbiolo, dazu Rhôn ähnlicher SHIRAZ und schmackhafter Rosé. Biodynamisch.

Ninth Island Tas – Siehe PIPERS BROOK (Kreglinger).

Ochota Barrels Barossa V., SA r w ★★ Don-Quichotte-Erzeuger mit GRENACH und SHIRAZ von (hauptsächlich) alten Reben aus dem MCLAREN VALE u BAROSSA.

O'Leary Walker Wines Clare V., SA r w ★★ Zurückhaltender Auftritt, aber au gezeichnete Qualität. CLARE VALLEY RIESLING und CABERNET SAUVIGNO sind die Spitzenreiter. Der MCLAREN VALE SHIRAZ ist eichenlastig, aber g

Orange NSW – Hoch gelegene Weinbauregion mit kühlem Klima. Lebhaft SHIRAZ (wenn reif), am besten aber für (intensive) aromatische Weiße u CHARDONNAY geeignet.

Padthaway SA – Sehr guter SHIRAZ und CABERNET SAUVIGNON. Die Salzigk des Bodens ist weiterhin ein Problem.

Paringa Estate Morn P, Vic r (w) ★★★ Erzeuger von unwiderstehlichem PIN NOIR und SHIRAZ. Fleischige, fruchtige, auffällige Stile.

Passing Clouds Bendigo, Vic r ★★ Pionier der modernen Ära im Weinb von Victoria, war allerdings längere Zeit von der Bildfläche verschwu den. Dieses Jahr ist er mit seinem wunderbar elegant gefügten CABERNE Verschnitt auf spektakuläre Weise wieder aufgetaucht.

Paxton McL V, SA r ★★ Einer der bekanntesten ökologisch/biodynamis wirtschaftenden Winzer Australiens. Reifer, aber eleganter SHIRAZ u GRENACHE.

Pemberton WA – Region zwischen MARGARET RIVER und GREAT SOUTHER die anfängliche Begeisterung für PINOT NOIR ist inzwischen auf RIESLIN CHARDONNAY und SHIRAZ übergegangen.

Penfolds r w (br); (sch) ★★★→★★★★ Grange 55' **60' 62' 63' 66' 71' 76' 8** **90' 96' 98' 99' 02' 04'** 05' 06' 08' **10'** 12; Cabernet Sauvignon (Bin 70 91' **96' 98' 02'** 04' 06' 10' 12' 14 und natürlich der »einfache« SHIR St Henri. Ursprünglich Adelaide, heute im ganzen Bundesstaat Sou Australia vertreten. Australiens bester Erzeuger von Rotweinen aus w mem Klima. Der Yattarna CHARDONNAY und der Bin Chardonnay sind je von der Qualität her mit den Roten vergleichbar.

Petaluma Ad H, SA r w; sch ★★ Coonawarra Cabernet Sauvignon **04' 05'** (08' **12**; Riesling **02'** 11' 12' **13'** 16; Chardonnay **12'** – Betrieb, der sein einstigen Besitzer und Kreativkopf Brian Croser zu vermissen scheint. G aber jetzt eher zurückhaltend.

'eter Lehmann Wines Barossa V., SA r w (br); (s); (sch) ★★ Preisgünstige Weine, u. a. zugänglicher RIESLING. Luxuriöser, reizvoller SHIRAZ Stonewell, daneben viele andere Marken (rot und weiß). Peter Lehmann starb 2013, die Firma wurde 2014 an CASELLA (Yellow Tail) verkauft.

'ewsey Vale Ad H, SA w ★★ Exzellenter RIESLING – zwei Standardversionen sowie The Contours (flaschengereift) von einem wunderschön angelegten Weinberg.

iano Piano Beechworth, Vic r w ★★ Weinberg gleich neben GIACONDA. Kraftvoller CHARDONNAY und SHIRAZ.

ierro Marg R., WA r w ★★ Chardonnay **12' 13' 14'** 15 – Erzeuger von teurem, säurebetontem SEMILLON/SAUVIGNON BLANC und hochtourigem CHARDONNAY.

ipers Brook Tas r w; sch ★★★ Riesling **09'** 13'; Chardonnay **13'** – Pionier in einer kühlen Region mit gutem RIESLING sowie zurückhaltendem Chardonnay und Schaumweinen aus dem Tamar Valley. Zweitmarke: Ninth Island. Im Besitz der belgischen Familie Kreglinger.

izzini King V., Vic r ★★ Sangiovese **13'** 14 – Führender Erzeuger in Australien für Weine von italienischen Sorten, v. a. NEBBIOLO und SANGIOVESE (der in letzter Zeit einen Gang hochgeschaltet hat). Treibende Kraft im KING VALLEY.

rimo Estate SA r w; tr (s) ★ Zu den vielen erfolgreichen Weinen Joe Grillis zählen ein reichhaltiger MCLAREN VALE SHIRAZ, ein pikanter COLOMBARD und der kräftige CABERNET SAUVIGNON/MERLOT Joseph.

unch Yarra V., Vic r w ★★★ Die Familie Lance führte jahrzehntelang das Gut Diamond Valley. Als sie es verkaufte, behielt sie den dicht bepflanzten PINOT-NOIR-Weinberg, der manchmal präzise, maßgebliche, langlebige Weine hervorbringt.

yrenees Vic – Region in Central Victoria mit reichhaltigen, oft minzeduftigen Rotweinen. Blue Pyrenees, DALWHINNIE, Dog Rock, Mount Avoca und Taltarni sind die führenden Erzeuger.

avensworth Canberra, NSW r w ★★ Aufgrund verschiedener Weinexperimente plötzlich ein heißer Tipp. Am bekanntesten ist der SANGIOVESE, aber die auf den Schalen vergorenen Weißweine und der GAMAY NOIR sorgen für Aufsehen.

chmond Grove Barossa V., SA w ★ Guter RIESLING zu Schleuderpreisen. Im Besitz von JACOB'S CREEK.

verina NSW – Massenweinbauzone mit Bewässerung um Griffith.

obert Oatley Wines Mudgee, NSW r w ★★ Ehrgeiziges Projekt des ROSEMOUNT-ESTATE-Gründers Robert Oatley. Die Verpflichtung des unternehmenseigenen Kellermeisters Larry Cherubino zahlt sich aus.

ockford Barossa V., SA r w; sch ★★ Weine von verschiedenen alten, ertragsarmen Weinbergen. Die Rotweine sind am besten. Außerdem Schaumwein Black SHIRAZ mit Kultstatus.

osemount Estate r w ★ Kommt regelmäßig vom Weg ab, aber die Rotweine sind manchmal gut.

uggabellus Barossa V., SA r ★★ Erregt Aufsehen. Peppigere, saftigere Version des BAROSSA. Alte Eiche, minimale Schwefelung, wilde Hefen, ohne Entrappung. Verschnitte von GRENACHE, SHIRAZ, MATARO, CINSAULT.

utherglen und Glenrowan Vic – Zwei von vier Regionen im Nordosten von Victoria; eine Zone, die zu Recht berühmt ist für ihre kräftigen Rotweine und die herrlichen gespriteten Dessertweine.

'mill Coon, SA r ★★ Etablierter Erzeugerbetrieb. Als sich seine Bewertung gerade auf einem guten Niveau eingependelt hatte, ist der CABERNET SAUVIGNON eine Qualitätsstufe nach oben geklettert.

St Hallett Barossa V., SA r w ★★★ Old Block **02' 04' 06' 08' 12'** 13 – De Old Block SHIRAZ ist der Star, das übrige Programm ist tadellos, weich un stilvoll.

Saltram Barossa V., SA r w ★ Der preiswerte Mamre Brook (SHIRAZ, CABER NET SAUVIGNON) und der (selten gesichtete) No. 1 Shiraz sind die Spitzen weine. Eine der vielen Wo-sind-sie-jetzt-Marken von TWE.

Samuel's Gorge McL V, SA r ★★ Justin McNamee bereitet (manchmal) tolle SHIRAZ, TEMPRANILLO und GRENACHE mit Charakter und Terroirbewuss sein.

Savaterre Beechworth, Vic r w ★★ Pinot noir **04' 06' 10' 12' 13** – Guter Erzeu ger von körperreichem CHARDONNAY, fleischigem PINOT NOIR und SHIRA von dicht gepflanzten Reben.

Scarborough Hunter V., NSW w ★ Nur um zu zeigen, dass das Kind nicht m dem Bade ausgeschüttet wurde: Der Yellow Label CHARDONNAY ist ein gu gemachter Wein der alten Schule voller Frucht und Eichenwürze.

S. C. Pannell McL V, SA r ★★★ Ausgezeichneter (würziger, aus ganzen Trau ben vergorener) SHIRAZ (oft als SYRAH etikettiert) und (v. a.) Weine auf GRE NACHE-Basis. Den NEBBIOLO sollte man im Auge behalten. Aufspringen!

Seppelt Grampians, Vic r w br; sch ★★★ St. Peter's Shiraz **02' 04' 08' 1** 12' 13' **14** – Der historische Betrieb ist im Besitz von TWE. Beeindrucke de RIESLING-, CHARDONNAY- und v. a. SHIRAZ-Weine. Die Marke bleibt a leere Hülle bestehen; die Kellerei wurde geschlossen.

Seppeltsfield Barossa V., SA r br ★★ Vom National Trust als nationales Erb geführte Kellerei, 2007 von KILLKANOON erworben. Die Bestände an ge spriteten Weinen gehen bis aufs Jahr 1878 zurück.

Serrat Yarra V., Vic r w ★★★ Winziger Weingarten des berühmten Kellermei ters Tom Carson (YABBY LAKE) und seiner Frau Nadege. Komplexer, kra voller, präzise bereiteter SHIRAZ/VIOGNIER, PINOT NOIR und CHARDONNA

Seville Estate Yarra V., Vic r w ★★★ Shiraz **05' 06'** 10' **13** – Ausgezeichne ter CHARDONNAY, würziger SHIRAZ und feiner PINOT NOIR. Ein Pionier de YARRA VALLEY, der immer noch vormacht, wie es geht.

Shadowfax Vic r w ★★ Mehr als nur ein touristisches Anhängsel des histo schen Werribee Park. Sehr guter CHARDONNAY, PINOT NOIR und SHIRA Nie ein schlechter Wein.

Shaw & Smith Ad H, SA r w ★★★ Cleveres Outfit, schwarze Rollkragen ur so. Knackiger, harmonischer SAUVIGNON BLANC, komplexer, fassvergor ner CHARDONNAY M3, beide werden vom Shiraz aber noch getoppt. D PINOT NOIR wird besser.

Simao & Co Rutherglen, Vic r w ★ Der junge Simon Killeen, Mitglied der Inh berfamilie von STANTON & KILLEEN, hat 2015 einen unbestreitbar leckere TEMPRANILLO auf den Markt gebracht. Neue Angebotspalette, die aber m jeder Menge Geschichte, Persönlichkeit und Bedeutung aufwartet.

Southern NSW Zone NSW – Der südliche Bereich von New South Wal umfasst u. a. CANBERRA, Gundagai, Hilltops und TUMBARUMBA. Saftig SHIRAZ, CHARDONNAY mit langem Abgang. Auf dem aufsteigenden Ast.

Spinifex Barossa V., SA r w ★★★ Kellerei nach Maß in BAROSSA. Komplex SHIRAZ und GRENACHE-Verschnitte. Liefert routinemäßig reichhaltige, ab ausgefeilte Rotweine

Stanton & Killeen Rutherglen, Vic (r) br ★ Hauptattraktion ist der gesprite Jahrgangswein.

Stefano Lubiana S-Tas r w; sch ★★★ Herrliche Weinberge am Ufer des De went River, 20 Minuten von Hobart entfernt. Ausgezeichneter PINOT NO Schaumwein, MERLOT und CHARDONNAY. Unprätentiös, aber energis und ehrgeizig.

:ella Bella Marg R., WA r w ★★★ Wahnsinnsweine: CABERNET SAUVIGNON, SEMILLON/SAUVIGNON BLANC, CHARDONNAY, SHIRAZ und SANGIOVESE/ Cabernet Sauvignon. Robust und charaktervoll.

:oney Rise Tas r w ★★★ Einst war Joe Holyman Wicket-Keeper der tasmanischen Cricketmannschaft; er hält den Rekord der meisten gefangenen Bälle bei seinem Debüt. Jetzt kümmert er sich selbst um alle Bereiche der Weinbereitung für seinen herausragenden PINOT NOIR und CHARDONNAY.

Familienangelegenheiten

MORRIS WINES ist endlich zurück in Familienhand. Oder doch nicht? Seit 1970 war das Gut im Besitz von Pernod Ricard, 2016 hieß es dann, die Familie habe es zurückgekauft, und erst später kam heraus, dass es in Wirklichkeit an CASELLA (YELLOW TAIL, PETER LEHMANN) gegangen war.

onier Wines Morn P, Vic r w ★★ Pinot noir **12'** 13' **15**; Chardonnay **12' 13'** – Beständig gut; Reserve-Abfüllungen mit bemerkenswerter Eleganz. Der PINOT NOIR ist besonders gut in Form.

ınbury Vic – Siehe MACEDON UND SUNBURY.

van Valley WA – 20 Minuten nördlich von Perth gelegener Geburtsort des Weins im Westen. Das heiße Klima bringt starke Tischweine mit niedrigem Säuregehalt hervor. Führender Erzeuger ist FABER VINEYARDS.

ıhbilk Goulburn V., Vic r w ★★★ Shiraz **04' 06' 10 12'**; Marsanne **06' 08'** 13' 14' **16** – Historischer Familienbesitz in Purbrick mit lagerfähigen Rotweinen; außerdem einer der besten Marsanne-Weine Australiens von alten Reben. Der CABERNET SAUVIGNON Reserve ist oft herausragend. Seltener 1860 Vines SHIRAZ.

ıltarni Pyrenees, Vic r w; sch ★★ SHIRAZ und CABERNET SAUVIGNON präsentieren sich in der besten Form seit Jahren. Langlebige Weine, aber man braucht keinen Presslufthammer mehr, um das Tannin vom Zahnfleisch zu lösen. Eine Brechstange ist immer noch hilfreich.

ımar Ridge N-Tas r w; (sch) – Großer Fisch im kleinen Teich TASMANIENS. 2010 von BROWN BROTHERS erworben. Bis jetzt wenig aufregend.

ıpanappa SA r ★★★ Gemeinschaftsprojekt in WRATTONBULLY von Brian Croser, Bollinger und J.-M. Cazes aus Pauillac (Frankreich). Herrlicher CABERNET-SAUVIGNON-Verschnitt, SHIRAZ, MERLOT, CHARDONNAY. Erstaunlicher Pinot noir von der Fleurieu Peninsula.

ır & Roses Heathcote, Vic r w ★★ SHIRAZ, TEMPRANILLO und SANGIOVESE, tadellos aufbereitet und präsentiert. Eine moderne Erfolgsgeschichte.

ırraWarra Estate Yarra V., Vic r w ★★★ Reserve Pinot noir **04' 06' 10' 12' 13'**; Reserve Chardonnay **10' 12' 13'** – Hat von stämmig und eigenwillig auf elegant und lang anhaltend umgestellt. Der Reserve ist viel besser als der normale Wein.

ısmanien Kühle Inselregion mit ausgezeichnetem Ruf. Herausragende Schaumweine, PINOT NOIR und RIESLING. Sehr guter CHARDONNAY, SAUVIGNON BLANC und PINOT GRIS.

ıylors Wines Clare V., SA r w ★ Großer Produzent, vor allem von RIESLING, SHIRAZ und CABERNET SAUVIGNON. Exportiert die Weine unter dem Namen Wakefield Wines.

ın Minutes by Tractor Morn P, Vic r w ★★★ Verrückter Name, clevere Etiketten und noch bessere Weine. Chardonnay und Pinot noir sind beide ausgezeichnet und werden sich lange halten. Stil trifft auf Substanz.

Teusner Barossa V., SA r ★★★ Alte Reben, kluge Weinbereitung, rei Fruchtaromen. Anführer des Trends gegen zu viel Holzeinfluss, der sich i BAROSSA VALLEY breitmacht.

Tim Adams Clare V., SA ★★ Stets verlässlicher RIESLING, CABERNET SAUV GNON/MALBEC-Verschnitt, SHIRAZ und (körperreicher) TEMPRANILLO.

Tolpuddle Tas ★★★ SHAW & SMITH haben 2011 diesen ausgezeichnete 1988 angelegten Weinberg im Coal River Valley gekauft. Funkelnder PIN NOIR und CHARDONNAY in schlankem Stil mit langem Abgang.

Topaque Vic – Der EU zu verdankender Ersatzname für den legendären s ßen »Tokay« aus RUTHERGLEN. Man muss immer noch zweimal hingucke

Torbreck Barossa V., SA r (w) ★★★ Spezialisiert auf (oft von alten Reb stammende) Rhône-Sorten, allen voran SHIRAZ und GRENACHE. Parad beispiel für vollen, süßen, alkoholstarken Stil.

Torzi Matthews Eden V., SA r ★★ Aromatischer, stilvoller SHIRAZ. Genau ausgezeichnet wie preiswert.

Tumbarumba NSW – Region mit kühlem Klima in den australischen Alpen New South Wales; die Weinberge liegen in 500–800 m Höhe. Der Star CHARDONNAY.

Turkey Flat Barossa V., SA r rs ★★★ Spitzenerzeuger von glanzhellem Ros GRENACHE und SHIRAZ aus dem Herzen eines 150 Jahre alten Weinberg Alkoholgehalt und Verwendung von Eichenfässern begrenzt. Neue Einze lagenweine. Alt, aber modern.

TWE (Treasury Wine Estates) Australischer Weinmoloch mit Dutzenden b kannter Marken, u. a. BAILEYS, COLDSTREAM HILLS, DEVIL'S LAIR, LIND MANS, PENFOLDS, SALTRAM, WYNNS.

Tyrrell's Hunter V., NSW r w ★★★★ Semillon **10'** 11' 13' 14' 15' **16**; Vat Chardonnay **10' 12 13'** 14' 15' **16** – Hier entsteht Australiens großartigst SEMILLON. Zum Vat 1 hat sich eine Reihe von Einzellagenweinen oder W nen aus Unterbereichen gesellt. Auch der Vat 47, der erste CHARDONN Australiens, trotzt weiterhin den klimatischen Widrigkeiten. Hervorrage sind auch der 4 Acres SHIRAZ von alten Reben und der Vat 9 Shiraz. Ein der Großen.

Vasse Felix Marg R., WA r w ★★★ Cabernet Sauvignon **08'** 09' 10' 11' 12' **1** **14** – Zusammen mit CULLEN ein Pionier am MARGARET RIVER. Elegant mittelschwerer Cabernet Sauvignon mit bemerkenswerter Ausgewoge heit. Der komplexe, aufgepeppte CHARDONNAY sorgt für Aufsehen. Ke zu seinen Wurzeln der Gutsweinerzeugung zurück.

Voyager Estate Marg R., WA r w ★★★ Beträchtliche Mengen von reichh tigem, kräftigem Wein (hauptsächlich) aus eigenem Anbau: SEMILLO SAUVIGNON BLANC, (v. a.) CHARDONNAY und CABERNET SAUVIGNO MERLOT.

Wantirna Estate Yarra V., Vic r w ★★★★ Pionier der Region, der keine Anz chen von Ermüdung zeigt. CHARDONNAY, PINOT NOIR und die Bordeau Verschnitte sind alle umwerfend. Die Produktion ist winzig; genau so, w man es hier mag.

Wendouree Clare V., SA r ★★★ Hochgeschätzter Erzeuger kraftvoller, ta ninreicher, konzentrierter Rotweine (in kleinen Mengen) auf der Basis v SHIRAZ, CABERNET SAUVIGNON, MOURVÈDRE und MALBEC. Hat vor Kurze auf Schraubverschlüsse umgestellt. Die Bedeutung des Worts »Langleb keit« erklärt man am besten mit dem Bild eines Rotweins von Wendoure

West Cape Howe Denmark, WA r w ★ Die Spezialität sind erschwingliche, g schmacksintensive Rotweine.

Westend Estate Riverina, NSW r w ★ Boomender Familienbetrieb, d schmackhafte Schnäppchen erzeugt, v. a. Private Bin SHIRAZ/Durif. D Neuzugänge aus kühlem Klima sind ziemlich preiswert.

'illow Creek Morn P, Vic r w ★★ Guter Erzeuger v. a. von eindrucksvollem CHARDONNAY und PINOT NOIR. Kraft und Ausgewogenheit.

'irra Wirra McL V, SA r w; (s); (sch) ★★★ RSW Shiraz **04' 05'** 10' 12' 13'; Cabernet Sauvignon **05' 10'** 12' 13 '14 – Hochwertige, konzentrierte Weine in peppigem neuem Design. Der Cabernet Sauvignon Angelus kommt jetzt unter dem Namen Dead Ringer auf den Exportmarkt.

'olf Blass Barossa V., SA r w (br); (s); (sch) ★★ Cabernet-Sauvignon-Verschnitt Black Label **04' 05 10' 12** – Im Besitz von TWE. Nicht mehr der Toperzeuger, der er einmal war, jagt aber immer noch riesige Mengen sauberer, unaufdringlicher Weine durch die Anlage.

'oodlands Marg R., WA r (w) ★★★ Mit über 35 Jahre alten Cabernet-Sauvignon-Reben bestockte 7 ha Weinberge, die zu den besten Lagen des Gebiets zählen; außerdem jüngere, aber trotzdem sehr gute Anpflanzungen anderer Bordeaux-Rotweinsorten. Rotweine von beunruhigender Wucht.

'rattonbully SA – Wichtiges Anbaugebiet an der LIMESTONE COAST. Durch TAPANAPPA und Peppertree ist der Anspruch gestiegen.

ynns Coon, SA r w ★★★★ Shiraz **04' 05' 06'** 10' 12 13' 14' 15; Cabernet Sauvignon **91' 98' 00'** **04' 05'** 06' 10' 12' **13' 14** – COONAWARRA-Klassiker im Besitz von TWE. RIESLING, CHARDONNAY, SHIRAZ und Cabernet Sauvignon sind alle sehr gut, v. a. der Black Label CABERNET SAUVIGNON und der John Riddoch Cabernet Sauvignon. Die neuen Einzellagenabfüllungen sind das Sahnehäubchen.

ıbby Lake Morn P, Vic r w ★★★ CHARDONNAY, PINOT NOIR und SHIRAZ sind alle prinzipiell/routinemäßig sensationell.

ılumba Barossa V., SA, SA r w; sch ★★★ 167 Jahre junger Familienbetrieb. Volles Spektrum erstklassiger Weine, von preiswerten Abfüllungen bis zu Spitzen-Einzellagengewächsen. Die Y Series auf Einstiegsniveau ist preiswert.

ıngarra Estate McL V, SA r w ★★★ Hier ist der Beweis, dass wilde, freigeistige, erfinderische Weinbereitung durchaus Hand in Hand gehen kann mit einer klaren, konventionellen, strukturierten Denkweise – und ebensolchen Weinen. Geboten wird das volle Programm.

ırraloch Yarra V., Vic r w ★★★ CHARDONNAY zum Dahinschmelzen, hauptsächlich. Oft aber auch außergewöhnlicher PINOT NOIR.

ırra Valley Vic – Historisches Weinbaugebiet nordöstlich von Melbourne. Der Schwerpunkt verlagert sich auf den sehr erfolgreichen PINOT NOIR, CHARDONNAY, SHIRAZ und Schaumweine. Verhaltener, eleganter CABERNET SAUVIGNON.

ırra Yering Yarra V., Vic r w ★★★ Dry Red **00' 04' 05' 06'** 08' 10' 12' **15** – Pionier im YARRA VALLEY. Kraftvoller PINOT NOIR, tiefgründiger, kräuterwürziger CABERNET SAUVIGNON (Dry Red No. 1) und SHIRAZ (Dry Red No. 2). Üppige, gewagte Geschmacksnoten in Rot- und Weißweinen.

ıllow Tail NSW – Siehe CASELLA.

ıringberg Yarra V., Vic r w ★★★★ Cabernet Sauvignon **00' 04' 05'** 06' 10' 12' **13**; Marsanne/Roussanne **06' 09' 12' 13'** – Traumhaftes historisches Weingut, noch immer im Besitz der Schweizer Familie de Pury, die es 1862 gründete; MARSANNE, ROUSSANNE, CHARDONNAY, PINOT NOIR und CABERNET SAUVIGNON in kleinen Mengen und sehr hoher Qualität.

ıring Station/Yarrabank Yarra V., Vic r w; sch ★★★ Nach 80-jähriger Pause wurde der erste Weinberg Victorias in den 1990er-Jahren wieder mit Reben bestockt. Peppige Reserve-Weine von CHARDONNAY, PINOT NOIR, SHIRAZ und VIOGNIER; Yarrabank steht für die Schaumweine aus dem Joint Venture mit Champagne Devaux.

Neuseeland

Die dunklen Flächen bezeichnen die Weinbaugebiete

Die folgenden Abkürzungen werden im Text verwendet:

Auck	Auckland	**Hend**	Henderson (Auckland)
Cant	Canterbury	**Marlb**	Marlborough
C-Ot	Central Otago	**Martinb**	Martinborough
Gis	Gisborne	**Nel**	Nelson
Hawk	Hawke's Bay	**Waiheke**	Waiheke Island

Die Quintessenz des neuseeländischen Weinbaus lässt sich mit fü Wörtern zusammenfassen: Sauvignon blanc, Pinot noir, Marlboroug Der Sauvignon aus Neuseeland bestach, weil er so spritzig, aromatisch, ei dringlich und unverkennbar war, bevor der Pinot noir diese diffizile Sorte a aussehen ließ; das im Norden der Südinsel gelegene Marlborough ist d größte und bekannteste Anbaugebiet des Landes. So weit, so offensichtlic Was in anderen Gegenden mit anderen Reben passiert, ist jedoch wah scheinlich interessanter und mit Sicherheit komplexer. Mit der Hawke's B hat Neuseeland ein Anbaugebiet, das großartigen Cabernet Sauvignon sow Chardonnay und Syrah mit enormem Potenzial hervorbringen kann, Gisbor weiter im Norden verfügt über ausgezeichneten Chardonnay, auf Waihe Island in der Nähe von Auckland wird vortrefflicher Cabernet, Syrah und Cha donnay produziert, und es gibt noch weitere gute Regionen. Einige ehrgeizi Erzeuger arbeiten an weniger großspurigen, subtileren Sauvignon-blanc-Ve sionen, aber solche Weine sind teurer und daher schwerer zu verkaufen. D besten neuseeländischen Weine können Frankreich Konkurrenz machen und das Standardprogramm bietet jede Menge unkomplizierten Genuss.

Neuere Jahrgänge

2016 Warme Wachstumsperiode, riesige Ernte. Reifer Marlborough Sauvignon blanc mit Aromen von tropischen Früchten. An der Hawke's Bay ausgezeichneter Chardonnay, aber der Merlot wurde durch Herbstregen beeinträchtigt.

2015 Aromatischer, lebhafter Marlborough Sauvignon Blanc. An der Hawke's Bay eher duftende und anmutige, denn kraftvolle Rotweine.

2014 Hawke's Bay: wuchtige, reife, schön abgerundete Chardonnays und Rotweine. Marlborough: Wer früh erntete, schlug sich am besten.

2013 Besonders gut auf der Nordinsel und in Marlborough. Die Rotweine von der Hawke's Bay können reifen.

Akarua C-Ot r (rs) (w); (sch) ★★★ Boomender Erzeuger mit beständig hervorragendem, duftendem, vollem Bannockburn PINOT NOIR (**12 13'** 14'); köstlicher, jung zu trinkender Rua (kurz in Eiche ausgebaut). Auch stilvoller, leicht cremiger CHARDONNY und duftender, körperreicher PINOT GRIS. Lebhafte Schaumweine, v. a. der duftende, komplexe Vintage Brut (**11**).

Allan Scott Marlb (r) (rs) w; (sch) ★★ Mittelgroßer Familienbetrieb. Leichter, lebhafter RIESLING und SAUVIGNON BLANC mit Aromen von tropischen Früchten. Die neue High-End-Reihe Generations bietet robusten, reichhaltigen, reifen Sauvignon blanc, toastigen, milden Chardonnay, körperreichen trockenen Riesling und floralen, geschmeidigen PINOT NOIR.

Alpha Domus Hawk r w ★★ Eleganter, harmonischer CHARDONNAY First Solo und pfirsichfruchtiger VIOGNIER. Konzentrierte Rotweine im Bordeaux-Stil, v. a. der saftige The Navigator (**10'** 13') auf MERLOT-Basis und der bemerkenswert dunkle CABERNET SAUVIGNON namens The Aviator (13'). Kraftvoller SYRAH Barnstormer (15). Die Spitzenreihe heißt AD.

Amisfield C-Ot r (rs) (w) ★★→★★★ Fleischiger, weicher PINOT GRIS, dichtmineralischer RIESLING (trocken und mittelsüß), lebhafter, reifer, pikanter SAUVIGNON BLANC, hochklassiger Pinot-Rosé und sehr floraler, saftiger, geschmeidiger PINOT NOIR (**14'**) – der RKV Reserve ist das Rolls-Royce-Modell (**13'**). Die Weine auf niedrigerer Stufe heißen Lake Hayes.

Ara Marlb r (rs) w ★★ Großer Weinberg im Waihopai Valley. V. a. bekannt für gewichtigen, reifen SAUVIGNON BLANC und körperreichen, generösen PINOT NOIR. Spitzenreihe: Resolute, gefolgt von Select Block, Single Estate und Pathway. Die Marke Ara (nicht jedoch der Weinberg) wurde 2016 von GIESEN erworben.

Astrolabe Marlb (r) w ★★ Erstklassige Weine von Simon Waghorn (früher bei WHITEHAVEN). Gehaltvoller, reif-kräuterwürziger SAUVIGNON BLANC Province. Ebenfalls gut: körperreicher PINOT GRIS, reichhaltiger trockener und halbtrockener RIESLING, pfirsichfruchtiger, cremiger CHARDONNAY, knackiger, lebhafter ALBARIÑO und lebhafter trockener Rosé. Kraftvoller, geschmeidiger PINOT NOIR.

Ata Rangi Martinb r (rs) (w) ★★★→★★★★ Klein und höchst renommiert. Der verführerisch duftende, kraftvolle, langlebige PINOT NOIR (**10' 11 12 13'** 14') gehört zu den besten Neuseelands (die ältesten Reben wurden 1980 gepflanzt). Außerdem köstlicher Crimson Pinot noir von jüngeren Reben (**13 14'**). Bemerkenswert reichhaltig und komplex der Craighall CHARDONNAY (**13' 14'**15') von 1983 gepflanzten Reben; halbtrockener Lismore PINOT GRIS.

Auckland Größte Stadt Neuseelands (im Norden; warm und wolkenreich) mit 1,1% der Gesamtrebfläche. Nahe gelegene Weinbaugebiete sind Henderson, Kumeu/Huapai/Waimauku (beide schon länger etabliert); in den 1980er-Jahren entstanden Matakana, Clevedon und WAIHEKE ISLAND (bei

Touristen beliebte Inselweingüter). Stilvolle, vollmundige Rotweine vo MERLOT/CABERNET SAUVIGNON in trockenen Jahrgängen (**10'** 13' 14), au ßerdem muskulöser, pfeffriger SYRAH (13' 14), der rasch expandiert un qualitativ HAWKE'S BAY Konkurrenz macht, reichhaltiger, reifer, unter schätzter CHARDONNAY und vielversprechender ALBARIÑO.

Auntsfield Marlb r w ★★ Beständig gute Weine mit ausgeprägter Persönlich keit vom ersten Weinberg der Region, der 1873 auf der Südseite des Wa rau Valley angelegt (und 1999 neu bepflanzt) wurde. Intensiver, teilweis fassvergorener SAUVIGNON BLANC mit Aromen von tropischen Früchte (**16**), fülliger, reichhaltiger CHARDONNAY und stämmiger, kompakter PI NOT NOIR (**13' 14'**) – der Heritage (**10'**) ist besonders üppig und kraftvoll.

Awatere Valley Marlb – Wichtiger Unterbereich mit sehr wenigen Kellereien aber ausgedehnten Rebanlagen (mehr als HAWKE'S BAY). Wegbereiter wa 1986 VAVASOUR; der wichtigste Erzeuger ist YEALANDS. Etwas kühler un trockener als der WAIRAU VALLEY, mit rassigem, grasigem (»Tomatenris pe«) SAUVIGNON BLANC, dichtem, lebhaftem RIESLING und PINOT GRIS so wie duftendem PINOT NOIR, der oft eine leicht vegetabile Note zeigt. (Da Erdbeben Ende 2016 richtete Schäden in Weinbergen und Kellereien an.)

Babich Hend r w ★★→★★★ Mittlerer bis großer Familienbetrieb (1916), jetz in der dritten Generation. Weinberge in HAWKE'S BAY und MARLBOROUGH Kellereien in AUCKLAND und Marlborough. Ausgefeilte, sehr alterungswür dige Irongate-Weine aus GIMBLETT GRAVELS: CHARDONNAY (**10' 13'** 14 und eleganter CABERNET SAUVIGNON/MERLOT/CABERNET FRANC (**10'** 14'). Der Marlborough SAUVIGNON BLANC mit Aromen von tropischen Früchte verkauft sich am besten. Spitzenrotwein ist The Patriarch im Bordeaux-St (13' 14').

Bell Hill Cant r w ★★★ Sehr kleines (2 ha), im Landesinneren auf größere Höhe gelegenes Gut auf Kalkstein, familiär mit GIESEN verbunden. Selte ner, aber umwerfend reichhaltiger CHARDONNAY und herrlich duftende kraftvoller, samtiger PINOT NOIR. Zweitmarke: Old Weka Pass Road.

Blackenbrook Nel r w ★★ Kleine Kellerei mit eindrucksvollen aromatische Weißweinen, v. a. überaus duftendem, vollem GEWÜRZTRAMINER (16) ir Elsässer Stil, PINOT GRIS (16) und (seltener) halbtrockenem MUSCAT. Daz ausdrucksstarker, trockener SAUVIGNON BLANC (16) und äußerst musku löser Family Reserve PINOT NOIR. Zweitetikett: St Jacques.

Black Estate Cant r w ★★ Kleiner Erzeuger in Waipara mit teilweise übe 30 Jahre alten Reben. Straffer, eleganter, konzentrierter CHARDONNAY reichhaltiger RIESLING mit leichter Honignote und anmutiger, generöser sehr harmonischer PINOT NOIR.

Borthwick Wairarapa r w ★★ Erzeuger in Gladstone mit der Marke Padd Borthwick (geht größtenteils in den Export). Lebhafter, tropenfruchtige SAUVIGNON BLANC, reichhaltiger, eher trockener RIESLING, pfirsichduft ger, toastwürziger CHARDONNAY, fülliger, trockener PINOT GRIS und du tender, gehaltvoller, geschmeidiger PINOT NOIR.

Brancott Estate Marlb r (rs) w ★→★★★ Wichtige Marke von PERNOD RICAR NEW ZEALAND. Spitzenweine: Letter Series (z. B. der reichhaltige SAUVI GNON BLANC »B« und der komplexe CHARDONNAY »O«). Verkaufsschla ger: lebhafter, kräuterwürziger, äußerst preiswerter SAUVIGNON BLAN (**16**) und unkomplizierter PINOT NOIR South Island. Unter dem Etikett L ving Land wird Biowein vertrieben, Terroir Series steht für Mittelklassewe ne aus Unterbereichen, Flight für einfache, alkoholarme Weine. Chose Rows ist ein erstklassiger, langlebiger Sauvignon blanc (**13**). Supergünst der HAWKE'S BAY MERLOT (**15**).

Brightwater Nel (r) w ★★ Eindrucksvolle, preisgünstige Weißweine, v. a. ge wichtiger, knackiger, geschmacksintensiver SAUVIGNON BLANC (**16**), fr scher, halbtrockener RIESLING, lebhafter, zitrusfruchtiger CHARDONNAY mit zarter Eichennote und reichhaltiger, süßlicher PINOT GRIS. Floraler, gehaltvoller, äußerst charmanter PINOT NOIR (**14**). Spitzenweine: Lord Rutherford (u. a. der fleischige, intensive Sauvignon blanc **15'**).

anterbury Viertgrößte Weinbauregion Neuseelands. Fast alle Anbauflächen liegen im relativ warmen, geschützten nördlichen Waipara. Den größten Erfolg hat der aromatische, lebhafte RIESLING (seit Mitte der 1980er-Jahre), später kam auch dunkler, reichhaltiger PINOT NOIR dazu. Neuerdings guter GEWÜRZTRAMINER und PINOT GRIS im Elsässer Stil. SAUVIGNON BLANC wird verbreitet angebaut, aber häufig für regionale Verschnitte verwendet.

Deus dat incrementum

So lautet das Motto des Marlborough College in Wiltshire. Über 90% der SAUVIGNON-BLANC-Pflanzungen liegen in MARLBOROUGH. Das Anbaugebiet hat mehr CHARDONNAY als jedes andere (HAWKE'S BAY liegt kurz dahinter), mehr GEWÜRZTRAMINER (GISBORNE folgt in einigem Abstand) und – Überraschung! – mehr PINOT NOIR (als einsame Spitze vor CENTRAL OTAGO). Gott gibt also tatsächlich das Gedeihen.

arrick C-Ot r w ★★★ Kellerei in Bannockburn mit intensivem RIESLING (trockener und halbtrockener CENTRAL OTAGO sowie lieblicher Josephine), festem, elegantem CHARDONNAY (**14'**), v. a. EBM (**13'**), teilweise in Eiche ausgebautem, recht trockenem, Bio-PINOT-GRIS und dicht gefügtem PINOT NOIR, der viele Jahre vor sich hat (**13'**). Köstlich der jung zu trinkende Pinot noir Unravelled (**14'**). Der Spitzenwein Pinot noir Excelsior (**13'**) ist äußerst duftend, reichhaltig und seidig.

entral Otago r **13' 14** 16 ((w) **13' 14** 16 – Kühle, sonnige und sehr regenarme, hoch gelegene Region im Landesinneren (nun die drittgrößte des Landes) im Süden der Südinsel mit vielen sehr kleinen Erzeugerbetrieben. Die meisten Reben stehen im Cromwell Basin. Aromatischer, knackiger RIESLING und PINOT GRIS; der berühmte PINOT NOIR (75% der Anbaufläche) mit ausgeprägtem Duft und lebhafter Fruchtigkeit hat jung schon Charme, ältere Reben bringen aber saftigere Weine hervor. Sehr guter Pinot noir Rosé und Schaumwein nach der traditionellen Methode.

hard Farm C-Ot r w ★★ Pionierkellerei mit steiler Zugangsstraße. Üppiger trockener PINOT GRIS, zitrusfruchtiger RIESLING und geschmeidiger PINOT NOIR (der River Run ist floral und anmutig, die Einzellagenweine The Tiger und The Viper haben mehr Komplexität). Leichter Pinot noir Rabbit Ranch. Der Pinot noir Mata-Au ist ein süßfruchtiges, seidiges Musterexemplar.

hurch Road Hawk r (rs) w ★★→★★★ Kellerei im Besitz von PERNOD RICARD NEW ZEALAND mit historischen Wurzeln an der Hawke's Bay. Voller, fassgereifter CHARDONNAY; reifer, teilweise in Eiche ausgebauter SAUVIGNON BLANC; gewichtiger, leicht lieblicher PINOT GRIS nach Elsässer Art; dunkler, vollmundiger MERLOT/CABERNET/MALBEC (alle sehr preiswert). Beeindruckende Grand-Reserve-Reihe. Die neue Reihe McDonald – zwischen Standard und Grand Reserve angesiedelt – bietet bemerkenswerte Qualität zu günstigen Preisen (inkl. SYRAH **14'**, Cabernet Sauvignon **14'**, Merlot **14'**). Die teure Prestige-Reihe TOM umfasst u. a. erstklassigen, sehr anmutigen Cabernet Sauvignon/Merlot (13'), Chardonnay (**13'**; unendliche Tiefe) und stark duftenden, milden Syrah (13').

hurton Marlb r w ★★ Von der etwas höheren Lage im Waihopai Valley kommt wuchtiger, geschmeidiger, knochentrockener SAUVIGNON BLANC (**16**), der in Eiche ausgebaute Sauvignon blanc Best End (15), stämmiger, cremiger

Neuseeland

VIOGNIER und duftender, harmonischer PINOT NOIR (**13'**), v. a. The Aby von den ältesten Reben und mit größerer Tiefe (13'). Süßer, stahliger, übe zeugender PETIT MANSENG (**15'**).

Clearview Hawk r (rs) w ★★→★★★ Das Weingut an der Küste in Te Awa ga (auch Trauben aus dem Landesinneren werden verwendet) ist bekan für hedonistischen CHARDONNAY Reserve mit Eichennote (**15'**; der Cha donnay Beachhead **15'** ist die ausgezeichnete Juniorausgabe), guten Eiche vergorenen SAUVIGNON BLANC Reserve, den dunklen, vollen Enigr (auf MERLOT-Basis, 14) und den CABERNET SAUVIGNON/CABERNET FRAN Merlot-Verschnitt Old Olive Block (14').

Clos Henri Marlb r w ★★→★★★ 2001 von Henri Bourgeois aus Sancer gegründet. Gewichtiger SAUVIGNON BLANC von steinigem Boden mit Ar men von tropischen Früchten und sehr wenig Eicheneinfluss, der zu de besten Neuseelands zählt, und robuster, reifer, fester PINOT NOIR vo Lehmböden. Bei der Zweitmarke Bel Echo ist das Trauben-/Boden-Verhä nis umgekehrt. Drittmarke: preisgünstiger Petit Clos (von jungen Reben Eigenwillige, sehr zufriedenstellende Weine zum angemessenen Preis.

Cloudy Bay Marlb r w; sch ★★★ Der in großen Mengen erzeugte, aber trot dem ausgezeichnete SAUVIGNON BLANC (gewichtig, trocken, feine Te tur; seit 2010 z. T. im Fass ausgebaut) ist Neuseelands berühmtester We (**16'**). Der CHARDONNAY ist robust, komplex und frisch, der PINOT NO reichhaltig und geschmeidig (14'); beide sind erstklassig. Außerdem el ganter Jahrgangs-Schaumwein Pelorus und Schaumwein auf Chardonna Basis oJ. Der Te Koko (in Eiche ausgebauter Sauvignon blanc) hat sei eigene Persönlichkeit. Baut sein Engagement in Central Otago beim vo mundigen, kompakten Te Wahi PINOT NOIR (14') aus. Im Besitz von LVM

Constellation New Zealand Auck r (rs) w ★→★★ Neuseelands größter E zeuger, vormals Nobilo Wine Group und jetzt im Besitz von Constell tion Brands mit Hauptsitz in den USA. Großer Marktanteil in den US Am stärksten mit soliden Weinen zu mäßigen Preisen (v. a. SAUVIGNC BLANC) unter den Markennamen KIM CRAWFORD, Monkey Bay, NOBIL und SELAKS.

Coopers Creek Auck r w ★★→★★★ Innovativer mittelgroßer Erzeuger m preiswerten Weinen aus vier Regionen, inkl. dunklem, vollem MONTEPU CIANO (**14'**) von Reben aus eigenen Lagen. Exzellenter Hawke's Bay CHA DONNAY Swamp Reserve, guter SAUVIGNON BLANC, RIESLING, MERLOT, a ßerordentlich preiswerter VIOGNIER, süffiger PINOT NOIR und reichhaltig SYRAH. Die Reihe SV (Select Vineyard) deckt den mittleren Qualitätsb reich ab. Produzierte Neuseelands ersten ARNEIS (2006), GRÜNEN VEL LINER (2008), ALBARIÑO (2011) und MARSANNE (2013).

Craggy Range Hawk r (rs) w ★★★→★★★★ Sehr bekannte Kellerei mit Gou metrestaurant und großen Rebflächen in HAWKE'S BAY und MARTI BOROUGH. Stilvoller CHARDONNAY (**15'**) und PINOT NOIR (**13'**), ausg zeichneter MERLOT (**14'**) und SYRAH (**14'**) der mittleren Qualitätsstufe a GIMBLETT GRAVELS, außerdem dichter Sophia (MERLOT, 14'), umwerfend SYRAH Le Sol (14') und saftiger, komplexer Aroha (Pinot noir, 14'). Der Kahu, ein Verschnitt auf Merlot-Basis, hat ein gutes Preis-Leistungs-Ve hältnis.

Delegat's Auck r w ★★ Großes börsennotiertes Unternehmen (über 2 Mi Kisten/Jahr), das immer noch von der Familie Delegat kontrolliert wir Weinbergbesitz in HAWKE'S BAY und MARLBOROUGH, drei Kellereien (au in AUCKLAND). Enorm erfolgreich ist die Marke OYSTER BAY, v. a. der SAUV GNON BLANC. Delegat-Reihe: straffer, knackiger, zitroniger CHARDONNA vollmundiger, grasiger Sauvignon blanc, lebhaft fruchtiger, geschmeidig MERLOT und reichhaltiger, saftiger, geschmeidiger PINOT NOIR.

elta Marlb ★★→★★★ Gemeinschaftsprojekt von Spitzenkellermeister Matt Thomson und dem britischen Importunternehmer David Gleave. Geschmeidiger PINOT NOIR und süß-fruchtiger SAUVIGNON BLANC.

estiny Bay Waiheke r ★★→★★★ Amerikanische Auswanderer erzeugen erstklassige, kostspielige Rotweine im Bordeaux-Stil: brombeerfruchtig und seidig. Flaggschiff ist der gehaltvolle, tiefe, saftige Magna Praemia (**08' 09 10'** 13'), hauptsächlich von CABERNET SAUVIGNON. Mittlere Qualitätsstufe: Mystae (**09 10'** 13'). Destinae heißen jünger zu trinkende Weine (**10' 13'**).

eutz Auck sch ★★★ Der Name für kultivierte Schaumweine, die in MARLBOROUGH von PERNOD RICARD NEW ZEALAND produziert werden, kommt vom französischen Champagnerhaus. Der sehr beliebte Brut oJ ist lebhaft mit Zitrus- und Hefenoten (mindestens 2 Jahre auf dem Hefesatz), während sich der preisgekrönte Jahrgangs-Blanc-de-Blancs fein duftend und eindringlich zeigt (**13'**). Der Rosé ist knackig frisch, mit Toast- und Erdbeernoten (14). Der äußerst reichhaltige Prestige (nach 3 Jahren degorgiert) stammt vorwiegend von CHARDONNAY (**12'**).

og Point Marlb r w ★★★ Winzer Ivan Sutherland und Kellermeister James Healy (beide früher bei CLOUDY BAY) erzeugen scharfen, mineralischen eichenfassgereiften SAUVIGNON BLANC (Section 94, **14'**), CHARDONNAY (sehr elegant, zitrusfruchtig, alterungswürdig, 14) und vollen, fein gefügten PINOT NOIR (**10' 11 12' 13'** 14'), einen der großartigsten der Region. Auch größere Mengen von dennoch sehr gutem gewichtigem, trockenem Sauvignon blanc (16') ohne Holznote.

ry River Martinb r w ★★★ Kleiner Pionier-Betrieb, jetzt in US-Besitz. Guter Ruf für eleganten, langlebigen CHARDONNAY (**13' 14'**), reintönigen, intensiven, alterungswürdigen RIESLING (**13'** 14' 15'), PINOT GRIS (Neuseelands erster herausragender Pinot gris **14' 15'**) und GEWÜRZTRAMINER (**14' 15'**) sowie weiße Spätlesen und floralen, süßfruchtigen, sich langsam entwickelnden PINOT NOIR (13' 14').

lephant Hill Hawk r (rs) w ★★→★★★ Stilvolle Kellerei mit Restaurant in der Lage Te Awanga an der Küste, bezieht auch Trauben aus dem Landesinneren. Reichhaltiger CHARDONNAY (**15'**), dichter, geschmeidiger MERLOT/MALBEC (**14'**) und dunkler, gehaltvoller SYRAH (**14'**). Ausgezeichnete Reserve-Reihe. Die beiden Spitzenweine sind der kraftvolle, elegante SYRAH Airavata (13') und der dichte rote Verschnitt Hieronymus (13').

scarpment Martinb r (w) ★★★ Bekannt für deftigen, komplexen, dichten PINOT NOIR. Spitzenetikett: Kupe. Die Rotweine von alten Reben aus Einzellagen sind besonders gut. Der MARTINBOROUGH Pinot noir ist ein regionaler Verschnitt. Einfachere Weine heißen The Edge.

sk Valley Hawk r rs w ★★→★★★ Im Besitz von VILLA MARIA. Renommierte Rotweine auf MERLOT-Basis (v. a. der Verschnitt Winemakers Reserve **10' 11** 13' 14); Merlot/CABERNET SAUVIGNON/MALBEC (**13' 14' 15**) mit hervorragendem Preis-Leistungs-Verhältnis. Floraler, geschmeidiger SYRAH (der Reserve ist dunkel und konzentriert; **13'** 14'), schöner trockener Rosé (**16**) sowie körperreicher, buttriger CHARDONNAY mit Pfirsichnoten und tollem Preis-Leistungs-Verhältnis (**15'**), knackiger, recht trockener CHENIN BLANC und VERDELHO. Überaus interessanter Flaggschiff-Rotwein: The Terraces (kraftvoller, würziger Einzellagenverschnitt von Malbec, Merlot und CABERNET FRANC; **06' 09'** 13' 14').

airbourne Marlb ★★ Der einzige SAUVIGNON-BLANC-Spezialist in Neuseeland. Straff gebaute, gewichtige, reif-kräuterwürzige, knochentrockene Weine aus einer Einzellage auf der Südseite des WAIRAU VALLEY.

elton Road C-Ot r w ★★★★ Die Starkellerei in Bannockburn ist bekannt für PINOT NOIR, aber RIESLING und CHARDONNAY sind ebenfalls bemerkenswert hochklassig. Mächtiger, gleichwohl anmutiger Pinot noir Block 3 und

5 (**12' 13'** 14' 15') aus der Lage The Elms; leichter, intensiver Riesling (tro cken und halbtrocken) der Extraklasse (16'); voller, zitroniger, langlebige CHARDONNAY, v. a. Block 2 (**13' 14'** 15'); Staretikett: tiefgründiger, harmo nischer Bannockburn Pinot noir (**13' 14'** 15), ein Verschnitt aus Traube der drei Weinberge. Andere sehr feine Pinot-noir-Weine von Einzellager Cornish Point (**13' 14'** 15'), Calvert (**13' 14'** 15').

Forrest Marlb r (rs) w ★★ Mittelgroße Kellerei. Guter SAUVIGNON BLANC (kö perreich, trocken), RIESLING (halbtrocken), fantastischer edelfauler Ries ling und reichhaltiger Cornerstone (ein Verschnitt im Bordeaux-Stil) vor Newton Forrest Estate in HAWKE'S BAY (13'). Die Weine der ausgezeichne ten Vorzeigereihe namens John Forrest Collection kommen erst einige Jah re nach der Lese auf den Markt. Beliebte alkoholarme (9%) Weine (Ries ling, Sauvignon blanc) unter dem Label The Doctors'. Die beeindruckend Reihe aus CENTRAL OTAGO und dem WAITAKI VALLEY heißt Tatty Bogler.

Framingham Marlb (r) w ★★→★★★ Im Besitz von Sogrape (Portugal). Be sonders stark bei aromatischen Weißweinen: intensiver RIESLING (v. a. de reichhaltige Classic) von ausgereiften Reben, duftender, üppiger PINO GRIS und GEWÜRZTRAMINER sowie eleganter, lebhafter, cremiger CHAR DONNAY. Außerdem feiner SAUVIGNON BLANC, saftiger Noble Riesling un duftiger, seidiger PINOT NOIR. Die Weine der Reihe F-Series (u. a. Old Vin Riesling und herrliche süße Weine mit Edelfäule) sind selten, aber volle Persönlichkeit.

Fromm Marlb r w ★★★ Hervorragender PINOT NOIR, v. a. der duftende, ge schmeidige Clayvin Vineyard von einer biodynamisch bewirtschafteten Hü gellage (**10' 11 12' 13'** 14). Außerdem sehr stilvoller CHARDONNAY Clayv (**13'**) und RIESLING Dry. Die Reihe La Strada umfasst früher zu genießer de Weine, u. a. reif-kräuterwürzigen SAUVIGNON BLANC (**15'**), fleischiger recht trockenen, in Eiche ausgebauten PINOT GRIS und ausgezeichnete trockenen Rosé.

Gibbston Valley C-Ot r (rs) w ★★→★★★ Pionierkellerei mit ursprünglichen Weinberg in Gibbston; die meisten Weinberge liegen inzwischen in Ber digo. Hervorragender Ruf für PINOT NOIR, v. a. für den reichhaltigen regi nalen Verschnitt GV Collection (**14'** 15') und den üppig fruchtigen Reserv (**09' 12' 13'** 15'). Aromatischer, seidiger Le Maitre (**13' 14'** 15') von de ersten (1984 angepflanzten) Reben. Rassiger, halbtrockener RIESLING duftender, körperreicher PINOT GRIS und erstklassiger CHARDONNAY (Ch na Terrace, 15). Der Gold River Pinot noir zeigt jung seinen Charme.

Giesen Cant (r) w ★★ Großer Familienbetrieb auf dem Weg zur Spitzenqu lität. Hauptsächlich reifer, würziger MARLBOROUGH SAUVIGNON BLANC Qualität fürs Geld bietet der ausgeprägt mittelsüße RIESLING mit leichte Körper (**15'**). Dazu kommen der mächtige Sauvignon blanc The Brothe (mittlere Qualitätsstufe) und der gewichtige, reichhaltige fassvergoren Sauvignon blanc The August (**13'**). Rasch besser werdender PINOT NO und Einzellagenabfüllungen. Hat kürzlich die berühmte Lage Clayv Vineyard gepachtet (kraftvoller, dichter, seidiger Pinot noir; **13'**).

Gimblett Gravels Hawk – Weinbaugebiet (800 ha bepflanzt) in einem alte Flussbett mit meist gut wasserableitenden, wenig fruchtbaren Böden; b kannt für volle Rote im Bordeaux-Stil (hauptsächlich auf MERLOT-Basi aber die steinigen Böden eignen sich auch für CABERNET SAUVIGNO und der ist wohl die bessere Wahl). Floraler, lebhafter, sehr aromatisch SYRAH. Die besten Rotweine sind Weltklasse. Auch alterungswürdig CHARDONNAY.

Gisborne r **13'** 14; w **13' 14'** 15 – Neuseelands fünftgrößte (in den 1970e und 80er-Jahren größte) Weinregion an der Ostküste der Nordinsel. Reic lich Sonne, häufig aber auch regnerisch; sehr fruchtbare Böden. Die b sondere Stärke ist CHARDONNAY (herrlich duftige und in der Jugend weiche Weine; die besten entwickeln sich gut weiter). Ausgezeichnet sind GEWÜRZTRAMINER und VIOGNIER; MERLOT und PINOT GRIS sind etwas wechselhafter. Interesse an (regenresistentem) ALBARIÑO.

adstone Vineyard Wairarapa r w ★★ Der größte Erzeuger im nördlichen WAIRARAPA. Tropischer SAUVIGNON BLANC (inkl. fassvergorenem Sophie's Choice **14'**) gewichtiger, weicher PINOT GRIS, guter halbtrockener RIESLING, hochklassiger VIOGNIER und anmutiger PINOT NOIR mit süßer Frucht und feiner Textur unter der Spitzenmarke Gladstone (**14'**). 12,000 Miles ist eine Marke im unteren Preissegment.

asshopper Rock C-Ot r ★★→★★★ Von Pinot-noir-Spezialist auf eigenen Weinbergen in Alexandra erzeugter feinster Rotwein des Unterbereichs (**13** 14' 15): äußerst anmutig, duftend, harmonisch, mit ausgeprägten Kirsch-, Gewürz- und Trockenkräuteraromen. Außerordentlich alterungswürdig; großartiges Preis-Leistungs-Verhältnis.

eenhough Nel r w ★★→★★★ Einer der Toperzeuger der Region mit tadellosem RIESLING, knackigem, reifem biodynamischem SAUVIGNON BLANC (**16**), CHARDONNAY und PINOT NOIR. Spitzenmarke: Hope Vineyard: komplexer Bio-Chardonnay **14'**, fleischiger PINOT BLANC von alten Reben (der beste Neuseelands **13**) und Pinot noir mit Pilznoten (**14'**).

eystone Waipara (r) w ★★★ Spitzenbetrieb (besitzt auch MUDDY WATER) mit bemerkenswert duftenden, vollaromatischen Weißweinen (RIESLING 15', GEWÜRZTRAMINER **15'**, PINOT GRIS **15'**). Erstklassiger CHARDONNAY (**15'**), tiefgründiger, reifer, komplexer, in Eiche ausgebauter SAUVIGNON BLANC (**15'**) und duftender, reichhaltiger PINOT NOIR (**15'**). Der Thomas Brothers ist der beste Pinot noir (**13'**) und äußerst verlockend.

eywacke Marlb r w ★★→★★★ Charakteristische Weine von Kevin Judd (ehemals CLOUDY BAY). Geschmacksintensiver SAUVIGNON BLANC (**16'**), gewichtiger, komplexer CHARDONNAY (**14**), fleischiger PINOT GRIS (15'), zart süßer RIESLING (15') und seidiger, vollmundiger PINOT NOIR (**12 13** 14'). Der fassgereifte, alterungswürdige Wild Sauvignon (**14'**) hat eine ausgeprägte Persönlichkeit.

ove Mill Marlb r w ★★ Attraktive Weißweine, v.a. ausdrucksstarker, reifer SAUVIGNON BLANC (**16'**), generöser WAIRAU VALLEY CHARDONNAY, gewichtiger PINOT GRIS mit öliger Textur, leicht süßer RIESLING und frischer, milder, mäßig komplexer PINOT NOIR. Preiswerte Tropfen der unteren Klasse tragen das Etikett Sanctuary.

ns Herzog Marlb r w ★★★ Der warme, steinige Weinberg in Rapaura liefert kraftvollen, dichten MERLOT/CABERNET SAUVIGNON (verkauft wird derzeit **07'**); der Bio-PINOT-NOIR ist erdig und artig. Außerdem leicht cremiger Chardonnay (**13**), in Eiche ausgebauter PINOT GRIS, fülliger, in Eiche ausgebauter SAUVIGNON BLANC sowie erstklassiger TEMPRANILLO (**13'**) und MONTEPULCIANO (**13'**). Wird in Europa und den USA unter dem Namen Hans verkauft.

wke's Bay r **10'** 13' **14'**; w **13' 14' 15** – Das zweitgrößte Anbaugebiet Neuseelands mit einer langen Weintradition (seit den 1850er-Jahren); sonniges, warmes, recht trockenes Klima. In günstigen Jahren entstehen hier reichhaltige, erstklassige Weine auf MERLOT- und CABERNET-SAUVIGNON-Basis; SYRAH (blumig mit lebhaften Noten von Pflaumen und schwarzem Pfeffer) ist der rasant aufsteigende Star. Auch kraftvoller CHARDONNAY mit Pfirsichnoten, reifer, abgerundeter SAUVIGNON BLANC (passt zur Eiche) und Neuseelands bester VIOGNIER. PINOT GRIS im Elsässer Stil und vielversprechender PINOT NOIR kommen aus kühleren, höher gelegenen Bezirken im Landesinneren, v.a. Mangatahi und Central Hawke's Bay. Siehe auch GIMBLETT GRAVELS.

Huia Marlb (r) w; (sch) ★★ Sehr guter, z. T. eichengereifter Bio-SAUVIGNON BLANC, kräftiger Gewürztraminer, lebhafter, geschmeidiger PINOT NOI komplexer, vollmundiger Jahrgangs-Brut. Im unteren Preissegment, ab nicht schlecht ist die Reihe Hunky Dory.

Hunter's Marlb (r) (rs) w; (sch) ★★→★★★ Die besondere Stärke des Pionie Weinguts sind Weißweine. Klassischer tropenfruchtiger SAUVIGNON BLAN (**16**); Kaho Roa heißt der reife, in Eiche ausgebaute Stil. Lebhafter, sub ler CHARDONNAY (der neue Chardonnay Succession ist straff, rauchig un komplex, **13'**), ausgezeichneter Schaumwein Miru Miru (der Reserve wi später degorgiert). RIESLING (halbtrocken), GEWÜRZTRAMINER und PINO GRIS (trocken) sind alle lohnend und preiswert. Der PINOT NOIR ist ein leic ter, einladend kurzweiliger Tropfen. Zweitetikett: Stoneburn.

Invivo Auck r w ★★ Schnell expandierender junger Erzeuger mit kräftige MARLBOROUGH SAUVIGNON BLANC mit Nesselnote (**16**), halbtrockene Marlborough PINOT GRIS und saftigem CENTRAL OTAGO PINOT NOIR (**14** Neuerdings Schwerpunkt auf Prominenten-Labels, v. a. unter Mitwirku von Graham Norton (siehe Kasten S. 415).

Johanneshof Marlb (r) w; sch ★★ Kleine Kellerei mit gutem Ruf für duftig GEWÜRZTRAMINER (einer der feinsten in Neuseeland, **14' 15**). Auch trock ner Blanc-de-Blancs-Schaumwein, sehr guter RIESLING und PINOT GRIS.

Jules Taylor Marlb (r) (rs) w ★★ Stilvolle, preiswerte Weine aus (vornehmlic MARLBOROUGH und GISBORNE. Edler, teilweise fassgereifter Marlborou CHARDONNAY (**15'**), intensiver Marlborough SAUVIGNON BLANC mit Klas (**16'**) und duftender, reichhaltiger Marlborough PINOT NOIR (**15'**).

Kim Crawford Hawk ★→★★ Die Marke ist im Besitz von CONSTELLATION NE ZEALAND. Leicht zugängliche Weine, darunter ausdrucksstarker MAR BOROUGH SAUVIGNON BLANC (Bestseller in den USA), floraler, recht tr ckener PINOT GRIS, frisch-fruchtiger HAWKE'S BAY MERLOT und geha voller PINOT NOIR (Verschnitt von Trauben aus Marlborough und CENTR OTAGO). Die Reihe mit wenig Alkohol heißt First Pick.

Kumeu River Auck (r) w ★★★ Der komplexe Estate CHARDONNAY (**14' 1** stammt aus unterschiedlichen Lagen und ist preiswert. Der Einzellage Chardonnay Mate's Vineyard ist üppiger (**13'** 14' 15'). Ein aufsteigend Stern ist der Einzellagen-Chardonnay Hunting Hill (**13'** 14' 15'): bem kenswert ausgefeilt und engmaschig gefügt. Sehr günstig ist der Chardo nay der niedriger platzierten Reihe Village. Außerdem gewichtiger PIN GRIS und robuster, erdiger PINOT NOIR.

Lake Chalice Marlb (r) (rs) w ★★ Der mittelgroße Erzeuger wurde 2016 v Saint Clair erworben (doch die Marke bleibt erhalten). Lebhafter, cremig CHARDONNAY, sehr fruchtiger, recht trockener PINOT GRIS, eindringlich leicht lieblicher RIESLING und knackiger, auf reife Weise kräuterwürzig SAUVIGNON BLANC. Solider PINOT NOIR. Unteres Preissegment: The Nes

Lawson's Dry Hills Marlb (r) (rs) w ★★→★★★ Weine mit gutem Preis-Le tungs-Verhältnis. Bekannt v. a. für prägnanten, leicht eichentönigen SA VIGNON BLANC und exotisch duftenden, robusten, weichen GEWÜRZTR MINER (**15**). Halbtrockener, toastwürziger, flaschengereifter RIESLING. D PINOT NOIR wird rasch besser. Spitzenreihe: The Pioneer (hervorragend GEWÜRZTRAMINER **14'**). In der neuen Reserve-Reihe gibt es gewichtige vollen Sauvignon blanc, konzentrierten, leicht cremigen Chardonnay u saftigen, komplexen Pinot noir. Unteres Preissegment: Mount Vernon.

Lindauer Auck ★→★★ Die enorm beliebte Schaumweinmarke im unte Preissegment (v. a. der Lindauer Brut Cuvée oJ mit Flaschengärung) im Besitz des Getränkekonzerns Lion Nathan. Die neuesten Abfüllung bieten lebhaften, einfachen Trinkgenuss. Die (nach 2 Jahren degorgier Special Reserve ist schön komplex und ihren Preis wert.

wburn Ferry C-Ot r ★★→★★★ Spezialist für PINOT NOIR mit Spitzenruf. Flaggschiff ist The Ferryman Reserve (kompakt, sehr saftig und komplex; **14'**). Außerdem Home Block (fleischig, reichhaltig, seidig; **12 13** 14' 15') und Skeleton Creek (nicht ausschließlich von gutseigenen Trauben, aber konzentriert und geschmeidig **13 14**).

ahi Marlb r w ★★ Stilvolle, komplexe Weine: süßfruchtiger SAUVIGNON BLANC mit feinem Gefüge (z. T. in Eiche ausgebaut); preiswerter CHARDONNAY (v. a. der Twin Valleys Vineyard ist äußerst straff und komplex; **14**); gewichtiger, weicher trockener PINOT GRIS (**16**); duftender, voller trockener Rosé (**15'**); vollmundiger PINOT NOIR mit Pilznote (**13' 14**).

an O' War Auck r w ★★★ Das größte Gut auf Waiheke Island. Straffer, eindringlicher CHARDONNAY, reichhaltiger süßlicher PINOT GRIS Exiled (**15'**) von Reben, die auf der Nachbarinsel Ponui wachsen. Das Rotweinangebot umfasst generösen, reifen MERLOT/CABERNET/MALBEC/PETIT VERDOT (**14**), köstlichen Malbec Death Valley (**14'**) und kraftvollen, würzigen, festen SYRAH Dreadnought (**12'** 14').

arisco Marlb r w ★★ Schnell expandierender Betrieb im Waihopai Valley mit den beiden Marken The Ned und Marisco The King's Series. Eindrucksvoller, reifer, voller SAUVIGNON BLANC Marisco The King's Favour, frischer, schwungvoller Sauvignon blanc The Ned. Auch guter CHARDONNAY, PINOT GRIS, PINOT NOIR. Im Besitz von Brent Marris, Gründer von WITHER HILLS.

arlborough r **13' 14** 15 16'; w **15' 16** – Neuseelands größtes Weinbaugebiet (zwei Drittel der Rebfläche) an der Spitze der Südinsel; die ersten Reben der modernen Zeit wurden 1973 gepflanzt (SAUVIGNON BLANC 1975). Warme, sonnige Tage und kalte Nächte sorgen für aromatische, frische Weißweine. Intensiver Sauvignon blanc mit variantenreichem Bukett: von pikanten Noten von grüner Paprika bis zu reifen Tropenfrüchten (einige Spitzenweine haben einen leichten Eicheneinfluss). Frischer halbtrockener RIESLING (neue Welle von lieblichen Weinen mit niedrigem Alkoholgehalt), mit der beste PINOT GRIS und GEWÜRZTRAMINER in Neuseeland. Der CHARDONNAY ist schlanker als in HAWKE'S BAY, kann aber gut reifen. Schaumweine der Spitzenklasse, edelfauler Riesling. Der PINOT NOIR wird unterschätzt, die besten Exemplare (von nördlich ausgerichteten Hanglagen mit Lehmboden) gehören zum Feinsten, was Neuseeland zu bieten hat. Auch ALBARIÑO und GRÜNER VELTLINER rücken jetzt in den Fokus.

artinborough Wairarapa r **13' 14** 15 16; w **13' 14 15** 16 – Kleiner, renommierter Bezirk im Süden WAIRARAPAS (am Fuß der Nordinsel). Im Sommer warm, im Herbst trocken; kieshaltige Böden. Erfolg mit mehreren weißen Trauben (SAUVIGNON BLANC und PINOT GRIS werden beide großflächig angebaut), berühmt wurde das Gebiet jedoch Mitte/Ende der 1980er-Jahre durch seinen robusten, saftigen und langlebigen PINOT NOIR (es gibt hier einen höheren Anteil ausgereifter Rebstöcke als in anderen Regionen).

artinborough Vineyard Martinb r (rs) (w) ★★★ Wegweisende Kellerei; berühmt ist der komplexe, reife, saftige PINOT NOIR Home Block (**13' 14'**). Außerdem reichhaltiger CHARDONNAY mit Biskuitnote, kräuterwürziger, z. T. fassvergorener SAUVIGNON BLANC, intensiver RIESLING (trocken und lieblich) und voller, halbtrockener PINOT GRIS. Te Tera heißen preiswerte, jung zu trinkende Weine (Pinot noir **14'**). Wurde 2014 von Foley Family Wines gekauft. Niedriges Preissegment: Russian Jack.

atawhero Gis r (rs) w ★★ Der Spitzenerzeuger von GEWÜRZTRAMINER der 1980er-Jahre hat jetzt andere Besitzer. Im Angebot sind ein guter CHARDONNAY ohne Eichennote, Gewürztraminer (saftig, weich), reifer, abgerundeter PINOT GRIS, pflaumenfruchtiger MERLOT, vielversprechender ALBARIÑO, ARNEIS und GRÜNER VELTLINER. Topreihe: Church House (reichhaltiger Chardonnay in geradlinigem Stil **15'**).

Matua Auck r w ★→★★★ Produzierte 1974 den ersten SAUVIGNON BLAN Neuseelands (von Trauben aus Auckland). Jetzt im Besitz von Treasu Wine Estates (TWE). Unter dem Namen Matua Valley altbekannt. Die mei ten Weine sind angenehm zu trinken und zugänglich. Lands & Legen heißt das mittlere Segment. Beeindruckende Luxus-Reihe mit Einzellage weinen, u. a. reintöniger, durchdringender Sauvignon blanc, erstklassig ALBARIÑO, kraftvoller, komplexer CHARDONNAY, dunkler, dichter MERLO /MALBEC (14') und SYRAH (**14'**).

Maude C-Ot r w ★★ Beständig guter, aromatischer, recht trockener PIN GRIS, floraler, fein gefügter PINOT NOIR sowie hervorragender RIESLIN CHARDONNAY und PINOT NOIR aus dem Mt Maude Vineyard in Wanaka.

Mills Reef Bay of Plenty r w ★★→★★★ Beständige, ansprechende Weine vo Lesegut aus eigenen Lagen in GIMBLETT GRAVELS und anderem Traube gut aus HAWKE'S BAY. Das Spitzensortiment Elspeth umfasst gehaltvolle straff gebauten CHARDONNAY, reichhaltige Rotweine mit feiner Textur i Bordeaux-Stil, v. a. herrlichen Cabernet Sauvignon (**13'**) und SYRAH (**13** die letzten Jahrgänge sind floraler und geschmeidiger). Die roten Reserv Weine sind meist recht preiswert.

Millton Gis r (rs) w ★★→★★★★ Die besten Weine des Anbaugebiets vo ersten biodynamischen Erzeuger in Neuseeland. Umwerfend reichha tig, komplex und charaktervoll präsentiert sich das Sortiment Clos de St Anne (CHARDONNAY, CHENIN BLANC, VIOGNIER, SYRAH, PINOT NOIR) vo einer hoch gelegenen Einzellage. Der langlebige, z. T. fassvergorene Ch nin blanc (in nasseren Jahren mit Honignoten) ist der beste in Neuseelan (15'). Jung zu trinkende Weine werden in der (preiswerten) Reihe Cra by Nature angeboten. Erstklassig ist der neue Pinot noir La Cote (**14**,15')

Misha's Vineyard C-Ot r w ★★ Großes Gut in Bendigo mit Spitzenkellermei ter Olly Masters (früher bei Ata Rangi). Ansprechend duftender, lebhafte reichhaltiger, harmonischer GEWÜRZTRAMINER, PINOT GRIS, RIESLING (tr ckener Lyric und halbtrockener Limelight), raffinierter, teilweise in Eich ausgebauter SAUVIGNON BLANC und herzhafter, komplexer PINOT NO (der Verismo liegt länger im Eichenfass).

Mission Hawk r (rs) w ★★ Ältester Weinbaubetrieb Neuseelands, erste Re pflanzungen 1851, erste Weinverkäufe in den 1890ern – und noch imm im Besitz der Catholic Society of Mary. Breite Palette ordentlicher sorte reiner Weine aus der Region; die Vineyard Selection liegt eine Qualitä stufe höher. Die Reserve-Reihe umfasst u. a. exzellenten MERLOT, CABE NET SAUVIGNON, SYRAH, MALBEC, CHARDONNAY und SAUVIGNON BLAN Die Spitzenweine laufen unter dem Namen Jewelstone (absolut hochkla siger Chardonnay 15' und Syrah 13' 14). 2012 Ankauf von ausgedehnte Rebland in AWATERE VALLEY (prägnanter, knackiger MARLBOROUGH Sa vignon blanc).

Mondillo C-Ot r w ★★ Star im Kommen in Bendigo mit duftendem, trock nem RIESLING (15), kraftvollem, reichhaltigem PINOT NOIR (**13'** 14' 15 und rarem, herrlich duftendem, seidigem Pinot noir Bella (**13'**).

Mount Edward C-Ot r w ★★ Kleiner, angesehener Erzeuger mit elegante zitrusfrischem, zart eichentönigem CHARDONNAY, rassigem RIESLING u konzentriertem, komplexem PINOT NOIR.

Mount Riley Marlb r (rs) w ★★ Mittelgroßer Familienbetrieb. Ausdruckssta ker, reif-kräuterwürziger SAUVIGNON BLANC, fein gefügter, recht trocken PINOT GRIS (**15'**), zitroniger, halbtrockener Riesling (**15'**), guter jung zu tri kender CHARDONNAY, charmanter, preiswerter PINOT NOIR. Die Spitze weine heißen Seventeen Valley (eleganter, komplexer Chardonnay **14'**, fl schiger, fassvergorener Sauvignon blanc **14**, vollmundiger, leicht erdig Pinot noir 14).

Mt Beautiful Cant r w ★★ Großes Gut in Cheviot, nördlich von Waipara. CHARDONNAY mit Biskuitnoten, kraftvoller, würziger PINOT GRIS mit Pfirsichnoten, aromatischer, gehaltvoller RIESLING, gewichtiger, kräuterwürziger SAUVIGNON BLANC; mäßig komplexer, milder PINOT NOIR.

Berühmtheit im Glas

Viele Prominente besitzen Weinberge und Kellereien oder haben Marken ihren Namen geliehen – das ist der neueste Trend in Neuseeland. INVIVO, eines der am schnellsten wachsenden Unternehmen des Landes, erzeugt Graham Norton's Own MARLBOROUGH SAUVIGNON BLANC; der irische Seriendarsteller und Fernsehmoderator hält überdies einen Anteil am Unternehmen. Auch der nach einer der bekanntesten neuseeländischen Fernseh- und Radiopersönlichkeiten benannte Paul Henry's Own PINOT NOIR stammt von Invivo. Dem Radiosprecher Leighton Smith gehört Clevedon Hills im Süden von AUCKLAND, und alle sind scharf auf den Pinot noir des Schauspielers Sam Neill, der auf seinem Gut TWO PADDOCKS in Central Otago entsteht.

Mt Difficulty C-Ot r (rs) w ★★→★★★ Qualitätserzeuger mit beliebtem Restaurant im warmen Bereich Bannockburn. Kraftvoller PINOT NOIR (**14'**). Der Roaring Meg ist etwas leichter, der Verschnitt Cromwell Basin für baldigen Genuss bestimmt. Außerdem dichter Pipeclay Terrace von einer Einzellage (**13'**), anmutiger Target Gully (**13'**) und dunkler, strammer Mansons Farm (13'). Weißweine mit Klasse (v. a. RIESLING und PINOT GRIS).

Muddy Water Waipara r w ★★→★★★ Der kleine, hochklassige Biobetrieb gehört jetzt zu GREYSTONE. RIESLING James Hardwick (gewichtig, halbtrocken, einer der besten Neuseelands **13' 15'**), gewichtiger, eleganter, jugendlicher CHARDONNAY (**15'**) und schmackhafter, bemerkenswert komplexer PINOT NOIR (15; v. a. Slowhand von den ältesten, ertragsarmen Reben **12'**).

Mud House Cant r w ★★→★★★ Die große Kellerei mit australischen Eigentümern und Sitz in MARLBOROUGH erzeugt Weine von der Südinsel (inkl. WAIPARA und CENTRAL OTAGO). Zu den Marken zählen Mud House, Waipara Hills und Hay Maker (die untere Stufe). Regionale Verschnitte sind z. B. der schwungvolle, preiswerte Marlborough SAUVIGNON BLANC (**16'**), der duftende Marlborough PINOT GRIS, der halbtrockene Waipara Hills RIESLING und der äußerst charmante, preiswerte Central Otago PINOT NOIR. Exzellente Estate-Weine (von Einzellagen) und die Reihe Single Vineyard (aus Trauben von Vertragswinzern). Neu ist die Sub Region Series: CHARDONNAY mit Pfirsichnoten (**15'**) und duftender, körperreicher Pinot gris (**16'**).

Nautilus Marlb r w; sch ★★→★★★ Mittelgroße, sehr verlässliche Händlergruppe in Neuseeland im Besitz von S. Smith & Sons (Australien). Spitzengewächse sind u. a. der volle, trockene SAUVIGNON BLANC (**16**), der absolut hochklassige CHARDONNAY (komplex, subtil **15'**), der elegante, herzhafte Southern Valleys PINOT NOIR (**14**), der vollmundige trockene PINOT GRIS (**15'**) und der intensive Schaumwein oJ mit Hefenote (mindestens 3 Jahre auf dem Hefesatz), einer der feinsten Schaumweine Neuseelands. Ausgezeichneter neuer GRÜNER VELTLINER und ALBARIÑO. Mittlere Qualitätsstufe: Opawa (fruchtbetont). Unterste Stufe: Twin Islands.

Nelson Nel r **13'** 14; w **13 14** – Kleinere Region westlich von MARLBOROUGH mit etwas nasserem, aber ebenso sonnigem Klima. Anbauflächen auf Lehmböden in den Upper-Moutere-Hügeln (körperreiche Weine) und der schlammigen WAIMEA-Ebene (aromatischer). Die größte Fläche ist m SAUVIGNON BLANC bestockt, aber eine Stärke sind auch die aromatische Weißweine, v. a. RIESLING, PINOT GRIS und GEWÜRZTRAMINER. Auch gute (manchmal herausragender) CHARDONNAY und PINOT NOIR. Wird zu oft ur terschätzt.

Neudorf Nel r (rs) w ★★★→★★★★ Recht kleine Kellerei mit gutem Ruf. De kraftvolle, schwungvolle CHARDONNAY Moutere (**13'** 14' 15') gehört z den besten Neuseelands. Ausgezeichneter jung zu trinkender Chardor nay Rosie's Block (**15'**), großartiger schmackhafter PINOT NOIR Mouter (**13' 14**), reifer SAUVIGNON BLANC mit leichter Eichennote, kraftvoller halb trockener PINOT GRIS (**15'**); der RIESLING (trocken und lieblich) ist eber falls erstklassig. Charmanter trockener Pinot Rosé und hochklassiger neu er ALBARIÑO (**15'**).

Ngatarawa Hawk r w ★★ Mittelgroße Kellerei im Besitz der Familie Cor ban. Ansprechende Reihe Stables Reserve, u. a. mit fruchtigem HAWKE'S BAY CHARDONNAY, stämmigem Hawke's Bay MERLOT/CABERNET und ge schmeidigem Hawke's Bay SYRAH. Hervorragend die Reihe namens Propri etors Reserve: duftender, konzentrierter Chardonnay, äußerst reichhaltige Merlot/Cabernet, fester Syrah und hinreißender Noble RIESLING. Die zweit Riege heißt Glazebrook.

No. 1 Family Estate Marlb sch ★★ Familienbetrieb des regionalen Pionier Daniel Le Brun (ehemals Champagne). Hat keine Rechte mehr an de Marke Daniel Le Brun (im Besitz von Lion Nathan). Spezialist für häufi sehr guten Schaumwein, v. a. den erstklassigen sehr lebhaften Blanc d Blancs oJ mit Hefenoten und die Cuvée No 1.

Nobilo Marlb – Siehe CONSTELLATION NEW ZEALAND.

Obsidian Waiheke r w ★★ Von der Lage in Onetangi kommt ein stillvoller Bor deaux-Verschnitt (The Obsidian Reserve **10' 11 12 13'**) sowie stämmige Reserve VIOGNIER mit Pfirsich- und Röstaromen, köstlicher CHARDONNA Reserve (**15'**) und dunkler, dichter SYRAH Reserve (13'). Die Zweitmark heißt jetzt Obsidian (vormals Weeping Sands).

Oyster Bay Marlb r w; sch ★★ Die Marke von DELEGAT ist ein Triumph de Marketings und verzeichnet einen riesigen Umsatz in Großbritannien, de USA und Australien. Lebhafte, ansprechende Weine mit einem Hauch vo Klasse aus MARLBOROUGH und HAWKE'S BAY: Der Marlborough SAUVI GNON BLANC ist mit 1,5 Mio. Kisten pro Jahr der Bestseller (körperreich schwungvoll, trocken), dazu kommen Marlborough CHARDONNAY mit za ter Eichennote, trockener Hawke's Bay PINOT GRIS im »grigio«-Stil, pflau menwürziger Marlborough PINOT NOIR, weicher Hawke's Bay MERLOT un süffige Schaumweine (duftender, lebhafter Rosé Cuvée).

Palliser Martinb r w ★★→★★★ Eine der größten und besten Kellereien de Bereichs. Ausgezeichneter, lebhafter SAUVIGNON BLANC mit Noten tro pischer Früchte, duftender, sehr eleganter CHARDONNAY (**14'**), aromati scher, leicht lieblicher RIESLING (**15'**), fülliger, abgerundeter PINOT GRI (**15'**), Schaumwein (der beste von MARTINBOROUGH) und duftender, vo ler, sehr harmonischer PINOT NOIR (**13' 14**). Spitzenweine: Palliser Estate untere Stufe: Pencarrow (äußerst preiswert, Löwenanteil der Produktion).

Pask Hawk r w ★★ Mittelgroße Kellerei (stand 2016 zum Verkauf) mit aus gedehnten Rebflächen in GIMBLETT GRAVELS. Vollaromatischer CABER NET SAUVIGNON, MERLOT und SYRAH mit gutem Preis-Leistungs-Verhält nis, aber zuweilen mit grünen Noten. Lebhafter CHARDONNAY mit sanfter Eicheneinfluss. Zur Spitzenreihe Declaration gehört auch fleischiger, reich haltiger, toastwürziger Chardonnay (**15'**), dunkler, konzentrierter Merlo (13' 14'), duftender, komplexer Cabernet/Merlot/MALBEC (13' 14'). Unter Stufe: Roys Hill, Kate Radburnd.

assage Rock Waiheke r w ★★ Beeindruckender kraftvoller, opulenter SYRAH, v. a. Reserve (14'); aber auch der normale Syrah ist dicht und sehr gut für sein Geld (14'). Gute Rotweine im Bordeaux-Stil (v. a. CABERNET SAUVIGNON/MERLOT Reserve 14).

egasus Bay Waipara r w ★★★ Pionier-Familienbetrieb mit hervorragendem Sortiment: straffer, komplexer Chardonnay (**12** 13'), ein komplexer, z. T. in Eiche ausgebauter SAUVIGNON BLANC/SEMILLON-Verschnitt (**14'**), reichhaltiger, schwungvoller, mittelschwerer RIESLING (Verkaufsschlager **14'**), kraftvoller, exotisch duftender GEWÜRZTRAMINER (**13' 14**) und üppiger, seidiger PINOT NOIR (10' **11 12** 13), v. a. der Prima Donna (**10' 11 12'**) von ausgereiften Rebstöcken. Herrliche süße Weinweine von Riesling und Semillon. Zweitmarke Main Divide: äußerst preiswerte Tropfen, v. a. PINOT GRIS.

eregrine C-Ot r w ★★ Knackige, konzentrierte Weißweine, v. a. RIESLING (trocken und leicht lieblicher Rastaburn) und fleischiger, voller, sehr schön ausgewogener CHARDONNAY (**13'**). Der gute lebhafte, zitronige, hefige Schaumwein heißt schlicht Vintage (**12**). Auch duftender, seidiger PINOT NOIR (**11 12** 13). Der Pinot noir Saddleback hat ein gutes Preis-Leistungs-Verhältnis. (Die Eigentümer lagen 2016 im Rechtsstreit.)

ernod Ricard New Zealand Auck r rs w ★→★★★ Einer der größten Erzeuger in Neuseeland, früher Montana. Kellereien in AUCKLAND, HAWKE'S BAY und MARLBOROUGH. Ausgedehnte Rebflächen in Teilbesitz liefern Marlborough-Weißweine, u. a. den knackigen, schwungvollen Verkaufsschlager BRANCOTT ESTATE SAUVIGNON BLANC (**16**). Die Stärken liegen beim Schaumwein, v. a. DEUTZ Marlborough Cuvée. Erstklassige, wunderbar preiswerte Rotweine unter dem Namen CHURCH ROAD und CHARDONNAY. Eine weitere wichtige Marke ist STONELEIGH (tropenfruchtiger Sauvignon blanc).

sa Range C-Ot r (w) ★★→★★★ Kleines Weingut mit verlockend duftendem, kraftvoll-seidigem PINOT NOIR Black Poplar (**13'** 14') und sehr gutem Pinot noir von jungen Reben namens Run 245 (**14**). Auch frischer, recht trockener PINOT GRIS und gehaltvoller trockener RIESLING (14).

ophet's Rock C-Ot r w ★★ Fülliger, saftiger PINOT GRIS, erstklassiger fassgereifter trockener RIESLING und duftender, herzhafter PINOT NOIR. Jung zu trinkende Weine heißen Rocky Point.

uriri Hills Auck r rs ★★→★★★ Absolut hochklassige, komplexe, seidige, langlebige Rotweine auf MERLOT-Basis (mit CABERNET FRANC, CARMENÈRE, CABERNET SAUVIGNON und MALBEC verschnitten) aus Clevedon (**08'** **09** 10'). Die Reserve-Weine sind besonders duftend, tiefgründig und komplex, mit einer kräftigeren Note von neuem Eichenholz. Spitzenetikett ist der unglaublich üppige Pope (10'). Zweitmarke: Mokoroa.

yramid Valley Cant r w ★★→★★★ Von der sehr kleinen, hoch gelegenen Rebfläche auf Kalksteinboden in Waikari kommt floraler, zunehmend generöser PINOT NOIR von gutseigenen Trauben (Angel Flower, Earth Smoke **10' 12 13**) und gewichtiger, zitroniger, straffer CHARDONNAY (**13'**). Erstklassige Weine (u. a. Pinot blanc, Cabernet franc) der Reihe Growers' Collection aus anderen Regionen. Nicht jedermanns Sache, aber mit ganz eigener Persönlichkeit. Stand 2017 zum Verkauf.

uartz Reef C-Ot r w; sch ★★→★★★ Kleiner Bio-Qualitätserzeuger mit pfirsichfruchtigem trockenem PINOT GRIS (**14 15'**), duftendem, reichhaltigem, saftigem PINOT NOIR (**13' 14'**) – der Bendigo Estate ist besonders konzentriert (**10' 12** 14') – und intensivem, hefigem, rassigem Schaumwein mit Hefenote (besonders gut der Jahrgangs-Schaumwein **09 10'**).

apaura Springs Marlb ★★ Beständig guter und preiswerter CHARDONNAY, PINOT GRIS, SAUVIGNON BLANC, v. a. Reserve.

Rippon Vineyard C-Ot r w ★★→★★★ Herrlich am Ufer des Lake Wanaka g legener Pionier-Betrieb mit faszinierenden Weinen. Duftender PINOT NO Rippon von ausgereiften Reben (**10' 12'**) und Pinot noir Jeunesse von jü geren Reben (**12'**). Kraftvoll und hochkomplex ist der Pinot noir Tinker Field (von den ältesten Reben; **10' 12'**). Der Pinot noir Tinker's Beque wurde mit »keinerlei Korrekturen oder Zusatzstoffen« bereitet: kraftvc ein Eindruck von ungebremster Kraft.

Rockburn C-Ot r (rs) w ★★ Frischer, lebhafter, trockener PINOT GRIS, sehr g ter leichter, lieblicher RIESLING (**14'** 15). Der duftende, reichhaltige PIN(NOIR (**13' 14'** 15) stammt von Trauben aus Cromwell Basin (Hauptante und Gibbston; der Eleven Barrels ist besonders reif und tief (13'). Zwei etikett: Devil's Staircase.

Rod McDonald Hawk r (rs) w ★★ Äußerst erfahrener Weinmacher (war 19S bis 2006 bei VIDAL), mehrere Marken: Te Awanga, Two Gates, Quart Acre. Ausgezeichneter CHARDONNAY und MERLOT.

Sacred Hill Hawk r w ★★→★★★ Mittelgroßer Erzeuger. Gefeierter CHAR DONNAY Riflemans (**13' 14'** 15'), ein muskulöser, aber höchst ausgefeilt Wein von einer erhöhten Lage im Landesinneren. Kraftvoller, dunkler, lan lebiger MERLOT Brokenstone (**10' 11** 13 14'), CABERNET/Merlot Helmsma (**10' 11** 13 14) und SYRAH Deerstalkers (**10' 12** 13' 14') aus GIMBLE GRAVELS. Schwungvoller MARLBOROUGH SAUVIGNON BLANC (**16**), kös licher, preiswerter HAWKE'S BAY Merlot/Cabernet Sauvignon (**15**). Ha und Reserve: mittlere Qualitätsstufe. Weitere Marken: Gunn Estate, Wi South (preiswerte Marlborough-Weine).

Saint Clair Marlb r (rs) w ★★→★★★ Der größte Familienbetrieb der Reg on; erster Jahrgang 1994. Angesehen für zupackenden SAUVIGNON BLAN aus dem unteren Wairau Valley – v. a. der unschlagbar preiswerte regi nale Verschnitt und der erstaunlich reichhaltige, leicht salzige Wairau R serve. Zugänglicher RIESLING, PINOT GRIS, GEWÜRZTRAMINER, CHARDON NAY, MERLOT und PINOT NOIR. Spitzensortiment sind die Reserve-Wein gefolgt von der zweiten Reihe namens Pioneer Block (darunter erstklassig Pinot-noir- und Sauvignon-blanc-Weine), außerdem gute, preiswerte regi nale Verschnitte und die Reihe Vicar's Choice, die das untere Preissegme abdeckt. Investiert nun auch in HAWKE'S BAY im Rotweinbereich.

Seifried Estate Nel (r) w ★★ Die erste und größte Kellerei der Region ist Familienbesitz und seit Langem angesehen für guten halbtrockenen RIES LING (**14' 15'**) und GEWÜRZTRAMINER (16). Jetzt preiswerter, oft exzelle ter SAUVIGNON BLANC (**16**) und CHARDONNAY (**15**). Außerdem würzig GRÜNER VELTLINER mit Pfirsichnoten (**14**). Am besten: Winemakers Colle tion (v. a. Riesling Sweet Agnes **15' 16'**). Die dritte Riege heißt Old Coac Road. Die Weißweine sind besser als die Roten.

Selaks Marlb r w ★→★★ Alter Betrieb kroatischen Ursprungs, jetzt eine Ma ke von CONSTELLATION NEW ZEALAND. Solide und leicht zugänglich sir die Weine der Reihe Premium Selection. Gute Reserve-Weine aus HAWKE BAY: CHARDONNAY, MERLOT/CABERNET, SYRAH. Die Spitzenreihe Founde wurde kürzlich wiederbelebt: v. a. guter Chardonnay.

Seresin Marlb r w ★★→★★★ Qualitäts-Bioweinerzeuger. Der SAUVIGNO BLANC (teilweise in Eiche ausgebaut; **15'**) ist einer der besten Neuse lands; auch reichhaltiger fassvergorener Sauvignon blanc Marama vc den ältesten Reben (**13'**). Erstklassiger, reichhaltiger CHARDONNAY Rese ve (**13'**), saftiger PINOT NOIR und trockener, in Eiche ausgebauter PINC GRIS. Drittmarke: Momo (günstig). Alles in allem komplexe Weine mit fe nem Gefüge.

Sileni Hawk r (rs) w ★★ Große Kellerei, derzeit stark auf PINOT NOIR konze triert. Spitzenweine: kraftvoller CHARDONNAY Exceptional Vintage (13'

SYRAH (**13'**), MERLOT (**13'**). Estate Selection im mittleren Qualitätsbereich: u. a. buttriger Chardonnay The Lodge (**14 15'**), reichhaltiger, duftender MERLOT The Triangle (**14'**) sowie PINOT NOIR Springstone (**15'**) und Parkhill (**15'**); es folgt die Reihe Cellar Selection (guter Merlot und halbtrockener PINOT GRIS). Dazu reichhaltiger, weicher MARLBOROUGH SAUVIGNON BLANC (v. a. Straits **16'**). Weitere Marken: Greyrock, Overstone, Satyr.

Spy Valley Marlb r (rs) w ★★→★★★ Sehr erfolgreiche Firma mit ausgedehnten Rebflächen. Die vollen, aromatischen Weißweine (RIESLING **15'**, GEWÜRZTRAMINER **15'**, PINOT GRIS **15'**) sind außergewöhnlich günstig; auch eindrucksvoller SAUVIGNON BLANC (**16**), CHARDONNAY (**15'**) und PINOT NOIR (**14**). Gefälliger trockener Pinot noir Rosé (**16**). Erstklassig ist die Spitzenreihe Envoy (voller, subtiler Chardonnay **14'**, Pinot gris im elsässischen Stil, in Eiche ausgebauter trockener Riesling und komplexer, saftiger Pinot noir Outpost **14**). Zweitmarke: Satellite.

Staete Landt Marlb r w ★★ Weingut in Rapaura (WAIRAU VALLEY) mit ausgefeiltem CHARDONNAY (reichhaltig, mit Pfirsich- und Biskuitnoten), Spitzen-SAUVIGNON BLANC Annabel (saftig, voll, tropische Frucht, z. T. in Eiche ausgebaut) und anmutiger PINOT NOIR. Sehr vielversprechend ist der VIOGNIER. Zweitmarke: Map Maker (günstig).

Starborough Family Estates Marlb (r) w ★★ In Familienbesitz, Rebflächen in AWATERE VALLEY und WAIRAU VALLEY. Aromatischer, gewichtiger, lebhafter, geschmacksintensiver SAUVIGNON BLANC (**16**), aromatisierter, leicht trockener PINOT GRIS und duftender, herzhafter, geschmeidiger PINOT NOIR. Vorsicht: Starborough Family Estates ist nicht zu verwechseln mit der Marke Starborough von Gallo.

Stonecroft Hawk r w ★★ Kleine Kellerei, die als erste in Neuseeland einen ernst zu nehmenden SYRAH erzeugt hat (1989): Reserve (dicht, herzhaft **13'** 14'); der Syrah Serine ist leichter. Duftender, geschmeidiger MERLOT/CABERNET SAUVIGNON Ruhanui (**14'**), äußerst reichhaltiger GEWÜRZTRAMINER Old Vine (**15'**), tropischer, in Eiche ausgebauter SAUVIGNON BLANC (**16'**) und der einzige Zinfandel Neuseelands (mittlerer Körper, würzig **14**).

Stoneleigh Marlb r (rs) w ★★ Im Besitz von PERNOD RICARD NEW ZEALAND. Hauptsächlich Rebgut aus warmen Rapaura-Weingärten. Gute, in großen Mengen produzierte Weißweine aus MARLBOROUGH, u. a. tropenfruchtiger SAUVIGNON BLANC, leicht lieblicher PINOT GRIS, körperreicher Riesling, leicht buttriger CHARDONNAY. Spitzenweine: Rapaura Series, v. a. intensiver Sauvignon blanc (**15'**), pfirsichfruchtiger, toastwürziger Chardonnay (**14' 15**), voller Pinot gris (**15'**) und saftiger PINOT NOIR (14').

Stonyridge Waiheke r w ★★★→★★★★ Boutiquekellerei, seit Mitte der 1980er-Jahre berühmt für ihren außergewöhnlichen roten Larose auf CABERNET-SAUVIGNON-Basis (10' 11 12 13' 14' 15'), einer der großartigsten Rotweine Neuseelands, der hervorragend reift. Der kleine Bruder des Larose heißt Airfield. Kraftvoller, dichter Pilgrim im Rhône-Stil (15') und unglaublich vollgepackter MALBEC Luna Negra (15'). Bei den Weinen namens Fallen Angel stammen die Trauben nicht aus WAIHEKE ISLAND.

Te Awa Hawk r w ★★→★★★ Gut in GIMBLETT GRAVELS, bekannt für seine Rotweine auf MERLOT-Basis. Wurde 2012 von VILLA MARIA gekauft und beherbergt jetzt dessen neue Kellerei. Straffer, eleganter CHARDONNAY (**15'**), fülliger, reifer SAUVIGNON BLANC (**15**), duftender, reichhaltiger Merlot/CABERNET (**13' 14'**), floraler, geschmeidiger SYRAH (14) und dichter, herzhafter TEMPRANILLO (**13' 14'**). Unter den Namen Left Field werden zugängliche, preiswerte Weine angeboten.

Te Kairanga Martinb r w ★★ Eine der größten Kellereien des Gebiets, viel besser geworden, seitdem sie 2011 vom Amerikaner Bill Foley erworben wurde. Sehr guter CHARDONNAY (**14'**), trockener PINOT GRIS (**16'**), SAUVIGNON

BLANC (**16'**), generöser, fein ausgewogener PINOT NOIR (preiswert; **14'**), guter süßlicher Riesling (14' 15). Runholder heißt die mittlere Qualitätsstufe (floraler, reichhaltiger Pinot noir **14'**). Die Reserve-Weine tragen den Namen John Martin: gewichtiger, reichhaltiger Chardonnay (**14'**), dichter Pinot noir (14').

Te Mania Nel ★★ Kleiner Erzeuger mit gutem Preis-Leistungs-Verhältnis: frischer, lebhafter CHARDONNAY, GEWÜRZTRAMINER, PINOT GRIS, RIESLING und rassiger SAUVIGNON BLANC (Biowein). Spitzen-Reserve-Reihe: robuster, komplexer PINOT NOIR (**14'**) und fülliger, tiefgründiger Chardonnay (**15'**), beides Bioweine.

Te Mata Hawk r w ★★★→★★★★ Renommierte Kellerei (erster Jahrgang 1895), die seit 1974 von der Familie Buck betrieben wird. Von seltener Klasse und Langlebigkeit ist der Coleraine (CABERNET SAUVIGNON/MERLOT/CABERNET FRANC **09' 10'** 13' 14); der viel preiswertere Cabernet/Merlot Awatea (**13'**) ist ebenfalls hochklassig, aber zugänglicher. Der SYRAH Bullnose (**10'** 13' 14') gehört zu den besten in Neuseeland. Reichhaltiger, eleganter CHARDONNAY Elston (13' **14'** 15'). Die Reihe Estate Vineyards bietet jung zu trinkende Weine (sehr guter Chardonnay, SAUVIGNON BLANC, GAMAY NOIR, Merlot/Cabernet Sauvignon/Cabernet franc und Syrah).

Terra Sancta C-Ot r (rs) (w) ★★ Das erste Gut in Bannockburn, 1991 unter dem Namen Olssens gegründet; seit 2011 neuer Eigentümer. Sehr preisgünstiger, generöser, jung zu trinkender PINOT NOIR Mysterious Diggings (**15'**). Die mittlere Qualitätsstufe deckt der Pinot noir Bannockburn (**13' 14'**) ab; von den ältesten Reben stammt der dichte, vollmundige Pinot noir Slapjack Block (**13'** 14'). Auch ausgezeichneter RIESLING und PINOT GRIS sowie hervorragender lebhafter Pinot noir Rosé (**16'**), einer der besten Neuseelands.

Te Whare Ra Marlb r w ★★ Etikettname: TWR. Die 1979 angelegten Rebflächen sind mit die ältesten der Region. Überaus duftender, würziger Bio-GEWÜRZTRAMINER sowie reichhaltiger, lebhafter SAUVIGNON BLANC und RIESLING (trockener »D« und mittelsüßer »M«).

Te Whau Waiheke ★★→★★★ Winziges, angesehenes Gut am Meer mit Restaurant. Der erstklassige, komplexe CHARDONNAY (**13' 14'** 15') ist der beste Wein. Außerdem gehaltvoller Verschnitt auf CABERNET-SAUVIGNON-Basis The Point (**10'** 12 13 14') und komplexer SYRAH (**10 12** 13 14').

Tiki Marlb (r) w ★★ Die Familie McKean besitzt ausgedehnte Rebflächen in MARLBOROUGH und Waipara. Schwungvoller, lebhafter SAUVIGNON BLANC v. a. Single Vineyard (**16'**), fleischiger, weicher PINOT GRIS (**16'**), duftender, reichhaltiger CENTRAL OTAGO PINOT NOIR Koru (**14'**). Zweitetikett: Maui.

Tohu r w ★★ Unternehmen in Maori-Besitz mit ausgedehnten Rebflächen in MARLBOROUGH und NELSON. Rassiger SAUVIGNON BLANC Single Vineyard (**16'**) und abgerundeter, in Eiche ausgebauter Sauvignon blanc Reserve Mugwi (**15**); dazu gehaltvoller trockener RIESLING (**15**), recht trockener PINOT GRIS (**16**) und zunehmend komplexer werdender PINOT NOIR (**15'**).

Trinity Hill Hawk r (rs) w ★★→★★★ Kellerei mit sehr gutem Ruf, seit 2014 in amerikanischem Besitz. Der Bordeaux-Verschnitt The Gimblett ist reichhaltig und sublim (**13** 14'). Dazu stilvoller GIMBLETT GRAVELS CHARDONNAY (**13' 14'** 15'), sehr blumiger und dichter SYRAH Homage (**09' 10'** 13 14'), eindrucksvoller, pflaumenfruchtiger TEMPRANILLO (14' 15') und köstlicher MONTEPULCIANO (14'). Der duftende, weiche VIOGNIER gehört zu Neuseelands besten. Die einfachere Reihe mit weißen Etiketten hat ein gutes Preis-Leistungs-Verhältnis, v. a. der jung zu trinkende MERLOT (15').

Two Paddocks C-Ot r (w) ★★ Der Schauspieler Sam Neill erzeugt leichten, rassigen, halbtrockenen RIESLING (**14'**) und mehrere PINOT-NOIR-Weine. Ausgezeichneter Regionalverschnitt (**13'** 14'). Einzellagen-Weine: First

Paddock (vegetabiler, aus dem kühlen Bereich Gibbston **13'**) und Last Chance (reifer, aus dem wärmeren Alexandra **12'**). Der jüngste Neuzugang ist The Fusilier von Trauben aus Bannockburn: dicht, komplex (14'). Picnic ist ein guter, jung zu trinkender Regionalverschnitt (**14**).

Two Rivers Marlb r (rs) w ★★ Erzeuger des SAUVIGNON BLANC Convergence – erstklassige, lebhafte, eindringliche Weine aus dem WAIRAU VALLEY und dem AWATERE VALLEY (**16**). Sehr guter CHARDONNAY (mundfüllend, reichhaltig, cremig; 15), PINOT GRIS und RIESLING. Heller, zarter, trockener Rosé. Der PINOT NOIR Tributary ist frisch und geschmacksintensiv (15'). Zweitmarke: Black Cottage (preiswert).

Urlar Wairarapa r w ★★ Kleiner Biobetrieb mit gewichtigem, cremigem PINOT GRIS (**14'**), vollmundigem trockenem RIESLING, z. T. in Eiche ausgebautem, reichhaltigem, reifem SAUVIGNON BLANC, herrlichem Noble Riesling (**15'**) und herzhaftem, komplexem PINOT NOIR (14).

Valli C-Ot ★★→★★★ Ausgezeichnetes Angebot an komplexem PINOT NOIR von Einzellagen (Gibbston **13'** 14' 15', Bendigo **13'** 14' 15'; Bannockburn **13** 14' 15', WAITAKI **13**, 14', 15'); dazu beeindruckend intensiver trockener Old Vine RIESLING (**13'**) von 1981 gepflanzten Reben.

Vavasour Marlb r w ★★→★★★ Pflanzte 1986 die ersten Reben im AWATERE VALLEY. Voller, cremiger CHARDONNAY (**14' 15'**; Anna's Vineyard von den ältesten Reben ist besonders elegant und komplex 15'); v. a. bekannt für lebhaften, reinen SAUVIGNON BLANC mit Nesselnote (**15**). Außerdem äußerst vielversprechender PINOT NOIR und kräftiger halbtrockener PINOT GRIS (**15'**). Im Besitz von Foley Family Wines.

Vidal Hawk r w ★★→★★★ 1905 gegründet und seit 1976 im Besitz von VILLA MARIA. Spitzenreihe Legacy: überaus duftender, rauchiger, straffer Chardonnay (15'), dichter, seidiger SYRAH (14'), großartiger CABERNET SAUVIGNON (14'). Reserve-Reihe im mittleren Bereich mit großartigem Preis-Leistungs-Verhältnis: Chardonnay (15'), MERLOT/Cabernet Sauvignon (**14'**), Syrah, MARLBOROUGH PINOT NOIR (**15'**). Äußerst preiswert ist der Marlborough SAUVIGNON BLANC (**15'**).

Villa Maria Auck r (rs) w ★★→★★★ Die größte Kellerei Neuseelands, vollständig in Familienbesitz, wird von Sir George Fistonich geführt. Zur Firma gehören auch VIDAL, ESK VALLEY und TE AWA. Auf Weinmessen ausgerichtet, sehr erfolgreich. Die Spitzenweine laufen unter der Bezeichnung Reserve (ausgeprägter Regionalcharakter) und Single Vineyard (hebt die einzelnen Lagen hervor). Cellar Selection: Mittelklasse (weniger Eichenholzeinfluss), ausgezeichnet, sehr preiswert; auch die in großen Mengen erzeugten Weine der dritten Qualitätsstufe Private Bin sind oft sehr gut (v. a. SAUVIGNON BLANC, aber auch CHARDONNAY, GEWÜRZTRAMINER, PINOT GRIS, RIESLING, VIOGNIER, MERLOT und PINOT NOIR). Kleine Mengen von sehr gutem ALBARIÑO, ARNEIS, VERDELHO und GRENACHE. Der neue Kultrotwein Ngakirikiri The Gravels (13') auf CABERNET-SAUVIGNON-Basis ist sehr jugendlich, reintönig und reichhaltig.

Waiheke Island r (w) Herrliche Insel im Hauraki Gulf, der Bucht vor Auckland (das Meer hat einen mäßigenden Einfluss auf die Temperaturen). 1978 von Goldwater für den Weinbau entdeckt. Zunächst für stilvolle CABERNET-SAUVIGNON/MERLOT-Verschnitte bekannt, dann für dunklen, kräftigen SYRAH. Auch guter reichhaltiger CHARDONNAY.

Waimea Nel r (rs) w ★★ Einer der größten und preiswertesten Erzeuger der Region. Schwungvoller SAUVIGNON BLANC (**16**), reichhaltiger PINOT GRIS (**16**), GEWÜRZTRAMINER (**15'**), lebhafter VIOGNIER (**14'**). Sehr guter RIESLING (der Classic ist mittelsüß mit Honignote **16**), reichhaltiger Chardonnay (**14'**), trockener GRÜNER VELTLINER (16), stahliger ALBARIÑO (16). Körperreicher PINOT NOIR (**14'**). Zweite Garde: Spinyback.

Wairarapa Neuseelands siebtgrößte Weinregion (nicht zu verwechseln mit Waipara, CANTERBURY). Siehe MARTINBOROUGH. Umfasst auch den Unterbereich Gladstone im Norden (etwas höher gelegen, kühler, feuchter). Das trockenste und kühlste Anbaugebiet auf der Nordinsel, besondere Stärke bei Weißweinen (SAUVIGNON BLANC und PINOT GRIS werden am häufigsten angepflanzt, aber auch RIESLING, GEWÜRZTRAMINER und CHARDONNAY sind gut) und v. a. PINOT NOIR (körperreich, warm, herzhaft, von vergleichsweise alten Reben). Viel wird in die nahegelegene Hauptstadt Wellington verkauft.

Wairau River Marlb r (rs) w ★★ Gute Weißweine: reifer, tropenfruchtiger SAUVIGNON BLANC (**16**), körperreicher, abgerundeter PINOT GRIS (**16**), leicht lieblicher RIESLING Summer (**16**), kräftiger, pikanter ALBARIÑO (16). Spitzenweine unter dem Etikett Reserve: konzentrierter, reifer Sauvignon blanc (**16**), reichhaltiger VIOGNIER mit Pfirsichnoten (**15**), kraftvoller CHARDONNAY (**15'**), gewichtiger, PINOT NOIR (**15'**).

Wairau Valley Marlb – Größte Unterregion in MARLBOROUGH (die ersten Reben wurden 1873 gepflanzt, die moderne Ära begann 1973). Die meisten Kellereien der Region stehen hier. Drei bedeutende Seitentäler im Süden: Brancott, Omaka und Waihopai (die unter der Sammelbezeichnung Southern Valleys bekannt sind). SAUVIGNON BLANC gedeiht auf steinigen Ebenen mit Silt-Untergrund, PINOT NOIR auf tonigen Nordhängen. Nur noch begrenzter Spielraum für weitere Pflanzungen.

Waitaki Valley C-Ot – Sich langsam ausdehnende Unterregion in North Otago mit kühlem Klima und Frostgefahr. Sehr vielversprechender PINOT NOIR (kann aber grüne Noten aufweisen), knackiger, lebhafter, rassiger PINOT GRIS und RIESLING. Mehrere Erzeuger, aber nur eine Kellerei.

Whitehaven Marlb r (rs) w ★★ Mittelgroßer Erzeuger. Der geschmacksintensive, harmonische SAUVIGNON BLANC ist überaus preiswert und ein Bestseller in den USA. Reichhaltiger, weicher GEWÜRZTRAMINER, zitrusfrischer leicht buttriger CHARDONNAY, öliger, eher trockener PINOT GRIS, kräftiger halbtrockener Riesling, sehr guter trockener Rosé von PINOT NOIR (**16'**) und stämmiger, herzhafter Pinot noir. Gallo (siehe Kapitel »Kalifornien«) ist Miteigentümer. Spitzenreihe: Greg.

Wither Hills Marlb r w ★★ Früher klein und fein, jetzt ein großer Erzeuger im Besitz von Lion Nathan. Beliebter SAUVIGNON BLANC mit Stachelbeer- und Limettennoten, fleischiger, artiger PINOT GRIS, generöser CHARDONNAY mit leichter Eichennote und duftender, weich texturierter PINOT NOIR. Saftig und subtil ist der Single Vineyard Taylor River Pinot noir (**13'**).

Wooing Tree C-Ot r (rs) w ★★ Einzellagen-Weine mit Schwerpunkt auf Roten. Mächtiger, dunkler PINOT NOIR (**14'** 15'), der Beetle Juice mit weniger neuer Eiche (**14' 15'**), kraftvoller, komplexer Pinot noir Reserve Sandstorm (14') und cremiger CHARDONNAY (**14' 15**). Zu den weniger »seriösen« Weinen, alle von Pinot noir, zählen der köstliche Rosé (**16'**), der Blondie (weiß ausgebaut **16**) und der Tickled Pink (süß, leicht, Himbeer-/Pflaumenaroma **15'**).

Yealands Marlb r (rs) w ★★ Neuseelands größte »Einzellage« im Küstengebiet des AWATERE VALLEY. Teilweise von gutseigenen Trauben, der Hauptanteil aus MARLBOROUGH. Es wird viel Wert auf Nachhaltigkeit gelegt, aber die meisten Weine sind nicht biologisch zertifiziert. Single-Vineyard-Reihe: schwungvoller, grasiger, reiner SAUVIGNON BLANC, ausgefeilter halbtrockener RIESLING; der trockene GRÜNE VELTLINER mit Zitronen- und Gewürznoten ist der beste Neuseelands. Floraler, geschmeidiger, generöser PINOT NOIR. Eindrucksvoll sind die Sauvignon-blanc-Weine der Reihe Single Block. Äußerst Preiswertes gibt es in der Reihe Peter Yealands. Weitere wichtige Marken: The Crossings, Crossroads, Babydoll.

Südafrika

Die dunklen Flächen bezeichnen die Weinbaugebiete

ie folgenden Abkürzungen werden im Text verwendet:

oast	Coastal Region	**Rob**	Robertson
on	Constantia	**Stel**	Stellenbosch
ran	Franschhoek	**Swart**	Swartland
em	Hemel-en-Aarde	**W-Cape**	Western Cape

Südafrika hat gerade einen Lauf«, haben wir in der letzten Ausgabe vermerkt, und alle Anzeichen weisen darauf hin, dass die Aufwärtsspirale es achtgrößten Weinerzeugerlandes anhält. Die Stile entwickeln sich weier, und mit jedem Jahr bildet Südafrika eine stärkere eigene Persönlichkeit eraus. Dies ist kein billiger Abklatsch: Es mag sich zwar um internationale ieben handeln (wie könnte es anders sein?), aber sie werden mit Sorgfalt nd Know-how verarbeitet. *Den* südafrikanischen Stil gibt es nicht, doch die Veine hier sind ausgewogen und überaus angenehm zu trinken, verfügen ber Tiefe, Konzentration und eine herrliche Frische. In Swartland findet nan zum Beispiel originelle weiße Verschnitte von großartiger Komplexität, Stellenbosch klassische Rotweine, und aus den kühlen Küstenregionen ommen mustergültiger Pinot noir und Sauvignon blanc – ganz zu schweigen om Alleinstellungsmerkmal des Landes, seinem überaus vielseitigen Chenin lanc. Zu wissenschaftlicher Forschung und neuesten Technologien gesellt ich eine wachsende Experimentier- und Risikofreude, und überall mehren ich die Vorstöße in vernachlässigte, vergessene und, bei Weitem am interessantesten, noch unerforschte Weingebiete.

Neuere Jahrgänge

2016 Ungewöhnlich heiß und trocken: ein Jahr für später reifende Sorten ur
kühlere Gebiete.
2015 Durchweg außergewöhnlich, womöglich noch besser als im Ausnahm
jahr 2009.
2014 Herausfordernder Jahrgang, für den Urteilsvermögen und ein gute
Timing nötig waren; eher leichte, elegante Weine.
2013 Rekordernte, sowohl mengenmäßig als auch qualitativ, dabei erfre
licherweise mäßiger Alkoholgehalt.
2012 Guter bis sehr guter Jahrgang für Rote wie Weiße; geringere Alkoho
grade.

Die meisten trockenen Weißweine sollten innerhalb von zwei bis drei Jahren getrunken werden.

A. A. Badenhorst Family Wines Swart r (rs) w; (sch) ★★→★★★★ Alte Reber
traditionelle Rebsorten, natürliche Hefen, Vergärung mit Schalen und Stie
len: Die Cousins Adi und Hein Badenhorst sind wegweisende Erzeuger. Vo
nehmlich Rebsorten aus dem Mittelmeerraum und CHENIN BLANC, die m
Fantasie und Begeisterung verarbeitet werden.

Alheit Vineyards W-Cape (r) w ★★★ Spezialist für alte Reben und traditio
nelle Sorten mit hoch angesehenem CHENIN BLANC/SÉMILLON Cartolog
von Trauben aus mehreren Regionen, verschiedene Einzellagenweine un
einem *field-blend* (gemischtem Satz) vom Heimathof in HEMEL-EN-AARDE
Das Etikett für größere Mengen heißt Flotsam & Jetsam.

Anthonij Rupert Wines W-Cape r (rs) w (br), (sch) ★→★★★ Eigene Rebflä
chen in DARLING, SWARTLAND und Overberg, imposantes Gut (und Kellere
L'Ormarins nahe FRANSCHHOEK. Aushängeschild ist die nach dem versto
benen Bruder des Eigentümers Johann Rupert benannte Reihe Anthon
Rupert; daneben empfiehlt sich besonders die Reihe Cape of Good Hop
mit lagenspezifischen Weinen.

Ataraxia Wines W-Cape r w ★★★ Hoch bewerteter CHARDONNAY, SAUVIGNO
BLANC, roter Serenity und der neuere Pinot noir von Winzer und Miteiger
tümer Kevin Grant. Sehenswert: die kapellenartige Kellerei auf einer Anhö
he oberhalb von HEMEL-EN-AARDE.

Avondale Paarl r rs w; sch ★→★★★ Der Ökopionier in Familienbesitz erzeug
mit ökologischen, biodynamischen und wissenschaftlichen Methode
eindrucksvolle Bordeaux- und Rhône-Rotweine, Rosé, einen weißen Ver
schnitt, CHENIN BLANC und MÉTHODE CAP CLASSIQUE.

Babylonstoren W-Cape r (rs) w; (sch) ★★ Vorzeigekellerei und Lifestyle-Oas
des Medienmoguls Koos Bekker in der Nähe von PAARL; Bordeaux-Rotwei
ne, CHARDONNAY, CHENIN BLANC und neuerer MÉTHODE CAP CLASSIQUE.

Bartho Eksteen W-Cape r rs w; s sch ★★★ Bartho Eksteen, jetzt mit Sitz i
Hemel-en-Aarde, ist auf Rhône-Sorten und Chenin blanc spezialisiert un
leitet Mentoringprogramme für jüngere Winzer und Brenner unter den
Banner von Trees of Knowledge/Wijnskool.

Bartinney Private Cellar Stel r (rs) w; (sch) ★→★★★ Aufgehender Stern au
den steilen Hänge des Banhoek Valley, im Besitz der Familie Joordan
CABERNET SAUVIGNON, CHARDONNAY und SAUVIGNON BLANC werde
immer eindrucksvoller. Noble Savage ist eine »Lifestyle«-Reihe.

Bayten Siehe BUITENVERWACHTING.

Beau Constantia Con r w ★→★★ Elegante sortenreine und Verschnittwein
im Bordeaux- und Rhône-Stil von steilen Rebflächen in den Bergen, di
Anfang der 2000er-Jahre von der Familie Du Preez bepflanzt wurden.

Beaumont Wines Bot R. r (rs) w (br); (s) ★★→★★★ Der historische Familienbetrieb erzeugt ausdrucksstarken CHENIN BLANC (sortenreinen Wein und einen ausgezeichneten neuen Verschnitt namens Vitruvia), PINOTAGE, MOURVÈDRE und SYRAH.

Beeslaar Wines Stel r ★★★ Der Kellermeister von KANONKOP hat sich auf eigene Faust an einer der gefeierten und unverwechselbaren Reben des Guts versucht: PINOTAGE. Ausgefeilt und sehr speziell.

Bellingham W-Cape r (rs) w ★→★★★ Etablierte Marke von DGB mit der faszinierenden, erstklassigen, in kleinen Mengen erzeugten Weinen der Bernard Series und vier Reihen mit in größerem Umfang erzeugten unkomplizierten Weinen.

Beyerskloof W-Cape r (rs) (w) (br) ★→★★★ Südafrikas PINOTAGE-Champion, nahe STELLENBOSCH: Zehn Versionen mit dieser Sorte sind im Angebot, darunter der reinsortige Diesel (06 07' 08' 09 10 **11** 12 13' 14 15 16), mehrere CAPE BLENDS und Wein im Port-Stil. Im Bistro der Kellerei gibt es sogar Pinotage-Burger. Auch klassischer CABERNET SAUVIGNON/MERLOT Field Blend (01 02 03' 04 05 07 08 **09'** 10 **11** 12 13 14 15).

Black Economic Empowerment (BEE) Die Organisation setzt sich für eine höhere Beteiligung vormals benachteiligter Bevölkerungsgruppen in der Weinbranche ein.

BLANKbottle W-Cape r (rs) w ★→★★ Pieter Walser legt rund 13.000 Kilometer zurück, um in speziellen Parzellen Rebgut für seine limitierten Abfüllungen zu ernten, von denen die meisten eine faszinierende Vorgeschichte, ein eigenwilliges Etikett und einen schrägen Namen haben, etwa Familiemoord (»Familienmord«).

Boekenhoutskloof Winery W-Cape r (rs) w; s ★★→★★★★ Beständig hervorragender würziger SYRAH (01' 02' 03 04' 05 06' 07 08 09' 10 **11** 12' 13 14 15 16) und intensiver CABERNET SAUVIGNON (01' 02' 03 04' 05 06' 07' 08' 09' 10 **11'** 12 13 14 15 16). Auch feiner Sémillon und roter The Chocolate Block im Mittelmeerstil, dazu PORSELEINBERG (Biowein) sowie die preiswerten Reihen Porcupine Ridge und Wolftrap.

Bon Courage Estate Rob r (rs) w (br); s (lbl); sch ★→★★★ Breites Angebot aus Familienanbau, angeführt von den Inkará-Rotweinen; stilvolles Trio von Schaumweinen MÉTHODE CAP CLASSIQUE brut und aromatische Dessertweine (RIESLING, MUSCAT).

Boplaas Family Vineyards W-Cape r w br; (s) (sch) ★→★★★ Das Unternehmen der Familie Nel in CALITZDORP ist für Weine im Port-Stil bekannt, v. a. Vintage Reserve (01 03 04' 05' 06' 07' **08** 09' 10 11 12' 13 14 15) und Tawny. Neuerdings verlagert sich der Schwerpunkt mehr auf ungespritete Weine von Port-Trauben.

Boschendal Wines W-Cape r (rs) w; (s); sch ★→★★★ Berühmtes, fotogenes altes Weingut bei FRANSCHHOEK, im Besitz von DGB. Bekannt für SHIRAZ, SAUVIGNON BLANC, CHARDONNAY und Schaumwein nach der MÉTHODE CAP CLASSIQUE.

Botanica Wines W-Cape r (rs) w ★★→★★★ Das Debüt, CHENIN BLANC von alten Buschreben an der Westküste, wird seit Kurzem flankiert von ebenso großartigem PINOT NOIR, Sémillon und *vin de paille*, bereitet von der Amerikanerin Ginny Povall. Die eigenen Reben in STELLENBOSCH kommen jetzt langsam auch in Ertrag.

Bot River Siehe WALKER BAY.

Bouchard Finlayson Cape South Coast r w ★★→★★★★ Ausgezeichneter Erzeuger von PINOT NOIR in HEMEL-EN-AARDE mit Galpin Peak (01 02' 03 04 05 07 08 09 **10** **11** 12 13' 14 15) und der Fassauswahl Tête de Cuvée (99 01' 03' 05' 07 09 **10** 12 13). Außerdem eindrucksvoller CHARDONNAY und exotischer roter Hannibal.

Südafrika

Breedekloof Großer DISTRICT (ca. 13.000 ha) im Binnenland, der v. a. Mas senweine und solche auf Einsteigerniveau hervorbringt. Löbliche Ausnah men sind Erzeuger wie Dagbreek, Deetlefs, Olifantsberg, OPSTAL ESTAT und Silkbus.

Buitenverwachting W-Cape r (rs) w; s; (sch) ★★→★★★ Erstklassige Kelle rei in Familienbesitz in CONSTANTIA. Mustergültiger CHARDONNAY, SAUVI GNON BLANC, CABERNET FRANC und der rote Bordeaux-Verschnitt Christ ne (**01' 02 03 04 06 07 08 09'** 10 **11** 12). Heißt im Exportgeschäft Bayter

B Vintners Vine Exploration Co. Stel r w ★★★ Mitglieder der RAATS FAMIL erzeugen mustergültige Weine von alten Reben und speziellen Terroirs.

Calitzdorp DISTRICT, der klimatisch dem Douro-Tal ähnelt und folgerichtig fü Wein im Port-Stil bekannt ist. Erzeuger: Axe Hill, BOPLAAS, DE KRANS, Pete Bayly. Neuerdings auch ungespritete Calitzdorp Blends aus Port-Traube und die sortenreine Abfüllungen.

Cape Agulhas Siehe ELIM.

Cape Blend »Kap-Verschnitt«. Meist ein Rotweinverschnitt mit einem Ante PINOTAGE. Alvi's Drift, Clos Malverne, Idiom, Môreson, OPSTAL ESTAT Paul Roos, Rheboksklоof, Springfontein und Windmeul sind Meister in die ser Disziplin.

Cape Chamonix Wine Farm Fran r w; (sch) ★★→★★★ Ausgezeichneter Wein bergbesitz eines Weinmachers, der von ihm selbst bewirtschaftet wir Charakteristischer PINOT NOIR, PINOTAGE, CHARDONNAY, SAUVIGNO BLANC, Bordeaux-Verschnitte (rot und weiß) und neuerdings auch CABER NET FRANC. Alle zum Einkellern.

Capensis W-Cape w ★★★ US-amerikanisch-südafrikanisches Gemein schaftsunternehmen zwischen Antony Beck von GRAHAM BECK WINES un Barbara Banke von Jackson Family Wines. Bisher gibt es einen stilvolle CHARDONNAY von Trauben aus verschiedenen Regionen.

Cape Peninsula Maritimer DISTRICT, der Kapstadt und die Kaphalbinsel um fasst. 440 ha, v. a. SAUVIGNON BLANC, CABERNET SAUVIGNON, MERLO SHIRAZ. Hout Bay und Constantia sind WARDS darin.

Cape Point Vineyards W-Cape (r) w; (s) ★→★★★ Verlässlicher Erzeug von komplexen, alterungswürdigen SAUVIGNON BLANC/SEMILLON-Ve schnitten, CHARDONNAY und Sauvignon blanc. Preiswert ist die Mark Splattered Toad.

Cape Rock Wines W-Cape r (rs) w ★→★★ Führender Boutiquewinzer OLIFANTS RIVER. Äußerst charaktervolle rote und weiße Rhône- und Por weintraubenverschnitte mit auffallend schönen Etiketten.

Cape South Coast Kühlklimatische »Super-REGION« mit den DISTRICTS CAP AGULHAS, ELGIN, Overberg, Plettenberg Bay, Swellendam und WALKER BA sowie den unabhängigen WARDS Herbertsdale, Napier, Stilbaai East un (seit Kurzem) Lower Diuvenhoks River.

Cape Winemakers Guild (CWG) Unabhängiger Verband mit gegenwärtig 4 Mitgliedern, dem man nur auf Einladung beitreten kann. Veranstaltet a jährlich eine Maßstäbe setzende Auktion für limitierte Spitzenabfüllunge

Catherine Marshall Wines W-Cape r w (br) ★★ Cathy Marshall, Expertin fü kühlklimatische Lagen, und ihre Partner konzentrieren sich auf PINO NOIR, MERLOT, SAUVIGNON BLANC und CHENIN BLANC, v. a. aus ELGIN.

Cederberg Hoch gelegener eigenständiger WARD (kaum 70 ha) in den Cede berg Mountains. Vornehmlich SHIRAZ und SAUVIGNON BLANC. Driehoe und CEDERBERG PRIVATE CELLAR sind die einzigen Erzeuger.

Cederberg Private Cellar Cederberg, Elim r (rs) w; (sch) ★→★★★ Der Famil Nieuwoudt gehören mit die höchsten (CEDERBERG) und am weitesten sü lich gelegenen (ELIM) Weinberge Südafrikas. Elegant-intensiv präsentiere sich CABERNET SAUVIGNON, PINOT NOIR, SHIRAZ, die seltene Bukettraube, CHENIN BLANC, SAUVIGNON BLANC UND SÉMILLON.

Central Orange River Eigenständiger »Mega-WARD« (ca. 10.000 ha) von Northern Cape. Heiß, trocken, bewässerungsbedürftig; hauptsächlich Weiße und gespritete Weine. Der größte Erzeugerbetrieb ist Orange River Cellars.

Charles Fox Cap Classique Wines Elgin sch ★★★ Der Spezialist für Schaumweine nach der traditionellen Methode erzeugt klassischen, köstlichen Vintage Brut, Brut Rosé und neuerdings den Cipher, aber nur in den besten Jahrgängen.

Die Avantgarde: abenteuerlich, ätherisch, spirituell

Lust auf Neues? Die folgenden passionierten, meist jungen Avantgarde-Erzeuger machen Wein zum Erlebnis.

Blackwater: frische Weine und ein seltener sortenreiner CARIGNAN. **Bryan MacRobert:** CHENIN BLANC von ökologisch angebauten alten Reben und PINOTAGE aus Swartland. **Charla Haasbroek:** faszinierender in Amphoren bereiteter Chenin blanc. **City on a Hill Wine Co.:** natürlich bereitete Weine von einem Wiederbeleber vernachlässigter Reben. **Craven Wines:** frische, süffige Weine. **Dagbreek:** exotische Rotweine aus BREEDEKLOOF, z. B. CARMENÈRE und TINTA AMARELA, sowie Chenin blanc. **Elemental Bob:** Cosmic Hands Red und White. **Fram Wines:** auf der Suche nach den besten und interessantesten Parzellen. **Hogan Wines:** souverän, charismatisch. **Illimis/Eendevanger:** lässt die Lagen sprechen, indem man so wenig wie möglich eingreift. **Intellego:** ernsthafte, leicht gefügte Weine aus Swartland. **JC Wickens Wines:** strukturierter, mineralischer Wein namens Swerver (»Wanderer«). **JH Meyer Signature Wines/Mother Rock/Force Majeure:** Weinbereitung der neuen Generation in Reinkultur. **Momento:** Ehemaliger BEAUMONT-Winzer mit außergewöhnlichem Grenache noir, Tinta Barocca, Chenin-blanc-Verschnitt. **Queen of Africa:** spannende Weine aus der Nähe von Swellendam. **Ronnie B Wines:** Wiederbelebung spezieller Lagen, u. a. mit alten Chenin-blanc-Reben in Klein Karoo. **Silwervis/Smiley/Terracura:** herausragender Chenin blanc aus Swartland. **Skinny Legs:** leichtfüßige orange-/bernsteinfarbene Weine. **The Blacksmith:** verschwindend geringe Mengen. **Tim Martin Wines:** Kellerei im Zentrum von Kapstadt. **Trizanne Signature Wines:** seltener sortenreiner Barbera.

Coastal Größte REGION (ca. 45.000 ha), die die vom Meer beeinflussten DISTRICTS CAPE PENINSULA, DARLING, Tygerberg, STELLENBOSCH und SWARTLAND umfasst, seltsamerweise aber auch die nicht an der Küste gelegenen Districts FRANSCHHOEK, PAARL, TULBAGH und WELLINGTON.

Colmant Cap Classique & Champagne W-Cape sch ★★★ Eine belgische Familie hat sich in FRANSCHHOEK auf Schaumwein spezialisiert. Brut Reserve, Brut Rosé, Brut CHARDONNAY und der neuere Sec Reserve: alle nach der MÉTHODE CAP CLASSIQUE bereitet, ohne Jahrgangsangabe und exzellent.

Constantia Kühler, landschaftlich schöner WARD der CAPE PENINSULA. Das erste und mit berühmteste Anbaugebiet Südafrikas für feine Weine wurde in den letzten Jahren von GROOT, KLEIN CONSTANTIA u. a. wieder zum eben erweckt.

Constantia Glen Con r w ★★★ Ein Juwel der Familie Waibel in den höheren Lagen des Constantiabergs. Großartige rote und weiße Bordeaux-Verschnitte sowie sortenreiner SAUVIGNON BLANC.

Constantia Uitsig Con r w br; sch ★★→★★★ Erstklassige Weinberge, neue Eigentümer, großer Ehrgeiz. Besuchereinrichtungen und ein Keller werden bald eröffnet (vinifiziert wird derzeit beim Nachbarn STEENBERG). Hauptsächlich Weiße und MÉTHODE-CAP-CLASSIQUE-Schaumweine.

Creation Wines Walker Bay r w ★★→★★★ Erzeugerbetrieb in Familienbesitz mit eleganten, modernen Weinen von Bordeaux-, Rhône- und burgundischen Sorten sowie Verschnitten.

Crystallum W-Cape r w ★★★ Peter-Allan Finlayson bereitet hier aus Trauben von kühlen Lagen in HEMEL-EN-AARDE und Overberg exzellenten PINOT NOIR und CHARDONNAY.

Dalla Cia Wine & Spirit Company W-Cape r w ★★→★★★ Angesehene Winzerfamilie und Destillerie in STELLENBOSCH, seit drei Generationen in Familienbesitz. Flaggschiff ist der teure »Supertoskaner« Teano.

Darling DISTRICT rund um die gleichnamige Stadt an der Westküste, dessen beste Lagen sich in dem hügeligen WARD Groenekloof befinden. Cloof, Darling Cellars, Groote Post/Aurelia, Ormonde, Mount Pleasant und Withington füllen selbst ab; ein Großteil des übrigen Leseguts fließt in Fremdmarken.

David & Nadia Sadie Swart r w ★★★→★★★★ David und Nadia Sadie folgen den Prinzipien natürlicher Weinbereitung der SWARTLAND INDEPENDENT PRODUCERS und erzeugen exquisiten Rotwein im Rhône-Stil, GRENACHE noir, CHENIN BLANC (sortenrein und im Verschnitt), SÉMILLON und einen neuen PINOTAGE, zum Großteil von alten Reben.

De Krans W-Cape r (rs) w br; (s) (sch) ★→★★★ Der Betrieb der Familie Nel in CALITZDORP ist bekannt für Weine im Port-Stil, v. a. Vintage Reserve (01 **02 03' 04' 05' 06' 07 08'** 09' 10' 11' 12' 13' 14 15) und gespriteter MUSCAT. Seit Kurzem auch Erfolg mit ungespriteten Weinen von Port-Trauben.

Delaire Graff Estate W-Cape r (rs) w (br); (s); (sch) ★★→★★★ Hoch gelegene Weinberge, dazu eine Kellerei und ein Luxusresort im Besitz des Diamantenhändlers Laurence Graff nahe STELLENBOSCH. Spitzenwein des juwelenbesetzten Angebots ist der CABERNET SAUVIGNON Reserve Laurence Graff.

Delheim Wines Coast r (rs) w; (lbl) s ★★→★★★ Ökologisch ausgerichteter Familienbetrieb nahe STELLENBOSCH. SHIRAZ und PINOTAGE Vera Cruz; Grand Reserve auf CABERNET-SAUVIGNON-Basis mit Kellerpotenzial (**00 01 03 04' 05 06 07' 08** 13 14) sowie funkelnder edelfauler RIESLING Edelspatz.

DeMorgenzon W-Cape r (rs) w; (sch) ★★→★★★ Hylton und Wendy Appelbaums Betrieb ist nicht das, was man sich unter einem Durchschnittsbetrieb in STELLENBOSCH vorstellt, so beschallen sie etwa ihre Reben rund um die Uhr mit Barockmusik. Der Fokus liegt auf Bordeaux- und Rhône-Sorten und -Verschnitte, außerdem CHARDONNAY und CHENIN BLANC.

De Toren Private Cellar Stel r ★★→★★★ Stets aromatischer Bordeaux-Rotwein Fusion V (**02 03' 0405' 06' 07 08 09'** 10 **11** 12 13 14 15) und der auf MERLOT basierende, früher trinkreife Verschnitt »Z« sowie der leichtere rote La Jeunesse Délicate.

De Trafford Wines Cape South Coast r w; s ★★→★★★ Der Boutiquewinzer David Trafford hat Erfolgsgeschichte geschrieben mit mächtigen und doch harmonischen Weinen: Bordeaux/SHIRAZ-Verschnitt Elevation 393 (**01 03 04 05 06 07 08 09** 10 **11** 12), CABERNET SAUVIGNON (**01 03' 04 0506 07** 08 09 10 **11** 12 13 14 15), Shiraz und Strohwein von CHENIN BLANC. Siehe auch SIJNN.

)e Wetshof Estate Rob r w; s; sch ★→★★★ Der bekannte CHARDONNAY-Pionier und -Exponent Danie de Wet erzeugt neun Versionen: mit und ohne Eiche, sortenrein und im Verschnitt sowie still und schäumend in den Reihen De Wetshof, Danie de Wet und Limelight.

)GB W-Cape – Etablierter Erzeuger und Großhändler mit Sitz in Wellington; zu den hauseigenen Marken gehören BELLINGHAM, BOSCHENDAL, Brampton und Douglas Green.

)iemersdal Estate W-Cape r (rs) w ★→★★★ Das Familiengut in DURBANVILLE wird jetzt von der jüngeren Generation geführt, die sich mit verschiedenen SAUVIGNON-BLANC-Weinen aus Einzellagen und Einzelreihen (u. a. dem neuen, modischen auf den Schalen vergorenen Wild Horseshoe), roten Verschnitten, PINOTAGE, CHARDONNAY und dem ersten und einzigen kommerziell erzeugten GRÜNEN VELTLINER Südafrikas hervortut.

)iemersfontein Wines Wellington r w ★→★★★ Familiengut mit Restaurant und Gästehaus, bekannt v. a. für seine kraftstrotzenden Weine der Reihe Carpe Diem. Der PINOTAGE hat den viel kopierten »Kaffeestil« begründet. Die BLACK-ECONOMIC-EMPOWERMENT-Marke heißt Thokozani.

)istell W-Cape – Das größte Getränkeunternehmen Südafrikas mit Sitz in STELLENBOSCH nennt viele Marken in allen Stilen und Qualitätsstufen sein Eigen. Ist auch an den BLACK-ECONOMIC-EMPOWERMENT- und Biomarken Earthbound, DURBANVILLE HILLS und über die Firma Lusan Premium Wine an vielen Spitzenkellereien in Stellenbosch beteiligt.

)istrict Siehe GEOGRAPHICAL UNIT.

)orrance Wines W-Cape r w ★★★ Französisch angehauchter Familienbetrieb mit einem von nur zwei Kellern mitten in Kapstadt (Grund genug für einen Besuch). Fabelhafter SYRAH, CHARDONNAY und CHENIN BLANC.

)urbanville Der kühle, hügelige WARD in der Nähe von Kapstadt ist v. a. für pikanten SAUVIGNON BLANC bekannt. Heimat von DURBANVILLE HILLS, dem wiedererstandenen Bloemendal und vielen Familienbetrieben.

)urbanville Hills Durbanville r (rs) w; (s); (sch) ★→★★★ Küstennahe Kellerei im Besitz von DISTELL, örtlichen Winzern und einem Mitarbeiter-Trust mit preisgekröntem PINOTAGE, CHARDONNAY und SAUVIGNON BLANC. Sehr guter neuer Bordeaux-Rotwein Tangram und MÉTHODE CAP CLASSIQUE.

:agles' Nest Coast r (rs) w ★→★★★ Beständig erstklassiger MERLOT und VIOGNIER; auch eleganter SHIRAZ und lebhafter SAUVIGNON BLANC. Klassizist Martin MEINERT berät.

dgebaston W-Cape r w; (s) ★★→★★★ Kellerei der Familie Finlayson in der Nähe von STELLENBOSCH mit sehr gutem CABERNET SAUVIGNON GS (05' 06 07 08 10 11 12 13 14), der hübsch präsentierten Reihe Camino Africana von alten Reben und erstklassigen jung zu trinkenden Weinen.

ikendal Vineyards W-Cape r w ★→★★★ Wieder auflebender Betrieb nahe STELLENBOSCH in Schweizer Hand. Die traditionellen Weine des Guts (Bordeaux-Rotwein Classique, MERLOT, CHARDONNAY) haben zu ihrer einstigen Stärke zurückgefunden.

lgin Der kühlklimatische DISTRICT erntet Anerkennung für seinen SAUVIGNON BLANC, CHARDONNAY und PINOT NOIR. Neuerdings auch sehr interessanter SYRAH and MÉTHODE CAP CLASSIQUE. Vorwiegend Boutiquekellereien in Familienhand, z. B. der Biobetrieb Elgin Ridge.

lim Von Meerwinden gekühlter WARD im südlichsten DISTRICT Südafrikas, CAPE AGULHAS, mit aromatischem SAUVIGNON BLANC, weißen Verschnitten und SHIRAZ. Liefert auch Trauben an große Erzeuger wie DISTELL.

rnie Els Wines W-Cape r (rs) (w) ★→★★★★ Weinbaubetrieb des südafrikanischen Golfstars Ernie Els in STELLENBOSCH. Paradepferd ist der superteure rote Ernie Els Signature im Bordeaux-Stil (01 02' 03 04' 05 0607' 08 09' 10 **11** 12 13 14). Früher trinkreife Weine in der Reihe Big Easy.

Estate Wine Amtliche Bezeichnung für Weine, die auf »für die Produktion vo Estate Wine registrierten geografischen Einheiten« angebaut, bereitet un abgefüllt sein müssen. Keine Qualitätsbezeichnung.

Fable Mountain Vineyards Coast r rs w ★★★→★★★★ Bioerzeuger in TULBAGH, Ableger von MULDERBOSCH, im Besitz der kalifornischen Terroi Selections. Überragender SHIRAZ (sortenrein und verschnitten), ein weiße Verschnitt und ein Rosé aus Rhône-Sorten.

Grenache im Aufwind

Trotz des weiterhin geringen mengenmäßigen Anteils – weniger als 1 % der südafrikanischen Gesamtrebfläche – wächst GRENACHE als Kategorie rasch: Als Rot-, Rosé- und Weißwein trägt er zu über 50 Einzelabfüllungen (doppelt so viel wie vor fünf Jahren) und noch viel mehr Verschnitten bei. Die besten sortenreinen Exemplare liefern **A. A. Badenhorst:** Grenache noir Raaigras, **David & Nadia:** Grenache noir, **Neil Ellis Wines:** Grenache noir Piekenierskloof, **Maanschijn:** Grenache gris Easy und Tiger, **The Foundry:** Grenache blanc, **Rall Wines:** Grenache blanc.

Fairview Coast r (rs) w; (lbl) (s); (sch) ★→★★★ Der dynamische und inno vative Eigentümer Charles Back produziert eine bunte Mischung an sor tenreinen, verschnittenen, Einzellagen- und terroirspezifischen Weiner u. a. Fairview, Spice Route, Goats do Roam, La Capra und Leeuwenjacht.

FirstCape Vineyards W-Cape r rs w; sch; BV – Überaus erfolgreiche Expor marke, ein Joint Venture von fünf örtlichen Genossenschaften und der britischen Unternehmen Brand Phoenix mit Weinen auf Einstiegsniveau i über einem Dutzend Reihen, darunter einige mit Trauben von außerhal Südafrikas.

Flagstone Winery W-Cape r w (br) ★→★★★ Premium-Kellerei in Somerse West im Besitz von Accolade Wines mit eindrucksvollem PINOTAGE, SAUVIGNON BLANC und Bordeaux-Weißwein. Ist mit den Marken Fish Hoek (mit leres Niveau) und KUMALA (Einstiegsniveau) verschwistert. Kellermeis ter Bruce Jack ist die treibende Kraft bei The Drift, dem Boutiquebetrie seiner Familie in Overberg, mit exotischen Rotweinen (sortenrein und ve schnitten) und dem einzigartigen TOURIGA FRANCA Rosé.

Fleur du Cap W-Cape r (rs) w; s ★→★★★ Spitzenmarke von DISTELL, umfass u. a. die sehr gute Reihe Unfiltered Collection sowie edelfaulen CHENI BLANC und den roten Bordeaux-Verschnitt Laszlo, beide immer großartig.

Foundry, The Stel r w ★★★ Eigene Marke des Kellermeisters von MEERLUST Chris Williams, mit Weinpartner James Reid; sehr gute sortenreine Wein von Rhône-Trauben, v. a. GRENACHE BLANC, VIOGNIER.

Franschhoek Valley Von Hugenotten gegründeter DISTRICT, bekannt für CABERNET SAUVIGNON, CHARDONNAY und Schaumweine nach der MÉTHOD CAP CLASSIQUE. Erzeuger mit Stil: u. a. Black Elephant, Môreson, Ricke Bridge und Topiary mit französischen Eigentümern.

Free State Provinz und WINE-OF-ORIGIN-Gebiet, deren offizielle Abgrenzun noch aussteht. Der einzige Erzeuger ist The Bald Ibis im östlichen Hoch land.

Fryer's Cove Vineyards W-Cape (r) w; (s) ★★ Auf SAUVIGNON BLANC (in de Stilen *fumé,* ohne Eichennote und edelfaul) spezialisierte Boutiquekeller an der Westküste, die erste und einzige mit Weinbergen im winzigen WAR Bamboes Bay (6 ha).

Geographical Unit (GU) Geografisch größter Bereich innerhalb des WINE-OF-ORIGIN-Klassifikationssystems. Derzeit gibt es fünf GUs: Eastern, Northern und Western Cape, KwaZulu-Natal und Limpopo. Die anderen Bezeichnungen lauten (in absteigender Größe des Gebiets): REGION, DISTRICT und WARD.

Glen Carlou W-Cape r (rs) w; (s); (sch) ★→★★★ Spitzenkellerei mit eigenen Lagen, Kunstgalerie und Restaurant nahe PAARL; im Besitz von Donald Hess. Bekannt für sortenreine Bordeaux-Rotweine und Chardonnay aus einzelnen und verschiedenen Lagen.

Glenelly Estate Stel r w ★★→★★★ Die Weinberge und die Kellerei gehören der einstigen Besitzerin des Bordeaux-Château Pichon Lalande, May-Eliane de Lencquesaing. Eindrucksvolle Flaggschiffgewächse: Lady May (roter Bordeaux) sowie das Estate-Reserve-Duo (Bordeaux/SHIRAZ und CHARDONNAY).

GlenWood Coast r w; (s) ★★→★★★ Der gewissenhafte Winzer aus FRANSCHHOEK hat noch einen Zahn zugelegt mit dem erstklassigen Etikett Grand Duc (SYRAH, CHARDONNAY und ein neuer edelfauler SÉMILLON).

Graham Beck Wines W-Cape sch ★★★ Der erstklassige Erzeuger ist nun ausschließlich auf Schaumwein nach der MÉTHODE CAP CLASSIQUE spezialisiert. Die sieben Varianten werden angeführt von der herrlichen Cuvée Clive (CHARDONNAY/PINOT NOIR).

Grangehurst Stel r rs ★★→★★★ Spezialist für erstklassigen Rotwein und Rosé in kleinen Mengen: CAPE BLEND Nikela (98 99 00 01 02 03' 05 06 07' 08) und PINOTAGE (97 98 99 01 02 03' 05 06 07 08).

Groot Constantia Estate Con r (rs) w (br); s; (sch) ★→★★★★ Historisches Gut und Touristenmekka in der ursprünglichen Qualitätsweinregion Südafrikas mit entsprechend ernsthaften Gewächsen wie z. B. dem Grand Constance, der die Tradition der Dessertweine von Weltklasseformat in CONSTANTIA aufrechterhält.

Guardian Peak Siehe RUST EN VREDE ESTATE.

Hamilton Russell Vineyards Hem V. r w ★★→★★★★ Pionier des kühlklimatischen Weinbaus und beständiger Burgunderspezialist in Hermanus, der seit Kurzem auch biologisch-dynamisch wirtschaftet. Eleganter PINOT NOIR (01' 03' 04 05 06 07 08 09' **10** 11 12' 13 14 15' 16 17) und außergewöhnlicher CHARDONNAY. Unter den Etiketten Southern Right und Ashbourne auch ausgezeichneter SAUVIGNON BLANC, PINOTAGE sowie rote und weiße Verschnitte.

Hartenberg Estate Coast r w ★★→★★★ Zuverlässiger Spitzenerzeuger mit herausragendem SHIRAZ-Quintett. Extrovertierter The Stork von einer Einzellage (03 04' 05' 06 07 08 **09'** 10 **11** 12 13 14), deftiger Gravel Hill, stets ernst zu nehmender Estate Shiraz (02 03 04'05 06 07 08 09 10 **11** 12 13 14 15) und seit Kurzem der Doorkeeper auf Einsteigerniveau. Preiswerte (rote und weiße) Verschnitte namens Alchemy.

Haskell Vineyards W-Cape r w ★★→★★★ Die Weinberge und die Kellerei nahe STELLENBOSCH sind in amerikanischem Besitz; begeisterte Kritiken ernten die drei SYRAH-Einzellagenweine, der Einzellagen-CHARDONNAY und die roten Verschnitte. Die Schwestermarke Dombeya wird immer besser.

Hemel-en-Aarde Trio von kühlklimatischen WARDS (Hemel-en-Aarde Valley, Upper Hemel-en-Aarde Valley, Hemel-en-Aarde Ridge) im DISTRICT WALKER BAY, die einige ausgezeichnete Weine von PINOT NOIR, CHARDONNAY und SAUVIGNON BLANC hervorbringen.

Hermanuspietersfontein Wynkelder W-Cape r (rs) w ★→★★★ Führender Spezialist für SAUVIGNON BLANC sowie rote und weiße Rhône- und Bordeaux-Verschnitte, der die faktischen und historischen Verbindungen zur Seebad Hermanus kreativ vermarktet.

Iona Vineyards Elgin r (rs) w ★→★★★ Betrieb, der teilweise im Besitz de Belegschaft ist und seine hohen Lagen auf biologisch-dynamischen Anba umstellt. Gefeierter CHARDONNAY, SAUVIGNON BLANC und PINOT NOIR Neuerdings auch SYRAH und Bordeaux-Weißweine.

Jardin Siehe JORDAN WINE ESTATE.

J. C. le Roux, The House of W-Cape sch ★★ Südafrikas größter auf Schaum wein spezialisierter Erzeuger in STELLENBOSCH, im Besitz von DISTELL. Di besten sind PINOT NOIR, Scintilla und der Brut (oJ) – alle MÉTHODE CA CLASSIQUE.

Jean Daneel Wines W-Cape r w ★★→★★★ Familienbetrieb in Napier mit de hervorragenden Reihe Director's Signature, v. a. CHENIN BLANC und de neue SAUVIGNON BLANC.

Joostenberg Wines Paarl r w; (s) ★→★★ Stetig besser werdender Familien betrieb, ökologisch bewirtschaftet. SYRAH und CHENIN BLANC; einige Per len in der experimentellen Small Batch Collection.

Jordan Wine Estate W-Cape r (rs) w; (s) ★★→★★★ Die Familienkellerei nah STELLENBOSCH bietet Beständigkeit, Qualität und ein gutes Preis-Leis tungs-Verhältnis, von den Reihen Bradgate und Chameleon auf Einstiegs niveau bis hin zu makellosen Abfüllungen, die auf den Auktionen der CAP WINEMAKERS GUILD versteigert werden. Aushängeschild ist der CHARDON NAY Nine Yards; außerdem der rote Bordeaux-Verschnitt Cobblers Hill (0 03 04' 05' 06 07 08 **09** 10 **11** 12 13 14 15 16).

Julien Schaal Upper Hem w ★★★ Das Elsässer Paar Julien Schaal und Sophi Bollaert erzeugt faszinierenden CHARDONNAY von Parzellen aus kühle Lagen in ELGIN, HEMEL-EN-AARDE und Overberg.

Kaapzicht Wine Estate Stel r w (br); (s) ★→★★★ Familienbetrieb mit weithi gelobter Spitzenreihe Steytler: CAPE BLEND Vision (**01' 02' 03' 04 05' 06 0** 08 10 12' 15), PINOTAGE und roter Bordeaux-Verschnitt Pentagon. Groß artiger CHENIN BLANC The 1947 von alten Reben und ein neuer CINSAULT

Kanonkop Estate Stel r (rs) ★★→★★★★ Großes regionales Renommee se drei Jahrzehnten, v. a. mit PINOTAGE (**01 02 03' 04 05 06 07 08 09'** 10' 1 12 13 14 15 16), dem roten Bordeaux-Verschnitt Paul Sauer (**01 02 03 04** **05 06' 07 08 09** 10 **11** 12 13 14 15) und CABERNET SAUVIGNON. Das Zweit etikett heißt Kadette (Rotwein, trockener Rosé und neuerer Pinotage).

Keermont Vineyards Stel r w; s ★★→★★★ Erreicht bald die Höhen seine Nachbarns DE TRAFFORD, v. a. mit SHIRAZ und CHENIN BLANC (Einzellag und Verschnitt) sowie einem neuen CABERNET FRANC.

Ken Forrester Vineyards W-Cape r (rs) w; (lbl) s; (sch) ★→★★★ Der Wein händler und Gastronom Ken Forrester in STELLENBOSCH konzentriert sich jetzt mit dem internationalen Getränkegiganten AdVini als Partner, au Rebsorten vom Mittelmeer und CHENIN BLANC (trocken, halbtrocken, edel faul). Unwiderstehlich sind die Weine der preiswerten Reihe Petit.

Klein Constantia Estate W-Cape r (rs) w; s; sch ★★→★★★★ Historisches Gu mit Kultstatus, vor Kurzem wiederbelebt und auf Sauvignon blanc spezia lisiert, mit neun verschiedenen sortenreinen Abfüllungen und ein üppige Vin de Constance zum Einkellern, MUSCAT DE FRONTIGNAN ohne Edelfäu le (**00' 01 02' 04 05 06' 07' 08 09 11** 12' 13 14 15), eine überzeugend Wiedergeburt des legendären CONSTANTIA-Dessertweins aus dem 18. Jh.

Kleine Zalze Wines W-Cape r (rs) w; sch ★→★★★ Starerzeuger in STEL LENBOSCH mit brillantem CABERNET SAUVIGNON, SHIRAZ, CHENIN BLAN und SAUVIGNON BLANC unter den Etiketten Family Reserve und Vineyar Selection. Ein hervorragendes Preis-Leistungs-Verhältnis bietet die Reih Cellar Selection.

Klein Karoo Die großteils halbwüstenartige Anbauregion ist bekannt für gespritete Weine, v. a. für den Port-Stil in CALITZDORP. Wiederbelebte alte Parzellen zeigen jetzt erste Resultate, z. B. den (sortenreinen) CHENIN BLANC und den COLOMBARD-Verschnitt von Ronnie B. Wines.

Krone W-Cape (rs); sch ★→★★★ Ausgeklügelte, klassische Schaumweine nach der MÉTHODE CAP CLASSIQUE, u. a. der neu auf den Markt gebrachte RD 2001, die im wiederbelebten Gut Twee Jonge Gezellen in TULBAGH bereitet werden.

Kumala W-Cape r rs w; Ibl ★ BV – Die Hauptexportmarke auf Einstiegsniveau gehört wie ihre Geschwister FLAGSTONE (Premiumgewächse) und Fish Hoek (mittleres Niveau) zu Accolade Wines.

KwaZulu-Natal Provinz und GEOGRAPHICAL UNIT an der Ostküste Südafrikas mit Regen im Sommer und subtropischem/tropischem Klima in den Küstengebieten. Auf dem kühleren, hügeligen zentralen Midlands-Plateau ist eine Qualitätsweinproduktion im Entstehen; führender Erzeuger ist Abdington Estate.

KWV W-Cape r (rs) w br; (s); sch ★→★★★ Die ehemalige nationale Winzergenossenschaft und Aufsichtsbehörde ist heute einer der größten Produktions- und Exportunternehmen mit Sitz in PAARL. Rot-, Weiß- und Schaumweine, portartige und andere gespritete Weine in mehr als einem Dutzend Reihen, allen voran die regelmäßig ausgezeichnete The Mentors.

Lammershoek r w (br); (sch); (s) ★→★★★ Kellerei, die durch die frühe Betonung auf alte Reben, Bio, »natürliche« Weinbereitung usw. entscheidend zur jüngsten Entwicklung des Weinbaus in SWARTLAND und ganz Südafrika beigetragen hat. In der Reihe The Mysteries gibt es einiges zu entdecken, z. B. den überaus raren HÁRSLEVELÜ.

Meerlust Estate Stel r w ★★★★ Historische Weinberge und Kellerei in Familienbesitz. Eleganz und Zurückhaltung prägen das Aushängeschild Rubicon (00 01' 03' 04 05 06 07' 08 **09'** 10' 12 13 14 15), einen der ersten Bordeaux-Rotweine Südafrikas. Hervorragender MERLOT, CABERNET SAUVIGNON, CHARDONNAY und PINOT NOIR.

Meinert Wines Elgin, Dev V. r (rs) w; (s) ★→★★★ Martin Meinert, umsichtiger Erzeuger, Berater und Mitstreiter bei diversen Unternehmungen, ist v. a. für den feinen CAPE BLEND Synchronicity bekannt.

Méthode Cap Classique (MCC) EU-kompatible Bezeichnung für Schaumweine mit Flaschengärung, eine der größten Erfolgsgeschichten Südafrikas. Inzwischen gibt es 300 Etiketten, Tendenz steigend.

Miles Mossop Wines Coast r w; (s) ★★→★★★ Eigene Marke von Miles Mossop, dem Kellermeister von TOKARA. Beständig großartige rote und weiße Verschnitte sowie edelfauler CHENIN BLANC.

Morgenster Estate Stel r (rs) w; (sch) ★★→★★★ Erstklassiger Betrieb in italienischer Hand mit Wein- und Olivenanbau nahe Somerset West. Pierre Lurton (vom Bordeaux-Château Cheval Blanc) berät. Traditioneller Morgenster Reserve (00 01 03 04 05' 06' 08 **09** 10 **11'** 12 13), Zweitetikett ist Lourens River Valley (beides Bordeaux-Verschnitte), außerdem ein neuer MÉTHODE CAP CLASSIQUE, ungewöhnlicherweise von CABERNET FRANC.

Motte, La W-Cape r w; s; sch ★★★ Elegante Kellerei mit Verkostungsraum der Familie Koegelenberg-Rupert in FRANSCHHOEK. Sortenreine Weine und Verschnitte im klassischen Bordeaux- und Rhône-Stil, dazu CHARDONNAY, SAUVIGNON BLANC, Schaumwein nach der MÉTHODE CAP CLASSIQUE sowie VIOGNIER *vin de paille* (Strohwein).

Mount Abora Vineyards Swart r w ★★ Den »swartländischen Schick« verkörpern der natürlich vergorene CINSAULT von alten Reben, der rote Rhône-Verschnitt und der CHENIN BLANC von Buschreben. Hinter ihnen steckt

Johan Meyer, der neue Star unter den Anhängern nicht interventionistischer Weinbereitung.

Mulderbosch W-Cape r rs w; (s) ★★→★★★ Hoch angesehene Kellerei i STELLENBOSCH im Besitz von Terroir Capital (Kalifornien); SAUVIGNO BLANC, Einzellagen-CHENIN-BLANC, CHARDONNAY.

Mullineux & Leeu Family Wines Coast r w; s ★★★→★★★★ Chris un Andrea Mullineux sowie Investor Analjit Singh sind auf schöne, sorgfälti bereitete SYRAH-Weine von Einzel- oder mehreren Lagen (**08 09'** 10' **1** 12 14 15 16) spezialisiert, auf (rote und weiße) Rhône-Verschnitte un Chenin blanc – alle aus SWARTLAND. Das Rebgut für den neuen Leeu Re und den CHARDONNAY stammt aus zusätzlichen Quellen. Fog Monste ist eine Boutiquemarke für kalifornischen Wein.

Mvemve Raats Stel r ★★★ Mzokhona Mvemve, Südafrikas erster ausgebildeter schwarzer Kellermeister, und Bruwer Raats (RAATS FAMILY) mit großartigem Bordeaux-Rotwein MR de Compostella vom besten Lesegut de Jahrgangs.

1995 schlug ein örtlicher Syrah bei einer Verkostung den australischen Kultwei Grange. Seitdem liebt Südafrika Syrah.

Nederburg Wines W-Cape r (rs) w; lbl s; (sch) ★→★★★★ Eine der größte (2,8 Mio. Kisten) und bekanntesten Marken Südafrikas, im Besitz vo DISTELL und mit Sitz in PAARL. Aushängeschild ist der exzellente II Centuries, außerdem die Reihen Manor House und Heritage Heroes. Außergewöhnlich der Ingenuity Red Italian Blend (**05 06 07' 08 09** 10 11 12 13 und der White Blend. Daneben preiswerte Still- und Schaumweine für de Alltagsgebrauch. In kleinen Mengen werden die für die jährlich stattfindende Nederburg Auction vorgesehenen Weine der Reihe Private Bin erzeug darunter der edelfaule CHENIN BLANC Edelkeur (**02 03' 04' 05 06 07' 0** **09' 10' 11 12'** 13 14).

Neil Ellis Wines W-Cape r w ★★→★★★★ Der in STELLENBOSCH ansässig Weinhandelpionier Neil Ellis und sein Sohn Warren verarbeiten ausgesuchte Trauben aus kühleren Parzellen, um ihren Weinen die spezifische Lagencharakteristik mitzugeben: meisterhaft die Reihe Vineyard Selections, v. a der CABERNET SAUVIGNON (**00' 01 03 04' 05 06 07** 09 10' 11 12 13 14 15

Newton Johnson Vineyards Cape South Coast r (rs) w; (s) ★→★★★ Renommierte Familienkellerei im malerischen Upper HEMEL-EN-AARDE Valley Herausragender Family Vineyards PINOT NOIR (**08' 09' 10'** 11' 12' 13' **14** 15' 16), Chardonnay, SAUVIGNON BLANC, SYRAH/MOURVÈDRE Granur von eigenem und zugekauftem Lesegut; Südafrikas erster kommerzie erzeugter ALBARIÑO. Herrlicher edelfauler CHENIN BLANC L'illa. Einstiegsreihe Felicité.

Olifants River REGION an der Westküste (ca. 10.000 ha), deren Weinberge über warme, trockene Talböden verteilt sind und sich für den ökologischen Anbau eignen. Außerdem kühlere Lagen für feine Weine im gebirgigen WARD Piekenierskloof sowie, näher am Atlantik, in Bamboes Bay un Koekenaap.

Opstal Estate r rs w; (s) ★→★★★ Etabliert sich als führender Erzeuger i BREEDEKLOOF; das Gut in Familienbesitz liegt wunderschön in den Berger Guter CAPE BLEND, CHENIN BLANC von alten Reben und SÉMILLON.

Orange River Cellars Siehe CENTRAL ORANGE RIVER.

Paarl Stadt und abgegrenzter Wein-DISTRICT, gut 50 km nordöstlich von Kapstadt. Unterschiedliche Weinstile und Philosophien; am besten gerate Weine von roten und weißen Rebsorten aus dem Mittelmeerraum sowi

CABERNET SAUVIGNON, PINOTAGE und CHENIN BLANC. Kleine Draken ist einer der wenigen Erzeuger von koscherem Wein in Südafrika.

Painted Wolf Wines Coast r (rs) w ★★ Sehr charaktervoller PINOTAGE und CHENIN BLANC, dazu sortenreine und verschnittene Weine im mediterranen Stil von Jeremy Borg und seinem »Rudel«, die sich leidenschaftlich für den Schutz des Afrikanischen Wildhundes (englisch *painted wolf*) einsetzen.

Paul Cluver Estate Wines Elgin r w; lbl s ★★→★★★ Das Gut im Besitz der Familie Cluver hält das Niveau in ELGIN hoch. Überzeugender PINOT NOIR, eleganter CHARDONNAY, fantastischer GEWÜRZTRAMINER und umwerfender RIESLING (edelfaul **03' 04 05' 06' 07 08' 09 10 11' 12** 14 17 sowie zwei trockenere Versionen).

Porseleinberg Swart r ★★★ Im Besitz von BOEKENHOUTSKLOOF, z.T. mit biologisch-dynamisch bewirtschafteten Weinbergen und entsprechenden Kellertechniken. Ausdrucksstarker SYRAH (10 **11** 12' 13 14 15 16), der in Handarbeit bereitet wird, ebenso wie sein edles Etikett, das vom Kellermeister vor Ort gedruckt wird.

Raats Family Wines Stel r w ★★→★★★ CABERNET FRANC und reinfruchtiger CHENIN BLANC (mit Eichenholz- und ohne Holznote), erzeugt von Bruwer Raats in STELLENBOSCH, der auch Partner von B VINTNERS und MVEMVE RAATS ist.

Rall Wines Coast r w ★★★→★★★★ Donovan Rall gehört mit seinem modulierten Red auf SYRAH- und White auf CHENIN-BLANC-Basis zu den ersten »Revolutionären« in SWARTLAND. Vinifiziert auch für Vuurberg in STELLENBOSCH.

Region Siehe GEOGRAPHICAL UNIT.

Reyneke Wines W-Cape r w ★★→★★★ Führender ökologisch und biologisch-dynamisch arbeitender Erzeuger nahe STELLENBOSCH mit dem bekannten Twitter-Handle (und der neueren Weinmarke) Vine Hugger. SHIRAZ, CHENIN BLANC, SAUVIGNON BLANC.

Richard Kershaw Wines Elgin r w ★★★→★★★★ Der in Großbritannien geborene Richard Kershaw darf sich mit seinem ausgeklügelten CHARDONNAY, SYRAH und PINOT NOIR aus kühlen Lagen zu den Spitzenerzeugern des südafrikanischen Weinfirmaments zählen. In der neuen Reihe Deconstructed werden die Lagen, aus denen die Trauben für die Weine stammen, einzeln in Szene gesetzt.

Riche Wines, Le Stel r (w) ★★★ Der angesehene Kellermeister Etienne Le Riche und seine Familie bereiten in dieser Boutiquekellerei feine Weine auf der Basis von CABERNET SAUVIGNON und zudem eleganten CHARDONNAY.

Rijk's Coast r w; sch ★★→★★★ Pionierkellerei in TULBAGH mit diversen Reihen von sortenreinem SHIRAZ, PINOTAGE und CHENIN BLANC. Sehr guter CHARDONNAY nach der MÉTHODE CAP CLASSIQUE.

Robertson Valley Im Landesinneren gelegener DISTRICT (ca. 14.000 ha) mit geringen Niederschlägen und Kalksteinböden. Schon immer guter CHARDONNAY und Dessertweine, neuerdings auch SAUVIGNON BLANC, SHIRAZ und CABERNET SAUVIGNON. Zu den wichtigsten Kellereien gehören z.B. GRAHAM BECK sowie viele kleine Familienbetriebe, darunter das ökologisch bewirtschaftete Gut Solara.

Robertson Winery Rob r (rs) w (br); lbl s; sch ★→★★ Durchweg beständige Qualität und ein gutes Preis-Leistungs-Verhältnis in einem umfangreichen Angebot. Am besten ist der SHIRAZ Constitution Road, sehr gut auch die Reihe Vineyard Selections.

Rupert & Rothschild Vignerons W-Cape r w ★★★ Spitzenlagen und Kellerei bei PAARL im Besitz der Familie Rupert und Baron Benjamin de Rothschild.

Roter Bordeaux-Verschnitt Baron Edmond (**01 03' 04 05 07 08 09** 10' **1** 12 13 14 15) und CHARDONNAY Baroness Nadine.

Rust en Vrede Estate Stel r (rs) (w); s ★★→★★★★ Besitzer Jean Engelbrecht erzeugt kraftvolle, hochpreisige Weine, u. a. rote Sortenweine und Verschnitte der Marke Rust en Vrede. Der Cirrus SYRAH ist ein Gemeinschaftsunternehmen mit Silver Oak aus Kalifornien; außerdem STELLENBOSCH Reserve, Donkiesbaai CHENIN BLANC, PINOT NOIR sowie sehr gute Weine unter dem Etikett Guardian Peak.

Sadie Family Wines Stel, Swart, Olifants R. r w ★★★→★★★★ Der ökologisch angebaute und traditionell bereitete SHIRAZ/MOURVÈDRE Columella (**01 02' 03 04 05' 06 07' 08 09'** 10' **11** 12 13 14 15 16) setzt Maßstäbe in Südafrika. Außerdem komplexer, verführerischer Weißweinverschnitt Palladius und die bahnbrechende Reihe Old Vines, die das südafrikanische Weinerbe feiert.

Saronsberg Cellar W-Cape r (rs) w; (s); (sch) ★→★★★ Mit Kunst geschmückte Sehenswürdigkeit in TULBAGH; das Gut erzeugt preisgekrönte rote Bordeaux-Verschnitte, sortenreine und Verschnittweine von weißen und roten Rhône-Trauben sowie neuerdings CHARDONNAY nach der MÉTHODE CAP CLASSIQUE.

Savage Wines W-Cape r w ★★★ Duncan Savage, früher Kellermeister bei CAPE POINT VINEYARD, erzeugt seine eigenen Weine von ausgewählten kühleren Parzellen, darunter aufregend subtile Rote im mediterranen Stil, einen weißen Verschnitt und Abfüllungen für die Auktionen der CAPE WINEMAKERS GUILD.

Saxenburg Wine Farm Stel r (rs) w; (sch) ★★→★★★ Weinberge und Kellerei in Schweizer Besitz. Rotweine mit harmonischer Eichennote, SAUVIGNON BLANC und CHARDONNAY in der hochklassigen Reihe Private Collection. Flaggschiff ist der sehr teure Shiraz Select (**00 01 02 03'05' 06' 07' 09** 11).

Shannon Vineyards Elgin r w; (s) ★★★ Vorbildlicher MERLOT, PINOT NOIR, SAUVIGNON BLANC, SÉMILLON sowie als Rarität ein edelfauler Pinot noir. Die Brüder James und Stuart Downes sind für die Reben, die Kellerei NEWTON JOHNSON ist für die Vinifikation zuständig.

Sijnn Malgas r (rs) w ★★→★★★ Pionierprojekt des Teilhabers und Kellermeisters von DE TRAFFORD, David Trafford, in CAPE SOUTH COAST. (Sijnn wird übrigens »Sein« ausgesprochen.) Von steinigen Böden und in maritimem Klima werden charaktervolle und ungewöhnliche Sortenweine und Verschnitte.

Simonsig Landgoed W-Cape r w (br); (lbl s); sch ★→★★★ Die Kellerei der Familie Malan bei STELLENBOSCH wird für ihre Beständigkeit und hohen Standards bewundert. Glanzpunkt ist der kraftvolle The Garland (CABERNET SAUVIGNON), dazu gesellen sich SYRAH Merindol (**01 02' 03 04 05 06 07 08** 10' **11** 12 13 14 15) und der PINOTAGE Red Hill (**01 02 03' 04 05 06 07' 08** 09 10 11 12 13 14 15 16). Ausgezeichneter MÉTHODE CAP CLASSIQUE.

Solms-Delta W-Cape r (rs) w (br); (sch) ★→★★★ Weine, die auf höchst angenehme Weise anders sind, von einem teilweise im Besitz der Mitarbeiter befindlichen historischen Gut in FRANSCHHOEK: roter Africana im Amarone-Stil, ein schäumender SHIRAZ und ein neuer VERDELHO-ROUSSANNE.

Southern Right Siehe HAMILTON RUSSELL.

Spice Route Winery Siehe FAIRVIEW.

Spier W-Cape r (rs) w; (sch) ★→★★★ Große, vielfach ausgezeichnete Kellerei und Touristenmagnet bei STELLENBOSCH. Aushängeschild ist der tiefgründige Bordeaux/SHIRAZ Frans K. Smit (**04 05' 06' 07 08** 09 10 11' 12); die

Weine der Reihen Creative Block, 21 Gables und Collaborative zeugen im Besonderen von überaus sorgfältigem Anbau.

Spioenkop Wines Elgin r w ★★→★★★ Die belgische Frohnatur Koen Roose und seine Familie benannten das Gut nach einem Kampfgebiet im Zweiten Burenkrieg. Sehr guter, charaktervoller PINOTAGE, CHENIN BLANC und (in Südafrika selten anzutreffender) RIESLING.

Springfield Estate Rob r w ★★→★★★ Traditionell bereiteter CABERNET SAUVIGNON, CHARDONNAY, SAUVIGNON BLANC, Rotwein im Bordeaux-Stil, PINOT NOIR und süffiger Weißweinverschnitt von Kultwinzer Abrie Bruwer.

Stark-Condé Wines Elgin, Stel r w ★★→★★★ Akribisch arbeitende Boutiquekellerei des Weinmachers José Condé im gebirgigen Jonkershoek in STELLENBOSCH. Großartiger CABERNET SAUVIGNON und SYRAH in den Reihen Three Pines und Stark-Condé; jung zu trinkende Weine aus ELGIN und Overberg in der Postcard Series.

Zwei weitere Rebsorten debütieren in kommerziellen Einzelabfüllungen: Carmenère und Albariño.

Steenberg Vineyards W-Cape r (rs) w; sch ★→★★★ Spitzenkellerei mit Weinbergen und schicken Verkostungsräumen in CONSTANTIA. SAUVIGNON BLANC, Sauvignon blanc/SÉMILLON-Verschnitte und Schaumwein nach der MÉTHODE CAP CLASSIQUE. Auch ausgefeilte Rotweine, etwa rarer sortenreiner NEBBIOLO.

Stellenbosch Universitätsstadt, abgegrenzter Wein-DISTRICT (ca. 13.000 ha) und Herz des Weinbaus am Kap – sozusagen das Napa Südafrikas. Viele Spitzenweingüter, besonders für Rotwein, liegen verstreut in den zur Region gehörenden Tälern und Vorgebirgen. Zahlreiche Weinverkostungs- und Unterkunftsmöglichkeiten sowie feine Restaurants.

Stellenbosch Vineyards W-Cape r (rs) w; (sch) ★→★★ Große Kellerei; am besten sind die Weine der eindrucksvollen Reihe Flagship (PETIT VERDOT, CABERNET FRANC) und die neuen Abfüllungen namens Limited Release (GRENACHE, VERDELHO).

Storm Wines Upper Hem, Hem V. r w ★★★ PINOT-NOIR- und CHARDONNAY-Spezialist Hannes Storm (ehemals HAMILTON RUSSELL) bringt die Charakteristik seiner Lieblingslagen in HEMEL-EN-AARDE mit herrlicher Präzision und Sensibilität zum Ausdruck.

Sumaridge Wines Upper Hem r (rs) w ★★→★★★ Die kühlklimatischen Lagen und die Kellerei in britischem Besitz sind in letzter Zeit besser in Form; feiner PINOT NOIR, CHARDONNAY und weißer Maritimus.

Swartland Der DISTRICT mit vorwiegend warmem Klima ist derzeit in Mode. Auf ca. 11.000 ha stehen meist ertragsarme, unbewässerte Buschreben, die konzentrierte, herzhafte, aber frische Weine hervorbringen. Zunehmend auch Traubenlieferant für Weine, die anderswo erzeugt werden, mit einigen herausragenden Ergebnissen.

Swartland Independent Producers Swart – Köstliche Rotweine im Rhône-Stil sowie GRENACHE noir, CHENIN BLANC (sortenrein und im Verschnitt), SÉMILLON, neuer PINOTAGE (vorwiegend von alten Reben).

Testalonga Swart r w ★★→★★★ Ausgefallener SYRAH, GRENACHE NOIR, CARIGNAN, HÁRSLEVELŰ und CHENIN BLANC von Craig Hawkins, einem glühenden Verfechter nicht interventionistischer Weinbereitung. Jeder Schluck birgt eine Überraschung.

Thelema Mountain Vineyards W-Cape r (rs) w; (lbl); (sch) ★→★★★★ Der Pionier des modernen südafrikanischen Wein-Revivals mit Sitz in STELLENBOSCH. CABERNET SAUVIGNON (00' 03 04 05 06 07 08 09 10 11 12 13 14) und The Mint Cabernet Sauvignon (05 06' 07 08 09 10 11 12 13 14; die

Weinberge werden jetzt neu bestockt). Die Reihe Sutherland (Rebgut au ELGIN) erweitert das Angebot (z. B. um einen raren VIOGNIER/ROUSSANNE

Thorne & Daughters Wines W-Cape w ★★★→★★★★ Der Einzellagen SÉMILLON und die Verschnitte aus verschiedenen Regionen, zum Teil vo alten, gehegten und gepflegten Reben, von John Seccombe und seine Frau Tasha sind ein Wunder an Reinheit und Ausgefeiltheit.

Tokara W-Cape r (rs) w; (s) ★★→★★★★ Wein, Essen und Kunst auf höchs tem Niveau bei STELLENBOSCH. Weinberge auch in ELGIN und WALKER BAY Großartige Verschnitte (rot und weiß) in der Reihe Director's Reserve, ele ganter CHARDONNAY und SAUVIGNON BLANC, neuer CABERNET SAUVIGNO Reserve. Die nach dem Kellermeister Miles Mossop benannten Abfüllun gen sind ebenfalls großartig.

Tulbagh DISTRICT im Landesinneren (ca. 1.100 ha), der ursprünglich m Weiß- und Schaumwein assoziiert wurde, nun aber auch für fleischig Rotweine, einige süßere Gewächse und Bioweinbau bekannt ist. Betrieb wie Lemberg und Waverley Hills lohnen einen Besuch.

Uva Mira Mountain Vineyards Stel r w ★★→★★★ Den hoch gelegenen Reb flächen und der Kellerei in Helderberg hat der neue Besitzer Toby Venter CEO von Porsche in Südafrika, neuen Schwung verliehen. Zum wachsen den Programm gehören u. a. ein brillanter SYRAH sowie von jeher erstklas siger CHARDONNAY und SAUVIGNON BLANC.

Vergelegen Wines W-Cape r w; (s); (sch) ★★★→★★★★ Historisches Guts haus, makellose Weinberge und Weine sowie ein stilvoller Kellereiverkau in Somerset West; in angloamerikanischem Besitz und beraten von ers rangigen französischen Fachleuten. Kraftvoller CABERNET SAUVIGNON (**01' 03 04 05 06 07 08** 09' 11 12 13), opulenter Bordeaux-Verschnitt Re G.V.B. und duftender SAUVIGNON BLANC/SÉMILLON White G.V.B.

Vilafonté Paarl r ★★★ Die beiden gefeierten Kalifornier Zelma Long (Ex-Ke lermeisterin bei Simi) und Phil Freese (früher bei Mondavi für die Rebe zuständig) haben sich mit Mike Ratcliffe vom WARWICK ESTATE zusammen getan. Ausgezeichnete Bordeaux-Verschnitte, u. a. der neuere Serious Old Dirt.

Villiera Wines Elgin, Stel r w; (s); sch ★→★★★ Weinberge und Kellerei de Familie Grier bei STELLENBOSCH mit exzellentem Preis-Qualitäts-Verhält nis, v. a. das Quintett an Brut-Schaumweinen nach der MÉTHODE CA CLASSIQUE. Die kleine Domaine Grier in der Nähe von Perpignan (Frank reich) gehört ebenfalls dazu.

Vondeling r (rs) w; s; sch ★→★★★ Der Betrieb in britischem Besitz an de Ausläufern des Perdeberg setzt auf nachhaltige Bewirtschaftung. Vie seitiges Angebot, darunter einer der wenigen Schaumweine *méthod ancestrale* in Südafrika.

Walker Bay Hoch eingeschätzter DISTRICT (ca. 1.000 ha) mit maritimem Kl ma. Die WARDS heißen HEMEL-EN-AARDE, Bot River, Sunday's Glen un Stanford Foothills. PINOT NOIR, SHIRAZ, CHARDONNAY und SAUVIGNO BLANC ragen heraus. Empfehlenswerte Erzeuger: Benguela Cove, L Vierge, Paardenkloof, Seven Springs, Springfontein.

Ward Das geografisch kleinste der WINE-OF-ORIGIN-Gebiete. Siehe auc GEOGRAPHICAL UNIT.

Warwick Estate W-Cape r (rs) w ★★→★★★ Das besucherfreundliche Gut de Familie Ratcliffe am Rand von STELLENBOSCH bietet sehr feinen CABERNE FRANC, opulenten CHARDONNAY und einen neuen CABERNET SAUVIGNO mit dem bekannten Radiomoderator Thabo Molofe alias DJ Tbo Touch.

Waterford Estate W-Cape r (rs) w; (s); (sch) ★→★★★ Erstklassiger Fam lienbetrieb bei STELLENBOSCH mit preisgekröntem Kellereiverkauf. Deft ger SHIRAZ Kevin Arnold (**01 02' 03 0405 06 07 08 09** 10 11 12 13), ele ganter CABERNET SAUVIGNON (**01 02 03' 04 05 06 07 08** 09 10 11 12 13 14 15) und das höchst komplexe Flaggschiff The Jem auf Basis von Cabernet Sauvignon.

Waterkloof Elgin, Stel r (rs) w ★→★★★ Biologisch-dynamisch bewirtschaftete Weinberge und architektonisch spektakuläre Kellerei mit Restaurant in der Nähe von Somerset West, im Besitz des britischen Weinhändlers Paul Boutinot. Spitzenmarken sind Waterkloof, Circle of Life, Seriously Cool und der neue MÉTHODE CAP CLASSIQUE Astraeus.

Wellington An PAARL angrenzender DISTRICT mit warmem Klima. Gewinnt zunehmende Anerkennung für PINOTAGE, SHIRAZ, stämmige rote Verschnitte und CHENIN BLANC. Unbedingt besuchenswert sind die Erzeugerbetriebe Mischa (auch eine große Rebschule) mit Anbaumethoden der nächsten Generation (Stichwort Nutrition Farming) und Imbuko mit günstigen Weinen und einem sehr freundlichen Empfang auf dem Gut.

Unaufhaltsamer Syrah

Wirklich bemerkenswert ist, wie SYRAH in den letzten Jahrzehnten unaufhaltsam zum Hauptdarsteller auf der südafrikanischen Bühne aufgestiegen ist. Mit über 700 sortenreinen Abfüllungen tritt die Traube in der überwältigenden Mehrheit der Fälle als Solist auf, doch auch in 300 Verschnitten spielt Syrah die tragende Rolle und in vielen weiteren eine Nebenrolle. Sie wird zu Rosé, Wein im Port-Stil und Méthode-Cap-Classique-Schaumwein verarbeitet, zu Trester gebrannt und vielerlei modischen Behandlungen (frühe Lese, Ausbau in Amphoren, verlängerte Fassreifung) unterzogen. Im Verkostungsraum wird Syrah zu belgischer Schokolade, aber auch zu Paté und zu Steaks gereicht, und es findet sogar einmal jährlich ein Syrah-Festival statt, auf dem der Star zusammen mit Wurstspezialitäten im Rampenlicht steht.

Wine of Origin (WO) Das südafrikanische Gegenstück zum französischen Appellationssystem, jedoch ohne dessen Beschränkungen. Bescheinigt werden mit diesem Siegel der Jahrgang, die Rebsorte(n) und das Herkunftsgebiet des Weins. Die optionale *sustainability*-Zertifizierung zielt zusätzlich darauf ab, eine nachhaltige, umweltbewusste Produktion von der Rebe bis ins Glas zu garantieren. Siehe auch GEOGRAPHICAL UNIT.

Winery of Good Hope, The W-Cape r w; (s) ★→★★★ Kellerei in STELLENBOSCH mit einem Angebot, das so vielseitig ist wie seine australisch-französisch-südafrikanisch-britischen Eigentümer. Kreativer, aber durchaus zusammenpassender Mix von Stilen, Einflüssen, Rebsorten und Terroirs. Sofort eingeschlagen ist die neuere Reihe Thirst: saftiger CINSAULT mit geringerem Alkoholgehalt, Gamay noir und ein Verschnitt von CLAIRETTE BLANCHE.

Worcester In diesem DISTRICT wird vorwiegend Massenwein von Genossenschaften erzeugt; Familienbetriebe mit höheren Ambitionen sind Arendskloof/New Cape/Eagle's Cliff, Alvi's Drift, Conradie und Leipzig.

Dank

Die hier vorliegende Sammlung ausführlicher Empfehlungen stammt teilweise aus meinen eigenen Aufzeichnungen, hauptsächlich aber von vielen guten Freunden. Ohne die großzügige Hilfe und Unterstützung unzähliger Winzer, Kellermeister, Händler und Weinkenner hätte ich sie nie zusammenstellen können. Ganz besonders danken möchte ich den nachstehend Genannten für ihre Recherchen in den Gebieten, in denen sie echte Experten sind:

Ian d'Agata
Helena Baker
Amanda Barnes
Lana Bortolot
Jim Budd
Michael Cooper
Michael Edwards
Sarah Jane Evans MW
Rosemary George MW
Caroline Gilby MW
Anthony Gismondi
Anne Krebiehl MW
James Lawther MW
Konstantinos Lazarakis MW
John Livingstone-Learmonth
Jordan Mackay
Campbell Mattinson
Adam Montefiore
Jasper Morris MW
Ch'ng Poh Tiong
André Ribeirinho
Margaret Rand
Ulrich Sautter
Eleonora Scholes
Stephen Skelton MW
Paul Strang
Sean Sullivan
Marguerite Thoma
Gal Zohar
Philip van Zyl

Bildnachweis

Octopus Publishing Group Adrian Pope 5; Steve Race/Stockimo 441 links; Pixtal/Pixtal 441 rechts; Hendrik Holler/Bon Appetit 442; Alamy Stock Photo Carlos Sánchez Pereyra/mauritius images GmbH 445; Israel Hervás 446 links; miloszg 446 rechts; Shutterstock ksl 448; Per Karlsson – BKWine.com 451; foodandmore 452; Iakov Filimonov 453; Christian Guy/hemis.fr 454; SuperStock Biosphoto/Biosphoto 456.

Syrah, Grenache und Co.

/arum ausgerechnet diese? Syrah und Grenache sind keineswegs die am äufigsten angebauten Rebsorten dieser Erde, und doch stehen sie derzeit n Scheinwerferlicht. Syrah, die Startraube der nördlichen Rhône, erweist ch als erfahrene Reisende, die in so unterschiedlichen Gegenden wie euseeland und Chile, Südafrika und dem US-Bundesstaat Washington underbar frische Weine mit Veilchenaroma hervorbringt. Grenache (die ir aufgrund ihrer spanischen Wurzeln eher Garnacha nennen sollten und anchmal auch werden) ist noch nicht so weit herumgekommen, steht ber unter genauester Beobachtung. Sie kann sehr eloquent von ihrer Herunft, ihrem Terroir erzählen. Und warum betrachten wir beide gemeinsam? /eil sie oft Partner in Verschnitten sind – an der Rhône, in Australien, in en USA. Und doch haben sie an der Rhône ihren größten Ruhm jeweils an erschiedenen Orten errungen. In den Appellationen der nördlichen Rhône bt es keine Grenache – die überaus aromatischen, sehr präsenten Weine ort werden (meist) reinsortig von Syrah erzeugt. Im Süden dagegen gilt yrah als Traube für den Verschnitt. Erst im Ausland haben die beiden richg zueinandergefunden. Das australische Kürzel »GSM« steht für Verschnit- von Grenache, Syrah und Mourvèdre, und auch die sogenannten Rhône anger der USA bringen dieses Trio gern zusammen, mit oder ohne andere rauben der südlichen Rhône wie Cinsault oder Carignan. Man kann sie icht getrennt betrachten, zu sehr gewinnen sie oft von der Gegenwart der nderen. Und doch hat jede auch ihre Solokarriere. Man findet Garnacha n Priorat, in Navarra und anderswo in Spanien, auch wenn sie in Rioja eist nur die zweite Geige hinter Tempranillo spielt. Sehr ernst wird sie im anguedoc genommen, wie auch in Sardinien unter dem Namen Cannonau. Australien gibt es herrliche Grenache-Weine von alten Reben – und hiraz, um den lokalen Namen zu nennen, ist dort eine Institution.

Das Rad des Schicksals

Syrah, Grenache und die Mode

Für wenige Trauben hat sich das Glück so gewandelt wie für Syrah und Grenache. Beide wurden früher stark nachgefragt, wenn auch nicht immer aus den besten Gründen, und beide waren schon so sehr aus der Mode gekommen, dass man sie kaum noch verkaufen konnte. Wer Gründe dafür sucht, dass man niemals eine Rebsorte als hoffnungslos aufgeben sollte, hat mit Grenache und Syrah bereits zwei. In den allermeisten Fällen ist ja nicht die Rebe schuld, sondern die Mode oder der Mangel an Vorstellungskraft – was ja miteinander zusammenhängt.

Beide sind wohl recht alte Sorten; Garnacha wahrscheinlich die ältere. Sie stammt vermutlich aus den spanischen Aragón (in Portugal kennt man sie immer noch als Aragonez). Schriftlich erwähnt wird sie mit Sicherheit ab 1678, möglicherweise auch früher. Nach Frankreich kam sie Ende des 18. Jahrhunderts, breitete sich vom Roussillon nach Osten aus und gelangte früh nach Australien, wo sie zu den ersten dort gepflanzten Reben zählte.

Über die Herkunft der Syrah gibt es mehr Hypothesen als bei den meisten Reben; die Wahrheit indes ist banal: Sie ist eine Kreuzung aus Mondeuse blanche und Dureza und stammt wahrscheinlich aus dem Gebiet Rhône/Alpen, von wo James Busby sie 1832 nach Australien brachte. Bis Ende des 20. Jahrhunderts gab es kaum anderswo nennenswerte Mengen.

Beide also kamen früh nach Australien. Das ist der Schlüssel zum Verständnis dafür, warum es mit ihnen so sehr auf und ab ging: Sie waren die Arbeitspferde unter den Trauben, die gehorsam jeden gewünschten Stil annahmen und sich insbesondere auch spriten ließen. Doch gespritete Weine gerieten aus der Mode und wurden von modernen Tischweinen verdrängt. Die Regierung legte 1986 sogar ein Rodungsprogramm auf: Weg mit den alten Reben! Reißt sie aus, verbrennt sie! Pflanzt etwas Modernes, etwas Internationales, etwas, was in Mode ist!

Welt-Klassiker

Dieses Etwas war natürlich Cabernet Sauvignon. In den 1980er-Jahren beherrschte Cabernet fast die ganze Welt. Doch zur selben Zeit, als sein Siegeszug in Australien begann, machten sich ein paar Australier Gedanken über die alten Reben, die da im Feuer landeten. Sie begannen zu überlegen, was hier verloren ging. Und sie überlegten so laut, dass andere begannen zuzuhören – und umsteuerten. Alte Reben genießen heute in Australien so etwas wie Ahnenverehrung: In Barossa kennt man *Old Vines* (alte Reben – über 35 Jahre alt), *Survivor Vines* (überlebende Reben – über 70 Jahre), *Centenarian Vines* (hundertjährige Reben – über 100 Jahre) und *Ancestor Vines* (Urahn-Reben – über 125 Jahre). Barossa Shiraz, dunkel, mundfüllend und mit Noten von schwarzer Olive, Soja, Schokolade und Rosinen, ist als einer der klassischen Weinstile der Welt anerkannt.

Etwa gleichzeitig und aus denselben Gründen kam auch Grenache in Australien wieder zu Ansehen (siehe Kasten S. 392). Und an der Rhône?

Shiraz in Barossa: je älter, umso fotogener

a war es ähnlich. An der südlichen Rhône dominierte Grenache zunächst ufgrund der Nachfrage burgundischer Weinhändler, die damit ihre damals chwächlichen Côte-d'Or-Weine aufhübschten. (Schlechte Gründe, wie esagt.) Doch dann verbesserte sich der Ruf der Weine von der südlichen hône, woraufhin die Winzer ihren Rohstoff wieder ernster nahmen. Sie tellten fest, dass sich Grenache bei Ertragsbeschränkung ganz anders erhält. Ende des 20. Jahrhunderts war die Traube in Südfrankreich plötzch Kult geworden. Dass sie auch im spanischen Priorat Erfolg hatte, half usätzlich. Dort hatte Garnacha schon immer vorgeherrscht, allerdings twas schäbige Weine geliefert. Doch ab 1986 begannen Pioniere, sie mit abernet Sauvignon und Merlot zu verschneiden und bereiteten mächtige Veine mit Teer- und Brombeernoten, die überzeugte Anhänger fanden.

Aber zumindest Syrah an der Rhône sollte doch stets geglänzt haben? Vie könnte diese Traube je aus der Mode kommen? Nein, auch Rhôneyrah genoss Anfang des 20. Jahrhunderts einen so schlechten Ruf, dass s kaum Gutsabfüllungen gab. Deshalb findet man keine alten Hermitageder Côte-Rôtie-Abfüllungen, die es mit Bordeaux aufnehmen könnten. er Aufschwung kam erst in den 1970er-Jahren; seitdem ist er geblieben.

Rosen und Schokorosinen

Die Aromen von Syrah

Aromatische Rotweintrauben? Aber sicher. Syrah kann nach Rosen und Herbstblumen duften, oder nach schwarzen Oliven und Kräutern, oder – ja – nach Schokorosinen. Wenn Sie die Nase in ein Glas stecken und Soja und schwarze Oliven riechen, dann ist es Syrah. Die Traube hat Säure und kommt gut klar mit Eichenholz – auch wenn zu viel Holz heutzutage nicht mehr angesagt ist. Zu deutliche Noten von neuer Eiche – wie Vanille und (Gott behüte) Kokosnuss – sind out, out, out.

Aber Moment mal! Syrah gedeiht bekanntlich in so unterschiedlichen Klimata wie der nordchilenischen Wüste, dem Landesinneren von Washington (ebenfalls Wüste), den ebenen, kiesigen Weingärten im neuseeländischen Gimblett Gravels oder den Steilhängen der nördlichen Rhône. Sicherlich schmecken die Weine nicht überall gleich?

Nein, tun sie nicht. Die obige Aufzählung der Aromen ist progressiv zu verstehen: je heißer das Klima, desto mehr tendieren die Weine in Richtung Schokorosinen; je kühler, desto blumiger zeigen sie sich. Auch der Boden spielt eine Rolle. Reichere Böden ergeben fleischigere Weine, kargere Böden solche mit schlankerer Struktur. Die eigentliche Kluft aber verläuft zwischen Syrah und Shiraz.

Syrah heißt die Traube (natürlich) an der Rhône. Shiraz ist ihr australischer Name, und Barossa Shiraz, vollmundig, mit Noten von Schokolade und Backpflaume, deren Archetyp. Andernorts in der Neuen Welt wählen die Winzer den Namen nach dem Stil, den sie erzeugen möchten, sodass die Wahl des Namens mehr über den Stil verrät als jedes Rückenetikett.

Ganz unterschiedliche Aromen

An der nördlichen Rhône hat Syrah etwas Wildes. Wenn es möglich ist, Fels zu schmecken, dann in den Weinen hier: Fels mit in den Spalten wachsendem Thymian und Fenchel, dazu Wildrosen mit einem Schuss Soja sowie schwarze Oliven. Bei gemeinsamer Vergärung mit etwas Viognier kommen noch ein paar weiße Früchte dazu.

Auch in Barossa finden sich Soja und schwarze Oliven, doch was dort als reif gilt, würde an der Rhône bereits als überreif angesehen – und das schmeckt man. Die Frucht ist schon runzlig und wird innen fast matschig. Im Extremfall bekommt man Noten, die die Australier *dead fruit* nennen, aber selbst nicht toll finden. Zu viel Hitze ist nicht gut, sogar schlechter als zu wenig. Auch Barossa Shiraz wird derzeit frischer und eleganter – Weine in denen der Löffel stehen bleibt, scheinen der Vergangenheit anzugehören.

Und was gibt es dazwischen? Vielleicht die Hawke's Bay in Neuseeland. Dort entstehen in kühleren Jahren Weine, auf die die Winzer der Côte Rôtie stolz wären; in wärmeren Jahren ähneln sie eher Shiraz. Auch in kühleren Gebieten Chiles (Limarí, Leyda) findet man Fruchtsüße von Cassis mit Veilchennote, ausbalanciert von Frische. Syrah besitzt immer Säure – mehr Säure als etwa die Bordeaux-Sorten mit dem gleichen pH-Wert. In Ausralien zeigen im Vergleich zum schwarzschokoladigen Barossa-Stil das McLaren Vale mehr Milchschokolade, das Hunter Valley breitere, vollmundigere Aromen, das Eden Valley präzise schwarze Frucht und Heathcote Duft und Geschmeidigkeit. An der Rhône ist Hermitage der mächtigste, tanninstärkste Wein, Côte Rôtie ist aromatisch, Cornas robust. An Crozes-Hermitage und St-Joseph halten sich die Schlauen: Hier entstehen etwas früher trinkreife Weine, die von wärmeren Sommern profitieren.

Vorausgesetzt, es ist warm genug, damit die Trauben ausreifen, aber nicht zu heiß, scheint Syrah vielerorts Erfolg zu haben. Die Traube ist viel herumgekommen und gedeiht auf den meisten Böden, sofern diese guten Wasserabzug haben und nicht übermäßig fett sind. Tonböden ergeben feine Tannine, der Kies von Gimblett Gravels eine schlanke Maskulinität, reichere, tiefere Böden mehr Fleisch und Anmut. Granit, Gneis und Schiefer der nördlichen Rhône – die alle gut das Wasser ableiten – speichern die Wärme in einer Region, die für Syrah klimatisch schon an der Grenze lag und immer noch liegen kann.

Rhône-Syrah schmeckt nach Wildfenchel, Kräutern der *garrigue* und Fels

Veilchen und Trockenfeigen

Die Aromen von Grenache

Wenn sich der archetypische Syrah-Wein dunkel, glänzend und reiselustig zeigt, ist der archetypische Grenache das genaue Gegenteil: säurearm, oxidativ, blasser, alkoholstärker. Er kann ebenso nach Toffee schmecken wie nach Lavendel und Veilchen, nach Rosmarin und Thymian – die Pflanzen, die um seine Weinberge herum wachsen. Mit dem Alter kommt ein Aroma von Leder dazu; mächtige, vollmundige Garnachas schmecken intensiv und kraftvoll nach Brombeeren – die Art von Brombeeren, aus denen man eine Mauer bauen könnte.

Doch bevor es überhaut irgendetwas zu schmecken gibt, muss die Sorte richtig angebaut werden. Lässt man sie große Erträge bringen, erhält man nur riesige Mengen einer alkoholischen Flüssigkeit, die, verschnitten mit ewas, das mehr Struktur hat, das unterste Segment des Marktes bedient. So wurde es jahrelang gehandhabt, und in der Folge ersetzten die spanischen Winzer Garnacha durch andere Sorten: durch Cabernet Sauvignon und Merlot in den 1990ern, nach der Jahrtausendwende durch Tempranillo. In Südfrankreich waren es Cabernet, Merlot und Syrah. Doch obwohl sogar EU-Mittel in ihre Vernichtung gesteckt wurden, erfand sich Grenache neu. In Südfrankreich sowie im spanischen Priorat und Montsant, in Campo de Borja, Calatayud und in den verstreuten Weinbergen rund um Madrid, die den (inoffiziellen) Namen Gredos tragen, hat sich ein neuer Fanclub von

Lavendel und Veilchen, dazu noch Kräuter und ein Hauch von Toffee

arnacha-Erzeugern gefunden, die auf höher gelegene Weinberge, geringe rträge und alte Reben setzen, um mit verfeinerten Bereitungsmethoden Veine hervorzubringen, die weniger oxidativ sind und folglich eine höhere ebenserwartung haben. Und die etwas haben, was Garnacha/Grenache anz ausgezeichnet kann: eine Textur wie flüssige Seide.

Denn die Textur ist das A und O bei Garnacha. Die Weine können nach räutern und Veilchen schmecken (Sonnenschein fördert die Veilchenaro- nen, und Garnacha liebt die Sonne), und das, kombiniert mit dem seidigen Mundgefühl, ist einzigartig. Sie haben Alkohol: Einen guten Garnacha ndet man nur selten (obwohl es nicht unmöglich ist) unter 14 Vol.-%. nders als Syrah-Weine wollen sie nicht immer ganz vorn im Rampenlicht tehen, doch an Subtilität und Komplexität mangelt es ihnen nicht. Es sind Veine, die sich ihre eigenen Regeln machen. Die neuesten Priorat-Weine ind leichter im Stil als früher und glänzen mit den roten Fruchtnoten, die arnacha auf Schiefer entwickelt. Ältere Exemplare, die noch reichlich im landel sind, zeigen in der Jugend volle Brombeerfrucht und im Alter Noten on Teer und Feigen – das Ergebnis von überreifen Trauben und starker xtraktion, was in Verbindung mit neuer Eiche ziemlich massiv ausfällt.

renache im neuen Gewand

ie neueren Garnachas passen viel besser zu alter Eiche als zu neuer. lte Eiche verhält sich besser zum Tannin und erlaubt dem Wein, seine age auszudrücken: Schiefer, Ton oder Steine im Priorat und in Montsant Höhen um 500 m; Kalkstein, Sand, Ton und Rotschiefer in allen Höhen- agen in Campo de Borja. Die sehr unterschiedlichen Weinberge von Gredos aben immerhin sehr alte Buschreben und Lagen in 600–1200 m Höhe emein. Wer Bugunder mag, wird hier fündig: Transparenz und Seide, ohin man blickt (siehe Kasten S. 240).

Auch in Südfrankreich, von der Rhône bis ins Roussillon, wird Grenache nzwischen wertgeschätzt – nicht zuletzt, weil sie optimal dem Klima ange- asst ist. Sie erträgt Trockenheit in höherem Maß als Syrah, und ihre lange Vachstumsperiode erlaubt angesichts des Klimawandels weit mehr Raum ir Maßnahmen als bei der früher reifenden Syrah. Châteauneuf-du-Pâpe, igondas und Vacqueyras können in der Jugend recht stämmig sein – einsortiger Grenache ist hier selten –, doch im Alter findet man Noten von uftendem Leder und Kräutern (siehe Kasten S. 70).

Grenache ist nicht so weit gereist wie Syrah. In Sardinien, wo die Traube nter dem Namen Cannonau als einheimisch gilt, zeigt sie volle, erdige Aro- nen; in Australien, wo, wie erwähnt, alte Reben eine Ehrfurcht hervorrufen ie alte Damen, die noch ihr Testament machen müssen, kann Grenache ick mit Feigennoten sein. Doch auch dort setzt sich der allgemeine Um- chwung der australischen Weine in Richtung Frische insgesamt durch.

Sollte man sie aber nicht besser verschneiden als reinsortig ausbauen? icht unbedingt. Aber blättern Sie für diese Frage am besten um.

Gegenseitige Anziehung

Syrah und Grenache in Verschnitten

Man könnte leicht auf den Gedanken kommen, dass reinsortige Weine besser sind als Verschnitte. Das mag mit der irrigen Vorstellung zusammenhängen, dass im Verschnitt lediglich Reste verwertet werden oder dass eine Traube, die für sich alleine bestehen kann, besser ist als eine, die Hilfe benötigt. Man könnte es mit einer Singstimme im Chor vergleichen im Gegensatz zu einer, die eine Solokarriere macht: Dreimal dürfen Sie raten, wer mehr Ruhm einheimst.

Aus einem Verschnitt sollte, wie aus einem Chor, nichts einzeln herausragen. Er sollte geschlossen und in sich stimmig sein – und mehr sein als die Summe seiner Teile. Ihn zusammenzustellen ist eine so herausfordernde Aufgabe, dass viele Kellermeister sich erst dem Verschnitt widmen und dafür alle zur Verfügung stehenden Weine hernehmen, und sich erst danach Gedanken über die reinsortigen Kreszenzen machen.

Grenache und Syrah sind nicht von Haus aus ideale Verschnittpartner und auch nicht aufeinander angewiesen. Beide können sich problemlos und erfolgreich mit anderen Trauben zusammentun. Das ideale Terrain der einen ist sehr wahrscheinlich nicht ideal für die andere; und wenn sie zusammengespannt werden, liegt das häufig an der herrschenden Mode.

In Südfrankreich beispielsweise ist Syrah sehr in Mode. Man kennt die Sorte auf dem Etikett, das wirkt verkaufsfördernd. Tatsächlich aber gerät sie hier selten so gut wie weiter nördlich; im heißen, trockenen Klima verliert Syrah ihren Elan (erfolgreiche Erzeuger stehen auf S. 122). Grenache dagegen liebt Hitze und Trockenheit und kann – Ertragsbeschränkung vorausgesetzt – einem Verschnitt Duft, Fleisch und Textur verleihen. Verschnitte auf Grenache-Basis sind oft die interessanteren (eine Liste finden

Weinterrassen im Priorat: heiß und trocken genug für die anspruchsvolle Garnacha

Sie auf S. 88). Ein Schuss Mourvèdre kann Säure beisteuern, und auch Carignan von ertragsarmen alten Reben kann mit ihrer Struktur und den kräuterigen Fruchtnoten ein brillanter Verschnittpartner sein.

Verführerische Raffinesse

In Rioja nimmt Garnacha unter den roten Rebsorten nur noch acht Prozent Fläche ein. Der Platzhirsch heißt dort Tempranillo; er ist dunkler und eignet sich besser für Extraktion und neue Eiche – aber auch dort steuert Garnacha ihre seidige Textur und Raffinesse bei. Selbst in den Teilen Spaniens, die von Garnacha beherrscht werden, etwa Priorat und Montsant, Campo de Borja und Calatayud, wird sie selten reinsortig bereitet.

Australien kennt die sogenannten GSM-Verschnitte – Grenache, Shiraz, Mourvèdre, nicht unbedingt in dieser Reihenfolge. Der Neue-Welt-Stil jeder dieser Sorten ist üppiger, saftiger, offen fruchtiger, und zusammen mit Mourvèdre als Kupplerin ergeben sich daraus ganz andere Kombinationen. Auch ist dort Bewässerung verbreitet, was Shiraz vor der Dürre schützt.

Bevor GSM in Mode kam, waren Shiraz/Cabernet-Verschnitte die Norm in Australien – so lange, bis genug Cabernet-Reben im Land waren, um die Nachfrage zu decken. Der Verschnitt funktioniert gut, ist aber selten geworden. Wenn heute Shiraz in Australien verschnitten wird, dann mit Viognier: nur zwei, vielleicht fünf Prozent, genau wie an der Côte Rôtie. Zu viel Viognier bringt einen Geschmack von Eiscreme hervor, der störend wirkt, doch ein wenig davon betont die floralen Noten und bringt Finesse ein.

Und noch einen Verschnitt gab es früher: Im 18. Jahrhundert kam Syrah, in der Form von Hermitage, als Zugabe in die Bordeaux-Weine. Damit experimentiert derzeit Château Palmer (siehe S. 155).

Eine Frage des Alters

Wann trinken?

Der ideale Wein von heute kann schon jung getrunken werden, wird aber mit der Zeit noch besser – sofern Sie Zeit (und einen Weinkeller) haben. Mit vielen, wenn auch nicht allen Syrah- und Grenache-Weinen sind Sie da auf sicherem Grund. Die einzigen, die länger aufzuheben sich wirklich lohnt, sind Spitzenweine von der nördlichen wie südlichen Rhône: Sie entwickeln sich enorm im Lauf der Zeit und können 20 Jahre und länger halten – und besser werden. Als Faustregel aber gilt: Trinken Sie Grenache-Weine früher als Syrah, denn sie oxidieren viel leichter.

Das ist auch einer der Gründe, warum Grenache so oft mit weniger oxidativen Sorten wie Tempranillo, Syrah oder Mourvèdre verschnitten wird. Wenn Sie eine Note von duftendem Leder im Wein feststellen, ist das ein Zeichen dafür, dass er jetzt köstlich ist, aber nicht ewig halten wird. Die meisten mittelprächtigen bis guten Châteauneuf- und Gigondas-Weine sind, je nach Jahrgang, mit sechs bis zehn Jahren am besten. Aus Spanien kommen nun auch reinsortige Garnachas, die nach zwei bis drei Jahren wunderbar ausdrucksstark sind. Sie halten und entwickeln sich auch noch länger, und die besten, konzentriertesten, souveränsten Exemplare sind zehn oder mehr Jahre gut; meist aber ist es nicht wirklich nötig, sie aufzuheben. Wenn Sie bei Weinen Jugend schätzen, wird Garnacha sich willig zeigen.

Priorat-Weine sind für gewöhnlich jung am besten. Ja, sie sind mächtig, konzentriert und dicht, doch im Alter verlieren sie ihre Brombeerfrucht und bekommen gebackene und Feigenaromen. Überreife und Überextraktion sind selten ein Rezept für Langlebigkeit.

Rioja kann exzellent altern, doch geschieht das traditionell schon im Keller, sei es im Fass oder in der Flasche, bevor er überhaupt freigegeben wird. Reservas und Gran Reservas brauchen dann keine weitere Reifung mehr, während »modernere« Weine, die oft keine solche Angaben tragen, weil sie nicht in die Standardkategorien passen, vielleicht noch ein paar Jahre vertragen können oder zumindest davon profitieren. Doch auch hier gilt: Lassen Sie sich nicht abschrecken, wenn Sie Jugendlichkeit schätzen.

Freunde ein Leben lang

Australische GSM-Verschnitte und dergleichen altern für gewöhnlich gut. Wiederum kommt es auf Struktur, Konzentration und Ausgewogenheit an; feine Weine sollten problemlos zehn Jahre halten. Grenache mit anderen Trauben zu verschneiden, insbesondere mit Syrah und Mourvèdre, verlängert das Weinleben tendenziell. Und Syrah allein oder mit einem Schuss Viognier? Hermitage, der langlebigste Rhône-Rotwein, ist etwa zehn Jahre lang verschlossen und mindestens 20 Jahre gut. Ähnlich ist es bei Côte Rôtie der Spitzenklasse und Cornas, viele sind allerdings früher trinkreif. Crozes-Hermitage und St-Joseph sind mit drei Jahren am besten.

Syrahs aus anderen Gebieten können ebenfalls lange halten, doch die Stile entwickeln sich so schnell, dass es kaum möglich ist, genaue Zahlen anzugeben. Chilenische Exemplare aus kühlem Klima sind wunderbar aromatisch, wenn auch jung etwas verschlossen; geben Sie ihnen ein paar Jahre. Weine von der Hawke's Bay brauchen vielleicht etwas länger.

Bleiben die klassischen Top-Shiraz-Weine aus Barossa. Sie müssen nicht lange altern – ein paar Jahre, um etwas weicher zu werden –, doch dann sind sie 15 Jahre lang schön, bevor sie langsam verblassen. Ein Grange hält noch länger, so Sie das Glück haben, einen zu besitzen. Aber immer gilt: Eine Flasche zu öffnen, die ihren Höhepunkt schon hinter sich hat, ist enttäuschender, als wenn der Wein darin noch einen Tick zu jung ist.

Auf und ab: Côte-Rôtie-Weine brauchen ein paar Jahre in der Flasche

Was wollen wir dazu essen?

Syrah und Grenache bei Tisch

Es sind unkomplizierte Weine. Ihre große Bandbreite an Aromen sorgt dafür, dass sie zu vielen verschiedenen Speisen passen. Tatsächlich: Wenn Sie Allzweck-Rotweine im Keller haben möchten, dann liegen Sie mit diesen ganz richtig.

Lassen Sie uns direkt in die Details gehen: Eine erfolgreiche Kombination hängt vom Gewicht ab. Je deftiger die Speise desto schwerer der Wein, das versteht sich von selbst. Für dünne Süppchen sind diese Weine jedenfalls nicht geeignet. Aber es kommt auch auf die Struktur an. Fühlt sich der Wein eher geradlinig an oder breit und offen oder vierschrötig? Ein geradliniger, straffer Wein mit Säure passt zu gebratenem Fleisch – nur so als Faustregel. Zu einem Spitzen-Syrah von der Rhône oder aus Neuseeland könnte man etwa Rehbraten essen oder Moorhuhn oder ein anderes Wild – vielleicht Hase. Rebhuhn ist feiner im Geschmack, da sollte der Wein etwas leichter sein. Auch Fleisch vom Grill passt gut, insbesondere mit australischem oder südafrikanischem Shiraz – das klingt wie eine natürliche Kombination und ist es auch. Ausladendere Weine (also eher Grenache als Syrah, da Weine aus heißerem Klima eher breiter ausfallen) passen oft besser zu geschmortem Fleisch mit einer Sauce, einem Auflauf, einer Tajine. Würzen können Sie nach Herzenslust, nur mit der Schärfe sollten Sie vorsichtig sein, denn Schärfe im Essen betont das Tannin.

Steak vom Grill: Entkorken Sie dazu einen australischen Shiraz

Gut überlegen

Ein weicher, duftender Garnacha trinkt sich sich hervorragend zu Gemüsegerichten, insbesondere solchen mit Gewürzen aus dem Nahen Osten, oder zu einem dieser herrlichen spanischen Eintöpfe. Und frische, leichte Garnachas ohne aufdringliche Tannine können sogar zu gut gewürztem Fisch wie Sardinen passen. Wenn zu einer Speise Pinot noir passen würde, dürfte ein Garnacha mit ähnlicher Struktur ebenfalls gut sein. Dazu hat Grenache noch einen Vorteil: Er ergänzt das Gericht, übernimmt aber nur selten das Kommando. Aromen wie Estragon, Anis, Fenchel, Knoblauch (ein Hühnchen mit 40 Zehen frischem Knoblauch beispielsweise) – eigentlich alle aromatischen Kräuter und Gewürze passen zu Garnacha/Grenache. Aber natürlich liegen Faustregeln oft genug daneben. Rioja zum Barbecue? Natürlich. Vielleicht keinen ganz alten, fragilen Wein, der besser zu einer gebratenen Schulter vom Milchlamm passt; so macht man das jedenfalls in Logroño (um das Milchlamm zu kaufen, müssen Sie vielleicht nach Logroño fahren, aber das ist ja kein Problem). Südafrikanischer Syrah mit Pulled Beef Brisket in Jerk-Marinade? Ein Traum. Australischer GSM mit Känguru? Perfekt. Doch bei den wirklichen Spitzenweinen wählen Sie vielleicht lieber das Essen nach dem Wein. In diesem Fall bleiben Sie ganz einfach. Gebratene Ente, Perlhuhn, Fasan oder gut abgehangenes Rindfleisch werden jedem dieser Weine zu höchstem Genuss verhelfen.

Ein leichter Garnacha passt perfekt zu gegrillten Sardinen

Schaumweine – und gespritete

Von einem Extrem ins andere

Es hört sich wie ein Widerspruch an. Viele Trauben für Tischweine können auch zur Erzeugung von Schaumwein dienen. Mit manchen werden auch gespritete Weine gemacht, doch üblicherweise sind es nicht die gleichen. Vielleicht als einzige auf dieser Welt decken Syrah und Grenache beide Extreme ab und können dann auch noch überzeugend vorgeben, sie seien genau dafür geschaffen worden.

Man muss nun allerdings auch sagen, dass diese Schaumweine nicht mehr so in Mode sind wie früher. Sie kommen aus Australien (woher sonst?), sind rot, prägnant und haben Aromen von Heidelbeeren, Brombeeren, Zwetschgenmus und Kräutern, dazu oft eine Vanillenote von der Eiche. Im Glas sehen sie fantastisch aus: purpurrot, gekrönt von weißem Schaum. Eine Flasche australischer Shiraz- oder Grenache-Schaumwein wird auf jeden Fall Aufmerksamkeit erregen. Eine Liste spannender australischer Schaumweine finden Sie auf S. 397.

Gespritete Weine dürften jedoch ebenso aus der Mode sein, womöglich noch mehr als Prickelwasser. Und doch gibt es hier wunderbare Weine, aus Südfrankreich, aus Australien, aus Südafrika – alle aus Gebieten mit einer langen Tradition der Bereitung gespriteter Weine. Die meisten sind vom Portwein inspiriert, oft von Tawny Port, und werden folglich einige Jahre in großen alten Fässern ausgebaut. Sie ähneln Portwein insofern, als dass sie süß und voll sind, mit Aromen von Nüssen, Gewürzen, Trockenfrüchten und Toast, wenn Tawny das Vorbild ist, oder mit Zwetschgen- und Gewürznoten, wenn sie von Vintage Port inspiriert sind. Und es sind immer Verschnitte – etwas Shiraz, etwas Grenache, etwas Mourvèdre und

nöglicherweise noch etwas anderes. Es sind Weine aus der großen Zeit les Verschneidens, als noch niemand nach Traubennamen auf Etiketten uchte. All die alten australischen Firmen erzeugen sie: Seppeltsfield, McWilliams, All Saints, De Bortoli, Penfolds, Peter Lehmann. Wenn Sie ein Spitzenexemplar suchen, probieren Sie den 100 Year Old Para Liqueur von Seppelt auf Grenache-Basis.

)ie Tradition lebendig halten

m französischen Roussillon, nahe der Grenze zu Spanien, besteht eine ındere Tradition. Im Jahr 1299 gewährte der König von Mallorca einem ;ewissen Arnaldus de Villanova ein Patent für einen Vorgang, der die Gärung durch Hinzugabe von Branntwein unterbricht. Das Roussillon war lamals Teil des Königreichs Mallorca, und in seinen trockenen, steinigen Weinbergen ist die Tradition stets lebendig geblieben. Gemeint sind die Vins Doux Naturels aus Banyuls, Maury, Rasteau und Rivesaltes. Die Weine verden in Fässern oder Glasballons ausgebaut und benötigern keine weitee Flaschenreifung. Und hier kommt auch das Wort *rancio* ins Spiel.

Rancio nennt man den deftigen, sauren Geschmack nach Leder, Nüssen ınd Käse, der sich in diesen Weinen entwickelt, wenn sie unter Sauerstoffeinfluss altern – sprich, über längere Zeit in großen alten Eichenfässern.)as *rancio*-Aroma ist der Schlüssel zu diesen Weinen. Man findet es auch n Very Old Sherry und Very Old Tawny Port sowie in altem Madeira. Im Alter wird es scharf, sogar streng. Trinken Sie diese alten *rancio*-Weine zu Schokolade oder Blauschimmelkäse, sogar zu dunkler Schokolade mit Blauschimmelkäse und etwas Kirschkonfitüre. Sie werden staunen.

Banyuls reift in Fässern in den Kellern des alten Templerordens

Mehr als nur blasse Rote

Rosés sind eine Kategorie für sich

Ist doch egal, woraus Rosé gemacht ist! Er ist rosé, und allein das zählt. Für viele ist die Farbe der beste Hinweis auf den Weinstil: Dunklere Rosés sind marmeladiger, blasse sind frischer. Aber ist das wirklich alles?

Frische oder Marmeladigkeit: Auch beim Rosé hängt das von Entscheidungen des Kellermeisters ab, und da spielen Rebsorten – und das Klima – sehr wohl eine Rolle. Grenache bringt andere Weine hervor als Syrah, nicht nur geschmacklich, sondern auch in der Textur – und auf die Textur kommt es an beim Rosé. Raue Tannine sind nicht erwünscht, aber etwas Griffigkeit kann angenehm sein und die Empfindung von Frische verstärken.

Im Rosé werden meist verschiedene Trauben verschnitten. Man will ja nicht nur eine blassere, weniger reife Version eines Rotweins trinken: Man möchte Harmonie, etwas Komplexität, etwas Frucht (Himbeere oder Erdbeere, Wassermelone oder Grapefruit), einen Hauch Gewürze, Säure in Maßen, eine lebhafte Klarheit und genügend Biss im Abgang, um Lust auf mehr zu bekommen. Rosé aus der Provence ist sehr blass, doch wer einen feinen – und relativ teuren – Rosé sucht, ist dort an der richtigen Stelle. Sie ist eine der wenigen Regionen, deren Weinberge speziell für Rosé angelegt wurden. Andere südfranzösische Rosés treiben es mit der Blässe nicht so weit: Tavel ist dunkler, gut strukturiert und kann altern – verändert sich dabei aber sehr, wird toastiger und büßt an Frische ein. Grenache und Cinsault sind die wichtigsten Sorten; Syrah ist oft mit im Verschnitt.

Spanischer Rosado auf Garnacha-Basis zeigt oft eine hübsche Cremigkeit, die seine strahlende Frucht unterstützt; ein gutes Preis-Leistungs-Verhältnis findet sich in Navarra. Und anderswo? Rosé gibt es praktisch überall. Weine auf Syrah-Basis sind forsch, manchmal etwas allzu schmissig; Grenache/Garnacha ist subtiler, manchmal aber zu marmeladig. Trinken Sie diese Weine praktisch immer jung, und leisten Sie sich vielleicht eine Magnumflasche: Rosé-Magnums haben das gewisse Etwas.

In der Provence wird Rosé sehr ernst genommen